“十二五”国家重点出版物出版规划项目

中国海事史

（现代部分）

交通运输部海事局　编

人民交通出版社股份有限公司
China Communications Press Co.,Ltd.

内 容 提 要

《中国海事史(现代部分)》全面系统地记述1949年10月新中国成立到2010年底中国海事所取得的成就和经验,探讨其中的特点与发展规律,记载海事在国家经济、政治、军事,特别在港、航与造船、航道发展进程中的安全保障作用。

该书是在采用大量的档案、文献、图书资料的基础上编撰而成的,对广大海事管理人员及交通从业者有一定的借鉴作用。对研究中国海事的学者来说,是一部全面认识、了解中国海事的学术专著。

图书在版编目(CIP)数据

中国海事史. 现代部分 / 交通运输部海事局编. —
北京:人民交通出版社股份有限公司, 2018. 11
ISBN 978-7-114-15064-7

Ⅰ. ①中… Ⅱ. ①交… Ⅲ. ①海上运输—交通运输史
—中国—现代 Ⅳ. ①F552.9

中国版本图书馆CIP数据核字(2018)第226784号

Zhongguo Haishishi

书　　名:中国海事史(现代部分)
著 作 者:交通运输部海事局
责任编辑:韩亚楠　赵瑞琴　杨　捷
责任校对:尹　静
责任印制:张　凯
出版发行:人民交通出版社股份有限公司
地　　址:(100011)北京市朝阳区安定门外外馆斜街3号
网　　址:http://www.ccpress.com.cn
销售电话:(010)59757973
总 经 销:人民交通出版社股份有限公司发行部
经　　销:各地新华书店
印　　刷:北京印匠彩色印刷有限公司
开　　本:880×1230　1/16
印　　张:40.5
字　　数:1063千
版　　次:2018年11月　第1版
印　　次:2018年11月　第1次印刷
书　　号:ISBN 978-7-114-15064-7
定　　价:180.00元

上海市軍管會財經接管會航運處航政局 年 月 日 字第 2584 號收費一收據聯

此聯由收款蓋章

今收到應繳右列各費共計

人民幣 元正

繳款 年 月 日

19 年 月 日

所有人姓名（或公司.行.號名稱）

船名 輪 帆 駁 碼頭

收費種類	收費標準	應收金額
	×	
	×	
	×	

會1 通丁 4× 1000（2001—3000）/3000（1—3000） 1949年9月

▲1949 年，上海航政局《通航证书》收费收据。

▲1950 年，招商局“海辽”轮起义。

中央人民政府交通部 上海區港務局 未滿二百總噸輪船船員 執業證書

查張貴興 年二十七歲 省

上海市 縣 人經本局考試合格堪充未滿

二百總噸 油 機輪船正司機職務特

發給此證書以憑執業證書

局長

右給張貴興收執

一九五一年七月一日填發

滬機字第壹壹玖玖號

1951 年，上海港航政部门颁发的船员适任证书。

1953 年，《上海港港章》中有关水上安全管理。

▲1953 年，宁波港第一艘巡逻艇“港滇”在巡航。

▲1955—1956 年，验船师听取苏联专家授课。

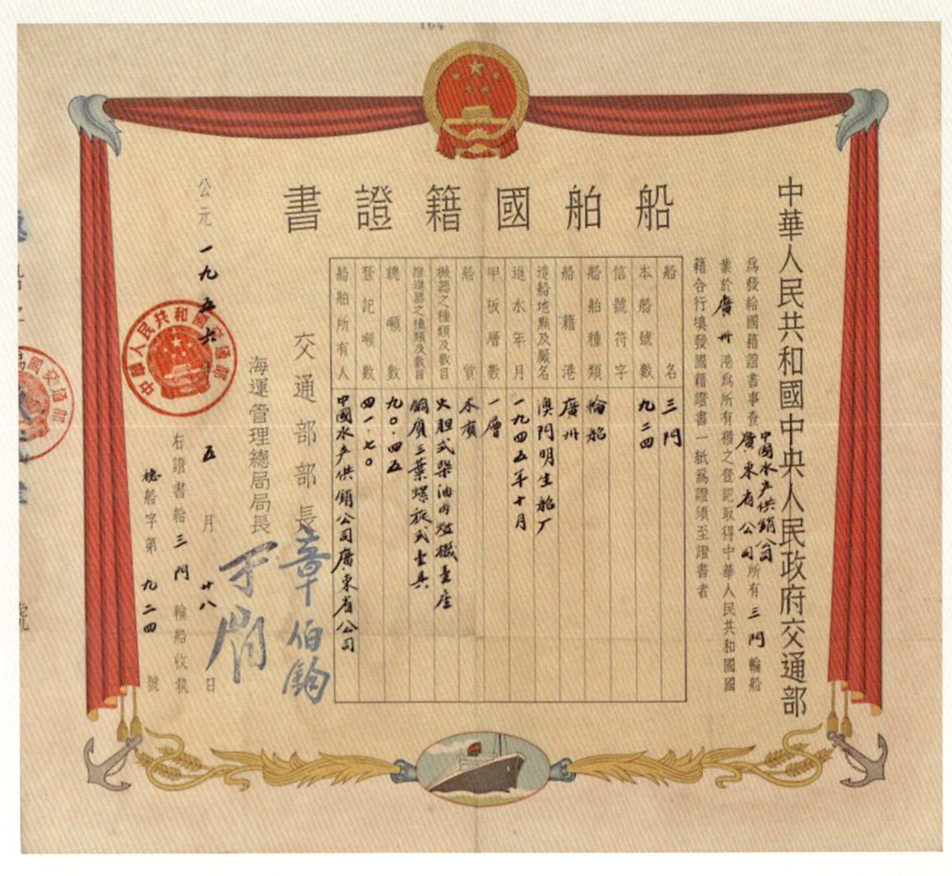

中華人民共和國中央人民政府交通部

爲發給船國籍證書事查中國水产供銷合營廣東省公司所有三門輪船業於廣州港爲所有權之登記取得中華人民共和國國籍合行塡發國籍證書一紙爲證須至證書者

船舶國籍證書

船名	三門
本船號數	九二四
信號符字	
船舶種類	輪船
船籍港	廣州
造船地點及廠名	澳門明生船厂
造水年月	一九四五年十月
甲板層數	一層
船質	木質
機器之種類及數目	火胆式柴油內燃機壹座
推進器之種類及數目	銅質三葉螺旋式壹具
總噸數	九〇·四五
登記噸數	四一·七〇
船舶所有人	中國水产供銷公司廣東省公司

交通部部長 章伯鈞

海運管理總局局長 于眉

公元一九五六年五月十八日

右證書給三門輪船收執

穗船字第九二四號

▲1956年，交通部颁发的船舶国籍证书。

船舶海事報告書

船名 永益　國籍 中国　船籍港 上海

船身長度 31.80　寬度 6.78　吃水前　後

船質 木壳　主機種類　馬力　速率　船齡

總噸位　登記噸位　儎貨噸位　乘客定額

發生海事性質(如碰撞,擱淺,觸礁,……)

發生海事時間 1956 年 4 月 18 日　時

發生海事地點

到達本港時間 1956 年 4 月　日　時

抵港後停泊地點：

上海區港務管理局

遲送海事報告原因(船抵本港四十八小時後仍未遞送海事報告書塡寫之)：

船長　(簽章)　證書　字　號

值班船員　職務　(簽章)　證書　字　號

職務　(簽章)　證書　字　號

見證船員 胡長貴　職務　(簽章)　證書　字　號

其他見證人　(簽章)

船舶所有人(代理人) 南洋輪船公司　(簽章)

地址

報請處理日期　年　月　日

公私合營南洋輪船公司

0345

▲1956年，水上事故处理报告书。

▲20 世纪 50 年代，港航监督人员检查滇池客船安全。

▲20 世纪 50 年代，黄河宁夏仁存渡口。

中华人民共和国
船舶检验局章程

REGULATIONS OF
THE REGISTER OF SHIPPING OF THE
PEOPLE'S REPUBLIC OF CHINA

▲1963 年，国务院批准颁布的《船舶检验局章程》。

▲20 世纪 60 年代，港务监督电台报务员正在工作。

▲1973 年，对我国建造的第一座自升式钻井平台“滨海”号进行检验发证。

▲1978 年，天津大沽灯塔建成发光。

▲20 世纪 70 年代，青岛港务监督人员运用高频无线电话与船舶联络。

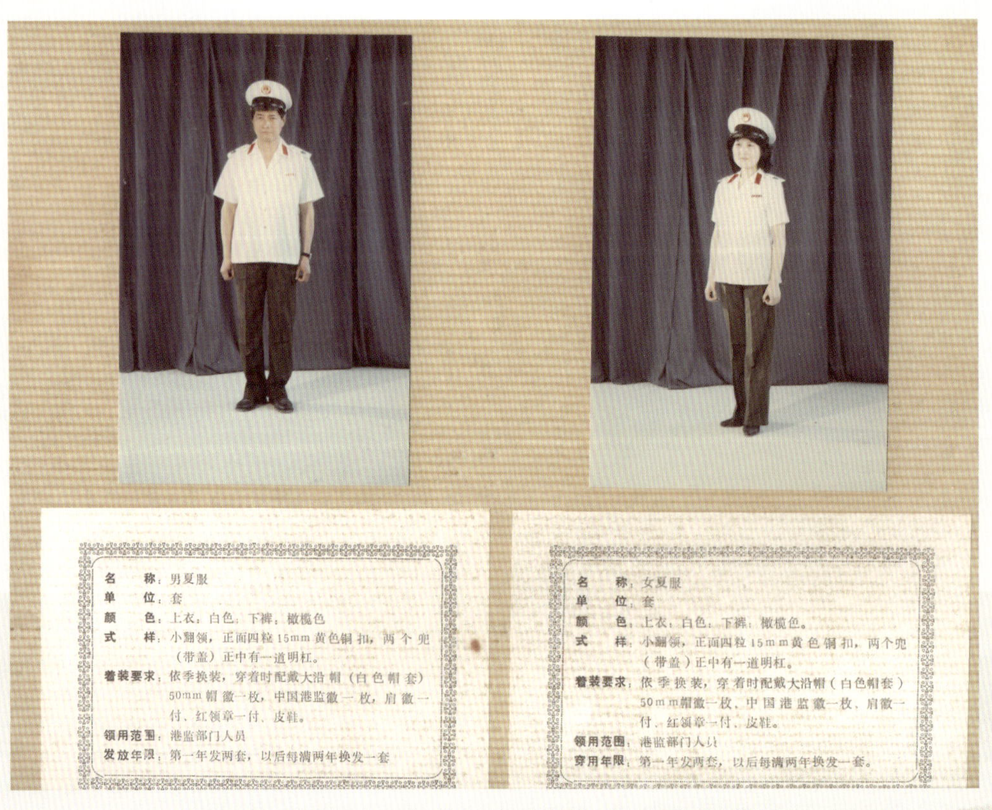

▲20 世纪 70—80 年代，港监部门人员夏季制服。

▲1981 年，蛇口港务监督人员在巡航。

▲1982 年，全国第一个船舶交通管理系统在宁波港投入使用。

▲1983 年，《钢质海船入级与建造规范》公布。

▲1983 年 5 月 7 日，新中国成立后进入长江的第一艘外轮“日本商人”号。

▲1984 年，海南港务监督人员现场检查。

▲1987 年 3 月 1 日，青岛海上安全监督局挂牌。

▲20 世纪 80 年代，港监人员对船员进行培训。

▲20 世纪 80 年代，山西省港航监督人员进行安全检查。

▲20 世纪 80 年代的港监旗帜。

▲1993 年，全国首次港监船艇演练在青岛举行。

▲1994 年，上海船舶交通管理系统一期工程开工。

▲1996 年，上海港务监督完成“绿色和平”轮处置工作。

▲1998 年 10 月 27 日，中华人民共和国海事局（交通部海事局）成立，并于 11 月 18 日举行揭牌仪式（图为领导班子成员）。

▲1999 年 6 月 18 日，上海海事局揭牌。

▲1999 年 12 月，山东沿海全球海上遇险和安全系统开通。

▲1999 年，水监体制改革后第一次直属海事系统工作会议。

▲2002 年，海峡两岸首次直航客轮服务妈祖文化交流。

▲2003 年，第一艘超大型集装箱船“新浦东”号入级检验发证。

▲2003 年，上海海事局“电子海图数据中心”开始运转。

▲2003 年，长江江苏段实行船舶定线制后的船舶有序航行。

▲2004 年，宜昌海事局监管长江三峡库区学生渡运安全。

▲2004 年，上海海事局开展港口国监督检查。

▲2005 年，四川省射洪地方海事处承办“珍爱生命，关注安全，水上交通伴我安全出行”万人签名活动。

▲2005 年，云南省地方海事局对“洱海一号”双体旅游船检验发证。

▲2006 年，浙江海事局与山西省地方海事局结对子座谈会。

▲2007 年，《中华人民共和国船员条例》颁布。

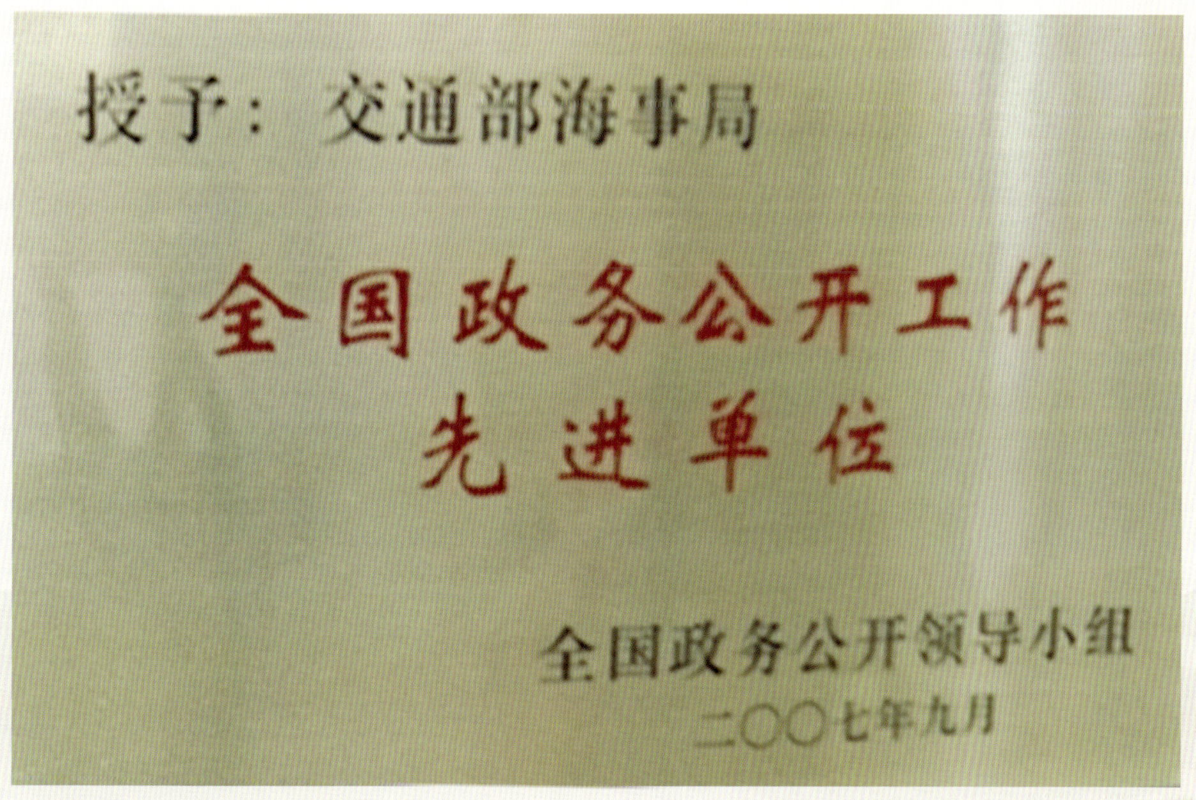

▲2007 年，交通部海事局被全国政务公开领导小组授予“全国政务公开先进单位”荣誉称号。

▲2007 年，舟山港西蟹峙灯塔改建完工。

▲2007 年，中国海事局代表团出席在英国伦敦召开的国际海事组织第二十五届大会。

▲2008 年，完成青岛奥帆赛水上安保任务。

▲2008 年，海峡两岸首次海上联合搜救演练在厦金水域举行。

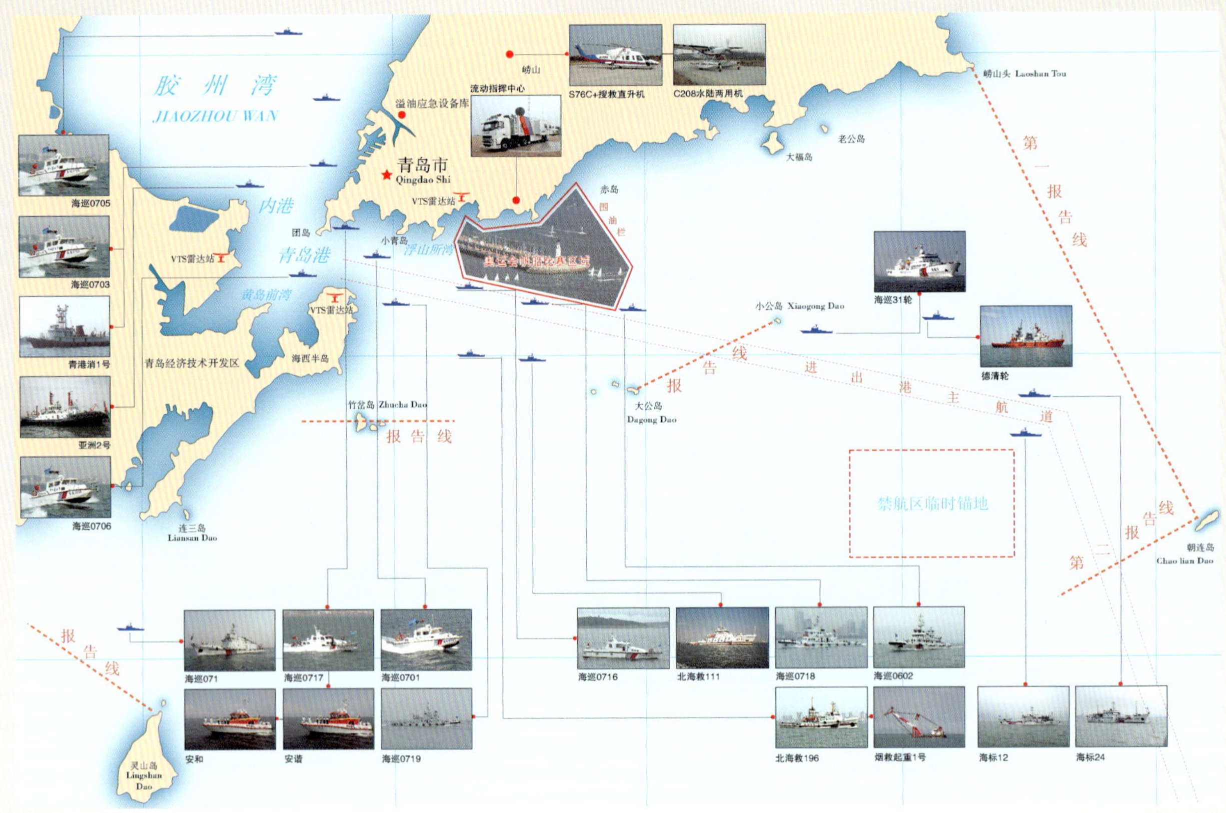

▲2008 年，山东海事局北京奥运会帆船比赛海事安全保障部署图。

ORGANISATION MARITIME INTERNATIONALE

INTERNATIONAL MARITIME ORGANIZATION

ORGANIZACION MARITIMA INTERNACIONAL

Secrétaire général | Secretary-General | Secretario General

28 July 2009

Dear Captain Yang,

I refer to the nomination of the crew of the **Hai Xun 1903**, Beihai Maritime Safety Administration, by the Government of the People's Republic of China, as a candidate for the 2009 IMO Award for Exceptional Bravery at Sea. I am pleased to inform you that the IMO Council, at its 102nd session (29 June to 3 July 2009), having been properly advised, endorsed the decision of the requisite Panel of Judges that you and your crew should receive a Letter of Commendation, in recognition of your commendable action in rescuing 33 fishermen from fishing rafts during the Tropical Storm Kammuri.

In conveying the appreciation of the Council to you, I take this opportunity to add my own warm congratulations for your, and your crew's remarkable effort, of which you can rightly be proud.

Yours sincerely,

E.E. Mitropoulos
Secretary-General

Captain Yang Zhenwei
Hai Xun 1903
Beihai Maritime Safety Administration
Candidate for the 2009 IMO Award for Exceptional Bravery at Sea
c/o Her Excellency Ms Fu Ying
Ambassador Extraordinary and Plenipotentiary
Embassy of the People's Republic of China
49-51 Portland Place
London W1B 1JL

CLIMATE CHANGE:

4 Albert Embankment London SE1 7SR United Kingdom

▲2008 年 8 月 7 日，“海巡 1903”轮在防抗强热带风暴“北冕”中作出贡献，荣获第一个国际海事组织特别勇敢奖。

▲2010 年 2 月 1 日，直属海事系统全面实行职务等级标识制。

▲2010 年 3 月 13 日，“中华人民共和国西沙海事局”成立，2012 年更名“中华人民共和国三沙海事局”。

▲2010 年，上海海事局顺利完成世博会水上交通管控和应急指挥工作。

▲“海巡 21”轮。

《中国海事史籍丛书》编纂委员会

办 公 室

主 任 张双喜 郑和平 徐津津

成 员 于树海 王如政 王志贤 王宝宏 邓少彪 田为民 白 刚 宁 波 曲义江 朱可欣 孙大斌 苏本征 杜国光 李文华 李恩洪 李雪松 杨善利 吴克彪 邱 铭 宋永强 张九新 张志刚 张显平 张重阳 陆立明 陈永忠 陈洪国 周 旻 赵凤龙 胡 伟 段彦仁 钱 闵 徐斌胜 徐新中 曹 鹰 鄂海亮 梁 军 葛同林 韩杰详 曾 晖 戴厚兴

(注:人员依姓氏笔画排名)

《中国海事史》编纂委员会

前　言

恰逢改革开放40周年与水上安全监管体制改革20年之际,《中国海事史(现代部分)》与大家见面了。这是《中国海事史(古、近代部分)》的续本。至此,它让人们看到从远古至2010年有着3000多年历史的一个完整的中国海事。

《中国海事史(现代部分)》,记载中国海事1949年10月1日至2010年底61年所取得的辉煌成就和宏伟业绩,总结61年中国海事经验和教训,并对影响中国海事发展的外部条件,诸如城市、地区开发、腹地经济,以及自然、地理、与其他交通运输方式的关系也作了较详细的记述,揭示了中国海事在国家社会经济、政治、军事、文化,特别在航运、港口、造船、航道发展和服务社会经济中的安全保障作用。

《中国海事史(现代部分)》,是在交通运输部、交通运输部海事局领导下,由上海海事局组织编撰的,以档案、图书、文献资料为依据。这些档案、图书、文献资料散落于各交通相关部门、各航运、各港口、各直属海事局、各地方海事局的档案馆(室)、图书馆(室)、资料室,以及各个不同地方或有关资料中。有幸的是,在资料收集和编写过程中,得到了交通运输部办公厅、有关司(局)及有关航运、港口单位的大力关心和支持,交通运输部档案馆为查档提供了方便。各直属、地方海事局及交通运输部海事局各处(室、中心、部)对史稿进行了认真审查,提出许多宝贵的修改意见;全国海事系统的老领导、老同志、老专家给予细致、具体的指导;《中国海事》《海事研究》《内河海事》等杂志提供了大量资料和图片。在此一并表示致谢。

《中国海事史(现代部分)》,由于多种原因,中国香港、澳门有关海事管理工作内容不多,而中国台湾省的相关内容暂缺,这不能不算是一大欠缺,有待后人去弥补。

《中国海事史(现代部分)》,涉及范围广,内容多,时间跨度长,加上编者水平有限,难免疏漏与差错,敬请读者批评指正。

编　者

2018年10月

凡　　例

一、本书为《中国海事史(现代部分)》,时限上至 1949 年 10 月 1 日中华人民共和国成立,下至 2010 年 12 月 31 日。

二、本书共 9 章,内容以时为经,以事为纬。

三、本书海事名称、名词等中英文对照以《海事实用英语大全(第二版)》(大连海事大学出版社,2000 年 4 月版)为准。

四、书中各种名称、专用名词,一般首次使用全称或规范简称,若名称过长或需要重复时加括号注明简称。

五、书中所提及地名均采用当时称谓,并择其必要者加括号注明简称。根据《古代南海地名汇释》(中华书局出版社,1986 年 5 月版),书中事关我国南海地名、名称的,统一称之“南海”。

六、本书正文后附有大事记、附录等,以便读者阅读和检索。

目　　录

绪　论

一

中国海事,自古以来是实施以水上安全为中心的监督管理,为国家行政管理之一。现代中国海事,是对保障水上交通安全,保护水域清洁,维护国家领水主权及把守"国门"等事项实施监督管理,其机构是国家行政机关,具有监督、执法、保障、服务四大职能。

1949 年 10 月 1 日,中华人民共和国成立,中国历史进入新纪元。11 月 1 日,新组建的中央人民政府交通部下设航政机构,实施水上交通安全监督管理工作,主要职能为船舶登记、船舶丈量、船舶进出港管理、海事处理等。1950 年,政务院首次明确航政机构为国家主管机关,并将航政归于航务、港务,使航政由独立的全能机构变为政企合一、港航合一的港航机构中一个职能部门,具有两种职能:独立行使国家的交通政策法令,监督企业贯彻执行;对企业开展安全教育和监督管理,明确管理安全必须服从管理生产的原则,以保障企业安全生产。1953 年 4 月、1954 年 11 月,交通部先后公布沿海海务港务工作章程和内河港航监督组织工作章程,明确沿海各港主管航政的机构对内称"港务监督室",对外称"中华人民共和国××港港务监督"(简称"××港务监督"或"××港监"),内河与各省(区、市)主管航政的部门称"港航监督室(科)"(简称"××港航监督"),同时规定航政管理的主要职能:监督港口水域及航道安全秩序,管理船舶进出港,海事调查处理,船员考试发证,组织引水、水上救护、信号工作,进行船舶登记、检验、丈量等。1973 年 9 月,各级港务监督(航政)部门增加了管理海(水)上海难搜救、水上交通环境保护等新的职能。

1984 年,随着国家对沿海港口实施体制改革,政企分开,沿海各港港务监督从港务局分出,与航标测量处、海上无线电通信部门合并,组建集中统一的管理机构;各地内河水上安全监管部门也组成专门机构。全国海(水)上安全监管机构形成单立系统,管理职能发生新的变化。特别是 1984 年、1986 年开始实施的《中华人民共和国海上交通安全法》《中华人民共和国内河安全管理条例》等法律法规,从法律上明确了港务(航)监督机构为对沿海水域与内河水上安全实施统一监督管理的主管机关,管理职能有了较大的增加。1989 年,我国成为国际海事组织 A 类理事国,在国际海事组织和世界航运界中地位和身份日益凸现,承担社会责任愈显重要,海(水)上安全监管机构管理工作的国际性、涉外性日益突出,管辖范围已沿海港内扩至沿海水域,并由原来离散型港区水域水上安全监管衍变为全域性辖区水域水上安全监管、防治船舶污染、海上搜寻救助、航海保障、全球遇险通信等。根据国家法律法规赋予的职权和我国缔结或加入国际海事公约、条约、规则等规定,其职能既包括水上交通安全、防止船舶污染监督和维护国家主权的监管与执法任务,又担负着搜救、海上助航、测绘和通信等航海保障服务任务。这是现代中国海事发展史上一次历史性变化。

1998 年,国务院批准《水上安全监督管理体制改革方案》,水上安全管理体制改革全面铺开。中国港监局、中国船检局合并组建交通部海事局(对外称"中华人民共和国海事局"),并建成了 20 个直属海事局、28 个地方海事局。航政工作的发展目标与发展方式发生了深刻变化。发展目标从职能型政府部门向公共服务型政府部门转变,发展方式从国内为主转向国内国际一体化。主要职能是负责行使国家水上安全监督和防止船舶污染、船舶及海上设施检验、航海保障等方面的管理和行政监督与执法,履行交通部安全生产等管理职权,并具有管理公共事务职能,以及履行国家法律法规与我国缔结或加入的国际海事公约赋予的有关职能。

二

本书记载的是1949年10月1日中华人民共和国成立至2010年底61年的历史演进过程。与其他行政管理一样,中国海事经历了国民经济恢复、“大跃进”运动、国民经济调整、“文化大革命”和改革开放初期放开搞活、十四大以后社会主义市场经济、十六大以来科学发展等各个重要历史发展阶段,走过弯路,也有低谷,但主流始终是前进的,有成就、有经验、有教训,所取得的巨大成就和积累的经验是过去任何时代无法比拟的。这固然是由于社会的进步、经济的发展、科技的发达,但根本原因在于中国共产党的领导下,全国海事人不断创业、创新、创造。特别是1978年改革开放以来,中国海事不断注入新的活力,沿着中国特色的海(水)上交通安全监督管理发展道路,探索出新规律,寻找到新路子,取得了新成就,保障了水上交通安全,防治船舶污染水域,维护国家领水主权,助推和服务于我国交通运输发展和海洋强国建设等,为社会主义现代化建设提供了强有力的水上安全保障。

回顾61年的历史进程,尤其1978年改革开放以来的发展,结合国家的重大变革,我们将现代中国海事划分为9个时期,即:1949—1952年国民经济恢复时期,着重在旧中国航政基础上,建立新的航政管理机构、管理规章制度、管理工作等。1953—1957年建立新的管理体制时期,着重建立社会主义航政管理体制与管理制度,开展各项水上交通安全管理工作,尤其1953年起沿海各港主管航政的港务监督室对外称“中华人民共和国××港港务监督”(简称“××港务监督”或“××港监”)。1958—1965年在曲折中前行时期,航政管理受“大跃进”运动干扰而被裁并与停滞,以及1961年起国家进入调整期回归正常和平稳。1966—1976年艰难发展时期,“文化大革命”导致航政处于瘫痪状态;1971年之后,党中央对安全生产加强整顿和治理,加上航政人员顶住压力开展管理工作,使水上安全管理工作有所起色。特别1971年恢复联合国合法席位后,我国海事自1973年3月起成为国际海事组织成员。1977—1983年回归发展正轨时期,着重从拨乱反正、肃清“文化大革命”流毒,全面整治取得明显效果,到航政重新恢复和提高到应有地位和步入正常发展轨道。1984—1992年改革和单立系统时期,着重将原分散沿海各港务局中的港务监督、部分海上无线电通信机构划出,与分出的沿海航道局的航标测量处合并单立,先后组建了14个海上安全监督局(对外仍称“中华人民共和国××港务监督”),各省(区、市)港航监督机构(部门)亦相继在交通或港航内单独成立机构,同时进行航政建章立制,开展统一管理工作。1993—1997年拓展和加快建设时期,着重以社会主义市场经济理论做指导,加快航政建设步伐,试行管理体制改革,继续推进管理法规规章制度的制(修)订工作,有的放矢地开展水上交通安全管理工作。1998—2005年深化改革和国际接轨时期,着重按照“一水一监,一港一监”要求,建立了20个直属海事局和28个地方海事局,实现“统一政令、统一布局、统一监督管理”改革目标,同时海事立法、管理工作与基础设施建设及管理理念创新等均出现新的飞跃,实现与国际接轨。2006—2010年开创发展新局面时期,着重在实现“三统一”管理体制基础上,海事全面推进,发展速度不断加快,发展质量迅速提升。这9个历史时期归纳为三大历史阶段,即1949—1983年的初步创建阶段、1984—1997年的开拓性进展阶段、1998—2010年的空前发展阶段。

(一)1949—1983年新中国航政的初步创建阶段

1949—1983年是新中国航政初步创建阶段,又称“港务监督”阶段。1949年10月新中国建立,11月交通部成立,国民经济从战乱中开始得到恢复,走向新的历史发展阶段。依照当时苏联港口管理模式,中国航政机构一改过去独立行使水上安全监管的全能模式,变为“政企合一”港航体制下一个职能部门。之后,中国航政经过多次演变,到1983年初步形成中央与地方各级水上交通安全管理体系,涉及水上交通安全各方面监管工作的系列管理法律法规规章制度。这一时期,党和国家极为关注水上交通安全管理工作,多次做出重要指示和批示。特别1958年3月29日,毛泽东乘坐“江峡”轮从重庆顺流而下视察长江时,做出“航标灯电气化”重要指示,使全国广大航政管理人员深受鼓舞。1978年改革开放至1983年,党和国家领导人更加重视水上交通安全工作,有时乘坐港务监督船艇视察沿海、内河水域和水上交通安全。交通部也重视水上安全管理,时常召开专题会议研究和安排,指导和推动中国航政不断进步与发展。

第一,建立了政企合一的社会主义航政管理体系。1949年新中国成立后,在接管国民政府航政基础上,仿照苏联管理模式,航政机构由独立全能部门变为政企合一、港航合一港航体制下的职能部门。交通部在航务总局内设立航政组(室),统揽全国航政事务,后改由海运、河运、航务、船舶登记局筹备小组分管,并在沿海、内河与各省(区、市)各主要港(地)相应建立起分支机构,形成由中央和地方层级分管的航政体制。到1952年底,形成航政归属于航务港务的管理格局,既有中央直属的,又有地方管理的,但机构性质、基本职能、管理职权是一致的。1953年4月,在沿海各海区港务局及各中型港务分局内成立行使航政管理职权的港务监督室,对外称“中华人民共和国××港务监督”(简称“××港务监督”),一个机构,两块牌子,对外是独立机构,对内仍为港务局下属的一个职能部门。内河、各省(区、市)的航政机构则统称“港航监督室(科)”(简称“港航监督”)。1956年,交通部设立交通部港航监督局、交通部船舶登记局(1958年更名为交通部船舶检验局),统一管理全国航政事务。1958—1965年,与“大跃进”运动和国民经济调整期相对应,航政机构先被精简、撤并,后又充实、调整,管理人员先下放、后回归,管理工作先停滞、后恢复到1958年之前的状态。1965年9月24日,国务院批准组建长江航政管理局,下设3个分局、8个航政处、7个航政站,初步形成政企分离、四级管理、以现场为主的监管模式,率先在内河组建集中统一管理的长江干线航政机构。“文化大革命”期间,全国航政机构被视为“束缚生产力发展”桎梏而被废除,管理人员下放劳动或离岗。从1972年起有所改变,逐渐恢复与调整,全国航政人员在干扰中展开工作。1976年10月动乱结束,航政机构得以恢复与充实、健全。到1983年底,交通部内设水上安全监督局(对外仍称“中华人民共和国港务监督局”,简称“中国港监局”)。沿海各港务局内设立管理海域安全的航政部门(对外称“中华人民共和国××港务监督”,简称“××港务监督”)。长江、珠江、黑龙江三大水系分别设长江航政管理局、广东省航政局、黑龙江港航监督局。各省(区、市)在交通厅或航运局设置港航监督处(室)或车船监理处,在主要港口设置港航监督或车船监理等。各级港航监督部门实行对全国沿海、内河水域的安全监管。

从1973年起,中国港监局被授权归口管理海上安全指挥部和交通部环保办公室等非常设机构,负责日常管理工作。1982年1月1日起,船舶检验部门从沿海、内河港(航)务监督(航政)中分出,自成体系,独立开展船检技术管理工作与检验业务,主要担任国际航行船舶、外籍船舶、海上设施、船用产品及国内沿海和内河主要干线船舶的检验。

1971年10月25日,第二十六届联合国大会通过决议,恢复中国在联合国合法席位。1972年9月起,交通部主管全国航政的职能机构对外正式使用“中华人民共和国港务监督局”或“中华人民共和国港务监督”(简称“中国港监局”或“中国港监”)名称,直至1998年改为中国海事局。1973年3月1日起,我国成为政府间协商组织(1982年开始称“国际海事组织”)成员。从此,我国海事(航政)与国际海事组织各成员国、各国际组织的合作、交流日益加强。

第二,初步建立了系列航政管理法律法规与规章。新中国成立之初,在政务院、交通部及各级人民政府大力支持下,直属航政在废弃、修改与沿用国民政府航政法规、规章制度的基础上,制订、颁布了一批暂行性的航政管理法规、规章及规范性文件,各地方航政亦制订适合各地情况的临时性航政法规、规章等管理制度。“一五”计划时期,一批新的航政管理制度相继出台,此前一些暂行性法规多变为定型的管理规章制度,或由一般航政管理办法上升到重要管理规章。新的航政管理法规、制度涵盖航政管理通航安全、船员管理、船舶进出口签证、航行规则、避碰章程、安全操作、船舶检验、值班制度、海图管理与作业等各个方面,初步建立起较为系统的航政管理法律法规、规章制度。然而1958年"大跃进"运动浪潮兴起,我国航政原有一些行之有效的航政规章制度被废除,导致航政管理无章可循。经济调整期间,在恢复一批航政管理法律法规、规章制度的同时,修正与制订出一批新的航政规章制度。1966年"文化大革命"开始,航政法律法规、规章制度被废除。1971—1975年全面整顿期间,部分法律法规、规章制度又得以恢复。动乱结束后,拨乱反正,航政部门在恢复被废除的航政法律、法规及规章制度的同时,推进航政法制立、改、废工作,既坚持行之有效的管理规章,又制订新的管理规章。1983年9月2日,我国第一部水上交通安全大法——《中华人民共和国海上交通安全法》颁布,开启了以国家大法为龙头的航政法制建设工作,促使航政由行政管理向依法管理阶段的过渡。

1971年10月,我国恢复在联合国的合法席位。从1973年3月1日我国成为国际海事组织成员起,中国港监局作为代表中国政府履行这些公约条款的主管机关,承担相应履约管理职能。在贯彻执行国内法律法规、规章与规范性文件过程中,港监部门依据我国相继加入海事国际公约及其具体生效时间,关注国际海事新动向、新要求,结合我国水上安全实际,把相应的海事国际公约中与我国有关的规定与要求转化为国内海事法规、规章规范性文件或行政指令、技术规范、内部实施细则等,用各种形式保证公约在我国适行。

第三,开展了多方面的水上交通安全管理工作。新中国成立之初,全面恢复的船舶80%~90%为木帆船(民船)。这决定了通航、船舶、船员、船检、航标等水上交通安全管理以木帆船为主。各港航政部门作为口岸联合检查(联检)单位之一和联检组长,开始担负把守"国门"的重任。"一五"计划期间,中国航政从"安全第一"入手,从预防着力,大力宣传安全航行先进经验,开展水上现场安全监督与维护,积累了一些管理经验。1958年,受"大跃进"运动的干扰,水上安全监管工作陷入停滞状态,1961年以后又全面恢复。1966年"文化大革命"爆发后,水上交通安全形势严峻,各类事故频发。1971年整顿开始后,水上安全形势有所好转。然而此时尚属"文化大革命"时期,无法有根本性变化。动乱结束后,通过拨乱反正,航政管理工作回归发展正轨。整顿和治理重点水域、船舶,开展安全联合大检查,加强现场巡航与维护,加强机动船、木帆船和农副渡船监督检查,水上交通运输安全环境与秩序得以改善。

第四,初步建成了一定数量的航政管理设施(备)。新中国成立初期,国家资金匮乏,用于航政管理的设施、设备较少,尤其用于水上现场维护和管理的船艇数量很少、吨位较小、性能较差,只能使用港务局作业拖船,与水上交通安全管理需求不相匹配。到"一五"计划期间,航政设施、设备有所添置与增加,但因国家经济限制仍显不足,尤其整体基础设施建设比较薄弱。"大跃进"运动与"文化大革命"时期,中国航政除添置十多艘巡逻艇外,码头、囤船等设施建设不多,管理手段仍很落后。动乱结束后,由于交通部和各级地方政府的重视,中国航政的监管设施和装备面貌有了很大改变,相继建造一定数量用于水上交通安全监管的船艇。据统计,到1980年6月全国用于航政现场监督与维护的船艇共195艘。1982年1月,我国第一个船舶交通管理系统在宁波港建成并投入使用,航政现场管理开始向现代化发展,进入一个新的建设时期。

第五,分散于港航企业中的航政队伍渐趋壮大。新中国成立之初,因港航机构频繁更替,专理航政管理人员有限,一般为兼职,多为应付,一旦有水上安全管理紧急情况,港航机构人员一起上。航政人员中有相当部分是留用的国民政府航政人员,一部分为解放军接管人员,有些则是学校毕业的学生。到"一五"计划期末,各基层机关人员和转业退伍军人充实到航政管理队伍。后来,通过学习与实践,队伍整体监管水平不断提升,但与港航发展需求仍有差距。各省(区、市)航政管理人员严重短缺,有些省级1~2

人,地(市)、县级仅有1人,或几个县合为1人,难以专职负责航政工作。“大跃进”运动和“文化大革命”时期,航政管理人员处于紧缩、分流状态。其后虽培养与调入部分人员,航政人员短缺问题却能未从根本上得到解决。“文化大革命”结束以后,拨乱反正,我国航政部门挑选各种管理人员进修与培养,使航政队伍不断壮大。据统计,到1980年沿海和长江的直属航政人员达4387人。各省(区、市)地方航政部门因地制宜,在调入和增加人员的同时,通过业务培训、补充等多种方式壮大地方航政队伍。

(二)1984—1997年中国航政的开拓性进展阶段

1984—1997年是中国航政的开拓性进展阶段,又称“海监局”阶段。1984年起,沿海港口实施体制改革,政企分开,各港务局中的港务监督分出,与部分海上无线电通信、航标测绘部门,共同组建海上安全监督局。各地方港航监督亦从属地交通或港航机构内分出单独设立机构。全国航政管理实行单立系统,集中统一管理。1984年实施的《中华人民共和国海上交通安全法》和1986年实施的《中华人民共和国内河交通管理条例》,从法律上明确了沿海、内河港务(航)监督机构为实施水上交通安全监督管理的主管机关,是国家行政管理机构。自此,我国航政由企归政,纳入国家行政序列,构成中央和地方各自独立的安全监管系统,其中沿海水域管理范围由港区转向海区,许多新的管理工作展开。

1984年以后,交通行业和水上安全监管在国民经济发展中的地位更加突出。党和国家领导人更加重视水上交通安全监管工作,乘坐港务(航)监督机构船艇视察大江大河次数增多,并作出指示或批示。国务院总理李鹏1994年12月为“中国港监”题词。1988年6月4—7日,国务院召开新中国成立以来的第一次全国交通安全工作会议。交通部从宏观上加强对水上安全管理工作的领导与指导,自1984年起每年召开一次全国性水上安全管理专题会议,1988年起每年召开一次直属港务(航)监督系统(直属水上安全监督系统)工作会议,全面部署水上交通安全监管工作;1995年、1996年分别出台了全国水上交通安全监管5年和15年的中、长期发展规划。

第一,建成了独立的水上安全监督体系。自1984年起,根据港口管理体制改革和政企分开原则,国务院在天津港进行试点后,陆续将沿海原隶属各港务局的17个港务监督、15个无线电通信机构和3个隶属航道局的航标测量处从原单位划出,组建隶属交通部的海上安全监督局。到1988年12月,我国沿海(福建、广西除外)先后组建了隶属交通部的上海、大连、青岛、广州、烟台、连云港、宁波、湛江、海口、汕头、石臼、营口、天津、秦皇岛14个海上安全监督局(对外仍称“中华人民共和国××港务监督”),与长江航政管理局、黑龙江港航监督局一起,作为交通部安全监督局(对外称“中华人民共和国港务监督局”)的派出机构。各省(区、市)地方交通主管部门先后设立了港航监督、船检机构。1986年起,航政机构名称统一称“港航监督”。到1996年,全国已有28个省(区、市)组建了省级的港航监督局和市(县)级的港航监督处(所),履行辖区内河水域水上交通安全管理职能。自此,中央、地方共同管理水上交通安全的管理架构形成。

1985年8月12日,为与国际接轨,国务院批准成立中国船级社,1986年1月1日起正式运行。中国船级社作为交通部验船机构,仍与中国船检局实行局、社与政事合一运行模式,一个机构,两块牌子。1998年,政事分离,中国船检局与中国港监局合并,成立中国海事局。

作为水上安全保障的航标、测绘与无线电通信机构,自1984年起与各港务监督合并,组成海上安全监督局,由天津、上海、广州三个大区海上安全监督局领导,负责海区航标、测量和通信工作。之后,航标、测量管理关系几经改变,但按北海、东海、南海三海区分别由所在地的天津、上海、广东海上安全监督局管理的格局没有变化。

1989年,全国海上安全指挥部改名为“中国海上搜救中心”,沿海各省(区、市)海上安全指挥部更名

“海上搜救中心”,在我国初步形成海上搜救机构和网络。中国港监局继续承担中国海上搜救中心的日常统一组织和协调工作。

第二,建成了符合国情并自成体系的航政管理法律、法规、规章。安全法规是执法的基础。1984—1997年是我国航政由行政管理逐步过渡到依法管理的时期,航政法制建设是这一时期重要任务。以1984年起实施的《中华人民共和国海上交通安全法》和1986年起实施的《中华人民共和国内河交通安全管理条例》为龙头的法律法规,还有与航政相关的其他法律法规,均为水上安全管理提供了法律依据。根据这些法律法规,港务(航)监督结合沿海、内河通航河流的实际,在广泛调查、缜密论证的基础上,制订船舶、船员、防污、危险品管理、事故调查处理、航行警(通)告、引航、港口秩序等系列法律法规和配套的规章、规范性文件。各省(区、市)地方政府开展区域性安全法规规章的制订工作,并将其作为全国性水上安全管理法规规章的补充。到1996年,我国公布的地方性安全管理法规、规章已达50多个。至1996年,已有适用的主要和相关的航政管理法律法规27部、规章和规范性文件约300件,初步建立起一个航政监管的法律体系。

从我国航政管理工作与国际接轨,加入国际公约的时间上看,多数是1978年改革开放之后。港务(航)监督在我国加入公约时,就以我国经济社会发展水平为立足点,在履行国际义务的同时,学习借鉴发达国家管理经验,充分考虑我国航运业发展和国际经济贸易发展,关注船员权利及船舶所有人利益,对国际公约的履行采取了既谨慎又积极的态度。在国内立法上,按照我国法律法规的授权,适当参照与借鉴我国缔结或加入的国际海事公约、条约、规则等规定,并适当试行未加入的国际海事公约、条约、规则等,以最大限度与国际接轨。自1995年起,又加强自身建设,推行行政执法监督责任制,进一步规范行政执法行为。

第三,全面开展了符合国情并自成体系的水上交通安全管理工作。1984年,中国航政实施统一管理以后,按照交通部“安全第一,预防为主”和“既监督、又服务、寓监督于服务之中”指示,把握海(水)上交通安全特点,突出重点,标本兼治,全面落实管理责任制,全方位加强监管与服务,抓好水上安全工作。

在通航管理上,专项治理整顿通航环境。针对沿海水产养殖严重阻塞航道,渤海湾水域、琼州海峡客滚船航行无序,长江航行秩序混乱、事故多发等问题,与有关省(区、市)政府共同协商,密切配合,专题进行调查研究,采取法律、行政、物质、技术等手段逐一整顿。加强对渤海湾客滚船航行无序管理,重新检验客滚船,培训特殊船员。保障三峡水利枢纽工程水上安全,全面实施长江分道航行,以及监控上海航运中心水上工程建设安全,在山东成山头海域实行我国第一个海域船舶定线制。

在船舶管理上,严把船舶“适航关”,坚持船舶进出港口签证制度,对缺陷较多、缺乏适航条件的船舶限期整改、纠正缺陷,达不到适航要求的坚决不予放行。1982年开始船旗国监督(FSC)检查之后,经过不断总结经验,1986年开始PSC检查,并形成一套有效的国际航行船舶安全管理制度与措施,使中国籍船舶在国外PSC检查中被滞留率逐年下降。特别1984—1992年间解决了“有水大家行船”环境下的乡镇船舶安全管理问题,找到一条乡镇船舶的安全管理之路,促进内河水上安全形势稳定。1997年,我国船公司开始实施ISM规则,加快与国际接轨步伐,增强航运企业在国际航运界的竞争能力。

在船员管理上,船员考试从自行命题、阅卷发展到试行全国统一命题、阅卷,船员发证趋向规范化、程序化。在全国范围内开展船舶船员证照的清理整顿工作,审查和认证发证机关资格。对检查中发现的问题,治理源头,堵塞漏洞,追查责任,制定整改措施,促进船舶、船员证书管理的规范化。

在危管、防污管理上,严把“三关”,即:在作业前,严把审批关,要求在港作业的货方和船方共同制定作业方案、安全操作程序、应急联系办法等,上报主管机关审批后,方能从事作业。在作业中,严把现场监督关,派遣监督员前往作业现场检查安全措施落实情况,并实行全程监装监卸。作业结束后,严把查验关,要求必须清理作业现场,不留任何可能导致火灾、爆炸等事故的隐患。

在船检管理上,把好船舶"优生关",对新造船舶、坞修船舶和营运船舶严格进行检验。达不到质量标准的,不予签发船舶检验证书,不准下水投入营运。进一步修订和完善船检法规、规章与各种规范,扩展船检管理工作。

海上搜救和应急反应,通过不断地建设,不仅初步形成国家、省(区、市)及主要内河搜救组织,建成一定的搜救和防船舶污染等应急反应管理体系,而且能够有效地开展水上搜救和组织重大海难搜救行动,以及实施应急处置行动,以避免重大海难与环境污染发生,保护人民生命财产安全。

第四,基本建成了能够适应水上交通安全监管需要的设施(备)系统。20 世纪 80 年代以来,由于交通部和各级政府的重视,中国航政管理所需的设施、设备进入发展阶段。一批 12 米、20 米和 300 吨位、1000 吨位的巡逻艇相继建成,加入现场管理序列。到 1996 年,用于现场水上安全监管的船艇近 1300 艘,船舶交通管理系统(VTS)12 个、中心 5 个。建成上海吴淞、长江干线南京—浏河口、成头山等船舶交通管理系统(VTS)。航标、测量及水上通信的设施(备)建设步伐逐年加快。到 1996 年,直属海上安全监督系统建设与管理的沿海航标 2800 多座,实现了灯光交叉覆盖的"灯塔链"。测绘与出版的航道图 163 幅,年航道测量面积 10000 多平方公里;年提供无线电通信服务达 32 万次,工作量达 78 万分钟。1986 年,启动水上安全管理信息化系统工程建设,信息化建设步伐加快。许多地方开始使用卫星通信及计算机等。

第五,基本形成了初具规模的航政管理队伍。随着社会的发展,中国水上安全监督系统更加重视管理队伍建设与人才培养,有计划、分层次、多渠道地开展各种培训工作,进行知识更新,受培训人员比例逐年提高,队伍整体素质全面提高,基本上形成专业结构比较合理、技术人员相对集中、文化水平较高的管理队伍。加强廉政勤政、道德教育与制度建设,提高管理工作人员依法行政、文明执法水平。经过数十年的发展,全国航政管理队伍规模迅速扩大,到 1996 年已达 3 万多人,且整体素质有了一定提高,涌现出一定数量的专家。有些专家不仅能处理水上交通安全监督业务中的难题,而且可以直接参加国际海事组织公约的制订和修改工作。全国航政系统加强行风建设,落实管理工作准则,进一步规范执法行为。

(三)1998—2010 年中国海事的空前发展阶段

1998—2010 年是中国海事的空前发展阶段,又称"海事局"阶段。自 1998 年水上安全监督管理体制改革全面铺开,按照国际惯例,与国际海事接轨,从海事立法、执法、监督、保障、服务管理和履行国际公约,到专业执法队伍和基础设施建设,中国海事系统逐步发展成为国家水上交通安全监管的一支重要执法队伍。

随着 1998 年起海事管理体制形成和不断完善,中国海事在国家经济和航运发展中地位的更加突出。党和国家领导人越来越多地关注海事发展,肯定海事在国家经济和港航发展中的突出地位和安全保障作用。海事发展新理念与中长期发展规划不断推出。2004 年,推出"三个海事"(交通海事、阳光海事、数字海事)、"三个追求"(勇于负责,追求社会满意度最高;干对干好,追求岗位业绩最优;创造环境,追求职工的归属感最强)。2005 年、2007 年推出"三个一"(海事一家人、监管一盘棋、全国一面旗)新理念。2009 年,提出"四型海事"新理念。中国海事"以理念创新引领发展模式创新",紧跟时代发展步伐;按"监管立体化、反应快速化、执法规范化、管理信息化"要求,推进海事协调可持续发展。2001 年,出台《中国海事工作发展纲要(2001—2015)》。2006 年,出台《中国海事工作发展纲要(2006—2020)》、中等发达国家监管远景规划。特别是新中国成立以来的第一个国家级《国家水上交通安全监管和救助系统布局规划》发布、实施,为中国海事发展远景作出了规划,促使中国海事进一步健康发展。

第一,建成了与国际接轨的"三统一"海事管理体系。1998 年起,全国水上安全监督管理体制改革序幕拉开。国务院于6月18日批准《交通部职能配置、内设机构和人员编制规定》,决定中华人民共和国船舶检验局(交通部船舶检验局)与中国船级社实行“局社、政事分开”,同中华人民共和国港务监督局(交通部安全监督局)合并,组建中华人民共和国海事局(交通部海事局)。10月27日,中国海事局正式开始运转。11月18日,中华人民共和国海事局揭牌。新成立的海事系统机构框架分为中国海事局、直属海事局、海事分支机构、海事派出机构4个层级。建成直属海事局20个,实行交通部垂直管理;建立28个由各省(区、市)政府管辖的地方海事局,实施中央和地方海事机构共同监督管理全国沿海、内河及各通航海(水)域的水上交通安全的管理系统。同时,明确新建立的海事机构负责水上安全监督、船舶及海上设施检验、防止船舶污染、航海保障、搜寻救助、通信导航等法定的管理职责;规范中央和地方各级海事机构名称、职权范围,执法人员资格标准、执法依据、执法监督制度,结束同一水域、同一港口和同一地区重复设置水上安全监督机构,监管水域分割的局面。之后,又不断充实和完善各级海事管理体系。2001年,航标管理体制改革完成。2002年10月28日,中国海事办公建筑物、船艇、执法机动车辆等的标识停用“中国港监”,统一更换为“中国海事”。2010年在我国南海西沙永兴岛设立南海诸岛第一个海事机构,开创我国南海主权与实施海上安全监管新起点。

至2005年6月,历时7年的水监体制改革任务完成。按照“一水一监,一港一监”要求,建立起统一政令、统一布局、统一监管(简称“三统一”),精简、统一、效能和决策、执行、监督协调,与社会主义市场经济相适应,与国际通行做法相一致,分工负责、行为规范、运转协调、公正透明、办事高效、执法统一的水上安全监督管理体制。水监体制改革,既从中国国情出发,又采取国际通行做法与国际接轨,为中国海事机构转变为公共服务型政府机构奠定坚实基础。2010年5月12日,中央编制委员会正式批复《交通运输部直属海事系统人员编制和机构设置方案》。自此,直属海事系统核编转制,实施公务员管理改革。

1998年,中国海事局继续“组织、协调和指导水上搜寻救助并负责中国海上搜救中心日常工作”。2005年,交通部明确中国海上搜救中心为其内设机构,负责日常行政工作,业务委托中国海事局管理。后来,撤销中国海上搜救中心办公室,成立中国海上搜救中心总值班室,与中国海事局通航管理处分离,并代行海事系统应急值班。沿海及长江干线先后成立省一级的海上搜救中心,形成沿海11个省(区、市)以及长江、黑龙江干线水域完整覆盖的搜救网络。我国海上搜救体系基本建成。

第二,建成了适用海事发展需要的法律框架体系。中国海事以我国已有法律法规和缔结或加入的国际条约为法律依据,根据立法计划和有关立法机关委托的立法任务,承担海事法律、法规、规章制(修)订中的立项、调研、起草、审核、报批和废止及规范性文件制(修)订、公布工作,编制和发布了《海事法规体系框架》,不断推进海事立法。2007年,协助国务院立法部门完成《中华人民共和国船员条例》的制订与颁布任务,并制订由交通部公布的海事规章和规范性文件。同时,制订与国际公约一致的国内规定、规则,涉及水路交通安全法规、船舶法规、船员法规、防止船舶污染环境法规和海事综合法规5个子系统。至2010年底,我国水上交通安全监管的法制建设从无到有、从简略到详细。1983年《中华人民共和国海上交通安全法》和1985年《中华人民共和国内河交通安全管理条例》颁发以来,我国海事已形成含有800多件法律、法规、规章和规范性文件的法律体系,其中主要的和相关或重要的法律法规52件。1997—2007年,完成全国人大、国务院及有关部委等法律、法规及重要规章和提案的征求意见回复100余件。各省(区、市)加紧海事立法,分别制订、出台了一批地方海事法规、规章、规范性文件,仅1999—2007年就达180多件。这为海事履职提供了重要的法律支撑。2004年,全国海事系统推出8项便民措施,统一推行海事行政执法政务公开,推行海事行政执法责任制、执法公示制、错案责任追究制。通过规范执法,全国海事系统依法行政能力和水平不断提高。2007年,中国海事局获得“全国政务公开先进单位”称号。

自1973年我国恢复国际海事组织成员国地位至2010年的37年,中国海事(1998年之前称“航政”

或“港监”、“海监”、“水监”)跟踪国际海事发展方向,积极参与各国、国际组织的海事合作和交流。至2010年底,中国海事已与国际接轨,由我国政府批准加入和生效的国际公约或议定书、修正案等共有42个,包括默认接受大部分历年的修正案。以国家立法、国家主席令、国务院文、交通部文颁布法令规章和内部实施细则等形式履行国际公约核心内容,仅1979—1999年参加国际海事公约达15项,转化为国内海事法规与实施细则200余件。此外,中国海事已与30多个国家和20多个国际组织建立了双边或多边海事合作机制,还与中国香港、澳门特别行政区和台湾地区建立海事合作交流制度。2009年,通过IMO自愿审核,海事履约工作得到国际海事组织的首肯。1989年起,我国首次当选国际海事组织A类理事国,到2009年底已连续当选11次(两年一次)。

第三,建成了适合我国国情的多层次、全方位、全覆盖的水上安全监管网络。1998—2010年,中国海事始终坚持以“保障水上安全,保护水域清洁,维护国家主权”为己任。特别1999年“大舜”轮倾覆特大海难事故后,以这次事件为安全监管重要节点,坚持“安全第一,预防为主,综合治理”的方针,全面履行海事职责,严格监督管理;综合利用法律、行政、技术手段,坚持预防预控原则、系统化管理原则、持续改进原则,强化源头管理、过程控制和纠错机制,不断增强对水上交通安全各个环节的可控性;侧重“四区一线”“四客一危”“四季三节”“四船一链”监管,解决海事管理中新问题;实行“坚持专项治理和长效管理相结合,注重长效机制”的安全监管思路,成功处置了多起海上事故,大幅度改善了我国水上安全形势。2009年与1979年相比,在船舶数量骤增、通航环境更加复杂的情况下,水上交通事故件数、死亡失踪人数、沉船艘数分别下降93.9%、71.2%和87.6%。我国水上安全形势持续稳定,受到党和国家领导人、各级人民政府的肯定。

构筑了水上安全监督管理网。①通航管理方面。规划全国通航水域,组织监控重大水上活动、重点水域、重要时段,净化通航环境与规范航行秩序;对沿海和长江15个重点水域实施船舶定线制;开展大规模联合执法和专项行动,清除沉船沉物等碍航物,整治非法采砂、捕捞、水上养殖等碍航行为。把保证2008年北京奥运会帆船比赛水域安全,参加“5·12”四川汶川地震救灾,确保2010年上海世界博览会与广州亚运会,保障长江三峡施工期间等重大水上活动的安全作为重点中的重心工作,创造了良好的水上通航环境。②船舶管理方面。中国海事局授权实施港口国监督(PSC)的海事机构49个,港口国监督检查船舶数居亚太地区第二位,港口国监督管理水平与国际海事全面接轨。运用国际公约监管中国籍船舶,做好开航前检查,推行重点船舶跟踪和诚信管理,使中国籍船舶在国外PSC检查中保持较低的滞留率。到2000年,中国籍船舶脱离港口国监督检查“黑名单”,中国船旗连续多年被巴黎备忘录、东京备忘录与美国海岸警卫队等港口国组织列入“白名单”或“优质船旗”。③船员管理方面。建立了船员培训和考试评估发证管理制度,规范船员培训、考评和发证;开展了海船船员无纸化考试,船员考试实现历史性变化。2000年,我国被国际海事组织确认为“完全和充分履行《78/95海员培训值班国际公约》第一批“白名单”国家,使中国船员在国际海员市场更具竞争力,并先后与20个国家和地区签订相互承认海船船员适任证书的协定。④危险品和防污管理方面。建立对危险品船申报、审批、检查环节的监管预控体系,保证船舶载运货物安全;建立、完善船舶污染事故应急反应体系;建立各种溢油应急计划,其中国际性1个、国家级1个、海区级4个以及省(区、市)、港口级36个,基本形成国际、国家、海区、省(区、市)、港口、船舶码头6级船舶溢油应急反应体系。⑤船舶检验管理方面。建立船舶检验质量管理体系,以及从检验发证源头上禁止低质量船舶进入航运市场的长效机制。⑥航运企业管理方面。完成《国际安全管理规则》组织实施工作,中国籍国际航行船舶及其公司全部通过安全管理体系审核。

主动服务社会经济和港航企业。中国海事提前介入,主动作为,积极服务国家和地方经济和水上重点建设工程,做好对长江三峡、港珠澳跨海大桥、上海东海大桥、杭州湾大桥、长江苏通大桥与润扬大桥、曹妃甸港区、天津北港区、上海洋山深水港、长江口深水航道,以及东北老工业基地复兴等一批国家重点水上工程建设,还有天津滨海新区、长江黄金水道、海西开发、北部湾等的现场安全维护。同时,服务好每年夏季的“迎峰度夏,抢运煤炭”安全保障,为缓解华南、华东地区电煤运输紧张局面做出了贡献。

海上搜救与应急反应能力全面提升。经过不断建设和调整,形成中国海上搜救中心及沿海 11 个省(区、市)以及长江、黑龙江干线水域完整覆盖的搜救网络,初步建成较为完善的海上搜救和船舶污染事故应急反应管理体系。仅 1998—2009 年,共编制完成国家级海上搜救专项应急预案 1 个、交通专用应急预案 7 个、省级搜救应急预案 20 个;共主办或联合举办 10 次较大规模的海上搜救综合演习和 1 次模拟搜救演习;共组织、协调、指挥海上搜寻救助 9900 起,122320 人脱险,平均每天救助 34 人,救助成功率达 93.2%。建成了我国海上遇险与安全信息接收和播发网络,建立了全方位覆盖、全天候运行、快速反应的水上险情应急机制,提高了海事应急反应能力,有效地组织实施了重大海难搜救行动。还在防风、防汛与重大海难救助和油污染等应急处置中,将损失降到最低限度,保护人民生命财产安全,有效避免重大环境污染。到 2010 年底,已选派 9 名优秀海事船船长和执法骨干参加亚丁湾编队护航,与海军官兵紧密配合做好接收信息与船舶沟通联系等工作,组织编制护航编队方案,配合海军护航编队完成护航任务。

第四,初步形成了不同层次、交叉覆盖、功能先进的海事设施(备)系统与信息预警机制。经过多年建设,尤其自 1978 年改革开放之后的国家投入与建设力度加大,中国海事现场执法的海事巡逻船艇形成系列。至 2010 年底,直属海事系统有 3 艘千吨级巡逻船,1103 艘 60 米、45 米、30 米级及以下级别巡逻船,共同构成监管覆盖沿海离岸 100 海里范围,监管范围延伸至专属经济区的海事船艇编队。地方海事系统有船艇 1600 余艘,基本满足管辖水域的安全监管需要。

构建了全面可靠的航海保障平台,提供安全畅通、值得信赖的航行环境和助航服务。至 2010 年底,经过不断建设和布局,直属海事系统管理与维护的沿海公用航标 5982 座(全国沿海航标 9750 座),业已初步形成不同层次、交叉覆盖、功能先进的海区“航标链”,基本覆盖我国沿海重要港口及附近水域。航标使用率均超过交通部规定标准。沿海海域测量绘制,已测遍我国 400 余万平方公里海域,编绘全国沿海开放港口和重要水道海图万余幅,编写、发行 1000 余万份航海图书资料,形成民用航海图书体系。

信息化建设与应用全面展开。1998—2010 年,直属海事系统水监信息系统一期、二期工程建成,三期工程启动;海事信息主干网络建成,开发、应用一批海事业务应用软件和辅助决策系统,整合信息资源。至 2010 年底,直属海事系统已在沿海和长江干线建成 30 个船舶交通管理系统(VTS)中心、91 个雷达站和一批电视监控系统,VTS 规模总量占世界的 1/3,监管水域达 7.4 万平方公里,使我国成为世界 VTS 数量最多、监控水域面积最大的国家;22 座差分全球定位系统(RBN-DGPS)基准台站建成,在距我国海岸线 300 公里内提供高精度的船舶定位导航服务,同时建成电子海图数据中心;在沿海与长江干线重要港口、水域建成 121 座船舶自动识别系统(AIS)岸基站;建成沿海和长江干线 CCTV 视频监控系统,安装摄像头 450 个,建成 VHF 站点 134 个,使用船舶远程识别与跟踪系统(LRIT)和 VTS、DGPS、AIS、CCTV 等相结合,并开通水上搜救专用报警电话“12395”。一个布局合理,层次分明、功能完善、性能可靠的综合保障体系已建成。海事信息化带动了海事管理的现代化,为实现“数字海事”奠定了坚实基础。

第五,建成了适应国家经济与航运发展需要的海事管理队伍。中国海事建立健全激励、约束机制和进入、退出机制,进一步完善海事队伍管理配套制度和措施。直属海事系统以“三个海事”打造执法、人才、干部 3 支队伍;建立领导干部任免、考核、奖惩、培训、监督等管理制度和程序;实行领导干部任前公示制、试用制、任期制和竞争上岗机制,完善干部选拔任用机制;开展全员教育培训;从 2001 年起实行“凡进必考”,以执法人员考任制为核心,建立双向选择、竞争上岗的用人机制等。地方海事系统在引进人才、加强职工教育培训等方面成效显著,通过加强行业作风建设,执行管理准则,全面提升了执法水平。同时,直属海事系统通过“规范管理年”“强素质树形象”和海事职务等级标志制，半军事化管理、拔尖人才建设与储备和引进、多渠道教育与培养，与国际相关组织交流与合作等举措，使队伍不断发展，整体素质全面提高。至2010年底，直属、地方海事队伍能够胜任各自辖区水上交通安全监管的需要，其中直属海事队伍已达近3万人，监管面覆盖中国海域和长江干线、珠江、黑龙江水域。

三

历史的辉煌给我们前进的信心，历史的经验提供我们发展的力量。61年来，现代中国海事在党中央、国务院与交通部的领导下，依法行政，严格管理，积极服务，适应经济社会发展需求，释放出无限的活力。从海事立法、执法、监督、保障、服务及履行国际公约，到专业执法队伍和基础设施建设，形成管理体系相对完整与规范、管理法律体系框架基本确立、综合监管能力全面提升、管理队伍已具一定规模、管理设施(备)与综合保障、信息化等管理手段全面优化，完全适应水上安全监管需要，并与国际接轨，具很强经济性、专业技术性、涉外性、公益性、整体性的国家水上安全监管重要执法力量。

现代中国海事从1949年10月1日至2010年底取得如此的重要成就，有其自身发展的主要动因，也有必须坚持的发展规律：

第一，坚持与时俱进，保持决策的正确导向。紧跟党中央、国务院和交通部发展战略部署和要求，谋划全局和重点，研究发展战略和规划，以人民的利益为根本，制定水上安全监管方针和政策，一切决策符合时代的要求。

第二，坚持把安全作为第一要务，遏制重特大水上事故的发生，确保水上安全形势持续稳定。紧紧依靠各级人民政府，坚持“安全第一，预防为主”方针，把水上安全、防止污染和监督管理作为中心任务，将满足社会经济与港航企业发展放在首要位置，围绕安全稳定，强化监管，立足长效，标本兼治，建立健全安全管理长效机制，杜绝水上重特大事故的发生。

第三，坚持改革创新，不断提高海事管理的效能。不断解放思想、转变观念，积极探索统一开放、竞争有序的海事管理规律，破解水上安全管理难题，转变安全管理模式，由传统监管向现代管理与服务并举转型，提高管理质量，不断满足社会经济和港航企业发展需求。

第四，坚持服务意识，不断提高公共服务能力。在建立统一法规、统一政令、统一执法的法律法规体系的基础上，坚持依法行政，推进作风和工作方法的转变，增强行政执行力和公信力，着力提高服务社会经济发展、服务港航企业发展、服务百姓水上出行便捷安全的能力，争取得到社会的大力支持和港航企业、百姓的积极拥护。

第五，坚持海事队伍的建设，提高综合执法和监管能力。海事队伍是一支具有行政执法职能的队伍，必须具有较高的素质、过硬的作风。就海事作用、地位来说，就要狠抓行风建设，勤政廉政，反对不正之风，始终坚持监督与服务并重原则，端正服务思想，改变工作作风，严格执法，诚心服务，才能树立起良好的执法形象。

第六，坚持加大投入，提高海事监管基础设施和装备水平。依靠现代高新技术，加快支持保障系统建设，完善监管设施，完善安全通信、巡航搜救一体化技术支持体系，采取联合执法等措施，进一步整合安全保障和行政执法资源，提高支持保障能力，提升安全监管设备技术水平，切实提高监管救助能力。

第七，坚持科技创新，不断提高海事管理能力。不断创新，开发应用先进实用的管理技术和设备，使海事科技成果尽快转化为水上交通运输秩序监管手段与能力，同时培养造就一大批高素质人才，提高海事核心竞争力，推动海事现代化建设的步伐。

第八，坚持借鉴先进经验，融入国际海事社会。随着我国进一步对外开放，海事部门在不断与国际接轨,履行国际义务,参加制订各种有代表性的国际公约,跟踪国际海事新动态,与国际海事组织等多个国际及地区组织开展合作、交流的过程中,学习借鉴先进国家的海事管理方法与经验,全面提升履行国际公约水平,保护我国船员利益,促进海事管理水平进一步提高,树立我国政府良好履约的大国形象。

记录和整理现代中国海事发展历程,用文献的形式使之流传后世,以启迪来者,是海事文化发展的重要形式。以史为鉴,对照现实,把握未来,是海事文化建设的重要组成部分,也是中国海事跨越式发展的一项基础性工作。我们将现代中国海事61年概貌和经历的重大历史事件、所取得的重大成就客观地展现出来,从比较中认识价值,从总结中找出经验,从探索中引出规律,为当前和未来的中国海事发展提供借鉴,创造更加光辉灿烂的新篇章。目前,中国海事紧紧围绕水上交通安全监管工作,坚持管理和服务并举,服务国家战略,不断创新理念,优化模式,强化监管,服务大局,瞄准“建设国内一流的经济执法系统和国际领先的海事管理机构”,以达到“监管立体化、反应快速化、执法规范化、管理信息化”的目标,全面履行职责,着力推进海事政府职能的转变、转型升级,全面提高监管能力和服务水平,实现海事发展新突破与新跨越。我们坚信,在党中央、国务院与交通运输部的正确领导和各级政府的大力支持下,中国海事定能凝聚力量,砥砺前行,向着目标高歌猛进,明天定会更加璀璨辉煌,未来定会更加绚丽多彩。

第一章　中国海事的全面恢复和发展（1949—1952年）

1949年10月1日，新中国成立，中国历史开启新纪元。以水上交通安全监督管理为中心的中国海事，在结束半殖民地半封建历史，接管国民政府旧航政基础上建立起新的海事，揭开现代中国海事历史的序幕。现代中国海事仍沿用“航政”（通称“水上交通安全监督管理”）名称，直到1998年。

中华人民共和国成立至1952年底，是国民经济恢复时期，也是中国航政全面恢复和发展时期。这一时期，交通部在其内设的航务总局下设航政组（室），统领全国航政事务，首次明确航政部门为国家“主管机关”。之后，航政机构开始由全能独立机构变为“政企合一”的港航机构中一个职能部门，并经历从航务统管，到港航分管，再到以港务管理为主的过程，且机构频繁变化，名称不断改变。至1952年底，由中央和地方航政机构共同构成的全国航政管理体系已初步建立起来。

新中国成立之初，人民政权在对国民政府航政法规、规章修改与沿用的同时，在较短的时间内制订公布了一批新的航政法规、规章，各地航政机构（部门）制订的航政兼港务、航务等规范性制度亦次第形成，其中多数为草案且尚属临时性，有些沿用国民政府航政法规条文，具有一定局限性。但在新的管理法规、规章制度尚未形成之前，这样的做法有利于改变无章可循的局面。

面对新中国成立之初水运承担80%以上繁重的支前任务的情况，中国航政确定船舶、船员、通航、船检、航标等管理重点，集中开展全面监督管理，使刚接管的原国民政府航业与船舶迅速投入营运，保证解放战争物资运输。作为把守“国门”的口岸联合检查（联检）单位之一、联检组组长，各港航政部门对外国籍船舶实施了有效监管，维护了国家主权。

新中国成立之初，百废待兴，航政管理设施（备）较少，队伍和人员有限，且水平不高，但毕竟是人民航政的希望，为以后我国航政发展打下坚实的基础。

第一节　接管和沿用国民政府航政

一、制定接管国民政府航政的政策

1949年3月5—13日，党的七届二中全会在河北省平山县西柏坡举行，毛泽东明确指出：“从我们接管城市的第一天起，我们的眼睛就要向着这个城市的生产事业的恢复和发展。”“只有将城市的生产恢复起来和发展起来，将消费的城市变成生产的城市，人民政权才能巩固起来。”因此，中国共产党一开始接管国民政府政权，就将恢复和发展经济作为首要工作，并不断地储备人才，制定切合国情、实事求是的接收原则和政策，即“不打乱原来企业和机构，自上而下的整套接收，逐步改造”的接收原则和“三原”（原职、原薪、原制度）政策。到新中国成立时，东北、华北全部解放，两地接管国民政府航政机构与资产的任务已基本完成。

根据接收原则与政策，沿海、内河及各省（区、市）政府接管国民政府航政、航运组织、资产的工作，由新成立的军事管制委员会接管部门召开国民政府航政员工会议，宣布接管命令，然后宣讲形势和有关政策、纪律，以消除他们的顾虑。责成有关人员清点、查封、看管原有物资和账册，整理和造册，等候接管。

按不同系统,基本上由各地成立的军管会航运处接管。被接管的国民政府航政机关或管理机构、管理人员及职工基本上留用,并恢复原职原位,工资待遇一概照国民政府标准发放。由于接管方针符合实际情况需要,因此接管秩序良好,整个接管工作进展比较顺利。如武汉市军管会航运接管处对航政接管,先宣布接管命令,阐明政策,进行教育,以安定人心;封存物资,查清情况;组织成立清点委员会,逐一审核清点物资,再行接收。

接管的国民政府航政人员,大部分留用,或送各类学校学习,学习期满后量才录用,只有少部分回乡。这样的政策既调动了留用的国民政府航政人员的工作积极性,又平稳地缓解了人才极其缺乏的困难局面。1949 年 1 月 15 日,天津解放时,为稳定民心和管理方便,原有航政、航运组织与企业系统暂时维持不变,绝大多数职员(含局长、经理、总工程师)继续留职工作,原有管理机构和制度予以保留。由于军代表、接管人员认真贯彻党的接管政策,深入开展调查研究,紧密依靠人民群众,充分发挥原有国民政府组织机构和职员的积极作用,保证了航政、港务及港航生产迅速顺利开展,为以后天津航政发展提供了良好开端。1949 年 5 月 27 日,上海解放。上海军管会航运处按照“快接”“细收”的接管方法,对主要仓库物资、重要账册快速查封和办理移交,按具体业务部门成立清点小组,自下而上地进行清点接收,并公布清点工作的奖惩条例。其他地方接管航政也是一样,组成清点委员会或小组,讲明政策,暂时封存物资,清点物资,然后逐一接管。

由于接收前广泛听取各方意见,调查摸底工作做得扎实,加上制定了周密的接管计划,严格掌握接收政策,全国各地接管工作进展都比较顺利,均实现了平稳过渡。

二、接管国民政府航政机构及人员

国民政府时期,航政管理格局是区域航政局主管、各省(区、市)航政机构分管、海关兼管。

1949 年 10 月,全国范围内的战争尚未结束,人民解放军继续向华南、西南进军。此时,全国 80%以上客货运输,尤其人民解放军军用物资基本上靠水路运输。新生的人民政权,既要接管国民政府航政,又要立即恢复航运,以满足支援前线和物资运输的需要。为此,新成立的中央人民政府按照对东北、华北的国民政府管理机构与官僚资本的接管经验,确定符合当时实际的接管原则与政策,使接管工作顺利进行。接管工作是随解放战争由北向南逐渐推进,且先沿海城市与农村,后内河水系城市与农村。各地一解放,部队即会留下一部分干部、战士,组建军事管制委员会进行接管。军事管制委员会下设立专门机构,负责接管航政与交通业及其各种资产,主要接管组织机构、人员资产、设施(备)等。一般是由军管会的交通航运或航政机构组织接管。

东北是解放最早的地区之一,也是人民解放军接管最早的地区。1948 年,人民解放军相继接管日本与国民政府航政与水运及各种资产,在营口成立东北航政总局,设立安东(今丹东)、哈尔滨航政局。1950 年 3 月东北航政总局迁至沈阳。5 月,在东北航政总局的基础上,东北人民政府航务总局在沈阳成立。

对于解放后的天津城市与农村接管,中共中央与毛泽东极为重视。1948 年 12 月 28 日,华北人民政府交通部就在石家庄召开接管动员大会,由中央与华北局抽调 7400 多名干部,准备接管天津。华北地下党组织对接管工作做了详尽安排,及时发出解放与接管天津及华北地区城市的指示,要求必须尽可能保证这些城市与工业区完整地归还于人民。1949 年 1 月 15 日天津解放,17 日塘沽解放,人民解放军随后成立天津区军事管制委员会,接管国民政府交通部在天津的行政管理机构和企业单位,以及少量海军工厂和港航企业。航政是由军管会接管部航政组接管,分为准备、复业、总结 3 个阶段进行。接管的航政财产有:天津张自忠路 109 号的天津航政局的办公房、宿舍各一座,总计 82 间;建筑用地约 4 亩;小型工作船 2 艘、汽车 2 辆、小型船舶 3 艘。另接收人员 61 人。3 月,天津港全行业已基本完成接管。天津港接管,堪称我国沿海大港接管之首(当时大连港由苏联管理),为后来其他港口接管积累了有益经验,培养了大批干部。

1949年5月25日,宁波解放。宁波市军管会接管江海关宁波分关和上海航政局宁波航政办事处。

1949年5月27日,上海解放。5月29日,上海市军事管制委员会航运处分别接管国民政府上海航政局、交通部南京港工程处等17个单位。国民政府上海航政局接管后改名上海市军管会财经接管会航运处航政局(以下简称上海航政局)。上海航政局组建中共党支部,隶属航运处领导,负责航业登记,船舶检验、丈量、登记,船员、考试、发证和海事处理等航政工作。嗣后,上海市军管会航运处还接管国民政府交通部在沪其他港航机构,如上海港务整理委员会。

1949年6月2日,青岛解放。青岛军事管制委员会港务部接管青岛市港务局和天津航政局青岛办事处。

1949年8月17日,福州解放。8月25日,福州市军管会财经部交通处接管国民政府广州航政局福州办事处,又接管原广州区引水业务辅导委员会福州港引水业务所等港航机构和企业,成立福建省人民政府航务局。10月,接管闽江工程处的河道疏浚及福(州)马(尾)段航标管理等事务。11月14日,厦门市军管会财经处交通组接管国民政府广州航政局厦门办事处与厦门港引水事务所等机构。

1949年10月14日,广州解放。27日,广州市军管会航运处接管国民政府交通部广州航政局等在广州的港航单位。随后汕头、湛江、肇庆、海南、钦廉等地也相继解放,军管会相继接管当地航政办事处,以及招商轮船分公司等港航企业。

1950年4月,海南岛解放。7月,海南军政委员会派军代表接管国民政府交通部广州航政局海口办事处,以及财政部海口海关、招商局广州分局海口办事处。9月,海南航政、水运实行军事管制。

其他沿海港口也是如此,接管过来的国民政府航政部门并入当地新成立的航政组织,如秦皇岛、福州、厦门、湛江等。

长江沿线城市与广大地区均是1949年解放的,解放基本顺序先下游后中游、上游。这样,人民解放军分别在南京、武汉、重庆等主要沿江城市成立军事管制委员会,接管当地国民党政府的航政、航运、海关等系统的机构、船舶和人员。接管基本上是沿江自下而上,分段接管,各自管理。上海至九江的长江下游段,由华东军政委员会交通部接管;九江至宜昌的中游段,由中南军政委员会交通部接管;宜昌以上的上游段,由西南军政委员会交通部接管。如1949年5月18日武汉市解放的第二天,市军事管制委员会就成立了,下设交通接管部。按照武汉市军事管制委员会确定的"凡与港航有关的国民党政府设置的机构一并予以接收"的原则,及"属于国民党政府直接设置的机构,属于地方经营与设置的机构,均分组进行接收"的方法,5月29日交通接管部按交通的五大系统——铁路、公路、航运、电信、邮政,分别成立接管处。航运接管处接管国民政府交通部长江区航政局等交通系统的8个单位。其他沿线各城镇解放,人民解放军军管会均接管所在地的航政机构及航运企业等。

其他水系的各省(区、市)城市及广大地区,与沿海、长江情况一样,解放后即由人民解放军成立军事管制委员会,组建新的航政、航务机构,接管所在地国民政府航政及其他交通、航运机构与官僚资产,交由新成立的地方政府或航政部门管理。同时还公布一些重要航政法规、规章及各种细则,开展航政管理工作等,为水上交通提供安全保障。

至1950年4月7日,中国大陆除西藏外全部解放。各地解放后成立的中国人民解放军军事管制委员会均立即接管国民政府航政机构与官僚资产,再交由新成立的人民政府或航政机构(部门)管理。

三、留用国民政府航政人员

新中国成立初期,接管和留用国民政府航政人员也不是一帆风顺的,其中最突出的代表事件是接管上海铜沙引水公会。由于党的政策正确,注意发挥中国籍引水员骨干作用,最后困难还是得到克服。

新中国成立以后,部分人因受西方国家航商预言中国引水业离开外国籍引水员将无法运转的蛊惑,心存疑虑,一段时间与人民政府保持一定距离。据1949年7月16日统计,上海铜沙引水公会有执业引水员25人,其中外籍引水员14人、中国籍11人。1950年6月份,上海区航务管理局成立引水科,管理引水业务,由航政部门领导。上海铜沙引水公会仍作为一个独立实体而存在,想以团体名义与新政权谈判,维持自己独立存在的状况。但港务局想通过与留下来20多名中外引水员磋商,设计出一个平稳过渡、不损害公会成员利益的移交方案。这样,从1949年8月12日至1950年5月20日,港务局对公会召开3次委员会会议、4次特别全体大会和7次紧急特别全体大会,但没有形成统一方案,且参会人员从20多人减少到10多人。后来鉴于形势的发展,铜沙引水公会同意由港务局接收,成员作为公职人员,并提出每人每月参加引水业务最多8次,且必须保证他们基本工资,还要求中国籍引水员每月给予工资不少于800美元,外籍引水员每月给予工资不少1500美元。部分外籍引水员还与外国航运公司联络,让后者联名要求继续雇用外籍引水员。面对这种情况,上海区航务局与上海铜沙引水公会耐心谈判,表示决不继续留用外籍引水员。通过多次对中国籍引水员的教育,使他们有所醒悟,并逐渐支持人民政府接管的移交方案。1951年3月1日,上海港务局完成接管上海铜沙引水公会的任务。接管过来的10名中国引水员和3名职员全部转为港务局职工。外籍引水员原则上一律解除职务,但照顾部分年老外籍引水员,由上海港务局暂时留用4人,同他们签订“暂用合同”,作为雇用人员对待。1952年底,最后一名外籍引水员解聘。至此,我国沿海、内河港口没有外籍引水员从事船舶引水业务。

其他港口与上海港一样,相继解聘外籍引水员。如大连港留用3名苏联籍引水员,连云港港留用1名日本籍引水员,后相继解聘。

第二节 调查与管理私营航业和船舶

一、调查私营轮船业与船舶

新中国成立之初,我国运输业存在着多种经济成分。官僚资本航运企业招商局等经接管后成为国管企业。轮船运输业不发达,为数众多的为沿海、内河个体木帆船。1950年,当时全国私营航运业拥有船舶吨位,在整个公私营航业中占57.4%。全国共有木帆船29.8万艘、310万吨,完成货运量占全国水运总量75%,货物周转量的43%。据交通部海运总局1952年调查,轮船业近80家,船舶载重量22053吨。如华南航运中心广州,因解放时较大海轮均被国民党劫走,或逃亡香港,只剩下近百家经营沿海和内河短航线私营小船行的拖轮、驳船和机帆船,其中500吨以上海轮只有6艘。水上运输主要由交通部和地方交通部门直接领导的国营运输企业、部分私营企业以及遍布江河湖泊的木帆船承担。据1952年12月2日全国第一次民船工作会议的统计资料:当时全国内河共有干支流562条,长约9万公里,通木帆船航道近8万公里,约占内河干支流总长的90%(当时轮船通航航道2万公里)。全国民船约有40万艘、453万载重吨,船民约有400万人。

国家无力投资造船,木帆船运输成为我国经济建设中一支主要运输力量,在城乡物资交流中的作用举足轻重。当时沿海散布着许多规模较小的私营航业,船舶吃水浅,便于从事浅水沿海、内河港口和岛屿间的运输,还可利用风力航海,节省能源。因战乱破坏以及自身内在不足,全国私营轮船公司大多运具损破,业务锐减,入不敷出,难以为继,或被迫倒闭。

鉴于以上状况,1951年交通部在召开的第二届全国航务工作会议报告中,强调要“加强对私营轮船业的管理与领导,帮助其改善经营管理,以充分发挥运输能力,为国家运输服务",要求"私营轮船按期填送运输、财务、人事各项报表,分送该管航运局及港务局;各海运局私营船舶运输科设置私营船舶调度人员,对其船舶运输加以组织和指导"。1952年4月,交通部提出《关于处理私营轮船业的初步意见》,着重分析私船在不利于国家方面存在的问题以及公方所应采取的措施,显示开始实施对私营轮船公司着重改造的方针。会议还强调"组织内河木帆船运输,必须肃清木帆船运输中的封建把头制度,取缔黄牛船行,而代之以木帆船合作社及木帆船运输公司"。

与此同时,中央从政治角度考虑,注意民船管理工作,1951年10月20日以及1952年5月7日先后两次向中央局、分局、省(区、市)党委发出指示,要求调查了解各地民船情况,推进民船民主改革。根据中央有关民船管理要求和指示精神,1952年12月2日交通部在北京召开全国第一次民船工作会议,决定成立全国民船工作委员会(属政务院领导);各省(区、市)亦相应成立民船工作委员会,在基层成立民船协会。民船工作委员会在当地人民政府和交通部门统一领导下,贯彻党的"公私兼顾,劳资两利"和"利用、限制、改造"方针,抑制私营经济不利一面,尽力发挥有利于国计民生一面,在经济上、业务上不断对私营轮船业给予多方扶持、照顾,使其很快复苏。

各沿海港口的航政部门开始调查与掌握全国私营航业与船舶情况。天津港航政部门在1949年6月底天津已有13家民营航运企业和3家外商重新恢复营业,东方航业、远通船务行等一批新民营公司也应运而生的情况下,调查并重新登记民营航业,鼓励它们继续营业。1950年6月30日,开始研究港务和促进航运发展问题。1951年天津区港务局成立后,对民营航业实施统一管理。

1950年7月,上海市公用局管理的民船工作移交上海区港务管理局管理。港务管理局随后成立黄浦江、吴淞及苏州河船舶管理所具体负责管理。1952年,按照"利用、限制、改造"政策,全面调查上海港私营运输行业。在短短两三年内,全面掌握私营航业、码头仓库业和驳船运输业的情况,将它们逐步纳入国家运输计划轨道。

营口、烟台、青岛、厦门、北海等沿海各港航政部门,按各自航运需要调查私营轮船业和木船业。

新中国成立以前,长江流域私营轮船业遭受国民党军队严重破坏和劫夺,濒临倒闭,经营难以为继,混乱不堪。新中国成立初期,华东、中南和西南军政委员会分段管理长江航业,着手整顿长江航业。各航政部门开始全面调查沿江航业,掌握情况,分别处理。通过派专人或组成专门的调查组,实地考察、核实每个航业,基本上掌握了情况。对符合适航条件的船舶随即投入营运,需要修理的船舶提出修理方案。稍加修理即可使用的船舶,立即修补,尽早参加支援前线运输;需要修理才能使用的船舶,做出统一安排。对于需要修船而又缺乏资金公司,由航政部门出具证明,政府适当给予贷款,以解决修船急需费用。1951年,南京航务分局组成调研小组,深入调查安庆以下长江各港口航业、航线、码头,进一步制订恢复运输的对策,使航运得以较快恢复。

珠江流域,在新中国成立初铁路、公路运输都不发达的情况下,为数众多的私营和个体船舶为发展经济、开展城乡物资交流发挥了重要作用。1951年初,广东内河航运管理局成立后,组织人力全面调查全省航运情况,除内河轮渡、民船、沿海轮船及码头、仓库、装卸能力等情况外,重点了解私营轮船业的组织、资金、经营与私营造船工厂情况,为日后经营、管理决策提供依据。1951年8月,成立广东省民船联合运输总社,加强木帆船管理,并相继建立各地区(县)民船运输分社、支社(站),取代原有民船管理机构的运输业务工作,并取缔"空头运输行",废除一些陈规陋习,建立一些规章制度,使运输秩序有所改善。

其他内河水系的各省(区、市)建立起来的新生航政机构,根据当地省人民政府与交通主管部门统一部署,调查各自辖区水上私营航业和船舶,以求全面地掌握私营航业状况。福建省航政部门,加强管理沿海个体、分散的民间木帆船运输业,初步形成以新兴的国营企业居主导地位、多种经济成分并存的水运系统。

各沿海、内河及省(区、市)新生的航政部门通过调查登记私营船舶,基本上摸清各地私营公司情况,大体上有如下几种:困难不大,私商亦有信心经营,只要稍加业务指导,即可继续发挥作用;历史悠久、规模较大,且国内外有影响的私营公司,只要加强内部整顿,并给予一定贷款予以扶持,即可获得发展;规模较小,困难甚大,负债已超过实际资产,已无信心经营,或准备伺机转业;在大陆虽虚设机构,但船舶却流散海外;国内外均无船只,纯属"黄牛"船行。

二、登记和检验私营轮船业与船舶

在全面调查私营航业和船舶基础上,新成立的航政部门根据国家"利用、限制、改造"方针,扶持私营航业和船舶的精神,重点登记和检验私营轮船业与船舶,促使其符合航行要求。对"各自为政"、盲目竞争的私营航业,以及资金甚少且规模不大的独立经营者,从改变运输组织入手,督促它们联营或合并,成立统一运输公司。

1949 年 5 月 27 日上海解放后,上海军管会航运处为支持私营航商从事打捞和修理船舶工作,共发放贷款 50 余亿元(国民政府货币)。11 月 8 日,华东区航务管理局开始对 583 家属于民族资本的航运、码头、堆栈、报关、代理等私营企业的设立、注销、船舶登记、检验、进出口签证、船员考核等进行管理。1950 年,上海港务局成立航业指导委员会,核发贷款,协助打捞沉船,解决部分困难,团结和指导私商参加复航工作。

1949 年 10 月 14 日广州解放后,广东省沿海及省内内河各沿岸受到国民党散兵、残匪扰劫。新成立的广州市军管会采取派军队驻守、舰艇巡逻、组织船上护航队等措施,打消航商的顾虑。11 月,规定广州港航单位、船舶须向航政部门报到、登记,检丈证书和所有权证书经审查符合规定,取得临时通行证,按原来航线继续营运,同时办理船舶登记。此后,全省各地各航线船只陆续登记,纷纷开航。就连一些原来航行香港、澳门线的船只也纷纷回来参加内地航运。对参加军运、支援前线的船只,省支前司令部运输处还发放《内河船舶军运给与暂行规定》,专门规定照顾船方成本和利益的措施,受到航商的拥护。海南岛等沿海岛屿相继解放,陆续有船只出海,沿海运输开始恢复。对停泊港、澳小型货轮和风帆船归来,采取鼓励、扶持的政策,重视和扶持航运业和私营船舶。这与广东解放前航商的船只一经封用即告破产,航商视军运为祸的情景形成鲜明的对比。仅 1949 年 10 月广州解放至 1950 年 2 月,广州驶往东江、西江、北江、珠江三角洲等的定期班航线均陆续恢复通航。

1952 年 4 月,福州港航政部门登记闽江下游木帆船联运社的木帆船 288 艘、2570 载重吨。5 月 10 日,又登记闽江上游木帆船联运社的木帆船 4943 艘、27522 载重吨,并对福州港区沿海木帆船实行航政管理。

长江新成立的航政机构,在调查长江私营航业与船舶后,立即进行技术监督管理工作,侧重登记私营航业和船舶,以确定公司所有权,审核船舶适航条件,领发证照,投入营运。自 1950 年开始,对木帆船进行检查、丈量、登记发证,固定船籍港,规定进出口办理签证的制度,考核评议木船驾长,以保障航行安全。制订系列规章管理制度,先后出台《长江区船舶申请检验丈量暂行办法》等 9 种船检暂行规章。

其他各省(区、市)新成立的航政部门,也将木帆船运输业和船舶管理作为当时航政管理的重要内容之一。

江苏省航政部门,一方面加强对民间木帆船的领导管理,开展检丈登记、固定船籍港工作;另一方面对民间木帆船给予积极扶持,组织贷款维修民船,使木帆船运力得到有效恢复。1950 年下半年,苏南、苏北地区分别对营运木帆船进行检查、丈量、登记、发照,固定船舶港籍和办理进出口登记等。检丈登记的主要内容是:检查丈量船体结构、尺寸、吨位、性能和主要工属具、安全设备的配置情况,登记确定船舶所有权,核定船舶载重量。符合规定要求的木帆船,由航管部门统一发给经营许可证。配合水上公安部门登记船户人口港籍。

河北省航政部门体察船民疾苦,及时为他们排忧解难,鼓励和扶持民船从事运输生产。1950 年冬,人民政府通过航政部门向南运河 615 艘民船发放修船贷款共 41420 元(1951 年发放 38320 元,1953 年发放 34420 元),对大清河、子牙河和商运河等地民船发放贷款。使一批濒于破产船民获得新生。以上措施极大地激发了民船参加运输生产的热情。

河南省航政部门,在建立与健全管理机构的基础上,大力扶植广大民船,加强组织运输生产管理,逐步建立人民航运新秩序。当时,对分散、流动、以船为家、各自营运的民船,定港定籍和编组编队组织运输。省航运局于 1950 年抽调干部,经过培训,成立沙河船舶检丈组,对船舶进行检验。1951—1952 年,成立唐白河、丹江检丈组和洪河、淮河检丈组。另以沙河为试点,对参加运输的民船进行登记。对载重 3 吨以上木帆船进行检丈,检丈合格者发给检丈合格证书。经过登记和检丈的民船实行定港定籍。

在国民经济恢复时期,沿海、内河及各省(区、市)航政机构,按照党对私营航业和船舶优惠政策,从扶植、整顿与改造出发,开展私营航业和船舶的管理,限制资本主义自发倾向的泛滥,发挥有利于国计民生的积极一面,促进私营航业和船舶恢复与发展。木帆船运输业通过社会主义改造的初级形式,组织起来,克服以往盲目流动性,初步纳入国家计划轨道。大量民船船工通过学习,提高了社会主义觉悟和集体主义观念。众多木帆船得以充分利用,成为恢复和发展国民经济一支重要力量。

正是在此基础上,国家在接下来第一个五年计划时期,能根据党的过渡时期总路线精神,有重点、分步骤地改造私营轮船业、木帆船业、个体木船业及兼替木帆船办理手续的报关业等,并侧重于轮船业与船舶的登记和检验等航政管理。通过社会主义改造,各种船舶被纳入国营企业或组织成立公私合营企业和航运合作社。

第二节　“政企合一”的航政管理体制始建

一、航政分由港航体制管理模式的确定

新中国成立以后,构建新的航政管理体制,是半殖民地半封建航政结束、新生的人民航政开始的重要标志,又是废除国民政府法统,建立巩固新政权,开创和发展新航政的重要环节和前提。新政权建立伊始,中央人民政府要求建立现代管理机构要突出两个重要特征:一是突出为人民谋利益的根本宗旨和适应国家总体形势需要;二是维护国家主权完整。其中第二点最为突出。

根据 1949 年 9 月 27 日中国人民政治协商会议第一届全体会议通过的《中央人民政府组织法》第十八条规定和党中央有关决定,中央人民政府交通部于 11 月 1 日正式成立,成为领导全国公路、水路交通行业管理部门,形成了政事企合一、中央集权、直接管理全国交通直属系统的行政格局。交通部首任部长为章伯钧,副部长为李运昌、季方,整个领导机构以原华北人民政府交通部为基础。

交通部成立后,即着手规划两项重要工作:一是在原华北人民政府交通部的基础上,建立和调整办公机构,临时设置一厅二司三处一局。其中一局是以华北人民政府交通部内设机构工务处(下设航港组、航政组)为基础建立起来的航务总局。二是根据政务院财政经济委员会指示,1949 年 11 月 19 日至 12 月 28 日在北京召开首届全国航务、公路会议。

根据规划,交通部如期(1949 年 11 月 19 日至 12 月 28 日)在北京召开第一届全国航务、公路会议,朱

德、陈云莅会讲话。会议研究航政、港务统一管理和港口生产纳入国家运输计划问题,确立在交通部下设航务总局及国营轮船总公司,领导航务建设,管理航运工作。会议确定航运与航务工作基本任务:"继续支援解放战争,解放全中国,并为恢复生产服务"。其中航政主要任务有:整顿和建立管理制度,制定统一规则,简化航行船舶检查手续,制定船舶检验标准和登记规则,改善引水制度,加强运价管理等。

1950 年 2 月 21 日,政务院将交通部第一届全国航务、公路会议决定的内容,以《关于 1950 年航务、公路工作的决定》发布。据此,交通部确立包括航政在内的全国航务管理体制:

(1)交通部下设航务总局及国营轮船总公司,领导航务建设,管理航运工作;

(2)在沿海主要港口及长江设置航务局:①天津区航务局(下辖烟台、威海卫、秦皇岛、青岛和连云港等航务分局);②营口区航务局(不久改为东北航务局,下辖大连、安东等航务分局);③上海区航务局(下辖宁波、福州和厦门等航务分局);④广州区航务局(下辖汕头、海口、榆林港、广州等航务分局);⑤台湾区航务局(待统一);⑥长江区航务局(下辖汉口、南京、重庆、芜湖、九江、沙市等航务分局)。

(3)国营轮船总公司(将国民政府招商局业务归并)设于上海,统一掌管国营轮船运输业务。

(4)内河航运管理:①跨越两大行政区以上的内河航运,由交通部航务总局直接管理;②跨越两省以上的内河航运,由大行政区交通部设立内河(如松花江、珠江、运河)航运局直接管理,并接受所经各省交通厅的指导;③一省之内的航运,由省交通厅管理。但与跨越两省以上内河相通且能通行轮船的,按实际情形,由大行政区交通部或中央交通部航务总局直接管理。

以上各航务局在交通部航务总局领导下工作,但根据具体情况与领导上方便,由交通部暂行委托各大行政区或省、市代管。如广州区航务局暂托广东省人民政府代管;宁波航务分局暂托浙江省人民政府代管;福州、厦门航务分局暂托福建省人民政府代管;营口区航务局暂托东北人民政府代管。

首届全国航务、公路会议有关建立包括航政在内的交通管理体制决定,是在废除西方列强势力在中国的特权,接管原国民政府航政、航运机构基础之上做出的。这些新建立的管理体制与设置的机构模式,标志着新中国交通管理体制步入新时代,也是中国航政(海事)进入现代历史的开端。

1950 年 7 月 26 日,为统一航务港务管理,由政务院财政经济委员会主任陈云签发《关于统一航务港务管理的指示》,指出:"从一年来航务港务管理情况和经验证明:为加强航务及港务工作的管理,以便利航运,促进货物交流并加强港务治安起见,急需制定统一航务及港务管理的各项章则、法规和制度,并建立统一的航务港务管理机构。""建立统一航务及港务管理机构——中央人民政府交通部航务总局及各地港务局,并逐步颁布统一管理航务及港务的章则、法规、制度。①中央人民政府交通部应即着手搜集有关航务及港务管理的各种资料,并加以系统的研究,拟具管理的章则、法规、制度等方案,经政务院财政经济委员会核准报政务院批准公布施行。②在国内各重要港埠,如天津、广州、上海、青岛、大连等地设立区港务局,负责统一港务的管理工作。在其他港口,得视需要设港务分局或办事处,受上述重要港埠区港务局之领导。至于各港务局、处管辖区域之划分,及分局办事处之具体设置和办事细则等,由中央人民政府交通部另订之。"归纳起来为三大任务:(1)成立大连、天津、青岛、上海、广州 5 个区港务局及其分局或办事处。区港务局为中央人民政府所属机构,其中大连、天津、上海、广州 4 个区港务局暂托当地人民政府代管。(2)港务局根据中央人民政府交通部颁发的规章统一管理航道、码头、仓库、引水业务和人员、规费征收、船舶登记与检查、轮船业登记、船舶进出口审批以及气象水文观测资料收集与发布、海事处理、船员考核等各项工作。(3)港口货物出入口检查及有关关税征收、港内外治安、港口防疫等工作分别由海关、水上公安、卫生部门负责。各有关部门在港口成立联合检查处,由港务局局长统一领导。港务局应与海军、海关、公安、卫生等部门加强联系,协调各项工作。

根据这一指示,交通部于 1950 年 9 月底将沿海及长江的东北(先为营口)、天津、青岛、上海、广州、长江 6 个区航务局,改为大连、天津、上海、广州、青岛区港务局和长江航运管理局,并将上述地区内各港口管理权移交给各区局,区局则交由所在地人民政府代管。根据政务院的决定和财经委员会的指示,沿海各区航务局更名为区港务局,各地有关机构也相继向当地港务局移交有关航政、港务、航标事务等,实现中央关于统一管理包括航政在内的航务港务目标。各地海关也将其管理的港务、航标工作连同有关机构、人员、设施等移交交通部航务总局和各区港务局。

1951 年 3 月 20 日至 4 月 14 日,鉴于香港招商局起义船舶归来和流散海外的私营轮船纷纷回归,以及沿海大部分岛屿迅速解放,封锁被打破等有利形势,交通部在北京召开第二届全国航务会议。会议主要讨论全国航务组织机构改革,海运及港务管理区域划分,统一调拨船舶、分区经营管理、发展方向,以及如何“学习苏联经验”,“研究苏联水上运输管理办法和经验”,“参照苏联经验,结合中国实际情况,创造出新的东西”等几项根本性问题。这是我国航运史上一次重要的会议。会议还做出《关于几项重要问题的决定》,明确机构设置要按海、河分管,体现专业化精神,撤销交通部航务总局和中国人民轮船公司,分别设置管理全国公路、水路的管理部门。原来交通部航务总局分为海运总局、河运总局、航道工程总局 3 个相互独立机构,另增设船舶登记局;海运方面在沿海设置北洋、华东、华南 3 个区海运管理局;河运方面,除 1950 年已设立的长江航务管理局外,另设黑龙江、珠江航务管理局,同时撤销东北航务总局(1951 年 5 月 8 日划归交通部领导)。由此,沿海与内河均实行分区统一管理港口和运输生产的体制。

为落实第二届全国航务会议精神,初步创立航政管理体制,交通部于 1951 年做出下列决定并逐步实行:①根据第二届全国航务会议决定,经政务院 1951 年 5 月 25 日第八十六次会议批准,在交通部内设船舶登记局,负责船舶登记及技术检查事宜。②在交通部海运总局设置海务监督处,在各海运企业内设海务监督处(室、科),在沿海港口设置港务监督科、室。③在交通部河运总局设置航行监督处,内河航运企业设置航行监督处(科)或安全科。根据交通部指示和示范,地方交通主管部门逐步采取相应措施,成立相关机构。以上 3 项决策的实施,标志着交通部的全国航政管理模式由航务总局一家专管,开始变为海运总局、河运总局、航道工程总局及船舶登记局多家分管。

1952 年 11 月 15 日,中央人民政府委员会第 19 次会议通过《中央人民政府关于改变大行政区人民政府(军政委员会)机构与任务的决定》,要求改组工作最迟应在 1952 年底完成。交通部按照决定,经与各大区人民政府(军政委员会)会商后做出新规定:设立内河航务局,主要负责行政管理,并经营航运业务,以及进行航道的调查及小埠的工程修建等。华东、中南设内河航务局,东北航务局则改为松花江航运管理局,下设分局兼管黑龙江,编制一般规定为 80~120 人。华东下设淮河、运河两航务局,中南下设珠江航务局,其他内河管理工作则全部移交省级机构负责。经费按企业费开支。各大区内河航务局由中央人民政府交通部航务总局领导,政治工作与业务的监督指导归大区。它与省级管理机构是技术业务上指导关系。

这次调整后,六大行政区直属的交通部撤销,大区交通事权进一步集中到中央交通部,其中水路设立内河航运局,规模减小,归交通部专业管理总局直接领导。

由此看出,新政权建立之初,新航政是在接管国民政府航政和法统制度,废除外国势力在中国特权的基础上建立起来的。由于对现代航政管理体制认识尚浅,只能效仿苏联建立起“政企合一”的管理模式。这种“政、企、事”合一管理体制容易带来“权力过于集中”“职责不明、管理混乱”等弊病,也导致后来体制改革付出了很大的代价。

二、中国航政第一个首脑机关的始建与演变

新政权建立之初,政务院所确定建立统一航务及港务管理体制方针、政策,不仅成为后来全国航务港

务管理体制形成的指导原则,而且也是设置新的航政管理架构的依据。而此时新航政管理体制必须突出为人民谋利益的根本宗旨和适应国家总体形势需要,维护国家主权完整,而后一点最为直接、明显。

1949 年 11 月 1 日开始运转的交通部,按照规定设置部机关临时办公机构,实行总局制。以原华北人民政府交通部内设的工务处为基础建立中央人民政府交通部航务总局,统一管理包括航政在内的全国航务、港务事务。首任局长张文昂,副局长于眉、王寄一。在交通部航务总局下设立航政组(室),作为交通部统管全国航政的职能部门。航政组(室),不仅作为统领全国航政事务的第一个首脑机关,而且标志着原来独立的航政机构开始变为政、事、企合一的航务体制下一个职能部门。

1950 年起,交通部组织机构调整频繁,航政管理职责、隶属也不断改变。1950 年初,交通部拟订《交通部试行组织条例》,调整 1949 年 11 月设置的部机关临时办公机构。据 3 月公布的《中央人民政府交通部试行组织条例(草案)》显示:交通部共设 16 个部门,其中包括交通部航务总局。航务总局职掌中的航政部分,包括航道、灯塔、标志之管理,海员引水人员之考核与管理,海务事件之处理,船舶之管理调配,航务电信之组织管理,航行保安、旅客卫生等,大部为航政管理事务。航务总局下设 18 个处、室、会、公司,其中负责航政事务的有航政处、海务处、海事仲裁委员会、船员考试委员会、内河航运管理处。这样,全国航政部门由原来航务总局下一个部门(航政组)专管变为多个部门分管。3 月 24 日,交通部报送政务院的《交通部组织编制表》中显示:航务总局航政处,内设正副处长、专员和船员科、海事科、船舶科、港埠管理科,共 22 人;航务总局海务处,内设正副处长和港务行政科、工务科,共 20 人。4 月 7 日,交通部下发通知和《本部 1950 年度试行编制表》。该表显示:航务总局航政处下设行政科、船员科、航业管理科;航务总局港工处下设工务科、标志科、设计科、航道科、工程大队;航务总局内河航运管理处下设管理科、业务科。1950 年 7 月 26 日,政务院《关于统一航务港务管理的指示》下发后,根据这一指示"建立统一的航务港务管理机构"的要求,交通部着手航务港务管理机构的建立,除对已成立的交通部航务总局进行调整外,在大连、天津、广州、上海、青岛设立区港务局,负责沿海统一港务管理工作,其他港口设立港务分局或办事处。至 9 月,初步形成包括航政在内的全国第一个比较健全的航务管理系统,航政为航务中的一个部分。当时交通部航务总局编制数达 189 人,比成立之初编制数大为增加。这标志着全国水上交通安全监管体系的初步形成。

1951 年 7 月,根据第二届全国航务会议,设置机构要体现海河分开、港航分管专业化的精神,交通部撤销航务总局、中国人民轮船公司,成立海运总局、河运总局、航道工程总局 3 个独立机构,并增设船舶登记局(后仅设筹备小组,1953 年改为筹备处,1956 年正式设立船舶登记局)。8 月 1 日,海运总局、河运总局改为海运管理总局、河运管理总局,并与航道工程总局一起,在北京东皇城根原航务总局旧址,开始办公。船舶登记局暂缓成立,改设临时机构"船舶登记局筹备小组",由海运管理总局代管。从此,海运、河运、航道工程 3 个独立专业总局及船舶登记局分管全国航政事务。据 1951 年 11 月交通部编制员额表(草案)显示,调整后部机关机构中涉及航政管理的机构与部门:海运管理总局下设海务监督处,海务监督处下设港务监督科、海务监督科、船舶登记科;河运管理总局下设航行监督处、机运处,处下设船舶检丈科、航行监督科;航道工程总局下设航标处,航标处下设航道测绘科、标志管理科。1951 年 7 月 25 日,政务院批准"以原华东区人民轮船公司打捞课及新港工程局打捞队和上海公私合营华兴打捞公司为基础,组成全国打捞公司"。8 月 24 日,中国人民打捞公司成立,隶属交通部航道工程总局。

1952 年 6 月,为涉外管理需要,在不改变隶属关系、职责情况下,交通部海运管理总局下管理航政事务的海务监督处,对外称"海港监督办公室"。10 月,交通部在全国港湾海运专业会上决定,在各海港港务局内设立海港监督室,代表国家行使港口管理职权,对进出港口的外籍船舶进行监督管理。海港监督室下设引水科,负责领导引水工作,管理引水员等。海务监督处与海港监督办公室实为"一个机构,两块牌子”。

按上述原则,交通部调整、设置部机关管理航政事务的机构。1952年6月、12月两次部机关编制员额表(草案)中显示:海运管理总局下有海港监督(办公)室等16个科室,科室下无内设机构。其中海港监督室负责沿海对外的航政事务,内设主任、副主任各1名和7名监督员职位,主管北洋区、华东区、华南区海运管理局及沿海各港务局航政管理事务。河运管理总局下设航行监督科、航标科等20个科室(12月调整为23个)。其中航行监督科内设科长、船长、轮机长、大副、二副5个职位,主管长江、珠江、黑龙江三大水系及各省(区、市)内河航政事务。12月,航道工程总局改称为航务工程总局,河运管理总局改称为内河航务管理总局。

现代中国航政第一个首脑机关的建立,标志着半殖民地化航政时代的结束,现代中国航政时代的开始。

三、沿海与内河航政分由港航机构管理

与主管中国航政的首脑机关一样,沿海、内河及各省(区、市)根据政务院规定与交通部示范,在建立各地政企合一港航体制的同时,也设置专理航政的职能部门,具有两种职能:独立行使国家的交通政策法令,并监督企业贯彻执行;直接为企业开展安全工作的宣传教育,并明确管理安全必须服从管理生产的原则,以保障企业生产安全。

(一)沿海各主要港口建立的航政部门

上海港航政部门。1949年5月29日上海解放后,上海市军管会航运处接管国民政府交通部上海航政局,改名为上海市军管会航运处航政局,主管航业登记,船舶检验、丈量、登记,船员管理、考试、发证,海事处理等航政事务。10月16日,经上海市军管会批准,在航运处航政局基础上成立华东区航务管理局,隶属华东区财政经济委员会运输部(1950年2月改为华东军政委员会交通部),设址于中山东一路7号。局内设航政处、船舶调配处等处室,管理航政事务。1950年4月2日,华东区航务管理局改称为上海区航务管理局,并成立海事仲裁委员会、船员考试委员会。7月,上海市公用局第三处航务科、船舶牌照科及5个船舶登记所并入航务管理局,成立栈埠处;海关港务科并入航务管理局,改称港务处。上海区航务管理局同时还管理温州、宁波、连云港3个港口。8月,上海区航务管理局改名为上海区港务管理局,10月6日对外公布,并明确直属交通部,暂由上海市政府代管。这是上海港历史上第一个统一的港务管理机构。该局先后设有航政处、工程处和港务处等处室,统一管理船舶、船员、航标、引水、港口安全等航政事务。1951年2月海河分开管理后,交通部设立上海人民轮船公司。7月,上海人民轮船公司改为华东区海运管理局。8月1日,上海市政府和中央交通部批准上海区港务管理局航政处、港务处合并成立上海港务监督办公室,对外始称中央人民政府上海区港务管理局港务监督,设址中山东一路13号甲,同时领导连云港港、宁波港、温州港。1952年,上海港务监督内设监督科、引水科、海事科、船员科、私营航业码头管理科、船舶检验科等,以及工作船队、消防救护队、吴淞管理所、黄浦江管理所。11月,水上治安业务移交上海市公安局水上分局,港务监督另设巡逻队,维持水上航行安全秩序。

广州港航政部门。1949年10月27日,广州市军管会接管国民政府广州航政局后,成立航务处管理航政事务。1950年5月10日,广州航务处改为广州区航务局,隶属交通部航务总局。9月,改名中央人民政府交通部广州区港务局(简称广州区港务局),主要负责管理广东全省和广西省梧州以下西江下游内河和沿海航政以及港口业务。10月,广州区港务局接管引水业务所的引水业务,设置管理航政的部门有检查处、航政处、船员考试委员会、船舶事故纠纷处理委员会等,并开始设港务监督长,办公地为广州市

沙面复兴路49号。之后又设立汕头、湛江、海口分局,江门、梧州、北海、西江、榆林办事处,东江、北江,潮(州)梅(州)分驻所。广州区港务局隶属交通部航务总局,是解放后广东沿海第一个综合性港航管理机构。12月,广州区港务局在海口设港工科,负责海事、水文、引水、气象等工作。1951年2月海河分管后,广州区港务局将内河运输业务交由省交通厅接管。8月,在中国人民轮船总公司华南区分公司基础上,改组华南区海运管理局,隶属交通部,1952年改属广州市管理。1951年5月,海口分局接收海口海关移交的航标设施。1952年,海口分局将航政、港工两个科室合并,成立港务监督科。12月,海口分局设立港务监督室。

天津港航政部门。1950年9月15日,在合并华北航务局秘书处及天津航政局基础上,成立交通部天津区港务局(简称天津区港务局)。原天津航政局改为港务局下的航政处,负责天津、塘沽、秦皇岛港3个港口的航政事务。1952年,航政处改称港务处,并成立海事处理委员会。凡天津港发生的重大海事案件均由该委员会调查并做出结论,提交航务行政机关或法院审理,其他由港务处自行处理。

青岛港航政部门。1950年4月,青岛港务局港务科与天津航政局青岛办事处合并,改称青岛区航务局,下设烟台、连云港航务分局和石岛、石臼所航务办事处。青岛区航务局管辖区包括山东全部海域及部分江苏海域。局内设管理航政事务的航政处,下设航务科、港务科、船舶科、私营航运管理科、小港管理科。9月,青岛区航务局更名为青岛区港务局,下设航政处,航政处又设监督科、船员科、引水信号科、救护科。10月,航政处改称港务监督处,下有监督科、引水信号科、船员科、船舶登记科、私营航业管理科。小轮及帆船签证工作由小港办事处移至港务监督处统一管理。

大连港航政部门。大连港抗战胜利后就设置航政、港务等各自为政的机构。1948年12月,两机构合并成立东北航政总局。1950年3月2日,东北航政总局迁移沈阳,并改为东北航务总局,由其下机务处管理航政事务。5月,将营口航政局改称营口港湾管理局。9月9日,因苏军未将代管的大连港交还我国,经政务院总理周恩来同意,东北航务总局的体制保留,暂不设大连区港务局。1951年2月1日中苏签订《关于中国长春铁路、旅顺口及大连的协定》后,大连区港务局成立,在其下设立港务监督处,内设立监督、引水信号、船舶登记、船舶管理4个科,负责航政事务,并设置助理监督员、检查员、签证员、巡视员、引水员、信号员等职位,计30人(船队约280人,后划出)。4月28日,东北航务总局划归中央领导,并与大连航务局合并组成北洋航运管理总局(后改为北洋区海运管理局),局址设在大连。原东北航务总局领导的营口、丹东两港划归大连港务局管辖。1952年1月,大连区港务局改为交通部大连区港务局。

除以上五大港口外,按照1950年7月26日政务院《关于统一航务港务管理的指示》有关在其他港口"设港务分局或办事处,受上述重要港埠区港务局之领导"规定,丹东、营口、秦皇岛、烟台、连云港、宁波、福州、厦门、汕头、北海等沿海港口,分别成为相邻主要港口的分支机构。丹东、营口港为大连港务局的分局;秦皇岛港为天津港务局的分局;烟台港为青岛港务局的分局;连云港、宁波、温州港为上海港务局的分局;汕头、北海港为广州港务局的分局。航政事务也归于这五大主要港口及其分局的港务机构中的航政部门管理,直至各自单立。

福州、厦门港暂时归福建省管辖。1949年9月24日,福建省在接管国民政府广州航政局福州办事处等机构基础上成立福建省航务局,下设航政科,管理福建全省航政事务。

(二)内河及各省(区、市)建立的航政机构

新中国成立之初,内河航政事务按照规定由交通部河运管理总局负责,并由其管理长江、黑龙江、珠江水系及各省(区、市)内河航政事务。长江航务管理局管理长江航政事务,广东省与广西省内河航运管理局管理珠江航政事务,东北内河航运局管理黑龙江航政事务,各省(区、市)管理各自管辖境内内河水

域的航政事务。

长江航政管理工作,新中国成立后就以管辖大区形式出现。1949年9月9日,经中原临时人民政府交通部批准,华中航政管理局成立,在武汉洞庭街81号办公,管理江西、湖南、湖北3省航政业务。1950年2月5日,中南军政委员会正式成立,中原临时人民政府撤销,华中航政管理局隶属于中南军政委员会交通部。根据政务院1950年3月关于内河航运管理的规定,1950年4月10日在华中航政管理局的基础上组建长江区航务局,后几经变化,由长江区航务局改为长江航务管理局。按照航政统一于航务港务管理的基本方针,在长江航运体制演变中,由内设的航政处或港务处主管航政。航政处下设行政科、船舶科、船员科、引水科4科,共有33人。重庆、南京航务分局下设航政科。万县、宜昌、九江、安庆、芜湖、镇江办事处下设航政股或派驻代表。航政科和航政股代管邻近尚未设立航政管理机构的小港或作业区的航政事务。这标志着现代长江航政管理体制框架开始形成,国民政府的长江航政体制结束。1951年2月,航政处撤销,航政业务分别由各处室管理。监督科、海事科、技术检查科由机务处管理,船员考试科由人事室管理。各下属航政机构相应地撤销,航政改由有关科室管理。1952年,航行监督室成立,成为局内5个职能处室之一,垂直领导沿江各港航机构航政事务。1952年,在机务处内设立船舶检验科,负责有关验船业务。为上、下对口,方便垂直领导,航行监督室和船舶检验科等在各大港设立航行监督科、船舶检验科;中、小港设航行监督组、船舶检验组。

与长江干线一样,沿江的江苏、上海(内河)、安徽、江西、湖北、湖南、四川、云南、贵州等省、市专理航政机构(部门),也是按照交通部组织机构调整与部署,先由航务机构统管,后多数由省交通厅、运输厅所辖的航务局、内河局、航政局等下设立的航政(航运、航务、港务、船舶、航管等名称不一)处(科)专管。1951年河海划分、航港分设后,又分立港务、航务等类管理机构,并在其机构下设立统一管理航政事务的职能部门。

珠江水系各地城镇解放后,广东省、广西省各地军管会和新成立的人民政府在接收、改组民国时期遗留机构的同时,相继建立管理航政的机构,负责统一管理航政事务。1950年1月1日,广西省在梧州成立航务管理局,8月迁至南宁,归广西省交通厅管辖,其下辖南宁与梧州办事处(其中梧州办事处由两广共管,称粤桂内河航务管理局梧州联合办事处),对公私营船舶实施船舶检验、船舶登记、船舶丈量、进出口签证和安全监督及事故处理等。1951年港航分管,渐次调整各自专业职能,广东省、广西省从此各自次第初步形成一个包括航政、运政、港务等的水运管理体系。

东北地区的航政管理机构成立于新中国成立之前。1949年2月,在东北航务局基础上,隶属于东北行政委员会的东北航政总局在沈阳成立。其下所设的航政处及营口、哈尔滨航政局和辽东航务总局,管理着东北各地航政、航务等事务。4月,营口港对外开放后,东北航政总局迁至营口。1950年5月,东北行政委员会改东北航政总局为东北航务总局,由营口迁回沈阳,统一管理东北各地海上、内河航政、航务、港务等行政事务。8月2日,东北内河航务局改为内河航运局。同时,北洋区海运管理局于1951年7月在大连成立,为政企合一管理机构。

1950年1月26日,松花江轮船公司与哈尔滨航政局合并,成立隶属东北人民政府的东北内河航务局,下设机务处管理航政事务。1951年5月8日,东北人民政府决定东北内河航务局统一管理松花江(松花湖除外)、乌苏里江、黑龙江航运工作。包括航政在内的行政事务由东北人民政府委托松江省政府代管。8月2日,东北内河航务局改为东北人民政府内河航运局,隶属于东北人民政府领导。

除山西、内蒙古、新疆、宁夏、甘肃、青海等内陆省、区,因水运业较少尚未设置航政组织机构外,其他省(区、市)随着各地城镇和地区相继解放,在接管航政、水运的同时,陆续建立起新的航政机构,开展航政管理工作。主要管理体制模式有3种:

第一种是单独设置。沿海海域及长江、珠江、黑龙江水系等水网地区,这类占大多数,具体如广东、广西、福建、浙江、江苏、上海、山东、天津、河南、安徽、江西、湖北、湖南、四川、云南、贵州、陕西、西藏、北京。

第二种是归并到相关部门。水运较少的西北各省、区基本上没有专设航政机构或部门,如内蒙古、新疆、宁夏、甘肃、青海、西藏。就是有少量的航政管理工作,也是归并到相关的部门,或水陆统管,如山西省。

第三种是重新组建。东北、华北地区中华人民共和国成立之前已解放,人民政府即建立航政机构,中华人民共和国成立后进行重组,如黑龙江、吉林、辽宁、天津、河北。

1949 年 10 月至 1952 年底,我国行政区域实行大区管理体制。1952 年 11 月 15 日,中央人民政府委员会第 19 次会议通过《中央人民政府关于改变大行政区人民政府(军政委员会)机构与任务的决定》,要求 1952 年底至 1953 年初相继撤销大行政区,恢复省一级地方政府管理体制,并撤销管理大区航政、航运的交通部或内河航务(运)管理局,将有些大区交通部或内河航运管理局改成为当地省一级政府机构。如 1950 年 10 月,西南军政委员会交通部在重庆市设立西南内河航务管理局,负责四川、云南、贵州、西藏等省(区)内河航政、航务事务管理工作。1952 年 11 月,西南大行政区撤销,四川省行政区恢复,西南内河航务管理局改为四川省交通厅内河航运管理局,仍设于重庆。

四、航政管理职责的初步确定

中华人民共和国成立后,人民航政机构履行水上安全管理职责,废除西方列强在中国的特权,恢复和维护国家主权。1949 年 11 月 1 日,交通部运转之后,航政事务由航务总局下设的航政组(室)负责,主要职责有船舶登记、船舶丈量、中外籍船舶进出港管理、海事处理等。

1950 年 7 月 26 日,政务院财政经济委员会发布《关于统一航务港务管理的指示》,明确港务局管理的范围共 12 项,其中行政管理内容多为航政管理方面,包括:港区内航路标志助航设备之修建保养与管理,船舶之登记、丈量、检查,引水工作和引水人员之管理,船舶进出口之批准,气象情报及水文变化之汇集与报告,各种港务码头规费之统一征收,船员之检定、考核与管理,海事之处理等。同时,交通部接管海关原来管理的灯塔浮标、气象报道等助航设备及其工作人员、物资、器材等。9 月 18 日,政务院财政经济委员会发布《关于统一航务港务管理的补充指示》,将 7 月 26 日指示中关于“各有关部门成立联合检查处,统一受港务局局长之领导”规定修改为“各有关部门成立联合检查会议,由港务局负责主持,讨论研究在检查工作中如何统一步骤、分工配合、简化手续等问题。检查会议设秘书 1 人,在港务局领导下,处理有关检查会议的日常事务”。

1951 年,全国第二届航务会议后,为体现专业化,实现“港航分开,海河分管”,航政管理职责大体上为上一年《关于统一航务港务管理的指示》中规定的主要航政管理事项,全国航政事务分由交通部 4 个专业总局下的职能部门负责,沿海和长江分由 5 个沿海区港务局与长江航运局下设的海务监督处(科、室)、港务监督科(室)与航行监督处(室)负责。各省(区、市)由各航运局(航政局、港务局)下设的航行监督处(科)负责。

1952 年,交通部调整内部机构和机关部门。为涉外管理的需要,在不改变隶属关系、职责的情况下,海运管理总局下设的海务监督处对外称“海港监督室”,主要职掌港湾、船舶、海事监督工作,监督国家政策法令规章制度的执行,负责海事调查、处理并主持海事处理委员会日常工作,管理船员及进出口船舶的检查、批准工作,管理港区及水面秩序、引水、救助、救护、信号、标志及法定核发船舶文件证书工作,负责船用机器属具的检查、修理、校正、登记及统计工作等。河运管理总局下设的航行监督科,主管长江、珠江、黑龙江三大水系及各省(区、市)内河航政事务,主要职掌内河航行监督工作,拟制内河航行安全的章则法规工作,管理驾驶人员的考核教育工作,管理轮机人员的考核教育工作,处理内河海事工作等。以长江为例,1950年5月19日至6月1日长江区航务局召开第一届长江区航务会议后,即着手制订局内各处室的工作职责。航政处下设行政科、船舶科、船员科、引水科4科,分管长江干线航政工作。珠江、黑龙江及各省(区、市)航政管理职责各有不同,大体上是境内内河船舶航行监督工作,规章制度拟订与实施法规工作,管理驾驶、轮机人员考核教育工作,处理内河海事工作等,侧重为木帆船、民船等。

五、航政管理区域的初步划定

1949年10月至1952年的3年多国民经济恢复时期,沿海各港航政部门管辖区域事实上等同各港务局管辖海域,主要指由大连、天津、青岛、上海、广州五大主要港口及其管辖中、小港区范围。如辽宁境内的丹东、营口港由大连港务局管辖;河北境内的秦皇岛港由天津港务局管辖;山东境内的烟台港由青岛港务局管辖;江苏境内的连云港与浙江境内的宁波、温州港由上海港务局管辖;广东境内的汕头与广西境内的北海由广州港务局管辖。福州、厦门港由福建省管辖。

内河与沿海有所不同,特别是长江,因长江干支流各城市和港口解放时间先后不一,各地航政和航运部门分别由华东、中南和西南三大行政区分段管理。各省在长江沿岸各港设立省辖的航政和航运机构,而长江干线航运机构又在支流设立营业站。这样干支流航政和航运机构重叠,各自为政,干支关系不协调的矛盾随之而来。这引起三大军政委员会的重视。1950年5月20日,华东航务局就辖区航政、航运干支流管理问题,在有关会议上形成决议。12月,中南军政委员会对湖北省轮船航政管理分工亦做出决定:200总吨以上的轮船及其公司的行政管理,由长江区航务局领导;200总吨以下的轮船及其公司的行政管理归湖北省航政局领导。

在三大行政区重视长江干支流航政等行政管理分工的同时,交通部也对长江干支流航政管理分工做出明确的规定。1950年下半年,就长江干支流航政等管理职责作如下规定:"长江沿岸各港埠之港务及长江航务之管理由长江区航务局负责,行驶长江之船只由长江区航务局管理,行驶内河之船只由内河航运局管理,有关长江、内河两方面业务,如船员考试、费率之订定、航线之调配等由双方会同办理。"这是新中国成立后长江干支流航政管理实行的第一次系统分工。

各省(区、市)航政部门管辖区域,基本上是各省(区、市)境内内河水域,再由各省(区、市)、地区(市)、县三级航政部门分级管理。

这一时期航政机构是在国民政府航政废墟上建立的,在未有现成经验可循情况下,只能效仿苏联管理模式,实行政企合一。航政机构由独立机构变为港航企业中一个职能部门,名称不一,多数称航政(航运、航务、港航、运务)处或科。全国航政形成两大管理系统:交通部海运、河运、航道工程总局分管的沿海、长江干线的中央航政;大行政区和省(区、市)管辖的以内河、湖泊为主的地方航政。航政管理历经了从航务统管,到转向港航分开、海河分管,再到以港务管理为主的过程。"政、企、事"合一的航政管理体制存在着"权力过于集中""职责不明、管理混乱"等问题,但能迅速动员资源,统一指挥、协调,尽快整顿水上运输秩序,支援前线,服务于解放战争与经济恢复。

第四节　航政法规与规章的全面恢复

一、修改国民政府航政管理法规规章

1949年10月至1952年底的国民经济恢复期间,恢复航运成为当时交通运输首要任务,急需航政部

门迅速整顿水运秩序,以推动水运业的恢复。尽管新的航政机构(部门)已相继设立,但制定新的法律法规、规章制度等不及,就必然要对民国航政管理制度进行清理和甄别,吸收其中反映现代航政发展需要的共性部分,制订出一些基本的航政管理法规与规章。

为保证经济社会与航运的恢复和发展,政务院、交通部和各大行政区、省级的沿海、内河航政部门,结合实际情况,清理和沿用国民政府航政局留下的航政管理法规、规章及各种管理制度,以应急需。在此基础上,吸取旧航政法规规章中的经验与合理部分,制订新的航政管理法规与规单。1950 年政务院发布《关于 1950 年航务工作的决定》,要求"为克服不统一现象,与整顿和建立各港埠各航线上的管理制度,统一管理各港埠有关航务上之各项工作,如船舶进出口的统一管理……以及检查手续的统一和简化码头秩序的维持等,由交通部会同有关部门拟定统一的制度章则,报请政务院财经委员会批准后交航务局(指交通部航务总局)统一管理。"

根据 1950 年统一航务工作精神及上级指示,各地航政管理部门组织力量对国民政府的航政法规、规章加以修改,能用则用,不能用的则进行修订,重新制订新的航政规章。

1949 年,东北航政总局作为东北水运工作领导中心,为统一东北地区的港口、航运管理工作,在吸收国民政府部分航政法规规章内容前提下,制订出 30 余个港口、航政、航运管理规章制度,向全东北地区的港口、航运及航政管理单位公布,其中航政管理规章包括强制性引水、船舶、港务、航行安全监督、船舶检验、船舶丈量、船舶登记等。仅营口港,到 1950 年 2 月上报交通部批准的航政管理规章制度就达 25 种,其中水上安全管理 13 种、船舶检验 12 种。1950 年 2 月,交通部航务总局要求营口港总结报送已经执行或准备试行的各种管理规章,并将这些管理经验推广到全国各港、航单位,作为制订航政管理规章制度的参考。

作为管辖长江干线赣、湘、鄂 3 省(中游航段)航政、航运事务的华中航政管理局,在全国内河系统中率先出台系列航政管理规章制度,相当部分是在吸取国民政府航政规章制度,结合长江水上安全管理实际而修订的。1949 年 9 月,根据长江中游航段航运恢复状况,华中航政管理局本着轻重缓急、先易后难原则,全面清理国民政府航政规章制度,详加筛选出 20 多种,通过参照修改后实施。其中对私营航业和船舶登记、船员及引水员的奖惩、抚恤等,均是参照国民政府航政规章基础上加以修订后使用的。

华中航政管理局修改的国民政府旧航政规章,主要结合当时船舶航行与避让、船舶登记、船员资格审核等,着重修改旧航政规章不切实际,或文字表达含糊不清的具体条款。如修改船舶航行规定时,结合恢复航运后的长江轮船与轮船、帆船与帆船、轮船与帆船的安全避让,以及遇险施救等问题,在总结以往航行经验,广泛征求意见基础上,重新做出详细规定;针对轮船和拖轮,帆船与渔船,日间航行与夜间航行,风向与对向相遇,正常航道与狭窄航道等,逐条逐句地推敲、修改,尽可能符合当时航行安全实际。修改后的船舶航行安全规则共 28 条,比起旧的航行安全规定具体,条理清楚。经过一个多月修改,到 1949 年 11 月在修改国民政府旧航政规章基础上形成 14 种航政管理规章,经中南军政委员会批准,华中航政管理局相继公布执行。这是新中国成立后长江中游航段出台的第一批航政管理规章制度,主要有:《内河航行章程(草案)》《内河船员管理教育规则(草案)》《华中引水人员管理章则》,以及轮船业整理、核发轮船通行证书、船舶登记、小轮船丈量检查注册、拖驳船管理、沉船打捞管理规章、规则、办法等。这些围绕长江中游航段水上安全而出台的第一批长江航政制度,后来被长江下游、上游航段所效仿,也成为中游航段的江西、湖南、湖北 3 省航政部门制订本省航政管理规章制度的范本。1950 年 4 月长江港航统一管理后,改由新成立的长江区航务局及后来长江航运管理局航政部门统一制订并公布长江航政管理规章制度。

二、始订新的航政管理法规规章

新中国成立前夕,党就认识到法制建设对于新的政权建设和社会发展的重大意义。1948 年 10 月,时任华北人民政府主席的董必武就在华北人民政府召开的人民政权研究会上指出“建立新的政权,自然要创建法律、法令、规章、制度。我们把国民政府的打碎,一定要建立新的。否则就是无政府主义。如果没有法律、法令、规章、制度,那新的秩序怎样维持呢?因此新的政权或国家建立后,就要求按照新的规章制度办事。”新中国成立之后,出任政务院政治法律委员会主任兼党组书记的董必武进一步指出,“工人阶级领导的国家必须建立健全法制,才能更有效地发挥国家的职能和保障人民的权力。”

为贯彻党的依法治国基本方略,“亟须制定统一航务及港务管理的各项章则、法规和制度”。从 1950 年起,除政务院直接颁发的管理法规外,交通部落实政务院关于“统一全国航务管理制度”决策,在修改国民政府航政规章的基础上,结合当时水上安全特点,制订并公布一些新的航政管理规章制度,其中多数经政务院或政务院财政委员会核准后公布,享有行政法规权威。这些航政管理规章制度,整体上条款不多,涉及内容有限,多数是临时性的基础管理规章制度。

(一)航政主要法规

1950 年 11 月 27 日,政务院颁布《进出口船舶船员旅客行李检查暂行通则》。

1952 年 10 月 12 日,政务院颁布《日本船只航行我国办法》。

以上两个法规中的《进出口船舶船员旅客行李检查暂行通则》,共有 13 条,规定港务局、海关、公安、检疫各单位对进出口船舶、船员、旅客行李的安全检查,并规定船舶进出口的许可由港务局统一办理。“由港务局负责主持,定期召集联合检查会议,由检疫、海关、公安三部门,及海员工会代表参加,必要时得邀请其他有关机关的代表列席,会商有关检查工作中所发生的问题,并研究讨论如何统一步骤、分工配合及简化手续等事宜。联合检查会议设秘书一人,在港务局领导下办理日常事务。”“港务局(未设港务局的港口为航务主管机关):负责检查船舶文书、船员证书、航海日志、船舶设备及有关船舶航行安全等事项。”同时,该《通则》规定:“依照其规定由各主管机关办理之。”当时港务体制为政企合一,港口地区所有航政事务由其下航政部门具体实施,所以航政部门是事实上的“主管机关”。

(二)适用航政的主要规章

这一时期,由航政部门起草、制订并由交通部核准公布的适用的主要航政管理规章,详见表 1-4-1。

1949—1952 年适用的主要航政管理规章一览表　　表 1-4-1

文件名称	单位	令(文)号	公布时间	实施时间	备注
外轮入港悬旗办法	交通部	交航〔50〕字第 193 号	1950.4.17	1950.4.17	
公务轮船舶管理暂行规则	交通部		1950.7.21	1950.12.29	政务院财政委员会 1950 年 12 月 29 日批准
公务轮船船员管理暂行规则	交通部		1950.7.21	1950.12.19	政务院财政委员会 1950 年 6 月 12 日批准
未满 200 总吨轮船船员检定考试暂行办法(草案)	交通部		1950.10.30		

续上表

文件名称	单位	令(文)号	公布时间	实施时间	备注
本国轮船进出口管理暂行办法(草案)	交通部		1951.2		1952年5月20日,在"两个草案"基础上,修订成《本国轮船进出口管理暂行办法》《外国籍轮船进出口管理暂行办法》。1952年3月27日经政务院核准,交通部公布
外国籍轮船进出口管理暂行办法(草案)	交通部		1951.2		
外轮出口证件注销办法			1951.8.28		
核发船舶国籍证书暂行章程	交通部		1951.9.1		
船舶登记暂行章程	交通部		1951.11.28		
海事处理暂行办法	交通部		1952.3.30		在1950年3月草拟《海事处理暂行办法(草案)》基础上形成。政务院1952年3月27日批准
海事处理委员会暂行章程(各航区海事处理委员会暂行章程)	交通部		1952.3.30		政务院1952年3月27日批准
为制定驾驶轮机实习生的领导关系、待遇及考试问题的暂行规定	交通部 教育部		1952.6		
统一打捞沉船沉物清理航道办法	交通部		1952.7.23		
交通安全运动推行办法	交通部		1952.8.1		

上述这些新中国成立之初由政务院、交通部公布实施的全国第一批航政管理法规、规章,虽内容涉及面不大,范围不广,且多数为草案或暂行规定,主要为对外籍船舶管理、船舶进出港口联合检查与签证、船舶检验、船员考试发证、事故处理等,但构成新中国成立初期水上交通安全保障监督和海事处理的基本制度,为规范水上交通安全行政和水上交通安全生产起到重要作用,也为后来建立社会主义航政管理规章制度奠定了基础。同时,除由交通部公布航政管理规章制度之外,交通部航务总局及后来的海运总局、河运总局也公布了一些规范性管理文件,作为一种补充,如1952年9月10日交通部海运总局公布《轮船安全卫生暂行条例》。

此外,当时航政管理规章制订或公布分多个层次,全国分东北、华北、华东、华中、华南、西南6个大行政区,实行大行政管理,其范围内的规章制度由大行政区直接制订施行。各地解放时间不一,一般解放后先实行军事管制,由军事管制委员会制订施行所辖范围内的规章制度。成立省级人民政府,由省级政府制订执行省辖范围内的规章制度。由此,政务院、交通部起草、制订的航政法规、规章制度,还得征求各大行政区交通部和各区航务局、港务局以及海关总署等有关部门的意见后,方可公布实施。

三、长江三大区和各省的第一个航政规章

由于中华人民共和国成立之初各省(区、市)地方行政管理不一,全国形成大行政区、各省人民政府、各地军事管制委员会的行政管理格局,导致各地的航政管理行政规章的制订来自不同的机构、机关和部门,并由其组织执行。制订出的航政管理行政规章多为暂时性的,适应当时当地水上交通安全监管实际,且形成系列。这里只记录新中国成立之初各省及省以上的第一个或最早出台的航政规章,从中可窥见一斑。

(一)长江三大行政区公布的航政规章

1949—1952年,华东行政区管辖安徽、江苏、上海、浙江4省市,华东区交通部先后拟定和颁发多项华

东地区长江支流船舶航行、检验、登记等管理办法。1949 年 11 月 3—8 日,华东区行政委员会在上海市沧州饭店召开第一次航务会议,上海、福建、浙江、苏北、苏南、皖北、皖南、镇江、南京、青岛等地的航运单位代表参加,除讨论如何统一航政及机构,设立地区及其管辖区域,确定组织系统及人事编制外,还制订轮船业船舶及船员的规章。1950 年 9 月,华东区交通部制订《统一内河航运检查试行办法》,为华东地区第一个航政管理规章。1951 年,华东行政区交通部连续制订《华东木帆船检查、丈量、登记、给证实施细则暂行办法》《华东内河木帆船联合运输社暂行组织通则》《华东区内河轮船拖带驳船暂行管理办法》《核发轮船通行证书暂行章程》《华东区内河航行章程》《华东内河木船业登记暂行规则草案》《华东区木帆船管理暂行办法草案》7 个航政管理规章。这是上海、江苏、福建、浙江等华东地区的第一批航政管理规则、章程、办法等,初步改变了华东地区沿海和内河的船舶、船员等水上安全管理无章可循、无法可依的局面,是新中国成立后华东地区航政管理纳入法制轨道的开端。

1949—1952 年,管辖江西、湖南、湖北 3 个长江中游段航政事务的中南行政区交通部,在参照与修改旧航政规章的同时,制订出新的规章,主要有:1949 年 9 月公布的《中南区帆船管理暂行办法》。1950 年 5 月 27 日,长江区航务局在汉口召开第一届长江航务工作会议,将审议航政管理规章作为会议一项重要议题,对初拟的《长江航行章程》《海事处理暂行办法》等 6 个航政规章提交大会讨论,后经中南区交通部审查批准公布。这是中华人民共和国成立后长江出台的第一批长江中游航段航政管理规章。9 月,中南行政区公布《中南区帆船丈量检验暂行办法(草案)》《船舶装载危险货物规则》《为简化航行检查手续联合统一检查机构的通令》等。11 月,经中南军政委员会批准,由华中航政管理局先后公布 14 个航政规章。1952 年 4 月 25 日至 5 月 5 日,长江区第一届航行监督检查会议召开,西南、中南、华东区内河局及沿江 6 省内河局等 32 个干支流航务主管部门与会,除总结 1950—1952 年的航行监督、技术检查工作外,还修订《长江航行章程》等 6 个航政规章,于 1953 年由交通部河运总局公布实施。11 月,经中南军政委员会批准,华中航政管理局先后公布 14 个航政规章。

长江上游航段解放较晚,西南行政区拟订和颁布的航政规章相对少些,主要是针对木帆船的。1950 年 11 月 7 日,西南行政区交通部公布《西南区内河木船管理暂行办法》,12 月又公布《西南区内河木船驾长登记给照暂行实施细则》及《西南区内河木船检验丈量及勘划载重吃水线暂行办法(草案)》。1951 年 1 月,就西南地区内河海事处理,公布《西南区内河木船航行事变案件处理委员会章程(草案)》和《西南区内河木船航行事变处理暂行办法(草案)》等。1952 年 10 月,西南交通部公布《西南内河木船驾长登记、考评、检验、发照、管理暂行办法》。在 3 个大行政区分段制定上、中、下游三大区段的支流航政规章的同时,各省也结合本省水上安全实际,制订少量规范省内航政的规章和办法。

(二)各省(区、市)政府公布的第一个地方航政规章

1949 年 12 月,江西省人民政府公布《江西省船舶管理暂行办法》。这是江西省新中国成立后出台的第一个航政管理规章。

1949 年,陕西省人民政府以陕南地区航运管理为开端,公布《陕南区江汉航运管理办法》。

1950 年 5 月,广东省人民政府先后颁布《内河定期轮渡联运暂行办法》《内河航线处理暂行办法》《内河航线不定期船舶航线调整办法》《内河定期与不定期货船营运管理暂行办法》等。这是广东省新中国成立后专门针对内河安全而公布的第一批内河航政管理规章。8 月,广东省人民政府又公布施行《华南区外籍轮船进出口管理暂行办法》。

1950 年 5 月 17 日,福建省人民政府公布《闽江航运管理暂行办法》共 8 条。这是福建省新中国成立后公布的第一个航政管理规章。

1950年6月，浙江人民政府公布《浙江省内河民船管理暂行办法》。这是浙江省新中国成立后公布的第一个航政管理规章。

1950年6月12日，河北省人民政府公布《河北省内河航政管理暂行办法》。这是河北省新中国成立后制订的第一个航政管理规章。

1950年11月，湖北省人民政府公布《船员管理规则（草案）》。这是湖北省新中国成立后公布的第一个航政管理规章。

1952年9月，安徽省人民政府公布《安徽省渡船管理试行规则》。这是安徽省新中国成立后公布的第一个船舶航行管理规章。

这一期间，各省（区、市）管理航政事务的交通、港航机构，均根据各自管辖的内河水域的水上安全特点，相继制订的各种不同航政管理法规性文件、规则等管理规章制度。如广西、广东、福建、浙江、江苏、上海、山东、天津、河北、辽宁及安徽、江西、湖南、湖北、四川、云南、贵州等沿海、长江干线的省（市、区）的航政主管机构或部门，都相继出台系列规范性的管理规章制度。1949年9月，安徽省蚌埠市政府公布施行《淮河大桥船只来往暂行办法》。此为新中国成立后对淮河安全管理的第一个航行规定。

以上各省（区、市）在吸收与修订旧航政法规、规章基础上所出台的地方性航政法规、规章，虽在内容和要求上不尽完善，但毕竟为新中国成立之初成立新的地方航政制度奠定了基础。尤其在各地人民航政法制体系尚未建立的情况下，进一步规范内河船舶航行和船民行为，有利于各地内河船舶通航安全。

第五节　航政管理工作的全面恢复与发展

一、通航水道沉船清除与秩序整治

自1950年开始，政务院就当时全国繁重的水上运输形势，决定水上安全管理重点进行下列工作：①统一全国的航务管理制度。整顿和建立各港埠各航线上的管理规章，如船舶进出口的统一管理，船舶进口及停泊码头的统一指定等。②简化内河航行检查手续，在重要的停泊站实行联合检查。③制定船舶检丈标准，以保证航行安全。公私营航业添造或添购新船时，须经各地航务机关审查批准。200吨以上者须经航务总局批准。④改善引水制度。在条件具备时，对于外轮及一定吨位的船只进出口，实行强迫引水制度，并准备在适当时机取消外国引水人员及自由引水制。为此，从1950年起，全国航政就将执行政务院决定作为当时水上交通安全监管中心工作，首先开展清除通航水道沉船与整治通航秩序。

（一）清除通航水道的沉船和碍航物

1.清除沿海通航水道碍航沉船

1949年国民党逃离大陆时，疯狂破坏沿海、内河港口设备和港内船舶，把官办、民营航业中86%以上的大型海轮及部分江轮劫往台湾、香港，或流散至南洋，对来不及撤走的船舶则凿沉，或则炸毁。大批船只沉入沿海与内河水域中，堵塞航道，使助航设备也遭受严重破坏。到沿海各城市解放时，接管的全部江海轮船只有原来的10%，约12万吨，可航行的6万多吨，大多是不能出海的小船。港口设施极端落后。航道失修失养，淤积严重。此时木帆船仍是社会经济生活中主要水运工具。

新中国成立之后，国家首要任务就是医治战争创伤，恢复正常的生产，恢复客货运力和水上运输。1950年3月12日，政务院在发布的《关于1950年航务工作的决定》中，提出“打捞沉船和修理旧船工程，为今年之主要工作。……敌机空袭的沉船及搁浅于长江沿线的公私船舶，均须着手计划逐步打捞修理。”

要求“疏浚各主要港湾及内河航道,改善如营口、天津、青岛、上海、福州等各主要港口。在内河方面疏浚长江的东流浅滩、洞庭湖、松花江浅滩及湘江的营田沙滩等(航道)。对运河、淮河、苏州河淤塞部分,加以必要疏导。其他各省内河,根据需要与可能,亦可有重点地在适当时期发动群众稍加修整。”

为充分利用现有的船舶,支援军事斗争,各港的航政部门首当其冲组织沉船打捞,打捞上来后立即组织抢修,并尽快投入运输。如 1949 年 6 月 9 日,上海市军管会航运处航政局成立“船舶打捞修理指导委员会”,集中有经验的打捞专家、技术人员和打捞设备,对黄浦江及长江下游的沉船进行重点打捞。经过两个月的努力,就打捞起大小沉船 67 艘 141657 余吨。1951 年,人民打捞公司成立,有组织、有计划地对全国范围的沉船进行探摸和打捞。到 1952 年底,该公司共打捞起各类沉船 100 多艘。营口、天津、青岛、上海、福州等港务机构的航政部门,统一使用各地挖泥船等各类工具,尽快疏浚被战争破坏、多年失修失养的航道,改善通航条件。

1952 年 7 月 23 日,交通部下发《统一打捞沉船沉物清理航道办法》,就沉船(重大沉没物资)产权、沉船沉物规定期限、勘测打捞清理计划、有修复价值使用者、沉船打捞单位等做出 5 项规定。8 月 1 日,交通部公布《交通安全运动推行办法》,其中包括水上交通安全运动的各种具体安全措施。

2.清除内河通航水道碍航沉船和疏浚航道

1949 年 9 月间,中原临时人民政府交通部指定华中航政管理局等单位,筹备组成华中打捞委员会及打捞工程队,对长江东起安庆、西至宜昌的长江区内的沉船进行打捞。11 月 8 日,由华中航政管理局、汉口航业协会、招商局汉口分公司、汉口船舶机械公司、三北公司等单位,联合组成华中打捞沉船委员会。12 月,华中航政管理局内增设打捞科,还拨款 1 亿元(国民政府币)作为打捞开支。由于当时打捞设备和技术力量有限,打捞多采取人力拉与抬,以及冲沙封舱自浮等办法。各港打捞人员不畏艰苦,克服种种困难,全力以赴。1950 年,首届长江区航务会议明确把“各地迅速组织打捞沉船,有计划地组织运输力量,以适应运输需要”摆到航务工作的重要日程,进行长江航道沉船的打捞工作。仅 1950 年,武汉、南京、芜湖、镇江、巴东等区域共打捞起沉船 301 艘。为加强打捞沉船工作的管理,1950 年 12 月长江区航务局公布《长江区打捞沉船暂行办法》。长江航政部门还组织疏浚长江上东流浅滩、洞庭湖、松江的三姓浅滩及湘江的营田沙滩等航道。对运河、淮河、苏州河的淤塞部分也组织实施必要的疏导工程。此外,还督导地方根据需要与可能,适时并有重点地发动群众修整其他内河航道。

1946—1949 年,黑龙江由于战争破坏留下的只是少数破旧船舶和沉没于江中船只。黑龙江解放区的航政部门与航运职工硬是用人力绞盘、千斤顶和手压水泵等简陋设备,靠水性好船员沉到水中挂绳拴缆进行打捞作业,几年共打捞出各种船舶 42 艘。黑龙江航运就是在打捞沉船基础上发展起来的,为后来黑龙江航运建立和支援东北解放做出贡献。

其他各省(区、市)也是一样,打捞和清除管辖境内河流上沉船及障碍物,以创造良好通航环境。

(二)水上安全检查的开始

为消除中华人民共和国成立之初沿海、内河安全隐患,保证船舶安全通航,中央人民政府政务院在《关于 1950 年航务、公路工作的决定》中对内河船舶安全管理的问题提出专门要求:“简化内河航行检查手续,在重要的停泊站上,实行联合检查。”1950 年下半年,政务院财经委员会要求:“各有关部门召开联合检查会议,由各航务局负责主持,研究在检查工作上如何统一步骤、分工配合、简化手续。”

为落实政务院联合大检查指示,沿海各港航政部门及时掌握船舶进出港口情况,设立联合检查站,定期有针对性开展联合安全大检查,选择重点船舶开展安全管理,并总结安全航行经验,制定安全操作措施,督促船员贯彻执行。如 1950 年 10 月,天津区港务局邀请天津海关、水上公安局、检疫所等单位召开第一次联合检查会议,并成立常设的办事机构,由港务局负责主持并办理日常事务。天津市人民政府外事处列席会议。

长江在新中国成立之初实行行政区分段管理,联合检查始于中游。1950 年 1 月 17 日,中南军政委员会公布《关于统一执行检查工作的规定》,要求以华中航政管理局为主,与警备部队、公安局、海关、税关等部门共同组织成立统一检查机构,对长江中游航段水上安全集中检查或派员会同检查。23 日,根据中南行政区组织“武汉市水上联合检查”的决定,华中航政管理局会同武汉市水上公安局、武汉市税务局、武汉海关、武汉交通检疫所等组成了联合检查站。这是长江新中国成立之后组建的第一个跨行业的水上交通安全联合检查组织。该检查站根据组织规程,制定《武汉市水上联合检查站船舶进出口检查暂行规则》共 13 条,将检查分为船务、治安、税务及检疫等。检查站设 1 个总站、3 个分站,并划分了各站的检查所属辖区。3 个分站分别设于万宴巷码头、下方左码头及平湖门码头。10 月 13 日,长江航务管理局在转发中财委指示时要求:“各有关部门召开联合检查会议,由各航务局负责主持,讨论研究在检查工作上如何统一步骤、分工配合、简化手续。”具体工作由航政部门负责。

1952 年,贵州省交通厅开始对全省内河木船实施统一管理,明确航区在 20 公里以内属短途船舶,归当地政府管理。航管站主管长江船舶业务,并协助地方进行短途船舶检验与驾驶考评工作。江西省航政部门设立义务安全监督员、安全监督船活动,经常组织船员开展安全活动(安全学习、安全检查、事故分析等小组活动),促使群众性水上安全工作得以正常进行。

(三)开展现场巡航与秩序维护

1949 年 8 月 28 日,上海水上公安分局组织成立苏州河交通管理站,执行以疏导为主的管理任务,同时对进出苏州河的船舶进行登记,限制进出港船舶数量和在港内停留时间,从而减少“塞档”现象。1950 年 10 月,上海港务局航政部门统一办理内河船舶登记、检验、船员考试发证工作,结束苏州河水上航行秩序混乱状况。1951 年,上海港务局航政部门接管了上海港港警 300 余人,组成 70 余人的水上安全巡逻队,12 月 10 日起开展港口巡逻。同时,设立吴淞、兰州路、外滩、关桥、闵行 5 个监督站,对进出船只较多的支流小港和易发生水上事故险段,昼夜派人驻守,随时派巡逻艇维持江面秩序。在两岸适当地点设置信号台和望台,各台视程互相衔接,用信号表达或用扩音机广播,促使来往船只注意安全。上海港务局航政部门还拟订《上海区港务管理局岸线使用执照》。天津港务局航政部门 1949 年 6 月至 1951 年间,先后围绕天津港水上船舶航行安全拟订 10 多个航政规范性文件,为建立良好港口秩序发挥监督作用。

二、船舶管理的恢复与发展

中华人民共和国成立以后,支援前线、沟通城乡、恢复生产的军、民物资运输任务非常繁重,船舶复航就成为当时航运首要任务。据统计,至 1952 年,沿海营运船(货轮载货量 500 吨以上)北方区共有 49 艘 137760 吨和 4564 客位;华南区共有 24 艘 41300 吨和 3919 客位,长江干线有 865 艘 168687 吨。面对恢复航运繁重的运输任务,沿海、内河各港航政部门对接收和恢复的航业和船舶,采取先登记、签证,统一登记、统一管理机关、统一管理法规,实行船舶国籍、船籍、产权等方面登记证书制度(即船舶国籍登记和所有权登记二者合一,以国籍证书代替所有权证书)等简便手续,就准许投入营运。同时,新的人民政府实行对外开放政策,允许外国商船进出已解放的我国沿海港口。作为各口岸联合检查(联检)单位之一和担任联检组组长的各航政部门,与各联检单位加强对外籍船舶的管理,努力把守“国门”,维护国家主权。

(一)船舶登记与签证

1950年,政务院在发布"关于1950年航务工作的决定"中,要求"简化内河航行检查手续,各地检查机关在重要的停泊站上,会同有关部门组织联合检查站,实行联合检查。在船舶航行中不得拦截或强行停驶,各地机关团体不得擅自发免票及擅定运价。"1950年12月,政务院发布指示令,规定"非运输部门自有公务船舶如有参加航运必要,必须依照航务规定办理检丈登记。"12月29日,经政务院财经委员会核准,交通部公布《公务船舶管理暂行办法》,规定各级人民政府(军事部门、公安机关除外)所用公务船舶均应向所在地船舶主管机关申请检查或丈量。合格者核发证书,方准航行或使用。1951年9月1日、11月28日,经政务院财政经济委员会核准,交通部公布《核发船舶国籍证书暂行章程》《船舶登记暂行章程》,在全国范围内开展第一次大规模船只登记工作,结果发现沿海各港口与长江沿线有问题的船舶较多。这是新中国成立以后第一次详细规定船舶登记各种相关的事宜。

登记本港区船舶国籍、船籍港,是各沿海港口城市解放后新建的航政部门首先进行的航政管理工作。1949年广州解放后的第二个月,广州市军管会交通接管委员会便公布《船舶管理暂行办法》和《广州港船舶管理临时办法》,要求所有船舶须向航运(政)处报到、登记,检丈证书和所有权证书经过审查符合规定的,发给临时通行证,按原来航线继续营运。随着海南岛等沿海岛屿相继解放,陆续有船只出海,沿海运输开始恢复。人民政府对停泊港、澳小型货轮和帆船的归来,采取鼓励、扶持政策。航政部门抓紧登记船舶。仅6至10月,广州航政部门就登记船舶562艘,其中蒸汽机船41艘、柴油机船75艘、机帆船53艘、拖驳船39艘、风帆船354艘。

1949年6月1日,上海市军管会决定即日起开放长江及吴淞口、三岔港航运,准许商用及民用船舶自由往来。6月3日,首艘班轮"江陵轮"自上海驶往武汉,标志着长江航运开始恢复。随后,上海市军管会航运处公布《战时船舶管理暂行办法》,由航运处航政局负责具体执行。1951年2月交通部公布《本国轮船进出口暂行管理办法》后,上海港务局航政处下属的吴淞管理所开始对进出吴淞口船只进行签证;黄浦江管理所对进出黄浦江上游或内地各小港船实行签证,还在兰州路、日晖港、南市关桥处设立签证站,办理船舶签证;苏州河办事处对往来内河船只(包括机动船)办理签证。

1949年12月,青岛港务局航政部门登记40艘小型船舶,其中轮船31艘、小轮船3艘、帆船5艘、小帆船1艘。1950年,登记船舶增加到100余艘。

1950年,福州港航政部门共登记各种轮船153艘10595吨、各类木帆船2274艘135581总担。1951年8月,开始对闽江下游木帆船进行检丈、登记。同时,对涵江港内河、沿海和闽江水口以上帆船进行检丈、登记。沿海其他各港船舶均需要驶抵福州港检丈、登记。九龙江、晋江、汀江及其他河流船舶的登记等,由省航务局委托当地政府办理。

内河及各省(区、市)航政部门,与沿海航政部门一样办理船舶登记手续,登记船舶所有权、抵押权、租赁权3种权利保存设定、移转变更和注销等。

1949年12月,福建省航务局公布《福州港区民船登记法》,首先登记福州地区船舶,办理轮船和200总吨以上木帆船的登记手续,其他民船免验。经登记,按不同用途将船舶分为甲、乙、丙、丁、戊、已、庚7类,发给登记证书、船牌、执照和通行证书,准予航行。仅1951年10月,福建省全省实行木帆船航行簿、轮船航行签证簿的到、离港埠签证制度。1952年3月,先在福州、马江、厦门、泉州、涵江、沙埕等港实行。6月,闽江下游以潭头为界划分海河范围,分别由省航务局、福州港务局航政部门负责河海船舶进出港签证。1952年6月,以闽江下游以潭头为界划分海河范围,内河木帆船签证由福建省航务局航政部门负责,沿海木帆船的签证由福州航政部门负责。

1949 年,河北省华北内河航运管理局,组织开展船舶登记。抽调出来的大批干部深入到沿河各地,几个月时间就在南运柯、大清河登记各类运输木船 1821 艘,并发放航行牌照、证书。1951 年,登记遍木船技工,掌握“四大技工”(即头工、舵工、号工、伙工)技术状况的第一手资料,并以此为依据,重新核定不同载重吨位木船的船员定额。

1950 年 5 月以后,广东省内河客货运量增加,私营船舶纷纷复航,但多集中在几条主要干线上。为建立新的航运秩序,省政府公布《内河定期轮渡联运暂行办法》《内河航线处理暂行办法》《内河航线不定期船舶航线调整办法》《内河定期与不定期货船营运管理暂行办法》等规章、规则。至 9 月底,经过广东省航政部门登记的内河定期船 171 艘、不定期船 120 艘。

1950 年,山东省航政部门对境内内河河系船舶统一清理登记,确定船籍,发放牌照和证书。1952 年,当时绥远省航政部门,对公私营船舶要求逐一填表登记,从年初开始,至年底结束。

1952 年,贵州省航政部门开始对境内内河木船统一管理,明确航区在 20 公里以内属短途船舶,归当地政府管理;航管站主管长江船舶业务,协助地方航政部门进行短途船舶检验工作。

其他各省(区、市)航政部门,对船舶登记管理工作的方式方法,与以上所述大体相似。

(二)外国籍船舶进出港口的联合检查

对外籍船舶联合检查,是一项行使国家主权的重要涉外工作。中华人民共和国成立之初,我国继续实施对外开放政策,允许外国商船进出我国沿海港口。但此时沿海为海防前线,尤其长江口以南的沿海尚处于军事管制状态,进出的外国商船较少,实施外国籍船舶管理工作量不大,主要集中在大连、天津、秦皇岛、青岛、上海、宁波、福州、厦门、广州、汕头等沿海港口。当时,长江及其他内河还不准外国籍船舶进入。

对外国籍船舶(简称外轮)管理,1950 年 11 月 27 日政务院颁布的《进出口船舶船员旅客行李检查暂行通则》中规定:“由港务局主持,定期召集联合攻关检查会议,由检疫、海关、公安部队及海员工会组织代表参加。”还规定:“依照其规定由各主管机关办理之。”当时港务体制为政企合一,港口地区所有航政事务由各港务局或航务主管机关下设的航政部门具体实施,所以航政部门(后来的港务监督)是事实上“主管机关”。对外船联合检查(简称联检),就是各单位在同一时间、同一地点实行检查,既简化检查手续,又缩短检查时间。港务局(未设港务局的港口为航务主管机关)作为联合检查(联检)组长,委派其下属航政部门负责具体实施,“负责检查船舶文书、船员证书、航海日志、船舶设备及有关船舶航行安全等事项”,以及国籍和防污染等证书、船舶进出口申请或签发船舶出口许可证。

由于联合检查事关国家主权,联检各单位均给予高度重视,严肃认真,不放过每一个细节。上海市军事管制委员会在 1950 年工作报告中指出:“要在国家的外交政策下,严密加强港口外轮的监督,应建立起港口政权对外籍船舶的管理威信,以纠正长期以来那些帝国主义船舶自由出入港口,藐视我国主权、法令、尊严的侵略心理。”为规范外国籍船舶检查与监管,1951 年 2 月,交通部对已实施一年多的《本国轮船进出口管理暂行办法(草案)》《外国籍轮船进出口管理暂行办法(草案)》进行修改。1952 年 5 月 20 日,交通部公布《本国轮船进出口管理暂行办法》《外籍轮船进出口管理暂行办法》。10 月,政务院颁布《日本船只航行我国办法》。

作为联合检查(联检)组长,各港务局航政部门做好对外国籍船舶监管组织工作。如上海港务局航政部门为做好联合检查工作,1951 年成立上海海关、上海公安局暨水上分局、上海交通检疫所、吴淞独立水警区司令部等单位组成的“上海港联合检查会议机构”,港务局任会议主席,每半月召开一次会议,特殊情况临时召开会议。各单位就其主管业务范围执行外轮进出口船员、旅客、行李的检查工作。1952 年

4月,改在吴淞口全面检查外轮。6月,检查对象扩至非机动船。针对外轮进出口需提供多种报告书的做法,交通部海运总局于1953年7月31日向上海港务局航政部门提出简化的要求。

与上海港一样,天津港务局航政部门担任外轮管理的联检组组长。1950年7月26日,政务院财政经济委员会指示:"由天津区港务局长领导海关、公安局、卫生部门联合组成检查处,对进出港口之船舶进行检查。"10月,天津区港务局与天津海关、水上公安局、检疫所召开第一次联合检查会议,并成立常设的办事机构,由港务局负责主持并办理日常事务。以后,召开第二次联合检查会议,明确分工,确定检查内容和程序。

其他沿海各港务局航政部门,依据对外轮管理规定,与有关单位联合,实施对外轮管理。同时,制订联合检查实施细则,明确具体职权。航政部门检查外轮各种证书和有关航行文书,审批进口申请或签发船舶出口许可证。

三、船员管理的恢复与发展

(一)船员考试委员会的建立

中华人民共和国成立之前,轮船船员技术培训数量不多。培训以航海院校培训为主,港务局航政部门只是协助,发放船员证书。而多数船员则是由师傅带徒弟、边学边干方式带出来的,没有通过专业培训。

中华人民共和国成立以后,国家调集社会力量,组织、协调海员、航运学校及航运企业开展船员培训。船员考试工作以港务局航政部门为主。同时,各港务局航政部门成立专门的船员考试委员会,统一组织船员培训、考试工作,起初只对未满200总吨船舶的船员培训、考试。1950年4月,交通部航务总局指示上海区航务管理局率先成立船员检定考试委员会。1951年,该委员会作为交通部授权进行上海地区船员考试的培训、发证的组织,主要组织本地区船员的考试和签发工作的实施;指导船员专业培训;监督检查持证船员任职情况。1952年9月18日,上海船员检定考试委员会改称船员考试委员会。

1950年,天津港成立船员检定考试委员会,隶属港务局航政处。

1950年8月,青岛港成立"船员检定考试委员会",举办青岛港第一届船员考试。驾驶专业考驾驶、避碰章程、船员职务及政治常识4科;轮机专业考主机、副机、机舱管理及政治常识4科。由于当时船员文化水平低,船员考试主要为口试。

(二)船员考试与发证

为统一规范船员管理,经政务院财政委员会1950年6月12日批准,交通部7月21日公布《公务轮船船员管理暂行规则》,于12月19日起实施。该规则没有明确航区划定,只规定"除军舰外,一切公务轮船之船员,悉依本规则规定管理之",也适用渔轮船员。规则中还确定公务轮船上船员职务按等级设置:驾驶部设船长、大副、二副、三副、正驾驶、副驾驶、驾驶实习员;轮机部设轮机长、大管轮、二管轮、三管轮、正司机、副司机、轮机实习员。并规定"除实习员外,船员必须依照规定,领有中央交通部之证书,始得担任所领船员证书载明之职务"。10月30日,交通部公布《未满200总吨轮船船员检定考试暂行办法(草案)》。该办法(草案)对船员的检定考试范围、船员证书的类别等级尚没有统一规定。200总吨以下的船员采用注重实际经验、考核评议相结合的做法,具体由各航务机构负责。此时持有检定考试合格船员证书人数很少,大多数船员均是通过检定考核而取得船员证书。200总吨以上轮船高级船员则必须通过交通部航务总局检定考试,合格者取得临时船员证书和任职签认。1951年6月,交通部、教育部公布《为制定驾驶轮机实习生的领导关系、待遇及考试等问题的暂行规定》,规定毕业生实习期满后,由区港务局会同学校主持考试,按船员检定考试办法办理,考试合格的由学校签发毕业证书,主管机关核发《船员证书》(见图 1-5-1)。

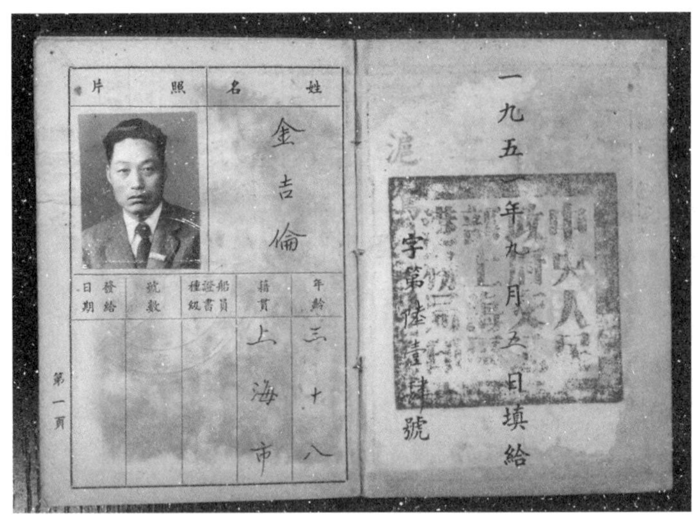

图 1-5-1　1951 年 5 月 9 日签发的船员证书

按照以上各种船员培训、考试规定,自 1951 年起有关高等航海院校毕业生参加船员检定考试。考试工作以港务局为主,学校配合;考试合格后,学校发给毕业证书,还核发船员证书。上海港航政部门规定,管辖区域的航海学校的毕业生实习期满后参加船员检定考试,由上海区港务局会同学校主持考试,按船员检定考试办法办理,考试合格的由学校签发毕业证书,航政部门核发船员证书。8 月 1 日,交通部指示上海航务学院实习生考试,由上海区港务局航政部门负责,所有命题、审查资历、评定成绩由学校协助。到 1952 年底,共举办 9 届船员检定考试,6691 名船员参加考试,其中 200 总吨以上船舶的船员 2578 人,未满 200 总吨船舶的船员 4113 人。

因当时天津港籍船舶少,参加考试的船员以内河小轮、近海二等驾驶员为主(包括港内到大沽口航线),仅有少数近海一等驾驶员报考。为此,1950 年上海港务局航政部门协助天津港务局航政部门举办天津港首次港内小船驾驶员、轮机员的考试。

内河船员考试、发证,按照分工由内河及各省(区、市)航政部门负责。1950 年 5 月 27 日,在长江区第一届航务会议上明确规定:“凡行驶内河船员,其检查、丈量、船员考试、证书核发均应由省内河局办理;内河船只行驶长江,由省局向长航局领用并负责核发。”各省当时尚未开始对船员进行考试,除考核评议木帆船驾长外,沿江轮船船员考试由长航局航政部门代办。1950 年,长江区有船员 5062 人,参加考试者 1188 人,及格 997 人,占 83.92%。1950 年初,第一届长江航务会议后恢复长江船员技术考核,长江区航务局航政处在安庆至镇江各港区进行小规模的船员考试。这是长江航政第一次对船员的技术考试,为后来全面开展长江船员技术考试提供可借鉴的经验。1951 年,南京航务分局航政科先后对镇江、南京、芜湖、安庆等港区 217 名船员统一进行驾驶、轮机两部分考试。驾驶考试科目有:船用天文、实用驾驶、航行气象、罗经、海图、船员职务、避碰章程、信号、船艺、造船大意、政治常识、外语、无线电大意、船用仪器、游泳。轮机考试科目有:内燃机、锅炉、辅机、电工机原理、度量器表、机舱管理、造船大意、外语、政治常识、游泳。通过对长江船员考试,提高了驾引操作水平,缓解了长江航运高级船员供求不足矛盾,为清理代职多年船员创造了条件。另一方面,从公私航业中选拔一批德才兼备船员,充实长江船员队伍。这些船员后来成为长江船员队伍中一支中坚力量。

各省(区、市)船员考试主要是木帆船船员检定考试。1950年9月至1951年底,福建省航务局先后3次对未满200总吨轮船船员进行检定考试。参加考试船员2000余人,检定合格发给证书的驾驶员423人、轮机员561人。

1950年11月,四川省各地航管站成立木船驾长考评委员会,对驾长进行评考,到1952年底考完,录取58226人,其中前驾长18090人、后驾长40136人。之后,每隔一两年复评一次,技术好的可以升级。

1950—1952年,湖南省航政部门举办省内河船员培训班和文化学习班12期,派技术指导员和文化辅导员80多人随船学习,组织8名技术骨干编写文化课本和技术教材8册,以提高内河船员技术水平。仅1950年3月至1951年5月,在长沙市举办未满200总吨轮船船员考试15期,参加考试的高级船员781人,及格677人。合格者换发新证,不及格者进行文化补习与技术培训。

1951年起,广西省航政部门开始对技术船员进行培训,在梧州举办引水、驾驶、轮机人员的技术考核、考试。第一次参加考试的有362人,及格303人。这次考试后还选送14名民船管理人员参加中南交通学院学习。另外,就地吸收24名新干部充实航政管理队伍。

1952年10月以后,贵州省负责航政管理的各河系航管站,依据西南行政区交通部《西南内河木船驾长登记、考评、检验、发照、管理暂行办法》,组织有经验驾长,邀请公安、保险公司配合,组成河系驾长考评委员会,拟订考评条件,采取定点分期考评方式,以《贵州省内河长航木船航行安全规则》为考核的主要内容,由考委会核定,航管站审批,开展木船驾长的登记、考评、发证工作。

(三)船员证书管理

船员证书是船员管理主管机关签发给船员各种证件的统称。20世纪50年代初期主要有:《船员职务证书》、《海员手册》,以及其他相关的证明文件等。船员职务证书是船员符合检定考试规定条件,通过船员考试合格,由交通部颁发的船员职务技术等级证书。它表明该船员可在船上担任证书所载明的等级职务。《海员手册》是记载船员水上资历的证明文件,是船员参加考试、职务晋升、换领证书审核资历的主要凭证。

《海员手册》,后来改称《船员服务簿》,使用于20世纪50年代初。起因是国民经济恢复时期,船员数量赶不上航运发展,只能按当时的情况配备船员。有些地方船员虽满足资历条件,但未通过考试就使用。没有拿到船员证书,为航运需要就临时采用信笺方式开具证明,以资代职证明之用。还有一种是船员超前提拔任用,但理论考试达不到规定的标准,不能发给正式船员职务证书。为此,交通部在1950年7月21日公布的《公务轮船船员管理暂行规则》中,规定凡在船上担任各等级职务的船员(除实习员外),应依照船员考试办法考领交通部颁发的《船员职务证书》,方可在船上工作。船员在初次任职时,需得到航政主管机关认可,并申领《海员手册》。船员在上、下船时,应持《海员手册》到主管机关在办理任用或解职填注手续,作为考核资历的凭证。凡未领取《海员手册》者,不得在船上服务。不按规定办理任解职手续的,其服务资历不予计算。1950年11月19日,政务院在其颁布的《进出口船舶船员旅客行李检查暂行规则》中规定:"中国籍船员的登陆,应持有港务局颁发的海员手册,或中国海员工会的会员证,证明其确系在本船工作者,否则须有船长签发的证明书。外国籍船员的登陆,应领有登陆证,由公安局统一规定印发,按各船外籍船员人数编列号码,交由船长一次填发,并由公安局批准限定时间,于船舶启碇离港前,由船长收回,全数缴还。"

最早使用《海员手册》的是广东船员。1951年8月6日,政务院同意交通部印发船舶国籍证书和轮船船员职务证书。20世纪80年代起开始使用《船员服务簿》,《海员手册》方才终止使用。此外,为迅速使船员通过考试取得任职证书,交通部决定采取兴办速成训练班、成立干部学校和创办新学校等多头并举的行政措施培训船员。1951 年 4 月 7 日,交通部成立干部学校,交通部部长章伯钧兼任校长。同时,交通部直接举办或督导、支持地方交通部门分别举办 8 个交通干部训练班;改建和新建包括东北河运学校在内共 11 所交通学校。这些学校均开展各类船员理论教育或培训。通过教育或培训,并经过各航政部门考试合格的船员才准许领取相应的船员任职证书,上船服务。这一船员通过理论和实践考试,领取任职证书后上船服务制度一直沿用至今。

四、船检管理的恢复与新起色

(一)新的船检机构的建立

中华人民共和国成立之初,全国还没有形成统一船检管理体制,各地人民政府在接管国民政府航政基础上建立新的航政机构,开展船检技术工作。

1950 年 3 月 12 日,政务院下发的《关于 1950 年航务工作的决定》中,要求"制定船舶检丈标准,以保证航行安全","公私营航业增添新船,须经各地航务机关审定批准。二百吨以上者,须经交通部航务总局批准。"1951 年 5 月 25 日,政务院批准在交通部内设船舶登记局,为国家对运输船舶施行技术监督和办理船舶入级的机构,还委托苏联代为培训我国验船技术人员,但因缺乏船检人才,船舶登记局暂缓成立,改设临时机构,由海运管理总局代管船检工作。7 月,海运管理总局成立船舶登记局筹备小组。

由于船检为航政管理一项重要工作,沿海、内河各港航政部门均设船检科、室(管理人员数量不一)。1950 年 8 月,上海区港务管理局在航政处下设专管船检事务的船舶检验科。1951 年 8 月,航政处船舶检验科改为上海港务监督船舶检验科。到次年 12 月,该科人员数量达 16 人。

1950 年 9 月,天津港务局航政处下设船舶科,负责天津、塘沽及秦皇岛的船舶检验业务,以木帆船检验为主。因船检工作量小,1951 年 6 月船舶科划归港务处管理,改称船舶登记科,仅有 5 人。

1950 年 9 月,广州区港务局航政处下设船舶科,负责河、海船舶检验业务,有船检人员 10 人。

1950 年 9 月,大连航务局航政处设立技术检查科,负责船检工作。1951 年 7 月,大连航务局与东北航务总局合并为北洋区海运管理局,航政部门下设船舶登记科。

1951 年 4 月,青岛区港务局航政处成立,下设船舶科,负责青岛地区的船舶检验工作,有管理人员 3 人。

相比沿海各港航政部门设立的船检部门,长江船检机构建立更早。1949 年武汉解放前夕,设在武汉的国民政府长江区航政局迁至重庆,在武汉设汉口航政办事处。5 月,武汉解放。由武汉市军事管制委员会交通接管部航运处接管设在武汉的航政机构。9 月 1 日,中原临时人民政府在交通接管部航运处的基础上成立华中航政管理局,负责管理湖北、湖南、江西 3 省航政事宜。该局内设船舶科,负责船检工作。1950 年 4 月 1 日组建长江区航务局,内设航政处,下设船舶科,负责船舶检验工作。1952 年下半年,长江航务管理局进行机构改革,首次建立长江船检垂直管理系统,即在该局机务处内设技术检查科,后改称船舶检验科,对长江干线(除上海外)各主要港口的船检工作实行统一管理。

各省(区、市)均在省交通厅或航务局、航运局下设船舶科或航政科,或在航政科下设专理船检股,负责船检业务和管理工作。

1950 年 7 月,广东省在梧州设粤桂内河航务联合办事处,下设航务股,负责广西省内河船舶检验业务。1951 年 8 月,广西省成立内河航运管理局,又在航务科内设船舶检丈量股,共有 7 人。

1950 年 7 月,东北内河航务局改为东北人民政府内河航运局,下设航监科,负责黑龙江水系船检、航政监督事务。

1951年1月,浙江省航务局内设船舶科,有验船人员4人。次年1月,组成验船、登记工作队,有管理人员20多人,其中验船人员10人。江苏、安徽、湖南、湖北、四川等省,均在航务局下设航政科或船舶科,负责航政、船检业务。1952年,福建省将船舶检验工作划归省内河航运管理局办理。

其他各省(区、市)也是大体在航政部门下设立专理船舶检验组织,管理船舶检验工作。当时,水产系统没有成立渔船检验机构,机动渔船检验业务由交通主管部门管辖。

(二)船检管理规章制度的制订

中华人民共和国成立之初,为迅速,恢复航运生产,沿海、内河航政部门沿用国民政府航政机构留下的有关船检技术及吨位丈量等船检管理规章、技术规范等,以便不间断地进行船检工作。1950年下半年起,各地船检部门结合辖区船检工作实际,修改与补充国民政府的船检管理规章制度,以当时营运船舶为主制订出各种船检规章制度,规定船检审批权限,对船舶修理、锅炉气压、主机检测、吨位丈量、乘客定额及救生、消防设备等逐一制订出暂时实行的船舶建造标准、规范等。交通航务、港务主管机构公布实施的新船检规章,为新船检管理制度建立打下基础。

各大行政区、省(区、市)也制定各自的船检管理法规、规章。如1950—1951年,华东行政区交通部公布《华东区内河木帆船检查丈量登记给证暂行实施细则》等船检规章。1950年10月,长江区第一届航政工作会议召开,对9种长江船舶检验规章进行讨论和修改。经中南行政区交通部审查批准,《长江区船舶申请检验丈量暂行办法》等9种长江船检规章于1951年2月28日由长江航务管理局公布试行。

(三)船检技术管理工作的开展

中华人民共和国成立初期,各船检部门围绕恢复航运、支援前线及保障人民生活和生产需要,进行船舶普查和有关安全技术监督检验,促使营运船舶安全航行技术条件符合航行要求。

1949—1950年,上海船检部门重点进行打捞沉船修理检验与内河拖轮检验,船检办法基本沿用旧的模式,主要检验船体结构、布置、设备、载重线、锅炉和其他压力容器、主副机械等。

1950年底,广州船检部门重新进行检丈发证,核实船员定额,考核机动员、驾驶员、轮机员,办理船舶业权登记、船舶进出口签证及港口监督管理等工作。

1950年,长江船检部门开始检验新建、改建船舶及私营船,合格后核定适宜航线与航行期限、有效船舶技术质量。3月开始对分散流动的木帆船进行巡回检查、丈量,以确定船籍港。重庆航务分局共检查丈量木帆船2234艘125780吨,并根据木帆船的坚固程度、确定载量,勘划载量吃水线,保证航行安全,充分发挥运输效能,弥补长江航运运力不足的问题。这是长江航政部门一次较大规模船检活动。

长江沿线各省(区、市)船检部门本着对木帆船的保护和扶植,成立专司木帆船的机构,集中力量分期分批对木帆船进行检查、丈量。1950年3月,湖北省航政局木帆船管理科组织4人巡回丈检组,赴省境内长江和支流沿线丈量、检验木帆船。在汉口设丈检组和登记组,办理在汉和来汉的木帆船检查、丈量工作。7月,省航政局专门制定木帆船管理暂行办法和丈量检验规则,使检查、丈量等船检工作有章可循。1952年,在汉口丈检组和长江巡回丈检组的基础上扩大7个丈检组,每组3人,经过短期技术业务培训,分地区开展木帆船丈检工作。到1952年底,共检查丈量木帆船30993艘246821吨,核发船舶牌照和航行证。江苏、湖北两省共检验木帆船73797艘,占全国木帆船检验总数的1/4。

各省(区、市)船检部门在这一时期抓住时机,开展船检工作。1950年10月中南军政委员会交通部拟订《中南区帆船丈量检验暂行办法(草案)》后,在武汉交通学院(原武汉水运工程学院前身)举办培训班。湖南省船检部门派出3人前往该培训班学习,结业后组成"试验组",按暂行办法进行20多天实载检验,提出以舱的平均长宽度与深度计算航船载重量,基本上符合要求。中南区交通部技术组研究后推荐给中南6省试行。

1950年,广西省船检部门对广西水上运输船舶开展丈量、验证。1950年到1952年,全省共检查内河船舶705艘78061吨;丈量船舶271艘67015吨,其中拖轮36艘1197吨、客货轮19艘898吨、拖驳140艘21682吨;检查民船125艘37546吨。

1950年,河北省船检部门针对省境内运营内河木船失修状况严重,碰船、撞桥、沉船、死人、货物受损等各类事故屡屡发生的状况,开展船舶丈量工作。至1951年底,通过丈量重新核定载重吨位的木船为1582艘。组成"船检小组",分赴各河航线,调查研究各种不安全因素,对存在问题提出改进措施。

1950年,山东省船检部门对全省各河系船舶统一进行清理登记、检丈、检载、发证,以确保运输安全。同时,各水系管理机构对公私营运船舶普遍进行登记、检丈,核校载重吨位,确定船籍,发放牌照和证书。黄河、小清河水系的管理由黄河航运管理办事处负责。

1951年7月,福建省船检部门制订《福建省内河木帆船丈量检查暂行规则》《福建省航海木帆船舶管理暂行办法及丈量检查技术规程》,开展境内载重200总吨以下帆船的检丈和领证等工作。

1951年,四川省全省共检验船舶32876艘469763吨。

这一时期,船舶检验合格后,由船检部门发给签发合格证件。该证件采用"船舶检查簿"格式,核发国内船舶法定证件。该簿封面用牛皮纸,内面白纸印有船舶主要项目、吨位丈量、乘客定额及"船舶检验合格证"等。东北地区船舶检验和办理航行签证的法定证件为"船舶执照"。此时,华东、中南、西南、华北等大区及有些省市船检部门,在各自辖区内统一制发"木帆船检丈合格证书"或"船舶执照",初步建立起地方船检工作管理制度。

综观这一时期船检技术管理工作,服从运输生产需要,在恢复航运和保证安全的前提下,采取灵活的方法与措施,最大限度地保证船舶能够航行。这些方法和措施主要体现在检验标准尺度上有一定的放宽。这种情况在中华人民共和国成立初期很普遍,且有些船舶延长航行期限不止一次。于是频繁进行船舶限期或临时、灵活检验,几乎成为当时唯一的船舶检验办法,且多凭验船人员经验进行。

五、引水业的全面恢复与统一

(一)引水管理体制的建立

新中国成立之初,中央人民政府重视船舶引水工作。1950年7月26日,政务院财政经济委员会下发《关于统一航务港务管理的指示》,规定在国家统一港航管理形势下,引水成为港口(航政)管理部门一项直接业务,留任的中国引水员(接管原国民政府引水员不到100名)全部转为国家公职人员。1952年10月,交通部召开的全国港湾海运专业会议决定,在各海港"港务监督办公室"下设立引水科。引水科的主要职责包括:领导引水工作,管理引水员;负责引水技术设备的研究与改进;组织研究与办理港内信号标志及通信工作,保证适用;注视一切有关危害船舶及港口的警报,并及时转报等。

根据政务院的规定,沿海、内河及各省(区、市)航政部门开始着手建立引水机构、制订法规、引水员培训、开展引水业务等。一般在航政部门下设引水科(室),有的将引水与航标管理合为一个部门。如1949年天津港航政部门接收冀鲁区私人引水公会,1950年10月在天津港航政处下设立引水科,有引水员10人(其中2人是从香港回归的老船长,8人系具有丰富航海经验的驾驶人员)。1952年又有拖船船长参加引水队伍。1950年6月,上海区航务局成立引水科,开始接管上海港引水组织。1951年3月,上海港务管理局接管铜沙引水公会。1952年,在上海港务监督办公室下专设引水科,管理上海港船舶引水业务。

长江引水管理与沿海情况不同。解放之初,长江上各类引水组织先后被各地军事管制委员会所接管,然后移交当地航政部门管理。据不完全统计,长江全线有各级引水员 1000 多人,其中上游 394 人、中游 239 人、下游约 400 人。这些引水人员成为恢复和发展长江航运的重要力量。长江引水组织管理混乱,仅长江干线就分为:淞汉段、汉宜段、宜渝段、重庆以上段 4 个区域,山头林立,各自为政。解放后,航政部门通过登记、考核基本上弄清这些引水组织情况,成立新的引水组织。引水员是海员工人一部分,一般挂靠在当地海员工会,为其下一个分会。武汉解放后,汉宜湘引水领江公会及单个引水人先后组织起来,组成武汉市海员公会汉宜湘引水分会,负责长江中游及上游部分引水业务。下游的淞汉引水公会等引水组织合并组成上海市海员公会淞汉引水分会,负责长江下游引水业务。

1950 年 5 月 1 日,长江区航务局为改变引水管理体制,整顿长江引水秩序,根据政务院关于航务统一管理的决定,指派所属的航政部门开始将汉(口)宜(昌)湘(江)段引水收为国家办理,并陆续收回淞(吴淞口)汉段与宜渝(重庆)段引水。1951 年 3 月上海区航务局改为上海港务管理局后,正式接管铜沙引水公会。至此,长江引水全部收回由国家办理,交长江航务管理局主管。长江引水收回公办之初,由长江区航务局航政处专设引水科负责,并在重庆、汉口、上海航务分支机构下设立引水站,分段开展引水业务。其主要职责:检定引水员资历和等级、奖惩、退休及抚恤;进行引水员考试和发证;核发手册与每次引航成绩签证簿;落实引水员引领任务和调派、教育和训练等。后来,引水机构职责多次调整,但变化不大。

(二)引水管理规章与监管

对外轮的强制引水,是国家主权的一种体现。1950 年 3 月 12 日,政务院在《关于 1950 年航务工作的决定》中强调:"……在条件具备时,对于外轮及一定吨位的船只进出实行强迫引水制度。取消外国引水人员及自由引水制。"1952 年 5 月,为规范对外国籍船舶的引航管理,交通部公布《外籍轮船进出口管理暂行条例》,明确规定对外籍轮船及超过一定吨位的本国轮船实施强制引航。10 月,交通部召开的全国港湾海运专业会议决定,在全国各海港港务局设立海港监督室,代表国家行使管理港口职权,对进出港口的外籍船舶进行监督管理。

以上这些系列举措,在保证航行安全与秩序的同时,更注重维护国家主权和国防安全。

长江引水规范出台较早。1949 年 11 月,华中航政管理局针对长江中游引水状况,制定出《华中引水人员管理章程》《华中引水人员审查办法》《华中引水人员经费管理办法(草案)》。1950 年 5 月,长江航政部门制定长江《引水人员守则》,并就川江引水区域划分不清、职责不明等问题专门下发《川江引水员引航地段规定(草案)》。规定试行后,又不断地搜集川江各港、各轮船驾驶和引水人员的意见,再行修改。这些引水规章,虽内容规定不够具体,又限于长江中游区段,且许多未完全摆脱国民政府引水内容的阴影,但对改变整个长江引水组织复杂、引水费率混乱的状况起到一定作用,为后来长江引水统一管理和走上正轨创造了条件。从 1950 年起,长江航政部门开始全面调查长江引水员技术状况,逐一审核登记,进行技术培训。引水员参与引水业务一次或几次后,凭引水经历、船长签发的证件或考核评语办理审核登记。1951 年,开办短期培训班,召开技术交流会,开始全面培训引水员。

(三)引水员接管和培养

新中国成立以前,中国引航业长期为外国人垄断、控制,中国籍海港引水员数量不多。中华人民共和国成立,外国籍引水员控制中国沿海、内河引水业的局面开始被打破。但因高级引水人员缺乏,不得不采取临时过渡的特殊措施,允许在个别港口留用少数外国籍引水员,直至 1952 年最后 1 名外籍引水员离开中国。当时,各港引航骨干是留用的一批老引水员,接管时多数转为港务局正式职工,定期领取薪金。国家很重视这批老引水员,给予他们较高待遇。如上海港留用的15名老引水员,工资最低为540元,最高约有1000元。这种高薪政策是一种权宜之计,属技术上“赎买”,与国家当时实行的“赎买”私人资本政策有关。

1950年,政务院在《关于1950年航务工作的决定》中,对于引水人员提出:“培养与教育引水人员,提高其技术水平,改善引水制度。”当时,各级人民政府、沿海各港航政部门接管留用的老引水员不到100名,且分散在沿海和长江下游的10多个港口。面对港口设备简陋、航道失修、没有专门拖轮协助等困难,老引水员们依靠对船性、航道的熟悉,利用风流压,应用车、舵、锚和缆绳等,完成了繁重的引水任务。同时,他们热心指导、培养了一大批刚刚从院校毕业的新一代引水员,为建立适应新中国国情的引水体系做出了贡献。

然而,这些留用老引水员毕竟年龄普遍偏大,难以适应航运发展和港口大规模建设的需要。一时间引水人手紧缺的问题非常严重。此情况引起中央政府的注意。1950年,政务院在确定当年航务工作任务时,将培养引水员、提高引水员技术水平作为引航管理工作的一项重要内容加以强调。按照当时的国际惯例与习惯做法,引水员一般都是从资深船长或大副中选拔。被选人员通过学习、考试,合格后获颁证书,成为正式的引水员。为培养人民自己的引水员,有些港务局从工人干部中抽调合适的人员学习引航。

大连港务局航政部门,1950年只有3名苏联引水员。1951年苏联移交两名由苏联人培养的引水员,但仍紧缺。为此,1951年大连港务局航政部门从拖船上抽调6人学习引航,以后又陆续从拖船、从海运系统抽调人员充实引航队伍。经过几年的培养和实践,这批新引水员已经成为大连港引航队伍的中坚力量,承担着大连港绝大部分引水业务。

广州港务局航政部门,在1950年9月广州区港务局成立后,于10月接管广州港具自由职业性质的引水业。

新中国成立之后,长江各类引水组织先后被各地军事管制委员会接管,然后移交当地航政部门管理。据不完全统计,长江全线有各级引水员1000多人,其中上游394人、中游239人、下游约400人。这些引水人员分为长江干线:淞汉段、汉宜段、宜渝段、重庆以上航段4个区域,山头林立,各自为政。后来,航政部门通过登记、考核,基本上弄清长江上的引水组织情况。并成立新的引水组织。这些引水组织,一般挂靠在当地海员工会,为海员工会下属分会。武汉解放后,汉宜湘引水领江公会及单个引水人组织起来,组成武汉市海员公会汉宜湘引水分会,负责长江中游及上游部分引水业务。下游的淞汉引水公会等引水组织合并组成上海市海员公会淞汉引水分会,负责长江武汉以下长江中下游的引水业务。1950年6月,长江区航务局航政处设引水科,具体负责长江引水事务,并在重庆、汉口、上海航务分支机构设立引水站,分段开展各段引水业务。引水科及引航站的主要工作有:检定引水员资历和等级、奖惩、退休及抚恤;进行引水员考试和发证,以及核发手册与每次引航成绩签证簿;落实引水员引领任务和调派、教育和训练等。11月,长江淞汉段引水员联合组成一个执业事务所。1951年7月,长江引水统归长江航务局管理。

六、水上事故的处理及重大事故

海上事故的处理,新中国成立之初仍沿用国民政府“明白真相,审定责任,处理善后”管理办法,主要到实地了解事故发生的经过情况,查清基本情况,调查研究责任所在,以调解协商解决而不予以裁决。当时因国民党军飞机骚扰轰炸不断,船舶航行标志被严重破坏,船舶陈旧破烂,船员技术水平参差不齐,加上水上运输繁忙,导致沿海、内河海难事故频发。

新中国成立初期,船舶交通事故的处理工作尚未归口交通部门,也无一定管理规则。1950年7月,交通部根据长江区航务局上报的水上发生事故处理不统一问题,指出各地发生海损事件,往往地方行政机关随意扣押船只,或类似行政的其他机关亦予任意受理,规定“今后各港发生海难事件,凡有关技术性案件,应由各地航务机关统一负责处理”,“如须经法院予以判决者,亦应由各该管理之原航务机关预先提出理由和意见”。

为此,1950 年 3 月 17 日交通部组织人员初步制订出《海事处理暂行办法(草案)》。1952 年 3 月 27 日,经政务院批准,交通部公布《海事处理暂行办法》《各航区海事处理委员会暂行章程》(也称《海事处理委员会暂行章程》)。暂行办法共 18 条,详尽、具体规定了海事报告、海事处理办法和程序等各有关问题,将海事事故的类别分为 12 种,规定船舶发生下列事件之一称为海事事故:触礁或搁浅;沉没或失踪;碰撞;失灭;触损或浪损;遭受风灾或漏水;机件或重要属具损失等。暂行章程共 9 条,规定海事处理委员会的设置、组织、职权和处理海事的步骤等。暂行办法和暂行章程是中华人民共和国成立以后公布的第一批水(海)上事故处理与事故处理组织的管理规章、章程。

(一)建立水上事故处理组织

中华人民共和国建立之初,水上事故处理是航政管理部门一项重要职责,处理组织几经变化。起初,各地航政部门成立海事仲裁委员会来专门处理水上事故。如 1950 年 4 月 20 日,上海区航务管理局成立海事仲裁委员会,处理水上重特大事故,日常工作由航政处下设的海务科负责。1951 年 12 月,上海港务局航政部门设海事处理委员会,日常工作由引水科负责。1951 年 2 月 10 日,上海港务局撤销海事仲裁委员会。1952 年 9 月 24 日,交通部设立上海区海事处理委员会,负责处理有关上海地区发生的水上事故及相关问题。

1950 年,天津港成立海事处理委员会,邀请资深的船长多人参加。凡天津港发生的重大海事案件,都由该委员会调查并做出结论,提交航务行政机关或法院审理。一般海事案件,则由港务监督自行处理。如 1950 年,美国“金熊”号商船在渤海口外撞沉我国“新安”号客货船,伤亡旅客、船员多人,即采用天津海事处理委员会提供的结论,经法院做出判决,由美轮承担主要责任,赔偿我国损失,保护了我国人民的合法权益。

1950 年 10 月起,广州区港务局成立船舶事故纠纷处理委员会,后由港务监督长直接领导,负责对辖区内的海事调查处理。1952 年,大连区港务局设立海事处理委员会。主任由分管航政工作的副局长担任,成员由航政部门管理人员、海运单位和海运院校专家教授出任。

1950 年以后,长江上发生的水上事故由沿江各地航政部门处理。1951 年 8 月 29 日,长江航务管理局成立长江区海事处理委员会,并在重庆、南京航务分局亦成立海事处理委员会,负责对长江上、中、下游 3 个航段重大海事的指导与处理。其他海事具体处理由各港务局或航运分局的航政部门负责。海事处理委员会成员分为当然委员、委员、特聘委员。当然委员主任由航务局分管航政的副局长担任,当然委员由航行监督室主任、汉口港务局长、监督科长担任;中南军政委员会交通部、武汉市人民法院、海员工会等单位共 16 人为委员、特聘委员。1952 年,改组海事处理委员会。

1952 年 9 月 16 日,河北地区由航政部门、工人工会船业公会、驻地派出所和人民保险公司等单位联合成立海事处理委员会,各地办事处也相应成立海事处理小组,对发生的水上交通事故进行处理。

(二)海上事故调查处理规程

1952 年 12 月 29 日,交海海监字第 6595 号规定了港务监督对事故处理的职责与汇报制度。

1951 年初,上海区航务局航政处试办海损理算业务,以代替私人的公证理算师的理算业务。7 月 16

日，正式接办原私营的海损理算工作，私营公证行停业。1952年以后，负责调查处理各类海事，主要根据海事调查的结果，分析找出事故发生的原因和责任，以法规为准绳，合理解决事故责任和赔偿纠纷，促进当事各方达成和解协议。若事故调解不成，按港务监督做出海损事故处理结论处理。

1951年，湖南省海员工会和航业界技术人员组成湖南省海事处理委员会。1952年10月，因海事处理范围的扩大，增加省航运局、省法院、省公安厅、省保险公司，省海员工会等代表，组成湖南省海事调查处理委员会，以航运局为主。

1952年，内蒙古自治区航政部门在交通部《关于防止轮船船员淹溺事故的暂行规定》公布后，组织安全检查，对驾驶长、船员进行教育与培训，在船只集中或较多的盟、市建立分级管理机构与设置专人管理等，防止船员淹溺事故的发生。

（三）重特大的水上事故

1950年1月23日凌晨，长江汉阳马沧湖私营小客轮“启贤2号”，在松林咀沿着打开冰路的航线迂回行驶，在蚌蛤洲距岸10米处左舷触冰出现裂缝，乘客慌乱，船体倾覆，除附近渔船赶来救起23人外，事后捞起尸首23具，其余皆失踪。

1950年2月2日，民生公司“民勤”拖轮在宜昌装运汽油800桶开往重庆，2月6日6时15分行至丰都附近突然发生爆炸，船上船员71人、乘客7人以及押运员警卫士兵等共131人，事后仅10名船员生还，当班轮驾人员及其他人员连同船舶很快沉入江底。这是中华人民共和国成立初期最严重的海损事故。

七、保证支援前线船舶的适航条件

新中国成立之后，华南、西南等地区还未完成解放，支前运输是航政压倒一切的首要工作任务。为此，各沿海、内河的航政部门为满足支前船舶的适航做出了巨大的努力。

1950年2月，江苏省苏南交通局抽调40多名航政干部和人员，动员与组织519艘木船投入解放舟山群岛的支前运输。

1950年7月初，为打破国民党军的封锁，保证航行南北沿海航线船舶进出上海港的安全，上海区航务局船舶科派出技术人员参加中国人民解放军步兵第98师渡海解放嵊泗列岛的支前任务，负责渡海船舶的征用、检修、管理和船员的调配。18日，大羊山、小羊山等岛屿相继解放，解放嵊泗列岛的任务宣告完成。此次战斗共征用中小型各种船舶约300艘。

1950—1952年间，各地航政部门、管理人员及时检验参加各地解放战争的各种机动船、民船修造质量，以及检查安全状况，为保障船舶安全投入战斗运输做出应有贡献。

第六节　航标测绘及水上通信接管与恢复

一、航标测绘的接管与辖区划分

中华人民共和国成立之前，我国海区及长江助航设施统一归海关管辖，全国主管航标的机构设在上海海关，为海关总署海务科。1947年，海关将沿海航标划分为4个海区分别管理，即上海为第一海区、青岛为第二海区、厦门为第三海区、广州为第四海区；长江分上中下游，各设3个巡江事务局。

新中国成立以后，沿海、内河原有的航标机构保留，继续管理所辖海区的航标，迅速恢复有关标志，并为开辟近海航线设置标志。为此，国家明确助航设施由海关移交交通部管理。1950年1月27日，政务院第 17 次会议通过《关于关税政策和海关工作的决定》,将管理“海港、河道、灯塔、浮标、气象报道等助航设备的职责,连同其工作人员、物资、器材,全部移交中央人民政府交通部或省市港务局”。海关移交交通部的大型航标船 6 艘,即“景星”“流星”“海星”“春星”“兰州”及“海澄”。11 月 16 日,海关总署按照政务院决定,将原海关总署下的海务处(含江务部门)正式从海关划归交通部,所管理的航标也一并移交交通部航务总局。从此,自 1858 年开始由海关兼管航政、港务和航标共 90 多年的历史结束。

为做好接管航标后的管理工作,交通部航务总局成立海务处,建立青岛、上海、厦门、广州 4 个区海务办事处,分区管理沿海航标;长江航务管理局建立江务处,并在重庆、南京设立分局,分级管理长江中游、上游和下游的航标。从此,海上航标与内河航标分开管理。1951 年 10 月 15 日,政务院财政经济委员会做出关于助航标志由所在地的人民政府保护或代管的意见。1951 年底,长江航务管理局将江务处改为航道标志管理处。到 1952 年底,交通部将航道工程处的单一航标维护管理职能转变为承担建设任务,并以“建设助航标志”6 字为寓意,将接管海关的“景星”“流星”“海星”“春星”“兰州”及“海澄”6 艘大型航标船,分别命名为“海建”“海设”“海助”“海航”“海标”“海志”。

珠江水系航标,分布于广西、广东境内。广西境内的河流,除西江梧州段曾在 1949 年以前有浮标 14 座外,其余均无航标。中华人民共和国成立初期,珠江水系尚无航标管理机构。为解决船舶航行的安全问题,船员、船民和海员工会等组成灯标委员会,把由船民设置的航标管起来。1950—1952 年,两广航运较发达河段纷纷组建起类似的群众组织。1951 年,依靠灯标委员会,梧州至广东悦城航段的 28 处礁石险滩有组织地设立灯标 30 座、助航标志 34 座,组织 25 人负责维护管理。后又自梧州上延到贵县段,在 32 处礁石险滩中设立灯标 32 座、助航标志 23 座,维护人员 33 人。

黑龙江水系航标,1950 年时由黑龙江航道工程处管理。1951 年 1 月,中苏达成《关于黑龙江、乌苏里江、额尔古纳河、松阿察河及兴凯湖之国境河流航行和建设协定》后,松花江航标区和 33 个航标站于 1952 年成立,负责管理松花江干流和黑龙江、乌苏里江国境河流主航道中方一侧的航标。并将松花江干流哈尔滨至同江航线恢复为一等航标。同时,按协定承担黑龙江、乌苏里江和额尔古纳河中方一侧的航标建设任务,使 696 公里内全部昼夜通航。

1949—1952 年,福州港共新设灯标 46 处,恢复灯标 26 处,调整灯标 7 处,加强标志基座 20 处。

二、各种航标设施(备)开始建设

1950 年,政务院在发布《关于 1950 年航务工作的决定》中,要求“灯塔标志的建设,先恢复渤海湾各港埠及长江航线的助航设备和曹妃甸、成山头、猴矶岛 3 处灯塔及长江航线的灯标,并改善灯塔标志管理制度。”分管海区航标的各海务办事处开始增设、修理、改造、建设以航标为主的各种助航设施。1950 年,在天津港重建曹妃甸灯桩。1952 年,为开辟大清河至塘沽运盐短程航线,在大清河口设灯浮标 10 座,在北塘河口设灯浮标。1952 年,在营口港增设 2 号导标和西船厂导标。1952 年,青岛港大鲍岛立标改造为灯桩,增设 3 号浮标和小青岛进口左侧灯浮标。1952 年,连云港车牛山灯塔在原位恢复发光,并恢复羊窝头灯塔发光。至 1952 年底,青岛、上海、黄埔和秀英等港口以及其主要内河航道灯、标都适当得到修复或扩建,生产条件得到改善。

新中国成立前夕,长江干线及一部分支流共设有航标 1194 座,其中干线有 1078 座。1949—1950 年,长江干支线航标得到全面恢复,长江干线中、下游添设一部分灯桩,下游增设竹浮标加悬标灯。1951 年起,长江航标有所发展。中游城陵矶至宜昌的 457 公里间,原有 111 座标桩的 41 座改为灯桩,使汉口至宜昌间开通夜航;上游宜昌至重庆 102 公里,增添枯水夜航灯标 80 座,分段开放枯水夜航。这是川江航运有史以来第一次正式通告开放夜航。1951 年 3—4 月,第一批“不列等”煤油灯(直径 200 毫米透镜)在川江航行条件较好的重庆至大兴场、鹭鸳盘至丰部两段航道发光后开夜航,4 月底因水位上涨停止发光。11 月 1—19 日,上述两段航道及万县狐滩至大舟溪、南沱至宜昌先后发光,实行枯水季分段夜航,计开放夜航里程共 915 公里,约占宜昌至重庆航道的 13.86%。这是川江有史以来建设的第一批灯标,开始分段开放夜航,1952 年,川江继续建设夜航设备和增设缓流航标,还在奉节至汪家沱 41 公里航道上增加中水位夜航灯标 43 座。是年,长江中游标桩 21 座改为灯桩,使这段灯桩达到 62 座,除部分浅险水道的灯桩在枯水季停止放光外,其余均发光。

各省(区、市)助航标志均各自负责。1951 年 10 月 15 日,政务院财政经济委员会下发的《关于助航标志所在地的人民政府保护或代管助航标志的意见》规定:"助航标志所在地的人民政府应负责保护或代理辖区内所设之各种助航标志,其保护或代管的具体办法,由航标主管机构与该人民政府协商规定。"据此,各省(区、市)进行航标设施建设与管理。从以下几个省的航标建设可窥见全国各省(区、市)航标建设的概况。

1950 年以后,山东省沿海除交通部建设和管理的航标外,人民海军还先后在龙口、烟台、石岛、张家埠、石臼所等港口区建设 27 处航标。这 27 处航标直到 1961 年 11 月才移交山东省管理。

1950 年,淮河遭受大洪水,由于外来船员对淮河航道不熟悉,加上航道浅滩多,导致淮河水上运输时常发生事故。为此,皖北内河航运局蚌埠分局在淮河铁路桥通航孔梁上挂上手写的"航道"二字牌子,以示该孔为安全通航孔。这是淮河上设置的第一个桥涵航标。

1951 年,福建省航务管理局首次将全省航道上的夜间灯光由原来的不分色改为左红右绿,并在闽江干流上游设立简易标。1952 年 10 月,整顿闽江航道灯标 40 多处,将闽江中游的 12 座木结构标志改为钢盘混凝土结构,稳定标位。

这一时期,湖南省内洞庭湖上的航标,在原有三等标基础上,通过建设增设一、二等标志,航标设置达 328 座。

三、沿海与长江各种航标的养护

新中国成立起至 1952 年,全国航标建设和管理主要任务是:①给灯塔送补给,保证灯塔工作正常;②恢复、调整沿海、长江水道航标,保障进出上海港航行安全;③抢修沿海、长江全线航标和航道;④检修北洋航线航标,恢复北洋航运;⑤重建曹妃甸灯塔和车牛山灯塔,保障航舶进出天津港、连云港的安全。⑥反封锁、反禁运,为开辟海上通道设标。

随着全国解放,给灯塔补给成为头等重要的工作。舟山群岛解放后,上海区航务局航政部门派航标船和上海浦东航标修理工厂的技术人员检修白节山、大戢山、小板山等十几座灯塔,同时恢复正常的月度补给。华南解放后,广州区航务局航政部门迅速派工程技术人员巡视粤东沿海和海南岛环岛航标,检修秀英、炮台、临高等灯塔(桩),同时提供补给。特别是 1950 年,港英当局配合美国对新中国进行经济遏制和封锁禁运,中国商船不能像往常取道香港水域经大铲岛、帆石水道至虎门进入广州港。1951 年 5 月,广州区航务局航政部门遵照交通部关于开辟出海通道、开辟珠江口伶仃水道的指示,指派刚从香港九龙关起义归来的何炳材船长率队,用"江苏仔"号蒸汽拖轮和两艘木帆船,经过 46 天艰苦工作,测量自珠江口桂山岛经伶仃洋至虎门一条长约 40 海里航道的水深,抛设灯浮标 5 座,建牛利角灯桩、竹洲灯桩和三牙排灯桩。1951 年 7 月 1 日,伶仃水道通航。从此,伶仃水道成为珠江口进出广州港的主通道。1952 年,为开辟粤西沿海航运,在北海港外建冠头岭灯桩,以后又建围洲岛灯桩。

新中国成立之初,长江沿线各地航标已年久失修,一些老航标因航道变迁失去作用。国民党军队溃逃时,又破坏了将近一半的航标。1949 年 6 月 29 日至次年 12 月,长江区航务局航政部门恢复和增添南通至九江航道上各类助航标志,恢复长江口南水道航标,使长江下游航标得以恢复使用。1950年6月25日起,又逐步恢复中游,安庆至宜昌航道上的航标。长江上游解放较迟,1950年下半年开始清理、洗刷川江航道标志,维修信号台,按原布设位置恢复各类助航标志及信号台。

这时,长江上作为航标使用的较大工作船有“航汉”和“航川”两艘,其他航标使用10多艘航标工作船,全是营运小拖轮、渔轮或小登陆艇。1952年11月起,长江航标改革,航标站增加60马力以下木壳机艇100多艘,但有的航标站仍用帆艇或木划艇进行航标维护。

四、自行测量出版第一部川江水道图

航海图,是根据航海和开发海洋需要编制的地图,包括海岸图、港湾图、航行图、总图和专用图等。它着重表示海岸性质、海底概貌、底质、海洋水文和航海要素(如沿岸显著目标、助航设施、航行障碍物、地磁偏差)等,是航海人员必不可少一种航行工具。

20世纪50年代初,人民解放军接管国民政府海道测量局,配合军事和航海需要,开展海图测绘工作。交通系统以原上海海务办事处为主,在负责海区和长江航标管理的同时,也进行沿海和长江一些港口航行图的测绘。

新中国成立之前,川江航道一直沿用英法海军所测量的《川江航道图》(英文版),比例尺太小,且错漏不少,对船舶航行只能起参考作用。民国时期,扬子江水利委员会对川江也进行过局部和重点测量,但始终未全面测量,没有一套准确航道图。新中国成立以后,交通部组织一批技术人员和青年学生,对长江上、中游进行大规模的水道测量工作。1951年12月,长江航道管理处受命于交通部航道工程局,决定测量川江宜昌至重庆航道。测量人员由航道处及重庆、南京航道部门调派,并由航道工程总局抽调上海、广州两地测量人员协助,共组成6个测量队。1952年1月25日,测量开始。测量人员按照国家标准,对宜昌至重庆的川江航道地形、水深及全部滩险进行第一次全面测量(总测量面积达430余平方公里)绘制水道图,并搜集相关资料,1953年6月,完成全部测量任务。12月,经海军海道测量部审查,由海军司令部海道测量部以图7007号出版《中华人民共和国海军水道图——长江上游宜昌至重庆》。这是有史以来我国自行测量出版的第一部川江水道图。不久,《长江中游航行图》出版。

此外,交通部航道测量部门还应西北人民与少数民族之邀,组织查勘黄河739公里航道,并测量部分航道。

五、水上安全通信的恢复与建设

水运通信,是水上无线电通信(简称“水上通信”)、港口地区通信和水运长途通信的总称。它担负着船舶遇险、安全、海难救助、船舶运输调度、港口作业、港口交通管理、企业管理、港航工程建设、特别业务和船舶公众通信等多种信息的传递任务。港口地区通信和水运长途通信属于专用通信,只承担交通系统专用通信任务。水上通信,既承担交通系统专用通信任务,也承担国内外船舶公众通信任务。

海岸电台是海上通信(地面)的基础,是承担海上船岸无线电通信任务的专用电台。

新中国成立之前,我国船岸无线电通信的基本设施是江、海岸电台和专用电台,曾有江、海岸电台和专用电台53座,但管理分散,业务量少,通信范围狭窄。1949年5月上海一解放,解放军军管会航运处就陆续接管招商局(包括各地招商分局)的船岸电台。5月28日,接管轮船招商局无线电总台,并将接管的上海东大名路880号第二电台改为收信台,在上海广东路20号7楼设发信台和电报收发室,在公平路码头设收信台,并在外滩31号设有电信设备修理所。当时电信设备简陋,又不完善,在收信台和收发信台之间使用音频振荡器,用有线联系和传递来往电报。6月,青岛解放后,青岛市军事管制委员会指定青岛邮电局接管国民政府资源委员会青岛电台,接收收发报机 3 部、报务人员 4 名。10 月 20 日,又接管青岛黄海水产公司等的电台,共接收 11 部收发报机、电台人员 15 名。

其他各地解放之后,水上通信便随军事接管而被人民政府接收,交由相关的邮电、航运部门管理。如 1949 年 6 月 24 日,汉口军事管制委员会接收招商局汉口分公司的船岸通信设施,设立汉口江岸电台。8 月 25 日,福州军事管制委员会接管福州电信局。

新中国成立后,交通部接管原属民生等轮船公司经营的江岸电台和招商局经营的江海岸电台;邮电部接管国民政府电信局经营的江海岸电台。如 1949 年 10 月 14 日,广州海岸电台由广东省邮电局接管。12 月 3 日,重庆军事管制委员会接管招商局重庆分公司江岸电台,组建长江航运重庆江岸电台。1950 年 11 月 22 日,交通部在其办公厅设电信管理处,负责交通行业的电信管理工作并将大连等 28 处江海岸电台作为部属专用航务电台。11 月,政务院将设在沿海、内河的各地江、海岸电台定为交通部部属航务电台,对国内外船舶提供通信业务服务,并决定对国内外船舶开放邮电部所属江、海岸电台通信业务。1950 年 11 月,交通部将哈尔滨、佳木斯的江岸电台定为部属航务电台,开放船舶短波等电报通信业务。1951 年 7 月,政务院财经委同意由交通部统一管理江、海岸电台,撤销私营电台。后经合并,交通部共辖江、海岸电台 30 座(大连、营口、北京、佳木斯、哈尔滨、镇江、黄石 7 座和旧电信局的 23 座江海岸电台)。10 月 25 日,交通部召开第一次航务电讯会议(中央交通部航务电讯会议),此时所属航务电台有 110 座,其中电台 2 座、江岸电台 11 座、海岸电台 12 座、江船电台 40 座、海船电台 36 座、代租电台 9 座。11 月,交通部设立电信管理处,负责交通行业的电信管理工作。1952 年 9 月,中央人民政府邮电部、交通部联合通令指出,为使江海岸电台能更密切地配合航务需要,更好地为船舶航行服务,将邮电部所属各江海无线电台与交通部航务电台合并,由交通部统一管理,作为我国陆地对江海船舶通信的唯一电信系统。

第七节　航政管理队伍新建与巡航设施

一、航政管理队伍的新建与来源

新中国成立以后建立的港航机构一直频繁调整与更换,作为分散于各港航机构、履行航政职责的机构仅为港务局中一个职能部门,也随之不停地变化。不过,当时各港务局一般会通盘考虑航政管理人员和管理队伍建设问题。由于初建时人数较少,业务素质差,管理水平低,负责航政管理的人员仅局限于处理海事及结关等。

1950 年 3 月 24 日,交通部上报政务院的交通部组织编制表中显示,作为交通部航务总局下专司航政事务之一的航政处,内设正副处长、专员、船员科、海事科、船舶科、港埠管理科,共有 22 人。1951 年,交通部部机关组织机构调整,对涉及航政的有关总局人员作出规定。1951 年 11 月 1 日交通部组织编制表显示:海运管理总局,正副局长 2 人、干部 121 人、勤杂 19 人;河运管理总局,干部 88 人、勤杂 12 人;船舶登记局 25 人,作筹备事宜(另有内勤杂工 3 人)。1952 年底又略有变动,其中涉及航政部门的有:船舶登记局改为临时机构后人员为 15 人;河运管理总局从 100 人增加到 119 人,海运管理总局从 140 人增加到 166 人;主要领导航政事务的海港监督室内设主任、副主任和 7 名监督员职位,共有 9 人。

沿海各港务局航政部门管理人员人数不尽相同。1950 年 9 月,青岛港务局航政处,下设监督科、船员科、引水信号科、救护科,共有 49 人。

1950 年底,广州区航务管理局在广西北海港成立北海办事处,内设航监股,配备有监督、验船员共 7 人。1952 年下半年,在钦州航运管理站配监督、验船员各 1 人。

内河及各省(区、市)航政人员数量不一。长江区航务局航政部门专职管理人员数量有限。1950 年 5 月,长江区航务局成立后,首设航政处,有专职人员 30 人,下辖行政、船舶、船员、引水 4 科(各科人员均为 6~8 人),在所属各大港设航政科(6~7 人),中等港设航政股(2~3 人),小港派驻代表(1~2 人)。后来航政部门名称多次变化,管理人员数量逐渐减少。

各省(区、市)航政部门人员数量也不同。省一级航政部门人员一般在 1~2 人,地(市)、县一级仅有 1 人,或几个县合为 1 人。这些航政人员在当时往往一人兼数项管理工作,没有具体分工。一旦航政有紧急情况和任务,港航机构人员一起行动。

二、航政管理队伍结构与巡航设施

1949 年 10 月至 1952 年底,各地航政机构或部门大多数是按照中央指示,由人民解放军接管国民政府航政机构基础上建立的。

新中国成立以后,我党十分重视人才,注意储备人才,重用知识分子,制定了切合国情、实事求是的用人政策。各地人民政府接管国民政府机构与官僚资本后,急切需要的就是人才,尤其是管理人才。各地军管会航运部门按照党的“原职、原薪、原制度”接管政策,接收国民政府的管理机构与官僚资本。接收时,召开会议,宣讲形势,宣布政策和纪律,清点、查封、查看物资和账册,并整理和造册。对接管的国民政府航政人员与职员,大部分留用,或送各类学校学习,学习期满后量才录用,只有少部分协助回乡。正确的接管政策,调动了留用国民政府职员的工作积极性,缓解了人才缺乏的困难。

新中国成立初期的航政管理队伍由三大部分人员组成:一部分是解放军接管的人员(军队接管人员,转业到地方工作的军人);一部分是接管过来的国民政府职员;一部分是刚毕业的大学生。

这种结构在航政管理队伍维持了很长一段时间,直到国民政府留用人员自然淘汰。不过,新政权领导阶层仍然保持着革命年代的思维方式和观念,不断采用革命斗争方式清理各行各业干部队伍,也包括航政管理队伍。这一做法导致在后来政治运动中,包括肃反、审干、三反五反、反右派,国民政府留用人员不断遭受清洗和打击,使航政队伍受到一定损失。

与此同时,我国自己培养的大学生不断地充实到航政管理队伍中来。这是中华人民共和国成立后航政队伍中的一支宝贵的新生力量,并逐渐成为航政管理队伍的中坚,在第一五年计划的社会主义建设中发挥重要作用,推动着航政管理工作的不断进步和发展。

此外,因接管国民政府机构、人员、物资等而留下一批军队干部与战士,也成为新中国航政队伍一支不可忽视的领导力量。随着时间推移,他们同国民政府的留用人员一样,按自然规律逐渐淘汰。在军管干部自然减员的同时,另一支新生力量不断地充实航政队伍,就是复员转业军人。复员转业军人既经过大风大浪的锻炼,又有一定文化基础,当之无愧地取代接管军人成为航政管理队伍的领导者。

国民经济恢复时期,航政设施设备无法大规模建设与更新,主要是国民政府遗留下来的旧设施与旧设备。

1951 年 11 月,上海港航政部门接管前上海港港警后,组成 4 个徒手巡逻队,有巡逻小艇 4 艘、汽艇 4 艘、巡逻舢舨 9 只,12 月 10 日起执行港口水域巡逻任务。

烟台港航政部门有 1 艘巡逻艇,仅载 5~6 人。

其他各港航政部门基本上没有专门用于水上安全管理的巡逻艇配备,一般是水上发生紧急情况,由所在地港务局调度临时征用停泊在港区内的各类船只前往出事水域施救或供航政管理人员使用。

第二章　中国海事建立新的管理体制（1953—1957 年）

1953 年，中国航政进入“一五”计划建设时期，建立与社会主义制度相适应的航政管理体制，奠定航政组织基础，进入全面发展期。

“一五”计划期间，交通部规定“港务监督是国家政权机关”。自 1953 年 4 月起，各海区港务局及各中型港务分局的港务监督室对外称“中华人民共和国××港港务监督”（简称“××港务监督”或“××港监”），“一个机构，两块牌子”，对外是代表国家行使监管职权的独立机构，对内仍为港务局职能部门。1954 年 11 月起，内河和各省（区、市）航政部门均称港航监督室或科、股（简称“港航监督”或“港监”）。沿海、内河及各省（区、市）航政机构（部门）统称“港务（航）监督”或“港务（航）监督机构”。

针对沿海、内河水上安全特点，全国港务（航）监督就修订与完善原有行之有效航政管理制度，制订出一批新的航政管理制度，且更加细化，内容更加丰富，较多由一般管理办法上升到航政法规规章，涵盖船舶、船员、船检、通航监管、水上事故处理等，形成较为系统的航政管理法规、规章制度。

面对大量、繁重的航政管理工作，各港务（航）监督有针对性开展现场维护与监管，并从“安全第一”入手，从预防着力，加强现场巡航、维护，开展安全大检查，逐步建立起监管制度。特别就当时船舶 80%～90%为木帆船（民船）的状况，实施重点管理，推进安全航行经验，开展现场监督与维护，不断创造良好的水上通航环境。

国家在经济有限条件下，添置、增加一些航政管理设施（备），但整体上还是薄弱。航政队伍通过各种渠道引进与吸收一些人才与人员，特别吸收一些机关干部和转业军人，通过学习与实践，航政管理水平逐渐提升。

第一节　新的航政管理机构的建立

一、“港航监督局”与“船舶登记局”的始建

（一）“交通部港航监督局”的成立

1953 年，我国开始以实施发展国民经济第一个五年计划为中心的大规模经济建设。这一年，党正式提出逐步实现国家的社会主义工业化，逐步实现国家对农业、手工业和资本主义工商业的社会主义改造的过渡时期总路线。中央还发出号召，要求全国人民认真学习苏联的先进经验来建设我们的国家。

在这一背景下，1953 年 4 月 16 日，中央人民政府政务院财政经济委员会做出《关于结束天津、上海、广州、大连、青岛区港务局由各所在地市人民政府代管的决定》，宣布“兹决定自 1953 年 5 月 1 日起，结束天津、上海、广州、大连、青岛区港务局由各所在地市人民政府的代管关系；并自同日起，均由中央人民政府交通部海运管理总局按照该部之法令、规章、制度和办法进行直接管辖领导。”从此，沿海各港务局归于交通部管理。

1953 年，我国航政已初步建立起政企合一的管理架构，包括：沿海、长江干线与珠江、黑龙江水系的

交通部管理的中央航政;长江、珠江、黑龙江干线以外支流或通航内河各省(区、市)交通厅管理的地方航政。4 月 30 日,交通部下发《中央人民政府交通部关于航务工作的指示》,要求:“加强航务行政管理。首先应适当健全技术监督和海务、港务监督组织,提高监督人员的政治业务水平。”据此,交通部调整内部机构,将航道工程总局改为航务工程总局,河运管理总局改称为内河航运管理总局。1954 年 9 月,第一届全国人民代表大会制定《国务院组织法》,将政务院改为国务院,中央人民政府交通部更名为中华人民共和国交通部。随着交通部机关机构的不断调整与变化,航政由海运、河运分管格局也不断发生变化。

1955 年 3 月 16 日,分管航政事务的海运、河运管理局更换机构名称,海运管理总局改称“交通部海运管理总局”,内河航运管理总局称为“交通部内河航运管理总局”,航务工程总局称为“交通部航务工程总局”。其中,海运管理总局下设海港总监督长和海务、港务总监督室,负责沿海港务监督和海务监督两部分工作;内河航运管理总局下设港航总监督长和港航监督室,以及各水系航运管理局和所属分局、港务局,各省内河航运管理局和所属分局设置港航监督室(科、股);航务工程总局负责实施全国航道疏浚和港口的助航标志建设和管理;船舶检验局负责船舶安全和各类设备检验。

1956 年 8 月 11 日,交通部改组部机关机构,撤销海运管理总局、河运管理总局,新设海河运输局,共有 87 人。同时,新设交通部港航监督局,共有 22 人,作为交通部专管海、江、河、湖等航政管理事务的最高首脑机关。这标志着全国航政管理由原来 3 个总局(海运、河运、航务工程)分管变为一个局(部直属局)专管。

(二)交通部船舶登记局的建立

作为航政管理一项重要内容,船舶检验技术管理在新中国成立之初由航政部门下设船检科(组)具体负责。1951 年 5 月 25 日,政务院第八十六次会议批准成立船舶登记局,专门对运输船舶施行技术监督和办理船舶入级,后来由于缺乏船舶检验人才而暂缓成立。10 月,成立船舶登记局筹备小组,由海运管理总局代管。1953 年,船舶登记局筹备小组改为船舶登记局筹备处,主要任务是:筹建机构,制订船舶检验规章制度和技术规范,培训船检技术人员,同时对各地船检部门建立业务指导关系,检验木帆船、小型机动船(含渔船),并对修理的船舶(包括打捞沉船修复)进行检验。当时,还请苏联船舶登记局在大连和上海设立的验船处代训中国验船人员。1956 年 8 月 1 日,交通部船舶登记局正式成立,对外称“中华人民共和国船舶登记局”。这是新中国成立的第一个全国船检技术管理的主管机构。首任局长张致远,局内设立办公室、技术监督科、规范科,共有管理人员 20 余人。

船舶登记局的职能包括:初步明确为交通部的职能局,国家对船舶执行技术监督和检验的机构,负责处理船舶技术监督的日常业务,并兼有船级社职能,办理船舶入级业务,对沿海和长江各主要港口船舶检验机构实行技术业务统一领导,对其余港口船舶检验机构实行业务指导。职权包括:为制订船舶检验规章制度和规范;对建造新船和营运中船舶执行技术监督检验;办理船舶入级业务;办理技术鉴定和公证检验业务。

交通部船舶登记局的成立,标志着中国船舶检验事业发展揭开新的一页。

二、海港航政对外称“中华人民共和国××港务监督”

1953 年,鉴于沿海口岸相继对外开放,外国籍船舶进出港口增多,涉外管理工作量逐渐加大。4 月 17 日,交通部公布《中央人民政府交通部海运管理总局海务港务监督工作章程》,并从公布之日起实施。

该章程规定了各级海港监督之组织,其中包括:在交通部海运管理总局设置海务、港务总监督室,海港总监督长由总局副局长一人担任并负专责。各区港务局及各中型港的港务分局设港务监督室,港务监督长由该港务局副局长一人担任并负专责。各级港务监督室对外称“中华人民共和国××港港务监督”

(简称“港务监督”或“港监”)。各级港务监督长对外称“中华人民共和国××港港务监督长”。各海运局设海务监督室,(兼管港务工作的海运局设海务、港务监督室,其负责人为海港监督长),海务监督长由副局长一人兼任并负专责。从以上规定可以看出,各级港务监督室对外是独立单位,对内为港务局一个职能部门,“一个机构,两块牌子”,并受所在地的区局监督长及交通部总监督长双重领导。由于港务监督代表国家对外行使管理职权,又系交通部所设,一般习惯称为“中央港监”“部属港监”。

该章程规定港务监督基本任务:①为了保护国家利益,保证贸易航海所有在船舶上的船员、旅客、货物和船舶本身之安全;②港务监督是国家政权机关,在港内进行行政监督,监督进入港口内之船舶船员及在港域内应遵守国家法令、政策及各项规章制度。海务监督基本任务:①保证海上无事故航行;②监督各种船舶航行制度之实行;③对驾驶部分船员之技术考核、管理与教育。其中明确“港务监督是国家机关”,标志着新中国成立之后的航政管理已成为国家行政管理的组成部分。

从该章程规定中可以看出,沿海各港务局主管航政的港务监督室,对外冠以“中华人民共和国”名称,称“中华人民共和国××港港务监督”。而作为主管全国航政的首脑机关——交通部海运管理总局下属的海务、港务总监督室,对外没有冠用“中华人民共和国”名称,称“中华人民共和国港务监督局”或“中华人民共和国港务监督”(直到 1972 年 9 月)。

上海港务监督,在该章程公布前就已成立,并早于其他沿海各港。1951 年 8 月 1 日,上海市和交通部将上海区港务管理局航政处、港务处合并,成立上海港务监督室,对外称“中央人民政府上海区港务管理局港务监督”,设于中山东一路 13 号甲,同时管理连云港、宁波、温州 3 港。1953 年 5 月 1 日,上海区港务局由上海人民政府代管改为由交通部海运管理总局直接管理,改称“中央人民政府交通部上海区港务管理局”。7 月 15 日,中央人民政府交通部上海区港务管理局港务监督改称为“中华人民共和国上海港港务监督”,并正式挂牌,与上海区港务管理局港务监督室为一个机构、两块牌子。港务监督对外是独立单位,对内是港务局一个职能部门,港务局局长兼任港务监督监督长。年底,港务监督办公室共有干部 154 人、工人 371 人,在中山东一路 13 号甲的原址办公。1954 年 11 月,管理吴淞、黄浦江水域的内河民船业务移交上海市内河航运局。1956 年 6 月,上海区港务管理局和上海海运管理局合并为华东区海运管理局(同年 10 月 10 日改为上海区海运管理局),港务局则改为上海区海运管理局上海港务局,归区局领导,并将原管辖的连云港、宁波港和温州港等 3 港口分别移交交通部和各港所在地方政府管理。

天津港务监督。1953 年 1 月,天津区港务局改名为交通部天津区港务管理局。4 月 17 日,天津区港务管理局将港务处的引水及部分港务工作合并组建天津港港务监督室。港务监督室下设港务监督长室、监督科、航政科、船舶检验科、航标科、引水科、私营航业管理科。港务监督室对外称“中华人民共和国天津港港务监督”,并在天津、塘沽、新港 3 个停泊区设置监督站。5 月,天津区港务管理局由市政府代管改为交通部直管。1954 年,天津港务监督从天津市内的海河上转头处迁往塘沽永太路,私营航业管理科撤销,航标科并入引水科,改称引水信号科。

大连港务监督。1953 年 3 月,大连港务局港务监督处改称港务监督室,内分业务组。4 月,大连港务监督室对外称“中华人民共和国大连港务监督”。5 月 1 日,大连港务局划归交通部管理。5 月,北洋区海运管理局合并于华东区海运管理局,成立上海海运管理局。6 月 15 日,大连港务局更名为交通部大连区港务管理局。7 月,营口港划归大连区港务管理局。

秦皇岛港务监督。1953 年 1 月 1 日,由燃料工业部及开滦煤矿总管理处(即原开滦矿务总局,1949 年 6 月改名)代管的秦皇岛港,改由交通部领导,称天津区港务局秦皇岛分局,下设港务监督处。2 月,港务监督处改称港务监督室,对外称“中华人民共和国秦皇岛港务监督”。6 月,又更名为天津区港务管理局秦皇岛分局。1954 年 7 月 6 日,改为交通部秦皇岛港务管理局。

宁波港务监督。1953 年 1 月 1 日,华东区海运管理局宁波分局与浙江省航务管理局宁波办事处合并组成宁波港务分局,隶属上海区港务局。宁波分局将原宁波航政办事处并入,成立港务监督科。12 月 1 日,分局港务监督科改为港务监督室,对外称“中华人民共和国宁波港港务监督”。

青岛港务监督。1953 年 2 月,青岛港务管理局监督处改称港务监督室,下设监督组、航政组、引水信号组。船舶登记科和私营航业管理科,均改为区局直属科,由港务监督长领导。6 月 1 日,港务监督室对外称“中华人民共和国青岛港港务监督”,受区局监督长及部总监督长双重领导,下设机构及其职责无变化,共有干部 44 名。7 月,青岛港的助航标志由青岛区海务办事处移交给海军青岛基地司令部海道测量处管理。翌年,港务局船队划归港务监督领导。1956 年,青岛港港务监督又将监督、航政、引水信号 3 个组和船舶登记、私营航业管理 2 个区局直属科编为监督科、引水科、航政处理科和船舶登记科。

广州港务监督。1953 年 6 月,广州区港务局改称广州区港务管理局后,航政科改为广州港务管理局港务监督室,并管理汕头、汕尾、湛江、海口、榆林、北海等港的港务监督站。8 月 12 日,港务监督室对外称“中华人民共和国广州港务监督”,始设港务监督长,由港务局长兼任监督长。部属船舶的航政工作由广州海运局负责。11 月,广州区港务管理局在黄埔作业区海港科的基础上组建黄埔港务站,隶属广州港港务监督室。1956 年 2 月,广州区港务管理局与广州海运管理局合并为华南区海运管理局时,撤销广州港务监督室。3 月 1 日,华南区海运管理局成立黄埔港务局,设黄埔港港务监督室管理广州港区航政,分广州(沙面珠江路 52 号,今沙面南街)和黄埔两处对外办公。黄埔港务监督室受华南区海运管理局港务监督室和黄埔港务局双重领导。黄埔港务监督室对外称“中华人民共和国黄埔港港务监督”。8 月 7 日,黄埔港港务监督室改由交通部海运总局和华南区海运局双重领导,改称广州港港务监督室,下设黄埔监督站负责该辖区的航政事宜。9 月,华南区海运管理局改为广州区海运管理局。1957 年 6 月 1 日,广东省航运厅成立广州港务局。7 月 1 日,广州港港务监督室划归黄埔港务局建制,由港务监督长直接领导,下设黄埔监督站和港监船队。

烟台港务监督。1953 年 6 月,烟台港务管理局航政科改为港务监督室,对外称“中华人民共和国烟台港务监督”,对进出烟台港船舶实施管理,承担港务监督、引水信号、救护、航政等 4 项职责。图 2-1-1 为烟台港务监督使用的第一枚印章。

图 2-1-1　烟台港务监督使用的第一枚印章

福州港务监督。1954 年 9 月,福州港务局与福州港务局厦门分局,分别将其下监督科改为港务监督室,对外分别称“中华人民共和国福州港务监督、中华人民共和国厦门港务监督”。港务监督长由港务局局长兼任,隶属福建省交通厅。

北海港务监督。1956 年初,交通部在北海港设立“中华人民共和国北海港务监督”,珠江航运局在北海航务办事处设“航监股”。

以上沿海各主要港务机构中的航政机构,主要是根据国务院“关于对外开放港口应成立港务监督”指示,交通部的“海务港务监督工作章程”而设立,并实行“一个机构,两块牌子”,对内为港务局职能部门——港务监督室,对外称“中华人民共和国××港港务监督”,作为对外行使行政管理职能的管理机构。这是“一五”计划时期航政、港务(航)监督机构最显著的特色之一。

三、内河及各省(区、市)港航监督机构的建立

1953 年 4 月 3 日,交通部下发通知:“为明确今后内河航运的方针,经请准中央财委同意,规定统一全国内河航运机构的名称如下:①中央河运管理机构,称中央人民政府交通部内河航运管理总局。②各

水系按水系称航运管理局。"随后,交通部内河航运管理总局下发《关于建立和健全内河航行监督组织及工作制度的指示》,明确规定长江、珠江、黑龙江3个航运管理局的港航监督部门改为独立建制,隶属交通部内河航运管理总局。各省设立内河航运管理局,相应称"××省内河航运管理局",各省港航监督由其省交通厅或内河航运管理局领导。1954年4月3日,交通部内河航务管理总局改为交通部内河航运管理总局。

1954年11月24日,交通部公布并实施《内河港航监督组织工作暂行章程》,规定在交通部内河航运管理总局内设置港航监督室和港航总监督长;各水系航运管理局和所属分局、港务局,各省内河航运管理局和所属分局设置港航监督室(科、股)。港航监督室简称"港航监督"或"港监"。从此,"港航监督"成为内河各港务局航政部门的名称,主要负责监督检查内河船舶技术安全状态、航行标志、港口作业安全及其有关法令、规章、制度的执行,维护航行秩序和安全,办理船员考核、教育和配额以及船舶证书事项,进行航政调查、处理、预防、统计,领导船上救护、消防工作等。

(一)长江干线港航监督

从1953年起,华东、中南、西南三大行政区相继撤销。4月3日,长江航务管理局改为长江航运管理局,航政仍为航运机构中一个职能部门,为"航行监督室",垂直隶属关系没改,职责范围亦未变。1954年9月,长江航运管理局(以下简称长航局)管理体制改革,在"航行监督室"基础上设置"港航监督室",设立监督长一职,统一负责长江干线航政管理事务。在各大港或航运分局里设立"港航监督组",中、小港则派驻港航监督员。监督组一般为5人,派驻港航监督员一般为1~2人。长江港航监督室受交通部、长江航运管理局双重领导。

(二)珠江港航监督

为进一步加强珠江水系统一管理和建设,1954年6月1日,根据政务院指示,中共华南分局决定在两广(广东、广西)内河局的基础上在广州组建珠江航运管理局(以下简称珠航局),直属交通部河运总局领导,成独立建制,统一管辖粤桂两省珠江水系的水上运输,为国家大型水运企业之一,内设港航监督科,管理珠江水系航政事务。而两省非珠江水系的内河航政事务仍由省交通厅内河航运局管理,下设航管科具体办理地方航政事务。各省航运局港航监督部门由各省交通厅直接领导。其职能有两项:行使国家赋予的权力,监督企业全面贯彻执行国家交通安全法规;对企业开展安全工作的宣传教育,贯彻安全守则,为企业提供安全和技术保障。由此可见,珠航局具有行政、事业和企业经营管理职能,包括航运、港口、航道、水运工业等方面的管理机构,既管珠江水系又管两广非珠江水系,既管内河又管沿海运输业务和地方港口。

1955年1月起,两广珠江航政事务及航运业务、航道、基建等全部纳入珠航局及交通部内河航运管理总局直接领导。根据港航分工和集中统一管理的方针,珠航局下设南宁、柳州、梧州等5个分局,东江、北江等4个航管处和广州、梧州、江门3个港务局,佛山1个办事处,珠江水系与非珠江水系28个港务所,109个港务站和分站,初步形成集中统一的珠江内河航运管理体制。7月,又将沿海和非珠江水系管理划归刚成立的广东省交通厅航运局,包括原属珠江航运管理局的广东非珠江水系及沿海的管理机构。12月,进一步明确港航分工职责,内河港口实行大港管小港的体制。在广西,珠航局成立之后分设南宁、梧州、柳州3个分局,1956年8月撤销上述3个分局,改为3个港务局,并在南宁成立珠航局广西分局,领导3个港务局,加强珠航局在广西的航运管理。

由于珠江流域幅地宽广,水系各地间经济发展差异较大,珠航局管理跨越两省,机构庞大、重叠,妨碍指挥生产和办事效率,涉及支援农业和地方经济问题难于解决。1957 年 2 月,国务院批准撤销珠江航运管理局,业务划回两广各自的交通管理部门,由广东、广西省分别成立航运厅。广东省航运厅成立后,接管原珠航局在广东的航运、航政事务,由内设的港航监督室管理省属的航政事务;广西省成立航运厅后,下设南宁、梧州、柳州 3 个港务局和南宁、梧州船厂,统管广西省省属的航政、航运、航道工程等业务和管理工作。1957 年 12 月,在省交通厅下设航运管理局,管理省属的航政、航运等事务。至此,珠江航政、航运经过几年调整,形成"统一领导、分级管理"格局,并稳定了相当长一段时间。

(三)黑龙江港航监督

1953 年 4 月 3 日,东北人民政府内河航运局划归交通部领导,改为交通部东北内河航运局,1954 年 5 月 3 日,该局下设民船管理科、监督室,管理东北航政工作。1955 年 3 月 29 日,东北大行政区撤销后,东北内河航运局改名为交通部黑龙江航运管理局,下设航行监督技术检查、监察室管理黑龙江省内河航政事务,航道工程处管理黑龙江水系的航标。1956 年,该局管理航政的机务处分出,单独建立"航监科",管理黑龙江省内河航政、水运事务。

(四)其他各省(区、市)港航监督

"一五"计划期间,政务院、交通部对其他各省(区、市)包括港航监督在内的地方交通管理机构均有相应规定。1953 年,政务院做出《关于加强地方交通工作的指示》。据此,交通部下发《关于调整和充实地方交通组织机构的规定》,规定各省人民政府可下设交通厅,各省交通厅可按以下两类方式组建包括航政事务在内的交通管理机构,并做出行政编制(各省依交通管理业务需要与精简原则,自行确定)。

第一类,湖南、江西、广东、四川等省航运、公路运输均较发达,交通厅下分设公路、运输、内河航运管理等专业局(沿海省份内河航运管理机构统一经营管理沿海短航运输,称航运管理局),不另设专业公司。行政编制名额最多不超过 120 人,一般以 100 人以内为限。

第二类,辽东、山西、陕西、甘肃、新疆、广西、贵州、云南等省(区)公路运输比重较大,交通厅下设公路、运输两专业局,厅内设航运管理处或科(有自营企业的省份或设专业局)。行政编制名额最多不超过 80 人。

其他的绥远、宁夏、青海、西康等省(区),由交通厅直接掌握各项交通运输业务,不另设专业局,根据业务需要可另设公司。行政编制名额最多不超过 50 人。

1956 年 5 月,为调整中央与地方之间"条条"与"块块"关系,国务院在下发的"关于调整地方交通机构的通知"中规定:凡人口在 3000 万以上,水运发达的省份,如江苏、浙江、湖南、江西、湖北、四川等省设航运厅;水运不发达的省份,如西北的陕西、甘肃、青海等省不单独设立航运机构(包括航政在内),保持综合性交通厅(局),只设 1 个处或科专管航运业务。简化专区一级的机构。已设有交通机构的专区,不再扩大和增设人员。未设交通管理机构的专区应停止设置交通机构。县普遍设置交通科,并充实办事人员。大中城市应根据需要设置交通管理局。各省(区、市)本着精简原则,对各级交通机构进行调整,在原交通厅的基础上分别设立航运专业机构。

根据国务院对地方交通机构调整通知精神,各省(区、市)调整与充实交通机构,在各省交通厅所属内河航运管理机构下设立管理航政事务的港航监督部门,管理境内内河、湖泊等水域安全,但仍为政企合一港航机构中一个职能部门,只是名称不一,或为航运管理局(处),或为港航监督局(处),或为航务监督等。

四、航政管理职责与职权初定

(一)海港管理暂行条例规定的航政管理职权与职责

第一个五年计划时期,沿海各港航政分散于政企合一港航企业管理中,带来管理职责与职权不清、不协调,尤其权力过于集中,统得过多、过细。这些问题引起了政务院的注意,并筹划加以理清。1954 年 1 月 21 日,政务院第二百零三次政务会议通过,政务院颁布《中华人民共和国海港管理暂行条例(草案)》,从颁布之日起实施。这是新中国成立后中央人民政府颁布的第一个海港港口管理法规。该条例共 4 章 25 条,主要有:总则、港区之划定、港务局之职权、附则。由于当时实行航政、港务、航务合一的管理体制,所以该条例中规定沿海港务局的职权就是各港务监督行使的职权、履行的职责。

该条例规定各沿海港务局的职权为:①港务局是政企合一的性质,"负责执行海港行政管理工作与业务事项,并为企业经济核算单位"。②港务局受双重领导,"直属中央交通部海运管理局管辖,在行政、业务、技术、财务上均受其统一领导,并受当地人民政府监督与指导"。③"凡海港港区内之一切港口设备,均由港务局统一管辖"。"对港区安全与港内秩序以及员工纪律之维持,均负安全责任。"④"凡国家其他机关、企业如需在海港港区内进行任何工程建筑时,均需征得港务局之同意"。⑤"港务局得根据有关法令规章,负责监督和指导海港管辖范围内之私营轮船业、船舶、码头、仓库之一切业务事项"。⑥"海港之陆域,包括港口所占有之土地与该地区内之岸线、码头、仓库、机械设备、危险品堆存区、燃油料存放区及添油设备、修船厂、船坞、有关港口工程建筑、淡水供应基地、灯塔标志等"。⑦"海港之水域包括港口所占有之水面与水下、船舶出入港口之航道、一切锚地与泊位、与港口相通并为港口所需要之汊港支流,以及与海港将来有发展可能之贴近水域"。条例从法规上规定了当时沿海港务局为政企合一性质。

该条例规定各沿海港务局的职责,其中涉及航政职责共 10 项:①监督各有关方面遵守国家航运和港务法令,并采取有效措施,防止、杜绝一切破坏上述法令之任何行为。②负责维护港区与航道一切设备,保持航道与水域之一定深度与宽度,为保证船舶进出港之安全,提高航行效率而服务。③组织引水工作,管理与监督船舶之进出港。④设立与监督海港电台,经常与航船通报气象及联系航政事宜。⑤营救遇难船舶、生命、货物等,并妥为保管救出之财产;调查和处理一切航政、海损案件。⑥办理船员、引水员考核,发给证书,并办理船舶注册、登记。⑦协助船舶登记局办理船舶检查、丈量。⑧监督、保养海港所管辖之灯火、信号及警戒设备。⑨征收所规定之港口费用及各种规费。⑩监督、指导海港管辖范围内之私营轮船业、船舶,码头、仓库及海港工具持有者之一切业务事项。

该条例,还规定沿海各港务局享有 8 项航政管理的权力:根据国家、交通部颁发的法规、法令与指示,得以港务局名义签订各项有关业务合同;有权颁布必要的章则办法;对违反国家航运、港务法令规章的机关、企业、船舶与个人,进行追究、控诉或执行罚款处分;对违反技术安全规定的船员、领航员等,执行警告、记过、降级或吊销证书的处分,必要时要求滞留港内的船舶与在港区内的机关、企业或个人,以保障人体健康、生命、船舶、货物及其他财产安全,以及航道通畅;对在港口水域、航道或港区附近的沉船、沉物,要求原主限期打捞或运行打捞和清除;对在港区内的财产或货物,有权要求物主在一定期限内清除或迁出;对逾期逾限不提的货物,得依照有关法令章则予以处理。

(二)海务港务监督工作章程规定的职责

1953 年 4 月 17 日,交通部公布并实施的《中央人民政府交通部海运管理总局海务港务监督工作章程》,在规定沿海各港主管航政事务的港务监督室对外称"中华人民共和国××港港务监督"的同时,还规定沿海各港海务监督、港务监督的职责与职权。其中,海务监督侧重于企业本身安全管理,而港务监督则侧重于航政事务管理。

海务监督:①保障海运船舶在海上无事故航行。②审拟有关海运船舶的安全航行及提高驾驶技术的命令、指示及规章。③监督、指导并检查海运船舶的各种航行制度的实施情况。④管理海运船舶驾驶部分的船员,考查其技术,指导其学习,提高其业务及技术水平,参与其考试工作,并对其任免、调动、升降、奖惩等在技术上提出决定性意见,参与编制、审查培养船员的计划。⑤向领导介绍完成专门工作,因而从危险情况中挽救船舶或在其他船舶遇险时,予以救助的船长或船员。⑥研究驾驶部分的现代化航行仪器设备与先进技术成就,应用到海运船舶上去。⑦分配、补充、登记、检查、校正或修理海运船舶舱面应用仪器。⑧制订海运船舶的舱面养护制度,监督海运船舶舱面养护情况,参加海运船舶的技术检验工作,教育驾驶部船员为增加船舶寿命而努力。⑨对船舶修理改装的方案或计划,参与审查并提出意见。⑩搜集并掌握气象情报及海上情况,及时加以传达和处理。⑪参加有关海运船舶海事的调查与处理,提出消减海事的方案。⑫提供有关船舶航行安全设施的意见。⑬负责主持海图室,搜集海图及有关航行的图书与资料,并正确使用。⑭审查各级海务监督的总结报告,总结船舶航行工作与先进经验,并加以推广。

港务监督:①监督有关海运、港务的法令、政策、规章、制度以及各项决定指示的正确执行,防止破坏现象的发生。②审拟有关港务监督的规章制度,并参加有关海运、港务规章制度的制订。③领导、组织并检查引水、水上救护、信号及有关工作。④监督安全与卫生制度的执行,维护船舶、码头仓库区、港口水域及航道的安全与清洁。⑤监督沿海或港湾内的沉船及其他物资的打捞清除工作。⑥领导并办理船舶海事的调查、处理与海损理算。⑦领导船员的管理、考核及检定考试工作,核发船员证书;培训船员及提高船员的业务及技术水平;规定船员的配额及职务。⑧主持船舶进出口的管理,办理外籍轮船进出口的批准手续;领导并组织船舶、船员、旅客、行李的联合检查,并规定检查事项。⑨参加船舶入级登记、检验及丈量工作,核发船舶国籍证书。

1953年4月30日,交通部下发《关于调整海运系统的组织机构和领导关系的指示》,从国家行政管理上建立统一的海运体系。其中,各地港务局不仅是执掌航政管理的行政机构,而且是经营管理码头装卸和承接客货运输的企业,成为政企合一海运单位。

(三)内河港航监督航政管理职责与职权

1954年11月24日,交通部公布并实施的《内河港航监督组织工作暂行章程》,规定了内河港航监督航政管理职责:

(1)关于法令、规章、制度和证书:①监督有关内河港航政策、法令及规章制度的贯彻执行。②拟订与参加拟订航行安全和维护航道、航标及其他有关航运设施的规章制度。③拟订与参加拟订有关船员职务的规章制度。④审查、拟订船舶在港内停泊或航行中的各种安全工作制度。⑤办理船舶登记及颁发或核发船舶证书。⑥颁发或核发航行国际河流的国籍证书。⑦核定、制发船舶港航监督检查簿。

(2)关于航行安全的海损事故:①监督、检查船舶文件、证书和港航消防、救生及其他安全设备(包括船舶安全防护、信号用具和驾驶仪器及通信设备等)。②监督、检查船舶装载客货是否符合乘客定额、载货容积和载重量的标准。③监督、检查引水和信号工作。④领导船上救护、消防及其他有关防护的演习和实施。⑤监督、贯彻防止港航灾害事故各项措施和正确、及时地悬挂暴风雨信号。⑥进行海事调查、研究、处理和预防工作,并办理海事统计。⑦领导或参加船员、引水人员经验交流和研究改进技术会议,以及船舶(船队)航次计划安全生产会议。⑧定期总结海事和航行安全事宜。

(3)关于船舶技术状态:①参加不属于船舶登记局的船舶技术检验工作。②检查轮渡船舶的技术状态和轮渡船员对航行规则有关部分的熟悉程度。③检查船舶技术状况,并将检查情况记入港航监督检查簿。④监督、检查船舶舱面部分船体、甲板、舵、锚及锚装置等养护情况。

(4)关于航道航标:①监督航道岸地的适当利用和维护。②监督、检查航道和坞池内沉船、沉物的清除工作。③监督、检查航行标志、桥梁标志等。④监督航道上桥下净空,过江电线的架设及其高度和其他建筑物的设计。⑤监督、检查航道上浮桥技术状态,并规定拖驳船队的长度和宽度,与有关部门商定公告活动桥梁(旋转式、升起式)、船闸的开启时间。

(5)关于港口作业安全:①监督、检查港内船舶安全与卫生制度的执行情况。②监督、检查码头区、港口水域的秩序和清洁工作及消防、照明等安全设备。③监督港区或辖区内船舶的停泊和移泊等动态。④核定装卸危险品船舶的停泊区和装卸地点,并监督其信号、标志及危险物品的装卸与储运。⑤审核坞池和池时卧冬地的船舶分布计划。⑥检查港区内船舶、排筏和水上及岸地建筑物的消防设备和用具的供应是否正确。⑦检查航行日志,办理引水和船舶进出口签证。

(6)关于船员考核、教育和配额:①办理船员检定考试,颁发或核发船员证书。②审查船员编制及监督船员定额的执行情况。③检查船员证书、海员手册和考核船员的业务能力,并参加有关船员的奖惩工作。④领导船员进行航行规则、船舶、排筏流放规则和有关船舶舱面部分技术安全操作的业务学习。

其他内河与各省(区、市)的航政管理职责,与以上内河管理职责与职权基本类似,只在职责范围上有所增减。

五、管辖海(水)域的初步划定

这一时期,沿海、内河及各省(区、市)港务(航)监督机构隶属关系和名称几经变动,并随各自的管辖区域得到初步确定,且沿海、内河及各省(区、市)间存在差异。

沿海区域。沿海各港务监督管辖区域主要为各港务管理局管辖的海港水域、陆域。航政管辖区域主要为港务管理局管辖的水域,即1954年1月21日政务院颁布的《中华人民共和国海港管理暂行条例(草案)》规定:“海港之水域,包括港口所占有之水面与水下、船舶出入港口之航道、一切锚地与泊位、与港口相通并为港口所需要之汊港、支流以及与海港将来有发展可能之贴近水域。”

内河区域。各港航监督管辖的区域分干线,如长江、珠江、黑龙江等,或跨越两省以上大行政区内河航运局(1953年以前设大区管理)的水域。根据交通部分工管理原则,主管长江航政事务的长江航运局与沿江各省内河航运机构,共同协商,达成多项协议,明确了各自的管理范围和职责,承担起各自应尽的航政管理义务。如1954年2月17日,长江与内河代表在汉口召开会议,本着照顾内河和内河支援长江干线的精神,达成江河分工管理协议。对于原来没有明确分工的,在这次会议上加以明确。如安徽境内的江河航政管理和客货运输,在这次会议上签订分工协议,从而改变过去分工不明导致的航政管理和干线运输管理的混乱状态。干支流航政管理在1949—1957年这一时期虽然有较明确分工管理规定,也多次调整,但仍存在意见不一、不协调等问题,尤其长江干线与沿江各省港航机构之间始终未能彻底得到解决。珠江、黑龙江的情况大体类似。

各省(区、市)港航监督管辖的区域。除交通部所属的港务(航)监督之外的由各省(区、市)交通厅管理。其下属航务(运)局管辖内河、湖泊等水域。

由此看出,“一五”计划期间,我国港务(航)监督机构主要依据海港管理暂行条例与海务港务监督工作章程、内河港航监督组织工作暂行章程,设置的,并确定机构性质、职责、辖区划分。名称虽几经变更,格局发生变化,但政企合一体制下职能部门的模式未变,且实行海、河分管。沿海及长江、珠江、黑龙江干线水上安全事务由交通部相关专业总局负责,称“中央航政”;除此之外的航政事务由各省(区、市)交通机构下的港航监督部门管理,称“地方航政”。在当时国家财力不足情况下,这样的做法有利于在短期内集中各方力量,迅速整顿和改变水上安全混乱状况,恢复和创造良好水上通航环境与条件。但这种体制“政企不分”“职责不明”等弊端也十分突出,导致权力过于集中,统得过多、过细,使航政附属于企业生产管理,阻碍生产力的发展。

第二节　新的航政管理法规规章的制订

一、航政管理法规规章的新订

1953年,我国已初步建立较为系统的航政管理制度,如船舶登记检丈、船员考核、航业登记、航行监督、港口监督等,使监管有章可循、有法可依。

1953年后,随着水运的不断发展,航政管理工作的深入开展,为适应“一五”计划时期航运发展需要,交通部重视航政管理规章制度的建设。交通部在《1953年关于航务工作的指示》中,要求各港务(航)监督“加强港湾工作,统一港务管理规章”。为此,交通部及各省(区、市)针对沿海、内河水上运输的特点,修改与完善了一些行之有效的航政管理规章及规范性文件,加紧新的航政管理规章制度的制订。

(一)涉及航政的主要法规

这一时期,由政务院颁发的与航政有关的管理法规,主要是1954年1月21日颁布的《中华人民共和国海港管理暂行条例(草案)》。这是中华人民共和国建立以后国家颁布的第一个海港港口管理法规,也是当时港务(航)监督制订航政管理规章、规范性文件的主要依据。

(二)适用航政的主要规章

“一五”计划时期,根据沿海、内河及水系支流水运特点,港务(航)监督部门在调查研究基础上,组织起草和制订一些新的航政管理办法。有些规章虽然最初尚未成熟,为“暂行”或“草案”,但经过一段时间实施,通过修订最后由一般管理办法上升到管理规章,经交通部核准公布。这一时期由交通部核准和公布的主要航政管理规章详见表2-2-1。

1953—1957年适用的主要航政管理规章一览表　　表2-2-1

海事法规名称	单位	令(文)号	公布日期	施行日期	备　注
海上轮船旅客及行李包裹运送试行规则	交通部		1953.4		1954年海运总局修订重新公布
海上轮船船员检定考试暂行办法	交通部		1953.8.3		
出海小轮船船员检定考试暂行办法	交通部		1953.8.3		
船舶无线电报员证书考试暂行办法	交通部		1953.9		
船舶检查丈量费率标准	交通部		1953.10.3		新中国成立第一个统一检验收费标准

续上表

海事法规名称	单位	令(文)号	公布日期	施行日期	备　注
内河轮船船员检定考试暂行办法	交通部	河总发监〔53〕115号	1953.11.17		
内河小型轮船船员检定考试暂行办法	交通部		1953.11.17		
海港引水暂行通则	交通部		1953.11.23	1953.12.5	
船舶预防检查暂行办法 船舶监督检查暂行办法	交通部		1954.3.31		
西德籍船只航行我国管理办法	交通部	交海督〔54〕字30—8号	1954.4.30		
船舶装运汽油暂行规则	交通部		1954.6		
船舶装运危险品暂行规则	交通部		1954.6		
轮船装运武器、弹药暂行规则	交通部 军委参谋部		1954		
海上轮船乘客定额试行规则	交通部		1954		
船舶装运危险品暂行规定及其附表	交通部		1954		
中华人民共和国内河水道航行规则	交通部		1954		
交通部航务无线电台通讯业务管理暂行规则	交通部		1955.1		
外轮到达港口联合检查工作实施办法,共5个细则(见备注)	交通部 对外贸易部 卫生部 公安军司令部		1955.5.11		联合检查进行程序与注意事项、联合检查机关工作人员登船纪律、船员登陆管理暂行办法、签发登轮许可证暂行办法、船舶在港内禁用物品的查封办法
内河航标规范	交通部		1955.4		废止1953年3月《内河航标规范(草案)》
外轮在中国港口发生船员病死伤残和涉及我方员工伤亡事故处理原则	交通部 劳动部 外交部 海员工会		1955.8		
船舶无线电报员证书考试办法	交通部	交厅电〔55〕29案续29号	1955.9		
港航监督及船队监督员的职责条例	交通部		1956.3		
船舶遇险通讯暂行规定	交通部	交厅密〔56〕113号	1956.5.26	1956.8.1	废止1953年《船舶遇险通讯须知》
中华人民共和国对外国籍船舶进出口管理办法	交通部	〔56〕交海督字第446号	1956.8.9		国务院批准。废止1952年5月《外籍轮船进出口管理暂行办法》

续上表

海事法规名称	单位	令(文)号	公布日期	施行日期	备　注
对航行我国的日本籍船舶的几项规定	交通部	海总发督〔54〕2163 号	1956.9.11		废止政务院 1952 年 10 月《日本船只航行我国管理办法》
船员职务规则	交通部		1957.6.11		
船舶防台技术操作规则	交通部	〔57〕交督于字第 339 号	1957	1957	
海上雾中航行规则	交通部	〔57〕交督于字第 225 号试行	1957.6.11	1957.6.11	
中华人民共和国打捞沉船管理办法	交通部	〔57〕交厅秘朱字第 173 号	1957.10.11	1957.10.11	国务院 9 月 7 日批准
联合检查工作实施办法(联合检查注意程序与注意事项、联合检查机关工作人员登船纪律、船员登陆管理办法、关于申请签发登轮证及有关事项的规定、外国籍船舶在港内禁用物品查封办法)	外贸部 卫生部 交通部 解放军 总参谋部		1957.11.5		废止 1955 年 5 月 11 日四部委联合公布的联合检查办法
珠江水系内河船舶装运危险品系统暂行规则	交通部		1957.12.1		

上述这些航政管理规章,有一部分是在总结前期经验基础上制订的,对完善新中国航政管理制度,建立统一秩序起到承上启下的作用。此外,分管航政事务的海运总局、河运总局、航务工程总局及船舶登记局等,以及后来专管航政事务的港航监督局,这一时期也公布了一些规范性文件。如 1953 年 5 月、1954 年 10 月 26 日、1955 年 10 月 6 日,海运管理总局分别公布《船舶起重装卸设备检查试验试行办法》《海上救护方案》《高级船员技术考核办法》等。1953 年 9 月,交通部内河航运管理总局公布《长江航行暂行章程》《长江轮船拖带暂行规则》。11 月 24 日,又公布《内河船舶船员职务规则》等。

受多种因素影响,上述所公布的航政管理规章及规范性文件存有与实际脱节现象,仍有一部分作暂行、临时管理措施实施,后来或修改(订)或废除,甚至重新制订。

二、各省(区、市)出台的地方航政规章

1953 年 3 月,浙江省人民政府公布《义渡管理暂行办法》。1956 年,又在此基础上公布《浙江省渡口管理暂行办法》。

1953 年,江西省人民政府公布《江西省船舶登记实施办法》《江西省内河港口统一管理暂行办法》《民船进出口管理暂行办法》。

1954 年 5 月,湖北省人民政府公布《湖北省民船管理试行办法》。1957 年 11 月,在对此试行办法做部分修订后,又公布了新的《湖北省木帆船管理办法》。

1954 年,贵州省人民政府公布《贵州省内河短航木船管理办法》。1955 年,又制订《贵州省木船登记给证及检验丈量暂行办法》。

1956 年 4 月,江苏省人民委员会公布《江苏省内河渡口管理暂行办法》。

1956 年 1 月,吉林省人民政府公布《吉林省木帆船管理通则(草案)》。

1957 年 11 月，河南省人民政府公布《河南省船舶管理暂行办法（草案）》。12 月，又公布《河南省内河轮船丈量实施细则（草案）》《河南省内河轮船检验实施细则（草案）》。

三、《港口章程》中涉及航政管理的规定

与交通部及各省（区、市）制订的航政管理规章不同的是，沿海各港务局还公布各自的港口章程，其中相当部分行政管理就是规范所在港区水域的水上安全（航政管理）的。

1953 年 1 月 3 日，上海港务监督制订《上海港港章》，经交通部审定公布实施。该港口章程共 14 章 139 条，主要内容包括：总则、港界，船舶进出港，港内航行、停泊、移泊，信号，港内建筑与航道保护，危险物品装卸与运输，消防救护，安全秩序，清洁卫生及违章处罚等。这是在 1851 年公布的《港口管理章程》基础上修订的，是新中国成立后全国港口中公布的第一个港口章程。该港口章程涉及航政的有 3 个方面：①扩大港界。过去的港界限定在黄浦江从吴淞到龙华一段。考虑到经济的发展和航运贸易的需要，此次港界从龙华延伸到闵行。苏州河和蕴藻浜也分别延伸到蟠龙港和陈家行。②港口对在港船舶切实行使管理权，一切中外船舶都必须遵守港章规定，违章者将按章处罚。③去掉过去歧视民船的种种不合理规定，加强对港口安全航行秩序的管理，充分发挥港口为客货运输服务的职能。

1953 年 8 月 20 日，《天津港港章》经交通部批准公布。该港章共有 14 章 220 条。其中涉及航政管理的有：船舶进出港；港内航行，港内停泊移泊；信号，航道保护；货物装卸及保护，危险品进出口及装卸搬运；使用港区码头及仓库与建筑物的规定；消防救护；安全秩序；清洁卫生；违章处罚等。天津港以后很长一段时间内都以该港章规范港区水上安全。

1953 年 11 月 25 日，青岛港公布《青岛港港章》，共 14 章 138 条。其中涉及航政管理的有总则，港界与泊位，船舶进出港，港内航行、停泊、移泊，货物装卸，危险品之运载装卸，港内建筑及航道保护，台风信号及防风措施，消防救护，安全秩序，清洁卫生及违章处罚等。

1954 年 2 月 29 日，宁波港公布《宁波港港章》（见图2-2-1），共 12 章 121 条。有关航政管理的有：港域、船舶进出港、港内航行、港内停泊移泊、信号、港内建筑及航道保护、危险物品的装卸及运输、消防救护、安全秩序、清洁卫生及违章处理等。

图 2-2-1　宁波港有史以来第一部港章《宁波港港章》

1954 年 3 月 1 日，大连港公布《大连港港章》，规定航政管理主要是建立大连港区、海域良好的管理秩序，保证港口船舶安全。

1955 年 2 月 19 日，烟台港公布《烟台港港章》，共 13 章 104 条。其中事关航政管理的有：总则，港界与泊位，船舶进出港，港内航行、停泊、移泊，货物装卸，检疫，危险品之运载装卸，防火措施，台风信号，港内禁止事项及违章处罚等。

1955 年 5 月 1 日，广州港务管理局在修改 1951 年公布的《广州黄埔两港口管理船只暂行章程草案》基础上，公布《广州港港章》。该港章共有总则、港界及泊区、船舶进出港、港内航行、港内停泊及移泊、灯号及信号、危险物品装卸及运输、货物装卸、港内建筑及航道保护、竹木排管理、消防救护、安全秩序及清洁卫生、违章处罚、附则 14 章。

四、采用《1948 年国际海上避碰章程》

《1948 年国际海上避碰章程》,是 1948 年伦敦国际海上人命安全会议通过公布的,规定海上航行的机动船舶和非机动船舶的信号设备、驾驶规则等,以保证航行安全,防止碰撞事故。

新中国成立之后,我国尚未恢复在联合国的一切合法权利,没有参加“政府间海事协商组织”(后来的“国际海事组织”),尚未接受《国际海上人命安全公约》。1951 年,香港招商局起义的“海汉”轮(后改“南海 169”)、“海康”轮(后改“南海 162”),在香港领取美国船级社船舶证书,航行于广州至香港航线。后来民生公司“龙门”“雁门”等轮船也领取法国船级社证书加入此航线。1953 年 4 月 7 日,英国驻华办事处便照会中国外交部,提请中国接受《1948 年国际海口避碰章程》。1955 年 10 月 28 日,交通部以海督(55)字第 20—30(598)号文呈报国务院,请示同意批准中国航海机动船舶采用国际共同使用的《1948 年国际海上避碰章程》。12 月 4 日,国务院六办下发〔55〕国六办字第 152 号文批复交通部,同意中国航海机动船舶内部采用《1948 年国际海上避碰章程》,具体开始采用时间由交通部自行决定。1956 年 1 月 23 日,交通部以海督〔56〕字第 9 号通令要求自 1956 年 3 月 1 日起在全国机动船舶内部采用《1948 年国际海上避碰章程》。事后,交通部、外交部、水产部、海军司令部在 1957 年 8 月 20 日又向国务院总理呈送“关于拟接受《1948 年国际海上避碰章程》的请示报告”,其中再一次陈述:“经我们研究后认为:这是一个国际上普遍公认的保障海上航行的安全规则。像我们这样一个海岸线长、港口多、各国来往船舶不少,而且今后海运事业将逐渐发展的国家,接受这个章程,不但是对于防止海上事故和维护航行所必需,而且为解决海事纠纷,裁定事故责任(特别是涉外事件)提供国际公认的法律依据。接受这个章程,丝毫无损中国主权,而且有利于国际合作。因此,我们认为宜早日接受这个章程。”报告还提到有关非机动船舶的规定,认为中国非机动船舶数量多,大部分设备简陋,且群众长期以来没有执行这个章程的习惯,故提议对这部分规定暂作保留。

与此同时,1957 年 12 月 23 日,第一届全国人大常委会第八十八次会议决定接受 1954 年 1 月 1 日生效的《1948 年国际海上避碰规则》,仅限海上机动船舶(包括水上飞机),而属于中华人民共和国的非机动船不受海上避碰章程约束。为弥补保留后非机动船舶无法可依状况,经国务院批准,交通部于 1958 年 4 月公布《中华人民共和国非机动船舶海上安全航行暂行规则》。交通部还于 1958 年 4 月 3 日下发了“我国接受《1948 年国际海上避碰规则》的通知”。

接受《1948 年国际海上避碰规则》,是我国航政管理方面主动融入国际社会的一次有远见、有胆识的举动。在当时英美等国封锁中国海上运输,中国政府还未被政府间海事协商组织承认为唯一代表中国的合法政府,中国水上交通运输(尤其是内河运输)还比较落后的情况下,我国政府承认和采用《1948 年国际海上避碰规则》,表明我国政府采用国际上通用、公认的规则的意愿。主动采用国际上通用、公认的规则可规范我国刚起步的现代海事(航政)工作,是中华人民共和国成立初期我国航政管理工作的一次重大转折,也是走向现代化管理的发轫,更是我国最终走向国际海事舞台的序曲。

第三节　新的航政管理工作的开展

一、通航安全的检查与维护

进入“一五”计划时期,我国海上运输发展很快,船舶数量增加,周转快,密度大,海域航道一时难以适应,加上一些船舶不遵守航行规章,玩忽职守,麻痹大意,致使海损事故时有发生。为此,1953 年《中央人民政府交通部关于航务工作的指示》要求:“加强航务行政管理。首先应适当健全技术监督和海务、港务监督组织,提高监督人员的政治业务水平。在安全大检查运动的基础上,进一步提高群众对安全航行的认识,尽力保证安全生产,预防一切可能发生的航行事故。”之后,就水上安全,尤其船舶航行安全,交通部不断提出新要求。1955 年,交通部在全国航运会议上进一步强调,航运部门要推行船长一长制,落实安全生产责任制,执行船员职务规则及技术操作规程,建立和健全船舶技术监督检查制度,尤其重视客货轮监督检查。此外,还要贯彻雾中航行规则,定期进行救生、防火演习,增添助航仪器,增设航道标志并经常检查,保持设施设备的良好状态;对航道上的障碍应及时清除,航标设置或操作上的差错应立即加以纠正;健全航道部门与调度部门联系制度,保证航行安全;对海损事故必须严肃处理,以教育广大职工。

(一)开展各种水上安全检查

1.成立安全生产委员会

水上安全检查,在当时被视为水上安全管理的一项重要内容。1953 年,交通部在“中央人民政府交通部关于航务工作的指示”中强调:“……在安全大检查运动的基础上,进一步提高群众对安全航行的认识,尽力保证安全生产,预防一切可能发生的航行事故。”为加强水上安全检查,交通部不断健全安全保障体系。1954 年 3 月,交通部在上一年交通系统开展安全大检查运动,进一步提高群众对安全航行的认识基础上,成立“交通部安全生产委员会”,张策副部长为主任委员,谢中峰、于眉为副主任委员。这是交通部新中国成立后第一次针对安全大检查而成立的专门机构。交通部还下发“防止海损事故、确保安全生产”的紧急通令。根据这一通令,交通部安全生产委员会组织沿海、内河各港口和海运企业开展安全生产大检查。4 月,安全生产委员会又组成海运、河运两检查组,分别赴上海、汉口检查。之后,交通部还下发“关于安全生产问题的指示”,要求各港航企业按照这一指示制订相关的安全规章制度,开展水上安全大检查。10 月 15 日,安全大检查工作改由各专业总局负责,交通部安全生产委员会撤销。

2.开展各种水上安全检查活动

根据交通部安全委员会安全大检查的规定与要求,各港务监督联系本港实际,开展本地区的安全大检查活动。1954 年 10 月,上海海运管理局制订安全报告范围、甲板部交接班制、雾中航行制、浦江夜航、狭水道航行和靠码头等操作细则,以及防台、防冻、预测气象等安全制度。1955 年 4 月,根据交通部和海运总局 1955 年安全质量大检查要求,上海海运管理局从岸上到船上开展前后两个月安全生产大检查,结合生产和劳动竞赛,推动生产任务的全面完成。9 月 29 日,又有针对性地修订驾驶室规则、雾中航行注意事项和救生演习应变制度等。

3.推行船长“一长制”及安全生产责任制

1955 年,交通部在全国航运会议上,进一步强调航运部门要“认真贯彻‘安全生产第一’方针,防止海损事故,推行船长一长制及安全生产责任制……”;认真“贯彻雾中航行规则”;“定期进行救生、防火演习”;根据具体情况“增添助航仪器,增设航道标志,并经常检查航道标志,保持良好的状态”。

通过安全大检查与推行安全生产责任制,查出导致已发生事故或潜伏性事故的原因,落实安全制度、操纵规程、劳动纪律,使用安全设备,健全安全管理体系,使“安全第一”思想在实践中不断深化,安全制度逐渐完善,一时多发恶性海损事故得到遏制,事故率逐渐下降。

(二)做好灾害性天气的预防工作

我国沿海每年都会遭遇自然灾害袭扰,夏季台风,冬季冰冻,5~10 月间受到自然灾害影响更大,其中 8、9 月份台风次数较多。为此,“一五”计划期间政务院、交通部有针对性地下发或公布相关规定,要求做好预防工作。除1954年6月政务院下发“关于加强灾害性天气的预报、警报和预防工作通知”外，交通部于1953年12月25日、1955年、1956年12月11日分别下发“雾中航行注意事项”“洪水期间防止海损事故指示”“关于沿海冬季安全航行的指示”和“关于进一步加强冬季安全航行实施安全检查的指示”等。

根据国务院、交通部的指示与要求，各港务(航)监督加强对灾害性天气的预防工作，将防台风、防冰冻作为船舶通航管理的重中之重，设立机构，专门负责做预防、预报与警报等工作，以保障船舶航行安全。

上海位于北亚热带的南缘，是东亚季风盛行地区。上海地区每年5~10月均可能受到台风的影响，其中8、9月份台风发展影响次数较多，对上海港的航运影响严重。上海港务监督“一五”计划时期采取“以防为主”，全面进行宣传动员的方针，加强防台工作。台风影响上海时，控制船舶航行、系泊，维护港内交通秩序，确保港口船舶、竹木排安全。1954年，与水上公安分局、交通运输管理局等单位联合组成上海市水上地区防汛防台办公室，开始在汛期发布黄浦江、苏州河口(黄浦公园)潮位预报，并开展巡逻、宣传、检查、失事抢救工作。自此，上海港防台工作统一由上海市水上防台指挥部负责。每年6月初，各港航有关单位成立防台组织，制订防台计划和抢救力量，进行防台检查和准备工作，并按指挥部分工开展工作。上海港务监督负责联系上海海洋气象台，建立台风信息通报关系，由海洋气象台预测台风趋势。发现台风边缘影响上海港，港内风力已达6级以上时，港务监督及时供给上海人民广播电台需要广播的资料，并通知各台风信号台挂出注意台风信号；做好台风间水上普查，检查船只、码头和通信设施，以及全港码头、船厂、锚地等设备与船只等情况。若收听到6级风，就要求港内划舢停航；7级风，就要求黄浦江上的轮渡停航；一律禁止长江木帆船出口，保证台风时黄浦江水域的安全。1955年11月5日，毛泽东乘坐“港申”轮对上海港进行首次视察，自上港三区黄浦码头登轮，航行到黄浦江上游日晖港返航，至上港五区外虹桥码头上岸。上海港务监督参加了此次水上现场安全护航工作。

广州地处亚热带，临近南海，受灾害性天气影响较大。春夏之交的强对流天气(雷雨大风、龙卷风、飑线风等)、夏秋的热带气旋(台风)、冬季的偏北强风等灾害性天气的预防是港务监督部门的重要工作。为此，“一五”计划期间广州港务监督会同广州海运管理局、珠江公安局、民生公司、轮船业公会、船民协会等单位组成广州港防台委员会，在省防汛防风救火总指挥部领导下开展港口防台工作。同时，对广州港区水上、水下和过江工程，提前发出书面通告或在报刊登载公告，要求船舶注意防台和保证安全通航。

1954年，长江港航监督为做好台风期间的船舶管理工作，要求航行船舶注意港航监督悬挂的台风信号。一般强风信号挂出后，港务监督注意气象台预报，并视风力情况决定是否放行。对12小时以内风力无增强趋势，及实际风力4级以下，12小时内可达目的港的船舶可放行；港内风力实际已达6级以下，12小时内可达目的港的30吨以上木帆船可放行。一律禁止长江木帆船出口。

(三)通航水域的现场监管

这一时期，随着进出沿海港口船舶吨位逐渐增大和航行密度日益加大，为加强港区海域秩序，各沿海港务监督逐步健全与完善管理制度，加强海域通航海域秩序和环境的管理，并使之日趋制度化、规范化。

1.沿海海域航行、停泊秩序的监管

上海港务监督，针对上海港区黄浦江上船舶掉头、追越与水上施工及轮渡等状况，先后制订了有针对性的安全监管措施，做出具体的船舶航行规定，施工审批与监管措施，有效地保证上海港区水域的航行安全。如1954年2月，上海连续发生大雾，断航持续一星期之久，上海港务监督结合上海港具体情况，拟订出管理办法，经上海市政府批准，于6月24日公布《上海港黄浦江雾天期间交通管理暂行规定》。1954年1月、1955年2月，上海港务监督分别拟订《上海港港内拖驳推航办法》《上海港内拖船暂行办法》，经交通部海运总局核准公布。1955年10月15日起，上海港监巡逻艇对行驶于黄浦江的2000总吨以上的中外籍轮船及木排,分别由吴淞、兰州路、外滩、老白渡巡逻队,分段夜间护航。1956年春季,上海港务监督将原巡逻消防队划分为监督站及消防队,使之各尽其职。分别建立吴淞、兰州路、外滩、关桥等监督站,具体执行现场监管任务。巡逻船分属各监督站管理。监督站归上海港务监督监督科领导。6月,根据中央《推行监督员责任制暂行办法》的规定,上海港第三、第五装卸区开始试行陆域监督员制度,后又推广至第一、第二、第四装卸区。从此,上海港区监管可以水陆兼顾。

广州港务监督,加强船舶航行、停泊秩序的监管,以及节日活动与施工作业区的安全管理,积极维护海域交通秩序,以保证水域安全、清洁和航道畅通。1956年,广州港务监督派船在高低潮前后分段巡逻,遇重要情况随时派巡逻船到现场监督管理。每年"端午节"及海珠、白云、黄埔、芳村、番禺区等举办龙舟竞渡活动时,港务监督做好安全监管,规定好船舶停泊地点。

宁波港务监督,1953年3月1日针对各种小型船舶违反航行规定的现象,就港区内张网捕讯鱼影响航行安全的情况加强现场监管。为保护港区水底11处管线,在水底管线附近水域禁止抛锚。

大连港务监督,1953年12月,将港区通航水域分为6个区(即大港区、黑咀子区、香炉礁区、寺儿沟区、甘井子区、柳树屯区),并划定大港区船舶碇泊区、检疫锚地,公布轮船航道。1954年起担负大连港区岸线使用及水上水下工程的审核监管工作,特别加强老铁山海域通航水道的安全监督。

老铁山水道是进出环渤海各大港口船舶的必经之路。水域风大、浪高、流急、雾多,可供商船通行的水域宽度只有5.5海里,是中国船舶通航密度高、流向复杂、水上事故多发的危险区域之一。1951年起,旅顺老铁山水道因军事需要,被国家规定为禁航区,一切国内外商船禁止航行该水域。1956年6月15日零时起,中央军委宣布老铁山水道对外开放,允许中外商船航行(海猫岛半径10海里以内水域禁止船舶通行)。为此,1956年6月30日,交通部海运管理总局以〔56〕海督字第343号文公布《老铁山水道航行规定》。大连港务监督按照以上规定实行现场监管,承担海域航海警(通)告发布工作。由于南北尚未通航,警(通)告发布内容以海上漂浮物,灯塔、灯标变异临时禁航区等情况为主,一般限于大连湾附近海域。警(通)告以无线电和书面形式通知给有船单位和附近海域航行的船舶。

1953年4月1日起,青岛港区昼夜开放。青岛港务监督利用信号山旗台、东海旗台,大港旗台,指挥进出港的船舶,控制出入数量,遵守有关航行规定,此后20多年间,信号旗、灯一直是进出青岛港的唯一指挥方式。同时,青岛港务监督利用航行通(警)告,进行山东沿海辖区"航船布告"的发布,并利用港务局拖轮不定期进行港区巡逻。

相比以上几个沿海港区,其他沿海港区的通航海域的现场监管大同小异。

2.内河及各省(区、市)的通航监管工作

1953年9月、11月24日,交通部内河航运管理总局分别公布《长江航行暂行章程》《长江轮船拖带暂行规则》与《内河船舶船员职务规则》。这是新中国有关长江的第一批水上安全管理规定。1955年起,长江港航监督划定汉口、重庆、万县、宜昌等干线港区船舶锚地,建立锚地调度员与锚泊地水手长。1956年,黄石、芜湖、南京等港的港航监督建立锚泊地与停泊区管理站,结合港口昼夜装卸分班作业,制订锚泊地管理暂行办法,增添工作船、交通艇、信号灯标、调度通信等技术设备,锚泊地的业务走上正轨。对停泊船队较多的大锚泊地区,船队到港按计划标位停泊,消除以往船队到港混乱停泊的现象。特别是汉口、南京等港锚泊地,成功地安装系船浮筒。这是内河锚地的创举,既减少驳船队抛起锚的技术作业时间,又避免船队发生走锚事故,是缩短船舶在港时间的重要环节。1956—1957年,长江港航监督还制订《一列式拖驳船队航行规定》《长江区船舶救生设备暂行定额(试行)》《长江船舶顶推运输法技术操作暂行规定》等,以及川江系列船舶航行安全规定,由长江航运管理局批准公布,使长江通航环境与秩序有了较大改观。

各省(区、市)港航监督不断加强通航工作。1953 年,江苏刚刚成立的省港航监督贯彻“安全生产第一”的方针,建立安全小组,定期进行安全大检查,夏季开展防台、防洪、防暑、防火,冬季开展防冻、防滑、防风、防火的“四防”活动,狠抓春节运输安全,做到重点突出,常抓不懈,警钟长鸣,防患于未然。1955 年,江苏省交通厅在全省推广江苏省无锡轮船公司“江苏(拖)019 号”轮正驾驶胡阿梅长期在水上航行掌握“三性”(船性、水性、人性)、坚持“三好”(驾驶分工合作好、舱面机舱配合好、轮驳相互联系好)、做到“三快”(眼快、手快、决断快),安全行船 10 万公里的“胡阿梅安全驾驶法”。“胡阿梅安全驾驶法”被载入《全国交通先进经验》一书河运部分第一分册。次年 5 月,胡阿梅出席全国先进生产者代表大会,荣获一等奖章。

(四)重点水上工程的安全维护

长江港航监督 1954 年在调查和研究基础上,对航行川江险段的船舶行为加以规范,拟订控制河段通航办法。6 月和 12 月,分别出台控制避让和通行信号的避让办法,对最为险恶狭窄和复杂航道实行特殊安全监督,实施单线通行,在各复杂航道上、下设立信号台,预报船位动态,及时联络呼叫和收听,听从中心联络台的指挥,提前做好避让,保证船舶安全通过狭窄航道。1957 年,对船队的航行、停泊、雾航、过险滩、过漕口、夜泊等作出规定。一系列有效措施抑制了川江复杂航段内的水上事故的发生。

武汉长江大桥的建成,对我国当时的政治、经济、国防都具有重大的意义。保障大桥的施工阶段安全,维护船舶安全通过大桥,成为汉口港航监督的一项特殊工作。1955 年 3 月,武汉长江大桥施工开始准备。为保证大桥水上施工区域安全和船舶航行畅通,按照武汉市人委指示,在原大桥钻探安全防护委员会的基础上,由汉口港港航监督、武汉大桥工程局施工处、水上公安局等 15 家单位组成“武汉大桥水上施工安全防护委员会”,抽出专人成立办公室,定期检查水上安全工作,研究和解决分工、配布航标、更改航线等重大问题。7 月 20 日,武汉长江大桥正式开工后,汉口港港航监督(航政部门)除研究防护措施外,还负有向有关单位介绍施工、航运等情况,及时解决有关问题,保证武汉长江大桥施工期间水上安全的责任。1957 年 10 月 15 日,武汉长江大桥正式通车。这是长江干线建成的第一座横跨长江天堑的大桥,对国家经济建设和国防建设有着重要的战略意义。武汉长江大桥施工水域的水上安全管理经验为后来长江上其他大桥建设的水上安全维护和管理所效仿。

二、船舶管理进一步加强

(一)船舶各种管理规章相继出台

1953 年 4 月,交通部公布《海上轮船旅客及行李包裹运送试行规则》,海运总局于次年进行修正并重新公布。1953 年 5 月,交通部海运总局公布《交通部海运总局船舶起重装卸设备检查试验试行办法》。1954 年 3 月 31 日,交通部公布《船舶预防检查暂行办法》《船舶监督检查暂行办法》《船舶装运汽油暂行规则》《沿海货运营业事故调查处理试行办法》《轮船装运武器弹药暂行规则》《海上轮船乘客定额试行规则》和《船舶装运危险品暂行规定及其附表》等。同年,交通部还公布一些船舶管理措施,如海图作业规则、航海日志的记载与保管办法、驾驶台规则、驾驶台值班与交接班制度、消防救生演习制度、船舶紧急应变部署、海轮安全设备定额及内河水道航行规则。1954 年,交通部、军委参谋部联合公布《轮船装运武器弹药暂行规则》。1955 年 1 月,为使船舶标志统一,交通部公布《关于统一规定船舶(国营、公私合营)专用旗和烟囱标志及船员帽徽的通知》。

(二)加强外籍船舶进出口管理

1953 年 4 月之后,沿海各港对外籍船舶管理由原来航政部门改由“港务监督”负责,仍任对外籍船舶联检组组长,与海关、公安、卫生检疫部门一起实施联合检查。根据形势发展的需要,交通部对原有规章制度进行了修订和补充,1953 年 4 月,在修改、补充 1951 年《核发船舶国籍证书暂行章程》和《船舶登记暂行章程》基础上,公布新的《外籍船舶管理原则和方法》。1954 年 4 月 30 日,交通部海运总局公布《西德籍船只航行我国管理办法》。1955 年 5 月 11 日,交通部与对外贸易部、卫生部、公安军司令部联合公布《外轮到达港口联合检查工作实施办法》,下分 5 个实施细则,即《联合检查进行程序与注意事项》《联合检查机关工作人员登船纪律》《船员登陆管理暂行办法》《签发登轮许可证暂行办法》和《船舶在港内禁用物品的查封办法》。1956 年 8 月 9 日,交通部在修改、废止 1952 年 2 月的《外籍轮船进出口管理暂行办法》基础上,公布《中华人民共和国对外籍船舶进出港口管理办法》。该办法一直沿用到 1979 年 9 月 18 日公布的《中华人民共和国对外国籍船舶管理规则》。1956 年 9 月 11 日,交通部在修改、废止 1952 年 10 月《日本船只航行中国管理办法》基础上,公布《对航行中国的日本籍船舶的几项规定》。1957 年 3 月 20 日,交通部、海军司令部联合下发“外国籍船舶航行我国避风的规定的联合通知”。1957 年,交通部下发“关于简化和统一发放船舶牌照办法的联合通知”。1957 年 11 月 5 日,交通部等部委对 1955 年 5 月 11 日 4 部联合公布的《外轮到达港口联合检查工作实施办法》进行修改并废止,公布新的对外轮联合检查实施办法,即《联合检查注意程序与注意事项》《联合检查机关工作人员登船纪律》《船员登陆管理办法》《关于申请签发登轮证及有关事项的规定》《外国籍船舶在港内禁用物品查封办法》。从此,外籍船舶进出口岸联检工作进一步走上正轨。

由于对外轮管理工作有了较为完整的管理规定,“一五”计划期间沿海各港务监督对外轮监管工作较前又有较大改进。上海港务监督在《1954 年联合检查工作总结》中说:“通过对中央联检会议精神的传达,上海联检会议也在原有的基础上加强领导,由港务监督长亲自主持,各单位领导同志也亲自出席会议,使工作上存在的问题,可能获得解决的,及时得到解决,消除过去分头请示的现象。……规定外轮联检时间,普通以 20 分钟至 60 分钟为度;初次来港船只最多不得超过 80 分钟,较前缩短百分之五十。同时把联检与业务分开,如港务局对初次来沪外轮,必须记录船舶概况表,以备查考,过去一般在联检时间内填写,现已改在联检以外时间填写,使联检时间更能缩短。”但是,当时对外轮联合检查人员匮乏且外语基础差,港务监督人员审阅外轮航海日志及轮机日志等往往流于形式,有些港口港务监督人员一人兼数职。当时,上海港进出港口外轮激增,每月外轮进出次数又无规律,往往联检人员无法应付,于是对苏联部分船只暂时停止检查,航行时亦不派检查人员到现场监护。

(三)木帆船(民船)管理的加强

“一五”计划期间,通过社会主义改造,到 1956 年春季全国已有 70%木帆船加入合作社或公私合营。当时在沿海和内河的船舶中,木帆船(民船)占据全国运输船舶总数的较大比例,达 80%~90%,在水运中起着独特作用。为此,木帆船(民船)成为船舶管理的重点,各地港务(航)监督就民船制订专门管理办法、规定。如上海港务监督 1953 年制订《上海港民船业管理暂行办法》,明确黄浦江、吴淞两管理所负责民船(包括港内的码头驳船、粪船、划舢、纲沟船及出海的帆船、渔船,航行内河的民船)的注册登记、检验丈量、进出口签证、航政和旧木帆船的拆解和改装的估价,受理民船买卖的委托,承办岸线和济渡收费和渔帆船的登记。1953—1955 年规定,进出吴淞口或航行内河(长江、苏北)民船,在吴淞管理所签证;来往黄浦江上游或内地小港的民船在黄浦江管理所签证;内河小轮也到黄浦江管理所签证。1954 年,上海港务监督为明确中央与地方的分工,加强对民船的行政业务管理,将民船及与港湾装卸作业无关的管理工作交给上海市内河局。1956 年 2 月,又成立吴淞站、兰州路站、关桥站、日晖港站,办理船舶签证。

内河及各省(区、市)港航监督也重视木帆船(民船)监管。1953 年以后,长江干支流木帆船与全国一样,在内河客货运输量的绝对值上占据较大比例。当时木帆船管理归省(区、市)港航监督监管。随着国家经济的全面恢复和发展,大量木帆船不断地由支流进入长江干线。这些木船大多各自经营,组织散漫,特别是农、副业船、"渔划"等流动分散,不能很好地贯彻航行规章制度,且技术条件差、设备差,夜航不点灯,甚至还有"抢过轮船头,三年不发愁"迷信思想,抢超轮船航行,造成内河,尤其长江航行秩序混乱,不断发生轮木船碰撞事故。如 1954—1956 年 3 年间,长江辖区死亡 160 人,沉木船 145 艘。为此,从 1955 年底起交通部下发"关于确保木帆船乘客安全的指示"。长航局航行监督室召开有关单位会议,研究事故发生的原因,一致认为:关键在于航行规章制度没有很好地贯彻,必须加强对轮木船人员的宣传教育工作。

针对木帆船不能严格执行航行规定和与轮船时常发生碰撞的问题,依据《长江航行章程》,长江港航监督制订木帆船和轮船及木帆船与轮船相遇避让守则 14 条,要求相互避让,相会时要及早松车,加强瞭望,以鸣笛、红旗、手电指挥,正确使用声号等。为使安全避让守则更加通俗,木帆船船员易于接受,还绘制说明图,印发各单位,重点要求木船夜航中点灯,并明确轮船所发信号的意图和要求,作好避让。为让船民人人知晓守则,1955—1956 年长江全线先后组织力量,随带印刷的上万张轮木船避让示意彩色图深入到乡、镇木船聚集地点,进行广泛的宣传教育。沿江各县木帆船管理处、站、场也主动宣传。上述做法收到事半功倍的效果。

各省(区、市)港航监督,加紧通航秩序整治和船只检丈、登记,积极开展集中检查,以加强对木帆船的监管。图 2-3-1 为 20 世纪 50 年代黄河宁夏石嘴山渡口。

图 2-3-1　20 世纪 50 年代黄河宁夏石嘴山渡口

湖北省港航监督,从 1953 年起(时称"航政局")继续开展辖区内的通航管理工作,共检丈、登记注册专业运输木帆船 30993 艘 246821 吨位,并核发船舶牌照和航行证。1954 年,对丈检组作调整,襄河(汉江)丈检组隶属襄樊木帆船管理所,沙宜丈检组隶属沙市办事处,黄鄂组隶属黄石站,武汉和孝感丈检组仍隶属省港航监督(时称"航政局")。木帆船管理科,职掌武汉及黄陂、孝感、应城、天门、新堤、金口、蒲圻等地船只巡回丈检工作。

1954 年 5 月,由于木帆船数量多,地方性强,湖北省人民政府公布《湖北省民船管理试行办法》,规定安全管理、事故处理和运输、运价等。1957 年 11 月,湖北省人民委员会将试行办法做部分修订,公布新的《湖北省木帆船管理办法》,在运输安排上要求统一组织货源,满足专业运输船,照顾副业运输船。1956年,木帆船运输业实现合作化期间,安全管理工作有所放松,船舶交通事故严重。对此,湖北省航运与省公安厅、省保险公司发出联合通知,要求加强安全生产宣传教育,并与整社和增产节约运动密切结合,建立群众性安全组织和健全安全生产制度,严格执行船只进出港口签证制度。由于安全工作受到广泛的重视,1957年船舶交通事故约减少一半。

福建省1955年之后由省交通厅、公安厅就木帆船的管理,先后出台加强客运木帆船管理规定,以及加强货运木帆船、农副业船、渡口船的管理规定。

三、船员的考试与证件发放

(一)海船、内河船船员培训考试

进入"一五"计划时期以后,全国船员整体技术水平有所提高,基本上能胜任船舶操作需要,但文化水平仍普遍较低,尚跟不上航运业迅速发展的需要。船员检定考试等级偏多,限制偏严,也造成检定考试频繁,对船员调配提升有所影响。另外,各地港务(航)监督对船员考核偏重于实际操作,执行管理规章制度难以做到理论与操作的统一。

为加强海船、出海小轮船及内河轮船船员的管理,1953年8月3日交通部公布《海上轮船船员检定考试暂行办法》《出海小轮船船员检定考试暂行办法》。9月,又公布《船舶无线电报务员证书考试暂行办法》。这3个暂行办法统称"53海船船员办法"。11月17日,交通部公布《内河轮船船员检定考试暂行办法》《内河小型轮船船员检定考试暂行办法》。这两个暂行办法统称"53内河船员办法"。1955年1月,交通部下发"关于统一规定船舶(国营、公私合营)专用旗和烟囱标志及船员帽徽的通知"。1957年,公布《关于船员考试的两点规定》。1957年11月9日,下发"挖泥船等驾驶员考试问题的指示"。与此同时,1953年12月7日,交通部内河航运管理总局公布《内河船舶船员职务规则》,1955年10月6日,交通部海运管理总局公布《高级船员技术考核办法》。

上述这些就船员考试、发证的系列管理规章及规范性文件,是新中国成立后的第一批管理沿海、内河船员检定考试规章,统称"53船员管理办法"。这是新中国成立后首次在船员管理规章中对航区进行划分,初步建立和完善了船舶甲板部、轮机部及报务部3个部门职务船员证书体系和考试制度。例如,对于海船船员,按航区划分为远洋、近海、未满200总吨出海小轮等3种类别。船舶200总吨以上驾驶员分为船长、大副、二副、三副等4个职务等级;船舶200总吨以下驾驶员分为船长、大副等两个职务等级。主机功率500马力以上轮机员分为轮机长、大管轮、二管轮、三管轮等4个职务等级;主机功率500马力以下轮机员分为轮机长、大管轮等两个职务等级。主机功率按未满500马力、500马力至2000马力、2000马力以上等3个等级,且分为内燃机、汽旋机、往复蒸汽机等3种机型。船舶无线电报务员则分为一等、二等、三等3个职务等级。依据《海上轮船船员检定考试暂行办法》的要求,大连、天津、青岛、上海、广州等五大港港务局各设船员考试委员会,由港务局的港务监督长、海运管理总局的海务监督长、海员工会代表,港务局船员管理部门、海运局的机务部门、海运局的人事部门、海运管理总局的政治部门有关人员、专家及教授等组成,对船员核定考试。

对于内河船舶船员,根据船舶吨位和主机功率大小分为一等(1500总吨以上/1200马力以上)、二等(500总吨至未满1500总吨/500马力至未满1200马力)、三等(100总吨至未满500总吨/150马力至未满500马力)和内河小轮(未满100总吨/未满150马力)。100总吨以上船舶驾驶员分为船长、大副、二副、三副4个职务等级;主机功率150马力以上船舶轮机员分为轮机长、大管轮、二管轮、三管轮4个职务等级;内河小轮驾驶员分为正驾驶、副驾驶 2 个等级,轮机员分为正司机、副司机 2 个等级。依据《关于中央人民政府交通部内河轮船船员检定考试、小型轮船船员检定考试暂行办法》的要求,汉口、上海、广州、天津、哈尔滨各成立船员考试委员会,并明确各区域划分。

船员考试种类则分为初级检定、升级检定和编级检定 3 种。符合报考各类别等级三副、三管轮职务证书的为初级检定,申考晋升一级职务证书的为升级检定,对海外归国及起义船员或特殊情况者则进行编级考试。考试主科及总平均分数不及格者,6 个月内准予补考两次。考试机关为中央人民政府交通部所属港务局及其船员考试委员会。证书由中央人民政府交通部颁发(见图 2-3-2)。

图 2-3-2　1955 年交通部颁布的近海轮船驾驶员证书

依据以上船员管理规章制度,沿海各港务监督成立专门实施船员考试的考试委员会,对管辖区域的轮船船员进行考试。

1953 年,大连港务监督在上一年 9 月成立船员考试委员会以后,对船舶船员管理进行分工。考试委员会管理大轮船员鉴定考试命题、评卷。港务监督承办小轮(未满 200 总吨)船员(含渔船船员)命题、主考、评卷工作,同时办理日常大、小轮船船员考试申请、审核、登记、组织上报,发证及换证的具体事务。考试合格者由交通部发给统一印制的职务等级证书。为了不影响船舶生产任务,方便船员考试,大连港务监督实行随到随考制度,"还利用船员短期渔间休息时间,为旅大水产公司、辽东渔业公司船员举办考试"。营口、丹东地区小轮船员、渔船船员检定考试,由营口港务分局、丹东办事处负责定期进行。当时,小轮及渔轮船员大部分是由帆船过渡而来,文化理论水平低,一部分考试需要找人代笔应试,港务监督予以认可。从 1952 年 9 月到 1953 年底,大连共举办 9 期船员检定考试,6691 名船员参加考试,其中 200 总吨以上船舶的船员 2578 人、200 总吨以下船员 4113 人。其中,上海航务学校毕业生参加甲种二管轮考试 50 人,甲种二副考试 69 人。

由于当时大连港务监督所辖海域海运业处于初创阶段,远洋航线没有开通,船舶公司和大轮船舶数量很少,需要经由考试委员会考试的大轮船员为数不多。1953 年,北洋区海运局合并搬迁到上海海运局,所属船员转至上海港务监督管理,大连区个别申请大轮船员鉴定考试者均委托上海港务监督代考。1955 年,"本年度只有 5 名大轮船员考试(内有 3 名是补考),试题和评卷委托上海港务监督代为办理"。未能到上海考试及补考的大轮船员,参加海运学院组织的考试,港务监督予以认可。

上海港务监督除负责本港的船员考试发证工作以外,还负责宁波、温州港的船员考试发证工作。

1955 年,上海港渔轮船员考试工作由上海港务监督代管,考试办法由上海港务监督与上海水产公司研究决定。1958 年后,渔轮和地方船舶船员的考证工作先后移交地方主管部门。1953 年 11 月至 1963 年 10 月,上海港务监督共组织 11 次集中考试,参加考试的船员 2831 人。

1955 年,宁波港务监督成立出海小轮船船员考试委员会。

与沿海各港务监督一样,内河各港航监督开展轮船船员检定与考试。长江港航监督开展干线船员考试。1953 年底,汉口港航监督组建长江第一个船员考试委员会,由港务局主管领导担任主任委员,港航监督科负责人和机务、船舶检验、人事、政治等部门人员参加,并规定每年举办两期武汉地区的船员考试。不久,重庆、南京等港航监督也相继成立船员考试委员会。

为提高船员技术理论水平,在各期理论和实践考核之前,长江港航监督都举办船员学习班和培训班,有的集中学习,有的分批进行技术讲座。一般学习和培训分为驾驶(包括引水)、轮机两部分,课程内容大体为政治常识、港航安全法规、船艺、船员职务等方面。1951 年的船员学习培训课程有航章、法规、船员职务、船艺等 10 多项,1955 年又增加救生消防、安全操作等。

1955 年,长江港航监督对长江下游的江苏、安徽沿江港航企业船员进行第一次考试。1956 年上半年,汉口港港航监督举办武汉地区第一次船员考试后,长江港航监督决定从这以后,武汉地区船员考试由长航武汉分局接办,汉口港航监督只负责港内船员考试。次年,汉口港航监督组成临时考委会,又对海军转业人员进行考试。1956 年 7 月,长江港航监督对船员考试做出暂时规定,凡及格和符合条件的各等级船员均发给相应的证书,作为使用的凭证。仅 1955 年长江下游各地区共举办船员考试 7 次,及格者 322 人。

有条件的各省(区、市)港航监督也开展轮船船员考试。1953 年 6 月 30 日,广东省交通厅根据省内实际情况颁发《广东省内河未满 20 总吨轮船驾驶、司机检定办法(草案)》。1953 年,浙江省港航监督不定期组织船员检定考试,合格者发给船员证书。1955 年,湖南省航运局编印《轮船船员技术学习大纲》,分驾驶、轮机两部分。以自学与集体培训相结合进行知识传授,船员的"应知""应会"能力大为提高。船长、轮机长、大副、正司机无检定不合格者。1956 年 12 月起,福建省福州、泉州、厦门港航监督开始对木帆船驾长开展技术评定和检定考试,由省港航监督负责。由申请人本人向航管机关申请填写申请表,通过民主评议,结合航章口试测验,合格者发给木帆船驾长手册,作为驾长技术证书。之后木帆船驾长技术考评工作转入正常轨道。

(二)船员证书发放

1955 年 6 月 27 日,根据交通部内河航运管理总局更换新证书的要求,长江港航监督通知所辖的船舶单位,更换 1950 年后所发的船员证书,调换新证书,换证时间为 7 月 1 日至 12 月底,并制定换证书的实施细则。凡在内河服务的船员,均应将原持有证书调换新证书。当时已领有旧证书者约 4000 人左右。为使此项工作迅速落实,长江港航监督分别指定重庆、汉口、南京、上海 4 个港航监督为审核单位,由港航监督办理换证手续。仅上海地区更换船员新旧证书 358 件。由于当时存在以"船员代职证明书"代替船员证书的情况,交通部为此专门发文,以解决"高级船员代职证明书"问题。

1956 年 3 月,长江港航监督特印制"船员代职证明书"及其使用范围和办法,还授权上海、重庆分局港航监督核发,其中汉口地区由长江港航监督核发。船员需提升任用的,由人事调配部门了解该船员的技术水平,确认能胜任该职的,可以申请予以代职。具体由港航监督审核,认可技术资历后,填发代职证明书。持代职证明书的船员,作为考核对象,以后需参加船员考试。

这一时期,云南省港航监督以木帆船运输为主,主要船员是驾长、舵工。当时的船员文化普遍较低,但具有实际操作经验,船员考试以实际操作为主。技术业务晋升则增加理论知识考核,合格者发给轮船船员证书,凭证上岗操作。

四、船舶载运危险货物管理的起步

新中国成立之前,我国曾制定过危险品货物载运、装卸的管理规章。但由于当时运输规模不大,管理简单,监督业务仅是签发危险品货物准运单,没有施行危险品货物装卸的现场管理。

新中国成立初期,由于照明用煤油、民用石灰和油漆等易燃物品数量少,经营分散,以致危险货物监督管理尚未成为管理对象。而数量较多的军用武器、弹药和汽油等,却仍由民用驳船承担运输,且常常客货混载,危险性极大。载运危险品货物的监管是一项专业性和技术性较强的工作,在当时因管理手段相对落后,往往只是凭经验,用肉眼观察,一旦发生事故也是根据现场勘查情况分析和用行政手段解决。多种原因导致对载运危险货物船舶的监管还未开展。

1953年进入"一五"计划时期之后,随着化工产品品种和数量增加,运输中混装现象严重,包装简陋,防护设备不足,船民对危险性认识不足,管理上无章可循,以致船舶危险货物运输中伤亡、沉船及货损事故时有发生。1953年4月17日,交通部在公布《中央人民政府交通部海务港务监督工作章程》中,授权各港务监督"核准并监督危险物品的装卸和起运","监视并检查码头仓库、港区水域及港内船舶的清洁与有关安全设施"。这标志着新中国对船舶载运危险货物管理的起步。

1954年以前长江油运设备"先天不足",油运经验不足,缺乏安全管理规定,经常发生一些船舶汽油装卸和运输爆炸事故。1954年2月25日"江岳"货轮从宜昌载运汽油至重庆大佛寺危险品装卸区卸油时,因管理人员缺乏科学知识,使用一般电扇鼓风致起火发生爆炸,15人当场死亡,10人失踪,32人受伤。"江岳"轮装汽油爆炸事故引起各方面震动。为此,1954年10月交通部公布《船舶装运汽油暂行规则》《船舶装运危险品暂行规则》。其中《船舶装运危险品暂行规则》,将危险货物分为爆炸、易燃、腐蚀、毒害、压缩液化气体五大类,并规定混载条件。这是新中国成立后第一个比较详尽的船舶载运危险货物安全管理规章。根据这两个规则,各港务(航)监督从港、航各个环节进行安全检查和监督,派人在专用码头指导装卸或囤放。这标志着新中国对船舶载运危险货物安全管理的开始。

此外,1954年交通部、军委总参谋部公布《轮船装运武器、弹药暂行规则》,规定各港务监督部门针对武器弹药特殊性,严格实行现场监装监卸,装卸时选择在气温37℃以下进行。1957年11月29日,公安部就水路爆炸物品运输公布《爆炸物品管理规则》。

根据船舶载运危险品货物管理规章、规则要求,青岛港务监督1955年5月13日下发《危险品管理工作细则》,明确港务局各有关单位的职责联系、配合,危险品装卸区位、申请审核,以及申请签发后危险品装卸现场监督、日常检查等。7月1日,交通部海运管理总局批准青岛港客货小轮载运危险性物品的限额简表试行。1956年起,广州港务监督定期巡逻检查运载危险品货物船舶的安全设备,组织船员学习危险品货物运输常识。1957年,又针对港内危险品货物运输量增加的状况,先后制订"广州港客货班轮装运危险品限额表""港内码头装卸危险货物限额表",并规定装运危险品货物船舶停泊锚地的一系列安全管理细则。

五、船检管理工作的加强

(一)船舶检验机构的建立

1.沿海、长江设立船检机构

1953年,交通部海运管理总局将1951年10月成立的"船舶登记局筹备小组"改为"船舶登记局筹备处”。1954年7月,经政务院财经委员会批准,船舶登记局筹备处委托苏联船舶登记局驻大连和上海的两个验船处代为培训验船技术人员,仅1955—1956年就代训30人。这是新中国培养船舶检验专业人员之始。1956年8月1日,交通部在船舶登记局筹备处的基础上成立“交通部船舶登记局”,对外称“中华人民共和国船舶登记局”。船舶登记局是交通部的职能局,是国家对船舶执行技术监督和检验的机构,负责处理船舶技术监督的日常业务,同时兼有船级社职能,办理船舶入级业务。10月23日,开始启用“中华人民共和国船舶登记局”(Reg-ister of Shipping of The People's Republic of China)中英文名称,及局徽和载重线标志,并规定国际航行船舶采用中英文对照的国际通用安全证书格式,国内航行船舶采用中文书写的证书格式。

1957年6月17日,为全面明确中央与地方船舶检验技术机构的建立、具体职权、职责范围、中央与地方管理的隶属关系与分工等问题,交通部以交船〔57〕章第48号文下发“关于建立船舶检验机构加强船舶技术监督工作的指示”,对船舶登记局的设置原则、职权、职责做出具体规定,并将大连、天津、青岛、上海、广州5个沿海直属港务局内的船舶检验机构纳入船舶登记局业务管理,为接受港务局与船舶登记局双重领导的区域船舶检验机构。该指示规定,船舶登记局和各港船舶检验部门是执行技术监督和检验的机构,负责我国有关的船舶技术监督的日常业务,办理船舶入级及有关业务。同时,上海、广州、大连、天津、青岛等沿海重要港务局内均应设立船舶检验机构,长江和黑龙江两航运管理局内也应建立船舶检验机构。各省(市、区)交通(航运)厅也应根据工作发展需要建立船舶检验部门,或配备船舶检验人员,负责船舶技术监督和检验工作。该指示还规定,船舶登记局负责制订有关船舶技术监督的各种主要规范、技术标准和制度办法,报部批准后公布实行;负责对申请入级的船舶在建造、修理和使用中执行技术监督和检验;负责对外国籍船舶执行技术监督和检验;负责登记国内外船舶名录与船舶事故的技术鉴定。各地船舶检验部门负责对不入级的船舶在建造、修理和使用中执行技术监督。此外,还规定船舶登记局与各区海运局、航运局或港务局和各省(市)交通(航运)厅在执行船舶技术监督上的分工等。同时,船检队伍不断地壮大。至1955年,全国船检人数共有305人,其中直属系统89人、地方系统216人。

2.其他船检机构的演变

中华人民共和国成立之初,全国没有形成统一的船检管理体制,各港船检归所在港港航监督(港务监督室)管理,一般下设船舶登记科。1956年,交通部船舶登记局成立后,凡涉外港口中管理船舶检验的部门,对外均称“中华人民共和国船舶登记局××办事处”。如青岛港务监督船舶登记科在船舶检验局建立后,对外改称“中华人民共和国船舶登记局青岛办事处”。

内河港口内的船舶检验部门因没有涉外事务,仍为原来设置。1956年6月起,长江各港船检机构与港航监督合并,长江航务管理局船舶检验科划归港航监督室,改称船舶检验组。长航重庆分局机务科船检组改隶分局港航监督科,宜昌、汉口、九江、芜湖、南京、镇江等港的验船组或验船人员也均划归各港务局的港航监督科。

各省(区、市)也是如此。1953年起,福建省海河船检职能分别归港务局港务监督科和航管局的航行监督科及其分支机构。1954年之后各地方船检工作由各港航监督负责,下设船检部门;未设港航监督的由各地航管处(总站)或航管股(组)、航政站兼理。

(二)船舶检验规章规范的初建

新中国船检自20世纪50年代筹建起,就非常重视规章规范的制订。开始只是翻译苏联船舶登记局的一套技术规范作为借鉴,没有出台过船舶检验方面的规范,仅各地方港航监督根据各地的需要制订过一些船检规则。进入“一五”计划时期以后,交通部及交通部船舶登记局,结合中国船舶检验的实际,相继批准和公布了一批有关船舶修造的安全技术监督管理的暂行、试行规章、规范等,推进船舶检验向规范化转变。1953 年 3 月,经政务院财经委员会批准,交通部于 10 月 3 日公布《船舶检验丈量费率标准》。这是新中国第一个统一全国船检收费的标准。11 月,中国造船工程学会将《中国造船》杂志 1950—1951 年连载编译的《中国钢船规范》(船体部分)印发单行本,作为我国民间版本的船舶建造规范。1954 年 8 月,交通部海运管理总局公布《海轮安全设备定额(试行)》《海上轮船乘客定额规则(试行)》《船舶电器设备管理保养试行规则》《船舶蒸汽锅炉和主蒸汽管的技术监督规程》《本国轮船锅炉安全汽阀管理暂行办法》5 个技术规则和规程。1955 年,交通部公布《船用救生衣、救生圈标准》,取代 1953 年暂行标准。1956 年,交通部公布《内河船舶乘客定额暂行规则》。1957 年,交通部船舶登记局首次公布《木制、钢质救生艇验收标准》、1957 年 9 月 10 日,交通部公布《船舶技术及施工图纸送审暂行规定》等。

内河及各省(区、市)船检部门也不失时机制订出区域性、地方性的船检规范性文件。1953—1957 年,就长江船舶检验管理,长江船检部门先后制订出《长江区船舶丈量技术暂行规程》(1954 年)等 8 种船检规定、办法。这些船舶检验规章虽不尽完善,但却是新中国内河船舶检验规章和规范工作的起步,为后来制订配套规范提供初步经验。

1955 年,珠江航运管理局船检部门学习推广长江船舶检验工作经验,结合珠江实际首次制订《珠江区木质船舶干舷核定试行办法》,经交通部批准于同年 12 月试行。

各省船检部门也制订本地船检规章制度。如 1954 年 4 月,湖南省公布《湖南省内河木帆船建造管理办法》,促进船舶建造质量的提升,防止盲目发展。

(三)船舶检验业务的开展

1. 沿海船舶检验业务的开展

“一五”计划期间,我国沿海、内河的船舶检验对象,主要是营运船舶、修造船舶,并开始船用产品的检验。地方船检主要是木帆船和驳船检查丈量。

1953 年,天津、上海、广州船检部门分别检验船舶 958 艘、1655 艘、565 艘。1957 年,广州船检部门对广州造船厂首次建造的 5000 吨级船坞进行检验。

1953 年之前,全国船检主要为木帆船,海船检验为数甚少。随着 20 世纪 50 年代中期开始,国家经济发展与水上运输需求,木帆船建造量加大,海船建造量逐渐增加,全国造船业初具规模。各船检验部门重点开展营运船舶检验。检验方式一般仍沿用原国民政府航政局的习惯做法,有时也参考国外船级社的规范。造船任务集中在天津、上海沿海和长江沿线。这使上海、长江船检部门成为当时在建船舶和船用产品制造检验工作的重心。1954 年,上海港港务监督船检部门在全国率先对船舶起重设备开展全面核算、检验、试验和发证工作。1954 年,完成新中国成立后建造的内河第一艘船舶川江客轮“民众”和川江第一艘 100 吨级货轮“人民 1”号的检验。1955 年,又完成新中国第一艘自己设计、建造的沿海客轮“民主十号”(载客 500 人,载货 700 吨)的图纸审查和建造检验。这是新中国船舶设计图纸审批检验和船舶建造检验的开始。

1953 年,青岛船检和烟台船检开始对拖轮锅炉进行全面检查、试验和复核,重新调整锅炉安全阀的开启压力,促进拖轮的安全生产。1956—1957 年,根据试行的北洋线干舷表,对所辖地区的船舶开展干舷调查,重新核定载重线,并分别划定内河和出海两种干舷,适当增加载重量。

1956 年,烟台港务监督内设立烟台港验船组,业务上接受青岛船检的领导。当时,主要是对木帆船、小型机动船、全部渔船修理进行检验。

1956—1957 年,大连、天津、上海、广州沿海船检部门及武汉、南京、重庆等长江船检部门,相继开始实行对船舶设计图纸审批和驻厂检验制度,促使船舶建造质量逐步提高。1956 年,天津港港务监督船检部门派人驻新港船厂执行船舶建造检验,开新中国验船师驻厂检验制之先河。同时,沿海和长江中小型新造船与船用锅炉、受压容器、主辅机、救生艇、刚性救生筏等重要船用产品。也开始被纳入船检范围。检验人员到各生产厂家,对救生衣、救生圈的材料和浮力进行外观检验和浮力试验。这是新中国对船用产品大面积检验的开端。

此外,1955年4月交通部船舶登记局筹备处组成载重线工作组,到上海核算上海海运管理局国内沿海船舶干舷,根据18艘海船核算结果,制订航行北洋线和南洋线船舶基本干舷表,并公布试行。

2.长江及各省(区、市)船舶检验业务的开展

1953—1957年,长江新建船舶数量之多、建造速度之快是历史上从未有过的。按照"一五"计划时期以发展拖驳运输为主的方针,长江干线重点发展拖驳运力。拖驳中的拖轮当时大多由沿海各船厂建造,与之配套的10多万吨不同规格、不同种类、不同用途的驳船则全部由内地各船厂建造。除长航及沿江六省所属船厂以外,哈尔滨船厂也将车间迁来长江边,一同参与建造驳船,使长江干线船舶吨位,从1953年203.271吨增加到1957年的446727吨。

长江验船人员采用"土洋结合"的方法,带着仪器随船队在长江全线进行测试。他们根据长江具体情况,消化外国的经验,总结出一套规范船舶载重的检验方法,主要是将长江航道按镇江以下、镇江至重庆、重庆以上3个河段的水流及风浪情况,分别列入相应的级别,对船舶干舷、舱口围板等能反映船舶储备浮力的主要因素做出具体规定。此举开创勘划长江船舶载重线的先河。1954年,长江港航监督分头到沿江各港、厂,会同各港的船检人员,边宣传,边示范,实地进行载重线的勘划。虽然这是一次牵涉到港、厂、航,各方,衔接要求十分紧密的工作,但由于各方密切合作,很快得以在长江全面推广执行。到1955年,广州、大连、上海、青岛、天津和长江船舶检验部门均能够对建造、修理的船舶进行定期、临时、特别检验和检查丈量船舶。1955年我国船舶检丈、检验统计数据见表2-3-1。

1955年我国船舶检丈、检验统计一览表　　表2-3-1

船舶检验	定期检验		临时检验		特别检验		检丈船舶	
	艘数	吨位	艘数	吨位	艘数	吨位	艘数	吨位
机动船	2038	538126.1	888	502925.33	367	66069.47	51	3364.73
非机动船	2187	13771.35	134	36553.73	114	24215.24	258	1998.61

各省(区、市)船检部门也开展船舶检验工作。1953年,福建省海河船验职能分别归港务局港务监督科和航管局航行监察科及其分支机构办理。1954年成立港航监督后,船舶检验工作由各级港航监督办理,未设港航监督站的由各地航管处、总站的航管股(组)或航政站兼管。

1955—1956年,湖南省船检验部门对长沙船厂建造的钢质100吨级驳船、274吨客船进行审图、检验和发证。

1955年,广东、福建两省的地方船检部门对福州地区各造船厂建造的23艘各种木质机动船进行了检验、发证工作。

1955年,江苏省镇江港航监督检验办事处检验镇江船厂建造的320客位木质客船。

1956年,江西省港航监督科检验省内建造的52艘煤气机拖轮,发放证书。

1957年,安徽省船检部门对芜湖市船厂建造的趸船进行检验。

这一时期,渔船检验发生变化。1957年,经交通部、水产部协商,渔船检验工作移交水产部门,并先在山东、河北两省试点。5月,交通部将山东、河北省渔船检验移交两省交通厅。7月,水产部致函两省办理接管业务。自此,渔船检验工作由水产部门负责,先参照交通系统船舶检验项目流程实施,后各省自行

制订了一些渔船检验规定。

六、引水业务的开展

(一)新中国第一部引水规章的出台

1953 年 11 月 23 日,交通部公布《海港引水暂行通则》,于当年 12 月 5 日实施。这是新中国成立后的第一部专门引水规章。整个通则共 9 章 61 条,分总则、引水员条件、引水员职责、引水员与船长的互相关系、引水员的申请与指派、引水信号、引水费、奖励与惩罚、附则等。通则规定了新中国引水员的资格要求、职责和引水员的申请与指派,引水员与被引水船长的关系,引水信号、引水费收缴、引水主管机关、引水员奖励与惩罚等。其中,交通部为总领导机关,海港总监督长负总领导责任。各港务局为直接行使引航权的机关,由港监负领导责任。引航科科长或引航单位负责人在港监领导下,具备承办技术行政及预算等有关业务。按照规定,引水员必须为中华人民共和国公民,需具有船长或资深大副的资历,并须熟悉该引水区域的航道情况。引水员必须经过考试,并须有中央交通部发给的证书,才可以执业。还特别规定,所有外国籍船舶必须由中国引水员登轮指挥,接受强制引航,方可进出中国港口及在港内移泊。由此,适应当时环境和形势的引水管理制度初步形成。

通则公布后,1954 年 1 月 26 日交通部海运管理总局指示大连、天津、青岛、上海、广州等 5 个区港务局,部署贯彻执行的各项工作,要求各区港务局组织本局引水科的工作人员进行学习,领会通则中各项规定精神,结合通则制定各港引水实施细则。如上海区港务局制订出 38 条《上海港引水实施细则》。这些细则与通则相互补充,奠定了新中国引水业务正常、有序开展的基础。

作为中华人民共和国成立后的第一个引水通则,《海港引水暂行通则》与国民政府时期颁布的《引水管理暂行章程》和《引水法》,既有历史继承性,又有极大差异。继承性的一面,在于对引水员的资格、产生程序、业务执行、监督和处罚等都做了详细规定,且其中许多具体内容或与旧章程类似,或比旧章程的要求更加严格。差异性一面,在于体现收回国家主权,一切引水在国家主权范围内进行。

(二)各港管理引水体制的确立

《海港引水暂行通则》和 1954 年 1 月政务院颁发的《中华人民共和国海港管理暂行条例》,均规定交通部为引水事务总领导机关,由海运总局海港总监督长负总领导责任;各区港务局为直接行使引水权的机关,各引水科(或引水股、引水组)归于航政处(或科)负责。以后,虽然港口管理体制几经变动,航政的隶属关系也随着变更,但港务(航)监督主管引水体制一直未变,直到 20 世纪 80 年代中期港口管理体制改革。在长达 30 多年里,引水事务始终由港务(航)监督管辖,有助于稳定引水队伍与保证引水业的持续发展。

长江引水管理体制与沿海港口大体相同。长江引水全部收归国家管理后,1954 年随着长江航运的改革,又被纳入政企合一的管理体制。1954 年初长江航运管理局推行全线统一领导,分段分级统一管理、经营长江沿线港航事务。以长江淞汉段为例,1954 年初长江航运管理局上海分局(后改名为长江轮船公司上海分公司)引水站正式成立,负责组织、管理长江淞汉段的引水业务(其实就是负责长江中下游引水业务)。此后,长江航运机构几度更名,但引水仍隶属其管辖,直到 80 年代初才有较大变化。1954 年,"川江引水人员管理站"在宜昌成立,为主管川江引水业务的机构,隶属重庆航运分局。因宜昌处于长江中上游分界水域,重庆分局委托宜昌港务局统一管理川江引水管理站,代管中游引水,使上中游引水连接,实现统一管理,具体引水业务仍由引水科负责。

(三)引水技术突破与沿海、海河夜航开始

新中国成立以前,沿海港口大都不夜航,如上海港外籍引水员中就有“夜间不航黄浦江”的职业习惯。

新中国成立之后,随着航运的发展,为减少船舶等待时间,加速周转,夜航的要求愈益紧迫。为此,沿海各港引水员充分发挥主观能动性,积极摸索钻研,在助航设施改善的基础上,克服种种困难,终于实现船舶昼夜通航。如上海港务局组织力量对黄浦江航道进行调查测量,为夜航提供技术数据。1953 年初,个别大船在引水员的努力下已试行有条件的夜航。经过一段时间的摸索和经验积累,黄浦江夜航已具备必要的条件。于是 1953 年 4 月 1 日,中央人民政府政务院命令:“上海港自 1953 年即日起,实行船舶进出口日夜引水。”试行一年多以后,上海港务监督总结黄浦江夜航经验,上报交通部海运管理总局。1954 年 12 月 27 日,海运管理总局批复上海港务局《上海港黄浦江夜航经验总结》,同意全面铺开。从此,夜间引水业务在全国各港开展起来。夜间引领船舶进出港口,是引水技术上一大突破。从 1953 年起,连云港引水员也结合本港条件积极开展夜间引水业务。

1953 年以前,天津海河航道未安装灯标,又加之航道复杂,船只一般在白天进出港。1953 年之后,天津港引水员施学良、张克荣、彭树道等人创造“海河夜航工作法”。引水员在借用夜光及落潮信号进行海河夜航试验的基础上,普遍开展夜航。至 1953 年底,天津港顺利夜航 71 次,没有发生任何事故。夜航缩短船舶在港时间,提高经验效益,促进港口生产。

各港务监督针对本港的具体情况进行技术创新。秦皇岛港在 1956 年总结出大风及雾天时的引领方法,利用“双锚走锚法”靠码头,既能缩短停靠时间,又能保证靠泊安全。

天津港引水员在分析、研究大沽口及海河潮汐、流速以及各重要航段水位变化、季节影响等资料后,总结出“一潮出口工作法”“海河夜航工作法”,以及制订“津、塘、新船开航时间表”。引水员张墨林,靠经验巧借海河潮流习性,妙用河床多软泥的自然条件,开创船首(或船尾)“触滩”转头法,以简捷、灵活、安全的操船技艺,节省下锚、起锚时间,博得中外驾驶人员赞叹。1953 年 10 月 4 日,天津港引水员施学良首创夜间引水成功,将“和平 14”号轮由大沽口引进塘沽新港。1954 年 6 月,中央交通部海运管理总局还转发“天津港五年来引水工作经验的总结”,供各港学习、参考。1959 年,由钟伯源执笔、集天津港引水员集体智慧撰辑的《天津港引航经验总结》,编入交通部《海港引航经验汇编》,全面地介绍不同条件下船舶进出新港、塘沽港、天津港航道以及靠离码头、掉头过闸、下锚及让船等操作方法。大连港引水员针对大风天空船靠码头的作业,创造“抛锚拖尾靠船法”,俗称“拉大网”。这一方法在当时起到较大作用,促进了船舶周转。大连港引水员代表于 1959 年出席交通部先进生产者会议,介绍了“拉大网”的经验。上海引水员吴金祥在利用潮水和拖轮靠离码头中,创造了一套比较完整的船舶操作法,并安全领航 2000 多航次无事故。大连引水员顾金泉、天津引水员施学良娴熟地掌握港内航道、潮水和风向的规律,一直保持安全领航的记录,引水技术不断进步。雾天、大风恶劣天气下引水,夜间引水,特别长江口、黄浦江和海河夜间引水技术的创新发展,保证了进出港口船舶安全,加快了船舶周转速度,提高了港口作业效率。

1953 年之后,长江逐渐增加一批新船。长江港航监督就在中游航段一些船上试行部分引水职责由船长或大副代替的办法。到 1955 年初,“驾引合一”操作先后在 8 艘船上试行,既减少了操作人员,又缓解了引水员和高级船员紧缺的矛盾。这在当时是长江航运技术制度的一次重大改革,受到交通部肯定。1955 年 6 月,交通部内河航运管理总局批准在长江中游部分船舶上实行驾驶员在航行中边驾驶边引水的“驾引合一”运行操作制度,并作为技术革新和技术改造的新尝试逐渐扩展推广到长江下游、上游的各个不同航段。到 1964 年,长江船舶基本上实行“驾引合一”运行机制。

此外,1955 年 3 月 31 日交通部海运管理总局决定,自是日起中国籍船舶的船长可以自行驾驶船舶进出国内所有港口,无须再向港务部门申请引水员领航。

(四)引水队伍的培养与结构

到 1953 年,全国引水员有所增加与扩展,但仍适应不了航运发展需要。沿海各港引水员短缺,压力日益增加,纷纷要求中央调派、补充。1953 年 12 月 21 日上海区港务局呈海运管理总局的报告中说:该局现有的 15 名引水员中,年龄 42 岁 2 人,45 岁 2 人,47~48 岁 3 人,50~54 岁 6 人,57 岁及 60 岁各 1 人,急需充实引水员,以应付海上运输发展的需要。温州港也报告说:现只有引水员 2 人,加上 1 名学习引水员,“已感不够分配”,准备在 1954 年再补充 1 名引水员。宁波港也提出,已有的 2 名老引水员,年纪大,体力衰弱,需要增加 1 名引水员。

引水员缺乏、队伍不稳的情况,在沿海各港普遍存在。而另一方面,从船长或资深大副中抽调人员学习引水的做法,实行起来也有很大困难。因为,本来高级船员就比较缺乏,随着海运和内河航运业发展,全国远洋船长、大副等人手更显不足。

鉴于这种情况,1954 年交通部海运管理总局在下发《对于训练培养学习引水员的意见》的基础上,决定从两个方面缓解引水员人手不足的问题:其一,批准本国轮船船长发挥其技术,鼓励其自行引水;其二,尝试从大连海运学院毕业生中直接选拔人才,派往各沿海港口学习引水。海运管理总局在 1954 年选派几名大学毕业生前往天津和大连港之后,1955 年又从大连海运学院毕业生中选拔 41 人,分别派往沿海各港学习引水,并由此形成了一种新的培养引水员的制度。分派各港的学员中,前往上海港学习的就占 12 人(其中 3 人是为宁波、温州和连云港培养的)。上海港务局还另外从引水船、汽艇及港务监督科抽调 5 名工人和干部参加学习。经过一年多学习,他们中绝大部分人基本掌握引水技术,开始在老引水员指导下试行引水。海运管理总局还“要求各港(大、中、小)在 1957 年以前完成学习引水员的训练培养工作”,并将“培养新的引水人员作为维护国防、保障航行安全的政治任务来看待……要求由各港港务监督长亲自主持,负责全面领导,指定人事、政治、引水等有关部门共同参加这项工作。步骤与方法:第一阶段,摸熟航道……操舵实习;第二阶段,引水操作方法;第三阶段,监督引领”。

在 1954—1955 年两年多时间,完成从院校毕业生到高级船员,再从高级船员到合格引水员的转变,工作难度相当大。各港务监督结合本港实际制订出不同培养方案,培训出一些能够适应海港发展需要的引水员,到 20 世纪 50 年代末形成了一套比较稳定的做法,即从航海院校毕业生、工农干部及船员中选拔引水员,为引水队伍输送新鲜血液,改变了新中国成立初期引水队伍年龄偏大的结构特征。1955 年 3 月 5 日新中国第一批船舶女驾驶员林幼华、罗烈芳、杨梦月等正式在船上担任驾驶工作。这批女驾驶员 1951 年毕业于汕头商航学校。后来,这批女驾驶员都成为引水员。

长江港航监督也在提高老引水员技术水平的同时,积极培养和选拔新引水员。仅 1954 年就选拔川江引水员 96 名,其中大引水 19 名、二引水 27 名、三引水 50 名,扭转了川江引水不适应航运迅速发展的被动局面。

从海运学院毕业生中选拔人才到海港学习引水,又从各港挑选优秀船员定向培养成引水员,是一种成功的探索,开创了新中国引水队伍建设的新思路。

七、事故处理及重大案例

“一五”计时期间,水上安全形势虽向好的方向发展,但形势仍然严峻。1957 年 2 月,交通部在《1956 年直属单位海损事故总结和 1957 年港航监督工作的部署》中指出:“1956 年直属三大河系和两大海运管

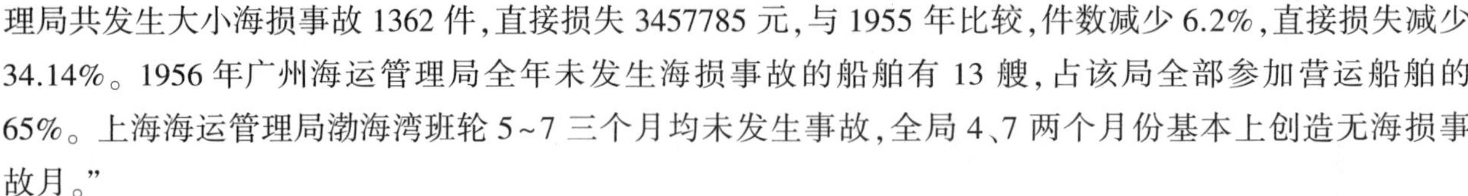

理局共发生大小海损事故1362件,直接损失3457785元,与1955年比较,件数减少6.2%,直接损失减少34.14%。1956年广州海运管理局全年未发生海损事故的船舶有13艘,占该局全部参加营运船舶的65%。上海海运管理局渤海湾班轮5~7三个月均未发生事故,全局4、7两个月份基本上创造无海损事故月。"

(一)建立事故处理组织

为进一步规范水上事故处理,1953年交通部在公布的《海务港务监督工作章程》中,赋予港务监督有关事故处理的职责:调查并处理船舶海事;办理海损统计;办理海损理算。1954年6月、7月30日、10月8日,交通部下发"关于消灭内河海损事故确保安全航行的具体措施""为出海帆船在海中遭遇海难可运用共同海损原则处理的指示""关于海港内发生共同海损是否按共同海损原则处理"。1957年,交通部又下发"对木帆船运输合作社船舶发生航政损害赔偿问题的说明"。

根据交通部公布的水上事故处理规章制度,1953年12月上海港港务监督单独成立航政科,承担调查处理海事、统计海损、办理海损理算等职责。同时,为做好事故处理工作,明确责任和赔偿等问题,大连港务局会同旅大市公用局、保险公司、水产局及上海海运局等单位协商,确定大连地区各类航政处理的分工原则。1955年4月,长江航运管理局根据1月份召开的长江监督会议的要求,修改海事处理分工的职权,规定宜宾至宜昌区段航政由重庆分局监督(航政)科负责处理,宜昌至镇江区段海事由管理局港航监督处负责处理,镇江至吴淞口区航政由上海分局监督(航政)科负责。一般海损事故的处理,仍由各港航监督(航政)部门处理。1956年9月15日,湖南省港航监督部门成立"湖南省海事处理委员会"及各专区(州)、市(县)成立"海事调解委员会",并出台组织章程。

(二)重大水上事故案例

1954年2月25日,长江航运管理局的"江岳"轮在长江重庆大佛寺码头卸汽油时,因电扇火花引起汽油爆炸,造成26人死亡、38人受伤。

1957年1月2日零时6分,航行于南洋线的"大昌"轮与"和平7号"在黄浦江虬江路码头处发生碰撞,"大昌"轮沉没。1955年发生影响更大、损失更严重的"民主3"号的触礁事故。

1957年4月26日,湖北省航运局"蕲州"轮失火沉没,乘客及船员死亡99人,失踪18人,货物损失290吨。

这一时期,我国水上事故中的死亡人数是呈下降趋势的,主要是因为加强了水上安全的整治和管理,改善了水上航行条件。但事故件数未有大的下降,说明水上安全仍是不可忽视的薄弱环节,影响着航运事业的发展。

第四节　航标与测绘的发展及水上通信

一、航标测绘管理机构的变化

进入"一五"计划时期之后,我国沿海处于复杂军事斗争状态,盘踞在浙江、福建沿海一些岛屿的国民党军队不断进行骚扰,对新中国实施海上封锁禁运,企图切断东南沿海航运,阻挠国际海运。

为适应军事斗争形势和海上运输发展的需要,1953年4月28日周恩来总理批示"交通部所管沿海航标及管理航标的海务机构移交海军司令部。"6月23日,政务院以〔53〕财经交字第5号文批复,凡属沿海航标及其管理的机构、工厂、土地、房屋、仓库、车辆、船只及人员和物资等,全部由海军接管(包括青岛、上海、厦门、广州4个地区航标及管理机构)。这是新中国成立后沿海航标管理体制一次重大调整。内河港湾航标仍由交通部门负责。长江宝山至江阴的航标,上海黄浦江蕴藻浜河口界线以上的航标,珠江新洲三叉河口(东经113°24′)以西的航标,由交通部内河航运管理总局和海运管理总局分别接管,但暂请各军区海军海道测量部门代管至1954年底。

1953年6月,交通部根据政务院决定,将沿海航标及航标管理机构的车、船等设备全部移交海军。7月,广州浮标修理工厂移交中南军区海军司令部海道测量处。除上海区海务办事处由海军海道测量局接管外,其他海务办事处由所在军区海军接管。8月,海军海道测量局扩大编制,成立海道测量部,下设航标、测量、航海、制图和海洋气象等处。航标处负责全军航标业务,具体负责航标建设及管理事宜。海军青岛基地、华东和中南军区海军司令部海道测量科扩编为海道测量处(内设航标科),下设海道测量区、段,分别接管原属交通部青岛、上海、厦门及广州区海务办事处管辖的沿海航标,共353座。1954年3月,海军在各大海区建立航标管理机构,在烟台、舟山、厦门、西营(湛江)成立海道测量区,在威海、淞沪、石浦、温州、福州、汕头、万虎、榆林成立海道测量段。至7月,各区、段航标机构组建完毕。1954年7月5日,交通部撤销交通部上海海务处及各地区海务办事处,将内河航标分别交由内河航运管理总局和海运管理总局管理。这些航标统一执行全国内河航标制度。同时,京杭运河、长江、黑龙江和珠江水系的支流以及天然湖泊、人工水库等通航水域也都设置了航标。1956年,交通部在北京召开中、苏、朝、越4国海道测量会后,中国海军海道测量部与交通部共同进行技术论证并得到水产部同意,以苏联海区浮标制式为基础,结合我国航标情况,由海军司令部、交通部和水产部联合草拟了《海区水上助航标志制度(草案)》,于1960年由海军司令部公布实施。

二、全国内河航标大规模建设

根据苏联内河航标管理制度,政务院内河航标由交通部内河航运管理总局负责,并在苏联专家帮助下开展工作,主要引进苏联锁链式导航标志及管理办法。1953年3月29日,交通部按照苏联内河航标管理制度,吸收长江航标人员提出的改进意见,拟订公布了《内河航标规范(草案)》及《内河航标工作人员职掌及工作制度(草案)》,作为内河航标建设和管理的依据。1955年4月,交通部经过修改,公布了《内河航标规范》,从而统一内河航标种类、式样和规格等。这是新中国成立之后第一部内河航标管理规范。依据这一内河航标规范,“一五”计划期间,交通部恢复与建设长江航标,并实现川江夜航,还恢复与建设珠江、黑龙江航标,继而统一全国内河航标建设和管理制度。

(一)长江干线航标建设

1953年7月1日,长江中游全线航标发光,旧标同时撤销,汉口至宜昌间的航道上共设立岸标268座、浮标111座、航标站53个、机艇40艘、帆艇13艘。航标按照交通部公布的《内河航标规范》进行建设。至此,长江中游航标改革胜利完成。宜昌以下全部为灯标,宜昌以上大部分是灯标。川江设置通行信号台、雾情揭示信号台,建立水位情报传递网,预报水位,根据水位变化及时调整航标。在江阴至重庆间设置统一的助航标志和信号标志约4500余座。宜昌以下实现全面夜航,宜昌以上实现分段夜航,结束川江没有夜航的历史,提高船舶周转率。主要通航支流建设灯标并可夜航,如嘉陵江合川至重庆段,汉水利河至汉口段,资水益阳至甘溪港段等。其他通航河段也都设有航标,可在白天助航。水运不发达的贵州省也不例外,在乌江的大乌江龚滩段已设航标。1955年10月1日,长江上游重庆至宜宾360公里的航道上设置助航灯标,船舶往返时间由6天缩短为5天。中游从城陵矶至汉口的240公里和下游九江至江阴的航道上航标灯实现电气化。同时,航标改革后,航标站增加60马力以下的木壳机艇100多艘。还建造不同功率的航标工作木壳机艇105艘,新建点灯木划24艘,另川江建木标志船110艘。

淮河,20世纪50年代初在铁路桥通航孔上悬挂书有“航道”二字的牌子作为航标,以后又相继出现红旗标、黑球浮、障碍牌、三角浮、棒形标等临时性简易标志140多个。50年代后期,正阳关至蚌埠142公里河段,以及蚌埠至红山头136公里河段先后建成二等航标,有岸标252座、三角浮标19座。

(二)珠江干流率先试设航标

1954年,珠江三角洲陈容水道(由广州港大尾角经陈村水道、容桂水道至莺哥嘴,全长63公里)首先进行内河二等航标建设的试点,设岸标94座、浮标88座、鸣笛标13座,12月25日全部完成,25—31日夜间发光试航,1955年1月1日正式启用。全线设一个航标段、12个航标站,配备航标人员71人进行维护管理。至1955年10月,西江干线建设岸标129座、浮标150座。都城、肇庆、南海太平设3个航标段,下设20个航标站、21个灯守站,负责航标维护管理。从此,连接梧州与广州两个内河大港的航线,建成锁链式航标453公里可以日夜航行。此外,珠江三角洲其他一些重点航道及东江、北江,都根据运输需要建设三等标或重点标。到1957年,广东全省设标里程达1948公里(包括非珠江水系),其中等级标796公里。

根据河道分布实际,广西划为南宁、柳州、梧州3个航区管理,从1955年起先后正式成立南宁、柳州、梧州3个航道工程区,并在来宾县设立红水河工程大队。1955年下半年,《内河航标规范》开始实施,南宁航道工区又在隆安、六景增设2个航标段,将平果航标段迁往田东,改为田东航标段。4个航标段下设38个航标站,有航标管理员152人、管理干部18人。百色至贵县段共设航标1100座,其中南宁至百色段以棒标为主,南宁至贵县以三角浮标为主。1956年,梧州航道工区培训航标站长、航标员及管理干部150人。1956年,梧州至昭平段有航标管理人员39人,柳州航道工程区6个航标段有航标管理人员128人。

(三)黑龙江水系航标建设

1953年,黑龙江水系航标维护里程已达3303公里,其中一等标690公里、二等标1945公里、三等标698公里,恢复和重建航标2231座(其中松花江1068座、黑龙江824座、乌苏里江204座、额尔古纳河135座)。1954年航标座数增到2360座,1955年增到2574座。1955年后,按照《内河航标规范》调整各河段航标,增加航标种类,扩展设灯标河段,加强航标的作用,提高助航效果。1957年,为适应新船功率大、航速快的特点,扩充航标数量,且提高航标质量,即在第二松花江三岔河至扶余段设置航标,并用电灯代替煤油灯,使全系统航标灯基本实现电气化。

这一期间,按照1953年交通部公布的《内河航标规范(草案)》和1955年《内河航标规范》的要求,长江、珠江、黑龙江航道部门进行航标技术开发、应用,改进航标能源、浮标结构及性能等,主要在内河航标灯实现电气化、自动化,研制航标新能源,改进浮标结构与性能。并加强航标船艇建设,增加60马力以下木壳机艇100多艘。1956年,黑龙江航道部门建造一批20马力机艇投入航标维护工作,使航标维护航道里程从15公里延长到40~50公里。1956—1958年,新造40马力、60马力、80马力航标机艇三十多艘投入航标作业。

三、一江山战役中布设航标

人民解放军打过长江后,国民党军队节节向南败退,部分败军盘踞浙江沿海的一江山岛和大陈岛,加上浙江土改时逃脱的地主、恶霸武装和出没台州洋面的海匪,约1000多人。国民党军“太平”号军舰则游弋于东矶、大陈以东海面进行骚扰。

1954 年,人民解放军华东军区拟订海军(包括空军)、陆军协同解放一江山岛作战方案。在战斗准备中,设置航标是一项头等重要的先行工作。

1955 年 1 月 12 日,华东军区海军“海航”号航标船在舟山岛定海港接过“海设”号航标船送来的航标器材、物料。1 月 15 日夜,在牛鼻山水道借助星光测定标位,设好全线航标,使船舶可日夜自舟山前往石浦港。

在一江山岛战役打响之前,“海航”号航标船船长黄季成趁在石浦港待命之机,详细检查参加设标的 4 艘汽艇(“海航”3 艘加“海设”1 艘)的技术状态,安排各艇所承担的任务及携带器材、物料:1 号艇由三副诸宪文负责(艇长,下同),2 号艇由候补驾驶员潘浩然负责,3 号艇由二副李恩熙负责,4 号艇由三副毛用时负责。

1 月 16 日夜,以上 4 艇出发,“渔威”号测量船随行,当时风平浪静,海面一片漆黑。不久突起狂风,白浪翻腾,各艇摸黑行动。午夜,1、2、4 号艇和“渔威”相继驶回,报告遇大风浪,都完成指定的任务。但 3 号艇未回,不待天亮,“海航”就起锚去寻找。在晨曦中发现 3 号艇正迎浪艰难前进。当艇靠上“海航”舷边时,艇上人员已不能行动,海水湿透棉衣,结成一层薄冰,只能用绳索一个一个把他们拉上母船。原来该艇抵草鞋礁,把器材、物料搬上礁顶,浇灌混凝土,架起灯桩发光。此时风浪已大增,艇长决定借礁盘下风位置,让小艇开车迎风顶浪,随波俯仰,保持稳定,天亮才返航。

1 月 17 日晚,“海航”和“渔威”按计划离石浦继续布设航标。18 日晨 8 时正,人民解放军头门山大炮齐轰,从宁波起飞的人民解放军机群轮番轰炸国民党军阵地。埋伏在附近山边的人民解放军指挥船和登陆艇,以及渔轮改装的炮艇,以半圆形包围一江山岛。先头部队突破一处山脚抢登上去,1、2、4 号 3 艘航标艇紧跟着驶到预定地点,快速地灌浇基础,竖立灯桩,引导船艇登陆。下午 4 时,国民党军投降,一江山岛解放。

战役结束后检查,众多的舰船都能凭借设立在各条作战路线的航标安全集结,投入战斗。航标工作人员在这次军事行动中做出特殊的贡献。

一江山岛解放后,上、下大陈岛失去屏障,难以据守,岛上国民党守军及其家属撤退去台湾。在他们撤离后不到一昼夜,“海航”号航标船便奉命开到大陈岛,又完成在大陈岛附近设置 7 座航标的任务。

纵观“一五”计划时期航标工作方针任务,1953 年《中央人民政府交通部关于航务工作的指示》中明确指示:“逐步建立航标和进行航标改革,在有条件的地区开辟新航线。”全国航标工作主要在于一方面恢复被国民党军队破坏的和处于不正常状态的航标,反封锁、反禁运,另一方面开始大规模设标工作,特别沿海公用航标成倍增加。同时,在充分利用、改造现有设施情况下,通过引进一些比较先进技术设备,使沿海、内河航标建设与管理进一步发展,为船舶航行提供安全保障。据统计,1953 年沿海设灯桩、导标 109 座,1954 年设标 289 座,1955 年设标 213 座,1956 年设标 203 座,1957 年设标 162 座,5 年设标合计 976 座。这些航标的设置,对开辟近岸航行通道,扩大舰船活动海域,发展国民经济,提供了航行安全保障。

四、测绘发展与海图绘制出版

中国沿海港口有一部分是建在河口地区,如丹东、营口、天津、上海、宁波、温州、福州和广州等。河口水文情况复杂,水道变化剧烈,必须经常进行测量。

为满足船舶进出港对航海图书的需要,1954 年海军司令部海道测量部与中南军区海军司部海道测量处组织一支航标测量队伍,对广东省西部沿海(包括洋浦、八所、后水湾和湛江港附近)海域的水深进行测量。

1955 年 5 月 28 日,交通部在广州成立我国第一支海港测绘队伍,隶属交通部海运总局,其主要职责就是开展沿海港口航道测量、编绘航海图书,保障航行安全。之后,交通部又相继组建天津、上海专业测量队。以上 3 个测量队分别承担着北方海区、东海海区和南海海区沿海港口航道测绘和民用航海图书编制发行工作。各测量队先后多次开展北起丹东港,南至三亚、八所、北海等近 30 个沿海港口的大比例尺航道图和长江、西江、松花江的干流以及鸭绿江等航行图的测绘,测绘的都是大于 1∶10000 比例尺的基本图,并进行周期性复测和水深检查。如广州海港测量队组建当年就完成从广州市到珠江口 150 公里航道 10 余幅航行图的测绘任务。上述行动除向航运单位及时提供蓝图外,还由出版部门出版各种海图和航行图集。

1957 年 11 月 20—28 日,上海市河道工程局测量队拖底扫测龙华港口至闵行沙港间航道。当年,上海港航道测量水域范围逐渐扩大,测量队先后参加长江口整治科研项目,搜集铜沙、江亚浅滩资料,对长江江阴以下至长江河口水深地形进行全面测量,为规划整治长江口河段提供可靠资料。还全面测量浙江海宁以下的杭州湾大部与碇山湖水深,以及测量川沙、南汇、奉贤、松江、金山各县海塘滩地(全长 128 公里)水深。同时改进测量设备,将光学定位仪器改成无线电定位仪,布设于长江口,全天候工作。

航海图编绘和出版,是新中国成立后逐步发展起来的。早在 1950 年,新中国的第一代测量人就开始试编第一批航海图。由于人手少、任务重,经过 10 年才出版军用与民用两种航海图,包括沿海港湾图和 1∶500000、1∶250000 和 1∶100000 的航海图。为满足当时经济、国防建设的需要,第一批航海图海、陆基本要素并重,海部资料仍采自外版海图,陆部资料则对新中国成立前的地形图进行补充。但两图因坐标系统不一致,海、陆资料拼接后出现某些航行目标位置不准确的现象,给船舶航行带来一定影响。

川江测量任务全面完成后,长江航道工程处于 1953 年 7 月建立中游航道测量队。中游测量队在完成常测任务的同时,1955 年继续进行汉口至宜昌航道航行图的测量工作。当时,航行于长江中游汉宜段船舶的驾引人员,一直沿用 1948 年 4 月国民政府海道测量局测绘印制的《汉口至宜昌航路参考图》。1953 年,经过交通部设计公司航道测量队和汉口航道工程区历时 3 年对汉宜段测绘,到 1956 年底完成汉宜段测绘任务。1957 年,人民解放军海军司令部航海保证部出版《长江中游汉口至宜昌航行图》,比例为 1∶10000。这部自测的航行图出版,为船舶驾引人员提供较为准确的航行参考图籍,也是长江测绘史上的一件大事。

据沿海各航道局和长江航道局统计,至 1957 年全国测绘人员已达 1600 人(包括航道工程测量人员和测量船船员),拥有经纬仪等各种精密测绘仪器 388 台组、不同规格的测量船艇 40 艘。各省(区、市)航道管理部门也设数十人到数百人不等的测绘队伍。测绘作业方法和手段,随着新型电子测量设备和水声仪器的配备使用,已由原来以繁重手工操作为主,逐步向以设备为中心的自动测绘方向过渡。到 20 世纪 60 年代,交通部上海航道局引进哈菲克斯定位系统。70 年代,中国研制成功 304-I 型定位仪等近程高精度定位系统。

五、水上安全通信的基本形成

(一)交通部航务无线电台的组建

“一五”计划时期,为节省人力物力,避免交通部、邮电部重复设台,1953 年 4 月经中央人民政府政务院财政经济委员会批准,交通部和邮电部发布联合通令,将交通部所属 30 座航务电台和邮电部所属 23

座江海岸电台合并,由交通部统一管理,统称“交通部航务无线电台”,成为陆地对江、海船舶公共通信的唯一渠道。1954年,为使水上通信更好地为水运生产服务,交通部将水上运输与水上通信管理合二为一。1956年,交通部办公厅电信处改为交通部电信局。

1954年1月21日,政务院在《海港管理暂行条例(草案)》中规定,沿海港务局“设立与监督海港电台,经常与航船通报气象及联系航政事宜”。据此,交通部于3月1日将广州海运管理局电信科移交给广州区港务管理局,电信科属港务监督领导。4月,邮电部上海海岸电台移交上海区港务管理局,成为交通部所属单位。福州海岸电台与福州港务局无线航务电台合并。1954年12月,中波公司迁台工程正式开工。交通部批示天津港务局,中波电台名称取消,改称航务电台。同年,长航专用长途有线通信汉申(武汉-上海)段开工建设。1955年1月1日,大连海岸电台开始工作,归大连区港务局电讯科。1956年1月1日,大连海岸电台开放国际国内公共船舶电报通信业务。6月,交通部、邮电部、外交部3部决定:上海、广州、天津海岸电台可传递各国商船电报。10月,交通部指定青岛海岸电台负责中、朝、苏海上救助通信,建立青岛—符拉迪沃斯托克通信联系。同时,上海海岸电台划归上海海运局。1957年以后,天津、南京、秦皇岛、上海和其他港口开放中高频无线电话业务。为适应港口建设和水运业务的更大发展,交通部先后迁建或扩建天津、湛江、大连、上海、连云港、广州、海口、八所、秦皇岛、宁波、营口、烟台、青岛、厦门和汕头等海岸电台。其中承担远洋通信任务的上海、广州和天津海岸电台,还建设指向不同航区的大型同相水平天线,并相应安装高频大功率发射机,有效地提高船岸远程无线电通信能力。

江海岸无线电台的交接工作,由邮电部和交通部组成“江海岸无线电交接委员会”共同办理。原邮电部江海岸无线电台专用的一切无线电设备及房屋均移交给交通部门。原邮电部江海岸无线电台电信人员按原编制移交给交通部。“交通部航务无线电台”组建后,江海船岸无线通信业务由交通部统一管理。交通部可在江海岸设立无线电报、无线电话通信及辅助设备,担负江海船岸无线电报、电话通信业务。

(二)船岸无线电通信的管理制度

船岸无线电通信的基本设施是江、海岸电台和专用电台。新中国成立后,交通部接管原国民政府电信局经营的江、海岸电台。北洋沿海和内河恢复船岸无线电通信。以后电台业务逐步增加,除商船外,亦有少量其他类型船舶电报业务,同时开放气象、冰况、遇险和航行通告等。同时,船舶电台使用者由于长期在海上作业,对无线电管理法规了解甚少,违规和违章使用现象时有发生。

针对上述情况,交通部先后公布《统一管理航务电信工作的规定》(1953年6月23日)《船舶遇险通讯须知》(1953年8月27日)《船舶遇险通讯业务之处理规定》(1953年9月)《船舶无线电报员证书考试暂行办法》(1953年9月)《江海岸电台统一由交通部管理的办法》(1953年9月22日),以及《邮电部江海岸电台移交交通部统一管理之实施办法》《电信保密细则》(1954年1月)《交通部航务无线电台通讯业务管理暂行规则》(1955年1月)《利用船上无线电设备配合船舶在雾区中安全航行的规定》(1955年1月)《在海洋区船舶保密电台内实行岸台固定频率工作办法》(1956年1月)《船舶遇险通讯暂行规定》(1956年5月),取代1953年的《船舶遇险通讯须知》《航务无线电电台对外籍船舶电台通讯联络的规定》(1956年6月)《航务无线电台对外籍船舶电台通讯联络的规定》(1956年6月1日)《航务电台及船舶电台处理公众船舶无线电报暂行办法》(1956年7月20日)《航务电台与外轮联系传递有关航行安全等电报的报类标识及格式的规定》(1956年10月25日)《船舶无线电话通信暂行管理办法》(1957年6月28日)。

(三)船岸无线电通信

1.江海岸航务电台的建立

20世纪50年代,国内港口船舶管理的主要手段是旗号、灯光信号、望远镜和视觉、音响航标,受到环境气候和作用距离的限制。船舶的导航仪器装备也很落后,只有个别的大型船舶装有雷达。遇到大雾和台风等恶劣天气,往往要由当地驻军的岸基雷达协助搜索海上日标,管理极为不便。为此,1956年交通部在制定第二个五年计划中就提出整治沿海航道航标,在大连港试办雷达导航设备。

1950年天津区港务局成立时,将设在市区哈尔滨路的原招商局江海岸电台定为天津港口航务专用电台。1953年迁至塘沽新港办医街临时设台,通信设施为两副倒L形天线和100瓦、500瓦发信机各1部,功率低,设备陈旧,通信距离有限。天津电信局在市区亦设有海岸电台,收信台台址设在八里台,发信台台址设在市区法政桥一侧,收发信台以遥控电缆控制直线距离约6公里,发信机最大功率仅1000瓦。1953年12月,天津电信局海岸电台划归天津区港务管理局领导,与港内航务专用电台合并,改称天津海岸电台。

这一时期,航务电台电路规模都比较小,仅采用人工莫尔斯电报通信方式。当时接管的主要是轮船招商局的江海岸电台,功率低,设备陈旧,通信距离有限,业务范围除为船舶服务外,还承办少量船舶海上旅客电报业务。通信业务是按1947年国际无线电规则处理,接收国内和国际商船电报。如当时天津海岸电台台址处于市区,受环境和杂音干扰严重,且收发信台机房设施拥挤,不敷应用,又距离新港太远,为港口服务不便,决定迁到塘沽新港。收信台选定在新港解放门以南与海河北岸之间,发信台选在新港码头以北约400米处,收发信台之间距离为3.5公里。1954年10月,新台建成,不久又增设8对明线,全长3783米,收信台对外开放4条电路。至此,天津港实现航务通信的统一管理,既方便港口生产,又保障船舶海上航行安全。1954年,交通部将水上运输与水上通信的管理统一起来,使水上通信更紧密地为水运生产服务。之后,随着海洋区航务电台联络对象日益增多,曾一度造成部分通信电路超负荷现象。为此,1954年11月交通部在北京召开全国第三次航务电讯会议,讨论航务通信规划制度及船舶电台设置标准。同时,交通部将海洋区航务电台分成华北、华东和华南3个区。华北区以北京台(1964年关闭后由大连台负责专用电路的调整)为中心台,辖天津、秦皇岛、烟台、青岛、大连和营口台;华东区以上海台为中心台,辖连云港、宁波、温州、福州和厦门台;华南区以广州台为中心台,辖黄埔、汕头、湛江、北海、海口和榆林台。各区开有船舶公众电路、船舶保密电路、专用电路、会晤电路和混合电路。调整后的海洋区通信网适合于远洋和沿海的船舶电台与航务电台之间以及航务电台相互间的通信联络。此外,长江、黑龙江和珠江区也建立了通信网。1957年,交通部统一规定了水运系统6个通信网的联络呼叫、守听频率和电报格式。根据水运生产的需要,交通部还决定将密路改为明路,密电可在明路上传递。

2.海上航行警(通)告的使用

海上航行警告,是由国家主管机关或者其授权的机关,以无线电报或无线电话方式,使用中、英文发布的一种临时性、紧急性的航行安全信息,时限性较短;海上航行通告,是由国家主管机关,以无线电报或书面方式,或通过新闻媒体及其他信息传递渠道,使用中文发布的一种长期性的航行安全信息,时限性较长。

1953年实行江海分管体制后,长江船舶的电信通信由长江航务管理局管辖。沿海通信随着北洋、华东两区局的合并成立上海海运管理局后,业务增加,规模扩大,发信台由上海公平路迁到湖南路,设立电信处。1954年1月,上海海运管理局电信处所属全部人员和电台的全部设备移交上海港务管理局管理。6月,电信处接收邮电部的上海海岸电台(XSG),并将上海海岸电台收信台从浏行迁到广东路20号7楼,对外仍称上海海岸电台收信台,对内则称第二收信台(又称明台)。原接收招商局电台的收信台则称第一收信台(又称密台)。1954年1月起,交通部指定上海、广州两海岸电台负责转播华东、北方沿海(厦门以北)和华南沿海的航行警告。福州、厦门的海岸电台要按规定时间播发当地港监交发的航行警告,并及时传递给上海或广州海岸电台转播。船舶收到航行警告(通告)后,要及时修改海图,确保船舶航行安全。1956年下半年,上海港务管理局电信处划归上海海运管理局领导。电信处除领导原有业务科、工务科、维修厂、两个收信台和一个发信台外,还负责上海海运管理局船舶电台的管理。

1954年9月,邮电部所属广州、汕头、海口、榆林、北海等海岸电台并入广州海运局航务电台后,小港收信台和红花岗发信台分别迁至黄埔旗山和下沙,称广州航务电台,开设有船舶公众电路、船舶保密电路、专用电路、会晤电路和混合电路。明路开放500~445千赫和8514千赫两个工作频率,发信机最大功率为1000瓦,为国内、国际船舶电台提供通信服务,并负责南海海域的海上安全紧急、遇险通信以及发布海洋气象预报、航行警告、航行通告、沿海通电等。

此外,各地海岸电台发生变化。1954年5月,烟台邮电局将海岸电台(烟台航务电台)移交烟台港务局,收信台、发信台均设于港务局楼上。6月1日,烟台航务电台开始工作,负责海上船舶航行安全和各港航船舶间航务电报及国内外公众船舶电报业务以及各港航单位间的通信联络。1955年6月,新建发信台竣工,从烟台港务局楼上迁建于烟台市文化路37号,7月开始工作。收信台仍设在烟台港务局楼上。1954年11月6日,青岛邮电局将用于海上通信的海岸电台移交青岛港务局,成立青岛航务电台,拥有发信机4部(最大输出功率500瓦)、收信机3部。至此,中国沿海一个以运输船舶为主体的船岸安全通信体系开始形成,并不断完善和发展。

船舶辅助电路是岸台之间相互转递船舶电报、气象资料和航行警告的无线电报电路。因此,根据船舶运行的海域,由处于华南沿海区域的广州、福州、泉州、厦门、汕头、湛江、北海、防城、海口、八所和三亚等海岸电台组成华南沿海船舶辅助电路网,由处于华东和北方沿海区域的上海、营口、大连、秦皇岛、天津、烟台、青岛、连云港、宁波、温州、舟山、海门、福州、厦门和南京等江、海岸电台组成华东和北方沿海船舶辅助电路网。此外,船舶电台是附属于船舶的移动电台,所以各类船舶按照《海船无线电设备规范》和有关规定配备电台设备。到1954年,交通系统拥有船舶电台78座。

港口地区有线电通信是利用港口地区有线(如明线和电缆等)线路传输声音、文字和图像等的通信。电话通信是港口地区有线通信的基本方式。20世纪50年代初期,港口有线电话机线数量少,技术落后。除在大连、秦皇岛港设有步进制自动电话交换机外,大多数港航单位仅设有小型磁石式人工电话交换机。

另外,我国还开始建立水上通信的国际合作。1953年,为向中波轮船股份有限公司船舶提供无线电通信业务,天津海岸电台与波兰格丁尼亚海岸电台之间建立了专用线路。这是新中国最先开展的水上通信国际合作(1964年,该电路移至上海海岸电台)。1957年,根据中、朝、苏3国海上救护协定,青岛海岸电台承担水上通信任务,并与苏联符拉迪沃斯托克海岸电台建立定时会晤电路。1956年,上海海运管理局在12艘海船上安装导航雷达。这些雷达是新中国成立后首次从德意志民主共和国引进的R.F.T型雷达。珠江航运局相继在南宁、梧州等地建立短波航运江岸电台,并在客(货)轮、拖轮上设置船舶电台。

(四)内河长途通信

内河长途通信是指内河沿岸港航单位之间的通信。1953年,长江航线建成由重庆到上海2517对公里租杆挂线线路,可同时开通3路载波电话。1956年,川江地段架设简易线路,为与偏僻分散的绞滩站、航道段信号台电话通信提供方便。

除长江外,其他内河港口(站)间的长途通信都比较简单。如松花江,仅在肇源至通河、佳木斯至同江两个地段设有单路超短波电话接力电路。横贯两广的西江沿线各港和珠江三角洲依靠简易的甚高频电台进行接力式无线电话通信。湘江、汉江、赣江和闽江程度不同地建有明线长途通信线路。

第五节 新的航政设施(备)建设和工作部署

一、航政管理设施(备)的建设

“一五”计划期间,全国航政管理基础设施(备)虽经过经济恢复时期的建设与添置,但还是比较薄弱。交通部在1957年2月下发的《关于加强港航监督工作的指示》中记述:“几年来在维护秩序安全,港口服务的设备工具方面添(置)(建)设很少,已不能适应工作的要求,如维持港湾秩序的巡逻船和陆上监督岗哨设备,引水用的引水船和望远镜,进行海难救护的船舶和工具设备,以及执行工作所需要的交通工具,都很缺乏。”

面对这一情况,在交通部和各地人民政府支持下,各港务(航)监督还是尽其所能进行航政设施(备)建设工作。1953年之后,天津港务监督只配备一艘救护船,平常遇有重大海难事故,临时征用中外船舶,如营救“津港驳51号”、“西河号”挖泥船海难事故都是如此。

长江港航监督用于长江现场巡航和维护的主要设备在这一时期添置较少,只是进行特殊水上工程时方才添置。1954年12月11日,为维护即将开工的武汉长江大桥建造工程施工安全,长江航运管理局将汉口港务局“交通7号”船改为巡逻艇,命名为“巡1号”,开始对武汉港区渡运和航运秩序进行检查和监督,港航监督人员随艇巡逻或现场巡航检查。这是长江沿线港航监督用于水上安全巡逻的第一艘船艇。

除此之外,这期间航政管理所需的交通和通信联络设备,均由各港、航单位临时抽调港口作业的船艇或通信设备作监管之用。如1956年夏季汛期,汉口港务局抽调2艘拖轮和水上公安局1艘炮艇,专门在大桥施工区巡逻检查,发现轮木船不按航道行驶或遇险的,及时前往监管与施救,以维护桥区通航秩序。

二、航政管理工作的总结与部署

“一五”计划期间,全国航政管理能力与航运发展需求不太适应。1957年,交通部在《1956年直属单位海损事故总结和1957年港航监督工作的部署》(简称《1956年总结和1957年部署》中,列出以下表现:

(1)水上秩序管理薄弱。水上秩序管理不善。

(2)船员管理工作薄弱。

(3)航行条件的技术改造不够。

针对以上3个方面,交通部提出落实总船长和指导船长的制度。

1957年初,交通部下发《健全总船长制度(草案)》。该制度指出:“在当前情况下建立总船长,对驾引人员进行技术指导,帮助他们研究和解决一些驾驶操作技术问题,不断地提高驾引人员的技术水平,根据驾引人员的技术水平情况合理地调配使用,是具有重要的意义和作用。”该制度要求上海区和广州区海运局各设总船长1人;长江航运管理局及其分局在指导船长未建立前,可先在重庆分局设总船长1人(专管川江航段),长江航运管理局设总船长1人(除领导重庆分局总船长外,侧重管理长江中下游航段)。同时根据船舶类型,逐步分别建立指导船长。黑龙江、珠江可根据具体条件及人选考虑设立和缓设。

与此同时,交通部在《1956年总结和1957部署》中,对航政管理工作中存在的问题提出具体整改措施:

(1)修订船员考试办法和船员职务规则。这一条对船员调配提升有所影响。考试的方法需要加以改进,加强实际工作中的考核也是完全必要的。船员的检定考试办法应当按照既保证质量又符合实际情况的精神予以适当修订。

(2)加强外轮监督管理工作。对外轮的监督管理,绝不只是联检,还有进出口管理、海事处理、海难救助、意见答复、资料收集,以及国境河川交界国对方就有关船舶安全航行进行商谈的许多问题,需要进一步加强管理。

(3)不同时段的预防措施与开展安全检查。在各个不同时段,如春节客运、防风、防冻、防雾、枯水航行等,事先加以检查和布置仍是必要的。必须纠正部分监督人员认为年年是老一套因而照例办事,不深入发现问题、解决问题的思想。

(4)技术管理和船员管理,必须根据抓技术管理的精神配合有关部门择要制订。以川江为例,担任拖驳运输的客、货轮的拖驳性能需要做出技术鉴定(如船体结构强度、拖带属具强度、舵面积的大小等)。

在当时港航合一管理体制下,交通部对各港航系统支持航政管理工作提出以下要求:

(1)各级航、港单位的领导者,必须加强对港航监督工作的领导。各级航港单位的领导者是行政和企业的统一领导者。将港航监督工作提到本单位日常的议事日程上来,做到定期讨论。各种法令性的规章制度(如港章、航章)的制订、修订和工作中重大问题,局(港)长必须亲自加以审查核定。

(2)各有关方面必须进一步支持港航监督部门行使行政职权。特别是在船舶放行、船员证书和航政处理问题上更应如此。至于某些属于可以灵活应用规章的问题,港航监督人员可以提出意见,由局(港)长决定施行。若港航监督人员认为不应灵活处理的,属紧急问题,需按单位领导人的意见办理,保留意见上报;非紧急问题,可以将意见上报,等候上一级的裁决。

(3)总船长、指导船长制度应予健全,以加强港航监督部门在技术管理中的作用。已经设有指导船长的应当加强领导,未设有指导船长的应当逐步增设。

(4)必须加强各级港航监督的组织。各区局和主要港口的监督长原则上都应专任,只有在部的同意下,才可以适当地兼任其他工作,但仍应以港航监督工作为主。

(5)各级港航监督执行工作所必需的工具设备应尽可能地适当调整并逐步予以补充。

(6)各级港航监督应当与有关部门明确分工、加强协作。各区局航港单位的船舶检验工作,包括船舶的检验、丈量,有关船舶技术证件的核发、延期和吊销,均由船舶检验部门负责;危险品管理的规章制度在执行过程中如有问题,由制订规章制度的部门负责;港内航道泊位的测量、疏浚和维护,以及港内航标的建设和管理,由航道部门负责;港内打捞沉船和障碍物的打捞,由打捞部门负责……港务监督在安全上负监督和提出建议之责。分工明确并不能完全解决工作上的关系问题,各部门之间必须加强协作,做到密切有机的配合。船舶检验部门、航道部门,有些航港单位还放在港务监督部门内,而一般情况下则划出港务监督部门归局直接领导。

第六节　新的航政管理队伍的形成

一、航政管理队伍和人员的增加

1953年9月5日,交通部机关组织编制显示,河运总局(机关)206人,其中航行监督科8人、航标科8

人、港务科 10 人。12 月,内河航运总局 226 人,其中航标科 5 人、航行监督科 4 人。

1954 年 6 月 11 日,海运总局共 274 人,其中海港监督室 35 人;河运总局港务科 35 人;航务工程总局港工科 17 人。

1956 年 8 月,交通部根据中央关于精简机构原则和紧缩编制精神,在国务院批准的 1500 人编制范围内进行机构调整。8 月 11 日,交通部下发“关于机构改组的通知”,对部原有机构进行改组。改组后交通部的机构设置为 26 个,人员编制数为 1518 人。其中,涉及航政管理的机构有:船舶登记局,编制数 24 人;海河运输局 87 人;港航监督局 22 人;航务工程局 89 人。交通部副部长朱理治分管海河运输局、港航监督局、船舶登记局等 8 个单位。

沿海各港务监督管理人员不断增加。1953 年 7 月 15 日,“上海区港务管理局港务监督室”对外称“中华人民共和国上海港港务监督”,设监督长 1 人。年底,港务监督有干部 154 人、工人 371 人。至 1956 年 2 月,有监督长 1 人、副监督长 2 人、秘书 1 人,下设 5 个科:行政科,13 人,科长 2 人、会计财务 3 人、总务 1 人、文书兼缮写 1 人、机要与人事 1 人、收发 1 人、材料管理员 2 人、修理技术员 2 人;船舶检验科,26 人,科长 2 人、验船师 11 人、技术员 8 人、事务员 2 人、统计员 1 人、轮船登记员 1 人和港内驳船登记、检查、丈量员 1 人。引水科,32 人,科长 1 人、引水员 15 人、学习引水员 15 人、事务员 1 人。监督科,16 人,科长 3 人、监督员 3 人、值班监督员 4 人、联合检查员 3 人、信号管理员 1 人、签证员 2 人。航政科,7 人,科长 1 人、救护管理员 1 人、海损理算师 1 人、学习理算员 1 人、航政防理员 1 人、船员考试、考核管理员 2 人。港务监督下设 6 个监督站,各站人员详见表 2-6-1。

上海港务监督下属 6 个监督站人员一览表 表 2-6-1

监督站	负责人	检查员	签证员	信号员	舢板员	机动船	舢板
吴淞站	2	7	2	4	2	1	1
高桥站	1	4				1	
兰州路站	2	8		2	4	2	2
外滩站	1	8		4	5	2	2
关桥站	2	8	2		4	1	2
晖港站	1	3	1		2	1	2

注:兰州路站检查员由消防队代替。

1953 年,上海港务监督领导组建对外轮联合检查队伍,有联检会议秘书 1 人(负责日常事务)、港监联合检查员 5 人、外轮查封员 12 人。

1953 年 2 月,大连港务监督下设有监督组、引信组、船员组及黑办处、联检办,总人数为 54 人。1957 年,精简机构,港务监督下设监督科、引信科、海务科和联检办。

1953 年 6 月,烟台港务监督只有 1 艘仅载 5~6 人的小巡逻艇。港务监督人员约 10 余人,工作上没有分工,有事情一齐上,实施船舶登记与签证、船舶船检、航道及航标管理等工作。

长江港航监督,随长江航运管理机构名称多次演变,管理人员也多有变动。到 1957 年时,专理水上安全管理的港航监督有 6 人,沿江各港航监督人员多少不一。大港或航运分局里设立港航监督组,中、小港则派驻港航监督员。港航监督组一般 5 人左右,派驻港航监督员一般为 1~2 人。

二、各省(区、市)航政管理人员的变化

1953 年,根据政务院《关于加强地方交通工作的指示》精神,交通部下发《关于调整和充实地方交通组织机构的规定》。根据中央指示精神,各省人民政府下设交通厅。这样,各省(区、市)港航监督管理人

员情况不一,省、市(地级市)专理航政的港航监督人员不一,省级 1~2 人,地(市)、县级仅有 1 人,或几个县合为 1 人。这些港航监督人员在当时均是一人兼数项管理工作,没有具体分工。港航监督人员短缺问题,到了“一五”计划结束时仍未从根本上得到解决,导致许多航政管理工作无法开展。

总之,“一五”计划时期由于各地港航监督人员缺乏,且无管理经验,加上分散于“政企合一”港航等诸机构之中,尤其基层小港港航监督人员一人兼数职现象较多,与所在企业的安全生产职责分工不明,导致从事航政工作的人难以专职负责水上安全管理工作。

第三章　中国海事在曲折中前行
（1958—1965 年）

1958—1965 年是我国全面进入建设社会主义时期。这一时期，我国航政遭受“大跃进”运动干扰而停滞不前，1961 年经济调整又恢复正常，历经了曲折发展的过程。

1958 年初，随着交通中央企事业单位的下放，作为实施航政管理工作的全国港务（航）监督机构频繁撤并，管理人员分散下放，管理系统处于停滞状态。1961 年，国家实行全面调整，结束“大跃进”运动所带来阵痛，回归正常、平稳发展状态。1965 年 9 月 24 日，国务院批准组建长江航政管理局，率先在全国内河组建集中统一管理的水上交通安全监管机构。

“大破大立”浪潮的兴起，航政原有一些行之有效、渐已成形的航政规章制度遭受全面审查，并作为“陈规旧章”被废除，导致航政管理无章可循。调整之后，开始拨乱反正，恢复、修订与制订出一批新的航政管理规章制度。比较突出是 1963 年“跃进”轮沉没后，交通部推出船舶航行“十不开航、五不拖带、十四项注意”的重大安全举措，使航政管理取得一定成效。

“大跃进”思潮违背客观规律，导致水上通航环境恶化与航行秩序混乱，对航政管理工作造成许多不利影响。但全国港（航）务监督人员顶住各种压力，开展了一些有效监管工作。1961 年国家调整之后，全国航政得到迅速恢复、发展，管理措施全面落实，重点监管工作得以正常开展，水上安全形势在调整中稳定下来，主要安全技术指标超过或接近于 1958 年以前的水平。特别 1958 年 3 月 29 日，毛泽东由重庆登上长江“江峡”轮东下视察时指示“航标灯电气化”，包括港务（航）监督干部、职工在内的全国交通系统干部职工深受鼓舞。

用于现场水上巡逻与检查的航政船艇，在国家水上工程建设增多和现场安全维护量增大情况下，不断得到添置和增加。虽然航政队伍与人员在“大跃进”运动中一度徘徊不前，但在国民经济调整后，因港航发展而受到各方重视，各种管理人员增加，管理队伍也呈壮大趋势。

第一节　航政随港航单位的下放与回收

一、沿海与内河部分航政下放地方管理

进入 1958 年，我国“第一个五年计划”各项指标大幅度超额完成，为社会主义工业化奠定初步的基础与积累宝贵建设经验，全国上下精神振奋，人民群众热情高涨，急切地想干出一番新事业。不过，一场急于求成、急躁冒进的“大跃进”运动正在全国蔓延，在高指标、高速度、放“卫星”等浮夸风的影响下，1958 年 5 月党的八届二次会议正式通过“鼓足干劲，力争上游，多快好省地建设社会主义”的总路线。“左”的错误思想开始在经济战线上泛滥起来，经济建设的理论和实践逐渐以“赶超”为目标，“以钢为纲”，以“大搞群众运动”为方法，国民经济“大跃进”运动全面展开。6 月，为实现“大跃进”运动的目标，尽快在全国各地建立独立完整的工业体系，发展地方的积极性，中央决定把中央各部所属企业下放给地方管理。

“大跃进”运动极左思潮殃及交通战线，交通部提出“全党全民办交通”的总方针，并采取多种措施推动“水陆空运大跃进”。早在 1956 年 10 月，中共中央、国务院就发布《国务院关于改进国家行政体制的决

议(草案)》,提出"统一领导,分级管理,因地制宜,因事制宜"的划分中央和地方行政管理权的原则,要求1957年试行,"二五"计划期间全面实施。根据中央与地方行政管理权分级管理原则,交通部党组上报《关于体制下放意见的报告》。

1958年6月,中共中央批准了这一报告。随后,交通部在"关于交通部企业管理下放的通知"中,决定将江海大小港口及省区境内航线、短航船舶全部下放,实行以地方为主的双重领导。1957、1958年两度下放所属的企事业单位,到1958年8月初基本告一段落。至此,水运系统除长江干线的船舶、长江口以北沿海大港运输船舶以及上海海运局(包括上海船厂)仍实行以中央为主、地方为辅的双重领导外,其余全部下放地方,共下放单位44个(其中中央直属11个、分支机构33个)和大小船舶2711艘,涉及职工总数111768人。沿海及长江、珠江、黑龙江等中央航政随交通部所属的港航企事业单位下放而下放当地省(区、市)政府交通厅管理。

各省(区、市)港务(航)监督机构也同样下放调整。省交通厅所属企事业单位机构与人员逐级下放给州(地)、市一级的交通管理机构领导,其他依次下放给下一级交通机构管理,实行双重领导、以地方交通为主的领导体制。

二、航政收回与恢复原来管理体制

以大炼钢铁为中心的"大跃进"运动,虽然取得某些成就,但是打乱了正常的经济秩序,基本建设战线拉得太长,国民经济各项比例关系严重失调。1959年,经济领域的各种矛盾进一步加剧。1960年,国家财政出现赤字,农副产品产量大幅下降,乃至全国面临大范围饥荒,国家经济发展遭受严重挫折。

交通部下放部分港航企事业单位是"大跃进"运动的产物,虽有利于加强地方港航企事业力量,但下放得过急、过快、过多,且只是管理权限的下放,打乱了原先中央与地方管理关系,产生了一些新矛盾,缺乏统一协调,相互协作关系日趋松弛。1958年下半年,交通部开始反映交通企事业机构下放所带来的问题。

1959年9月11日,交通部党组正式向国务院提出《关于改进水运干线港口管理体制的意见》,说明水运干线港口下放后给水上运输建设和管理工作带来不少困难,造成工作上的混乱被动局面,指出:航线分工不合理;小港处于无主管状况,形成下放的大港管小港的局面;港口建设资金不能满足运输需求,港口业务制度混乱;船厂改变性质;下放船员造成地方工资福利制度混乱等。1959—1961年间,交通部又多次向国务院领导反映下放造成的困难,并建议收回下放的交通企事业单位,将长江干线重点港口及沿海干线及大连等7个港口收归交通部直接领导。1961年10月19日,交通部党组向国务院副总理薄一波并国家经委、计委党组提出收回部分企业,调整管理体制的意见。12月16日,交通部党组向国家计委、经委党组进一步提出收回39个企业的补充意见等。此外,交通部还从其他途径反映下放后产生的问题以及收回的建议。

鉴于"大跃进"运动造成的工农业重大比例失调,党中央于1960年底开始对国民经济实行整顿。1961年1月14—18日,中共第八届九中全会正式确定国民经济"调整、巩固、充实、提高"八字方针,从此全国进入国民经济调整时期。中央整顿国民经济的重要措施之一,就是决定中央各部门收回业已下放的企事业单位。1月20日,党中央发出《关于调整管理体制的若干规定》,强调经济管理大权集中到中央、中央局和省(区、市)三级,实行集中领导、分级管理的体制。1961年2月7日,党中央下发"将大连等10个港口划归交通部管理的通知",决定将大连、秦皇岛、天津、烟台、青岛、连云港、上海、黄埔、湛江、八所共10个沿海港口划归交通部管理,要求2月15日前交接完毕。7月15日,党中央又下发"关于改变部分交通运输企业事业单位领导体制的通知",其中提出将交通运输企事业单位改为以交通部管理为主的双重领导体制。在国务院的统一领导与各省、市地方政府的协助下,交通部收回了下放的大型企业与事业单位,特别收回了沿海、长江干线下放的企事业单位,实行集中统一管理(恢复到1958年以前的管理体制)。

各省(区、市)下放各地区(州、地级市)的交通企事业单位与机构、人员,也相继回收与恢复。航政随着交通港航企事业单位的回收而收回,实行集中、统一管理,同样恢复到1958年以前的管理状态。

交通部收回主要沿海、内河港航企事业管理权,利于中央对直属企业和事业的管理,也利于各地港航行政与企业管理,同样也利于航政管理。如1961年交通部收回广东省沿海主要港口和船舶后,由广东省航政(港航)监督机构实行集中领导,分级管理:一是珠江水系实行港航分管,即地(市)港务局、县(市)港务所分别设港务监督、港务监督站,由地(市)港务局局长、县(市)港务所所长兼任港务监督长和港务监督站长。运输船队设航监科(股),管理船舶航行安全。二是汕头、湛江、海南等沿海地区,由地区行署航运(务)局设港航监督,既是港监又是航监(航运企业监督),由地区行署航运(务)局长兼任港航监督长,统一管理全地区的航政(港航监督)管理工作。三是在未设港务所站或没有国营运输船舶到达的县或港口,允许县交通局设水上交通安全监督站,负责当地集体所有制船舶的监督管理,业务上受地(市)航政(港航监督)部门领导。

综观这一时期中国航政随交通企事业单位下放与回收的过程,不难看出在国家计划经济指导下,航政置于"政企合一"港航体制管理的格局没有改变。从1958年起,中央为扩大地方政府管理权限,缩小中央管理权限,将一批交通行业的企事业单位下放给地方政府管理,仅限企事业管理权的下放,航政管理中心内容没有改变,管理工作也没有出现新的起色。1961年以后,下放的交通企事业单位管理机构回归交通部领导,并恢复原名。但这些变化均没有改变航政管理机构与体制,港务(航)监督仍为港航管理体制中一个职能部门。航政管理事务内容也是如此,继续负责港口引水、船舶检验、船员考试、港口破冰、中外船舶管理、事故处理等,监管范围、活动等没有任何改变。

第二节　航政管理机构的撤并与调整充实

一、航政管理机构的撤并与调整

(一)交通部机关主管航政职能部门的撤并与调整

1958年之后,交通部下放的直属企事业单位较多,凡下放港航单位均实行以地方为主的双重领导体制,各港航体制中的港务(航)监督机构均随所属的交通企事业单位下放与精简,且成为下放与精简的主要对象。

1958年1月17日,根据党中央"精简机构,下放事权"决定,交通部向国务院提交《请审批交通部组织机构编制方案的报告》,说明交通部机构在1956年调整后存在诸多问题,并根据中央关于精简机构、紧缩人员的指示精神,拟在1956年机构设置的基础上再次进行调整。3月31日,国务院批复,同意交通部将本部机关24个职能局、室合并为7个,其中撤销主管航政事务的港航监督局,撤销海河运输局,新设海河总局和航务工程总局,船舶登记局改为事业单位(6月1日,船舶登记局改为"船舶检验局")。海河总局的局长由副部长兼任,航务工程总局局长由部长助理兼任。海河总局负责管理长江航运管理局、黑龙江航运管理局、广州海运局、上海海运局、各直属港务局、各直属船舶修造厂、北洋沿海航道局;航务工程总局负责管理各航务工程施工局(处)、打捞工程局、水运设计院、南运河建设局。8月,交通部再次调整部机关机构并上报。10月16日,国务院批复:①仍按不同专业实行总局制,但鉴于航务工程的设计施工力量下放,撤销航务工程总局,成立水、陆、空3个总局(海河总局、公路总局、中国民用航空局);②撤销航务工程总局后,其工作并入海河总局,地方航运局也同时合并于海河总局。航政事务由海河总局、船舶检验局分管。

1960年,交通部按照精简机构与人员要求,调整机关机构,其中与航政有关包括:①撤销海河总局;②新设运输总局、基本建设总局、交通工业局和安全监督局4个专业机构。新设"安全监督局",与船舶检验局合署办公。船舶检验局改为行政单位,对外仍称"中华人民共和国船舶检验局",人员由29人增至35人。"安全监督局"主要掌管车、船安全生产和船舶检验工作,下设海务处、港航监督处,船舶检验处、汽车监理处和办公室。

1961年1月,党中央开始实施"调整、巩固、充实、提高"八字方针,由于经济困难,要求精简机构与紧缩人员,交通部机关人员也大量减少。在这一背景下,交通部确立回收交通企事业单位后本部机构编制目标,并进行交通部机关机构改革,将安全监督局、船舶检验局合并组成"安全监督局",下设:港航监督处、船舶检验处、汽车监理处、办公室3处1室。港航监督处负责原港务监督和航行监督的技术业务工作,船舶检验处(对外仍称船舶检验局)负责船检、规范、技术监督等原船舶检验局的全部技术业务管理工作。

1963年4月1日,在国务院批准上年12月5日部党组上报《关于机构编制的请示》之后,交通部下发"关于本部机关调整后的机构编制的通知",部机关机构编制调整的主要变化是:①按专业恢复设置全能型的水运总局。②单独成立航务工程局。③将安全监督职能仍划回各总局。安全监督局改称船舶检验局(对内称船检港监局),为事业单位,对外名称不变。船舶检验局下设办公室、海船检验处、内河检验处、规范处、海港监督处、内河监督处。

1964年7月29日,国务院批准交通部重新提交的机关机构编制报告。新批复交通部本部机关机构编制与1963年的机构设置相比,变化的部分有:①取消航务工程管理局,增设基本建设司。②增设港务监督局。港务监督局直到1966年"文化大革命"开始都没有明显变动。

与此同时,根据统一领导、分级管理原则,交通部将中央直属水运干线划分为北方沿海、南方沿海、长江3个航区,原则上按航区分设管理局,实行交通部统一领导的区域管理制。按航区分设的管理局(以下简称区局),既是联合企业,统一管理航区内的船舶、港口、航道、工厂、航务工程、中专技校等企业事业单位;也是本航区的航运管理机构,负责监督国家有关航运政策、法规在本航区内贯彻执行。如交通部在北方沿海设立的"北方区海运管理局",代表交通部统一领导该航区14个直属水运企事业单位(包括上海海运局,大连、秦皇岛、天津、烟台、青岛、连云港、上海港务局,新港、新河、青岛、上海等船厂,天津航道局,上海海运学校等单位)。1964年7月1日,北方区海运管理局正式开始办公。由此看出,此时我国在中央和地方之间增设一层区域港航管理机构,且仍延续政企合一的管理模式,既不能解决原来的问题,又产生一些新的矛盾。因此,到1968年2月交通部又撤销北方区海运管理局,恢复对沿海各主要港口及长江、珠江、黑龙江干线港航企事业单位的直接管理模式。

(二)沿海各港务监督机构的撤并与调整

沿海各港务监督从1961年后按照党的调整政策方针,收回了下放的机构与人员,并加紧调整与充实,较快地结束港务监督机构两年多下放与撤并所带来的阵痛,又恢复到1958年以前的管理模式。

上海港务监督。1958年3月,上海港务局与上海海运管理局分离,上海港务监督建立港务监督长负责制,撤销巡逻队,在监督科下设立吴淞、兰州路、外滩、关港、董家渡5个监督站。12月,上海港务管理局下放给上海市,改为上海市港务管理局。1961年1月,交通部决定上海港务局为部属企业,由其直接管理。1964 年 7 月,交通部北方区海运管理局成立,上海港务管理局归其管理。

天津港务监督。1958 年 6 月,天津港务监督由交通部直接下放给河北省,进而下放给天津市。1959 年 5 月,天津区港务管理局改称天津市港务管理局,并设置天津市水上交通安全委员会。这次下放仅是企业管理权的下放,名称虽更易,但"政企合一"的模式及港口经济活动内容没有改变。1961 年 5 月,交通部收回天津港务局,再次更名为交通部天津港务管理局,并一度将天津航道局也划归天津港务管理局管理。1964 年,交通部成立北方区海运管理局,天津港务管理局改隶该局领导。

广州港务监督。1958 年 7 月 31 日,广州港务监督下放广东省,先归省航运厅管理。随后广东省人民委员会决定黄埔、广州港务局及广州港港务监督合并为广州港务局,隶属广州市人民委员会。1960 年,广州港港务监督改称广州港务监督。7 月,广州区海运局也下放广东省管理,与省航运厅合并,再度成立广东省航运厅,厅下设港航监督室,将广州港务监督和港航监督室并入。1959 年 1 月,广东省设立海南航务管理局,全面负责海口港和海上管理工作。1960 年 8 月,海南航管局成立,负责近海、海运监督任务。1961 年 4 月 1 日,沿海运输管理体制调整后,黄埔港务局从广州港务局划出,改为交通部直属企业,归广州海运管理局领导。广州港务局改为广州港务管理局,归广东省航运厅领导。广州、黄埔两港分别设立港务监督室,对外分别称"中华人民共和国广州港务监督"和"中华人民共和国黄埔港务监督"。6 月 1 日,广州海运管理局(简称"广州海运局")代表交通部分批接管广东省交回的港口与船舶(黄埔、湛江、八所、汕头、海口、榆林港及 500 吨以上海轮)。

青岛港务监督。1958 年 8 月,青岛航运分局与青岛港务局合并,改为青岛海运局。1959 年 5 月,青岛港务局下放,与青岛航运局等单位合并成山东省交通厅海运管理局。同时,山东省航运管理局撤销,设立航政处。1960 年 4 月,航政处改为航运处。1961 年 3 月,青岛港务局从山东省交通厅划出,仍属交通部领导,其航政管理职责未有变化。9 月 11 日,青岛港港务监督对外仍称"中华人民共和国青岛港务监督",船检对外称"中华人民共和国船检局青岛办事处"。

宁波港务监督。隶属上海港务局的宁波港务分局 1956 年 9 月改由交通部直管,改称宁波港务局。1962 年 1 月 1 日,宁波港务监督重新成立,对外仍称"中华人民共和国宁波港务监督",归宁波港务局领导。

福州、厦门港务监督。1958 年 1 月,福州港务局和厦门港务局下放福建省,统由省航运管理局管理。局机关设港务监督室,对外仍称"中华人民共和国福州港务监督""中华人民共和国厦门港务监督"。1961 年 5 月,福州、厦门两港务局收归交通部领导后,两港港务监督对外名称未有改变。

大连港务监督。1957 年 7 月,国务院批准大连港管辖的营口、安东(丹东)两港划归辽宁省交通厅领导。营口港务局改为辽宁省交通厅营口航务局。1958 年 6 月,大连港下放辽宁省交通厅管理,由省委托旅大市领导。1961 年 2 月大连港务局回归交通部领导,7 月改称交通部大连港务管理局。

烟台、连云港港务监督也下放给地方交通部门管理或撤并。

(三)内河及各省(区、市)港航监督的下放与撤并

管理长江干线航政事务的港航监督,经过多年不断充实与完善,逐渐步入正常轨道。随着"大跃进"运动兴起,长江干线部分港口的下放,长江港航监督亦随之下放或精简、撤销、合并。

1958 年 1 月 28 日,长江航运管理局(以下简称"长航局")先期将长江下游的江苏、安徽两省长江干线港口移交地方管理。6 月 10 日,交通部开始将长江中游与上游港航企事业下放给沿江各省管理,下放工作自 6 月 21 日开始至 8 月初完成。这样,长江干线先后有镇江、南京、芜湖、安庆、九江、黄石、汉口、宜昌、万县、重庆、泸州等主要港口,以及 312 艘各类船舶下放给沿江各省、市的地方交通部门管理。长江港

航监督机构一部分随下放港口而下放,另一部分仍留在未下放港口管理体制之中,受“大跃进”运动影响,一直处于合分、分合,隶属关系多变的畸形变化之中。1958 年,长航局精简机关处室,主管长江航政事务的长江港航监督室改为港航监督科,沿江各港航监督名称、隶属关系变更频繁,职责不清,航行监督科、安全监督科、港航监督科不停地变更。有的还将港航监督干脆并于港口生产安全部门,隶属关系更是模糊不清,成为港口体制调整中首当其冲的调整或裁并主要对象。尤其在航政管理与运输生产发生矛盾时,往往首先撤销或合并的就是港航监督。1959 年,南京港务局安全监督科与调度室时常因生产要“大干快上”,为生产在先还是安全在先而发生矛盾。为此,南京港务局索性将安全监督科合并到调度室里去,原来有 5 人的港航监督人员裁减到 2 人,航政管理功能遭到削弱。

1963 年,长江各港航监督对外始称“港务监督”。1965 年 9 月,经国务院批准组建“长江航政管理局”,长江干线航政实现集中统一管理。这是全国内河第一个港航监督机构从政企合一港务体制中分出,实现政企分开。

各省(区、市)港航监督机构与人员,也下放行署(地区)、市(县)等交通或航运部门管理,实行省和地区双重领导、以地区(行署)为主管理体制。1957 年之后,地方航运管理部门名称为××省(市)交通厅航运管理局,内设港航监督科,负责航政事务。省级港航机构下放给专区、县级的港航监督管理后,各级地方港航监督部门集中负责当地水上交通安全监督管理事务,主要对象为民间航业与木帆船。

广东省港航监督。1958 年,广东省港航监督下放地、市、县管理后,有的港务所、站随之撤销或合并。同时,一些行之有效的管理制度也被砍掉。这一做法致使广东省海河分家后,1000 多名业务技术干部被调走,业务技术干部队伍和管理制度都须从头开始建立。受此影响,木帆船管理力量被削弱,出现船舶调度不灵、运力失调、画地为牢、互相封锁、同一航线相互放空、运输秩序混乱等现象。1961—1964 年,逐步收回港航企业的同时,收回省港航监督,实行集中领导、分级管理:①珠江水系实行港航分管,即地市的港务局、县市的港务所分别设港务监督、港务监督站,由地市港务局长、县市港务所长兼任港务监督长和港务监督站长。运输船队设航监科(股)管理船舶的航行安全。②汕头、湛江、海南等沿海地区,由地区行署航运(务)局设港航监督,既是港务监督又是航务监督(指企业航行安全事务),由地区行署航运(务)局长兼任港航监督长,统一管理全地区的港航监督事务。③在未设港务所站或没有国营运输船舶到达的县或港口,允许县交通局设水上交通安全监督站,负责当地集体所有制船舶的安全管理,业务上受地市港航监督领导。

福建省港航监督。1961 年 4 月 13 日,福建省收回下放的企事业单位,撤销专区、县两级运输指挥部(暂时保留福州、厦门两市的运输指挥部)。5 月 1 日,福州、厦门两(区)航管局合并。福州、厦门两港务局分别改名为福州、厦门港务管理局,仍与当地航管局(分局)合署办公。福建省航运管理局建制恢复后,1961 年 5 月至 1962 年下半年陆续收回下放的省管港航企事业单位。

山东省港航监督。从 1962 年起,全省内河统一换发船舶检验证和船舶资料簿等事宜由各港航监督执行。

湖南省港航监督。1963 年 9 月,“湖南省港航监督”成立,负责全省航政事务,与省航运管理局“一门两牌”。

安徽省港航监督。1965 年,安徽省交通厅将淮河航务管理局港航监督科划出,组建安徽省淮河港航监督所,统一负责淮河水系航政事务,接受省航运管理局领导。

1958—1960 年,中央企事业单位“跃进”式下放地方,只是机构与人员的下放,名称上有所更易,其他没有变化,“政企合一”管理模式更未随下放而改变。港务(航)监督机构随着交通系统企事业单位下放与回收,管理机构频繁地下放与撤并,来回折腾,造成混乱。时间不长,中央很快发现下放所带来的困难与阵痛,1961 年开始实行调整,迅速收回下放企事业单位机构与人员,又恢复到 1958 年以前的状态。但我国航政管理模式仍是政企合一的港航管理体制。尽管也曾一度模仿西方"托拉斯"管理模式,试行政企分开、统一管理体制,一改过去多头领导、分散管理为集中统一管理,尝试现代化管理,但因利益驱动,未能得到全面执行。

二、长江各港航监督对外始称"港务监督"

1961 年 8 月,长江航运管理局(以下简称"长航局")相继收回"大跃进"运动初期下放的干线 10 个港口以后,加强了对港航监督的组织建设工作。已撤销的机构又重新设立,与航管部门合并的又分开,并由各港务局局长专门负责航政工作。但是,长江航政多年来形成的分散管理、各自为政的弊端依然存在。

1962 年 11 月 12—17 日,交通部安全监督局和长航局在武汉联合召开长江直属港口安全监督工作统一管理座谈会,沿江 6 省 3 市(重庆、武汉、南京)交通厅、局长及长航分局和直属港务局的局长等共 60 人参加,讨论长江港航监督、港务监督的性质、任务等问题,一致认为目前港口的安全监督管理体制不利于保证船舶安全,只有统一领导、统一认识、统一步调、统一规章才能保证船舶航行安全。会后,专门下发《关于加强长江直属港口安全监督管理工作》。

根据会议精神,长航局就长江沿线各直属港港航监督的名称、性质、职责等拟出具体方案,经交通部批准后,于 1963 年 1 月 12 日向所属分局、各港务局发出通知,规定"自 1963 年 2 月 1 日起,长江沿线各直属港的港务监督(航政)部门,对外统称'××港务监督'"。"港务监督对外是国家在港口行使行政监督和技术监督的权力机关,对内仍是港务管理局的一个职能部门"。"港务监督它与各企业内部的航行监督性质不同,它有权对各航运企业在港内航行和停泊的一切船舶进行行政监督和技术监督"。"主要职责是监督和贯彻国家有关港航安全的政策、法令、规章制度的正确执行,维护港口和船舶的安全秩序,保证在港航行、停泊和进出港一切船舶的安全"。

1963 年 3 月 4 日与 3 月 13 日,交通部分别以交安港〔63〕潘字第 133 号文、148 号文,明确南京、马鞍山、芜湖、铜陵、九江、黄石、武汉、宜昌、万县、重庆等为部直属港口,设立港务监督,对内属港务局内的一个职能部门,对外统称"××港务监督"。交安港〔63〕潘字第 148 号文《交通部长江直属港口安全监督工作统一管理方案》还规定了长江直属港口安全监督的"七统一":①长江直属港口安全监督管理工作各辖区域的划定;②船舶进出港口签证;③船舶登记;④船员考试;⑤港内安全秩序的管理;⑥海损事故和违章事件的调查和处理;⑦船舶检验。

按照交通部文件精神,经过 1963 年 1—3 月的紧张筹备后,长江 10 个港口的港务监督机构如期挂牌,对外办公。5 月,长航局公布各港务监督的辖区范围,基本上等同各港务局管辖区域。1965 年 7 月,南通、镇江、安庆、沙市 4 个港口经交通部批准设立港务监督。铜陵改为监督站,划归芜湖港务监督领导,8 月 10 日正式对外办公。

长江干线各港口建立港务监督以后,所有对外航政管理工作统虽由港务监督管理,但仍归各港务局领导,未能从根本上改变政企合一和"各自为政,分散管理"状况。各港港务监督仍为港务机构下的一个职能部门。

三、长江航政管理局的建立

长江干线各港建立港务监督后,存有的多头管理、机构不健全、职责不明等问题依然存在,并引起交通部重视。1963 年 9 月 28 日,国家经委批准交通部《关于改进长江干线运输管理的报告》,决定开始筹备长江航运托拉斯试点。国家经委交通局史堪一行调查组,实地调查武汉及湖北省就统一长江干线航运管理后干线航政管理等问题。1964年6月13日,调查组向国家经委副主任郭洪涛作了书面报告,对长江干线航政管理存在严重影响航行安全提出4个方面的问题:①多头管理,各自为政。港务(航)监督机构不能起到代表国家监督和管理安全运输的作用。②机构不健全,管理流于形式。各港监督检验人员大多只1~2人,很少深入现场,有时竟将签证印章交给监督艇的船员代盖。③对船舶违章航行管理不力。港航监督在企业内部也不能得到其他部门的尊重。④管理范围不明确,该管而未管。如岸线管理、农副业船舶的安全监督都无人过问。

这份调查报告由郭洪涛转送国务院副总理薄一波、谷牧阅后转交交通部有关领导。中央有关领导对长江航政管理不统一现象"十分关注",一致认为:"需要交通部迅速拿出办法,尽早解决","建议交通部提出集中统一管理的方案"。1964年9月21日,交通部为建立长江航政管理局向国家经委副主任郭洪涛及国务院副总理薄一波副总理请示。1964年11月13日,交通部以陶字第80号文向国家经委报送《关于建立长江航政局实施方案的报告》。

1965年1月1日,根据国务院《关于长江干线运输实行统一管理的决定》,长江航运试办托拉斯,正式成立长江航运公司,并撤销长江航运管理局。8月23—28日,交通部在北京召开由沿江6省、市交通厅及国家经委交通局、长江航运公司代表参加的座谈会,对建立集中统一的长江航政管理体制的问题取得一致意见。9月11日,交通部就长江航政管理局的建立、隶属关系、基本任务等上报国务院。24日,国务院以〔65〕国经字第332号文,批准组建长江航政管理局,由交通部直接领导,统一管理长江干线航政事务,沿江各验船部门设在航政局内,对外称"船舶检验局××办事处"。

根据国务院上述文件精神,交通部于1966年4月4日沿江各省和长江航运公司下发经国务院批准的《长江航政管理局实施方案》。长江航运公司从这以后加快长江航政管理局的筹备组建工作。1965年11月12日和17日,先后向交通部报送《关于建立长江航政局的实施方案(草案)》《关于长江航政局机构设置及人员编制方案》。同时,按照国经字第332号文中"长江航运公司和沿江6省原有的有关航政管理人员及其编制,应随同工作一并划归长江航政局"的规定,从1966年始,长江航运公司及所属的各港务局,均调配技术骨干和政工人员,充实沿江各港筹建中的长江航政管理局分支机构,并移交人员、财产、物品等。

经过一段时间的紧张筹备,1966年4月15日长江航政管理局宣布成立,5月6日建立长江航政管理局党组。长江航政管理局实行"统一领导,分段管理"原则,在重庆、芜湖、南京设立分局,在万县、宜昌、武汉、九江、安庆、马鞍山、镇江、南通设立航政管理处,在涪陵、沙市、城陵矶、黄石、裕溪口、高港、江阴设立航政管理站。全线有航政管理人员215人、巡逻艇船员70人,巡逻艇7艘。局机关设政工室、航政处、船检处。

长江航政管理局主要职责为:①统一管理一切机动船舶(包括铁、木驳船)的航政工作。具体为统一制定长江航政规章制度和船舶规范,办理船舶登记,管理船员考试,处理违章和海事纠纷案件,对修造、营运的船舶进行监督检验。②对木帆船的航行、停泊实行监督管理。具体为统一制定安全规章制度,管理停泊区域,处理海事纠纷和违章事件。③统一管理港口的航政工作。具体为管理所有船舶的停泊区域,维护港口秩序,统一管理机动船舶进出港口的签证工作,并对港区岸线使用实行监督管理。④对影响港口水域和航道航行条件的基建工程等进行监督。上述长江航政管理局的具体职责,为后来长江航政各项管理工作的开展和尺度把握提供了重要依据。

根据《长江航政管理局实施方案》,交通部对长江航政局和沿江各省(区、市)港航监督的管理职责进行再分工,分工原则,主要为规章制度制定、港口安全秩序的管理、机动船的管理、木帆船的管理、海事处理、干支流相通河口管理6个方面,协作原则主要为相互签证船舶双方承认有效、规章制度互相照顾、互通情况、交流经验4条。

由于实施方案就长江干支流航政管理分工和协作原则做了详细规定,所以组建后的长江航政管理局及所属的分支机构,与所在地的各省(区、市)港航监督部门,按照分工和协作原则,结合各地情况,共同协商和讨论研究,规定更为具体的长江干支流航政分工细则。如1966年初,南京航政分局与江苏省交通厅协商,确定长江江苏段干支流航政分工的7个方面细则。芜湖航政分局和安徽省航运管理局就长江安徽段干支线航政确定分工职责和范围。在确立分工范围后,长江航政管理局所属分支机构与所在地沿江各省港航监督部门一起做好有关管理事务的交接工作,向航运单位与船舶通报信息,按照新的分工原则实施管理。

长江干线航政初步形成政企分开的管理体制,步入集中统一管理的轨道。

第三节　航政管理法规规章的废止和重建

一、航政管理法规规章的废止

(一)废除航政与水运管理规章制度

1958年,随着“大跃进”运动兴起,港务(航)监督机构被视为束缚生产力发展而精简,航政技术干部被当作“白旗”拔掉,原有行之有效并渐已成形的航政管理规章制度被视为“陈规旧章”而废除。本着“大破大立”,交通部全面审查以前制定施行的规章制度,提出所谓凡不利于生产发展、片面、保守、限制过死、妨碍职工积极性和创造性发挥的规章制度都必须整顿的意见。1958年7月24日,交通部海河总局下发“废除107项规章制度及整顿规章制度的通知”,宣布除了一部分必须保留和需修改、补充外,将水运方面107个规章制度自当日起予以废除。一日之间,包括引水、港务监督、船员考试、安全航行、驾驶台规则、外轮管理、海损事故处理、修船奖惩制度等航政管理在内的一大批水上运输、安全的规章制度被废除,其中相当部分为航政管理规章制度,给水上安全与水运业发展带来严重后果。1958年8月13日,交通部下发“关于废止沿海和内河航行船舶进出港口签证加强安全监督的决定”。该决定指出:“除外国籍船舶进出港口的管理仍应按照外国籍船舶进出港口管理办法办理,和本国航行国外船舶因情况特殊仍应保留进出港口签证外,在沿海和内河航行的船舶,一律废止进出港口的签证。”“对木帆船的管理条件尚不成熟,可继续保留,但应尽可能简化手续。”为消除因废除航政规章制度而致使水运事故迅速扩大的影响,1959年7月24日交通部海河总局根据各地需要,重新审查、整理历年公布的规章制度,重新公布部分航政规章与规范,并将其中一些比较重要规章制度选编为《港航监督规章制度》,作为内部文件重新公布实行。

(二)废除长江航政与水运规范性文件

“大跃进”运动中,内河废除航政管理规章制度最多、最典型的要数长江。1958年上半年,南京、汉口、重庆等长江沿线各港航监督率先向港、航单位公布准备废除的一批航政规章与规范性文件,征求船舶单位和有关部门意见。8月初,长江港航监督废除一些航政规则、办法、措施等,其中一直坚持且行之有效的船员考试、船舶进出港口签证制度亦在其中。1959年10月,17种航政规章制度合并为6种。一些主要航政规章制度被破除后,未及时建立新的规章,所立的新项目又大部分带有随机性。如交通部1959年12月11日公布、1960年4月1日起实施的《长江避碰规则》,是在对1954年1月施行的《长江航行暂行章程》修订基础上完成的。但时值运动“大跃进”,掺杂着一些虚假或浮夸的元素,真实程度打了折扣。正如长航局在公布避碰规则通知中所说:“……规章制度必须为大跃进服务,以保证高速度,又安全,既高产又优质的精神”。由此可见,这一《长江避碰规则》存有缺乏真实性、超越客观条件的问题,致使后来不得不对具体内容重新进行多次修改。

长江港航监督在“大跃进”运动中还新立 163 项航政与水运管理规章、规范性文件。这样的破与立,带来规章制度本身的混乱,造成有章不循和无章可循的局面。客观地说,被废除的长江航政规章制度中,确有一部分不适应长江航运发展需要,必须进行修订或废除,但在一哄而起之下,却也废除了一些经过实践检验行之有效的规章制度,甚至包括一些有关船舶航行操作规程、交接班制度、防止船舶污染规定等管理制度。没有废除的规章制度,也未得到执行。如 1959 年 6 月,将《长江航行暂行章程》等 18 项未被废除的规章列为继续执行的主要规章制度,并发布《关于航政 18 项规章制度的指示》,而后来并没有得到很好的落实。

各省(区、市)港航监督也废止一些行之有效的航政管理规章制度。1958 年 10 月 10 日,广东省废止沿海、内河船舶进出港口签证等。江苏、安徽、湖南、湖北等省港航监督相继废止一批航政管理规章、规范性文件等。

二、航政法规规章的修订与重建

(一)外轮通过琼州海峡管理规则颁布

外轮通过琼州海峡管理规则,是 20 世纪 50 年代后期由国务院颁布的重要法规。1958 年 5 月 23 日,国务院以直国周字 135 号发布《关于外轮通过琼州海峡的规定》,强调“琼州海峡是我国的领域海峡。外轮应在我控制之下始可通过,不得无限制的在这个海峡自由航行”,要求“外轮通过琼州海峡,须事先经过我国有关部门批准,并且遵照指定的航线和时间航行”,“每次外轮通过琼州海峡的申请,由交通部所属港务部门批准,并通知当地军区和海军”,“如因军事需要(如演习等)须禁止外轮通过该海峡时,军区或海军应事先通知当地港务部门”。这是中国海疆安全秩序管理的开始。

党和国家领导人也十分重视对通过琼州海峡外轮的监管,国务院总理周恩来、副总理罗瑞卿均做出加强琼州海峡管理的指示。为落实中央领导的指示,交通部、总参谋部会同外交部、对外贸易部、卫生部、公安部队司令部、海军司令部等单位进行研究讨论后,于 1964 年 3 月 26 日向周总理提交《关于加强琼州海峡管理的报告》,提出将 1958 年制订的《外国籍轮船通过琼州海峡遵守事项》改为《外国籍非军用船舶通过琼州海峡管理规则》。1964 年 6 月 8 日,国务院认为交通部、总参谋部《关于加强琼州海峡管理的报告》是可行的,同意报告所提意见,希望遵照办理。当日,国务院以国议字 19 号文颁布《外国籍非军用船舶通过琼州海峡管理规则》。

该规则规定:琼州海峡是中国的内海,限制外国籍军用船舶通过,允许非军用的外国船通过,但必须遵行中国法律法规,必须按规定申请批准,由中华人民共和国琼州海峡管理处(简称琼州海峡管理处)负责。外国籍非军用船舶通过琼州海峡,必须申请办理通过手续,通过规定的区域(简称管理区),一律为白天通过,通过时“不得使用雷达、照相、测量”;“进出琼州海峡一律走中水道”,并无条件地执行中国相关部门从岸上或舰艇发出的信号要求。

(二)航政规章的恢复

“大跃进”运动期间,许多航政规章制度被废除,导致航政管理无章可循,出现许多不安全问题,特别是发生了一些重特大事故。在这种情形下,各港务(航)监督部门总结与吸取“大跃进”运动教训,拨乱反正,审议“大跃进”运动中被废除的航政法规规章,除国务院 1958 年 3 月颁布的《关于外轮通过琼州海峡的规定》和在规定基础上修改、完善的1964年颁布的《外国籍非军用船舶通过琼州海峡管理规则》外,收集整理并修正(订)一批航政管理措施、办法,后经交通部审核,有些上升为管理规章并由交通部公布。其中突出的是1961年3月恢复两年前废止的船舶签证管理办法,规定从1962年1月起一律凭船员任职证书,方可办理船舶签证。还有1963年12月6日公布次年1月1日施行的《中华人民共和国轮船船员考试办法》。这一时期由交通部公布适用航政的主要规章详见表3-3-1。

1958—1965年适用的主要航政管理规章一览表 表3-3-1

海事法规名称	单位	令(文)号	公布日期	施行日期	备注
中华人民共和国非机动船海上安全航行暂行规则	交通部 水产部	〔58〕交海督于字第186号	1958.4.19	1958.7.1	国务院3月17日批准
联合检查工作5个实施办法	外贸易部 卫生部 交通部 解放军 总参谋部 联合公布	交督〔57〕于字第440号	1958.8.27		5个办法:联合检查进行程序与注意事项、联合检查机关工作人员登船纪律、船员登陆管理办法、关于申请签发登陆证及有关事项的规定、外国籍船舶在港内禁用物品查封办法。废止1955年联合公布"外轮到达港口联合检查工作实施办法"
外国籍轮船通过琼州海峡遵守事项	交通部	交海督〔58〕孙字372	1958.12.6	1958.12.6	
船舶进出港口管理办法	交通部		1958		
关于加强运输船、渡口船、渔船安全管理的规定(草稿)		〔59〕交厅秘孙字第107号	1959.9.7	1959.9.7	
海损事故调查处理规则	交通部		1959.9.19		废止1952年3月30日的《海事处理委员会暂行章程》
中华人民共和国交通部关于海港引水工作的规定	交通部		1959.12.9		
中华人民共和国关于外国籍船舶海损事故调查处理的补充规定	交通部		1960.7.21		
船舶登记章程	交通部	〔60〕交海督于字第131号	1960.9.6	1960.11.1	仅限内河船舶。废止1953年修正的《船舶登记暂行章程》《核发船舶籍证书暂行章程》
非机动船运输石油及其容器安全办法	公安部 交通部 商业部		1960		
化学危险品储存管理暂行办法	国家经委 化学工业部 铁道部 商业部 公安部		1961.1.28	1961.1.28	该办法废止后,由《中华人民共和国化学危险物品安全管理条例》取代
关于违反爆炸、易燃物品管理规则处罚暂行办法	国家经委 化学工业部 铁道部 商业部 公安部	国经习字〔61〕21号	1961.1.28	1961.1.28	该办法废止后,由《中华人民共和国化学危险物品安全管理条例》取代

续上表

海事法规名称	单位	令(文)号	公布日期	施行日期	备　注
沿海和内河航行船舶进出港口签证制度	交通部	交安港〔61〕于字223号	1961.3.22		1958年8月15日废止
化学易燃物品防火管理规则	公安部	国经习字〔61〕21号	1961.4.1	1961.4.1	国务院1月28日批准
水上危险货物运输规则(简称"61危规")	交通部	交运商〔61〕郝字第84号	1961.4.17		
中华人民共和国水上信号通信规则	交通部 水产部 邮电部 总参部	参通字〔61〕第14号	1961.5.30	1962.3.1	新中国成立以来首个统一全国港口水上信号规章
进出口船舶联合检查通则	交通部 对外贸易部 公安部 卫生部	直秘习	1961.9.8	1961.10.4	国务院于9月批准,并废止1950年11月政务院颁布的《进出口船舶船员旅客行李检查暂行规则》
对外国籍船舶海事签证的指示	交通部	〔62〕交安港于字第302号	1962.6.9	1962.6.9	
内河航标管理暂行办法	交通部		1962.8.21		在修订1955年内河航标规范基础上
中华人民共和国轮船船员考试办法(简称"63船员考试办法")	交通部	交水督〔63〕于字167号	1963.12.6	1964.1.1	废止1953年《海上轮船船员检定办法》与《内河轮船船员检定办法》。新中国成立以来第一个沿海、内河轮船船员考试规章
全国内河暂行通航标准(草案)	交通部		1963		作为国家通航标准,是我国最早内河通航标准
海图作业试行规则	交通部	〔65〕交水督陶字第9号	1965.7.1	1965.7.1	
航海日志记载试行规则	交通部	〔65〕交水督陶字第9号	1965.7.1	1965.7.1	
国境河流外国籍船舶管理办法	交通部		1966.3.15	1966.3.15	国务院1966年3月15日批准

除以上航政规章由交通部公布外,还有一些航政管理是由交通部海河总局、交通部港航监督局等公布的规范性文件。如1959年3月11日,交通部海河总局公布《我国沿海各港口船长自行引水的暂行规定》,于4月1日起执行。这一规范性文件取消了对国轮的强制引水,对提高船长自行引水水平,加速船舶周转起到重要作用。同时,各省(区、市)港航监督结合各辖区航政管理实际,相应地制订辖区内的地方航政规章制度,有的由省政府或交通管理部门公布。如陕西省人民政府1958年5月公布的《陕西省木帆船管理办法》,1959年公布的《陕西省内河轮船航行试行规则》。内蒙古自治区人民政府1961年公布的《内蒙古自治区内河码头管理办法》。

(三)船舶航行"十不开航、五不拖带、十四项注意"出台与落实

船舶航行"十不开航、五不拖带、十四项注意"规定的出台,是"跃进"号万吨级船舶沉没后,交通部落

实中央指示的一项重大安全管理举措。

1963 年 4 月,由我国自行设计的远洋货船“跃进”号出厂投入营运。船长 169.9 米,宽 21.8 米,载重量 15930 吨,满载排水量 22170 吨,航速 18.5 节。1963 年 4 月 30 日 15 时 58 分,该船从青岛港外锚地起锚,首航日本门司和名古屋两港。船上装载着 13460 吨货物,其中有玉米、氟石及杂货。5 月 1 日 13 时 45 分,在推算船位北纬 31°52′、东经 125°01′处,左舷发生撞击,船体进水。14 时 20 分,全体船员 59 名分乘 3 艘救生艇离船。17 时 10 分,该轮全部沉没。5 月 2 日 0 时 20 分,在海上漂流的全体船员,分别被日本渔轮“壹歧丸”和“对马丸”救起。

国务院总理周恩来得悉“跃进”号沉没消息后,给海军下达“立即派军舰前往营救”命令。海军当即由东海舰队派出 4 艘护卫舰前往“跃进”号沉没海域。对于“跃进”号沉没原因,当时众说纷纭。为彻底查明“跃进”号沉没原因,周恩来亲临上海领导“跃进”号失事原因调查。交通部负责现场调查,并由海军派必要舰只和飞机予以协助。在各方密切合作下,沉没的“跃进”号终于找到,查明系触礁沉没。毛泽东、刘少奇、朱德、周恩来等充分肯定调查作业的圆满成功,对水下作业技术突破、所获得经验和第一手珍贵资料表示赞扬。

为落实党中央、国务院、中央军委和周恩来的指示,1963 年 5 月 24 日交通部结合“跃进”号沉船事件,下发船舶保证水上安全航行的“十不开航、五不拖带、十四项注意”,决定开展安全大检查。5 月 27 日,交通部召开电话会议,传达周恩来指示。一场安全大检查在全国交通系统展开,其中各港务(航)监督机构开展了港口、航运单位的安全大检查。

根据“十不开航、五不拖带、十四项注意”,全国港务(航)监督立即部署与贯彻落实,取得显著成效。

三、加入《国际船舶载重线公约》

1957 年 10 月 23 日,第一届全国人大常委会第八十二次会议审议通过国务院总理周恩来提出的《1930 年国际船舶载重线公约》议案,决定以中国政府名义加入该公约,并接受澳大利亚联邦政府对该公约附件Ⅱ修正建议。11 月 20 日,中国政府同意加入该公约。接下来就是要通过我国法律文件将该公约巩固起来并贯彻执行下去,也就是说需要有一个国家级船舶载重线规范,同时各大港需有实际负担起此项任务的管理人员对载重线(包括接受国外船舶载重线勘划的申请)进行计算、勘划与检验,以及最后集中在船舶载重线证书的管理上。

有关制订我国国家级船舶载重线规范的工作早在 1955 年 4 月就展开了。当时交通部船舶登记局筹备处就组成载重线工作组,到上海核算上海海运管理局国内沿海船舶干舷,并于当年拟好一个草案。这个草案以苏联船舶载重线规范为蓝本,在国际部分还参考其他国家情况,而在国内部分则采用苏联日本海标准。实际上,国内干舷规范早在 1956 年就开始试行,至 1957 年上海区 70 多艘船舶中已有 60 多艘试行国内载重线,广州区也有 1 艘船舶(“团结 3 号”)经过计算、审核、批准试行在案。因此,中国船检局 1958 年 1 月制订《海船载重线规范工作计划》。首先,该规范草案于 1957 年曾经过船检港监局审阅,并从速付印,于 1 月底前发给有关部门提意见,争取第一季度末把意见集中。其次,关于检验人员方面,上海方面为数较多同志在执行此项船舶载重线规范进行检验,广州方面也成立载重线小组,进行船舶载重线规范的计算与勘划,大连、天津、青岛港的船检部门也着手对船舶载重线规范研究。第三,有关证书方面,随着交通部令发布船舶载重线规范的同时,拟在上海区对总吨位在 1000 吨以上船舶开始按照质量要求实行检验。1958 年,中国船检局首次公布与实施《1959 年海船载重线规范》。

1960 年我国加入《1930 年国际船舶载重线公约》,连同 1957 年有保留地接受《1948 年海上避碰规则》,已加入和接受两个国际公约,同时加入协定、协议、议定书等共 19 个。

第四节　航政管理工作在调整中展开

一、通航环境与秩序监管的加强

(一)通航水域混乱环境的整治

通航水域安全管理是航政管理重要工作。1958年“大跃进”运动，盲目追求高速度，缺乏科学性，加上1958年9月以后合理规章制度被废弛，导致船舶航行违背客观规律，海损事故连连发生。1958年与1957年相比，全国水上海损事故件数增长110%，直接损失增长59%，死亡人数增长190%，受伤人数增长332%，沉船艘数增长161%，沉船吨位增长328%。

面对“大跃进”运动导致海(水)上通航环境与秩序的混乱，各港务(航)监督顶住各种压力，开展了一些有效地监管工作，不断为船舶航行创造良好的交通环境。1958年8月之后，大连港务监督对进出港船舶采取经常与集中检查、重点与一般抽查相结合做法，纠正船舶违章，发现问题立即改进，对未解决安全隐患船舶必要时禁止离港。后来随着进出港船舶逐渐增多，调整锚泊地，重新划分检疫锚地和碇泊锚地，同时设立通航区、禁航区、水域作业区、临时划定锚地，保证各种船舶有序按规定航行和停泊。

1958年，上海港务监督将巡逻船归监督站指挥，对3000载重吨以上中外船舶、拖带1000吨以上铁驳2艘或1000吨以上铁驳3艘的拖轮队和大型竹木排实行日夜分段护航；对3000总吨以上的中外籍轮船，除每月月光夜晚外，均实行护航。从1960年起改变护航办法，严格控制航道弯曲狭窄的咽喉和险要地段，对吴淞口海军信号台一段水域派艇现场维护，对102灯浮处水域加强现场指挥，对木帆船抛锚及超拖追越等违章现象及时纠正，对沪东船厂江面派专艇定点管理与巡航，以保证黄浦江航道畅通。另外，设置系列船舶掉头区。1959年，设立900米长的张华浜区，1960年4月起，在董家渡62~64号系船浮之间，针对载重6000吨以下船舶设立掉头区，一直使用到1964年11月才撤销。1959—1960年，上海港务监督还对雾中行船、台风、拖轮拖带等安全隐患出台一些监管措施。成立上海市水上防台指挥部，加强对恶劣天气的预防与航行管理。1961年，规定在上海港长江口南水道与黄浦江狭窄水道，实行船舶靠右航行，避免交叉航行(见图3-4-1)。

图3-4-1　上海港推行船舶安全航行分隔制

1959年起,广州港务监督对广州港区组织突击性检查,分组把守交通要道,抽查船舶安全设备,现场纠正违章,被抽查船舶达3万艘次。1961—1962年,进行3次分别为期30天的安全检查。还于1964年提出“六不六要”航行要求(六不”:一不抢过大船头,二不任船漂流,三不在海珠桥中孔通过,四不随意湾泊,五不在过河电线、水管禁锚区内下锚,六不超载、超高装运货物。“六要”:一要夜航点灯,二要靠边航行,三要避让大船,四要留人看船,五要注意载运易燃易爆物品不可生火吸烟,六要熟悉港口信号和规章)。1965年以后,实行昼夜分段巡逻,现场处理违章船舶,维护航行秩序。

1959年,为加强天津市水上交通安全管理,天津市政府设置天津市水上交通安全委员会。天津港务局(主要由港务监督负责)为主任,天津市公安局为副主任,天津交通局、公用局、水产局、航道局、航务工程局及河北省航运局为委员。天津港务监督为督促检查天津各水系及大沽口水域船舶安全,总结天津水运事故经验教训,开展水上交通安全宣传,举办全市区、郊、县木帆船、渔船船员冬季培训。1960年以后,天津港务监督现场管理从以管理海河水运为主,转变为以新港和大沽锚地为主,重点维护航行停泊秩序,以及防止水域污染和处理船舶排污、船舶违章航行等。

1965年,宁波港务监督针对宁波港内附近船舶锚地屡经变动,重新划定船舶进港锚地和检疫锚地,督促轮船、木帆船、港内渡船、木驳船、内河小型船只按照规定进出锚地和选择泊位。

这一期间,长江港航监督重视船舶航行安全,对触礁、搁浅、轮木船碰撞、遇雾、遇风等制订预防措施,加强安全技术管理,以减少海损事故的发生。1958年,在船舶上开展“支部领导,书记挂帅,委员分工,船长负责,小组保证,党员带头,人人管生产,人人管安全”的活动。1960年9月21日,针对川江海损事故多发情况,长江航运管理局党委下发“关于加强川江船舶安全工作的紧急指示”。11月,召开全线船舶安全工作会议,总结船舶安全航行10条经验,主要抓责任心、抓责任制、过安全关等,使全线海损事故有所下降。

各省(区、市)港航监督结合各自辖区内河通航环境与航行秩序情况,加强现场监管。福建省港航监督1958年8月制订闽江内河联系信号10种和站、船手旗旗语1套,限于闽江上游各站使用。

1958年,汉江口航段发生船舶碰撞等海损事故135次,翻沉7艘,损坏152艘,直接损失136万元。1959年5月,汉口港航监督参加由武汉市水上办事处牵头与公安部门参加的汉江口联合监督活动,利用有线广播发布气象、水文信息及宣传安全规章,设瞭望台指导过往船舶避让,在河口龙王庙和韩家墩设洪峰信号杆,监督两岸码头泊船不得超越停泊宽度而挤占航道,负责处理汉江口段发生的船舶交通事故。

1965年以后,广东省港航监督针对每年强台风不断,制订防台防洪工作规定,与省交通、航运等部门成立防台防洪领导小组,领导全省港航单位开展防台防洪工作。省内各港以港务局及港航监督为主,会同航运企业、水上公安等有关部门,组成防台指挥部(或领导小组),统一部署和协调在港船舶防台工作,做好台风防范工作。

(二)通航环境与秩序监管的加强

1959年5月11日,交通部在湖北省武昌召开全国港航监督安全工作会议,剖析1958年水上发生事故案例原因,总结安全生产的经验,提出“安全第一”思想,要求充分发挥港航监督部门的作用。

1959年1月与1961年,上海港务监督出台船舶限速的规定、航行注意事项,规定船舶顺水航行为8节以内,逆水航行不得超过6节等。1961年,首次在上海港区推行船舶安全航行分隔制,公布《船舶在上海港安全航行应注意事项》,规定长江口南水道与黄浦江为狭窄水道,船舶靠右航行,避免交叉航行(见图3-4-1)。1964年,在修订出台的《上海港港章》,进一步规定船舶在长江口南水道与黄浦江的航行,靠右航行,避免交叉等。1965年,建立较完整的现场管理网点(即联检站、引水站、监督站,以及瞭望台或信号台与信号杆等),特别划定船舶禁止追越区,并限制进出黄浦江船舶速度。

1961年,青岛港务监督公布船舶进出青岛港主航道的4条航线。1963年,扩大商、民船的锚地范围,同时使用拖轮不定期进行辖区水域巡逻,疏通和清理航道。

宁波港务监督在这一时期做好海港区的锚地划分及管理、航道疏浚与维护、助航标志设置、港区岸线现场管理等工作,进一步改善港区安全航行状况。

川江是典型的山区河流,仅急流险滩有30多处,经过整治已能日夜通航无阻。长江港航监督经过多年实践,已掌握长江险要航段自然因素变化的特点,积累了一定的管理经验。1961年以后,就事故多发的川江航段,调整和充实船舶(队)组织,实行定时分批发船,海损事故明显下降,改变了历年碰撞多、触礁多的状况。1963年,又率先在川江实施交通部的船舶航行"十不开航,五不拖带,十四项注意"规定。将原来枯水期19个主要滩浅航行和引水操作方法改为25个。针对每年秋冬季川江雾多特点,在每年秋冬雾季节到来之前检查入川船舶防雾设备,在狭窄弯曲地段航道上建立雾情传递站,以减少因雾事故发生。

1963年1月,在枯水来临之前,长江港航监督做出《中游各主要漕口(11处)的安全会让规定》,在主要漕口实行人员驻守,引导船舶通过。2月,正值枯水期,一方面在长江中游天星洲、打马洲和下游东流等浅窄漕口,实行现场巡逻,以维护船舶的通过;另一方面,由航道、航监、船办、引水等部门组成工作组,分别深入上、中、下游航段,实地检查枯水期航道、航标、浅漕等,并继续在主要漕口派人驻守,协助船舶安全通过。1963年下半年,长江港航监督举办川江安全质量展览会,宣传一贯重视安全的孟松清船长先进事迹,通报无灯标地段冒险夜航、冒雾航行导致事故的船舶与船舶操作人员,并召开事故现场剖析会,以生动事例教育船员。

这一时期,每年长江枯水季节,长江港航监督组织有经验驾引人员,深入现场,总结出八仙洲、反嘴、上车湾、天字一号、肖家拐、石首6个航漕的下水船队引水操作方法,以及19个航道操作注意事项,供驾引人员引水和操作时参考。1962年7月洪水期,为解决轮船与渡口船在石首弯曲河段的安全避让,长江港航监督与石首县交通局召集当地渡口船、信号台等有关人员研究讨论,拟订石首地区船舶安全避让的几点办法,对轮船、渡口、信号台等安全做出具体规定,还制订进出中游漫坪地段的注意事项及石首、天字一号、反嘴等7个弯曲漕口的操作方法。

长江船舶航行安全除船舶使用人主观因素外,受风、雾、水流等自然环境和条件影响极大。为此,长江港航监督在1961—1963年间结合长江水上安全特点,加强季节性预防、易发事故航段预防。1961—1965年,轮木船碰撞纠纷事故一直是长江航行安全中最突出问题。为此,长江港航监督加大监督艇现场巡逻检查次数,制止违章行为;总结滩险、狭窄漕口安全航行经验,及时交流推广,并编写操作规程,指导驾引人员航行操作;组织驾引人员与地方航运单位船员交流各水位引水和避让操作方法与经验,统一操作意图,避免会让事故。同时,坚持长期预防。1961年以后两年里要求川江行船,掌握"主要滩漕白天过(在枯水期调整船舶运行时刻),有雾地段白天过;有把握就走,无把握就暂停(中下游在高洪水位时实行分段停止夜航),待周密布置后再走;能打滩就打,不能打就绞;有的船队能扩大则扩大,不能扩大就不勉强扩大;船舶航行中遇到大批流木或无灯标地段均严禁夜航"等安全航行经验和操作规程。这些安全预防措施的推广,有效地减少了川江水上事故的发生。

各省(区、市)港航监督,结合各辖区水上安全特点,加强通航监管,创造了良好通航环境与条件。

福建省港航监督,加强水域通航安全监管。省航运管理局下发《闽江航行暂行章程》,规定了轮船、木帆船航行规则和竹木排筏拖放规则,对各自避让、过滩、航行及声号、灯号、号型等也作了系统规定。

湖北省港航监督1961年7月在全省范围内开展以"四防"(防海损、防机损、防工伤、防暑降温)为中心的安全生产大检查,建立健全各项安全生产规章制度和安全生产责任制。

山东省内河的套尔河渔船乱停、乱靠、抢占航道及渔民设置碍航网具的现象屡禁不绝,小清河上的民间渡口和非法渡运船舶时常出现,东营港池内渔船乱停、乱靠、抢占航道现象也非常严重,影响搜救船舶的出航。为此,1961—1965 年省港航监督与有关部门联合执法,整顿通航秩序,组成清障小组,及时清理套尔河水域的碍航网具,制止渔船乱停、乱靠、抢占航道,并与当地县乡政府和交通部门联合查处小清河上的非法渡运船舶等,有效地维护了省内内河水域的通航秩序。

二、船舶管理的有序开展

(一)船舶进出口签证的废止与恢复

1958 年起,受“大跃进”运动浮夸风影响,进出港船舶的签证流于形式。交通部于 1958 年 8 月 15 日下发废止除外籍和我国航行国际航线船舶外的沿海和内河船舶的进出港口签证管理,且尽可能简化手续。中央实施调整方针政策后,1961 年 3 月 22 日交通部下发“关于恢复沿海和内河航行船舶进出港口签证制度的决定”,使废止两年多的船舶签证管理制度得以恢复。5 月,先恢复内河机动船进出港口签证;6 月,又恢复沿海海船进出港口签证。1962 年 1 月起,要求凭船员任职证书方可办理船舶签证。

根据恢复沿海和内河航行船舶进出港口签证制度的决定,各地港务(航)监督机构随即恢复船舶签证制度,开展签证工作。

1961 年 3 月,宁波港务监督恢复办理签证工作,制发木帆船航行签证簿及轮船航行簿。1964 年 4 月 1 日起,进出口签证时船舶必须呈验抗风等级和拖带定额的证件、资料,否则不予签证。

1961 年 6 月 10 日起,上海港务监督按照交通部决定,恢复船舶进出港口签证制度,并在吴淞、兰州路、外滩、关桥、闵行等 5 个签证站的基础上,加设兰州路站高桥、关桥站日晖、白莲泾、闵行站闸港 5 处签证点。9 月起,逐步放开办理船舶进出口签证手续,掌握船舶安全状况。

1961 年 7 月起,广州港务监督恢复船舶签证,到年底共签办进出口船舶 17.1 万艘次。1962 年签证 32.38 万艘次,1963 年签证 43.03 万艘次,1964 年签证 57.42 万艘次。

1961 年 10 月,大连港务监督制订进出大连港口的船舶签证工作实施细则,下发填报进出口船舶报告书等。“自 1963 年 5 月 1 日起凡未持有产权登记证件的船舶,禁止出港”。

长江干线沿线各港航监督自 1961 年 7 月起,除恢复和完善原有一些行之有效的航政规章制度外,在事故多发的川江制订“十不走,五不拖”规定,在中下游制订“约法三章”,严格签证制度。实行港港把关负责制,重点把守定额(乘客定额、装载重量定额、拖带定额、受压容器工作压力定额)关、技术质量(三机一炉质量)关。凡安全技术条件不符规定,经采取措施仍无安全航行把握的船舶不予签证出口。对续航性能不合安全条件的,安全确无把握的船舶坚决不予放行。1966 年 4 月,刚成立的长江航政管理局就修订船舶签证暂行办法,简化与减少签证手续。如长江航运管理局所属的铁、木驳船进出长江港口免办签证;一节机动船舶中途过 18 个主要港口及中小港口一律免办签证。后因船员考试制度废除,长江航运管理局所属的船舶签证时免验船员证书;短途固定航线、港内航行作业的机动船每月或每季签证一次;港内航行作业的机动船进出港签证每月或每季签证一次。船舶进出港签证,合并为一次办理。

其他各省(区、市)港航监督,根据交通部恢复船舶签证决定,很快恢复船舶签证管理工作。

1961 年 5 月,福建省港航监督除沿海木帆船仍保留进出港签证外,按交通部恢复签证的有关规定,恢复内河机动船签证管理工作。

(二)对外轮管理的进一步加强

1.加强对外轮的管理

1958年"大跃进"运动开始后,由于国内运力不足,交通部租用一些外轮担任国内沿海运输任务,使外轮进出我国港口的数量有所增加。港口管理下放后,各港对外轮管理手续不尽一致,以至在外轮联检工作中出现一些新问题。为规范对外轮的监管,交通部1958—1965年间有针对性地出台了一系列管理规章。1958年,对外贸易部、卫生部、交通部、解放军总参谋部联合公布《修订的联合检查工作五个实施办法》,即联合检查进行程序与注意事项、联合检查机关工作人员登船纪律、船员登陆管理办法、关于申请签发登陆证及有关事项规定、外国籍船舶在港内禁用物品查封办法,并废止了1955年5月的《外轮到达港口联合检查工作实施办法》。1961年6月22日,经国务院批准,卫生部、交通部联合公布《进出口船舶联合检查通则》,自10月4日起执行。此通则进一步从法规上确定了对外国籍船舶联合检查的组织形式,明确了联检各单位职责权力,明确了港务监督负责组织联合检查,召开联检会议,负责办理日常事务。1962年6月9日,交通部下发并实施《关于外国籍船舶海事签证指示》,规定外国籍船舶在航行中遇到恶劣天气,造成或估计会造成船货损害时,在到达我国港口之后,需要向我国港务管理机关提出海事声明书,报请签证。本指示供港内掌握试行。1964年9月11日,交通部下发"关于禁止外国籍非军用船舶在万山、佳蓬、担干诸岛连线以内的海区航行的通知",具体确定外国轮船的航区、引水锚地及锚地的范围。1965年12月18日,交通部下发"关于改进我国国际航线船舶联合检查和签证办法的通知",开始对外轮实行驻船监护(即派监督人员驻船至船舶靠港或离港),直到1968年取消这一制度。1966年3月15日,经国务院批准,由交通部公布并实施《国境河流外国籍船舶管理办法》。该办法规定,由港务监督审批外国籍船舶进出口的申请;对准予进出口的外国籍船舶实施强制引水,组织联合检查;监督进出口的外国籍船舶的技术状况,并维持航行安全秩序;调查处理进出口的外国籍船舶的海损事故。只有获得港务监督批准,外国籍船舶才能进出我国河流与港口,并悬挂各项规定号帜,白天悬挂其所属国籍国旗,在前桅顶部悬挂中华人民共和国国旗等。

当时对外轮管理,执行"内紧外松"原则,采用重点检查及普遍巡视方法;尽量简化联检手续,减少不必要单据和制度,加快船舶和货运的周转。检查时间通过不断改进,普通货轮每次检查在30~40分钟左右,客轮亦缩短在1小时以下。如天津港务监督,1958年对进口商船手续更为简化,表报仅有8种14份,方便到港的外籍船舶,缩短船舶靠港时间,致使多数来港外国船长感到方便。

这一期间,交通部就外轮管理召开3次外轮工作会议,专题解决外轮监管问题。1959年6月30日、1960年9月16日,交通部、公安部、卫生部、对外贸易部4部委联合召开第一、第二次开放港口外轮联合检查工作会议,研究和解决具体问题,建立外轮管理工作联合会议制度,确定以交通部为主,定期或不定期召开会议解决问题。1964年2月22日至3月10日,交通部、外贸部、卫生部、全国总工会、公安部等部门联合召开全国港口外轮工作会议,讨论制定《港口外轮工作条例》,决定成立全国港口外轮工作小组,领导与协调全国港口外轮工作。1964年12月18日,国务院批转会议报告和条例,在全国贯彻执行,并根据会议精神成立全国港口外轮工作小组,交通部派副部长陶琦参加小组工作。1965年1月22日,交通部召开第一次全国港口外轮工作小组会议,领导与协调全国港口外轮工作,开始执行《港口外轮工作试行条例》,制订外轮签证管理办法。

各港务监督贯彻执行以上3次开放港口外轮联合检查工作会议,制订具体对外国籍船舶管理措施,重点简化外轮进出港口联合检查手续,得到外轮高级船员的好评。上海港务监督自1958年起简化进出上海港的外轮管理手续。1965年7月10日,召开联检会议,规定简化联检手续、规范联检人员登轮行为等,对外轮实行随船监管与护航。8 月起,外轮驶抵引水锚地,派员登轮查封港内禁用物品,宣布有关规章。在锚地实行一次性联检,查封工作可结合联检同时进行,由边防站派员监护。出口时,一般情况随船监护至引水锚地,启封后离船。

广州港务监督,简化一些联合检查手续,对友好国家船舶、船员可免集中,有关航海仪器不列为禁用物品。1963 年夏季至 1964 年夏季,香港缺乏淡水,大批外国籍船舶到广州港载运淡水,每天最多达 13 艘次。港航监督简化运水船联合检查手续,进口与出口检查一次完成,船员免集中,船舱室免检查。

大连港务监督,对进出大连港外界或由大连港直航国外港口的我国国际航行船舶实施联合检查,联检后再签证;对从国内港口来大连港,或由大连港开往国内港口国内航线船舶不再进行联检,按国内船舶签证规定管理。对从国外经国内港口后来大连港或从大连港开出,经国内港口后开往国外港口,并载有进出口货物或旅客的我国国际航线船舶,除卫生检疫部门按联检规定管理外,船方须到港务监督办理签证手续。对出口船舶发出口许可证,同时收回驶出港所发出口许可证。1965 年 8 月开始,大连港务监督对在大连港口锚地等待靠泊的外轮实行驻船监护,即派监督人员驻船,直至船舶靠港或离港。1968 年起驻船监护取消。

2.外轮通过琼州海峡的管理

1958 年 9 月 4 日第一届全国人大常委会第一百次会议批准我国政府的《中华人民共和国政府关于领海的声明》。该声明就外轮管理规定:"中华人民共和国的领海宽度为 12 海里。……一切外国飞机和军用船舶,未经许可不得进入中国领海和领海上空。任何外国船舶在中国领海航行,必须遵守中华人民共和国政府的有关法令。"《中华人民共和国政府关于领海的声明》的颁布,标志着新中国领海制度的初步建立,对捍卫中国领海主权、维护海洋利益、发展海上交往、巩固海防等都具有重大的意义。

琼州海峡是我国内海海峡,素有"黄金水道"之称,是沟通我国沿海东西部水域的一条主要海峡通道。我国历来重视对通过这一海峡外轮的监管。早在 1955 年海军南海舰队海口水警区司令部就对通过我国琼州海峡的外轮作出规定,要求须事先由该轮代理公司将船舶吨位、长度、颜色、特征、航线、相片等情况以书面向海口港务管理局(由海口港务监督负责)提出申请,批准后在通过前三日之内报告精准通过时间,经海口港务管理局与海军联系后,方得通过。

1958 年 5 月 23 日国务院颁发《关于外轮通过琼州海峡的规定》后,为落实这一规定,海口港务监督于 10 月 17 日拟出《外国籍轮船通过琼州海峡之规定》和《关于外轮通过琼州海峡各部门之间联系问题》。12 月 6 日,几经修改并以上述两个规定为基础形成《外国籍轮船通过琼州海峡遵守事项》(简称《外轮遵守事项》),经交通部批准公布实施。该事项要求外轮通过琼州海峡时必须在 48 小时前将船名、国籍、总吨位、吃水深度、船身颜色、驾驶台颜色、位置及船身特征、航速、何时何日何地登陆等详细情况电报通知中国外轮代理公司海口分公司,经批准后由外轮代理公司通知船方。1959 年 8 月 5 日,交通部又修改《外轮遵守事项》。1962 年 3 月,交通部再次修改《外轮遵守事项》。1964 年 3 月 26 日,交通部、总参谋部等部委向国务院上报,提出将《外国籍轮船通过琼州海峡遵守事项》改为《外国籍非军用船舶通过琼州海峡管理规则》。6 月 8 日,国务院以国议字 19 号文颁布《外国籍非军用船舶通过琼州海峡管理规则》。该规则同意交通部成立"中华人民共和国琼州海峡管理处",作为对外监督、执行该规则的机构;明确管理外轮过峡的各相关单位的职责分工,要求加强协作,统一对外;加强监视、巡逻力量;加强对违章外轮的处理工作;加强海峡管理的组织领导。海口港务监督负责日常外轮通过海峡航务与安全管理工作,以及外轮违章过峡事件及其他重大问题处理,并由港务局、海口水警区司令部互相协商,共同负责。1964 年 8 月 21 日,海口港务监督拟订《关于具体贯彻〈外国籍非军用船舶通过琼州海峡管理规则〉的初步意见》,主要内容有:外轮过峡管理规则的若干实施细则;建立组织机构,加强统一领导;明确分工、积极协作、统一对外。1969 年 10 月 9 日,“中华人民共和国琼州海峡管理处”成立,履行对外国籍轮船通过琼州海峡的管理职责。

(三)开展船舶安全检查

为保证船舶航行安全,经国务院 1958 年 3 月 17 日批准,交通部、水产部于 4 月 19 日联合公布《中华人民共和国非机动船海上安全航行暂行规则》,于 7 月 1 日起施行,主要规定两船相遇时避让方法、显示标志,遇难时悬挂的标志等。1958 年 8 月 13 日,交通部下发《关于加强船舶安全监督的决定》,提出各航运、各港口、各船舶、各港务(航)监督部门各自应负的安全责任,其中要求港务(航)监督部门做好现场监督工作,船舶开航前要进行抽查,发现问题及时纠正等。1961 年初交通部提出“安全质量第一”方针之后,各港务(航)监督在各自辖区开展船舶安全大检查。1963 年 1 月 14 日,交通部公布《小型机动船安全管理守则》,进一步规范小型船舶安全航行。

根据以上船舶安全监督规定,各省(区、市)港航监督也在其管辖水域通过各种方式开展船舶安全检查活动。1961 年 6 月,福建省港航监督在全省推广交通部规定的“十不走”“三不拖”安全航行操作规程。1960 年 8 月,内蒙古自治区黄河航运管理局成立后,对所有制、各种规格、各种型号的船舶进行全面清理登记,对船舶质量进行摸底。

1961 年 6 月,在河南省公布《河南省渡口管理办法》的同时,省港航监督举办淮河安全展览会 6 次,在沙河和卫河上落实安全到人,在生产队、组和单船建立安全组织和设置安全员。

1962 年以后,随着四川省境内机动船逐渐增多,省内河局在重庆、宜宾、南充等地建立港航监督站,对机动船进行安全监管。对木船驾长规定一年的实习制,实习后符合要求方换发航行执照。

1963 年 5 月开始,广东省港航监督开展为期 5 个月的安全大检查活动。通过发动群众,全面检查境内船舶、港口、船厂、航道及渡口等,进一步摸清技术状况,重新建立安全生产规章制度,开展安全无事故的月度、季度活动,促使广东内河水上安全形势好转。这是广东省新中国成立以后时间最长、规模最大、涉及面最广的一次水上安全大检查。

三、船员管理的停滞与恢复

(一)船员考试委员会的解体与恢复

1958 年之后,随着水运业的发展,船员队伍的扩大,船员管理工作任务和对象方法发生变化。受“大跃进”运动影响,船员考试管理形式由集中统考改为随到随考,许多船员考试委员会或自行解体,或废止。1961 年,调整政策实施后,船员考试委员会恢复与重组。如 1964 年 4 月 23 日,上海港船员考试委员会重新成立,统一负责上海海运局等所属船员的适任考试,并对外国籍船上的中国籍船员和中国雇佣的外国籍船员在雇佣期内的以及中国远洋船员、归国船员进行考试发证。1964 年,大连港港航监督邀请大连海运学院、上海海运局大连分局专家重新组建大连港考试委员会,还增加考试人员,主要“进行出题监考和阅卷工作”。

(二)船员分批培训与考试

1958 年以后,受“大跃进”运动干扰,船员考试曾一段时间被废除,但各地港务(航)监督为航行安全,仍坚持船员管理工作。1958 年初,大连港务监督对外公布“关于变更小轮船员考试方式方法的通知”,改变原来随到随考的方法,开展定期分批考试,规定“于每年 7 至 8 月间及 12 月至次年 1 月各举行一次,考试不及格者于上述时间同时进行补考”。8月起,根据交通部“渔轮船员的考试工作,由所属水产部门自行办理”的通知,大连地区渔船船员考试统一由水产部门归口管理。1963年12月6日,交通部公布《中华人民共和国轮船船员考试办法》(以下简称《63船员考试办法》),次年1月1日起实施,并废止1953年的海船船员、内河船员检定考试两个暂行办法。《63船员考试办法》涵盖海船船员和内河船员的考试、发证工作,是新中国成立以来第一个沿海与内河轮船船员考试的统一管理规章。1964年,交通部规定:船员职务证书适用范围分近海(航经苏联符拉迪沃斯托克,朝鲜,中国沿海,越南沿海至新加坡,菲律宾附近海域)、远洋(超出近海海区)和内河(国境以内的江、河、湖、水库);重新制定船长、轮机长、轮机员、驾驶员的证书等级;设立船舶电机员(属高级船员)职称,以电机功率分3等(一等,1500千瓦以上;二等,未满1500千瓦至800千瓦;三等,500千瓦至未满800千瓦);外国籍实习生、留学生、研究生在毕业考试或实习期满前,均不能参加船员考试发证。

根据以上有关船员管理规定,尤其《63船员考试办法》,各地港务(航)监督开展船员考试和发(换)证的管理工作。

宁波港务监督,1958年之后船员代考工作一度停止,管理人员下放。1962年下半年,恢复船员考试,举办3次,及格73人。1963年,又举办4次,及格89人,评审有证船员证书1次。1964年,又举办6次,及格187人。5月1日起,停止办理渔船检验、渔船船员考试发证工作。1965年,又举办6次,及格256人。

上海港务监督,新中国成立至1963年10月组织船员考试11次2831人。1964年,上海港务监督向交通部船检港监局报备《上海港小型轮船船员检定考试办法》,自3月15日起对未满200总吨、主机功率未满150马力的航行沿海、内河、港内的小轮船船员考试发证。1965年,因船员考证工作人员不足,建议在新的船员考试发证办法公布以前,大型轮船船员考试工作暂由船舶单位自行办理,由港务监督凭船舶单位出具各种考试及格证明和指定医院体检合格证明发给正式船员证书。12月21日,该建议得到交通部北方海区海运管理局批准。据统计:1964年7月2日至1966年6月,上海港务监督船员考试7批966人。1964年初至1967年3月,换发证书3586件,其中船长、驾驶员证书1539件、轮机长和轮机员证书1754件、船舶电机员证书44件、船舶无线电报务员证书249件。

大连港务监督,1964年1月至1966年9月,对大连地区船员考试,考试范围为近海1~2等船长和驾驶员、1~3等轮机长和轮机员、2~3等报务员、小轮正副驾驶员和正副司机,参加考试者631人(不包括换发证书)。

其他沿海各港务监督,也根据各自辖区实际,成立船员考试委员会,开展不同等级的船员考试、发证工作。

内河及各省(市、区)港航监督开展对内河船员的考试。长江干线船员考试在停办两年后,于1960年开始率先恢复武汉地区小型船舶船员的考试,沿江各港航监督为所在地船员考试机关。长江航运管理局所属船舶船员与上海、重庆分局的船舶船员,分别由南京、武汉、重庆3地港航监督负责考试。1961年下半年,全线采取分批笔试与现场考试相结合的办法考核船员。1965年初,南京、武汉、重庆3港船员考试工作会议在武汉召开,拟定考试大纲。至1965年,长江全线报考船员近3000人,经考试合格发证占报考总人数40%。同时,长江航运管理局重新制订《长江船员职务条例》,加强船员培训,严格船员考试制度。1961—1962年,排队摸底高级船员,船员强弱搭配,调整技术低的船员,提升高级船员中的船长、大引水、轮机长,不断培养后备力量,将停航船员集中进行技术训练或派到轮船上见习,以提高实际操作技能。

各省(区、市)港航监督也加强境内内河船舶船员管理,开展培训、考试、发证工作。

贵州省港航监督,1959年9月从航运生产一线选调师资,开展船员培训,仅赤水航运办事处当年就培训船员 127 人。1961 年,内河机动船船员核发内河小轮船驾驶员、轮机员证书。因考试标准不一,1963 年原领有证书船员,由港航监督重新复查,经省航运局核准后换发证书。同时办理船员代职证工作。至 1963 年末,仅乌江、赤水两河系共下发内河小轮船驾驶、轮机证书共 77 本。1964 年,组织船员考试工作小组,赴乌江、赤水、铜仁、沅水对贵州船员进行考试工作。

山东省港航监督,1963 年对辖区内河各类船员进行考试,签发证书。

上海市港航监督,1962 年 10 月 8 日、11 月 5 日公布《关于船员考试、考核、发证等工作的规定》《船舶放行期限试行规定》《机动船舶检验放行期限试行规定》。至 1964 年初,已先后对上海市 2000 余名内河船员进行考试,其中合格约 1760 名。1962—1965 年,又对 3000 余名内河船员进行培训考核,其中合格约 2100 名,使上海内河轮船船员持证上岗率大大提高。

(三)船员证书的发放

为解决船员考试办法公布前,代职高级船员的证书问题,1961 年 9 月 10 日,交通部下发《关于解决高级船员代职证明书的办法》,由各有船单位成立高级船员代职证明书政审委员会,核审代职高级船员和提拔高级船员,并发给代职证书。1963 年 4 月 13 日,交通部下发"关于签发海员证的通知"。1964 年 1 月 13 日,又下发"关于颁发新的船员证书核发办法和停止使用船员代职证书的通知"。1964 年 1 月 23 日,又下发《新旧船员证书换发办法》。1964 年底,代职证书制度停止。

按照有关船员管理规定,授权的港务监督负责船员证书签发与换发工作。如上海港务监督办理海员证的签发工作,海员证签发有效期 3 年,可延长 2 次,每次 1 年,满 5 年换新证。船员换船任职和海员证延长有效期,在国内由港务监督长根据中远上海分公司申请单签署,在国外由当地中国领事根据船长申请办理。持证人调离远洋船舶工作或者亡故,海员证交回发证机关注销。长江港航监督自 1960 年恢复船员考试后,至 1965 年已对长江干线报考的近 3000 名船员进行培训考试。

各省(区、市)港航监督开展船员考试、发证管理工作,主要是对辖区内河的木船船员考试、发证。四川省港航监督,1962 年之前因境内机动船较少,由各地设立的航管站主要管理木船船员考试、检验、登记等事务,机动船船员的考试则委托长江港航监督。1961 年,"大跃进"运动中停止的"四川省内河处"建制恢复。1962 年起,重庆、宜宾、南充先后建立港航监督站,并于当年在重庆、南充、达县、涪陵、泸州、宜宾等地对 1159 名船员进行考试,及格 668 人。1964 年,四川省港航监督对全省 52 个有船单位的 654 名船员进行考试,及格 483 人。

江西省港航监督,1964 年成立船员考审委员会,由厅安全监督室及航管部门共同组成,在全省分南昌、九江、吉安 3 个考区。抚州、宜春、上饶的船员在南昌参加考审,赣州的船员在吉安参加考审。

江苏省港航监督,1964 年 6 月重新修订颁发《江苏省内河小型轮船船员考试办法》,建立健全各级船员评审、考试组织,分期分批组织船员学习、评审、考试。

四、船舶载运危险货物管理的规范

1961 年 1 月 28 日、4 月 1 日,随载运危险货物船舶的增多,为保证运输船舶安全,国务院分别批准国家经委、公安等部委《关于违反爆炸、易燃危险品管理规则的处罚暂行办法》《化学易燃物品防火规则》。1961 年,交通部下发关于船舶装运危险货物"七不准""四不要"规定。1961 年 4 月 17 日,交通部公布我国第一部《水上危险货物运输规则》(交运商〔61〕郝字第 84 号,简称"61 危规"),对经常运输的 3000 多种危险货物运输实施管理,首次明确承运和托运双方的安全责任,详细列出各类危险品货物的品名表、急救方法和消防常识等,完善危险品货物运输的管理。

根据有关船舶装卸、运输危险货物安全管理规章,1959 年 9 月 25 日,大连港务监督就大连港危险货物储存、运输数量增加,烈性危险品在港内周转量升高,危险品装运中经常出现的包装品名与实际不符、不贴危险品标志、包装不坚固渗漏严重、违反规定装运等问题,重新制定并公布《大连港危险品装卸、储运联系办法》,于 10 月起实施,废止 1955 年公布的联系办法。新的联系办法规定:一、二级危险品在港内停放时间不准超过 12 小时,一般危险品不准超过 48 小时;对符合规定的发放许可证,并进行监督检查。1960 年 3 月 4 日,大连港务监督开始受理在港的外轮装运危险货物时申请签发的《危险品安全装载证明书》。1961 年 12 月 19 日,为贯彻交通部关于船舶装运危险货物"七不准""四不要"规定,大连港务监督公布港口装卸和储存危险品"八不存"、"七不准"规定,以进一步加强危险品装运储存管理。1963 年 4 月 5 日,又公布《外轮在港装运出口危险货物管理规定》,规范港口危险货物承运、查检、停泊等,以进一步监管危险货物装运安全。

五、船舶检验的进一步发展

1961 年调整时期开始后,中国船检首次制定颁布 11 种海船规范,公布第一套国际和国内航行船舶证书,建立起双重管理国家船检体系,拓展船用产品制造检验,为我国建造的第一艘万吨级远洋船舶签发国际航行船舶证书。并建立较为健全的船检规章、规范和检验制度,为我国船舶检验的发展奠定坚实基础。

(一)直属船检机构的健全

1958 年 6 月 1 日,经国务院批准,成立于 1956 年 8 月 1 日的"交通部船舶登记局"改名"交通部船舶检验局",对外仍称"中华人民共和国船舶登记局"(简称"中国船检局",缩写 ZC)。船检局机构性质是在交通部领导下的技术监督机构,同时办理船级检验业务,为事业单位,实行经济上独立核算,总部设在北京。中国船检局下设船体科、机电科、技术监督科和办公室,编制 45 人。10 月 16—21 日,中国船检局在上海召开第一次全国验船工作会议,由沿海各大港、长江航运管理局和部分省、市船检部门的代表讨论全国的船舶检验工作,确定船检工作的性质、作用任务和体制、分工、工作范围;明确健全船检规章制度和规范、培训干部、全面开展船检业务等问题;规定各地船检验部门为各地港航内部的一个工作单位,由各地港航行政部门领导;确立在上海、广州、大连、天津、青岛、武汉等地设立船舶检验局办事处,对外称"中华人民共和国船舶登记局××办事处",但行政上仍属当地港务或航运部门领导。

1959 年 1 月 27 日,交通部以交船〔59〕孙字第 23 号通知上海、大连、天津、青岛港务局和广东省航运厅,明确其所属船舶检验机构在体制上是各港务局(航运厅)的工作单位,负责各地船舶检验业务,对外称"中华人民共和国船舶检验局××办事处",对内仍为所在地港务(航)监督内一个职能部门(一般称船舶检验科或船舶检验处)。1960 年 7 月,交通部决定在长江航运局设立船检局长江区办事处。1959 年 2 月天津,1959 年 3 月上海、青岛、广州,1959 年 6 月大连,1960 年 7 月武汉分别成立船舶检验部门。上述船检机构的行政、人事仍属当地港务局中的港务(航)监督领导,业务和技术上归交通部船舶检验局管理,实行所在地港务局(航运厅)与船舶检验局双重领导体制。名义上为各大港港务监督的验船部门,可称为船舶检验局××(地名)办事处,对外称"中华人民共和国船舶检验局××办事处"。事实上归于所在地港务(航)监督管理。同时,全国船检队伍也有发展。至 1965 年,我国船检人员达到 752 人,其中直属系统 304 人、地方系统 345 人、渔船检验人员 100 人。

1962 年 4 月起,原来隶属各港务局港务(航)监督的船舶检验部门改由各港务局直接领导,对外仍称船舶检验局××办事处,并将地方内河的船舶检验业务移交给地方省一级交通运输部门管理。1965 年,中国船检局聘请有关专家成立技术委员会,后逐步设立有关专业分委员会。

1963 年 10 月 7 日,国务院以国经字 671 号文批准公布《中华人民共和国船舶检验局章程》,确立船舶检验局的法律地位、性质、任务、权力、义务和业务范围;明确船舶检验局是国家的船舶技术监督机构,负责制订船舶检验规章制度和技术规范,对建造、修理、营运中的船舶执行监督、签发证书,代表政府履行有关国际公约规定的检验、签发国际公约证书事宜,办理船舶入级业务和船舶公证检验业务。之后,分别在上海、广州、大连、天津、青岛、武汉建立船检机构,管理全国沿海、内河干线船检业务。另外,1965 年 6 月 13 日,交通部通过《船舶检验局技术委员会组织规则》。

1958 年 1 月,交通部将长江部分港航单位下放给地方,下放地方的各港船检部门均设在各港务局的港航监督科内。长航局的船检部门设在局港航监督室内,对长江干线船检业务实行统一管理。1960 年 7 月,交通部决定长江航运管理局港航监督船舶检验科,改为"船舶检验局长江区办事处"(简称"长江船检办事处"),为长江唯一船检机构,对外称"中华人民共和国船舶检验局长江区办事处",在重庆、宜昌、南京港务局内设立 3 个船舶检验站,后增设芜湖检验站,业务上受交通部船舶检验局垂直领导。1961 年,长江船检办事处、站正式对外办公。1963 年 12 月,船检局长江区办事处成为经济独立核算单位,长江干线船检人员由 30 人扩编为 60 人。1964 年 6 月,长航局奉交通部指示,将船检局长江区办事处及沿江各直属港的船检部门划归船检局直接领导。9 月,武汉港务管理局船检组并入船检局长江区办事处,统一负责管理长江干线重庆、宜昌、芜湖、南京的船检业务。1965 年 9 月,交通部在长江成立"长江航政管理局",由交通部直接领导,统一管理长江干线的航政、船检工作。

各省(区、市)也改变地方船检机构,仍然为各省的交通、航运或港航监督所设的航政处(科),由航政实行统一管理,开展船舶检验工作。如 1964 年,广东省将内河船检业务划归省航运厅安全监督室管理,接管了船检局广州办事处移交的中小船舶及部分小吨位海轮的船检工作及部分船检人员。1965 年,天津港船检办事处有验船师 20 人,工作范围有所扩大,不仅负责天津、秦皇岛、葫芦岛 3 港验船和监造新船,而且增加对外籍商船检验业务(如承接外国籍商船技术证书定期检验,买卖船舶交船检验),以及租用船舶测量、油水检验、海损公证检验等,还增加了天津、北京两地船用钢板、电焊条检验。

与此同时,中国船检局将在委托苏联验船处代培的学员分配到各船检办事处,充实基层验船力量。至 1960 年,苏联船舶登记局已为中国代训验船人员 65 人(1955 年 5 月至 1960 年 4 月共分 3 期。第一批,1955 年 5 月至 1956 年 5 月在大连、1955 年 8 月至 1956 年 11 月在上海;第二批,1956 年 11 月至 1958 年 9 月在大连、1956 年 11 月至 1958 年 12 月在上海;第三批,1959 年 4 月至 1960 年 4 月在大连和上海)。同时,中国船检局对沿海和长江各港口船检机构与人员实行统一领导,并在业务上指导各省(区、市)船检业务。

此外,1962 年国务院授权中国船检局颁发船舶国际航行证书。1962 年 5 月 7 日,中国船检局与苏联船舶登记局代表雷卡乔夫在北京签订《关于相互代理船舶技术检验的协议》。这是与外国船检局签订的第一个对外技术合作协议。同时,交通部与苏联海运部签署《关于苏联船舶登记局驻华验船处业务移交中国船舶检验局的协议书》。6 月 30 日,大连船检办事处接管苏联船舶登记局驻大连验船处的检验业务,签订业务移交证明书,并承接大连造船厂按苏联图纸建造的我国第一艘万吨级远洋货船"跃进"号的检验。7 月 8 日,上海港船检办事处接办苏联船舶登记局驻沪验船处苏联船检。自此,中国船检自主对国际航行船舶、起重设备检验、试验和发证。此外,11 月 26 日,中国船检局接待英国劳氏船级社主席的私人代表、英国众议员柯特尼和该社首席代表马松来访,交换了相互合作意见。这是我国船舶检验局首次与西方国家船级社接触。1964 年 9 月 29 日,中国船检考察团赴波兰,首次出国考察船检业务管理。

（二）船检管理规章与规范

20 世纪 50 年代末至 60 年代初，随着我国造船工业的兴起，修建船舶增多。但因“大跃进”运动，新建造船舶多数未检验，“开展一船当两船运动”又超负载运转，加上船舶进出口签证废除，致使造船材料浪费惊人，运力毁伤颇大。为此，国务院、交通部、中国船检局先后颁布与公布一系列船舶检验法规、规章与规范及办法、规定等，统一规范船舶检验管理工作和业务。1959 年，中国船检局首次公布《钢质海船建造规范》等新中国成立后第一批船舶入级和法定检验的规章、规范 12 种。其中最重要的是《钢质海船建造规范》和船舶吨位丈量、海船载重线、救生设备、消防设备、信号设备、航行设备、材料、焊接和电力设备等规章、规范。这批法定检验规范和规则，开启我国船舶和船用设备按自己的规范设计、建造、检验的历史。其中《钢质海船建造规范》的内容基本上是以苏联规范为蓝本，成为海船建造和入级的依据，后又修订 6 次，收到一定实际效用。到 1978 年，该规范还出版英文本，方便对外使用。其他海船规范也陆续修订，并逐步出版中英文合订本。1959—1962 年，中国船检局先后公布海船抗沉性、起重设备，入级章程、稳性、乘客定额与舱室设备和船舶检验规则等规定。至此，有关海船的检验规范基本齐全。其中《海船入级章程》将入级船舶最高船级符号定为★ZC1。1962 年 4 月，中国船检局在 1959 年《钢质海船建造规范》等基础上修改、充实，形成 1962 年版《钢质海船建造规范》等，并公布实施。该规范于 1967 年又有修订。还有制定管理规定，船检规则、海船入级章程、海船救生设备规则、检验费规定、技术检验须知等。

此外，中国船检局首次制订统一格式的各种船舶检验证件，即 1959 年 6 月 1 日开始试行的《船舶证书及技术文件的规定》中所载的证件格式。经过 5 年实践，1964 年 11 月 30 日修改和充实后，又公布《船舶证书及技术文件目录》和有关证书格式。1965 年，第一次对全国地方船舶检验证书制订统一格式，即“船舶检验证书簿”，加强船检技术管理。

20 世纪 60 年代初，根据我国加入的《1930 年国际载重线公约》而制订的国内《1959 年海船载重线规范》，上海船检办事处首次对国内建造的国际航行货轮“和平号”和“友谊号”（5000 吨级），按公约进行初次检验，并签发国际船舶载重线证书。

这一期间，内河船检规章与规范也遂逐渐建立。1958—1960 年间，长江港航监督的船检验部门先后制定 163 种管理规章、规范、规定、办法等，主要有《长江区钢质船舶干舷核定暂行办法》（1958 年）《长江区船舶检验规则》（1959 年）《长江钢船建造规范》（1960 年）《长江区锚泊设备检验规则》等。但以上长江船检管理规章制度有一个共性问题，即超越客观条件。1958 年，交通大学船舶制造系 58 级毕业班根据长江 40 多艘船的纵强度和骨架强度的实船统计，参照《苏联内河规范》，拟订《长江钢船建造规范》（船体部分）草稿。“交大”这份规范草稿，是该校向国庆节的献礼，是在“大跃进”运动形势下如期完成，并按预定时间提交会议讨论。1961 年 10 月 24 日，中国船检局公布第一个钢质内河船舶建造规范——《长江钢船建造规范》，次年 4 月 1 日起实施。它适应长江水系船舶建造，亦供其他内河钢船参照执行。这是我国内河新中国成立之后第一个钢质船建造的规范。在以后的多次讨论过程中修改的部分很多，其中相当部分都是由于超越客观条件，影响船检整体质量。

（三）船舶检验业务与管理工作

经过国民经济恢复和第一个五年计划，全国水运业得到较大发展，很多地方水运业虽然仍以木帆船运输为主，但已开始出现拖轮、其他机动船及驳船，而且逐步由钢质船壳取代木质船壳。在这一背景下，我国船检管理规章、规范初步建立，检验业务与管理工作开始向制度化、规范化发展，船检业务范围由修船和营运船检验发展到新船建造检验，由国内航行船舶检验发展到国际航行船舶检验，由国内检验逐步向国际检验推进。一方面拓展船舶审图和船舶建造监督检验,加强国内航行营运船舶检验,加强国际航行船舶法定检验,开展来华外轮检验(指依据外国政府授权或委托对外轮执行的法定检验),拓展船用产品检验业务等;另一方面开始办理船舶入级检验和船舶公证检验等。

1959 年 2 月 28 日,交通部公布试行《船舶检验规则》,明确规定各种检验工作程序和要求,使船舶设计图纸审查,建造与营运中的技术监督检验,以及签发各种船舶证书和技术文件等,都逐步走向制度化、规范化。1962 年,中国船检局修改《船舶检验规则(1959)》,11 月 1 日公布实施修订版《船舶检验规则(1962)》。1965 年,又修改《船舶检验规则(1962)》,于 8 月 1 日公布《船舶检验工作条例(1965)(试行)》,自 1965 年 9 月 1 日起试行。该条例对船检工作的任务、范围,与有关部门的工作关系和船检人员的工作作风、方法等都做出原则规定。1959 年 11 月 12 日,中国船检局公布第一部验船师须知,即《海船技术检验须知(营运中船舶)》,于 12 月 1 日起施行。自 1959 年起,按中国规范设计对船用柴油机(6ESDZ/82 重型低速船用柴油机)开始制造检验,并带动了对船用产品执行制造检验和发证工作的开展。

此外,1959 年 5 月 13 日,交通部向国务院呈交《关于颁发证书和委托苏联政府代发船舶安全证书的报告》,其中建议由国务院授权中国船检局代表政府签发国际船舶航行证书,7 月 8 日由国务院副总理陈毅签批实施。1960 年起,中国船检开始对远洋船舶办理入级检验业务,当时已有英国,美国、挪威、印度、马来西亚、希腊等 10 多个国家委托中国船检局代表各该国政府对悬挂其国旗船舶实行法定检验。1961 年 4 月,中国远洋运输总公司及其广州分公司成立,连同 20 世纪 50 年代成立的中捷(捷克斯洛伐克)、中波(波兰)合营轮船公司及香港招商局等,形成运储兼备、多种经营的远洋运输体系。为开展中外远洋船舶的检验发证工作,中国船检局开始与外国船检机构进行友好交往和技术业务合作。1962 年首先与苏联船舶登记局签订相互代理检验协议,1963 年又与波兰签订相同的协议。

沿海各港船检办事处有针对性开展船检业务工作。1958 年,船舶检验局公布第一批船舶规范及《海船入级章程》,并相继公布船舶证书及技术文件格式,从而具备办理船舶入级业务的条件。随着我国远洋运输船队的建立和上海、大连等地几家大的造船厂开始建造国际航行船舶,船检部门开始办理船舶入级业务。1958 年,我国在大连造船厂开工建造新中国第一艘万吨远洋货船“跃进”号。当时我国尚未加入有关国际公约,就委托苏联船舶登记局驻大连验船处对该船进行法定检验和建造入级检验。1962 年,该验船处撤走,由中国船检局大连办事处接管“跃进”号后续检验工作,1963 年,该船取得中国船舶检验局和苏联船舶登记局的船级证书。

1958 年,天津港船检办事处在新港船厂首创验船师驻厂制度,由天津港务监督培训技术质量检验员,协助制定检验项目,建立检验规章。这是天津港船舶检验工作步入正轨发展轨道的开端。1960 年 4 月 10 日,广州港船检办事处接受越南政府委托,对越南籍“和平”、“友谊”轮进行国际航行货船设备的检验,签发货船设备安全证书。这是我国船检机构首次代表外国政府进行法定检验。12 月,广州港务监督船检部门对广州远洋公司“光华”号远洋轮签发第一张船级证书,开启我国船检的初次入级检验与发证业务,并签发国际航行船舶安全证书。“光华”轮于 1961 年首航雅加达。1960 年 4 月 20 日,大连港船检办事处完成对我国首次自行设计并由大连船厂建造的 4500 吨油船“建造 9”号的检验与发证。8 月 22 日,中国船检局、交通部海河总局、一机部九局联合决定在上海成立船用产品检验工作组,对上海柴油机厂、上海电机厂等 8 个船用产品制造厂生产的 10 余种船用产品进行产品制造检验工作试点,取得经验后在全国推行,1961 年 12 月 21 日试点结束。1962 年,上海港船检办事处接办苏联船舶登记局驻沪验船处苏联船检业务后,于 9 月 1 日将地方内河的船舶检验业务移交给上海市交通运输局。1965 年 12 月 14 日,上海港船检办事处完成我国规范设计并由江南船厂建造的万吨级远洋杂货船“东风”号检验,开始独自签发我国船舶建造入级证书和国际航行船舶安全证书。这一时期,随着船用产品检验工作的试点和推广,中国船检局在建立专职机构和培养、充实专业技术人员的同时,逐步建立和健全船用产品检验规章制度,确定船用产品检验技术标准,采取多种方式拓展船用产品检验。

长江船检工作在调整时期头两年得到进一步加强。1963 年 3 月,交通部先后下发《交通部关于长江直属港口安全监督检验工作统一管理试行方案》及《关于加强各省区船舶检验工作的指示》,进一步明确长江直属港航监督船检部门与地方船检部门的分工,加强船检行业管理。长江船检工作,主要检验一般运输船舶,按照国家规范审核船舶建造设计图纸、重要工艺程序,抓好材料试验,检验施工中各关键部位。1963 年 10 月,重庆(原民生)船厂开始建造我国第一艘长江 800 吨级"建华 801"油轮。当时以该船厂各项设备及造船水平,检验建造如此技术复杂、要求较高的油轮有一定困难。为保证油轮建造质量,长江、重庆港航监督船检组在大连有关船体、轮机、电气等验船师帮助下,完成建造油轮的初次检验工作,对建立和健全长江船舶建造检验制度起到积极作用。

沿江各港航监督船检组结合所在地各船厂具体情况,编制了更详细的检验办法。1962 年 11 月起,长江船检部门以长航青山船厂为试点,签订驻厂检验的工作协议。随后又在重庆船厂、金陵船厂及长航系统以外的其他船厂先后签订驻厂检验的工作协议,并且形成制度。之后,武汉、南京、芜湖、宜昌、重庆等港航监督船检组均派出验船师,驻厂进行技术监督,促使各船厂加强船舶修造质量检验。同时建立"三级报检"制度,有的还派专人驻厂检验,定期和不定期的检验。验船师深入船舶建造现场,了解施工中船舶建造质量情况,既检又帮,严格按照报检项目和系泊、航行试验大纲进行检验和试验,认真做好检验记录,及时发现和解决问题。"驻厂检验制度"是长江船舶检验的首创,不仅提高验船人员的责任心和积极性,做到确保修造船舶质量,检验人员按工厂工作时间值班,遇到问题"随叫随到",减少"停工待检"现象,而且有利于缩短船舶修造周期,受到船厂和航运单位的欢迎。1964 年第四季度,青山船厂修船 26 艘,其中客轮 5 艘,修船任务繁重。根据该厂蹲点的交通部副部长于眉要求,由交通部、长航局联合组成修船工作组,以"荆门"轮为试点开展工作,长江区船检办事处驻厂验船人员加强修理检验工作。通过 70 天奋战,圆满完成"荆门"轮修船及检验试点工作。

各省(区、市)船检工作也得到推进,由原来办理木帆船检验扩展到机动船检验,从图纸审查到建造全过程检验和发证。通过建造检验,各船检机构积累了工作经验,提高了工作水平,为保障船舶航行安全和促进地方航运、造船的发展起到明显的作用。如浙江省内河检部门从 1958 年起定期检验建造、营运的沿海、内河小型船舶。山东省内河船检部门从 1962 年起统一换发全省沿海、内河船舶检验证和船舶资料簿,1964 年起要求省内除用舰艇外,所有船舶都须经所在地港航监督检验机构登记、检验丈量,发给适航证书、航行签证簿,方准航行。江苏省船检部门 1963 年起重新明确船检工作分工,机动船、客货驳船由专区、市交通船检部门负责检验,木帆船、农副业船、搜船由县交通局办理检验,并具体确定各级专职检验人员由省统一制发交通安全监理证,方可执行任务。

六、引水业的进一步发展

1958 年,交通部海河总局拟定《我国沿海各港口船长自行引水的规定》草案,并于当年 9 月通知各港口、海运管理部门和地方交通厅组织有关人员讨论,提出修改意见。在综合各方面意见基础上,经进一步补充和修正,形成《我国沿海各港口船长自行引水的暂行规定》,于 1959 年 3 月 11 日公布,4 月 1 日起执行。该规定最大特点是取消对国轮的强制引水,对提高船长自行引水水平、加速船舶周转效率起到重要作用。

1959 年 12 月 9 日,交通部公布《交通部关于海港引水工作的规定》,于 1960 年 1 月 1 日起实施,取代 1953 年交通部公布的《海港引水暂行通则》。规定明确沿海各港引水业务由各港港务监督领导,内河引水由航运机构的航政部门——港务(航)监督负责;各港务(航)监督下设引水科或引水组(具体设置时部分港口称引水处),具体负责引水业务的开展;要求各海港管理机关应当组织引水工作,设置引水员,配备引水设备和船舶,负责船舶进出海港的引水和在港内移泊工作;要对外国籍船舶一律实施强制引水等。

引水关键是引水员。“大跃进”运动前后,受“左”倾思想影响,有些引水员被无辜地“清除”出引水队伍。如 1957 年大连港 2 名引水员因有“海外关系”和“右派言论”先后被调离引水队伍。天津港同样有 1 名引水员被调出。广州港 1956 年分配的 7 名大学生在次年运动中只留下 1 人继续学习引水。此外,引水员培养突出政治思想教育,忽视技术业务学习与锻炼,导致大多从事引水工作的老引水员心存疑虑,缺乏工作积极性。

1961 年以后,随着“大跃进”运动影响减弱和国民经济调整,沿海港口吞吐量明显回落,引水业务随之减少。大连港 1960 年引领船舶 1977 艘次,1961 年则降至 1372 艘次,1962 年再降至 1157 艘次。宁波港 1960 年引领 181 艘次,1961 年只有 82 艘次,至 1962 年更降为 33 艘次。直到 1963 年、1964 年港口吞吐量有所回升,引水业务才随之上升,到“文化大革命”开始时已接近甚至于超过“大跃进”运动之前水平。如大连港 1966 年引领船舶 1727 艘次,港口吞吐量甚至超过“大跃进”运动时的水平,达到 1062.6 万吨;秦皇岛引领船舶 1246 艘次,创该港此前历年引领船舶艘次之最。这使各港船舶引水任务加重。

为缓解引水压力,沿海、内河各港务(航)监督大量吸收航海院校大中专毕业生,加快培养引水员,充实引水队伍,尤以沿海港口突出。1960—1964 年,上海港先后从集美航海学校和大连海运学院等处吸收 10 余名大中专毕业生,加以培训,充实引水队伍。1965 年,又从大连海运学校招收 10 名中专生学习引水。后来,根据学习引水员的不同来源分别进行培养。院校毕业生因文化水平和航海理论水平基础较好,用 1 年左右的时间主要补实践环节,在实践中慢慢掌握引水技术。工农干部中选调的学习引水员,则用 2 年左右的时间,先补充基本理论知识,再上船实践。船长、大副中调来的引水学员,则偏重于引水经验的积累。老引水员及指导师傅对学习引水员则严格要求,耐心细致地传授引水技艺。经过一年左右的学习,学习引水员的基本都能独立引水。经过 1~2 年培养和训练,可以单独引领小船,或成为初级引水员。此后主要依靠在实践中不断总结经验,提高技术水平,逐步成为全能引水员。从初级引水员成长为全能引水员,大约需要 5 年左右,具体时间因人而异,最快的仅用大约 2 年的时间。从 1960 年到 1968 年,广州港也先后补充 23 名大学毕业生担任学习引水员,其中以 1960 和 1961 两年的人数最多,分别为 7 人。1961 年,大连港也吸收 3 名大连海运学院的毕业生充任学习引水员。天津港、连云港港 1961 年也补充一批院校毕业生充实引水队伍。仅天津港就通过对具有丰富航海经验的驾驶人员、分配的高等航海院校的毕业生的培养、培训,共培养出 40 多名合格的领航员。

对从学校毕业进入引水队伍的引水员,沿海各港口港航监督先让他们在船上航海实习半年后,再开始学习引水,学习两年后才转为正式引水员,开始独立引船。大连港港航监督,让当时刚转正的引水员先从引领小船开始,引领范围有严格的限制,每升一等级都须经过引水科的领导与老引水员一起开会研究,综合考核其思想、纪律性及日常工作中的表现,确定达到要求后方可。本着这样的由小到大、先易后难、循序渐进的原则,逐步培养自己的引水队伍,从而训练出一批引水员,到 20 世纪 60 年代初,已经基本成长为技术熟练、经验丰富且具有相当理论水平的成熟引水员,是继新中国成立后继续从事引水工作的老引水员之后的“第二梯队”。到“文化大革命”前夕,老引水员基本退出引水业,剩下全是新培养的引水员。新引水员年龄结构、知识结构都发生很大变化,呈现年轻化、知识化的趋势。这里不得不提一名女引水员——汕头港李正容。

1964 年,调至汕头港务局担任榕江航道引水员的李正容,1953 年毕业于汕头商船学校,先分配到川江“江发轮”上实习,1955 年 12 月破格升为二副,次年升为大副。在汕头港从事内港引水工作期间,她先后被评为二级引水员、航海高级工程师,1967 年引领 3000 吨级船舶进港,1976 年打破 1.8 万吨级船舶进港记录,1980 年 10 月将长 114 米、宽 20.5 米的美制钢船“小姐”号安全引领进港。因工作成绩突出,她曾当选为汕头市第七、第八届政协常委。

长江自 20 世纪 50 年代中期开始实行“驾驶和引水合一”的操作制度以后,逐渐总结经验并推广。“文化大革命”前夕,长江干线船舶引水制度实行“驾引合一”,各等级的引水员基本上相应地转为船长、大副、二副、三副等驾驶部的技术人员。仅重庆、武汉、上海长江轮船分公司仍保留引水机构,分别负责上、中、下游申请引水的船舶引领,指派的引水员均为轮船公司的驾驶人员。各轮船公司作为运输企业,主要任务是客货运输,引水仅是附属工作,引水员也为驾驶员所充任。

七、水上事故处理与重大事故案例

1959 年 9 月 19 日,交通部公布《海损事故调查处理规则》《关于海损赔偿的几项规定》,于 10 月 15 日起执行,并废止 1952 年 3 月 30 日的《海事处理暂行办法》和《海事处理委员会暂行章程》及 1954 年 4 月的“对承运货物发生海事赔偿责任的指示”。新规则规定海损事故的种类(触礁、触岸或搁浅,碰撞或者浪损,失火或者爆炸,机件或者重要属具损坏或者灭失影响船舶的适航性,遭遇自然灾害,造成水上或者水下建筑物或设备的损,沉没或者失踪),并规定海损事故处理由港航行政管理机关负责调查处理。1959 年,交通部河运总局还公布船舶海损事故统计报表。这些都是对水上海损事故的调查处理、统计及赔偿等有了较为完整的管理规章及规范性文件。1960 年 7 月 21 日,交通部公布《外轮船舶海损事故调查处理的补充规定》。

根据这些海损事故调查处理规则规定,1959 年贵州各河系海事处理委员会更名为海事调解委员会。8 月,省交通厅将海事处理权下放,由各河系中心站或航管站负责处理。1960 年,省交通厅在水运发达的县成立海事调解小组,并明确调解委员会与调解小组的职权。1961 年,乌江、赤水河系航运分局设置安全科,负责河系船舶检验、航政监管工作。

1964 年,天津港务监督参与查询一艘外国商船在福建沿海撞沉我国木帆船案件,利用海图航线、航海日志、轮机日志等,查明原委,并使外轮承担赔偿。

这一时期,水上发生重特大事故案例如下:

1958 年,江西省赣江大桥工地 5 号拖轮,在载运工人上班时,因未掌握气象情况盲目超载,遇风翻沉,死亡 89 人。

1961 年 7 月 18 日,重庆市水上交通公司 411 轮渡,在朝天门江中与 507 轮发生碰撞翻沉,造成 151 人全部落水,121 人丧生,5 人受伤。

1962 年 7 月,“长江 2016”轮顶推 9 艘驳船下水过武汉长江大桥,因船长,又在洪水期夜间通过,未采取安全措施,使所拖驳船撞击大桥第五孔桥墩,使桥墩混凝土面受损长达 1.76 米,桥身钢梁震动约 1 分钟,驳船损坏严重。这是武汉长江大桥建成之后一次最严重撞桥事故。事故直接报至国务院。

第五节　航标、测绘与水上通信的发展

一、航标管理体制的变化

(一)沿海航标体制的调整

1958 年,国务院对沿海航标管理体制做出调整。以“统一规划、统一制度、分工负责、自建自管”原则,分工管理,形成沿海航标由海军、交通、水产 3 方分管的格局。具体分工:①海上干线、军港及军用为

主的军商合用港的航标由海军负责。通海内河、商用海港、商用为主的军商合用港以及近海短程航线的航标,由交通部管理;无交通部直属机构管理的省市航标,分别归属省市航运部门或航道部门管理。渔港、渔场以及其他渔业专用航标,划归当地水产局管理。②分工范围内的航标建设及管理、航道维护性测量、沉船和障碍物的扫测以及新航线新港口的开辟等业务,属分工部门自建自管。③海上及海港的全面测量、刊印海图、发布航船布告,以及其他航行资料、技术业务参考资料的供应,均由海军负责。此外,科学技术的研究、专业技术人员的培养、航标工厂的领导,也都以海军为主。这些港口有:秦皇岛、龙口、烟台、石岛、大连、张家埠、石臼所、上海、海门(黄岩)、温州、福州、汕头、广州、黄埔、湛江、北海及三亚等 17 处,共有航标 389 座。

根据以上对沿海航标管理的分工,1958 年 7 月 7 日交通部、上海市人民委员会决定:上海港航标管理工作(包括长江口南水道,北港水道、崇明水道、黄浦江等)由上海市航道部门负责。8 月,交通部下发“关于接管海港和通海内河航标”指示。据此,1959 年 1 月上海航道局所管理的 72 座航标和 107 个系船浮连同航标科人员以及专业船“港浮”号一并交给上海市河道工程局管理。1959 年,天津港将航标移交天津航道局管理。1963 年下半年,交通部以交通部第四航务工程局疏浚队为基础,与广州海运管理局航道航标组合并成立航道处。1964 年上半年,海军司令部、交通部、水产部组成联合工作组,检查沿海公用航标管理情况,拟将南起温州,北迄鸭绿江沿海各港民用航标和部分干线公用航标移交交通部有关部门管理,翌年上报移交方案,后因“文化大革命”搁置下来。

(二)沿海航标接收与内河航标规范修改

1958 年 7 月 29 日,上海航道局与海军东海舰队司令部航保处协议,东海舰队代管的长江口南水道和江阴至吴淞口的长江下游航标及黄浦江航标自 1958 年 7 月 30 日起交上海航道局,主要是商港和沿海短程航线的航标。上海航道局接受闵行至吴淞、长江口江阴至河口的航标。之后,长江口至江阴航标移交给长江航运公司南京航标区。至此,上海港区共有各类航标 72 座、航标船“海航”号 1 艘。

1958 年,交通部重新修订其 1955 年公布并实施的《内河航标规范》,于 12 月 3 日由海河总局公布新的《内河航标规范》。新规范内容包括总则、航标、航标的配布、附则 4 章,适用于我国各天然河流航道。1960 年 3 月,交通部公布《湖泊、水库、运河、船闸航标规范(草案)》。以上两项规范实施,对统一我国内河航标制式,明确航标的性质、作用和配布原则,以及指导航标器材生产,保障船舶航行安全等起到十分重要的作用。在此基础上,交通部于 1962 年 8 月 21 日公布《内河航标管理暂行办法》,共 8 章,对航标的设置、基层管理组织、维护管理、船艇、工具和设备、计划统计和定额管理、安全生产等均作出规定。该办法要求航标维护质量做到标位正确、颜色鲜明、灯光明亮、灯质正常、标志结构良好和通行信号正确、及时。后来相当一段时间,这一办法成为内河航标管理重要指南。交通部内河航运管理总局于 1953 年公布的《内河航运航标工作人员职掌及工作制度(草案)》废止。

此外,由于当时我国沿海水道和航道的水上助航标志存在缺陷,已不适应国际贸易和海上运输发展需要,交通部联合其他部委改革海区水上助航标志。1960 年,海军、交通部、水产部参照苏联有关航标管理经验,制订海区水上助航标志改革方案,要求 1960 年 11 月先在上海试点。1961 年 2 月 2 日,交通部下发《上海港海区水上助航标志制度的改革试点工作总结》,对海区水上助航标志制度改革提出意见。3 月,交通部、水产部、海军航海保证部联合召开海区水上助航标志制度改革会议,研究并准备实施改革方案。4 月,交通部运输总局部署海区水上助航标志制度改革。《内河航标规范》和《内河航标管理暂行办法》的修订及海区水上助航标志改革,为船舶水上运输提供安全保障。

(三)主要内河航标体制的调整

1.长江水系

1958年2月8日,长江航道局被撤销,设立长江航运管理局航道处。5月4日,交通部航务工程总局川江航道整治工程处与长江重庆航道区合并,成立长江航运管理局川江航道处。8月,重庆大渡口以上至宜宾段航道、航标移交四川省交通厅管理。同年10月,原由东海舰队司令部航海保证处维护管理的吴淞口至江阴段航标,交由长江航运管理局南京航道区接管。1959年1月,长江干线航标段一律改称航道段,航标站改称航道站。至9月5日,自吴松至重庆2430公里的航道上安装电气化航标灯3863座,从而使长江干线上的主要通航江段基本上实现航标电气化。1965年1月1日,在成立长江航运公司时,再次恢复长江航道局,隶属长江航运公司,下设重庆、上海(8月迁回南京)两个航道区,中游航道工作由长江航道局直接管理,并管理整个长江的航标与相关设施。

2.珠江水系

1957年2月,珠江航运管理局撤销,航标业务移交给广东、广西两省分管。广东省先是在航运厅下设立航道处,1962年9月改为广东省航道局,隶属省航运厅。广西于1958年在航运厅下设航道处。当年底航运厅撤销,航道、航标业务划归交通厅工程局,内设航道科主管航标。原南宁、梧州、柳州航道工程区建制及辖区不变。嗣后,航道机构变动频繁,1960年在交通厅恢复航道处,下设航标科。1962年,广西南宁航道工程区下属管理3个航道段;有航标员209人、管理干部17人。柳州航道工程区下设6个航道段。同时,广西沿海地区的北海、合浦、龙门3地也设置航标管理机构,从事航标工作者18人(其中工程技术人员4人)。1965年9月,钦州航道工程区成立,统一管理钦州地区沿海及各独立入海支流航道的航标,1968年迁至北海市,改称北海航道工程区。

3.黑龙江水系

1958年7月1日,交通部黑龙江航运管理局改为黑龙江省交通厅航运管理局,撤销航道工程处建制,航标管理职能分别划归松花江、黑河、合江航运局。1961年3月,黑龙江省航运管理局恢复航道工程处,在佳木斯设合江航道工区,在黑河设黑河航标区,管理航标。松花江依兰以上和嫩江、呼兰河的航标,由工程处直接管理。

(四)航标的建设与养护

在接管海军移交的沿海航标的同时,上海、广东、天津航道局加强对管辖航标的增设与养护。1958年,天津港增设6座沉船灯浮,设立南北防波堤浮标,改建天津市区码头轮船转头信号台1座。1959年,为引导船舶安全通过小刘庄浮桥,天津航道局又新建浮桥导标2对及通行指挥信号台1座。由此,天津港航标分布地区逐步扩大,标种逐渐增多。到1959年,天津港以交流电、蓄电池、干电池为光源的航标占有光源航标的87%以上,油灯标志区全部消除。另外,天津新港双航道在施工之前,天津港航标发展到9个标种,共105座标志。随着新港主航道拓宽浚深,新港航标有了进一步发展。

1960年,宁波港在俞家嘴增设1灯浮,在徐家窑附近、虎蹲山南脚增设2灯桩,又将夏老太婆礁灯桩改为灯浮。1964—1965年间,宁波港在甬江内建造进出口引导灯桩6组19座。1961年5—7月,海区航标完成第一次航标改革,实行新的航标制度,改变港内航标灯质和周期,使通海航道与内河的浮标趋于一致。

这一期间,我国三大内河航标建设与养护出现新的变化。长江从浏河口至宜宾2687.6公里干流航道上,设有 4900 余座航标,其中灯标 4700 余座、昼标 200 余座。长江设有信号台 100 处,主要在川江,一般每台 3~5 人。同时,各航道区结合本区航道情况,制订航标管理办法及技术规定,并印制成册,使航道工作人员人手一册。

珠江水系。1957 年 2 月珠江航运管理局撤销后,广东、广西两省根据各自的河流及设标特点,加紧航标建设,总结实践经验,建立、修改和完善航标管理规章制度。广东省航道局就新中国成立初期以来省境内通航河流上航标状态落后,标志是竹木结构,标灯是煤油灯,靠人工划小船设标,航标工人多、劳动强度大,航标质量低,维护成本高等实际状况,从 1957 年起按照交通部提出"航标三化"(标灯电气化、开关自动化、大站管理机械化)的目标,采用新材料,加紧航标建设,提高工作效率,到 1975 年已在全省内河和沿海全面实现"航标三化",从而促使航标站机构精简 70%,航标工人劳动强度节省 60%,航标维护费降低 40%,保证了航标灯发光质量,使水上助航能力进一步提高。

黑龙江水系。20 世纪 50 年代末至 60 年代初,黑龙江水系实行航道工程处、工程区、航标段、航标站 4 级航标管理体制。航标艇更新换代,标灯电气化,班组管理改革。松花江取消航标站,由航标段直接管理,每个段根据管辖河段长短和工作量大小分别配备 40 马力、60 马力、80 马力或 120 马力航标艇 1 艘,人员编制一般 7 人。

各省(区、市)航道部门也加强航标建设和养护。1958 年,福建省航道部门开始全面改造福州至马尾 16.4 公里的航道航标,按《内河航标规范》改变原航标的颜色、等级,先后有 46 座重新布设。1959 年后,改进航标灯点燃发光装置,以光电航标代替煤油灯。1961 年,在闽江南平至夏道、水口至莪洋、淮安至枕峰的近 200 公里航道上,设置红、白、红白相间或黑白相间的苏联链式发光航标 30 个和警灯 7 盏。1961—1962 年,福建省沿海港湾航标进行首次改造,共改造灯标 60 座,不发光改为发光,煤油灯改成电闪灯,桩身分为左红右黑,灯光分为左红右白,使航标标身清晰便于记忆。1961 年 6 月,省航道养护队针对航标质量下降情况,开始整治闽江干线航标,采取先易后难、先急后缓、先方向标后界限标、先上游后下游的方针分段、分批、分期整治。经过两年努力,新建岸标 30 座、顶标 20 个、电闪灯 50 盏,更换不合格标志 24 座,调整位置设置不当浮标 12 座,保修航标 308 座,使标灯质量基本得到恢复。

此外,广西航道部门加快航标建设,到 1961 年底已在百色到梧州、融安到桂平的 1600 多公里航道上普遍设立各样灯标,使运输船舶能日夜安全通行。沿海各港灯标设置工作,基本上与内河同步进行。梧州至界首 13 公里航道上新设扶典航标站,基本上达到电器化改造规范要求。柳州航道工程区航段仅 1958 年就设标 661 座,其中发光标 230 座。1962 年 3 月,航标数量增加至 1005 座,其中发光标 676 座。

中俄、中朝界河航标管理在这一时期也有新发展。1951 年 1 月 2 日,中苏双方在哈尔滨签订《中华人民共和国、苏维埃社会主义共和国联盟关于黑龙江、乌苏里江、额尔古纳河、松阿察河及兴凯湖国境河流航行及建设协定》(简称《五一协定》),并按协定成立"中、苏国境河流航行联合委员会",作为常设机构,协商处理航行和航道管理工作。该委员会在协商处理航道工作方面,因航标设置和管理涉及领土领水主权问题而一直存在分歧。中国提出按国际惯例以主航道中心线为界,双方各自管理已方一侧航标建设,一直遭到苏方拒绝。20 世纪 60—70 年代,苏联边防军曾多次出动炮艇,阻挠我航标艇在主航道中心线中方一侧进行正当的航道测量和航标作业。为维护国家主权,中方于 20 世纪 60 年代末至 70 年代派人维护管理黑龙江抚远以上和乌苏里江乌苏镇以上主航道中心线中方一侧 54 个岛屿上苏方设置的航标 155 座。此间,1960 年 8 月,交通部总结苏联专家在华工作情况,从 1949 年起先后聘请苏联专家 109 人,其中海河系统 23 人。苏联专家介绍他们先进经验,包括内河航行顶推技术、航标规范、航标技术的改进和内河航标统一等。

此外,1960 年 5 月 23 日,我国和朝鲜签订《关于鸭绿江国境河流航运合作协定》,适用范围为吉林省集安至鸭绿江口。据此,中、朝两国主管部门共设置各种航标 133 座,中方分管 72 座,朝方分管 61 座。

二、沿海海区测量的展开

1959 年 1 月,根据交通体制下放规定,交通部海港测量队下放,分别划归天津航道局和上海河道工程局管理,更名为天津航道局海港测量队和上海河道工程局水文测量队,主要职责不变。

我国沿海海区测量与航海图的编绘工作,1958 年以前是由海军有关部门负责。随着 1958 年开始的全国海区基本测量告一段落,1960 年起着手进行第二代航海图的编绘工作。其中,军用图于 1963 年出齐,民用图于 1964 年起陆续出版。这套图的绘制质量和精度较第一代航海图大为提高,内容也更适合航海和其他各种需要。

1958 年,交通部航道局海港测量队首先在黄、渤海区离岸 100 多海里的近海范围展开测量活动。11 月,航道局海港测量队与上海航道管理处合作,对长江口江阴至鸡骨礁 250 公里水域全测竣工,共成图 18 幅。这是对长江口水域第一次全部测量。

1965 年 2 月,为开辟长江口至南京栖霞山万吨油轮航道,上海航道局航标测量队全测长江口至南京 350 公里长的长江航道,成图 20 幅。这是新中国成立后长江下游第一次全面测量。

这一时期,航道测绘部门还出版了新中国成立以后的第一本实用价值较大的航保参考资料集——综合性海区图集。此图集是 1963 年专为调查“跃进”号沉没原因而编制的,由于图文并茂,并附有较多的海区地貌、水文、气象等要素,得到周恩来好评。此后,我国又根据不同需要编制出版了多集类似的航保参考资料图集。

三、水上安全通信的推进

1958 年,交通部电信局改为海河总局电信科。1959 年 8 月 14 日,海河总局电信科改为电信处。1961 年,海河总局电信处改为运输总局电信处。1961 年 11 月 25 日,交通部批准上海航务电台迁址扩建,并将上海航务电台改名为上海海岸电台。12 月 2 日,广东省航运厅将广州航务电台交广州海运管理局管理。1963 年 4 月 1 日,交通部成立电讯局,隶属水运总局。1964 年,电讯局取销,成立由交通部领导的机要电讯局。1965 年,机要电讯局改为交通部水运局电信处,管理交通系统的通信业务。

这一时期,随着国内外航线恢复,水上运输有了较大发展,港口船舶导航问题已引起人们关注,但全国港口水上信号指挥没有实现统一。各港口基本以本港信号指挥规定为主。如大连港务监督根据本港船舶状况,为保证风季船舶安全,专门设置台风注意信号、强风信号。1959 年起,交通部、水产部、邮电部、解放军总参谋部 4 部门联合制订水上信号通信规则,1961 年 5 月 30 日公布《中华人民共和国水上信号通讯规则》,于 1962 年 3 月 1 日起实施。这是新中国成立以后第一个全国港口水上信号统一规章。1960 年 8 月,交通部公布《电台工作守则与航务通信业务规程》与《水上信号通信规则(草案)》。1961 年 3 月,交通部公布《航务无线电设备管理、使用维修规程》。8 月,又公布《电台工作守则与航务通信业务规程》。1965 年 10 月 18 日,交通部制定华南区《静默航区通信办法》。

随着船岸近程无线电通信业务的不断增加,单一的通信方式已难以满足需要。1958 年,大连港务局在试办雷达导航设备基础上,又在办公大楼顶部安装一部船用导航雷达,对黄白嘴 1 号浮筒附近的港务船进行导航试验,但因雷达质量太差而未达到预想结果。1959 年,天津港通信导航维修组成立,之后更名为“天津港通信导航维修所”,担负港口和国内外船舶通信导航设施的维修和保养。1961 年,上海航务电台改名为上海海岸电台,架设港口甚高频无线电话台,使用国际上规定的第 14 频道,专供于生产调度指挥。1964 年,华东科委组织交通部上海船舶运输科研所、上海无线电四厂等单位研制出我国第一部 751 型电子管船舶导航雷达。上海船舶运输科学研究所研制成功我国第一台导航设备 753 型回声测深仪与脉冲式晶体管超声波测厚仪,后者获得国家发明二等奖。

1963 年 12 月 16—28 日,交通部水运总局召开全国电信工作会议,提出在第三个五年计划期间在上海建立港口雷达站一座,在珠江入口航道、琼州海峡航道浮标上装设雷达反射器。1964 年 8 月,交通部上海船舶运输科学研究所编写《港口新型导航技术研究》任务书,提出研制港口雷达和电视导航设备的方案。由于受当时国内电子工业水平的限制和后来“文化大革命”的冲击,这些规划和设想一再受到延误,但是对港口导航的探索和试验却从未停止过。

为适应航运发展,上海、广州、青岛和天津等远洋运输公司已将数字程控电话交换机投入使用,改善了自动电话传输质量,也为交通系统推广使用数字程控电话交换机和建立数字通信网提供了经验。特别在“跃进”号触礁沉没过程中,上海海岸电台发挥重要作用。1963 年 5 月 1 日,“跃进”号触礁,位于广东路 20 号的上海海岸电台在 13 时 45 分收到“跃进”号发出“我轮受击,损伤严重”求救紧急密电,10 分钟内即逐级汇报直到中南海周恩来办公室。13 时 58 分又收到“跃进”号发出“SOS”国际求救信号,12 分钟内报到周恩来办公室。

第六节　航政设施添置与外勤人员着装

一、航政管理设施的增添

1958—1965 年,我国航政管理设施发展总体处于停滞状态。1964 年,上海港务监督共有巡逻艇 14 艘,其中吴淞监督站 4 艘、兰州路监督站 4 艘、关桥监督站 5 艘、闵行监督站 1 艘,功率 24~330 千瓦不等。

用于长江航政管理的设备,从 20 世纪 50 年后期就开始添置,主要为长江上特殊的工程现场安全服务。60 年代,沿江水上特殊工程建设项目越来越多,尤其几座大桥相继开工和立项。有鉴于此,国家对长江航政的投资开始大增,设备添置呈上升趋势。1964 年 4 月,南京长江大桥九座桥墩同时施工,现场安全维护工作量增大。为此,交通部从上海港机厂抽调木质船“飞岗”轮,按照长江监督艇的顺序号,改编为监督 3 号;将武汉军区后勤部调用的 1 艘 150 马力小拖轮,改编为监督 6 号;从芜湖轮船公司抽调的 1 艘木壳小拖轮,改编为监督 7 号;将从大桥管理处调派的 1 艘拖轮,改编为监督 23 号。这 4 艘监督艇用于维护该水域水上航行秩序,实施航运监督管理。同时,用于各桥区的巡逻艇功率亦逐渐增大,由原来的 100~200 马力,增至 200~300 马力。

二、航政外勤人员统一着装

为便于港航监督人员执行航政管理职务,维护港口和航运的正常秩序,保障航行安全,保护水域环境,充分发挥航政管理为社会主义事业服务的作用,经国务院批准,自 1959 年开始统一港航监督(含航政管理、船检)外勤人员服装、帽徽和臂章式样。

1959 年 9 月 29 日,交通部公布船员制服规定。

1960 年 9 月 8 日,交通部公布《港务监督外勤人员佩戴圆臂章式样的规定》。

第七节　航政管理人员的增减与充实

一、航政管理人员的紧缩与分流

进入“大跃进”运动后,随着中央“扩大地方事权,将中央各部门直属的企事业机构大规模下放给地方”的决定,交通部机构变动频繁,航政管理人员成为精简的首要对象,1956 年 8 月交通部发布的《关于机构的通知》中,港航监督局编制为 22 人,船舶登记局为 24 人。几番变动后,到 1960 年 11 月 22 日,新建的安全监督局(包括公路安全监督),与船舶检验局合署办公,编制才 35 人(交通部上报中央的精简计划表)。可见,航政管理机构是历次交通部机关下放、精简的“重灾”区之一。

经济困难时期,中央要求全国精简机构与人员,交通部再次调整机构。1960 年底,交通部上报的精简计划中就包括交通部机构调整方案与编制内容,新建安全监督局,与船舶检验局合署办公,原有 29 人,增 6 人,共 35 人。

沿海各港港务监督人员这一时期也缩编与分流。如 1958 年 6 月天津区港务管理局下放天津市,1959 年改为天津市港务管理局。天津港领导体制成为集港、企、事合一的“一长制”。下半年,“一长制”受到批判,遂改为党委领导下局长分工负责制。同时,天津疏浚公司划归天津区港务管理局,1958 年 3 月改称天津航道局。天津港航标工作移交天津航道局,引水信号科复称引水科。1958 年,烟台港务局对组织机构进行整编,港务监督科由原定员 11 人整编减为 7 人。1962 年,烟台港务监督改由港务分局局长直接领导,定员增至 26 人。

长江航政系统随意撤并后,管理人员成为可有可无、可减可调的“机动大队”,凡需要人员的部门大多从港航监督抽调人员使用。1958 年,汉口港务局干部下放劳动时,先从主管航政的港航监督科里下放 8 人,人员减少到 13 人,后来支援“大办钢铁”又抽调包括科长在内的 6 人。宜昌港务局航政人员由原来的 11 人裁减为 7 人,还抽调 6 人参加“大炼钢铁”和码头装卸,跟班劳动,仅留 1 人值班。长航重庆分局将一部分船检人员移交重庆港务局,自留了一部分人。两部分人各行其是,重复检验,造成船检工作无法正常进行。1959 年,南京港务局安全监督科与调度室时常为生产要“大干快上”、航行要保证安全而发生矛盾,港务局索性将安全监督科合并到调度室里去,并把港航监督(航政)人员由原来 5 人裁减到 2 人,大大削弱了航政工作。

各省市(区)的航政管理人员,在“大跃进”运动期间也遭缩减、分流。如 1958 年广东省海河分家后业务技术都要从头开始。内河港航机构下放地、市、县管理后,有的港务所、站被撤销或合并,全省 1000 多名业务技术骨干被调走,木帆船管理力量削弱,出现船舶调度不灵、互相封锁、同一航线相互放空、运输秩序混乱等现象。

二、航政管理人员增减与变化

1961 年,党中央开始实施“调整、巩固、充实、提高”八字方针,国民经济发展逐渐走向正轨。1963 年 4 月 1 日,交通部机关调整后,航政人员从绝对数量有所增加。1964 年 7 月 29 日,交通部机关增设港务监督局,航政人员总数减少,减幅为 23.91%。

调整期间,沿海、内河及各省(区、市)港务(航)监督人员在中央要求精简机构与人员的背景下增减不一,从整体上来看有所增加。

1964 年,交通部制订发展 100 万吨远洋船队船员规划。9 月,下发“关于解决发展 100 万吨远洋船队所需的船员的规划的通知”。1959—1965 年,交通部为我国与民主德国、加纳、印度、缅甸、锡兰、刚果、朝鲜、柬埔寨建立海上友好关系,签订航海协议做了一系列工作,为发展远洋运输事业创造良好条件。随着国家对外贸易的迅速增长,外轮代理业务也有了很大发展。中国外轮代理公司先后与 34 个国家和地区的 200 多家轮船公司、租船公司等建立业务关系,每年到港外轮有 2000~3000 艘次。在这一背景下,港务(航)监督不得不扩大队伍。

第四章　中国海事的艰难发展
（1966—1976年）

1966年5月到1976年10月，前后10年时间，是我国一个特殊历史阶段，史称“文化大革命”时期。

“文化大革命”社会动荡，无政府主义泛滥，我国航政与全国其他系统、行业一样遭受灾难。管理机构作为“束缚生产力发展”的桎梏被废除，管理人员被当作“航监老爷”或“白旗”下放劳动或离岗，业已形成的管理制度被称为“管、卡、压”而废除，以致航政工作陷入停滞状态。但由于周恩来等老一辈革命家对动乱的极力抵制，航政干部和职工力除干扰，坚守岗位，使航政监管工作没有中断。特别1970年12月《中共中央关于加强安全生产的通知》发布和1975年邓小平主持国务院工作时的全面整顿，使我国航政在1971—1976年，管理机构恢复，管理规章制度重启，管理工作在艰难中行进，并取得一定成效。然此时尚属“文化大革命”期间，负面影响依旧很深，无法有根本性的改变。

值得一提的是，1971年10月25日，第二十六届联合国大会通过决议，恢复中国在联合国合法席位。从1972年9月起，交通部主管全国航政职能部门开始称“中华人民共和国港务监督局”或“中华人民共和国港务监督”（简称“中国港监局”或“中国港监”）。自此，交通部主管航政职能部门，以“中国港监局”独立机构名称对外，对内仍使用交通部职能部门名称。1973年3月1日起，中国成为“政府间海事协商组织”（后来的“国际海事组织”）成员，开始与国际海事组织等国际相关机构交流、合作，并不断扩展和深入，提升中国航政（海事）在国际组织中的地位和作用，并推动自身建设与发展。此外，1973年起中国港监局被交通部授权开始归口管理“海上安全指挥部”“交通部环保办公室”等非常设机构，负责日常管理工作。

第一节　“文化大革命”对航政的冲击

一、航政各级管理机构的瘫痪

（一）交通部水上安全管理机构的瘫痪

1966年，“文化大革命”爆发，交通部机关受到连续冲击，部分领导干部遭到迫害打击，逐渐陷入瘫痪。主管我国航政的交通部港务监督局、船舶检验局等，也随交通部机关的瘫痪而停滞，难以履行指挥和管理全国沿海、内河的水上交通安全监督管理职能。

1967年初，在“上海一月风暴”影响下，交通部一批有丰富实际工作经验的领导干部被剥夺工作权力，遭到任意批斗。为制止交通行业的进一步混乱，1967年5月31日中共中央、国务院、中央军委、中央“文化革命”小组发出《关于对交通部实行军事管制的决定》，自即日起对交通部实行军事管制，并成立了军事管制委员会。6月2日上午，交通部军管会进驻交通部，正式实行军管。6月24日，交通部军管会宣布成立“中国人民解放军交通部军事管制委员会生产指挥部”。生产指挥部下设水运、陆运、综合、行政4个组，对部内各司、局的业务工作实施统一领导。各司、局根据业务分工承办生产指挥部下达的各项任务。生产指挥部对部直属单位在生产运输调度业务上实施集中指挥，并负责在京直属单位行政、业务的统一管理。原交通部部机关机构大部分被撤销或合并,分管航政的港务监督局、船舶检验局均停止工作,归生产指挥部下水运组管理,由其内设的航政小组负责全国水上安全、船检等航政工作。航政小组形同虚设,相当长一段时间只有组长丁奇中(时任中国船舶检验局局长)1 人应付日常事务。

1969 年 4 月上旬至 10 月 25 日,交通部机关陆续下放 1929 人,占部机关和在京单位人数的 80%。虽然没有下放航政管理部门具体人员的详细记载,但从部机关干部下放的比例和留京工作人员的数量上可看出交通部机关留下的航政人员较少,只能应付。

1970 年 1 月 13 日,交通部军管会与铁道部军管会合署办公。1 月 16 日,为便于联系工作,交通部军管会决定下设:办事组、政工组、运输组、计划基建组 4 个办事机构,并停止使用原交通部军管会生产指挥部印章。运输组下设的航政小组,管理水上安全、船检等航政事务。6 月 22 日,根据中共中央"同意国务院各部门建立党的核心小组和革命委员会的组成、名称和名单"的批示,铁道部、交通部、邮政总局 3 部合并组成大交通部。9 月 9 日,国务院制发新的"中华人民共和国交通部"印章和套印各一枚,并开始启用。

(二)沿海各港务监督陷于瘫痪

随着"文化大革命"向纵深发展,沿海的航政管理机构遭受冲击,领导被打倒,干部下放劳动,职工参加派性武斗,只有少数干部留下应付差事,指挥系统基本瘫痪。

上海港自 1966 年底起便陷入动乱之中。1967 年 1 月 5 日,上海工人革命造反总司令部控制港口生产指挥系统。"一月夺权"活动使上海港生产一落千丈。为了制止港口进一步混乱,1967 年 4 月 12 日上海港实行军事管制,生产管理仍处于不正常状态。当时,港务监督也陷入停滞状态。

1966 年"文化大革命"开始后,广州港务局遭受破坏,航政人员随港务局人员一起下放到英德茶场劳动和学习,港务监督业务陷入瘫痪。

1966 年,受"文化大革命"影响,青岛港务监督下设联检组、引水组、船检组。1970 年,管理工作人员不足 25 人。烟台港航政也是处于瘫痪状态,港务监督人员和港务局船队机构混在一起,仅有港务监督人员 12 名。

1968 年,大连港务局革命委员会安排大部分港务监督人员脱产学习,次年又将大批干部下放农村劳动,剩下几个港务监督人员维持日常的安全管理工作。营口、丹东港的港务监督机构也一度陷于瘫痪。

1968 年,天津港港务监督受到冲击,自行解散,更名为涉外组。

"文化大革命"初期,各港引航工作与航政工作一样都先后遭受冲击,导致引水员队伍人员锐减。如广州港在"四清"运动中就有 20 余名老引水员离开引航岗位,"文化大革命"时只留下 9 名引水员。大连港剩下 8 名引水员。天津港最少时只有 7 名引水员。即使是最大的上海港,留在生产一线的引水员也只有 20 人左右。

(三)内河及各省(区、市)港航监督机构陷于瘫痪

内河及各省(区、市)航政部门,受"文化大革命"暴风骤雨式运动的冲击,基本上陷于瘫痪。

1.长江航政管理局

1966 年 5 月,成立后运转刚好一个月的长江航政管理局及其分支机构,随着"文化大革命"风暴的开始,逐渐失去监督管理权威,管理机构陷入瘫痪状态。

1966 年 8 月以后,随着"文化大革命"的深入发展,航政局机关内,沿江各分支机构内部,分帮立派,内战不休,各项航政工作处于停顿状态。1967 年,在上海"一月风暴"的影响下,刚成立不到一年的(1966 年 4 月 15 日成立)长江航政管理局从上至下进入"夺权斗争"的阶段,一批有实际工作经验的领导干部

被剥夺权力,遭受无辜的批斗。被当作“管、卡、压”枷锁的航政机构统统被砸掉,沿线18个分支机构被撤销7个,未撤销的也名存实亡,无人理事。全线276名航政人员,调整、下放劳动的106人,留下的除领导干部36名,其他改行、打杂,最后仅剩80人,航政机构处于半瘫痪状态。

1968年2月6日,长江航运军事管制委员会成立。长江航政局和各分支机构随长航及其所属单位由各地驻军实行军管。11月,航政局清理阶级队伍开始,紧接着到“五七”干校劳动,机关仅留3~5人处理日常工作。各分支机构航政管理人员也均下放劳动,或打杂和做与航政无关工作,不少机关经常仅留1人看守,即使有时增配人员,也是为某项突击性航政任务而临时调用。全线航政机构陷入半瘫痪状态。

1969年5月26日,交通部军管会生产指挥部下发《关于长江航政机构改革问题的意见》,原则同意撤销长江航政局的建议,长江航政局机关监督、船检两业务处室各留有少数管理人员与长江航运公司军管会、革委会生产指挥部安全小组合并办公。在监督管理、海事处理方面,长江航政局代表长江航运公司当事单位一方。沿江各航政分支机构(包括船检)所必须进行的航政管理事务,分由长江航运公司分公司(港)革委会统一领导。长江航政局大多数干部进“学习班”或到“五七”干校劳动,航政管理工作一度中断,导致长江水上安全秩序更加混乱,重大和死亡等重大事故频繁发生,严重威胁长江船舶航行安全,影响运输生产。

2.珠江港航监督

1966年开始的“文化大革命”,使珠江航运受到冲击,指挥体系基本瘫痪,船舶停航,港口停产,职工离岗,生产直线下降。包括航政管理人员在内的各级管理机构遭受冲击,领导被打倒,干部下放劳动,职工参加派性武斗,生产管理和指挥系统基本瘫痪。后来有一段时间主要单位实行军管,到1968年下半年后又成立“革命委员会”。1970年3月,广东省成立广东省港务管理局,统一管理部属和省属的港务局、港务所(站)等。除部属的6个沿海港口仍独立设置港务监督外,其他地方港口则按行政区域,地区设港务监督,县(市)设港务监督站。由于地区一级以下多半仍是港航合并机构,在省航运局内设港航监督室,主管船舶航行安全。

3.黑龙江港航监督

“文化大革命”期间,黑龙江港航监督机构中辍,规章制度遭到破坏,水上运输秩序混乱,航行事故不断。1968年8月,全省航政人员全部下放劳动,整个航政工作中断。1969年9月,黑龙江省交通局(原交通厅)恢复港航监督机构,规章制度有所恢复,但有章不循现象仍然严重。

4.各省(区、市)港航监督

各省(区、市)港航监督机构在“文化大革命”初期,受急风暴雨式运动的冲击,几乎陷于瘫痪。

江苏省港航监督,1966年下半年起,因“造反派”夺权,航运生产和管理遭受严重破坏。1968年虽实行全面军事管制,局面略趋稳定,但未能真正扭转无政府状态,水上运输与安全无大起色,事故频增。

安徽省港航监督,随航运管理机构遭受“文化大革命”浪潮波及,也陷入混乱。1968年11月,省军事管制委员会推广“灵宝经验”,港航监督随着省航运管理局及其所属航道处解体。1970年9月1日,淮河、巢湖水系分别成立安徽省淮河航运管理局、安徽省巢湖航运局,下设港航监督所、航道处(段)。

山西省港航监督,内河航运机构在“文化大革命”期间先后被迫撤销,且长期未能得到恢复,使刚刚有所发展的山西地区的黄河、汾河航运失去组织管理,严重地影响航运事业的发展。

辽宁省港航监督,“文化大革命”初期被撤销,大批管理人员下放农村,人数从72人减少到33人。各监督站处于被取消状态,水上事故与污染案件频发。

广东省港航监督,受到“文化大革命”的冲击基本陷于停滞。1966年8月,广东省航运厅将原由省安全监督室负责的船检工作划归广州港务监督负责,设立船检科。

山东省港航监督,“文化大革命”开始后几近瘫痪,航运业务由“革命委员会”“生产指挥部”内设各组分口管理。

浙江省港航监督,受“文化大革命”破坏,相继撤销或兼并。全省 9 个地区、60 个航管站(所)撤销 3 个、兼并 12 个,19 个站仅有 1 人应付,3 个站无人。

福建省港航监督,“文化大革命”初期人员下放农村,留守人员仅有 3 人。

四川省港航监督。“文化大革命”中省交通厅内河局撤销,由省交通厅业务组代行其职责。航政工作无人问津。

云南、贵州省港航监督,本来就不健全,人员很少,“文化大革命”开始后瘫痪,无人开展航政工作。

其他各省(区、市)的港航监督也基本上陷入瘫痪,机构撤销或兼并,人员裁撤或下放劳动,留下的人员多为应付流于形式的航政工作。

二、冲击国际准则和法规规章废除殆尽

(一)“文化大革命”严重冲击着国际准则

在“文化大革命”的冲击下,航政管理机构瘫痪或濒于瘫痪,不少法规、规章几近废弛,甚至有章不循。各项管理法规、规章制度被视为“修正主义的管、卡、压”,建立没有规章制度、不受任何约束的航运企业成为一种潮流,按劳取酬、鼓励先进的奖励制度被说成是“奖金挂帅,物质刺激”,计件工资制被全盘否定,平均主义和吃“大锅饭”的思想占了上风;从而使航政管理陷入一片混乱之中。

应该遵循的国际航行准则遭到“冲击”。如沿海运输船舶使用“国际船舶载重线”,造反派认为中国船遵守外国的载重线条约是不革命的,于是将其废除。船员职务规则是从苏联沿袭来的,造反派认为是“修正主义”的货色,不应遵守。即便一直在实行的且行之有效的一系列航政管理规章制度,如水上安全管理、船检、船员考试等规章制度,均都被看作是束缚生产力的“旧的规章制度”而遭到破坏,相继被取消。按国际惯例,外籍船舶进出我国沿海港口时,各港港务监督与海关、边防、卫检等相关执法机关的联检,也被烙下鲜明的政治烙印,以宣传毛泽东思想为主要内容,代替对技术和安全的监管,甚至根据船籍国意识形态而执行不同的标准,对同一意识形态的国家,且随着我国外交关系的变化而不断变化。

用“阶级斗争”的观点衡量和对待,混淆公开与保密、航行需要与特(务)情(况)活动、一般案件与重大案件的界限。如航行国际航线的船舶要查阅的当地海图和潮汐表,在任何国家都是公开的。然而,当时天津新港因锚地和航道灯标设施不足,加上管理尚未到位,外轮要求提供相关的海图。外轮使用的旧海图与航区、港区的实际情况多有不符,须依据实际情况修改,作些标记,以保证船舶航行安全。这些正常的航行业务要求,却被怀疑为“特情活动”遭到拒绝或制止,甚至扣人扣船。秦皇岛港 1970 年的涉外案件共 59 起,当时认为属“重大案件”的有 17 起,涉及扣人扣船“重大案件”3 起。更加过分的是还曾发生红卫兵冲击外轮事件。这些违背国际航行准则的行为,使我国的声誉在国际上受到很大的损害。

航政管理规章制度被视为“管、卡、压”,一律废弛。1966 年 8 月 22 日,交通部军事管制委员会下发通知,废止 1963 年 12 月 6 日公布的《中华人民共和国轮船船员考试办法》,改由船舶所属企事业单位政治部门管理,由“群众评议,领导审查,航政部门免试领证”的“三结合”方法代替。结果导致船员考核发证停滞,应具备的各类证书参差不齐,不是航行证书过期,就是无证开船,严重威胁着船舶航行安全。9 月 9 日,交通部军事管制委员会电报指示各港务监督自 9 月 10 日零时起废止“国内一切船舶进出口签证制度”。随后。沿海各港务监督除保留对外籍船舶和航行国际航线国内船舶进出港口联合检查外,其余船舶(包括客、货运输船、小轮船、帆船、渔船)的进出港报告制度、签证管理等安全监管项目全部废止,船

舶进出港只需申请信号。

各沿海港务监督或内河港航监督部门将"政治斗争"强行搬进航政管理工作中来,纷纷废除各种行之有效的管理规章制度。如上海港务监督因船员考证工作人员力量不足,建议大型轮船船员的考试工作暂由船舶单位自行办理,凭船舶单位出具的各种考试及格证明和指定医院体检合格证明发给船员正式船员证书。该建议经交通部北方海区海运管理局1965年12月21日批准同意实施。又如在所谓的"破旧立新"中,长江航道用的方块、圆球形航标被认为是"毫无政治意义",是"帝国主义、修正主义的那一套",需彻底"改革"。1966年9月17日起,长江全线4500座航标一律改为三面红旗、红五角星、灯塔等"新式标志",航标种类由原来的3类19种改为3类10种。为了"突出政治",面向下游"左白右红"改为面向上游"左红右白"。这次航标"改革",不仅使助航标志失去应有的作用,而且给船舶安全航行带来危害。11月25日,长江干线所有客班轮不论大小一律改为以"东方红"编号命名,一改本来很有特色、家喻户晓的客轮船名,在群众中造成混乱。川江有的航标维护人员离岗,灯标、航标失去维护,影响航行安全,甚至使云阳王沱段夜航中断。

港航单位提出以船员岗位责任制代替船员职务制,取消了船员职务之分。有的对海轮所遵循的国际通行悬挂国旗的规定也要更改,外国船舶进入我国各港口,不论时间、地点都要将五星红旗高高悬在船头的桅杆上。1967年6月20日,中国远洋运输公司上海分公司向交通部建议,远洋船员海员证由远洋运输公司自行签发。7月20日,交通部远洋运输局与交通部港务监督局协商后予以同意。自此,上海港海员证核发工作,改由中远上海分公司持盖有港监印章的空白海员证自行填用。登船、离船签证也由中远上海分公司自办,照片骑缝章用"中华人民共和国上海港务监督远洋船员证书专用章"钢印。9月22日,交通部港务监督局和远洋运输局批准海员证主管栏内不再用上海港公章。广州海运局直属船舶中产生"大轮班"风。轮机部取消加油、生火、机匠的职务分工,将各自不同的岗位合在一起,轮流值班航行;甲板部取消一等水手和二等水手的分工,扩大轮值操舵班的范围,甚至由驾驶员轮流当船长,操纵船舶靠离泊位等,名为"大家负责"。此外,在广东各港口,除远洋海轮仍按规定登记外,国内航线船舶不论新置还是业权变更、名称变换,多不办理登记手续。

(二)沿海各港航政规范性文件的废除

"文化大革命"初期,航政管理的一系列规章制度,如船检、船员考试等都被看作是束缚生产力"旧的规章制度"而遭到废除,使水上交通安全监管处于无章可循的状态。除一些行之有效的制度被废除外,就连有些根据当时实际需要而制订的规章也被束之高阁。

"文化大革命"开始后,上海港港监通知自1966年9月10日起,根据交通部和北方区海运管理局指示,废止一切国内船舶进出口签证制度,船舶适航状态(包括船员合格配备)和有关装备(包括拖带定额,不包括危险品装备)、出航安全等的检查事宜,由船舶所属单位自行执行。

1965年1月,宁波港港监鉴于航道条件、码头设施、船种变化,对1955年公布的《宁波港港章》做了较大修改。修改后的《宁波港港章(草案)》共9章78条,因"文化大革命",长期处于试行状态。

其他沿海港口航政规章制度,与上海、宁波等港情况差不多。规章制度的废弛导致航政管理无章可循、有章不循、随心所欲,沿海海上安全秩序混乱,重大海事事故频发。

(三)内河及各省(区、市)各规范性文件的废除

1.长江航政规范性文件的废除

"文化大革命"中,长江航政管理所实行各种规章制度遭到破坏。1966年7月28日,船员考试制度

被说成是压制群众积极性的枷锁,提出要废除。9 月 1 日,船舶进出口签证管理办法被废除。沿线各分支机构也同时废除各类航政规章。10 月 20 日,以“轮船船员考试办法”“十不开航、五不拖带、十四项注意”为主的 13 种规章和办法,成为被废除的第一批长江航政规章制度。1966 年 8—12 月,南京分局及下属处、站共废除 18 种管理制度。随“大批判”不断升温,到 1968 年底,多年来建立起来的长江航政管理规章制度基本上被废除殆尽。

航政规章制度废除以后,长江干线航政管理进入一种无政府状态,船舶无证无照照常航行,船舶适航安全设备、人员配备均处于失控状态,航政管理职权无法履行。如船舶检验由“三结合”(工人、技术人员、干部)检验组代替,船员考试改由“群众评议,领导推荐,航政部门发证”取代,用“革命精神”代替技术水平。1966 年 9 月 23 日,长江航政管理局就船员考试问题,向各分局、处、站作如下通知:长江航运公司所属船舶船员,经交通部同意由本企业自行考试,发给职务任命书。其他航运事业、企业,如轮渡公司、水运公司等,在管理船员上具有一定的经验,同样可以自行办理船员考核,发给职务任命书。一般工矿企业、事业单位船舶不再搞船员考试,除船员的政治、思想、历史情况由所属单位自行审查外,船员的技术考核由航政部门本着从实际出发分别对待的原则办理,发给技术合格证书。就是这样的不经考核、自行评议的所谓船员“考试”方法,还被批为“压制人民群众的积极性”的枷锁,一再要求予以砸烂。无章可循,无法可依,无政府主义思潮泛滥,加上航政机构一度被撤销,致使长江水上安全秩序混乱,事故不断。

2.各省(区、市)航政规章规范性文件的废除

在“突出政治”、轻视技术的年代,各省(区、市)航政规章规范性文件统统被废除。停办船员培训、考试、检定,无证代职高级技术船员随之增多,船员考试改由企业部门推荐和选拔相结合方法。强调阶级路线、本人出身和政治表现,经群众评议,企业部门考核,党委审核批准,发给职务任命书。港航监督机构以船舶单位意见为主,凭职务任命书发给船员证书,最多必要时进行现场操作测验和口试航行规则。社会船舶由有船单位比照上述方法推荐和选拔。如陕西省则由船员单位组成的“革命领导小组”决定船舶动态,港航监督部门不再举办船员培训与考核。1966 年 5 月,广东省航运厅下发“关于废止内河船舶进出口签证制度的通知”。上海市港航监督也废除市、县境内内河航行船舶进出口签证制度。湖北省、湖南省港航监督停止船舶检验、签证等航政管理工作。内蒙古自治区多年来行之有效的航政规章制度统统被“砸烂”,以致航政工作无章可循,管理混乱,水上安全管理体制一变再变。

三、各种航政管理工作的停滞

1966 年“文化大革命”开始后,航政管理相继被废除,管理职权无法履行,管理工作进入无政府状态,船舶无证无照照常航行,船舶适航安全设备、人员配备均处于失控状态。1966 年 8 月 22 日,交通部军事管制委员会下发通知,废除新中国成立之后第一个沿海内河船员考试管理规章——《船员考试办法》。随后,各港务(航)监督相继撤销船员考试委员会,废止船员考试办法,停止航政部门对船员考试和发证工作。各港航系统船员由船舶所属企、事业单位政治部门管理。船舶适航状态由所属单位掌握检查。以航运单位自行考试和“鉴定发证”代替船员考试发证。就连中国远洋船船员持有护照性质的中国海员证件,也是由远洋企业自行签发。大连港危险品装运监管只在形式上办理危险货物审报手续,实际管理工作处于停止状态。

船舶检验工作也受到“文化大革命”极大干扰。有些国内航行船舶不按规定申请检验,未取得法定检验证书擅自航行。国际航行船舶一般均按照国际公约的要求和船舶检验局的规定进行检验后核发了有关的检验证书,都无法取得船检部门换发的证书。有的船检部门自行更改船舶检验证书格式,甚至将检验证书与内河船舶航行签证簿合订成一个“小红本”,造成原来统一格式的地方船舶检验证书簿面目

全非。1967 年,长江航政局通知所属船检部门暂停使用《船舶吨位丈量规范》,使长江船舶吨位证书一度处于混乱状态。

总之,“文化大革命”中,港务(航)监督的机构、制度、工作均受到严重破坏。不过,与“大跃进”运动时的损失相比有很大的不同。“大跃进”运动的影响在于削弱航政管理权威,正常管理秩序被打乱,监督管理工作流于形式,超越客观条件。而“文化大革命”则是一场浩劫,全国沿海、内河干支流水系的水上安全管理秩序被破坏,无章可循,无法可依,无政府主义思潮泛滥,航政机构一度被撤销,致使水上安全秩序混乱,海损事故频频发生,重大海事不断,代价高昂。1970 年是新中国成立以来全国交通事故最多的一年,仅交通部直属航运单位共发生事故 423 起,沉船 41 艘。

第二节 航政管理工作在力排干扰中艰难行进

一、专题研究与部署航政管理工作

1969 年 4 月 1—24 日,党的第九次全国代表大会在北京召开。“九大”以后,党中央、国务院采取许多有利于政治、经济发展的政策和措施,促使全国形势相对稳定,国民经济得到一定程度恢复和发展。1970 年 12 月 11 日,中共中央发布《中共中央关于加强安全生产的通知》,提出通过“查思想、查纪律、查制度、查领导”,对原有行之有效的安全制度和质量检查制度一定要坚持,对一切违反安全生产制度而造成的重大事故必须追究责任,情节严重的以党纪国法论处。这样,通过对安全生产检查,推进各种安全形势向利好方向转变。这是遭受“文化大革命”破坏之后安全生产回归正确轨道的新起点。1971 年林彪外逃叛国的“9・13”事件以后,党中央、国务院进一步采取系列保持国家和社会稳定、恢复和发展生产的重大举措。1975 年,经国务院批准,国家计划委员会于 2 月召开全国安全生产会议。随后,国务院转发《全国安全生产会议纪要》,指出:处理事故必须做到“三不放过”,即事故情况、原因与责任没有调查清楚不放过,肇事者及有关群众没有受到教育不放过,没有针对事故原因采取相应的安全措施不放过。

在这一背景下,从 1971 年到 1976 年 10 月,全国航政管理工作有了起色,全面恢复机构,充实队伍,修订制度,开展监管,促使全国水上安全形势出现新变化,事故基本上呈下降趋势。

(一)专门召开航政工作座谈会

为贯彻落实党中央加强安全生产通知与安全生产会议纪要的精神,1971 年 7 月 21 日至 8 月 7 日,交通部运输组在北京召开全国航政工作座谈会。沿海港务监督、船舶检验处、长江航政管理局、上海海运局、广东省海运局和长江航运管理局等单位代表参加会议。会议认为,党的“九大”以来,航政部门(航政、港监、船检)的工作取得很大成绩,但还存在一些问题。这些问题主要是水上交通管理秩序比较混乱,事故多、性质严重;在涉外工作中存在大国沙文主义;船舶检验工作尚未很好开展起来,船舶规范落后等。这是“文化大革命”中交通部第一次就航政管理工作召开的专门会议。

会议总结过去航政工作的经验,肯定沿海、内河航政管理工作取得的成绩。如武汉长江大桥水上监督站 8 年如一日,坚守岗位,维护大桥水域交通秩序,保证大桥和船舶通航安全;上海、广州、青岛港航政部门(港务监督)与镇江航政处加强对船舶进出口管理和渔区管理,整顿、维护水上秩序;上海、天津、大连船舶检验处,与船厂、使用单位组成三结合小组,进行审图、检验工作,促进造船质量;上海、广州航政部门培养一批以工人、复员军人为骨干的引水队伍。

会议经过讨论,进一步明确今后航政工作主要是进行船舶管理、船员管理和港口、航道、海区管理以

及船舶检验等诸方面工作:

船舶管理方面:监督船舶遵守国家法令和有关规定;办理船舶登记,签发登记证书和国籍证书;办理船舶进出口和危险物品装运的签证;检查船舶文书和适航状况;调查和处理违章及海损事故。

船员管理方面:办理船员考核,核发船员证书。

港口、航道、海区管理方面:维护水上通航秩序;防止发生事故,保证船舶、船员、旅客和货物的安全;监督港区、航道、锚地、泊位、航标、信号、岸线、桥梁、清洁、卫生和水上水下建设工程等有关安全秩序规定的执行情况;监督航道、航标的变化,及时发布航行通告;督促疏浚航道和打捞清除航道障碍物,保证航道畅通;组织、安排水上救助、消防;负责港湾与船舶的信号联络工作。

船舶检验方面:制订和修订船舶规范;对船舶和船用产品进行技术检验;签发船舶证书。

会议还明确当前与今后航政工作任务,①做好涉外工作;②加强港口、航道、大桥秩序管理;③做好船舶登记、签证和船员考核工作;④加强船舶检验工作;⑤抓好规章制度的改革。9 月 13 日,交通部转发"航政工作座谈会纪要",要求研究落实,充分发挥航政、港监、船检部门在办理涉外事宜,开展人民外交活动,维护水上秩序,保障安全生产和提高船舶修造质量等方面的作用。

1972 年 10 月 4 日,交通部、公安部联合发文要求各省(区、市)认真落实《中共中央关于加强安全生产的通知》,促使各地水上安全形势好转。

(二)专门下发加强航政工作通知

1975 年,邓小平主持国务院日常工作后,着手纠正"文化大革命"中的一些错误,并坚决果断地采取一系列措施,对各条战线进行整顿。2 月,经国务院批准,国家计划委员会召开全国安全生产会议。1975 年 4 月 7 日,国务院转发国家计划委员会的《全国安全生产会议纪要》,指出:处理事故必须做到"三不放过"(事故情况、原因与责任没有调查清楚不放过,肇事者及有关群众没有受到教育不放过,没有针对事故原因采取相应的安全措施不放过)。为落实国务院的安全生产会议纪要精神,5 月,交通部以(75)交船监字 166 号文下发"关于加强港监(航政)工作的通知"。这是"文化大革命"中交通部第一次就航政管理工作专门下达的通知。通知指出"全国港监(航政)部门在维护国家主权、保障船舶航行安全方面做了大量工作,取得了不少成绩。但是,港监(航政或水上安全管理)工作与形势发展要求还很不适应。突出地表现在:外轮大量增加,对外轮的管理、引航等工作中还存在不少问题;港区船舶密度显著增大,工作跟不上,秩序不好,海损事故不断发生。"

该通知针对我国航政工作第一次指出:"防止港口水域污染这项新的工作,许多港口没有很好地抓起来,有的港口水域污染已经相当严重。随着国际上维护海洋权斗争的不断发展,我国海洋资源的开发和往来船舶的增加,除把守国家港口大门外,还有必要进一步把辽阔海域的航政管理工作抓起来。"

该通知提出:"1975 年要着重抓好外轮管理、水上交通秩序的维护、船舶安全引航、防止港口水域污染和规章制度的改革等项工作。""各港都应抓好水上交通秩序的管理,特别是上海、广州、黄埔、天津港和长江重要航段,要有计划有步骤地大力进行整顿。""黄埔、广州、上海 3 港引领航程过长,不利于安全,应积极创造条件,逐步实行分段引航。""港口水域防污工作,都已明确由各港监负责,各港务局和长江航政管理局应迅速按照各港监(航政)部门的实际情况,设立防污机构和设专人负责防污工作,要把这项为子孙后代造福的大事抓起来。""对规章制度修改小组提出的各项规章草稿,各港和各省有关单位应发动群众进行审查,并将修改意见尽快报部船检港监局。""关于外轮管理、船舶引航、防止污染等项工作,准备在 1975 年内分别召开专门会议,进行研究。请各港认真总结经验,做好准备。关于船舶进出港口签证和船员考试问题,1975 年准备组织力量专门进行调查研究,然后召开会议讨论解决。"

该通知还就“港监部门现有力量较为薄弱,各类专业人员缺口较大”“抓紧补充港监(航政)专用船舶和工具设备”以及一些港口的“含油污水处理设施”等问题提出解决措施,其中还包括正确落实党的干部政策等。

1975 年,广东省“8·4 特大事故”,一次沉没 2 艘客轮,死亡 400 多人,是新中国成立以来最大的海损事故。2 月 25 日,交通部在北京召开海难救助打捞工作座谈会,学习党中央、国务院关于建立和健全海难救助打捞工作的批示,研究和明确海难救助打捞工作的职责任务、方针政策以及 1975 年的工作部署。

以上航政管理工作专题会议与下发的专门通知,不失为对非正常时期航政混乱状态的一次“震动”。当然,时值“文化大革命”之际,会议和通知精神难免带有较强的极左思潮色彩,脱离客观实际,如航政管理工作中的船员考核换证和发证则被流于形式的“群众评议,领导审查,航政部门核发证书”的三结合方法所代替,导致各种海上事故的发生。但在当时航政管理机构瘫痪、管理制度遭受严重破坏情况下,这些举措仍在一定程度上起到遏制水上事故发生,规范海(水)上通航秩序的作用。尤其提出今后一段时期航政工作任务与几点要求,更是指导“文化大革命”后期航政工作顺应时代潮流,走向正常轨道的重要举措与决策。

二、航政管理机构的部分恢复与调整

(一)交通部机关内设航政机构的恢复

1972 年 9 月 4 日,鉴于落实中央加强安全生产通知精神,随着交通部整顿与恢复部机关机构,原港务(航)监督机构开始恢复,下放的人员相继调回。11 月,从交通部、铁道部、邮电部 3 部合并后的部机关人员编制来看,主管航政的职能部门——船检港监局为 30 人。主要负责船舶管理、船员管理、通航秩序管理、船舶检验管理等。12 月 1 日,经国务院批准,交通部下发《关于调整我部机关组织机构的通知》,规定:“为了办理船舶检验和港务监督等事宜,交通部设立‘船检港监局’(在职人员 30 人),对外仍称‘中华人民共和国船舶检验局’和‘中华人民共和国港务监督局’。”这样,原水运组的航政小组不复存在。

1974 年 5 月,船检港监局在职人员 38 人,但不属部机关行政编制,另列编制。

1975 年 1 月 20 日,四届人大第一次会议决定将交通部和铁道部分开设置,各自恢复建制,交通部各专业局的干部原则上不动。据 8 月 15 日资料统计,恢复建制后交通部机关设有司、局、室、政治部 14 个单位,共 574 人。其中,船检港监局共 13 人,对外称“中华人民共和国船舶检验局”和“中华人民共和国港务监督局”。船检港监局下设海务处、内河处,比 1974 年 5 月人员精简 25 人。船检港监局主要职责包括:水上交通安全监督、船舶及海上设施检验、防止船舶污染、航海保障、海上救助打捞、交通环保等。

(二)沿海各港港务监督恢复

1970 年,天津港务局革命委员会恢复包括检验在内的港务监督机构,名称照旧,人员也基本到位。

1972 年 10 月,上海港务局下放劳动的港务监督(含检验)人员,除个别留下外,全部归队,港务监督建制也恢复健全。

1972 年,大连港务局将下放的港务监督人员相继调回,恢复原来的编制。

1973 年,广州港务局将包括船检在内的港务监督人员调回,并恢复与调整原来的港务监督部门,让人员陆续归位。

其他沿海港口的港务监督机构、人员也相继调回,调整和充实力量,重新恢复建制与配备机构编制。

调回的港务监督人员,尽可能地恢复原岗位、原职务,恢复和继续开展航政管理工作。

(三)内河与各省(区、市)港航监督恢复

1.长江航政理顺管理关系

1970 年 6 月 15 日,交通部军管会通知长江航运公司军管会、革委会:“恢复长江航政管理工作……各级航政部门,由长江航运公司、分公司和各港军管会、革委会领导,对外仍用长江航政管理局及分支机构的名义。”

长江航运公司根据交通部军管会通知要求,恢复已撤销的长江航政管理局及其分支机构,调回下放和分散的人员,调整和充实力量薄弱的机构,配备编制,对重点分支机构加强骨干力量。1973 年 10 月 24 日,长航局党委要求长江航政管理局仍按 1966 年规定原则,下设重庆、芜湖、南京 3 个分局,万县、宜昌、武汉、九江、安庆、马鞍山、镇江、南通 8 个航政处,涪陵、沙市、城陵矶、黄石、裕溪、江阴、高港 7 个航政站,增设兰家沱、白沙沱大桥、南京关大坝、枝江大桥、板桥、南京长江大桥和栖霞山 9 个监督站。

1974 年 2 月 8 日,交通部下发“加强长江航政局工作的通知”,明确长江航政管理局、分局、处、站的体制编制和航政业务工作,指示:仍按国务院 1966 年批复的规定恢复机构,恢复后的长江航政管理局由交通部直接领导,为事业单位,业务归口于交通部船检港监局;各航政分局、处的人事、财务、劳动工资等均由长江航政管理局统一管理;为对出口船用产品检验方便,“中华人民共和国船舶检验局长江区办事处”的名义仍保留;各航政分局、处、站航政业务由长江航政管理局统一领导。在此基础上,长江航政管理局重新建立职能机构,配置工作人员,7 月 1 日开始对外办公。理顺关系后,在职职工 487 人,其中船员 159 人。后又多渠道选用人员,到“文化大革命”结束时,机关已增至 836 人,巡逻艇船员 380 人。所增加的人员,除部分从部队转业和复员的外,其他为大中专学校毕业生,以及各港航单位调进的干部和工人。他们充实了长江干线航政队伍,适应了长江水上安全管理发展的需要。

2.黑龙江设立专管航政机构

1975 年 3 月起,黑龙江水系安全监督工作重新划归黑龙江航运管理局管理,专设港航监督处。

3.各省(区、市)港航监督恢复

1970 年,黑龙江省交通局设监理组,恢复省、地、县的港航监督、船检工作。1975 年 6 月,上述工作移交新设的省港航监督。

1970 年 7 月,四川省恢复航运管理机构,成立省交通厅内河管理处,加强港航监督、船检工作的管理,逐渐形成全省港航监督、船检等航政管理格局。

1970 年 8 月,吉林省革命委员会交通邮政局成立,内设交通监理组,恢复全省安全监督和船检工作。1973 年 5 月,交通监督组改称省交通局,下设安全监理处,负责全省的水上安全管理、船检工作。

1970 年 9 月,安徽省成立淮河、巢湖航运管理局,下设港航监督所,具有水上安全、船检职能。1975 年 10 月,组建省航运管理局,统一管理航政、航运、港埠等事务。

1971—1974 年,贵州省设立地区航运中心站,恢复各县航管中心站等港航监督机构,开展航政管理工作。

1971 年 7 月,云南省景洪县发生“东风”轮在澜沧江翻沉事故,造成 50 多人失踪、死亡,引起国务院和云南省领导的重视。1972 年,云南省成立省交通局航监组,负责全省航政管理工作。1975 年 9 月,新成立的金沙江、澜沧江航务管理站的航政管理工作归省航务处领导。

1971 年 8 月,广西壮族自治区成立交通监理所(港航监督在内),1973 年 11 月改为交通监理处,统领全区各级车辆监督所和港航监督所,管理水上安全、船检工作,并挂“广西壮族自治区船舶检验处”牌子。

1971 年,上海市恢复内河船舶进出口签证和船检工作。3000 多艘非机动船检验、水上安全管理工作下放到各有船单位,实行"三结合"船舶检验与水上安全管理。

1971 年,浙江省调整、充实港航管理机构,成立港航管理处,开展水上安全管理与船检工作。

1971—1972 年,湖北省恢复包括船检在内的航政机构,充实有关人员。1974 年 3 月,省汉江航运管理局恢复原名"湖北省交通厅航运管理局",人员增至 330 人,加强全省航政管理工作。

1971—1974 年,广东省恢复省航运局,下设专理航政管理工作的港监港务科、港务监督、监督室等,统一全省航政管理工作。

1972 年 6 月,湖南省恢复省港航监督机构,主管全省水上安全、船舶检验等航政管理工作。1973 年 7 月,省交通邮政局航运公司更名为湖南省航运公司,内设港航监督(含船检)科,统管全省各地、县 17 个航管站所,开展全省辖区水上安全管理工作。

1973 年 3 月,江西省将省交通邮政局车船监理所改为省交通局车船监督处,统管全省车船监督(含船舶安全检查、船检)业务。

1973 年 3 月,福建省下放农村劳动的港航监督(港监)和船检人员调回原来岗位,同时省革命委员会批准将省航运管理局分设为省航运管理局和福州港务局。港务局负责港务监督、船舶检验、引航等工作,暂定编 80 人(不包括电台人员),从省航管局调整补充人员。

1973 年 1 月,四川省交通厅内河局更名为四川省内河管理处,负责全省内河水上安全、船检工作。

1974 年 1 月,山东省交通局组成航运公司,内设港航监督科,负责航政管理工作。1976 年 5 月,省航运公司改为省交通厅航运处,航政管理工作仍由港航监督科负责。

1974 年 8 月,陕西省交通局设立安全监理处,负责全省水上安全、船检工作。

其他省(区、市)也相应恢复港航监督、船检等管理机构,调配、充实人员,投入各自管辖水域的水上安全、船检等航政管理工作。

三、航政规章制度的部分恢复与拟订

(一)恢复和公布部分航政管理规章

1966—1970 年是遭受"文化大革命"冲击最严重的几年,航政机构瘫痪或濒于瘫痪,管理法规规章制度被视为"修正主义的管、卡、压"而几近废弛。

1970 年 12 月,党中央发布《关于加强安全生产的通知》之后,全国港务(航)监督系统结合实际,考虑迅速改变无法可依,无章可循的失控状态,恢复以前行之有效的管理规章制度。国务院副总理李先念就外轮理货混乱问题做出"废除的制度凡是合理的要立即恢复,如理货限期恢复"批示。1972 年 1 月,交通部在广州黄埔召开外轮理货工作座谈会,就落实中央领导批示进行讨论,对恢复和修订"文化大革命"初期被废除的包括航政规章、规范在内的交通管理规章制度提出具体意见。就此,全国各港务(航)监督结合实际很快恢复部分被废除的航政规章制度,并依据水上安全形势的急需,拟订新的规章制度,后经交通部核准并公布。这一时期,经交通部审核并由其公布适用航政的主要规章详见表 4-2-1。

1971—1976 年适用的主要航政管理规章一览表 表 4-2-1

航政规章名称	单位	令(文)号	公布日期	施行日期	备　注
海损事故调查和处理规则(试行)	交通部	〔71〕交水运字第 1623 号	1971.12.15	1972.1.1	废除 1959 年《海损事故调查研究处理规则》
船舶进出港口管理办法(试行)		〔71〕交水运字 1623 号	1971.12.15	1972.1.1	在 1966 年废止的进出口签证基础上重新公布

续上表

航政规章名称	单位	令(文)号	公布日期	施行日期	备注
水运无线电管理暂行条例	交通部	〔72〕交水运字1845号	1971.10.18		
危险货物运输规则	交通部	〔71〕交铁运字1218号	1972.1.1	1972.1.1	
中华人民共和国防止沿海水域油污暂行规定	交通部		1974.1.22	1975.1.30	由国务院转发
对外轮在港区违章排污的处理意见		〔75〕交船监字167号	1975.3.3	1975.3.3	
1969年国际信号规则		〔75〕交船监字263号	1975.3.20	1975.7.1	
交通部油船安全管理规则	交通部		1975.11.4		
港口油区安全生产管理规则	交通部		1975.11.4		
港监船检工作人员登外轮纪律(试行)		〔76〕交船监字403号	1976.4.14	1976.4.14	
外轮使用甚高频无线电话暂行办法		〔76〕交水运字547号	1976.5.11	1976.5.11	
海员证签发和使用范围暂行规定		〔76〕交船监字1055号	1976.9.8	1976.9.8	
中华人民共和国海员证签发和使用范围暂行规定	交通部 外交部 公安部		1976.9.8	1976.9.8	
中华人民共和国交通部海港引航工作规定		〔76〕交船监字1301号	1976.11.12	1976.11.12	废止1959年《海港引水工作规定》
中华人民共和国交通部沿海港口信号规定		〔76〕交船监字1302号	1976.11.15	1977.6.1	
航海通告暂行规则	交通部		1976		

以上航政管理规章,是指导“文化大革命”后期航政管理工作的章程,由于正值“文化大革命”期间,难免带有较强与明显的极左思潮色彩,脱离客观实际规律,有的流于形式,如船员的考核换证和发证被“群众评议,领导审查,航政部门核发证书”“三结合”所代替。但这些法规制度的恢复和制订对促进水上安全秩序出现转机或多或少还是起到一定的作用。1976年3月,交通部召开全国航海通告工作会议后,制订《航海通告暂行通则》。航行警(通)告分管区改为北纬37°23′36″以北的中国海域。在此区域内依据通则规定的办法进行航海警(通)告的收集、资料审查、转送、通告编写和刊法等项工作。

(二)各省(区、市)拟订部分地方航政规章

1970年8月18日,广东省交通战线革命委员会公布《关于广东省各港口船舶进出港签证制度的试行办法》,规定定期客船、货船、拖船每月签证一次。

1972年9月,湖北省革命委员会公布《湖北省水上交通安全管理规则(试行)》,对船舶检验、船员管理、港航监督、渡口和农副业船安全管理、航道管理等作出规定,为当时加强水上安全工作的权威性地方法规。

1972年5月,湖南省革命委员会公布《湖南省内河船舶进出港签证办法》,但因“文化大革命”难以

实施。

1973 年,黑龙江省革命委员会生产指挥部公布《黑龙江省航行规则》,内容基本上与《中苏国境河流航行规则》相同。

1974 年,浙江省革命委员会生产指挥组公布《浙江内河航道管理暂行规定》和《浙江省内河航道分级管理办法(试行)》,航政管理工作依规实施。

四、航政管理工作的艰难开展

"文化大革命"期间的全国航政管理工作,总体上以 1970 年 12 月中共中央下发《关于加强安全生产的通知》为界分成两个阶段。1966—1970 年的前一阶段,因极左思潮影响,航政工作处于停滞状态,虽然有周恩来等老一辈无产阶级革命家的抵制,全国港务(航)监督系统干部与职工的努力,但是也只能进行一些有限的管理。如船舶登记工作,交通部规定停止办理国内航线船舶登记手续,但远洋海轮仍由广东沿海港务监督继续办理。广东沿海港务监督克服各种困难,开展登记管理工作。长江航政管理局在协助航道部门对长江口至南京 400 多公里航道清障、测量,打捞沉船和沉船残骸,增设航道标志基础上,1966 年初制订《万吨级油轮进江避让暂行规定》和绘制《航行指南图》,在多方支持、现场维护下,使第一艘进江的万吨级油轮"建设"17 号,满载 10888 吨原油于 1966 年 3 月 25—31 日安全抵达南京炼油厂和空载出江,开创万吨级船舶安全进江直达港口的先例。1970 年,长江船检部门在申请检验制度难以执行,船检人员"靠边站"的情况下,坚持深入工厂,调查研究,宣传船检法规,协助厂方进行船舶质量检查工作,推广好的船舶建造经验,并主动与厂方协商订立检验工作制度,从各个方面监督船舶修造质量。

1971 年起,由于国家采取了一系列保持国家和社会稳定、恢复和发展生产的重大举措,通过整顿与调整,推进各项航政管理工作逐渐开展起来。但当时毕竟还处于"文化大革命"期间,受无政府主义思潮影响,各种航政管理工作开展得不可能很顺利,时常遇到来自不同方面、不同层面的阻力。在周恩来等老一辈无产阶级革命家领导下,全国港务(航)监督系统干部与职工在逆境中适时地进行管理工作,取得了一些成绩。总的来说,这些努力难以从根本上扭转航运严峻的安全形势,海损事故仍处于频发的状态。

(一)通航管理工作的整顿与部分恢复

1.沿海整顿与恢复通航管理工作

广州港务监督,1970 年开始将节假日客运安全管理列为一项专门工作,组织力量有重点地维护渡口及客运码头现场秩序。每年的端午节、重阳节、国庆节、春节等,还派出监督员和巡逻船维护现场秩序。渡口安全监管也是广州港务监督的一项经常性工作,主要是对渡口渡船的管理,以及渡口水域的现场检查。1975 年,广州港务监督与广州水上公安局联合下发《出海风帆船实行拖带进出港的通知》,规定港内南石头以北河段,风帆船航行、移泊、靠泊码头必须由拖轮拖带。广州港务监督还参加防台风委员会,统一协调和部署在港船舶的防台工作。1976 年,广东省海上安全指挥部负责组织领导全省防台工作,各地区各单位均建立防台指挥部或领导小组。

天津港务监督,鉴于 20 世纪 60 年代之后海河水源枯竭,内河航运衰落,开始将天津水上安全管理从海河水运交通转变为对新港和大沽锚地为主,从维护航行停泊秩序改变为以防止船舶污染水域为重点,从解决船舶违章转向处理船舶污染海域。20 世纪 50—60 年代,因天津港自然条件限制,每年 4 月至次年 2 月,天津港务监督都会与天津航道局组成破冰队进行港口破冰。尤其 1969 年 2 月起,渤海出现 50 年罕见冰灾,结冰厚度、冰区范围和持续时间均超过 1936 年震惊中外的大锚冰灾,许多船舶因封冻而被困于港区,船员安全受到威胁。天津港务监督与天津航道局组成破冰队,海军出动舰艇协助,共同破冰营救船员。直升机每天查看冰情,向港口提供渤海湾冰况资料。经过努力,终于战胜罕见冰害,解除封港。

大连港务监督,1973 年 7 月 2 日,根据来港中外船舶增多、吨位加大的现实,决定从 8 月 1 日起撤销原划定锚地,再一次重新划定锚地。

青岛港务监督,于 1972 年 7 月 17 日发布《关于青岛港有关港口船舶管理规定公布实行的通知》,规定船舶进出港的安全注意事项与信号。1976 年,又利用船用雷达建成雷达导航台,称团岛雷达站,主要为港界线以内水域的港作船(拖轮等)、客班轮和引航站服务,包括:为船舶提供定位服务,监测船舶,根据船方或引水员要求导航。

宁波港务监督,1972 年在台风来临之前,根据气象预报发出防台抗洪工作通知,对甬江、奉化江及余姚江防台锚地做了划分和规定,有效地减少了辖区船舶和作业人员受灾害天气的影响。1975 年后,健全管理制度,并加强管理。

其他沿海各港务监督,依据所辖海港海域的实际,展开对通航环境与秩序的整治工作,为进出港口的中外船舶创造良好的通航条件。

2.长江和各省(区、市)通航水域的整顿与恢复

(1)长江通航水域的整顿与恢复

“文化大革命”后期,为保障长江在建的白沙沱、南京、枝城等长江大桥施工期间既不断航又能持续不断安全施工,长江航政管理局采取了多种措施和办法。1976 年上半年,南京长江大桥监督(航政)站抓住过往桥区船舶不同特点,总结出桥区现场维护“四掌握”“四及时”的管理经验,即:掌握桥区水位变化,及时进行现场维护;掌握各种船舶类型,及时采取不同护航办法;掌握船舶违章规律,及时开展宣传教育;掌握遇险船舶动态,及时出航抢救,化险为夷。对这一桥区维护和管理经验,长江航政管理局及时加以总结推广,为后来桥区管理提供了宝贵经验。

1973 年 3—5 月,为维护水上安全生产,长江航政管理局组织九江、黄石、城陵矶、沙市等航政处、站和有关安全监督部门组成水上安全宣传队,前往湖北沙市至安徽小孤山航段开展水上安全生产的宣传活动,往返航程 1636 公里。横跨沿江 4 省、7 个地区、23 个县市、38 个港口,历时 56 天。此次活动先后召开座谈会和大会 42 次,现场宣传 51 次,有 12891 名船员和 3397 艘船舶听到宣传,散发有关水上安全生产的规定、守则、规则和资料等 22500 多份(册),对确保安全生产、维护水上交通秩序起到重要作用。

(2)各省(区、市)港航监督整顿与恢复内河通航秩序

云南省港航监督成立于 1972 年。1971 年 7 月 21 日,云南省景洪航运站“东风”轮载运 72 名中学生,自景洪至小勐养河口农场劳动,航行至澜沧江喇叭河口滩上约 1 公里处翻沉,造成 53 人死亡。对此,周恩来亲自打电话给云南省革命委员会,做出重要指示,其中有一条是要云南省革委会责成交通部门组建港航监督机构开展工作。1972 年 7 月,云南省组建交通局航监组,负责船舶检验与发证、船员考试和水上安全管理工作。年底,省港航监督举办首期船检港监业务培训班,在昆明、大理、邵通、景洪等地开展航政(港监)管理工作,进行定期或不定期安全检验。以后的每年大型群众集会、民族节日,港航监督都进行区域性安全检查,确保水域交通安全(见图 4-2-1)。

广西壮族自治区港航监督,1973 年前不时被撤销或合并。1973 年恢复,在区交通局内设监理处,统一指导全区和各航区的交通监理和航政管理工作。梧州、南宁、柳州、北海航运分局设航监科。全区木帆船管理基本上维持“文化大革命”前管理体制。

福建省港航监督,1973 年隶属省航管局,一般由航管局出面实施航政管理工作,制订各种监管措施,有船舶航行、水上客运、防风防冻等规则,开展规范洪水期闽江船舶航行安全、旅客安全乘船和冬季船舶的防风防冻工作。1974—1975 年,开展百日安全生产活动。1974 年,以“四查”(查思想、查制度、查纪

律、查领导)和"五防"(防火、防桔、防雾、防风、防冻)为主要内容,开展不同形式的安全管理活动。这些安全活动取得一定成效,使全省水上海损事故发生率下降(1974年比1973年下降31.9%)。1975年4月起,加强民间水上运输管理和木帆船"三统"管理工作,制止水运无序发展。

图4-2-1　20世纪70年代云南省航政部门开展水上安全知识宣传

广东省港航监督,1973年与港务局、航运企业、水上公安等有关部门组成防台指挥部(或领导小组),统一部署和协调在港船舶的防台工作。

黑龙江省港航监督。1974年8月2日,为维护水陆交通运输秩序,确保运输船舶和船员的安全,黑龙江省革委会公布《关于维护水路交通秩序的通告》。负责航政管理工作的黑龙江港航监督会同港航单位和公安机关,针对港口码头设施、航标、船舶整治违章行为。采取进驻客货船上执勤、到港口码头拖轮巡逻等,以维护航运秩序和保护设施安全,促使黑龙江水系的水上运输秩序明显好转。

河北省,20世纪70年代之后海运发展迅速,万吨轮投入运营,但船况较差,公司管理和船员素质无法适应,海损事故逐年增多。航运、港航监督部门加强船舶安全教育和管理,开展安全检查日、消防救生演习等活动,促进多项制度的形成,提升了水上交通运输安全管理。

其他各省(区、市)港航监督,针对各自辖区的水上运输状况,在航道建设、运输组织、运输工具改善、航运安全管理等方面加强现场监管,逐步改善各自辖区水上通航环境与秩序。

(3)黄河通航区段航行秩序的整顿与恢复

黄河区段通航秩序整治,集中在沿黄河两岸的具备通航能力的区段,且多在渡船、旅游船、库区和区间客船的通航秩序监管上。

黄河上游段,主要指青海、甘肃、宁夏和内蒙古段。这一航段在1958—1977年间,因一些大的水电站和水利枢纽相继开工建设,航道被截断,航道条件发生有史以来最为严重的退化,这导致航运相应萎缩,到"文化大革命"时已进入萧条期。为此,这些省区管理航政、航运的部门,根据航道特点,在被截断的黄河各区段大力开展区间、库区短途运输,结合库区运输,发展渡口运输。如黄河上游航运管理处,将通航的重点和难点,放在渡口渡船、库区和区间客船上,以加强协调、组织、监督工作,保证这些客船的通航安全。

黄河河南段,1961以后通航的河道逐渐缩短,导致水运中断。1968年,丹江口水库蓄水逐步形成库区后,通航条件有所改观。可库区峡谷纵横、岗峦重重,蓄水后水下暗礁、巨石林立,水位有高有低,航道复杂多变,库区边缘和港口码头的浅水地带航道变化尤甚,直接危及行船安全。自1970年库区通航起,河南省就配备专职的航道管理人员负责航道治理和养护工作,测定航道,设置航标。卫河航运管理处,1976年之后竭力整治航道,以维护库区水上通航。

黄河山西段,负责航政管理工作的机构在“文化大革命”初期先后撤销,使原来刚有起色的航运(包括汾河)处于停滞状态,只维持对老牛湾至军渡及禹门以下的小型木船航运安全检查与管理。后来,随着工农业用水日益增加,能通航的黄河段航运里程进一步缩减。

黄河山东段,贯穿山东,长600余公里。1975年,在解放军舟桥部队支持下,山东省黄河航运局自主研制出第一代双体承压舟,经使用基本能适应滩地水位涨落等变化,用于季节性且水量较大时渡运。这样,渡运、渡船监管就成了当地航政部门唯一管理内容。

3.水上水下施工作业水域的安全维护

20世纪70年代初,施工项目少,水上水下施工作业现场监管量少,且相对简单。70年代后,水上水下施工作业增多。特别1973年2月27日国务院总理周恩来明确提出“三年改变港口面貌”之后,沿海港口建设全面铺开,水上水下施工作业工程项目大幅增加,且种类增多,主要有两大类:一是码头、岸线建设项目,包括一些沉箱、浮吊的拖带,码头陆域回填等施工;二是水深的维护,包括航道、港池的疏浚和浅点的水下爆破等施工。此外,还有一些工程配套的地质勘查、水深测量等水工作业项目。施工区域比较广,基本上覆盖港池和航道;施工船舶、辅助船舶种类和数量比较多,有疏浚船、驳船、炸礁船、拖轮、交通艇等。大量施工船舶给通航安全管理工作带来很大的困难。为此,全国各港务(航)监督采用现场陆地和海(水)上巡查相结合方式进行现场监管,对施工中存在的违章现象依法进行制止,防止施工水域受到污染。最值得一提的是国家大型水利工程——葛洲坝水上施工期间的安全保障。

葛洲坝,地处“上接巴蜀,下引荆襄”的长江西陵峡口,位于长江上游高山峡谷河段向中游丘陵平原河段过渡地带,是我国在长江上兴建的第一座大型综合性水利枢纽,也是当时国内最大的(指建成)的水利枢纽,具有发电和改善部分川江航道等作用。1970年12月31日第一期工程正式动工,代号为“330工程”。对当时的长江航政人员来说,首次从事如此浩大的水上工程的安全管理,一切得从探索中起步。时值动乱,长江航行秩序紊乱,管理难度颇大。为了不辜负党和人民的重托,保证举世瞩目的工程水域施工和通航两不误,面对当时葛洲坝水上安全监督管理力量薄弱,人员少(船检、航政人员总共仅10多人),且监督设备和设施简陋的实际,参加现场维护的宜昌航政处航政管理人员发挥主观能动性,不等不靠,积极想办法,克服困难,全力投入葛洲坝工程水域施工和通航的维护与监管工作。根据工程施工情况和进度,他们适时制定具体管理措施和办法,强化大坝水域施工和通航现场维护、监控,不放过任何安全隐患。

由于大坝截流前,航道整治任务很紧,往往上千人集中在南津关一侧炸山辟石,采取大药量爆破,(最大一次装炸药53吨),施放出强大气浪直射长江北岸10多米高,还反射到南津关北岸下1500米。为此,现场维护的宜昌航政处南津关监督站航政人员,采用强制禁航方法,加大现场维护。每次放炮禁航时,施工区上下水两头均有监督艇封航,禁止任何船舶过往,确保施工水域安全。

(二)船舶管理工作的部分恢复

1.船舶签证工作的恢复

新中国成立以后,船舶签证制度历经几次立废,即:1958年废,1962年立,1966年“文化大革命”开始后又废。

由于船舶签证实施较为方便,所以成为“文化大革命”后期优先考虑恢复的管理工作。1971年12月15日,交通部就公布《船舶进出港口管理办法(试行)》,于1972年1月1日起试行。其中规定“船舶进出港,必须按照规定持航行签证簿和载货凭证前往港务机关办理签证”。这是全面恢复船舶进出港签证工作的一个标志。

随后,各地港监部门先后制定文件、下发通知,恢复签证制度。沿海各港务监督拟订具体实施办法,重新开展船舶签证工作。

广州港务监督,1970年4月拟订《广州港船舶进出港口签证暂行规定》,恢复"文化大革命"初期废止的内河船舶进出口签证制度,并开展中外船舶的签证。

上海港务监督,1970年恢复船舶进出口签证,规定凡进出上海港黄浦江(南至渠漕港,北至吴淞口范围)的本国各类船舶,均须办理签证手续,以使船舶处于适航状态。

大连港务监督,1971年12月6日与旅大市交通局联合下发《关于恢复船舶进出口签证的联合通知》,规定1972年1月1日起恢复对进出大连港500总吨以下的轮船、机帆船、渔船、拖船及所拖木帆船、驳船的进出口签证和安全监管,发放航行签证簿,对不符合管理规定船舶不予签证。

宁波港务监督,1972年起恢复签证工作,对辖区的机动船舶逐一换发航行签证簿。

与沿海各港务监督一样,各省(区、市)港航监督也结合各自的实际,相继恢复和开展船舶签证工作。

江苏省港航监督,1970年将"文化大革命"初撤销的签证点相继恢复,或自行办理,或由航道部门办理,或由企业调度办理。至1973年,全省3个地区、5个市、43个县均建立交通安全委员会,推行安全生产"三定"(定人、定岗位、定任务)、"三包"(包不违章、包宣传教育、包不出事故)、"一奖"(奖励安全生产班组、个人)制度。

湖北省港航监督,1972年9月拟订《湖北省船舶进出港口签证办法(试行)》,由湖北省交通局公布,重新在全省进行船舶签证工作。

江西省港航监督,1972年根据省航运管理局"凡航行于本省江河湖泊和水库的所有船舶一律向港航监理部门领取航行证,无航行证的船舶不准航行"的要求,在省范围内进行船舶签证工作。

福建省港航监督,隶属于省航管局。1973年4月20日,省航管局和福州港务管理局联合下发《全面恢复签证制度的通告》,促使全省船舶进出港签证步入正常化。1974年6月1日,省港航监督对全省木竹排筏流放实行签证。1976年11月,省航管局在尤溪县召开福建江河竹、木排模流放管理座谈会,通过《福建省闽江流域木、竹排筏流放管理规则(试行)》,次年由福建省革命委员会交通指挥部公布。

广东省港航监督,"文化大革命"伊始,废止内河船舶进出口签证。1970年8月18日,恢复船舶进出港签证制度,重新开展船舶进出港签证工作。

其他省(区、市)港航监督也相继恢复船舶签证工作,以保证船舶符合适航条件。

2.船舶登记工作的恢复

1971年12月15日,交通部公布《船舶进出港口管理办法(试行)》,针对船舶管理无章、事故增加的情况,提出"船舶必须经港务监督管理机关及其他主管机关丈量、检验、登记,取得合格证书和航行签证簿才可以放行。"1972年起,船舶登记、签证恢复,各港口均根据实际拟订出台本港的进出口登记、签证规定。

大连港务监督,1971年之后开始恢复船舶登记,但由于对船舶登记工作没有严格查验制度,进展缓慢。

山东省港航监督,"文化大革命"后期除军用舰艇外,对所有进出港的船舶均实行登记,发给适航证书。未设港航监督机构的,由当地边防哨所负责船舶登记业务。无边防哨所的港口,由当地公安机关代为审查、登记。

3.外轮日夜通过琼州海峡未能落实

1964年6月8日,国务院颁布《外国籍非军用船舶通过琼州海峡管理规则》以后,随着我国对外贸易增长,通过琼州海峡的外轮逐年增加,到1974年已达10个国家425艘。因只允许外轮白天通过海峡,导致不少外轮夜间就不得不在海峡口外抛锚或在附近海面徘徊,以待天亮开放通过。这种做法既影响船期,又不利于船舶安全。特别是海峡东口风浪大,浅滩多,抛锚困难。从经济上看,过海峡外轮多数为悬挂索马里旗的船舶,是我国远洋公司租用的船舶,船期损失为我们自己。为此,交通部、总参谋部与广东省革命委员会、海军司令部等有关部门研究后,1975 年 4 月 4 日向国务院、中央军委呈报《关于改进琼州海峡管理工作的请示》,建议准许外轮日夜通过琼州海峡。6 月 7 日,国务院、中央军委回复同意。之后,为实现海峡昼夜开航,海口港务监督加强现场基础设施筹建。1976 年 12 月 8 日,海口港务局制订《琼州海峡管理处、海口港务监督组织体制与人员配备方案》,但因正值“文化大革命”,工作受到了干扰,直到 1977 年下半年基础设施建设工程仍进展缓慢,昼夜开放海峡的准备工作和组织措施并未落实。

(三)船员考核与证书的恢复发放

1972 年,交通部下发“关于加强安全运输生产的紧急通知”,提出“车船驾驶人员,必须经考试合格发给驾驶证书,方能开车、开船”。从 1972 年初起,沿海各港务监督陆续恢复船员考试发证工作。1974 年 5 月 21 日,中国港监局和中国远洋运输公司联合下发《关于换发远洋职务船员证书问题的暂行办法》,要求船员证书须经港务监督机构考试合格后方可发放。1976 年 9 月 8 日,交通、外交、公安三部联合公布《中华人民共和国海员签发和使用范围暂行规定》,于公布之日起实施。按该规定,海员证适用于世界各国和地区的所有港,有效期为 8 年,“由港务监督机构负责签发”。这标志着因“文化大革命”而停止的海船海员考试与发证管理工作开始恢复。9 月 20 日,为贯彻执行该规定,统一海员证发放、使用做法和书写格式,交通部下发《中华人民共和国海员签发和使用范围暂行规定的实施办法》,重新规定海员证由中国港务监督签发,同时规定“海员证的签发工作,目前先由大连、天津、青岛、上海、广州、黄埔港务监督具体办理”,并负责办理相近省的海船船员及外派海员证。如上海港务监督除办理上海海员的海员证,还负责浙江省、江苏省出国船员的海员证办理。青岛港务监督开始办理海员证,并负责山东省境内所有出国船员的海员证办理工作。

1.各港务监督的船员考核与发证

上海港务监督,1972 年初恢复对现职船员考核和换发船员证书工作。3 月 7 日,就上海港机动船员考试换证,制订 1972 年机动船员考试换证办法,并成立船员考试领导小组,全面开始上海船籍港的船舶考核换证工作,给远洋、沿海、长江、内河船舶的船长、驾驶员、轮机员、电机员、报务主任、报务员换证。对代职一年以上的船员,通过群众评议、领导审批或考试的发证;对拟提升船员,进行考试,办理职务签证。当时,因港口建设与航运业发展,船员不断增加,换证工作结束后,仍有大量无证操作船员。于是,上海港务监督于 1974 年起开始对船员进行专业培训。凡考试及格的船员,经短期实习后,具备基本操作技能后,发给相应证书。仅 1972 年至 1978 年底,核发近海及沿海船员证书 3338 人次、港作船 1076 人次、工作船 2121 人次、远洋渔轮(200~500 总吨,不包括 500 总吨)船员证书 1997 人次、其他船员证书 4077 人次。

大连港务监督,1972 年开始恢复大连地区船员考试试点。因停止 5 年的船员考试,加之海运业发展,老船员升级、新船员任职均未经考试机关考试发证,整个大连海区大部分船员无证上岗,船员考试任务异常繁重。为此,大连港务监督随即采取几点紧急措施:①分批按计划考试。由船公司集中船员举办短期技术培训,在港务监督指定时间考试,及格者发证,不及格者的补考随时进行。②随船考试。学习上海港监经验,经交通部认可,对部分不能下岗船员,港务监督派出考试人员随船进行考试。考试专业分驾驶、轮机、报务、船电 4 个,内容以应知应会基本技术为主,方法分笔试、口试、实操 3 种。考试合格者发给“文化大革命”前印制的船员职务证书。此次前后共对 1300 名高级船员进行了培训和考试,869 人获得证书。1973 年,重新组建大连港务监督海务科,考试专业人员陆续回到岗位,船员考试工作全面恢复。1976 年 10 月,被授权又开始为航行国际航线船员以及外派劳务出国船员办理海员证。

广州港务监督,1974年以后与黄埔港务监督一起协助海员学校、航运学校及航运企业进行船员的培训,并办理船员证书,直到1978年。

其他沿海各港务监督,视各自的管辖港口区域的实际,恢复开展船员的培训、考试、发证工作,使船员管理工作逐渐走向正轨。

2.内河及各省(区、市)各港航监督的船员考核与发证

内河及各省(区、市)各港航监督部门根据各地实际,恢复船员核发签证工作,取得一定的成效。

1971年"9·13"事件之后,周总理等老一辈无产阶级革命家随即做出系列纠正"左"倾错误重大决策,全国经济形势开始好转。作为主管长江干线水上安全的长江航政管理局,开始对长航和沿江各地中央厂矿企事业单位的轮船船员换发证书。当时虽困难重重、阻力重重,但航政人员不怕麻烦和遭白眼,迎难而上,宣讲按期换船员证书重要意义,终于完成了大部分过期船员证书的换发工作,仅南京分局这年11、12月两个月就换了1000多份,促使船员技术水平提高。1972年12月,在恢复船舶登记和船员考试后,长江航政局各分支机构编印教材,对长江船员进行理论和实际考试,应考者上千人。这是长江航政被"文化大革命"破坏后最早恢复的管理工作之一。这次对船员考试虽受当时形势影响未能全部达到规定标准,但毕竟是排除各种干扰后实施的一次整顿。船员考试恢复和实施,不仅改变长江干线船员技术状况多年混乱局面,而且促使船员技术水平提高,保证船舶航行安全。

"文化大革命"前期,部分省(区、市)仍开展船员培训、考试、检定,但强调"突出政治",轻视技术,制度松弛,更多省(区、市)船员培训、考试、检定停办,无证代职高级技术船员随之增多,或采用由企业部门推荐和选拔相结合的办法。1972年之后,各省(区、市)恢复船员管理工作。

云南省港航监督。"文化大革命"期间,云南省航运以木帆船运输为主,船员主要是驾长、舵工,文化水平普遍较低,但具有操作经验。为此,港航监督对船员的业务水平和职务晋升进行考核,合格发给船员证书,促使船员凭证上岗操作。1974年5月,云南省在绥江县开展机动船船员考试发证工作。这是云南省航政部门第一次进行船员考试、发证工作。这批船员后来成为业务骨干。

陕西省港航监督。"文化大革命"初期,由船员组成的"革命领导小组"决定船舶动态,航运管理部门不再举办船员培训班,陕西航运的船员主要依赖上级分配的专科学校毕业生。1972年,船员考试制度逐步恢复正常,还制订了规章制度,规范船员检定考试和船员培训。

广东省港航监督。1971年9月8日,广东省下发通知,要求远洋、海运、航运各单位的驾驶、轮机人员,必须经过培训和考核,经群众评议、领导批准,由港监核发证书或者手册。1973年2月,省港务监督成立,制订《广东省船员考试暂行办法》。4月20日,广东省航运局印发《船员岗位责任制》手册近10000册,把责任落实到各个岗位上。

山东省港航监督。1972年以前,省辖区没有组织船员考试,只是根据航运单位的任职需求批件,直接签发证书。1972年以后,山东辖区陆续恢复船员证书考试和发证工作,初步扭转船员无证上岗的状况。

福建省港航监督。20世纪70年代前,省轮船船员由航管局检定考核,考试合格后发给证书。木帆船驾长的技术评定则分两种情况:参与木帆船合作社的驾长,由合作社负责评定;未参加合作社的驾长,本人向航管机构申请评定,通过民主评议、结合航章口试测验,合格的发给木帆船驾长手册。70年代后,省港航监督机构恢复,船员考核工作逐渐由港航监督负责办理。1975年以后,福建省内的船舶机动化程度越来越高,"驾机合一"和"挂机"的机动船发展较快,过去管理发证办法中所划定的船舶种类、等级已不符合实际要求,需要制订新的管理办法。之后,省港航监督很快制订出《福建省内河船员考试发证办法》,对申考的种类、等级重新作了划分,还规定各级港航监督分工和权限,以杜绝随意考试现象。

湖北省港航监督。1973 年 3 月,省交通局公布《湖北省船员职务规则(试行)》,对客轮、货轮、拖轮、机驳船、趸船等各类船员的职责作了明确分工,还规定了船舶内务规则、驾驶台工作纪律、值班和交接班制度、应变演习制度、安全活动日制度和“三会”(航次会、日工作会、工班会)制度。

湖南省港航监督。1972 年,湖南省对内河船员进行短暂培训和检定考试。1976 年 5 月,组织相关船员进行统一技术考试与检定,及格的换发新证书。

江苏省港航监督。1973 年后恢复船舶检定考试办法。同时,一些航运企业创办“七二一”工人大学,抽调具有一定理论基础和丰富实践经验的职工脱产学习(如南京航运公司举办轮机修理专科培训,扬州轮船公司与港航监督合编轮机和驾驶教材),促进船员技术的提高。

四川省港航监督。1974 年,四川省对全省 13 个重点水运区的 90%以上的轮船技术人员进行考试,录取 4028 人,占考试总人数的 92.1%。在船员考试登记的同时,采取讲课与实习相结合的教学方法,不断提高船员的业务技术水平。四川省还开展木船驾长评考工作,仅重庆市航管机构 1971 年就对有驾长资格的 5663 名船员分 74 期进行轮训。

贵州省港航监督。1974 年邀请公安、安全部门开展航政管理工作,统一换发船舶证书及船员执照,对船员进行考评,考评内容为水运规则,驾驶基础,机舱管理与故障排除等。

(四)防止船舶污染水域管理在沿海港区开始

1.防止船舶污染水域管理制度的逐渐建立

我国防止船舶污染水域管理晚于对载运危险货物船舶管理工作。“文化大革命”后期,随着我国工农业和水上运输的发展,油运和燃油船舶不断增加,船舶油污染水域事件发生量急剧增加,而港口却没有油污水回收和处理设施。油船压载、洗舱和机舱油污水以及船舶垃圾、粪便在港区水域随意排放,环境污染的情况十分严重。如 1973 年 11 月 26 日,满载原油的“大庆 36”号轮,在大连出港时因错关供油阀导致破舱漏油 1400 余吨,严重污染港区水域和渤海湾沿岸海面,危害水产资源与人民健康。

迫于形势压力,1972 年 7 月交通部向其所属的水运企业转发《1964 年国际防止海上油污公约》,指出我国虽对该公约尚未接受,但防止油污是一个重要问题,应引起重视,并决定把防治石油运输中的油污染作为首要工作。1973 年,交通部规定,我国 150 总吨以上的油船和 400 总吨以上的其他船舶均应配备油水分离器、排油监控或报警装置、粪便和垃圾处理装置。1974 年 1 月 22 日,交通部下发“关于加强防止港区水域油污染的紧急通知”,要求:各港务监督加强防油污宣传教育,制定操作规章制度;安排浮油回收装置和围油栏等,防止油轮海事等大面积油污的发生;新建的油码头要做到含油污水处理设备与主题工程同时施工、同时投产,大连、秦皇岛、青岛、上海、黄埔、南京、湛江等地尤其要注意防止港区污染问题。自此,防止船舶污染水域的管理工作在沿海港区正式开始。1974 年 1 月 30 日,经国务院批准,交通部公布《中华人民共和国防止沿海水域油污暂行规定》,于次年 1 月 30 日试行。该暂行规定与《1964 年国际防止海上油污公约》1969 年修正案中要求是完全一致的。暂行规定确定港务监督是港口防污染主管机关。该规定实施以后,各港务监督相继设置专业管理机构或管理人员负责这项工作,设立危险品管理和防污职能部门。12 月 15 日,国务院环境保护领导小组印发《环境保护规划要点和主要措施》《国务院环境保护机构及有关部门的环境保护职责范围和工作要点》两个文件,其中列出交通部环境保护工作要点(水运、公路部分)。水运部分中的船舶污染防止内容是:加强对港口环境的管理,防止港口的污染。1978 年前,在大连、秦皇岛、天津、青岛、上海、连云港、湛江、黄埔 8 个港口分别建立起含油污水的处理设施,相应地配备垃圾、污油、污水回收船以及浮油清扫船和围油拦油装置;对外开放的 18 个港口,要求建造一批监视、巡逻船舶;积极协助六机部研制船用油水分离器,并逐步在现有大型船舶、油轮上安装。

1980年前,部属的海港码头和船舶的排污要达到国家规定标准。1985年前,要健全和加强各级监测机构,建立起交通系统的监测网。

1975年5月,针对各港口外轮违章排污案件的发生时处理口径不一、罚款金额差异很大的问题,交通部下发"关于加强港监(航政)工作的通知",指出"防止港口水域污染这项新的工作,许多港口没有很好地抓起来,有的港口水域污染已经相当严重",要求1975年抓好船舶污染港口水域的防止工作,建立专业机构,再次强调"港口水域防污工作,都已明确由各港监负责,各港务局和长江航政管理局应迅速按照各港监(航政)部门的实际情况,设立防污机构和设专人负责防污工作,要把这项为子孙后代造福的大事抓起来"。1975年11月4日,交通部公布《交通部油船安全管理规则》。

2.沿海各港务监督开展船舶污染水域的管理工作

上海港务监督,1971年设立水域环境保护组和危险品管理组。1974年,成立水域环境保护科,有专职人员9人。1975年,根据环境保护的需要,成立环保领导小组治理三废(废气、废水、废渣)办公室,并成立监测取证室(小型化验室),配有103气相色谱仪、日立F-400荧光分光光度计、FF-1、OCMA-220油分浓度计等油种定性和定量仪器,配有摄像机、微型录音机等现场取证设备,以及APPLE-Ⅱ计算机和复印机。各监督站设有专职或兼职防污监督员,负责辖区水域防污管理工作。巡逻艇和瞭望台的监督员担负监视船舶污染水域任务。监测取证室成立不久,就为有关科研和生产部门研制船舶油水分离器设备的监测分析工作做出贡献。

大连港务监督,为解决压舱水污染港区问题,要求大连港油区扩建要包括石油污染海水的处理设施。港务监督拟订防止港区污染的规章制度。有关研究所组成科研小组,研究试制在船上安装处理压舱水的油水分离器。1972年10月,大连港务监督开始对大连湾海域船舶污染状况进行调查。调查结果表明,大连湾受到较严重污染。据统计1972年船舶在港区水域排放压舱水中含油量达3000余吨。1974年,监测到大连港水域内海水含油量最高值达11.2毫克/升,最低值1.54毫克/升(超过国家允许标准110倍)。为此,大连港务监督1973年1月起对来港的外籍船舶(主要日籍油轮)所排放压舱污油水实施监管,规定:不准在港区排油或油性混合物,排放压、洗舱水接近油层时立即停止;油轮排放洗、压舱水等的含油量低于混合物的1/1.5万;对未备有废油储存舱和油水分离器的船舶,排放压仓水和污水要在距大连港园岛30海里以外航行中进行。1974年,制订《大连港关于防止港口水域污染几项暂行规定》,加大对油轮防污染、排放污水监管。之后又出台《供油船供油时应遵守的规定》《禁止船舶向码头或水域倾倒垃圾规定》,并对来港中外籍船舶实行预防油轮溢油事故书面通知制度,对油轮排放压舱水实施监管,建立油类记录簿检查制度。1976年8月以后,为航行国际航线的中国籍油轮(载重2000吨以上)签发《关于油污损害民事责任保险证书》,以证明船舶所持油轮损害责任保险单具有法律效力。

天津港务监督,1973年以前由于监测手段不完备,监督法规不健全,监督范围较小。1973年以后,随着我国加入《国际防止船舶污染公约》和国务院颁发《海洋环境保护法》《防止船舶污染海域管理条例》《水污染防治法》等法规,天津港务监督制订《天津港船舶防污染暂行规定》《天津港船舶残油处理和接收管理办法》《天津港防止船舶垃圾污染水域管理办法》等配套的管理规范,设立监管部门,在港区设环境保护监测站,配红外线测定仪、紫外分光光度计、海水电导盐度计、COD(水质)测定仪、噪声测定仪、酸度测示器等监测仪器。另有污油、水处理船一艘(环保一号),污油、水处理厂两处。

青岛港务监督,1974年9月16日起一律禁止进入青岛港船舶排放含油污水。1975年4月30日黄岛污水处理池建成投产后,下发"关于黄岛污水处理池正式投产及油轮压舱水的处理办法的通知",重申防止港口污染的管理规定。11月11日,增设防污科,专门负责防止水域污染管理工作。1976年,在黄岛油区设立黄岛监督站,加大对烟台、威海和日照等辖区到港船舶的环境保护宣传及防污文书、防污设备的监督检查力度,强化现场监管,纠正违章作业,查处污染案件,有效地保护海洋生态环境。

宁波港务监督,“文化大革命”期间一度忽视宁波港水域防污管理工作,港区内水域被逐渐污染,甬江两岸边泥滩上的小蟹、跳鱼等生物几乎绝迹。1972年起,宁波港务监督与宁波市工业、卫生、防疫等单位组成水质污染调查协作组,从1972年10月至1976年6月对甬江自下白沙至虎蹲山之间18个采水样点、东海沿海6个基础观察站、甬江口水域进行水质采样化验,对余姚江、奉化江、甬江沿江主要工厂排污口采样化验,对污水未经回收和净化处理就直接排入江中的工厂逐一要求治理“三废”,以保护和改善水质。

广州、黄埔港务监督,随着广东工业生产发展,将防止水域污染作为其一项重要航政管理工作。1974年,两港务监督根据防止沿海水域油污暂行规定的有关要求,配备防止港口污染专职人员,制订防止污染措施。广州港务监督加强对船舶的防污文书、防污设备的例行检查,调查处理船舶污染事故。

3.内河及各省(区、市)各港防止船舶污染水域

20世纪60年代,天津市港航监督将防止船舶污染水域和处理船舶排污,作为航政管理的重点,一旦发现船舶污染水域事故及时进行处理。

1975年8月14日,广东省航运局下发《散装原油船舶结构与设备的基础规定》和《原油装卸、运输的安全规定》,规定船舶装卸、航行、洗舱、修理等各项安全管理制度。10月3日,省港航监督下发《临时驳运原油许可证》,规定由港航监督负责对临时驳运原油的船舶进行检查和签发适航船舶许可证书。签发期限为3个月,最多不超过6个月。

(五)加强船检技术管理工作

1.船检机构的恢复与调整

1971年初,为贯彻中共中央《关于加强安全生产的通知》精神,中国船检局成立《船舶检验工作条例》修改工作组,对1965年公布施行的《船舶检验工作条例》进行修订。经过调研及征求船舶设计、建造、使用和检验等方的意见,反复斟酌修订,新的《1971年船舶检验工作条例》于11月23日由中国船检局公布,1972年1月1日起执行。1973年10月中旬,交通部在天津召开外轮检验工作会议,讨论《外轮检验办法》和《履行两公约的暂行规定》,研究各港外轮检验工作中的问题,提出加强外轮检验工作意见,加强外轮检验工作领导,加强验船队伍建设、健全,统一规章制度、加强船舶安全技术研究试验工作,讨论购置必要检验工具设备。根据会议精神,交通部于11月下发“关于改进外轮检验工作的通知”,强调要加强对外轮检验工作的领导,加强验船队伍建设,指出:专业技术人员不足的矛盾日益突出,必须迅速加以补充,原有的验船人员应尽快归队;要健全海港验船组,在未设立验船办事处的对外开放港口均应设不少于3人的验船组,对外统一称船舶检验局××办事处验船组。12月10日,中国船检局公布《外轮检验办法》。这次外轮船检工作会议和《外轮检验办法》的出台,使受“文化大革命”冲击的船检工作开始出现转机,直属船检机构和部门相继恢复,下放的人员陆续被调回,船检技术人员充实基层,船检规章与规范得以大量制(修)订。

2.新的船检规章、规范的出台与验船人员培训

(1)制订新的船检规章、规范

1972年之后,中国远洋船舶和外轮的检验工作大量增加。我国已同阿尔巴尼亚、朝鲜、罗马尼亚、南斯拉夫等6个国家签订船舶检验合作协议或建立合作关系。1972年8月30日,交通部、六机部在北京召开《钢质海船建造规范》审查会议。1973年3月1日,我国加入“政府间海事协商组织(IMCO)”。11月13日,接受《1960年国际海上人命安全公约》和《1966年国际船舶载重线公约》。这促使我国大范围修订

和补充海船规章、规范,注重提高船检科技水平。同时,加紧修订和补充长江船舶规范,逐步扩大其使用范围,向长江水系扩展,并逐步形成第二代河船规范。这些船检规章、规范工作的修改与补充,均得到船舶科研、设计、院校、航运和船厂等单位的协作与支持,从而保证了修改与补充的船检规章、规范的质量,并逐渐摆脱苏联船舶规章、规范模式,更加适合中国船检业的实际情况。

这一时期,随着我国对远洋船队和海上运力需求的增加,造船工业发展较快,《1967 年钢质海船建造规范》已不适应。为此,1972 年 12 月,中国船检局邀请有关科研、设计、制造单位和大专院校的专家,就修改 1959 年第一批船舶规范确立 30 项科研课题进行调查研究和试验,并在结构强度、稳性、载重线、机电设备、救生、消防等方面取得研究成果,应用于规范的编制与修订。到 1973 年,已修改 9 种海船舶规范即:《1973 年钢质海船建造规范》《1974 年海船稳性规范》《1975 年海船载重线规范》《1974 年船舶起货设备规范》《1974 年海船救生设备规范》《1974 年海船救生信号规范》《1974 年海船抗沉性规范》《1975 年海船航行设备规范》《1974 年海船无线电设备规范》。

1973 年 5 月 23 日,中国船检局在交通部、六机部审查《钢质海船建造规范》之后,公布实施新的《1973 钢质海船建造规范》。1974 年 11 月 22 日,公布海船救生设备、海船稳性、海船抗沉性、海船无线电设备、海船信号设备、海船起货设备、海船载重线、海船航行设备共 8 种法定检验规范。1976 年 9 月,中国船检局修订《1959 年海船入级章程》,公布实施第一本中英文版《海船入级规则》,将最高船级符号定为★ZCA、★ZCM,自 1977 年 1 月 1 日起实施。1973 年 12 月 20 日,中国船检局公布实施《长江水系小型钢船建造规范》及《长江水系营运小船检验规程》。1974 年 3 月 1 日,公布《内河小型钢丝网水泥船建造规范》。这次对系列海船、河船规范的修订,更加符合中国造船工业实际,随后又整顿船检工作秩序,促使交通系统造船质量进一步提升。

此外,根据中国港监局 1974 年 5 月 6 日关于修订《长江航政规章》批复精神,长江航政管理局抽调专门力量,成立长江航政规章修订小组,邀请四川、湖南、湖北、江西、安徽、江苏、浙江航政部门和武汉河运学校等单位代表,全面修订包括船舶检验规范在内的航政规章、规范等。修订小组召开调查会 125 次,足迹遍及长江干线和主要支流以及淮河、大运河,察看航道、船闸、灯号、声号和助航设施等,为修订长江航政规章、船检规范提供了可靠的依据。

各省(区、市)港航监督船检机构与部门,除执行中国船检局公布的长江水系和内河船检规范外,还因地制宜地制订了一些地方船检管理办法和补充规定。如浙江省革命委员会 1975 年公布《浙江省农用船、农副业船安全管理暂行规定》。

(2)加强船检人员培训

为适应"文化大革命"后期涉外船检的需要,1974 年 3 月中国港监局委托上海、广州、大连、武汉等地的航海院校举办或合办船检培训班,培训沿海、长江 100 多名船验人员。1975 年 9 月下旬,培训江西、安徽、江苏、浙江、四川、云南、山东、河北、辽宁、黑龙江、广西等地 30 余名验船人员。据统计,仅 1973—1976 年,全国共培训各类船舶检验人员 300 余人。同时,随着外轮进出中国港口数量增多,为提高涉外船检人员英语水平,1974 年上半年起到 1979 年 12 月,中国船检局委托长沙铁道学院举办英语培训班,后改委托上海港湾学校代培,培训内容包括船检、港务监督、理货等专业。英语培训班先后举办 6 期,共培训船检人员 113 人。此外,1973 年长江航政管理局培训云南省船检、港务监督 22 人。1973—1975 年,中国船检局培训浙江省验船人员 14 人,1975 年 10 月培训 40 人,主要培训内容为 500 吨沿海货轮检验知识。通过培训,提高了船检人员素质,使船检队伍人数有所增加。至 1975 年,全国船检人数达 982 人,其中直属系统 384 人、地方系统 475 人、渔船检验人员 123 人。

(3)创设远东船舶检验社有限公司

随着外贸运输的发展,以及在香港修理检验的船舶艘次增多,中国船检局开始派出验船师常驻香港工作,考虑筹建境外船检机构。1975 年 5 月,先由船检局广州办事处派人赴香港,在香港招商局协助下,进行船检在香港设点的必要性和业务量的调查研究工作。经过调研,向交通部上报船检在香港设点的报告,经国务院副总理李先念阅批并转邓小平圈阅,同意船检在香港设点。1977 年,远东船舶检验社有限公司(即香港检验分社)在香港登记注册,承办在香港的船舶检验业务。1978 年 1 月 5 日,该公司正式开业。这是中国船检在大陆以外设立常驻船舶检验服务机构之始。1976 年 8 月 31 日,中国船检局下发"使用新的船舶适航证书和吨位证书的通知"。新的两种证书都是修改原证书后再版的,分沿海和长江两种格式。

3.船检工作的恢复开展

1971 年之后,伴随下放船检人员相继调回,新人员的补充,船检技术业务颇多进展,船检管理从乱到治,且逐渐开展船舶建造、船用产品、海洋工程的检验。

各港务(航)监督船检部门,按照正规的检验程序与规范及规则、规定,从设计图纸的审查到现场的监督检验以及各种试验,相继恢复与开展船舶检验技术工作。船检人员深入现场,发现问题,及时处理,并帮助船厂建立有关的检验制度,共同把好船舶建造质量关,从而也积累一定检验经验,提高检验水平。1969 年检验第一艘挖泥船,1972 年第一次检验自升式钻井平台"渤海 1 号",1974 年检验第一座半潜式钻井平台"勘探 1 号",1975 年检验第一艘无人值班机舱自动化船,1976 年检验第一艘缚缆船"邮电 1 号",1976 年检验 20 世纪 70 年代最大油船"西湖"号。1975 年,天津港船检部门在国内首创气胀式救生筏检验站,填补全国验船项目空白,并与地方船检部门商讨签订分工协议,凡属天津地方所属沿海航行船舶全部由市船检部门检验发证。首次对万吨沿海货轮"津海 105"检验发证,从而结束天津市地方船检部门只检验内河船舶的历史。

各省(区、市)自 20 世纪 70 年代起大量建造船舶,船检机构、工作先后恢复。

受"文化大革命"影响,船舶设计简化,边设计边施工,船舶技术档案残缺不全。为解决这些问题,黑龙江省港航监督处于 1976 年成立船舶普查和船舶丈量工作组,到全省各地区站、点指导和帮助开展工作。

1972 年 7 月,云南省船检部门于组建航监组,开始了对机动船舶检验工作(包括设计图纸的审查、新船建造检验、营运中船舶的定期检验和年度检验、临时检验)。船检部门还派出人员到武汉船检局接受检验业务培训。年末,省里举办第一期船检、船舶、港监等管理基础知识培训,参加培训的是来自昆明、大理、昭通、景洪等地的船员 22 人。1973 年 5 月,云南船检部门对自己设计、承建的"金江一号"轮船进行检验。1975 年以后,昆明、大理航管站及澜沧江、金沙江航务管理站,分别负责滇池、洱海、澜沧江下游、金沙江昭通地区段的船舶检验工作。1976 年,山东省交通局举办内河船舶稳性检验学习班,对全省船舶进行了一次稳性普查工作。陕西省组织力量按照"稳性规范"要求,对该省所有客渡船进行了一次稳性资料复核,并对没有稳性资料的船进行测绘计算。

(六)加强船舶引航业务

1967—1968 年,"文化大革命"对我国沿海引航工作带来较大冲击。如大连港引航业务急剧减少,1968 年只有 1270 艘次。秦皇岛、连云港、宁波、温州、汕头等沿海港口引航业务也出现下降。

1971 年,我国恢复在联合国的合法席位之后,对外经贸交往日渐扩大,进出沿海各港外籍船舶逐渐增多,推动港口引航业的回升和发展。如 1972 年,大连港船舶引航量达 2072 艘次,是 60 年代以来引领数量最高的年份,引领的船舶吨位,平均每艘次达到4046.9净吨,其中200米以上的超大型船舶66艘次。1973年,大连港开始对外出口原油,直接推动引航业务的增长。当年该港引航数量达到2405艘次。此后,该港引领船舶艘次逐年上升,特别1976年大连港务监督引航员成功引领我国当时最大的油轮“银湖”轮首航靠泊新港一区。这一时期,各港口港务监督引航业务日益增多,如1974年全国共引领外轮和国轮14000多艘次。

1975年3月20日至4月1日,交通部在广州召开“文化大革命”期间的第一次全国引航工作经验交流会,要求加强我国引航事业的建设,更好地为社会主义建设服务。5月,交通部下发“关于印发‘引航工作经验交流会纪要’的通知”。该通知强调“引航工作是水运和外贸事业中一个重要的环节,也是一项重要的涉外工作。”

为统一“引航”一词,1976年10月6日交通部以交船监字1171号文下发《关于统一使用“引航”一词的通知》,明确:“航运业习惯使用‘引水’一词,其含义既不确切,又不易被理解……均改为‘引航’。”11月12日,在1959年版的海港引航工作规定的基础上,交通部公布新的《中华人民共和国交通部海港引航工作规定》,仍将引航工作当成一种公共管理事务和非一般性职业,并明确:“引航工作是航政管理工作的重要组成部分,也是一项重要的涉外工作。”

特别值得一提的是,1966年3月25—27日,满载10888吨原油的“建设(后改为“大庆”)17”号轮由周涛等引水员引领下进入长江,靠上南京炼油厂码头,开创引领万吨级海轮进江直达港口的先例。此后,引领进入长江的船舶吨位逐年增大,最大达3.5万吨,航线上溯延伸到南京、汉口及长江下游各港口。

这一时期,留用的老引水员被迫离开,新中国培养的引水员下放劳动,引水员数量大幅减少。而“文化大革命”后期各港口运输生产恢复,进出的中外船舶日益增长,引航业量增加。商船大型化,驾驶盲区增大,船舶操纵难度越来越高,引航技术要求更高。为此,各港务(航)监督机构通过多种渠道,相继从复员转业军人、拖船船员及其他渠道,经过严密政治审查、层层筛选之后,吸收一批新手充实引航队伍。如上海港1968年底到1971年底共补充引水员40多名,1976年和1978年又补充20多名学习引水员。大连港1970年到1975年共从拖船船员(含船长)及海军复员转业军人中补充9名学习引水员,1977年又从工人中选择5人学习引航。天津港1973年和1974年补充15名学习引水员。长江下游1974年抽调4名驾驶员,后来又从企业办的“水上工人大学”中抽调10余人,加以短期培训,充实引水员队伍。这些引航队伍“新鲜血液”,虽面临动荡的形势,但在师傅“传、帮、带”下,通过自己刻苦学习与磨炼,大多数成为合格称职的引水员。与60年代中后期培养的引水员一起承担起全国沿海、长江主要港口繁重的引航任务,为动荡年代港口航运正常运行贡献力量。如天津港引水员在海河防潮闸落成后成功将超3000吨级海船引领过闸,后又改为海轮自航过闸。1968年,王庆国首次将长130米、宽17米的万吨级“和平15号”轮驶过船闸,开创大型商船驶过船闸的新纪录。1973年,该引航站自行发明无线电遥控报潮仪,及时测定水位,便利大吃水船舶趁潮抢水进出港口。1976年,又与南开大学科技人员,设计建立无线电双曲线相位差导航系统,引航员通过携带的定位接收机为船舶在航道航行导航。

(七)水上交通事故的处理

“文化大革命”开始后,水上安全管理工作遭受严重破坏,导致使水上交通事故连续发生。1970年是新中国成立以来我国发生水上交通事故最多的一年。其中,交通部直属航运企业共发生事故423起,沉船41艘。1971年,全国共发生交通事故96000多起,死亡11000余人,比1970年又有所增加。

为扭转这一被动局面,1971年12月15日交通部公布《海损事故调查和处理规则》,于1972年1月1日起施行,并废止1959年9月交通部公布的《海损事故调查处理规则》及1960年7月公布的《外国籍船舶海损事故调查处理的补充规定》。新规则对事故种类作了规定,共分8种,即:触礁、触岸或搁浅;碰撞或浪损;失火或爆炸;影响适航性的机件或重要属具的损坏和灭失;遭遇自然灾害;造成水上或水下建筑或设备的损害;沉没或失踪;其他事故。规则进一步明确了海损事故调查处理机关的职权和责任。

沿海、内河各港抓紧扭转水上安全形势被动局面。受"文化大革命"影响,大连海区水上事故逐年增加。大连港务监督1970年受理海上事故案件32件,1973年达到77件。大连港务监督对事故仍依据"文化大革命"前管理规定进行调查、调解和裁定。外轮和重大海事案件由大连港外事组报大连港军管会做出处理决定,影响重大海事由大连港军管会上报大连市军管会处理。

1971年,广州港务监督加强事故处理的调解和裁定工作,对船舶发生海损事故的当事人进行协商调解,或者做出处理结论;对船舶发生海损事故造成货物损差的赔偿纠纷,做出货损赔偿裁定;对船舶发生海难救助报酬协议,做出救助报酬费用裁定。港务监督处理海事涉及外国籍船舶纠纷时,如果双方协议同意,可提请中国国际贸易促进委员会作海事仲裁或向中国人民法院起诉。此时形成港务监督以行政机构代替司法部门处理海事、法院审判、中国国际贸易促进委员会仲裁3个机构处理事故的局面。广州港港务监督部门参加涉外领导小组,配合交通部和广东省人民政府处理"南洋轮"与"士打高雅"轮在汕尾相撞案、"海丰"轮在南澳搁浅案、"创业"轮闸坡弃船案、印度尼西亚"GWNUNG KLABAT"轮撞沉"大庆236"油轮案等十多宗涉外重大海事。

这一时期的重大事故:

1967年5月6日,"东方红111"客轮,在重庆港朝天门呼归石与重庆市"轮渡108"轮相撞,致轮渡船舶翻沉,227人落水,死亡131人。

1969年8月16日,重庆市江津县白沙镇群众为躲避武斗,从白沙乘江津"津搬号"拖带的2艘车驳船顺江而下,行至油溪五台山江面附近,因岸边响起枪声,乘船群众慌乱,导致2艘驳船沉没,600多人落水,淹死273人。

1971年7月21日,云南省景洪航运站"东风"轮载运72名中学生,自景洪至小勐养河口农场劳动,航行至澜沧江喇叭河口滩上约1公里处翻沉,造成53人死亡。为此,国务院总理周恩来亲自打电话给云南省革命委员会,并做出重要指示。

1975年8月4日,广东"红星245"客轮与"红星240"客轮相撞,同时沉没,遇难者436人,其中港澳同胞35人。这次恶性事故使旅客生命和国家财产遭受严重损失,造成很坏影响。

五、航标测绘及水上通信的发展

(一)"文化大革命"期间航标基本状况

交通部管辖的航标为商标,即是商港、商用为主的沿海海港及沿海短程航线和全部内河航标,其中大部分是1958年由海军移交过来的。1966年,海军司令部和交通部拟订全国海上干线公用航标移交协议。因"文化大革命",移交航标一事被搁置下来。到1973年,交通部和海军司令部再次上报1966年搁置的移交公用航标给交通部计划,后因"文化大革命"影响再一次被搁置。

"文化大革命"期间,省(区、市)交通航运部门管辖的港口和省际干线及省内地方间航线上的航标,有些管辖职责下放到地区,甚至委托公社代管,管理松弛,灯桩倒塌得不到及时修理,航标变动也不发布航行通告,甚至任意变更灯质,导致航标发展滞后,设置混乱。一些行之有效的航标管理规章制度被否定,航标巡检不能正常履行,标灯熄灭不能及时恢复,灯浮标离位不能及时复位,甚至将交通部公布的《内河航标规范》规定的航标名称和制式都改了(如将过河标和接岸标改为红旗标和红星标,将顶标改为红旗和红星;将三角浮标改名为灯塔标,改用塔形锥体),造成混乱和材料浪费,增加航标工人的劳动强度,致使驾引人员使用上的混乱。

虽遭受动乱影响,加上国家建设资金困难,但这一时期交通部还是批准一些航标、灯塔项目的建设。如由天津航道局负责设计建设了中国第一座海上灯塔——大沽灯塔,由广州航道局负责建造大型航标船“航标一号”(后名“B-31”),由天津、上海航道局负责改建大型航标船“海建”(后名“B-11”)和“航锋3号”(“海航”,后名“B-23”),增加了港口航标导航与现场巡检力量。沿海、内河的广大航标工作者更是恪尽职守,努力维护航标,加强航标管理,以引导船舶安全进出港口。

(二)航标建设与管理及测绘工作

1.沿海港口航标的建设与管理

“文化大革命”期间,沿海航标在动乱中滞缓前进,航标事业滞后发展。交通部所属航标,是1958年由海军移交过来的商港、商用为主的沿海海港及通海航道的航标,也称直属港口航标,基本上由沿海各航道局负责建设与管理。

福州港,1974年12月开始建造东高寨(南搬)灯桩,1975年5月竣工。该灯桩为当时福州港最高灯桩,建成后对通海航道的翁屿、牛尾山、猫屿等石砌新灯桩的设计、建造起到参考作用。

上海港,1975年开辟杭州湾油轮航道(至陈山码头),设灯桩5座、导标1对。长江口南水道铜沙、江亚浅段人工航槽开挖,设灯浮标27座。1977年,建鸡骨礁灯桩和直升机停机坪。

天津港,1975年为开通的新港双航道设置航标。东自大沽灯塔前,西至闸东航道与主航道转点处,建成导标(分前标和后标)共14座,满足夜航及阴暗天气的航行要求,符合1960年国际灯标委员会推荐的灵敏度。1976年,天津港在大沽口灯塔至第9—10号浮标,长约20公里,宽为60米直线型主航道上建立相位差双曲线导航系统。该系统导航设施分两部分:一为岸台发射系统,包括设在北塘和驴驹河的两个等幅波焦点台以及设在七米地区的一个调幅被参考;另一部分是由领航人员随身携带的设有两个信道的接收机。相位差双曲线导航系统的定位精度在港区可保持5米以内,在大沽口灯塔地区正负不超过8米。随着港口主航道拓宽成双航道,相位差双曲线导航已不能满足需要。以后又逐步在军粮城以东至新港海向口的岸线建立内港码头,船舶密度增加,航线变化,助航设施另做出新的安排。

青岛港,1975年设立航标站,并在内部临时设立航标科,负责管理所辖(港区)航标。

烟台港,1975年设立航标组,定员4人,管理烟台港区航标。

大连港,1976年由大连港务局主持建设的新港助航设施竣工启用,保证了新港按时开港运营。同时,加高港东口南、北灯桩和更新改造灯笼,使门灯更亮,目视效果更远;更新海军旅顺基地对园岛、大三山岛、黄白咀无线电指向标,提高信号射程。

其他沿海港航标务监督,根据交通部《关于加强沿海各港口航标工作的通知》,结合实际设置不同类型的航标,以保障进出港口的中外船舶航行安全。

这一时期,随着1965年国务院、中央军委批准“长河一号”(罗兰A)中程无线电导航系统和“长河二号”(罗兰C)远程无线电导航系统的建设,我国沿海开始采用由交通部、海军建设,海军、交通部和四机部提出的“脉冲双曲线”和“脉冲相位双曲线”的中、远程无线电导航方案。脉冲测距差罗兰A(长河一号)系统由10个导航台组成台链,1968年建成成山头、射阳河、枸杞岛3个导航台,1974年建成庄河、上古林、石塘、天达山4个导航台。1974年,南海建成龙滚、石碑山、三灶3个导航台。至此,中程无线电导航系统(长河一号)基本覆盖中国沿海海域。1976年10月,中程无线电导航系统(长河一号,国际上称“罗兰A”)导航台正式对国内开放使用,并开始筹建远程无线电导航系统(长河二号,国际上称“罗兰C”)。

2.内河及各省(区、市)航标建设与管理

与沿海不同的是,内河及各省(区、市)在这一时期加紧航标建设和管理。如 1976 年交通部提出 5000 吨级海轮进长江直达武汉的任务,通航期为每年的 5—10 月。长江航政局配合长江航道局在弯曲、狭窄、水浅和有碍航礁石、沉船的航道上增设必要的浮标,并公布《海轮进江航行办法》,对一些有变迁的水道则加强探测和航标维护工作,随时将有关情况通告进江海轮。当年 5 月,南京至汉口间水深 7.5 米、宽 200 米的海轮航道开通。

广西壮族自治区,自新中国成立以来一直加紧推进航标的"三化"(标灯电气化、开关自动化、大站管理机械化)建设,到"文化大革命"时已基本上实现。当时,贵梧河段共设标 883 座,全部发光,其中浮标 465 座、岸标 307 座(包括三角岸标 116 座)、信号标 111 座。南宁、柳州、桂林航区船舶往来密度和河道条件不及梧州航区,标志主要为浮标,标灯以煤油为主,只在离站较远的孤立航标才安装电气标灯,自动熄灭。南宁地区航道里程 641 公里,1975 年共设标 1741 座,其中电气化灯标 208 座,占总数的 12%,航标站均配备 20~24 马力的航标艇。

广东省,经过多年的建设,到 1975 年共设置航标 3180 座,设标里程 3466 公里,省内内河和沿海航标全部实现"三化"(即标灯电气化、开关自动化、大站管理机械化)。以后,继续改革创新,标志结构由竹木结构发展到钢结构和钢筋混凝土结构,标灯由定光灯发展到小功率半导体闪光灯和集成电路闪光灯,标灯开关装置由锌铁开闭器发展到硅钢片开闭器,发光电源由干电池、蓄电池发展到硅太阳能电池和配套镉镍蓄电池,航标船由手划艇发展到钢质机动船和摩托快艇。原来 2~3 人管理 3~6 公里的小站,逐渐扩大为管理 15~30 公里的大站,实现大站管理机械化。

3.测绘工作的发展

这一时期,海事测绘、科技得到发展。我国先后引进电子经纬仪、红外测距仪、多功能全站仪,较好地解决光学定位仪器自身存在的不足,使定位技术有了明显的进步。水深测量方面,测量人员与国内厂家联合开发出晶体管测深仪,解决电子管测深仪笨重和耗电量大的问题,并研制成功 304-I 型定位仪等近程高精度定位系统。编绘制作方面,开始使用符号模板和写字仪,把外业报告图板上的水深数据描绘到印刷图上。

1976 年起,为保证外轮在中国沿海航行的安全,经国务院、中央军委海军批准,各测量机构陆续出版发行专供外轮使用的中国沿海航海图和各开放港口的港湾图。同时,还出版用文字详加描述的各种航海资料手册,或是图文并列、资料完整的综合性海区图集。

(三)水上安全通信的新变化

1.交通部通信机构变化

为加强通信导航工作,1970 年 6 月交通部设立隶属水运局的通信组,主管交通水运通信。1976 年 3 月,成立交通部直属通信站,归口部水运局管理。5 月 29 日,交通部成立交通部通讯导航局,主要负责通信导航的规划、建设和业务技术管理工作。原水运局通信组同时撤销,部直属通信站业务改由通讯导航局归口管理。该局下设业务组、技术组和国际报话资费结算组,编制为 25 人。1972 年 5 月 27 日,长江航运公司革命委员会根据交通部"关于建立和健全通信管理机构的通知"精神,成立通信总站,负责长江全线通信业务。1973 年 5 月,长江航运公司船管部通信科成立,负责公司直属 82 座船舶无线电台的管理。

2.通信管理规章制度

这一时期,交通部公布了一系列电信管理规章制度:《对外国船岸电台通信联络的处置办法原则》(1970 年)《对外国船岸电台通信联络的处置办法原则》(1971 年 12 月)《南北通航通信规定》(1972 年)

《水运电报规则》(1972 年 8 月),并废止了 1961 年的《电台工作守则与航务通信业务规程》《水运无线电管理暂行条例》(1972 年 10 月)《对非交通部门船舶电台代管的暂行办法》(1975 年)《对外国船岸电台通信处理原则的规定》(1975 年)《关于外轮使用甚高频无线电话暂行办法》(1975 年 5 月)《中华人民共和国交通部沿海港口信号规定》(1976 年 11 月 15 日)。1976 年 3 月,交通部召开全国航海通告工作会议,制定《航海通告暂行通则》,并进行航海警(通)告收集、资料审查和转送、通告编写和刊发等项工作。

3.新建沿海海岸电台

1967 年,国际电信联盟(International Telecommunication Union,ITU)通过关于在水上移动业务中尽早采用 SSB 无线电话通信方式,规定海岸电台和船舶电台分别从 1975 年和 1982 年起不再使用双边带无线电话通信方式。1968 年,上海 VHF 无线电话台建立,使用国际规定的 CH14 频道,专供调度生产指挥用;黑龙江航道局在国境河流工作的航标船上开始配备无线电台。1971 年 5 月 21 日,新建的广州海岸电台(101 工程)正式投产使用,原黄埔收信台和发信台迁址。1973 年之后,交通部相继新建或扩建黄埔、广州、连云港、大连、厦门、防城、天津、湛江、烟台、青岛、秦皇岛、宁波、营口、石臼、重庆、南京、镇江诸港口和广州远洋运输公司等港航单位的有线电通信枢纽,并敷设相应的传输线路,形成有线自动电话通信网。此时,电话交换技术发展迅速,许多工业发达国家广泛采用数字程控电话交换机。1975 年 3 月 13 日,交通部在北京召开导航规划会,讨论我国港口船舶导航 10 年发展规划(1976—1985 年),提出今后 10 年在沿海主要港口和长江干线初步建立导航系统及设备研制规划。1975 年,符合国际水上移动业务要求的顺序单频编码选择性呼叫系统试制成功、CLD-5 型船舶导航雷达研制成功。1976 年 4 月,上海市延安东路—陆家嘴轮渡线建立黄浦江雾天导航系统。同时,我国远洋船舶和大部分沿海船舶均装有单边带收、发信设备。1976 年 11 月 15 日,根据我国于 1975 年 7 月开始执行的《1969 年国际信号规则》,交通部公布《中华人民共和国交通部沿海港口信号规定》,1977 年 6 月 1 日起实施。

长江设施增建,通信设备通信不断添置。1966 年 4 月,由交通部投资、长航局通信部门自行勘察、设计和施工的“六六四”有线通信(汉口—宜昌—重庆—兰家沱明线杆路)工程开工。1972 年,武汉航政处在武汉长江大桥监督站配备无线对讲电话 1 台、扩大器 1 部、自动电话 1 部、风速风向仪 1 架,为大桥水上现场维护创造通信联络便利的条件。

六、“中华人民共和国港务监督局”正式对外

“中华人民共和国港务监督局”,与交通部机关主管航政的职能部门,是“两块牌子,一个机构”,而使用这一名称是从 20 世纪 70 年代我国加入政府间海事协商组织(简称“海协”,1982 年 5 月改为“国际海事组织”)开始。

早在 1953 年 4 月 17 日,交通部在公布的《中华人民共和国交通部海运管理总局海务港务监督工作章程》中,规定各海区港务局及各中型港务分局主管航政的职能部门——港务监督室,对外以独立机构行使管理职权,称“中华人民共和国××港港务监督”,对内仍是港务局一个职能部门,采用“两个牌子,一个机构(部门)”的方式。但是,当时没有明确作为主管全国航政的交通部职能部门——海运管理总局所属的“海务总监督室”“港务总监督室”对外使用“中华人民共和国海务监督局”或“中华人民共和国港务监督局”名称。

联合国恢复中华人民共和国代表是中国在联合国的唯一合法代表后,1972 年 5 月 23 日联合国的专门机构——政府间海事协商组织(以下简称“海协”)第 28 届理事会第四项议程通过 C.53XXVⅢ决议案,承认中华人民共和国政府是在政府间海事协商组织中代表中国的唯一政府。9 月,时任交通部军管会指挥部水运组副组长(航政小组组长)、船检港监局局长谢中锋,首次以“中华人民共和国港务监督局”名称

邀请海协秘书长科林·戈德来华访问。1973年3月1日,海协秘书长科林·戈德收到中国关于海协公约的接受书。这标志着中国正式成为海协(后来的“国际海事组织”)成员。3月7日,海协秘书长科林·戈德致函中国政府,欢迎中国成为海协成员。

1973年2月8日,交通部军管会向国务院报送《关于请制发“中华人民共和国港务监督局”印章的请示》。该请示记述:“1972年9月曾用中华人民共和国港务监督局名义邀请该组织(指政府间海事协商组织)秘书长来华访问。”为了今后继续用“中华人民共和国港务监督局”的名义与政府间海事协商组织联系,“同时,我港口外轮管理和国外有关方面来往也需要用此名义”,为此请制发“中华人民共和国港务监督局”印章一枚。

从以上请示件可以看出,主管全国航政事务的交通部职能部门对外使用“中华人民共和国港务监督局”(简称“中国港监局”或“中国港监”)名称时间,应从这次以“中华人民共和国港务监督局”名义邀请海协秘书长访华开始,即1972年9月。

第三节　开始授权归口管理非常设机构

一、开始管理海上搜救日常工作

(一)“海上安全指挥部”的成立

1973年以前,交通部未设专门的海难救助机构,海(水)上海难救助主要由沿海各港务监督、内河各港航监督负责,职责是组织协调专业打捞力量对海难事故实施救援,并由海军防救部队协助。由于受当时技术装备条件制约,海难救助仅限于对近海搁浅、触礁遇难船舶进行被动救援。

1973年10月9日14时40分,中国对外贸易部租用的希腊籍货轮“波罗的海克里夫”号在厦门东南海域处遭15号台风袭击,发出呼救信号。当时因风浪实在太大,福建省厦门港内的小功率拖轮无法出航施救,飞机和舰艇亦无法前往救助。直到19时45分,交通部才与外贸部商量,决定动员在厦门港避风的另一艘外贸部租用的索马里籍“亚光”轮出航救助。后因台风中心向厦门逼近,“亚光”轮亦未出动。10日19时50分,台风登陆,“亚光”轮才起航驶向出事地点。等到“亚光”轮起航后,厦门港收到香港海务处通告:“波罗的海克里夫”轮已经沉没,船上有9名船员被新加坡商船救起,14人失踪。“亚光”轮继续驶向沉船地点进行现场搜索,只发现1只救生艇,未发现遇难船舶和人员。

对“波罗的海克里夫”轮遇难没有及时施救而导致沉没事件,国务院总理周恩来、副总理李先念和华国锋都提出了严厉批评。这一沉船事件暴露了当时中国海上搜救组织薄弱和救助力量落后。根据周恩来指示,华国锋于1973年10月19日召集有关方面研究加强海上搜救问题,为借助各方面救助力量共同搞好海上搜救,决定成立海上安全指挥部。

1973年12月28日,国务院、中央军委以〔1973〕国发187号文下发《关于成立海上安全指挥部的通知》。该通知指出:随着我国国民经济的发展和对外贸易的迅速增长,来往我国港口和海域的船舶数量急剧增加,海上安全问题应引起各有关方面的严重注意。保障国轮安全航行,并按照国际义务为海上船舶提供气象服务,对遇难外轮进行救助,以及防止船舶污染海域,是关系到我国政治影响和人民生命财产的大事。各有关部门必须严肃对待,密切配合,认真做好这项工作。为此,决定在国务院、中央军委领导下成立海上安全指挥部。海上安全指挥部由总参、海军、空军、外贸部、农林部、交通部、气象局、海洋局等部门组成,由交通部负责人任指挥部主任,总参、海军有关负责人任副主任。指挥部办公室设在交通部。

该通知强调,目前各有关方面的救助力量均较薄弱,应予以加强。交通部应尽速建立和健全沿海救助打捞组织,充实必要的大功率救助拖船和快速救生艇,搞好紧急通信联络设备。各海岸电台应把海难救助电报放在优先地位。有关救助机构的设置和人员、设备的补充问题,由交通部提出具体方案报国家计委。海军、空军可相应增添救助舰艇和直升机,并应适当调整东南沿海的救助力量和加强海、空救助训练。

该通知规定的海上安全指挥部主要职责为:搞好国轮的安全航行,并按照国际义务为海上船舶提供气象服务,对遇难外轮进行救助,以及防止船舶污染海域。指挥部定期召开会议,讨论海上安全有关方面的内容,提出解决办法。重大问题需要报批国务院和中央军委批准实行。指挥部办公室设在交通部,处理日常工作。海上安全工作主要是把预防工作做好,落实各项预防措施。防台风、防止船舶污染等项工作,既要有统一领导,又要各主管部门协调配合,沟通负责。

该通知规定的各港港务监督职责为:负责监督港区内船舶执行防止污染的规定,并对违章船舶作出处理;作为船舶主管部门还应做好避碰、防雾、防风、预防海啸等海上安全工作,经常检查船上的安全设备,加强对船员的安全教育,防止事故的发生。

1974 年 1 月 21 日,由国务院、中央军委有关部门组成的全国海上安全指挥部成立,为国务院的一个非常设机构。该指挥部在交通部机关设办公室,负责日常工作。办公室的工作人员由参加全国海上安全指挥部的单位派人组成,实行 24 小时值班制度。3 月 1 日,交通部、总参谋部、海军、空军、对外经济贸易部、农林部、中央气象局指派人员组成的海上安全指挥部办公室正式开始办公和值班,从此建立起海上搜救昼夜值班制度。指挥部办公室由船检港监局(对外称中华人民共和国港务监督局、中华人民共和国船舶检验局)归口管理。

(二)各省(区、市)成立海上安全指挥部

1973 年 12 月,国务院、中央军委联合下发《关于成立海上安全指挥部的通知》,要求全国有关沿海省(区、市)成立海上指挥部,负责船舶防火、防台风、防船舶污染、防冰冻和海难救助(统称“四防一救”)工作。

沿海各省(区、市)随即相继成立由各地方政府有关部门和军区组成的海上安全指挥部,主要负责人由地方政府省级领导人担任,主要负责“船舶防台风、防止船舶污染海域、防冻破冰以及海难救助工作”。这种搜救体制的初步形成基本满足了当时我国海上搜寻救助的需要。

1974 年起,沿海的辽宁、河北、天津、山东、江苏、上海、浙江、福建、广东、广西等省(区、市)先后成立相应的海上安全指挥部,负责本地区的海上安全指挥协调工作,担负海上船舶防火、防台风、防止船舶污染海域和海难救助的“四防一救”任务。

1974 年 5 月 15 日,广东省成立海上安全指挥部,成员由 14 个单位组成。指挥部挂靠在省工交办公室(后改为省经委),由一名副主任担任指挥部副主任,负责指挥部日常工作。

海南行政区,湛江、汕头地区,1974 年也先后成立海上安全指挥部,在当地政府、军分区领导下,在省海上安全指挥部的业务指导下,负责所辖海域的海上“两防一救”(防台风、防船舶污染和海难救助)工作。

1974 年 5 月 24 日,天津市革委会在塘沽新港成立天津市海上安全指挥部,主要负责国轮安全航行,对遇难中、外轮船提供救助,提供船舶气象资料,防止船舶污染海域,预防台风和冬季破冰。原具有相应职能的天津市水上交通安全委员会于 1968 年停止工作。1979 年 11 月“渤海 2 号”沉船事故发生后,天津市加强海上安全工作,调整海上安全指挥部,主任由天津市副市长兼任,副主任由市政府副秘书长和口

岸办公室主任担任,成员有 13 个单位组成。机构挂靠在天津市口岸办公室,天津港务监督负责通信联络工作。

1974 年 5 月 27 日,山东省革命委员会、济南军区联合发布《关于贯彻国务院、中央军委〈关于成立海上安全指挥部的通知〉的通知》,决定成立山东省海上安全指挥部。8 月 14 日,山东省海上安全指挥部成立,办公室设在烟台救助打捞局,下设青岛分部。

1975 年 6 月,上海市海上安全指挥部成立,市革命委员会交通办公室主任兼指挥,成员由 18 个单位组成。指挥部办公室设在中山东一路 9 号上海港港务监督内,由港务监督长兼任办公室主任,另有副主任和值班员若干人负责处理日常事务。援救行动主要由交通部上海海难救助打捞局和海军东海舰队所属防险救生部承担。

除以上省(区、市)之外,辽宁、河北、江苏、浙江、福建、广西等也于 1974 年起陆续成立了海上安全指挥部。

二、开始管理交通行业与环保日常工作

20 世纪 70 年代初,我国处于工业化起步阶段,随着人口的过度增长和工业的快速发展,水资源短缺与河流污染问题渐渐显露出来。当时我国工业废水和生活污水的日排放量约为 4000 万吨。这一事关环境保护的问题,引起党和国家高度重视与关注,国务院总理周恩来说:“这是一个关系到国家、民族生存发展的大问题……”

在周恩来的关注与指导下,1973 年 8 月 5—20 日由国务院委托国家计委在北京组织召开第一次全国环境保护会议,揭开我国全面保护环境的序幕。会议通过《关于保护和改善环境的若干规定》,确定“全面规划、合理布局、综合利用、化害为利、依靠群众、大家动手、保护环境、造福人民”的“32 字方针”。这是我国第一个关于环境保护的战略方针。

第一次全国环境保护工作会议后,交通部开始将防治石油运输中的油污染作为首要工作,重点以港口“三废”(废气、废水、废渣)治理为主开展环境保护工作。1973 年 8 月,设立环境保护专职管理机构——交通部环境保护办公室,授权当时主管全国航政事务的交通部船检港监局归口管理,负责全国交通行业环境保护工作。

1974 年 12 月 15 日,国务院环境保护领导小组印发《环境保护规划要点和主要措施》《国务院环境保护机构及有关部门的环境保护职责范围和工作要点》两个文件,其中列出了交通部环境保护工作要点中有关水运部分,要求加强对港口环境的管理,防止港口的污染。

从以上国务院两个文件中对交通部环境保护工作明确的重点可以看出,当时港口环保机构在进行环境保护管理工作的同时,还要履行防止船舶污染水域工作。当时,我国港口和修造船厂(站)众多,船舶往来如梭,环境污染源广,治理难度大,特别是船舶的油污水对港区和水域造成严重污染。港口没有油污水回收和处理设施,油船压载、洗舱和机舱油污水以及船舶垃圾和粪便在港区水域随意排放。为此,交通部环境保护机构成立后,就决定把防治石油运输中的油污染作为环保工作的首要工作。

1974 年以后,交通部先后在秦皇岛、烟台、大连、湛江、青岛、上海、南京、天津、营口、重庆、连云港、宁波等 12 个港口建立环境监测站,并组织举办管理监测、评价技术、质量控制等培训班。武汉水运工程学院还开设环境保护大专班。

1975 年,交通部环境保护领导小组成立,作为行业环境保护的最高领导机构。交通部环境保护办公室为环境保护领导小组的办事机构,由专职工作人员和交通部机关有关部门负责人组成,业务工作归口交通部船检港监局管理,对外由中国港监局负责。各省(区、市)交通行政主管部门、交通企事业单位也

建立环境保护委员会及其办事机构——环境保护办公室(环保处或环保中心),配备专兼职环保人员。同时,沿海各港务部门也在其下属机构中设立环保和港口污染防治组织,施行专门的监管。沿海各港务监督也成立环保组织。如上海港务监督于1971年设立水域环境保护组和危险品管理组,1975年又成立环保领导小组治理三废办公室,加强环境保护工作。天津港务监督于1973年设立环保卫生组,除监督船舶污染水域外,同时监测港区大气、水质等。

与此同时,交通部受全国第一次环境保护会议委托,起草《中华人民共和国防止沿海水域污染暂行规定》。1974年1月30日,国务院转发由交通部制订的《中华人民共和国防止沿海水域油污暂行规定》,于1975年1月30日试行。这是交通系统环境保护工作的第一个管理规章。规定的出台是一项防止沿海水域污染、保证港口和海上交通安全、保护水产资源、维护国家主权的重要措施。该规定包括:禁止在中华人民共和国沿海水域任意排放油类或油性混合物,以及其他有害的污染物质和废弃物的规定;对船舶及沿海工矿企业排放油类或油性混合物以及其他有害物质的规定;处以罚款和监禁的规定等。除此之外,开展交通部直属港口、船舶污水的防治设施建设。1974年,在大连寺儿沟油码头兴建我国第一座油船压舱水处理场。

第四节　航政首个规划与基础设施建设及队伍

一、首个航政10年发展规划的出台

“文化大革命”后期,党中央采取各种坚决的整改措施,航政工作逐渐趋向正轨。尤其1975年,交通部针对沿海、内河等水上安全形势,先后组织召开外轮管理和外轮检验工作会议、引航工作经验交流会议、有海难救助打捞工作座谈会、全国海上安全指挥部领导成员会议、全国港航监督工作会议等,为今后一段时间的航政发展指明了方向。

为加强全国港监、救捞、船检等航政管理工作,1975年交通部船检港监局遵照交通部长远规划小组的安排与布置,就全国救助打捞、港务监督、水域防污、船舶检验等方面的航政管理工作,编制《救捞、港监、船检10年规划》,经局务会议讨论,计划今后10年(1976—1985年)建成工厂11个,增加各种船舶665艘、打捞浮筒112个、飞机68架,完成基本建设投资8950万元,增加人员21411人。1975年3月15日,正式下发《救捞、港监、船检10年规划》。

该规划的“现状与方针”指出:“随着水运事业和对外贸易的发展,救捞、港监、船检在今后10年中,需建成一个体系。以担负起代表国家行使行政职权、维护国家主权、把好沿海大门、管理辽阔海疆、执行海难救护的任务。为此,除长江航政管理局在长江需要将上述任务担负起来外,沿海需成立天津、上海、广州3个航政管理局,将救捞、港监、船检归口领导,成为海上管理的3个片。珠江、黑龙江、大运河的管理暂不考虑在内,待今后发展情况再行规划。”

该规划还指出:25年来,救捞、港监船舶基本没有增加多少,目前只有救助拖轮7艘、打捞工作船2艘(退役货轮)、小型打捞船3艘、拖轮10艘、驳船15艘、浮筒54个、巡逻艇36艘、大型引水船2艘,至于防污船舶、引水联检船、海港巡逻艇、救生快艇等则处于空白。因此遇有难船求救,往往不能派出船去,或派出船去不能及时抢救。全国有沉船213艘未能打捞,港区秩序无法维持,发生污染无法处理。国务院国发(1973)19号文件指出:“口岸各单位急需的各种工作船舶、车辆、装卸机械设备、技术检查装备、消防救护工具,以及改进检查场所等所需的材料、款项等,应本着节约的原则,由各主管部和有关省、市、自治区报请国家计委,列入计划,逐步解决。”

该规划有关土建工程的部分称:为加强救捞、港监、船舶检验建设,需要进行一系列土建工程。今后10年需要建设的主要项目如下:

(1)救捞基地2个,救助站19个,潜水减压医院2个。

(2)监督站36个,观通站8个,引水站3个,航政站12个,长江航政局的引水问题需与长航共同研究解决。

(3)潜水学校一所。

(4)科研所三所设在救捞船厂。

(5)船检试验所3所。

(6)必要的办公楼、宿舍213000平方米。

该规划对所需人员的来源做出如下说明:

(1)用师傅带徒弟的办法培养,如船员、工人,引水员等。引水员需从港作船船员中选拔后培训。

(2)通过自办学校培训,如潜水员等。

(3)请国家分配大学生,如各种专业人员。请其他单位支援,如飞机驾驶员。

(4)请交通部调配,如船检、海协需要派驻国外的人员,政治条件与技术水平均有较高要求。

《救捞、港监、船检10年规划》的编制,对航政发展起到承前启后的作用。它指出了当时我国航政管理工作的状况,提出了今后10年航政管理发展的要求和目标,明确了救捞、港监、船检代表国家行使职权的职责,涉及了我国航政管理的体制的不足,规划了航政管理的基础设施建设,强调了航政管理队伍发展的目标和途径。规划具体详细地为我国航政管理中期发展指明了方向和前景。它是新中国成立以来专门拟订的第一个全国航政管理工作发展规划,标志着全国航政管理规划的正式开始。

二、航政管理设施(备)规划与建设

(一)航政管理设施(备)的规划

长期以来,我国航政管理设施发展缓慢。1970年6月25日,交通航运系统通讯导航设备规划座谈会召开,拟定船舶通信导航设备的装备标准和装备系列,并建议在上海、武汉、广州新建通信导航设备厂。

1971年4月,交通部印发1971年交通运输、基本建设等计划,其中有关航政设备主要是建造港航工作船舶147艘。

1973年6月,交通部在规划沿海港口码头、深水泊位建设和长江水系的开发建设的同时,规划了航政基础设施的建设。

(二)航政管理设施(备)的建设

1.航标船艇的定型与建设

继1966年江南造船厂成功建造“985”型航标船后,1975年广州造船厂又建造1艘“985”型航标船,交南海舰队航保部门。1972年,当时管理沿海航标的海军司令部航海保证部开始对1200吨航标船进行定型研究,探索适合于海上作业的航标船型,本着经济实用原则提出大、中、小型航标船的基本船型及各自的功率、排水量、航速、结构及性能等主要参数,基本确定“999”型航标维护补给船的船型,并适量投入建造。

长江在1966至1978年间建造80和120马力钢质航标机艇80多艘。到1978年末,原有的40马力以下的木壳机艇全部被淘汰,60马力机艇在所有航标机艇中的比例下降到37.8%。在此期间,长江航道部门还新建了17艘航标工作船,供航道区和航道段使用,淘汰了原有的杂牌工作船。

黑龙江从1965年到1972年共建造并投入使用24艘吃水浅、速度快、工作方便、生活条件好的240马力新型航标船,使一个航标段的管理里程扩大到110~120公里,航标工人劳动强度大为减轻,生活条件也有较大改善。

广东省1975年完成“航标三化”的技术改造任务,共建造航标机动工作船艇164艘,其中内河航标艇的主机功率有20、40、80、120、150马力等,其中150马力的航标船可起重2.5吨浮标。

2.现场巡逻船艇的建设

“文化大革命”期间,用于水上现场监督管理的巡逻船艇基本是木质结构,或在岸上用自行车跟踪巡逻,很不适应新形势下的航运管理。

长江航政使用的巡逻艇数量从“文化大革命”之初7艘增至“文化大革命”结束时的32艘(其中用于现场的巡逻艇23艘、趸船9艘)。巡逻艇现场维护范围也在扩大。沿江各重要航段和港区均有巡逻艇到现场进行安全维护,纠正各种违章,整顿航行秩序。用于现场维护和管理的船艇名称多次改动。1954年起这类船艇以“巡逻艇”冠名,60年代初改为“监督艇”。1966年9月改为“红卫艇”,南京、武汉大桥监督站亦改为“××大桥红卫站”。1973年“红卫艇”改为“巡逻艇”,1975年改为“江监巡”;3年后又恢复为“监督艇”。同时,用于航政管理的通信设备亦开始添置。1972年,武汉航政处给大桥监督站配备无线对讲电话一台、扩大器一部、自动电话一部、风速风向仪一架,为大桥水上现场维护创造通信联络的便利条件。

三、航政队伍变化与外勤人员着装

长江航政局1966年4月集中统一管理时,从沿江各港航机构中移交和调配的管理技术人员为213人,其中船员70人。不久,“文化大革命”开始,航政制度被砸烂,航政分支机构一部分被撤销,未撤销的也有名无实,全线276名航政人员有196人被调整、下放,领导干部改行。1974年7月航政机构恢复和理顺后,人员增至487人。到“文化大革命”结束时又增至836人,其中船员380人。

“文化大革命”之前,沿海港务监督人员制服和佩戴是统一标志。“文化大革命”时,取消废除港务监督人员的制服和佩戴标志。1972年,经国务院批准,对外轮进行检查和直接登外轮执行航务行政管理任务的监督人员制服、标志与海关、卫生检疫等单位一并获得解决,但国内船舶进行监督管理的制服未能统一解决。

1974年,为统一沿海各对外开放港口的港务监督、船检外勤人员的制装,外贸、交通、卫生、农林、商业5部于1974年发布〔74〕交船监字第925号《关于下达国境检查人员服装供应试行办法》和〔74〕商联字第38号《国境检查人员服装供应试行办法》,又于1975年发布《关于国境检查人员改换夏服的通知》。

第五节　开始与国际海事组织交流与合作

一、中国加入政府间海事协商组织

政府间海事协商组织(Inter-Governmental Maritime Consultative Organization)(简称“海协”,缩写为IMCO),产生于联合国海运会议以后,1948年,政府间海事协商组织筹备会议在瑞士日内瓦召开,会上通过了《政府间海事协商组织公约》,并于1958年生效。1959年1月6日公约国全体会议召开后,海协在联合国正式成为海事技术咨询和航运海事立法机构。按照该组织公约确立的程序,联合国会员国和其他国家地区都可成为海协的会员国。该组织从 1982 年 5 月 22 日起更名为"国际海事组织"(International Maritime Organization,缩写为 IMO)。政府间海事协商组织每两年召开一次大会,每年召开两次理事会会议,每年召开一次海上安全委员会、海上环境保护委员会、法律委员会、技术合作委员会以及各种专业委员会会议。

1971 年联合国恢复中华人民共和国在联合国的合法席位以后,联合国各专门机构及其他一些政府和非政府性国际组织相继通过决议,承认中华人民共和国政府是代表中国的唯一合法政府,1972 年 5 月 23 日,海协第 28 届理事会通过关于"中国代表团问题"的决议:承认中华人民共和国是有权在海协中代表中国的唯一政府。5 月 24 日,海协秘书长科林・戈德致函中国国务院总理周恩来,转交海协第 28 届理事会决议,并通知参加该组织的法律程序和会费及具体事项。8 月 2 日,外交部、交通部联合上报国务院"接受政府间海事协商组织公约"请示。8 月 4 日,国务院批准并指定有关加入该国际组织的筹备工作由交通部军事管制委员会负责(以下简称交通部军管会)。随后,交通部军管会指令当时其下负责水上安全、船舶检验事务的航政小组接受海协相关任务。交通部军管会又从"五七干校"抽调一些专家,组成海协资料翻译小组,了解情况。专家们用了一年左右时间翻译整理出有关海协资料,作为我国 1973 年 3 月 1 日加入海协主要依据。

为增进对海协了解和尽快地融入该组织,1972 年 9 月交通部军管会水运组副组长、中国船检港监局局长谢中峰首次以中华人民共和国港务监督局局长名义邀请海协秘书长科林・戈德访华。9 月 19—22 日,海协秘书长科林・戈德访问北京,详细介绍海协总部机构、运行机制、成员国入会情况和该组织成立宗旨等。交通部领导及专家就 6 个方面的问题与科林・戈德进行交流,提出包括海协与国际法院的关系、海协接纳中华人民共和国作为代表中国的唯一政府、中国交纳多少会费等问题。科林・戈德一一做了详尽解答,并表示欢迎中国加入海协。

1973 年 2 月 1 日,外交部部长姬鹏飞致电联合国秘书长库尔特・瓦尔德海姆:中国决定接受 1948 年 3 月 6 日在日内瓦签订的政府间海事协商组织公约,包括 1964 年 9 月 15 日和 1965 年 9 月 28 日政府间海事协商组织大会通过的两次修正案。经授权声明:"蒋介石集团盗用中国名义对政府间海事协商组织公约及其他有关公约与规则所做的接受和签字均属非法无效"。3 月 1 日,海协秘书长科林・戈德收到中国关于海协公约的接受书。这标志着中国正式成为政府间海事协商组织(后来的国际海事组织)成员。3 月 7 日,海协秘书长致函中国驻英国大使馆转交中华人民共和国外交部部长:"中华人民共和国关于政府间海事协商组织公约的接受书于 1973 年 3 月 1 日交存于联合国秘书长的通知已经收到。"并对中华人民共和国政府成为该组织新成员表示热烈欢迎。中国参加政府间海事协商组织,并当选为理事国。中国加入海协和相关公约是我国海事工作与世界海事的对接,促进了我国基于相互尊重、平等互利原则下的国际双边、多边领域海事合作的发展。

二、开始参加政府间海事协商组织活动

中国自参加政府间海事协商组织之后,船检港监机构(部门)多次选派各方面的专业人员,参加交通部组织的代表团,出席与航政有关的各类国际组织的大会、理事会,并有选择地出席各种专业委员会及其分委会会议。1973 年 11 月 13 日,政府间海事协商组织第八届全体大会在伦敦召开,交通部船检港监局派员参加交通部组织的代表团,出席了会议。这是我国加入海协之后,首次正式参加的政府间海事协商组织大会。会议主要讨论改选组织机构,建立海上环境保护委员会,审议新的修改公约程序等。中国代表提出中文作为海协官方语言之一的要求。1975—1977 年间,交通部船检港监局先后参加 11 个海协的专业委员会和分委员会召开的各类会议,具体包括:海上安全委员会,海上环境保护委员会,以及无线电、

消防、救生、稳性、集装箱、散装化学品、设计和设备、渔船和载重线、检验与发证、危险品装运、船旗国履约等分委会。

1974 年 2 月,交通部船检港监局派员参加交通部组团出席在伦敦召开的政府间海事协商组织专门工作会议。10 月,政府间海事协商组织第五届特别大会,与第三世界国家代表密切合作,通过海协组织公约修正案。10 月,交通部船检港监局还派员参加交通部组团出席《1974 年国际海上人命安全公约》会议,我国代表在开幕式上发言。会议通过较为有利于第三世界国家的《1974 年国际海上人命安全公约》文本。中国代表在公约正本上签字。

1975 年 11 月,交通部船检港监局派员参加交通部组团出席海协第九届大会。会议通过并批准中文作为该组织的正式语言。中文成为海协继英文、法文、俄文和西班牙文之后的又一官方语言。

1976 年 6 月 8—11 日,交通部船检港监局派员参加交通部组团出席在伦敦召开的国际海协第 36 届理事会会议。9 月 13—17 日,出席国际海协法律委员会在伦敦召开的第 31 次会议。10 月 5—8 日,出席在伦敦举行的国际海协理事会第 37 届会议。

三、加入国际公约与参与国际海事活动

中国加入政府间海事协商组织以后,相继与国际有关组织与当事国签订了一些双边协定与协议。

(一)加入国际公约

1973 年 3 月 1 日,我国在加入政府间海事协商组织的同时,接受了《1960 年国际海上人命安全公约》,次年 1 月 5 日生效。10 月 5 日,又加入经过修改的《1960 年国际船舶载重线公约》,于 1974 年 1 月 5 日生效,还做出不受该公约第 49 条和第 50 条约束的保留,并退出《1930 年国际船舶载重线公约》。被授权代表中国政府,交通部船检港监局与海协签订了以上两个公约法定证书。从此,交通部船检港监局开始与各国海事机构签订有关海事合作协议。

1974 年 8 月 24 日,交通部、农林部下发“关于国务院批准接受《1960 年海上避碰规则》的通知”,但对非机动船部分仍作保留,按《中华人民共和国非机动船舶海上安全航行暂行规则》(1958 年)的规定执行,废止《1948 年海上避碰规则》。

1975 年 7 月,我国开始统一执行《1969 年国际信号规则》。1977 年 12 月,交通部下发《中华人民共和国沿海港口信号规定》。

(二)签订双边协定、协议

1971 年 7 月,中朝两国《关于海难救助合作的协定》在北京签订。9 月,国务院、中央军委下发执行中朝海难救助合作的协定的通知,明确协定中所称海难救助机构,由交通部门现有各救助打捞局(站、队)、港务局兼任,海军与水产部门予以协助;联络电台由青岛港海岸电台担任。10 月,我国船舶检验合作代表团在平壤与朝鲜代表团进行会谈,经协商,签订《关于船舶技术检验及船级规定工作中相互合作协定》。

1973 年 9 月 27 日,中国和南斯拉夫《关于船舶技术检验合作的协议》在北京签订。10 月 4 日,中国船检局下发《关于执行中南验船合作协议的通知》。

1974 年 11 月 21 日,中、法在巴黎签订《中华人民共和国船舶检验局和法国巴黎国际船级社关于船舶技术检验合作的协议》。

1975 年,中、日两国签订渔业协定,双方指定相应的海岸电台承担与入港避难船舶的通信任务。承

担此任务的中国海岸电台为温州、上海、连云港和青岛台。

(三)参与国际电信合作

1971 年以来,由朝鲜南浦海岸电台和青岛海岸电台共同承担海难救助时的通信任务。1972 年,中国在国际电信联盟(ITU)的合法权益得到恢复,并开始参加各项技术业务活动。1974 年 4 月 22 日至 6 月 8 日,国际电联在日内瓦召开水上移动业务世界无线电行政大会,交通部派出电信代表团首次出席会议,并当选为大会副主席。这次会议修改了《国际无线电规则》中有关水上移动业务的若干规定,对水上专用频带重新作了调整,还修改了附录 25(高频海岸无线电话电台频率分配计划)。1976 年,交通部派出专家组协助阿尔巴尼亚培训水上通信人员。

(四)开展“世界环境日”的宣传

“6・5”世界环境日。联合国 1972 年 6 月 5—16 日在斯德哥尔摩召开的人类环境会议上,由 113 个国家的政府代表和民间人士建议将此会议开幕日作为“世界环境日”。会议通过著名的《人类环境宣言》及保护全球环境的“行动计划”,提出“为了这一代和将来世世代代保护和改善环境”的口号。中国代表团积极参与上述宣言的起草工作,并在会上提出经国务院总理周恩来审定的中国政府关于环境保护的 32 字方针:“全面规划,合理布局,综合利用,化害为利,依靠群众,大家动手,保护环境,造福人民。”10 月,第 27 届联合国大会通过决议,将 6 月 5 日定为世界环境日。包括国际海事组织在内的联合国机构确定世界环境日的主题,开展环境保护活动,旨在提醒全世界注意全球环境状况和人类活动可能对环境造成的危害。根据国际惯例和要求,中国每年都在这一天举行世界环境日纪念活动。

四、参加和举行双边国际航行会议

(一)中苏航行例会

为使中国、苏联两国船舶在国境河流中安全有序航行,早在 1950 年 12 月 29 日中苏两国代表在哈尔滨市举行航行例会,签订《关于黑龙江、乌苏里江、额尔古纳河、松阿察河及兴凯湖之过境河流航行及建设协定》。在会上双方达成协定:双方代表遵循惯例轮流担任会议主席,确定下次会议的谈判地址,并成立工作委员会。1966—1976 年,中苏共举行 7 次航行例会。

1966 年 3 月 1 日,在苏联的哈巴罗夫斯克(伯力)举行的第十三次中苏航行例会上,苏方再次要求中方在 1966 年恢复大通岛地区左侧的航标。中方没有同意,故未达成协议。1967 年 7 月,在哈尔滨举行中苏国境河流航行例会第十四次会议。

1969 年 6 月 18 日,苏联伯力举行的中苏国境河流联合委员会第十五次例会,双方就航标配布变动、测量工作、挖泥工作等达成协议。

1970 年 7 月 10 日,中苏国境河流航行联合委员会第十六次会议在我国黑河港举行。会议讨论的议题有关于维护双方船舶在黑龙江和乌苏里江正常航行与航行安全问题和航道工作计划等。

(二)中朝界河航运合作会议

为了促进中国和朝鲜经济和贸易发展,两国决定在鸭绿江、图们江(豆满江)国境河流段建立共同遵守的航行秩序并充分利用两条河流的水上运输能力。1960 年 5 月 23 日,《中华人民共和国政府和朝鲜民主主义人民共和国政府关于国境河流航运合作的协定》在北京签订。缔约双方派员组成中朝鸭绿江、图们江航运合作委员会(以下简称委员会)。委员会每年召开一次会议,会议地址两国轮流,两国代表轮流担任主席。该航运合作会议中方的实际工作由吉林、辽宁两省航运管理部门负责办理,主要是与朝方商定航道整治计划、浅滩疏浚工程设计、设计标准、工程费用分担等,以及国境河流段航道整治和维护、航标建设和管理、航行规则修改和其他航运合作事宜。

1966—1976年,中朝两国共召开11次航运合作会议(第六到第十六次),主要内容包括:商定翌年航道整治计划,规定工程费用结算办法,关于成立联合小组建立统一水准基点和验证双方工程设计水位,以及确定工程量和预算额增减等;商定鸭绿江羊鱼头渡(税检亭)等处浅滩疏浚工程设计、设计标称工程费用负担;编制鸭绿江八道沟(厚昌)至十三道沟(新坡)段航道浅滩整治工程设计事宜;商定鸭绿江苇沙河口(远洞里)至大长川(土城里)段等处航道浅滩疏浚工程设计、设计标准;商定在老西航道区域内新的挖槽位置等;对鸭绿江航道浅滩疏浚工程设计水位问题交换意见,调整鸭绿江下羊鱼头(满浦)至鸭绿江口协定适用范围界限段的航标交换意见,组成专家小组商定有关问题,以及几处航道浅滩整治等。

中朝鸭绿江、图们江界河航运合作会议的定期召开,促进了两国在国境河流段的航道整治和维护、航标建设和管理、航行规则修改和其他航运合作事宜的合作与发展。

第五章　中国海事发展回归正轨
（1977—1983年）

1976年10月“文化大革命”结束，1978年改革开放，1984年沿海港口体制改革和政企分开拉开序幕。中国航政通过拨乱反正，回到应有地位，重归正常发展轨道。

随着交通行业和水上交通安全在国民经济发展中地位日益突出，党和国家领导人更加重视水上安全管理工作。交通部每年召开交通、水上交通与水上安全管理等专题会议，部署水上安全管理工作。

“文化大革命”结束之后，中国航政通过拨乱反正，调回下放人员，恢复、充实，重组、新建管理机构，健全港务（航）监督管理体系，建起水上安全管理工作网，同时加强授权归口的海（水）上搜救、交通环保等监管。

在恢复有效的航政法律、法规及规章的同时，全国航政推进管理法制工作的立、改、废，制订新的规章。特别是协助完成《中华人民共和国海上交通安全法》前期准备、制定、颁布任务。该法首次在法律上明确沿海水域交通安全监管的航政机构（部门）为国家主管机关，既独立行使水上交通安全、防止船舶污染监督和维护国家主权等职能，又被授权担负搜救、海上救助、测绘、通信等航海保障任务，具有监督、执法、保障、服务四大职能。

中国航政管理工作逐渐回归正轨，全面恢复以通航、船舶、船员、防止船舶污染等为中心的监管，尤其率先恢复船员考试发证、持证上岗制度和船舶签证，治理整顿重点水域和重点船舶，开展安全联合大检查，加强现场巡航与维护，监督检查机动船、木帆船和农副渡船，制止各种危害安全行为。管理职能由行政管理向依法管理过渡，管理区域重点也由港区转向海区。

我国用于现场监管船艇到1980年有195艘，第一个船舶交通管理系统（VTS）1982年1月在宁波港建成投入使用，后又加紧船舶交通管理系统建设。

担负航政管理工作的全国港务（航）监督队伍“文化大革命”结束后得到全面发展，适时因地制宜开展培训教育，尤其青、壮年文化补课和专业技术补课（称“双补”），弥补被“文革”耽误的时间，提高整体政治与业务水平。到1980年，仅直属港务（航）监督队伍已达4500人，基本上适应水上交通安全管理的需要。

第一节　航政拨乱反正和全面部署

一、航政管理系统全面拨乱反正

“文化大革命”结束，特别1978年党的十一届三中全会开始全面认真纠正“文化大革命”及其以前的“左”的错误，坚决批判了“两个凡是”的错误方针，果断停止使用“以阶级斗争为纲”的口号，做出了把党和国家工作中心转移到经济建设上来，开启了我国改革开放历史新时期。1979年4月，党中央提出“调整、改革、整顿、提高”八字方针，以经济建设为中心的四个现代化建设全面展开。中国航政与全国各行各业一样也开始发生重大变化，基本消除扰乱社会、经济的因素，但极左流毒尚未彻底肃清。

基于这一因素，全国港务（航）监督的首要任务是结合各地的实际情况，整顿航政系统，恢复管理秩序,从思想上、组织上拨乱反正。对在“文化大革命”中受到不公正审查和处分的港务(航)监督干部与技术人员平反冤、假、错案,落实有关政策,做到在政治上关心、工作上信任、生活上照顾,充分调动这些人的积极性,以适应航政管理工作恢复与发展的需要。

对于“文化大革命”冤、假、错案平反工作,早在1975年就着手进行。1975年邓小平受命于危难主持国务院工作后,便即刻根据毛泽东提出的要安定团结、把国民经济搞上去的指示,果断地对被搞乱的各条战线进行整顿,展开当时条件下所能进行的拨乱反正,并取得明显成效,后来因种种因素而停止。“文化大革命”结束后,全国各级港务(航)监督本着“实事求是,有错必纠”的原则,全面复查、清理、撤销各种错误结论,复查历史遗留问题,落实政策,解决急需解决的实际问题,重新安排被牵连的港务(航)监督干部和管理人员的工作,并恢复名誉与职务、职称,从而调动港务(航)监督系统干部和职工的积极性。当时的交通部的检港监局广泛发动群众,揭、批、查“四人帮”及其在全国港务(航)监督系统各种流毒,消除影响安定团结隐患,逐步恢复与充实港务(航)监督机构与部门,逐渐调回管理与技术人员,重新恢复和建立各种安全管理制度,尽快实现水上交通安全监管工作的全面恢复和开展。如长江航政管理局及各分支机构,本着“实事求是,有错必纠”原则,对遭受各种错误结论、对待的航政人员进行全面复查、清理,撤销错误结论,清除不实材料,恢复原来职务和岗位。

二、航政管理工作的恢复与部署

“文化大革命”结束之后,全国交通安全形势依然严峻,仅1977年全国水上发生海损以上事故5199起。为此,交通部党组于1978年向国务院报告,要求召开全国地方交通安全工作会议,研究部署解决交通安全问题。1978年6月,中共中央政治局常委、党中央副主席李先念做出重要批示,不仅同意交通部召开专门会议,而且做出“加强领导,提高技术,关心人命,减少事故,以至减少到最低限度”的重要批示。交通部立即在全国交通系统迅速传达和广泛宣传,并组织落实,从而促使交通部直属系统、各省(区、市)交通部门、企事业单位全面开展安全监管工作与活动,使交通安全形势迅速好转,取得明显成效。1978年比1977年同比,次数下降0.74%,死亡人数下降27.13%,沉船下降2.67%,经济损失下降6.61%。这是“文化大革命”后第一次出现水上交通事故全面下降的好形势。中共十一届三中全会召开之后,交通部党组在交通战线开展肃清林彪、“四人帮”流毒、拨乱反正的活动,落实1979年5月国务院提出的经济管理“从那种不计经济效果、不讲工作效率的落后的管理制度和管理方法,转到按经济规律办事的科学管理的轨道上来”的要求,并将水上安全管理工作重新提到重要议事日程。1979年10月12—19日,交通部在北京召开“文化大革命”后的第一次全国地方交通安全工作会议,从现实条件出发,交流经验,采取具体措施,把交通安全工作做好。交通部党组作了《端正思想路线,搞好交通安全》报告,要求全国交通系统加强领导,改进工作,健全安全监督机构,充实人员,全面扭转交通事故上升局面。其中针对水上交通安全管理工作,提出各地要根据实际情况,把水上安全监督机构逐步充实健全起来,加强领导,统一指挥。报告还特别提出在安全工作中要坚持“既治标,又治本”、“管生产必须同时管安全”的原则,执行“综合治理,安全第一,预防为主”的方针,把抓好安全工作、搞好安全生产看成是实现安定团结的大问题。报告要求在拨乱反正斗争中,必须肃清林彪、“四人帮”破坏安全工作的流毒,使全国交通干部和职工对安全工作重要意义的认识不断提高。这为航政管理工作恢复和发展指明了方向。

随着航政管理工作在交通运输中的地位和作用日益突出,交通部在召开交通行业安全生产例会时,查找水上安全管理问题,制定针对性整顿措施,提出新的要求,促进安全管理活动更加全面、深入地开展。1980年4月29日,国务院在“安全月”电视广播大会讲话中宣布在全国建立“安全月”制度,今后每年5月定为“安全月”,开展安全活动,自此形成惯例。6月,针对上一年11月25日“渤海2号”钻井船发生沉没特大事故,经国务院批准,由国家经委、公安部等 10 部委联合下发《关于开展“安全月”活动的通知》,规定以后每年 5 月为“安全月”,在全国范围开展安全大检查和安全互相检查活动、百日无事故活动、安全生产竞赛的“安全月”活动,大大促进全国安全形势的好转。从此,“安全月”成为水上安全管理的一项重要内容,经常化、制度化。

1982 年 7 月 3—8 日,交通部在山西省太原市召开第二次全国交通安全工作会议,总结 1979 年以来的交通安全工作,研究解决交通秩序混乱,职工、驾驶人员纪律松弛、违章违纪问题,要求整顿劳动纪律,提出“把安全工作当作头等大事来抓”“坚持贯彻安全质量第一的方针”“整顿交通秩序”“加强队伍建设”“重大事故要查明原因,严肃处理”等。交通部领导说:“目前航政部门的力量比较薄弱,而且有些地方政企不分,设在航运企业机构内,这是不恰当的。要按政企分开原则把航政部门划归各级交通厅局直接领导,港航监督干部配备,开支和设备配备标准等,希望省、市、自治区交通厅结合当地实际情况妥善解决。”

1983 年 10 月 23—28 日,交通部在湖南省长沙市召开第三次全国交通安全工作会议。当时,水路交通安全方面,主要是大量农副渡船无人管理,未经检验,经常超载行船。航运企业近几年来连续发生危险品爆炸起火事故,仅 1981、1982、1983 年 3 起重大事故就损失近 1 亿,会议研究了交通事故上升的原因,提出切实可行的办法,力求将事故发生率降到最低。

从以上交通部召开的年度交通安全专题会议,可以看出“文化大革命”之后,交通部将交通安全视为实现安定团结,肃清林彪、“四人帮”流毒的重要方面来认识,摆在重要议事日程,全面的部署和谋划,推动了交通安全和水上安全工作的发展。交通部的重视促使全国港务(航)监督机构相继恢复,水上管理工作全面开展,水上安全形势向好的方向发展。

第二节　航政管理机构的全面恢复与重建

一、航政管理机构的恢复和调整

(一)交通部主管水上安全监督机构的恢复与调整

从 1977 年起,交通部机关主管水上安全监督的机构主要为船检港监局,还有安全监督委员会、通讯导航局等。

1978 年 3 月 29 日,交通部调整部机关部分内设机构,强化其职能。其中涉及航政机构的有:成立打捞局,撤销船检港监局(1972 年 9 月设立,负责船检、港监、救捞工作),恢复船舶检验局,将船舶检验局所属的环境保护办公室划归部办公厅代管,将船检港监局所属的港监组划归港口局,原水运局所属海协公约组(国际航运组)划归外事局。将水运基本建设局一分为二,分别成立航道局和基建局。至 1978 年底,交通部部机关涉及航政的机构有港口管理局(指港务监督部分)、安全监督委员会、通讯导航局、船舶检验局、打捞局、航道局。港监、船检对外的“中华人民共和国港务监督局”“中华人民共和国船检局”名称保留。

1979 年 3 月 16 日,交通部决定调整部机关机构设置及编制其中涉及航政机构的有:撤销港口管理局,并入水运局(不包括港监部分);成立安全监督局,负责原安全监察委员会、港监和环保办的工作及劳动保护工作,并保留安全监察委员会和中华人民共和国港务监督局名称。部机关行政编制控制在 800 人以内,其中安全监督局 35 人、通讯导航局 28 人、中国船检局 30 人。6 月 5 日,交通部本着精兵简政的原则,向国务院提交机构设置和编制调整方案,其中涉及航政机构的有:撤销安全监督局,新设港务监督局(对外称中华人民共和国港务监督局),18 人,负责港航监督和车船监理;新设安全局(又称安全监察委员会),25 人;通讯导航局,25 人;作为企业单位的船舶检验局(对外称中华人民共和国船舶检验局),30 人;救助打捞局(又称中国海难救助打捞公司、中国拖轮公司),40 人。环境保护工作由安全局负责,并保留环境保护办公室的名称。10 月 11 日,交通部再次调整部机关部分机构编制,其中涉及航政机构与 6 月 5 日编制设置变化不大,人数有升或降:港务监督局人数未变,安全局降至 8 人,通讯导航局人数未变,船舶检验局升至 45 人,救助打捞局人数未变。环境保护办公室划归办公厅,外派船员办公室调归人事局。11 月 23 日,交通部在安全局(又称安全监察委员会)基础上成立交通安全委员会。该委员会与省(区、市)交通安全委员互通情况,协作配合,共同做好全国交通安全工作。

1980 年 2 月 4 日,国务院批复交通部 1979 年 10 月上报的部机关机构设置和编制方案。其中与航政有关的机构有港务监督局(对外称"中华人民共和国港务监督局")、安全局(安全监察委员会)、通讯导航局、船舶检验局(对外称中华人民共和国船舶检验局)、救助打捞局。港务监督局内设海务处、内河处、综合处。1981 年,增设航行警告发布总台。

1982 年 7 月,根据邓小平关于精简机构重要讲话精神,交通部按照职能调整部机关机构设置和人员编制并上报,7 月 28 日获国务院批复。8 月 20 日,交通部发出《关于交通部机关机构设置和职责分工的通知》,宣布从 9 月 1 日起新机构开始运行。机构具体调整包括:将水运、远洋(行政部分)、通信导航局、港务监督局、安全局(安全监察委员会)、工业局和基本建设局的航道部分合并,分别组建海洋运输管理局、内河运输管理局、生产调度局和水上安全监督局;新组建水上安全监督局(对外称"中华人民共和国港务监督局"),由原港务监督局、安全局、交通部环境保护办公室及原救捞局、全国海上安全指挥部的救助指挥和基本建设局的航标测量处等合并组建;水上安全监督局内设海务处、监督处、安全委员会办公室、环境保护办公室、航标测量处、综合处,主要负责水运安全、港务监督、环保、航标、船舶监督、救助指挥和安全综合工作;交通部船舶检验局为交通部一级事业单位(对外仍称中华人民共和国船检局);原救捞局拟改为救捞公司,由水上安全监督局对口负责,救助船舶由救捞公司管理。

(二)沿海各港务监管机构的恢复与调整

"文化大革命"以后,整顿与恢复后的沿海各港务(航)监督仍沿袭计划经济体制下的港务监督,对内仍为港务局的职能部门,设有港务监督处(科)或专门岗位,对外仍称"中华人民共和国××港务监督","一个机构,两个牌子",既是代表政府行使水上交通安全监管的职能部门,又是港口生产组成环节。沿海各港务监督处(科)负责海上安全监督管理工作。

鉴于"文化大革命"后期,人们对动乱的破坏已有认识,各行各业试着纠正错误。港务(航)监督系统着手恢复与重组一度瘫痪的管理机构和行之有效的管理规章,重点是在原有基础上充实与补充,新增重要水域、地点的基层机构。到 1976 年"文化大革命"结束时,沿海、内河的港务(航)监督机构基本上恢复或重组到位,并开始加紧调整与健全各级管理机构。1981 年,交通部批准深圳特区蛇口港务监督对外称中华人民共和国蛇口港务监督;1982 年 1 月,又批准广西壮族自治区梧州航政所对外称中华人民共和国梧州港务监督,北海航政所对外称"中华人民共和国北海港务监督",由广西壮族自治区交通局管理。8 月,交通部批准设立中华人民共和国九洲港务监督,并对深圳、珠海两市暂时不宜悬挂中华人民共和国港务监督的牌子做出说明。

二、内河及各省(区、市)航政机构的恢复

(一)长江开放港口港务监督冠名"中华人民共和国"

自 1966 年设置以来,经过多年发展,到"文化大革命"之后主管长江干线航政事务的长江航政管理局

已有 6 个分局、19 个处。随着长江开始对外开放,长江干线开始建立涉外管理机构。

新中国成立以后,由于历史原因,长江航运自成体系,形成江海分割、内外不畅、相对封闭的格局。长江港口除位于江海交汇处的上海港对外开放,实施对外国籍船舶监督管理外,沿江对外贸易运输基本上处于停滞状态,沿江各省的外贸物资均由上海港中转或由铁路中转出口,以至造成铁路超负荷运行和上海等沿海港口外运物资积压。尤其到 20 世纪 70 年代中期,仅有 30 个外贸泊位的上海港,"在卸"与"待卸"外贸船的比例已经是 1∶1。每当船舶集中到港,积压就显得更为严重,致使外贸物资难以及时运出,严重制约沿江各省对外贸易的发展。随着改革开放的深入,长江流域对外贸易逐年增加。与此同时,国家对沿江港口加大投资建设,一批港口已具对外开放条件。于是,国家决定长江港口开始由下游至上游逐步对外开放,"目前第一步先对我国轮船办理外贸运输业务。至于对外开放问题,待条件成熟时再进行研究审批。"1980 年 2 月 14 日,国务院正式批准国家经委、交通部等 6 部委《关于开办长江对外贸易运输港口的报告》,同意张家港、南通、南京、芜湖、九江、武汉、城陵矶、重庆 8 个港口对外开办外贸运输业务,具体开放时间为:1980 年 3 月,江苏张家港、南通、南京 3 港;4 月,安徽芜湖港、江西九江港、湖北武汉港、湖南城陵矶港(现岳阳)、四川重庆港(现隶属重庆市)。另要求张家港、南通、南京 3 港创造条件,对外轮开放。还要求在各港分别设立中华人民共和国××港务监督、中华人民共和国中国船检局××办事处,在长江区港务监督局(对内为长江航政管理局)统一领导下,履行航行国际航线船舶的监督和检验职责。为保证以上 8 个长江港口对外开办贸易业务顺利实施,1980 年 1 月 5 日交通部下发"关于长江港口开放后港务监督和船舶检验工作安排的通知",就 8 港对外开办外贸运输业务后涉外管理的机构名称、职权及范围均做出明确规定。

①管理名称:港务监督经国务院批准统一机构名称是"中华人民共和国港务监督局""中华人民共和国船检局",为两块牌子、一个单位。长江航政管理局在长江对外开放各港机构统一改为中华人民共和国××港务监督和中华人民共和国船检局××办事处,对航行国际航线的船舶进行监督和检验。

②管理职权:港务监督对外是代表国家对船舶行使航务行政管理的主管机关;中华人民共和国船检局是我国政府授权的代表国家对航行国际航线船舶进行船舶检验的部门。凡进出长江的航行国际航线的船舶,一律由交通部设在长江各对外开放港口的中华人民共和国××港务监督和中华人民共和国船检局××办事处"统一行使监督管理和检验职权,其他的监督和检验机构不得对航行国际航线的船舶办理上述工作"。

1980 年 2 月,中国港监局在南京召开长江开港会议,就长江所有涉外港监机构的名称问题做了明确规定:"今后对国际航线船舶的港务监督工作,一律使用中华人民共和国××港务监督,对国内船舶监督管理工作仍用原来的港务(航)监督机构名称"。1980 年 5 月 20 日,交通部决定:长江航政管理局对外称"中华人民共和国长江区港务监督局"。

(二)广东省航政局的建立

广东省航政局原为广东省航运厅内设港航监督室,对外称"广东省港航监督"。

党的十一届三中全会之后,广东船舶运力激增,江河船舶密度加大,厂矿企业自用船、农副业船、个体船舶纷纷进入运输市场,无牌驾驶、违章航行、超载滥载现象日益增多,导致水上交通秩序混乱,水上交通事故不断发生(连续发生"8·4"和"2·27"海难等重大事故),造成人民生命、财产的重大损失。造成水上交通事故频发的原因除雷雨大风和船舶驾驶人员失职外,主要还是长期水上交通安全监督薄弱。

1980 年 11 月,交通部与广东省政府经过研究,设立广东省航政局,实行政、企分管。1981 年 4 月 1 日,广东省航政局成立,办公地点在广州市八旗二马路 48 号。广东省航政局隶属省航运厅建制(1983 年

7月省航运厅与省交通厅合并后,隶属省交通厅领导),同时挂“广东省船舶检验处”牌子,代表省政府履行全省水上安全管理职责,包括:监管港区、航道、水域、水库、运河及水上水下建筑和水域岸线,防止船舶污染等;办理船舶登记,核发国籍证书,负责船员考试、发证和船舶技术检验、发证。为适应对外开放,除原有广州港务监督外,经国务院批准广东省还先后设置中华人民共和国深圳、珠海、汕尾、江门、肇庆、中山、三埠、太平、佛山、容奇、广海、澳头、惠州、阳江14个港务监督,扩大涉外管理业务,独立行使水上交通安全监督职权。广东省航政局从1981年4月成立至1985年,先后完成下属机构组建工作,共设航政分局9个、航政所2个、港航监督1个、监督站142个,从而形成全省水上交通安全监督管理网。

此外,1982年初考虑到珠江航运落后和管理薄弱,交通部重新设立交通部珠江航运管理局,协调横贯广东、广西的珠江水系跨省区和国际航运,加强基本设施的建设。

(三)黑龙江港航监督局的成立

“文化大革命”以前,黑龙江水上交通安全是由黑龙江航运管理局内设的港监处、通讯导航总站负责监管。1979年3月,黑龙江设黑龙江港航监督局,下设5个分局、1个监督所和26个监督站。4月,黑龙江以河流和经济水域划分,分设7个港航监督所、19个港航监督站,有船检检验员、港航监督员86人。1983年5月19日,交通部决定调整具有国际航运特点的黑龙江水系航运管理,将黑龙江航运管理局行政领导体制改为“部省双重领导,以部为主”。交通部主要管理港口、航道和其他基础设施建设;设置“黑龙江港航监督局”下设5个分局、1个监督所和26个监督站,统管黑龙江水系水上安全事务。7月1日,经国务院批准,黑龙江航运管理局正式实行交通部和省政府双重领导、以交通部为主的管理体制。

(四)各省(区、市)建立多种形式机构(部门)

“文化大革命”结束后,各省(区、市)都在交通厅或航运局设置港航监督处(室)或车船监理处,在主要港口设置港航监督或车船监理。并相应改变机构名称和隶属关系。但因政企合一和集航、厂、政、企等为一体的管理格局未变,港航监督和船舶检验仍为省交通运输行政管理的一部分,对内为职能部门或科室,对外称省港航监督、省船舶检验处,管理职责仍为各省境内的船舶管理、船员考试、航政处理、船舶检验等。各省(区、市)港航监督管理形式有以下3种:

第一种,在省交通厅航运管理局或内河航运局下设航政处(科)。浙江省于1978年初恢复浙江省交通航运管理局,统管全省航政及其他水运事务,在各地(市)、县组建航运管理处、所或站,分段分级管理全省的航政、航运行政事务。上海市1978年5月1日将内河航运公司和市内河航运管理处合并,成立集厂、政、港、运、道为一体的上海市内河航运局,隶属上海市交通局,下设航政科、船检科、船员考试科3科,分别负责市内河航政事务。1981年7月,航政、船检两科合并,成立航政管理处。安徽省交通厅航运局下设航政科,统管全省航政事务,并在长江、淮河两个水系分别设立皖江、淮河两个航政所,分别负责省内河航政事务,为航运局派出机构。1978年12月,贵州省交通局航运处改为贵州省内河航运管理处,下设专理全省航政事务的港监科,并按河系成立港船监督站(从航管站里分出)作为独立的航政管理单位,后在长江两大支流的乌江、赤水河成立专理河系航政事务的监督站,继后又在清水江、锦江、潕阳河等河系设立港航监督站,至1980年,贵州全省有港航监督人员8人。

第二种,建立自上而下系统的航政管理机构。江苏省1978年以后,在省交通局复设省交通厅安全监督处,负责车船技术监督、安全管理,办理车船和驾驶人员的检验、登记、考核、发证等管理工作。地、市航政与航道合为航政管理处。四川省建立航运中心航管站,县(市)设立中心航管站派出机构航管站,下均航监组(股),专理航政事务。中心航管站由省交通厅内河管理处领导。1981年2月1日,四川省内河管理处更名为省交通厅航运局。广东省于1981年4月在原省航运厅港航监督机构基础上成立广东省航政局,归省航运厅领导。

第三种,在省交通厅下设车船合一的“车船监理所(处)”。江西省建立省船舶(港航)监理总所,各地、市设立船舶(港航)监理所,统一管理全省车和船安全事务。1973年,广西壮族自治区交通局(厅)设立监理处,统一管理广西的交通监理和航政工作,但管理航政的船舶(港航)监理部门的党政关系仍挂靠于各航运分局,实行“条块双重领导”。1979年,广西壮族自治区港航监督(航政)机构从航运分局分离出来(仅财务独立),隶属广西壮族自治区交通厅监理处领导。1984年,广西壮族自治区交通厅监理处改为广西壮族自治区交通安全监督局,统管广西交通监理及航政事务。湖北省于1979年2月将民间运输管理局的安全科与省航运管理局的港航监督科合并,组成湖北省港航监督总所,属省交通厅领导,统管全省航政事务。各地、市设立港航监督所。全省设13个港航监督所、50个港航监督站,其中沿江有23个监督站。1980年3月,省港航监督总所划归新的省航运局领导,地、市、县港航监督所、站相应划归同级航管部门领导。1977年5月27日,湖南省交通厅成立湖南省港航监督,各地也成立地区一级的港航监督。1981年4月,湖南省港航监督改由省交通厅安全监督管理处领导。1982年底,除长沙港航监督外,其他大部分地(州、市)港航监督收归省港航监督直接管理。内蒙古自治区自1978年黄河水运复兴以后,航运管理得到发展,成立内蒙古自治区港航安全监督所,并制订与公布新的水运、航政管理制度。1982年,自治区港航安全监督所人员增至12人。1988年底,自治区港航安全监督所仍存在。1974年8月,陕西省交通局设安全监督处,管理港航监督、船舶检验事务。1978年底,省交通局增设民运航运处。1983年,省交通厅恢复,民运处改称航运处,港航监督、船舶检验事务由安全监理处划归航运处负责。

三、航政管辖区域的重新划分

(一)沿海港口以港务局辖区为主

随着港口建设、船舶进出港状况等港口及水上交通发展变化,港界、锚地和航道需要动态调整和划分。当时,受限于执法船艇、水上通信等装备及其他客观条件,我国沿海港务监督所负责的海上安全监管区域,为所在地港务局管辖的沿海海域及内河水域。

(二)长江干线航政管理范围重新划分

为明确职责,更好地相互协调,长江航政管理局调整长江干线管辖区域,重新划分各分局(直属处)、处(站)辖区。

1979年11月14日,长江航政管理局公布《长江航政分支机构的管辖范围》,要求各分局(直属处)和处(站)间相互协作,做好交接。

为适应进出上海港的远洋轮停泊需要,交通部扩大上海港区的锚泊范围,1979年10月25日决定长江浏河口下游的浏黑屋和崇明岛施翘河口下游的施信杆两点连线以下水域归上海港务监督管理,由长江航运管理局移交上海港务局。次年1月12日,上海港务监督正式行使延伸后水域的航政管理职权。长江航政局辖区随之由宝山嘴上移至浏河口,辖区里程由原先的四川省兰家沱至上海的宝山嘴的2410公里缩短为兰家沱至浏河口的2386公里的长江干线。兰家沱以上至宜宾委托四川省代管。1982年4月10日,交通部港务监督局(7月,改为水上安全监督局)再次明确,以长江浏河口下游的浏黑屋为界线,以下由上海港务监督管理,以上长江干线水域由长江航政局管理。

关于内河航政管理工作归口管理,交通部1982年6月明确:长江航政局和地方航政监督管理工作由交通部港务监督局归口管理;长江航运管理局及地方航运企业内部的船舶航行监督管理工作,由部内河运输管理局归口管理。此后仍存在一定的业务交叉,并没有实现真正的归口,但从当时来讲已向统一管理迈出了一步。

各省(区、市)港航监督机构的管辖区域,主要为中央直属的港务(航)监督机构管辖区域之外的所有内河、湖泊、水库等水域。

四、港口"政企分开"改革在大连港试行

1949 年新中国成立以后,我国港口管理体制在长达 30 余年时间里,基本上是仿效苏联管理模式,实行政企合一的计划经济管理体制。航政由独立体制变为港航政企合一体制下的一个职能部门,主要由港务局领导。1954 年 1 月 23 日,政务院颁发《中华人民共和国海港管理暂行条例》,明确规定港务局"负责执行海港行政管理工作与业务事项,并为企业经济核算单位"。当时,计划经济一统天下,所有制形式单一,条块分割,政企职责不分,以政代企,企业成了政府部门的附属。在这一特定条件下,政企合一港口管理体制下的港务(航)监督职能部门对水上交通安全起过重要的保障作用。但是,随着国民经济发展,这种体制已不能适应航运发展与港口生产力发展的需要,所存在的职责不分、政出多门、权力分散的弊端越来越严重,主要问题:一是不利于港口行政管理和规划建设。港务管理局领导精力往往集中于企业工作,放松了航政港政的管理和港口规划建设,"谋政"较少,形成政出多门和航政、港政职权分散的局面。二是不利于按经济办法管理企业。港务管理局习惯于用行政办法管理企业,以政代企,忽视经济效果和企业的利益,使企业难以独立自主地进行经营管理,企业和职工的积极性受到限制。同时,一港存在多个管理机构和部门。除按国务院设置港务(航)监督机构外,一些单位也自行在港口设立港务(航)监督机关,造成有的港口有 4~5 个港务(航)监督机关,均自称代表国家主管机关,竞相对同一港口和船只实行管理。有的为本单位或部门争岸线审批、水域使用、船舶签证、船员考试、事故处理和引航等职权。甚至有的为本单位或系统的肇事船舶出谋划策,包揽诉讼,使一些案件长期得不到解决。特别 1980 年之后长江干线部分港口对外开办贸易后,沿江有的省自设中华人民共和国××省港务监督和中华人民共和国船检局××省办事处,对到本省的国际航行船舶进行行政和技术监管,致使一个港口出现多个港务(航)监督机关办理船舶进出港签证手续,迫使船舶单位不得不同时配备几套证书,甚至造成航道秩序阻塞,多次发生事故险情,既影响港航生产,船舶航行安全,又导致有限安全监管资源浪费。

有关上述情况,交通部港务监督局(对外称"中国港监局")通过调研、汇总后上报交通部。1980 年 3 月 22 日,交通部在上报国务院《关于国际航行船舶行政监督检查和技术监督检验问题的请示》中,提出两点建议:对航行国际航线的船舶,一律由港监局和船检局执行行政监督检查和技术监督检验;各省的港航监督和验船部门的名称一律不能冠以"中华人民共和国"字样,已经这样做的应立即改正。4 月 5 日,国务院批复同意交通部的意见。6 月 18 日,交通部就落实国务院批复函向各省(区、市)提出 3 点建议:①贯彻执行国务院关于"港口主管机关是指中华人民共和国政府在港口设置的港务监督"。港务监督代表国家对内对外实行统一的航政管理,各有关部门应给予积极支持。未经国务院批准,任何单位不能自称代表国家任意对港口和船舶行使航政管理职权。②水产和其他有船单位的安全机构应履行本行业的职责。③加强水上安全监管机构自身建设。1981 年 10 月 15 日,交通部就统一港口水上安全监管机构,以〔81〕交港监字 2095 号文"关于统一港口与海上安全管理的请示"上报国务院。10 月 29 日,国务院下发"关于统一港口和海上安全管理的通知",明确"交通部在各港设置的港务监督作为主管机关,代表政府对内对外实行统一管理,其他各有关部门和有关单位应遵照国家法令和港务监督的统一规章,加强对所属码头、设备、船舶和人员的内部安全管理,并积极支持港务监督工作,不得各自为政。"

根据国务院下发的统一港务监督管理规定,交通部按照政企分开、所有权和经营权分离的原则,在通过充分前期准备之后,对沿海港口管理体制开始改革。先选择大连港作为港口体制改革的试点,与辽宁省人民政府共同制定《大连港口体制改革试行方案》。1981 年 12 月 21 日,国务院原则同意这一港口体制改革试行方案。1982 年 1 月 6 日,交通部转发《国务院关于大连港口体制改革试行方案的批复》,决定从 1982 年 1 月 1 日起试行。试行方案就是大连港实行政企分开,将大连港务管理局一分为二,分别成立大连港口管理局和大连港装卸联合公司,均为交通部直属一级单位,实行交通部和大连市人民政府双重领导,以交通部领导为主。大连港务管理局分为两个性质不同的独立组织:一个为国家行政机构,即大连港口管理局,主要负责港口行政管理和规划建设工作,受交通部和大连市人民政府双重领导,以交通部为主;另一个为经济组织,即大连港装卸联合公司,主要从事港口装卸等运输生产经营,独立核算,自负盈亏,直属交通部领导。改革的目的是建立新型水运管理体制,关键是增强企业活力,措施是政企分开、各行其职、各尽其责。

大连港按照“政企分开”原则进行管理体制试点,一改过去港口体制“政企合一”的管理模式,实行交通部和大连市政府“双重领导,以交通部领导为主”的管理体制,实施后取得一定成效。这为以后沿海港口管理体制全面改革提供了经验。

第三节　首个航政法律法规颁布与规章恢复

一、首个安全管理大法与防污染条例的颁布

“文化大革命”以后,尤其党的十一届三中全会之后,我国水上交通安全监管、防止船舶污染海域等航政法制工作在恢复前提下走向正轨,制定和出台了适应新形势的法律法规,取得显著成效。与航政直接或间接、相关的法律法规相继制定和颁布,推进了航政管理从行政管理向依法管理方向迈进。当时主管水上交通安全监督管理的交通部水上安全监督局,在法律法规准备、调研和起草过程中,做好了各方面协助配合工作。

(一)首个海上安全管理大法——《中华人民共和国海上交通安全法》

改革开放之后,交通部贯彻党中央提出的“对内搞活、对外开放”方针政策,在水运行业打破传统的计划运输体制,制定鼓励竞争,允许国营、集体、个人一起上,各地区、各单位和各部门一起经营的新的运输经济政策,使水运交通行业形成多种经济成分、多种经营方式的并存格局。到 1978 年底,我国沿海船舶共有 218 万吨,比 1950 年增长 14.3 倍;长江船舶共有 151.4 万吨,比 1950 年增长 9.7 倍;内河通航里程达到 13.5 万公里,比新中国成立初期增长近 1 倍,各省(区、市)共有轮(驳)船 265.7 万多吨、木帆船 73.7 万吨,完成货运量 3 亿多吨,为新中国成立初期的 14 倍。随着国民经济的发展,在我国海域航行、停泊、作业的中外各类船舶迅速增长,海上事故多发,迫切需要依法管理。尤其伴随着改革开放,非公有制经济大量出现,单纯依靠行政命令的管理方式已不适应新形势的需要。此外,水上安全存在多头管理,导致水上安全秩序混乱。对此,中共中央总书记胡耀邦和国务院领导相继做出批示、指示,要求对海上交通安全实行集中管理,从法律上加以规范。1980 年 9 月,交通部按照中央同志批示、指示精神,会同总参、海军、石油部和国家水产总局等单位组成海上交通安全法起草委员会,开始起草《中华人民共和国海上交通安全法》(以下简称《海上交通安全法》)。经过 16 次修改,并经国务院 1981 年 11 月、1982 年 10 月、1983 年 1 月 3 次组织审议,1983 年 9 月 2 日《海上交通安全法》由全国人大常委会六届二次会议通过,国家主席

李先念以第七号令公布,于 1984 年 1 月 1 日起实施。

《海上交通安全法》共 12 章 53 条,包括船舶检验和登记,船舶、设施上的人员,航行、停泊和作业,安全保障,危险货物运输,海难救助,打捞清除,交通事故的调查处理,法律责任等,是我国港口和海上交通安全管理方面基本法律。其中第三条明确规定:“中华人民共和国港务监督机构是对沿海水域的交通安全实施统一监督管理的主管机关”,较 1953 年交通部规定的“港务监督是国家政权机关”有较大变化,从法律上明确了主管水上交通安全事务的机关——港务监督的地位。

《海上交通安全法》,还规定了船舶、设施和人员在海上航行、停泊和作业必须具备的技术条件,以及应该享受的权利和各自承担的义务,违法者所应承担的法律责任。《海上交通安全法》授权中华人民共和国港务监督机构对沿海水域的交通安全的指挥、管理职责。

《海上交通安全法》,是我国交通领域第一部法律,也是新中国成立以后的第一个海上安全监督管理大法。相比以前有关交通法规及规章,对港务(航)监督机构性质界定更加明确,既负有水上交通安全、防止船舶污染监督和维护国家主权等职能,又被授权担负搜救、海上救助、测绘、通信等航行保障任务,具有监督、执法、保障和服务四大职能。它的颁布实施是我国海上交通安全法制建设的一个重要里程碑,有力地推动海上交通安全管理工作,改善海上交通秩序,促进海上运输和海洋资源的开发利用。

为认真做好《海上交通安全法》的学习、宣传和贯彻落实工作,交通部于 1983 年 10 月 14 至 18 日在北京召开贯彻《海上交通安全法》会议。交通部部长李清、副部长钱永昌在闭幕式上讲话。与会代表认真地学习和讨论《海上交通安全法》,统一思想,提高认识,交流经验,研究贯彻落实的措施。

(二)《中华人民共和国海洋环境保护法》

《中华人民共和国海洋环境保护法》(以下简称《海洋环境保护法》)是 1982 年 8 月 23 日经第五届全国人大常委会第二十四次会议通过,以全国人大常委会令第九号公布,于 1983 年 3 月 1 日起实施。《海洋环境保护法》主要内容有:保护海洋环境及资源,防止污染损害,保护生态平衡,保障人体健康,促进海洋事业的发展。它共分 8 章 48 条。8 章为总则、防止海岸工程对海洋环境的污染损害、防止海洋石油勘探开发对海洋环境的污染损害、防止陆源污染物对海洋环境的污染损害、防止船舶对海洋环境的污染损害、防止倾倒废弃物对海洋环境的污染损害、法律责任、附则。其中第五条中明确规定:“中华人民共和国港务监督,负责船舶排污的监督和调查处理,以及港区水域监视,并主管防止船舶污染水域的环境保护工作。”这是中华人民共和国港务监督第一次在法律上被确定为防止船舶污染水域的环境保护工作的主管机关。

(三)《中华人民共和国防止污染海域管理条例》

依照《海洋环境保护法》,国务院以国发(1983)202 号文件,于 1983 年 12 月 29 日颁布了《中华人民共和国防止污染海域管理条例》(以下简称《防船舶污染条例》),并自公布之日起实施。《防船舶污染条例》共分 12 章 56 条。其中第二、三条明确适用范围和主管机关:适用于中华人民共和国管辖海域、海港内的一切中国籍船舶、外国籍船舶及船舶所有人和其他个人;防止船舶污染海域环境的主管机关是中华人民共和国港务监督;对不同总吨的船舶在防止油污染设备方面提出不同的要求;对船舶油污水排放量提出确切的数值等。《防船舶污染条例》授予港务监督对船舶所有人最高可处以 10 万元的罚款,并明确了对有直接责任的船员和个人的处罚尺度。

《海洋环境保护法》和《防船舶污染条例》的实施,对全面保护海洋环境,防止船舶对海洋环境污染损害,维护我国领海主权,全面开发、利用海洋资源,促进我国经济建设的顺利发展,具有十分重要的意义。

这标志着我国船舶防污染管理工作向法制化方向迈出重要的一步,进入一个新阶段。

以《海上交通安全法》《防止船舶污染条例》为龙头的法律法规体系的形成,促进了全国海(水)上交通安全管理由行政管理向依法管理的过渡。同时,按照以上法律、法规,交通部、交通部水上安全监督局先后制定了一系列相配套的规章和规定,如《拆解船舶监督管理规则》《船舶污染物排放标准》《油船安全生产管理规则》等,完善船舶防污法规体系,成为港口、航运和船舶单位的行为准绳,也是港务监督开展防污执法工作的基础和依据。

二、航政规章制度的恢复与新订

(一)船员、船舶签证规章的首先恢复

“文化大革命”结束,我国航政部门结合全国水上安全状况,积极推进有关航政规章的立、改、废工作,在恢复“文化大革命”中被废除的行之有效航政管理规章的同时,又陆续制订了一系列新的管理规章制度。按照先易后难,先急后缓的原则,经过通盘考虑,全面衡量,感到应首先恢复船员考试和船舶签证两个管理规章:一是船舶签证是监督船舶适航的最基本安全条件,实施起来较方便;二是船员管理制度长期得不到执行,许多船员航行证书过期或“无证开船”,就是有手续也不符合规定要求,造成船员整体素质下降,严重威胁航行安全。

鉴于以上两个因素,1977 年下半年交通部船检港监局开始着手准备并于次年初正式启动船员考试和船舶签证管理规章的恢复工作,经过数月广泛征求船舶单位意见与实地调查研究后,在修改和充实《63 年船员考试办法》基础上,吸取“文化大革命”前后船员考试的经验,参照国际海事组织《1978 海员培训、发证和值班标准国际公约》,确定考试原则、标准是否与国际公约原则、标准相同。1979 年 6 月 12 日,交通部以(79)交港字 703 号文公布《中华人民共和国轮船船员考试发证办法》(简称《79 年船员考试办法》),于 10 月 1 日起执行,并废止《63 年船员考试办法》。新的船员考试办法第 22 条规定:“交通部各对外开放港口的港务监督颁发的船员证书统一盖‘中华人民共和国港务监督局船员证书专用章’印章”。还规定在本办法生效前,于 1981 年 10 月 1 日前办理换发新证工作。随后,1979 年 10 月 25 日,交通部下发“船员考试发证办法的补充通知”;10 月 26 日,又公布《船员考试委员会章程(试行)》,于 10 月 1 日起执行。1981 年 9 月 9 日,又下发“船员考试发证工作若干问题的通知”;11 月 6 日,又公布《部属大专院校海上专业毕业生船员考试发证实施办法(试行)》。

为落实交通部公布的船员考试系列规章制度,1980 年 5 月 15 日交通部港务监督局(1979 年 6 月改)下发“对当前船员考试发证工作问题的若干意见”;1981 年 1 月,又公布《1981 年船员、驾驶员考试大纲》和《1981 年轮机长、轮机员考试大纲》;重申《1979 年电机员、报务员考试大纲》继续使用。

交通部、交通部港务监督局公布的船员考试、发证工作系列规章、规范性文件,进一步规范了船员考试发证管理工作。至 1983 年,全国已签发船员证书 30 万册,对促进船员技术业务的提高、保障船舶航行安全起到重要作用。

《79 年船员考试办法》与《64 年船员考试办法》比较,有以下改进:重新划定船长、驾驶员、轮机长、轮机员船员证书适任等级;增加对船长、驾驶员船员证书适任范围“船舶种类”限制;对申请考试者应具备的资历要求,参照国际公约规定做重大修改;增加“沿海”航行区域;重新设置船长、轮机长、驾驶员、轮机员、电机员、报务员考试科目;重新统一印制中华人民共和国轮船船员证书(以下简称“轮船船员证书”),规定证书式样、种类、使用范围、有效期限。轮船船员证书包括远洋、近海船员证书,沿海、内河 200 总吨以上或 750 千瓦以上船员证书,沿海、内河 200 总吨以下或 750 千瓦以下船员证书,特免证书,有效期限 5

年;考试程序为二级考试制;轮船任职申领证书,须呈验轮船培训证明;规范在外籍船舶工作的中国籍和外国籍船员、受政府委托代培留学生等。同时,授权大连、天津等港务监督办理申请考试手续。

在恢复船员管理规章的同时,为统一全国船舶签证工作,恢复船舶进出港口签证管理,1979 年 3 月 22 日交通部公布《关于船舶进出港口签证管理办法》,于 7 月 1 日起施行。该办法规定:“船舶必须检验、丈量、登记,取得规定的有效的船舶证书,并领有港务监督或港航监督机关发给航行签证簿后,方准航行。”并于 1981 年 8 月 3 日,针对在国内港口间航行的中国国际航行船舶的进出口签证管理,各港掌握不严,造成一定程度混乱的状况,交通部下发“关于我国国际航行船舶在国内港口间航行应办理进出口签证的通知”,要求在我国国际航行船舶在国内港口间航行一律按《船舶进出口签证管理办法》办理进出口签证。1984 年 1 月 1 日实施的,《海上交通安全法》规定:“国际航行船舶进出中华人民共和国港口,必须接受主管机关的检查;本国籍国内航行船舶进出港口必须办理进出港签证。”从此,船舶进出港口签证重新走上有法可依道路。

港务监督(航政部门)通过对船舶进出口签证可及时地了解船舶的适航情况,发现问题及时予以处理。如通过签证,发现船舶检验过期、未办理船舶登记、船员证书不齐全、航行日记不记或乱记等情况,航政部门随即通告有关部门和轮船公司重视,督促限期改进。同时,这种做法也密切了港务监督(航政部门)与船舶单位和船员的关系,使港务监督了解和掌握船员技术和船舶运行状况,督促船员学技术,加强船舶维修和保养管理工作,保证航行安全。

(二)航政管理规章制度的新订

改革开放以后,随着国家法制建设逐步加强,中国缔结和加入国际条约日趋增多,水上交通安全监督法律、法规不断健全。至 1985 年,除法律法规外,由交通部和中国港监局制订与公布的航政规章及规范性文件近 200 件,主要有船舶、船员、引航、海损事故调查处理、防污、危险货物、航海通告等。其中经交通部审核并由其公布适用航政的主要规章详见表 5-3-1。

1977—1983 年适用的主要航政规章一览表 表 5-3-1

航政规章名称	单位	令(文)号	公布日期	施行日期	备注
对外国留学生、实习生、外国籍船员和外轮华籍船员颁发中华人民共和国轮船船员证书的规定	交通部	〔77〕交船监字 040	1977.4.23	1977.4.23	首次对持有其他国家或地区证书的船员予以免考发船员证书
内河避碰规则	交通部	〔79〕交港字 57 号	1979.2.1	1980.1.1	新中国成立后第一个全国内河统一规章,一改过去内河各水系航行规则不一的状况,为水上避碰提供统一依据。《长江避碰规则》废止。
国际航行船舶进出口联合检查进行程序与注意事项		〔79〕交港字 493 号	1979.3.21	1979.3.21	1957 年《联合检查程序与注意事项》废止
船舶进出港口签证管理办法	交通部	〔79〕交港字 475 号	1979.3.22	1979.7.1	
中华人民共和国轮船船员考试发证办法	交通部	〔79〕交港字 703 号	1979.6.12	1979.10.1	简称“79 船员考试规则”。《64 年船员考试办法》废止
关于对在我沿海进行石油勘探的外国籍工程船舶、船员及随船人员的管理办法	交通部	〔79〕交港字第 1497 号	1979.8.23	1979.8.23	
中华人民共和国对外国籍船舶管理规则	交通部	〔79〕交港字 1606 号	1979.9.18	1979.9.18	经国务院 8 月 25 日批准。废止《1957 年对外国籍船舶进出港口管理办法》

续上表

航政规章名称	单位	令(文)号	公布日期	施行日期	备　注
救生艇船员证书	交通部	〔79〕港监字第120号	1979.11.1	1979.11.1	
换发船舶国籍证书	交通部	〔79〕港监字第124号	1979.11.14	1980.1.1	
海港引航工作条例(试行)	交通部	〔80〕交港监字780号	1980.4.25	1980.4.25	规定各港务监督下设引航科,负责引航工作
我国国际航行船舶在国内港口航行应办理进出口签证	交通部	〔81〕港监字第084号	1980.8.3	1980.8.3	
对现有引航员技术培训、考核、定级和发证办法	交通部	〔80〕交港监字2256号	1980.10.27	1980.10.27	
海港引航员安全操作守则	交通部	〔80〕交港监字2256号	1980.10.27	1980.10.27	
登外轮人员审批和管理办法	交通部	〔81〕公发(边)90号	1981.7.1	1981.7.1	
登外轮工作人员守则	交通部	〔81〕公发(边)90号	1981.7.1	1981.7.1	
加强对航行国际航线船舶管理	交通部	〔81〕交港监字1420号	1981.7.13	1981.7.13	
加强无线电航行警告工作的通告	交通部	〔81〕交港监字1786号	1981.9.3	1981.9.3	
船舶装载危险货物监督管理规则	交通部	〔81〕交港监字2060号	1981.10.29	1982.1.1	与1982年1月1日生效的《国际海上危险货物运输规则》同日实施
海区航标管理工作的若干规定	交通部	〔82〕交基字1775号	1982.8.23	1982.8.23	
交通部环境监测工作条例	交通部	〔82〕交环字2592号	1982.12.11	1982.12.11	
中朝国境河流船舶航行规则(1981年)	交通部	〔82〕交基字697号	1982	1982	
关于海区测绘工作的若干规定	交通部	〔83〕交水监字712号	1983.4.11	1983.4.11	
中华人民共和国关于外国籍船舶航行长江水域管理规定	交通部	〔83〕交水监字802号	1983.4.20	1983.4.20	经国务院4月9日批准。根据1979年《中华人民共和国对外国籍船舶管理规则》而制订
港口油区安全生产管理规则	交通部	〔83〕交水监字860号	1983.4.12	1983.10.1	
油船安全生产管理规则	交通部	〔83〕交水监字860号	1983.4.12	1983.10.1	

三、地方航政规章制度的修订与充实

这一时期,各省(区、市)港航监督参照各水系航政管理办法,结合本地区特点,相继恢复和制订了一些地方性的航政管理规章、规定及规范性文件,并争取将重要或全局性的航政管理规定以省(区、市)人大或省政府的名义公布实施,成为地方性法规、规章,以增强水上安全管理的权威性。

1979年10月,湖南省政府公布《湖南省船舶进出港口签证管理办法实施细则》《湖南省船舶违章处理规定》。

1979年,江苏省政府公布《江苏省渡口管理办法》。

1981年,安徽省政府公布《安徽省渡口管理办法》。

1981年,湖北省政府公布《湖北省挂桨机船管理办法》。

1981年,四川省政府公布《四川省农副业船、渡口船、渔船安全管理办法》。

1980年,贵州省政府公布《水库船舶航行安全管理规定》;1981年,又公布《渡口船安全管理办法》。

1981年9月4日,江西省公布《江西省渡口管理办法》,规定"三统"(统一安排经费、统一分配维修材料、统一修造和筹建渡船码头)、"六定"(定渡口、定渡船、定渡工、定装载额、定报酬、定期组织安全检查),改变过去渡口管理体制不统一、管理混乱或无人管理的状况。

从以上所颁布、公布的航政管理法律、法规、规章来看,全国港务(航)监督这一时期在迅速整顿航行秩序,恢复与实施各种安全监督管理的同时,及时恢复行之有效的航政管理规章制度,并加以补充和修改,使之日臻完善,保证了水上交通安全监督管理工作有法可依、有章可循,使沿海、内河水上安全管理逐步走上健康的轨道。

四、加入与生效的国际海事公约

在贯彻执行国内的法律、法规、规章与规范性文件的同时,我国政府相继加入部分海事国际公约。

1977 年 7 月 15 日,《1972 年国际海上避碰规则公约》正式生效。我国政府于 1980 年 1 月 5 日正式加入该公约。根据《1972 年国际海上避碰规则公约》第四条第三款的规定,该公约在中国生效时间为 1980 年 1 月 5 日。同时,根据《1972 年国际海上避碰规则公约》第三十八条豁免期限的规定,中国有 4 年的豁免期。为明确 4 年豁免期的起始日期,经中国驻英使馆与海协协商、沟通、确认,确定豁免期始于条约正式生效之日,即从 1977 年 7 月 15 日开始计,则最终豁免期日期为 1981 年 7 月 15 日。

1979 年 12 月 28 日,交通部、海军司令部和国家水产总局联合下发《关于实施(1972 年国际海上避碰规则)的通知(节录)》。决定从 1980 年 4 月 1 日起所有航海船舶开始实施《1972 年国际海上避碰规则》,同时停止执行《1960 年海上避碰规则》。1981 年 4 月 6 日,针对执行《1972 年国际海上避碰规则》和《内河避碰规则》适用范围的疑问,交通部在"关于执行《1972 年国际海上避碰规则》若干问题的通知"中明确:一切海船的号灯和号型、声号设备必须满足该规则的要求。

1980 年 1 月 7 日,中国加入《1974 年国际海上人命安全公约》和《1974 年国际海上避碰规则公约》。前一公约于 1980 年 5 月 25 日在我国生效,后一公约于 1980 年 1 月 27 日在我国生效。4 月 8 日,中国政府批准接受《1969 年国际船舶吨位丈量公约》。9 月 23 日,又批准接受《1969 年国际集装箱安全公约》。

1978 年 7 月 7 日,中国代表团在英国伦敦 IMO 总部代表中国政府签署了《STCW 78 公约》的最终文本,中国成为《STCW 78 公约》的原始签字国。1980 年 6 月 8 日,中国加入《1978 年船员培训、发证和值班标准国际公约》,1984 年 4 月 28 日在我国生效。

1982 年 12 月 17 日,中国加入《1974 年国际海上人命安全公约 1978 年议定书》,1983 年 3 月 17 日在我国生效。

根据这些公约规定,中国港监局是代表中国政府履行这些公约中绝大部分条款的主管机关,承担管理职能。为此,在交通部指导下,中国港监局及其派出机构,依据国际公约的有关管理规定,结合水上安全的实际,制订出具体的规范性文件或行政指令,开展各种安全管理。

第四节　航政管理工作全面回归正轨

一、开展有特点的通航管理

(一)全面整治水上通航秩序

1.沿海港区部分试行分道航法

长期以来,保障水上通航安全,一直是水上交通安全监管的重点。"文化大革命"结束后,通过拨乱反正,整个水运安全形势好转。此时,进出我国北方沿海各港船舶吨位不断增大,航行密度不断增加。为保障船舶航行安全,1978 年交通部总结 1974 年 5 月上海海运局在黄海南部实行船舶定线分道航行办法,减少船舶在习惯航线上对遇,避免碰撞事故发生的经验,利用当时已基本覆盖我国北方沿海(长江口以北)的罗兰发射台及其他较为先进的导助航设施,经与直属和北方沿海等省交通(航运)单位反复研究后,于 1978 年 4 月 14 日公布《交通部运输船舶在北方沿海定线分道航行办法》,于 6 月 1 日起试行。各段分道航线的一般间距为 3 海里,中线左右各半海里范围为分隔带。大中型船舶,特别是交通部所属海运船舶基本配备导航设备,航行安全有保障,所以,交通部指出,接近青岛、烟台、秦皇岛和天津港口的一段分道航线的海运船舶,也可按黄海南部实行船舶定线分道航行办法实行。

上海港务监督。当时进出上海港的船舶无论从类型还是数量上都急剧增加,国际航线的船舶艘次由 1952 年 222 艘次,增至 1979 年的 1996 艘次。于是,上海港务监督提出进出上海港海运船舶,在黄浦江实行分道靠右航行,1977 年 5 月 6 日开辟 4 个掉头区;1978 年起在各监督站、信号台和监督轮艇上先后装备甚高频无线电话,替代以前沿用的扩音机、喇叭;在吴淞瞭望台建立船舶控制台,用甚高频无线电话发布航行通告,指挥船舶航行。1978 年 11 月 15 日,出台《上海港黄浦江船舶分道靠右航行规则》,将黄浦江航道划分为深水航道和浅水航道。木帆船在自然条件许可情况下,必须在航道右侧靠边行驶。分道靠右航行规则的实行,改变了以往船舶靠左航行的规则,有利于减少船舶交会碰撞事故。

大连港务监督。为加强对港区航道船舶事故多发区的管理,整顿船舶进出大三山水道航行秩序,1978 年 12 月 1 日大连港务监督公布《船舶通过大三山水道分道航行办法》。该办法规定在大三山水道设宽 0.5 海里的分隔带,凡通过大三山水道的船舶在分隔带左右两侧分道航行,不得进入分隔带。1984 年,在分道航行实施 5 年后,大连港务监督又将该办法修改为《大连港大三山水道通航分隔制》,规定"凡通过大三山水道的中国籍和外国籍船舶,均应遵守本通航分隔制",并将分隔带宽度调整为 0.3 海里。

其他沿海各港港务监督,也结合管辖海域实际,有选择地开展轮船分道靠右航行办法,以减少船舶在习惯航线上对遇,避免海上航行碰撞事故的发生。

2.内河及各省推广航行经验

长江下游航运历来比中游、上游发展快,船舶流量大,航行密度大,然而因一些船舶质量差、船员违章航行,导致下游段水上秩序混乱,事故不断。特别是位于长江与大运河交汇处的长江镇江都天庙至三江营 7.5 公里长的江面发生事故的数量在长江全线航段中居首位,被行船人称为"老虎口"。

上述航段中的尹公洲水域航道,枯水期仅有 360 米宽,狭窄弯曲,成"Z"字形状。此地船舶日流量高达 2000 多艘,高峰时每分钟有 6 艘船通过。特别是南北两岸 3 个运河闸口早晨开闸期间,大量的小机动船争相抢道航行,使尹公洲主航道更加拥挤,秩序越发紊乱。据 1984 年统计,这里平均每 4 天就发生一次航政事故,事故发生数占长江干线 1/7 以上。

对于镇江都天庙至三江营航段航行的混乱状况,长江航政局南京分局(以下简称南交航政分局)进行过多次分析。从 1984 年 5 月起,南京航政分局对这一水域进行实地考察,了解航道特点,船舶流量、密度,各类航行船舶的交会情况,从中分析和研究,找出事故多发的 3 个原因:①航段弯曲、狭窄,往来船舶流量大时避让操作困难;②水流复杂,受潮水风雾影响大;③有些船舶争道航行,造成航行秩序混乱。

经过半年的考察和论证后,南京航政分局决定对都天庙至三江营航段实行交通管制。大、小船舶,上行下行分道航行。划定 3 个上行横驶区,两处禁止追越及会让。制订交通管制的试行规定,从 1984 年 11 月 15 日开始实施。之后,南京航政分局会同镇江处在召开的船舶单位工作会议上公布交通管制实施方案,并到江苏地区及沿江有船单位广泛宣传交通管制的意义,发放了 40500 本水上交通管制试行规定。实施强制管制,强化现场管理,使都天庙至三江营航段事故率明显下降,到 1985 年 6 月与上年同期相比事故率下降 90%,未发生一次沉船死人事故,经济损失下降 73%,收到良好的社会效果。1985 年,长江航政局推广镇江航段交通管制经验,先后选定武汉港中心区、沂春湾、大胜关、太子矶水道和芜湖港区等事故多发区段作为整顿的重点,实行交通管制。拟订一系列管理条例和管制方案,加强对小型船舶的管理,使航行安全状况进一步好转。图5-4-1为20世纪80年代南京长江大桥监督站通过甚高频提醒过往船舶的情景。

图5-4-1 20世纪80年代南京长江大桥监督站通过甚高频提醒过往船舶

1983年,湖北省港航监督总队在调查研究和广泛征求意见的基础上制订《湖北省武汉汉江港港章》,于3月1日起实施。该港章主要内容包括上下水分道航行及船队尺度限制,洪峰期限航、禁航规定等。该港章的出台有效地规范机动船队进出港口,使港区航行、停泊秩序得到明显改善。

3.开展安全大检查

以长江干线为例,1977年为136起,1982年达到215起,增长率为58%。这种情况引起各地航政部门的高度重视。通过事故分析,航政部门逐渐摸索到各种船舶、不同航道、不同季节等发生事故的基本规律,随之制定具体的对策,并先试点、再推广。如1978年针对桥区、弯曲航道易发海损事故,长江航政局在武汉长江大桥站试点,设宣传牌,宣传安全操作、避浪;针对上游浪损,由该局重庆分局组织调查,提出浪损原因、地段和防范措施;针对安徽省农副业船员不固定,不熟悉航道和航行规章,由芜湖分局提出具体管理方案;针对下游碰撞事故多,由南京分局提出改进措施。从多方面分析和研究航运事故发生原因,有利于找准要害,对症下药,有的放矢实施管理,尽快抑制海损事故的发生,降低一般事故率,创造良好的安全航行环境。

这一时期,各省(区、市)港航监督参加当地政府组织的安全大检查、安全互检、安全红旗竞赛、百日安全无事故等群众性的安全活动,大宣传、大检查、大教育,纠正违章,整顿水上航行秩序,形成一个广泛的专、群结合的安全监督网,把水上安全工作建立在可靠的群众基础上,并加强水上安全知识的宣传教育,编印散发各种安全宣传材料,取得明显的效果。

黑龙江省港航监督,依靠广大群众开展安全活动,1977—1979年近3年时间内水上事故连续下降。

湖北省港航监督,坚持开展百日无事故安全活动,努力开展安全大检查和技术培训工作,连续8年没有发生沉船死亡事故。

广东省港航监督,表彰航运安全先进事迹,并广泛宣传推广,取得良好效果。珠江航运公司"富华"轮1990年4月22日从梧州开往广州途中,驶到郁南都城镇附近河面时遭到雷雨大风夹冰雹的袭击,持续4分钟11级阵风把驾驶室的玻璃击碎。船长、大副、水手都被玻璃击伤,但坚守岗位,避免了一起重大事故的发生,保障了 400 名旅客、船员生命财产安全。这一事迹受到交通部、广东省交通厅等的表彰。

湖南省湘乡县政府和港航监督部门,坚持对全县 42 个渡口进行专职干部管理,安全渡运 30 年未发生事故。

(二)内河通航安全宣传

这一时期,内河各港航监督人员参与当地政府或交通部门组织的安全宣传队伍,并建立群众性的交通安全宣传网,印发大量的宣传材料。不少地区通过电影、幻灯、广播、宣传画等各种形式,向广大群众进行宣传教育,增强船舶驾驶人员责任心。有些地区还注意对学生和儿童的水上安全教育,使他们从小就养成遵章守纪的良好习惯。

1979 年,改革开放政策逐步实施,促进内河船舶运输业的迅速发展。尤其国务院 1980 年 5 月提出长江支流船舶可以进入长江,使沿江沿海各省的地方航运冲破地域限制,进入长途运输。特别 1983 年起国家放宽政策,搞活经济,交通部在 3 月 7 日召开的全国交通工作会议上提出“有河大家走船,有路大家走车”的口号,水上交通运输逐渐形成多层次、多形式、多渠道的格局。内河航运快速发展,给水上交通安全带来威胁,相应管理滞后,导致船舶海损事故频发,呈逐年上升趋势。

经常性地向船舶单位和船舶宣传驾驶人员水上安全法规和有针对性地进行安全检查,是当时各内河港航监督坚持防患于未然的管理方法。

为使船舶安全宣传更加生动活泼,图文并茂,长江航政管理局把安全规章和常识绘制成彩画。1977 年下半年,根据《长江避碰规则》,委托南京航政局聘请南京师范学院(现南京师范大学)美术系毕业生绘编,印刷彩色安全挂图 20000 余张、《长江船舶安全航行画册》40000 多套,以低于成本的价格供沿江各省和长航船舶单位购买,张贴在船舶、码头等处,有效地宣传《长江避碰规则》基本知识及有关水上安全常识,深受航运单位的欢迎。同时,针对某种不安全现象,召集船舶单位负责人和船员座谈安全防范措施,举办各种类型的安全技术讲座,普及船舶航行、停泊常识;采取广播、播放录音、放映幻灯和编印免费发放各种安全材料等方式进行安全知识宣传教育。

1981 年上半年,长江航政管理局编印《长江船舶安全航行常识》,免费赠送给船员、船工,指导船员自觉学习安全知识,养成遵守安全航行的习惯。1982 年 9 月,九江航政处参照“智力测验”方法,印制内规测试卡片,每片一题,以常用声号、灯号、型号、旗号以及安全航行常识为主要内容,采用问答、填空、选择等 3 种形式,现场抽测船员,每人 1 次 5 题,当场评分讲解,寓教于乐。

此外,各省(区、市)港航监督采取多种形式规范船舶航行行为。1977 年起,江苏省整顿水上安全,恢复各地航政管理处,专管水上交通安全,编印《交通安全宣传要点》,发到基层,开展安全和生产教育。仅 1978 年全省安全大检查中,共纠正处理违章船 1280 艘次。

(三)通航秩序治理与长江“航政大联合”

1.通航秩序整治

现场管理始终是沿海、内河及各省(区、市)港务(航)监督动态管理的重点。其基本方法是通过各种途径调派人手,增加船艇,优化航道,加强现场监管,对重要通航水域实行 24 小时监控。

20 世纪 70 年代末期,上海港务监督集中力量,重点管理,严格控制航道弯曲狭窄的咽喉和险要地段。在吴淞口海军信号台一段江面派驻巡逻艇,日夜加强 102 灯浮处的指挥管理,纠正木帆船抛锚及超拖追越等违章现象,保证航道畅通;对沪东船厂江面,专派轮艇定点管理,和巡逻护航结合,防止碰撞事故发生;在陆家嘴信号台装高音扩大机,与苏州河口指挥亭、巡逻艇三结合,指挥陆家嘴的三岔口地段航行,保障船舶安全通过;对董家渡狭窄地段进行重点管理,严格控制码头、浮筒靠泊宽度,指挥拖轮、木驳船队、农副业船走浅水航道,保证大轮离靠泊位和进出港航行畅通;专派巡逻艇驻闸港江面,配合瞭望台指挥农副业船航行,谨防触滩沉没事故。此外,对航道复杂情况和大型船舶及大型木排作必要的护航。上海港务监督通过不断地总结经验,创建"四勤"工作方法,即使用巡逻艇勤宣传、勤巡逻、勤护航、勤纠正违章,取得预定的效果。1981 年起,上海港务监督对长江口绿华山锚地实行分道航行制度,并将原来 99 个系船浮筒逐步调整至 117 个,基本上消除使用不合理和不安全的现象。根据船舶的抗风等级,严格控制船舶出港,在实际风力超过 10 级时,除经批准特许船舶外,其他船舶一律停航。

1980 年,广州港务监督重新核定广州港泊位并公布《广州港船舶、竹木排泊位规定》,对傍靠大船过驳船舶停泊宽度、各河段码头外沿限泊宽度、水下施工及桥梁上下游禁泊河段等作了规定;重新调整锚位,完善锚标,公布锚位的使用水深和旋回半径。1984 年,又对系泊浮筒使用和候装卸船舶湾泊作出规定。

1981 年 9 月 8 日,青岛港务监督发布《关于加强港口航政管理的通告》,对交通部直属航运船舶进出青岛港时在团岛转向处实行分道通航。分道通航转向点为北纬 36°02′00″、东经 120°15′56″,位于团岛灯塔至 3 号灯浮连线上;自转向点起向正北(000°)伸延 500 米,向东南(103°)伸延 900 米为分道通航的分隔线;分隔线向两侧各伸延宽度 500 米的水域为分道通航区域。1984 年 11 月 6 日,青岛港务监督进一步扩大团岛转向处分道通航范围,要求 1000 总吨以上船舶遵守分道通航制度,并规定船舶进出港航行速度不得超过 10 海里/小时。

其他沿海港务监督坚持定期、不定期地对进行安全检查。利用节假日、春节及客运高峰,抽调专人昼夜进行检查和监督。在各客运站、渡口、码头派驻现场监督员,实行始发港控制客班轮乘客数,中途港重点抽查。安全检查逐渐形成了船舶年检查,渡口、渡船日检查,油区油轮日检查,危险品船舶现场检查等一系列检查制度。

2.长江航政大联合及长江流域各省(市)安全检查

内河及各省(区、市)港航监督针对各自辖区的水上安全实际,加强现场安全监管,保障船舶航行、停泊安全。其中最突出的,为长江航政管理局维护葛洲大坝工程施工安全和开展"航政大联合"等。

随着长江沿线各省经济不断发展和水上运输结构变化,进入长江干线农村小机船大量增加,航政管理工作日益繁重,航政大联合应运而生,成为协调干线和各省加强小机船管理的有效形式之一。1981 年 9 月,长江航政管理局与芜湖航政分局,以及安徽省交通厅及省港航监督,首次实行"航政大联合",整顿长江航行秩序,开展安全大检查,纠正违章事件,收到较好效果。1982 年 7 月,交通部在太原召开的第二次交通安全工作会议上,介绍长江航政管理局和沿江各省发挥航政大联合作用,整顿长江干线航行秩序的经验。到 1985 年,航政大联合得到进一步推广,干线航政系统与地方政府和航政、船舶单位、航务、航管、水产、水利、公安、工商等部门建立起正常的联系制度,形成综合治理管理网,采取多种形式开展安全监督等工作。每年召开一次或数次联席会议,联合组织、联合行动、联合检查从未间断。仅 1985 年即进行联合检查 149 次,重点加强对小型航运企业与乡镇运输船舶的监督管理,并大力制止滥挖江砂、盲目捕鳗及违章水下作业,避免危害航行安全。同时,长江航政管理局与沿江各省(市)港航监督加强协作,共同整顿事故多发航段和重点监管桥区、库区、油区的水上通航安全。仅 1984 年,就安全引领船舶 1972 艘次,纠正船舶违章 14929 艘次,纠正桥区违章 1650 艘次。

其他各省(区、市)港航监督注重动态管理,加强现场监管,开展安全检查,实行不间断或全天候监控,促进水上安全形势的好转。

1979 年 6 月,江苏、浙江、安徽、上海市 3 省 1 市的交通局与港航监督,结合各自辖区情况,在交通部公布《内河避碰规则》之后,联合制定“《内河避碰规则》苏浙皖沪补充规定”,对声号、号灯的使用和感潮河段的划定等作了补充规定。

从 1977 年起,江苏省港航监督恢复建立各地基层机构,编印下发《交通安全宣传要点》,开展安全和生产教育,对一些思想作风差、技术不过关、违反操作规程,造成责任事故的驾、机人员,吊销其证书执照。1978 年,在安全大检查中,共纠正处理违章船 1280 艘次。从 1979 年开展“安全月”起,建立“安全月”活动领导小组,广泛开展安全宣传教育,通过召开安全宣讲会、印发安全宣传材料、张贴标语、放映幻灯等形式向港航职工、船员和社会群众宣传安全常识、交通规则,提高遵章守纪的自觉性和维护安全的责任感。全面开展安全大检查,组织自查、互查、评比,消除隐患,堵塞漏洞,表扬先进。仅 1978—1980 年,省交通厅相继公布《船舶进出港口登记办法》《挂桨机船管理办法》《江苏省航行安全十项禁令》等规定,推进了全省水上安全形势发展。

上海市港航监督根据上海内河水域航行船舶的特点,使航政管理工作经常化、制度化、多样化。除在全市 66 个站、点进行经常性检查外,每月突击安全检查一次,在“安全月”“质量月”活动中还增加数次大检查。此外,对重点港口、航段和船舶密集水域,则进行重点检查和重点防范。仅在 1983 年,上海市港航监督就进行 14 次全市性的水上安全大检查。据统计,共检查各类船舶 14.69 万艘次,纠正或处理 4.3 万余艘次违章事例。

当时,渡运船舶、码头安全一直是长江沿江各省港航监督航政管理工作的一项重要内容。针对农、副、渔及挂桨机船舶安全,长江沿江各省港航监督还公布相应管理办法、措施,对抑制水上交通事故发生起到重要的作用。1977 年 6 月 1 日,上海市内河航运管理处与上海港务监督联合下发通知,规定各类挂桨机船及船员必须持有船舶证书、船员证书方可航行。图 5-4-2 为 20 世纪 80 年代湖南省车辆水上待渡情景。

图 5-4-2　20 世纪 80 年代湖南省车辆水上待渡情景

(四)水上水下施工工程现场维护

“文化大革命”期间,岸线管理工作受到干扰,个别单位不经批准就使用岸线,侵占水域现象时常发生。

“文化大革命”之后,随着经济建设发展,水上水下工程施工增多。国家规定港区岸线使用及水上水下工程施工须由港务(航)监督实行监管,主要是对过往船舶的监管,以及批复作业许可,并发布航行通告等。1983 年 9 月,《海上交通安全法》明确了“在港区内使用岸线或者进行水上水下施工,包括架空施工,还必须附图报经主管机关(港务监督)审核同意”。据此,各港务(航)监督将辖区水上水下工程与岸线的审核和安全监管作为水上交通安全监管工作一项重要内容。

1980年初,建设中的长江葛洲大坝进入施工冲刺阶段。为保障葛洲坝水利枢纽工程水上施工安全,长江航政局宜昌航政处拟订安全管理暂行规定,根据工程进度,主动与有关单位一起分工落实任务,派船艇坚守现场,严格执行安全规定。2月份,大坝进入截流阶段,航政处的工作人员更是昼夜不断地巡逻检查,在33天中排除4次严重事故隐患,实现了交通部提出的"十日不碍航,截流期间不沉船死人"的要求。1981年1月4日大坝截流合龙后,驻守现场管理人员针对船舶、排筏通过船闸航行的新情况,进行实地调查,获取大量技术数据,组织起草《长江葛洲坝三江通航安全管理试行办法》。该办法经过前后6次修改完善,由交通部于5月26日公布实施。从6月15日三江船闸正式通航到12月底,宜昌航政处派出4艘监督艇共现场维护船舶18290艘次,其中过闸船舶11582艘次,实现安全无事故。

二、全面恢复船舶安全监管

(一)全面恢复船舶登记

"文化大革命"期间,船舶登记工作受到干扰,登记制度形同虚设,除远洋海轮仍按规定进行登记外,国内航线船舶不论新购置还是产权变更、名称变换都不办理登记手续。

1975年之后,船舶登记工作逐步恢复,但船舶登记使用1960年交通部公布的《船舶登记章程》,未涉及内容很多,如海上石油勘探开发事业迅速发展,一些中外合资经营的船舶公司、外国船公司要求其船舶在我国港口登记,悬挂中华人民共和国国旗,而《船舶登记章程》没有这些相关内容。

因组织修改章程需要一段时间和一定程序,交通部决定对中外合资船舶公司的船舶登记采取过渡办法,暂时只作船舶所有权登记。凡所有人申请其船舶在我国港口进行所有权登记,悬挂中华人民共和国国旗的,除应根据1960年《船舶登记章程》有关规定外,还应符合一定条件,船舶登记机关方予办理登记。

1978年9月,为适应船舶周转,方便远洋船舶国籍证书办理,交通部规定远洋国轮行驶至大连、秦皇岛、天津、青岛、连云港、上海、黄埔、广州、湛江等港口办理和换发国籍证书时,可由当地港务监督按《船舶登记章程》代船籍港港务监督办理,于11月开始执行。1979年11月14日,中国港监局下发"换发船舶国籍证书的通知",要求各航运单位加快国际航线船舶的国籍证书的更换工作。

根据交通部、中国港监局的要求,沿海各港务监督克服困难,指定专人办理船舶登记。大连港务监督1978年11月起结合辖区实际,全面恢复船舶登记工作。1980年1月1日起,全面更换航行国际航线船舶国籍证书的工作开始。可到1980年底,仍有很多船舶未按规定时间办理登记手续。尤其广东地区,由于船舶未经船籍港港务监督登记便航行香港、澳门,违反国际公约的规定,造成不良影响。为此,交通部在1980年下发通知要求换发新式国籍证书后,又于1981年下发"关于加强对航行国际航线船舶管理的通知",要求所有参加国际航线(包括香港、澳门)运输的船舶都必须按照1960年《船舶登记章程》,到所在港(即船籍港)港务监督办理船舶登记手续;要求港务监督加强船舶登记工作,建立船舶登记档案,检查船舶各种证书有效期限。到1985年,航行国际和港、澳航线船舶的登记工作基本完成。

内河及各省(区、市)船舶登记工作也逐渐恢复。1981年,江西省港航监督在以往两次船舶普查工作的基础上进行第三次船舶普查、登记、换证工作,统一船舶命名,重新确定船舶的港籍。1984年,湖北省港航监督开始由点到面,结合船舶技术普查,换发船舶证书,至1985年9月完成,共换发船舶证书11355艘。

(二)全面恢复船舶签证

"文化大革命"之后,我国全面恢复船舶签证。1979年3月22日,交通部公布《船舶进出港口签证管理办法》,于7月1日起实施。该签证办法规定了签证范围、办法、条件和违章处理等内容。1979年8月3日,针对在国内港口间航行的中国国际航行船舶进出口签证管理,各港掌握不严,造成一定程度混乱状况的情况,中国港监局下发“关于中国国际航行船舶在国内港口间航行应办理进出口签证的通知”,规定在我国国际航行船舶在国内港口间航行一律按《船舶进出口签证管理办法》办理进出口签证。

根据以上签证办法,1978年上海港务监督下发《上海港船舶进出口签证规定》,规定了船舶签证范围。

1979年4月25日,大连港务监督下发《船舶进出大连港签证管理办法》,6月15日起实施。

1980年,青岛港务监督下发《船舶进出青岛港签证管理办法》,从7月1日起执行。1981年,又下发“重申贯彻执行船舶进出青岛港签证管理办法的通知”,规定到港小型机动船、木帆船、渔业及农副业水泥船等船舶签证,并严格执行。

广州、黄埔两港务监督,增加签证点。1980年,黄埔港港务监督对船舶签证达10.24万艘次。

1978年3月1日,长江航政管理局下发《长江机动船船舶进出港口签证办法》,恢复对进出长江船舶签证,并先后在所属的各分局、处、站有关科室内设立签证站,后来又选择其他船舶集中地、江湖、干支流交汇处建立签证站,方便船员签证。同时,各分支机构按照船舶营运情况,分别采取定航线签证、定期签证,并及时总结签证经验。

各省(区、市)港航监督先后恢复船舶进出口签证工作。1976年10月,福建省航管局制订与船舶签证相关的规定,如《福建省港口费收规则》《福建省木、竹排模流放管理规则》(试行草案)。1979年5月14日,江苏省交通局下发“船舶进出港口签证管理通知”。1979年6月22日,广东省航运厅下发《船舶进出港签证管理办法》与《船舶进出港签证管理办法实施细则》。1979年,江西省交通厅下发《江西省船舶进出港管理办法细则》和“船员考试补充规定”等,并针对原油运输下发《江西省油轮安全管理办法》。安徽省港航监督在签证中试行“两证一线一牌”制度(即船舶证书和船员证书、船舶载重线、船名牌制度),取得一定的实效。

(三)港口国检查的准备与船旗国检查的开始

1.港口国与船旗国的安全检查依据

船旗国监督(Flag State Control,简称FSC)是海事机构依据本国的法律法规对在本国港口的本国籍船舶所实施的安全检查。港口国监督(Port State Control,简称PSC)是指海事机构依据本国的法规以及所参加的国际公约对到达本国港口的外国籍船舶实施的安全检查。其两者检查性质、依据标准、宽严程度有所不同,但方法、目的是一致的。

港口国监督与船旗国监督的检查,主要依据的国际公约有:1966年《国际船舶载重线公约》,1972年《国际海上避碰规则》,国际海事组织A.466、A.481、A.542等有关国际公约,1974年《国际海上人命安全公约》,《1973年/1978防止船舶污染国际公约》,1978年《船员培训发证和值班标准国际公约》;主要国内法律法规及规章有:《海上交通安全法》《内河交通安全管理条例》《海洋环境保护法》《防止船舶污染海域管理条例》《船舶安全检查规则》等。检查对象主要是进出中华人民共和国港口的一切外国籍和200总吨(750kW)及以上的中国籍船舶。中国籍200总吨(750kW)以下海船的安全检查参照执行。特别是1974年的《国际海上人命安全公约》规定,每艘船舶当其在另一缔约国政府的港口时,应受到该国政府正式授权官员的监督,即:国际海事组织负责制定标准,船旗国负责实施标准,港口国负责检查监督。港口国监督通过港口国政府的力量,依照公约强制性地对到港的其他缔约国船舶实施监督检查,并根据不予优惠原则对到港的非缔约国船舶按同样的程序实施检查,迫使非缔约国船舶同样必须遵守国际公约的规定,从而保证所有国际航行船舶在同一标准下安全营运。鉴于采取区域性合作开展港口国监督是限制和消除低于标准的船舶营运最有效的途径,全世界有多个区域合作开展港口国监督。1983年,国际海事组织第十二次会议通过466号决议《船舶监督程序》,主要是加强港口国监督(PSC)检查。

2.港口国检查准备与船旗国检查开始

早在20世纪70年代,欧洲和不少国家大力推行船舶安全检查,中国籍船舶一度曾有多艘在国外港口被滞留。我国由于缺乏必要的监督手段,对于船舶检查主要侧重于查看到港外籍船舶的证书,以致外国籍船舶即使"带病工作",到了中国港口也能畅通无阻。当时港务监督对于船舶检查主要侧重于查看到港外籍船舶的证书,而不涉及别的范围。实施船舶安全检查,意味着除了检查船舶证书外,还要对船舶适航、船员适任情况进行监督管理,其中包括船舶消防、救生、防污染、应急设备,以及船舶其他设备安全检查和船员操作检查等。自1982年7月13日巴黎港口国监督谅解备忘录成立,世界各地(如南美地区、亚太地区、加勒比海区、地中海区、印度洋区及黑海和西中非等地区)陆续成立类似的谅解备忘录组织,开展港口国监督(PSC)检查工作。

随着全球船舶港口国监督(PSC)检查机制的建立和不断深入,我国港务监督要具备履行国际公约的能力,开展港口国监督(PSC)检查。作为亚太地区港口国检查谅解备忘录的创始国,我国也必须开展港口国监督(PSC)检查工作。在交通部领导下,中国港监局着手技术准备、标准制定和人才培养,作好港口国监督(PSC)检查的准备工作。1982年,交通部选择天津、大连港务监督试行,先从中国籍船舶的船旗国监督(FSC)检查做起,根据我国法律法规、技术规范以及参加的国际公约对实施安全检查。从1982年7月1日起,天津、大连两港务监督参照巴黎港口国监督谅解备忘录,对进出天津、大连港口的中国籍船舶进行船旗国(FSC)检查试点。检查对象为200总吨以上的中国籍船舶,检查方式是对所检查船舶填写船舶安全检查缺陷通知单。天津、大连两港务监督的船旗国监督(FCS)检查试点,标志着我国船旗国(FSC)检查的正式开始。

到1984年,天津、大连港试行船旗国监督(FSC)检查已达1000多艘次,为以后中国籍船舶的船旗国检查全面开展积累了经验。其中天津港务监督钟伯源,以国际海事公约为蓝本,通过3年摸索和尝试,形成具有中国特色统一标准格式、规范,以及检查内容与处理标准。

(四)外轮联检变化与长江外轮管理的开始

1.沿海外轮联检的变化

"文化大革命"之后,港口生产逐步得到恢复,外轮来港的数量、种类明显增加。如大连港,1978年进出口的外国籍船舶已达1129艘次。

当时仍在执行的20世纪50年代制订的《联合检查进行程序与注意事项》已不适应港口发展需要,中外海员对我国检查船舶手续繁、时间长、人员多等问题反应强烈。针对上述情况,1979年3月21日公交、卫生、交通、外贸部下发《国际航行船舶进出口联合检查进行程序与注意事项》,(简称"79联检程序")。该程序对港口登船人员提出更加严格的要求,并明确规定港务监督担任联检组长,负责组织联检工作具体实施。为进一步规范外轮管理,经国务院1979年8月25日批准,在修订和完善1957年3月12日的《中华人民共和国对外国籍船舶进出港口管理办法》基础上,交通部于1979年9月18日公布《中华人民共和国对外国籍船舶管理规则》,自国务院批准之日实施。其中第51条规定,违章"受处分者如果对所受处分不服,可以在接到通知的次日起15日之内,向中华人民共和国港务监督局提出申诉。"这是第一次在行政法规章中赋予中华人民共和国港务监督局具有行政管辖职权。

1979年以前,我国与很多国家签订友好互惠协定,我国船舶进出这些国家检查管理从简,而我国对这些友好国家进出中国港口船舶检查手续烦琐、时间长。原因是我国仍按1957年《联合检查进行程序与注意事项》与1961年《进出口船舶联合检查通则》规定实行联检。另外,联检仍遗留着鲜明政治烙印,根据船籍国意识形态执行不同的标准,随着与我国外交关系变化而变化,明显不适应形势的需要。为此,1978年交通部在听取天津等沿海港口反映后,于12月29日下发对天津港"关于取消对外轮进出港押船监督工作的请求报告"的批复,决定1979年1月1日起取消港务监督对进出港的外轮进行随船监护工作,只是遇有特殊情况必要时仍可派员随船监护。至此,自1951年开始的港务监督对外国籍船舶进口时随船监护做法宣告结束。

为体现对等的原则,交通、外贸、公安、卫生4部听取各方意见后,修改了1957年的《联合检查进行程序与注意事项》,形成"79联检程序"。这一《联检程序》,要求港口各检查单位在执行中应注意贯彻"内紧外松"原则,"放宽外轮在港内禁用物品管理",只查封武器弹药,其他取消,并严格遵守登轮纪律。该联检程序,还明确各联检单位的职责、简化手续等。采用新的办法,联合检查时间缩短一半,成效明显。如上海港联检时间从1小时缩短至半小时左右。并成立外轮监督站,以加强对外轮管理工作。1979年3月18日,中美建交后第一艘来华船只、美国莱克斯兄弟轮船公司所属"利莱克斯"轮首航抵沪,上海港务监督对美国来华船舶实行第一次进出口、安全等联合检查。

将来港外国籍船舶所携带的部分物品列为在港口内禁用的物品,由港务监督实施查封,出港时归还,是根据1957年11月交通部、对外贸易部等部委联合公布的《外国籍船舶在港内禁用物品查封办法》实施的。1977年7月5日,交通部公布《关于港口监督外轮管理若干问题的内部暂行规定》,要求调整港内禁用物品的处置方式。如上海港务监督针对港内禁用物品,要求外轮按《港内禁用物品报告单》申报,除武器弹药要查点、封存外,其余物品视外轮国籍区别对待。1981年4月,国务院批准实施《中华人民共和国枪支管理办法》后,枪支弹药移交边防检查站代为管理。

随着外轮大量进出我国开放港口,港务监督及船检人员登外轮检查时,时常发生违反外事纪律的事件。对此,交通部1976年4月14日下发《港监船检工作人员登外轮纪律(试行)》的通知,要求各单位要加强登轮人员的管理教育,自觉以国家的利益和荣誉作为行为准则,遵纪守法,廉洁奉公。随后又下发共12条的《港监船检人员登外轮纪律》,从持证执法、请示报告到餐饮食宿等都做出了明确规定。1981年6月4日,为进一步规范登外轮人员行为,经国务院批准,公安部、交通部、外贸部、卫生部、海关总署公布《登外轮人员审批管理办法》《登外轮工作人员守则》,于公布之日起执行,并废止1957年公布的《关于申请签发登轮证及有关事项的规定》《联合检查机关工作人员登船纪律》。

2.对进入长江外国籍船监管的开始

新中国成立之初,由于复杂的历史原因,长江港口除位于江海交汇处的上海港仍对外轮开放,实施对外轮监督管理外,其他港口不再对外轮开放。

20世纪70年代末,国务院在批准沿江8个港口对外开办直达贸易运输时,就要求创造条件对外轮开放,称"目前第一步先对我国轮船办理外贸运输业务,至于对外开放问题,待条件成熟时再进行研究审批。"长江航政管理局于是在组织航政管理人员了解和掌握我国航行国际航线船舶有关管理政策规定的同时,开始熟悉对外轮管理的规定积累对外轮监督管理的经验,着手对外轮监管的准备工作。

1982年12月18日,国务院、中央军委颁布《关于南通港、张家港港对外国籍船舶开放的通知》,南通港、张家港港成为长江首批对外国籍船舶开放的港口。1983年4月9日,国务院批准交通部制订的《中华人民共和国外国籍船舶航行长江水域管理规定》,4月20日由交通部予以公布并开始实施。

这一管理规定就外轮进入长江水域做出详细解释:"自浏河口下游的浏黑屋与崇明岛施翘河口下游的施信杆的连沿长江向上至张家港上界之间的干线水域。"这标志着上述水域及其港口率先准许外轮航行、停泊。

上述管理规定的监督管理5个方面的管理职权中,除第二条有关对外轮强制引航外,均是对外轮的监督管理内容:①外轮“进入长江水域及其港口,必须经中华人民共和国港务监督批准”,“向所要到达港的长江港务监督办理进口申请批准手续”。②外轮抵港后,“应即呈报进口报告书及其他有关报表,同时交验船舶证书及有关文件,并接受检查”。外轮离港前,“应当通过外轮代理公司向港务监督预报开航时间、驶往港等情况,并办理出口手续,取得出口许可证后方可出港”。③外轮在港口停泊期间,危急情况下准许使用无线电通信和信号,但“使用后必须向港务监督报告”。④外轮在长江水域航行,如遇恶劣气候等特殊情况需要停泊,“应及时向就近港务监督报告抛锚时间、位置和驶离时间等”。随后,长江航政管理局立即组织涉外管理人员举办短期集训班,逐条逐段学习管理规定,对外轮进出口申报程序、联检手续以及外轮违章处理等管理步骤和办法等进行模拟试验,并拟订联检实施办法,对参加联检的人员进行外事纪律和爱国主义教育与管理业务水平的再学习。

1983年5月7日,悬挂巴拿马国旗的“日本商人”号货轮,作为进入长江的第一艘外轮,从长江口吴淞锚地起航进江,安全抵靠张家港港一号泊位。张家港港务监督作为联检组组长单位,立即带领海关、边防、卫生检疫联合检查单位,登上外轮,按各自的职权进行检查。对“日本商人”号监督管理的成功,标志着长江航政由此步入对外开放的新起点。

此后,涉外的长江各港中华人民共和国××港务监督以外轮联合检查组组长单位身份,严格审批外轮进出口手续,以遵章办事精神和良好服务态度受到外籍船员的好评。各港港务监督还依法制订监督管理外轮的措施和细则。1983年,南通、张家港两港务监督,与其他联检单位共商有关联检事宜,拟订进出口申请联系、登轮制度,认真对待海事声明签证和海事处理,对外轮提交的“海事声明”认真核实,符合要求方准予办理签证。如1983年,针对巴拿马籍的“开普敦”轮和苏联籍的“索科尔”等4艘外轮提交的海事声明,管理人员登轮,查核船舶的航海日志及各种船舶证书。证实有关书面记载与“声明”中的内容基本相符后,予以签证放行。

外轮在长江开放水域发生海事,涉外港务监督与港务局、卫生检疫等部门成立调查组,派员赶赴现场,登轮调查事故发生的原因,做出基本鉴定。1983年9月,两名中国装卸工在张家港2~3号浮筒作业的巴拿马籍“海运胜利”轮上突然死亡。张家港港务监督派员火速赶到现场,在政府、口岸办直接领导下全面进行调查,对外轮船员做询问记录,详细查抄航海日志,并配合公安、外办单位,采用摄影、气体取样等手段,最终得出因受二氧化碳窒息死亡的结论,随后责成“海运胜利”号在离港前就这次人亡事故提供5万美元的担保,待船东委托中国保险公司办理担保手续方准离港。南通、张家港两港务监督,在4个开放港口中率先对外轮装载危险货物办理审批手续,经认可核实后再发给监装证书。这些措施对保证港口安全、防止灾害性事故的发生起到一定作用。

(五)石油勘探外籍工程船的管理

20世纪70年代末,经国务院批准,石油部与美、英、法、意等国的16家石油公司签订在我国海域合作进行地球物理普查勘探协议。根据协议,大量的外国籍工程船舶来我国海域工作。为做好这些船舶的管理工作,便于勘探工程的顺利进行,交通部会同石油部制订《关于对在我沿海进行石油勘探的外国籍工程船舶、船员及随船人员的管理办法》,于1979年8月23日下发。管理办法对外国籍工程船舶与外国商船的管理采取区别化对待,明确了工程船舶进出港检查的程序,要求:从国外港口来我国沿海水域作业区或港口,由作业区或港口开往国外港口的船舶,应委托中国外轮代理公司向港口主管当局办理相关手续,进出口联检检查手续从简,船员和随船技术人员的证件由船方集中交验。同时,外国石油公司租用我国的船舶,仍按我国船舶予以管理。台风季节或大风警报期间,船舶需要避风时,可向当地港务监督申请,由港务监督按原有规定安排避风。

(六)保证恢复台湾海峡正常通航的安全

1979 年,为促进两岸经济的发展,交通部通过新华社发表谈话,宣布大陆所有对外港口都欢迎台湾船舶靠泊作业,并希望与台湾有关方面进行协商。6 月 11 日,广州海运局万吨级货船“红旗 121 号”从珠江口出发,穿过台湾海峡驶抵上海,率先完成商船通过台湾海峡试航任务,使中断 30 年之久的台湾海峡恢复商船正常通航。6 月 22 日,交通部召开恢复台湾海峡正常通航会议,会后公布《交通部关于我商船通行台湾海峡的暂行规定》。8 月,交通部宣布大陆各开放港口均对台湾登记船舶开放。到 1979 年底,通过台湾海峡的船舶有 500 余艘次,节约运力 1682 万吨,节约燃油 2.54 万吨,在政治上和经济上都具有重大意义。

(七)港、澳地区小型船舶管理

随着对外贸易的发展,广东、福建、广西三省航行港、澳地区的小型船舶有较大的发展,数量急剧增加,但安全监督缺乏统一管理办法,管理工作比较混乱。船舶、船员在香港水域受到香港航政处的检查,引起不必要的麻烦,造成不良影响,经济上也受到不应有的损失。

20 世纪 80 年代,交通部要求广东、福建、广西交通(航运)厅(局)对航行港、澳地区的小型船舶情况进行全面调查并提出改进管理意见,在此基础上制订《对航行港、澳地区小型船舶安全监督暂行规定》。1982 年 5 月 29 日,广东、福建、广西三省(区)港务监督与有关航运单位、船员代表对《规定》进行讨论修改和补充完善。1982 年 5 月 29 日,交通部公布《中华人民共和国对航行港、澳地区小型船舶安全监督暂行规定》。这一暂行规定适用于 500 总吨以下的机动船、各种非机动船和从事运输的渔船。

1978 年改革开放之后,粤港航线水上客、货运输发展迅速。交通部黄埔港务监督、广州船检分局、广东省港监(船检)局等加强与香港航政处的沟通、联系,开展业务技术的交流合作,加强粤港两地水上交通安全监督管理。

三、严格船员考试与发证

(一)恢复和重建“船员考试委员会”

“文化大革命”结束后,沿海、内河及各省(区、市)港务(航)监督从提高船员素质入手,恢复船员考试与发证管理工作。特别交通部于 1979 年 6 月 12 日公布《中华人民共和国轮船船员考试发证办法》(简称《79 年船员考试办法》),于 10 月 1 日起执行。10 月 26 日,交通部公布《船员考试委员会章程》。《79 年船员考试办法》是“文化大革命”结束后海船、内河船舶船员实施的第一个较为全面的船员管理规章。1980 年 5 月,中国港监局下发“对当前船员考试发证工作问题的若干意见”。1981 年 1 月,又下发《1981 年船员、驾驶员考试大纲》和《1981 年轮机长、轮机员考试大纲》,重申《1979 年电机员、报务员考试大纲》继续使用。1981 年 9 月 9 日,交通部公布“关于船员考试发证工作若干问题的通知”。11 月 6 日,公布《部属大专院校海上专业毕业生船员考试发证实施办法(试行)》。以上船员管理规章、办法的公布对有关船员考试、发证工作做出一系列政策性规定,使船员考试发证工作向全国统一的标准和程序顺利推进。

为落实《79 年船员考试办法》,沿海各港务监督按照当地的实际情况,从组织、培训、考试、发证等方面全面恢复工作。各港务监督恢复与建立船员考试委员会,调配人员,恢复考试委员会制度。考试委员会一般由港务监督、远洋公司、港务局、船检局、海运局等单位派员组成,下设办公室和驾驶、轮机、船电、报务4个专业小组。委员会职责主要是:决定考试科目和内容,审查考试内容、标准和评卷结果,处理有关船员考试工作中重要问题。1979年10月,上海港务监督成立船员考试委员会。1979年,大连港务监督成立船员考试委员会,11月制订船员考试发证办法的实施细则。1979年,青岛港务监督成立船员考试委员会。1980年1—2月,广州、黄埔港务监督分别恢复船员考试委员会。广州港务监督聘请144名考试委员,设立办公室;黄埔港务监督聘请30名考试委员,设立办公室。

(二)船员培训、考试、发证

1.沿海各港务监督船员考试、发证

1983年8月16—20日,中国港监局在北京召开由大连、天津、青岛、上海、福州、黄埔、广州、湛江港务监督,长江航政管理局,浙江省交通厅,广东省航政局及中国远洋运输总公司等单位代表参加的考试发证工作座谈会。会议建议在修改《79年船员考试办法》时,将现行的二级考试制度改为三级考试制度,同时要求参照《1978年海员培训、发证和值班标准国际公约》。三级船员考试是指:驾驶考试分为值班驾驶员(即三副、二副)、大副和船长3级;轮机考试分为值班轮机员(即三管轮、二管轮)、大管轮和轮机长3级。三级考试制度的实行,有助于船员技术水平的提高和现代航海技术的发展。

上海港务监督,一改"文化大革命"中由上海远洋运输公司持盖有港监印章的空白海员证自行填用的状况,使海员证管理走向规范化。1977年7月起,根据交通部《关于对外国留学生、实习生、外国籍船员和外轮华籍船员颁发中华人民共和国轮船船员证书的规定》,对持有其他国家或地区证书的船员,予以免考核发同等职务证书。这项工作的开展,在外轮华籍船员中,特别是香港海员中,引起很大的反响。一时间,通过外轮代理公司向上海港务监督申请船员证书的人数猛增。外轮上华籍船员中,来上海港申请免考核发证的船员虽任职时间长,实践经验丰富,但普遍文化程度偏低,通过考试取得证件的少,由所属公司代办证书的多(约占来沪港申请免考核发证人数的90%)。为维护中国政府的声誉和发证的严肃性,上海港务监督对1979年3月以后的申请者,根据其职务、任职资历、所持证书的等级和类别,确定抽测的科目和内容。其中,对已任职多年且技术和航海作风良好的,按申请类别抽测主要科目,考试1天;对资历较浅、技术状况不了解的,适当加大抽测内容,考试2天;申请晋级的船员,进行全面考试,考试3天。仅1979—1987年,上海港务监督共组织船员考试201期,参加人数18350人次。并对上海海运学院,集美航海专科学校毕业生考试,发给技术职称的船员证书附本,1980—1983年共核发2131本。

1979年下半年起,接到上海远洋运输公司符合"过渡期办法"要求的船员申请后,上海港务监督加紧换发相应轮船船员证书,至1982年12月共对2026名船员考试发证,其中船长152人、大副171人、二副208人、三副247人、轮机长147人、大管轮166人、二管轮189人、三管轮313人、船舶电机员154人、船舶报务员279人。从1981年起,除一级引航员由中国港监督局统考外,又对上海港二级以下引航员、引航员培训班学员考试发证。1983年9月,上海港务监督与上海海运学院开始合作举办船长与轮机长考试班。

大连港务监督,1979年以后每年举行2~3次船员考试。船员考前接受以考试大纲为中心的培训,具体考试与发证由考试委员会实施。从1982年起,又为大连海运学院(现大连海事大学)毕业生进行专业考试,1982—1984年组织命题考试、阅卷。1982年,对大连、丹东、营口的引航员进行定级考试。1978年1月,大连港务监督为在大连海运学院学习的坦桑尼亚优秀留学生发放二副、二管轮证书,良好、及格者发放三副、三管轮证书。这是新中国成立以后第一次向在中国留学的外国籍船员发放高级船员技术证书。此外,大连港务监督还按交通部过渡办法,制订"换发轮船船员证书的实施细则",并于1981年10月前为大连地区船员换发了新版船员证书。

青岛港务监督,按照“海员证由港务监督机构负责签发”的规定,在重新组建船员考试委员会的同时,为各地区的出国船员办理海员证。1977 年 6 月,为青岛远洋公司万吨轮“珍海”轮船员办理海员证。从此,山东地区出国船员的海员证办理均由青岛港务监督负责。

广州港务监督船员考试委员会 1980 年开始至 1986 年共举办定期和不定期船员考试 373 期,参加考试 2 万多人,获合格证 1.57 万多人,合格率达到 78.2%。

黄埔港务监督为香港海员举办船员职务证书过渡期换证培训和“四小证”培训考试。1981 年 3 月 17 日,根据中国港监局批示,由香港海员工会组织的首批 14 名香港高级海员前往黄埔国际海员俱乐部进行船员职务证书过渡期换证培训。这是中国港监局首次应香港海员工会请求,委托黄埔港务监督参照《STCW 78 公约》标准和《79 年船员考试办法》的规定,负责开展对香港海员到内地申请高级船员的过渡期培训考试和发证工作。至 1986 年底,黄埔港务监督为香港高级海员签发船员职务证书共 1000 本。

1982 年 3 月,香港海员工会致函中国港监局,建议“举办四小证培训考试,希望批转黄埔港务监督接受香港海员的培训和参加考试发证”,以适应 1984 年 4 月 28 日生效的《STCW78 公约》的需要,解决在香港考试的困难。1982 年 4 月 25 日,黄埔港务监督与香港海员工会签约,确定在黄埔港筹办黄埔海员技术辅导中心,按照国际标准要求开展香港海员“四小证”(船舶消防、救生艇筏操纵、海上救生、海上急救 4 项专业训练合格证书)的培训和发证工作。从 1982 年 6 月 27 日第一期学习班开学至 1984 年,共举办 35 期 59 班,培训船员 3299 人。这些船员分别来自香港 116 家航运企业。1984 年 1 月,该中心还举办 1 期广州地区船长、驾驶员、轮机长、轮机员考试辅导班,培训学员 50 人。1984 年,交通部安全工作办公会议提出:“要在五年内完成 200 总吨以上的海船员‘四小证’专业训练和考试发证,所有培训教材、机构须经交通部港务监督局批准”。据此,广州港务监督协助广州海运局培训中心、国家海洋局南海分局培训中心、广东省航运学校等 6 个“四小证”培训点通过交通部验收,使“四小证”培训和考试工作顺利进行。1986 年举办“四小证”班 71 期,培训船员 3029 人,考试合格率达 88.93%,办理”四小证”1.22 万份。

2.开展长江船员考试、发证工作

“文化大革命”之后,长江航政管理局首先考虑恢复船员考试管理工作。1977 年 3—7 月,在宜昌航政处和沙市航政站试点。按照试点考试办法,宜昌港务局等 34 个有船单位的船员参加了技术培训班,每期 45 天左右。驾驶部船员学习主机、副机、电工 3 门课程,然后参加实践技术操作考核。先后共举办 9 期培训班,366 人参加。经过考核合格 237 人,其中驾驶部分 117 人、轮机部分 120 人。这是长江航政局“文化大革命”后对船员的首次考试。

随后,长江航政管理局开始都署所属的分支机构,根据各自辖区的船舶特点,制订各区域的具体考试办法。同时,抽调船舶单位有经验的船长、驾驶员,轮机长、轮机员,成立由航政机关统一领导的轮船船员考试委员会。1978 年初,长江航政管理局成立船舶考试领导小组,统一领导重庆、宜昌、武汉、芜湖、南京分局和直属处的轮船船员考试委员会。1978—1980 年,以上 5 个直属的分支机构相继成立人员不等、最多达 81 人的首届轮船船员考试委员会,下设 3 个专业组(即河船驾驶组、轮机组、报务组)。南京、武汉分局还增设海船驾驶组,以对进江海船的船员进行考核。

1981 年,长江航政管理局和南京航政分局,按照中国港监局公布的《船员考试大纲》,结合长江船舶航行实际,编写和出版了《长江船员考试复习题》。该书共收录 2050 题,其中驾驶部分 950 题、轮机部分 1100 题,分两册出版共印刷 3000 本。1982 年 9 月,编写《长江船员考试复习参考题解》,分驾驶、轮机两部分同时出版。驾驶部分包括实习驾驶、内河避碰规则、船艺、河运法规、引航。轮机部分包括造船轮机大意、现场操作考核等。这为长江船员考前复习和理论培训提供了一本较好的教材。

为让应考船员考出真实的理论和实践操作水平，长江航政管理局船舶考试领导小组及各分支机构轮船船员考试委员会，一方面注意命题内容的选择，紧密联系实际，不出怪题偏题，从理解上求深度，考核船员应知应会；另一方面在评卷上注重理解、创新，不拘泥于答题中一字一名。理论考核以后，对实践操作的考核，各分支机构的考委均采取“定航线、定船、定主考”的实践考试方法。所谓“定航线”，就是以长江上、中、下大区域的A、B、C3个航区选定几条固定航线；“定船”则指根据考员所报的航线，到指定的船舶上参加考试（根据考员的船种、等级选相应的考试船舶）；“定主考”，指考试船的主考相对稳定，一般由具有一定理论和实践水平的船长担任。考后写出鉴定意见，然后给理论和实践操作考试及格的不同等级船员发放相应的船员证书，并建立船员技术档案和卡片。1982年，有11405名船员分类登记和建立档案资料。

3.各省（区、市）开展船员考试、发证工作

各省（区、市）港航监督在进行船员培训、考试的同时，从1979年6月13日起开始统一换发内河船员新证书。

四川省港航监督，1975—1985年共举办较大型轮船船员考试5期。考试科目根据所考职务而不同，主要为内河二等及二等以下船长、驾驶员和三等报务员等。考试及格的有3000多人。考证结束后又进行发（换）证工作。

上海市港航监督，1979年3月起对全市地方各有船单位进行船员审证工作。6月1日起，全市船员审证工作扩大到所有船舶。并举办审证学习班，培训骨干，派出主考人员到各单位抽考，对不合要求的限期整改。至12月22日船员审证工作基本结束，共有18353名船员审证合格，占应审船员27497名的66.7%。近万名地方船员在各类审证学习班、培训班中进行业务学习。1983年，又举办长江航线和小轮、小机船员等11期培训班，培训船员445人；举办大轮培训班1期，培训船员10人。还针对郊县乡村举办或协助郊县乡村举办船员培训班54期，培训船员2960人。1982年、1983年考试中，培训班学员及格率达50%~70%。

广东省航政局，1980年1月8日制定本省船员补充规定，对未满200总吨和未满1020马力的船舶船员实行考试，并对考试科目作相应调整，分期分批换发新的船员证书。

河南省港航监督，1979年制订《河南省内河轮船船员考试发证补充规定》，并成立船员考试委员会，仅1988—1989年就培训船员1000多人。

浙江省港航监督，1979—1980年从不同方面制订本省内河船舶船员技术等级标准、本省船员考试委员会章程，进一步规范船员考试。

云南省港航监督，结合省内船员实际，将船员驾驶部分按船舶吨位大小分驾驶员、船长、大副、二副、三副等5个级别，轮机部分按主机功率大小分轮机员、轮机长、大管、二管、三管等5个级别。1980年，昆明、大理、昭通、西双版纳相继成立船员考试委员会，开展船员考试、发证工作。全省主要州、地均开展船员考试、发证工作，并进行现有船员一年一度的证书审验和再教育工作。

贵州省港航监督，1980年按照本省地方船舶船员技术参差不齐的情况，制订本省内河船员考试发证补充办法。

四川省港航监督，1982年成立省船员考试委员会或领导小组12个，开展船员考试工作，及格并发（换）证船员共8525人，占考试总人数的83.3%。同时，建立起系统的船员档案。

（三）加强海员证管理

中华人民共和国海员证（以下简称“海员证”），是我国执行出国任务船员必须持有的具有护照性质

证件。它适用于世界各国和地区的所有港口。持证人随我国船舶出国执行任务,由我国港口出入,凭有效海员证免办出入境签证。世界各国船员主管机关对进出本国港口的外国籍船舶实施检查时,都将查验船员身份证作为一项主要内容。

"文化大革命"之后,恢复办理海船船员海员证工作仍沿用 1976 年 9 月 8 日交通部、外交部、公安部联合公布实施的《中华人民共和国海员证签发和使用范围暂行规定》。按该暂行规定,船员证是指我国执行出国任务的船员必须持有的具有护照性质的证件,通用于世界各国和地区的所有港口,有效期 8 年,由大连、天津、青岛、上海、广州、黄埔港务监督实施具体办理航行国际航线船员以及外派劳务出国船员海员证。1979 年 6 月,交通部公布《海船船员考试发证办法》。1980 年 3 月 18 日,下发"关于办理海员证注意事项的通知",进一步规范要求:凡需办理海员证的人员必须持有交通部政治部的政审批件,以往发放手续不符合规定者必须补办;政审批件下达的,须在半年之内到有关港务监督办理海员证。1981 年 9 月 4 日,交通部下发"关于加强海员证管理工作的通知"。9 月 9 日,又下发"关于船员考试发证工作若干问题的通知"。

1981 年 8 月 22 日,中国港监局允许大连、天津、青岛、上海、黄埔等港务监督为在外国籍船舶服务的中国籍船员及一些外国留学生举行考试并发证。如青岛港务监督为 24 名在中国香港籍船舶工作的中国籍船员举行考试并发证。1983 年,国家海洋局的船舶、船员纳入各地港务监督管理范围,青岛港务监督为国家海洋局北海分局的船员证书过渡办理发放手续。

这一时期,交通部虽于 1980 年将海员证审批权限下放到各省(区、市)和中央部委,在一定程度方便了海员证的办理,但也出现审批权限层层下放和把关不严的情况。有的省将审批权限下放到厅、局,有的省将临时上船和劳力出口人员海员证的有效期一律都填为 8 年。为此,1983 年 8 月,交通部公布了"关于《中华人民共和国海员证签发和使用范围的暂行规定》的实施细则"。据此,1985 年 3 月中国港监局下发"签发海员证的工作程序",规范签发海员证工作的流程和规定。

随着改革开放的日益深入,为解决在外轮上工作的中国籍船员迫切要求申领我国发放的船员证书的问题,中国港监局通过交通部征求外交部、公安部、外经部和上海、天津、广东、山东、辽宁外事机构及大连、天津、上海、黄埔、青岛、湛江港务局及港务监督等部门的意见,于 1978 年下发《对外轮的华籍船员申请领取"船员证书"的内部暂行办法》,明确申领部门,申考职务和考试的方法、内容和要求。为加强船员证管理工作,中国港监局于 1981 年 7 月召集沿海主要港口、长江航政管理局、水运局、远洋局、通信导航局等单位代表会议,讨论船员考试问题,明确新、旧证书换发期限延长一年(至 1982 年 9 月 30 日止),自 1982 年 10 月 1 日起所有旧的轮船船员证书(包括临时证书等)一律停止使用。1984 年 2 月 18 日,各港务监督根据上级规定制订《关于船员证书换证问题的通知》,开始开展船员证书有效期满换证工作。仅 1979 年到 1981 年 4 月,全国各港务监督换证、发证 10128 份。

随着外轮华籍船员考试发证审批材料日益增多,1981 年 8 月 22 日中国港监局下发"统一外轮华籍、外籍船员考试发证审批手续的通知",对报批手续做出统一规定,明确报批表一式两份,并附船员证书申请表、船员体格检查表、现持证书及海员证影印件或有关海上资历的证明文件。至 1983 年,全国港务(航)监督签发船员证书 30 万本。

20 世纪 80 年代初期,从香港海事界看来,我国所发船员证书的价值和可信度仅次于英国,而高于其他各国所发证书。当时世界一些航运国家对到港船舶的高级船员,尤其船长、轮机长要求必须有合格证书,而香港所属各航运公司船员绝大部分未加入英国籍,无法考取英国合格证。于是,经香港海员工会与交通部协商,交通部批准黄埔、大连港务监督为香港所属船舶驾驶、轮机、电机 3 个专业高级船员按国内有关规定进行考试、发证和到期换证工作。1981 年 3 月起,黄埔港务监督按中国港监局批示,开始对香港船员过渡期换证,共签发 1000 本船员职务证书。在申请考试的香港船员中,多数是已任职多年的船长、轮机长,后期有少量驾驶员、轮机员等。此项工作一直延续到 1987 年。

四、危管与防污管理的恢复

(一)船舶载运危险货物管理力度的加大

"文化大革命"结束以后,小型农副业船和专业运输船未经港务(航)监督核准,擅自装运危险货物违章事件时有发生,对港区的安全构成严重的威胁。为此,1981 年 10 月 29 日交通部公布《船舶装载危险货物监督管理规则》(以下简称《81 年危规》),规定装运危险货物的船舶必须具备的技术条件、装运注意事项和监督管理程序等,自 1982 年 1 月 1 日实施。《81 年危规》规定:"港务监督(包括航政机关)要加强对船舶装载危险货物的监督管理",并明确:"船舶装运进口或过境危险货物应在预定抵港 3 天前(航程不足 3 天者,在驶离出发港前),直接或通过代理人向所抵港港务监督报告,递交船舶装运危险货物准单,办理签证,经批准后,方得进港、起卸或过境"。《81 年危规》实施后,管理工作量大幅度增加。各港务(航)监督根据需要增加人员,配备防护服和专业技术仪器,使《81 年危规》得到有效的执行。1982 年 2 月 9—16 日,中国港监局在北京就贯彻《81 年危规》召开座谈会,进一步规范装载危险货物的船舶检查和监督管理,危险货物监管中的船方联系、监装发证,船舶危险货物合理配载、积载等相关问题。1982 年 5 月 26 日,交通部下发"关于执行《国际海上危险货物运输规则》补充规定的通知",对从 10 月 1 日起执行的航行国际航线的船舶,均要执行国际危规补充规定。还在全国范围内恢复办理《船舶装载危险货物准单》,以统一掌握和控制船舶在港口装卸和运输危险货物的情况。1983 年 3 月 29 日至 4 月 3 日,交通部在广州召开船舶装载危险货物管理座谈会。

(二)防止船舶污染水域的管理

1.有关防止船舶污染水域的法律法规、规章制度

防止船舶污染水域与载运危险货物管理,主要依据国际、国内有关防止船舶污染水域的公约与国家颁发的法律法规、规章。我国防止船舶污染水域的立法工作起步早、起点高,一开始就采用国际防污公约与管理技术标准,并结合我国实际情况,制订符合我国国情的防污法律规章,形成行之有效的法律制度。从 1980 年起,经国务院批准,我国先后批准和加入经 1978 年议定书修订的《1973 年国际防止船舶造成污染公约》《1969 年国际油污损害民事责任公约》(及其 1976 年议定书)《1969 年国际干预公海油污事故公约》《1973 年国际干预公海非油类物质污染议定书》等国际防污染公约。这些国际防污染公约也是我国船舶防污法规体系重要组成部分。1980 年 3 月 1 日,交通部下发"关于我国已接受《国际油污损害民事责任公约》的通知"。《国际油污损害民事责任公约》是国际海事组织于 1969 年 11 月在布鲁塞尔会议上制定的,1980 年 4 月 29 日对中国生效。

1982 年 8 月 23 日,全国人大常委会颁发《中华人民共和国海洋环境保护法》。1983 年 12 月 29 日,国务院颁布《防止船舶污染海域管理条例》。这标志着我国船舶防污染管理工作向法制化方向迈出重要一步。上述法律法规赋予港务监督对船舶污染水域管理的职责,即:"中华人民共和国港务监督,负责船舶排污的监督和调查处理,以及港区水域的监视,并主管防止船舶污染水域的环境保护工作。"根据有关法律法规对船舶污染管理的规定,交通部、中国港监局先后制定了一系列配套的行政规章及规范性文件,如《拆解船舶监督管理规则》《船舶污染物排放标准》《油船安全生产管理规则》等,完善船舶防污法规体系。这些法律法规既是港口、航运单位和船舶的行为准绳,又是沿海各港务监督开展防污执法工作的基

础和依据。各港务监督结合各港情况,先后公布了一系列防污管理的规范性文件。这些规范性文件对于维护国家权益,保护港口和海上交通安全,使船舶和港口等部门有法可依,港务监督依法管理,发挥一定的作用。

2.防止船舶污染海域的监管

1974—1980年,交通部先后在大连、秦皇岛、天津、青岛、上海、连云港、湛江、黄埔8个港口分别建立起含油污水的处理设施,相应地配备垃圾、污油、污水回收船,以及浮油清扫船和围油拦油装置,共兴建7座油污水处理场和3座油船洗舱站,改造3艘1万吨级油污水处理洗舱船,新建、改建18艘油污水处理船(驳),使沿海大中型港口每日处理船舶油污水的能力达10万吨。对外开放的18个港口也建造了一批监视、巡逻船舶;各港务监督积极协助六机部研制船用油水分离器,并逐步在现有大型船舶、油轮上安装。这些措施对防止港口船舶污染、改善港口环境产生了一定效果,如湛江港水质已达到国家二级标准(国家规定港口水质为三级标准),秦皇岛、大连港的水质也优于三级接近二级水质标准。对粉尘的防治也取得比较明显的成绩,如武汉港41号码头、秦皇岛港煤码头、上海港煤码头的煤粉尘污染都基本得到控制。同时,按照《1973年国际防止船舶污染公约》和《海洋保护法》的规定,150总吨以上的油船和400总吨以上的其他船舶均应配备油水分离器、排油监控或报警装置、粪便和垃圾处理装置。到1984年底,由港务监督局接收处理各种油污水9000多万吨,回收废油约50万吨,不仅减轻沿海水域的油污染,而且创造9000余万元的收入。

1980年3月1日,交通部以(80)交港字334号文通知各有关单位,我国政府已接受政府间海事协商组织《1969年国际油污损害民事责任公约》,于1980年4月29日在我国生效。为严格履行公约,保障我国政治及经济权益,交通部对载运2000吨以上散装货油的船舶根据性质不同提出不同要求。8月,又明确航行国内航线的载运2000吨以上散装货油船舶须持有油污损害民事责任信用证书,有效期限暂定为3年。

1983年6月,中国港监局在北京召开关于防止船舶污染海域管理工作座谈会,除讨论贯彻《海洋环境保护法》外,明确制订防止船舶污染管理、统一处罚格式和季度报表统计等规定。会议还要求各地港务监督建立起相应的监测能力,并在港监系统有重点地建立起一两个功能较全的试验室,承担起技术保障和科学鉴定工作,提高港务监督防污监督管理工作水平。以后,按照国家要求,各港监测站在完成日常污染源监测和环境监测工作的同时,还开展了环境预评价工作。港口监测站承担或参加的大中型港口建设项目环境预评价达20项。上海、青岛、湛江、秦皇岛、大连等监测站还开展环境保护科学研究和各种环境保护标准的制定工作。大连、湛江港每年编报环境质量报告书。

与此同时,中国港监局在青岛、北京组织举办73/78防污公约附则I及应急措施讲习班,邀请国外专家来华授课;邀请国际海事组织专家来华举办73/78防污公约附则实施的研讨班及船上油污应急计划工作讲习班;组织部分港务监督人员参加国际和各级海事组织举办的各种形式和内容的培训班。有些港务监督加强与当地相关部门合作,优势互补,实施立体监控探索。如青岛港务监督联合国家海洋局北海分局,利用飞机拍照,运用遥感技术,对青岛辖区海域的污染情况进行监控,全面了解辖区海上污染情况,为防污染管理提供依据。1984年3月,为贯彻"防止船舶污染海域管理条例"和《73/78防污公约》及附则Ⅰ,中国港监局统一解决各港务监督在防止船舶污染海域中遇到的有关执行公约问题,进一步明确主管机关的职责、国际航线船舶管理执行的主要公约,以及公约中规定的《国际防止油污证书》及其附件A与B与《油类记录簿》两项证书检查统一由港务监督负责。

在完善危险品防污法规立法的同时,各直属港务(航)监督严格执法,认真查处每起船舶污染事故。至1983年底,共调查处理大小船舶污染事故和污染违章6803件,其中外轮1288件、国轮5515件。经港务监督受理解决特大油污事故（溢油量达 10 吨以上）赔偿案件 13 件。其中赔偿款项最高的是 1983 年发生在青岛港中沙礁巴拿马籍油轮“东方大使”号油污案，共溢出石油 3343.6 吨，最终以赔偿人民币 1775 万元结案。

3.“东方大使”号油污案的处理

1983 年 11 月 25 日 18 时左右，巴拿马籍“东方大使”轮（Feoso Ambassador）从青岛港黄岛油码头满载原油 43934 吨出港，因瞭望疏忽，操纵不当，在青岛港中沙礁触礁搁浅，经过 5 天多抢救，于 30 日 20 时脱浅。由于触礁，船体破损严重，泄漏出原油 3343.6 吨，造成青岛港、胶州湾及其附近海域 230 公里的严重污染。

污染事故发生后，在青岛政府统一领导下，青岛港务监督根据中国港监局的部署，除布设大量围油栏，用浮油回收船“港监青 3”回收泄漏在海面原油外，还会同青岛港务局、烟台救捞等单位采取一系列脱浅、驳油、水下探测和减少海面污染工作，调运驳载的空油轮，尽力减少海上污染和损失。青岛港务监督按照油污染事故处理程序及时作了查证工作，获取必要证据，为处理巴拿马籍油轮“东方大使”号油污，让其最终赔偿人民币 1775 万元结案提供了重要依据。

五、船检恢复与单立体系

（一）船检恢复与从航政中划出

“文化大革命”结束以后，船检机构很快恢复与充实，人员调回和调整，船检工作得以恢复开展。1978 年 3 月 29 日，船检港监局撤销，恢复船舶检验局，对外称中华人民共和国船舶检验局（以下简称中国船检局），内设综合处、船检处、规范处。1980 年 5 月，中国船检局内增设产品处，以加强船用产品的检验工作。1978 年，上海、大连、天津、广州、青岛等沿海港务监督船检办事处恢复原名，交通部决定按照行业管理的原则改革船检体制，将船舶检验从港务（航）监督中分出，建立统一管理体系，由交通部直接领导，主要担任国际航行船舶、外籍船舶、海上设施、船用产品以及国内沿海和内河主要干线船舶的检验。1981 年 11 月 30 日，交通部下发“关于改革船舶检验管理体制的通知”，决定“从 1982 年 1 月 1 日起部直属船检系统由中国船检局实行直接领导的管理体制”，中国船检局由交通部的职能局变为全能局，成为部属的一级事业单位。沿海、长江原隶属各港务监督和长江航政管理局的船检部门，改由中国船检局直接领导。沿海、长江直属船舶检验部门分别于 1982 年和 1984 年从当地港航单位划分出来，由中国船舶检验局实行行政、业务统一领导。

1982 年，船检上海办事处与上海港务监督分开，行政、业务工作改由中国船检局直接领导。是年，宁波、连云港两地船检机构与当地港务局中的港务监督分开，分别成立船检站，隶属船检局上海办事处。其他的大连、广州、天津、深圳、湛江、海南、秦皇岛、青岛等船检办事处，也相继从当地港务局的港务监督分出，行政、业务均改由中国船检局直接领导。船检广州办事处从广州海运局划出，行政、业务工作归中国船检局直接领导，暂由广州海运局代管，编制 176 人。

长江船检机构在 1980 年 4 月就恢复中华人民共和国中国船检局长江区办事处名称，负责长江干线船舶检验技术工作。其所属的重庆、芜湖、南京 3 个航政分局和宜昌、九江、南通 3 个航政处的船检部门，亦称“中华人民共和国××办事处”。1984 年 1 月 1 日起，长江航运按照“政企分开，港航分管”的原则进行改革，长江船检成为改革的重点内容。4 月 9 日，长江航政局与中国船检局长江区办事处签署《关于航政、船检实行分管的商谈纪要》，确定自 1984 年 7 月 1 日起实行分管。这样长江 5 个办事处由中国船检局直接领导。经过一段时间，大连、天津、青岛、上海、广州和长江区等部直属港口的验船组（科），从部直属各港务局分出。到 1983 年底,中国船检局直属船检机构已有上海、广州、大连、武汉等 14 个检验分局和营口、烟台、连云港、宁波、汕头、九江、安庆、镇江等 19 个船检处,以及香港远东船舶检验社的代理机构。直属船检系统共有 782 人,局机关 63 人。

1978 年 7 月,中国船检局在天津召开船舶检验工作会议,总结经验和教训,分析形势,就船检体制改革与调整机构、加强规范科研工作等提出建议。1982 年 12 月 13—19 日,交通部在北京召开第一次全国地方船检工作会议,决定在不改变隶属关系前提下,使用统一机构名称和统一印章和证书。1983 年 1 月 19 日,交通部下发"关于加强地方验船工作的通知",提出 5 点加强验船工作要求:加强对船舶检验工作的领导;健全船检机构,加强领导班子;充实和培训验船人员;加强技术管理,健全规章制度;加强船检部门的建设。通知还要求各省(区、市)建立起省、地(市)、县的船检处、所、站三级管理体制,统一地方船检机构的工作名称、印章及检验格式,制订辖区内的一些小型船舶检验管理办法,培训和充实检验技术力量。同时,船检局仍对全国地方和渔业船的船检业务负领导职责。

各省(区、市)相关部门根据上述会议要求和通知规定。建立三级地方船检机构,1983 年,上海、江苏、江西、湖北、湖南、广东、广西、山东、河北、辽宁、吉林、黑龙江 12 个省(区、市)形成起处、所、站 3 级船检机构,初步形成全国直属、地方、渔业统一业务领导的船检管理体系。到 1984 年底,浙江、四川、重庆、贵州 4 省(市)也建立了船检机构。1985 年,又增加了安徽、福建、陕西、山西、甘肃 5 省船检机构。这些地方船检机构模式可分为 3 种:

第一,"一个机构,两个牌子"。如广东省在原省港航监督的基础上成立广东省航政局,内设监督科、船舶检验科,各地区设航政分局。对外分挂广东省船舶检验处、广东省港航监督两块牌子。江苏省、湖北省、上海市、湖南省、四川省、贵州省、云南省、福建省、天津市、河北省、河南省、辽宁省、吉林省、黑龙江省、陕西省、山西省、甘肃省、宁夏回族自治区均采取这种模式。

第二,"一个机构,三个牌子"。如安徽省航运管理局、省港航监督局、省中国船检局同为一个机构,分挂三块牌子。广西壮族自治区、青海省均采取这种模式。

第三,"一个机构,水陆混合挂牌"。如江西省船舶检验、港航监督、车辆安全管理,统归省交通厅下的车船管理处管理。山东省、新疆维吾尔自治区均采取这种模式。

从以上情况可知,从 20 世纪 80 年代初开始,各省将过去附属于航运企业的船检机构改隶属交通行政管理部门,增强其技术监督职能。全国除新疆、西藏、青海和北京市外,各省(区、市)水运系统内均设有船舶检验处,并在辖区内分设检验所和检验站。

(二)船舶检验规章与规范

这一时期,为适应形势的需要,中国船检局根据船检工作秩序,加强船检规章的建设,按照海船、河船规范体系表制订新规范,修改原有规范,形成规范工作的周期性循环,做到船检工作依法检验、按章办事、严格管理,适应改革开放和经济建设发展的需要。1983 年公布实施《船用产品检验规则》,确立船用产品检验的范围、方式、程序、检验项目和标志,将 135 种主要船用产品纳入国家法定检验项目。

船检基础法规与规章建设。1978 年 10 月,中国船检局公布《关于试行验船师职称和职责规定(试行)》。1982 年,又修订《1971 年船舶检验工作条例》。1982 年,又重新公布《船舶及船用产品检验条例》。1982 年 6 月,交通部公布《船舶和船用产品监督检验条例》。1983 年 5 月 1 日,中国船检局公布《船用产品检验规则》。

海船检验规范体系与国际接轨。①钢质海船入级与建造规范:1977 年、1979 年、1980 年,上海船检办事处 3 次对《1973 年钢质海船建造规范》进行修改,部分内容得到国际承认,符合船东的利益。1977 年

9月,中国船检局公布《1977年海船入级规则》,将入级船舶最高船级符号更改为★ZC。1978年12月31日、1983年1月15日,分别公布实施《1978年钢质挖泥船建造规范》《1983年钢质海船入级与建造规范》,开始将海船入级规则和建造规范合并出版。1978年12月31日,公布实施第一部英文版《钢质海船建造规范》。②法定检验规范:1977年3月、1978年12月1日、1985年11月15日,中国船检局分别公布实施《1977年船舶吨位丈量规范》《1978年船舶吨位丈量规范(试行)》《1985年海船吨位丈量规范》。1981年1月15日,中国船检局公布实施《1981年海船稳性规范》《1981年船舶起货设备规范》,1981年6月,公布实施《1981年集装箱检验规范》。1982年12月,公布实施《1982年海船乘客定额及舱室设备规范》。1983年4月1日,公布实施《1983年海船无线电设备规范》。其中《1977年海船入级规则》代表了当时的海船规范水平。1983年,中国船检局又公布实施《船用产品检验规则》,确定船用产品检验范围、方式、程序、检验项目和标志。

河船检验规范体系。继续制订与完善长江水系船舶规范,以长江为主的河船检验规章、规范体系渐趋形成,主要有:《长江水系钢船建造规范》(1978)《长江水系营运船舶检验规程》(1982)《长江水系小船规范的修改通报》(1979)《长江水系钢船建造规范》三次修改通报、修订长江水系船舶稳性和载重线规范(1983年再版)及1988年修改通报。其他内河船舶规范体系:《内河船舶乘客定额与舱室设备规范》(1981)《内河钢质工程船建造规范》(1982)《内河小型钢丝网水泥船建造规范》(1981)及《内河挂桨(机)船检验暂行规定》(1985)等。

海洋工程船检验规范。随着我国沿海大陆架的石油和天然气开发,各种平台检验业务增加,从1978年起中国船检局即着手研究制订海洋工程检验规章与规范。1982年,首次制订并实施海洋工程规章和规范,包括移动式平台检验暂行办法及采用国际规则、首批海洋工程规范与规则(具体分为海上移动钻井船入级建造规范、海上固定平台入级与建造规范、海上平台安全规则)。

1978—1982年,长江船检部门通过大量实船调查,结合长江特点,组织修订和编制长江水系船舶规范。1978年8月1日,公布《长江水系钢船建造规范》,后又公布《长江水系船舶稳性和载重线规范》(1980年)《内河船舶乘客定额与舱室设备规范》(1981年)《长江水系营运船舶检验规程》(1982年)等,形成第二代内河船舶规范。后又陆续制订非钢质船舶建造、特种船舶建造规范,以及船舶建造检验规程及其他内河船舶规范。

在改革开放政策推动下,航运出现"有水大家行船"新局面,各省(区、市)结合本地实际,制订一些船检管理办法、暂行规定或实施细则,作为船检规章、规范的补充。如制订乡镇运输船舶安全管理及检验办法、地方执行船检规范中的若干补充规定,建立乡镇船舶设计与修造检验制度和地方船检内部管理制度,以及制订渔船检验规章和规范等。

1982年,中国船检局广州办事处经批准在两广地区试行《对出口香港地区(包括澳门)船舶的建造检验暂行规定》。由于香港航政处的规定与中国船检的规定有许多差异,广州分局于1988年2月与香港航政处代表团讨论,达成会谈纪要,进一步理顺了双方检验业务关系。

(三)开展船舶检验工作

1978年以后,国内承造大批出口船舶,中国船检局除在香港设立船舶检验社有限公司,承办在香港的船舶检验业务外,还根据与外国船级社签订的合作协议进行联合检验,邀请外国船级社派遣验船师前来承造厂与中国验船师一起共同完成检验任务,并开始在国外设立常驻船检服务机构。对在日本、罗马尼亚等国订造的船舶,中国船检局亦派出多批验船师与外国验船师一起开展联合检验。

这一时期,我国承建国内外船舶种类也逐渐增多,中国船检机构为此也先后开辟了一些新的检验业务。1978 年 8 月,南京航政分局船检部门对江阴船厂制造的 20 英尺国际船运集装箱进行检验。1979 年 2 月,国务院批准外国船级社来我国对中国出口的船用产品进行检验。1981 年 9 月 23 日《1972 年国际集装箱安全公约》在我国生效,我国开始按该公约规定对国际集装箱进行检验与发证。1980 年 12 月 23 日,中国船检局下发船用产品验证试验机构授权的通知,首次开展对验证试验机构的认可授权业务。1982 年,船检天津办事处与美国船级社合作,对我国渤海埕北油田 B 区导管架进行初次法定检验,开始了我国对海上固定设施的检验。1982—1985 年,全国共检验船舶 100 多万总吨。1976—1984 年,重点检验海上平台、国内营运船舶、新型船舶、船用产品与集装箱等,以及地方新建船舶、整顿复查的客渡船、乡镇船(含乡镇船厂技术认可)、航行香港地区船舶、渔船、海洋工程船、拖航船等。1980 年 8 月,中国船检局出版首版《船用产品录》。1982 年 6 月 1 日,公布《船舶和船用产品监督检验条例》。

1978 年 9 月 18 日,国务院批准船舶船检局开展国外产品检验业务,并不断地增加项目,仅 1979—1982 年就增加近 10 项。如 1979 年 6 月 21 日,中国船检局派验船师到联邦德国,对曼恩(MAN)公司首次制造的 KSZ52/105BL 型船用柴油机进行产品型式认可,签发第一份船用产品型式认可证书,以及对坐底式钻井平台建造检验与发证,逐渐建立起中国规范的产品检验模式,到 1979 年,确定船用产品 2 种认可(工厂认可与产品型式认可)和 3 种检验(制造检验、出厂检验、不定期检验)检验模式。1984 年起,确立了对船用产品验证检验机构的认可和授权制度。

长江船舶检验。1977 年以后,长江新型船舶相继出现。1984 年,江州船厂建造我国第一艘 1500 客位沿海双体船"瑞新号"。1985 年,武昌造船厂开始建造 5000 吨级沿海货轮,初步实现海船江造。长江船检部门打破江海界限,从单一内河船舶检验发展到对江海各类船舶进行检验,包括大型客轮、驳船、推轮、旅游船、油轮、集装箱船、工程船、双体船、气垫船、水翼船等。船检部门加强船检技术管理,确保检验质量,受到中外航运界和造船界的好评。

对沿江船厂建造的出口船进行入级检验,是长江船检部门开展的又一新业务。1977 年,长江航政管理局在南京召开长江全线验船工作会议,对船舶检验证书方面存在的一些问题进行讨论。会后,重申长江船舶按船检局规定的现行证书格式使用。全国各地船检部门也作了类似的布置,使船检发证工作得到较好整顿。

1981 年,青山船厂首次为新加坡航商建造船舶,中国船检局长江区办事处代表国家船舶技术监督部门与英国劳氏船级社首次对该型船舶进行联合检验。中方验船师以其实际业务能力和认真负责精神,受到劳氏船级社有关人员的高度评价和充分信任。劳氏船级社 1982 年给"银星""银光"两船颁发入级证书,并在《劳氏验船报告》(1983 年版)上作了专文介绍。

各省(区、市)船检工作。1977 年 4 月,云南省贯彻交通部公布的《长江小型钢船建造规范》,由省航务处举办首期船检业务培训班,培训人员 30 人。1978 年 9 月,鹤庆县金沙江朵美渡船翻沉,造成 94 人死亡,船检派人调查处理。省交通局在现场召开事故分析会,提出具体整改措施、办法。1982 年,云南省设立船舶检验处,在昆明、西双版纳、大理、丽江等 10 个地州航管机构内增设船检所,一些水运较发达县设立船检站,按船检分工开展船检工作。至 1990 年,全省共有专职船检人员 45 人,已检验船舶 1500 艘。

渔船检验工作自 1957 年以来一直由各省(区、市)的水产管理部门负责。1978 年 5 月,国家水产总局成立,下设渔政管理局,负责渔港监督、渔船检验工作。1979 年 6 月,交通部和国家水产总局联合下达通知,决定国家水产总局船检机构对外称中华人民共和国船舶检验局渔船公局。各省(区、市)水产部门的检验机构对外则称"渔船分局××检验处",之后成立了福州、广州、上海、杭州、南通、烟台、天津、大连、秦皇岛、北海、海南等渔船检验处及其检验站。各检验处受渔船分局与各省(区、市)水产局双重领导,业务归渔船分局。渔船分局成立后开始制订全国统一的渔船检验规范和规章,加强对沿海机动渔船建造与修理的检验,以及对渔船安全和设备的管理。内陆省份的渔船检验机构也同样开展所辖水域渔船检验工作,保证渔船质量。1982 年 5 月,全国人大常委会决定设立农牧渔业部,下设渔政渔港监督局,内设船舶检验处,对外执行渔船分局检验职权。

六、加大船舶引航力度

(一)海港引航管理工作的加强

引航,曾称为“引水”,也称为“领港”,是指引领船舶进出港口或港内移泊,以免发生危险。由于港口航道条件构成一个国家天然的屏障,事关国家安全和领导主权,因而按照国际惯例,引航员必须由本国人担任,并且对出入港口的外籍船舶实行强制引航。这是一个国家引航权的体现,是国家主权的一部分。

1976 年 11 月 12 日,为维护我国海港的主权,加强对外国籍船舶进出海港和在港内移泊安全管理,交通部在修改 1959 年 12 月 9 日《中华人民共和国交通部关于海港引水工作的规定》基础上,公布新的《中华人民共和国交通部海港引水工作规定》。该规定明确引航工作为一种公共管理事务,非一般性职业,称:“引航工作是航政管理工作的重要组成部分,也是一项重要的涉外工作。”规定要求对进出中华人民共和国港口和在港内航行、移泊的外国籍船舶,一律实施强制引航。外轮未经港务监督指派引航员引航,不得擅自进出港或者在港内航行、移泊。1978 年起,沿海各港务监督重新组建引航组,以加强引航工作管理。但沿海各港引航力量仍显较为薄弱,技术条件相对落后。尤其是在 1979—1980 年,我国发生几起恶性引航事故,造成人命和财产的巨大损失。

为扭转上述局面,1980 年 4 月 25 日交通部公布《海港引航工作条例(试行)》,以“安全质量第一”为指导精神和核心内容,对引航组织机构及负责人的职责,引航员任务、资历和等级,引航员的职责,引航的安全保证工作、奖惩等重新做了规定。其中第三条规定:各港务监督设置引航科(处或组),在港务监督长的领导下负责本港引航工作。9 月 9—16 日,中国港监局在北京召开全国海港引航工作会议,专题讨论并拟定《海港引航员安全操作守则》。10 月 27 日,交通部公布《对现有引航员技术培训、考核、定级和发证办法》和《海港引航员安全操作守则(内部试行)》。发证办法明确了特定情况下的引航员技术培训、考核、定级和发证的过渡办法。守则明确了引航员从接到引航任务、登轮、引航过程到完成引航的各个操作环节的规程和注意事项。12 月 29 日,交通部公布《海港引航员考试大纲(试行)》,具体规定引航员的考试范围及内容。从 1982 年起,引航员正式考试定级、发证和持证上岗。这次对引航员考试定级,表明引航员培养和管理已纳入规范化的轨道。1982 年,交通部在武汉河运专科学校开办两个引航班,培训引航员。

分散于沿海十多个港口港务监督机构的引航员,面对国际远洋运输进入全球化时代繁重的引航任务战严寒,斗酷暑,与风浪做斗争,数十年如一日,为水运安全生产做出重要贡献。广东省劳动模范、汕头港的刘炳辉,连云港市劳动模范、连云港引航员杨保真,天津港钟伯源和烟台港孙德润等人,都是技术精湛、工作勤恳、受到称赞的优秀引航人员。上海港务监督 1979 年有引航员 84 名,全年引领中外籍船舶 5743 艘次,安全引航率为 99.83%,其中安全引进 10 万吨级(长度为 262 米)的“双峰海”轮是上海港开港以来进港最大吨位的船舶。交通部劳动模范、引航员张德润在航行密度大、情况复杂的黄浦江上引领中外船舶进出港口和靠离码头,做到 20 余年无事故。1981 年起,上海港务监督按《海港引航工作条例》《对现有引航员技术培训、考核、定级和发证办法》和《海港引航员考试大纲(试行)》等规章,对上海港二级以下引航员进行考试发证。1982—1983 年,上海港务监督受全国引航员培训班委托对学员进行考试发证。

1979 年 3 月 18 日,6.6 万总吨的英国巨型豪华旅游船“伊丽莎白女王”号首次抵达大连港。因日程安排紧凑,进港不能稍有延误。而当时天气突然变坏,东北风七八级,引领船舶进港靠岸十分困难。大连港务监督引航员索戡等 3 人以精湛的技艺,沉着操作,按计划顺利引船进港靠泊码头,赢得随船经理的称赞。1983 年 3 月 13 日,宁波港务监督引航员引领 22 万吨级挪威籍油轮"海得利"停靠宁波港。

(二)长江引航服务与强制引航的开始

1.长江对内引航服务的开始

随着航运事业的发展,沿海地区进入长江的船舶增多。其中,福建、浙江、山东、辽宁等沿海地区进江船舶,因跨地区航行,不太熟悉长江航道的自然条件,对长江航行规定不甚了解,对航行、避让方法掌握不好,时常发生事故,仅 1980—1981 年,长江江苏段水域就发生 15 起海损事故,损失严重。在这一背景下,长江航政管理局开始筹建统一管理的引航机构,并在南京以下长江水域率先开展引航业务,同时开始试引航行国际航线的中国籍船舶和中央领导人视察乘坐的特殊船舶,并逐渐沿江向上延伸,一直发展到上海吴淞口至重庆的长江通航水域。

为满足进入长江的航行国际航线中国籍船舶与沿海进江海轮的引航需要,1980 年 1 月 5 日,交通部以〔80〕交港监字 14 号文批准"关于长江港口开放后港务监督和船舶检验工作的安排的通知",明确规定"进出长江港口的我国航行航线船舶及沿海各省进江船舶的引航,由长江航政管理局负责"。这是交通部第一次以文件形式认可长江航政实施引航业务,为后来引航体制改革打下基础。5 月,长江航政管理局着手在长江南通段试引,先后引领福建、浙江等沿海船舶进江,取得了一些经验。1981 年 6 月 8 日,中国港监局发出〔81〕港监字 037 号文《同意成立长江航政管理局引航站的批复》,称:"暂先在南京局和南通、武汉航政处内设立引航站","由所在地航政分局、处领导","不增加管理人员编制",并明确长江航政管理局引航任务"为沿江各省和沿海进江船舶提供引航服务","坚决制止各单位(航运单位)高价雇用私人引航员的混乱状况"。之后,交通部批准南京、南通、武汉 3 地建立长江引航机构的方案,随后 3 地成立引航站,实行长江引航由长江航政机关统一管理体制。1982 年 11 月 4 日,交通部又就长江船舶引航问题进行进一步分工:①长江航运管理局所属船舶,由其所属引航机构负责引航;②各省、市所属地方船舶(包括进江海轮),由长江航政管理局负责引航;③部属远洋公司、海运局的船舶进出长江,可自行选择长江航运局或长江航政管理局引航。长江开始引航的一年半(1981 年下半年至 1982 年底),共引领船舶 807 艘次,1981 年下半年引领 354 艘次(其中国际航线国轮 165 艘次),1982 年上半年引领船舶 453 艘次,下半年引领大型国际航线国轮 72 艘次,而事故率始终控制在 3‰以下。

总的来看,长江对外开放之前进入长江需要引航的船舶不多,由武汉、上海轮船公司内驾引合一的船长负责引领即可。1980 年之后,随着长江改革开放不断向纵深推进,进出长江中外船舶逐年增多。从 1981 年 6 月长江成立引航站起,长江航政管理局通过多种方式,增设引航机构,培养与充实长江引航员队伍,使长江引航力量逐渐从小到大,不断发展壮大。到 1985 年,长江干线共设有 1 个引航总站、6 个引航站、3 个引航组、1 个引航办事处,有引航员 163 人。

2.长江对外轮强制引航的开始

20 世纪 70 年代末,长江航政管理局开始组织航政管理人员了解和掌握我国航行国际航线船舶有关管理制度,熟悉外轮强制引航管理规定,积累经验。1982 年 11 月 19 日,全国人大常委会批准南通港、张家港港对外国籍船舶开放。12 月 18 日,国务院、中央军委发布《关于南通港、张家港港对外国籍船舶开放的通知》,规定进江外轮的引航工作由交通部长江区港务监督负责。1983 年 4 月 20 日,经国务院批准,交通部公布《外国籍船舶航行长江水域管理规定》,明确"外轮在长江水域及其港口航行或移泊,必须向中华人民共和国长江港口港务监督申请指派引航员引航"。这样,长江航政管理局引航机构在对国内

图 5-4-3　1983 年 5 月 7 日,第一艘进江外籍船“日本商人”号由长江航政局南京分局的引航员引领进江

船舶引航服务的同时,又肩负起对外轮进出长江的强制引航使命。1983 年 2 月 10 日,长江航政管理局下发“关于引航工作有关问题的通知”,明确南京航政分局、武汉航政处引航站对外分别称中华人民共和国南京港务监督引航站、中华人民共和国武汉港务监督引航站,为长江对外开放港口率先涉外的引航机构。1983 年 5 月 7 日,由长江引航员引领的外轮——巴拿马籍“日本商人”号进入长江,靠泊张家港港。这是新中国成立以来进入长江的第一艘外国籍船舶。这次引航标志着我国对外国籍船舶进出长江强制引航正式开始(见图 5-4-3)。

(三)引航员队伍的发展

到改革开放之初,全国引航员已从新中国成立之初的仅有 80~90 人发展到 200 多人。之后,因改革开放的不断向纵深推进,抵达中国港口外国籍船舶逐年增长,导致沿海、长江各港引航员短缺矛盾日益凸现,加紧引航员队伍的建设成为引航业的当务之急。管理引航的相关机构和部门,根据中国国情,建立起中国特色的引航员培训、选拔机制,先后将大连海事大学、上海海事大学、集美大学、武汉理工大学等作为培训、培养引航员的摇篮,每年从这些航海高校毕业生中选拔人才,加上从高级船员选拔优秀人才,充实引航队伍。具体操作层面包括:建立引航员技术职称评定与考试晋级制度,采取定期集中培训和实践锻炼、师徒相传的培训方式,部分港口还将现代化大型模拟器引入引航员培训。此外,1979 年 9 月,交通部派出引航学习小组前往澳大利亚德黑兰港考察大型船舶引航。这是中国引航员较早一次踏出国门,向国外同行学习。各种行之有效、适合国情的引航员选拔机制,较快、可持续培训优秀引航人才,壮大了我国引航员队伍。

七、水上事故处理与重大案例

(一)水上事故的调查工作

水上交通事故的调查处理是一项政策性、技术性很强的管理工作。港务(航)监督根据国际、国内法律、法规和规章,主要对交通事故的调查,查明事故原因,分清各方责任,总结经验教训,寻找发生事故的规律,制订各种防范措施,加强安全管理,防止水上交通事故的发生。

“文化大革命”之后,各港务(航)监督,依据国家法律、法规及规章规定,继续履行水上交通事故的调查处理职能。1979 年 12 月,经交通部、海军司令部和国家水产总局研究,决定从 1980 年 4 月 1 日起,所有航海船舶开始实施《1972 年国际海上避碰规则》,同时停止执行《1960 年海上避碰规则》。对于非机动船,则仍按《中华人民共和国非机动船舶海上安全航行暂行规则》实施。1980 年 1 月 5 日,我国向海协秘书长正式提交加入 1977 年 7 月 15 日生效的《1972 年国际海上避碰规则公约》通知书。按照该公约规定,我国生效时间为 1980 年 1 月 5 日有 4 年豁免期,豁免期限为 1981 年 7 月 15 日。

为系统地规范船舶海损事故的统计、等级,1978 年 11 月 11 日交通部公布《船舶海损事故统计、报告规定》,1979年1月1日实施。该规定将海损事故按性质、损失和政治影响分为重大、大、一般和小事故4个等级,要求船舶在发生事故后迅速逐级上报至交通部,同时将由船舶机务引起的海损事故也列入海损统计范围。1979年2月1日,交通部公布《内河避碰规则》,原定7月1日零时执行,后因船上灯号设置、避碰规则印刷等问题拖延时间,到6月11日才下发《关于〈内河避碰规则〉延期实施的通知》,推迟到1980年1月1日起实施。这是在《长江避碰规则》基础上补充和完善的,并废止《长江避碰规则》。《内河避碰规则》的发布,使我国在新中国成立后第一次统一全国内河航行规则,一改过去内河各水系航行管理标准不一的局面,为内河事故处理提供了统一的执法依据。

这一时期,每发生重特大事故,沿海、内河各港务(航)监督总是尽力查找原因,聘请航运专家探索内在因素和外界影响,找出症结所在,制定相应的对策,利用各类媒体进行舆论宣传,呼唤社会关心水上交通安全。

(二)水上事故处理的裁决权调整

海损事故调查、海事纠纷裁决统一归港务监督处理。1979年,交通部在公布重新修订的《海损事故调查处理规则》中明确:港务监督在调查处理海事中具有裁决权,在海损事故调查的基础上可以联系有关当事人进行协商、和解,或根据调查的结果做出处理结论。

1984年1月1日开始实施的《海上交通安全法》也规定:港务(航)监督是水上事故调查处理的主管部门。当它受理海上交通事故后,有责任查明原因、判明责任。《海上交通安全法》还明确"因海上交通事故引起的民事纠纷可以由主管机关调节处理;不愿调解处理或调解不成的,当事人可以向海事法院起诉;涉外案件的当事人,还可以根据书面协议提交仲裁机构仲裁"。

依据《海上交通安全法》,大连、上海、广州等沿海港口相继成立海事法院,开始受理海事、海商案件,对海事行使司法管辖权,使海上交通事故引发的民事纠纷解决有更多诉讼和解决途径,而不仅限于港务监督一家。此后,港务监督在水上事故处理中重点从事故引发民事纠纷的解决转为查明事实,明确责任,必要时对事故责任者做出行政处理决定等,不再代替司法部门处理事故。

(三)重大水上事故案例

1977年5月14日,在长江安庆段港区,渡轮"东方红339"号与长江2045轮船队发生碰撞。"东方红339"轮当即沉没,死亡旅客、船员78人。

1978年9月15日,云南省鹤庆县朵美渡口渡船,载114人到朵美赶集,由于超载航行中触礁翻沉,全船人员落水,死亡94人。事件引起国务院的重视,要求按"三不放过"原则进行查处。

1979年11月25日3时30分左右,石油部海洋石油勘探局的"渤海二号"钻井船,在渤海湾迁往新井位的拖航中翻沉。船上74人有72人死亡,直接经济损失3700万元。这是天津市、石油系统新中国成立以来最重大的死亡事故,也是世界海洋石油勘探历史上少见的灾难事故。

1980年2月27日凌晨2时15分,珠江航运公司"曙光401"花尾渡,航行到台山县潭江水道庙冲口附近河面,遭雷雨大风突然袭击翻沉,死亡301人(其中旅客293人,船员9人),直接经济损失110多万元。

1980年8月26日9—10时,四川省屏山县航运公司4号客轮行至金沙江大滩处翻沉,船上乘客274人、船员24人和行李货物全部落水,死亡175人,经济损失40多万元。

1983年2月28日19时40分,广东省韶关航运局"红星312"客轮,由广州开往肇庆,载客203人(未包括免票儿童8人),船员22人,共233人。3月1日2时52分,在广东省三水县河口镇附近江面突然遇雷雨大风翻沉,造成147人死亡和失踪(其中港澳同胞7人)、直接经济损失127万元。

第五节　航标测绘及水上通信的进一步开展

一、海区航标统一管理与全面建设

(一)海区航标统一管理与体制调整

1.接收海上干线公用航标统一管理

1980年4月15日,海军司令部和交通部联合上报《关于调整海上公用航标管理体制加强管理力量的请示》,规定:由海军管理的海上干线公用航标,除“长河二号”(罗兰C)系统因尚在筹建及少数位于海防前哨和军事设施地区者外,全部划归交通部管理。航标管理人员和业务干部、船艇、设备、器材、房屋、场地等,原则上随航标一并移交;交通部设航标管理部门,由所属的天津、上海、广州航道局在现有力量基础上调整充实,下设航标区、站;需增加的航标工作船艇,由交通部列入年度计划,逐年安排建造;需补充的各类航标人员,除海军航标技术骨干志愿随航标转业留用者外,不足之数。由交通部于两年内招工培训补充;由于基层航标人员工作地点多在沿海孤岛及偏僻地区,工作条件艰苦,在招工时要求就地招收,以适应海岛环境,工资津贴及劳保待遇由交通部会同国家劳动总局研究办理;交通部接管后增设的基层管理机构和船艇的经费,征得财政部同意从接标后第二年开始根据实际支出给予补助;“长河一号”导航系统所需各项专用器材,仍维持原供应渠道,由四机部负责供应。4月24日,国务院、中央军委批准该请示。5月22日,交通部、海军司令部下发“关于调整海上干线公用航标管理体制　加强管理力量的通知”。

1981年8月19日,交通部与海军司令部签订《海区公用航标交接协议》,交接工作分海区分期分批进行。之后,按照协议北海、东海、南海舰队分别与天津、上海、广州航道局对口交接。11月9日,广州航道局与南海舰队司令部签订《南海海区公用航标交接协议》。1982年10月25日,南海海区航标完成交接工作,航标168座,人员381人。之后,广州航道局将接收的航标分别交由汕头、广州、湛江和海口航标区管理。

至1982年底,海上干线公用航标交接工作基本完成。1983年3月10日,此次航标交接全部结束。交通部共接管海军移交的航标675座,其中中程无线电导航台10座、无线电指向标15座、灯塔48座、机械雾号15座及其他各种航标587座;接收航标工作船艇14艘3160吨,航标站14处,志愿随航标移交的转业留用人员(干部、战士、职工)共1042人,航标修理所(保养场)4处。6月,海军司令部与交通部正式签订交接手续。

2.调整后的交通部直属航标管理机构

1980年6月10—13日,交通部基本建设局在酝酿接管海军移交海上干线公用航标有关准备工作时,提出在天津、上海、广州航道局分别组建航标测量处,按全能处设置为事业单位,各处机关编制80人左右。随后,天津、上海、广州航道局分别向交通部提出组建航标测量处的报告。10月30日,交通部下发“关于同意天津、上海、广州航道局成立航标测量处的批复”。各航标测量处负责各局分管范围的海上公用航标、长河一号导航台、无线电航标指向标和交通部部分直属港口航标的管理和规划建设工作等,维持其正常技术状态,不断提高其效能。天津航道局在天津、烟台、青岛、大连设航标区,在蓬莱、威海、小长山岛设航标站;上海航道局在连云港、镇海、温州、福州、厦门设航标区,在长涂、定海、石浦、海门(黄岩)、平潭、泉州设航标站;广州航道局在广州、湛江、海口设航标区,在汕尾、海门(潮阳)、桂山、闸坡、硇洲、防城、秀英、清澜、三亚设航标站。航标区为航标测量处的下属单位。航标站为航标区的派出单位,实行站船合一,派驻各站航标船的船员即值班站的工作人员。

1981 年 8 月 20 日,交通部下发"关于调整长江浏河口以下水域航道航标管理的通知",由长江航道局管理的长江下游自浏河口浏黑屋和崇明岛施翘河口的施信杆两点连线以下水域的航道、航标建设和管理工作划归上海航道局负责。吴淞口至浏河口的全部内河浮标改按《海区水上助航标志制度》设置。

3.新的海区航标定义与区域划分、机构管理职责

1982 年起,国家机关进行改革,交通部机关内设机构调整。交通部将航标测量处及海区航标管理职能由基本建设局调整给交通部水上交通安全监督局(中国港监局),将内河航标管理职能纳入内河局,实行业务归口管理。8 月 23 日,交通部公布《关于海区航标管理工作的若干规定》,规定海区航标定义:"海区航标系指设置在海区的灯塔、灯桩、浮标、雾号、雾钟、无线电示标站、导航台等助航设施"。"管理部门应保证规定布设的航标,日夜不间断地发挥助航交通"。"对视觉航标要求标位准确,灯质正常,涂色鲜明,结构良好;音响航标要求清晰,发放及时;无线电航标要求讯号准确,频率稳定,功率正常,工作连续"。全国沿海航标划分为北方、东海、南海 3 个海区,分别由天津、上海、广州航道局负责管理,并建立局、区(航标区)、站(航标站)垂直管理机构。天津航道局负责辽宁省、山东省、天津市、河北省沿海公用的和直属港口的航标;上海航道局负责江苏省、上海市、浙江省、福建省沿海公用的和直属港口的航标;广州航道局负责广东省、广西壮族自治区、海南岛沿海及沿海诸岛公用的和直属港口的航标。经过调整的海上干线公用航标和交通部直属港口航标管理体制,基本形成交通部对沿海商港和海上干线公用航标的垂直管理体系。同时,该规定对地方港口和小轮短程航线的航标,指定由所属省(自治区)、市交通部门管理,并要求天津、上海、广州航道局对分管范围内的地方航标业务进行技术协作。规定还确定了航道局航标测量处和航标区以及航标工作船艇职责的基本原则,以及天津、上海、广州航道局航标测量处各种不同的主要职责。

黑龙江航标,20 世纪 80 年代由黑龙江航道局管辖,设合江等 3 个航道工区,下设 37 个航道段,有职工 277 人,各段站均有机动航标船。

长江航标。1965 年长江航道局成立后,实施长江航标统一管理,下设南京、汉口、重庆等 5 个航道区,区下设段,段下设站,各区设航标科负责航标管理,共有航标职工 4000 余人,航标船 230 艘。

珠江航标,这一时期分由广东省航道局和广西壮族自治区航道处管理。广东有航标职工 1200 人,航标船 138 艘;广西有航标职工 776 人,机动航标船、艇 121 艘。

(二)航标的全面建设与技术改进

1.沿海航标的布局和建设

(1)更换沿海航标设备与添置新能源标志

1983 年起,交通部针对沿海灯塔、灯浮标的灯光亮度不足问题,提出"让航标灯亮起来"。为此,自 1984 年开始,交通部安排上海航标厂开展 155 毫米灯器的研制工作,以解决沿海港口灯浮标所需数量较大、耗能多、灯光弱且笨重的问题。与此同时,积极推广太阳能、波能等新能源,在 300 多座灯塔、灯桩安装太阳能供电装置,在 138 座灯浮标使用波力发电。还引进强光灯器,为 58 座重要灯塔、灯桩和沿海主要港口近 400 座灯浮标换装灯器。

(2)沿海航标的改建与新建

1983 年沿海航标测量机构接收海军沿海干线公用航标后,在沿海重要海口或转向点新建、重建或改造了一批灯塔,先后引进一批具有 20 世纪 80 年代先进水平的灯器,更换人工手动齿轮启动的重锤式灯

器旋转设备,改用直流电动机启动的旋转台,部分灯器使用无电刷、无齿轮电磁传感驱动的旋转设备,并使用低能耗的金属卤素灯,以及性能好的密封式水银抛物面聚光灯泡阵列代替牛眼透镜。在自然条件恶劣、补给困难的孤岛的灯塔,安装太阳能供电设备,以便主灯发生故障时应急灯能自动转换,实现无人或少人看守。主要改造的灯塔有:位于辽宁省长海县大王家岛南端的王家岛灯塔、位于辽东半岛南端旅顺老铁山岬的老铁山灯塔、地处长江口外花鸟山东北角山肩上的花鸟山灯塔,以及新建位于大沽口锚地西端的大沽灯塔。

历时6年半改造的天津大沽灯塔取代大沽灯船,于1978年5月1日建成发光。灯塔灯高35.6米,灯光射程17海里,塔高11层,内设机房、淡水舱、值班室、生活用房等。大沽灯塔的建成标志着中国航标建设技术达到新的水平。该灯塔曾于1976年经受唐山大地震的考验,除塔体10.6米处局部变形外,其余各部完好无损。大沽灯塔是我国第一座从海底建起的固定式灯塔,不仅助航功能齐全,设施条件良好,而且在建造技术上填补我国在开敞式海域建设孤立建筑物的空白,为我国助航技术发展的典型代表,也为在外海兴筑水工构筑物积累了经验。之后,在大连至营口之间设长兴岛灯塔,山东靖海湾至乳山口间设航标,杭州湾内设置闯牛山等灯桩。此外,在福建兴化湾、泉州湾以及广东雷州半岛和海南岛沿岸都设有船舶短程航行使用的航标。1980年5月,西沙群岛北礁、浪花礁二灯塔相继建成发光。

2.内河水系航标建设与管理

(1)长江水系航标建设

1984年底,宜宾至浏河口的2687.6公里设标总数为4694座,平均设标密度为每公里1.74座。洞庭湖、鄱阳湖、巢湖和太湖等湖泊通航水域全部设置航标。这一时期,长江航标电气化建设仍不断推进。

(2)珠江水系航标建设

1984年,珠江广东段及广东省管辖的内河水域设标里程达3706公里,其中有灯标志2529公里;航标总数3928座,其中灯标2382座,平均每公里设标1.05座、灯标0.64座。广西壮族自治区管辖的内河水域维护航标里程2039公里,设标3146座,平均每公里1.54座。至1980年8月,海军在西沙群岛共设置灯桩8座、引导灯桩1组(2座)、引导灯桩7组(14座),完善了西沙海区助航设施。

(3)黑龙江水系航标建设

至1984年底,黑龙江水系设标里程达4361公里,设标4145座,平均每公里设标0.95座。其中夜航设标里程达3516公里,占设标里程的80.6%;导标1984座,占设标总数的47.9%。

3.航标的技术改进和产品更新

1981—1985年,在加强现有航标维护管理的同时,航标管理部门有计划地对航标灯器设备进行改造和换装,提高灯光强度。航标灯器生产部门充实科研力量,尽快研制生产高效能的新型航标灯器,加速产品更新换代,满足沿海航标换装需要。同时,进口少量航标灯器,解决沿海关键部位灯塔、灯桩和重点港口的浮标灯器换装急需。上述一系列做法使现有视觉航标两三年内在灯光强度和配布上能够基本适应船舶安全航行要求。为加强海区航标的统一管理,调整海区航标管理体制,直属港口航标逐步划归航道局统一管理。航标部门还对地方港口及近海航线航标,根据“统一规划、统一制度”原则,做好业务指导和技术支援工作。

这一时期,长江干流助航设施日益完善,维护手段日趋现代化。1979年,长江下游、中游航道开始使用硅太阳能电池航标灯与螺旋桨调压式水力发电航标灯。1980年,川江航标试行中距离(18~20公里)遥控获得成功。同年,长江入海航道开始使用性能优越的氙航标灯。1981年,南京航标厂制成多功霓虹航标灯。1982年,又在航标上成功安装可全天候作业的介质雷达反射器。1983年,长江下游河段开始使用新型太阳能电池岸标,并在上海至南通段安装了长江第一座风力发电航标灯。至1985年,长江干线设标里程达 2689 公里(不含支流),设标 4692 座,平均设标密度每公里 1.74 座。航标的灯器、电 V 和标杆、浮具、种类、制式均根据统一规定配套。拥有工作船 40 艘,拖轮 86 艘,机艇 224 艘,非机动船 206 艘。助航设施的完善和助航能力的加强,对确保船舶安全航行发挥巨大作用。

4.建立航标通信网

为保证各类航标工作正常,保持海区航标主管部门与所属航标区、航标站以及灯塔、航标船艇之间的通信联络,1981 年 3 月 14 日交通部批准天津、上海、广州航道局在航标基地建设计划中,列出用于航标通信设施的建设费用。

1982 年,交通部批准广州航道局组建南海航标通信网。组建南海航标通信网充分利用了现有陆岸电台和海军移交的通信设备,在四机部 769 厂协助下于 1982 年 7 月 14—21 日分别对 XD-D2 型 10 瓦单边带电台进行广州至桂山、海口、湛江的通话试验,取得良好效果。1983 年,广州航道局航测处机关及所属航标区(站)、导航台、大型航标船(3 艘)等 19 处设置 15 瓦短波单边带电台,建立局(航道局)、处(航测处)、区(航标区)、台(导航台)、站(航标站)、船(航标船)之间的通信网。10 月,北方海区航标通信网正式开通。12 月,东海海区全部安装甚高频(VHF)电话、高频(HF)电话和电台,建成处、区、站、台、船之间的航标通信网。

(三)改进"长河一号"和建设"长河二号"

1983 年 1 月 1 日起,交通部接管海军中程无线电导航系统"长河一号"(罗兰 A)导航台,建设无线电指向标网,并将"长河一号"10 座导航台通信改为明语通信,启用新的频率和呼号,建立新的畅通通信联络网。1984 年 4—6 月,交通部选 20 个校准点、11 个监测点定点,测试"长河一号"导航台,采集数据。随后,测试各导航台的发射机、开关设备和天线耦合器,检查维修发射天线地网、各种设备的接地和机房屏蔽,换装部分柴油发电机组。1985 年底,天津、上海、广州航道局完成指向标控制机的换装,并对新发射机功能、工作种类、频率、信号格式、编码以及工作时间进行逐台校核。同时,加强维护管理"长河一号"导航系统,提高操作技术,在人员、器材、设备等方面积极做好准备,力争尽早对外开放。

在改进"长河一号"(罗兰 A)导航台的同时,1976—1978 年交通部抓紧"长河二号"(罗兰 C)远程导航系统建设。因建设周期长,经费不足,交通部应海军方面要求并报批同意,在经费上给予支持,具体建设由海军负责。经技术勘察,选定吉林和龙、山东荣成、安徽宣城、广东饶平、广西贺县和崇左等 6 处建设"长河二号"导航台,并选定成山角(后移至威海)、上海市南汇县芦潮港、广东台山县上川岛等 3 处建设"长河二号"导航系统监测站,至 1993 年,"长河二号"远程导航系统相继完成土建、设备安装调试和海上联试,次年正式投入使用(开放给商船)。

至 1983 年,沿海、内河航标基本解决航标灯灯光亮度不足的问题,让"航标灯真正亮了起来",且重要灯塔射程普遍提高到 20 海里以上。

二、新的测绘体制形成与管理加强

(一)新的测绘管理体制

为加强对海区测绘工作的管理,准确、及时地向航海人员提供可靠的测绘资料,做好助航服务,交通部 1983 年 4 月 11 日下发《关于海区测绘工作的若干规定》,对管理单位、分工范围、测量队伍建设、技术等做了一系列的规范。首先,明确交通部对海区测绘工作实行海区管理:天津航道局负责辽宁、河北、天津和山东沿海;上海航道局负责江苏、上海、浙江、福建沿海;广州航道局负责广东、广西沿海。其次,明确航道局航测处是测绘业务主管部门,主要工作职责是:①负责沿海主要港口和附近水域、沿海重点航道和海湾锚地以及其他指定水域的检测和基本测量,编辑、绘制、发行港口、航道、锚地检测结果,并向海图出版部门提供基本测量成果。②负责编辑、绘制、出版和发行沿海主要港口及指定港口的航行图集。③负责沿海主要港口指定海区的潮汐和潮流资料的观测、收集工作,并对指定港口和海区进行潮汐预报。④根据测量成果通告海区变化情况。第三,要求航道局航测处下设测绘专业队伍。第四,确定标准和勘测年限。

(二)航海图书资料的绘制、出版与发行

我国航海保障资料是在新中国成立后才逐步发展起来的。1949—1984 年,我国已经出版有航路指南、港湾锚地资料、港口资料、航法推荐、航海天文历、航标志、航海里程表、航海计算用表以及航海法规等,共计 10 大类 500 余册不同用途、不同地区(包括西太平洋若干航区)的航海资料。定期和不定期地发行航行通告,以确保航行资料的更新、准确、及时。除正常刊发供国内船舶使用的航行通告外,还与世界十几个国家进行航行资料的交换。刊发航行通告的工作,主要由海军航保部承担。各地港务监督、渔政部门和远洋航运单位不定期地刊发和转发一些地区性的航行通告。

20 世纪 70 年代,随着对外贸易的不断发展,来往中国港口的外轮日渐增多。为保证外轮在中国沿海航行的安全,经国家批准,我国航测部门以 1976 年起陆续出版发行专供外轮使用的中国沿海航海图和各开放港口的港湾图。为满足水产捕捞需要,1979 年编制出版渔业专业资料图集。随着无线电定位系统在航运业中广泛应用,还陆续编制出版各类导航图以及与之相关的图册不下 10 余种。1979 年 4 月根据中央军委指示,上海港务监督海图室开始正式向外轮提供海图及航海资料。

20 世纪 80 年代初,广州航道局设计研究所等应用微型计算机采集定位数据和测深数据,经过处理即可实现坐标变换、导航航迹显示、自动测深和绘图。航行图的测绘以国家测绘局颁布的规范为基础,参照海军《海道测量规范》,我国航测部门制定本专业的测量和制图技术标准。航行图测绘工作严格执行检查和验收制度,保证了成图质量。

1977 年国际海道测量组织第 11 次大会通过决议,承认中华人民共和国是参加该组织唯一合法的中国代表。1979 年,中国政府正式承认国际海道测量组织公约,并参加该组织活动。

三、水上安全通信发展步伐的加快

(一)水上通信机构的进一步调整

1977 年,水上通信导航工作仍由交通部通讯导航局负责。1978 年 3 月 29 日,交通部调整部机关机构,保留交通部通讯导航局,编制 28 人。1979 年 8 月,国务院批准交通部在通信导航局设立北京船舶通信导航公司,对外以公司名义代表中国政府加入国际海事卫星通信系统(INMARSAT)。1982 年,交通部调整部机关机构,组建海洋运输管理局,在其下设置通信处,主要负责沿海和远洋运输通信导航规划、建设和业务技术管理工作。

1979 年 7 月,交通部直属单位通信站改为通信导航处。1980 年 6 月 28 日,交通系统港航单位通信处(站)更名为通信导航处(站),相应增加港口、船舶导航及电子设备的基本建设和维护工作。这是交通部港航单位通信部门第一次明确增加导航职能。根据交通部通信导航局决定,各部属港航单位成立通信导航处(站、科),统管本单位的通信导航业务、基本建设和发展规划。随后,中国远洋运输总公司和其下的 5 个远洋运输公司,上海、广州海运局,上海、广州、烟台救捞局,上海、青岛、大连、连云港、宁波、秦皇

岛、天津、湛江、海南等港务局,上海、天津航道局等单位,相继建立和充实通信导航站(公司),管理、组织本企业的通信建设和服务。江苏省、四川省和北京市交通厅(局)还设立管理本厅(局)通信的通信站。长江轮船总公司及所属 5 个轮船公司均设立管理公司内部通信设施及所属船舶电台的通信导航处。黑龙江航运管理局设立通信总站。到 1982 年,我国水上通信导航形成岸岸间、港口地区或港区内通信网和船岸有无线转接通信,逐步向自动化过渡。

交通部于 1977 年 7 月 4—11 日在北京召开全国交通通信工作会议,提出 1980 年前建成部分港口简易导航设施,1985 年达到港口导航初具规模的目标。1978 年,公布《水运无线电通信设备维修管理规则》《船舶通过金门以东通信联络暂行办法》,下发"关于南北航线的船舶按正常通信办法联系的通知"。1979 年,下发"关于水上移动业务甚高频无线电频道分配的通知",统一分配水上移动业务 VHF 无线电话的频道。1981 年 4 月,公布《水运无线电管理规则》和《水运无线电话规则》。

(二)推进船舶航行警(通)告服务

1.天津、上海、广州分台发布航行警(通)告

传播航行信息、发布航行警(通)告成为航政管理机关保证船舶安全,为船舶服务的一项职责。一般由无线电发布的称为航行警告,用书面形式发布的称为航行通告。

根据我国 1975 年 7 月开始执行的《1969 年国际信号规则》,以及 1976 年 11 月交通部公布的《中华人民共和国交通部沿海港口信号规定》,1976—1980 年交通部先后公布《关于外轮使用甚高频无线电话暂行办法》《沿海无线电航行警告和航行通告的播发办法》《水运无线电通信设备维修管理规则》《船舶通过金门以东通信联络暂行办法》等。1977 年 12 月,国际海事组织(IMO)和国际水道测量组织(IHO)联合建立全球航行警告服务系统,为世界海上航行的船舶提供全球航行警告业务(WWNWS)。1979 年 11 月,联合国海事协商组织(后来的"国际海事组织")第十届大会通过《建立世界无线电航行警告系统计划》决议,将世界海域划分为 16 个播发航行警告的区域。中国、朝鲜、韩国、日本、越南、泰国、柬埔寨、马来西亚、新加坡、菲律宾、印度尼西亚、关岛(美国)、中国香港等 12 个国家和地区划为第十一航行警告区。日本国海上保安厅为第十一航行警告区区域协调人,负责统一发布第十一区航行警告。中国区域航行警告区协调人为交通部。1980 年 4 月 1 日正式开始工作。

为做好第十一区航行警告发布工作,1980 年 6 月 13 日交通部决定建立航行警告发布总台与上海、黄埔、天津港务监督统一管理的中国航行警告系统。中华人民共和国港务监督局设立航行警告发布总台,负责管理我国沿海航行警告的发布工作,并将收到的航行警告以有线电传等方式发到天津、上海、黄埔港务监督,经港务监督编号后由海岸电台向各船舶和各地港务监督发布航行警告。1981 年 9 月 3 日,交通部下发"关于加强无线电航行警告工作的通知",明确沿海各港务监督设立航行警告台。其中天津、上海、广州港务监督为航行警告分台,负责发布我国沿海分区"沿海警告"及本港辖区"地方警告",由各地港务监督机构交给当地海岸电台播发。天津、上海和广州海岸电台,分别负责转播华东、北方沿海和华南沿海的航行警告、航行通告。该通知还公布第十一航行警告区示意图和区域协调人——日本国海上保安厅的电台呼号、频率、播发时间,明确第十一航行警告区中国沿海航行警告国家协调人是中华人民共和国港务监督局。同时,要求航行警告发布总台与天津、上海、黄埔港务监督之间,各港务监督与各港海岸电台之间,利用现有通信手段建立航行警告发布系统。交通部内设电传机呼号、电报挂号:电传呼号为北京 22462;电报挂号为北京 4206;真迹传真机为 122-Ⅰ型。1982 年 3 月 20 日,中国港监局下发"关于无线电航行警告工作的通知",公布世界无线电航行警告系统第十一航行警告区的有关事项。

为提高航行警告(通告)播发质量和效果,1979 年 8 月 1 日交通部公布《沿海无线电航行警告和航行

通告播发方法》,确定各海岸电台重播航行警(通)告的频率时间表,天津、上海、广州岸台转播航行警(通)告频率时间表。航行警(通)告除采用电台和书面文件通知外,还通过在当地报刊登载航行通告办法扩大航行警(通)告告知范围。天津航行警告分台(电台)负责北纬35°以北我国沿海水域;上海航行警告分台(电台)负责北纬23°5~35°我国沿海水域;广州航行警告分台(电台)负责北纬23°5′以南我国沿海水域。航行警告发布采用中、英语。航行警告内容有航标动态、大型设施海上拖带、沉船及海底障物、海上救捞、海上石油钻井平台作业、海上科学实验等。航行通告内容主要有码头、航道、锚地疏浚作业、取沙和吹填,航道施工封航等。由各港监、航道、海洋开发、海洋资源调查和海军舰艇部队等的共同组织、收集、审查、刊发和转发的航行通告、无线电航行警告,确保船舶的航行与施工,满足作业的安全需要。除正常刊发供国内船舶使用的航行通告外,我国还与世界上10多个国家交换着航行资料。各地港务监督、渔政部门等也不定期地刊发和转发一些地区性的航行通告。1984年1月1日起实施的《海上交通安全法》,第一次以法律形式明确港务监督负责统一发布航行警告和航行通告。

此外,自1977年我国按国际要求对船、岸台人工莫尔斯电报守听方法进行改革。船舶电台在规定的频带内对海岸电台采用定频呼叫法,海岸电台相应地由巡回守听改为定频守听。到1985年,有21座海岸电台开放高频人工莫尔斯电报定频守听电路。还在海上航行中应用无线电气象,至1985年,全国交通系统已有250艘船舶配有气象传真接收机,其中远洋船舶占72%、沿海船舶占24%,其他占4%。

2.长江水上无线电通信服务内河船舶

在这一时期,长江水系引进先进设备,发展水上无线电通信,建设了一批适应船舶运输需要的江岸电台。长江水上通信主要包括水上无线电通信、水运长途通信和港口地区通信几个部分。

为便于通信联络,航运部门对各电台的联络呼叫、守听频率作了统一规定。1977年6月,长江航运管理局公布《长江电台工作细则》(试用本),从9月1日起全面实施。同年,长航科研所开始研制长江通信选择性呼叫装置,规定3个发射频率,可昼夜交替使用。

使用无线电话是提高船岸通信能力的又一方式。1978年3月,长航局批准长江下游各类船舶装备DH-5型无线电话。1979年7月,长江航运管理局公布《长江船舶使用无线电话联络办法》,1980年作了补充规定。长江干线所有船舶均配备DH-5型无线电话,有效通话距离30公里,通过港口总机可以拨号通话,大大提高了船岸通信联系的速度和效率。

引进国外先进通信技术,是加速长江航运通信现代化重要手段。甚高频无线电话是船岸间和船舶间的现代通信方式。1979年,长江航运管理局派团赴美考察,引进6000马力推轮及配套通信设施。1980年4月,交通部批准长江航运管理局利用引进设备在汉沪线成立2座高频SSB无线电话台和18座VHF无线电话基地台,并在汉沪线4艘大型船舶上装设SSB和VHF无线电话及其配套设施。8月,长江航运管理局上海分局开始使用我国水上交通运输系统第一套甚高频无线接力载波电话通信网络。9月,长江航运管理局发出《关于长江港口工作使用甚高频无线电话频率分配及有关规定的通知》。

1981年7月,交通部批准汉沪线18个港口兴建基地台,以组建长江中下游无线电话通信网,干线船舶通过甚高频无线电话与岸台联系,有效通信距离60公里。1983年8月,交通部批准将汉沪无线电话通信工程延伸至宜昌,并在宜昌、涪陵、万县进行无线电话通信试验。同年,又在长江中下游新增单边带无线电话业务,从而使这一通信技术更趋成熟。1985年,在川江41个主要航道信号台装配VHF无线电话,5月底试机完毕,6月1日起投入使用。

1982—1985年,长江通信导航部门引进美国摩托罗拉公司甚高频无线电话系统收发机、遥控器、有无线转接器和集中交换控制台,在长江沿线设置27座江岸无线电话台,其中无线接转台19座、调度专用台8座,纳入船舶话台近1000座,建成甚高频无线电话系统,形成长江中下游船岸甚高频通信网。沿线船舶均可用指定的频道随时与覆盖该航区的甚高频岸台通话,并可通过人工转接方式与沿江其他远距离港口联系。

在无线电通信业务迅速发展的同时,电报通信技术也在不断更新。1978 年,汉口、沙市、宜昌、万县、重庆之间开通传真电报电路,共配备电报传真机 14 台,使汉渝沿线港口实现有线电报传真。1979 年 11 月起,长江干线大部分客轮已承办国际公众船舶电报业务,海外乘客可随时将电报发往国外及港澳地区。1980 年 4 月 5 日,长航通信总站汉口电台与交通部正式开放单路传真电报通信业务。

(三)利用甚高频电话(VHF)实行船舶动态管理

1.开始利用甚高频电话(VHF)联系船舶

1975 年之前,沿海、内河各港口一般利用设置在通航水域的信号台站,通过信号台旗、灯号告知港内船舶航行情况。1975 年起甚高频电话(VHF)开始逐渐得到使用后,旗台信号、船舶声号使用逐渐减少,不再是船、岸联系的主要方式,但船舶进出港仍须看旗台信号。1976 年 5 月 11 日,交通部公布《关于外轮使用甚高频无线电话暂行办法》,规定外轮可用 VHF 直接向港务监督报告有关事项。1977 年以后,在交通部的支持下,各港务管理局继续组建 VHF 无线电话台,岸上单位(港监、外代、引航站、港调等)可与船舶直接通话联系,调度指挥船舶进出港。

根据《国际海上人命安全公约》规定,各类船舶必须按其总吨位和航行区域配备相应的通信设备。天津、广州和上海 3 座海岸电台于 1978 年正式开放高频单边带无线电话,使遇险网路具有更远的通信能力和更有效的通信方式。

1983 年 12 月 3 日,交通部公布《船舶间导航、避让使用甚高频无线电话的规定》,规定航行于我国沿海和有条件的内河船舶均应安装甚高频无线电话。船舶在公海上航行时,应在第 16 频道(156.8 兆赫)守听或呼叫,沟通后使用第 6 频道(156.3 兆赫),作为船舶间导航避让等必要的通信工具,以辅助声号和雷达观测的不足。该规定还明确了适航范围(主要包括雾航避让、进出港口和防台联系等),以及通话中的呼叫格式、回答格式和结束联络方式等。

按照交通部的要求,沿海各港务监督建立瞭望台与高频无线电话。1978—1980 年,上海陆家嘴信号台和吴淞瞭望台先后安装与使用高频无线电话,由上海港务监督向装有同类电话的船舶提供航行动态,以利船舶互相避让。1978 年 11 月 15 日,吴淞瞭望台建立船舶控制台后,用高频无线电话严格控制进出口的大型船舶和大型船队,使它们避免在湾头狭窄航道处相遇,保障吴淞口航道的畅通。

1977 年底,福州海岸电台建成。1978 年 8 月,交通部为与无线电通信配套,又筹建福州、马尾两个枢纽站。

1981 年 10 月 1 日起,青岛港务监督要求船舶进出青岛港必须服从信号台指挥,悬挂信号;船舶抵大公岛,开甚高频机器,以便联系。1984 年 11 月 6 日,又重申加强港口航政管理的通知,规定当船舶到港前 2 小时必须以 VHF 向港务监督报告。

2.尝试利用雷达辅助导航船舶

“文化大革命”结束后,沿海各港务监督积极与科研院校合作,引入先进技术,开始利用雷达等设备为船舶提供辅助导航。1976 年,青岛港务监督利用船用雷达建成雷达导航台,称团岛雷达站,主要为港界线以内水域的港作船(拖轮等)、客班轮和引航站服务,为船舶提供定位服务,监测船舶,根据船方或引航员要求导航。1981 年,青岛港务监督为制止施工中违章行为和保障水上施工安全,会同上海船舶运输科学研究所,在雷达导航台台址安装 CLD-1 型港口雷达。1984 年,青岛雷达导航台对雷达数据处理器进行实验。该雷达数据处理器可对 8 个目标进行人工录取,自动跟踪,并以数字显示被跟踪目标的航向、航速。该雷达站昼夜值班,到1985年已为各类船舶安全导航1000多次。

内河及各省(区、市)的船舶导航设施陆续出现,较为突出的当数上海市内河轮渡雾天导航系统。1976年,上海市内河轮渡公司在陆家嘴安装一部8毫米波段雷达,监视轮渡线附近江面情况,用开路电视把雷达显示器的图像发送给渡船上的电视接收设备,供驾驶员参照电视监视器上的雷达图像,辨认航线和本船位置驾驶船舶。还在轮渡站两侧安装电子雾钟和雾航灯,作为在雾航中夜航的辅助设备。船岸之间则利用甚高频无线电话进行联系。1978年,上海市内河轮渡公司又在东东线、周江线建立雾天导航系统,与陆延线一起,保障每天45万人次安全过江。黄浦江雾天导航系统获得上海市1978年重大科技成果奖。

这一时期,根据船舶运行的海域,由华南沿海区域的广州、福州、泉州、厦门、汕头、湛江、北海、防城、海口、八所和三亚等海岸电台组成华南沿海船舶辅助电路网;由上海、连云港、宁波、温州、舟山、海门、福州、厦门和南京等江、海岸电台组成华东沿海船舶辅助电路网;由北方沿海区域的营口、大连、秦皇岛、天津、烟台和青岛等海岸电台组成北方沿海船舶辅助电路网。为及时中转远洋船舶电报,1979年上海、广州、天津3座岸台相互间的远洋船舶辅助电路建立。1983年,南京和南通江岸电台增设船岸异频通信电路,以适应长江对外开放后江海联运通信需要。1977年1月,CLD-8型船用雷达研制成功,填补了我国8毫米波段船用雷达的空白。1978年3月,广州海岸电台正式试开高频SSB无线电话。6—7月,中远总公司"建华"等轮与广州海岸电台进行广泛的SSB话务试验,在我国首次实现船公司与船舶间使用SSB电话通信。1979年2月1日起,广州海岸电台开放SSB无线电话。12月,中远在"明华"轮安装我国远洋船舶第一台由挪威EB公司生产的SATURN卫星通信终端机,揭开我国远洋船舶使用卫星通信的序幕。1980年,广州至南宁的西江干线各港航部门开始使用VHF无线电话。1981年12月,我国第一部港口GLD-1型雷达研制成功。1982年,松花江、嫩江的航标船开始设置电台和配备VHF无线电话。南宁、柳州两大航区开始安装和应用短波江岸电台。

此外,长江葛洲坝水利枢纽工程通信工程于1981年5月20日竣工,并实现全网通话(1979年11月开工)。1981年12月,汉渝(汉口—重庆)有线电话扩建工程竣工。1983年,长航通信部门先后在南京、汉口和宜昌航道区的各个航道段和部分航道站及工作船艇上安装VHF无线电话。

第六节　授权归口管理工作的加强

一、海上搜救管理工作的加强

作为负责全国海上搜救的全国海上安全指挥部,始建于1973年12月28日,为国务院、中央军委的非常设机构。1976年,渤海海域冬季发生大面积的冰冻,全国海上安全指挥部牵头组织指挥防冻破冰工作。11月29日,国务院、中央军委下发"关于《同意渤海防冻破冰工作改由全国海上安全指挥部牵头组织》的通知"。自此,海上安全指挥部具体职责由防台风、防止船舶污染水域与海难救助("二防一救"),改为防台风、防止船舶污染海域、防冻破冰及海难救助("三防一救")。

全国海上安全指挥部被赋予新职之后,在中国气象局和国家海洋局在支持下,台风季节重点针对东南沿海地区,冬季冷空气侵袭时重点针对东、黄海地区抓紧预防工作。沿海省(区、市)也十分重视防台风工作。广东、福建、浙江、上海等省(市)海上安全指挥部,根据多年防台经验,在沿海地、市、县建立防台组织,在台风季节到来之前,召开防台准备会议,深入基层,落实措施,通过印发防台小册子等手段进行广泛宣传,以减少人员伤亡和国家财产损失。仅以广东水产部门统计,1974年前每年台风灾害死亡渔民少则几十人,多则上百人,而1979年则已显著减少。

在预防大型船舶事故方面,以往南海每年东北季风时期,在西沙总有中外船舶触礁沉船。1979年海军南海舰队在西沙的浪花礁和北礁等处增设灯标后,触礁沉船事件明显减少。在组织救助指挥方面,坚持"军民一体,防救结合"的原则,加强海难救助。仅1978—1979年,在我国海域发生海难事故147艘次,其中重大航政碰撞24起,失火15起,触礁4起,救起1000余人(包括渔民),其中外国人126人。在实施救助过程中,海军、交通部和农业水产部门的救助船舶发挥了重要作用。

在加强海上安全救助的组织指挥方面,由于专业救助力量逐年加强,救助效果也有较大的提高。1978年1月31日希腊籍"阿里比澳"轮在珠江口爆炸起火后,交通部和广东省、省军区在有关部门的配合下,由海军、空军、交通、水产等单位通力协作,派出各类舰船、救助船和渔船数十艘次及直升机在海上搜寻遇难船员,陆军部队也在岛屿上进行广泛搜寻,最后11名遇难人员获救脱险,赢得赞誉。

1981年12月,全国海上安全指挥部召开第八次会议。会议认为,在当前依靠一个部门去完成"三防一救"任务还有困难的情况下,继续保持全国和沿海各省(区、市)海上安全指挥部的联合组织形式是很必要的,但对各部门派人组成指挥部办公室的做法有必要进行调整。为此,1982年2月12日,交通部向国务院、中央军委上报《关于调整海上安全指挥部办事机构的请示》。请示建议,在逐步建立统一的海上安全管理和救助中心的过渡时期,全国海上安全指挥部的日常工作由交通部负责,定期召开领导成员会议,研究解决工作中存在的问题。沿海各省(区、市)海上安全指挥部,如辽宁、山东、广西、广东有专人,并设立专职办事机构,可继续保留。其他省(区、市)海上安全指挥部办公室可视具体情况确定,也可同交通部下属的港务监督合并办公。合并办公后的办公室人员编制、经费开支和行政管理均由港务监督部门负责。2月24日,国务院、中央军委同意交通部的意见。3月,国务院、中央军委将全国海上安全指挥部日常工作交由交通部负责,海上安全指挥部值班工作仍由各部门选派人员负责。8月,在国务院机构改革中,水上船舶安全指挥和海难救助被明确为交通部的主要职责之一,全国海上安全指挥部办公室及其职责合并到交通部水上安全监督局(对外称中国港监局)。

1982年12月,国务院和中央军委批准全国海上安全指挥部的请求,明确全国安全指挥部的日常工作归由交通部负责,同时要求交通部加强海上安全监督管理和海难救助工作的组织领导。

二、环境保护管理工作的加强

(一)环保机制的建立与环保工作开展

"文化大革命"结束之初,船舶防污染与环境保护工作仍合并在一起实施监管。1979年6月5日,交通部明确环境保护工作由安全监督局负责,保留环境保护办公室名称。1982年,环境保护办公室并入水上交通安全监督局。交通环境保护管理工作,主要是在宣传、贯彻和执行国家有关方针政策中,着重开展防治污染工作,特别是防治油和煤尘的污染工作;在大、中型新建、改建、工程中,坚持主体工程和环境保护设施同时设计、同时施工、同时投产。在开展环境保护的科研、监测、教育和监督等工作中,全国建立1500多人的环保、防止船舶污染水域的专业管理队伍。

1974—1982年,交通部所属各单位,加强环保法制建设和完善管理机制,进一步明确环保管理工作的职责,即:①组织制定法规、规范、标准。②组织制定规划和计划,并监督实施。③组织制定环境保护技术政策,对环境保护科研方向和选题进行宏观指导。④开展环境资料监测和统计。⑤组织信息情报交流。⑥组织专业技术人员培训。1980年之后,交通部先后制订《交通部环境监测工作条例》《交通部环境质量报告书编写技术规定》和《交通部环境及污染源监测技术规范》等管理规章。

1979年,交通部着手起草《中华人民共和国防止水域污染条例》,监督检查"三废"(废气、废水、废渣)排放水域,并开始港口建设项目的环境影响评估工作。1979年3月,制定《1979—1985年交通部直属企业环境保护纲要》。1980年6月7日,交通部公布《交通部环境监测工作条例(试行)》,明确规定环境监测站的任务、监测项目和设置(可根据任务和布点设一、二、三级监测站),以及各类监测人员的配备和职责与分工等。经过修改补充后,交通部于1980年4月1日公布《交通部环境监测工作条例》,规定交通行业环境监测内容,主要包括水环境、大气环境、环境噪声监测和污染源监测、污染事故监测。

1983年12月第二次全国环境保护会议将环境保护明确为中国的基本国策后,交通部在继续治理"三废"(废气、废水、废渣)的同时,将交通环保逐步转向以预防为主,与交通建设同步发展,实施环保设施与主体工程的"三同时"(同时设计、同时施工、同时投产使用)制度,并重点加强防止船舶污染水域的管理工作,在全国交通系统建立1500多人的专业队伍。

根据交通部的规定与安排,沿海各港务监督为统一环保管理,其下设专职环境保护部门。1979年,天津港务监督在1973年设立的环保卫生组基础上成立卫生防疫监督站,除监督船舶污染水域外,同时监督港区大气、水质等。1980年,改为环境保护处(也称环保办公室),作为港区环保工作的主管部门,代表国家和地方政府对港区环境保护工作实行统一组织、协调、监督、管理。环境保护处的主要职责有:保证港区贯彻国家和地方政府的环境保护方针、政策、法律、法规及标准,制定港区环境保护规章、制度;编制港区环境规则、年度计划,审查污染治理方案和新建、改建、扩建工程的选址及环保技术措施,负责港区环境监测、监查与治理。天津港务监督成立天津监测站,为国家二级监测站,是黄、渤海环保网和天津市海洋监测网点,受交通部、天津市双重业务指导。当时,天津港区共设3个大气监测站(本站监测中心、港埠四公司、燃料供应公司)、6个水质监测点,有各种监测仪器49台(套)。天津港务监督与其下的监查大队,是天津环保监督检查部门,代表国家和地方政府及港口机构对港区环保依法行使监督检查权。按照国家环境质量标准、污染物排放标准、监测技术规定,监查"三同时"工程现场施工,对港区公用设施、环保设施、园林绿化设施、陆地港务设施及市政卫生设施实施监查保护。

(二)环保监测工作的开展

环境监测是环境保护的耳目。1976—1980年,交通部按照国家对环境工作的总要求,认真开展水上污染治理和环境保护工作。先后在大连、秦皇岛、青岛、湛江港建设环境保护监测站,在大连、秦皇岛、青岛港建成5个油污水处理场;在大连、湛江、南京港建立油轮洗舱站。改建、新建船舶机舱水回收处理船(驳)3艘;新增浮油回收船8艘,围油栏3000米,围油栏代用工作船(艇)7艘;新建垃圾回收船20艘。1980年以后,交通部先后制订《交通部环境质量报告书编写技术规定》和《交通部环境及污染源监测技术规范》等主要规章。且从1980年起,交通部每年召开一次环境监测工作会议,总结和部署交通环保工作。

自1976年起,上海港务监督就建立监测取证室,并逐步配备油分浓度仪、荧光分光光度计、气相色谱仪等仪器设备,具备水中油"定量"和"定性"监查鉴别的能力。监测取证室建立不久,就为有关科研和生产部门研制船舶油水分离器设备的监测分析工作做出了贡献。1980年,上海港港务监督成立上海港环境监测站和上海环境保护站,负责港口环境保护。

1981年,烟台港务监督成立水域环境检查站,开展船舶压载水、洗舱水、船底水油含量、PH化学耗氧量分析。水域检查站利用溢油分析鉴别技术侦破了多起外轮污染事故,维护了国家的权益。1983年,烟台港务监督在加强环境监测、污染治理的同时,添置粉尘监测设备,进行现场散装货物粉尘监控。在现场执法中发现,散装化肥、纯碱、磷石粉、煤炭等作业时,现场的粉尘浓度超过标准。烟台港监积极进行现场调查研究,召开专门会议研究工作措施,通过对散装化肥灌包作业采取封闭式操作,对门机卸散肥作业降低卸料高度等办法减轻现场粉尘浓度。除上海、烟台港务监督外,连云港、宁波港等港务监督也相继建立监测取证室。

第七节　航政基础设施建设的加强

一、巡逻船艇数量的增长

20 世纪 80 年代以前,我国没有先进定位手段和管理技术,不能准确地掌握港口水域的船舶动态和信息,不能对航行和停泊的船舶进行有效监控,一直处于船舶"循章自治"的状态,水上交通事故屡有发生,特别是我国近海和港区内发生的水上事故惊人。据统计,仅交通部直属船舶,在 1972—1982 年 10 年间,共发生海损事故 3413 起,平均每年 341 起,10 年内全损船舶 315 艘,死亡 432 人。

"文化大革命"以后,特别改革开放政策实施之后,在国家不断投资下,全国航政基本建设步伐开始加快,且形成一定规模。尽管与当时江河湖海百舸争流,航运业出现前所未有的发展,沿海到港船舶直线性上升,内河乡镇船舶已有近数十万艘的水运繁荣景象等相比,航政设施和管理手段远未赶上迅速发展的航运业。国家在宁波北仑、青岛、湛江等港口建立雷达站,在上海、青岛、黄埔等港试行船舶动态报告制,并在有关的航段建立航道分隔制,在雾航、夜航及改善航行秩序等方面初见成效,添置和更新了一批航政设施(备),可与国外港口用于水上交通安全监管的设施(备)相比尚有较大差距。到 1980 年 6 月,仅沿海和长江用于现场巡逻各类船舶 195 艘,详见表 5-7-1。

沿海、长江现场巡逻各类船艇一览表(至 1980 年 6 月)　　表 5-7-1

港　口	艘　数	各类船艇
大连	3	巡逻艇 2 艘,浮油清污船 1 艘
秦皇岛	6	巡逻艇 2 艘,引航船 2 艘,航测艇 1 艘,浮油清污船 1 艘
青岛	6	巡逻艇 1 艘,引航船 2 艘,浮油清污船 2 艘,拖轮 1 艘
天津	4	巡逻艇 2 艘,交通船 1 艘,带缆艇 1 艘
上海	34	巡逻艇 22 艘,引航船 3 艘,联检船 3 艘、交通艇 4 艘,公务接待船 2 艘
宁波	5	巡逻艇 5 艘
连云港	3	巡逻艇 1 艘,引航船 2 艘
黄埔	20	巡逻艇 3 艘,引航船 2 艘,拖轮 5 艘;浮油清污船 2 艘;带缆艇 2 艘;消防艇 1 艘;其他船舶 5 艘
湛江	7	巡逻艇 3 艘,浮油清污船 4 艘
温州	3	巡逻艇 3 艘(其中 2 艘为木质船),航测艇 1 艘
福州	8	巡逻艇 7 艘,公务接待船 1 艘
厦门	2	巡逻艇 2 艘(其中 1 艘为木质船)
汕头	7	巡逻艇 6 艘,浮油清污船 1 艘
广州	15	巡逻艇 9 艘,拖轮 1 艘,浮油清污船 1 艘,疏浚船 1 艘,其他船舶 3 艘
海口	4	巡逻艇 4 艘
八所	1	巡逻艇 1 艘
北海	4	巡逻艇 1 艘,拖轮 1 艘,航测艇 1 艘
长江	67	巡逻艇 43 艘,囤船 22 艘,浮油清污船 1 艘,教练船 1 艘

随着水运事业的发展,各省(区、市)增加拨款,建造水上巡逻艇,购买通信设备和其他管理设施。自1978年开始,交通部利用贷款,由香港招商局委托香港英辉修船厂开始建造4艘3000马力引航联检船舶。沿海各港务监督也先后有一些新的巡逻船艇加入现场巡航序列。我国用于现场巡逻的船艇从无到有,从个位数到两位数不断地增加,艇体也从木质船到钢质船转变。至1984年,沿海各港务监督和长江航政局的巡逻艇有了大幅度增加。长江航政局1976年“文化大革命”结束时仅有26艘监督艇,到1983年增至55艘,增长一倍。1976—1985年,上海市港航监督加大船艇建造,更新改造巡逻船,共新建、改建21艘钢质巡逻艇。至1984年,全市已有巡逻艇32艘,还在一些重点港站建立无线电通信系统,有效地改善了水上安全管理手段。

二、现场监管船艇标识的统一

为使港务(航)监督现场巡逻维护的船艇在执行任务中便于识别和开展工作,1983年起交通部水上安全监督局统一规范港务(航)监督船舶的颜色、船首旗,编号等。

船色,用于区分巡逻艇、联检船、交通船和引航船:巡逻艇为白色船体、红色护舷木、红色编号号码;联检船、交通船为白色船体、绛红色护舷木、绛红色编号号码;引航船为白色船体、蓝色护舷木、蓝色编号号码。

船首旗,用于区分巡逻艇、联检船、交通船和引航船:巡逻艇、联检船、交通船的船首旗为红底,中间金黄色五角星,两边各三道金黄波纹;引航船的船首旗为红底,中间黑色锚,两边各三道金黄色波纹。

船舶编号,重新用于现场巡逻船艇:船舶编号共有5位数字组成,前列3位为中华人民共和国所属港监的代号,由北到南排列(如大连港务监督为101,海口港务监督为120),后列2位数字为船舶用途和编号号码(巡逻艇:01~49;联检船:50~59;交通船:60~69;引航船:70~79)。

长江航政管理局、黑龙江航运管理局港航、监督船舶编号,前列两数字为长江航政管理局和黑龙江航运管理局港航监督代号(长江航政管理局为01;黑龙江航运管理局港航监督为02),中间两位数字为所属港监的代号,后列两位数字为船舶用途和编号号码。

港监公务艇统一标识后,解决了执法船艇标识不一、船舶间互认互识困难的问题,预示着港务监督向管理规范化方向又迈进了一步。

这一时期,各省(区、市)港航监督用于现场巡航与维护的船舶设施、技术装备仍处于十分匮乏、落后的状态。许多省(区、市)港航监督没有专用船艇用于水上巡航。由于财力限制,船艇等主要设备增速缓慢,也影响港航监督水上交通安全监管职能的发挥。

三、全国第一个船舶交通管理系统的建成

船舶交通管理,主要通过船舶交通管理系统(简称VTS)来实现的,是对船舶实施交通管制并提供咨询服务的一个集雷达、通信设施、计算机于一体的高新技术监控的系统,是现代化高新技术在水上交通安全监督管理上的应用。VTS基本组成应包括岸上管理机构VTS中心、使用VTS的船舶和通信3个部分。VTS具有搜集船舶数据、评估与处理信息、实施信息和助航服务、交通组织、支持联合行动等功能,具有直观、准确、高效、威慑力强、服务和协作内容广泛等特点。

我国的船舶交通管理系统(VTS),早期称港口导航系统,后来又称水上交通管制系统,最后称船舶交通管理系统。“文化大革命”之后,随着船舶大型化、高速化和水上交通密度的增加,海损事故增多。通过长期的探索和实践,我国已初步积累了建设现代港口船舶交通管理系统的经验,到20世纪90年代初的建设大体可分为三大阶段:1978年以前为研究试验和组织准备阶段;1980年之后为建设初级阶段;

1990 年起为全面发展阶段。我国沿海及内河 VTS 分为水道型、港口型和综合型 3 种类型,一般建在我国沿海重点港口、海峡水域及部分内河干线(如长江江苏段)上。

从 20 世纪 70 年代中期开始,船用电子导航仪器的研制和生产有了长足进步,船舶导航仪器装备水平也大为提高。各种国产的、引进的导航仪器在大中型船舶上基本普及,甚高频无线电话在船对船、船对岸通信中大量应用;通信导航设备的管理、维修力量有了较大发展。所有这些都为建设现代港口船舶交通管理系统准备了物质条件。1975 年 3 月,交通部科技委、水运局在北京联合召开第一次全国导航工作会议,讨论船舶导航设备的科研生产和港口导航需求的差距,提出 10 年内在主要沿海港口和川江初步建设比较先进的导航系统的设想。会议之后,许多港口都着手建设船舶交通管理系统的规划,且进行某些试验,最后确定在宁波港北仑港区建立以雷达监视系统为主的 VTS。1978 年初,宁波港北仑港区雷达站开始选址,进行系统总体设计和论证。1980 年,与英国雷柯德卡(RACAL-DECCA)公司签订引进港口雷达设备合同,1981 年开始动工。设计、施工人员克服海岛勘察、选点、设计和施工方面的重重困难,于 1981 年完成雷达站主体工程,1982 年 1 月正式运行。全套系统由两套 X 波段收发机、16 英寸 PPI 显示器、数字扫描转换器、台卡标点和 19 英寸电视显示器组成。整个系统包括大榭、崎头、虾岐 3 个雷达站,连续覆盖虾岐门引水锚地至北仑矿石码头 32 海里长的航道和有关水域,可对水面船舶进行监视、导航并提供必要的服务。宁波雷达导航系统是我国第一个以雷达监视为主的船舶交通管理系统(VTS)。

第八节 航政管理队伍的恢复与建设

一、航政队伍的恢复与整体状况

水上交通安全监管是一项技术性、政策性较强的工作,有关人员应具备较高的专业知识和政策水平,能在工作中发现和妥善处理问题。但“文化大革命”之前相当一段时间内,录用人员存在着忽视技术业务和文化素养的倾向,使一些没有经过专门培训、缺少专业知识的人员进入港务(航)监督队伍,影响了水上安全管理工作质量和工作效率。

1977 年,全国港务(航)监督系统加强自身队伍建设,在开展“遵章守纪,加强法制,消除隐患,整顿交通秩序,整顿劳动纪律”活动的同时,调整和充实机构,培训与选拔优秀人才。1979 年 10 月,交通部在北京召开“文化大革命”结束后的第一次全国地方水上安全工作会议,明确提出:“随着交通事业不断发展,车船大量增加,交通安全管理工作日益繁重,当前专职交通安全机构还不够健全,管理人员不足、不强,必须切实加强。各地要根据实际情况把水、陆安全监督机构逐步充实健全起来,加强领导,统一指挥。”

根据会议要求,各地港务(航)监督一方面恢复机构,陆续调回下放人员,一方面通过各种渠道招聘社会(尤其航运界)人才,充实港务(航)监督队伍。到 1980 年 6 月,仅大连、秦皇岛、天津、青岛、连云港、上海、宁波、黄埔、湛江、温州、福州、厦门、汕头、广州、海口、八所、北海沿海各港务监督和长江航政管理局等直属港务(航)监督人员共有 4387 人,其中大连 120 人、秦皇岛 143 人、天津 85 人、烟台 39 人、青岛 161 人、连云港 51 人、上海 1357 人、宁波 87 人、黄埔 439 人、湛江 113 人、温州 71 人、福州 88 人、厦门 23 人、汕头 120 人、广州 314 人、海口 93 人、八所 67 人、北海 41 人、长江航政管理局 975 人。

各省(区、市)政府同样陆续增加地方港航监督机构的人员。但因当时港航监督分散于所在地的交通、航运机构,专理水上交通安全监管方面的人员数量还是有限的,且配置不一。大多数省一级港航监督机构配备人员不过 10 人左右,地(市)、县港航监督机构则更少,有的县只有 1 人,且身兼数职,没有具体分工,一旦有紧急情况和任务,港航机构人员一起行动。更何况当时全国港航监督队伍受“文化大革命”

影响,干部、职工普遍存在着“三低一少”问题(即文化水平低、技术等级低、管理水平低,技术管理人员少),影响水上安全管理工作质量和效率。

随着对外开放步伐不断加快,航运业的快速发展,全国港务(航)监督队伍整体水平不断提高。各级政府不但意识到提高港务(航)监督队伍素质的紧迫性、重要性,而且因地制宜,从实际出发,通过业务培训、学历深造、补充新鲜血液等多种方式提高这一队伍政治、业务素养,以适应水上交通安全管理的需要。

二、航政管理队伍的文化教育

(一)航政人员文化业务技术素质的提高

1981年2月20日,中共中央、国务院发出《关于加强职工教育工作的决定》。这是一个关于职工教育工作极为重要的文件。

根据上述决定,交通部港务监督局(对外称中国港监局)及各地港务(航)监督除加强在职人员的管理与业务技术学习、培训外,还开展对青壮年管理人员的文化补课和专业技术补课(即“双补”)工作,给被十年内乱耽误学习的一代青壮年人员补上文化技术课,使他们成为合格的管理人员、港务(航)监督系统的骨干。部港务监督局还组织实施全员文化知识普及和提高,建立健全教育工作专职机构,建立培训基地,举办业余学校、脱产短训班、技术讲座,并建立和健全航政人员文化技术考核制度,组织现有管理人员到各地交通、航运、航政等专科学校分别设置的航政(船检)专业班进修学习,为水上安全管理培养技术骨干与人才。

1980年,大连海运学院为天津、上海、广州航道局举办了一期航标导航培训班,共有45人接受3年制大专学历教育。

1982年起,大连、上海港务监督分别开办专业学习班和英语培训班。这是在过去经常开的临时性培训的基础上,改为有计划、有针对性、多层次的教育培训。培训的重点以中青年为主,培训内容以文化补课为主。

(二)内河及各省(区、市)的航政人员文化培训

1983年,长江航政管理局在上一年对209名职工文化补习基础上,加紧对其余300多名低于初中文化程度的青年职工进行文化补习,之后逐年上升。同时,对港航监督人员进行专业技术培训。1980年6—8月,长江航政局先后举办3期培训班,61名航政管理人员和12名财会人员参加培训,脱产半脱产培训70人。这是“文化大革命”后举办的第一期航政专业技术培训。其后,又培训22人,选送48人到专业院校深造。

与此同时,长江航政管理局将培训扩至各省(区、市)内河港航监督。1982年起,为广东、广西、云南、贵州、江西、湖南、安徽、江苏、浙江、四川、山东、河南、黑龙江13个省(区、市)开办培训班6期,代培37人。1980—1985年,先后开办航政、财务、危险品管理等9期培训班。不仅为长江港航监督培训300多技术人员,而且为地方港航监督代培100多人。

各省(区、市)港航监督通过联系专业学校联合办学、自主培训和组织自学等途径,采取脱产、半脱产、业余学习等形式,进行岗位适任、知识更新和理想信念等教育培训,提高队伍素质。

1977—1983年,广西壮族自治区港航监督人员参加交通部、自治区举办的培训班5期,共93人,占在职港航监督总人数的30.7%。1980年秋,广西壮族自治区航运学校首次设船舶检验专业,在全区招收40多名学员,以培养中等船验技术力量。1980年起,广西港航监督联合广西交通学校、广西航运学校先后

举办港航监督(航政)及船舶检验共 50 多名在职人员培训班,开设船舶检验、港航监督专业,培养了一批中等专业水平的航政技术人才。

1978 年 4—11 月,江苏省港航监督局在南通河运学校开办首期船检短训班,学制 1 年。全省 38 名船检人员取得结业证书。1980 年 9 月 20 日,省交通厅下发"关于举办船检人员培训班的通知",决定 10 月 13 日至 11 月 13 日在南京举办在职船检人员轮训班。41 个县(市)47 名船检人员参加培训,重点课程有船舶基本性能、结构强度、轮机、电气、船体装配焊接、吨位丈量等。教学中组织 6 次实习,结业考试合格率 100%。1981 年 12 月 15 日,省交通厅下发"关于选送'船体检验'短训班学员的通知",选送 10 名在职有船检基础知识的技术人员参加武汉水运工程学院 1982 年上半年举办的"船体检验"短训班,脱产半年。

1978 年 11 月 13—17 日,广东省港航监督针对本省港航监督人员状况,按照缺什么学什么的原则,积极开展以基础业务技术教育为重点的在职培训教育。其形式包括岗位练兵、短期脱产轮训、业余学习、夜校、"七・二一"大学等。实行技术考核制度,对已在工作岗位的管理人员实行考核,不合格的进行补课,人员晋级提升要经过技术和操作考核。

1982 年 9 月,陕西省交通厅在安康举办全省港航监督人员学习班,各地选派 20 余人参加理论学习 4 个月,实地教练 1 个月的技能。培训理论课程包括船舶原理与结构、船体检验、内河船舶驾驶和内河避碰规则、船舶动力装置、船机检验、航政调查处理等,实操为船舶驾驶、船舶检验与丈量方法。

三、航政人员制服换新与标志更新

十年动乱结束后,水上交通管理任务日益繁重,全国港务监督执法人员身穿便服,对国内船舶进行执法检查时,由于身份不明,船员不予积极配合,遇到较多困难,影响执法的正常进行。为维护港口和航运的正常秩序,便于港航监督人员执行航政管理任务,统一执法服装已显得十分必要和紧迫。1978 年 7 月 21 日,经国务院批准,交通部、商业部和全国供销合作总社联合下发"关于统一港航监督(航政管理、船检)外勤人员服装、帽徽和臂章式样的通知",对服装的式样、颜色、布料、供应标准和服装发放范围有了明确的规定,对帽徽(圆形国徽图案)、臂章(海蓝色,菱形,对外开放港口印"中华人民共和国港务监督",非对外开放港口印"港务监督",字体颜色为金黄色,四边为黄边)的样式进行统一,且明确服装费用由国家承担。这样,港务监督人员除臂章外,与其他联合检查人员制服基本一致。不过,穿着统一式样和颜色的制服,不易辨认,不便于对外执行公务,也不利于对外观瞻和群众监督。为此,国家在 1979 年对海关、商检的制服进行修改的基础上,于 1980 年对港务监督和船舶检验的制服在用料、颜色等方面进行差异化调整:

港务监督,夏季制服用银灰色涤棉平布和卡其布,短袖用银灰色涤棉丝绸;冬季制度用深灰色毛涤华达呢,大衣用深灰色海军呢。

船舶检验:夏季制服用米黄色涤棉平布和卡其布,短袖用白色涤棉丝绸;冬季制度用藏青色毛涤华达呢,大衣用藏青色海军呢。

引航员的制服也同期进行款式更换。为了对外工作的需要,引航员肩章需要区别于港务监督肩章。1981 年 2 月,交通部对引航员的肩章进行明确,即:肩章为黑色底,标以罗经花,按引航员不同情况分别加二道、三道和四道金线。

1983 年 12 月 27 日,交通部下发"关于对外开放港口港务监督人员服装供应办法的通知"。随后,交通部和财政部对开放港口港务监督人员服装的样式、标准和着装年限进行规范:冬、夏服男式为中国人民解放军干部服式样,女式为西装式样。同时,将全国沿海区域划分为温区(辽宁、天津、河北、山东、上海、江苏、浙江)和热区(广东、广西、福建),根据不同区域,夏服热区两年换发一套,温区三年换发一套。

1984年,为便于执行任务,参照国际惯例,并考虑到新中国成立以来的历史情况,交通部和财政部决定对沿海、内河运输船员及沿海界江航标管理工作的一线人员配发制服。夏服为平纹的确良制服,冬服为制服呢制服。同时规定,制服费用根据个人收入,按比例承担。

这一期间,针对各开放港口港务监督的印章大小不一、文字简繁不一等情况,为统一对外形象,规范内部管理,1984年交通部下发“关于对全国沿海(包括内河)对外开放的港口的港务监督印章的通知”,规定:印章一律为圆形,直径4.2厘米,圆边宽1.2毫米,冠中华人民共和国字样,自左向右环,“××港务监督”名称自左而右横行。各对外开放港口港务监督印章一律按上述规定刻制,如有增设机构或机构变动按有关规定报批。通知下发后,各港务监督根据要求制作并及时启用新的印章。

第九节　加大与国际海事组织的交流和合作

一、加大与国际海事组织的交流合作

自1973年3月1日成为政府间海事协商组织(1982年5月改称“国际海事组织”)成员以来,我国每年均派出代表团参加政府间海事协商组织的各项活动。在交通部统一部署下,交通部船检港监(后来的安全监督局、港务监督局)。至1980年底,组团或派员参加过国际海事组织、国际海事卫星组织、联合国开发计划署、联合国亚洲及太平洋经济社会委员会航运交通委员会等举办的会议和活动,参与国际海事合作,履行成员国职责和义务,先后参加国际海事组织所制定国际公约和议定书共15项,并将其规定纳入国内有关法规,加以实施。

1977年11月,交通部船检港监局派员参加交通部组团出席海协第十届大会。审议通过A·400(X)号决议——“海协”公约修正案。11月16日,大会选举产生新的理事会成员,中国被选为B类理事国。这是中国加入海协后第一次被推选为B类理事国。

1979年,交通部港务监督局出席国际海事组织第11届大会。

1980年,交通部与海军司令部航保部组团赴日本东京参加国际航标协会第10届国际航标大会。

1981年4月,美国海岸警卫队司令约翰·海斯海军上将率代表团一行9人就设立“欧米加”监视台,参与国际船舶互救系统和我国船厂建造挂美国国旗的船舶检验问题赴京进行访问和交流。10月,交通部通知国际航标协会,中国政府决定采用国际航标协会推荐的海上浮标系统A区域,并于1986年在中国海区(不含台湾省)实施。同年,交通部港务监督局出席国际海事组织第十二届大会。

1982年9月13日,交通部水上安全监督局派员参加交通部组团出席国际海事组织海上安全委员会第四十七届会议。

1983年6月6日,交通部水上安全监督局派员参加交通部组团出席国际海事组织海上安全委员会第四十八届会议。11月7日,出席国际海事组织第十三届大会。

特别值得一提的是,这一时期我国先后恢复参加国际海道测量组织、国际海事卫星组织。

我国于1977年恢复国际海道测量组织席位。国际海道测量组织(International Hydrographic Organization,IHO)于1919年召开第一次大会决定成立常设机构。1921年6月21日,该组织常设机构成立。1970年9月22日,该组织由联合国注册正式生效,改为国际海道测量局,成为政府间技术咨询性的国际组织。它是政府间组织,宗旨是实现各国海道测量单位之间的协调,尽最大可能使海图和航海文件一致化,采纳和利用可靠有效的方法进行海道测量,发展水道测量方面的科学,介绍海洋技术。每5年召开一次大会,由成员国政府的代表参加。另可根据需要召开工作会议。

我国是 1919 年第一次国际海道测量大会参加国,也就是国际海道测量组织的创始国之一。1977 年第十一次大会通过决议,承认中华人民共和国是参加国际海道测量组织的唯一合法的中国代表。同年,中国政府正式承认国际海道测量组织公约,并恢复参加该组织活动。1982 年,中国以正式成员国身份出席在摩纳哥召开的第十二次大会。我国加入国际航道测量组织后,航道测量部门采用该组织统一的航道测量方法,统一海图和航海文件,每年均派员参加中国政府组团出席国际海道测量组织(IHO)大会,后来海军司令部航保部、香港海事处、澳门港务局也派员参加。

我国于 1979 年 7 月 13 日签署《国际海事卫星组织公约》及其业务协定,并参加国际海事卫星组织。国际海事卫星组织(简称 INMARSAT)的宗旨是为改进海上通信而提供所必需的信息通道,从而有助于改进海上紧急通信、海上公众通信,提高船舶效率和无线电定位能力。1973 年 11 月 23 日,政府间海事协商组织第八届全体大会通过决议,决定召开国际海事卫星组织会议。1975 年 4 月 23 日至 5 月 9 日、1976 年 2 月 9—27 日和 1976 年 9 月 1—3 日先后召开 3 次会议,并在第三次会上通过《国际海事卫星组织公约》和《国际海事卫星组织业务协定》。1979 年 7 月 16 日,《国际海事卫星组织公约》正式生效。10 月 24—26 日,国际海事卫星组织正式成立,总部设在伦敦。我国于 1979 年 7 月 13 日签署《国际海事卫星组织公约》及其业务协定,参加国际海事卫星组织。

二、加大与周边国家的交流与合作

中华人民共和国成立之初,中苏两国政府为使双方船舶在国境河流中安全、有序行驶,于 1950 年签署《中苏国境河流航行规则》,成立中苏联合航行委员会并定期会晤,协调沟通相关事宜。1977 年 7 月在黑河召开的中苏联合航行委员会第二十次会议至 1985 年召开的第二十七次会议上,双方就海损事故责任、航标变动位置、海事处理、江道测量等问题达成一致。

中朝两国政府 1960 年就在鸭绿江、图们江国境河段上建立共同遵守的航行秩序,在北京正式签订《中华人民共和国政府和朝鲜民主主义人民共和国政府关于国境河流航运合作的规定》《中朝国境河流船舶航行的规则》等。1961 年 3 月,两国相关部门根据协定开展友好合作。1981 年,双方派员组成专家小组,修改《中朝国境河流船舶航行的规则》,统一规定船舶分类信号、船舶操纵和避让、海损事故和海难救助,航标标志,经中朝鸭绿江、图们江航运合作委员会第二十一次会议批准,交通部 1982 年公布《中朝国境河流船舶航行规则》,1982 年 9 月 1 日起生效。该规则共有 6 章 50 条。从信号、船舶操纵和避让、海损事故处理和海难救助、航行标志等 4 个方面规定两国船只在鸭绿江、图们江上航行规则和助航设备设置标准,为维护船舶航行秩序起到了积极的作用。以后,逐步加以完善。根据这些规定,双方较妥善地处理各种海损事故,出现许多相互救助的友好事例,为中朝国境河流段上良好的航行秩序提供了保障。

第六章　中国海事的改革与单立系统
（1984—1992年）

1984年起，国家对沿海港口体制实施改革，对机构实施政企分开，沿海各港港务监督、部分海岸电台与各航道的航道测量处从港务局划出，组建14个海上安全监督局。这一时期，中国沿海航政从分散于"政企合一"港航体制分出，单独建立系统，组建独立的海上安全监督局。各省（区、市）航政机构（部门）也从交通、港航体制中分出单立。全国航政开始集中统一管理。

伴随改革开放深入与国家对航政（水上交通安全管理工作）重视，国务院和交通部更加从宏观指导航政工作。自1984年起逐年召开全国水上安全管理专题会议，1988年开始逐年召开直属水上交通安全监督系统年度工作会议，总结年度监管工作，部署下一年监管工作。

1984年起，沿海港口管理体制改革和政企分开，分散于各港务局的港务监督、部分海岸电台划出，与航道局航标测量处共同组建14个海上安全监督局（对外仍称"中华人民共和国××港务监督"），作为交通部的派出机构，由交通部水上交通安全监督局（中国港监局）管理；各省（区、市）组建由交通厅（局）领导的港航监督，至1990年全国28个省（区、市）组建省港航监督及市（县）级港航监督处（所），形成中央和地方共同构成的航政管理体系，并由企归政，纳入国家行政管理序列。

在以海上交通安全法、内河交通安全管理条例为龙头的法律体系指导下，我国加快了水上安全管理法律法规、规章及规范性文件的立、改、废。经过不断修订、完善，一系列适应水运发展航政管理法规、规章相继形成。各省（区、市）的地方性航政管理规章及规范性文件也陆续出台，成为全国管理法规体系必要补充。

面对1984年起"有河大家行船"的航运业迅猛发展，全国航政机构按照"安全第一，预防为主"总方针，突出重点，标本兼治，以点带面，综合治理，全面落实水上交通管理责任制，系统地总结出一套水上交通安全监管的基本理论和经验。特别到1992年找到一条管理乡镇船的安全监管的行之有效新路子。

用于安全监管的一批12米、20米和300吨、1000吨的巡逻船建成编入序列，改善了现场监管设施（备）条件。天津、秦皇岛、青岛、连云港等一批沿海VTS工程立项或建成投入使用，航政管理向现代化方向迈进。从1986年起水上安全监管信息化建设项目提上议事日程并开始筹建和建设。

航政监管队伍有计划、分层次、多渠道地培养、教育和知识更新，受培训人员比例逐年提高，基本上形成专业结构比较合理、技术人员相对集中、文化水平有所提高的管理队伍。同时，加强廉政勤政、道德教育与制订制度，促使管理人员依法行政，文明执法。

第一节　开始有计划制定航政规划与工作目标

一、国务院召开新中国成立后首次交通安全工作会议

20世纪80年代之后，我国国民经济由计划经济开始向市场经济过渡。1983年，交通部提出"有河大家走船，有路大家走车"改革方针，各部门、各行业、各地区一起干，国营、集体、个人以及各种运输工具一起上，突破所有制的束缚，极大地促进了运力发展，有效地缓解了交通运输紧张状况。1984年，交通部提

出以“转、分、放”和“实现两个转变”为主要内容的改革思路,实现政企分开,加强行业管理,建立五级交通行政管理机构。随后,14 个沿海港口和 26 个长江重点港口全部下放地方。1986 年 6 月 23 日,党中央书记处在听取交通部党组汇报工作时,明确指示:“加强行业管理,改善宏观控制,打破部门所有、地区分割、封闭的局面,使交通运输业多种经济成分、多种经营方式并存,各部门、各地区、各企业一起上,国营、集体、个体一起干。”在中央领导的支持下,交通部推行“有水大家行船”放开政策,促使水上运输业持续发展,尤其内河、大江上国营、集体、个体船舶(船队)百舸争流,同时也带来严峻的水上安全形势,其中,内河的乡镇运输船舶(即乡镇中企业事业单位、个体、合伙、承包经营户的运输船舶)不断发生重大沉船事故,是发生事故率最高的船舶。为此,交通部认真研究,采取积极措施,从抓安全工作中的薄弱环节入手加强监管。这一状况也引起了国务院的关注。

1987 年,交通部代国务院起草《关于加强内河乡镇船舶安全管理的通知》。11 月 3 日,国务院以国发〔1987〕98 号文公布这一通知,明确指出,“内河乡镇运输船舶的安全管理是一项社会性强、涉及面广的工作,必须在各级人民政府统一领导下,组织有关部门进行综合治理,才能扭转事故多发的被动局面。”

1988 年 6 月 4—7 日,国务院在北京召开全国交通安全工作会议。这是新中国成立以来国务院召开的首次全国交通安全工作会议。6 月 4 日,国务委员邹家华作了《紧急动员起来,狠抓严格管理,努力开创交通运输安全的新局面》的讲话,其中就乡镇船舶安全管理,强调“深化改革,强化法制,加强安全监督监察工作”,并提出要“抓紧解决港航监督、船舶检验政出多门的问题”。6 月 7 日,国务院总理李鹏作了《深入改革,综合治理,使交通运输安全出现新局面》重要批示,其中针对乡镇船舶号召“各地要推广四川省的经验,以责任书的形式,将乡镇船舶的管理责任落实到县、乡政府”。会议还提出总的奋斗目标:“紧急动员起来,加强领导,深化改革,狠抓基础,以对国家和人民高度负责的精神,认真贯彻安全第一、预防为主的方针,建立起科学的管理体系,完善必要的技术设备及监控手段,建设一支思想好、作风硬、基本功扎实、纪律严明的交通运输职工队伍,坚决杜绝重大恶性事故,最大限度地减少一般事故,安全、优质、高效地为社会主义现代化建设服务。”

随后,国务院于 1988 年 7 月 24 日以国发〔1988〕48 号文颁布《关于加强交通运输安全工作的决定》,确立全国交通运输安全工作的奋斗目标,即紧急动员起来,加强领导,深化改革,抓好基础,严格管理,建立科学的管理体系,完善必要的技术设备和监控手段,建设一支思想好、作风硬、基本功扎实、纪律严明的职工队伍,坚决防止重大恶性事故,最大限度地减少一般事故,安全优质、高效地为社会主义现代化建设服务。以从狠抓内部管理、建立健全安全责任制、确保设备完好、加强安全法制建设和监督监察工作、关心职工生活、有计划与有步骤地增加运输能力等 9 个方面实现这一目标。同时指出:“各级领导一定要提高对交通运输安全重要性和紧迫性的认识,认真贯彻安全第一、预防为主的方针,实行领导负责制。”这已清楚表明,安全工作涉及面宽,是一项综合性工作,往往涉及几个部门,仅靠交通部门是难以办到的,要靠政府出面协调。换句话说,抓水上安全离不开政府的领导和支持。各级政府负有安全工作的领导责任,其中县乡一级政府更负有直接的领导责任。

为落实国务院全国交通安全工作会议精神,1988 年 6 月 8 日交通部部长钱永昌召集与会交通部人员一一进行部署,强调:“党中央、国务院十分重视,并且由国务院召开全国交通安全工作会议,李鹏总理和邹家华国务委员主持会议并讲话,又有国务院、书记处的许多领导出席会议,这还是建国以来第一次。这说明党中央、国务院对交通安全工作的高度重视。”他要求加强领导,严格各项管理,整顿秩序,特别是要解决好纪律涣散及违章违纪问题,并指出“严格管理是最主要最有效的措施”。

二、开始确定水上交通安全工作每年重点

1984 年,交通部党组在整党活动中,根据新形势下所面临的安全问题,分析全国交通安全形势,以整

党精神提出全面加强直属企业和全行业的交通安全管理工作。4 月 3 日,交通部召开全国海上运输安全工作会议,第一次系统地就安全责任制、安全活动制度、严格纪律制度、科学管理制度、提高技术业务素质和现代化管理水平等提出 32 项具体要求。从此,安全工作纳入定期检查、系统分析、现场整改、监督执行的管理轨道。

特别自 1984 年起,沿海港口体制实施改革、政企分开之后,交通部更加重视水上交通安全监管工作,将以前每半年召集一次由各港安全监督室主任参加的安全生产工作座谈会,改为每季度召开一次安全生产工作会议。按照沿海、内河水上交通安全监管统一的要求和标准,每年召开一次全国性水上交通安全工作会议,分析水上交通安全形势,推广先进经验,找出突出和带倾向性的问题,剖析事故案例,吸取教训与研究对策,部署下一年监管工作任务。

(一)开始召开全国内河(地方)水上交通安全年度工作会议

内河(地方)水上交通安全年度工作会议除 1987 年之外每年召开一次,主要议题是针对沿海之外的内河或地方水上安全管理。

1984 年 6 月,交通部在上海市嘉定县召开“文化大革命”结束后的第一次全国内河交通安全和保险会议,总结多年来内河船舶发生事故和防止事故的经验、教训,重点提出“要以整党精神抓安全”,集中整顿个体船、联户船、承包户船、农副渡船,并针对水上运输放宽搞活新情况,明确提出“放宽一分,管理就必须加强一分”要求。10 月 5 日,交通部公布《加强内河航运安全工作若干规定》,12 月 1 日起实施。该若干规定要求内河航运企业建立安全工作责任制;建立健全安全大检查、安全活动日和安全办公会议 3 项安全活动制度;建立严格的科学管理制度,加强对船舶和对船舶装运的危险货物(包括石油)安全管理,加强对乡镇客渡船安全管理,加强对船员管理和遵章守纪教育;加强船员培训,提高船员素质。

1985 年 8 月,交通部在江苏无锡召开第二次全国内河交通安全工作会议。检查上一年上海嘉定会议所提要求的落实情况,部署继续做好安全工作等,进一步提出全面整顿农副渡船问题。

1986 年 9 月 13 日,交通部在哈尔滨召开第三次全国内河交通安全工作会议,讨论加强乡镇船舶管理和落实到区、镇政府,内河安全管理向交通行业管理逐步深入等问题。会后,由交通部发起与起草,与国家经委、公安部等国家 8 部委联合下发《关于加强乡镇船舶安全监督管理的通知》(〔87〕交水监字 156 号)。同时,结合内河航运安全实际情况,修改补充 1984 年的《加强内河航运安全工作若干规定》。11 月 4 日,交通部重新公布这一若干规定。新规定提出:加强安全工作责任制;坚持、巩固安全活动制度;坚持不懈,严格执行科学管理制度;切实搞好船员培训,提高船员素质,共有 4 个部分 16 项,具体措施。1986 年 10 月 7 日,国务院决定改革中国道路交通安全管理体制,交通部门负责的公路交通安全管理职能移交公安机关统一管理。从此,交通部安委会的工作重点转向水运交通安全行业管理。交通部安委会成立后,建立交通部安全生产例会制度。

1988 年 4 月 5—7 日,交通部在北京召开全国交通安全工作会议,总结检查安全工作,研究改善和加强的措施,确保安全生产。会后,交通部下发了“关于贯彻 1988 年全国交通安全工作会议决定的通知”,要求从改善领导、提高职工队伍的素质、加强管理、严格纪律、遵守制度、加强设备维修管理 6 个方面加以落实,提出 35 项工作措施。通知就今后水上交通安全监督工作提出:各海上安全监督局要完善并不断加强队伍自身建设;交通部水上安全监督局必须制定出加强船员技术证书、海员证书和船员服务簿管理的制度,并行文各港航监督部门执行;港航监督部门要加强船舶的安全检查,发现有不适航状态的船舶应根据不同情况发出立即解决或限期解决的整改通知,凡重要问题逾期未予解决的应按《海上交通安全法》或《内河交通安全管理条例》的有关规定处理。

1989年11月7日,交通部在长沙召开全国内河交通安全工作会议,研究探讨加强水上交通安全管理问题,并将以前历年召开的全国内河交通安全工作会议改为全国地方水上交通安全工作会议,目的是将地方海上运输安全管理纳入整个安全治理整顿范畴。从这次会议开始,我国水上交通安全管理转向全面整顿、分别试点、点面结合、综合治理阶段。

1990年12月20日,交通部在广西南宁召开全国地方水上交通安全工作会议,回顾和评估1984年嘉定全国内河安全会议以来的水上交通安全管理工作,探索和研究不断改进水上交通安全管理的方法、步骤、措施和目标等。

1991年12月20日,交通部在云南昆明召开全国地方水上交通安全工作会议,总结上一年水上安全管理工作落实情况,交流经验,探索完善安全管理机制,研究新形势下的安全管理工作。

1992年11月30日,交通部在重庆市召开全国地方水上交通安全工作会议,总结1984年以来水上交通安全管理成绩,经验和存在的问题,分析和研究新形势下出现的新问题。

(二)开始召开直属水上安全监督系统水上交通安全监督工作会议

在一年一度召开全国内河(地方)水上交通安全年度工作会议的同时,交通部自1988年开始召开直属港务(航)监督系统(水上安全监督系统)年度水上安全监督工作会议,研究和部署年度工作任务,会后分解、细化工作任务,确定年度工作要点、重点,年底检查评估完成任务情况。

1988年1月14—16日,交通部在广州召开直属水上安全监督系统的第一次水上安全监督工作会议。会议主要围绕交通部对港务(航)监督队伍建设提出"完善体制机构,理顺内外关系,健全工作制度,提供航海保证,加强监督服务,改善水上秩序,树立监督权威"7个方面要求,并就贯彻交通部部长钱永昌提出的"沿海灯标亮起来,安全秩序好起来,事故降下来"工作目标,研究今后一个时期工作及1988年工作安排。同时,会议决定以后直属水上安全监督系统水上安全监督工作会议每年召开一次。2月26日,交通部下发通知,要求根据会议要求,以改革的精神,做好水上交通安全监督工作,开创新局面;要维护好水域交通安全秩序;改进和加强船舶安全监督工作;不断完善法规建设,强化法治管理;从实际出发,加强管理手段的建设。

1989年3月4日,交通部在北京召开直属水上安全监督系统的第二次水上安全监督工作会议,研究在直属水上安全监督系统各局实行局长负责制和海上交通安全管理管辖海区分工及其职责等问题。

1990年2月26日,交通部在北京召开直属水上安全监督系统的第三次水上安全监督工作会议,讨论《关于交通部直属海监局、港航监督局实行党政职能分开的若干规定》和《中华人民共和国港务(航)监督机构设置、管理范围和权限规定》。

1991年3月22日,交通部在北京召开直属水上安全监督系统的第四次水上安全监督工作会议,讨论《"八五"期间水上交通安全监督业务建设纲要》。

1992年3月3日,交通部在北京召开直属水上安全监督系统的第五次水上安全监督工作会议,讨论支持搞好国营大中型港航企业的具体措施,介绍铜陵长江港航监督处原党支部书记徐章元的先进事迹。

全国港务(航)监督系统集中统一管理之后,水上安全管理工作在国民经济发展中地位与作用愈发突出,成为交通部乃至国家现代化建设一项重要内容。为此,国家不断加大投入和全面建设,促进水上安全管理工作迅速发展。

三、水上安全工作的布局与规划

20世纪80年代,党和国家将工作重点转移到经济建设上来,坚持对内搞活经济、对外开放的方针,不断推进经济体制改革。

1984 年 4 月 3—8 日,交通部在北京召开了海上运输安全工作会议,并就落实这次会议下发了“关于加强海上运输安全工作若干规定的通知”,要求全国水上交通系统就海上交通安全建立健全安全工作责任制、安全活动制度,严格科学管理制度,提高人员素质等。

1989 年,交通部拟定《交通安全工作规划》,并上报国务院,提出奋斗目标:“坚持安全第一、预防为主的方针和全面规划、综合治理、远近兼顾、标本兼治、狠抓基础、强化管理的指导思想,大力加强交通安全的基础工作,最大限度地减少一般事故,千方百计地控制重大恶性事故的发生,力争使船舶海损事故和公路运输企业的交通事故逐年下降,90 年代末期,在 1988 年的基数上,下降 30%~40%。”这个规划勾画出 2000 年前后交通安全工作的蓝图。在 1989 年的全国地方水上交通安全工作会议上,交通部副部长林祖乙指出:为实现《交通安全工作规划》的目标,要全面落实交通部〔88〕交安全字 335 号文件提出的 35 项措施,将其作为一个时期内交通安全工作的纲要。

为全面落实《交通安全工作规划》,1990 年 3 月 14 日交通部公布《水上安全监督系统总体布局规划编制办法(试行)》,自 1990 年 4 月 1 日起施行。

该办法指出,总体布局规划可分为 6 个部分:①辖区地理位置、自然条件及现状;②辖区水域交通情况;③辖区水域交通预测;④水上安全监督系统总体布局规划;⑤规划的综合评价;⑥实施规划须采取的政策与措施等。

该办法指出,水上安全监督系统总体布局规划的主要任务是在充分调查研究、必要的勘察测量和科学的定量分析基础上综合评价水上运输的状况和未来发展趋势,分析水上船舶交通情况和交通事故,以及航行条件的状况、发展态势和变化特征,并根据海上、内河和港区不同水域的交通特点确定监督、航标测量、通信、防污和其他水上安全监督设施的总体布局、等级、功能和要求,以及相应的管理手段和措施,制订水上安全监督的近期和远期目标及分期实施的建设序列。

该办法对各海上安全监督局和港航监督局编制总体布局规划做出上层设计,并对编制内容和文本格式提出要求和指示,是制订水上安全监督系统建设规划、计划和选择建设项目的主要依据。在随后的一段时间内,各地港务(航)监督参照该办法纷纷编写本辖区总体布局规划,并纳入交通部关于全国安全监督系统总体布局规划之中。自此,我国水上安全监督系统进入快速建设与发展阶段。

第二节　海上安全监管体制形成单立系统

一、沿海港务监督从港口体制中分出

20 世纪 80 年代,我国正经历着空前深刻的社会变革和社会转型,改革开放和行政体制改革交替进行。虽然整个国家体制仍以传统体制为主,国家管理和经济领域的行政管理色彩浓厚,但经济体制改革不断推进,沿海各港口政企合一管理体制已不适应港航生产力发展需要,到了非改不可的地步。

在这一背景下,1984 年 3 月中共中央、国务院决定天津、上海、大连、青岛、广州等 14 个城市作为进一步实行对外开放的沿海港口城市。这 14 个沿海城市连同 4 个经济特区(深圳、珠海、厦门、汕头)和海南岛(1988 年海南建省后,成为中国最大经济特区)从北到南连成一条线,形成中国对外开放的前沿地带。1985 年 2 月,中共中央、国务院又决定在长江三角洲、珠江三角洲和闽南厦漳泉三角地区开辟沿海经济开放区。这是中国实行对内搞活、对外开放政策的两个重要步骤,是建设有中国特色社会主义具有战略意义的布局。

1984年3月26日至4月6日,中共中央书记处和国务院在北京联合召开沿海部分城市座谈会,指出:“我国在新的历史时期实行对外开放政策,有一个逐步发展的过程。沿海港口城市由于其地理位置、经济基础、经营管理和技术水平等条件较好,势必要先行一步。”为试办经济特区与进一步开放沿海港口城市,推动沿海经济发展,中央决定加快港口体制改革步伐。开放港口城市关键问题之一就是港口管理体制与港口基本建设的问题。为此,在总结1982年大连港口体制“政企分开”改革试点所取得成效和经验的基础上,中共中央、国务院于1984年5月7日以中委〔1984〕17号文批准天津港自6月1日实行管理体制改革试点。这是指导天津港体制改革最重要的文件,拉开了沿海港口体制改革的帷幕。1985年1月28日,天津市政府批准《天津港务局关于体制改革方案的报告》。2月24日,批准《关于扩大天津港务局管理权限的方案》。

天津港经过9个月试行下放所在城市管理,实行政企分开和双重领导、以地方为主管理模式,取得一定成效与经验。天津港口体制试行“政企分开”,将原港务局中行使海上安全监管职责的天津港港务监督、海岸电台和天津航道局中的航道测量处划出,合并组建天津海上安全监督局,实行“双重领导,以交通部为主”的模式,将原航政管理中的引航、岸线管理划归港务局管理,并在原引航科基础上设立引航站。

天津港口管理体制改革试点取得成功,引起党中央、国务院的重视。1985年3月18—20日,遵照国务院领导在天津召开了港口体制改革座谈会。会议听取天津市政府和天津港务局关于港口下放9个月以来的工作情况汇报,一致认为天津港下放以来,成绩是显著的,试点基本是成功的,但由于下放时间短,有些问题尚未充分暴露,需要不断地创造和总结经验,才能逐步摸索出一条中国式的港口体制改革的道路。会后,国务院以国阅〔85〕29号文批准转发《港口体制改革座谈会纪要》。

为推动全国沿海港口体制改革进程,1985年7月底根据国务院批转的天津港《港口体制改革座谈会纪要》精神,交通部组成工作组,分别到大连、上海两港就港口管理体制改革问题,与两市人民政府进行协商。1986年1月4—6日,国务院副总理李鹏在上海主持召开上海港下放问题的会议。1月29日,国务院办公厅以国办发〔1986〕7号文转发《关于上海港下放问题的会议纪要》。纪要规定:除按天津港务局下放地方管理后进行“政企分开”的体制改革,组建港口企业管理体制外,同样要求原港务局中的“上海港的港务监督划出,组建上海海上安全监督局,直属交通部,但引航和岸线管理由上海港务局负责”。5月8日,交通部和上海市政府签署《上海港管理体制改革交接议定书》,并宣布成立上海港务局和交通部上海海上安全监督局。

1986年2月16—18日,国务院副总理李鹏在辽宁大连主持召开国务院口岸领导小组会议,确定大连港下放的有关问题。4月22日,国务院办公厅以国办发〔1986〕30号文转发《关于大连港管理体制改革问题的会议纪要》。纪要规定:“为加强航政与港监的统一领导,行使国家海上安全监督管理职能,将大连港口局的港务监督及所属有关单位,改设为大连海上安全监督局,直属交通部。”4月29日,交通部和大连市人民政府签署《关于大连港管理体制改革交接工作议定书》,同时宣布成立大连港务局和大连海上安全监督局。

1986年12月7日,国务院副总理李鹏在青岛主持召开港口管理体制改革会议,议定青岛、黄埔、连云港、烟台、南通5港管理体制改革问题。1987年1月13日,国务院办公厅以国办发〔1987〕2号文转发《关于港口管理体制改革的会议纪要》。此纪要第9条规定:“五港管理体制改革后,青岛、黄埔、连云港、烟台港的港务监督划出,组建海上安全监督局,实行交通部和所在市双重领导、以交通部为主的管理体制,但引航和岸线管理仍由港务局负责。南通港务监督和长江南通航政处合并,组建南通港航监督局,隶属长江航政管理局,引航和岸线管理由港务局负责,但在必要时港监业务可直接请示交通部的主管局。”第11条规定:“原则同意交通部对其余的七个直属海港都实行以市为主、双重领导的管理体制。有关部门和省、市要抓紧做好各项准备工作,成熟一个,下放一个。”

继天津、上海、大连、青岛港口体制改革并取得经验后,交通部在以后的4年左右的时间里,根据“政企分开、简政放权”指导思想和“成熟一个,下放一个”原则,改革我国沿海港口管理体制。沿海除厦门、福州港由福建省管辖,北海港由广西壮族自治区管辖外,交通部所属天津、上海、大连、烟台、青岛、连云港、广州、黄埔、宁波、汕头、湛江、海南、石臼(日照)、营口、秦皇岛15个沿海港口中的14个(不包括秦皇岛)从1984年起至1988年底分4批逐步下放,直属的长江干线26个重点港口全部下放,实行“中央、地方政府双重领导,以地方政府管理为主”的港口管理体制。同时,按照政企分原则,将各沿海港务局的港务监督、海岸电台划出,和从航道局分出的航道测量处合并,组建海上安全监督局,实行以交通部为主、港口所在城市为辅的双重领导体制。沿海水上交通安全监管体制开始自成体系,行使海上安全监督管理职能。这是20世纪80年代国家实施沿海港口、长江干线港口管理体制改革与“政企分开”的必然产物。

为配合国家沿海港口体制改革,加速海上交通安全管理体制改革步伐,交通部做了大量前期准备工作。1985年在全国交通工作会议上,交通部提出加强各级政府交通部门的行政职能,逐步实现全行业管理,交通部和各省(区、市)交通厅(局)原则上不再直接经营管理企业,根据“转、分、放”和“实现两个转变”的改革设想对路政、航政、路监、港监、船舶检验、水上救助、航行水域的环境保护实施统一的行政管理。之后,交通部水上安全监督局(中国港监局)参与沿海各港务局规划建立海上安全监管局工作,并提出方案。1985年10月10日,经国务院批准,交通部决定组成中国港监局、海上安全指挥部参加,以中国港监局名义组成的代表团,乘坐上海海上安全监督局“沪监巡54号”巡逻船从上海港出发,前往日本东京、神户、广岛3地进行友好访问。此次访问既作为对1983年11月日本海上保安厅两艘巡逻船访问中国上海、天津两港务监督的回访,又是新中国成立以来我国首次派公务船出访。这次访问增进与日本海上保安厅的相互了解,对双方在业务上交往和合作起到积极作用。为吸取日本在水上交通安全监管的经验,1986年2月5日交通部下发了“关于转发港务监督代表团回访日本情况的通知”,并附了全面介绍日本水上交通安全监管情况与经验的“港务监督代表团回访日本的情况”的报告,分发给各省交通厅(局)、各港务局、各港务监督、各海上安全指挥部、广东省航政局、长江航政管理局、黑龙江港航监督局。通知提出,要加速海上交通安全管理体制改革步伐,及早改变政出多门、各自为政、政企不分、隶属关系交叉混乱、管理手段落后、力量散弱的状况,把港监、搜救、导航、航标、测量捏在一起,建立集中统一、垂直领导的体制;要在交通部水上安全监督局(中国港监局)领导下,将沿海划分8个海区进行统一管理,成立相应海区管理职能机构,实行交通部和地方政府双重领导、以交通部领导为主的管理模式,形成一个完全统一、精简、高效、有现代化管理手段和符合国情的水上安全监督管理体系;加强法制建设,建立和健全海上交通安全管理法规;加速人才培养,抓好队伍建设,改变港监队伍数量与素质不能适应实际工作需要的状况;重视现代化管理手段的建设,以基本改变我国海上管理薄弱的局面。通知还要求各单位结合“港务监督代表团回访日本情况”中提出的方案,共同把港监工作搞上去。

二、14个海上安全监督局的分别组建

1986年4月24日,交通部下发了“关于交通部大连海上安全监督局组建方案的通知”,明确将大连港口管理局改为交通部大连海上安全监督局,对外仍保留“中华人民共和国大连港务监督”名称,为部直属一级行政单位。定员980人,其中局机关180人。

1986年4月25日,交通部下发了“关于交通部上海海上安全监督局组建方案的通知”,明确上海港务监督从上海港务局划出,上海航道局航标测量处从上海航道局划出,合并组建交通部上海海上安全监督局,对外仍保留“中华人民共和国上海港务监督”名称,为部直属一级行政单位。人员编制为2778名,

其中航政管理人员856名、航标管理人员303名、船员及船舶管理人员807名、测绘人员206名、通信人员33名、其他人员573名。

1987年1月3日,交通部下发了“关于交通部广州海上安全监督局组建方案的通知”,明确广州港务监督、黄埔港务监督和广州航道局航标测量处分别从广州港务局、黄埔港务局和广州航道局划出,组建交通部广州海上安全监督局,对外仍保留“中华人民共和国广州港务监督”和“中华人民共和国黄埔港务监督”名称,为部直属一级行政单位。人员编制为1496人,其中局机关200人。9月18日,广州、黄埔两港合并,组建新的广州港务管理局,1988年5月,“中华人民共和国黄埔港务监督”名称停止使用。

1987年2月17日,交通部下发了“关于组建交通部烟台海上安全监督局的通知”,明确烟台港务监督从烟台港务局划出,组建交通部烟台海上安全监督局,对外仍保留“中华人民共和国烟台港务监督”名称,为部直属一级行政单位。核定人员编制708人,其中局机关120人、航政管理人员117人、航标管理人员162人、船员及船舶管理人员148人、通信人员110人、其他人员161人。

1987年2月17日,交通部下发了“关于组建交通部青岛海上安全监督局的通知”,明确青岛港务监督从青岛港务局划出,组建交通部青岛海上安全监督局,对外仍保留“中华人民共和国青岛港务监督”名称,为部直属一级行政单位。定员760人,其中机关149人。

1987年2月18日,交通部下发了“关于组建交通部连云港海上安全监督局的通知”,明确连云港港务监督从连云港港务局划出,组建交通部连云港海上安全监督局,对外仍保留“中华人民共和国连云港港务监督”的名称,是在交通部领导下,对所辖海区和港口的交通安全及防止船舶污染海域实施统一监督管理的主管机关,为部直属一级行政单位。核定人员编制536人,其中航政管理人员67人、航标管理人员128人、船员及船舶管理人员104人、通信人员112人,其他人员125名。

1987年10月4日,交通部下发了“关于组建交通部宁波海上安全监督局的通知”,明确宁波港务监督从宁波港务局划出,组建交通部宁波海上安全监督局,对外仍保留“中华人民共和国宁波港务监督”名称,是在交通部领导下,对所辖海区和港口的交通安全及防止船舶污染海域实施统一监督管理的主管机关,为部直属一级行政单位。核定人员编制749人,其中航政管理人员168人、航标管理人员186人、船员及船舶管理人员140人、通信人员95人、其他人员160人。

1987年10月28日,交通部下发了“关于组建交通部湛江海上安全监督局的通知”,明确湛江港务局港务监督室从湛江港务局划出,组建交通部湛江海上安全监督局,对外保留“中华人民共和国湛江港务监督”名称,为部直属副局级行政单位。人员编制550人,其中航政管理人员100人、航标管理人员111人、船员及船舶管理人员163人、通信人员58人、其他人员118人。

1987年10月28日,交通部下发了“关于组建海南海上安全监督局的通知”,明确海南、三亚、八所港务监督从海南港务局及其下属的三亚、八所港务局划出,组建交通部海南海上安全监督局,对外仍保留“中华人民共和国海南港务监督”“中华人民共和国三亚港务监督”“中华人民共和国八所港务监督”名称。海南海上安全监督局为部直属一级行政单位,编制450人。次年1月,暂定员438人,其中局机关90人。

1987年11月28日,交通部下发了“关于组建交通部汕头海上安全监督局的通知”,明确原汕头港务局港务监督室从汕头港务局划出,与汕头海岸电台合并组建“交通部汕头海上安全监督局”,对外仍保留“中华人民共和国汕头港务监督”名称。编制定员暂核定200人,其中局机关65人。

1988年1月9日,交通部下发了“关于组建交通部石臼海上安全监督局的通知”,明确石臼港务监督从石臼港务局划出,组建交通部石臼海上安全监督局,对外仍保留“中华人民共和国石臼港务监督”名称,为部直属一级行政单位。编制定员暂核定90人,其中局机关40人。1992年4月27日,交通部批复同意将交通部石臼海上安全监督局更名为日照海上安全监督局。

1988年1月19日,交通部下发了“关于组建交通部营口海上安全监督局的通知”,明确营口港务监督从营口港务局划出,组建交通部营口海上安全监督局,对外仍保留“中华人民共和国营口港务监督”名称,为部直属一级行政单位。人员编制235人,其中局机关78人。

1988年5月3日,交通部下发了“关于组建交通部秦皇岛海上安全监督局的通知”,明确秦皇岛港务监督从秦皇岛港务局划出,组建交通部秦皇岛海上安全监督局,对外仍保留“中华人民共和国秦皇岛港务监督”名称,为部直属一级行政单位。编制定员暂核定400人,其中局机关120人。

1988年10月4日,交通部、天津市人民政府联合下发了“关于组建交通部天津海上安全监督局的通知”,明确天津港务监督、天津港海岸电台和天津航道局航标测量处分别从天津港务局、天津航道局划出,组建交通部天津海上安全监督局,对外仍保留“中华人民共和国天津港务监督”名称,为部直属一级行政单位。编制定员暂核定2200人,其中局机关192人。

综观20世纪80年代沿海港口体制改革,主要是推行经济体制改革,实行“政企分开”。除直属福建、广西沿海港口之外,交通部在沿海14个港口组建直属交通部的14个“海上安全监督局”(大连、营口、天津、秦皇岛、烟台、青岛、石臼、连云港、上海、宁波、汕头、广州、湛江、海南)。各“海上安全监督局”,作为交通部的派出机构,由交通部安全监督局管理。各地港务、交通等机构中也成立相对独立的港航监督机构,形成地方交通部门主管的港航监督、船检管理体系,独立行使直属港务(航)监督管辖以外的水上交通安全监管职能。

沿海港口管理体制改革和“政企分开”,建立14个海上安全监督局,收到较好的效果,各方反映良好。1988年3月26日,交通部在上报国务院《关于海上交通安全监督管理体制改革情况的报告》中指出,近两年的实践证明,国务院关于加强海上安全管理工作的决策是正确的,海监局的机构改革是成功的。

这里需要提出的是,这时福建沿海港口管理体制实行“政企分开”,建立海上安全监督局机构,但隶属关系没变,仍由福建省领导。1985年7月,福建省港航管理局成立,负责港务监督、船舶检验、港口水域行政管理等,管辖晋江围头以北至鼎沙埕以南海区。1987年9月30日,福建省编制委员会、省交通厅联合下达“关于厦门港口企业机构设置问题的通知”,将厦门港务管理局的港务监督部门划出,与成建制划出的厦门通信导航站,组建福建省厦门海上安全监督局,对外挂“中华人民共和国厦门港务监督”牌子,行使晋江县围头角至诏安宫口1100多公里海岸海域的海上交通安全监督管理职能,并代行省海上安全指挥部在这一海域的“三防一救”任务。厦门救助站归厦门海上安全监督局管理。同时成立福建省船舶检验处厦门检验所,挂中华人民共和国中国船检局厦门检验处牌子,暂由厦门海上安全监督局代管。福建省厦门海上安全监督局人事关系属省交通厅,业务、财务关系归福建省港航管理局领导。广西沿海海上安全由广西壮族自治区航务管理局(港航监督局)管理。当时,梧州航政所对外称“中华人民共和国梧州港务监督”;北海航政所对外称“中华人民共和国北海港务监督”。

三、14个海上安全监督局的职责与辖区

(一)14个海上安全监督局的管理职责

《海上交通安全法》明确新组建的14个海上安全监督局性质为国家行政机关,管理职责为:担负维护沿海、内河的海(水)区(水域)与主要港口的水上交通安全和防止船舶污染水域的监督管理任务;负责水上交通管理,海上搜寻救助工作,并承担海上干线公用航标和商港航标的建设和维护(短程航线航标由地方交通部门管理),港池和航道的测量以及无线电通信等监管任务。监管范围重点由内

陆转向沿海海区。

为明确沿海分出单立、自成体系的各海上安全监督局辖区和相应关系,交通部水上安全监督局结合以往管理实践和经验,在征求各海上安全监督局意见基础上,拟定海上安全监督局管理海区职责与管辖海区分工,制订《海区交通安全管辖海区职责》《海上安全管辖海区分工》,并在 1989 年 3 月 4 日的第二次直属水上安全监督系统工作会议上讨论。1989 年 3 月 20 日,交通部安全监督局以〔89〕安监字 37 号文下发《海区交通安全管辖海区职责》与《海上安全管辖海区分工》。沿海各"海上安全监督局"管理职责共 12 项:

(1)贯彻国家海上交通安全管理的法律、行政法规和规章,研制本辖区的规章;

(2)受理外国籍船舶进入我国内水的申请,依照规定审批,并负责对外籍船舶的监督管理;

(3)负责本辖区内海上交通事故以及船舶污染事故的调查处理,负责必要时对外籍船舶在海区的检查;

(4)监督外籍船舶靠离港外系泊点、装卸点,执行国家引航制度;

(5)核准公告海上作业区,公告禁航区,并监督船舶执行规定;

(6)核准大型设施和移动平台的海上拖带;

(7)维护辖区海域航行秩序,管理碍航设施和有碍航行安全的活动;

(8)受理损坏助航标志、导航设施、漂流物的报告;

(9)设施的搬迁、拆除和沉船、沉物的管理;

(10)确定、调整、管理交通管制区、海峡和航路,提出港外锚地的划定意见,实施港外避风海湾的管理;

(11)海难搜寻救助,承办外国救助船舶、飞机进入领海、领空的审批(搜救指挥机构已划专门搜救区的按专门搜救区规定执行);

(12)制止、纠正、查处违反海上交通安全法规和有关规定的行为,依法追究有关当事人的责任。

(二)14 个海上安全监督局的管辖区域

对于"海上安全监督局"管辖区域。1988 年 6 月 4—7 日,在国务院召开的全国交通安全工作会议上,交通部部长钱永昌代表交通部明确沿海海域中央与地方港务监督的原则分工:"大港由中央管,小港由地方管,但海区内水域秩序必须由中央港监统一管理,部属港监按海区分管,管区内的小港和小港湾,如地方已设有港监机构的仍有地方港监对小港区或港湾划定的水域范围内实施管理,此范围内的收费仍由地方港监负责。"6 月 8 日,交通部在《关于贯彻全国交通安全工作会议精神的讲话》中指出:"中央港监统一管理海区水域秩序,实行分级管理海区。"

根据以上原则,除福建沿海(29°00′N 线至 117°14′E 线之间)、广西沿海海域,以及海南海上安全监督局管辖整个海南岛海域外,交通部安全监督局划分了各海上安全监督局(各沿海港务监督)管辖区域,并于 1989 年 3 月 20 日下发"关于划分海上交通安全管辖区的通知",详见表 6-2-1。

各海上安全监督局管辖海区表　　表 6-2-1

各海监局	管辖海区分工
大连和营口	自 38°30′N/120°30′E 向北的经线和向东的纬线之间的我国管辖海域。大连和营口间的管理分界线由两局协商后报交通部
秦皇岛	自大清河口(约 39°07′N/118°55′E)至 39°00′N/120°30′E 的连线和 39°00′N/120°30′E 向北经线之间的海域

续上表

各海监局	管辖海区分工
天津	大清河口至39°00′N/120°30′E的连线、39°00′N/120°30′E和38°30′N/120°30′E的连线、老黄河口东端（约38°35′N/118°57′E）至38°30′N/120°30′E连线所围海域。渤海地区的石油平台设施和相关船舶的管理，但胜利油田的石油平台和相关船舶除外
烟台	老黄河口东端至38°30′N/120°30′E连线，转38°30′N/120°30′E向东的纬线与36°50′N线之间的我国海域
青岛和石臼	36°50′N和35°05′10″N/119°18′E至平岛北端（约35°08′30″N/119°54′30″E）连线并向东延伸35°08′30″N纬线之间的我国海域。青岛和石臼的具体分工，由两局协商后报交通部备案
连云港	35°05′10″N/119°18′E至平岛北端并向东延伸35°08′30″N纬线和33°00′N之间的我国海域
上海	33°00′N和30°40′N线之间的我国海域，以及金山码头航道、锚地和33°00′N线以北附近的海上石油平台与相关船舶的管理
宁波	30°40′N线和29°00′N线之间的我国海域
汕头	117°14′E线至23°30′N/117°14′E处转向东的23°30′N纬线和115°13′E经线并在20°18′32″N/115°13′E处转140°方位线之间的我国海域
广州	115°13′E经线并在20°18′32″N/115°13′E处转140°方位线和120°00′E经线并在20°18′32″N/120°00′E处转140°方位线之间的我国海域
湛江	112°00′E经线和20°18′32″N/112°00′E向西至中越水域分界线的纬线之间的我国海域。自20°18′32″N/112°00′E向西至中越水域分界线的纬线和20°18′32″N/120°00′E处的140°方位线之间的我国海域

四、水上安全监管机构的调整与职责重定

（一）交通部水上安全监督局（1988年7月改交通部安全监督局）调整与职责重定

1985年8月12日，国务院批准成立中国船级社，与中国船检局实行“两块牌子，一套机构”模式，并同意国家中国船检局以中国船级社名义在日本、西德、埃及设置验船机构、派驻验船师，中国船级社于1986年1月1日正式成立。从此，中国船检局从港务（航）监督（航政）中分出，单立机构，与中国船级社政事合一。

1988年7月16日，国家机构编制委员会批准交通部“三定”方案。方案明确机构改革后的交通部机关各厅（司、局）的主要职责，其中领导全国水上港航监督、船舶及海上设施检验、海难救助工作是基本职责之一，并将1982年7月设立的交通部水上安全监督局更名为交通部安全监督局（对外仍称“中华人民共和国港务监督局”）。安全监督局下设海务处、监督处、安全委员会办公室（安全管理处）、船舶防污处（环境保护办公室）、航标测量处、综合处，值班室（中国海上搜救中心），人员编制为51人。其职责是：负责水上交通安全和防止船舶污染水域监督管理、海上搜寻救助指挥、航海保障等职责，并行使交通部安全生产委员会办公室和环境保护办公室职责。

1989年，交通部继续推动以“政企分开”为核心的水上安全监管体制改革，进行部内机构调整，保留交通部安全监督局、中国船检局。交通部安全监督局于1月9日下发“关于印发部安全监督局机构改革后各处室主要职责分工的通知”，明确下设综合处、安全管理处（安全委员会办公室）、海务处、监督处、船舶防污处、航标测量处和值班室等7个处室，并于上年12月6日开始运行。

1992年12月15日，交通部调整安全监督局部分内设机构，监督处原监督业务与值班室合并，仍为监督处（含安全监督局值班室、中国海上搜救中心办公室）；原船舶防污处更名危管防污处（含交通部环境保护办公室），并将原监督处危险货物运输安全监督管理业务划归危管防污处管理；设立政策法规处。

为使水上交通安全监督管理工作制度化、规范化,提高工作效率,保证工作质量,交通部安全监督局于 1989 年 1 月 7 日下发《交通部安全监督局工作规则》,重新明确其管理职责:

(1)贯彻执行党和国家有关方针、政策和法规;研究并拟订全国水上交通安全、港务监督、环境保护和沿海海区港口航标测量的具体方针、政策、法令和规章制度。

(2)归口管理并协调交通安全工作和重大的交通安全活动;掌握全国水上交通安全情况,进行调查研究,提出有关措施和意见;代部办理交通安全委员会及防汛领导小组的日常工作。

(3)负责管理沿海港务监督和内河港航监督业务,对地方港航监督业务进行指导。

(4)主管沿海公用航标、导航台、无线电指向标、主要港口航标工作和港口航道图测绘工作,对地方航标工作进行业务指导。

(5)负责拟订船舶装载危险品的安全管理规章;组织参加国际海事组织的有关活动;监督管理船舶污染损害及其他环境保护工作。

(6)负责全国水上交通事故的综合统计分析和组织水上重大事故的调查处理。

(7)主管船舶登记、引航、海员证颁发和船员培训考试工作。

(8)主管海上、内河和港口船舶适航及水上交通安全管制,维护水上交通安全秩序。

(9)管理辖区内的岸线、航道与船舶航行安全有关的施工,以及划定锚地、航道等。

(10)主管船舶进出口签证与船舶安全检查工作(包括对外国籍船舶实施港口国管理)。

(11)主管对外国籍船舶首航中国港口以及外国籍船舶进入中国非开放水域的工作。

(12)协同国家口岸办理外国籍船舶开放港口口岸的工作。

(13)管理发布航行通告、警告和禁航通告,负责承办国际航行警告系统国家协调人的工作。

(14)组织对海上遇难失事船舶、飞机进行施救,并将施救情况随时向有关上级报告。

(15)归口编制部署海监局、港航监督局和航标测量部门的财会预决算、基本建设、安全方面科技攻关项目、技术装备(含巡逻、航标测量船艇)及人员培训年度计划与目标,并组织实施。

(16)负责本局职责范围内国际组织的活动,办理有关国际合作、交流事宜。

(17)负责提出船舶吨税的征收使用方案,配合部财务司、运输司拟订、修订吨税和船舶港务费征收使用办法。

(18)负责归口管理部属单位船舶技术专业职务系列及任职资格的评审工作。

(19)负责本局有关制度、政治思想和组织建设工作。

(20)承办部领导交办的其他工作。

1989 年 8 月 15 日,交通部安全监督局下发"关于统一海上安全监督局英译名的通知",规定各海上安全监督局的英译名。指出"交通部××海上安全监督局"统一使用×× Maritime Safety Administration of the Ministry of Communications,对外仍保留"中华人民共和国××港务监督",英译名为"×× Harbour Superintendency Administration of the People's Republic of China"。

就海上安全监管系统的工资待遇,1988 年 3 月交通部下发《关于海上安全监督局实行国家机关、事业单位工作人员工资制度若干意见》,对海上安全监管系统实行工资转制,由原执行企业工资制度转变为执行国家机关、事业单位工作人员和事业船员的工资制度,实行以职务工资为主要内容的结构工资制,奖金亦按国家关于事业单位的有关规定执行。1989 年 3 月 23 日,交通部下发《交通部工作规则》,明确实行部长、司(局)长负责制。1990 年,交通部以〔90〕交党字 32 号文下发《交通部直属海上安全监督局、港航监督局实行局长负责制的若干规定(试行)》,对局长负责制实施做出具体规定。8 月 30 日,交通部党组、交通部下发了"关于印发《交通部直属海上安全监督局、港航监督局实行局长负责制的若干规定（试行）》的通知”。从此，在沿海、内河中央直属水上安全监督机构实行局长负责制。1992 年 4 月，交通部党组下发《交通部直属航务、港航监督、船检系统干部管理办法》，再次明确交通部直属的“行使政府行政监督和管理职能的单位，实行行政首长负责制”。直到 1993 年召开的直属水上安全监督系统第六次水上安全监督工作会议上，交通部还要求逐步实行局长负责制，还于当年下发“关于海监局、港航监督局实行局长负责制有关事项的通知”，要求部属各海上安全监督局及长江、黑龙江港航监督局切实执行局长负责制。

（二）三大水系安全监管体制的调整

1.长江干线的安全监管体制的调整

在沿海各港设置海上安全监督局的同时，按照港口体制改革与“政企分开”原则，交通部调整直属的长江、珠江、黑龙江三大内河安全监管体制，其中长江水上交通安全监管体制改革先于其他内河水系。

1983 年 3 月 25 日，国务院批准《交通部关于长江航运体制改革方案》，明确提出航运体制必须坚持“政企分开，港口、航政和航运分管，统一政令，分级管理”原则，重点是实行港航分管。1983 年 12 月 29 日，交通部规定组建的长江航务管理局职权范围，长江航政管理局由隶属交通部改属长江航务管理局，航政业务同时接受交通部水上交通安全监督局（中国港监局）长江航务管理局双重领导。1984 年 5 月，长江航务管理局批准长江航政管理局机关人员为 200 人，设置职能部门 15 个。至 1985 年，长江航政管理局有重庆、宜昌、武汉、九江、芜湖、南京 6 个分局，下设航政处、站，形成 4 级管理体制。人员 2059 人，其中技术人员 453 人、船员 829 人。

这时的长江航政管理体制存在着一些急需改进的问题：机构重叠，名称不统一，各港航监督部门之间分工不明确，政出多门，管理混乱；政令不完善，港航监督法规和内部管理制度不健全等。为进一步理顺长江航政管理体制，1988 年全国交通安全工作会议以后，交通部进一步明确长江航政管理体制改革原则，即：“统一政令、分工管理、机构不动、收费不变”。6 月 24 日，交通部下发“关于筹备组织长江航政管理体制调查组的通知”，要求组织调查组深入沿江各省、市进行调查，在调查基础上提出长江航政管理体制改革方案。12 月 19 日，交通部下发《关于长江干线港航监督管理若干问题的决定》，明确提出：统一港航监督名称，交通部长江航政管理局更名为交通部长江港航监督局。1989 年 6 月 23 日，交通部下发“关于长江航政系统机构更名的通知”，明确交通部长江航政管理局更名为交通部长江港航监督局（对外仍称“中华人民共和国长江区港务监督局”），航政分局和航政处改为“××长江港航监督局”，其基层单位改称“××港航监督站”，隶属关系不变。这样，原各航政分局、处分别更名为重庆、万县、宜昌、武汉、九江、芜湖、南京、镇江、南通、张家港长江港航监督局，武汉航政职工中等专业学校更名武汉港航监督职工中等专业学校，均由交通部长江港航监督局直接领导。1989 年 8 月 1 日起，交通部长江航政管理局正式更名交通部长江港航监督局，下设 10 个直属局、1 个业务直属处、4 个二级局、11 个监督处、79 个监督站（见图 6-2-1），并在沿江大中型港口设置 18 个港务监督、6 个长江干线海难搜救协调中心。至 1990 年底，长江港航监督局系统共有人员 2793 人，其中专业技术人员 800 多人。上述单位机构名称改变后，性质、级别和隶属关系不变，更名后新机构的印章从 1989 年 8 月 1 日起启用。随后，在交通部调查组对长江港航监督局和沿江 6 省业务分工进行调查，做出分工管理决定的基础上，长江港航监督局与沿江 6 省港航监督局通过签订协议，形成业务分工管理体制。其中长江港航监督局负责管辖重庆江津九层岩至江苏太仓浏河口长江干线 2689 公里通航水域。

《长江干线港航监督管理若干问题的决定》，就长江干支流港航监督管理职责与管辖范围作出规定。职责为船舶登记、船员考试发证、船舶进出口签证管理、水上交通事故的调查处理、危险货物监督管理、船舶安全检查、其他港航监督业务。干支流管辖范围:凡沿江属于中央直属航运、工矿企业、事业单位的船舶,航行国际航线的船舶,以及在长江干线上发生的一切水上交通事件等。长江支流的地方各航运、工矿企业、事业单位及乡镇船舶,以及在各省境内河流上发生的一切水上交通事件,由各省港航监督部门管理。该决定再一次系统地规定长江干支流水上交通安全管理分工,是对1965年长江干支流安全管理分工的重申和补充。

图6-2-1 交通部长江港航监督局

2.珠江水系的安全监管体制的调整

港口实行"政企分开"后,为适应珠江水系航运发展的需要,1986年5月交通部根据国务院的决定在广州成立珠江航务管理局,作为交通部派驻珠江水系的行政管理机构,归交通部直接领导,属行政性事业单位,主要职能是行使对珠江航运部分行政管理、行业管理和水运市场的宏观调控,不直接经营企业。但因珠江未有专设管理干线水上交通安全监管事务的机构,有关监管事务分由沿线的中央与地方水上交通安全监管机构管理。1989年9月,交通部组织工作组协调广东各地中央与地方港航监督业务分工问题。

3.黑龙江水上交通安全监管体制的调整

1983年7月1日,经国务院批准,黑龙江航运管理局实行交通部和省政府双重领导,以部为主的管理体制。当时负责黑龙江水上交通安全监管事务的为黑龙江航运管理局内的港航监督处。1985年7月12日,按照"政企分开"的原则,在黑龙江航运管理局港航监督处的基础上,组建黑龙江港航监督局,实行条块结合、以条为主的领导体制,隶属关系未变,下设松花江、合江、黑河、嫩江4个港航监督分局和哈尔滨、牡丹江两个港航监督所、26个港航监督站,实行江河划分管理,共有航政和船舶检验人员174人,辖区4631公里。黑龙江港航监督局负责黑龙江省江河湖泊及63个大中型水库的水上交通安全监督工作,并对中苏国境河流的船舶航行安全进行监督。同时,黑河、同江港航监督分局(站)对外称"中华人民共和国黑河港航监督""中华人民共和国同江港航监督",代表国家专门对中苏两国贸易运输船舶实行主权检查验证工作。

1986年3月1日,交通部水上安全监督局决定,自3月3日起将黑龙江港航监督局更名为交通部黑龙江港航监督局,4月26日起对外称"中华人民共和国黑龙江港务监督局"。1987年7月13日,黑龙江港航监督局的船舶检验业务分离出来,成立中华人民共和国中国船检局黑龙江分局。

(三)各省(区、市)水上交通安全监管机构的调整

各省(区、市)顺应形势发展,按照"政企分开"原则,在所属港航单位下放的同时,将省属各港航企业

中的水上交通安全监管部门分离出来,组建或调整为港航监督、船舶检验机构,独立行使各自管辖的内河、湖泊、水库等水上安全管理职能,隶属地方交通厅(局)等。特别1987年1月1日起实施的《内河交通安全管理条例》,是我国第一部内河交通安全监管法规。其中第三条规定:"各级交通管理部门设置的港航监督是对内河交通安全实施统一监督管理的主管机关。"该条例还规定,各省、市(地)、县港航监督可改称"港航监督",并在前冠以省、市(地)、县名。这些机构设置局或处或所或站,以及级别由各省人民政府确定。各省港航监督部门和水路运输行政管理部门应分别按照《内河交通安全管理条例》与《水路运输管理条例》的规定履行各自职责。

为落实国务院1987年召开的全国交通安全工作会议精神,1988年12月19日交通部下发的《关于长江干线港航监督管理若干问题的决定》中要求:各省港航监督部门和水路运输行政管理部门按照《中华人民共和国内河交通安全管理条例》规定,从1989年6月1日开始,管理机构统一称"港航监督",建立省(区、市)级"港航监督局"及市(县)"港航监督处"(所)。按照《内河交通安全管理条例》与《中华人民共和国水路运输管理条例》的规定,履行各自的职责;分工负责船舶登记、船员考试发证、船舶进出口签证管理、水上交通事故的调查处理、危险货物监督管理、船舶安全检查业务和其他港航监督业务;加强法制建设;进一步落实港航监督部门的经费来源;加强港航监督部门内部管理。至1990年,全国28个省(区、市)建立省级港航监督局及市(县)级港航监督处(所)的内河港航监督机构,基本覆盖全国内河通航水域。由于历史原因,各省(区、市)调整的港航监督机构或部门有所不同,有以下几种情况:

1.原机构的更名或单立

江苏省,1986年12月16日内河交通安全管理条例颁发后,水上安全管理机构名称统一为"港航监督"。1987年6月,江苏水上交通安全监督局更名为江苏省交通厅港航监督局。各市县分设港航监督处、所和125个港航监督站,统一管理水上安全。港监人员从过去1100人增至2365人。机构更名后隶属关系不变。

为了加强对贯穿全省700余公里的京杭大运河江苏段的管理,江苏交通厅组建京杭运河江苏省交通厅航务管理局(与省交通厅航务局为一套机构、两个名称),实行交通部和江苏省双重领导、以省为主的体制。1988年12月,京杭运河江苏省交通厅苏北航务管理处成立,以加强苏北段运河航务管理,发挥运河效益。它的主要职责是管理京杭运河苏北段全线的航道的整治、养护、维修等。苏北航务管理处下设10个船闸管理所,有职工1100余人,负责18个船闸的运行和养护管理,4个航道管理站以及运河各区段的航道养护和航道管理;另有工程总队,承担船闸和航道的专业性维修养护及改造工程。

1988年11月21日,四川省政府下文,批准省航运局中的港航监督分出,成立四川省交通厅港航监督局,统一对四川省内河交通安全管理,行使港航监督、船舶检验职权。

海南1988年4月建省后,将移交的广东省航政局海南分局改称海南省航政局,1989年10月23日又改为海南省港航监督局,并增设琼山、松涛、昌北、岭头和乌场5个港务监督站。

2.继续实行"一门两牌"

1984年,广西壮族自治区交通监理处改为广西壮族自治区交通安全监督局,统管全区公路、水路交通监理和水上交通安全监管工作。1987年,广西壮族自治区交通安全监督局撤销。1988年1月1日,广西壮族自治区航务管理局成立,与广西壮族自治区港航监督"一门两牌",统管全区交通行业与水上安全、船舶检验及运输、港口、航道等。

广东省从1985年1月1日起在全省地方中小港口开征船舶港务费后,航政(港监)工作在人力、物力上都得到进一步加强。1987年10月7日,广东省航运总公司与广东省航政局合并,成立广东省航务管理局(保留广东省航政局的牌子,一套班子两个牌子),是省交通厅属下管理全省水上交通安全监督、水路运输的机构。至此,全省航政人员从 1980 年 11 月成立省航政局时的 503 人增至 903 人,其中有职称技术人员比重从 12.6%增至 56%,监督船艇从 25 艘增至 70 多艘,配备 60 台甚高频电话和监管设施,办公场所也得到改善。1990 年 10 月 12 日,广东省航政局更名为广东省港务监督局(简称省港监局),增挂广东省船舶检验处牌子,下属的各市航政分局改为港务监督局或港航监督局。至 1995 年 1 月,全省共设港务监督局 13 个、港航监督局 5 个、港务(航)监督 38 个、监督站 103 个。

1985 年 5 月,山西省交通厅在运输管理处内设立航运科,对外称山西省港监船检处,并在运城、吕梁、忻州、太原等 5 地(市)及所辖的有关 15 个县分别设立港航监督所、站,开展水上安全与船检工作,实行"水路一个口"的全行业管理。全省港航监督人员 55 人。

内蒙古自治区于 1986 年将水上交通安全监督机构和业务并入航运局。1987 年,内蒙古自治区航运局更名为内蒙古自治区航务局,统管全区水上交通安全监督、船舶修造检验及运输、港口、航道等行政和行业管理。

1990 年,云南省在省交通厅航务处上加挂云南省交通厅港航监督处牌子,与航务处实行两块牌子、一套人马的体制。

3.实行"一门多牌"

1987 年湖南省航务管理局重组后,将原来的湖南省港航监督、湖南省船舶检验处分别改为湖南省港航监督局、湖南省中国船检局,实行三局一体、一门三牌体制。

陕西省 1985 年 4 月成立陕西省港航监督处和陕西省船舶检验处,与陕西省航运管理局也是"一门三牌"。

五、中国船级社成立与船检处改称分局

新中国成立以来,船舶检验一直作为水上交通安全监管职能一部分,其间虽有分合,但基本上隶属港务(航)监督。1982 年 1 月 1 日,船舶检验划出,自成体系,独立开展工作,但仍按政事合一运行模式运转,仅是隶属关系转变,"一个机构,两块牌子"未变。为解除国际海事界对我国船检作为政府机构有碍独立、公正的疑虑,体现政企分开,国家决定设立中国船级社,并以中国船级社名义创造条件重新申请加入国际船级社协会。这是我国船检业发展史上一次重要变革。中国船级社是按照市场经济原则和国际通行做法成立的国家验船机构、履行船检行政管理的职能部门,对外称"中华人民共和国中国船检局"。中国船级社成立后,仍与中国船检局采取"一个机构、两块牌子"和政事合一、局社不分模式。

(一)成立中国船级社

中国船级社的成立是中国船舶检验管理向纵深改革,与国际接轨的重要举措。船级社(Classification Society,或称验船协会,有时统称为验船机构)是一个建立和维护船舶和离岸设施的建造和操作的相关技术标准的机构,是参与社会法律关系的主体资格,是民间自发形成的,并经政府部门登记的民间社团组织。但中国船级社的性质较特殊,为政府的一个部门。

1985 年 8 月 12 日,国务院批准成立社会团体性质的中国船级社。12 月 4 日,交通部下发"关于成立中国船级社的通知",1986 年 1 月 1 日起实施。通知规定:"中国船级社是一个非官方的公益团体,其主要任务是承办国内外船舶和海上设施的入级检验、公证检验,接受有关单位委托或按协议规定进行各种代理检验等。凡是悬挂中华人民共和国国旗的各种国际航行的船舶及海上设施的入级检验,均由中国船级社办理;中国船舶级社总部设在北京,根据工作需要,可在国内外主要港口设立分支机构;并原则同意《中国船级社章程》,设立董事会和技术委员会……中国船级社自 1986 年 6 月起,开展对外业务。"

1986年1月1日,中国船级社正式成立,承办船舶和海上设施的入级检验业务和有关的公证检验业务。8月1日,中国船级社从中国船检局内分出,正式启用印章,沿用“ZC”简称和龙锚图案社徽标志,开始独立发展各项检验业务。同时,交通部批准《中国船级社章程》。该章程明确规定:中国船级社的前身是中华人民共和国中国船检局内的一个部门及其下属的入级检验机构。该入级检验的机构、人员、设施及其工作历史是船级社的基础和历史。据此,以交通部中国船检局为实体,以中华人民共和国中国船检局履行《中华人民共和国中国船检局章程》赋予的船舶安全监督职责,以中国船级社(简称船级社)履行《中国船级社章程》赋予的船舶入级检验、授权法定检验、公证检验和国际合作等业务,形成了所谓船检局、船级社“一个机构、两块牌子”工作机制。中国船检局1986年将其下属13个分局定为船检局、船级社双重身份下属二级分支机构,冠以分局、分社称谓。10月,中国船级社拟订《关于成立中国船级社及对外工作暂行规定》。12月,交通部致函国际海事组织秘书长:“经中华人民共和国国务院批准,中国船级已从中华人民共和国中国船检局内分出,成立一个独立办理船舶和海上设施的入级和鉴证等检验业务的专门机构。中国船级社已获得中华人民共和国政府授权,可代表对中国籍船舶、船用集装箱和设置在中国水域内的海上设施施行国际公约规定的法定检验并签发相应证书。”

1987年1月25日,中国船级社通知各国船级社,“根据中国船级社章程第六条规定,中国船级社将履行原由中华人民共和国中国船检局与贵社签订的合作协议”。7月9日,交通部批准成立中国船级社董事会,由航运、造船、保险、船检等相关机构推荐组成18人首届董事会。

1988年5月,中国船级社加入国际船级社协会(IACS),成为该协会11名正式会员之一。

1992年12月1日,中国船级社在国家民政部注册登记为社团法人,中国船级社董事会已于6月22日根据注册登记规定更名为中国船级社理事会。

国务院批准设立中国船级社,并同意中国船检局以中国船级社名义在日本、联邦德国、埃及设置验船机构,派驻验船师,开始我国在国外设置检验服务机构的工作。之后,中国船级社按照国际公约要求,以公益性社团组织的法人地位,接替船检局办理船舶的入级检验和公证检验,以利进一步扩展国际船检业务。该社以北京为中心,以沿海沿长江主要功能港口为依托,以欧洲、北美、远东地区为重点的,建立起辐射全球的国内外船舶检验网络。国内先后在上海、广州、大连、武汉、天津等地建立16个船级分社,连云港、宁波、温州、舟山、汕头等地建立19个办事处和香港分社,同时在国外建立大阪办事处(日本)、东京检验站(日本)、汉堡分社(德国)、斯图加特检验站、纽约办事处、新奥尔良办事处、鹿特丹办事处(荷兰)、塞得港办事处、新加坡办事处、澳大利亚办事处、伦敦办事处、哥德堡办事处、巴塞罗那办事处14个驻外机构,并在美国、德国、日本、荷兰和埃及等国设有办事处。中国船级社在外设置验船机构,派驻验船师,标志着我国在国外设置船舶检验服务网络机构的开始。

(二)各船检办事处更名船检分局或区域局

1985年1月9日,交通部以〔85〕交船检字73号文决定中国船检局大连、秦皇岛、天津、青岛、上海、广州、湛江、蛇口、南京、芜湖、武汉、宜昌、重庆办事处更名为“中华人民共和国中国船检局××分局”,下属的检验站更名为“中华人民共和国中国船检局××检验处”,自3月1日起以新名称对外工作。

1985年1月,大连办事处更名为中国船检局大连分局,同时营口检验站改为营口检验处;青岛办事处更名为中国船检局青岛分局,烟台和石臼检验站分别更名为中国船检局烟台检验处、中国船检局石臼检验处。2月,上海办事处更名为中国船检局上海分局,船检局宁波、连云港检验站亦分别更名为中国船检局宁波检验处、中国船检局连云港检验处(两处行政、业务工作仍由上海分局领导);湛江办事处更名为中国船检局湛江分局;广州办事处更名为中国船检局广州分局(仍代管蛇口分局),海口检验站更名为中国船检局海南分局(暂由广州分局领导);长江区及重庆、芜湖、南京办事处,分别更名为中国船检局武汉、重庆、芜湖、南京分局。3月,天津办事处更名为中国船检局天津分局;秦皇岛办事处更名为中国船检局秦皇岛分局。

1987年7月1日,黑龙江航运管理局所属船舶检验机构与港航监督机构分开,正式成立中华人民共和国中国船检局黑龙江分局,下设哈尔滨、齐齐哈尔、牡丹江、佳木斯和黑河5个检验处。

1990年6月,农业部设立渔业中国船检局,对外沿用"中华人民共和国中国船检局渔船分局"名称。

1992年9月1日起,上海、广州、大连、天津、秦皇岛、青岛、蛇口、湛江、海南等14个检验分局及营口、烟台、连云港、宁波、温州、汕头等11个船检处,统一更名由中国船检局直接领导的"中华人民共和国××中国船检局",成为中国船检局直接管理的区域性船检局。中国船检局武汉、重庆、宜昌、芜湖、南京分局分别更名为中华人民共和国武汉、重庆、宜昌、芜湖、南京中国船检局。这些中国船检局下属的二级管理单位均同时以"中国船级社××分社"名义作为中国船级社的下属分支机构。

综合1984—1992年港务(航)监督体制统一状况,我国组建了14个海上安全监督局,实行交通部与所在城市政府双重领导、以交通部为主的管理体制;在长江干线组建航政管理局(1989年后改为港航监督局),在黑龙江组建港航监督局,在各省(区、市)交通厅(局)设置港航监督。就中央和地方对港口、海区、内河水域管理的权限、事项和范围,规定沿海大港由中央管理,小港由地方管理,海区内水域秩序由中央统一管理,内河水域管理不变。至1990年底,全国已有28个省(区、市)建立港航监督机构,基本覆盖全国沿海、内河水域的水上安全管理。自此,全国港务(航)监督机构由企归政,纳入国家行政管理序列,开始统一管理的新征程。

这一时期,我国仍处于计划经济时代,还未从根本上解决在同一水域、同一港口依然并存中央与地方两个以上水上安全管理机构("一水两监"或"一水多监")问题。

第三节　首个内河安全管理法规的颁布

一、首个内河交通安全管理法规的颁布

改革开放之初,为彻底扭转"文化大革命"给我国内河安全造成的被动局面,交通部在1979年10月12—19日在北京召开"文化大革命"结束后的第一次全国地方交通安全工作会议。交通部部长彭德清在会上指出:"这些年被'四人帮'干扰破坏搞乱了,无政府主义及法制观念不强,有法不依的情况,给基层工作增加很多困难。大家一致意见,要先把'道路交通法'、'内河交通法'和'事故处理法'尽快制订出来。会后我们要统一组织力量,各省、市、自治区交通、航运局也参加,抓紧起草,争取年底和明年一季度拿出草案来。"

1985年8月,交通部召开第二次全国内河交通安全工作会议,交通部副部长林祖乙指出:"经济体制改革在积极进行……全国内河航运事业也和其他行业一样,出现一片欣欣向荣的局面。一个由专业企业船舶、社会企业运输船舶、个体户船舶组成的内河运输船队迅猛发展。……据不完全统计,到1984年底全国有专门从事内河运输的个体户23万户,运力几百万吨,占整个内河运力的40%。这些船舶对满足客货流通的需要,搞活经济,繁荣市场,起了积极的作用。加上海船进江,江船出海,江海直达,内河支流的船舶可以直达长江下游。内河、大江百舸争流,形势大好。可是与这大好形势相比,内河交通安全情况复杂,海损事故严重,沉船死人的重大事故不断发生,给人民生命财产造成严重损失,给国家政治工作声誉造成不良影响,对航运业发展非常不利。"

为此,交通部重视内河(特别是长江)水上安全问题,并代国务院就长江航运安全管理起草了《内河交通安全管理条例》。在讨论和征集意见中,有些单位建议将这一条例管辖内容扩展到全国通航内河,获得广泛认可。经过不断修订,条例在出台时最终变成适用于全国内河通航水域的管理法规。1986 年 12 月 16 日,国务院批准并颁发《中华人民共和国内河交通安全管理条例》,1987 年 1 月 1 日起实施。

该条例共 11 章 58 条,11 章是:总则,船舶、排筏、设施和人员,所有人和经营人,航行、停泊和作业,危险货物管理,渡口管理,安全保障,救助,交通事故的调查和处理,奖励与处罚,附则。其中第三条明确内河港航监督的性质:"各级交通管理部门设置的港航监督是对内河交通安全实施统一监督管理的主管机关"。也就是说,内河各级港航监督机关是交通主管部门派出机构,是水上交通安全行政执法机关;部属港航监督机关是交通部的派出机构,省(区、市)港航监督机关是设置该机关的交通主管部门的派出机构;"航政"统一改名"港航监督"。这是首次以法律形式将"航政"名称统一为"港航监督"。

该条例既是一部对内河水上安全进行综合管理的基本法规,又是我国加强内河交通安全管理、维护内河通航秩序的第一部条例。条例内容系统、完整,且具较强实践性和可操作性。自此,条例的出台结束了我国内河交通安全长期以来无法可依的局面。

除首个内河交通安全监管法规之外,这一时期随着国家法制建设逐步加强,我国水路运输各类管理立法步伐加快,适用或相关的法律法规相继出台。

(1)相关的法律

《中华人民共和国水污染防治法》,于 1984 年 5 月 11 日经第六届全国人大常委会第五次会议通过,于 11 月 1 日起实施。该法共分总则、水环境质量标准和污染物排放标准的制定、水污染防治的监督管理、防止地表水污染、防止地下水污染、法律责任、附则 7 章 62 条。其中第 4 条规定:"各级交通部门的航政机构是对船舶污染监督管理的机关。"

《中华人民共和国公民出境入境管理法》,于 1985 年 11 月 22 日经第六届全国人大常委会第十三次会议通过,并由国家主席第 32 号令颁发,于 1986 年 2 月 1 日起施行。该法共分总则、出境、入境、管理机关、处罚、附则 6 章 20 条。其中第七条规定:"海员证由港务监督局或者港务监督局授权的港务监督颁发","海员因执行任务出境,由港务监督局或者港务监督局授权的港务监督办理出境证件"。这表明船员证书颁发已上升到法律地位。

《中华人民共和国海商法》,起草始于 1952 年(当时组建海商法起草委员会),至 1963 年已九易其稿,完成向国务院递交的送审稿,后因"文化大革命"而搁置。1982 年,海商法制订工作恢复。在深入调查研究和认真总结经验的基础上,经广泛征求国内外专家和行业、部门意见,海商法于 1992 年 6 月 7 日完成最后审定稿。后由国务院提交第七届全国人大常委会审议,1992 年 11 月 7 日经全国人大常委会第二十八次会议通过,由国家主席第 64 号令颁发,自 1993 年 7 月 1 日起施行。该法共分 15 章 278 条,其中与水上交通安全有直接的关系并划出具体责任界定的有总则、船舶、船员、海上货物运输合同、海上拖航合同、船舶碰撞、海难救助、共同海损等。其中涉及水上交通安全监管的第八章"船舶碰撞"对事故双方责任进行了界定。

(2)相关的法规

《测量标志保护条例》,1984 年 1 月 7 日国务院以〔1984〕第 6 号颁布,于颁布之日起实施,共有 15 条。

《中华人民共和国化学危险物品安全管理条例》,1987 年 2 月 17 日国务院以国发〔1987〕14 号文颁发,自颁发之日起实施。该管理条例共分总则、化学危险物品的生产和使用、化学危险物品的储存、化学危险物品的经营、化学危险物品的运输装卸、罚则、附则 7 章 42 款。同时,1961 年 1 月国务院颁布的《化学易燃物品防火管理规则》废除。

《防止拆船污染环境管理条例》,1988年5月18日国务院以国发〔1988〕31号文颁发,于6月1日起实施。该管理条例共有28条。其中第四条规定:中华人民共和国港务监督(含港航监督)主管水上拆船和综合港港区水域拆船的环境保护工作,并协助环境保护部门监督港区水域外的岸边拆船防止污染工作。

《中华人民共和国航道管理条例》,1987年8月22日,由国务院颁发,于10月1日起实施。该管理条例共有总则、航道规划和建设、航道的保护、航道养护经费、罚则、附则6章33条。其中第二十一条涉及航标管理内容:"沿海和通航河流上设置的助航标志必须经交通主管部门同意。"

《特别重大事故调查程序暂行规定》,1989年1月3日经国务院第31次常务会议通过,3月29日由国务院第34号令颁布,自发布之日起施行。该暂行规定共分总则、特大事故的现场保护和报告、特大事故的调查、罚则、附则5章28条。其中第二条规定:所称特别重大事故,是指造成特别重大人身伤亡或者巨大经济损失以及性质特别严重、产生重大影响的事故。第七条规定:立即将所发生特大事故的情况,报告上级归口管理部门和所在地地方人民政府,并报告所在地的省(区、市)人民政府和国务院归口管理部门。在24小时内写出事故报告。同时,省(区、市)人民政府和国务院归口管理部门接到特大事故报告后,立即向国务院做出报告。

《关于外商参与打捞中国沿海水域沉船、沉物管理办法》,1992年7月12日国务院以国务院第102号令颁布,自发布之日起施行。该管理办法共有23条,适用于外商参与打捞中国沿海水域具有商业价值的沉船沉物活动,其中中国香港、澳门、台湾的企业、个人及其他经济组织的相关业务也参照执行,但沉船沉物的所有人自行打捞或者聘请打捞机构打捞其在中国沿海水域的沉船沉物不适用。

从1982年8月全国人大颁发《中华人民共和国海洋环境保护法》和1983年9月2日颁发《中华人民共和国海上交通安全法》,再到1983年12月29日国务院颁发《防止船舶污染海域管理条例》与1986年颁布《中华人民共和国内河安全管理条例》,四大主要涉及航政管理的法律法规及相关的法律法规有一个共同点:明确港务(航)监督的性质、职能、职责。作为国家主管水上交通安全监督管理的执法机关,港务(航)监督是国家重要行政管理队伍。部属港务(航)监督机关是交通部的派出机构,省(区、市)港航监督机关是各省(区、市)的派出机构。上述法律法规以法律法规形式规定了港务(航)监督担负着水上交通安全、防止船舶污染监督和维护国家主权的监督管理任务,同时根据授权担负着搜救、海上助航、测绘和通信等航海保障服务任务。总之,港务(航)监督机构具有监督、执法、保障和服务四大职能。

二、航政管理规章的相继制订

1984年沿海港口体制改革之后,除全国人大、国务院颁发水上安全管理法律、法规外,全国港务(航)监督还根据沿海、三大内河干线及其支流、各省(区、市)境内通航河流的水上实际,从船舶、船员、防污、危险货物管理与事故调查处理,到航行警(通)告、引航、港口秩序上制(修)订各类管理规章制度,重要的由交通部公布实施,从而形成以交通部令为主的规章、部主管水上交通安全职能部门及其分支机构公布的规范性文件为系统的法律体系。至1985年,我国航政已有各类法律法规、规章及实施细则等规范性文件近200种。

在此基础上,根据交通部的部署和要求,交通部水上安全监督局(1988年7月后改为交通部安全监督局),以及各港务(航)监督一方面有计划地组织制订急需新的航政管理规章,另一方面对已实施规章中不适应加以修订与完善;各省(区、市)港航监督针对具体情况有计划地安排区域性法规规章的制订和申报工作,使之成为全国性法规规章的补充,从而初步建立起一套航政管理法规体系。其中大部分为航政管理规章,由交通部公布。这一时期由交通部公布适用于航政的主要管理规章详见表 6-3-1。

1984—1992 年适用的主要航政管理规章一览表　　表 6-3-1

文件名称	单位	令(文)号	公布日期	施行日期	备　注
船舶遇险及安全通信工作的若干规定	交通部	〔84〕交海字 2022 号	1984.4.7	1984.4.7	
船舶海损事故统计、报告规定	交通部	〔85〕交水监字 1952 号	1985.10.5	1986.1.1	修订《1978 年海损事故统计报告规定》
中华人民共和国外国籍船舶航行长江水域管理规定(第一次修订)	交通部	〔86〕交水监 125 号	1986.3.1	1986.4.20	国务院 2 月 6 日批准
中华人民共和国海船登记规则	交通部		1986.10.15	1988.1.1	
内河船舶安全检查暂行办法	交通部	〔87〕交水监 13 号	1987.1.19		
中华人民共和国海船船员考试发证规则	交通部	〔87〕交水监 15 号	1987.2.14	1988.1.1	简称《87 船员考试规则》,《79 船员考试规则》废止
水路货物运输规则	交通部		1987.5.31	1987.9.1	
水路货物运输管理规则	交通部	〔87〕交海字第 374 号	1987.6.4	1987.7.1	
船舶遇险紧急通信处置细则	交通部	〔87〕交海字 617 号	1987.8.27	1987.8.27	1984 年《船舶遇险及安全通信工作的若干规定》废止
长江干线在航船舶安全检查暂行规定	交通部	〔89〕交安监字 361 号	1989.6.30	1989.6.30	
中华人民共和国水污染防治法实施细则	国家环境保护局	国家环保局令〔1989〕第 1 号	1989.7.12	1989.9.1	
中华人民共和国海员证管理办法	交通部	部令〔1989〕第 7 号	1989.8.14	1989.12.1	1976 年 9 月 8 日《海员证签发和使用范围暂行规定》废止
中华人民共和国海上交通事故调查处理条例	交通部	部令〔1990〕第 14 号	1990.3.3	1990.3.3	国务院 1 月 11 日批准
中华人民共和国船舶安全检查规则	交通部	〔1990〕交安监字 165 号	1990.3.14	1990.3.14	1985 年中国港监局的《船舶安全检查暂行办法》废止
船舶交通事故统计规则	交通部	部令〔1990〕第 16 号	1990.6.16	1990.8.1	
中华人民共和国海上交通监督管理处罚规定(试行)	交通部	部令〔1990〕第 20 号	1990.9.24	1990.10.1	
中华人民共和国内河交通安全管理违章处罚规定(试行)	交通部	部令〔1990〕第 21 号	1990.9.28	1990.10.1	
中国籍小型船舶航行香港、澳门地区安全监督管理规定	交通部	部令〔1990〕第 25 号	1990.9.24	1991.1.1	1982 年《对航行港澳地区小型船舶安全监督暂行规定》废止
客渡轮专用信号标志管理规定	交通部	部令〔1990〕第 26 号	1990.9.2	1991.7.1	
港务费收支管理规定	交通部 财政部	〔90〕交财字 566 号	1990.10.15	1990.1.1	
中华人民共和国内河避碰规则(1991)	交通部	部令〔1991〕第 30 号	1991.4.28	1992.1.1	在《79 年内河避碰规则》基础上修改

续上表

文件名称	单位	令(文)号	公布日期	施行日期	备　注
船舶升挂国旗管理办法	交通部	部令〔1991〕第 32 号	1991.10.10	1991.11.1	
长江干线水上安全管理若干办法(暂行)	交通部	〔90〕交安监字 781 号	1991.11.11	1991.11.11	
内河船舶船员考试发证规则	交通部	部令〔1992〕第 34 号	1992.4.7	1993.1.1	简称《92 内河船员考试规则》
中华人民共和国外国籍船舶航行长江水域管理规定(第二次修订)	交通部	交函安监〔1992〕480 号	1992.7.25	1992.7.25	国务院 6 月 6 日批准

此外,港务(航)监督实施统一管理后,根据国务院、交通部有关清理法规、规章的通知和要求,交通部、交通部水上安全监督局(1988 年 7 月后改为交通部安全监督局)按照分工开始全面审核和清理水上交通安全监管法律、法规、规章,并提出具体意见,完成新中国成立以来水上交通安全监管法规、规章及规范性文件的清理工作。从 1983 年 11 月开始,交通部水上安全监督局逐件清理、审查水上交通安全监管法律法规、规章及规范性文件,确定有效期。至 1984 年 8 月底,清理工作完成。

三、地方航政规章的相继制订

自 1986 年《内河安全管理条例》颁布以后,各省(区、市)人民政府、交通厅将交通安全法规建设列入重要议事日程。特别 1988—1989 年,各省(区、市)港航监督制定了一些地方性水上安全管理规范性文件,并争取由省人大以地方性管理法规颁布实施。广东、江苏把完善安全规章制度作为年度工作重点来抓,分别制定十多项安全管理规定和工作程序。各地建立的规章制度是全国水上安全法规体系的必要补充。

据不完全统计,仅 1986 年 1 月《内河交通安全管理条例》颁发起至 1989 年 11 月,全国各省(区、市)人大、政府、交通厅颁布及送审的有关渡口、乡镇船舶、港航监督、航运企业、危险品、船员及收费等方面管理法规已达 91 个。其中江西、四川、云南、宁夏、浙江、河南、安徽、江西、广东、上海等省(区、市)和成都等市人大和政府颁布有关地方法规、规章 15 个;山西、福建、浙江、海南、广东、宁夏、河北、湖北、湖南、四川、江西、上海等省(区、市)的厅局公布的地方规章、规范性文件 44 个;拟定报批的 32 个。随着法规、规章制度的逐步健全、完善,我国水上交通安全管理走上依法治理的轨道。

这一时期,各省(区、市)公布的主要地方水上交通安全监管规章有:

1987 年 5 月 12 日,河南省公布《河南省〈水路运输管理条例〉实施办法》,1988 年 12 月 15 日起实施。

1987 年 12 月 24 日,宁夏回族自治区公布《宁夏回族自治区水上交通安全管理办法》。

1988 年 6 月,江西省公布《江西省港口管理暂行条例》。

1988 年 7 月,甘肃省公布《甘肃省水路运输安全管理实施办法》。

1992 年 12 月,湖北省公布《湖北省水上交通安全管理办法》。

四、加入与生效的国际公约和议定书

1985 年 6 月 24 日,我国加入《1979 年国际海上搜寻救助公约》。1985 年 6 月 22 日,《1979 年国际海上搜寻救助公约》正式生效。7 月,国务院核准我国代表对该公约的签署,并于 7 月 24 日对我国生效。全国海上安全指挥部和交通部联合发文要求各有关单位组织学习掌握公约规定的海上搜救程序。该文指出:在我国海上搜救法规发布之前,在与外国(包括中国香港地区)搜救机构合作进行搜救工作时,按该规定程序进行(有双边协议的除外)。海上搜救中心、分中心的职责在我国分别由全国海上安全指挥部和省(区、市)海上安全指挥部承担。

1986 年 8 月 31 日,国务院批复交通部、外交部决定我国加入《1969 年国际油污损害民事责任公约 1976 年议定书》。1986 年 9 月 29 日,我国加入《1969 年国际油污损害民事责任公约 1976 年议定书》,成为该议定书的缔约国,1986 年 12 月 28 日对我国生效。

1988 年 11 月 21 日,我国加入《73/78 防污公约附则Ⅴ》,于 1989 年 2 月 21 日起对我国生效。

1989 年 2 月 21 日,《经 1978 年议定书修订的 1973 年国际防止船舶造成污染公约》附则Ⅴ《防止船舶垃圾污染规则》对我国生效。10 月 22 日,《1974 年国际海上人命安全公约》1988 年修正案对我国生效。11 月 19 日,《1972 年国际海上避碰规则公约》1987 年修正案对我国生效。1990 年 7 月 9 日,交通部下发通知,指出《1972 年国际海上避碰规则公约》1989 年修正案将于 1991 年 4 月 19 日起生效,我国自该修正案生效之日起执行。

1990 年是我国加入和生效国际海事公约较多的一年 1 月 9 日,国务院批准交通部《关于加入〈1969 年干预公海油污事故公约〉及〈1973 年干预公海非油类物质污染议定书〉的报告》。2 月 23 日,我国加入《1969 年国际干预公海油污事故公约》和《1973 年干预公海非油类物质污染议定书》。该公约和议定书于 1990 年 5 月 24 日对我国生效。7 月 26 日,交通部发出通知,根据国际海事组织关于修正《73/78 防污公约》附则Ⅱ控制散装有毒液体物质污染规则的附录Ⅱ和散装运输有毒液体物质名单的 1989 年修正案将于 1990 年 10 月 13 日起生效的通知,我国在该修正案生效之日起执行。11 月 5 日,交通部发出通知,指出关于确定北海为《73/78 防污公约》附则Ⅴ《防止船舶垃圾污染规则》的特殊区域的 1989 年修正案,将于 1991 年 2 月 18 日起生效,我国自该修正案生效之日起执行。9 月 22 日,交通部下发"根据国际海事组织关于《国际散化规则》及其 1989 年修正案将于 1990 年 10 月 13 日生效的通知",指出我国在该修正案生效之日起执行。10 月 13 日,国际海事组织关于《国际散化规则》和《散化规则》1989 年修正案对我国生效,我国自生效之日起施行。1990 年,国际海事组织制订《1990 年国际油污防备、反应和合作公约》,于 1995 年 5 月 13 日生效,并接纳中国为该公约的成员国。根据该公约的要求,当事国应制订国家和区域的溢油防备和反应计划。国务院履行加入该公约有关问题,交由交通部会同有关部门组织实施这一国际公约。

1991 年 4 月 19 日,《1972 年国际海上避碰规则公约》的 1989 年修正案对我国生效。7 月 31 日,中国政府默认接受《1974 年国际海上人命安全公约》1989 年和 1990 年修正案。

1992 年 12 月 1 日,《1978 年船员培训、发证和值班标准国际公约》1991 年修正案对我国生效。

五、规范执法印章与发放执法证件

1986 年 2 月 4 日,中国港监局下发"关于对外开放港口港务监督和各省、市、自治区交通厅(局)港航监督局等机构印章刻制的通知",确定沿海(内河)各港口港务监督,以及各省、市、自治区交通厅(局)直接领导的港航监督(航政)安全监督局(处)等机构的印章刻制尺度标准。

1987 年 2 月 14 日,为使新组建的各局印章刻制符合规定,交通部水上安全监督局下发"关于部属各海上安全监督局印章刻制问题的通知",规定:各海上安全监督局刻制"交通部××海上安全监督局"印章应凭交通部关于组建该局的通知办理,印章的大小、字体、文字排列方式以及质料等要符合交通部水上交通安全监督局〔86〕水监字 20 号文的要求;为涉外工作需要仍保留"中华人民共和国××港务监督"名称的海上安全监督局可延用原刻制印章;各局印章从宣布成立之日起启用。1991 年 3 月 13 日,中国港监局下发通知,决定自 1991 年 7 月 1 日起,各港务监督所属船舶开始悬挂新式港务监督旗帜。

1990 年 10 月 1 日全国人大常委会颁发《中华人民共和国行政诉讼法》之后,交通部于 11 月 16 日下发“关于发放《港航监督证》的通知”,决定对从事现场监督检查的执法人员进行培训考核,合格后由中国港监局审批颁发港航监督证,1991 年 3 月 1 日起正式启用。

六、进一步征收港务管理规费

港务管理规费是国家行政事业性收费项目,包括船舶港务费、港务监督管理费、海岸电台无线电报电话费等,其中港务监督管理费又包括船舶登记费、船员适任证书申请考试发证费、船员服务簿申请及证书费、海员单项专业训练考试发证费、海员证费、油污水化验费、航政调解费、水上危险货物监督管理费、船舶证明签证费、特种船舶和水上水下工程护航费、清除污染管理费、水上水下作业许可证费、船舶申请安全检查复查费、浮油回收费等。

1990 年 10 月 13 日,交通部、财政部联合发布《港务费收支管理规定》,自 1990 年 1 月 1 日起施行。该管理规定中包括海上安全监督各项港务费收支管理,为后来海上安全监督机构费用征收提供指导。

1992 年 4 月 25 日,国家物价局、财政部发布《交通部水上交通安全监督收费项目及标准》。之后,国家计划委员会、财政部、交通部、国家物价局等部门于 20 世纪 90 年代对海员适任证书及单项专业训练考试发证费、国际国内航线船舶港务费、长江干线船舶港务费、海岸电台无线电报电话费、船舶吨税等规费标准做出过调整。这些项目和标准是 1993 年以后海上安全监督机构及 1998 年之后交通部直属海事机构实施海事规费征收的依据。

第四节　航政管理工作的进一步拓展

一、通航管理工作的全面开展

(一)通航环境的整治

1.通航水域碍航的整治

通航环境治理是一项社会性工作。20 世纪 80 年代中期起,随着改革开放,经济迅速发展,建设项目增多,对黄砂需求量日益增大。在利益的驱动下,大量挖砂船涌向沿海、长江、珠江等水域。一时间农副船和渔船挖砂、捕鳗鱼苗占据主航道,渔网缠绕螺旋桨事故时有发生,通航环境正日趋复杂,管船难、行船难问题愈加突出,到了非全面治理不可的地步。

为此,1986 年 9 月 12 日,国务院口岸领导小组下发“关于港澳小型船舶进出广东沿海挖砂采石作业点的审批权限和管理办法的通知”。1990 年,交通部针对当时长江干线水域非法采砂,指示长江港航监督局专函给沿江各省人民政府,请求协助做好长江干线挖砂船舶的管理。1992 年 6 月,交通部联合农业部、公安部、水利部、地矿部等部委联合下发“关于切实加强通航水域捕捞鳗鱼苗和开采黄砂管理的通知”,要求对捕捞鳗鱼苗和开采黄砂实行统一管理。7 月、11 月,中国港监局也下发“治理通航水域渔业捕捞作业和采砂管理的通知”。

根据以上一些通知精神与安排,沿海各港务监督采取多种措施,治理非法挖砂作业、违章在通航水道捕捞作业等违法碍航行为。1984 年,大连港务监督进行水产养殖、渔船航行秩序的整治工作。烟台港务监督依靠当地政府与有关部门提出划分荣成湾避风锚地及水产养殖区域的方案,解决荣城湾锚地和水产养殖场问题。1991 年,又争取地方政府的支持,排除阻力,不断清除锚地水产养殖物,确保良好的港内通航环境。1991 年,青岛港务监督黄岛交管站为船舶实行航行技术咨询和导航服务,避免“李白”号等多艘船舶因操纵不当偏离航道而可能发生的触礁事故。上海港务监督协调地方政府加强对采砂船的作业管理,逐步改善无序作业而影响船舶通航,还下发加强鳗鱼苗捕捞管理的紧急通告,联合渔政部门进行鳗鱼苗捕捞的安全宣传与治理。1991 年,沿海各港务监督和长江、黑龙江港航监督局充分利用广播、电视、标语、报刊等宣传媒介,广泛向全社会宣传,积极争取各级地方政府和有关部门的理解与支持,制止和消除侵占航道的水产养殖物,整治挖砂、捕鳗鱼苗船和水上施工作业秩序。

长江水域大规模的捕鳗、采砂始于 20 世纪 80 年代。1984 年,长江干线开始捕鳗,至 20 世纪 80 年代末期到达顶峰。尤其 1989 年,长江江阴至南通段捕鳗船只达万艘以上,一时间船舶密布,封锁江面,竞相捕捞,形成“捕鳗大战”,严重影响船舶通航。而大规模采砂起于 1989 年安徽省西华水道,致使航道堵塞,船只无法通航。为此,1989 年长江港航监督局将“黄砂大战”拍成资料片,向社会宣传非法采砂的严重后果。1990 年 4 月,除以第一号《重要情况》将长江安徽段江心洲水道“江霸”扰乱挖砂情况向上级反映,引起交通部高度重视外,结合捕鳗、采砂活动规律和特点,出动人力艇力到现场检查,进行清理、整治。1991 年,又主动向沿江省、市地方政府汇报,取得地方政府的支持,与有关方面一起整治挖砂、捕鳗鱼苗船的秩序,为大型船舶安全通航创造条件。

珠江水域非法采砂始于 20 世纪 90 年代初,后来也一度出现“黄砂大战”。200 多艘挖(运)砂船在广州港坭洲头附近水域违章作业,堵塞坭洲头航道及附近水域,严重妨碍船舶进出港口,导致事故频生。1992 年 4 月 10 日,广州海运集团公司“红旗 103”轮进港航经此水域时,为避让挖砂船紧急抛锚,导致钩损过江电缆的重大事故。广州港务监督加派监督员和巡逻船进驻现场,昼夜监控违章的挖砂船,并整顿各种违章行为。

各省(区、市)港航监督,结合各自辖区实际,与沿海直属各港务监督专项整治内河各通航水域碍航挖砂、捕鳗碍航行为,开展通航水域非法挖砂、捕鳗鱼苗等整治活动。长江航政管理局主动上门向沿江省、市政府汇报,取得地方支持,与相关单位一起整治挖砂、捕鳗鱼苗船水域的通航环境,为大型船舶安全通航创造条件。

通过各港务(航)监督整治碍航,尤其整治挖砂、捕鳗(鱼)苗船舶,局部地区通航环境有所好转。不过,由于此类问题涉及多方面,原因复杂,一时尚难以彻底解决,由上述各类船而引发的事故频频,影响着水上交通,仍成为之后港务(航)监督关注的热点问题。

2.组建一个检查和咨询队伍

水上安全专项检查一直是通航环境治理的重要内容之一。1985 年 9 月,由交通部水上安全监督局牵头,全国港务(航)监督组织若干个基层安全检查组,着重检查安全规章制度的落实与执行情况,开展互查自查活动,并公布互查自查的情况。10 月 25 日,为充分发挥交通系统具有水上安全工作经验的老船长、老轮机长、老海(航)监室主任和老监督长的作用,交通部决定组织一个检查和咨询队伍,设立水上安全咨询检查员。之后从中选聘 16 名人员,作为第一批交通部水上安全咨询检查员,并颁发聘书和统一证件。水上安全咨询检查员代表交通部定期、有重点分片检查安全工作,检查灵活进行,方式多样(可在港内巡查,也可巡回检查),为部安全委员会和海上安全指挥部做参谋。安全咨询检查员挂靠各港务(航)监督,便于掌握情况、交流信息、配合工作。各港务(航)监督为他们提供工作方便。此外,检查和咨询队伍研究整个水上交通安全监管问题和提出治理建议,具体由中国港监局组织实施。

1986 年交通部召开第一季度安全生产例会后,上海港务监督努力做好“三头”安全管理工作(即船舶靠离码头、船舶过弯头、船舶掉头)。全国各港务(航)监督仿效上海港务监督的“三头”经验,结合实际做好本地区水上安全管理工作。为不断开展并深化安全大检查,1986 年二季度,长江航政管理局在过去长江“航政大联合”基础上,逐步过渡到“五统一”(机构名称统一,制服统一,规章统一,各种表格统一,收费标准统一)的安全大检查上来。

3.为港航企业做好服务工作

为发挥水上交通安全监管“国家队”的作用,积极为港航企业服务,1991 年天津、大连、上海、广州等港务监督贯彻交通部提出的“既监督、又服务,寓监督于服务之中”指导思想,推行挂牌服务,建立举报制度,发挥监督作用。上海港务监督对到上海的船舶进行量化分析,制订出整顿“三无”船舶的步骤和方法。营口港务监督开展“船舶满意在营口港”活动,设立中外船舶征询意见单,由监督人员主动登上中外船舶征求意见,提高服务质量。宁波港务监督以“为船舶服务、为船员服务、为港口生产服务、为港口建设服务”的“四服务”作为指导,主动支援市政和国家重点水上工程建设,把好安全关,使辖区水上事故逐年下降。天津港务监督与天津港务局建立值班人员互相见习制度,增进了解,并与公安人员配合,组织 6 次突击行动,联合巡航 90 余次,查处各类违章行为 192 起,查处违章渔船 280 艘次,警告违章人员 290 余人。大连港务监督积极争取地方支持,不断清除锚地水产养殖物,确保港内通航环境。青岛港务监督努力为船舶航行提供技术咨询和导航服务。

4.两广港航监督防抗珠江水系雷雨大风成效明显

我国是遭受自然灾害影响较大的国家之一,水上季节性事故突出。为此,全国港务(航)监督坚持开展季节性安全规律研究,强化安全管理,建立和完善各种安全责任制,精心组织,提前做好预案,早布置、早准备、早落实,有效开展战枯水、保春运、抗洪抢险、防台防雾等季节性安全管理专项活动,使季节性安全工作逐步程序化、规范化和制度化。其中广东、广西两省(区)港务(航)监督尤为突出。

每年约 2—4 月,珠江三角洲地区因冷空气南下,灾害性的雷雨大风频繁,给人民生命财产造成严重危害。广东、广西每年发生 6 级以上雷雨大风不下 100 次,极易导致重大船舶翻沉死人等重大事故。如 1980 年,“红星 327”等 5 艘客轮因遭受雷雨大风袭击而连续翻沉,死亡 669 人,震惊中外,社会影响极坏。从这以后,两广港务(航)监督建立有效防抗雷雨大风组织机构、规章制度与安全管理机制,部署、协调、检查、督促有关部门协调动作,加强船员防抗雷雨大风知识的培训考试,严格船舶安全检查,坚持开展防抗雷雨大风工作。特别 1985 年以来,采取有针对性措施提前防范。1985 年下半年,交通部组织工作组开展调查研究,分析事故原因,制定 6 条防台措施。1986 年 2 月,交通部在广东广州召开珠江水系船舶落实防范雷雨大风措施紧急会议,总结交流珠江水系船舶防范雷雨大风的经验,提出进一步做好防范工作的要求。于是,每年 2—4 月广东省港航监督建立岸船防雷雨大风指挥部,24 小时值班,加强同气象部门联系,指挥船舶做好防雷雨大风的安全措施。每年第四季度还要提前制定和落实一切防雷雨大风的安全措施,作好各项充分准备工作。两省(区)港航监督完成珠江船舶规范补充规定,制订旧船改造计划,并加强和气象部门联系,及时掌握气象情况,采取预防措施,并加强对旅客的宣传教育。另外,两省(区)港航监督与当地交通部门总结防抗台风雷雨经验,先后出台“广西防抗雷雨大风管理办法”“广东内河船舶防抗雷雨大风安全操作须知”,以及一些内部防抗雷雨大风工作程序、办法等。这些对加强防抗雷雨大风起到促进作用。

1986 年,广东省港航监督与交通等十多个单位联合举办“防雷雨大风展览流动宣传船”,深入珠江水系各港口,利用图解、录像、技术讲座向广大船员进行防雷雨大风安全宣传教育。有 32 个港口 1 万多人次到船上参观学习,进一步学习普及预防雷雨大风知识,使防御雷雨大风的安全措施逐步完善,变消极被动防抗雷雨大风袭击逐渐转变为积极防御,效果凸现。1986—1987 年,广东省内出现过 6 级以上大风共 74 次,其中风力 8 级以上 32 次,由于广东省港航监督预报及时,措施得当,均避免了水上事故发生。1990 年上半年,广东出现 74 次 6 级以上雷雨大风,提前做好预防,雷雨大风时未发生重大事故。

1982—1992 年,广东、广西省(区)港务(航)监督在防抗雷雨大风中履行职责,做好防抗雷雨大风工作,扭转水上安全的被动局面,推动两广乃至全国水上安全工作走出一条成功的道路(见图 6-4-1)。

图 6-4-1 20 世纪 80 年代广西港监巡航

5.摸清通航水域新问题与研讨新对策

自 1984 年第一次全国内河交通安全和保险工作会议召开后,交通部公布《加强内河航运安全工作若干规定》,提出"建立健全安全工作责任制""建立健全安全活动制度""建立严格的科学管理制度"和"加强船员培训、提高船员素质"等 4 个管理措施。这为扭转当时内河船舶事故多发的被动局面起到积极作用。

为巩固水上交通安全监管成果,各省(区、市)港航监督机构继续坚持对内河水上事故的剖析、研究,查找原因,探寻规律。1992 年,四川、湖南、湖北、江苏、安徽、浙江、上海、广东、广西、贵州 10 省(区、市)交通、港航监督部门调查各自辖区水上安全的状况,找出具体对策。四川省港航监督安排 4 个月时间调查了 13 个地区和 21 个县。湖北省调查近 40 个水运企业。浙江省港航监督专门调查其辖区内河频繁堵航情况,提出有针对性、有重点、有内容的解决办法和措施。9 月下旬,中国港监局在汇总 10 省(区、市)调研情况的基础上,在武汉召开研究新情况新问题座谈会,交流和探讨。会后,组成调查组对湖南、安徽、江苏等省内河进行重点调查,基本上摸清水上安全的新情况、新问题,为后来的管理决策奠定了基础。

(二)通航秩序的管理

1.船舶定线制和报告制的实行

自 1967 年 6 月 1 日英国与法国在多佛尔海峡(Dover Strait)正式实施船舶定线制以来,国际上已有众多海峡和水域实施船舶定线制,如国际海事组织 1985 年 11 月 20 日以第 A.572(14)号决议通过的《船舶定线制的一般规定》及其 1995 年修正案。

我国最早类似船舶定线制的航法是 1964 年上海港务监督试行对进出黄浦江船舶的航行规则。当时船舶在长江口南水道与黄浦江航行,规定靠右航行,避免交叉。到 20 世纪 70 年代末至 80 年代中期,交通部采用分道通航的定线航法,在北方沿海、青岛港团岛、大连港大三山水道等沿海海域航道实施。1983 年、1985 年,中国港监局相继批准《大连港大山水道通航分隔制》《珠江口青州水道通航规定》《成山头水域船舶定线规定(试行)》等。这些类似船舶定线制的航法在规范船舶交通流,减少和避免船舶碰撞事故方面发挥了一定的积极作用。其中,成山头水域船舶定线制实施尤为突出。

中国山东半岛最东端的成山头水域(又称“成山角”),素称“中国好望角”,自然条件恶劣,风大、流急、雾多,交通密度大,渔船密布,水上交通秩序混乱,事故频发。为改善该水域海上通航环境和海上交通秩序,烟台港务监督调研后,与大连海运学院(现大连海事大学)共同研究起草《成山头水域船舶定线规定(试行)》,于 1990 年 7 月上报。1991 年 9 月 12 日,中国港监局批准该定线规定,自 1992 年 1 月 1 日起试行。成山头船舶定线制由分道通航制、沿岸通航带和警戒区组成,分道通航制设分隔带、分隔线和通航分道,采用“2-2-2”各 2 海里的格局。警戒区以 37°34′38.90″N、122°42′52.80″E 为中心,半径为 5 海里。经过一段时期试行,1996 年 10 月交通部正式批准《成山头水域船舶定线规定》。这是我国沿海航道实施的第一个船舶定线制。

该规定明确的分隔带、通航分道、沿岸通航带和警戒区水域为成山头船舶定线制水域。航经定线制水域的船舶必须按照定线制规定航行。成山头分道通航制的内界线在成山头灯塔正东 3~5 海里处,外界线在成山头灯塔正东 12 海里范围内。成山头灯塔 090°方位线以北通航分道的长度为 6 海里,以南通航分道的长度约为 16 海里;通航分道宽度为 3 海里,分隔带宽度 2 海里;南下船舶主流向转向前后分别为 150°和 180°,北上船舶主流向转向前后分别为 050°和 330°,转向点位于灯塔 075°方位线上。

2.水上水下施工作业安全维护

进入 20 世纪 90 年代,随着我国经济建设的发展,水上水下施工工程逐年增多。仅广东港务(航)监督 1988—1992 年就审核辖区岸线及水上水下施工申请报告 723 份。为保障沿海、内河水域水上水下工程施工作业的安全,全国港务(航)监督结合各辖区实际,制订并公布辖区水上水下施工管理细则、办法等,详细规定港区水域、港区岸线使用,水上水下工程施工等的管辖范围、审批办法、办理程序等。1988 年,上海港务监督下发“关于改进和加强对水域工程管理的通告”。1990 年,大连港务监督下发“码头建设使用审批管理办法”,广州港务监督下发“广州港区水上水下施工安全监督管理暂行规定”。此后,直属各港务监督对岸线使用、水上水下施工的审核监管工作进入法制化管理阶段。

1984 年,长江葛洲坝船闸通过船舶达 7 万艘次。长江宜昌航政分局经过总结管理规律,掌握过闸时间,重点防止船舶抢进抢出。监督艇分别在 0 时、2 时至 3 时、14 时至 18 时船舶集中过闸时间进行现场维护,对大型客轮和特种船舶实行艘艘、队队维护,并就不同季节和航道情况,实行重点监控,强化现场维护。这些方法有效地保障了坝区和船舶过闸的安全。

3.安全指数法开始研究与采用

为全面、准确、科学地评价水上安全状况,采取相应安全对策,提高水上安全管理水平,中国港监局 1991 年 5 月 8—11 日在烟台召开安全指数法应用试验工作会议,6 月 27—29 日在武汉召开船舶交通安全指数法研讨会,并于 7 月 1 日下发“关于做好安全指数法应用试验工作的通知”,7 月 29 日下发“关于转发长江港航监督局《船舶交通安全指数法研讨会会议纪要》的通知”,进行船舶交通“安全指数法”应用试验、研讨,以及提出试验安排。

根据以上会议与通知的要求,沿海各港务监督结合《船舶交通安全指数法实施大纲》,研究制定“安全指数法”应用试验规划与安排,并在总结试验成效与总结经验基础上推进“安全指数法”安全管理工作的进展,不断巩固成果。

(三)通航水域的现场监控

1.沿海通航水域的监控

1986 年 10 月 12—18 日,英国女王伊丽莎白二世和她的丈夫爱丁堡公爵菲利普亲王到我国广州进行国事访问。我国按国家元首最高礼节款待英女王。英国皇家游艇“不列颠尼亚”号和护卫舰“约克”号进出广州港时,黄埔港务监督派出船艇进行沿途警戒巡航,维护水上交通秩序。面对21号强台风影响,珠江口附近风力8级,阵风9级以上,派出的12艘巡逻船上的监督人员精心护航,引领游艇和护卫舰的7名引航员谨慎操作,从而确保“不列颠尼亚”号和“约克”号编队安全、准时进出港和靠离泊操纵,得到外宾与各方的好评。

1991年6月,天津远洋公司“武夷山”轮在南黄海发生事故。上海港务监督“东海巡01”和“东海巡021”两船赶赴事发海域进行海事调查,实施船旗国的管辖权。这是我国港务监督系统首次派船出航在领海外进行海事调查,提高港务监督行政执法机构的声誉。之后,上海港务监督安排“东海巡01”轮首次出海巡逻,访问宁波、连云港、石臼、青岛等港务监督,扩大沿海港务监督影响力,为沿海海域巡航积累经验,加强沿海各港务监督之间的沟通和联系。

2.安全大检查的深化

1984年《海上交通安全法》实施后,沿海港务监督管理范围由港区扩大到海区,海上巡航时间、里程、区域等方面都有进一步拓展。内河船舶大量增加,通航航道紧张,全国港务(航)监督不时开展安全检查,纠正各种违章行为,取得一定效果。仅1985年7月至1986年7月的一年,全国内河事故件数下降21%,沉船下降48.6%,经济损失下降22.5%。1987年7月,交通部下发“关于深化安全大检查的决定”,作为一段时间内安全管理工作的重要方案,提出“远近兼顾,标本兼治,综合治理”的方针和“从严治理,全面整顿,逐一验收”的要求。直属港务(航)监督为落实这一决定,加强横向联系,主动与公安、工商、税务、保险、旅游等部门配合,联合设置检查站点,互相支持,互相配合,集中力量进行安全大检查,综合治理水上安全隐患。1989年,开展“查思想、查管理、查纪律、查隐患”的“四查”工作,找问题和薄弱环节并加以整改,从而使水上安全大检查工作不断深入(见图6-4-2)。

图6-4-2 20世纪80年代广西船舶安全检查

1986年5月6—15日,江苏、浙江、上海港航监督联手进行为期10天的联合安全检查,出动检查人员5795人次,设点120个,出动监督艇699艘次,共检查船舶91011艘次,查出违章船32145艘。由于二省一市密切配合,声势大,检查站点密,覆盖面广,许多无证船舶因而纷纷回船籍港办领证照。甘肃省港航监督1985年至1986年9月,先后投入1697人次,检查船舶5236艘次,纠正违章725艘次,还举办了10期船员培训班。

1987年7月1日至10月10日,山西省开展全省首届百日水上安全竞赛活动。各港航监督编印各种宣传资料,开展安全宣传教育活动;结合落实安全责任制,举办各类培训班 13 期;检查各类船舶 690 艘次,纠正违章 75 次。整个竞赛活动共出动检查人员 744 人次。此外,山西省还建立沿黄河 19 个县的水上安全管理网,检查与审验营运船舶,取缔非法船只 56 艘,并召开全省乡镇船舶安全整顿经验交流会。1992 年 7 月,经交通部验收,山西省水上安全"四项整顿"工作被评为西北片第一名。

1988 年 6 月 12—15 日,河南、安徽两省港航监督部门在开封市召开两省联席会议,本着"互通情况,交流经验,研究问题,协调工作,加强管理,搞好安全"原则,进行广泛的接触和诚恳的交谈。会议决定两省每年召开一次联席会议,两省轮流担任主席,由两省港航监督科负责日常工作联系。到 2000 年,豫皖两省港航监督联席会议已连续召开 13 次,每次都就有关水上安全问题互通信息,交流经验,充分协商,推进了两省水上安全形势的稳定。

1989 年,海南省港航监督局积极主动与广东、广西、福建等省(区)港监部门互通信息、相互交流。为加强琼州海峡安全管理,还与广东省、湛江、海安港监部门、海峡办,海南海上安全监督局、海南省海运总公司、海口新港港务公司,以及气象等部门相互通报情况。自 1988 年建省以来的一年多时间,海南省水上交通安全监管部门与相关管理部门组织了 108 个检查组,开展 4 次全省性安全大检查。同时,健全地方规章、规范性文件,建立船舶、船员档案,明确各有关管理部门各负其责,严格把关堵漏洞。江西省港航监督 1988 年和 1989 年开展安全大检查 14 次。广东省港务(航)监督机构 1989 年查船 20 万余艘次,纠正违章 7 万艘次。

这一时期,针对水运流动分散的特点,有些省(区、市)港航监督开展了省际、地区间安全检查。1989 年,山东、江苏两省内有关的港航监督开展联合安全检查,整顿大运河航行秩序;湖北、河南两省港航监督联合检查丹江库区船舶安全;上海、江苏、浙江、安徽、江西 4 省 1 市港航监督,每年开展一次联合大检查,同时发动,同时检查,分兵把关。联合检查扩大了防区,堵塞了漏洞,威力大,效果显著。1991 年,上海市港航监督在辖区的内河上设置交通安全标志,交通繁忙地段用闭路电视监控,加强了水上交通安全监督管理。

总的来看,这时的安全大检查,既整顿、检查生产第一线的基层,又整顿、检查机关部门,通过检查,查寻问题和管理漏洞,落实安全责任制,逐一解决问题,使不同安全问题责任到人、到部门,形成了一套监督管理制度和管理工作程序,保证各种安全制度的落实。

二、推行全面的船舶安全监管

(一)船舶签证

船舶签证,一直是船舶管理的最基本的工作。《海上交通安全法》规定:"国际航行船舶进出中华人民共和国港口,必须接受主管机关的检查;本国籍国内航行船舶进出港口必须办理进出港签证。"为进一步规范船舶进出港口签证工作。1991 年 3 月 27 日交通部公布《中华人民共和国船舶进出内河港口签证管理规则》,于 7 月 1 日起实施。第三条规定:船舶进出港口签证工作,由各级港航监督机关及其设置的签证站(点)负责。签证工作实行"谁签证、谁负责"的原则。

根据以上船舶签证规则,各港务(航)监督制订出若干贯彻实施的签证管理细则、措施,明确签证相关内容、规范程序,做好船舶管理最基础的工作。1988—1992 年,天津港务监督共签证 20990 次,审批外国籍船舶进口岸 6256 艘次。1988 年,上海港务监督办理外轮进出口手续 5154 艘次,船籍港包括 49 个国家和地区。

各省(区、市)港航监督对内河船舶签证日益规范。1984—1992 年,山东省港航监督共对辖区 94670

艘次船舶办理签证手续,保证了船舶有序进出港。1991年和1992年,广东省内各级港航监督共办理船舶进出口签证3396235艘次。

(二)船舶登记

随着我国对外开放、对内搞活经济政策深入实施,航运业出现多种所有制企业,中外合作、合资经营,公民个人所有及联户经营船舶运输等新情况。1986年11月20日,交通部在修订1960年《船舶登记章程》基础上,公布《中华人民共和国海船登记规则》,于1988年1月1日起实施。该海船登记规则将内河船与海船登记分开,并授权中国港监局为船舶登记的主管机关,具体办理船舶登记机关为交通部授权的各地港务监督或港航监督机关。登记船舶是50总吨及以上的海上机动船和非机动船。而内河船舶登记仍沿用1960年《船舶登记章程》。

1987年10月24日,为落实上述海船登记规则,加强船舶登记工作,便于船公司登记,中国港监局下发"关于我国海船登记机关分工问题的通知",明确办理海船登记机关的分工权限,授权大连、天津、青岛、上海、广州、湛江、秦皇岛、烟台、连云港、宁波、汕头、珠海、海南、温州、福州、厦门、蛇口、梧州、南京、武汉等港务监督机构负责办理国际航线船舶登记工作,营口、南通、八所、深圳港务监督及天津市港航监督负责办理国内航线海船登记工作。海船登记通知还明确,辽宁、河北、山东、江苏、浙江、福建、广东、广西省(区、市)交通厅归口管理本省(或本区)的海船登记工作。10月30日,中国港监局下发"关于'船舶国籍证书'统一编号以及分发的通知",统一船舶国籍证书编号,使各登记船舶取得一一对应的国籍证书编号,为后续各项船舶管理工作提供便利。1988年1月14日,中国港监局下发"关于办理海船登记问题""关于执行海船登记规则若干问题说明等通知",要求船舶所有人必须在1988年12月31日前办理船舶登记手续,届时各港监部门完成船舶重新登记工作。

全国各港务(航)监督结合各自辖区授权负责船舶登记工作情况,陆续制订相应的船舶登记管理规范性文件。1987年,上海港务监督下发海船登记分工相关通知,至1989年1月底新发、换发、抵押、临时登记及废钢船登记共计签发550份登记证书。

各省(区、市)港航监督按照中国港监局"海船登记机关分工通知"要求制订相应措施。1987年11月14日,广东省境内19个港务(航)监督为国内航线(包括航行港澳地区小型船舶)海船登记机关,仅1988年3月至1989年底就登记海船31218艘,基本完成社会运输船舶登记发证工作。1987年12月8日,山东省港航监督与沿海港务监督明确各自海船登记机关职责,确定龙口、威海港务监督和烟台、青岛、岚山港务监督为省内海船登记机关,并公布编号。青岛港务监督和青岛市港航监督按照规则要求于1988年底前为所有青岛籍船舶换发新版船舶国籍证书,仅1988—1992年就登记海船547艘。

特别值得一提的是,中国港监局对台港澳船舶登记也做出详细规定。1990年4月12日,中国港监局根据在台湾登记的船舶经常进出我国东南沿海港口的实际情况,为做好这些船舶接待和安全监管工作,公布了《关于在台湾登记的船舶安全监督管理规定》要求。在台湾登记的船舶原则上按照中国籍航行国际航线船舶有关规定管理;不得悬挂国民党旗,在船舶外部的类似标志应予以遮蔽;不要在台湾有关机构颁发的正式证件上留下任何印迹,只作例行检查,也不要发给在台湾登记的船舶任何官方证件、文书。

为加强对航行香港、澳门地区中国小型船舶的监督管理,交通部于1990年9月24日公布《中国籍小型船舶航行香港、澳门地区安全监督管理规定》,于1991年1月1日起施行。该管理规定要求航行港澳地区的小型船舶遵守法律法规,规定了船员配备、船舶管理、事故处理等。同时,交通部1982年的《对航行港澳地区小型船舶安全监督暂行规定》废止。

(三)对外国籍船舶的管理

1.对外国籍船舶的管理制度

1986 年 3 月 1 日,交通部、公安部、卫生部与海关总署联合下发“关于国际航行船舶进出长江对外国籍船舶开放港口联合检查及随船监护等工作的通知”。1988 年 5 月 24 日,国务院口岸领导小组发出“关于改进船舶进出口联检工作的通知”。9 月 18 日,国务院发布《国务院关于口岸开放的若干规定》,规定一类口岸由国务院批准开放,二类口岸由省级人民政府批准开放。1990 年 3 月 14 日,交通部公布并实施专门适用于海船(包括航行国际航线的国内外船舶)安全检查的《中华人民共和国船舶安全检查规则》,适用于进出我国港口的一切外国籍和 200 总吨(750 千瓦)及其以上的中国籍船舶,废止 1985 年《船舶安全检查暂行办法》(海船)。根据国家部委与交通部有关外国籍船舶联合检查规定与要求,1991 年 8 月 11 日中国港监局公布《外国籍船舶安全检查试行程序》,1992 年 6 月 12 日公布《外国籍船舶安全检查缺陷处理原则(内部试行)》,以进一步规范安全检查人员对外国籍船舶的联检行为。

1990 年 6 月 28 日,全国人大常委会通过《中华人民共和国国旗法》(以下简称《国旗法》),于 10 月 1 日起实施。为落实《国旗法》,交通部于 1991 年 10 月 10 日公布《船舶升挂国旗管理办法》,11 月 1 日起实施。该办法就中外船舶悬挂中华人民共和国国旗的尺度、升降做出规定。这是第一次从法律上明确船舶悬挂国旗的标准要求,并授权港务监督对船舶升挂和使用中华人民共和国国旗实施监管。1992 年 7 月 27 日,中国港监局下发“加强船舶悬挂国旗管理的通知”,要求各港务监督宣传《国旗法》和《船舶升挂国旗管理办法》,加强中外船舶悬挂国旗的监管,且将船舶悬挂破损、污损、褪色、不合规格的国旗等问题作为监督检查的重点,以维护我国国旗形象。

2.新中国成立后进入长江第一艘外轮和进江外轮的管理

1986 年 1 月 20 日,第六届全国人民代表大会常务委员会第十四次会议批准南京港对外国籍船舶开放,3 月 21 日,进入该港的第一艘巴拿马籍货轮“星辉”号由 3 名引航员引领靠泊码头。南京港港务监督对“星辉”号进行有关船舶证书和申报文件的核实检查。1986 年 12 月 15 日,国务院受全国人大常委会委托,批准镇江港对外轮开放。1987 年 3 月 17 日,巴拿马籍货轮“大连商人”号在 3 名引航员引领下抵达镇江大港泊位。镇江港港务监督顺利地对进入该港的第一艘外轮实施监督管理。至此,长江江苏段水域全部对外轮开放,南通、张家港、南京、镇江 4 个港口的港务监督随之对进入港口外轮实施监督管理。1991 年 10 月 30 日,第七届全国人大常委会第二十二次会议审议国务院、中央军委提出的关于提请批准武汉、九江、芜湖港对外国籍船舶开放议案,决定批准武汉、九江、芜湖港对外国籍船舶开放。至此,武汉以下 1100 公里长的长江水域对外轮开放,各开放港口港务监督亦相应地对进入各港埠的外轮施行监督管理。

为维护国家的主权和经济利益,长江航政局根据国家颁布的规定,对进出长江不同国籍的外轮实施安全管理。1984 年,长江航政局在总结一年来涉外管理经验的前提下,建立“国际航行船舶进出港台账”“单船档案袋”,编写《港口外轮管理手册(初稿)》等。1985 年,南通、张家港港务监督分别就外轮靠离码头、浮筒,制订《张家港船舶靠离泊管理办法》《南通港船舶并靠码头、浮筒停靠规定》。1987 年 4 月,长江区港务监督局制订《航行国际航线国轮监督管理规定》。1990 年,又完成《外轮管理手册》第二册的定稿任务。

严格审核外轮进出口申请和简化手续。对外轮开放港口的港务监督,必须对外轮的各种申请证件进行认真的核实,并落实具体安全措施。必要时派出专门人员赶赴现场监督,查验船舶和船员证件。1989 年,南京港务监督严格把关,搞好服务,简便手续,加快验收,提高工作节奏。镇江港务监督坚持 24 小时联检,形成迅速高效的对外轮管理作风,把外轮进口联检控制在30分钟之内,出口联检控制在15分钟之内。张家港港务监督做到“宁可人等船,不让船等人”,坚持随到随检。

认真对待海事声明签证和海事处理。对外轮提交的海事声明,认真核实,一切符合要求方准予办理签证。1983年,接到巴拿马籍的“开普敦”轮和苏联籍的“索科尔”等4艘外轮提交的海事声明,管理人员登轮,查核船舶的航海日志及各种船舶证书有关书面记载,证明与声明中的内容基本相符后准予签证。外轮在开放水域发生海事后,各开放港口港务监督立即派员赶到现场,与港务局、卫生检疫等部门一起登轮,并成立调查组负责事故原因的调查和做出鉴定。1986年12月,巴拿马籍的“太阳联”轮在南通港区撞坏我国“大鹏”海轮。南通港务监督对此海损事故进行调查和处理,使该轮向我方偿付10万美元押金后才准离港。

(四)港口国监督检查开始与船旗国监督检查展开

1.港口国监督(PSC)检查开始

港口国监督(PSC)检查是港口国国家港务监督机关行使国家主权的具体体现。

为开展港口国监督(PSC)检查工作,1984年4月3—8日交通部在北京召开全国海上运输安全工作会议,决定“各港港务监督要建立对到港船舶的安全检查制度”,并肯定1982年7月以来天津、大连港务监督试行船旗国(FSC)检查的经验。1985年5月16日,中国港监局公布《船舶安全检查暂行办法》,于7月1日起实施。该办法要求各主管机关(指港务监督)对船舶在安全检查中存在的问题做出处理决定时,坚持以教育为主,必须作罚款或其他处理时要掌握适度,以达到教育船员、督促船舶安全的目的。1986年,交通部决定大连、天津、青岛、上海、广州5个港务监督开始对进入我国领水的外国籍船舶试行港口国监督(PSC)检查。这标志着我国对外国籍船舶港口国监督(PSC)检查的开始。

以上5个港务监督从1986年10月开始港口国监督(PSC)检查试行至1989年底,共检查外轮117艘。经过3年多试行实践,对外轮实施港口国监督(PSC)检查积累了一定经验,并做了人才储备和技术准备,形成一套具有中国特色的检查做法,制定出“五统一”(即统一标准、统一格式、统一规范、统一检查内容、统一处理标准),大大增强受检船舶的安全性能。

港口国监督(PSC)试行成功,引起交通部高度重视,被认为是中国港务监督与国际海事接轨的一种行之有效方式,也预示着中国港务监督从单纯行政监督转向行政监督和技术监督相结合的道路,对外国籍船舶实施港口国监督(PSC)检查准备工作业已就绪。为此,1990年3月14日,交通部公布《中华人民共和国船舶安全检查规则》,自公布之日起实施,并废止中国港监局1985年发布的《船舶安全检查暂行办法》。该规则第三条规定:“中华人民共和国港务监督局统一负责全国船舶安全检查工作。各港务监督负责对进出本港船舶的安全检查工作。对外国籍船舶的安全检查,由中华人民共和国港务监督局授权的港务监督实施。”自此,对外国籍船舶实施港口国监督(PSC)检查由中国港监局授权。

随后,根据上述规则,中国港监局组成专家小组对各港开展港口国管理的人员、资料、船舶备品等方面的准备情况进行检查验收。1990年6月23日,中国港监局下发“关于授权大连港务监督等9个单位开展外国籍船舶安全检查工作的通知”,授权大连、天津、烟台、青岛、连云港、上海、宁波、广州、湛江9个港务监督,对外国籍船舶实施港口国监督(PSC)检查工作,自7月1起正式开始实施。检查内容有:船舶证书、船员证书及配员;机电设备;消防救生设备;航行及操纵设备;无线电设备;应急设备;防污染设备、安全制度等。

被授权的9个港务监督,在1990年7月1日至12月31日实施对外国籍船舶安全检查的半年里,共检查外籍船舶231艘次,查出缺陷560项。1990年,中国港监局举办两期外轮安全检查培训班,为开展港口国监督(PSC)检查培养专门人才;创办《船舶安全检查内部通讯》,作为开展 PSC 检查的科技园地;成立"船舶安全检查资料交流中心";下发《船舶安全检查手册》和《内河船舶安全检查须知》。

1991 年 7 月 19 日,中国港监局授权秦皇岛、南京、海南(仅在海口港)3 个港务监督为港口国管理单位,1991 年 9 月 1 日起对外国籍船舶实施港口国监督(PSC)检查。至此,全国共有 12 个港务监督被授权开展港口国监督(PSC)检查工作,即大连、秦皇岛、天津、烟台、青岛、连云港、南京、上海、宁波、广州、湛江、海口。1991 年 8 月 11 日,为更好地保障海上人命安全和防止水域污染,履行有关国际公约义务,中国港监局下发《外国籍船舶安全检查试行程序》。1992 年 6 月 16 日,又下发《外国籍船舶安全检查缺陷处理原则》(内部试行)。这些规章较好地指导了船舶安全检查人员检查外国籍船舶安全,运用专业手段作出判断,对检查出的缺陷也有一个较为统一的正确处理意见。

2.船旗国监督(FSC)检查展开

1982 年 7 月 1 日起,天津、大连港务监督试点船旗国监督(FSC)检查并取得经验。1985 年 7 月 1 日,全国各主要港口正式开展中国籍船舶 FSC 检查业务。1986 年 6 月开始,天津港务监督与船公司创立联合检查机制,开展对进出天津港口中国籍船舶每 6 个月一次船旗国监督(FSC)检查。1989 年 3 月,与天津远洋运输公司联合检查 239 艘,与渤海石油公司联合检查 37 艘,与燃料供应公司联合检查 6 艘,与天津市海运公司联合检查 10 艘。1990 年 8 月,又在全国港务监督系统中率先对小型船舶安全检查。其间,为对内河船舶的检查,1987 年 1 月 19 日中国港监局公布《内河船舶安全检查暂行办法》。该办法规定船舶安全检查以登记机关为主,同时要求每次检查不得少于内河船舶检查记录簿中所列项目的三分之二,且必须包括证书、救生、消防、信号、应急设备 5 部分。

3.港口国、船旗国检查取得明显成效

从 1982 年 7 月起试行船旗国监督(FSC)检查,到 1990 年 7 月开始对外国籍船舶港口国监督(PSC)检查,我国对开展国际航行船舶安全检查均是从试行起步,一步步地摸索,逐渐总结出港口国、船旗国监督检查经验,并取得一定成效。

1989 年,被授权的港务监督共安全检查 1145 艘 200 总吨以上海船船舶,其中中国籍船舶 1077 艘、外国籍船舶 68 艘。

1990 年,被授权的港务监督共安全检查沿海及长江 1930 艘 200 总吨以上海船,其中中国籍船舶 1699 艘,基本合格船舶 1127 艘,不合格船舶 572 艘,基本合格率为 66.3%,检查中共发现各类缺陷 3340 项。青岛、天津港务监督分别对 574 艘次、414 艘次船旗国船舶实施安全检查。

1992 年,被授权的港务监督共安全检查 3180 艘次 200 总吨以上的海船,其中中国籍船舶 2153 艘次、外国籍船舶 1027 艘次。发现中国籍船舶缺陷 3239 项,基本合格 1567 艘次,合格率 72.78%,不合格 586 艘次。查出外国籍船舶缺陷 1743 项。1991—1992 年,仅广东沿海的广州、湛江、海南 3 个港务监督即安全检查中外船舶 69707 艘次。

(五)船舶专项安全检查

除航行国际航线国内外船舶 PSC 与 FSC 检查之外,20 世纪 80 年代我国船舶专项安全检查已走向正轨,积累了许多有效管理制度、方法,取得一定成效。港务监督单立之后,全国沿海、内河各港务(航)监督进一步加强船舶专项检查,尤其 1984 年 4 月 3—8 日交通部召开的海上运输安全工作会上,决定"沿海各港港务监督要建立对到港船舶安全检查制度"。之后,中国港监局于 1985 年 5 月 16 日公布《船舶安全检查暂行办法》(海船),规定对海船主要检查内容为船舶证书、船员证书及航海图书资料等有关文件,航行及操纵设备,信号和通信设备,救生、消防设备,救生、消防演习,其他应急设备,防污染设备,与安全有关的其他项目。此外,1987 年 1 月 19 日,交通部公布《内河船舶安全检查的暂行办法》。

根据海船、内河船舶安全检查规定,各港务(航)监督结合各地海(水)上安全状况开展专项安全检查。如 1984 年,大连港务监督按系统组成 4 个检查组,对船舶和港区企事业单位进行安全检查,检查 5 艘船、12 处锚地、13 个企事业单位的重点部位,查出安全隐患 137 件,已整改 72 件。

(六)乡镇船的监管取得明显效果

乡镇船舶是指个体或联户承包农、副、渡船(后称乡镇船),主要是乡镇企业事业单位、个体、合伙、承包经营户的运输船舶和从事游览、打捞、施工作业、季节性运输的其他船舶。

改革开放后,农民和城镇个人或联户购置船舶经营运输业,农业船舶搞副业,以及个体或联户承包农、副、渡船大量增加。据不完全统计,1984 年底,全国有专门从事内河运输的船队 23 万户,占整个内河运力的 40%。这对发展城乡商品生产、活跃城乡经济起到了积极作用,但也给水上交通安全监督带来挑战。尤其是小型船舶,事故比重较大,沉船和伤亡人数较多,水上重大事故不断发生。1981—1983 年,沉船艘数连年增加,1981 为 977 艘,1982 年为 982 艘,1983 年为 1166 艘;死亡人数也同比上升,1981 为 683 人,1982 年为 798 人,1983 年为 891 人。小型船舶水上安全事故的增多,给人民生命财产造成严重损失,成为水上交通安全工作较为薄弱一环。

为扭转小型船舶事故多发的局面,从 1984 年起国家开展以乡镇船为主的水上交通安全整顿工作。

1984 年 4 月,交通部在上海召开全国内河交通安全和保险工作会议,集中讨论加强个体经营运输船舶及农、副、渡船安全管理的方法和措施,提出:“要以整党精神抓安全”,要“促进有序地开放搞活”,要“放一分,管理工作就必须加强一分”;要“依靠地方政府,组织力量对个体船、联户船、承包船、农副渡船进行整顿”,要求船舶较多的县“在乡政府内设立专职或兼职的农副渡船管理员”。各省(区、市)港航监督履行职责,积极参与地方整顿乡镇船舶工作。上海、江苏、安徽、浙江、广东、广西、福建等省(区、市)港航监督,配合当地县、乡政府设置县(区)、乡交通管理员或交管站,开展对个体运输船及农、副、渡船的管理,主要从“二证一线一牌”(船舶证书、船员证书、载重线、船舶号牌)抓起,逐船登记、发牌照、建立船名录,认真管起来,取得明显成效。8 月 16 日,交通部下发“关于加强个体或联户经营运输船舶及农、副、渡船安全监督管理的通知”,要求从 12 个方面做好监督管理工作。

1985 年 8 月,为全面摸清乡镇船舶情况,有针对性地管理,江西、甘肃、上海等省(市)港航监督注意深入辖区实地调查,全面普查渡口、渡船状况,无证无照、超载违章等情况,以详细地占有船舶基础资料,力图将个体联户船舶纳入航政管理之中。

1986 年 5 月 6—15 日,长江三角洲的江苏、浙江、上海两省一市港航监督配合当地政府开展为期 10 天的联合安全检查,出动检查人员 5759 人次、监督艇 699 艘次,检查船舶 91011 艘次,查出违章船 32145 艘。由于检查覆盖面广,对船民震动较大,许多船舶无证现象得以纠正。1986 年,江苏省港航监督先后给 6.3 万多艘个体专业户的挂机船进行检验,发了证书。1986 年,江西省港航监督等部门组织 500 余人,用 4 个月时间,到 75 县(市)710 个乡(镇)普查登记 2289 个渡口、2884 艘船、8000 艘个体专业户船、16000 艘渔船,进行渡船检验发证、渡工审验,建立渡口安全管理责任制。经过普查登记,摸清了全省渡口、渡船和 2994 名渡工的基本情况,了解到合格的渡船占 30%,要修理的占 40%,不适航的渡船占 30%,渡工中 20%不合格。同时,摸清全省每天渡运的 95 万人次中至少有 30 万以上的乘客在不适航船舶中冒险乘船。掌握这些资料,不仅看出问题的严重性和薄弱环节之所在,也为搞好安全采取正确决策提供了依据。

1986 年起,为加强对乡镇渡船和个体联户运输船舶的管理,交通部与有关省组织力量对 10 个省市乡镇船舶进行调查,发现四川省各级政府从上到下层层建立安全管理责任制,其中涪陵地区管理乡镇船舶的经验尤为突出。涪陵管理乡镇船舶的经验根本在于以“管理责任化”为主,将乡镇船舶日常管理逐级落实到具体的领导人,实行安全生产首长负责制(即船向村、村向乡、乡向区、区向县,分别由各级党政一把手和分管水上安全的领导在承包书上签字盖章),明确各级管理的职责、权限、责任人、安全目标,实行奖惩和考核办法,从而促使水上事故下降,经济损失率下降 70.8%。在此基础上,交通部会同国家经委、公安部、财政部、农牧渔业部、国家工商行政管理局、中国人民保险公司、国家旅游局八部委于 1987 年 3 月 9 日下发《关于加强乡镇船舶安全管理的通知》(〔87〕交水监字 156 号),提出采取系统、全面的管理措施,开展系列整顿与监管,改善乡镇船秩序混乱的局面,使事故稳中有降。交通部水上安全监督局组织专家工作组,历时一个多月三下四川省涪陵地区,总结管理乡镇船舶的经验。交通部将这一管理经验写入代国务院起草的《关于加强内河乡镇运输船舶安全管理的通知》中。1987 年 11 月 3 日,国务院以国发〔1987〕98 号文下发这一通知。这是水上交通安全管理的一个重要文件,明确了县、乡(镇)人民政府对乡镇运输船舶管理责任与港航监督机构的监督责任。各地在汲取四川省涪陵地区经验基础上,总结出各自管理乡镇船的经验,并在区、乡镇设置水上交通安全管理员,加强对乡镇船舶的监管。

1988 年 6 月 4—7 日,国务院在北京召开新中国成立以来首次全国交通安全工作会议。国务院总理李鹏、国务委员邹家华均讲话,并提出要求。为落实国务院的会议精神,交通部根据国务院确定的“企业负责、行业管理、国家监察、群众监督”安全生产工作机制,结合交通行业特点,于 1989 年 11 月 7 日在长沙召开全国地方水上交通安全工作会议上,提出 8 项乡镇船舶安全管理要求,即:“船舶建造严格把关,两证一牌一线齐全,船员渡工持证驾驶,渡口五定健全完善,违章超载坚决禁止,管理资料齐全规范,船管人员尽职尽责,县乡责任落实全面”。各省(区、市)政府在港航监督、交通主管部门积极配合下按照以四川省涪陵管理乡镇船经验,建立起安全管理网络,加强乡镇船的管理。湖南、湖北、四川、江西、安徽、江苏、浙江、广东、广西、上海等省(区、市)的港航监督,按照当地政府规定,制订更详细配套的管理办法,把责任分解落到实处;江西、安徽、江苏、湖南、四川、广西等省(区、市)港航监督,参加地方政府集中组织的几个月普查、建立台账和档案的摸清家底活动。

经过一段时间乡镇船整顿,部分省(区、市)做到船艘数清、技术状况明、管理资料全。江西省在有水运 81 个县建立县、乡、村三级管理责任制,签订渡口安全责任承包书。安徽省在 949 个乡镇签订乡镇长责任书。通过普查,有些省(区、市)针对一些乡镇客渡船“泥巴搭、铁丝扎、棉花塞、石板压”等不适航的严重状况,纷纷筹集资金,更新改造渡船。安徽省采取“三个一点”(即交通部门挤一点,地方政府拿一点,群众集资一点)的办法,更新渡船 546 艘,改造 736 艘。江西省 1986—1989 年改造渡船 1428 艘。江苏省港航监督在摸清全省 3000 个渡口基本情况的基础上,1988 年重点落实渡口“五定”(定渡、定船、定岗、定客、定救生设备)方案,千方百计筹集资金,重点更新改造长江干线上 76 个客渡船、汽车渡船,改造长江干线上 146 艘渡船,全部达到钢质化,增设浮箱,提高安全技术性能,对 98%渡船核定载客定额,培训合格渡工 4900 人,使 99.2%渡口做到安全渡运。宁夏回族自治区查封 47 艘不合格船舶,新造 13 艘渡船,全区 400 多艘船舶都做到技术合格、证照齐全。1989 年,珠江航务管理局和广东、广西、贵州、云南 4 省(区、市)港航监督,针对水系安全发展不平衡、船舶相互流动、无证无照、违章航行的严重状况进行整顿。广西壮族自治区召开乡镇船安全整顿现场会,推动珠江水系乡镇船安全整顿工作。

这一时期,各省(区、市)港航监督还协助县、乡政府落实乡镇船的管理责任,开展安全检查,不断总结管理乡镇船的经验。

江苏省港航监督 1984 年把管理个体联户船作为安全管理的重点之一,对 6.3 万余艘个体挂机船检验、发证。监控全省 3000 多处渡口,其中长江渡口 107 处。

安徽省港航监督1984年面对全省船舶几年猛增多倍、农副业船占全省船舶半数以上的状况,紧抓“小”船不放。1985年起,对全省近2万艘挂桨机船安全状况每年检查一次,各种证件审查一次。这一办法被全国各省(区、市)港航监督、交通机构所效仿。至1987年,安徽省各行署、市、县均成立农副渡船整顿领导小组和办公室,制订整顿措施,对全省无证无户船只和940处渡口、1392只渡船进行检验、登记、发证,核定装载客货定额,为3216名渡工考核发证。

湖北省港航监督1984年加强全省2400多处民间渡口管理,更新渡船。全省99个水运企业都成立安全生产领导小组,指定一名副经理分管,配备396名专职管理人员,逐船建立船舶技术档案,实行安全重奖重罚制度。调查全省2400多处民间渡口,更新部分渡船,建造钢质船。

上海市港航监督1984年进一步加强对10万艘农副业船的整顿,大力开展现场监督检查,健全各项规章制度,全面加强日常管理,落实乡(镇)专职交通管理员,并开展对农村渡口、渡船的整顿管理工作。1985年,清查市属10县渡船。

甘肃省港航监督1984年开展各种安全活动,举办船员培训班10期,检查船员1697人次,检查船舶5263艘次,纠正违章725艘次。

河南省港航监督在1986—1987年不到的两年间,对全省船舶进行登记、检丈、核定干舷,计算载重吨位或乘客定额,为3491艘船舶建立技术档案,杜绝无证航行现象。

广西壮族自治区港航监督在1987年全面整顿乡镇船,从检查无证、无照、无保险和超载等违章行为入手,全面整顿乡镇船。全年共检查各类乡镇船舶2361艘,合格发证1782艘。1987年1月起,区港航监督在船舶过往最密集的梧州下关设立监督签证站,昼夜监督检查往来船舶。同时抓好预防、抗雷雨大风工作,健全自治区、地、站、船四级防抗机构和无线电通信网。

自国务院《关于加强内河乡镇船舶安全管理的通知》颁布起,明确县、乡政府对乡镇船应负的管理责任,内河水上交通安全形势发生很大变化。1988年第一次出现乡镇运输船舶死亡人数比1987年下降16.2%的好势头。1989年事故又继续下降,不仅乡镇运输船舶事故件数、沉船艘数、死亡人数全面下降,即分别比1988年下降18%、10.9%、12.9%,而且全国各地方运输船舶的上述三项指标也分别下降15.9%、13.3%和27.2%。1990年前11个月,地方水上交通安全形势进一步好转,水上交通事故件数、沉船艘数、死亡人数较1989年同期下降25.1%、21%、16.9%。乡镇船舶事故的上述三项指标也分别下降23%、33.3%、16.3%。地方专业运输船舶(含海上和内河)事故件数、死亡人数分别下降28.2%、20%。水上安全形势逐年好转,并取得一整套行之有效的经验和做法。各省(区、市)港航监督机构力量加强,有的由小变大,有的由无到有,人员也由少变多,甚至从其他机构分离出来自成体系。至1992年,全国各省(区、市)港航监督人数比3年前增加3000多人。水网地区港航监督人员得到充实,监管密度增加。

三、严格船员培训、考试与发证

(一)海船、内河船员管理规章、规范性文件

1984年4月28日,我国加入的《STCW78公约》生效后,中国海船船员考试发证和值班标准已不符合该公约要求,尤其不适宜与内河船员适用同一考试发证办法。

根据《STCW78公约》及其历年修正案,1987年2月14日交通部公布《中华人民共和国海船海员考试发证规则》(以下简称《87海船考试规则》),于次年1月1日起实施。按《87海船考试规则》,中华人民共和国轮船船员证书改为中华人民共和国海船船员适任证书,海船船员适任证书适用航区分为A(无限航区)、B(沿海航区)、C(近岸航区)三类(1993年增加D类近洋航区)。《87海船考试规则》实施为全国海

船船员实现全国统考做好准备。《87 海船考试规则》规定，中国海船船员适任证书考试由各港务监督自行命题、阅卷改为试行全国船员考试(统一命题、统一时间、统一阅卷)，由只考理论知识发展到理论与实际操作评估并重，考试分类和考试科目更加完备、统一，考试发证工作更趋规范化、程序化。1988 年 1 月 30 日，中国港监局公布《〈中华人民共和国海船船员考试发证规则〉实施细则》，规定 A 类适任证书的考试实行全国统考，由中国港监局统一组织实施，并对航行港澳航线的船员考试发证工作作出详细规定，由广州港务监督组织编写“港澳港口规章”考试纲要。1992 年 4 月 7 日，交通部公布《内河船舶船员考试发证规则》(以下简称《92 内河考试规则》)，自 1993 年 1 月 1 日起实施。《92 内河考试规则》将内河船舶船长、驾驶员、轮机长、轮机员按船舶吨位和主推动力装置划分为 5 个等级；报务员划分为 3 个等级和话务员等。9 月 21 日，中国港监局下发《〈内河船舶船员考试发证规则〉实施细则》，规定内河船舶船员考试发证规则相关的实施细则、考试大纲及训练纲要、实际操作等。

内河及各省(区、市)港航监督全面开展内河船舶船员考试发证。长江港航监督局自 1990 年 12 月起，在一等、二等内河船舶船员统考的基础上，实行集中统一评卷，实现长江干线一等、二等船舶船员考试统一教材、统一时间、统一试卷、统一评卷的“四统一”。《92 内河考试规则》公布之后，长江港航监督局结合内河船员技术特点，制订出内河船舶船员考试发证规则。1992—1994 年，又相继制订出《〈内河船舶船员考试发证规则〉长江干线补充规定》等，使长江干线船员适任考试更趋规范化、制度化。

1985 年，广东省航政局印发 3 万份《广东省内河船舶预防雷雨大风技术操作须知》及《内河船舶预防雷雨大风学习资料》，分发各航运单位的安全管理、调度人员和内河船员，做到人手一册。以其为教材，采取脱产培训、航运单位航行监督员随船辅导、办技术讲座等多种形式对船员进行培训教育。1985 年，参加防风学习、轮训的船员共 2 万余人次，特别客船驾驶员接受全面培训并参加考试，考试合格者方能上客船任职。

(二)船员考试培训与教育

船员教育和培训主要由相关的院校来进行。1984 年 4 月，交通部决定在上海建立船员培训中心。随后，上海港务监督在上海海运学院牵头，上海远洋运输公司协助下，筹办船员短期单项培训中心，以短期单项、填平补齐、“零存整取”原则举办船员训练班，主要针对当时情况，帮助在职船员提高技术，以达到应知应会和考证要求的水平。上海船员培训中心的短期培训教学大纲与港务监督考试大纲相结合，实行培训一科、考试一科的方法，待应考科目全部合格，按船员考试发证办法发给相应船员职务证书。到 1984 年底，船员短期单项培训中心筹办工作结束。从 1984 年筹办培训中心结束起至 1992 年底，上海船员培训中心共举办船员考试培训班 23 期，培训 1011 人；举办大副、大管轮、三副、三管轮、电机自动化、航海英语、油轮安全管理等各类船员考试培训班共 28 期，培训 978 人。

1984 年，天津港务监督向天津市交通委员会提出在天津市筹备开设航海专业高等教育的建议。1986 年，天津大学分校开始筹备试办航海专业——海运工程系。在筹备过程中，天津港务监督提供支持、业务指导，联系船员培训基地，提供师资等。1989 年 9 月 8 日，中国港监局、交通部教育司及天津港务监督联合初次验收天津大学分校海运工程系。1990 年起，天津港务监督对天津大学分校海运工程系本科应届毕业生试行 3 年船员适认证书考试。1992 年 7 月 8 日，经中国港监局验收后，该系从 1994 届本科毕业生起进行海船船员 A 类适任全国统考的考试。

1985 年 10 月 21 日至 12 月 3 日、1986 年 3 月 14 日至 5 月 12 日，黄埔港务监督选派两人赴港，为香港海员工会举办的甲板部、轮机部高级船员培训班的船长、驾驶员、轮机长、轮机员授课，共两期，开创内地港务监督工作人员赴港授课的先河。

1987 年之前,广州港务监督负责航行广东内河、沿海及港澳航线船舶船员考试发证等管理工作,黄埔港务监督负责远洋船舶船员考试发证工作。之后,广州、黄埔合并成广州海上安全监督局,改由广州港务监督统一负责远洋、内河、沿海及港澳航线船舶船员考试发证工作。1988 年 9 月,上海港务监督将港澳海员考试档案资料及证书清单移交给广州港务监督管理。

(三)船舶船员的适任考试

1984 年,交通部安全工作办公会议提出"要在五年内完成 200 总吨以上的海船船员'四小证'专业训练和考试发证,所有培训机构须经交通部港务监督局验收批准"的要求。据此,6 月 14 日,中国港监局下发《海员专业训练发证办法和相应的专业训练纲要》。

1988 年 3 月,中国港监局依据《87 海船考试规则》决定开始对 A 类船员适任证书实行全国统考。9 月,又公布《海船船员考试发证机关分工及原〈轮船船员证书〉过渡期间的相关规定》。该规定明确办理 A 类适任证书的考试发证机关为大连、青岛、上海、广州海上安全监督局和天津、湛江港务监督;办理 B 类适任证书(不包括近岸航区船舶的轮机长、轮机员适任证书)考试发证机关为大连、烟台、青岛、连云港、上海、广州、秦皇岛、天津、宁波、汕头、海南、湛江港务监督,山东省、浙江省港航监督,福建省港航管理局,广东省航政局和广西壮族自治区交通安全监督局等;办理 C 类适任证书和 B 类适任证书中近岸航区船舶的轮机长、轮机员适任证书的考试发证机关是辽宁省、河北省、天津市、山东省、江苏省、浙江省、福建省港航监督,上海市交通局、广东省航政局和广西壮族自治区交通安全监督局。

1989 年 7 月,中国港监局将 B 类适任证书中的 3000 千瓦及以上轮机长、轮机员的考试纳入全国统考。1991 年 8 月 22 日,中国港监局下发"关于 B 类海船船员适任证书纳入全国统考的通知",自 1992 年 1 月 1 日起将全部 B 类适任证书船员纳入全国统考,由组织 A 类考试的大连、天津、青岛、上海、广州、湛江 6 个考区的港务监督进行 B 类船员考试。

1991 年 11 月 7 日,中国港监局公布《海船船员适任证书全国统考实施办法》,于 1992 年 1 月 1 日起执行。该办法规定海船船员适任证书全国统考实施统一组织、统一管理,采取统一试题、统一时间、统一评卷、统一分区的考试方法。全国设立大连、天津、青岛、上海、广州、湛江 6 个考区,并设立考区办公室,办公室设在大连、天津、青岛、上海、广州、湛江 6 个港务监督内。根据以上船员考试管理要求,各港务(航)监督履行辖区内船员考区管理职责,组织实施本考区统考工作,协调考区内相关船员考试工作。1980—1986 年,广州港港务监督举办定期和不定期船员考试 373 期,参加考试 2 万多人,获合格证 15700 多人,合格率达到 78.2%。1984 年,广州港务监督在"四小证"考试开展后,协助广州地区 6 个船员培训中心"四小证"培训点通过交通部的验收,使"四小证"培训和考试工作得以顺利进行(至 1986 年办理"四小证"12200 份)。1986 年,上海港务监督组织船员技术职务考试 19 期,有 3139 人次申请报考;组织各类单项专业考试 92 期,有 17347 人次申请报考。考试后签发各类船员证书 3419 本,签发出国海员证 4218 本。1988—1992 年,天津港务监督发放专业培训合格证(三小证、四小证)共 10694 份。

1988 年,各港务(航)监督机构落实上级指令,协调办理 A 类、B 类、C 类适任证书的考试发证机关及其考务工作,组织试卷分发与汇总,组建巡查小组到各考点抽查考务准备和考试秩序等。如天津考区就包括了天津、秦皇岛港务监督,天津市、河北省港航监督 4 家。此时,B 类适认证书尚未全国统考,也不能在属地考试发证,各地为此采取了一些便民措施。天津市、河北省港航监督不能实施沿海航区(即 B 类)适认考试,凡申请 B 类适认证书的船员只能到天津港务监督报名考试。为方便京津冀地区船员考试,

1988 年天津港务监督会同天津市、河北省港航监督,于 12 月开始联合开展京津冀地区 B 类海船船员适认证书统一考试。这一措施持续到 1992 年 B 类海船船员适任证书考试实行全国统考。据统计,1988—1992 年,仅天津港务监督共签发海船船员适认证书 7610 份。

1991 年、1992 年,香港海事处处长、香港海事处官员 M.Jwareham 先生一行 4 人分别到广东省蛇口进行业务交流。1992 年 7 月,蛇口港务监督 4 人到香港海事处就蛇口港的船舶通过香港马湾水域有关事宜进行沟通。

1992 年 1 月 8—10 日,经国务院港澳办公室批准,香港海事处一行 3 人访问广东省港监(船检)局,双方就船员培训、考试发证业务进行专题的商谈,并相互介绍各自船员培训、考试发证的规章和具体做法。7 月,经广东省政府外事办公室批准,广东省港监(船检)局一行 5 人应邀参加香港海事处召开的国际海事组织防火分会关于铝合金高速船防火结构技术标准研讨会。10 月 15 日,受中国海上搜救中心指派,天津海上安全监督局"渤海巡 21"轮和广州海上安全监督局"南海巡 01"轮到香港,参加联合海上搜救演习(澳门也参加了演习)。

内河及各省(区、市)港航监督所开展船员管理工作,逐渐趋向规范。1992 年,长江港航监督局开始进行内河特殊船舶船员专业训练的考试发证工作,主要包括在内河拖轮、槽管轮和快速船上任职的船员的专业训练考试发证。

湖北省港航监督 1984 年开展持证船员换证工作,到年底共举办换证培训班 132 期,参加船员 11278 人。1985 年,参加培训考试各等级船员 41 期 4077 人,其中三等级船长、轮机长考试 453 人,合格 349 人。到 1985 年底,全省地方持证船员达 19172 人。

安徽省港航监督 1988—1989 年培训船员 24000 人次、渡工 1690 人次、分管乡长 475 人次、乡镇船舶管理员 405 人次。

内蒙古自治区、河南省港航监督 1988—1989 年分别培训船员 1000 多人。

江西港航监督,自 1980—1990 年共举办各类船员和渡工培训班 356 期,参加培训的船员、渡工达 31387 人次。全省持证技术船员中,船长 231 人、大副 155 人、二副 159 人、轮机长 230 人、大管轮 159 人、二管轮 143 人、正驾驶 3175 人、副驾驶 2648 人、正司机 2518 人、副司机 2450 人、驾驶 9063 人、司机 2587 人、驾驶员 2524 人、渡工 2948 人。

山东省港航监督 1991—1992 年共发放甲、丙、丁类适认证书 4788 份,发放专业、特殊培训合格证 7433 份。

广东省航政局 1992 年 11 月 30 日公布广东省内河非机动船船员考试发证办法,规定:200 总吨以上为一等;未满 200 总吨为二等。同时,对资历考试科目也做出明确规定。至 1992 年,广东省持证船员达 128005 人,其中海船船员 34683 人,内河船员 93322 人。

山东省港航监督 1992 年 9 月撤销山东省港航监督船员考试科,成立山东省青岛港航监督海务科,仅负责青岛地区的小型海船船员适任证书的考试发证工作。

综合这一时期的船员适任考试情况,从 1988 年 3 月起实行 A 类适任证书全国统考,到 1989 年 7 月又将 B 类适任证书中的 3000 千瓦及以上轮机长、轮机员纳入全国统考,再到 1992 年起全部 B 类船员纳入全国统考,船员 A、B 类考试逐渐趋向统一,参加考试船员人数亦逐年增加。以上海考区为例,参加该考区考试船员人数,1988 年 1 月至 1989 年 8 月,A 类船员统考 1082 人,B 类船员考试 538 人,1988—1991 年分别为 708 人、1264 人、1625 人、1818 人;考试发证人数,1988—1990 年分别为 623 人、1332 人、533 人、843 人。此外,1991 年和 1992 年青岛、烟台港务监督进行海船船员考试 2224 人。

(四)船员证书管理与船员服务簿

1.船员证书

中华人民共和国海员证是我国执行出国任务船员须持有的具有护照性质的证件,适用于世界各国、地区的所有港口。船员服务簿是记载船员服务资历、参加有关专业训练和体格检查情况的证件,是船员申请考试、办理职务升级和换领船员职务证书的证明文件之一。

1985年3月,中国港监局公布《关于签发海员证的工作程序》,授权大连、天津、上海等港务监督办理海员证。海员证签发范围是“航行国际航线以及其他需要出国执行任务的船员;经交通部批准需持海员证上船临时工作的非船员”。5月13—16日,中国港监局在北京召开签发海员证工作会议,研究海员证的具体签发工作,归纳出办理海员证的具体工作程序,明确海员证的申领、换证、补办工作等。

1985年11月22日,全国人大常委会颁发的《中华人民共和国公民出境入境管理法》,明确规定“海员证由港务监督局或者港务监督局授权的港务监督颁发”。1986年12月26日,根据该管理法第十九条规定,公安部、外交部、交通部联合制订《中华人民共和国公民出境入境管理法实施细则》,该实施细则于12月26日公布实施。1989年8月14日,交通部公布《中华人民共和国船员证管理办法》。该实施细则于12月1日起实施,规定海员因执行任务出境,“海员证由中华人民共和国港务监督局或港务监督(下称颁发机关)颁发”。经过近8年的施行,公安部、外交部、交通部于1994年对《中华人民共和国公民出境入境管理法实施细则》进行修订,7月13日经国务院批准,于7月15日公布实施。

1988年1月30日,在实施《87海船船员规则》基础上,交通部公布《“轮船船员证书”过渡期间的若干规定》,规定轮船船员证书于1987年12月31日停止对海船船员发放,并至1989年12月31日停止在海船上使用,即1988年、1989年两年内全部换发为适任证书。

从1989年起,中国港监局组织力量调查1985年以来海员证书发放情况,摸清有关基本情况,组织制订办理海员证的条件和审批标准,以便执行中掌握。建立审批责任制,审批权只授给港航监督部门,改变授权给某机关的做法。建立正常月度报表制度,以统一格式按月上报交通部。10月29日,中国港监局向大连、天津、青岛、上海、福州、广州、黄埔、汕头、南京、武汉港务监督及各口岸边防检查站下发关于启用新海员证的通知。新海员证将“籍贯”一栏改为“出生地点”;取消上、离船签注与“船舶所有单位”一栏;海员证英文字样由“SEAMAN BOOK”改为“SEAMAN SIDENTITY CERTIFICATE”。

1991年2月12日,中国港监局下发“关于执行‘海员证管理办法’若干问题的通知”,明确授权大连、天津、青岛、上海、福州、汕头、广州、湛江、海南、南京、武汉港务监督和黑龙江港航监督局等12个港务(航)监督办理海员证;海员证的有效期限由办证机关根据海员出境任务所需时间长短确定,最长不超过5年。据统计,仅天津海监局1988—1992年就签发海员证共计19211份。

2.船员服务簿

船员服务簿(也称海员手册)始于20世纪50年代,后因“文化大革命”冲击而停止发放(广东省仍发放),并起草过一个海员手册管理办法。1984年6月27日,为加强国内船员管理,核定船员在船服务资历,中国港监局下发“关于颁发和实施‘船员服务簿’规定的通知”,规定1985年1月1日起开始实施统一的船员服务簿。1985年9月28日,中国港监局又下发船员服务簿签发实施办法,规定签发船员服务簿的机关是港务监督机构或科级以上港务(航)监督机构。1985年船员服务簿编号办法又确定各港务(航)监督机构统一编号起点,并将1985年作为过渡期。1990年3月13日,中国港监局下发“关于在内河船员中进一步开展‘船员服务簿’签发工作的通知”,继续加强对内河船员管理。

按照中国港监局有关船员服务簿管理规定,1986年1月1日起各港务(航)监督采用统一格式船员服务簿进行签注。此后,各签发机关开始严格船员服务簿申领办理程序,在管理范围内相继建立起船员个人档案。以青岛港务监督为例,至 1987 年底所管理的船员 95%以上已领到船员服务簿。针对许多船长的填写不正规以及 1988 年、1989 年换发适任证书期间某些单位和个人为了换取证书而伪造船员资历的情况,青岛港务监督于 1988 年 1 月制订了船员服务簿签发和管理实施细则。1990 年 2 月,又制订了船员服务簿的正确填写及审核步骤。1988—1989 年,青岛港务监督还为外派船员或出国的渔船船员办理船员服务簿。据统计,1986—1992 年,青岛、烟台港务监督共签发船员服务簿 12368 份。1988—1992 年间,天津港务监督共签发船员服务簿 8527 份、服务簿签证 2 万余份。上海港务监督签发船员服务簿,1988 年为 30995 份,1989 年为 3707 份、1990 年为 4327 份、1991 年为 2723 份。一些省份还在内河船员中开展这项工作,并取得良好的效果。

进入 20 世纪 90 年代,我国航运市场日益繁荣,海员劳务输出数量骤增,为缩短海员办理出国手续时间,1992 年 10 月中国港监局与公安部边防局联合发布简化海员出境手续的通知,并授权天津港务监督等 17 个港务监督机关受理签发海员出境证明。

四、推进危险货物管理和防止船舶污染

(一)船舶装运危险货物监管

1.载运危险货物管理措施与成立咨询服务中心

1984 年 4 月,交通部召开海上运输安全工作会议,要求各港务(航)监督在 1984 年底前建立起一支危险货物监督管理的队伍,进一步充实危险货物监督管理的专业人员,添置必需的测爆、测毒、测放射性、测静电等专业仪器设备。另外,还要求港务监督充分发挥国家行政监督管理机关的职能。5 月 8 日,交通部下发"关于进一步加强危险货物运输管理的通知",规定"各港务监督要建立一支危险货物监督管理队伍,添置仪器设备"等。6 月 23 日,交通部公布《港口危险货物管理暂行规则》《港口危险货物管理运输规定》,进一步明确港口各有关部门分工职责,其中港务监督主要负责办理船舶进出和和过境危险货物的签证手续,监督和检查与运输、装卸危险货物有关的船舶、单位和人员执行《危规》和《国际海运危险货物规则》等有关规则和规定的情况,并实施监督管理。1987 年 5 月 31 日,交通部公布《水路货物运输规则》,于 9 月 1 日起实施。6 月 4 日,公布《水路货物运输管理规则》,于 7 月 1 日起实施。

根据交通部公布的规章与要求,中国港监局 1986 年 11 月 18 日公布《集装箱装运包装危险货物监督管理规定》。1987 年 2 月 23 日,又公布《集装箱装运危险货物现场检查员培训、考核办法》,暂定大连、天津、青岛、上海、广州、黄埔港务监督和长江航政管理局分别负责各地区的集装箱装运危险货物现场检查员的培训、考核。其中,大连港务监督负责辽宁地区,天津港务监督负责河北、天津地区,青岛负责山东、浙江地区,上海港务监督负责上海、江苏(除内河港口外)、福建地区,广州或黄埔港务监督负责广东、广西地区,长江航政局负责长江流域。1990 年之后,中国港监局相继拟订《船舶载运危险货物安全管理条例》《船舶载运散装液态危险化学品安全管理规则》《船舶载运外贸危险货物申报规定》《船舶载运散装液化气体安全管理规则》等规范性文件。1990 年,中国港监局还将 1990 年英文版的《国际海运危险货物规则》翻译成中文,印制发行,以便 1991 年 1 月 1 日起在我国实施。1992 年 10 月 10 日,下发"关于加强危险货物管理工作的通知",对加强船舶装载危险货物监督管理工作提出要求。

依照上述规章及规范性文件,各港务监督设立危管防污处或危管防污科。1984 年,交通部在大连港务监督建立交通部危险货物运输咨询中心和危险货物科研站。咨询中心是交通运输系统内唯一专门从事危险货物运输研究的机构,采用计算机管理国际和国内的各种危险货物、化工产品的特性、预防措施

等,并对一些新品种和运输保管要求进行科研和试验。至 1992 年底,咨询中心完成了资料收集、资料库建立、库存资料专题索引编制,开发完成计算机检索危险货物程序,开展了危险货物危险性分析调研工作和对外咨询服务工作,定期编印《危险品信息简报》。

1986 年 9 月 8 日,广州港务监督公布《广州港作业区、码头装卸危险货物安全管理细则》《广州港危险货物管理实施细则》,为港口装卸危险货物提供保障。

1988 年,上海港务监督下发通知与制订系列规范文件(如加强对国际航线船舶载运危险货物监督管理、进一步加强船舶废弃物管理、加强对货主码头船卸危险货物监督管理、货主码头申领危险货物作业许可证办法、上海港船舶供受燃油防污染检查等)。

1988—1992 年,天津港务监督相继拟订船舶运输危险货物集装箱监督管理办法、出口种子饼须提交含油含水量证明的通知、船舶装载危险货物监督管理规定等 5 份文件。

各省(区、市)港航监督也制订了一些船舶装载危险货物管理规章制度。如 1984 年,山东省港航监督部门制订《山东省地方港口船舶装载危险品监督管理暂行规定》。

2.开展危险品货物载运管理

这一时期,各港务监督对危险货物装卸作业码头、站、点及危险品锚地进行逐一核定认可,完善管理办法;加强对危险品装卸作业事先报告制度与现场监管,不符合规定的不放行;要求油船、液化气船船员必须持有油船或专门适任证书等才能上岗工作;严把危险品货物载运各个环节,保障危险品货物载运安全。

1984 年 6 月 24 日,青岛港务监督增设危险货物管理科,负责危险货物的监督管理。1987 年 3 月 1 日,青岛海上安全监督局成立后,青岛港务监督危险货物管理科与防污科合并为危管防污处,统一管理辖区的危险货物安全运输和防止船舶污染工作。1987 年,烟台港务监督也设立危管防污处。

1986 年,上海港务监督监管装载危险品的中外船舶 397 艘次,其中外轮 104 艘次。1988 年,在对货主码头装卸危险货物实行许可证制度后,对 56 个货主码头核发许可证,逐步调整危险货物作业点布局和流向,有效控制船舶、码头无证作业,减少事故发生率。

1988 年,广东省航政局和广州港务监督共同举办危险货物申报员、集装箱检查员安全培训班 11 期,并签发证书,479 人参加。进出广东省内河的载运危险货物船舶达 14574 艘次,纠正违章 47 起。

1990 年 1 月 15 日,天津港务监督第一次系统地对危险货物申报做出具体规定,形成危险货物申报的基本管理模式。1991 年初,又启动对天津港籍航行国际航线的船舶编制和审批船舶垃圾管理计划工作。至 1992 年 2 月,全部完成船舶垃圾管理计划审批工作。

1992 年,进出山东辖区港口载运危险货物船舶 1553 艘次,山东省港航监督共监督检查 1392 艘次,纠正违章 33 起。

(二)船舶污染水域的监管

1.形成系列防止船舶污染水域规章制度

长期以来,防止船舶污染水域是水路管理的一项重要内容,围绕这一管理工作而形成了一系列不同层次的法规、规章与规范性文件,至 1990 年已基本形成体系,并汇编出版《防止船舶污染法规》。《防止船舶污染法规》共收录国家法规、条例、标准 7 个,部委(总局)规章 12 个,规范性文件 75 个。其中有 1982 年 8 月 23 日全国人大颁发的《海洋环境保护法》,1983 年 12 月 29 日国务院颁布的《防止船舶污染海域管理条例》。

这一时期,交通部、中国港监局重视防止船舶污染管理法制建设工作。1985 年 9 月 2 日,交通部下发

“关于《国际航行小于 400 总吨的非油船船舶配备防油污设备及防污文书》的通知”，对 400 总吨的非油船配备防油污设备及防污文书作出规定。1990 年，交通部公布《中华人民共和国海上交通监督管理处罚规定(试行)》，包括《违反防止船舶污染管理的行为和处罚》具体数额的规定。2 月，中国港监局公布《关于船舶污染事故处罚程序的规定》。此外，《船舶污染物排放标准》《油船安全生产管理规则》等相继出台，进一步完善了船舶防污法规体系。

2.开展船舶防污染措施与监管

船舶防污染管理是一个关系到海洋环境和人命、财产安全的问题，在国际上也极受关注，有关国际公约和规则就有《SOLAS 公约》《MARPOL73/78 公约》《关于危险货物运输的建议书》《国际海上危险货物运输规则》等。所有公约和规则的制订都是从惨痛的事故教训中总结而来。交通部依据国家有关管理规定，明确中国港监局及其所属的港务监督是中国执行上述公约和议定书的主管机关，任何单位和船舶如在公海上发现船舶对中国管辖海域造成或可能造成污染损害时，应立即向就近港务监督报告。

然而，当时我国经济开放刚刚起步，各地港务(航)监督船舶防污染管理工作既要与国际接轨，履行公约缔约国责任，又要增强自身监管能力，适应管理需要。作为负责危险货物与防污染管理工作的各港务(航)监督，成立专门职能部门，开展船舶防污染监管工作。1988 年，交通部下发“关于征求使用统一格式‘油类记录簿’意见的函”，决定自 1989 年 1 月 1 日起使用新的油类记录簿。1991 年 2 月，中国监督局下发“关于国内航行船舶使用统一格式‘油类记录簿’的通知”。12 月 26 日，又下发“关于中国航行国际航线船舶使用‘船舶垃圾记录簿’的通知”，规定 1992 年 3 月 1 日起在中国国际航行船舶上使用船舶垃圾记录簿。1992 年 7 月，再次下发“关于做好船舶配备‘船上油污应急计划’工作安排的通知”，并于 10 月 21—23 日在上海召开由部分船公司和港务监督人员参加的《船上油污应急计划》编制工作座谈会，研究和安排这项全新的工作，开展《船上油污应急计划》编制和审批试点工作。此外，中国港监局选派人员参加交通部和国际海事组织于 1990 年 5 月 7—12 日在青岛举办的《73/78 国际防止船舶造成污染公约》国家级讲习班，国际海事组织执行官布勒索格及荷兰、英国专家就“防止船舶造成海洋污染及散装化学品运输安全管理”等与学员进行讨论、交流。

根据统一安排，各港务监督结合辖区特点，开展船舶防污染管理工作。上海港务监督 1986 年登轮 2661 艘次，深入 22 个单位、32 个码头检查落实防污染措施，并针对小型船舶事故多的特点编写小型船舶防污染须知等宣传材料，同时查处污染违章 217 件，其中外轮 17 件。在加强三水排放和油舱清洗作业审核工作的同时，建立一支专业人员同群众相结合的防污染执勤队伍，形成港口防污监视网。成立港口防污染损害应急防治措施技术小组，聘请科研单位、高等院校、航运、救捞、水产、化工等单位专家和技术人员参加。这是我国水上防治污染的一项新的尝试。1991 年，上海港务监督共办理水运危险货物进出口签证 11884 艘次，监督卸危险货物船舶 359 艘次。1989—1992 年，全国发生 124 起船舶污染事故，罚款人民币 542476 元。

广州港务监督 1988 年公布《船舶在广州港消除残油、油泥、含油污水作业管理通知》《清油队从事在港船舶残油类物质作业的管理规定》和《广州港船舶油类作业布设围油栏管理规定》等规范性文件，在全国开创对清舱作业实施规范管理的先河。在辖区内建立起珠江、三江两支清污工程公司，有效地控制船舶废油垃圾对水域的污染。

深圳港务监督在 1989 年 11 月 12 日大亚湾核电站 1 号核岛首批核燃料从法国船运到港时，会同省航政局成立大亚湾海上核燃料现场监管指挥小组，将船安全引航靠泊核电站专用码头，并组织口岸联检单位实施联合检查，顺利安全地完成这次任务。

天津港务监督 1989—1990 年制订船舶防污染现场检查程序、天津港船舶残油处理和接收、防止船舶垃圾污染水域、船舶供受油、防止船舶污染水域等监督管理办法,对保护水域环境起到重要作用。1992年8月,制订油污染应急措施。1989年5月3日,天津港务监督下发"船舶残油处理和接收管理办法",首次对船舶残油处理和清洗油舱作业做出系统规定。1990年8月1日,又下发"关于实行船舶残油接收作业许可证和油舱清洗作业许可证的通知",宣布对船舶残油接收处理和船舶油舱清洗作业单位实施许可证制度,作业人员须随身携带培训合格证。1989—1992年,天津港务监督共监管580艘次船舶残油接收作业。

青岛港务监督,与国家海洋局北海分局动用飞机和卫星,运用"遥感技术"对青岛辖区海域的污染情况进行监控,从而全面了解青岛辖区海上污染情况,为防止船舶污染管理提供依据。

3.污染海洋船舶的调查和处理

20世纪80年代后期,沿海港口油轮货油装卸作业愈加频繁,也带来船舶污染海域事故的发生,使我国沿海多次遭受溢油的危害。为此,各港务监督对沉船溢出污油首先进行强制清除,然后及时调查与处理。1986年之后,各港务监督专项检查船舶38923艘次,查出不符合国际防止油污证书要求的511处(符合率为98.69%),油类记录薄的配备或填写不符合要求的4462艘(符合率为88.54%),船舶防污设备不符合要求(或有缺陷、故障)的966艘(合格率为97.50%)。1990年,全国港务(航)监督共调查处理各种船舶污染事故842起,其中外轮160起。1991年7月6日烟台第一海水浴场出现大片油污,水域环境监测站实验室通过对3艘嫌疑船舶进行油样鉴别分辨,认定海面污油系英国籍"联期"轮所致。烟台港务监督要求船方在开航前查明事故原因。28日,烟台港务监督执法人员在"联期"轮围油栏内发现新溢出污油,随即带领该轮船长勘查现场,经潜水员水下船体探摸,查出船舶漏油管口,并依法进行行政处罚,由船方赔偿海水浴场及有关单位经济损失。

据统计,1983—1988年交通部直属港务(航)监督共调查处理大小船舶污染事故和污染违章6803件,其中外轮1288件、国轮5515件。仅1985年,调查处理船舶污染事故577起,其中外轮102起、国轮475起,罚款金额共计人民币371829元。广东沿海所有港务监督仅1991—1992年检查船舶15179艘次,纠正违章3813起,处理船舶污染水域事故56起。此外,1986—1992年,各港务(航)监督登轮检查的船舶艘数为38923艘次,查处出国际防止油污证书的配备不符合要求511处(符合率为98.69%),油类记录薄的配备或填写不符合要来的有4462艘次(符合率为88.54%),船舶防污设备不符合要求(或有缺陷、故障)的有966艘次(合格率为97.50%)。

五、船检管理的进一步加强

(一)成立"中国船级社"及船检办事处更名船检分局

1982年1月1日,中国船舶检验从港务(航)监督中分出,自成体系,实施专业管理。

1984年2月21日,中国船检局在北京召开直属系统船检工作会议,提出"加强基础,健全体系,适应发展,面向全国,走向世界"的船检发展战略。1985年3月1日起,中国船检局直属的各地船检办事处开始更名为船检分局。8月12日,国务院批准成立中国船级社,同时同意中国船检局以中国船级社名义在日本、西德、埃及设置验船机构、派驻验船师。自此,我国开始在国外设置检验服务机构。11月,经国务院批准,中国船检局把船舶和海上设施的入级业务和一部分公证检验业务划分出来,成立一个社会团体性质的中国船级社。12月4日,交通部下发"关于成立中国船级社的通知",公布《中国船级社章程》。1986年1月1日,中国船级社开始对外开办业务。1988年5月,中国船级社成为国际船级社协会正式会员,国际检验业务已遍及20多个国家和地区。同时,外国船级社也进入中国市场参加竞争,1992年2月

27日,交通部公布《外国船舶检验机构在中国设立常驻代表机构管理办法》,于4月15日起实施。5月,日本海事协会在上海设立日本船级社常驻代表处,成为在我国的第一家外国船级社代表机构。此后,挪威船级社、美国船级社、法国船级社、德国劳氏船级社和英国劳氏船级社在中国相继设立常驻代表机构。

1986年11月,交通部在安徽召开全国第二次地方船检工作会议,并于12月25日下发"关于进一步加强地方船检工作的通知",主要是加强船检领导,统筹船检规划,建立船检体系,进一步理顺现有设置和体制,提高船检素质,搞好分工协作。交通部对健全地方船检处、所、站机构,配备人员作出规定,同时公布"船检人员守则"等。1990年,中国船检局在湖南长沙市召开地方船检业务座谈会,就地方船检进一步治理整顿、深化改革进行研究。

(二)船舶检验法规、规章及规范

1984年3月1日、4月15日,中国船检局分别公布《海上营运船舶检验规程》《船舶建造检验规程》。1984年2月,公布实施《1983年海船救生设备规范》。1984年3月、4月15日、6月10日,又分别公布实施《1984年海上营运船舶检验规程》《1984年船舶建造检验规程》《1984年海船信号设备规范》。至1985年底,已出台的船检规章、规范近40种。

1986—1990年"七五"计划期间,中国船检局制订、修订各种规章、规范68种,检验须知50余种。仅1991年,中国船检局就修订、公布《钢制海船入级与建造规范》(英文版)《钢制海船入级与建造规范修改通报》(1991)《内河钢船建造规范》(1991)《集装箱检验规范》(1991)《内河聚乙烯船建造和检验暂行规定》(1991)《无损检测人员资格认可规则》(1991)等7种新版规范。在开展百余项科研项目中(包括"六五"计划延续项目),获国家奖8项,部级奖30项,成果已陆续用于技术规范中。

此外,自1983年起传统经验型规范已转化为科学型规范,内河船舶规范也已于70年代由长江干线规范转化为整个长江水系规范,到80年代发展成全国内河规范体系。到1994年,完备有关各种海上设施的技术规范。1991年12月1日,中国船检局公布实施我国第一部覆盖全国主要内河的《内河钢船建造规范》。

(三)船舶检验业务的开展

20世纪80年代之后,按中国规范设计、建造、检验的船舶迅速与国际接轨,逐渐大型化、节能化、现代化,并步入高技术船型领域。至1985年,船检机构已检验和登记入级的海船(100总吨以上)1935艘。按种类分有杂货船、散装货船、多用途船、油船、客船、集装箱船、冷藏船、拖船、挖泥船和起重船等;检验内河船舶5300艘。各省(区、市)地方船检机构检验内河船舶48.3万艘。1986—1990年"七五"计划期间,船检系统已建立直属专业化的三级管理新体制,检验业务迅速扩大,并严格按规范要求把住船舶检验关,建立签证检验证书责任制;完成新建船舶检验3715艘、300余万总吨,外轮检验7963艘次、1.19亿总吨;对国内外1250家工厂和4700余种船用产品发了工厂认可证书和产品合格证书;开展各种海上石油天然气开发设施以及潜水器和潜水系统等检验发证工作,共完成中外移动式钻井平台和钻井船49艘及沿海6大油田的各种检验发证;建成具有国际先进水平的SSMIS系统,通信基本实现程控直拨电话、图文传真化,提高了工作效率和服务水平。

法定检验方面,自20世纪80年代以来,不仅承办中国政府授权签发船舶国际证书,而且接受美国、挪威、英国、印度、巴西、希腊、利比里亚、朝鲜、芬兰等国家的授权对其登记的船舶代行有关法定检验。1984年7月21日,中国船检局与巴拿马验船协会签订《关于对悬挂巴拿马旗的船舶在中国港口进行法定检验的协议》。这是中国船检机构与外国检验机构签订的第一个授权代理法定检验协议。1990 年 7 月 10 日,中国船级社与利比里亚政府签订有关代行法定检验的授权协议,开外国政府向中国船级社授权船舶安全法定检验的先河。之后,外国政府授权中国船级社执行法定检验的国家和地区迅速增加。到 1995 年底,已有 13 个国家和地区政府海事主管当局与中国船级社签订授权协议,允许中国船级社对这些国家或地区的船舶代行船舶安全法定检验与发证。1992 年,交通部批准日本海事协会在上海设立常驻代表机构。这是我国批准的第一家驻华外国验船机构。

1988 年之后,根据安全检查中发现的问题,经系统分析研究,中国船检局制订安全质量综合治理规划,并进一步加强船检工作的安全质量监督,完善信息反馈制度。继续抓好对客船及稳性不良船舶调查和提出改进措施。加强对地方船检的行业管理,健全岗位责任制和质量把关制。抓紧对验船人员的资格认可和培训,提高他们的技术业务素质。

1988 年 9 月,经广东省港澳办公室批准,广东省港监(船检)局一行 5 人,于 12 月访问香港海事处。1989 年 7 月,香港海事处一行 3 人回访省港监(船检)局。双方首次就广东小船途经香港港内的管理要求、协助广东调查追究碰撞粤方的香港籍船舶或外国籍船舶责任可能性以及自 1989 年 4 月 1 日起港方规定航行香港 300 总吨以上船舶须配备 VHF 无线电话及港澳船舶在广东修造等有关问题达成共识。1988 年 12 月,广东省航政局派出代表团到香港,与香港海事处有关官员就广东船舶航行香港等问题进行会谈。

(四)船舶检验队伍

随着改革开放的深入,船检系统已将队伍建设作为一项紧迫战略任务。1985 年 2 月,中国船检局下发“关于成立船检局海船、河船检验人员培训中心的通知”。1985 年,建成上海、武汉两个船检培训中心,并拥有先进的教学设施和一定数量的师资力量。按照全员培训规划,加强验船师和技术人员的自主业务培训,每年培训人员达 1000 人次左右,建立起一支门类齐全、有较深专业理论知识且具有较丰富实践经验的技术队伍。至 1985 年,全国船检人员达 2614 人,其中直属船检 1045 人、地方系统 1139 人、渔船检验人员 430 人。1990 年,仅直属船检人员即为 1446 人。

1989 年,农牧渔业部改称农业部,翌年成立渔业船舶检验局(以下简称渔检局),对外称“中华人民共和国船舶检验局渔业船舶分局”。1992 年末,渔检局成立 11 个检验处,在重点海港设立 49 个检验站。渔船检验机构努力健全各地机构,充实渔船检验队伍,通过多种渠道培训检验人员,制订各项渔船规章制度、规范和标准(如 1985 年的《钢质海洋渔船建造规范》、1987 年的《木质海洋渔船建造及检验规定》),开展沿海、内陆水域的渔船检验业务,进行安全质量管理,促进渔船技术不断提高。

六、加强长江船舶引航管理

我国船舶引航,1984 年之前集中在沿海各港口,由沿海各港务监督管理。1984 年起,沿海港口体制改革,政企分开,各港港务监督成为单立机构。引航仍留在各港务局内,为港务局下设独立核算、自负盈亏的经济实体,承担进出港口的外轮强制引航和国轮引航。长江引航仍由长江港航监督局管理。

长江港口对外国籍船舶开放是由东向西渐次推进的,因而对外籍船舶强制引航也是如此。1982 年,张家港港、南通港对外国籍船舶开放。1983 年 5 月 7 日,巴拿马籍“日本商人”号进入张家港港,成为新中国成立以来第一艘进入长江的外国籍船舶。24 日,巴拿马籍“格陵兰海”号进入南通港。12 月 18 日,国务院、中央军委发布《关于南通港、张家港港对外国籍船舶开放的通知》,规定进江外轮“引航工作由交通部长江区港务监督负责”。1986 年 1 月 20 日,第六届全国人大常委会第十四次会议批准南京港对外国籍船舶开放。随后,国务院批准将“长江水域”解释进一步扩展为“连线沿长江向上至南京港中山码头上端与三十七号码头上端连线之间的干线水域。”并赋予长江港务监督局代表我国对外轮实施强制引航。外轮在长江干线及其港口航行或移泊,“必须向中华人民共和国长江港口港务监督申请指派引航员引航”。3 月 21 日,3 名引航员将新中国成立后第一艘进入南京港的外轮巴拿马籍“星辉”号引领入港。1986 年 12 月 15 日,国务院受全国人大常委会委托,批准镇江港对外轮开放。1987 年 3 月 17 日,3 名引航员引领巴拿马籍“大连商人”号轮进入镇江港。1991 年 10 月 25 日,第七届全国人大常委会第二十二次会议,批准武汉、九江、芜湖港对外轮开放。1992 年 1 月 8 日、5 月 20 日、5 月 28 日、7 月 17 日、8 月 21 日,江苏省高港、江阴港,安徽省芜湖,江西省九江港,湖北省武汉港正式对外开放。上述 5 个开放港口均建立涉外引航站,对外轮执行强制引航。

长江各涉外引航站未改变原有引航体制,对外称“中华人民共和国××港务监督引航站”。1983 年 2 月 10 日,南京航政分局引航站对外称“中华人民共和国南京港务监督引航站”,成为长江第一个涉外引航机构。1984 年 5 月 3 日,南通航政处引航站对外称“中华人民共和国南通港务监督引航站”。1985 年 4 月 12 日,中华人民共和国张家港港务监督引航站成立。1990 年 3 月 21 日,中华人民共和国镇江港务监督引航站成立。1992 年 1—8 月,高港、江阴,芜湖,九江、武汉 5 港口航政分支机构先后设置引航站,对外名称前面均冠以“中华人民共和国”。1984 年 10 月,长江航政管理局成立中华人民共和国长江区港务监督局引航总站,对内称“长江航政管理局引航总站”。

随着改革开放的进一步发展,长江上游出川船队猛增,往往因无引航员指派而影响安全与运输。这一情况一直反映到中央,引起中央领导的重视,专门做出批示。1984 年 5 月 21 日,交通部做出《关于加强进出川船队服务工作的决定》,要求:充实现有引航站人员,立即着手在重庆、宜昌、芜湖组建 3 个引航站,自 7 月 1 日起正式开展引水业务。至 7 月 1 日,重庆、宜昌、九江、芜湖 4 个引航站先后成立。1987 年 3 月,武汉港务监督引航站并入长江区港务监督局引航总站(1988 年 2 月又回归武汉港务监督)。至 1992 年底,长江沿线已建立南通、张家港、江阴、高港、镇江、南京、芜湖、九江、武汉、宜昌、重庆等 11 个引航站,除重庆、宜昌外,其他均为涉外引航站,在职引航员 113 人,聘用引航员近百人,形成引航总站、引航站、引航办事处、引航基地、引航调度等一整套引航机制。长江引航管理机构和管理程序的建立健全,不仅使长江引航事业得以有序发展,而且为改变和保证长江航行安全起到重要的作用。

这一时期,长江航政管理局以“安全第一,预防为主”为指针,逐步建立、完善长江引航管理制度,探索引航安全规律,引航事故率一直控制在千分之二以内,保持了引航安全形势的稳定。

1989 年,在总结经验和教训的基础上,长江航政管理局制订《长江干线引航管理办法》。1990 年,又完成《江苏段引航调度工作若干规定》制订工作。长江引航制度经过 8 年不断调查研究和修改、充实及制订,到 1990 年建立起一系列管理规章制度。为适应长江对外开放,进江中外船舶逐年增多的形势,1987 年 4 月南京引航站提出海轮进江夜航 5 条建议。经过反复调查论证,中国港监局于 1988 年上半年下发“关于落实海轮在长江夜间航行安全措施的通知”,指出:“为适应沿海经济开发战略的需要,促进外贸运输,海轮在长江夜间航行势在必行。”通知要求相关部门共同研究。长江航政管理局组织南京、张家港、南通 3 个涉外引航站,总结 1987 年破例 3 次夜引美国前总统福特私人豪华游艇“迈克拉 · 罗斯”进出长江的经验。这艘船载着美国驻华大使夫妇、驰名欧美的豪商巨贾,还有一批美国记者,要求全程白天停靠沿江有关城市,上岸访问旅游,晚上起锚航行。上述 3 个涉外引航站均参与了引航。1988 年起,长江江苏段开展夜间引航工作。

1990 年 5 月 17 日,中国航海学会引航专业委员会成立。1991 年,中国港监局与中国航海学会共同组织首次全国十佳引航员的评选。

七、事故处理的加强与重大案例

(一)水上事故的调查处理

《海上交通安全法》颁发前,我国各港务(航)监督针对水上事故的调查、处理,相应制订了一些适用于当地情况的规范性文件。

1984 年,实施《海上交通安全法》后,我国港务监督实施海上安全监管有了法律依据,调整和制约各种海上交通行为和相互关系也有了基本准则,海上事故调查工作发生重大变革。《海上交通安全法》明确规定:港务监督是海事调查处理的主管部门,对受理的海事界定为海上交通事故。事故调查处理职责是查明原因,判明责任,以不断改进管理。1989 年 3 月 29 日,国务院颁布《特别重大事故调查程序暂行规定》,对重大事故调查、处理做出明确的规定。

根据以上海(水)上事故调查、处理的法律、法规,交通部于 1990 年 1 月 11 日、9 月 24 日、9 月 28 日,分别公布《海上交通事故调查处理条例》《海上交通监督管理处罚规定(试行)》《内河交通安全管理违章处罚规定(试行)》。除处理条例于 3 月 3 日起实施外,海上、内河两个处罚规定均为 10 月 1 日起实施。这 3 个规章,规定了各港务(航)监督为事故调查处理的管理机关,使事故调查“查明原因,判明责任,做出自己的结论,不受任何单位或部门调查结论的影响”有了法律依据,同时规范了对违反水上交通行为的船舶及有关单位、人员的处罚、范围、种类、标准,以及执行机关的处罚原则、程序和权限等行政行为。

对所发生的不同水上事故,各港务(航)监督按照以上法律法规、规章进行调查、处理。如 1984 年起,天津港务监督在辖区内不定期编发海事预防宣传材料,有针对性地提出预防海上交通事故的措施和建议,并针对每年鱼汛期及时撰写加强渤海湾秋季鱼汛期航行安全管理等文件,1986 年初,天津港务监督下发关于做好海事索赔工作的意见,对船舶触损码头、岸吊、船闸等事故的索赔做出具体规定。之后又相继制订船舶触碰海上无人看守平台责任划分、船舶交通事故报告制度、临时收执船员适认证书规定等文件。1990 年,针对船舶雾航碰撞事故典型案例,编写雾中航行谨慎驾驶等宣传预防文章。同年,各港务监督在全国率先采用海事报告书的方式向交通部报告,并将事故调查工作重心由以民事纠纷裁定为主的海损调查转到以维护公共安全为主的行政调查和安全调查,较早地实现了事故调查工作的职能转变。

上海港务监督仅 1986 年就调查处理海损事故 90 件,其中外轮 65 件,办理 22 个国家和地区船舶递交的海事声明,发出海损事故和事务方面的签证共 520 件。

(二)水上事故的统计报告

为做好海损事故的统计与报告工作,1985 年 10 月 5 日交通部修订《1978 年的海损事故统计报告规定》,公布新的《船舶海损事故统计、报告规定》,于 1986 年 1 月 1 日起实施。该规定中事故的分类及其含义与 1978 年的规定相同。并规定小事故可不必上报,重大、大事故应附文字说明。2 月 17 日,交通部下发“关于建立重大水上交通事故调查处理跟踪制度的通知”。1990 年 6 月 16 日,交通部公布《船舶交通事故统计规则》,于 8 月 1 日起实施,进一步规定船舶交通事故的分类、统计和报告,其中事故分类 8 项与以前不同,含义也稍有不同。“船舶”是指各种排水或非排水船筏。“搁浅”是指船舶搁置在浅滩上,造成停航或损坏。“触礁”是指船舶触碰或搁置在礁石上。其他要求则大部分与以前相同。1989 年,交通部决定对重大事故建立跟踪制度,包括所有事故,都要系统跟踪,直至处理结案。这既体现严字当头,把“三不放过”程序化,又便于积累资料,总结经验教训。

(三)这一期间发生重特大事故

1985 年 8 月 18 日 18 时,哈尔滨市交通局航运公司“哈航客 423”渡船,从太阳岛旅游地点返回市内时距岸 300 米处翻沉,死亡 171 人,直接经济损失 119 万元。

1986 年 4 月 11 日 17 时,山西省临县克虎寨一渡船在克虎寨下游 3500 米主航道西侧距南河底渡 1230 米处翻沉,死亡 129 人。

1987 年 1 月 25 日,浙江椒江市一艘个体渡船因严重超载,在大风大浪中剧烈摇晃而沉没,死亡、失踪 97 人。

1987 年 5 月 8 日 11 时,南通市轮船公司“江苏 0130 号”客轮由南通开往十一圩,行驶至江心 24 号浮筒附近时,与武汉“长江 22033 号”顶推船队相撞,客轮翻沉水中,114 人遇难,直接经济损失 90 万元。

1988 年 7 月,四川省重庆轮船公司乐山分公司“川运 24”客轮和云阳县航运公司“云航 24”客轮相继翻沉,分别死亡 166 人和 77 人。

1989 年 1 月 2 日 1 时 15 分,南京长江油运公司 62008 船队顶推 3 个 3000 吨油驳载原油 7300 多吨上水行驶时,在新滩口发生爆炸,两艘油驳大火持续 3 天。该事件惊动国务院、总参、总后、空军及湖北省、武汉市政府领导,为震惊全国的重大恶性事故。

1990 年 3 月 21 日,云南省永善县桧溪乡联户木质机动船载运赶集返回村民 137 人,行至冬瓜滩时,船首上浪进水沉没,全船人员落水,104 人死亡。国务院工作组赶赴现场组织施救和调查处理。

1990 年 6 月 18 日凌晨 2 时 42 分,利比里亚籍“春鹰”轮(M/V SPRING FALCON)与巴拿马籍“玛亚 8”轮(M/V MAYA8)在老铁山水道(38°34.3′N,120°58.9′E)发生碰撞。“春鹰”轮船首破损,“玛亚 8 号”轮第一、二舱间破损,随后均沉没,1400 平方公里海面遭到严重的油污染。此特大碰撞污染事故案是一起数额较人的涉外经济索赔案件。

第五节　航标测绘及水上通信的全面发展

一、海区航标管理关系改变与制式改革

(一)海区航标机构划归有关港务监督管理

1984 年起,沿海港口体制改革,政企分开,原由交通部各航道局管理的航标测量处,与相关港务监督、通信站合并,组建海上安全监督局。各海区航标区成为海上安全监督局的职能部门,承担海上干线公用航标和商港(短程航线航标由地方交通部门管理)航标的建设和维护、港池和航道测量等任务。

1988 年 10 月 5 日,交通部下发“关于将沿海各航标区分别划归各有关海监局的通知”,明确天津、上海、广州航标区分别为所在地海上安全监督局的基层单位;将大连、青岛、烟台、连云港、镇海、汕头、海口、湛江等 8 个航标区成建制地划归所在地海上安全监督局,并按区处合一原则,成为当地海上安全监督局的航标处;航标区(处)既是局的职能部门又是基层单位,但航标业务仍分别由天津、上海、广州海上安全监督局统一领导,并继续负责海区的航标和测量工作;温州、福州、厦门航标区仍为上海海上安全监督局直属基层单位。该通知从 1989 年 1 月 1 日起实行。至此,全国沿海大部分航标区形成双重领导格局。同时,石臼(日照)、秦皇岛航标站仍暂由原航标区领导。其中,秦皇岛航标站由天津航标区领导;石臼(日照)航标站于 1986 年 10 月成立,由青岛航标区领导。1990 年 1 月 10 日,天津海上安全监督局天津航

标区秦皇岛航标站划归秦皇岛海上安全监督局领导,并扩编为秦皇岛航标处。1991 年 6 月,石臼(日照)航标站成建制地由青岛海上安全监督局划归日照海上安全监督局(改名日照海监局航标站)。1995 年,营口航标正式纳入北方海区航标管理。1988 年 3 月 30 日,中国航海学会航标专业委员会成立。

(二)海区、内河航标制式的改革

1.海区航标制式的改革

为协调统一世界海区浮标制式,早在 1980 年交通部就决定按国际航标协会推荐的海上浮标统一的 A 区域标准,改革我国海区浮标制式,力争在 1985 年前完成,使我国海区浮标达到国际标准。1981 年 10 月,交通部正式通知国际航标协会:中国政府决定采用国际航标协会推荐的海上浮标系统 A 区域标准,并宣布将 1986 年完成推行新浮标制式准备工作。之后,交通部水上交通安全监督局和交通部标准计量研究所,根据国际航标协会浮标系统的规定和等效采用的原则,组织制定出《中国海区水上助航标志》国家标准(GB 4696—84),1984 年 10 月 1 日由国家标准局予以公布,自 1985 年 8 月 1 日起实施。1985 年 2 月 14 日,交通部下发“关于海区水上助航标志制度改革工作部署的通知”,开始改革我国海区水上助航标志制度。此次改革决定分两个阶段实施:第一阶段为 1985 年 8—12 月,先改革新旧制式并存期间容易误认的几个标种的标志;第二阶段为 1986 年 1—10 月,改革 700 座左右的侧面标志。按照交通部统一部署,天津、上海、广州航标管理部门和具有航标管理的省级航标(道)部门编制改革方案,报部审批后实施。

1985 年以后,负责沿海 3 个海区航标的天津、上海、广州航道局开始在管辖海区推行水上助航标志制式的改革。新制式分侧面标志、方位标志、孤立危险物标志、安全水域标志、专用标志等 5 类 17 种。交通部决定以厦门港为改革试点,并组织研制生产航标制式改革所需的各种器材、灯器。1985 年年初,完成灯浮标各种配套器材的技术参数和定型的方案审定。9 月 24 日,交通部公布《海区航标固定建(构)筑物维护》部颁标准,于 1987 年 5 月 1 日起实施,对海区航标后期保养维护给予制度性指导支持。1986 年 9 月,中国海区 889 座灯浮标和水中固定标志的制式改革提前完成,达到国际统一标准及技术要求,并开始推广应用雷达信标。至此,从 1985 年 8 月开始历时一年两个月的海区浮标改革完全达到国际航标协会浮标系统(A 区域)标准要求,共有 1200 多座浮标实施了《中国海区水上助航标志》国家标准。1986 年,《中国海上助航标志》(GB 4696—84)获得国家标准科技成果三等奖。

1986 年 3 月 20 日,经国务院、中央军委批准,我国沿海 10 个“长河一号”(无线电导航台,也称中程无线电导航系统罗兰 A 系统)对外国籍船舶开放,同时对外开放的还有 14 个无线指向标。1988 年“长河二号”导航台(链)一期工程南海台(链)建成,1990 年通过国家技术鉴定,并正式对国内开放。

2.内河航标制式的改革

《内河航标规范》自 1955 年 4 月由交通部公布以来,经过 30 多年实践,有些已不适应内河航运发展的需要,需要修改和补充,进一步充实完善。1982 年,交通部组织各有关方面专家,在大量调查研究基础上,开始修改《内河航标规范》。1986 年 2 月 17 日,国家标准局公布《内河助航标志》(GB 5863—86)和《内河助航标志的主要外形尺寸》(GB 5864—86)两项国家标准,11 月 1 日起实施。为实施好这两项国家标准,交通部于 1986 年 6 月 19 日下发通知,要求各单位积极准备,切实贯彻执行,在 1987 年底前按新标准完成通海干流航道的航标制式改革工作。1989 年 3 月 20 日,内河航标制式改革宣告结束。5 月 10 日,长江最后一盏煤油航标灯被现代化太阳能航标灯所代替。

3.加强航标经费的改革与管理

1985 年,交通部向上海、天津、广州航道局下发“关于沿海航标测量事业费自 1985 年起实行预算包干并编制预算报部核定的通知”,提出自1985年起对海区公用航标及港口航标在保证质量和完成交通部下达年度工作计划以及正常维护任务的前提下,实行预算包干,除工资、燃材料价格变动及临时下达新任务费用较大按规定另行调整外,一经决定,三年不变,增收节支留用,超支不补。同时,通知对经费包干结余提留和计划外工程收入也做出了规定。

1986年4月28日,交通部起草《关于将海关征收的吨税划归交通部管理的请示》,由财政部、海关总署会签报国务院。6月2日,国务院批复“同意将海关征收的吨税划归交通部管理,由海关代交通部征收,按现行办法提成后解入交通部账户,直接用于海上干线公用航标维护和建设;交通部对这项资金要加强管理,专款专用,不准挪用。”同时,要求交通部根据情况和需要,商财政部、海关总署对现行1952年制定的吨税征收办法和费率进行修订和调整。1987年2月22日,经国务院核准,交通部、海关总署、财政部发出《关于调整船舶吨税的通知》,自1987年3月1日起执行。1989年5月27日,交通部下发“关于加强船舶吨税管理工作的通知”。11月13日,交通部公布《海上安全监督局航标测量财务管理、会计核算暂行规定》。根据1991年大连会议明确的原则,1990年以前的港标经费从吨税开支的维持不变,1990年以后新建、扩建的港标经费从船舶港务费中开支。

总的来看,这一时期通过重点建设重要港口、航道助航设施,新建、重建大量灯塔、灯桩、导标,以及调整、改造航标布局,使海上保障、服务能力有了新的提升。至1995年,中国沿海航标总数达到1783座,沿海及各主要港口的航标实现了灯光交叉覆盖的“灯塔链”。尤其1988年12月15日,由交通部从德国(西德)进口的搜救船被命名为“南海巡01号”,成为当时海上安全监管第一艘用于海难救助的快速船。

二、航标与测绘发展的全面规划

1986年,交通部水上交通安全监督局提出《“七五”(1986—1990年)及后十年航标、测绘发展规划》,重点在继续完成航标灯器的改造和换装工作,根据航行需要加强航标的建设和配布,达到航标密度与灯光射程相互适应,形成完整的沿海航标链,以南北水运主通道、重要航线为重点,做好航标的新建和改建工作;完善无线电指向标的台组建设和雷达应答器的配布工作,并配合有关部门共同筹建“长河二号”导航系统,形成我国沿海多种手段助航体系。

1988年9月23日,交通部公布《交通部海区雷达应答器管理办法(试行)》、1990年3月18日,又联合公安部下发“关于加强航道标志安全保护工作的通知”,明确航道标志“谁主管、谁负责”原则,以保障水上助航标志的建设、维护工作。

1990年12月,交通部组织拟订全国沿海航标总体布局规划方案,要求根据中国水上交通运输、海洋开发、渔业捕捞、国防建设及维护国家主权的要求,借鉴国外经验,采用先进技术,结合中国国情强化沿海航标建设。1990年,交通部安全监督局调整航标布局,实施完善的“航标链”建设。

为规范1991—1995年“八五”计划期间水上助航标志建设,交通部及相关部门相继公布《内河助航标志》和《内河助航标志的主要外形尺寸》两项国家标准、《雷达指向标通用技术条件》交通行业标准、《中国海区灯船和大型浮标制式》国家标准、《中国海区水上助航标志形状显示规定》国家标准等管理规范、标准。1991年1月29日,国家技术监督局批准发布《航标灯光信号颜色》国家标准,自1991年10月1日起实施。

三、沿海与内河航标的建设

20世纪80年代,我国航标进入全面发展时期,引进国外先进设备和经验,航标设备不断更新。自交通部1983年与英国Pharos、Maconi和美国API、Tideland等航标厂签订设备订货合同起,至1994年共进口航标设备444台,分别换装沿海和对外开放港口的灯塔、灯桩、灯浮标的灯器和无线电指向标,在重要部位设雷达应答器,增强航行安全保障能力。

1985年底,天津、上海、广州航道局完成指向标控制机的换装,并对新发射机功能、工作种类、频率、信号格式、编码以及工作时间逐台进行校核。

1986年底,通过航标制度改革和硬件发展,航标得到迅速发展,沿海航标达2560余座,北海、东海航标维护正常率达100%,南海维护正常率99.75%。

1987年5月,连云港航标区代管庙岭航道新设22座航标、60米长专用码头、378平方的航标修理车间、2500平方米的场地。1987年,东海航标主管机构又建成温州北渔山灯塔、福州牛山灯塔,完成连云港车牛山灯塔的重建、广州北士灯塔的新建等。

1988年,烟台航标区烟台山灯塔新建竣工,并正式发光。

1989年,除长江全部安装、换装现代化太阳能航标之外,重点建成"两水道、两江口、两海峡"(即老铁山水道和成山头水道、长江口和珠江口、台湾海峡和琼州海峡)的航标,新建灯塔12座、灯桩30多座,重建和改建灯塔58座、灯桩260多座。20世纪80年代末,上海航标区在牛山、北渔山、东瓜屿、北鹿山、厦门镇海角、北鼎屿灯塔、兄弟屿灯桩和直升机停机坪处新建、重建、改建航标。

1990年6月20日,始建于1879年的广东石碑山灯塔重建竣工,重建的灯塔射程增加至24海里。同年,镇海航标区白节灯塔输油管道工程建成,结束白节灯塔工人107年用肩挑油的历史。9月29日,琼州海峡布设我国自行设计建造且当时国内最大的一艘无人看守灯船。

1991年11月24日,我国第一座具有全天候助航功能的大型灯浮标抛设于长江口,对引导中外船舶进出长江口和上海港发挥安全保障作用。全年共新建、重建大型灯塔、灯桩20座,改造中小型灯桩及导标228座。12月25日,台湾海峡北口西台山灯塔落成,灯高144米,灯光射程25海里。天津海上安全监督局首次安装气象卫星数据接收机,并在大沽灯塔安装试验性数据采集平台。在接下来的两年内,又有4个数据采集平台安装在曹妃甸灯桩、圆岛灯塔、成山头灯塔和千里岩灯塔,可以及时准确采集到各遥测航标的数据。

1992年9月,交通部安全监督局为天津海上安全监督局航测科技中心配置高精度测量仪器,用于天津、上海、广州、海南海上安全监督局常规导助航设备"Racon雷达应答器"技术指标校准和故障排除。同年,圆岛、西台山灯塔竣工使用,大孤山、古雷头灯塔主体建成发光,改造灯塔、灯桩20余座。尤其上海海上安全监督局航标区建成的北鹿山、西台山、古雷头等大型灯塔,代表着当时我国航标发展缩影,设计新颖,美观大方,目视效果好。此外,进口的PRB-21灯器,射程24海里以上。广州海上安全监督局航标区建设、改造的表角、大洲岛、莺歌海、红坎、排尾角、水尾角等大中型灯塔,建设速度最快且完成最好。1995年10月28日,坐落在南海上的木栏头灯塔建成发光并投入使用。此灯塔是当时亚洲最高灯塔,高72.1米,射程25海里。

四、沿海测绘业的进一步发展

1989年3月29日,上海海上安全监督局向交通部安全监督局提交《关于我局筹建海图印刷厂的报告》。5月15日,交通部安全监督局同意筹建海图印刷中心,引进一套制版、印刷设备,承担海区港口航道图印刷任务,设备引进费用控制在80万美元内,车间改造费用在年度事业费安排。同时要求上海海上安全监督局做好设备选型、引进、安装及人员培训工作,力争在1990年上半年试车投产。

1992年,广东海上安全监督局测绘部门完成广东沿海、珠江流域等15个主要港口、重要水道48幅图的测绘和45095张彩印图的印刷。至1993年初,全国50余个港口的150余幅港口航道图已出齐,大部分已在复测改版。上海海上安全监督局测绘处已编辑印发东海海区《改正通告》,受到航运界的欢迎。上海航海图书印刷厂按时完成各海区交付的海图印刷任务。特别是与深圳技术合作,提高了印刷质量,套色也趋于稳定,所印海图颜色基本保持一致。各海测大队完成了大量计划外测量工程,满足了港航部门生产、建设、施工的需要。如天津海测大队 1992 年 11 月协助烟台港航测绘部门扫海,保证烟台西港池浮筒顺利打捞,维护外轮及时进港秩序。

五、水上安全通信的进一步发展

(一)水上通信体制与管理规章

1984 年之后,根据国务院关于港口体制改革精神,按照政企分开原则,港口安全、秩序监督极其行政管理部分从港务局划出,组建海上安全监督局,进一步加强了海上交通安全管理工作。1985 年 9 月 25 日,交通部下发"关于将港口导航业务划归港务监督管理的通知",将交通部海洋运输管理局通信导航处负责的港口导航业务划归中国港监局负责,各港通信部门也将港口导航设备和相关人员成建制划归港务监督。到 1985 年底,沿海各港务监督共接管江、海岸电台 92 座(其中开放国内外船舶通信业务的海岸电台 21 座),内河江岸电台 36 座(分布在长江、湘江、西江、松花江和黑龙江沿线)(见图 6-5-1)。在沿海港口政企分开,成立 14 个海上安全监督局之后,海上安全监督局内设管理水上通信业务的通信交管处、海上交管站、通信交管科,基层单位设导航台,进一步突出水上通信为船舶航行安全服务、对外代表国家履行相关国际公约的公益性质。1990 年 5 月 1 日,交通部下发"关于加强交通通信管理的通知",规定了水上安全机构对交通通信导航管理的职责:建设和管理所管辖海岸电台(上海、广州海岸电台除外),为交通系统和国内外船舶通信服务;代部组织和管理港口地区水上无线电通信网络,管理维护本局各种船、岸通信设施,管理通信业务,负责通信保密,保障通信畅通;代部纠察和维持港口地区无线电通信秩序和通信纪律,协调处理无线电干扰事项,处理违纪违章的单位和个人等。

图 6-5-1　1988 年,"巾帼建功"电传班在工作中

交通部不断加强直属水运通信机构建设,到 1985 年时直属水运通信管理机构达 37 个,地方水运通信管理机构达 27 个,全国水运通信工作人员 1 万多人。1986 年,交通部无线电管理委员会(1997 年更名

为交通部无线电管理领导小组)成立,成为交通部统一领导交通系统无线电管理工作的议事协调机构,还负责发布有关水运通信的管理制度。1988 年,交通部机关体制改革,将海洋运输管理局通信处划出,与北京船舶通信导航公司、交通部直属通信站合并,于 1989 年 4 月 30 日成立中国交通通信中心,对外保留北京船舶通信导航公司名义,统一管理交通系统通信导航工作。作为部属一级事业单位,按企业化管理,代部行使通信导航行政管理职权,统一管理交通系统的通信导航工作,负责归口拟定交通通信导航的发展规划,直接管理部机关通信设施和通信服务,并负责交通部无线电管理委员会(管理委员会办公室设在中国交通通信中心)的日常工作。

长江通信管理机构随 1984 年 1 月 1 日长江航运体制改革开始调整。长航通信总站机构及人员分为两个部分:长江航务管理局设通信导航管理处,下设 6 个通信导航区,实行全线通信导航管理处、导航区、导航段三级管理。长江轮船总公司下设 5 个通信导航处。1987 年 12 月 9 日,交通部同意长江航务管理局与邮电部合资建设宜昌至重庆微波通信干线,自建支线及其配套工程。宜渝干线为 120 路数字微波专用通信线路。1989 年 5 月 29 日,交通部长江无线电管理委员会成立,统一管理长江沿线水上无线电通信,统筹长江江岸无线电台站建设。1992 年 4 月 7 日,长江航务通信导航管理处更名为长江通信导航局,6 个通信导航区更名为××长江通信导航局,长江全线 22 个通信导航段名称维持不变。1994 年 1 月 1 日,各通信导航段更名为通信导航处。

1984 年,中国航海学会通信导航专业委员会进行《全球海上遇险和安全系统》研究和论证,次年形成《关于我国实施〈全球海上遇险和安全系统(GMDSS)〉总体方案论证建议报告》。1986 年 3 月,报告修改后,提交交通部和有关部门领导决策参考。交通部于 1984 年 8 月 16—20 日在烟台召开船舶遇险及安全通信工作会议,总结成绩,交换意见,明确各自职责,加强协作配合,加强沟通联系。交通部下发实施《船舶遇险及安全通信工作的若干规定》,废止《水运电报规则》中遇险通信有关规定。交通部还公布系列水上通信规则、标准,仅 1988 年 5 月 9 日就先后公布 5 个水上通信规则:《无线电指向标站管理规则》《无线电指向标站设备操作保养规则》《中程无线电导航台管理规则》《中程无线电导航台设备操作保养规则》《中程无线电导航台质量检测规则》。1992 年 6 月 19 日,交通部下发"关于我国海岸电台播发奈伏泰斯(NAVTEX)有关事项的通知"。6 月 26 日,交通部无线电管理委员会公布《代管船舶电台管理办法》(交无委发〔1992〕486 号)。1992 年,交通部批准交通通信中心负责北京海事卫星地面站和 GMDSS 地面系统的工程建设工作。

(二)江、海岸电台的开放

1984 年之后,新组建的海上安全监督局(港务监督)开始领导各港通信部门的导航设备和相关人员,包括部分海岸电台,至 1991 年,共接收全国除港、澳、台之外的开放海岸电台 43 台。电台发射方式有等幅、调幅电报,电话有全载波、抑制载波单边带、调频等,开放业务有 CP(国际、国内公共通信)、CR(有限的公共通信)、OT(有关业务的专用通信)等。其中,开放广播性业务(MF/HF 频段),定时播发气象预报、气象警告、中英文航行警告及通告、沿海通电、本系统通电等。海岸电台有上海、广州、大连、天津(冬季另加冰况报告)、青岛、丹东(仅本系统通电)。重播航行警告和航行通告的电台(MF/HF 频段)有大连、营口、秦皇岛、天津、烟台、青岛、连云港、上海、舟山、海门、宁波、温州、福州、厦门、汕头、广州、湛江、北海、海口、八所、三亚。

1991 年,交通部组织编写全国江、海岸电台名录。电台名录包括全国交通系统开放公共业务的海岸电台、水上移动业务专用电台和有关单位的专用电台。该名录收录我国已建成并开放的各类江海岸电台及其工作频段、开放的业务等。

江、海岸电台的电路分为船舶电路、船舶辅助电路和专用电路。至1985年,海岸电台设有电报电路168条、电话电路43条,形成以广州海岸电台为主台的华南海区船舶电路通信网和以上海海岸电台为主台的华东、北方海区船舶电路通信网。其中,上海、广州和天津海岸电台开放16条远洋船舶电报电路,通信距离可达太平洋、印度洋、大西洋以及波罗的海和地中海海区。近洋船舶和沿海船舶电报电路,通信距离分别为2000~4000公里和200~1000公里。1990年,18个海岸电台数字选择性呼叫(DSC)值班台陆续投入使用。江岸电台设有高频电报电路74条、高频电话电路3条,形成以汉口江岸电台为主台的长江区船舶通信网和以哈尔滨江岸电台为主台的黑龙江区船舶电路通信网,船、岸台同频工作。

此外,随着水运事业的发展,各类船舶按照《海船无线电设备规范》和有关规定配备电台设备。到1985年,交通系统拥有船舶电台2662座,比1954年增加34倍。远洋船舶和大部分沿海船舶均装有单边带收、发信设备。

自1977年起我国按国际要求改革船、岸台人工莫尔斯电报守听方法,船舶电台在规定的频带内对海岸电台采用定频呼叫法,海岸电台相应地由巡回守听改为定频守听,到1985年,有21座海岸电台开放高频人工莫尔斯电报定频守听电路。海洋航运中应用无线电气象传真。至1985年,交通系统已有250艘船舶配有气象传真接收机,其中远洋船舶占72%,沿海船舶占24%,其他船舶占4%。船岸间和船舶间采用甚高频无线电话通信。交通部于1984年11月5日下发"关于救助待命船在港区内使用无线电发信的通知",要求凡在港区甚高频电话覆盖区以外待命的救助船,开启无线电发信机,接受海岸电台联系信息。至1985年,各类船舶普遍配备甚高频电台,在沿海和内河港口建立524座甚高频无线电话台,集中开放公众通信业务和人工有线无线转接基本实现。

1984年7月3日,广州海岸电台NBDP ARQ设备与上海、香港海岸电台试通成功。10月1日,广州海岸电台开放气象专用电路。1985年4月2日,天津海岸电台收、发信台工程完工,分别迁址到黄港和军粮城。到1985年,21座海岸电台开放高频人工莫尔斯电报顺序单频编码选择性呼叫电路。

1986年起,交通部在上海海岸电台投资建设NAVTEX播发系统,使上海海岸电台成为国内第一个开放NAVTEX播发业务的电台。1987年,大连海岸电台完成在518kHz频率上对我国北方海区自动播发NAVTEX的建设工作,于1992年10月对外播发NAVTEX。广州海岸电台于20世纪80年代后期引进NAVTEX,到1992年底开放NAVTEX试播电路并对外开放。广州海岸电台1989年与华南工学院联合研制的我国第一个分布式自动转报处理系统试验成功,并投入试运行,1992年4月14日通过交通部科技司技术鉴定,先后获得国家教委科技进步三等奖、交通部科技进步三等奖。

(三)无线电航行警告和航行通告播发

无线电航行警告和航行通告,经过一段时间运行,1984年8月20日,交通部在修改1979年《沿海无线电航行警告和航行通告播发方法》的基础上,公布新的《沿海无线电航行警告和航行通告播发方法》(以下简称播发方法),10月1日起实施。播发方法,规定:航行警(通)告由非定时播发后转为定时播发,而航行通告只作定时播发。天津、上海、广州海岸电台负责定时播发航行警告和航行通告。各岸台负责播发非定时航行警告,同时转发给天津、上海、广州作定时播发。气象警告按定时和非定时播发,由天津、上海、广州台分海区负责。长江和黑龙江水系的航行警告和气象警告,分别由汉口和哈尔滨江岸电台以通电方式定时播发。岸台播发航行警告和航行通告的标志和播发速度做了统一,中文航行警告标志为N/W,英文航行警告标志为NAVIGATION WARNING,航行通告标志为NOTICE TO MARTINERS。中文播发速度每分钟不超过110个数码,英文播发速度每分钟不超过90个字码。

(四)低极轨道搜救卫星系统(COSPAS-SARSAT)建成运行

GMDSS 系统由低极轨道搜救卫星系统(COSPAS-SARSAT)、国际数选值班台(DSC)、航行安全信息接收系统(NAVTEX)(也称海岸电台)、海事卫星通信系统(INMARSAT)和陆地协调搜救网等组成。其中子系统“低极轨道搜救卫星系统(COSPAS-SARSAT)”尤其重要。

低极轨道搜救卫星系统用于船舶遇险报告,由地面用户终端(LUT)和任务控制中心(MCC)组成。20世纪 70 年代,国际海事组织开始推进国际海上遇险与安全系统(GMDSS),并于 1982 年成立国际搜救卫星组织。我国是《1979 年国际海上搜寻救助公约》缔约国,早期船舶遇险通信与水上安全通信管理是以莫尔斯电报为主要手段,到 1985 年已有 22 座海岸电台设有中频人工莫尔斯电报遇险通信电路,11 座海岸电台设有中高频无线电话遇险通信电路,75 座江、海岸电台设有甚高频无线电话遇险通信电路,组成船舶遇险通信网路。1987 年,我国筹建全球海上遇险与安全系统(GMDSS),国务院 1991 年批准在北京建设全球海上遇险与安全系统(GMDSS)。1992 年 7 月 2 日,交通部批准交通通信中心负责北京海事卫星地面站和 GMDSS 地面系统的工程建设工作。

1985 年,经国务院批准,我国由交通部代表中国以“使用国”身份加入国际搜救卫星组织。之后,我国收到许多以“地面设备提供国”身份加入国际搜救卫星组织的国家或地区传来的船舶遇险信息,加上我国中国搜救卫星系统已基本建成,具备以“地面设备提供国”身份加入国际搜救卫星组织的条件。1997 年 2 月经国务院批准,我国在该组织身份由“使用国”改为“地面设备提供国”。

(五)北京国际海事卫星地面站建成开通

北京海事卫星地面站,有 2 套标准的海事卫星地面站设备,分别工作于太平洋区和印度洋区,提供该两洋区的海事卫星业务服务,初始容量为 1 万个船站用户,最多可达 1.6 万个船站用户。

1987 年,北京国际海事卫星地面站开始建设,1991 年建成,并于 6 月 3 日开通,成为我国唯一提供国际海事卫星业务的卫星通信系统。它的建成是我国水上通信、空中通信和陆上移动通信一个新的里程碑。其中海上遇险安全通信专用电话和电传专线可直接接通中国海上搜救中心值班室(RCC)。1992 年7 月 2 日,交通部批准交通通信中心负责北京国际海事卫星地面站,以及国际海上遇险与安全系统(GMDSS)工程后续建设工作。12 月 5 日,地面站向邮电部申请海事卫星 C 标准站入网及地区电传号码,主要是为开放 C 标准站增强群呼(ECG)业务。1993 年 2 月 9 日,地面站海事卫星 C 系统建成,邮电部批复并同意北京国际海事卫星 C 标准站入网。7 月 1 日,北京海事卫星 INMARSAT-C 系统开通运行。

(六)长江通信设施建设发展

1984 年,长江三峡航段 53 座航道信号台短波无线电话设备全部改用 VHF 无线电话设备。1987 年12 月 9 日,交通部同意长江航务管理局与邮电部合资建设宜昌至重庆微波通信干线,自建支线及其配套工程。宜渝干线为 120 路数字微波专用通信线路。1990 年,首次在汉口江岸电台组建安全信息播发小组,利用船岸 VHF 系统和江岸电台 SSB 系统探索语音播发长江水上安全信息。1991 年,长江轮船总公司引进日本 JRC SSB 无线电话设备,在南通、南京、汉口、重庆 4 座江岸电台开通 SSB 无线电话台。1992年,宜昌至上海数字微波通信工程通过竣工验收。4 月 7 日,长江航务通信导航管理处更名为长江通信导航局。

经过不断建设与开发,此时我国水上通信形成覆盖所有航行海域的全球性通信网络,开放电报、电话、数据等多项通信业务,可利用海事卫星、中波、短波、甚高频等多种通信方式进行船岸通信。

第六节　授权归口管理工作的推进

一、海(水)上搜救管理工作的推进

(一)海(水)上搜救管理机构的成立

成立于1973年12月28日的全国海上安全指挥部一直是非常设机构。1985年7月24日《1979年国际海上搜寻救助公约》在我国生效后,按照公约规定,各沿岸国要“开展国家搜救服务”,“建立海上救助协调中心和救助分中心”。

1988年11月7日,根据国务院机构改革方案中撤销38个国务院非常设机构的决定,国务院办公厅以国办函〔1988〕81号文通知,撤销全国海上安全指挥部。考虑到保证海上人命、财产安全以及履行《1979年国际海上搜救助公约》需要,交通部于1988年12月7日向国务院请示,全国海上安全指挥部撤销后,建议在交通部设立中国海上搜救中心,负责海难人命搜寻救助工作。

1989年7月18日,国务院、中央军委下发《关于在交通部建立中国海上搜救中心的批复》,同意将原全国海上安全指挥部改名为中国海上搜救中心,作为交通部的非常设机构,负责全国海上搜救工作的统一组织和协调,日常工作由设在交通部安全监督局(中国港监局)内的中国海上搜救中心办公室承担,并明确国务院有关部门和军队有关部门要配合中国海上搜救中心做好海上搜救工作。中国海上搜救中心办公室实行双人24小时值班制度,随时应对海上紧急情况。沿海各省(区、市)的海上安全指挥部亦相应更名为海上搜救中心,有关省市的搜救中心还成立若干个分中心,除防冻破冰工作由海军和国家海洋局负责外,其他职责不变,业务受中国海上搜救中心指导。这一做法使我国初步形成了较完善的海上搜救机构和网络,标志着我国海上搜救事业进入新的发展阶段,搜救事业专业化、专门化、专职化特点更加突出。1990年6月22日,中国海上搜救中心正式成立。7月,交通部发再次文明确中国海上搜救中心日常工作由交通部安全监督局(中国港监局)承担,中国海上搜救中心办公室与交通部安全监督局值班室(1994年后为通航监督处)合署办公。

中国海上搜救中心成立后,交通部加大搜救基础设施的建设。如投资建立全球海上遇险与安全系统,建设北京海事卫星地面ICI站,在搜救中心办公室配置A、B、C、M等通信系统端站和便携式手提卫星通信设备,解决船岸间、船舶间的报警、接警和遇险通信问题;建设低轨道卫星任务控制中心(MCC),解决搜救机关对报警船舶定位的问题;在大连、上海、福州、广州、三亚开通用于海上安全广播的NAVTEX系统,保证船舶及时接收各类航行安全信息。

1987年8月27日,全国海上安全指挥部下达《船舶遇险紧急通信处置细则》,规定:船长、船舶电台应及时发出遇险信号,海岸电台接受后及时转发至海上安全指挥部与港务监督。海上安全指挥部与港监根据情况迅速做出反应,派船救援或给难船适当答复。设专用长途电话(合署办公后该电话设在中国港监局总值班室),只要接到“海事电话”,即按一类电话接转。

(二)省级水上搜救组织演变与重大搜救活动

1989年7月18日全国海上安全指挥部改名为中国海上搜救中心后,沿海各省(区、市)的海上安全指挥部亦相应更名为海上搜救中心。辽宁、河北、天津、山东、江苏、上海、福建、广东、海南等沿海省、市先后成立海上搜救中心,有关省市搜救中心还成立若干个分中心,使我国初步形成较完善的海上搜救网络。

中国海(水)上搜救指挥体系分为三级,即中国海上搜救中心、省(区、市)级海(水)上搜救中心、市级海(水)上搜救中心。省(区、市)级海(水)上搜救中心在本省(区、市)人民政府领导下、在中国海上搜救中心指导下,负责本省(区、市)的海(水)上搜救工作。市级海(水)上搜救中心是省级海(水)上搜救中心根据需要,在所辖城市设立的分支机构。如 1987 年 1 月 8 日,辽宁海上安全指挥部办公室与大连海上安全监督局合署办公,对外保留“辽宁海上安全指挥部办公室”名称,12 月 1 日正式对外办公。1991 年 1 月 25 日,改称辽宁省海上搜救中心,丹东、锦州、营口等市海上安全指挥部相应改为海上搜救中心。改称后其职责不变,领导关系不变,领导成员不变,业务上仍受中国海上搜救中心指导。又如 1989 年 10 月 8 日,天津市成立天津市海上搜救中心,办公室设在天津港务监督,日常工作由天津港务监督局海务处和监督处值班室负责。该搜救中心下设 3 个分中心:第一分中心设在渤海石油公司,负责该系统海上设施安全工作;第二分中心设在天津市水产局,负责渔业船舶搜救工作;第三分中心设在天津民航局,负责民航飞机搜救工作。1976—1990 年,天津市海上搜救中心共组织搜救行动 238 次,搜救各类船舶 124 艘(含飞机 1 架),获救人员 80 人。1992 年 8 月,该搜救中心在渤海水域举行第一次海上综合搜救演习,检验各分中心通信和救助协调能力,以及各部门搜救配合情况。

这一时期,各省(区、市)海上搜救中心在当地省(区、市)政府统一领导和组织下,进行了一些水上搜救行动。1988 年 8 月 31 日,山东省海上安全指挥部在青岛大公岛以南海域举行山东省历史上第一次搜救演习——“SD-88”海上联合立体搜救演习,动用飞机 3 架、舰船 9 艘。青岛港务监督船队首次参与搜救演习,担负海上集结、警戒、抢险搜救任务。1991 年 6 月 6 日,天津远洋运输公司“武夷山”轮与韩国渔轮发生碰撞。韩国军警无视国际法,要挟“武夷山”轮,威逼该轮船员。中国海上搜救中心得知此事,立即与海军司令部联系。在海军 513 舰的协同下,上海海上安全监督局派员乘“东海巡 01”和“B-21”两轮赶赴出事现场,妥善解决了这场海事纠纷,有力地实施船旗国管理,树立了我国的国际威望。1991 年 7 月 23 日,江苏省海运公司代管的无锡海运公司“梅园”轮,由菲律宾圣费尔南多港空载驶往江苏,途经巴布延海峡以西海面,遇 9108 号台风,被卷入台风中心危险半圈,情况险恶,几度失去控制,发出求救信号。中国海上搜救中心根据交通部指示,立即与交通部救助打捞局、国务院台办、香港航政处(通过香港航政处与中国台湾有关方面联系)、日本海上搜救机关、中央气象台、上海海岸电台联系,通过多种渠道开展救助。香港航政处派出 1 架飞机、2 艘船舶前往救助。交通部随即召集专家、船长进行研究,提出几点脱险措施供江苏省海运公司参考。江苏省领导对“梅园”轮遇险救助都极为关切。最终,在英国 3 万多吨“韦利亚”油轮伴航下,“梅园”轮与台风顽强拼搏 30 多个小时,脱离危险海域,在广东红海湾安全锚泊。

1987 年 4 月,广东省海上搜救中心与香港有关方面签订备忘录,广东省海上搜救中心可以直接与香港搜救中心联系工作、合作交流,以及在海上搜寻救助中合作。备忘录签订后,粤港双方处理搜救合作事项更加频繁,每年多达数十宗。1991 年 8 月 15 日,美籍“DM-29”铺管船沉没,香港搜救中心也派救助船参与救助。

1987 年,交通部水上安全监督局与香港海事处进行磋商,妥善解决多起香港水警干预占用香港水域锚泊在西部引航锚地的中外籍船舶的事件,使该水域航行秩序良好。

1988 年 12 月 15 日,交通部从西德购进一艘搜救船(后命名为“南海巡 01 号”,由广州海上安全监督局使用)。这是我国海上安全监督系统第一艘用于海难人命救助的快速搜救船。

二、交通环保管理工作的推进

交通行业环保管理工作,通过多年的建设与各级领导重视,随着人们环保意识的增强,到港口体制改革以后,各项管理制度趋于健全。1989 年 8 月 7 日,交通部环境保护领导小组更名为交通部环境保护委员会(简称交通部环委会),负责统一组织协调交通行业环境保护工作。其主任委员由交通部主管副部长担任,所有人员由交通部相关司局负责人组成,办事机构设在交通部环境保护办公室。一些省(区、市)交通厅(局)和港、航、厂等企业单位也相继成立环保委员会或环保机构。到 1989 年底,交通部直属系统从事环保工作的人员数量已达 1600 人,拥有船舶油污染防治、港口作业粉尘污染治理、环境监测等方面的环保设施。

1985 年,交通部在北京建立交通部环境监测总站,设在交通部水运科学研究所,主要负责组织和指导交通行业环境监测网站的工作,组织拟定交通行业环境监测规范、标准,承担新建交通基建工程环境影响评价以及交通污染源调查等工作。交通环境监测网初步形成,并加入国家海洋环境监测网。各港口环境监测站开展日常污染源监测和港区环境监测,及时掌握港口污染源和环境质量的变化情况,为治理污染和环境管理提供科学依据。同时,交通部组织力量制定《交通部环境监测工作条例实施细则》,使港口监测站的工作逐步做到制度化、规范化。此外,还举办监测质量控制训练班,对各环境监测站的监测质量控制进行考核,颁发经国家环境监测总站认可的考核合格证。

沿海各港也成立环保机构。1984 年 12 月,上海港务监督在环境监测站基础上建立上海环保中心,中心下设管理科、监测站、环保站和环保技术服务公司,共有 126 人。中心配有 20 余种先进的监测仪器设备,具有一定科学技术水平和较完善的监测手段。中心具有在上海港辖区范围内开展环境监督管理,组织协调环境污染治理和组织进行环境工程评价审查等职能。1990 年之后,上海港务监督环保中心的各监督站筹建以水中油定性分析为主的小型监测取证室,配备油分浓度计等多种设备。兰州路监督站的监测取证室,1991 年 4—10 月的 7 个月就对 86 艘船舶油水分离设备排放水进行取样检测,发现 17 艘船舶水样超标,占检查数 20%。

1987—1991 年,烟台港务监督水域环境监测站,先后两次得到交通部的投资,增配荧光光谱仪和气相色谱仪,初步具备船舶溢油事故溢油鉴定功能,利用溢油分析鉴别技术为多起外轮污染事故提供决定性证据,维护了国家权益,并第一次对船舶污染事故进行溢油源鉴定。1991 年 7 月 26 日,大片油污飘向烟台第一海水浴场,许多游客身上沾满油污,相关的旅游服务被迫停止运营。实验室通过对 3 艘嫌疑船舶油样品鉴别分析,认定海面污油系英国籍“联期”轮所致。烟台港监要求船方在开航前查明事故原因,但船方难以找到溢油原因。28 日下午,港务监督人员在“联期”轮围油栏内发现新溢出污油,随即带领“联期”轮船长查勘现场。“联期”轮船长辩解说,可能是烟台港池下面有油田。后经潜水员水下对“联期”轮船体探摸,查出船舶漏油管口。至此,船方对实验室鉴定心服口服。烟台港务监督依法对该轮进行罚款,船方支付海水浴场及有关单位经济损失,共计污染损害赔偿人民币 30 多万元。

三、交通行业安全监管的开始

我国交通行业的安全监管始于 20 世纪 70 年代,是根据全国安全生产委员会指示精神而开展的。1979 年 11 月 23 日,交通部在交通部安全监察委员会(安全局)基础上首次成立交通部安全委员会(简称交通部安委会)。交通部安委会主任由交通部部长兼任,由副部长一人及水上交通安全监督局局长和公路局局长任副主任,交通部内各有关厅局的负责人任委员,下设办公室,负责处理日常工作。交通部安委会与各省(区、市)交通安全委员会互通情况,联系工作,协作配合,共同做好全国公路、水运交通安全工作。交通部安委会主要职责是:依据国家有关安全生产的方针、政策、法令、指示,统管全国交通运输安全工作,包括车、船运行安全、职工劳动安全、劳动保护、防火防爆等工作;研究解决交通安全工作中的重大问题,统一组织、协调重大安全活动;掌握全国交通系统的安全工作,督促检查;总结、交流并推广交通安全先进经验,吸取事故教训。

1983 年 12 月 13 日,交通部调整交通部安委员职责,但仍统管全国公路、水运交通安全工作。

1984 年起,交通部从主要抓直属企业转变到加强整个交通运输行业管理和指导,交通部安委会既要管好所属交通运输企业的安全生产,又要管好全行业的安全生产。

1986 年 10 月 7 日,国务院决定改革中国道路交通安全管理体制,交通部门负责的公路交通安全管理职能移交公安机关,交通部安委会工作重点转向水运交通安全行业管理,同时负责公路运输和公路建设安全生产的行业管理。此时,交通部安委会作为交通部议事协调机构,下设的办公室,与交通部安全监督局(中国港监局)合署办公,由安全监督局归口管理。交通部安委会主要是按照国家"政府统一领导,交通综合管理,海事(港监)机构监督,各有关部门配合,企业安全自律,群众参与监督,社会广泛支持"的水上安全管理工作格局来行使自己的管理职责。

1991 年 6 月 9 日,交通部安委会调整委员会组成及职责。委员会职责是统管全国水运安全工作及交通系统公路运输企业内部安全管理工作。委员会办公室设在交通部安全监督局,负责处理日常具体工作。交通部安委会由交通部部长黄镇东任主任委员,副部长林祖乙、部安监局局长沈志成任副主任委员。

第七节　加快航政基础设施建设及科技起步

一、用于现场巡航船艇初见规模

20 世纪 50 年代,我国用于现场巡航的船艇只有几艘,通过多年建造,到 1985 年已增至数百艘。如长江航政管理局用于现场巡航船艇有 65 艘,上海港务监督有各类船艇 46 艘。沿海港务监督共配有浮油回收船 5 艘。1988 年 1 月 20 日,交通部下发"关于在港口建设中要保证有关配套设施的通知",明确港口建设中要保证港务监督站的监督艇和通信、导航、助航、环境保护等配套设施的同步建设,水上交通安全监管硬件设施开始进入发展阶段。年底,交通部下发《编制交通水运船舶"八五"发展计划和 2000 年设想方案工作的通知》,要求加快海巡船艇的建造步伐。交通部批准用于港务(航)监督定型巡逻艇长度有 12 米、20 米,吨位有沿海 300 吨、1000 吨等(见图 6-7-1)。

图 6-7-1　1992 年,连云港海监局开展设备管用养修活动

经过国家不断地投资,沿海海上安全监督系统用于现场巡逻的船艇和航标艇建设步伐加快,船舶数量逐年增加。

1987 年 3 月,青岛海上安全监督局有巡逻船舶 6 艘,船员 113 人。

1988 年,天津海上安全监督局有各类船艇 28 艘,其中执法巡逻艇 24 艘、中型航标船 2 艘、航标登陆艇 1 艘、12 米巡逻艇 1 艘。

1988 年,上海海上安全监督局有各类船艇 46 艘。12 月 31 日,"沪监巡 21"列编。这是直属水上交通安全监督监督系统中第一艘较大吨位的巡逻船艇。1989 年 1 月 31 日,第二艘较大吨位的“沪监巡42”交付使用。1992年,又新建成1艘17米巡逻艇和2艘水文测量船。

1989年3月31日,由广州造船厂承造的中型航标船交付广州海上安全监督局,定名为“B-381”,长59.45米,622总吨,主机功率2×600kW。这是当时沿海海上安全监督系统一艘吨位最大的航标船。

1990年12月12日,由上海船舶设计院设计、浙江造船厂建造的烟台港务监督300吨沿海巡逻艇“黄海巡11”建造完工。

各省(区、市)也增加拨款,建造各类执法监督艇,购置通信设施和其他管理设备,使地方港航监督水上安全管理能力不断增强。

至1985年,广东省港航监督的监督船艇已从1981年的25艘增至70多艘,配备60台甚高频电话和监管设施,办公场所也得到改善。

1987年,山东省港航监督已有巡逻船9艘。

1987—1988年,安徽省共筹集资金700多万元,添置监督艇55艘、摩托船15艘,15个地市及优水县(市)都配备监督指挥车。1988年,港航监督配备单边带电台,完成省地市之间的组网。

1990年,江苏省港航监督已有巡逻船160多艘。

1990年,浙江省港航监督已有监督艇34艘,通信设备87台。

1990年,湖北省武汉市港航监督,已增添监督检测设备100多件。

1990年,江西省港航监督自1980年以来通过不断建设,拥有监督艇18艘、监督车9辆、摄像机2台、录像机11台,并配备T757GXI、FT-80c短波单边带电台和省、地、市直接通话的微波电台,形成覆盖全省航监所、站的无线电电信网络。

此外,水上安全设施(备)维护与管理得到加强。1992年11月16日,交通部安全监督局下发“关于开展安监系统设备管理、维修、保养、使用检查评比活动的通知”,在直属港务(航)监督系统开展设备大维修、大保养活动,有力地促进了直属系统水上交通安全管理设备的管、修、养、用工作的开展。

二、船舶交通管理系统建设步伐加快

作为水上交通安全监管信息化的重点系统,船舶交通管理系统(VTS)在我国起步较晚,但发展较快。1984年春,交通部督促加速落实上海港、青岛港VTS的筹建工作。1985年,交通部以〔85〕交科技京220号文公布公路、水运主要技术政策规定要求,特别提出要发展港口船舶交通管理系统。1985年,交通部水上安全监督局明确各港务(航)监督部门是船舶交管系统筹建和主管机关。同年,交通部批准秦皇岛港进口港口雷达及数据处理设备,国家计委也批准“上海港船舶交通管理系统”引进项目,从而使我国沿海港口VTS建设进入快车道。

为促进沿海港口VTS建设,1984年10月中国航海学会召开沿海港口船舶交通管理系统专业学术会议。会后,组织科研、设计、院校、港监、引航和水上交通工程等方面的专家、工程技术人员,历时一年多编制成《中国沿海港口建立船舶交通管理系统总体方案论证建议报告》。1986年10月26—28日,交通部水上安全监督局和中国航海学会就建议报告召开专家评议会,大连海运学院(现大连海事大学)、上海海运学院(现上海海事大学)、上海船研所和大连、秦皇岛、青岛、天津、黄埔港务监督及交通部水规院等单位派员参加。评议会对该建议报告总体上予以肯定。建议报告对关于我国沿海建立船舶交通管理系统的迫切性与可行性、建设总体方案、系统管理和人员培训、方案付诸实现的保证措施等作出规定,为主管部门制定船舶交通管理发展战略、建设规划及技术政策提供参考。1986年11月11日,交通部水上安全监督局下发“关于发送《中国沿海港口建立船舶交通管理系统总体方案论证建议报告》评议意见的通知”,要求各相关单位予以参考。1990年12月,交通部组织制定全国船舶交管系统总体布局规划方案,提出交管系统等级划分意见,结合水运主通道、港口主枢纽的发展,勾画出中国船舶交管系统的T形布局基本轮廓。

为使我国船舶交通管理系统(VTS)与国际尽快接轨,1992年11月15日至12月3日,由国务院引进办邀请,荷兰交通管理系统专家德凯杰瑟先生来华就交通管理系统进行为期3周的讲学和咨询,并赴青岛、上海进行实地考察。讲学具体内容为世界VTS发展趋势和荷兰VTS的战略研究、VTS的规划理论和方法、VTS的设计程序、VTS的管理程序、VTS项目的评价和效益分析方法、荷兰典型VTS介绍等。通过对外交流,我国VTS的发展及VTS人才队伍建设逐步融入国际行业发展之中。

与此同时,我国VTS建设不断加快。1981—1984年,交通部先后批准秦皇岛港口导航工程和连云港导航工程初步设计。1984年,交通部将青岛、上海两港的VTS列为交通重点建设项目,并召开青岛、上海港交通管理系统攻关会议,明确建设VTS的3个作用(即加强港口管理、保障航行安全、提高营运效率)。从此,我国港口船舶交通管理系统建设目标由单一导航功能向以安全管理为主、多功能多用途的目标迈进。1986年,秦皇岛海上安全监督局VTS(东山雷达监督站)建成,1989年4月1日交付使用。1986年,秦皇岛港口导航工程建成。1987年5月20日,青岛VTS一期土建工程全面展开。1990年2月1日,青岛交管一期工程基本建成,开始全天候24小时运转,同时开始内部试运行,5月20日对外试运行。该项工程所有土建工程于1992年5月28日完工。1990年8月16日,连云港海上安全监督局旗台山雷达监督站竣工并通过验收,8月17日投入试运行。10月26日,我国第一座内河雷达站——江苏镇江大沙雷达监督站正式开机,投入运行(见图6-7-2)。天津海上安全监督局VTS于1985年立项,次年被列入国家“七五”计划重点工程——天津东突堤工程,利用世界银行贷款引进先进设备。1992年底,该VTS土建动工,1995年6月完成,1998年7月15日建成运行。

图6-7-2　江苏镇江大沙雷达站

沿海成山头地处于山东半岛最东段,附近水域是船舶进出渤海及黄海北部各港口的必经之路。到20世纪90年代初,此海域内从事运输、捕捞及养殖等海上活动的船舶日益增多,船舶海损事故(特别是恶性碰撞事故)发生数量一直呈上升趋势。与此同时,烟台海上安全监督局于80年代中后期开始着手成山头VTS可行性研究。1988年,成山头交管工程前期筹建工作正式拉开帷幕,烟台港务监督组成专门调研考察组对成山头交管中心的建设进行考察论证,并于次年完成《成山头水域船舶交通管理系统初步可行性研究报告》。1992年10月10日,成山头交管工程获批立项。

三、航政管理科技的起步与开发

20世纪80年代中期起,沿海港务监督逐步开展信息化建设。1986年,天津海上安全监督局测量队购置夏普PC-1500计算机用于制图计算、平差计算等测绘工程的科学计算,一改以往依靠查表加人工计算的作业方式,大大提高了工作效率。1987年,引进西方发达国家计算机制图系统。1989年,与海军测绘研究所合作开发水深测量数据自动采集与处理系统。1991年,又引进加拿大计算机辅助资源管理系统。

1988 年,广州海上安全监督局首次购入 2 台电脑在总值班室使用。1992 年,计算机应用得到进一步推广,完成局机关计算机房的设计、安装、调试。

1989 年 1 月 20 日,天津海上安全监督局成立航测科技中心,归口管理科技工作,同时承担交通部直属港务(航)监督系统有关科研项目。

1989 年,上海海上安全监督局《长江口南水道危险区水域调查勘测成果》获国家科技进步三等奖,《黄浦江潮位分析》获国家科技进步三等奖。1992 年,开发测绘外业自动化系统,处于国内领先地位,接近国际先进水平。该系统将计算机等技术应用于航道水深测量,解决测量数据的自动采集、自动记录、自动处理和测量船导航等实际问题,推动我国航道测量技术的发展。另外,还完成了灯浮被撞喷漆和遥控报警装置样机的研制等科研项目。

1990 年,《太阳能电池航标灯技术推广应用》获国家科技进步三等奖。

四、航政管理船艇标志的更换

为加强对水上安全管理系统的正规化管理,1989 年 6 月 23 日中国港监局下发“关于统一港监船艇着色、标志、命名及旗帜的通知”。该通知规定:①船艇的船体及上层建筑部分为白色:在船首两侧首部用黑色标写船名,船名后漆出港监船艇标志。港监船艇标志为 1 条宽红色与 4 条蓝白相间、两部分宽度相等的斜竖条,斜竖条与水平面的夹角为 60 度,意即港监船艇跨越三江四海开向光辉灿烂的未来。船首至船艇标志后的长度为船舶总长度的 1/3,船首至红色起始线宽度为整个标志宽度的 2 倍。船艇尾部标写船籍港。干舷较低的小型船舶、港监船艇标志可延伸至护舷板顶部。②海区巡逻船烟囱底色为铁灰色。港内船舶烟囱底色为白色,烟囱两侧以港监标志的主体部分(即船体横剖面内)五星照耀下的三江四海为船舶标志。③港监船艇命名:海区监督船艇(包括一类、二类海区船艇),以所在海区名后加巡字,后接两位数命名(两位数中第一位数为该海区中船籍海监局、港监字号,第二位数为船籍港海监局、海监所属海区巡逻船序号);各海区海监局、港务监督编号;港区监督船艇的命名,以港监所在地地名简称的一个汉字加“监”字,再加船舶种类简称字及两位数字组成(如沪监巡 51,连监清 01)。④船舶种类简称:巡逻船简称“巡”,联检船简称“联”,污油接收清理船简称“清”,交通船简称“交”,供应船简称“供”,其他特别用途船简称“特”;各海上安全监督局及长江航政局、黑龙江港航监督局简称;各省、自治区港航监督所属监督船、艇命名,以各省、自治区国家统一的简称加船艇所在地、市简称加“监”字加监督船艇种类简称字,再加二位命名。

为落实上述通知,1991 年 3 月 13 日交通部安全监督局下发“关于配备新式港监旗的通知”,对新式港监旗的制作、图案及配备做出详细规定,并要求各港务监督于同年 7 月 1 日起在各自所属船舶开始悬挂新式港务监督旗帜。具体规定为:①每艘港监船艇(包括海上航标工作船艇)必须悬挂港监旗。②船舶悬挂港监旗应于日出时升起,日落时降下。遇有大风、下雨和其他恶劣气候时,船舶可不悬挂港监旗。③港监旗应挂于船首部的旗杆上。船首部无法悬挂的可挂于驾驶台信号杆或横桁仅次于国旗的显著位置。④港监旗与国旗同时悬挂时,港监旗的规格尺寸不得大于国旗。⑤必须保持港监旗的整洁,不得悬挂破损、污损、褪色或不合规格的港监旗。⑥船艇必须按要求配备相应的港监旗。⑦港监旗为蓝底,中间印有港监标志,港监标志轮廓以内为白色。港监标志位于旗面中心位置。旗面采用两面印刷,旗中的港监标志以旗杆在左一面为正,旗杆在右一面为反。旗杆套为白色。⑧港监旗中红、蓝、黄色分别为国家标准 GB 3181—82《漆膜颜色标准样本》中大红色 R03、海蓝色 PB05 和深黄色 Y08。

第八节　航政管理系统队伍建成

一、航政管理系统队伍的初建

(一)抓紧港务(航)监督队伍建设

到1985年底,我国港务(航)监督共有高、中级管理人员与船员、各类人员9000人。长江干线港航监督系统,到1990年底拥有职工2793人,其中专业技术人员800多人。不过,这一时期全国港务(航)监督队伍整体素质还不高,“港航监督队伍人员中受过正规教育、培训的为数极少,多数都是边干边学,在实践中培养出来的,还有相当大一部分是从社会上招来或部队退役来的同志”。

1991年11月11日,《交通行业主要管理干部岗位规范》出版。其中交通行政分册(下册)《水上交通安全监督类主要管理干部岗位规范》和《海上航标测量类主要管理干部岗位规范》由中国安全监督局组织大连、天津、上海、青岛、烟台、广州海上安全监督局和长江、黑龙江港航监督局编写。

(二)抓紧港务(航)监督队伍职业道德教育

1986年9月,为加强职业道德教育、纠正不正之风,在全国内河安全会议上,交通部副部长林祖乙在要求全国港务(航)监督队伍加强建设的同时,提出“港航监督部门要实行半军事化”,做到既严格又要有优良的服务态度,像中央书记处所期望的那样,“遵纪守法,廉洁奉公,纠正靠水吃水、靠路吃路、以权谋私、贪污受贿等不正之风,做到安全、优质、文明服务”。交通部部长钱永昌对港务(航)监督队伍建设提出“振奋精神,加强法制,严格规章,改善管理,提高手段,监督服务,提高权威”的要求,希望各有关单位认真抓好两个文明建设,更好地发挥水上安全主管部门的作用。会后,出台《港航监督人员守则》。

根据国务院、交通部的有关廉政建设的规定与要求,交通部水上交通安全监督局(中国港监局)及全国各港务(航)监督在加强自身建设的同时,十分重视廉政作风建设,以建立良好的形象。1987年4月15日,大连海上安全监督局下发《监督、通信、财会、劳动人事、物资、房产人员和汽车驾驶人员职业道德守则》。4月29日,交通部水上交通安全监督局转发了大连海上安全监督局上述职业道德守则,并要求沿海各海上安全监督局结合实际据此制订出自己的职业道德守则和干部、职工岗位职责制等,以提高广大干部职工职业道德素质。通过不断的廉政建设,到1991年全系统已普遍建立健全廉政制度,推行政务公开,实施“两公开一监督”(公开办事制度、公开办事结果,接受群众监督)工作制度,严格查处严重违纪监督人员。上海市港航监督开展以“五性”为目标的系统教育活动(即增强为船民服务的意识性,提高遵纪守法的自觉性,保持日常台账的正确性,维护以法治航的严肃性,保持管理工作的经常性)。同时,发动相关的单位和船员举报监督人员不当行为,严格廉政和行风建设制度,以有力的组织措施落实廉政建设。

1988年,交通部党组要求新成立的海上安全监督局,以“完善管理体制,理顺内外关系,健全工作制度,提供航海保障,加强监督服务,改善水上秩序,树立监督权威”的水上交通安全监管方针(亦称“七项要求”),不断加强队伍自身建设,严格管理,秉公办事,寓监督于服务之中,严禁徇私,弘扬正气,在保证安全的前提下尽量为生产部门创造条件和帮助生产部门解决困难。

1989年11月7日,交通部在长沙召开全国内河交通安全工作会议。会上,交通部副部长林祖乙要求各单位按照交通部对海上安全监督局提出进一步抓好港务(航)监督队伍建设的七项要求(即对外要加强监督管理,完善管理规章,严格执法,取缔违章,维护良好的水上交通安全秩序,要进一步加强廉政勤政建设,寓监督于服务之中)做好工作。首次提出港务(航)监督系统廉政问题:各单位要完成廉政勤政规章的制订工作,完善内部监督检查制度,健全实施廉政勤政规章制度和制约不正之风的工作程序,建立廉政勤政考核奖罚制度。

1992 年 4 月 21 日,交通部党组印发《交通部直属航务、港航监督、船检系统干部管理办法》,对港务(航)监督系统队伍实行制度化管理,提出一定约束条件,进一步加强港务(航)监督系统队伍建设。

二、航政管理系统人才队伍的建设

(一)直属航政人才队伍建设

1.实行技术职称评定

1987 年 8 月 7 日,交通部水上安全监督局下发"关于印发《水上交通安全监督局职称改革实施方案》的通知",要求沿海各港务监督、长江航政局、黑龙江港航监督局、广东省航政局及各省(区、市)交通厅(局)港航监督部门按各自的统一部署,结合本地区、本部门、本单位的实际情况,在职称改革工作中参照执行上述方案。1988 年 10 月 5 日,交通部职称改革领导小组办公室下发《海上安全监督管理公务船舶技术人员执行(船舶技术人员职务试行条例)的实施细则(试行)》,对公务船艇工作的技术人员职务界定晋升作出规定。12 月 15 日,经交通部职称改革领导小组同意,华北、华东、华南 3 个沿海水上安全监督系统职称改革工作评审委员会成立,天津、上海、广州海上安全监督局分别为各委员会召集单位。

2.建立专业学校

20 世纪 80 年代,交通部采取一系列措施加强港务(航)监督队伍建设。1984 年,交通部建立大连危险品咨询中心,交通部所属部分大专院校开办航政系。1985 年 10 月,交通部批准在武汉航政职工中等专业学校专门培养港务(航)监督的管理人员。

1985 年 2 月 16 日,交通部批准长江航政管理局筹建航政中专学校,在批复的《关于建立交通部武汉航政职工中专学校的报告》中指出:"同意你局校职工中等专业学校,校名为:'武汉航政职工中等专业学校',招收具有两年工龄、初中毕业文化程度的职工,暂设港务监督、危险品管理、环境保护和财务会计 4 个专业。财务会计专业系文科,学制可为两年半,其他 3 个专业学制为三年。学校规模暂定 1000 人,1985 年港务监督专业招生 120 人。"3 月 31 日,武汉航政职工中等专业学校正式开学。这是全国内河航政系统第一所职工中等专业学校。当年,经湖北省统一命题考试,录取全国交通航政系统职工 97 名,分成港务监督专业两个班。

武汉航政职工中等专业学校源于 1979 年成立的培训中心,到 1985 年开办专业学校,除为长江干线培训航政专业人才外,还为 13 个省市培养专业人才,促进全国航政专业人员技术水平的提高。但因培训中心教学基地小,条件差,每期最多接纳 50 多人,远远不能适应发展的要求。这样,全国各省、市交通厅(局)和港航监督部门纷纷要求开办航政专业学校,有计划有组织地培养内河航政专业人才。

1987 年 9 月 5 日,交通部第一所航政管理中等专业学校——上海海上安全监督局航政中专第一届航政管理专业班开学。

3.各种文化、技术培训

1989 年 10 月,交通部在大连海运学院举办第一期港务监督系统局长培训班。1991 年 3 月 15 日至 6

月 30 日,交通部在武汉交通政治管理干部学院举办直属港务(航)监督、船检党委书记岗位职务培训班,要求各海上安全监督局、内河港航监督局和船检局党委正、副书记及后备干部参加,学习方式为函授与面授相结合。各港务监督的人员培训工作也在有计划、分层次、多渠道展开。上海海上安全监督局 1991 年完成干部培训 552 人次、岗位培训 640 人次。上海海上安全监督局航政中专当年首次对社会招收应届高中毕业生 29 名。

各地港务(航)监督也逐渐抓紧人才培训及队伍的建设。天津港务监督 1989 年举办两期中层干部"双清"学习班,1991 年组织 49 名中层干部分 4 期参加市委党校哲学培训班。1992 年组织以岗位培训为主的自办班 17 个,以专业进修为主的外办班 52 个,参加培训人员 506 名,占天津港务监督全员的 40%。

港务(航)监督系统人员经过各种培训,素质得到提高。经过多种形式的不断培训、培养与教育,到 1992 年底港务(航)监督系统管理队伍基本达到专业结构较为合理、技术人员相对集中、文化水平有所提高。1985 年,上海航道局职工中专学校举办一期航标管理班,9 人得到两年制的中专学历。1988—1989 年,大连舰艇学院为各海上安全监督局航标人员举办两届学历教育,有 47 人获得 4 年制的本科学历。1989—1992 年,大连海运学院为各海上安全监督局的 112 名航标人员举办 4 年制的本科学历教育。

1992 年,大连港务监督共有职工 788 名。其中大专以上学历 206 人,占职工总数的 26.1%;中专高中文化学历 400 人,占职工总数的 50.7%。35 岁以下职工全部完成了高中补习任务。专业技术干部中,高职 13 名,中职 148 名,初职 176 名,占职工总数的 42.8%。1992 年,上海港务监督职工总计 1190 人,大专以上学历占 34.7%,专业干部中高职 19 人、中职 138 人、初职 275 人。长江航政管理局 1985 年补习人数达 889 人,到 1986 年基本上完成初中文化补习任务。另外,部分人转入高中和中等专业文化的补习和培训,仅 1984 年就有 63 人转入高中文化学习,4 人参加中等专业知识学习。与此同时,支持和选派职工报考各类院校进行业余学习和深造。1980 年,选派 15 人上"电大""函大"等业余大学学习;1981 年,又有 11 人上"电大",20 人上函大,7 人学习函授外语。1986 年,又有 31 人参加电大、职大、刊大、夜大和各类干部进修班学习和深造,从而使长江干线航政管理队伍文化结构趋向合理。至 1989 年,全线 2793 人中,大学 104 人、大专 337 人、中专 644 人、高中 628 人、初中以下 916 人。

天津海上安全监督局于 1985 年 6 月受交通部委托创办《船舶安全检查内部通讯》,1992 年 10 月更名为《船舶安全检查》(1996 年再次更名为《船舶安全与防污》)。1988 年 8 月 1 日,长江航政管理局受交通部安全生产委员会委托创办《水运安全报》,在武汉出版。11 月 25 日,由大连港务监督组织拍摄的首部反映海上安全监督工作的电视音乐片《江海魂》举行首映式。1989 年 11 月 15 日,中国交通职工思想政治工作研究会水监分会在广州成立。至此,全国港务(航)监督系统共有 30 个会员单位,秘书处设在上海港务监督。

1990 年,经中国海员工会全国委员会(简称中国海员工会,2001 年以后称中国海员建设工会)同意,中国海员工会水监系统联委会成立。联委会结合系统特点,以协商方式开展活动,推动水上交通安全监督系统各单位工会工作。

(二)地方港航监督人才队伍建设

20 世纪 80 年代中后期,各省(区、市)港航监督部门越来越重视管理队伍的建设,队伍规模从无到有,由小变大。甚至有的从其他机构分离出来自成体系,人员也由少变多。至 1992 年,各省(区、市)港航监督人员比 3 年前增加 3000 多人。

从 1982 年开始,上海市港航监督每年都抽调一些航政人员进行业务轮训和政治学习,并对上岗人员进行轮训。1985 年,选送近 20 人到专业学校深造。至 1985 年,全市 450 名港航监督人员中,具有技术职称和大、中专学历的人数有了明显增长。

江苏省水运发达,1985 年成立港航监督局之前各类人员有 300 多人。1987 年,江苏省市、县分别成立港航监督局、处、所和 125 个港航监督站,统一管理水上交通安全,经省政府批准编制 2300 人。1987—1990 年,全省、市、县港航监督分层次举办签证员、检查员、考试员、船检员等各种培训班 213 期,受训人员比例达到 86%。1988 年,省编委又批准港航监督人员增加 1000 多人。1990 年,江苏省港航监督系统举办船员培训班 300 多期,编印各种船员学习材料 12 万册,培训各类船员 7 万多人次。1992 年,港航监督队伍已发展到近 2000 人。

1985 年,广东省航政人员从 503 人增至 903 人,其中有职称技术人员比重从 12.6%增至 56%。

1986 年以后,吉林、内蒙古、宁夏等省(区)成立港航监督机构。

安徽省港航监督 1982—1988 年在省交通、航校和武汉航政职工中专学校先后举办 4 期新增港航监督人员培训班,受训人员近 300 人。1988 年,全省港航监督人员达 530 人,其中大专以上文化程度占 10%。

湖南省港航监督人员也迅速由 300 人增到 1989 年的 500 人。

1988—1989 年,安徽省培训港航监督人员 283 人次。

1992 年,吉林省共有 57 个港监船检处、所、站,有 112 名港监船检人员,水上交通安全监督管理基本覆盖全省。

一些水运不发达或非水网地区的省(区、市)也相应建立港航监督机构,逐渐增加人员,扩大监督管理的覆盖面,填补安全管理上的空白。至 1989 年,内蒙古自治区已逐渐建立监督所、站,专职港航监督人员由 26 人增加到 135 人;河南省成立港航监督总所,设立 28 个港监所,除专职监督人员 162 人外,还有兼职监督员 130 人。云南省 57 个地州市和 95 个县设立港航监督管理机构或落实航管人员。

二、港务(航)监督人员着装的更换

为适应沿海港口体制改革及涉外工作的需要,经国务院批准,交通部改进港务监督人员制服质量、标准和标志。1985 年 10 月 24 日,交通部下发“关于港务监督人员制服供应办法的通知”,强调港务监督是我国主管水上交通安全监督管理工作的国家行政管理机关,代表国家统一行使水上航务行政管理工作。为满足涉外工作需要,12 月 25 日中国港监局下发“关于港务监督人员工作服佩戴标志的通知”,对港务监督人员制服样式、帽徽、简章等进行规范界定。通知要求港务监督人员穿着的上衣左臂外侧应缝佩布质绣制港监徽记,工作帽正面应印有“港务监督”并在中文字下面印有“HSA”字样,同时对臂章徽记和工作帽字样予以统一。1986 年 2 月 24 日,中国港监局下发“港务监督人员着装风纪规定的通知”。经国务院批准,3 月 1 日起沿海及对外开放港口的港务监督人员更换新式制式服装及装具,新式制服式样分男女两种,男式为藏蓝色双排纽扣西服,大檐帽,女式为藏蓝色单排纽扣西服,大檐帽。帽徽为红色底刻有金色中华人民共和国国徽图案的金属圆形徽章;肩章为长方形黑色绒布硬牌,内侧缀一金色罗经花纹铜纽扣,中部镶嵌海蓝色底印有白色“HSA”文字的三角形标牌,外侧镶嵌两条金色丝织连体横道;领花为罗经花形金色铜质插纽。4 月 19 日,国务院办公厅以国办发〔1986〕29 号文下发“国务院办公厅关于整顿统一着装的通知”,对整顿着装范围、控制着装人数、控制着装供应标准及加强管理等提出要求。

为配合上述通知的执行,交通部 1987 年 4 月 7 日下发“关于港航监督人员着装有关问题的通知”,7 月 29 日又下发“关于港务监督人员制服供应办法的通知”,并印发经商财政部同意重新修订的《港务监督工作人员制服供应办法》,详尽规定制服式样、颜色及用料、制服标准和穿用年限、港务监督标志、制服供应办法、发放范围等。

第九节　全面开展国际海事交流与合作

一、全面参与国际各类海事会议与活动

国际海事组织理事会是国际海事组织(1982 年前称政府间海事协商组织)的重要执行机构,每两年举行一次大会,改选理事会和主席。当选主席和理事国任期 2 年。国际海事组织下设各专业委员会和专业分会。

1982—1988 年,我国成为国际海事组织第九届至第十五届大会 B 类理事国。

(一)参加国际组织的各类会议

1984 年 1 月,交通部水上安全监督局以 MSA 名义加入国际航标协会(IALA)活动,为 A 类会员。4 月 2 日,交通部水上安全监督局出席国际海事组织海上安全委员会第四十九届会议。11 月 19 日,又出席国际海事组织海上安全委员会第五十届会议。

1985 年 4 月 13 日,交通部水上安全监督局出席国际航标协会第十一届大会。5 月 20 日,又出席国际海事组织海上安全委员会第五十一届会议。11 月 11 日,出席第十四届国际海事组织会员国大会。中国再次当选为 B 类理事会员国。

1986 年 1 月 27 日,交通部水上安全监督局出席国际海事组织海上安全委员会第五十二届会议。9 月 8 日,又出席国际海事组织海上安全委员会第五十三届会议。

1987 年 4 月 27 日,交通部水上安全监督局出席国际海事组织海上安全委员会第五十四届会议。11 月 9 日,出席国际海事组织召开第十五届全体成员大会。

1988 年 3 月 1 日,交通部水上安全监督局出席国际海事组织在意大利罗马召开的制止危及海上航行安全非法行为的外交会议。4 月 11 日,出席国际海事组织海上安全委员会第五十五届会议。5 月 31 日,中国船级社加入国际船级社协会,成为该协会的第十个正式会员。10 月 24 日,交通部安全监督局(原交通部水上交通安全监督局,1988 年 7 月 16 日改称)出席国际海事组织海上安全委员会第五十六届会议。10 月 31 日,出席修订《1974 年国际海上人命安全公约》的外交会议。

1989 年 4 月 3 日,交通部安全监督局出席国际海事组织海上安全委员会第五十七届会议。4 月 17 日,出席国际海事组织制定《国际救助公约》大会,并签署会议最后文件。10 月 9 日,出席国际海事组织第十六届大会。我国首次被选为 A 类理事,成为世界八大航运国家之一,水上安全执法运作模式开始被航行于我国开放水域的国际航运公司船舶及船员普遍认同。10 月 31 日,在葡萄牙里斯本召开的国际海事卫星组织第七次大会上,我国第六次当选为该组织地区理事。

1990 年 5 月 21 日,交通部安全监督局出席国际海事组织海上安全委员会第五十八届会议。

1991 年 5 月 13 日,交通部安全监督局出席国际海事组织海上安全委员会第五十九届会议。9 月 9 日,出席在印度召开的国际搜救卫星组织第五届联合委员会会议。10 月 28 日,中国在国际海事组织第十七届大会上再次当选 A 类理事国。

1992 年 2 月 22 日至 3 月 3 日,中俄国境河流航行联合委员会第三十四次例会在中国哈尔滨市举行,

双方代表共同将《中苏国境河流航行规则》更名为《中俄国境河流航行规则》,修改航规有关条款。4月6日,交通部安全监督局出席国际海事组织海上安全委员会第六十届会议。9月15日,外交部部长钱其琛签署《作为使用国加入国际搜救卫星组织计划的通知函》。9月16日,交通部安全监督局出席国际搜救卫星组织第六届联合委员会会议。11月18日,国际搜救卫星组织秘书长通知中国政府,中华人民共和国已成为该组织正式成员和使用国,中国港监局成为中国政府指定参加该组织活动的机构。12月7日,交通部安全监督局出席国际海事组织海上安全委员会第六十一届会议。

(二)我国加入国际航标协会(IALA),并成为A类会员

国际航标协会(International Association of Lighthouse Authorities,简称IALA)为非政府间组织,成立于1957年7月1日,是由从事航标管理服务的各国航标管理机构、科研单位、工业企业组成的一个非政府间的国际技术组织,总部设在法国巴黎。国际航标协会(IALA)大会每4年召开一次。该协会将80个国家负责提供和维修灯塔、浮标和其他助航设备的单位组织起来,共有会员160个,包括各国航标管理当局、助航设备制造商和咨询单位等。IALA主要目标是通过相应技术措施,促进助航设备的不断改进,保证船舶安全航行。其宗旨是保障船舶安全、高效的航行,并通过技术手段推动航标的发展,促进航标设备的完善。

1977年11月国际航标协会通过决议,取消台湾当局会员资格,承认中华人民共和国航标主管当局的有效资格,成为该协会会员中代表中国的唯一合法代表,并正式通知我国政府,欢迎我航标主管当局加入该协会。1979年,国际航标协会秘书长来我国,介绍该协会情况,商讨关于我国加入该协会的问题。1983年9月,交通部、外交部、国家科委向国务院提交《〈关于加入国际灯塔管理当局协会〉请示》,得到批准。1984年1月1日,经国务院批准,由交通部水上安全监督局以China MSA名义加入国际航标协会(时为国际灯塔管理当局协会),成为A类会员,开始全面参与IALA相关事务,跟踪、了解和消化该协会的技术成果。

二、与各国海事当局的互访与交流

1985年9月,联合国亚太地区经社委员会与我国交通部在长江联合举办内河航标讨论会,并参观考察长江航标和上海航标厂。

1987年1月20日,交通部水上安全监督局与美利坚合众国海岸警备队签订《海上搜寻救助合作协议》,自双方签字之日起生效。3月20日,交通部转发该协议。这是我国在核准《1979年国际海上搜寻救助合作协议》以后,与公约的其他缔约国签署的第一个海上搜救合作协议。2月25日,中苏国境河流航行联合委员会在苏联布拉格维申斯克市举行第29次例会,共同商定中苏国境河流新规则的草案,交换草案文本,各自报请本国领导机关批准。1988年4月1日,交通部批准实施修订后的《中苏国境河流航行规则》。7月7日,中苏国境河流航行联合委员会共同检查黑龙江上游和中游国境河流船舶执行航行规则情况。1992年2月22日至3月3日,中俄国境河流航行联合委员会第34次例会在中国哈尔滨市举行,双方代表共同将《中苏国境河流航行规则》更名为《中俄国境河流航行规则》,修改航规有关条款。

1988年5月31日,经交通部批准,"南海巡01号"搜救船参加由中国香港海事处组织的香港、澳门航线海上联合搜救演习。1988年,上海海上安全监督局组织2批9人次分别考察中国香港地区及加拿大的船舶交通管理系统,加深对加拿大SNC、DGB公司的了解,进一步推进我国VTS建设与使用。

1989 年 11 月 15 日,国际海道测量组织执委会主席汉斯拉姆先生到天津海上安全监督局考察测绘业务,参观天津港主航道测量工作。

1990 年 6 月 25 日,由直属水上安全监督系统组成赴日本国研修团对日本海上保安厅进行为期两个月的研修。这是直属水上安全监督系统第一次组织大型研修团出国研修。11 月 18 日,日本航路标识协会主席率考察团考察宁波海上安全监督局镇海航标区花鸟灯塔。11 月 20 日,日本航路标识协会主席率考察团考察广州、海南航标,并参观三灶导航台。

第七章　中国海事的拓展和加快建设
（1993—1997 年）

1993 年起我国全面实施社会主义市场经济，到 1997 年底全国水上交通安全监管体制改革初步确立。在此期间，中国航政以社会主义市场经济要求，管理区域、范围、职责均发生新的变化，监管面涵盖水上交通安全各个方面，建设步伐与速度不断加快。

进入社会主义市场经济时代，党和国家领导人仍关注我国水上交通安全管理工作，并为“中国港监”题词。中国航政加强中、长期水上交通安全管理规划工作，先后出台 5 年、10 年水上交通安全监管发展纲要。同时，继续以“政企分开”原则深化水上安全体制改革，特别 1993、1994 年分别对深圳市、海南省水上安全管理体制改革，尝试设立“一水一监”管理模式。

加快水上安全管理法律法规、规章及规范性文件的立、改、废，相继修订、完善适应水运发展的航政管理法规、规章，各地方性航政规章及规范性也陆续出台。至 1996 年，全国有水上安全和防止污染等管理法律 3 部、法规 10 部、规章 172 部。在我国生效的 15 个国际公约和议定书均纳入国内有关法规、规章及实施细则。

各港务（航）监督研究新形势下安全变化特点，摸清新情况，找准新问题，把突出重点、标本兼治作为管理工作基本方法，严把油船、危险品船作业“三关”（审批、现场监督、查验），把好新建船舶“优生关”、航行船舶“适航关”，从保证船舶适航、船员适任入手，实行重点监管、综合治理，全面落实管理责任制，全方位地加强监管。加强对影响航运畅通的挖砂、淘金、捕捞作业的治理和整顿。逐步摸索出海上搜救管理相结合、以管为主的新路子，具体搜救工作形成一套组织指挥、协调行动、及时施救的工作方法。整个水上交通安全监管开始由粗放型向集约型转变。

航标、测量及水上通信等水上安全保障设施（备）形成一定规模。到 1996 年，全国港务（航）监督系统用于水上现场巡逻和维护的船艇近 1300 艘，直属港务（航）监督系统已有船舶交通管理系统 12 个、中心 5 个，尤其建成上海吴淞、长江干线南京-刘河口、成头山等船舶交通管理系统。同时，启动管理信息化系统工程，并加快建设步伐。此外，经过数十年发展，全国港务（航）监督队伍已初具规模，到 1996 年全国港务（航）监督人员达 3 万多人，其中涌现出一定数量的水上安全管理专家。

第一节　加强航政发展规划与目标确定

一、第一个《中国水上安全监督工作发展纲要》出台

20 世纪 90 年代初，随着交通运输事业在国民经济发展中地位越来越突出，党和国家领导人更加重视水上交通工作，深入到现场视察，对水上安全管理工作作出指示或批示，提出新要求。特别 1994 年 12 月 15 日，国务院总理李鹏在参加三峡工程开工典礼和视察长江时，在长江港航监督局“监督 73 号”艇上，为“中国港监”题词，使全国港务（航）监督系统广大干部、职工深受鼓舞。

1992 年 10 月 12—18 日，党的第十四次代表大会把建立社会主义市场经济体制确定为经济体制改革目标。1993 年 11 月 11—14 日，十四届三中全会作出《中共中央关于建立社会主义市场经济体制若干问

题的决定》,确立我国进入社会主义市场经济社会。尽管我国沿海水上安全监督管理机构自20世纪80年代以来从港务局中分出单立,相继组建14个中央直属的海上安全监督局,开始按照统一要求开展水上安全监督管理工作,但仍存在政出多门、多头管理、立法不一、执法混乱、水域分割、区域保护、越位施权、监管不力、安全弱化等现象。为此,从1993年起交通部研究规划新形势下水上安全监督更好地为水运改革开放保驾护航的问题。1995年10月21—25日,交通部在北京召开第一次全国水上安全监督工作会议,讨论《1996—2010年中国水上安全监督工作发展纲要(征求意见稿)》。1996年9月20日,交通部以交安监发〔1996〕828号文下发《中国水上安全监督工作发展纲要(1996—2010)》,指导全国水上安全监督工作建设与发展。

该纲要提出2000年的目标:完成沿海、水网地区和内河干线水域水上安全监督机构的体制改革,管理水平和装备达到或接近中等发达国家20世纪80年代初期水平,基本适应国民经济和社会发展的需求。这是指导全国水上安全监督工作今后15年建设与发展的重要文件,也是“八五”计划初期交通部提出“三主一支持”(建设公路主骨架、港站主枢纽、水运主通道,发展交通支持保障系统)的长远发展规划中“一支持”的一个子系统。

该纲要提出的总体战略目标:从1996年起,用15年左右的时间,建成包括安全监督、航海保障、通信信息、政府船舶技术监督在内的统一的、基本现代化的水上交通安全监督管理体系,实现机构规范化、装备现代化、管理科学化、法规系统化、执法程序化,完全适应水运事业发展、海洋资源开发和维护国家海洋权益的需要。在发展水平上,达到或接近中等发达国家21世纪初期的总体水平。

该纲要提出的具体发展目标:建成一支政治素质好、业务素质高、专业结构及层次合理、适应水上安全监督工作需要的专业队伍。海区有效管理范围全面扩展到我国管辖海域;全面实现内河主通道的港区、桥区、坝区和重要航段的有效监控。具有基本覆盖我国搜救协调区的搜救组织指挥能力,搜救成功率达到或接近中等发达国家水平;建立较完善的油污反应运行机制,具备有组织控制、清除大面积油污染的能力;建立完善水上安全通信专业网。实现全系统信息管理现代化,为管理业务提供全面的决策、支持能力。

该纲要提出到2000年达到的具体目标为:沿海、长江等内河主通道及水网地区建成统一管理的政治业务素质较高、知识结构及层次基本合理、初步适应水上安全监督工作需要的专业队伍。在基本完善监督站点布局的基础上,增强水上巡视力量,继续发展船舶交通管理系统的建设,基本实现沿海港口、内河港口水域的有效防污监视、监测,基本实施对沿海和内河水运主通道的防污监测。水上巡视范围逐步扩展,并具有一定的海上巡航力量,以及执行安全监督、海上搜救、防止船舶污染的综合能力。对内河主通道的港区、桥区、坝区和重要航段基本实现有效监控。内河支流通航水域监督所、站基本配备监督艇和陆上交通工具以及必要的通信设备。增强沿海水域搜救组织指挥能力,搜救能力全面适应近海搜救工作需要。建成我国沿海水域船舶报告制度。建立搜救基金。具有一定的组织控制、清除水域油污染的能力,初步建立油污反应运行机制。全面实施GMDSS,初步形成北京与各管区之间的安全通信网络,基本满足沿海、长江干线及内河主要辖区业务通信需要。在全系统实现数字信息交换系统。

二、第一个《水上交通安全工作纲要》的公布

为加强1996—2000年“九五”计划期间全国水上交通安全工作,1994年12月5日交通部在湖南长沙召开全国水上交通安全工作会议。会议讨论了《水上交通安全工作纲要(讨论稿)》,提出修改意见。1995年9月8日,交通部公布《水上交通安全工作纲要(1996—2000年)》。

上述工作纲要的指导思想是:从我国国情出发,适应建立社会主义市场经济体制的需要,服从“改革、开放、发展、稳定”的大局,以对人民生命和国家财产高度负责的精神,坚持“安全第一,预防为主”的方

针,实行“企业负责、行业管理、国家监察、群众监督”的安全生产宏观管理机制,极大地提倡和繁荣社会主义安全文化,保证和促进交通运输建设和国民经济的发展。

上述工作纲要的总体目标是:通过提高安全意识,健全安全法规,建立安全文化,完善管理机制和实行综合治理,使水上交通安全管理切实得到加强,并适应建设社会主义市场经济体制的需要,实现水上交通安全形势的基本稳定,水上交通事故件数稳中有降,事故发生率、重特大事故件数和死亡人数得到有效控制。

上述工作纲要就加强水上交通安全管理的建议是:建立和健全水运企事业单位安全管理新机制;进一步落实县乡政府责任,引导个体船舶走组织化的道路,进一步加强乡镇、个体运输船舶及渡口的安全管理;切实加强各级交通主管部门对水上交通安全的行业管理;加强港监、船检队伍建设,强化水上交通安全监督工作;完善水上交通安全法规,加快立法步伐,完善水上交通安全立法;加大水上交通安全科技、设施、资金投入,不断增强管控能力;加强水上交通安全教育和宣传,提高全员安全文化素质;充分重视和支持非水网地区的水上交通安全工作。

三、确定水上安全管理年度工作目标

(一)国务院明确港务(航)监督“国家监察”地位

1993 年,国务院在《关于加强安全生产工作的通知》中要求实行“企业负责,行业管理,国家监察,群众监督”的安全生产管理体制。这也是市场经济国家普遍做法,符合国际惯例。1995 年,国务院国发〔1995〕50 号文件明确:在社会主义市场经济条件下,我国安全生产管理体制要实现“企业负责,行业管理,国家监察,群众监督,劳动者遵章守纪”。企业、行业主管部门、执法监督机构和劳动者应各司其职,一级抓一级,层层负责。港务(航)监督依主要职能有“国家监察”地位。1996 年 1 月 26 日,国务院副总理吴邦国在全国安全生产工作电视电话会议上讲话,再次强调上述安全生产管理体制。

(二)继续召开全国水上交通安全工作会议

1993 年 12 月 21 日,交通部在广西桂林召开全国水上交通安全工作会议,总结一年水上交通安全工作,部署新一年安全管理工作。

1994 年 12 月 5 日,交通部在湖南长沙召开全国水上交通安全工作会议,主要讨论《水上交通安全工作纲要(讨论稿)》,提出修改意见。

1995 年 11 月 23 日,交通部在安徽省黄山市召开全国水上交通安全工作会议。会议回顾 1991—1996 年“八五”计划期间水上交通安全管理工作,安排“九五”计划期间水上监管工作。这一年,交通部在总结自 1993 年起进行“反三违”(违章指挥、违章操作、违反劳动纪律)活动的基础上,决定将“反三违”常态化,形成制度,即每年 5 月在全国交通系统开展“反三违”活动,并纳入《水上交通安全工作纲要》。

1996 年 11 月 25 日,交通部在浙江省杭州市召开全国水上交通安全工作会议,讨论落实党的十四届六中全会精神,加强水上交通安全工作,提高整个交通行业的文明程度。

1997 年 11 月 25 日,交通部在广东省珠海市召开全国水上交通安全工作会议,总结一年水上交通安全工作,部署 1998 年水上交通安全工作。

(三)全国水上安全监督工作会议

1995 年 10 月 21—25 日,交通部在北京召开第一次全国水上安全监督工作会议。这是自 1984 年开始沿海港口体制改革并建立14个海上安全监督局以来的第一次专题全国水上安全监督工作会议。会议以共商全国水上安全监督事业发展的长远目标、努力提高水上安全监督管理水平为主题,回顾总结新中国成立40多年来水上安全监督管理工作,交流经验,分析水上安全监督管理工作面临的形势,明确指导思想和长远发展目标、措施,部署今后一个时期全国水上安全监管系统的工作任务。会上,交通部副部长刘松金传达党和国家领导人对水上安全监督工作的指示精神。他说:"水上安全监督工作不仅得到了部党组和各级地方政府的高度重视……国务院领导同志对水上安全监督系统及其工作有过多次重要的批示和讲话。这不仅是对我们水上安全监督系统全体干部职工的关怀,同时也说明了我们水上安全监督工作的重要性。"

(四)继续召开交通部直属水上安全监督系统工作会议

1993—1997年,除1996年之外,交通部每年召开直属水上安全监督系统专题会议,总结与部署每一年度的水上安全管理工作。

1993年3月8日,交通部在北京召开直属水上安全监督系统第六次水上安全监督工作会议。讨论在新形势下转变政府职能,加强水上交通安全监督工作的对策。

1994年1月20日,交通部在北京召开直属水上安全监督系统第七次水上安全监督工作会议,表彰1993年直属水监系统设备管理、保养、维修、使用检查评比活动和船艇演练活动的先进单位,力求逐步形成培养、激励人才的模式。

1995年2月21日,交通部在北京召开直属水上安全监督系统第八次水上安全监督工作会议。讨论《水监系统总体布局规划》。

1997年2月25—27日,交通部在武汉召开直属水上安全监督系统第九次水上安全监督工作会议,总结1996年全国直属水监系统工作,部署1997年的重点工作。

第二节　航政管理体制进一步改革与调整

一、水上安全监管体制改革的试行

(一)海南水上安全监管体制改革的试行

水上安全监督系统是交通支持保障系统的重要组成部分,是交通行业一支重要的行政执法力量,在发展水上交通运输事业中肩负着重要的责任。

1993年11月,党的十四届三中全会通过《关于建立社会主义市场经济体制若干问题的决定》。交通部按照社会主义市场经济的规定和要求,继续推进政企分开改革,进一步理顺中央与地方有关交通管理关系,将交通市场化改革推进到一个新的阶段。

为适应社会主义市场经济体制的需要,交通部、交通部安全监督局回顾20世纪80年代以来实行港口体制改革与"政企分开",独立组建14个海上安全监督局,开展沿海海域安全监管的历程,发现在计划经济体制下所形成的水上交通安全监管体制依然存在(如同一水域、同一个港口设置"一水二监""一水三监"或"一水多监"的水上交通安全监管机构,个别地方水域港口还有其他部门设置的机构实施水上交通安全监督工作),导致水监体制不能适应水运事业发展的需要,机构交叉矛盾较多,政令不一,职责交叉,水域分割,立法越权,执法混乱,重复检查,重复收费,给船舶和航运企业增加不少麻烦和负担,影响水运生产力的发展。总体影响可分两个方面:一是造成监管不力、重复检查、重复设卡和重复收费等,严重影响水上安全监督管理的统一性、权威性、有效性;二是造成水上安全监管基础设施重复建设,行政执法资源重叠浪费,在一定程度上制约了水上运输业的发展。

针对上述问题,交通部早在 1992 年就组织力量加以研究,并召开船检、港务(航)监督工作会议,分析水上安全形势,全面总结多年来水上安全管理经验,对加强水上安全监督方面的各项工作提出具体措施,尤其逐一研究理顺港务(航)监督、船舶检验体制等的方法与步骤。1993 年,交通部安全监督局(中国港监局)在做了大量前期论证和调研工作基础上,向交通部党组呈报“关于进一步深化水上安全监督管理体制改革的请示”。同年第三季度,交通部副部长刘松金、郑光迪主持召开水运管理体制改革研讨会。会议明确了水上安全监督管理体制改革的方向,即:既要符合国情又要适合国际惯例,推动我国水上交通安全监管体制的全面形成。

同一水域、同一个港口存在设置“一水二监”“一水三监”或“一水多监”,以及几个部门合作设立等现象,在 1988 年建省的海南省也同样存在。省内沿海、内河港口既有中央与地方的水上安全监管机构,又有其他多部门联合设立的监管机构,导致业务交叉、机构重叠,港航企业无所适从,制约了海南水运事业发展,有悖于与国际接轨和海南参与国际经济大循环的发展目标。这一问题引起了海南省政府高度重视。当时中央在海南所设的水上安全监管机构(部门)也深有感触,表示要改变这一不正常现象。1993 年 8 月 10 日,交通部海南海上安全监督局提出与海南省港航监督局合并的意向,并请示海南省人民政府,得到充分肯定。随后,海南省人民政府于 8 月 30 日就改革海南水上安全监督管理体制致函交通部:“由于历史原因,目前海南水上安全监督管理存在着同一性质不同隶属关系的两个职能部门”,“由于两局的业务交叉、机构重叠、条块分割、关系不顺,使航运企业无所适从,不适应水上交通安全管理的客观要求”。“为了进一步理顺水上安全监督管理体制,适应海南水运事业发展的需要,本着‘精简、统一、高效’的原则,建议交通部海南海上安全监督局和海南省港航监督局合并,实行由交通部和海南省双重领导,以交通部为主的管理体制,对海南省各大小港口及通航水域交通安全实施统一管理。”9 月 16 日,交通部函复海南省人民政府,同意海南省对海南水上安全监督体制改革的意见,并责成交通部安全监督局及有关司局会同海南海上安全监督局、海南省港航监督局共同拟定具体方案报海南省、交通部。11 月 28 日,交通部与海南省人民政府经协商在海口市签订交通部海南海上安全监督局与海南省港航监督局合并及港口体制改革有关问题的纪要,双方决定在海南省进行水上安全监督管理体制改革试点。11 月 29 日,双方联合下发“关于组建交通部海南水上安全监督局的通知”,明确将交通部海南海上安全监督局与海南省港航监督局成建制合并,组建交通部海南水上安全监督局,对外仍保留“中华人民共和国海南港务监督”名称,是代表国家对海南省所有港口、渡口、江河、水库等通航水域及交通部划定的其他水域的交通安全及防止船舶污染水域实行统一监督管理的主管机关、提供航行安全保证的职能机构,为交通部直属行政单位,实行交通部与海南省双重领导、以交通部为主的管理体制。这是 1984 年开始的港口管理体制改革的继续,是后来深化水上安全监管体制改革的有益探索。1994 年 1 月 1 日,交通部海南水上安全监督局挂牌成立。11 月 5 日,交通部核定海南水上安全监督局的人员编制为 805 人,其中航政管理人员 182 人、航标管理人员 143 人、船员及船舶管理人员 176 人、通信人员 145 人、其他人员 159 人。

(二)深圳水上交通安全监管体制改革的试行

由于多种原因,20 世纪 80 年代深圳口岸管理体制存在着许多亟待解决的问题,影响口岸的畅通,制约着深圳经济的进一步发展和对外开放。

1980 年,广东省宝安港务所改称深圳港务所,划归广东省航运局直接领导。港务所内设深圳港务监督站。1981年10月,深圳蛇口港建成投入使用,交通部随后成立中华人民共和国蛇口港务监督,行政关系隶属蛇口工业区仓储公司,业务上接受中国港监局指导。1982年,广东省在深圳港务所的基础上成立深圳市航运总公司,内设深圳港务监督。7月,将港务监督和航运总公司分开,成立深圳航政所,对外仍称深圳港务监督,实行省航政局和深圳市双重领导、以省为主的管理体制。这样,深圳一地就形成"一水两监"管理格局,甚至到后来在大铲岛水域曾出现"一水三监"的状况(1991年1月、1996年1月,广州海上安全监督局和深圳港务监督局分别在大铲岛设立监督站)。深圳港务监督与蛇口港务监督之间的管辖范围没有具体划分。按习惯做法,蛇口港务监督只负责蛇口、赤湾两港区及相关水域和锚地的水上交通安全管理,深圳市行政区域内的其他水域和港区的水上交通安全管理工作由深圳港务监督负责。1984年1月,蛇口港务监督正式脱离蛇口工业区仓储公司,成为蛇口工业区管理委员会领导下的一个直属单位,行政归工业区领导。1988年1月,广东省航政局将深圳港务监督下放给深圳市,归市运输局领导,业务仍接受省航政局指导。1992年2月,深圳市政府成立深圳港务管理局,将深圳港务监督与深圳港务管理局合并,组建深圳海上安全监督局,对外称"中华人民共和国深圳港务监督"。1994年8月22日,交通部在蛇口港务监督基础上,组建交通部蛇口海上安全监督局,直接受交通部领导,对外仍称"中华人民共和国蛇口港务监督"。11月7日,蛇口港务监督从蛇口工业区划出,并入交通部蛇口海上安全监督局,对外仍称"中华人民共和国蛇口港务监督"。1995年3月9日,交通部核定蛇口海上安全监督局的人员编制为65人。

深圳港口出现"一水多监"的情况,对港口与航运发展带来一定的制约。1993年初,深圳港务管理局经过半年多的调查研究,形成《关于制约港口发展若干问题的调查报告》,经深圳市政府上报国务院。1993年5月14日,国务院副总理李岚清批示国家体改委"组织一个专题改革小组先在深圳调研,先在深圳作改革试点,待改革取得经验后再推广"。为落实李岚清的批示精神,抓好深圳口岸改革试点,经国务院领导同意,1994年初国家体改委组成深圳港口及口岸管理体制改革小组,对深圳口岸管理体制试点工作进行研究与部署。1995年3月11日,李岚清召集有关单位研究深圳口岸管理体制改革(试点)方案,其中涉及深圳水上安全监管体制问题和撤销珠江口大铲岛各查验单位检查站问题。3月25日,李岚清在全国口岸工作会议上指出:"改革口岸查验制度和口岸管理体制,势在必行,交通部部属港监与地方港监还是统一起来好,可以双重领导,以部为主。"7月,国务院决定对深圳市口岸管理体制进行改革,其中水上安全监督管理体制改革按照海南省"两监合一"管理经验和模式实施。国务院批转国家体改委、国家经贸委联合制定的《深圳口岸体制改革试点方案》。根据该改革方案和要求,12月4日交通部、广东省和深圳市签订《深圳水上安全管理体制改革实施方案》和《关于改变深圳市水上安全监督管理体制有关问题的协议》,将深圳港务管理局中的港务管理职能与水上安全监管的职能分开,分别纳入深圳市人民政府港口行政管理和交通部水上安全监督管理范围。12月27日,交通部决定将深圳海上安全监督局和交通部蛇口海上安全监督局合并,成立交通部深圳水上安全监督局,1996年1月1日正式对外办公,对外称"中华人民共和国深圳港务监督",实行交通部和深圳市(受广东省人民政府委托)双重领导、以部为主的体制。6月15日,交通部核定深圳水上安全监督局局机关编制为68人。6月25日,交通部下发《关于深圳水上安全监督局机构编制的批复》,确定深圳水上安全监督局为交通部直属行使国家行政职能的事业单位,对外称"中华人民共和国深圳港务监督",对深圳市所属水域交通安全和船舶污染防止等实行统一管理。暂定管辖范围为:东宝河口与内伶仃岛与牛利角灯桩与鸡翼角灯桩连线至北纬22°09′以东,北纬22°09′纬线以北和东经115°13′经线以西沿海水域(除香港管辖水域外)及深圳行政区内的内河通航水域。

海南省、深圳市试行的同一水域、同一港口设立"一水一监"管理模式,不仅为制定全国水上安全监督管理体制改革方案提供可行性实践依据,而且为 1998 年开始的全国性新一轮水上安全监督管理体制改革开了一个好头,提供了成功的经验。

二、水上安全监管体制改革方案的上报

海南省、深圳市试行同一水域、同一港口设立“一水一监”管理模式,让中央与交通部、航业界的人们看到彻底改变两监或多监并存、政令不一、职责交叉、水域分割、立法越权、执法混乱、重复检查与收费的希望。随着改革开放的深入,经济的增长,水运业发展,水监体制愈发不适应水运事业发展的需要。1995 年 1 月,交通部党组在全国交通工作会议上明确提出要深化水运管理体制改革,并把安全监督管理体制改革作为水运管理体制改革的重要内容之一。为深化水运管理体制改革,交通部副部长刘松金组织班子进行全面深入调研,拟定改革方案,并提交国务院审批。这次水上安全监督管理体制改革的主要思路是:统一政令,明确责权,分工管理。按照“统一、精简、效能”原则,参照发达国家作法,结合我国实际,在沿海、对外开放江河和部分跨省的重要通航水域,由中央按水域、分管区设置机构,实行统一管理;其他非开放的内河、封闭的湖泊、水库等,由地方人民政府设置水上安全监督机构进行管理。交通部对整个水上安全监督实行宏观调控和行业管理。

1995 年 5 月 29 日,交通部向国务院上报包括水上监督管理体制改革在内的《关于深化水运管理体制改革的请示》,提出深化水运管理体制改革的意见。该意见涉及 4 个方面:水上安全监督管理、船舶检验管理、长江航运管理的体制改革及海事法院改革。1996 年 2 月 2 日,国务院副总理邹家华、吴邦国主持会议,研究水运管理体制改革问题。交通部汇报了水上安全监督、船舶检验、长江航运管理体制改革及海事法院改革的基本思路。3 月 14 日,国务院印发会议纪要,原则同意交通部提出的水运管理体制改革基本思路,并认为水上安全监督、船舶检验、长江航运管理体制 3 项改革条件比较成熟,可先进行,并要求交通部制定出具体的改单方案。会议纪要还提出:水上安全监督体制改革要明确,同一水域、同一港口只设立一个监督机构。沿海、对外开放水域和跨省重要通航水域,由交通部统一设立机构管理。地方设立的管理机构和人员合并到交通部直属水上交通安全监督机构中,由此造成地方水上安全监督管理经费上的不足由交通部给予适当补偿。其他水域由地方设立机构管理,交通部负责统筹规划和行业管理。

三、水上安全监管体制改革试行与调整

(一)交通部安全监督局的调整

1.部安全监督局内设部门变化

1994 年 5 月 5 日,交通部根据国务院批准部内设机构的“三定”方案,下发《交通部各厅、司、局、直属机关党委的主要职责和内设机构》,保留交通部安全监督局(对外称“中华人民共和国港务监督局”),下设办公室、港监规划处、通航监督处(值班室)、船舶监督处(交通部环境保护办公室)、船员证件管理处、航标测量处、安全管理处(交通部安全委员会办公室),人员编制 42 人。

1995 年 10 月 24 日,交通部下发“关于印发《交通部关于部机关各厅司局归口联系和归口管理部属及双重领导交通企事业单位的规定》的通知”,明确交通部安全监督局(对外称“中华人民共和国港务监督局”),按工作职责对部直属各海(水)上安全监督局、中国海事咨询服务中心、交通部环境监测总站实施业务领导和管理。

至 1995 年 10 月,全国已建立起与水上交通事业基本配套并独立于港航企业的港务(航)监督体系,既有交通部直属的 17 个海(水)上安全监督局,又有 28 个有水运业务的省(区、市)的港航监督机构。中

央、地方水上安全监管机构的设置,基本上实现了全国水上安全监管全覆盖。

2.增设中国海事咨询服务中心

为更好地完善水上安全、船员就业等方面的服务,1994 年 3 月 16 日交通部成立中国海事咨询服务中心。该中心主要接受中华人民共和国港务监督局的委托,承办船员、引航员等的培训、考试工作,开展水上运输安全技术咨询服务和海员就业指导服务等。该中心为部属一级事业单位,业务归口中国港监局领导;经费来源自收自支,实行事业单位企业化管理。1995 年 1 月 4 日,交通部批准中国海事咨询服务中心以“华洋海事中心”名称进行企业法人登记。1 月 18 日,中央机构编制委员会办公室批复同意成立中国海事咨询服务中心,核准事业编制 60 人,经费自理。中国海事咨询服务中心从 1994 年开始承办第十二、十三期海船船员适任证书全国统考部分工作。12 月 21 日,中国港监局决定自 1995 年起,委托中国海事咨询服务中心承担每年各期海船船员适任证书统考的征题、审题、命题、组卷、审卷、印卷、成卷、分卷、运卷、阅卷、计分统计分析等工作。

(二)沿海、内河及各省海(水)上安全监管机构的调整

沿海各海上安全监督局(对外仍称“中华人民共和国××港务监督”)自 20 世纪 80 年代完成机构组建后,根据各自划定的管辖港口、海区管理的权限和事项,承担维护海区和港口水上交通安全和防止船舶污染水域的安全任务;负责海上搜寻救助工作;作为航海服务保障部门,承担起海上公用干线航标建设和维护、航区测量和海上无线电通信等服务。各海上安全监督局根据辖区水域安全情况设立现场监督站,进行直接管理。

1993 年 2 月 1 日,交通部批准营口海上安全监督局设立盘锦监督站。1994 年 10 月 28 日,交通部批复营口海上安全监督局机构编制,核定人员编制 228 人,其中港监人员 56 人、航标人员 32 人、通信人员 54 人、船员及船舶管理人员 37 人、其他人员 49 人。

1994 年 10 月 28 日,交通部批复秦皇岛、日照、宁波、汕头海上安全监督局机构编制。11 月 5 日,又批复上海、连云港、湛江海上安全监督局机构编制。12 月 12 日,又批复广州、烟台海上安全监督局机构编制。

1996 年,福州海上安全监督局接收福建省港航管理局的闽江航政监督处。

与沿海各港务监督一样,内河及各省(区、市)港航监督机构这一时期也发生变化。1997 年 10 月,交通部撤销葛洲坝船闸管理局、三峡工程现场航运指挥部,并在对长江航务管理局在宜昌的港务监督、航道、公安、通信等分支机构进行整合的基础上成立长江三峡通航管理局,改三峡河段航运几十年来的分散管理为集中统一管理,构建了两坝船闸统一管理体系。长江三峡通航管理局下设三峡长江港航监督处,负责坝区水域三峡大坝以上庙河至葛洲坝以下中水水门 59 公里的水上交通安全监管工作,接受长江港航监督局业务指导,列入长江港航监督局对外直属机构序列,行使长江港航监督局直属机构职能。

各省(区、市)港航监督机构以《中华人民共和国内河交通安全管理条例》为依据,凡使用“航政”的统一改名“港航监督”,所建机构模式基本上大同小异。

1995 年 1 月 5 日,广东省港务监督局增挂广东省船舶检验局牌子,归属省交通厅,负责全省港务(航)监督和船舶检验的行政管理和业务领导。各市港务(航)监督局,实行省市双重领导、以省为主的管理体制。至 1997 年,完成在全省 20 个市设立港务(航)监督局(各市船检处在 1998 年 11 月 1 日改挂船检分局),以及各市、县的机构组建工作。其中,市级局 20 个(正处级 17 个、副处级 3 个),县以下港务(航)监督 135 个(其中副处级 14 个)、监督站 201 个。全省的水上交通安全监督体系形成。

1995 年,山西省成立水运港监船检处,隶属省交通厅,统管全省的水上安全管理、船舶检验业务。在沿黄河的 4 个地区及太原市组建港航船检所,有水运业务的 19 个县及娄烦县、临汾市分别设立港航监督

站。全省共有水运、港监、船检等各类行政执法人员120人。

河南省港航监督总所自1987年5月成立,在各市(地)、县先后建立港航监督所、站。到1989年9月,全省有港航监督所14个(同时挂“河南省船检处××市船检所”牌子),分布在南阳、信阳、驻马店、周口、开封、郑州、洛阳等市(地);13个县设立港航监督站。全省有专职港航监督人员162人,各市、县交通局配备兼职港航监督员130人。至1993年底,全省有专职港航监督、船检人员230人,有水上运输和渡运的乡镇成立的渡口管理机构101个,各市、县交通局配备有兼职水上交通管理员300余人。

1996年11月21日,四川省交通厅航务管理局和四川省交通厅港航监督局合并为四川省交通厅航务管理局,实行一套机构、两块牌子管理模式,对外保留四川省交通厅港航监督局。

1997年3月14日,经全国人大批准,重庆成为继北京、天津、上海之后的第四个中央直辖市,重庆市的航务管理工作由四川省正式移交,分开管理。

第三节 航政法规规章制(修)订进一步加强

一、协助修订与新订航政法规

进入社会主义市场经济时代,中国水上交通安全监督管理已形成以《中华人民共和国海上交通安全法》《中华人民共和国内河交通安全管理条例》为龙头的法律法规体系。根据国务院、交通部法制建设的部署,交通部安全监督局(对外称中国港监局)进一步推进中国水上交通安全监管法制建设工作,并加快立、改、废步伐,以适应新的经济发展形势。各省(区、市)港航监督结合各自实际,制订出地方性水上交通安全管理规范性文件,有的还经地方省人大、政府审议成为地方法规、规章。这些地方法规、规章是对国家水上安全管理法规体系的必要补充。据有关资料统计,至1996年,我国已基本形成适合我国国情并逐步与国际接轨的水上交通安全监管和防止污染水域的法律体系,有现行水上交通安全监管和防止污染水域法律3部、法规10部、规章172部。同时,在我国生效的数十个国际公约和议定书,纳入国内有关法规、规章及实施细则。这一时期,交通部安全监督局(对外称中国港监局)协助制订颁布的主要航政法规及与相关法规主要有:

(一)《中华人民共和国船舶和海上设施检验条例》

1993年2月14日,国务院以〔1993〕109号令发布《中华人民共和国船舶和海上设施检验条例》,自发布之日起实施。该条例共有7章34条,即总则、船舶检验、海上设施检验、集装箱检验、检验管理、罚则、附则。条例对适用范围和检验工作的主管机构、实施机构等情况作出规定,明确:船舶检验局、船级社和地方船舶检验机构对船舶、海上设施及其设备材料具有执行安全技术监督与检验的法定地位。中国船检局是实施各项船舶和海上设施检验工作的主管机构;中国船级社是社会团体性质的船舶检验机构,承办国内外船舶、海上设施和集装箱的入级检验、鉴证检验和公证检验业务,经中国船检局授权可代行法定检验。该条例是我国重要的船检法规。条例的出台标志着我国船舶和海上设施检验迈上一个新台阶。

(二)《中华人民共和国船舶登记条例》

1994年6月2日,国务院以〔1994〕第155号令颁布《中华人民共和国船舶登记条例》,共10章59条,于1995年1月1日起施行。该条例对适用范围、船舶所有权登记、船舶国籍、船舶抵押权登记、光船租赁登记、船舶标志和公司旗、变更登记和注销登记、法律责任等作了详细规定。

有关船舶登记法规,早在1960年交通部就公布过《船舶登记章程》,主要适用于内河船舶。随着我国改革开放和对内搞活政策的深入,社会经济成分日趋多样化,水运出现各种性质的船舶(诸如中外合作、合资经营企业、公民联户经营、个体船舶等),交通部提出中国籍船舶应由中国公民任职的要求。这样,1986年交通部重新公布《中华人民共和国海船登记规则》,于1988年1月1日实施。该规则适用于海船,而内河船舶登记仍沿用《船舶登记章程》。同时,《中华人民共和国海船登记规则》较《船舶登记章程》最突出的一点是增加了在中国籍船舶上任职船员应为中国公民的要求。1994年6月2日,国务院颁布《中华人民共和国船舶登记条例》,共10章59条,于1995年1月1日起施行,同时废除了1960年的《船舶登记章程》与1986年的《中华人民共和国海船登记规则》。

1994年船舶登记条例,不仅较上述章程和规则更为完善,而且有两个显著特点:一是将所有权和航行权分离,证书一分为二,使有关船舶国籍的规定有了实质性内容;二是对境外出口船舶提出额度限制(外商出资额不得超过50%)。条例适用于海船、河船,形成较为完整的船舶登记制度。

(三)《国际航行船舶进出中华人民共和国口岸检查办法》

1995年3月21日,国务院以〔1995〕175号令颁布《国际航行船舶进出中华人民共和国口岸检查办法》,自发布之日起实施。该办法共17条,主要明确适用范围、主管部门、办理手续等,同时废止1961年10月24日由交通部、对外贸易部、公安部、卫生部发布的《进出口船舶联合检查通则》。

该办法进一步简化口岸检查程序,规定:除对来自疫区船舶或其他特殊情形外,检查机关不登船检查;定航线、定船员并在24小时内往返一个或一个以上航次的船舶,船方或其代理人可以向港务监督机构申请办理定期出口岸手续。这一办法改变了新中国成立以来实行40多年的联合登轮检查做法,做到与国际惯例接轨。

(四)《中华人民共和国航标条例》

1995年12月3日,国务院以〔1995〕187号令发布《中华人民共和国航标条例》,共25条,自颁布之日起实施。这是我国正式颁布的第一部航标法规,适用于在中华人民共和国水域及管辖其他海域设置的航标。目的是加强航标管理和保护,保证航标处于良好使用状态,保障船舶航行安全。

该条例规定,除军用航标和渔业航标以外的航标,由国务院交通行政主管部门设立的流域航道管理机构、海区港务监督机构和县级以上地方人民政府交通行政主管部门负责管理和保护,并行使航标管理机关的职权。海区港务监督机构统称航标管理机关。航标的管理和保护,实行统一管理、分级负责和专业保护与群众保护相结合的原则。

(五)《中华人民共和国测量标志保护条例》

1996年9月4日,国务院以〔1996〕第203号令颁布《中华人民共和国测量标志保护条例》,于次年1月1日起实施,并废除国务院1984年1月颁布的《测量标志保护条例》。该条例共26条。其中第五条规定:国务院其他有关部门按照国务院规定的职责分工,负责管理本部门专用的测量标志保护工作。

二、制订与清理航政管理规章

这一时期,当国家每一个涉及水上交通安全监管的法律、法规颁发后,交通部安全监督局都根据赋予的履行法定制订水上交通安全管理规章的职权,制订出具体配套的系列管理规章、规定等,其中水上交通安全(航政)管理规章由交通部核准并由其公布实施。这一时期交通部公布适用航政的主要规章详见表7-3-1。

1993—1997 年适用的主要航政管理规章一览表　　表 7-3-1

航政规章名称	单　位	令(文)号	公布时间	施行时间	备　注
中华人民共和国海上航行警告和航行通告管理规定	交通部	〔1993〕第 44 号令	1993.1.11	1993.2.1	国务院 1992 年 12 月 22 日批准
中华人民共和国内河交通事故调查处理规则	交通部	部令〔1993〕第 50 号	1993.2.25	1993.3.24	
中华人民共和国老旧船舶管理规定	交通部	部令〔1993〕第 2 号	1993.4.19	1993.7.1	
中华人民共和国船舶签证管理规则	交通部	部令〔1993〕第 3 号	1993.5.17	1993.7.1	
关于不满 300 总吨船舶及沿海运输、沿海作业船舶海事赔偿限额的规定	交通部	部令〔1993〕第 5 号	1993.11.15	1994.1.1	国务院 1993 年 11 月 7 日批准
交通行政执法监督规定	交通部	部令〔1995〕第 7 号	1995.3.20	1995.7.1	
水路货物运输规则	交通部	交水发〔1995〕第 221 号	1995.3.15	1995.9.1	废止 1987 年的《水路货物运输规则》《水路货物运输管理规则》
长江下游分道航行规则	交通部		1995.10.1	1995.10.1	
台湾海峡两岸间航运管理办法	交通部	部令〔1996〕第 6 号	1996.8.19	1996.8.20	
水路危险货物运输规则(第一部分)水路包装危险货物运输规则	交通部	部令〔1996〕第 10 号	1996.11.4	1996.12.1	
高速客船安全管理规定	交通部	部令〔1996〕第 13 号	1996.12.24	1996.12.24	
中华人民共和国外国籍船舶航行长江水域管理规定(第三次修订)	交通部	部令〔1997〕第 7 号	1997.8.1	1997.8.1	国务院 5 月 26 日批准
中华人民共和国海船船员适任考试、评估和发证规则	交通部	部令〔1997〕第 14 号	1997.8.1	1997.8.1	简称《97 海船船员考试规则》
中华人民共和国船舶交通管理系统安全监督管理规则	交通部	部令〔1997〕第 8 号	1997.9.15	1998.1.1	
中华人民共和国海船船员值班规则	交通部	部令〔1997〕第 11 号	1997.10.20	1998.8.1	
中华人民共和国船员培训管理规则	交通部	部令〔1997〕第 13 号	1997.10.30	1997.10.30	
中华人民共和国船舶安全检查规则	交通部	部令〔1997〕第 15 号	1997.11.15	1998.3.1	废止 1990 年《安全检查规则》
交通行政执法证件管理规定	交通部	部令〔1997〕第 16 号	1997.11.26	1998.1.1	2011 年废止
中华人民共和国水上交通安全监督行政处罚规定》	交通部	部令〔1997〕第 7 号	1997.11.26	1998.1.1	修改《海上交通监督管理处罚规定》和《内河交通安全管理违章处罚规定》基础上形成
防止船舶垃圾和沿岸固体废物污染长江水域管理规定	交通部建设部国家环保局	部令〔1997〕第 17 号	1997.12.24	1998.3.1	2015 年废止

三、出台的地方性航政法规、规章

这一时期,各省(区、市)通过本省人大或政府审议,相继出台了一些地方性的航政管理法规与管理规章。至 1996 年,全国非水网省(区、市)通过人大、政府等公布有关水上交通管理的地方性法规 50 多个,仅河南、新疆、宁夏、陕西、云南、甘肃省(区)政府公布的涉及水上交通安全监管系列法规、规章就近 10 个。贵州、山西、内蒙古、吉林、辽宁等省(区)政府也公布了一些水上交通安全监管规章。各省(区、市)在水上交通安全监管方面基本上做到有法可依,有章可循。

1993 年 3 月 10 日,山西、陕西两省公布《山西、陕西两省关于加强黄河水上交通安全管理的有关规定》。

1994 年 3 月 23 日,广东省政府公布《广东省水路危险货物运输监督管理办法》。

1995 年 5 月 4 日,云南省公布《云南省澜沧江航务管理规定》,共 16 条,于公布之日起施行。

1995 年 8 月 11 日,江苏省第八届人大常委会第十六次会议审议通过《江苏省内河交通管理条例》。这是该省新中国成立以来省人大审议通过的第一部内河交通管理法规,也是全国第一部地方内河综合性管理法规。

1997 年 7 月,宁夏回族自治区公布《宁夏回族自治区旅游船舶安全管理办法》,对区内旅游船舶、船员、所有人和经营人,以及船舶的航行、停泊和避让等做出规定。

1997 年 9 月 28 日,湖北省第八届人大常委会第十六次会议审议通过《湖北省水路交通管理条例》。

1997 年 12 月 4 日,广东省政府公布《广东省航行港澳地区小型货运船舶出入口岸检查管理规定》。

四、继续加入与生效的国际海事公约

这一时期,作为属于中央事权的水上交通安全监督管理,具有主权性、涉外性、统一性等特点。中国港监局与涉外的港务监督机构在认真研究国际海事组织有关的公约、规则、决议基础上,将其纳入国内有关法规,结合我国航运发展状况,先后制订出实施规范性文件或实施细则,努力按国际规定规范水上交通安全管理行为,积极履行缔约国义务。

1993 年 3 月 31 日,我国加入《1989 年国际救助公约》。该公约于 1996 年 7 月 14 日对我国生效。

1994 年,我国加入与生效的国际公约有:3 月 5 日,经全国人大八届六次会议通过,我国决定加入《1910 年统一船舶碰撞某些法律规定的国际公约》。9 月 28 日我国正式加入该公约,11 月 18 日对我国生效。8 月 11 日,国务院决定我国接受国际海事组织第十七届、第十八届大会分别以 A.724(17)、A.735(18)号决议通过的《国际海事组织公约》1991 年、1993 年两个修正案。10 月 19 日,我国正式加入这两个修正案。9 月 13 日,我国加入《经 1978 年议定书修订的 1973 年国际防止船舶造成污染公约》附则 3 文件。该附则于 12 月 13 日对我国生效。9 月 13 日,经国务院批准,我国向国际海事组织秘书长交存关于接受《经 1978 年议定书修订的 1973 年国际防止船舶造成污染公约》附则Ⅲ的文件。该附则于 12 月 13 日对我国生效。

1995 年 1 月 16 日,中国加入《1965 年便利国际海上运输公约》(简称《便运公约》),并在接受该公约的同时,对船舶入出境中国的手续,不同于公约附则中的一些标准和推荐做法,提出保留声明。该公约于 3 月 17 日对中国生效。

特别值得一提的是,国务院于 1996 年 5 月 15 日批准的《联合国国际海洋法公约》在我国生效。该《公约》是 1982 年 4 月通过的。早在 20 世纪 70 年代初,国务院就批准成立由外交部牵头,海军、交通部、国家水产总局等部门派员参加的代表团,代表中国参与编制《联合国国际海洋法公约》的工作。其中涉及船舶、港口、航行秩序和航行安全等方面的内容,主要由交通部提出建议和意见,并出具相关的预案和对策。这是当时最全面的管理海洋的国际公约,对于我国制定相关法律规定有着重要的借鉴作用。

五、进一步规范行政执法与执法证

安全法规是国家机关执法的基础。早在 1979 年 10 月 19 日,在交通部召开的全国地方交通安全工作会议上,交通部部长彭德清指出:“法制问题,有立法问题,也有执法和守法问题。……必须严格要求交通监理和航政部门全体人员坚决履行职责,坚守岗位,对已有的法规要认真执行,有法必依,执法必严。”

1993 年,交通部总结自 1984 年以来的水上交通安全管理经验和方法,对港务(航)监督执法方面提出七项要求:“严格管理依法行政,办事公开克己奉公,坚持现场宣传教育,查处违章合法公正,面向船方热情谦和,勤政廉政端正行风,监督服务双向并重。”1995 年 3 月 30 日,为加强交通行政执法和行政执法监督,交通部以 1 号部令公布《交通行政执法监督规定》,共 4 章 22 条,包括总则、行政执法、行政执法监督和附则等内容。1996 年 9 月 25 日,交通部下发“关于发布《交通行政执法检查制度》等七项制度的通知”,包括《交通行政执法检查制度》《交通行政执法重大行政处罚决定备案审查制度》《交通规范性文件备案审查制度》《交通行政赔偿案件备案审查制度》《法律、法规、规章和规范性文件实施情况年度报告制度》《交通行政执法错案追究制度》和《交通行政执法年度工作报告制度》,于 10 月 1 日起施行。

以上行政执法管理法规、规章等,成为全国港务(航)监督实施水上安全行政执法监督的重要依据。它们的相继出台,说明我国港务(航)监督在重视航政法制建设的同时,也重视自身依法行使职权,履行职责,严格执法。

为规范港务(航)监督人员行政执法行为,交通部安全监督局于 1994 年 11 月组织编写《水上安全监督手册》并出版发行。1996 年 3 月 17 日,全国人大常委会颁发《中华人民共和国行政处罚法》(以下简称《行政处罚法》)。《行政处罚法》10 月 1 日起实施之后,交通部安全监督局对监督执法人员开展资格培训,制订执法标准和程序,进一步规范行政执法行为。1997 年 1 月 24 日,交通部下发“关于统一制发水上安全监督行政执法证的通知”,对行政执法证的申请、审批和发放等相关事宜作出规定,要求:①水上安全监督行政执法证由中华人民共和国港务监督局统一印制、审批、颁发;②执法证的颁发范围只限于从事水上安全监督执法岗位的在册人员;③为了便于执法证的显示,采用新工艺并按国际标准制成胸卡式样,分中文版和中英文对照版两种,中英文对照版执法证仅限于对外开放港口从事外轮行政执法管理人员申领使用;④本证采用统一编号,号码为 7 位阿拉伯数字,第一、二位数字代表各单位编号,第三、四位数字代表所辖地、市或县(仅指直辖市属县)以及部署二级单位编号,后三位数字代表持证人编号。11 月,交通部安全监督局组织两个执法检查组,对部属港务(航)监督系统进行执法监督检查。长江港航监督局成立纠正行业不正之风领导小组、执法检查小组、行政执法领导小组、行政执法指导小组等,建立责任制,层层抓落实。

此外,全国港务(航)监督实行持证上岗、佩戴名牌执行公务制度。1997 年 11 月 26 日,交通部公布《交通行政执法证件管理规定》,于 1998 年 1 月 1 日起执行,明确了交通行政执法证件(包括交通行政执法证和水上交通安全监督行政执法证),实行全国统一制式、统一管理的制度。同时,1997 年 11 月 26 日,交通部在对《海上交通监督管理处罚规定》和《内河交通安全管理违章处罚规定》修改的基础上,公布《中华人民共和国水上交通安全监督行政处罚规定》,于 1998 年 10 月 1 日起实施,统一规范了行政处罚的内容和执法程序。1997 年 12 月,中国港监局公布《水上交通安全监督行政执法证管理办法》,并于 1998 年在全国港务(航)监督系统启用水上交通安全监督行政执法证。至 1998 年底,已有 1.8 万多人取得行政执法证书,普遍实行持证上岗、佩戴名牌执行公务的制度。

第四节　航政管理工作的进一步加强

一、进一步推进通航管理工作

我国经过多年长足发展,到 1993 年航运已具一定规模,成为世界航运大国,国际航运运力规模已居世界第八位。据 1995 年 10 月统计,全国拥有运输船舶约 40 万艘,总吨位达 4000 万吨以上。我国作为一个拥有1.8万多公里海岸线和11万公里通航河流的国家,除本国船舶航行于我国水域,每年还有大量外籍船舶进出我国沿海港口或在沿海水域航行,大量中外船舶涌进内河及其支流、湖泊,随旅游事业发展的游览船舶大量增加,加上水产养殖、水上水下工程、海上石油开采、建桥、采砂等行业迅速增加,致使水上通航环境更趋复杂,压力逐年增大,通航形势严峻。为此,具有"国家监察"地位的港务(航)监督有针对性地开展安全监管,尤其对特殊地区、特殊航段实行重点监管,不断总结成功的通航管理经验。

(一)通航环境管理的进一步加强

1.调查和整顿非法养殖、挖砂、捕鳗

20世纪90年代初期以来,我国东南沿海河口港和长江下游航段水产养殖、挖砂、捕鳗等水上活动严重威胁水上通航环境,沿海海域水产养殖挤占航道和锚地。长江下游和长江口、厦门、汕头、广州等很多港口和航道上不同程度地受到挖砂、捕鳗的影响。如长江安徽段黑砂洲水道采砂船占据大部分主航道,可航水域宽度仅剩百余米。长江下游捕鳗季节捕鳗船布满河道,中外运输船舶进出港受阻、推进器被缠等事故不断发生,且全国水上交通事故50%以上发生在长江。这一严峻形势引起国务院领导的重视,朱镕基等5位国务院领导做了重要批示。

为解决挖砂、捕鳗鱼苗等碍航的热点问题,交通部和国务院有关部委、各级政府、各地港务(航)监督机构每年都投入很大力量进行治理。特别沿海各港务监督更是大力开展水产养殖、挖砂、捕鳗等整治活动。1996年4月25日,中国港监局下发"关于开展通航环境调查的通知"。5月15日至6月10日,组成由28人参加的4个调查组,分别对北部、中部和南部沿海和长江干线的37个港口及辖区的通航环境进行调查,召开各种座谈会40余次(参加座谈的单位170余家),查看重点通航水域45处,获取各沿海港口及长江干线通航环境基础资料27份(册)。调查组掌握了丰富的材料,对全国沿海和长江干线的通航环境状况有了比较全面的了解,初步认识到影响通航环境的因素。1996年10月4日,中国港监局下发"关于印发《水上通航环境调查报告》的通知",将调查组的调查情况予以印发,要求各级港监部门结合报告内容和本地区(部门)实际,进一步了解水上通航出现的非法养殖、挖砂、捕鳗等混乱情况,尤其重点了解东南沿海海域、长江下游非法活动威胁水上通航环境等情况,为整治提供重要决策依据。

为整顿通航水道挖砂混乱秩序,广州港务监督从1993年3月起调查辖区内通航水道非法挖砂情况,有针对性地进行整顿,保证了广州港出海航道畅通。1997年,广州港务监督在依靠地方政府支持,加大现场管理力量,严肃处理违章作业挖砂船的同时,制订了《交通部广州海监局船舶挖砂管理办法》,进一步规范挖砂船作业,有效地维护辖区通航秩序和进出港航道畅通。

2.继续开展季节性安全管理工作

每年季节性台风时,全国内河洪水更加频繁与强烈。1996年共有26个台风袭击我国沿海省(区、市),也使长江夏季发生大洪水,长江武汉水位甚至达到百年一遇的高度。对此,各港务(航)监督精心组织,沉着应对,将损失降到较低程度。如9615号特大强台风正面袭往雷州半岛和琼州海峡,湛江、海南等港务监督与有关港航单位一起,精心组织,全力应对,提前防范,减少风灾的损失。广东、广西两省(区)港航监督与珠江航运局积极配合,利用无线寻呼台开展雷雨大风预报,及时掌握珠江三角洲地区防抗雷雨大风所需的天气预报。虽然1997年也出现数次雷雨大风,但由于防抗得当,珠江三角洲没有因水上安全管理而出现船舶、水上设施遭受损失的事故发生。1996年和1997年春运期间,全国港务(航)监督强化现场监控,较好地完成了春节旅客运输任务,且运输秩序、服务质量和安全状况有所改善。

1994年6—8月,广东省各地先后出现历史上罕见的特大洪水。粤西、粤东、粤北以及珠江三角洲分别受到洪水的威胁。尤其是西、北两江,洪水迅猛,持续时间长。在抗击这次特大洪水的斗争中,韶关、清远、肇庆等港航监督机构始终在抗洪斗争的第一线。韶关港航监督局共抢救群众300多人,被评为1994年韶关市抗洪抢险先进单位。广东省港监监督在抗洪期间坚持昼夜值班,及时掌握各江汛情,转达省三防指挥部封航指令,并根据各江水情,有效地指挥各地防洪抢险中的水上交通运输及船舶安全航行,为夺取抗洪斗争的胜利做出贡献。1995年7月7—9日,交通部安全委员会在广州召开珠江水系防抗雷雨大风经验总结会议,修改《珠江水系防御雷雨大风管理规定》,要求各港务(航)监督、船检机构发挥自身职能,加强船员防抗雷雨大风知识的培训考试,加强船舶技术状况的检验,严格加强监督检查。次年,新的《珠江水系船舶防抗雷雨大风管理办法》公布施行。

1995年2月,长江碾子湾航道出现有史以来最为严重的"梗阻",碍航长达20余天。长江港航监督局积极应对,出动监督艇5艘,出航379艘次,每天平均有758人次坚守现场,维护船舶安全过漕1087艘次。1997年初,长江干线水位低、退落快、持续时间长,长江港航监督局集中人力加派艇力开展现场驻点维护疏导,消除堵航现象。1996年夏季,长江发生特大洪水,长江武汉水位达到百年难遇的高度。经国务院批准,长江中游有史以来第一次采取长达88小时的禁航措施。在长江港航监督局全力组织与努力下,禁航期间共拦截各类船舶412艘,疏导和维护船舶628艘次,没有发生意外。每年一度的长江春运,长江港航监督局都要制订春运方案,注重抓源头,开展航行前的检查,派人驻守,严防超载。

3."反三违月"活动中推进水上安全监管

1994年,在交通部组织的交通系统"反三违月"活动中,各港务(航)监督积极参与,扩大声势,落实安全措施,使"反三违月"活动在水上交通安全管理中效果明显。另外,还开展学习10年安全无事故的"华铜海"先进事迹的活动。"华铜海"轮是一艘20年船龄的老船,严格管理,全面落实各项规章制度,船风船貌、维修保养等都很出色,创造了一流的管理水平,实现10年安全无事故,经济效益也不断提高,在国内外航运市场上树立起良好的信誉。1995年,交通部在总结自1993年起的"反三违"活动基础上,决定将"反三违"常态化,形成制度,即每年5月在全国交通系统开展"反三违"活动。各港务(航)监督机构积极响应,大胆实践,总结经验,推动此项活动不断深入。如上海港务监督于1994年对到上海港的船舶进行量化分析,制定出整顿"三无"船舶步骤和方法,并加以实施。天津港务监督联合市公安局,突击行动6次,联合巡航90余次,查处水上违章行为192起,处理严重违章渔船280艘次,警告违章人员290余人。长江港航监督局争取地方政府支持,大力整治长江挖砂和捕鳗鱼苗船舶,以保证长江航道畅通。

4.安全指数法的进一步调查研究

安全指数法从1990年提出、试点,到1996年在沿海及长江、黑龙江水系全面推广应用,作为评价水上交通安全状况新方法,填补了国内这方面空白,相对于用四项事故指标评价水上交通安全是一个飞跃和进步。

为摸清水上交通安全存在的问题,各地广泛开展水上交通安全调研活动。1993年,四川、湖南、湖北、江苏、安徽、浙江、上海、广东、广西、贵州10省(区、市)港航监督,配合所在地交通厅(局)广泛开展水上交通安全存在的问题的调查研究工作。四川省安排4个月时间调查13个地区和21个县。湖北省调查近40个水运企业。浙江省专题调查内河干线频繁堵航情况。各地调查都很有针对性、有重点、有内容。在10省(区、市)调研的基础上,中国港监局于9月下旬在武汉召开研究新情况新问题座谈会,进行交流和深入探讨。会后,又组成调查组对湖南、安徽、江苏等地进行重点调查。通过细致的调研,基本上摸清全国水上安全面临的问题,为安全工作决策奠定基础。

1997年3月13—14日,中国港监局在哈尔滨召开船舶交通安全指数法应用实验工作会,对1996年安全指数法应用实验进行总结,并对评估水上交通安全的方法进行讨论。会后,中国港监局3月27日下发“关于进一步研究船舶水上交通安全评估工作的通知”,要求长江、黑龙江港航监督局在安全指数法应用实验的基础上,提出更适合长江、黑龙江或松花江特点的新的安全评估办法。

5.广泛开展水上安全知识的宣传

1993 年 8 月 1 日,经国家技术监督局批准,《内河交通安全标志》开始实施。8 月 7 日,交通部下发“关于贯彻实施国家标准《内河交通安全标志》的通知”,要求各级交通主管部门高度重视,认真贯彻实施。该安全标志,通过简洁、形象化的图像为船舶提供助、导航信息服务,有效地促进水上通航秩序改善。1995 年,各省(区、市)利用传媒渠道,广泛开展水上安全知识宣传教育。吉林省港航监督机构与省交通厅连续两年在报刊上登载“关于加强水上交通安全的通告”,组织人员带着宣传画、标语、法规小册子深入乡(镇)政府和水运现场进行宣传。新疆通过在报纸、电台举办有奖知识竞赛和播放电视片、宣传片等多种形式宣传水上交通知识和法规。各地的做法都收到很好的效果。

6.全力整治长江水上通航环境

我国有 11 万公里内河通航里程,包括乡镇船舶,到 20 世纪 90 年代初全国已有上百万艘内河运输船舶。水上交通事故凸显,重大交通事故约占全国 90%,其中长江干线重大事故占全国的 72%。为此,1994 年,交通部做出实施长江安全应急工程的决定和规划。1995 年、1996 年交通部召开的两次全国水上交通安全管理工作会议均提出抓好内河(特别是长江)水上交通安全管理工作。1996 年 5 月 27 日至 6 月 28 日,交通部深入长江调研,先后召开多个事关长江通航环境的座谈会。从 6 月起,长江港航监督局先后采取 20 多项措施,重点开展长江下游分道通航、整治采砂碍航、加强桥区与川江的现场监督管理等工作。其中治理长江采砂碍航与川江航行环境效果尤为明显。就长江采砂状况无序、混乱及碍航,特别是长江安徽段尤为严重的实际,交通部于 5 月 31 日在安徽召开挖砂碍航座谈会,与安徽省人民政府联合下发“关于进一步加强长江水道挖砂碍航治理工作的通知”。随后,长江港航监督局摸排清理辖区水域非法采砂情况,督促各采砂船按规定提交采砂申请报告,获得审批后方可作业,同时密切关注各采区动态,主动向当地政府通报情况,取得地方政府支持,联合各方力量实行联合管理、分工负责,严厉处罚和打击超采区、非法采砂。在江苏、安徽两省政府的支持和配合下,长江江苏段宣布两年内禁止任何采砂活动,长江安徽段无序采砂活动得到扼制。

内河安全监管重点在长江,长江重点在川江。为进一步加强川江及以下部分航段的航行控制,长江沿线港航监督机构认真实施交通部公布的《长江上游南津关至羊角滩控制河段安全管理规定》。1996 年 8 月,长江港航监督局在上游组成 7 个安全检查组,开展为期 20 天的检查活动,共查处违章船舶 120 艘,发违章整改通知书 120 份,处理违章船舶 109 艘,责令停航 7 艘。长江港航监督局还走访了 5 个市县主管部门,强化源头管理。1997 年 11 月 15 日长江三峡大坝截流,之前进行导流明渠通航试验,使通航受到一定的影响,长江港航监督局加强坝区航运秩序管理,既不影响三峡工程进度,又保证正常通航。

7.治理琼州海峡水域通航环境

1989 年,海南港务监督就琼州海峡内两岸渔民设置的渔网、鱼栅迅猛增加,海峡的大部分水域被占用,致使琼州海峡通航环境恶化、航行秩序混乱等情况,向中国港监局建议由交通部出面与海南、广东两省的地方政府协调支持配合治理琼州海峡通航环境,并提出整治海峡目标:改善导航设施,控制捕捞范围,实行交通管制,确保海峡畅通。1990 年 4 月起,海南港务监督派人了解海峡航道情况。5 月,又下发关于治理海峡航道有关规定,全面清治海峡内一切障碍物,以保障船舶航行安全。1994 年 7 月,交通部召开海南、广东两省整治琼州海峡轮渡秩序座谈会。会后,海南港务监督开展整治海口港、海口新港交通秩序混乱活动,收到明显效果。

(二)长江通航秩序的进一步加强

1994 年 5 月 15 日,新华社以“长江干线交通形势严峻”为题发表文章,反映 20 世纪 90 年代初期长江干线水上交通事故频发的情况。这一严峻形势引起国务院领导的重视,国务院副总理朱镕基等 5 位领导做出重要批示。1994 年 6 月,交通部在南京召开长江航运发展及水上交通安全研讨会。会上,交通部副部长刘松金提出在长江干线实施长江干线水上交通安全保障应急工程,在长江中上游的川江采取控制措施,在长江下游实行分道通航制度,有条件地限制小海船进江,规范沿江采砂行为,进一步改善长江航行秩序。

在随后开展的调研中,交通部组织专家利用召开座谈会、随船观察等形式广泛征求有关单位、专家和船员的意见,一致认为在长江下游推行分道航行是可行的。在多次组织专家研讨的基础上,《长江下游分道航行规则》初稿形成。1995 年 6 月 8 日,交通部在武汉召开实施《长江下游分道航行规则》新闻发布会,于 1996 年 1 月 1 日开始实施。该规则明确实行分道通航制的水域由分边航路、分隔带(线)和横驶区组成,规定了实行分道通航范围、对象,以及船舶通过分边航道、单向通航制水域、横驶区及小型船舶推荐航路、海轮推荐航线的航行规则(见图 7-4-1)。1996 年 6 月 25 日,交通部下发“关于进一步加强长江下游分道航行实施工作的通知”,要求加大实施分道航行规则的现场监督力度。

图 7-4-1　《长江下游分道航行规则》新闻发布会

之后,沿江各港航监督抓紧长江干线水上交通安全保障应急工程方案编制工作,内容包括长江中游分边通航措施、长江上游川江控制管理、组建长江水上交通安全广播电台、小型机动船配备通信设施等。长江港航监督局与沿江六省一市港航监督、交通部门抓好宣传培训,加强对船员进行分道航行规则培训,培训面达到 96.3%,使分道航法的新规定落实到每一艘船舶,并督促严格按章航行。相关省(市)港航监督配合长江港航监督局大力清理挖砂、捕捞作业等占据航道的船舶,为实施分道航法创造良好的条件。沿江各港航监督在下游 1000 多公里的分道通航航段上投入 50 艘监督艇,对 80 多处控制河段进行现场监控,有效地控制了长江下游的事故发生率。1996 第一季度与 1995 年同期相比,长江干线武汉以下区段事故总件数、重大事故、碰撞事故、死亡人数、沉船艘数、经济损失分别下降 20%、38%、28.8%、25.8%、30%和 5.7%,碰撞事故比例由占事故总数的 80%以上减少到 70%。

在长江实行分道航行管理,初步改变了过去船舶航行航路不明、会让困难的局面,逐步规范了航行秩序,深受船员单位和广大船员的欢迎。这是长江交通安全管理的重大改革,为 21 世纪初长江江苏段实施船舶定线制打下基础。

(三)水上水下重点工程的安全保障

1.三峡水利枢纽工程施工水域安全的保障

1992年4月3日,三峡水利枢纽工程经全国人大批准后进入施工准备阶段。1993年3月8日至4月30日,长江三峡工程二期围堰平抛垫底施工水域实施分道航行,上行船走左侧(北岸)航道,下行船走右侧(南岸)航道。5月1日至6月15日,下行船也均由左侧航道通过。10月,交通部下发《关于三峡工程施工期水上交通安全管理的几点意见》,明确三峡工程施工期坝区(庙河至莲沱)水上交通安全管理工作由宜昌长江港航监督局组织实施。该局于1994年12月成立三峡坝区监督站,负责长江上游莲沱(上游里程31.5公里)至庙河(下游里程62.5公里)段水上交通安全管理工作。1994年12月14日,三峡工程正式开工。长江港航监督局把管理水域分为施工密集区、事故多发区等3类,有针对性地加强管理。导流明渠破堰进水前,开展情况调研,针对问题提出对策,做好试航准备工作。明渠过流正式通航前,对明渠上下口门水域进行大排查,扫清明渠通航障碍,保障这段"人造长江"的畅通。与相关单位配合进行整顿,及时为上下水船舶提供通航信息,有效保证明渠通航秩序和上下口门水域安全。

2.保障中山舰打捞出水

中山舰原名永丰舰,在武汉保卫战中于1938年10月24日不幸在长江金口水域被日军炸沉。该舰在我国近现代历史上具有极其特殊的历史价值,是中华民族和世界反法西斯战争的珍贵历史文物。1996年11月12日,孙中山诞辰130周年时,中山舰打捞工程启动。武汉港航监督负责此次打捞现场的安全维护任务,做到早计划、早布置,制定了详细可行的维护方案,及时发布航行通告,在打捞作业过程中派出4艘监督艇现场驻守,对出水活动进行现场安全维护(见图7-4-2)。

图7-4-2 中山舰打捞出水

3.加强桥区安全管理

20世纪90年代,横跨长江的大桥有数十座。为保障已建成的大桥桥区通航和区域安全,长江港航监督局及其分局严格执行国家、各省颁布和公布的大桥通航安全管理规定,通过宣传及现场监督规范桥区通航安全。对正在兴建的大桥,加强与设计、施工、航道等部门联系和协调配合,对安全隐患及时提出整改措施。各驻守在大桥施工现场的监督站实行24小时值班,力求维护到位。特别在洪水期,加强洪水过境时安全预防和险情排除,严禁"三超"(超高、超宽、超吃水)船舶过桥。通过上述系列措施,大桥施工水上安全得到良好的保障。

二、强化进出港船舶监督管理

(一)进一步加强船舶登记工作

船舶进出港需要港监机构通过旗台信号、电报、甚高频电话、VTS系统等通信、监控方式进行监控、调度,主要包括进出港报告和计划管理等。

随着各种性质的船舶拥入水运市场,为加强对船舶的监督管理,保障船舶登记有关各方的合法权益,1994年6月2日国务院颁布《中华人民共和国船舶登记条例》,于次年1月1日起实施,并废止交通部以前公布的《船舶登记章程》《中华人民共和国海船登记规则》。该条例最大特点适用于海船、河船,形成较为完善的船舶登记制度。

按照这一船舶登记法规与安全检查规章,1994年12月17日中国港监局下发"《中华人民共和国船舶登记条例》若干问题的说明",详细说明条例,并统一船舶登记印章模式等。1995年4月24日,中国港监局下发"关于公布第一批船舶登记机关及登记范围的通知",确定天津、上海、广州、海南、黑龙江直属港务(航)监督及广西、吉林、山西、内蒙古、河南、陕西、宁夏、青海、新疆、云南、贵州省(区、市)地方港航监督共计291个单位为船舶登记机关,并明确各机关登记范围及其使用的登记号和船籍港名。6月23日,中国港监局下发"关于公布第二批船舶登记机关及登记范围的通知",确定大连港务监督等394个单位为船舶登记机关,同样明确各机关登记范围及其使用的登记号和船籍港名。7月14日,又下发"关于船舶登记有关问题的通知",对投入国际航线营运或变更营运航线的船舶登记予以规定。

1996年11月22日,中国港监局公布《船舶登记监督管理办法(试行)》,于6月1日起实施。该办法统一规范船舶登记证书版式、船舶名称、船舶登记机关及其登记行为,规定对船舶登记工作和中国籍船舶登记情况实施监督检查。如长江港航监督局对沿线管辖船舶单位及船舶进行摸底统计,至1997年摸清"家底",共管辖259家船舶单位,登记船舶3540艘,计1123981吨。

(二)进一步加强船舶签证工作

船舶签证,是对进出港口的中国籍船舶实施行政监督和技术监督的重要环节。申请办理出港签证的船舶应处于适航或适拖状态。

1993年5月17日,交通部公布《中华人民共和国船舶签证管理规则》(简称《1993年3号令》),于7月1日起实施,同时废止1979年《船舶进出港口签证管理办法》与1991年《船舶进出内河港口签证管理规则》。该《1993年3号令》进一步完善船舶签证,增加办理定期签证规定,使船舶签证正常化。

为落实《1993年3号令》,1995年7月19日中国港监局下发《办理航程超过20海里(海上)或30公里(内河)定期签证的规定》,规定相关船舶办理"定期签证"对象、时限、办理办法、规费征收等。8月1日,下发"关于执行交通部1993年3号令有关问题的通知",明确了定期签证有效期、航行于两港间船舶定期签证的审批、起用新的签证单证和簿册、关于内河船舶持证船员配备标准、超航程定期签证审批等5大问题,以指导各港务(航)监督正确、统一执行《1993年3号令》。8月3日,又下发"关于颁布《船舶海事签证办法》的通知",对船舶签证办法作出规定,并附了3个附件:船舶海事签证办法、签证章格式及宣传材料。

为既方便船舶又强化管理,广州港区的签证点到1990年已从1987年14个上升到22个,有些签证点实行24小时办公。从1995年5月1日起,统一启用新版船舶签证簿、登记簿及各种印章。长江干线各港航监督机构面向现场,逐年加大现场签证力度,对安全管理工作基础较好、船舶安全状况稳定的船公司实行“信誉认可”,简化、免办签证或延长定期签证间隔期。1995 年,长江港航监督局就长江航运(集团)公司驳船签证难等问题上报交通部提出解决意见。交通部于次年批复,明确长江航运(集团)公司所属驳船自 1996 年 4 月 1 日起免办进出口签证,由拖轮统一申报,方便企业承包生产运输,提高经济效益。

(三)港口国监督检查发展与船旗国检查成效明显

1.港口国监督(PSC)检查

(1)授权港口国监督(PSC)检查的港务监督不断增加

1996 年 7 月 22 日,中国港监局授权营口、威海、南通、张家港、江阴、镇江、珠海、深圳 8 个港务监督,从即日起开始按亚太地区港口国谅解备忘录的要求和我国有关海上人命安全与防止船舶污染海域的法律、法规实施港口国监督检查。1997 年 8 月 19 日,又授权日照、福州、汕头、厦门 4 个港务监督为港口国监督(PSC)检查机构,仅 1996—1997 年,又有 12 个港务监督经授权开展港口国监督检查。到 1997 年底,我国被授权开展港口国监督(PSC)检查的港务监督已达 24 个。

作为内河授权开展港口国监督(PSC)检查的长江南通、张家港、江阴、镇江 4 个港务监督,从 1995 年起开始筹备开展港口国监督(PSC)管理工作。1996 年 5 月,这 4 个港务监督通过中国港监局考核验收,取得实施港口国监督(PSC)管理授权。为保证这 4 个港务监督安检人员顺利开展港口国监督(PSC)管理工作,长江港航监督局组织安检人员参加交通部组织的港口国监督(PSC)检查员培训班,到天津、青岛、上海、南京等港实船检查实习,随远洋船工作锻炼,参加由东京备忘录秘书处在日本横滨举办港口国监督(PSC)检查官员基础培训班和荷兰港口国监督(PSC)检查交流活动,全面系统地学习 IMO 有关国际公约,了解国外港口国监督(PSC)检查情况,使港口国监督(PSC)检查人员素质得到较大提高,促进港口国监督(PSC)检查工作开展。

(2)港口国监督(PSC)检查的发展

1993 年 12 月 1 日,由 16 个国家和地区在东京签署《亚太地区港口国监督谅解备忘录》,简称 T-MOU。该谅解备忘录主要包括亚太地区成员当局开展港口国监督检查的管理性条款,而港口国监督检查技术性要求则通过《亚太地区港口国检查手册》纳入规定。东京谅解备忘录组织作为亚太地区港口国监督的政府间合作组织于 1994 年 4 月 1 日开始运行。

港口国监督(PSC)检查的依据除《港口国监督程序》《亚太地区港口国监督谅解备忘录》两个国际指导性文件外,国内主要是 1997 年 11 月 15 日交通部公布的《中华人民共和国船舶安全检查规则》(简称《97 规则》,1998 年 3 月 1 日起执行)。《97 规则》是在修订 1990 年《中华人民共和国船舶安全检查规则》(简称《90 规则》)基础上制订的。《97 规则》适用于中国籍 200 总吨或 750 千瓦以上海船、50 总吨或 36.8 千瓦以上内河船和进出中华人民共和国港口(包括海上系泊点)的一切外国籍船舶。

1994 年 4 月 11—15 日,亚太地区港口国管理合作谅解备忘录第一次委员会会议在北京召开,这是我国港务监督系统第一次在国内主办国际会议。为做好此次会议的筹备工作,中国港监局和交通部外事司成立了会议筹备小组。会后,中国加入《亚太地区港口国监督谅解备忘录》(简称《东京备忘录》)组织。该组织共有 18 个成员(国家与地区)和包括 IMO、ILO、PARIS-MOU 在内的 6 个观察组织,并确定备忘录必须有 1 名中国人任技术官。这是我国港口国监督(PSC)检查走向亚太地区的第一步。6 月 21—23 日,中国港监局在烟台召开中国开展港口国管理工作会议,被授权的 12 个港务监督 30 多位代表与会,对 13 个管理问题进行讨论并加以解决。根据会议内容,8 月 18 日中国港监局下发“关于实施亚太港口国管理谅解备忘录若干问题的通知”,明确规定了我国港口国监督(PSC)检查与外国相关主管机关联系、对外轮处罚及滞留程序、备忘录规定表格使用、对备忘录成员的通知要求、在港口国管理检查中港务监督机构与船检的关系、外国籍船舶费收要求、船舶滞留的条件和使用问题等,要求大连、天津、秦皇岛、烟台、青岛、连云港、上海、宁波、南京、广州、湛江、海南等12家授权的港务监督严格执行。1995年8月10日,作为内河唯一经授权行使港口国监督(PSC)管理职权的南京港务监督对日本远东船舶公司的巴拿马籍"卡斯特汽运"轮实施港口国监督(PSC)检查,发现该轮船龄老、船况差、管理乱,经中国港监局同意并发出通报,不允许该轮再进入中国港口。这在我国港口国监督(PSC)检查工作中还是第一次,对扩大中国港口国监督(PSC)检查的知名度,提高我国港务监督威望起到一定的促进作用。

1995年11月23日,国际海事组织通过新的《港口国监督秩序》,规定港口国监督检查应遵循程序及相关技术要求。新《港口国监督秩序》成为各成员国实施港口国监督的指导性文件。

1997年12月中旬,第四届亚太地区港口国监督官员研讨会在广州白天鹅宾馆召开。这是首次在中国召开的港口国监督(PSC)检查国际会议。会议由广州港务监督筹备组织召开,共有澳大利亚、加拿大、印度尼西亚、日本、俄罗斯、中国香港等15个国家和地区的23名外国港口国监督(PSC)检查员,以及我国授权的24个港务监督的港口国监督(PSC)检查员与会。

2.船旗国监督(FSC)检查

(1)总结船旗国监督(FSC)检查成绩

对中国籍船舶的船旗国监督(FSC)检查,主要依据1997年11月交通部公布的《中华人民共和国船舶安全检查规则》(简称《97规则》)。《97规则》,是根据《海上交通安全法》《海洋环境保护法》和《水污染防治法》《内河交通安全管理条例》等国内法律、法规,采纳我国加入的有关国际公约中关于港口国监督(PSC)检查有关规定,并总结我国多年船舶安全检查工作经验,借鉴国外船舶安全检查做法等实施的。

1993年,为使国际航行船舶在本区域内不低于公约标准,亚太地区开始对船舶实施区域内跟踪检查。中国港监局4月2日下发"关于开展港口国管理跟踪检查工作的通知",要求配合本区域其他国家跟踪检查。

1996年全国船舶安全检查工作会议以后,各港务(航)监督贯彻落实会议精神,充实与稳定船舶安全检查队伍,组织培训人员,规范行为,落实持证上岗制度,建立安全检查船舶技术档案,完善基础台账,做好统计工作,建立与完善机制。如1997年3月,广州港务监督抽调安全检查人员到大连海事大学进修。船舶检查站充分利用计算机,组织开发船舶安全检查档案管理数据库,跟踪船舶检查,仅1997年就对593艘次海船进行安全检查,其中对外轮检查118艘次、对国轮检查475艘次,并对国轮实施开航前检查共20艘次。

这一时期,经授权的24个港务监督在对国际航行船舶开展港口国和船旗国的安全检查中取得一定成绩。

1993年,中国港监局对3347艘次200总吨以上的海船进行船舶安全检查。检查外国籍船舶1154艘次,发现各类缺陷1981项,单船平均缺陷数1.72项,其中367艘次船舶无缺陷;检查中国籍船舶2193艘次,基本合格船舶1694艘次,不合格船舶445艘次,基本合格率为77.25%,发现各类缺陷3039项。

(2)加强开航前检查,订出"降滞脱黑"时间表

20世纪90年代,中国的国际航行船队随着国家改革开放和经济发展而不断扩大,但整个船队平均船龄偏大,船舶管理、船员素质、船舶安全状况整体水平较低。当时全球金融危机爆发,航运业步履维艰,中国籍船舶在接受国外港口国监督检查中屡遭滞留,且滞留数量呈逐年上升趋势,如从1992年的15艘次上升到1996年的120艘次。1994—1996年,中国籍船舶在东京备忘录(亚太地区)、巴黎备忘录(欧洲地区)和美国海岸警备队的港口国监督检查中,3年平均滞留率均超过各地区所有被查船舶的3年平均滞留率。因而1997年中国船旗船队相继被上述3个地区列入港口国监督重点检查对象的"黑名单"。这

不仅给船东和中国航运经济造成巨大损失,还严重影响中国国际形象和中国船队国际声誉,也使得作为国际海事组织A类理事国的我国参与国际航政界的活动能力受到明显削弱。

为扭转上述被动局面,1996年3月25日中国港监局和中国船检局联合发文,决定对航经欧洲、美国、澳大利亚航线的部分中国籍国际航行船舶实施开航前检查。开航前检查由各港务监督牵头,会同船舶检验以港务监督进行船舶安全检查名义进行,并邀请受检船舶的船公司代表参加。

对在国外港口国监督重点检查中列入"黑名单"的中国籍船舶,负有监督管理职责的各港务监督努力做好开航前安全检查,使船舶检查率达到100%,以降低滞留率,脱离"黑名单"(此即所谓的"降滞脱黑")。1996年5月,交通部下发"关于对部分国际航行船舶实施开航前安全检查的通知",决定对航经欧洲(巴黎备忘录成员国)、美国、澳大利亚航线,船龄在15年及以上的散货船、杂货船、油船和集装箱以及在国外港口国监督检查中曾被滞留或被要求强行修理的船舶实施开航安全检查。不过,此次实施的效果并不明显。1996年,中国籍船舶成为亚太和欧洲地区各海事当局特别注意选择检查的船舶,并不受"6个月内不重复检查"的限制。美国海岸警备队也公布将中国籍船舶列入"优先"检查的"黑名单"。1997年8月11日,欧洲联盟、欧洲委员会驻华代表正式通知我国海上安全主管当局(中国港监局),进入欧盟地区的中国籍船舶将被作为"重点"检查对象。

1997年11月22—23日,交通部在海南海口召开国际航线船舶船东大会,研究中国籍国际航行船舶降低滞留率,脱离"黑名单"整改措施,确定"一年见成效、三年改面貌"工作目标(称"降滞脱黑"时间表)。其中一年见成效,指1998年中国籍船舶在欧洲、亚太地区及美国的港口国监督检查的滞留率比1997年全面降低;三年改面貌,指争取在1999年中国船从上述3个地区中的1个到2个地区脱离"黑名单",2000年全面脱离"黑名单"。会后,交通部下发"关于降低我国船舶在国外滞留率原则意见的通知",对降低中国籍船舶在国外港口国监督检查中的高滞留率和全面脱离"黑名单"提出具体要求。

长江是中国籍船舶航行较多的水系。1997年12月21—22日,长江港务监督局在南京召开长江片区国际航行船舶船东大会。会议通过《长江港口国际航行船舶开航前安全检查实施办法(试行)》,明确了开航前安全检查的具体工作程序。该办法实施后,沿江各港务监督积极向所辖船公司进行宣传,对中国籍船舶实施开航前检查。通过开航前检查,从长江始发的中国籍船舶在国外港口滞留率大幅度下降,极大地改变了中国籍船舶的国际形象。

(四)简化外国籍船舶手续

1988年,国务院口岸领导小组下发"关于改进船舶进出口联检工作的通知",明确港监作为联检组长,负责联检工作的具体实施,并要求简化联检程序,缩短联检时间,为船东、港口、货主等提供方便。

1995年3月21日,国务院颁布《国际航行船舶进出中华人民共和国口岸检查办法》(以下简称《口岸检查办法》),于颁布之日起实施,同时废止1961年《进出口船舶联合检查通则》。《口岸检查办法》在总结前一阶段口岸联检制度改革的基础上,进一步简化口岸检查程序,规定:除对来自疫区船舶或其他特殊情形外,检查机关不登船检查;定航线、定船员并在24小时内往返一个或一个以上航次的船舶,船方或其代理人可以向港务监督机构申请办理定期出口岸手续。1995年5月4日,中国港监局专门下发《关于实施〈国际航行船舶进出中华人民共和国口岸检查办法〉有关问题的通知》,统一明确中外船舶办理进出口岸手续的程序、所需材料及各类单证的格式,并对不予批准进入口岸和出口岸的情况予以说明。由于各地对条文理解不一,具体做法不一,以后又出现部分港口的个别检查机关较为频繁登轮进行船舶入出境检查等情况。为此,中国港监局于1996年1月25日召开座谈会,统一各检查主管机关的认识,达成共识,进一步贯彻实施《口岸检查办法》。

根据以上国际航行船舶进出口岸管理法规及相关规范性文件,各港务监督简化中外船舶查验手续,改革费收办法。毗邻港澳的广东省,既是国际贸易运输进出地枢纽,又是全国对外贸易、国际交往、开放口岸最多的省份,航行港、澳地区船舶不断增加。该省沿海各口岸港务监督先走一步,率先简化对外国籍船舶进出口岸手续。1994 年 1 月 1 日起,广州港务监督对进出港区一类口岸的国际航行船舶试行一般情况下不再登轮联检,改由船方委托代理人办理进出口手续,进一步简化包括外轮在内的国际航行船舶进出口岸手续,以缩短国际航行船舶办理进出口岸查验手续的时间。1994—1996 年,广州港办理国际航行进出口岸查验手续的船舶约 5.4 万艘次。1996 年 4 月,深圳港务监督推出简化船舶查验手续、改革费收办法等 6 条措施,将西部蛇口、妈湾、赤湾、东角头 4 个港区视作一个口岸,对进出西部港区的船舶实施统一管理。国际航行船舶进出西部港口只需申办进出口查验手续各一次。该措施得到交通部、深圳市的充分肯定,并受到国务院副总理李岚清的表扬。此外,建立计算机管理与现场监督检查相结合的船舶监管方式,除第一次抵港船舶外,在船舶文书有效期内一般不登轮检查,使船舶查验做到快捷、方便、有效,降低运营成本。

长江开放港口的港务监督积极探索外轮监管方式。张家港港务监督做到“宁可人等船,不让船等人”;镇江港务监督坚持随到随检,24 小时联检,把外轮进出口联检时间控制在 30 分钟之内。南通港务监督率先在南通口岸实行联检制度改革等。1994 年 3 月 22—24 日,长江港航监督局在扬州召开长江区国际航行船舶进出口检查专业会议,讨论研究国际航行船舶进出口岸管理过程中可能出现的问题,在总结简化联检手续的基础上,探索适应港口实际的检查方式方法,稳步推进国际航行船舶进出口岸联检制度的改革。1995 年 5 月,长江港航监督局在南通召开“长江区国际航行船舶监督管理工作会议”,总结交流贯彻“口岸检查办法”准备工作情况,要求:调整明确各职能部门在办理国际航行船舶进出口岸手续中的职责、权限;加强与口岸各查验单位的联系,在走访有关口岸检查单位的基础上制定《国际航行船舶进出口岸检查实施细则》;保证南京以下各港监 24 小时值班,受理船舶申报手续做到随到随办;完善各类涉外业务资料、台账、档案,做到专人负责,一船一档,有据可查。

在简化国际航行船舶进出我国口岸检查手续的同时,各港务监督积极促进港口对外开放和我国船舶投入国际运输。至 1995 年 10 月,全国已有 120 多个对外开放港口,办理国际航行船舶进出口手续共达 7 万多艘次。在对外籍船舶监管中,各港务监督全力维护国家主权权益。1996 年 6 月 12 日,一艘在荷兰注册的“绿色和平”轮非法进入长江口我国内水,干预我国核试验政策。中央专门成立由外交部、交通部、公安部和上海市委市政府相关负责人组成的领导小组,负责处理此事。具有行政执法职能的上海港务监督(上海海上安全监督局),在中央工作协调小组领导下,以实施对外国籍港口国监督检查名义,联合港口相关部门,出动 22 艘巡逻艇、400 多人依法行动,布置 3 道防线,阻止“绿色和平”轮。14 时,该轮船长在上海港务监督和上海边防检查站命令的收件确认书上签字。15 时 35 分,该轮在“沪监巡 08”轮和“沪监巡 06”轮监护下驶离中国内水。为此,上海市处置领导小组授予上海港务监督“海上长城”纪念牌,交通部予以通报表彰。

(五)成立《便运公约》办公室

国际海事组织 1965 年 4 月通过《便利国际海上运输公约》(以下简称《便运公约》)。我国于 1995 年 1 月 16 日加入该公约,1995 年 3 月 17 日对我国生效。中国港监局协调有关部门,履行《便利公约》,便利国际海上运输,同时对船舶入出境中国的手续不同于该公约附则中的一些标准和推荐做法提出保留声明。1996 年 10 月 21 日,经国务院批准,成立中国便利海上运输委员会(以下简称便运委)。便运委是我国部际间处理国际海运业务的协调机构,主要职责是根据《便运公约》,结合中国实际情况,制订和实施国家海上运输便利计划,研究与国际海上运输入出境有关的政策建议,提出对《便运公约》修正案建议,做好参加国际海事组织便利运输委员会会议准备工作等。便运委由与国家海上运输便利计划有关的政府管理部门、组织和大型企业代表组成,主任单位是交通部(由一名副部长担任主任),副主任单位是国家口岸管理办公室(由口岸办负责人担任副主任)。便运委在交通部设办公室(具体设在中国港监局),负责日常工作。中国港监局在实施《1965年便利国际海上运输公约》时,与联合检查的海关、边检、卫检、动植检提出对船舶、船员、旅客实施入出境检查所需的单证和填报要求,联合下发"关于启用船舶入出境检查单证新格式的通知",要求我国船舶航行至使用公约单证的缔约国国家港口时须使用公约单证进行申报,并要求船舶代理部门或船公司向我国检查机关报送单证。

(六)两岸航运管理办法

这一时期,随着自1979年起大陆与台湾两岸间海上运输量增加,规模逐渐扩大,交通部于1996年8月19日发布《台湾海峡两岸间航运管理办法》。10月31日,交通部下发"关于实施台湾海峡两岸间航运管理办法有关问题的通知"。上述两个文件对海峡两岸通航起到重要的推动作用。

(七)加强各类船舶管理

这一时期,各港务(航)监督坚持以预防和减少损失为目标,积极开展监督检查、抢险救灾和事故调查分析,每年对重要船舶开展安全检查约4000艘次,监督检查的危险货物近1.6亿吨,实施水上搜救及水上交通事故调查处理2000多次,有力地保障了水上交通安全。

为加强各类船舶管理,交通部下发了系列通知、规章,中国港监局下发了各种规范性文件,进一步规范船舶行为。这些通知规章、规范性文件包括"关于开展运输船舶保险业务的通知""关于加强旅游船、渡船、交通船(艇)安全管理的通知""关于给国际航行船舶核发最低安全配员证书的通知""关于加强滚装船运输安全管理的通知""关于发布交通运输(水运)行业标准《海船最低安全配员》的通知",以及《关于运输烟花爆竹的规定》《老旧船舶管理规定》《运输船舶消防管理规定》等。这里值得一提的是,为统一包括国际航行船舶在内的海船、河船的安全检查,1997年11月15日交通部公布《中华人民共和国船舶安全检查规则》,规定船舶实行到港检查,突出专项船舶管理,以促使船舶安全航行。

(1)加强客滚船管理。1995年9月19—20日,交通部在烟台召开渤海湾客滚船安全运输整顿工作会议,指出当前渤海湾客滚船运输中存在的主要问题,提出整顿原则、措施和要求。10月,中国港监局组成由32人参加的渤海湾客滚船安全调查组,分成5个组,分别对烟台、威海、牟平、蓬莱、龙口、旅顺、大连共7个港口、16个滚装泊位及其客运设施、9个有船单位及其所属14艘客滚船舶进行为期一周的调查,初步摸清渤海湾客运市场放开后客滚船运输发展中存在的问题,做出"渤海湾客滚船船员与安全管理调查情况""船舶安全技术状况""船舶消防、治安调查情况""客运市场运营调查情况"4个专题报告。为进一步整顿,1997年5月13日交通部要求中国港监局、部水运司、船检局、公安局与环渤海3省1市交通部门通力合作,抓好渤海湾客滚船安全,并要求有关港口、船检和港口公安参与客滚船的整顿工作。

在整顿渤海湾客滚船安全运输中,1995年11月中国港监局发文要求渤海湾周边的大连、秦皇岛、天津、烟台港务监督,辽宁、河北、山东省与天津市港航监督,按要求配合做好这次整顿工作。1997年,中国港监局就国内航线客滚船公司强制实施国际安全管理规则或强制建立管理体系提出方案。

(2)加强高速客船管理。这一时期,高速客船以其速度快等优点而发展迅猛,至1997年全国已有高速客船300多艘,仅长江上游川江就有50多艘,且长江口、珠江口及渤海湾都有,特别是在珠江口多次发生高速船事故。为此,中国港监局专门召开高速船安全管理座谈会,交通部也公布过《高速船安全管理规则》,要求不符合要求的坚决停航;严格市场准入,避免多头审批,搞好运力的宏观调控,避免一哄而上、恶性竞争,但效果不明显。1997 年 3 月 16 日,川江发生一起高速船事故,造成 12 人死亡或失踪,16 人重伤。中国港监局与水运司就这个问题进行专题研究,对高速船采取坚决的管制措施,绝对禁止超载,对超载船舶经予严厉处罚,并制订出高速船进出港口限速规定等。

(3)加强渡口与渡船管理。1993 年 3 月 10 日,为加强黄河水上交通安全管理,山西、陕西两省通过协商,以两省政府的名义公布《山西、陕西两省关于加强黄河水上交通安全管理的有关规定》。该规定共 11 条,要求两省沿黄河各级政府和交通、港航监督部门,结合黄河水上交通安全管理实际,重点加强黄河渡口、渡船"三证一牌一线"(即劳动营运证、船舶检验证、船员证,船舶名牌,船舶载重线)的管理,明确责任,健全制度,互通情况,加强协作,密切配合,及时研究解决工作中的问题,严格履行职责,加强监督检查,共同搞好黄河渡口安全。1996—1997 年,山西省检查通过渡口渡运人员共 6000 余人次,处理各种违章 800 多起,取缔"三无"船 30 余艘。1995 年,各省(区、市)港航监督重视监管客渡船,在各级政府、交通主管部门领导下对一个个渡口、一艘艘船舶摸底调查,并进行清理整顿,统一制作渡口须知和渡口守则等标牌。云南省港航监督开展渡船定型研究工作,确定 6 种标准船型,改造渡口码头 60 余处。辽宁、宁夏、甘肃省(区)港航监督加强对老旧渡船的检验,加速向渡船钢质化过渡。新疆维吾尔自治区港航监督推行以渡养渡原则,促进渡船更新资金来源问题的解决。各省(区、市)共更新改造渡船数百艘。

与此同时,水网地区港航监督机构加强对非水网地区港航监督(船检)人员的培训。新疆、甘肃、宁夏、河南等省(区)非水网地区港航监督开展内河船员培训,建立船员档案。宁夏回族自治区港航监督按标准化统一制作渡口须知、守则等标牌。云南港航监督(船检)开展渡船定型研究工作,确定 6 种标准船型,改造渡口码头 60 余处。辽宁、宁夏、甘肃港航监督(船检)加强对老旧渡船检验,推动船舶钢质化。新疆港航监督(船检)推行以渡养渡,解决渡船更新资金来源。各省(区)港航监督(船检)共更新改造渡船数百艘。

三、船员管理制度的进一步完善

(一)船员考试、培训管理制度进一步完善

20 世纪 90 年代,随着我国改革开放形势的发展,近洋航线不断扩展,持证船员不能满足航运发展需要。为缓解这种矛盾,依照《1978 年海员培训、发证和值班标准国际公约》,交通部对近洋区船员培训考试工作做出新的规定,于 1993 年 8 月 4 日公布《海船船员考试发证规则近洋航区适任证书考试发证补充办法》,自发布之日起施行。据此,中国港监局就近洋航区海船船员管理分别于 1993 年 11 月 2 日下发"关于近洋航区海船船员培训、考试、发证若干事项的通知",1995 年 7 月 17 日下发"关于近洋航区船员培训、考试、发证工作若干事项的通知",1997 年 3 月 25 日下发"关于近洋航区船员培训、考试和发证工作有关问题的通知"。这些规范性文件进一步完善了船员考试、培训、发证等。

1997 年 8 月 1 日,为履行《78/95 海员培训值班国际公约》,交通部公布《中华人民共和国海船船员适任考试、评估和发证规则》(简称《97 海船考试规则》),于公布之日起实施,规定在 2002 年 1 月 31 日前对 1998 年 8 月 1 日前从事海员职业和正在接受海员教育培训的人员继续有效。《97 海船考试规则》规定了海船船员应具备的素质、考试及评估内容、适任证书的制定及适用范围等,将适任证书的类别分为甲乙丙丁 4 类,增加对船员的实际操作能力评估,并规定船员在获得适任证书前需经过规定的船上培训或见习。10 月 30 日,交通部公布《中华人民共和国船员培训管理规则》,于公布之日起实施,规定了培训种类、培训机构、培训的实施、培训考试和发证、培训质量控制、培训的审验等。

为落实《97海船考试规则》,1995—1997年中国港监局组织开展了履约工作,依据公约要求调整、修改和制订船员管理的各项法规规章和规范性文件。1997年10月9日,中国港监局公布《船员考试、评估和发证质量管理规则》《船员教育和培训质量管理规则》,均于1998年8月1日起实施。这是我国首次按照STCW78/95公约标准要求,建立的船员教育和培训机构及船员管理机构两个质量管理体系,包括:对从事船员考试、评估和发证的机构进行质量认证,以及系列配套的船员专业培训、特殊培训考试发证办法以及船员培训、考试、发证的质量管理规定,即5个船员特殊培训、考试、发证办法及5个船员专业培训、考试、发证办法。1997年,中国港监局还公布与《97海船考试规则》相配套的《中华人民共和国海船船员适任考试和评估大纲》(简称《97海船考试大纲》)。

依照海船船员考试国际规则,根据交通部、中国港监局统一部署,各港务(航)监督分别针对客船、滚装客船、高速船、散装液体货船分门别类制定特殊培训、考试和发证办法,对大型船舶操纵、船舶装载散装固体和包装危险及有害物质作业、消防、救生、船上医护、雷达操作等有关方面制定船员特殊培训、考试和发证办法;还制定《船员质量管理规则》、《船员考试、评估和发证质量管理规则》等系列办法和规则,为履行STCW78/95公约打下基础。河南省港航监督对船员进行技术培训,不仅有小轮机船员和挂桨机船员,还有等级轮船船员及航行长江A级航区的轮船船员。1988—1993年,共举办船员技术培训班65期,培训船员2244人。1993年,全省持证船员换发新证书5000人。通过培训,船员的技术素质和操作技能都有较大提高,为船舶安全行驶创造了条件。

(二)船员培训机构

船员培训机构包括从事各项船员培训的企、事业单位和社会团体或院校。1996年7月2日,中国港监局给广州远洋教育中心、广州海运集团培训中心、国家海洋局南海分局培训中心、广东省航运学校、广州航海高等专科学校、广州航道局技工学校、汕头航运学校和汕头、珠海特区、湛江、江门、茂名、惠州市、中山市培训中心等共14家海船船员培训机构签发许可证,为建立船员培训体系,提高船员素质和技术水平提供保障。为履行1995年经修正的《1978年海员培训、发证和值班标准国际公约》(简称《STCW95公约》),加快培养合格的高级航海人才,中国港监局根据有关院校航海实验和实习设备的配置情况,于1996年9月10日下发调整大连海事大学、上海海运学院、集美航海学院3所院校毕业生取得海船船员适任证书见习时间,规定:大连海事大学、上海海运学院、集美航海学院全日制本科海洋船舶驾驶专业和轮机管理专业的毕业生按照《中华人民共和国海船船员考试发证规则》申请发证时,规定12个月的海上资历可包括上船毕业实习和见习的时间,但不包括认识实习时间。全部见习时间必须以船员服务簿记载为准。中专毕业生以及参加海船驾驶员、轮机员职业培训(两年制)的学生申请海船船员适任证书时的见习资历要求由12个月调整为18个月,自毕(结)业证书签发之日起算,并以船员服务簿记载为准。自1996年10月1日起,各港务(航)监督受理以上申请时,按上述要求审核发证。

(三)船员证发放单位进一步规范

海员证的申办单位是指有资格为与其签订劳动合同或管理协议的船员向海员证签发机关申请办理海员证的单位,必须由海员证主管机关授予“办理海员证编码”。

1996年6月,交通部下发“关于加强海员证管理工作若干问题的通知”,明确海员证审批机构和相应的审批权限。除各省人民政府和国务院有关部、委托直接出具办理海员证批件外,各省政府可授权其直属政府机构(不超过两个)和地(市)级政府,国务院有关部、委可授权其内部一个主管司(局),交通部可授权从事航运的国有大型企、事业单位出具办理海员证批件。10月,交通部公布经重新授权的海员证审批机构名单及其审批权限。

根据交通部船员证办理通知的要求,1996 年 7 月中国港监局公布《关于规范海员出境证件管理工作的规定》,作为各港务监督办理海员证的主要依据。12 月底,中国港监局公布第一批经重新审核的海员证申办单位名单及其编码。此后,根据经授权的备案情况和申办单位申请情况,每年适时公布经授权的海员证审批机构及权限,分批公布对海员证申办单位的增加及取消情况。至此,经中国港监局授权签发海员证的港务监督有:大连、秦皇岛、天津、烟台、青岛、连云港、上海、宁波、福州、厦门、汕头、广州、湛江、深圳、海南、南京、武汉、黑龙江、南宁港务监督。

(四)成为第一批履行《STCW78/95 公约》"白名单"国家

我国是《STCW 78 公约》最终文本原始签字国和缔约国。1979 年 6 月 3 日,我国对《STCW 78 公约》作了"有待核准"签字。1981 年 6 月 8 日,我国外交部部长致函海协秘书长,核准《STCW 78 公约》,中国成为缔约国,《STCW 78 公约》于 1984 年 4 月 28 日我国生效。自 1993 年起,国际海事组织(IMO)全面修正实施的《STCW 78 公约》,形成新的《78/95 海员培训值班国际公约》(简称《STCW78/95 公约》)。1995 年 7 月 7 日,我国在通过的"1995 年 STCW 修正案和 STCW 规则"1995 STCW 缔约国大会最终文件上签了字。该修正案和规则将于 1997 年 2 月 1 日生效,过渡期 5 年,2002 年 2 月 1 日前全面强制实施。该修正案规定海员必须接受系统的专业教育和培训,并强化了对海员实际技能的培训和评估。

为全面履行 STCW 78/95 公约修正案,我国政府于 1995 年 4 月成立履行"STCW 公约委员会",负责全面实施《STCW 78/95 公约》的准备工作,在国内现行船员管理法规的基础上,全面调整、修正和编写船员管理的各项法规和规定,建立一套使公约得以全面和充分实施的船员管理法规体系。另外,还成立中国航海教育教学指导委员会,负责调整和制定中国海员的航海教育政策,制定教学大纲,编制新的教材。1995 年 5 月 10 日,中国港监局下发《关于组成〈STCW 公约〉分委会的通知》,要求各港务监督乃至海运界切实提高我国船员管理水平,组成《STCW 公约》分委会,自该通知下达之日起正式开展工作,并开始组织起草政府履约报告。到 1997 年 4 月,经过几年的努力,编写出约 70 万字的《中国政府履行 STCW 78/95 公约报告》和作为附件的约 30 个管理规范性文件[其中有 10 个船员专业(特殊)培训与考试和发证办法]、175 个技术规范性文件(考试大纲、培训纲要)。1997 年 11 月 10 日,经交通部批准,外交部同意,中国政府驻英国大使馆正式向国际海事组织秘书长递交《中国政府履行 STCW 78/98 公约的履约报告》及其配套的法规体系文件。1998 年 3 月,上述履约文件及其附件通过 IMO 审核组的审核。我国是第一个完全按照国际海事组织规定的要求和时间提交履约文件的缔约国,并第一个接受 IMO 审核组的审核。国际海事组织秘书长高度评价我国履约报告及其附件,并作为范本推广。在 2000 年 11 月 27 日至 12 月 6 日的国际海事组织第 73 届海上安全委员会会议上,国际海事组织确认中国海员考试发证体系完全和充分地实施了《78/95 海员培训值班国际公约》(简称《STCW78/95 公约》),中国第一批进入国际海事组织公布的"完全和充分履行《78/95 海员培训值班国际公约》"的白名单,中国水上交通安全监管主管机关签发的海船船员适任证书被国际航运界接受和认可。履约文件及其附件通过审核得到国际海事组织的确认,使中国船员进入国际海员市场更具竞争力。

(五)有关香港船舶、船员管理规定

1997 年,交通部下发"关于香港回归后内地与香港航线有关航运管理问题的通知"。据该通知精神,内地与香港之间的海上运输航线为实行特殊管理的国内航线。7 月 22 日,以中国港监局名义下发"关于香港回归后内地与香港航线有关船舶船员管理问题的通知",指出:①在内地登记注册的航运公司和船舶

经营内地对外轮开放港口与香港之间的海上运输,其船舶进出港管理、安全及防污染管理、船员管理仍按既行规定执行。②在香港登记注册的船舶经营香港与内地对外轮开放港口之间的海上运输,除第三项规定之外,在其进出港管理、安全及防污染管理、船员管理方面,仍按既行对外国籍船舶的管理规定执行(对在香港工作的内地船员的管理亦仍按既行规定执行)。③对在香港登记注册的船舶,除保障船舶航行安全、防止船舶污染方面和其他一些特殊情况需要外,不再适用体现国家主权管理的强制引航规定。④在中国港务监督局未专门通知有效截止日期之前,原港英政府1997年6月30日之前为香港船舶和船员签发的船舶证书和船员证书均予认可。⑤船舶挂旗事宜按相关规定执行。⑥在香港登记注册的船舶"国籍"问题,国务院港澳办已征得香港特区政府同意改为"中国香港(HONG KONG CHINA)"。

(六)船员证书清理检查

1996年8月,交通部公布《关于规范船员出境证件管理工作的规定》,明确各港务监督的管辖范围。1996—1997年,中国港监局连续两年在全国范围内开展船员证照的清理整顿工作,对发证机关进行资格审查和认证,共检查船舶3万余艘,船员证书涉及10万余人次,共发现各类缺陷3万余项。对检查出的问题,治理源头,堵塞漏洞,追查责任,制定整改措施,促进船舶、船员证书管理的规范化。1997年6月25日至7月15日,交通部开展全国船舶船员证书安全大检查活动,各港务监督也参加了这一对全国船员证书、证件的清理整顿活动。检查对象为船舶登记证书、船舶检验证书、船员证书,检查的重点是发证机关违反发证纪律表现在证书、证件上的问题。10月6—20日,又开展以省港航监督为单位的船员证书交叉检查。

通过持续的以提高船员技术业务素质为目标的船员培训、考试和发证工作,既提高了船员的素质,又提高了航运生产力水平。至1995年10月,全国已有16.4万海员持我国港务监督机关签发的海员证;持有适任证书的船员已达52.9万人;持船员服务簿的船员达113万人;近2000艘我国国际航行船舶或外派到外国的船舶从事国际航行业务,国际海运运量已占我国外贸进出口90%以上。

四、加强船舶载运货物和污染水域的防止

(一)载运危险货物运输

包装危险货物系指将《国际危规》和《水路危险货物运输规则》中所包含的,以桶、箱、袋或运输组件等包装形式交付船舶运输的危险货物。

从1980年开始,中国国际航行船舶的危险货物运输(包括港口装卸)适用《1969国际油污损害民事责任公约》(简称《国际危规》),在中国境内从事危险货物国内运输、港口装卸、储存等业务的船舶则适用交通部1996年12月1日公布并实施的《水路危险货物运输规则(第一部分)水路包装危险货物运输规则》(简称《水路危规》)。《水路危规》是本着既符合我国国情,又与国际惯例接轨这一基本精神制订的。《水路危规》在立法依据、适用范围,危险货物的分类、编号、包装标志、积载、隔离、储存等方面均作了较大改动,反映了我国多年来水路危险货物运输方面所取得的经验和国际、国内理论研究的最新成果。1995年3月15日,交通部公布《水路货物运输规则》,于9月1日起实施,废止1987年5月31日、6月4日交通部先后公布的《水路货物运输规则》《水路货物运输管理规则》。1996年4月,交通部公布《液货船水上过驳作业安全监督管理规定》,自5月1日起施行。1996年6月26—27日,交通部在天津召开危险货物申报管理工作座谈会,要求以申报替代准单,危险货物申报须持申报员证书。

1994年1月1日,中国港监局公布《船舶载运外贸危险货物申报规定》,明确新的申报单证更换和危

险货物申报员的考核发证工作应于 1994 年 3 月底前完成。1997 年,长江港航监督局连续举办 5 期危险品申报员及集装箱装箱检查员培训班,培训 226 人。

这一时期,为对油船、危险品运输船作业严把"三关",各港务(航)监督在船舶装卸危险货物前,要求作业货方和船方双方共同制定作业方案、安全操作程序、应急联系办法等,上报港务监督主管机关审批,经同意方能作业;在作业中,严把现场监督关,通过派监督人员前往危险品库区、油船码头等作业现场,检查作业双方安全措施的落实情况,凡不符合安全作业条件的责令立即整改,否则不准作业,整个作业期间实行全程监装监卸;作业结束后,严把查验关,要求作业双方必须清理作业现场,不留任何可能导致火灾、爆炸等事故隐患。青岛港务监督 1997 年将船舶载运危险货物申报工作下放到监督站,实现监督检查前移,强化了船方和港方对危险品的装卸和运输的责任。

(二)船舶污染水域的防止

为提高船舶抗油污应急反应能力,1995 年 3 月,交通部下发"关于国内航行船舶准备实施《船上油污应急计划》的通知",要求自 1996 年 4 月 4 日起按规定办理经主管机关批准的《船上油污应急计划》。4 月,我国开始要求船舶配备《船上油污应急计划》,并在短时间内使我国航行国际水域的符合《MARPOL73/78 公约》的 2000 余艘船舶如期配备《船上油污应急计划》。1995 年,交通部完成大连、天津、上海、宁波、厦门和广州 6 个港口溢油应急计划编制工作,并在 6 个港口配备一批清污设备。1996 年,在烟台建成北方海区海上船舶溢油防治示范工程。

与此同时,中国港监局于 1994 年 2 月下发"关于颁发《'船上油污应急计划'申报和审批程序》的通知",要求国际航线船舶必须在 1995 年 4 月 4 日以前配备《船上油污应急计划》。6 月 15 日,中国港监局批准在烟台港务监督水域环境监测站基础上建设北方海区(长江口以北)中心实验室,提供有关检测证据和服务,承担有关监测基础研究和培训工作,船舶防污管理、有害物质技术监测和船舶交通事故处理等。

根据交通部、中国港监局的要求,沿海各港务监督采取不同措施防止船舶污染水域。1993 年 6 月 1 日起,烟台港务监督对进行油类作业的船舶实行铺设围油栏的措施。1994 年,深圳港务监督签发码头危险货物许可证 13 本。1996 年,上海港务监督起草《上海港防止船舶污染水域管理办法》,并经上海市政府公布施行,实现上海水上安全管理法规由地方政府立法零的突破。1996 年 5 月,广州港务监督为配合广州石油化工厂进口原油需要,批准在大屿山锚地进行大型油轮水上过驳作业,在国内开创先河。1997 年底,珠海港务监督完成《液化气体船水上过驳作业安全准则》国家强制性标准起草工作,填补国内空白。1997 年,天津港务监督审查和批准大港油田开工建设前的选址、管线铺设、助航标志设置等,以保障油田附近水域不被污染。1997 年起,青岛港务监督对进出港载运爆炸品、闪点低于 23 度(闭杯)的散装易燃液体、散装液化气体或其他特殊种类危险货物的船舶实行强制护航。从 1997 年 3 月 1 日起,深圳港务监督对辖区内从事船舶清除残余油类物质实施许可证制度,对从事相关业务的单位通过审核签发船舶清除残油类物质作业许可证,并同时将它们作为深圳港处理油污事故的应急队伍,为实施"深圳港油污应急计划"提供保障。2000 年 3 月 1 日,实施《深圳经济特区海域污染防治条例》。这是国内首部地方性海洋环保法规,对促进海域环境的保护起到很大作用。

多年以来,航行长江船舶上的垃圾基本上是直接抛入江中,沿岸生产和生活产生的固体废物、生活垃圾堆放在长江岸边或倾倒江中现象也很普遍,以致长江垃圾污染越来越严重。1993 年《人民日报》刊载《长江不是垃圾箱》的署名文章,指出长江垃圾污染问题堪忧。为此,交通部部长黄镇东做出批示,要求抓紧制定规章,加强长江防污管理。1995 年 11 月 16 日,交通部收到中央办公厅、国务院办公厅信访局转来反映“江渝 21”轮倾倒垃圾污染长江的信件,要求采取措施予以解决。

1996 年,交通部在长江三峡库区开展船舶污染源的监测工作。1997 年,制定三峡库区船舶溢油应急计划。11 月 17 日、12 月 24 日,交通部、建设部、国家环保局联合下发《加强长江船舶垃圾和沿岸固体废物管理的若干意见》和《防止船舶垃圾和沿岸固体废物污染长江水域管理规定》。管理规定于 1998 年 3 月 1 日起实施,在一定程度上遏制了长江船舶垃圾污染的势头,但污染状况还没有得到有效控制,仍然对水体生态环境和葛洲坝电站正常运行产生严重影响。1997 年 10 月 8 日、10 月 20 日,长江连续发生两起危险品落江事故,造成不良的社会影响,引起党和国家及交通部领导的重视。党中央总书记江泽民亲自批示:“要采取措施,防止事故危害扩大。同时要举一反三,防患于未然,加强航运管理,避免类似事故发生。”交通部就此作出部署。为落实江泽民的批示和交通部的部署,长江港航监督局从危险货物的源头抓起,严格规定申报,层层把关,不符合要求的禁止装卸作业,杜绝违章承运危险货物,加大船舶载运化学品和液化气的监督管理力度。

各省(区、市)港航监督也加强防止船舶污染水域的管理。1994 年 3 月 23 日,广东省政府公布《广东省水路危险货物运输监督管理办法》。据此,广东省 1994—2000 年先后新建液化石油码头 84 座、油码头 43 座和其他油品与危险货共用码头 67 座,按标准经主管部门检验合格共签发装卸危险货物码头许可证 194 本。1997 年 8 月 17 日,茂名港航监督公布《茂名水东港第一深水作业区(25 万吨原油装卸海上单浮)安全管理办法》,为中国第一座(25 万吨级)“单浮”——茂名石化单浮系海上原油接卸系统安全作业提供保障。该“单浮”自 1994 年 11 月建成投产至 2000 年,靠泊巨型油轮(VLCC)157 艘次,安全接卸原油 2987.5 万吨。

五、船检管理的全面推进

(一)船舶检验管理体制进一步改革

尽管从 1982 年起船检系统单独运行,但管理体制上仍为中央和地方并存,导致机构重叠,检验、收费重复,局社合一,政事不分,政令不一,秩序混乱。这不仅给船舶安全埋下隐患,而且在国际上造成不良影响。

为此,1996 年交通部上报的《深化水运管理体制改革方案》,明确了船舶检验管理体制改革总体思路:政事分开,划清职责,统一政令,理顺关系。理顺中央与地方船检管理体制,解决同一水域船检机构重复设置、重复检验和重复收费等问题。按照精简、统一、效能原则,根据不同水域特点,中央、地方船检机构要做到政令统一、管理分级、职责划清、分工合理。改革国家船检体制,将中国船级社与中国船检局分开,其中中国船检局为交通部职能部门且履行行政管理职能,对外保留“中华人民共和国船舶检验局”的名称。

国家船检局主要职责:负责统一编制国家船检行政管理法规,组织制定颁布船舶法定检验的技术规范、规则、标准;组织实施国际海事组织(IMO)有关船舶安全方面的规则和标准;对全国船检工作实施监督检查和行业管理;认定船检服务社团和船检师资质;办理船舶法定检验的授权。

中国船级社职责:为国家验船机构,是自收自支的社团组织,按市场经济原则和国际通行做法,从事有偿船舶检验、咨询服务业务和质量认证以及实施国际船舶安全准则。中国船级社是部属一级事业单位,服从国家船检局的行业管理。

中国船级社于 1993 年 2 月成立船级委员会。3 月 10 日,中国船级社将简称“ZC”改为“CCS”,修改社徽图案、入级船舶载重线标志和船舶入级符号。5 月 31 日,启用去掉 ZC 字样的社徽新图案。9 月 1 日起,逐步启用修订后的载重线标志和入级符号。12 月 12 日,交通部批准中国船检局负责管理外国船级社在华机构。1995 年 3 月 22 日,交通部授权中国船级社执行《国际船舶安全管理规则》(ISM Code)认证与发证。10 月 25 日,交通部确认中国船级社符合国际海事组织 A · 739(18)决议规定,重申中国政府授权中国船级社对悬挂中国旗的船舶执行检验和签发公约证书。10 月,中国船级社接入国际互联网(Internet),全面实现与国际海事界间的电子信息交流。

1994 年 11 月 3—6 日,交通部在武汉召开第三次全国地方船检工作会议,要求船检部门适应社会主义市场经济发展需要,贯彻国务院颁布的《中华人民共和国船舶和海上设施检验条例》,加强行业管理,将船检纳入法制建设轨道,从直属管理向全行业管理转变。1995 年 11 月 21 日,农业部渔业船舶检验局对外改用"中华人民共和国农业部渔船检验局"名称。

(二)船舶检验管理规章制度的完善

1993 年 5 月 1 日,中国船级社公布实施我国第一部高性能船入级和技术规范——《海上高速船入级与建造规范》。1994 年 7 月 1 日,公布修改后的《钢质海船入级与建造规范(1989)》,并宣布中国船级社最高船级符号由★ZCA 改为★CSA5/5(船体),轮机入级符号由★ZCM 改为★CSM,冷藏装置入级符号由★ZCR 改为★CSR。1996 年 9 月 1 日,公布实施首版《船舶安全管理体系认证规范(1996)》。10 月 1 日,公布实施我国第一部内河船舶入级规范——《钢质内河船舶入级与建造规范(1996)》。1997 年 7 月 1 日,中国船检局公布《海上固定设施安全技术规则》。9 月 1 日,中国船级社公布实施《1997 年内河高速船建造与检验规定》。

(三)船舶检验业务的扩展

1993 年以后,我国船舶检验业务大幅度增长。仅船用产品检验业务,到 1995 年已增加到 28 个国家或地区,10 年内增加 1.2 倍。到 1997 年,登记检验在册的船舶 87 万艘、3733 万总吨,其中入级船舶 1907 艘、1524 万总吨,包括各种大型远洋全集装箱船、成品油船、液化气船和自卸散货船等技术含量高的新型船舶。

与此同时,1994 年 2 月 9 日中国船级社被国际海事组织认可为执行《国际集装箱公约》检验发证机构。3 月 9 日,国际船级社协会理事会主席为中国船级社签发为期 3 年的质量体系合格证书,标志着中国船级社的质量体系已达到国际水平。6 月 14 日,中国船级社最高船级符号被纳入伦敦保险商协会(ILU)船级条款,CCS 级船舶在国际航运保险中开始享受与世界著名船级社同等的保险费率优惠待遇。1994 年,中国船级社被美国海岸警卫队认定为首批认可的船级社。1995 年 10 月 25 日,交通部确认中国船级社符合国际海事组织 A.739(18)决议规定,重申中国政府授权中国船级社对悬挂中国旗的船舶执行检验和签发公约证书。1996 年 11 月 22 日,中国船级社被欧盟(EU)正式列为首批认可的船级社之一,从而使入中国船级社船级的船舶在进出欧盟水域接受港口国检查时,享受与各大船级社船级船舶同等待遇。在《国际船舶安全管理规则》(ISM Code)认证方面,中国船级社已接受 16 个国家和政府授权,对 40 家船公司、400 多艘船舶进行审核和发证。

随着我国船检业规范科研工作的加强和快速发展,检验业务开始向大型高性能船舶技术领域迈进。我国船检部门除对大量船舶进行检验入级外,还全面开展对船舶和海上设施所有设备、部件和材料的工厂认可。1993 年 10 月 16 日,天津船舶检验局完成"中华第一人工岛"——大港油田张巨河先导性试验人工岛检验与发证,开创我国海洋工程检验中对人工岛海上固定设施的检验业务。到 1997 年底,中国船级社共检验 70 多座海上设施,对国内 790 家、国外 73 家产品制造厂进行工厂认可,对国内 5163 种、国外

2281 种型号的船用产品进行形式认可,检验的各类集装箱已达 30 多万 TEU,业务涉及 30 多个国家和地区。地方船检部门也积极开展小型船舶的船用产品检验,并进行检验登记,登记量已从 1985 年 1105 万吨增加到 1995 年 1574 万吨,10 年间增加 42%。同时,检验的船舶种类由常规木帆船、驳船、客船、货船,扩大到高速旅游船、油船、车渡船、集装箱船、工程船、气垫船、双体客船等多种船型。船用产品检验业务从 1979 年起开始由国内发展到国外,到 1985 年达 13 个国家或地区,到 1995 年达 28 个国家或地区。另外,从 1980 年起中国船检及后来的船级社受中国政府授权,从事有关海上设施设计、建造和入级的规范、规则研究与编制,以及进行相应检验工作。到 1994 年底,已对分布在中国海域的 60 余座海上设施进行陆上建造、海上安装调试和使用中的法定检验、入级检验和鉴证检验。至 1995 年,全国渔船检验登记量达 370 万总吨。

此外,船检机构和队伍进一步扩大,人员素质迅速提高。至 1995 年,船检验人数为 5233 人,其中直属系统 1943 人、地方系统 2617 人、渔船检验人员 673 人。到 1996 年底,船检机构已达 1800 多个,其中驻外机构 14 个、渔船检验机构 597 个,分布在国内外主要港口和城市,从而形成以北京为中心,以沿海、沿江主要港口为依托,遍及全国、辐射全球的我国船舶检验业务网,为保证我国船舶及海上设施的安全航行与作业,防止水域污染发挥重要作用。

1995 年 11 月 21 日,农业部渔船检验局对外称"中华人民共和国农业部渔船检验局",各省(区、市)渔船检验机构对外的名称也相应为"中华人民共和国××(省、区、市名)渔船检验局。到 1996 年底,沿海和单列市建立的渔船检验机构,局级 14 个,处级 19 个,县站级 263 个。同时,一些渔船检验法则、规范出台。如 1993 年出台《海洋渔船安全规则》,1995 年出台《玻璃纤维增强塑料海洋渔船建造规范》。

六、扩展船舶引航业务

我国沿海船舶引航自 1984 年隶属港务局管理起,一直没有变化。内河引航仍归长江航政管理局管理。

从 20 世纪 80 年代中期开始,我国沿海各港引航机构瞄准世界引航的发展趋势,根据本港实际情况,结合现代信息化技术的发展,研发兼具船舶动态监控和引航生产管理的智能引航综合管理系统。特别 1994 年,中国引航首次派出代表参加国际引航协会第十二届会议。1995 年 5 月,中国最大引航站——上海引航管理站以中国引航协会上海分会的名义在国内引航机构中第一个申请加入国际引航协会。是年,上海引航管理站有人员 414 人,其中引航员 121 人,高级与一级引航员分别为 18 人、47 人;有 1500 总吨以上的引航船 3 艘、1618 千瓦的联检船 2 艘、豪华游艇 2 艘;拥有专用码头 2 座,无线电台 1 座。1997 年,成功地研究开发出引航生产管理信息系统,实现上海港引航、引航收费和引航管理自动化,彻底甩掉沿用多年的挂小牌显示工作安排、人工统计引航生产资料的老旧管理模式。

1995 年 10 月 9 日,交通部在研究全国沿海港口引航管理改革体制问题时,提出改革的基本思路:按照"一城一港一引航"的原则,设立非营利性的、事业性的引航机构,隶属于政企分开的港口管理部门。引航安全管理工作由海上安全监督部门负责。引航不实行竞争。随后,深圳港务局率先进行引航管理工作体制改革,设立一个非营利事业性引航机构,统一负责全港的引航工作,隶属深圳市港务局。

自 1990 年起,长江港航监督局相继在长江沿线的南通、张家港、江阴、高港、镇江、南京、芜湖、九江、武汉、宜昌、重庆 11 个港航监督局内设立引航站,其中有 9 个涉外引航站,形成引航总站、引航站、引航办事处、引航基地、引航调度等一整套引航管理体系和生产组织机制。在此基础上,随着各直属局引航站相继成立并独立开展引航业务,具有长江引航调度中心职能的南京引航站的调度职能逐渐弱化。为改变各引航站缺乏协调、各自为政局面,1994 年 4 月长江区港务监督局引航总站浏河调度中心成立,主要负责长江全线引航统一调度、进出长江海轮动态信息和联系通报、浏河引航交通接送安排和车船调派、浏河海轮锚地指泊等管理工作。1994年9月25日、11月15日、11月28日,扬州、太仓、黄石港口对外开放。1996年9月25日、11月16日,安庆、常熟港口对外开放。至1997年底,长江沿线对外开放港口已达14个。

为适应长江航运事业的发展和与国际惯例接轨的需要,按照交通部领导提出的长江引航工作要打破行政区划,实行集中统一调度,实行在航交接的指示精神。1997年3月12日在长江港航监督局引航总站的基础上,组建长江引航中心,为具有独立法人资格的非经营性事业单位。主要任务是:为船舶在长江干线航行、进出港口或在港内移泊提供引航服务;按国家规定,对外籍船舶实行强制性引领,履行国家主权职责。该引航中心下设南通、张家港、镇江、南京、芜湖、武汉6个引航站,共有人员240人。6月18日,长江引航中心在江苏省太仓浏河镇挂牌成立。1998年6月18日,迁至江苏省江阴市文化西路40号。

为便利港航企业经济发展,1991年1月交通部批复从宝山锚地至长江30号浮之间、吃水9.5米以下、船长160米及以下船舶,以及30号浮至南京以下、船长130米及以下的海轮可实行夜航。这标志长江夜间引航的实施,满足了一些特殊船舶对船期的要求,提高了生产效率。1996年10月1日,上海至长江引航在宝山实现在航交接,加快了船舶周转,缩短了船舶营运周期。1997年4月,长江引航中心出台《引航员调派原则》,使长江引航生产组织更加规范。同时,长江引航中心还打破各引航站界限,合理配置引航力量,解决长江中上游引航力量闲置、下游引航力量不足的问题,使集中统一管理的优势得到体现。

七、航运公司安全管理体系的始建

航运公司,指承担船舶安全与防污染管理责任和义务的航运企业,包括船舶所有人、经营人和管理人。

早在20世纪80年代,国际上与海上安全和防止污染相关的船舶和船员标准不断提高,同时全世界海难事故也不断发生,重特大事故呈上升趋势。据统计,所有海上事故中约80%是人为因素造成的。这一严峻的现实引起国际海运界普遍的高度关注,认识到加强对人为因素控制的重要性。为此,国际海事组织修改《1978年海员培训、发证和值班标准国际公约》,强调船员的操作技能,加强港口国监督,并制订有关船舶安全和防止污染操作性要求的监督程序,建立船旗国履约分委会,帮助发展中国家解决履约困难。另外,还制订和出台《国际安全管理规则》等一系列措施。《国际安全管理规则》是国际海事组织于1993年11月第18届大会审议通过推荐性的《国际船舶安全营运和防止污染管理规则》(简称《国际安全管理规则》或ISM规则),并于1994年5月将其纳入《国际海上人命安全公约》第Ⅸ章,成为一项国际范围内强制实施规则。该公约规则第Ⅸ章规定:第一,客船(包括载客高速船),500总吨及以上的油船、化学品船、气体运输船、散货船和载货高速船(第一批船舶),其公司及船舶应不迟于1998年7月1日满足《国际安全管理规则》要求,并分别取得符合证明和安全管理证书;第二,500总吨及以上的其他货船和移动式近海钻井装置(第二批船舶),其公司及船舶应不迟于2002年7月1日满足《国际安全管理规则》要求,并分别取得符合证明和安全管理证书。否则,在规定期限后上述船舶和装置不能继续从事国际航运及钻井活动。

在这一背景下,为加强对人为因素的控制,1984年11月3日国务院国发布〔1984〕152号文,规定从事国际海运船舶由交通部归口管理,要求今后各船公司凡有新的船只投入国际海运,经营该船的船公司须事先报交通部审核。1985年6月8日,交通部下发“关于我国航行国际航线商船须经交通部审核的通知”,要求:港务监督进行船舶登记时,应认真审查相关文件和证书,按规定核发国籍证书;船检部门按规定进行有关检验,合格后签发国际航行证书;经审核同意后,交通部发给批准文件。8 月 15 日,交通部下发“关于对我国从事国际海运船公司管理问题的通知”,强调:凡未按规定办理相应手续船公司经营的商船(包括期租船),从 1985 年 8 月 31 日 24 时起停止从事国际海运活动,届时港务监督部门不得办理出口手续。新投入国际海运的船只,须按规定事先得到批准,然后船检、港务(航)监督部门才能发给有关的船舶证书;未经批准,船公司不得自行扩大业务范围和增加船只,并由港务、港监、外代等部门予以监督。

1990—1991 年,交通部下发“关于加强国际运输船公司管理的通知”“关于加强国际运输船公司管理的补充通知”,进一步明确我国从事国际运输的船公司、船舶营运情况及安全管理。

1994 年,全国水上交通安全工作会议之后,交通部在多次水上安全管理会议上反复强调实施《国际安全管理规则》的重要性。12 月,交通安全监督局开始研究和部署实施《国际安全管理规则》,并组织全国大中型航运企业在宜昌召开会议,推进实施《国际安全管理规则》。

1995 年,我国的国际航运公司已有 200 多家,国际航行船舶 1000 多艘,已跨入世界前 9 位,属世界海运大国。然而我国船舶已被巴黎备忘录和东京备忘录国家列入港口国监督检查“黑名单”。其中,在澳大利亚受检被滞留 20 艘次,滞留率为 18.4%;在欧洲受检被滞留 27 艘次,滞留率为 21.3%,已超过平均值;在美国受检被滞留 17 艘次,滞留率为 4.4%,也超过平均 3.6%的滞留率。主要原因是消防、救生和载重线方面存在问题。在这种情况下,如不能很好地实施国际规则,许多船舶就不能继续从事国际航行业务,且会严重影响我国国际海运地位,导致我国对外贸易受制于人。另一方面,就是拿到证书,若不按安全管理体系运行,亦可能导致滞留。所以,实施 ISM 规则不仅是 IMO 的要求,也成为各船公司加强安全管理的内部需求。为此,1995 年 3 月 22 日,交通部下发“关于做好实施《国际安全管理规则》准备工作的通知”,明确交通部是中国实施该规则的主管机关并负责向公司签发符合证明,中国船级社作为主管机关认可的机构负责船舶安全管理证书的发证,中国港监局作为交通部对公司发证的承办机构负责对船舶发证工作实施监督。同时,为开展国际航运企业调查工作,交通部成立了交通部实施《国际安全管理规则》领导小组和顾问小组,并召开两次顾问小组会议。经过两次调查摸底,适用于《国际安全管理规则》的国际航运企业已基本摸清。根据摸底情况,1998 年 7 月 1 日以前满足规则需要的公司为 80 多家。5 月,中国港监局编辑印发《国际安全管理规则及其相关文件选编》,对相关文件资料进行总结归纳。9 月 21 日,交通部下发《实施〈国际安全管理规则〉的指导意见》,明确实施该规则的基本要求、重要性、指导思想、原则要求及需要重视的几个问题,以推进规则的顺利实施,这标志着实施《国际安全管理规则》的审核发证工作正式开始。11 月 10—11 日,交通部在北京召开实施《国际安全管理规则》第一次动员大会,主要就实施该规则的目的、指导思想。准备工作的几点要求等做出进一步强调和布置,并决定将上海、广州、大连海运(集团)公司和上海、天津、大连、广州、青岛 8 家国际航运公司及船舶作为实施《国际安全管理规则》试点工作的单位。这标志着我国航运公司实施 ISM 规则的管理工作正式起步。与此同时,中国船级社为许多国际航运公司开展咨询和培训服务,并出台了中国船级社的审核规范。

1996 年 4 月,交通部专门在广州召开全国港监系统实施 ISM 规则工作会议。5 月 24 日,交通部下发“关于港监系统做好《国际安全管理规则》实施工作的通知”,明确按照中国国际航运公司分布特点,全国划分为辽宁及黑龙江、天津及河北、山东、江苏沿海、上海、浙江、福建、广东及广西、海南、长江等 10 个片区,指定大连、天津、青岛、连云港、上海、宁波、福州、广州、海南港务监督和长江港航监督局分别牵头负责本片区国际航运公司实施《国际安全管理规则》的管理及审核发证工作。如广州港务监督作为交通部指定的两广片区实施 ISM 规则协调领导小组的牵头单位,积极组织召开片区工作会议。对片区适用 ISM 规则的 32 家航运单位及其 299 艘船舶的情况进行调查摸底。7 月底,开始培训审核员。8—9 月,开始船公司审核工作。同时,各船公司也抓紧完成内部准备:相应组织保证,全员培训,处理建立安全管理体系与安全管理新机制关系,认识ISM规则与ISO 9000系列标准的联系与区别。交通部组织公司安全管理体系审核组,由部属港监、船公司和船级社持有主管机关认可的审核员证书的审核员组成,审核航运公司安全管理体系,以保障我国航运利益不受到国际制约。随后,交通部安全监督局派出审核组,对第一家申请审核的上海远洋运输公司进行审核,之后又分别审核其他试点单位。10月29日,交通部下发《关于颁布〈交通部安全管理体系审核员守则(试行)〉及〈交通部安全管理体系审核组接待及报销规定(试行)〉的通知》,规范安全管理体系审核员工作及相关制度,使航运公司体系审核工作逐渐步入正轨。之后,又连续举办4期安全管理体系审核员资格培训班,共229人取得审核员资格。到1997年7月,中远所属七大公司和广州、上海、大连三大海运公司均通过国际安全管理规则的审核发证,长航集团的几家公司已提出申请或通过预审。中国船级社也对近百艘1998年7月1日前必须实施规则的船舶进行审核发证。

1997年1月12日,交通部安全监督局发布《关于实施〈国际安全管理规则〉的通告》,要求第一批实施《国际安全管理规则》的国际航运公司及船舶,应于1998年7月1日前建立安全管理体系并至少进行3个月运行,以便于适时组织审核并如期取得相应证书。公告明确:交通部安全监督局作为主管机关,负责在中国组织实施《国际安全管理规则》和对审核发证工作进行监督,同时负责对公司的审核发证;授权中国船级社依据《国际安全管理规则》对中国船舶审核发证。这标志着我国开始对从事国际航运的船公司按照国际航运界强制实施ISM规则。

1997年,交通部下发《航运公司安全管理体系审核的若干准则(第一部分)》。之后,交通部安全监督局下发《航运公司安全管理体系审核发证规则(试行)》和《航运公司安全管理体系审核发证程序(试行)》,要求到1998年7月1日前我国从事国际航运公司必须有80家开始按照国际航运界强制实施ISM规则。这标志我国对ISM规则进入全面实施阶段。至1998年1月16日,第一批实施《国际安全管理规则》的59家国际航运公司及260艘船舶按期通过审核,获得符合证明,取得国际航行通行证。第二批公司实施该规则也正在进行中,初步积累了一些管理经验。通过实施ISM规则,我国船公司不仅加快与国际接轨的步伐,增强了企业在国际航运界的竞争能力,而且促使企业安全管理水平和整体素质不断提高。

八、事故处理与重大案例

长期以来,各港务(航)监督机构对水上交通事故的管理,着重就有关事故处理的法律、法规及规章和规范性文件,要求事故调查人员学习、领会其精神实质,对发生事故调查和调解分开进行,分析事故发生主的要原因,寻找管理上的得失,并制定出具体的应对措施等。1993年3月24日,交通部公布《中华人民共和国内河交通事故调查处理规则》,于7月1日起施行,规定了内河交通事故的报告、事故调查处理的分工、调查、处理及调解的程序等事项。此规则公布后,长江港航监督局立即举办培训班,组织全线事故调查人员学习,并于每年底形成《长江干线船舶交通事故统计分析》,至1996年形成更为全面的《安全形势分析报告》。这些报告的内容包括安全形势总体评估、事故特点、主要原因分析及应对措施等。1996年,四川省八届人大第二十二次会议通过《四川省水上交通事故调查处理程序》,从地方法规层面强化水上交通事故处理工作。

这一时期我国水上发生的重大典型事故案例有:

1994年1月2日9时38分,在长江下游高港对面花鱼套附近水域,南京长江油运公司“大庆423”轮(油轮)与中国远洋运输(集团)总公司江苏省远洋公司“苏鹤”轮(集装箱轮)上下行对驶发生碰撞事故。碰撞后“大庆423”轮爆炸起火,燃烧20多小时后推定全损,1名船员受伤;“苏鹤”轮船首严重受损,2名船员受伤。整个事故直接经济损失2000万元。

1997年1月3日9时左右,“川资中货0080”船与“川资中渡0006”船在资中县归德镇境内沱江河缸子滩河段发生碰撞,致“川资中渡0006”船沉没,死亡或失踪43人,直接经济损失14万余元。

1997年4月4日下午3时左右,沿河土家族自治县淇滩镇彭华村中寨村民组村民彭学尧驾驶自制的单机木质客货机动船“沿运118号”,载客81人在沿河土家族自治县和平镇乌江干流沙溪子滩处上浪沉没。船上人员全部落水,经抢救生还上岸32人,死亡41人,失踪8人,直接经济损失35万元。

1993年12月16日,大连远洋公司代管的华海石油运销有限公司2.5万吨级油轮“华海1号”在青岛港油轮锚地调整压舱水时突然爆炸起火,造成3名船员失踪,船舶报废。

1994年6月20日,外籍散货船“阿波罗海”轮在南非开普敦西北海域失踪,在该船上工作的广州远洋运输公司的36名外派船员全部失踪。

第五节　航标、测量及水上通信的进一步推进

一、航标建设和管理的进一步推进

(一)整顿和调整海区航标管理机构

海上干线公用航标,20世纪80年代由海军移交交通部管理后,隶属关系几经变化,实行的是双重领导格局。这种航标管理体制属“管人与管事脱节”双重管理模式,导致机构重叠、职责不清等问题。

为此,1993年初交通部安全监督局委托中国航海学会航标专业委员会开展海区航标管理体制调查研究。1995年1月14日,交通部下发“关于开展航标管理体制改革试点的通知”,决定在南海海区开展航标管理体制改革试点工作,将广州海上安全监督局负责的海口航标处(区)业务领导职能移交海南水上交通安全监督局,将汕头海上安全监督局所属的汕头航标处(区)成建制划归广州海上安全监督局,为广州海上安全监督局的直属基层单位。12月13日,交通部公布并实施《海区航标动态通报管理办法》,并废止1985年2月公布的《海区航标动态通报办法》。该管理办法规定交通部安全监督局是全国海区航标动态通报的主管机关,天津、上海、广州海上安全监督局分别负责北方、东海、南海海区航标动态通报管理工作。北海海区指辽宁、河北、山东省及天津市沿海水域;东海海区指江苏、浙江、福建省及上海市沿海水域;南海海区指广东、海南省及广西壮族自治区沿海水域。

1996年12月25日,交通部公布《海区航标设置管理办法》,于次年3月1日起实施,规定:天津、上海、广州、海南海上安全监督局是海区航标管理机关,分别负责北方、东海、南海、海南海区第一类航标设置的审查和第二类航标设置的规划和审批工作;交通部在沿海设立的海上安全监督局和县级以上地方人民政府交通行政主管部门是辖区航标管理机关,按各自分工负责辖区内第二类航标设置的管理工作。办法还规定航标设置申请、审核等具体工作。1996年,交通部批复《关于接管厦门港海沧港区航标的报告》,同意将厦门港海沧港区航标移交上海海上安全监督局厦门航标区统一管理。

(二)航标规范性文件进一步完善

20世纪90年代,中国航标事业进入一个新的发展时期。1995年12月3日,国务院颁布《中华人民共和国航标条例》。该条例规定,海区港务监督机构为航标管理机关。这是国家为加强航标管理和保护的第一部法规,使航标法制化建设进入新的发展阶段。

1995年,根据上述航标条例,交通部公布《航标动态通报管理办法》,规范航标动态通报的方法和渠

道。此外,编制《全国海区航标"九五"建设发展规划》,提出海区航标系统的发展战略,开始建设沿海差分全球卫星导航系统(DGPS)。1996 年,交通部公布《长江干流桥区航标设置及维护管理规定》(3 月 14 日)和《内河航标管理办法》(5 月 20 日),以加强内河水域水上助航标志建设。之后,相继公布《海区航标设置审批办法》《灯塔及其主要附属设施建设通用要求》《中国海区差分全球卫星导航系统播发标准》《海区航标机器动力设备管理规则》《海区航标作业管理规则》和《海区航标船艇管理规则》等规章,并制订《全国海区无线电指向标和罗兰 A 导航系统调整过渡方案》。交通部安全监督局编辑发放《航标法规、标准汇编》。

以上这些航标与测量管理法规、规章及规范性文件,不仅构成沿海、内河航标建设和管理法制体系,而且推进了航标、测量建设和管理工作的进一步发展。

为进一步衡量海区航标正常率和维护正常率的标准,1996 年 12 月 3 日交通部公布《海区航标作业管理规则》,自公布之日起执行。该规则适用我国海区和通海河口的视觉航标及音响航标,要求:视觉航标,标位准确、灯质正常、涂色鲜明、结构良好;音响航标,信号清晰、发放及时;航标正常率达到 99.6%(南海海区达到 98.5%),航标维护正常率达到 99.8%(南海海区达到 99%)。这一规则成为考核航标正常率、航标维护正常率的技术标准,沿用至今。

(三)加紧海区航标建设和管理

这一时期国家继续不断投资建设海区航标。1993 年,新建红坎、海陵、镇海角、牛山岛指向标,恢复大戢山、花鸟山、佘山等指向标。此时,连同海军移交的 15 座指向标,共 22 座指向标,形成了覆盖中国沿海水域的指向标网。到 1996 年初,沿海港口和重要水道航标已经成链,新建大型灯塔 5 座、灯桩 16 座,改建灯塔 14 座、灯桩 56 座。特别是 1995 年 8 月 24 日建成的坐落在南海上的木栏头灯塔发光。此塔是当时亚洲最高的灯塔,塔高 72.1 米,射程 25 海里。至 1995 年 10 月,由沿海三大海区海上安全监督局负责管理的沿海航标达 2800 多座。

1997 年 10 月,交通部安全监督局向国际航标协会(IALA)推荐报送中国百年以上 5 座中国历史文物灯塔,即大连老铁山灯塔(始建 1893 年)、上海青浦泖塔(始建 1893 年)、温州江心屿双塔(东塔始建于 1869 年,西塔始建于 1969 年)、舟山花鸟山灯塔(始建 1870 年)、海南临高灯塔(始建 1894 年),以及澳门申报的东望洋灯塔。经 IALA 理事会批准,5 座灯塔均入选 IALA《世界历史灯塔》画册。为系统地展示中国航标久远历史,1997 年交通部安全监督局下发"关于做好中国航标展馆筹备工作的通知",由天津海上安全监督局组成中国航标展馆工作小组,拟定中国航标展馆布展方案,馆址选在秦皇岛市东山公园南侧。

各省(区、市)航标主管部门在省境内建设各种助航设施。如广东省从 1958 年之后在全省干流航道和主要支流航道上建造新式等级航标,到 1997 年已建成新式内河航标 4500 座。从 20 世纪 50 年代中期开始在全省沿海地方港口和短程航线上建设航标,先后在海安港、水东港、北津港、饶平港等 14 个主要沿海小港设置航标,至 1997 年已建成 212 座。

(四)航标经费的进一步调整

1993 年 8 月 31 日至 9 月 2 日,交通部安全监督局、交通部财务会计司在上海召开航标单标定额工作会议,提出"单标定额"方案,将沿海航标划分为 11 类、19 级。1995 年,交通部航测经费会议确定增加 DGPS 台 1 类 2 级,加上航标合计 12 类 21 级。这是单标定额的依据,也是加强航标管理的重要基础工作。单标定额测算的原则和方法,以 1992 年实际支出数扣除规定的项目费用后,凡能直接计入单标费用的应直接计入,否则按会议商定的分摊依据和标准分摊计入;测算方法以 1992 年确定的支出数、各项定额规定数(若无定额,按先进合理的原则自行确定)及财务会计核算数进行测算。1994年2月21日,交通部安全监督局下发“关于安排航标专项建设改造的通知”,拟自船舶吨税拨专款安排935万元用于沿海航标专项建设改造,要求天津、上海、广州海上安全监督局在预算资金内负责组织制定改建、改造方案,对北方、东海、南海3个海区主要导航设施进行改造与养护。2月25日,交通部、国家计委、财政部、海关总署联合发出“关于调整船舶吨税税率的通知”,决定将现行税率提高50%,自1994年3月15日零时起施行。

从1984年沿海港口体制改革起,天津、上海、广州3个大区海上安全监督局管理沿海航标,交通部水上安全监督局对沿海航标进行布局调整、改造,完善了我国沿海“航标链”。1986—1995年,重点建设重要港口、航道助航设施,新建、重建大量灯塔、灯桩、导标,使我国沿海及各主要港口基本实现了灯光交叉覆盖的“灯塔链”。

二、测绘管理工作的进一步推进

(一)海区测绘的进一步发展

1993年以后,交通部安全监督局测量部门在测绘信息管理系统的开发、电子海图的开发应用、水深测量自动化等方面取得多项科研成果。至1995年10月,出版航道图达163幅,年航道测量面积已达1万多平方公里。

1995年,交通部安全监督局和中国航标专业委员会在上海举办海洋测绘新技术学术研讨会,国内外专家、学者70余人与会,广泛交流海洋测绘定位、测深、制图等,并宣传中国的测绘成就等。

1996年,为保证测绘成果的质量,交通部安全监督局抓好组织制订行业法规和技术标准工作,制订《交通系统(水运)测绘管理办法》《海洋测绘法规标准汇编》《计算机海图制图技术规定》和《水深测量自动化技术规定》等相关规范性文件。同时,下大力气抓好仪器设备(特别是进口设备)的消化吸收、开发使用及维护保养,执行上岗前培训和各种设备的操作规程等规章制度,组织科技人员对重点项目进行攻关,提高劳动生产率。还首次实现国内中文全要素海图的激光照排输出,大大缩短海图印刷出版周期,并通过了交通部级的鉴定

(二)海区航测信息系统的建成

海区航标(测绘)信息系统,统称全国海区航测信息系统,是水上交通安全监督管理信息系统一期工程的组成部分。该系统是纵向的航测业务管理的信息系统,包括航标维护管理系统、测绘生产管理信息系统、航测公用信息系统等。它涵盖部局航测处、三大海区航测导航处和测绘处、基层航标处和海测大队等。该信息系统始建于海上安全监督局成立前。1996年,交通部安全监督局开始全国海区航测信息系统前期工作,制订建设方案并计划分两期建设。1997年3月,组织专家审查《全国海区航测信息系统建设方案》,并通过技术鉴定。

(三)电子海图系统及其他

电子海图绘制,是航海图制作进入信息化的标志,始于20世纪90年代中后期。1996年,海军有关单位开始电子海图信息显示系统和符合S-57标准电子海图的研制工作,并开发转换软件,以便将自定格式的电子海图转换成符合国际标准的电子海图。1996年,交通部安全监督局委托上海海上安全监督局牵头成立电子海图研发小组,开始国际标准电子海图的研究和开发。

长期以来,测量主管部门始终把港口航道测绘质量放在重要位置,通过各种有效措施促进测绘质量的提升。航道图绘制自 1994 年引进 CARIS 软件,与激光照排技术结合,开始用平板绘图仪刻图生产印版,结束了过去手工制图工艺。到 1998 年,已能够采用激光照排输出成图,实现了海图编辑、绘图、印刷一体化。从 1996 年起,天津、上海、广东 3 个海上测绘大队通过 ISO 9001:2000 标准认证的质量管理体系,实施对航道测量质量的管理,并完全覆盖沿海海道测量全过程。

三、水上安全通信的进一步推进

(一)水上通信管理规章与机构调整

1994 年 12 月 24 日,交通部公布《海上移动通信业务标识管理办法》,授权交通部无线电管理委员会负责全国海上移动通信业务标识的统一管理工作,具体工作挂靠在通信中心的交通部无线电管理委员会办公室。1997 年,该委员会更名为交通部无线电管理领导小组。

为加强水上通信管理,交通部公布了一系列水上通信管理规章。1993 年 12 月 24 日,公布《海上移动通信业务标识管理办法》,次年 3 月 1 日起实施。1997 年 6 月 14 日,公布《水上移动卫星通信管理规则》,10 月 1 日起实施。并废止 1984 年的《卫星水上通信管理规则》。此外,交通部无线电管理委员会还公布了一些水上通信管理规范性文件,如《代管船舶电台管理办法》(1992 年 6 月)《水上无线电通信规则》(1993 年 3 月)和转发国家无线电管理委员会 1993 年 5 月 24 日下发的"关于保护全球海上遇险安全系统(GMDSS)频率的通知",以及交通部 1993 年 6 月 15 日公布的《全球海上遇险安全系统船舶无线电人员考试发证办法(试行)》。

(二)海上航行警告和航行通告的管理

1993 年 1 月 11 日,经国务院 1992 年 12 月 22 日批准,交通部公布《中华人民共和国海上航行警告和航行通告管理规定》,于 2 月 1 日起实施。该规定重申沿海水域港务监督机构主管本辖区内海上航行警告和航行通告的统一发布工作。3 月 8 日,公布《水上无线电通讯规则》,于 7 月 1 日起施行;8 月 18 日,公布《外国籍船舶在中国领海、内水和港口使用国际海事卫星船舶地球站规定》,于 10 月 1 日起施行。

根据以上海上航行警告(通告)的管理规章,交通部安全监督局于 1993 年 6 月 5 日公布《发布海上航行警告航行通告管理办法》,自发布之日起施行。6 月 29 日,又下发《关于划定各航行警告台管辖区的批复》,批准天津、上海、广州港务监督上报的划定各航行警告台管辖区方案(详见表 7-5-1)。至 1997 年底,我国统一的海上航行警告和航行通告系统建成,其中包括航行警告总台 1 个(北京)、航行警告分台 3 个(天津、上海、广州)、航行警告台 15 个(大连、秦皇岛、天津、烟台、青岛、连云港、上海、宁波、温州、福州、厦门、汕头、广州、湛江、海南),分别主管全国和本管辖区内的海上航行警告和航行通告发布工作。

各航行警告管辖区的管辖范围表　　表 7-5-1

航行警告管辖区	管 辖 区 范 围
大连	自 38°30′N/120°30′E 向北的经线和向东的纬线之间的中国海域
秦皇岛	自大清河口(约 39°07′N/118°55′E)至 39°00′N/120°30′E 的连线和 39°00′N/120°30′E 向北经线之间的海域
天津	自大清河口至 39°00′N/120°30′E 的连线、39°00′N/120°30′E 和 38°30′N/120°30′E 的连线、老黄河口东端(约 38°03′30″N/118°57′E)至 38°30′N/120°30′E 连线所围海域
烟台	老黄河口东端至 38°30′N/120°30′E 连线、38°30′N/120°30′E 向东的纬线、36°50′N 纬线之间的中国海域
青岛	36°50′N 纬线、自 35°05′10″N/119°18′00″E 至平岛北端(约 35°08′30″N/119°54′30″E)的连线并向东延伸的 35°08′30″N 纬线之间的中国海域

续上表

航行警告管辖区	管 辖 区 范 围
连云港	自 35°05′10″N/119°18′00″E 至平岛北端(35°08′30″N/119°54′30″E)的连线并向东延伸的 35°08′30″N 纬线与 33°00′N 纬线之间的中国水域
上海	33°00′N 纬线与 30°40′N 纬线之间的中国水域
宁波	30°40′N 纬线与 29°00′N 纬线之间的中国水域
温州	29°00′N 纬线与 27°10′N 纬线之间的中国水域
福州	27°10′N 纬线与 25°06′N 纬线之间的沿海水域
厦门	25°06′N 纬线与 23°30′N 纬线之间的沿海水域
汕头	23°30′N 纬线、115°13′E 经线、自 20°18′32″N/115°13′00″E 处转 140°方位线之间的中国海域
广州	115°13′E 经线并自 20°18′32″N/115°13′00″E 处转 140°方位线与 112°00′E 经线并自 20°18′32″N/112°00′E 处转 140°方位线之间的中国海域
湛江	112°00′E 经线与 20°18′32″N/112°00′00″E 处向西至中越海域分界线的纬线之间的中国海域
海南	自 20°18′32″N/112°00′00″E 处向西至中越海域分界线的纬线与自 20°18′32″N/112°00′00″E 处的 140°方位线之间的中国海域

1994 年 3 月 3 日,为了使中文航行警告发布工作实现“四化”(科学化、规范化、标准化、简洁化),交通部安全监督局参照国际海事组织推荐的《航行警告起草指南》等文件,编制并下发《中文航行警告标准格式》,要求各港务(航)监应按既定格式发布中文航行警告。中文航行警告结构应为:编号+警告区域+时间+地点+基本内容+发送单位;中文航行警告在送发前应按航行警告的重要和紧急程度在报文前标注“极重要警告”或“重要警告”或“常规警告”,在报尾之后注明拍发的天数及每天的拍发次数;各格式中各栏的各句型,视警告所要表述的内容予以选用、搭配。1996 年,交通部安全监督局又编制并下发《中华人民共和国英文航行警告标准格式》,于 1997 年 1 月 1 日起实施,以进一步规范我国英文航行警告的发布工作。

1993 年 7 月 1 日,在 1991 年开通 A 型标准站基础上,交通部开通 C 型标准站。A 标准站具有提供全球的海上、陆上和空中移动电话、传真、电传、低速数据传输及遇险紧急通信等传输功能。C 标准站具有提供电传、增强群呼及遇险电传等传输功能。到 1993 年,全国装备 A 标准站的船舶达 352 艘,陆基船站 90 个;装备 C 标准站的船舶 32 艘,陆基船站 18 个。1996 年,大陆海岸电台对台湾船舶全面开放,并为台湾船舶提供通信服务,还开通两岸海上搜救热线。1993 年 11 月,长河二号一期工程东北台链完成系统联试,1994 年投入使用。1995 年 5 月,长江全线各通信部门利用微波干线开通传真电报电路。1997 年,在第 39 次中俄航行例会上,中俄一致决定从当年 10 月 1 日起停止使用莫尔斯电报。

第六节　授权归口管理工作的加强

一、海(水)上搜救管理工作的加强

自中国海上搜救中心建立以来,各海上搜救中心在当地人民政府及军区的领导下,与各相关单位、部门通力配合、共同努力,特别是军民密切协同,在海上搜救工作中坚持为经济建设服务、为对外开放服务的方针,逐步摸索出搜救管理相结合、以管为主,专业与群众、军队与地方、自救互救相结合的搜救新路子,在具体搜救工作中形成了一套组织指挥、协调行动、及时施救的工作方法。为保障海上人命安全、防止海洋污染,1994 年中国海上搜救中心制订《值班程序及注意事项》和《值班指南》,并要求各搜救中心参

照该程序和指南,对原有的相关规定做适当修改、补充或重新制订。各海上搜救中心根据实际情况,制定了切实有效的搜救措施和工作程序。

与此同时,各海上搜救中心努力开展海(水)上救助活动。1993 年 5 月 2 日凌晨 5 时 5 分,国家海洋局"向阳红 16"科学考察船在去太平洋执行科学考察任务途中,与塞浦路斯籍"银角"(SILVER HORN)轮在 29°12′N、124°48′E、相撞后沉没。船上 110 人,其中 107 人被"银角"轮救起,3 人失踪。中国海上搜救中心得到此消息后,立即指示上海搜救中心进行搜救,并发电给"银角"轮要求继续组织搜救 3 名失踪人员,将人员运至上海并接受调查。但是"银角"轮无视我主管机关的指令,携带我方 107 名人员朝韩国方向驶去。交通部部长黄镇东亲自到搜救中心值班室指挥处理此事。经与海军司令部和外交部联系,海军派遣护卫艇跟踪,并指示上海海上安全监督局派员随艇登上"银角"轮执行任务。我登轮人员在外轮极不配合的情况下,据理力争,终于在 5 月 4 日船舶航行到 33°06′N、126°09′E 时将 107 名人员全部从外轮接下,圆满地完成任务,维护了国家尊严。

1996 年 1 月,广东省政府、广州军区印发《广东省海上搜寻救助工作规定》。1997 年 7 月 1 日香港回归之前,两岸海上搜救协调机制是透过香港搜救协调中心来实行。香港回归后,台湾"中华搜救协会"与大陆中国海上搜救中心互为海难通报窗口;"中华搜救协会"于 9 月 1 日接收台北任务管制中心业务后,实际上系由该中心值班人员与陆方进行全天候紧急救难通信工作。自此,两岸透过民间机构,建立海难救助直接通联管道,不再需要香港中转。

各省建立健全海(水)上搜救组织。1993 年,山东省海上安全指挥部改为山东省海上搜救中心,办公室仍设在省经济贸易委员会。1994 年,辽宁省海上搜救中心制订《辽宁省海上搜救部属计划》《辽宁省海上搜救工作程序》。1996 年 7 月 26 日,进行船舶防台抗台、战备演习。1994 年,河北省海上搜救中心制订《河北省海上搜救中心搜救计划》《搜救人员值班制度》及《中心成员单位例会制度》。1994 年,山东省海上搜救中心、天津市海上搜救中心均成立昼夜值班室,指定专职救助人员,建立值班记录制度,还编备中心、分中心及非专业搜救力量应变部署计划的实施要领。据不完全统计,1994 年全国各海上搜救中心共组织搜救 279 起、船舶自救 91 起,出动各类船艇 469 艘次、飞机 19 架次,共救助人员 1664 人、船舶 220 艘,清除污染 13 次。1996 年,交通部在武汉成立长江干线水上搜救协调中心。

这一时期,中国海上搜救中心组织了各种海上救助演习。1996 年 8 月 25 日,广东海上搜救中心用单边带电台与停泊和远航的搜救值班船舶,深圳海洋直升机专业公司、南方航空公司珠海民航直升机公司的单机(地面和升空),以及岸(塔)台进行搜救通信演习,为以后重大海难搜救行动提供可靠的通信保障。10 月 3 日 9 时,广东海上搜救中心与香港、澳门搜救机构合作,在港澳航道上联合开展海上搜救演习。演习假设一高速客轮起火,船上 50 名船员和乘客不同程度受伤。港澳方面派出消防船配合船方灭火,广东方救助船舶及香港一架直升机将人员分别接至澳门和香港。广东"南海巡 33 号"、澳门和香港 5 艘水警船和香港志愿人员 50 名参加演习。演习历时 4 个多小时,达到合作搜救目的。1997 年 8 月 26 日,天津港务监督派船艇参加由天津市海上搜救中心在渤海湾组织的陆海空联合搜救演习。这是直升机首次参加海上人命救助实战演习。

1994 年 3 月 13—15 日,台湾中华海运研究学会秘书长朱于益先生一行访问天津、上海港务监督。

1995 年,广东省海上搜救中心应邀组织 3 批技术人员参加香港举办的海上搜救训练班,学习同行经验。

1996 年 4 月 29 日,交通部安全监督局和香港海事处在北京就中国政府恢复对香港行使主权前后的海上安全事务进行会谈,并就国际海事组织有关公约的履行问题达成协议。

1996 年 10 月 3 日,广东海上搜救中心与香港、澳门搜救机构合作,在港澳航道上联合进行海上搜救演习。香港搜救中心同时考察广东。

1997 年 2 月 2 日,经国务院港澳办和外交部同意,交通部安全监督局与香港海事处就有关航标测绘事宜举行首轮会议。

二、交通行业安全管理工作持续进行

自 1993 年起,交通部将从 1984 年开始每季度召开一次安全生产办公会议改为每年两次,于年初和年中分别召开一次,第四季度召开全国水上交通安全工作会议。安全生产办公会议主要研究部属企业、事业单位的安全生产问题,参加人员为交通部直属企业、事业单位有关负责人。全国水上交通安全工作会议参加人员主要是各省(区、市)交通厅(局、委、办)及其水上交通安全监督机构负责人,以及交通部有关直属单位的负责人。为适应社会主义市场经济体制,按照国家"企业负责,行业管理,国家监察,群众监督和劳动者遵章守纪"的安全生产总要求,1995 年以后交通部对其直属和双重领导企业的安全管理,主要以推进交通企业建立健全安全管理新机制,全面落实安全生产目标责任制为核心,实施对交通企业安全生产工作的指导和监督检查。交通部于 1997 年 11 月印发《交通部直属企事业单位领导干部安全管理责任处理规定》,自 1998 年起开始实行企事业单位领导干部安全生产红黄牌警告制度。

三、交通环境保护管理工作的加强

随着交通部机关机构设置的变动,交通部环境保护办公室的隶属关系有所变化,但作为一个相对独立的职能机构始终存在。

1994 年 5 月至 1997 年 8 月,交通部环境保护办公室与中国港监局下设的船舶监督处合署办公。1995 年 8 月 16 日,交通部部长办公会议决定将交通部环境监测总站调整为交通部环境保护中心,并报中央机构编制委员会办公室。1996 年 4 月 4 日,为适应交通行业环境保护工作发展的需要,中央机构编制委员会办公室批准交通部成立交通部环境保护中心。5 月 29 日,交通部下发"关于成立交通部环境保护中心的通知",决定将交通部环境监测总站从水运科学研究所划出,成立交通环境保护中心。该中心主要负责交通行业环境监测和船舶废弃物信息跟踪、系统管理,承担环境影响评价、环保工程、环保和监测技术的研究、交流、培训和咨询服务等工作。该中心为交通部直属事业单位,业务工作由交通部环境保护委员会办公室(设在中国港监局)归口管理,由中国港监局船舶监督处具体负责。1997 年 8 月 14 日,交通部下发通知,明确交通部环境保护办公室与船舶监督处分开,成为独立的办事机构,下有专职编制工作人员 3 人,其中行政编制 2 人、事业编制 1 人。由专职人员和交通部规划司、公路司、财务司等司、局的兼职人员组成新的一届环保办公室。1997 年,交通部根据中央机构编制委员会办公室批复,明确环境保护中心为交通部直属事业单位,业务工作由中国港监局归口管理,内设 5 个部门,人员编制 35 人。1997 年 12 月 19 日,交通部环境保护中心举行挂牌仪式。

1996 年,中国与加拿大两国政府合作开展港口防污染研究项目——港口环境影响评价与管理。青岛海上安全监督局派出 3 人到加拿大学习,加拿大政府派专家来青岛授课。青岛海上安全监督局引进"联络地理信息系统和溢油漂移模型预测"软件,在加拿大专家指导下,针对青岛胶州湾海域的具体情况,和交通部水运科学研究所联合进行开发应用。

四、开展水网与非水网地区"结对子"活动

水网与非水网地区"结对子"活动,是交通部倡导水上交通安全监督系统东部地区支持中西部地区形式之一。

我国地域辽阔,河流湖泊分布广,且多在交通不便的地区,西北和中部省(区)面积都较大。新疆有

河流 40 多条,水库 100 多座;黄河流经山西省 1004 公里,穿越 5 个地市的 20 个县;河北省河流 300 多条,河道总长达 1.3 万公里;内蒙古通航里程 1600 多公里,另有湖泊 1200 多个。非水网地区,航道等级低,通航里程少,水运不发达,航运企业少,港务(航)监督机构基础差、底子薄,渡口、渡船和旅游船多且分布零散,船舶设施落后,从业人员和群众安全知识贫乏,监督管理力量相对薄弱,管理难度很大。

1990 年,交通部就加强非水网地区水上交通安全工作在内蒙古自治区召开专门会议进行研究。1994 年底,全国水上交通安全工作会议讨论决定进行水网与非水网地区港监、船检结对子。1995 年初,交通部安委会下发“关于开展水网与非水网地区港监、船检结对子活动”通知,本着志愿和安排相结合的原则,要求开展水网与非水网地区港务监督、船舶检验机构结“对子”活动。当年,交通部成立由中国港监局负责的调查组,对非水网地区进行全面系统的调查,进一步分析非水网地区特点和工作难点。通过调查发现,非水网地区发展存在的问题是:①航运不发达但渡运较多。据 1995 年统计,青海仅有机动船 48 艘,1600 载重吨。宁夏、山西分别有机动船 166 艘和 161 艘,航运在交通运输中所占比例很小。但是非水网地区渡口却比较多,是众多湖泊、河流、水库周围群众赖以生存的重要交通方式,也是非水网地区主要的管理对象。如河南、陕西分别有渡口 795 处和 510 处,有渡船 1614 艘和 608 艘。②水上旅游成为热点,旅游点和旅游人数呈现上升趋势。如宁夏 8 个水上旅游点有 80 余艘机动旅游船,有的船载客定额达 600 多人。青海龙羊峡水库每年中外游客达 5 万~6 万人之多。甘肃刘家峡水库机动旅游船数以百计。③水上从业人员和群众的水上安全知识贫乏。④船舶设备设施缺乏必要的技术保证和日常保养措施。⑤经济不发达,政府财政面临问题很多,改善水上交通安全条件力不从心。⑥水上交通安全监督管理力量薄弱。由于航运不发达,船舶数量和吨位少,船舶港务费收入不足以支持一支覆盖全省(区)水域的监督管理队伍,水上监控能力不足。

1995 年 8 月,交通部在青海西宁市召开第二次非水网地区水上安全工作会议。交通部副部长刘松金在会上结合非水网地区水上交通安全形势,指出:非水网地区缺乏建立独立、自收自支的水上监督队伍的条件,但港(航)监督在管理上又是不可缺少的,提倡通过多种体制、各种经费渠道加强港(航)监督队伍建设。另外,交通部在给予非水网地区适当资助的条件下,继续扎实推进“结对子”活动,要求水网地区除用一定物力、财力支持非水网地区外,还要帮助非水网地区建章立制,建立完善的规章制度和工作规程,培训人员,提高业务技术素质和管理水平,帮助技术把关,对重点客船、渡船、旅游船的技术状况一一复核审查。9 月 4 日,交通部下发“《进一步加强非水网地区内河交通安全工作的若干规定》的通知”。1996 年,各有关“对子”间开展多种形式卓有成效的活动,“结对子”活动从省与省发展到市(地)之间,范围和内容不断扩大。1997 年,全国水上交通安全工作会议上,交通部安委会印发“水网与非水网地区港监船检‘结对子’指导意见”,明确“结对子”活动的指导思想、总体目标,对开展“结对子”活动提出具体意见,使活动得以继续深入发展。

本着志愿和安排相结合原则,全国水网与非水网地区水上交通安全监管系统共结成 12 个“对子”,取得良好效果。1995 年 8 月,福建省港航监督对甘肃省东西区分处通信设备的安装、操作及维护工作提供帮助。同年,浙江和云南在两省港航监督结对子的基础上,尝试地(市)间对口扶持;广东港航监督在给贵州提供一定资金援助的同时商定共同开发项目;上海和青海港航监督在交通和其他经济领域达成合作意向,扩大结“对子”外延。通过这些措施,我国非水网地区港航监督队伍得以迅速发展。

经过水网与非水网地区结“对子”活动,非水网地区人员素质、硬件设备、发展思路等方面得到提升,据统计,1990—1994 年的 5 年与 1985—1989 的 5 年相比,13 个非水网省(区)水上事故件数由 743 件降为 285 件,下降 61.6%;死亡人数由 1090 人降为 460 人,下降 57.8%;沉船数量由 167 艘降为 125 艘,下降 25.1%。1985—1989 年一次死亡 50 人、上百人的特别重大事故发生 6 起,一次死亡 10 人以上的事故 17

起。而1990—1994年没有发生特别重大的恶性水上交通事故,一次死亡10人以上的事故下降35.29%。可见,整体安全情况明显好转。

第七节 航政设施建设与管理的进一步加强

一、航政设施建设与管理的进一步加强

改革开放之前,全国港务(航)监督系统除有十多艘用于水上安全管理的巡逻艇外,几乎没有其他监督设施、装备,管理手段落后。1978年改革开放之后,由于国家、交通部和各省(区、市)各级交通主管部门的重视、支持,不断加大投资建设,使以巡逻艇为主的水上交通安全监管设施(备)数量逐渐增多,建成了一批水上安全监管设施,监管技术手段不断提升,港务(航)监督的管理能力得到进一步加强。至1995年10月,全国港务(航)监督系统用于现场巡航船艇已近1300艘。

这一时期,全国各港务(航)监督在交通部、各地方政府支持下,投入一定的资金,加大水上安全监管设施(备)建设力度。其中长江水系港航监督加快船艇建设,到1993年12月长江水系10个省(市)县以上港航监督已有监督艇650艘、监督车257辆、通信网台7个、高频电台118个,现场执法监控能力大大提高。1995年,在广东省航务管理局(与港务监督一套人马,两块牌子)撤销,重新组建广东省港务监督局(广东省船舶检验局)时,广东省用于水上巡逻船艇已增至40多艘,配备60多部甚高频电话,人员从500多人增至900多人。同年,天津港务监督开始办公自动化系统建设,并先后完成局协同办公网、局机关协同办公平台、电子公文交换平台和短信息平台等的建设。

为提高设备的使用率,充分发挥现有设备的效能,1993年11月1日中国港监局组织直属系统设备管、修、养、用检查团,对沿海各港务监督进行设备达标检查。由交通部安全监督局、14个海上安全监督局和2个(长江、黑龙江)港航监督局代表组成的检查评比领导小组,制订设备检查评比标准,举办设备管用养修活动骨干培训班,编发活动情况通报(月报)。各局也都成立了领导小组。这是我国港务(航)监督系统首次开展设备管理、使用、保养、维修检查评比活动。至11月20日,直属港务监督系统设备管、修、养、用检查结束,烟台海上安全监督局获直属港务监督系统团体总分第一名。通过这次管用养修活动,各类设备得到一次很好保养,设备完好率和使用率得以提高,同时提高了职工操作设备的能力,为设备管理向规范化、程序化、制度化方向发展打下基础。

1993年9月24—28日,为庆祝《海上交通安全法》颁布实施10周年,受交通部安全监督局委托,青岛海上安全监督局在青岛大公岛以南水域组织直属港务监督系统的首次港监船艇演练。10个沿海港务监督所属的14艘船舶、200名代表、400名船员参加演练活动。演练的主要科目有编队集结、船艇就位、海上警戒、海上搜救、消防救生、船艇检阅等。

二、船舶交通管理系统的建成与运行

通过加大建设力度,到1995年10月全国已建成船舶交通管理系统(VTS)单站12个、中心5个。其中最突出是建成上海吴淞、长江干线南京-浏河口、成头山等重点船舶交通管理系统,同时开始采用卫星通信及计算机等现代化设备。

(一)建成吴淞、南京-浏河口、成头山等重点VTS

1.上海吴淞船舶交通管理系统

上海船舶交通管理系统(VTS)(一期工程)自1974年酝酿到1994年建成,前后历经20年。1994年

9 月 12 日,该系统(一期工程)在上海港务监督吴淞交管分中心举行开通典礼。这标志着当时中国规模最大、功能最强、具有世界 20 世纪 90 年代先进水平的船舶交通管理系统正式投入使用。

上述系统(一期工程)监控范围主要是长江口水域,是船舶出入江海的必经通道。这一往来通道船舶流量大,航道狭窄,水深变化大,通航环境十分复杂。该水域平均雾日 91 天,浓雾日 24.3 天,特别是长江口浓雾持续时间长,经常发生船舶停航;台风季节,船舶拥入航道和锚地避风,秩序混乱,经常发生碰撞、搁浅、走锚等事故。对比建成上海 VTS(一期工程)前后 600 天的事故分析:事故减少 11 件,下降 17%;沉船减少 5 艘,下降 26%;死亡人数减少 24 人,下降 80%;大、重大事故减少 10 件,下降 26%;经济损失减少 17%万元,下降 42%。安全引导北槽航行船舶与协调船队,控制船舶间距和航速,每潮水最多可增加进口船舶 8~10 艘,提高了北槽航道通过率。

2.长江干线南京-浏河口船舶交通管理系统

长江干线南京-浏河口航段全长 364 公里,横穿长江三角洲,东接长江口、上海市,中部贯通京杭运河。沿岸分布着南京、镇江、张家港、南通、上海等港口城市。该航段的水上交通环境十分复杂,航段弯曲。

长江干线南京-浏河口船舶交通管理系统为交通部的重点工程,1993 年下半年开工建设,分别在南京、镇江、张家港、南通长江港航监督局管辖水域设有 4 个交管中心、12 个雷达交管站、1 个微波中继站、1 个甚高频无线电通信(VHF)中继站,由雷达信息子系统、微波传输子系统、雷达数据处理及显示子系统、全频 VHF 子系统、自动气象服务子系统和船舶航路信息及模拟子系统等组成。这是一项集高科技、多专业为一体的综合性系统工程,规模、功能等均列 20 世纪 90 年代世界内河船舶交管大型工程之一,具有 90 年代世界先进水平。该系统的主要功能是对航行在系统覆盖水域内的船舶实施实时监控,组织交通管理和协调,纠正和处理船舶违章,防止水域污染,支持海难救助行动,应船舶要求提供助航服务,为船舶代理、港口及引航调度、外轮供应等港航单位提供船舶静态和动态信息咨询服务等。该交管工程是当时中国内河船舶交管的最大工程。南京交管分系统交管中心于 1995 年底竣工建成,总规模 12683 平方米;镇江交管分系统于 1995 年 7 月竣工建成,总规模 1261.51 平方米;张家港交管分系统于 1995 年 8 月底竣工建成,总规模 3503 平方米;南通交管分中心于 1994 年 11 月竣工,与港监配套设施合建,总规模 1704 平方米。1997 年 6 月 14—15 日,交通部在南京召开竣工验收会。12 月 18 日,南京-浏河口的船舶交通管理系统开通典礼在南京举行(见图 7-7-1)。从此,我国内河最大船舶交通管理系统正式运行。

图 7-7-1　1997 年 12 月 18 日,长江干线南京至浏河口船舶交通管理系统开通

3.成山头船舶交通管理系统

成山头水域的自燃条件十分恶劣,因雾多、风大、流急而以东方“好望角”著称,对过往船舶的航行安全构成极大威胁。据1988—1995年不完全统计,在成山头水域由于重大海上安全事故引起的经济损失已达2亿多元人民币。交通部对改善成山头水域的通航条件及加强该水域的环境保护工作极为重视,多次组织专家对成山头水域进行考察论证,认为要从根本上预防、减少海上安全和污染事故的发生,必须加强成山头水域的监测、通信和现场管理手段。1993年,交通部决定立项建设成山头船舶交通管理系统。这是中国北方第一个海区交管系统,由成山头交管分中心、烟台指挥终端盒、巡逻船码头3部分组成。系统配置雷达、数据处理和显示器、VHF通信、VHF-DF测向仪、录音录像及信息微波传输和单边带等先进设备,在设施和技术上保证成山头水域船舶交通、监控和监测的需要。成山头船舶交通管理系统工程由交通部烟台海上安全监督局负责建设,水运规划设计院负责设计。该工程于1994年6月开工建设,1997年6月通过竣工验收,1999年1月对外运行。成山头船舶交通管理系统的建成改善了附近水域的通航状态,为保障通航安全起到至关重要的作用。

4.葛洲坝水域雷达监视系统

交通部于1985年下发《关于葛洲坝二期工程航运配套一设备项目及投资的批复》,明确在葛洲坝二期通航配套设施工程中建设“三站一中心”(南津关、庙咀、白沙脑雷达站和一马路控制中心)的葛洲坝水域雷达监视系统。1986年3月27日,长江航务管理局根据交通部《关于将港口导航业务划归港务监督管理的通知》精神,下发《关于葛洲坝雷达监视系统划归长江航政局负责的通知》,将原由长航通信导航处负责建设的葛洲坝坝区水域雷达监视系统划归长江航政局负责。1986年,交通部批复葛洲坝二期工程航运配套设施初步设计。葛洲坝雷达系统初设投资概算为1521.09万元,实际投资2079.86万元。1987年在庙咀雷达站安装雷松公司生产的雷达1台,1990年在白沙脑雷达站安装经上海船舶研究所改装的雷达1台。两雷达站在设备安装完成后均进行了试运行。由于施工过程中遇到诸多困难,致使葛洲坝雷达系统工程施工周期延长,至1993年底土建工程完成,历时8年。除控制中心塔楼室内装修工程、南津关雷达站雷达系统设备未安装外,其余工程项目基本完成,三站一中心未能联网运行。

除立项、建设、建成以上重点船舶交通管理系统外,还有一些其他船舶交通管理工作系统相继建成投入使用。天津VTS系统1995年6月建成,经过两年试运行,1997年7月15日正式对外开通。广州交管中心1995年筹建,选址广州市黄埔荔香路,1997年建成交付使用,1999年对外试运行。湛江港船舶交通管理系统1996年12月立项,1998年11月建成开始试运行。深圳船舶交通管理系统1996年开始筹建,1998年底一期工程——蛇口船舶交通管理系统建成,对外试运行。

(二)船舶交通管理系统(VTS)管理

自1983年在宁波港口建成我国第一个船舶交通管理系统(VTS)起,我国在长期的实践中积累一定的对船舶交通管理系统(VTS)维护与管理经验,并形成维护和管理制度。1994年12月15日,交通部安全监督局在宁波召开全国船舶交通管理系统(VTS)管理工作会议。1995年1月13日,又下发“关于加强VTS系统管理提高安全监督水平的通知”。1995年3月,交通部安全监督局在江苏连云港召开第二次全国船舶交通管理系统(VTS)会议,会上成立交通部安全监督局VTS专家组,研究编制对外发布的VTS用户手册、管理规章,内部的管理规定、值班制度,以及VTS人员任职资格、培训、考核等规章,并落实编写计划分工。

1996年11月15日,中华人民共和国行业标准《船舶交通管理系统工程技术规范》(JTJ/T 351—96)发布。

1997年9月15日,交通部公布《中华人民共和国船舶交通管理系统安全监督管理规则》,于次年1月1日起实施。该规则首次对外宣布中华人民共和国港务监督(指中国港监局)机构是全国船舶交通管理系统安全监督管理的主管机关,主管机关设置的船舶交通管理中心(VTS中心)是负责具体实施船舶交通管理的运行中心。该规则还规定了船舶报告程序、船舶交通服务的内容和法律责任等,明确船舶在VTS区域航行、停泊、作业时应当遵守的规则和船舶交通管理中心提供的交通服务等事项。11月27日,国际海事组织IMOA.857(20)决议通过新的《船舶交通服务(VTS)指南》,同时废止1985年A.578(14)决议。

根据以上船舶交通管理系系统规章、规范,交通部安全监督局于1997年11月4日下发配套的《船舶交通管理系统运行管理规定》《VTS用户指南》等规定,于1998年1月1日起实施,明确即将成立的海事机构对船舶交通管理系统的管理职责,运行管理和工作信息,以及船舶交通管理系统运行管理人员配备等。

三、航政信息化研究与规划的开始

20世纪下半叶以来,科技发展日新月异,信息技术、网络技术迅速推广应用。为适应信息化发展需求,1995—1996年交通部安全监督局开始信息化研究工作。1997年,交通部制订《公路、水运交通信息化“九五”规划和2010年远景目标纲要》,开始中国交通运输信息网络工程(“金交”工程)的建设工作,水上安全监督信息系统(简称水监信息系统)作为该网络一个资源子网和组成部分。交通部安全监督局于当年4月15日下发“关于成立水监信息系统建设领导小组、技术小组的通知”。领导小组负责确定水监信息系统建设基本原则,审定建设方案,进行重大事项的决策和协调;技术小组挂靠在规划处,负责调查研究水监信息系统以及国内外有关信息系统发展状况,编制具体建设方案,指导系统软、硬件的配置和建设工作。交通部安全监督局下发《水上交通安全监督信息系统总体规划》,部署直属水监信息系统信息化建设工作。还委托交通部规划研究院和天津海上安全监督局共同编制《水监信息系统一期工程可行性研究报告》。

沿海各海上安全监督局开展科学技术研究,其中重点为航标开发与研究。1993年6月11日,秦皇岛海上安全监督局交管台全面技术改造完成,通过验收并交付使用,在国内首次将上海海运学院科研成果电子海图信息与显示系统(ECDIS)应用于VTS,并获得成功。1994年1月10日,广州海上安全监督局海上测绘自动化系统(GHC)通过广东省级技术鉴定。1月18日,广州海上安全监督局根据交通部1993年2月13日公布《航标灯光强度测量和射程计算》交通行业标准,与珠海王子机电有限公司联合开发塑料电浮标,在珠海通过交通部部级技术鉴定。

第八节　航政管理队伍不断壮大

一、航政队伍整体素质的提高

水上交通安全监督业务具有较强的政策性、专业性、实践性和涉外性,既有行政性,又有很强的技术性,需要有一支素质较高、作风过得硬的队伍方得胜任。全国港务(航)监督队伍到1995年10月已有3万多人,涌现出一定数量的专家,有些专家不仅能处理水上安全监督业务中的难题,而且可以直接参加国际海事组织一些公约的制定和修改工作。不过,这支队伍的人员整体素质仍不高,中专以上学历者只占27%,大部分人员缺乏海上资历和船舶实际操作经验。

针对这一情况,在1995年10月21日第一次全国水上安全监督工作会议上,交通部提出加强港务(航)监督队伍人才培养:①要抓好水上安全监督专业化教育培训,提高业务素质,充分重视航政院校专业教育、在岗进修培训等;②重视跨世纪人才培养;③努力培养具有一定规模的水上安全监督专家队伍。交通部部长黄镇东指出:安全监督管理队伍的素质还不够高,知识结构也不尽完全合理。随着改革不断深化和对外开放不断扩大,我国航运已逐步与国际接轨,我国的水上交通安全监督工作面临严峻挑战。要加强人才培训,建设一支高素质的水上安全监督管理队伍。要按照科教兴国战略,在交通系统实施"人才工程"。

1996年3月,交通部下发《交通行政执法人员三年岗位培训工作规划》,计划1997年9月至2000年6月对全国交通行政执法人员开展为期3年的岗位培训。1997年5月15日,交通部下发《交通行政执法人员岗位培训实施办法》,对实施培训有关问题做了规定。

二、航政管理人员不断增加

经过多年的发展,到1993年我国港务(航)监督执法队伍进一步壮大,仅长江水系10个省(市)的县以上港监机构达764个,人员达7548人。经济、水运不发达省(区)主管水上安全事务的港航监督人员则较少。据1995年8月统计,宁夏、新疆、山西、甘肃港航监督专兼职人员分别仅有42人、25人、66人、47人,青海全省专兼职港航监督人员只有8人。

为贯彻党的十四届六中全会关于开展创建文明行业活动的精神,响应交通部号召,1994年全国港务(航)监督系统开展学习青岛港务局、学习华铜海轮、学习包起帆的"三学"活动,通过典型引路,推动水上安全管理工作上台阶。交通部1996年12月提出交通系统创建文明行业奋斗目标之后,又开展文明创建活动。1997年3月交通部提出交通系统文明示范"窗口"建设要求和8月26日下发《关于在全国水监系统开展创建文明行业活动的实施意见》后,交通部安全监督局制订全国水上安全监督系统文明达标单位标准和执法示范"窗口"建设要求,及其管理办法、考核实施细则。随后,成立创建文明行业指导委员会,直属港务(航)监督系统各单位,开始有计划、有标准、有重点地组织开展创建文明行业活动。

三、港务监督人员着装的规范

1994年2月下旬,国家财政部(原国务院统一着装委员会已下放归国家财政部)有关部门对港监系统统一着装管理工作进行抽查,被抽查的单位有上海海上安全监督局(机关、吴淞和董家渡监督站,航政中专学校、船舶)、长江港航监督局(机关、张家港和武汉局、站、船舶)、湖北省港航监督局(机关、汉川站、船舶),以及经交通部批准的港监制服定点厂——长江港航监督局服装厂。当时,各级领导对国务院统一着装的有关规定能做到四统一(即标准、标志、式样、颜色),能保证按时换发制服,相关工作做得较好,但港监系统着装却存在一些问题,如有的单位管理不严擅自扩大着装人员范围,提高着装标准,更严重的是出现违反国务院规定乱改内河港监制服领章等情况。3月15日,交通部安全监督局下发"关于加强水上交通安全监督系统统一着装管理工作的通知",明确要求抓紧纠正,规定制作港监制服的定点厂家审批权在交通部安全监督局,凡未经办理审批的制装厂家不得冠名"交通部"挂牌、刻业务公章、登广告,并明确有关统一着装政策的解释权均在上级有关部门,有越权的单位和个人应及时纠正。

四、港务监督内部刊物的创办

早在1985年6月,受交通部安全监督局委托,天津港务监督创办《船舶安全检查内部通讯》,不定期地发行。1989年,《船舶安全检查内部通讯》改为双月刊,并定期发行。1992年10月,《船舶安全检查内部通讯》更名《船舶检查》杂志 1996 年 2 月,《船舶检查》更名为《船舶安全与防污》,作为内部资料性双月刊,一直发行到 1999 年底。

《水监研究》,创刊于 1990 年 1 月,是中国交通职工思想政治工作研究会水监分会会刊,由上海港务监督编辑、出版和发行,出版时间、页数不固定。1994 年,《水监研究》获得上海市新闻出版局核发的连续性内部资料准印证,定为一年两期,并可根据来稿情况再出 1~2 期增刊。同年,为加快信息传播,《水监研究》每月不定期增出《水监信息》。

此外,1990 年经中国海员工会全国委员会(简称中国海员工会,2001 年以后为中国海员建设工会)同意,中国海员工会水监系统联委会成立。联委会结合系统特点以协商方式开展活动,推动水上安全监督系统各单位工会工作。

第九节　与国际有关组织交流与合作形成制度

一、加强与国际组织合作与交流

通过多年不断与国际组织,尤其国际海事组织的合作与交流,我国的航运地位在国际航运界逐年提高。履行水上交通安全监管职责的交通部安全监督局,在这一时期与国际组织间的交往活动增加,与各国海事当局互访与交流增强,参加国际组织相关会议增多。

(一)参加国际海事组织相关会议

1993 年 5 月 24 日,交通部安全监督局出席国际海事组织海上安全委员会第 62 届会议。9 月 15 日,赴澳大利亚出席国际搜救卫星组织第 7 届联合委员会。10 月,出席国际海事组织第 18 届大会,会上中国再次当选为 A 类理事国。

1994 年 5 月 16 日,交通部安全监督局出席国际海事组织海上安全委员会第 63 届会议。9 月 14 日,出席国际搜救卫星组织第 8 届联合委员会。12 月 5 日,出席国际海事组织海上安全委员会第 64 届会议。

1995 年 5 月 9 日,交通部安全监督局出席国际海事组织海上安全委员会第 65 届会议。6 月 21 日,出席国际搜救卫星组织第 9 届联合委员会。11 月 13 日,出席国际海事组织第 19 届大会,会上中国再次当选为该组织 A 类理事国。这一年,还参加东亚海道测量委员会第六届大会、国际海道测量组织世界电子海图数据库委员会会议及东亚电子海图技术研讨会,选派有关测绘技术人员赴美国、德国进行专业培训。

1996 年 5 月 28 日,交通部安全监督局出席国际海事组织海上安全委员会第 66 届会议。11 月 24 日,出席国际海事组织《1978 年海员培训、发证和值班标准国际公约》缔约国大会。12 月 2 日,出席国际海事组织海上安全委员会第 67 届会议。交通部和海军组团访问英国,与英国海道测量局签署《中英航海图书资料交换双边协议》。交通部选派测绘技术人员赴意大利、美国、英国等国进行业务培训。

1997 年 1 月 17 日,交通部安全监督局出席国际海事组织第 20 届大会,会上中国再次当选为该组织 A 类理事国。2 月 26 日,中国向国际搜救卫星系统提交由外交部部长钱其琛签署的我国在国际搜救卫星系统内的身份由“使用国”改为“地面设备提供国”的通知函。3 月 28 日,我国在国际搜救卫星系统内的身份由“使用国”改为“地面设备提供国”。5 月 28 日,交通部安全监督局出席国际海事组织海上安全委员会第 68 届会议。

(二)我国开始成为国际航标协会(LALA)理事会理事

1994 年 2 月 19 日,交通部安全监督局参加在美国夏威夷召开的国际航标协会(LALA)第 13 届大会,作为中国航标主管机构当选 LALA 理事会成员,局长林玉乃当选该理事会的首位中国理事。会上,上海海上安全监督局航标导航处处长李汶发表技术论文。这是新中国成立以来我国首次在 LALA 大会上发表论文。1997 年 6 月 17 日,国际航标协会第 17 届理事会议在北京召开。

(三)参加各种互访与交流

1993 年 3 月 22 日,由美国国家运输安全委员会主席卡尔·澳特率领代表团,参观上海港水上交通安全管理设施及苏州河交通。

1994 年 4 月 11—15 日,亚太地区港口国管理谅解备忘录第一次委员会会议在北京举行,签署加入该备忘录的有关文件。10 月,交通部筹办的远东地区无线电导航服务网理事会第三次会议在北京召开。

1995 年 10 月 19—20 日,交通部和日本运输省在大连召开中日海上溢油应急对策研讨会,邀请国际海事组织海上环保司司长 O.Khalimonov 先生出席会议,中日代表、专家 110 人出席,研讨交流论文 34 篇,增进了两国在海洋环保和海上溢油应急、反应方面的了解和合作。

10 月 17 日,以崔俊吉局长(中将)为团长的朝鲜人民武装部海道测量局代表团一行 6 人到天津、上海海上安全监督局参观访问。

1997 年 5 月 15 日,国际海事组织秘书长威廉·奥尼尔访问上海海上安全监督局。7 月 10 日,俄罗斯阿木尔河流域航行监督局局长奥维林率代表团一行 4 人到黑河港考察、交流工作,与黑龙江港航监督局就界河安全管理问题交换意见。

二、国际海事研究会与分会的成立及挂靠

为跟踪研究国际组织发展动态,履行有关水上安全国际公约,制订我国水上安全的有关政策、法规及发展规划,交通部安全监督局于 1996 年 2 月 8 日下发“关于设立国际海事研究委员会的通知”,决定设立国际海事研究委员会,并规定了海事研究委员会工作规则等。4 月 20 日,中国国际海事研究委员会第一次会议在广州召开,研究并明确各分委员会及挂靠单位等,确定:该委员会为交通部安全监督局领导下的非常设机构,下设九个专业分委会。其中,船员培训发证分委会挂靠广州海监局,测绘政策、技术分委会挂靠天津海监局,航标管理分委会与水上交通事故调查公委员会挂靠上海海监局,航行安全分委会挂靠深圳水监局,搜救及全球遇险分委会挂靠青岛海监局,危管防污分委会挂靠大连海监局,港口国管理分委会挂靠天津海监局,综合履约分委会、国际安全管理规则分委会由中国港监局负责。

国际海事研究委员会主要职责是:依据交通部安全监督局的要求和水监系统对国际组织活动的研究方向,跟踪研究国际海事发展动态及有关国际公约;研究地区性组织双边和地区性合作涉及的有关政策、协议等重大事宜;向分委会布置专题研究与跟踪任务;承担行政部门布置的有关国际事务研究任务和出席必要的国际会议,为行政部门决策提供研究意见和依据;支持、监督、指导各分委会研究工作。委员会设立秘书处,负责处理日常事务并协调各分委会之间工作,办公地点设在交通部安全监督局办公室。

第八章　中国海事的深化改革和国际接轨（1998—2005 年）

1998 年 6 月 18 日，国务院批准“水上安全监督管理体制改革方案”。到 2005 年底这一改革基本结束，我国通过深化水上安全监管体制改革，实现了管理体制“三统一”，并与国际接轨。自此，航政（水上交通安全监督管理）改称海事。

水上安全监督管理体制改革（以下简称水监体制改革）实施后，海事体制进一步理顺，“三个海事”推出，指导海事全面发展。特别是历时 7 年多完成水监体制改革任务，组建中华人民共和国海事局（交通部海事局），建立 20 个直属海事局和 28 个地方海事局，实现了“一水一监，一港一监”要求，建立起统一政令、统一布局、统一监管的“三统一”的海事管理新体制。

作为主管全国海事首脑机关，中华人民共和国海事局（以下简称中国海事局）承担海事法律、法规、规章立法中的立项、调研、起草、审核、报批和废止及规范性文件制（修）订、公布任务，建成由船舶、船员、船舶防污染、水上安全法规等子系统构成的海事法规体系框架，每个子体系均有对应的一部或多部国家法律，以及相应的配套法规、规章和实施细则。我国海事立法逐渐与国际接轨，仅 1979—1999 年就已参加 15 项国际公约和议定书，并将部分公约议定书纳入国内有关法规，颁布和公布具体法令和实施细则 200 余件。全国海事系统积极跟踪、参与国际海事事务，使我国履行国际海事公约处于国际海事组织“白名单”前列。

中国海事继续以“保障水上安全，保护水域清洁，维护国家主权”为己任，开展各种海事管理工作。特别以 1999 年“大舜”轮特大海难为监管节点，坚持预防预控、系统化、持续改进原则，强化源头管理、过程控制和纠错机制，抓好安全的各个环节可控性，侧重监管“四区一线”“四客一危”“四船一链”，抓好“四项”整顿和把好“四道关口”，以及专项整治与长效管理，逐渐建立起长效管理责任制。至 2000 年底，中国船旗国船舶全面脱离世界主要港口国监督“黑名单”，且在国外滞留率低于东京备忘录地区各国。

海事保障设施（备）得到全面发展。至 2005 年底，直属海事已有船艇 803 艘，其中巡逻船 678 艘（千吨级 2 艘）、航标船 78 艘、测量船 26 艘、特种船 21 艘，管理的沿海航标 3395 座，并建成 24 个 VTS、50 座 AIS 岸基站、20 座 RBN/DGPS 基准台站。海事信息系统一期、二期工程建成与应用，视频、搜救等信息网形成。

直属海事队伍通过健全激励、约束和进入、退出的管理机制，以“三个海事”打造执法、技术人才、干部 3 支队伍。从 2001 年“凡进必考”起，至 2005 年底共录用公务员 817 人。地方海事队伍加强人员培训和教育，促使全国海事队伍素质全面提升，适应国家经济与港航业发展的需要。

第一节　水上安全监管体制改革的深化

一、水上安全监管体制改革深化的缘由

1998 年水监体制改革，是适应我国社会主义市场经济、与国际通行做法相一致的一次改革，为 1984 年沿海港口管理体制改革的深化，也是同一水域、同一港口设立“一水一监”管理模式试行成功的继续。

20世纪80年代中期,国家实行沿海港口体制改革,主要是"政企分开",其中一项就是水监体制改革。交通部将此作为水运管理体制改革重要内容之一,提出改革基本原则:有利于水上交通安全监督机构的精简、效能和统一,有利于社会主义航运大市场的建立,有利于维护国家主权和航运权益,有利于履行国际公约和监督管理方式与国际接轨,有利于发挥中央和地方两个积极性。1992年、1994年,分别对深圳市、海南省在同一水域、同一港口设立"一水一监"管理模式的试行成功,并得到国务院认可,使水监体制改革得到进一步深化。1995年5月24日,交通部将"水上安全监督管理体制改革实施方案",连同船舶检验、长江航运管理体制、海事法院改革共4项改革方案上报国务院。1996年3月14日,国务院印发之前(2月2日)国务院副总理邹家华、吴邦国主持召开的水运管理体制改革问题的会议纪要,原则同意交通部的4项改革方案,认同:"水上安全监督管理体制改革实施方案"中同一水域、同一港口只设立一个监督机构。沿海、对外开放水域和跨省重要通航水域由交通部统一设立机构管理;地方设立的管理机构和人员合并到交通部直属水上安全监督机构中;其他水域由地方设立机构管理。1998年4~5月,交通部党组为落实部机关调整职能、精简机构、压缩编制原则,精简部机关50%人员的改革要求,借推进水监体制改革,将交通部安全监督局不再列入部机关司、局序列,作为部直属机构。为此,交通部安全监督局在多次与中央机构编制办公室沟通后,提出水上安全监督机构改革方案。该方案拟将交通部安全监督局(对外称"中华人民共和国港务监督局")和交通部船舶检验局(对外称"中华人民共和国船舶检验局")合并成统一机构。为有利于与国际接轨,更好履行国际海事组织成员国义务,发挥国际海事组织A类理事国成员作用,机构名称拟改为"中华人民共和国海事局(交通部海事局)"。该方案经交通部同意,随交通部机关机构改革方案一并上报国务院。1998年6月18日,国务院批准《交通部职能配置、内设机构和人员编制规定》,决定:中华人民共和国船舶检验局(交通部船舶检验局)与中国船级社实行"局社、政事分开",同中华人民共和国港务监督局(交通部安全监督局)合并组建中华人民共和国海事局(交通部海事局),为交通部直属机构,交通部主管副部长兼任局长,实行垂直管理体制。按此改革方案,沿海(包括岛屿)海域和港口,对外开放水域,主要跨省(区、市)内河(长江、珠江、黑龙江)干线及港口的水上交通安全监督管理,实行"一水一监,一港一监"(同一水域、同一港口只设一个监督机构)垂直管理体制,由交通部统一领导。在上述水域,合并中央与地方的水上交通安全监督机构,统一政令、统一布局、统一监督管理。在统一领导体制下,界定了有关水域中央与地方的管理分工。10月13日,国务院办公厅下发"关于做好合并中央与地方水上安全监督机构的通知"。这一通知标志着中央与地方水上安全监督机构合并工作正式启动。

该通知要求:有关省(区、市)人民政府和国务院有关部门顾全大局,密切配合,积极稳妥地做好合并中央与地方水上安全监督管理机构工作;交通部在充分听取有关地方人民政府意见的基础上,尽快提出中央与地方水上安全监督机构合并的实施方案;对中央与地方水上安全监督机构的人员编制、机构设置以及资产等实行冻结,中央与地方水上安全监督机构合并时,以1998年6月18日的有关数据为准。

二、水上安全监管体制改革实施方案出台

1998年7月至1999年2月,根据国务院合并中央与地方水上安全监督机构的通知精神,交通部先后征求20个有关省(区、市)人民政府有关水监体制改革的意见,调研17个省(区、市)水上交通安全监督机构。在此基础上,交通部起草《水上安全监督管理体制改革实施方案》。1999年3月23日,交通部向国务院领导汇报交通部落实水监体制改革决定的工作。国务院领导指出,确定的水监体制改革大的原则不变,具体的可作些调整,并同意交通部提出的交通部直属海事系统三级管理模式(中华人民共和国海事局,跨地区、跨港口负责管理协调的管区海事局,实施执法的海事局)意见。

根据国务院领导意见,交通部进一步修改《水上安全监督管理体制改革实施方案》,于1999年3月29日报送中央机构编制委员会办公室审核。3月31日,中央机构编制委员会办公室既原则同意这一方案又于5月18日上报国务院。6月5日,经国务院同意,国务院办公厅下发“关于转发交通部水上安全监督管理体制改革实施方案的通知”,要求各省(区、市)人民政府和国务院各部委、各直属机构执行。6月14日,交通部召开第一次水上安全监督管理体制改革电话会议,要求会后交叉进行签订协议、组织交接、设置机构3项工作,在全国广泛开展水监体制改革的组织实施工作。

该实施方案主要确定了水监体制改革的指导思想和总体目标:坚持精简、统一、效能原则,在统一领导体制下明确界定中央与地方对有关水域的管理分工,实行“一水一监,一港一监”,在同一水域、同一港口和同一地区不得重复设立水上安全监督管理机构。通过改革,进一步理顺关系、明确职责、统一政令、统一布局、统一监督管理,逐步建立起分工负责、运转协调、行为规范、办事高效、执法统一,与社会主义市场经济相适应的水上安全监督管理新体制。

该实施方案界定了中央和地方管理水域及其事权,即沿海海域和港口,对外开放水域,主要跨省(区、市)内河干线及港口为中央管理水域,水上安全监督工作由交通部统一领导。中央管理水域以外的内河、湖泊、水库等其他水域的水上安全监督工作,由各省(区、市)人民政府负责。沿海海域和港口是指北起辽宁鸭绿江口,南至广西北仑河口的中国沿海(包括岛屿),国家管辖的一切海域和沿海港口的所有码头、装卸区、作业站点所在水域(包括入海河流口第一港水域及其下游水域);对外开放水域是指按照国家有关规定批准的对外开放的沿海、内河港口以及允许国际航行船舶通达开放港口的内河通航水域。

该实施方案提出了水监机构划转与合并的六项基本原则:①中央管理水域内的水上安全监督工作由交通部设置专门机构进行管理,地方设置在这些水域的相应机构均划转或合并为交通部直属水上安全监督机构。②在中央管理水域以外,地方管理机构有困难的,也可由交通部管理。③在机构划转与合并中,一律按照1998年6月18日在册情况进行人员划转,与其他机构合署办公。④地方水上安全监督机构划转后经费有影响的,可从划转的规费中返还。⑤划归中央管理的地方水上安全监督机构的国有资产,按划转人员比例无偿划转。⑥划转与合并的地方水监机构在建或已立项基本建设项目的投资渠道等问题由协商解决。

该实施方案规定了水上安全监督业务管理和机构设置:中华人民共和国海事局对全国水上安全监督工作实行业务领导,设在中央和地方管理水域的水上安全监督机构,分别负责所辖水域内水上安全监督工作。

该实施方案明确了水监体制改革组织实施工作:在中央机构编制委员会办公室指导下,由交通部和有关省(区、市)人民政府组织实施;实施过程中要坚持积极稳妥的方针,周密部署,精心组织,妥善处理好各方面的问题,保持正常的工作秩序;划转与合并水上安全监督机构,按照“先海后江”的顺序分步实施;交通部与有关省(区、市)人民政府分别签署水上安全监督管理体制改革协议,并组成联合工作组负责办理机构划转与合并的具体事宜;地方设置水上安全监督机构工作,由各省(区、市)人民政府统筹安排。

三、水上安全监管体制改革实施方案落实

按照国务院和交通部的部署与安排,新组建的中国海事局分3个阶段协助配合交通部和国务院其他有关部委与各省(区、市),做好《水上交通安全监督管理体制改革实施方案》的落实工作。

第一阶段,1999年4月至1999年6月,主要是专门成立水监体制改革实施机构,进行前期准备和协助组织动员。1999年4月28日,交通部成立水上交通安全监督管理体制改革领导小组,领导小组在中国

海事局设办公室，承担领导小组布置的工作，负责与中央机构编制委员会办公室就水监体制改革问题联系与沟通，组织、参与地方人民政府有关水监体制改革的会议，研究确定水监改革的阶段性工作计划，并组织实施。领导小组的主要任务是研究、制订贯彻落实国务院批准的水监体制改革实施方案的具体措施，统一领导、协调水监体制改革工作。领导小组成立后，先后召开3次工作会议，研究确定水监体制改革阶段性工作计划，并组织实施。

第二阶段，1999年7月至2001年6月，主要是交叉进行水监体制改革的协议签订、组织交接、设置机构3项工作。这一阶段，交通部先后与河北、广东、福建、辽宁、江苏、山东、广西、湖南、黑龙江、浙江、安徽、重庆、湖北、江西省（区、市）人民政府交换意见，签订实施水监体制改革协议，划定中央管辖水域的范围和界线，同时进行人员划转、资产交接等。1999年9月10日，交通部要求有关省（区、市）交通厅，将划转机构的财务、资产、人员、劳动工资情况列表、造册，做好交接准备工作。到2001年5月，中国海事局先后配合交通部人事劳动司、财务司、水上安全监督管理体制改革办公室，派出人员与有关省（区、市）交通厅（委、办）共同组成联合工作组，进行划转人员、资产交接工作，先后与上海、广东、福建、天津、河北、辽宁、山东、江苏、浙江、广西等省（区、市）有关部门签订水监体制改革中机构人员资产划转交接协议。

第三阶段，2001年7月至2005年6月，主要是推进和完成长江干线安徽、江西、湖北、湖南、重庆省（市）划转人员、资产的交接工作。由于历史原因，长江干线水监系统人员基数大、机构职能配置多、职能归属困难，加上长江干线和支流界线难以界定，船员管理、船舶登记分工难于按水域划分，导致体制改革、划转交接工作难度很大。为此，中国海事局配合交通部和水监体制改革领导小组，与相关沿江省（市）反复交换意见，摸清问题症结，进行专题研究，解决具体问题，努力推动长江干线省（市）的人员划转、资产交接工作。在2002年3月、12月分别完成重庆市、湖南省地方水监管理机构、人员和资产的划转基础上，2004年11月完成湖北、安徽、江西3省人员、资产划转、交接工作。2004年12月和2005年3月，又分别完成长江干线三峡库区中央管理水域和地方管理水域范围和界线重新划定工作。2005年6月底，长江干线水监体制改革工作全面完成。

与此同时，交通部与云南省（2002年8月3日）、四川省（2002年7月29日）、内蒙古自治区（2004年4月21日）分别签署委托管理协议。至2004年4月，交通部先后与18个省（区、市）签署水监体制改革协议。

从1998年6月18日国务院批准成立中国海事局起，到2005年6月西藏自治区地方海事局成立止，交通部历时7年多全面完成了这次全国水监体制改革工作，其中主要进行两大方面工作：

第一，划分事权。19个省（区、市）水域，界定了中央和地方的管理分工，既坚持《水上安全监督管理体制改革方案》确定原则，明确沿海海域和港口，对外开放水域，主要跨省（区、市）内河干线及港口的水上安全监管工作，由交通部设置的机构垂直管理，其他内河、湖泊、水库等水域的水上安全监管工作，由各省（区、市）人民政府行政主管部门设置的机构管理；又从实际情况出发，经过双方协商，适当调整部分水域的管理事权，将云南、内蒙古省（区）对外开放水域和四川省的长江干线委托地方人民政府管理，将广东、广西省（区）、黑龙江省的全部水域交由交通部设置的海事机构统一管理（海南省全部水域已于1994年由交通部设置的水上安全机构统一管理）。

第二，机构设置。全国水上安全监管一体化格局形成，即“一水一监”“一港一监”，“统一政令、统一布局、统一监管”。在中央管辖水域，交通部成立20个直属海事机构，下设112个分支机构，分布在17个省（区、市）。在地方管辖水域，27个省（区、市）成立地方海事机构。其中黑龙江、广东、广西、海南4省（区）只设置交通部直属海事机构，辽宁、河北、天津、山东、江苏、上海、浙江、福建、安徽、江西、湖北、湖南、重庆13个省（市）既设有交通部直属海事机构（含分支机构），又设有地方海事机构，其余14个省

(区)只设地方海事机构。全国 31 个省(区、市,不含港澳台地区)和新疆生产建设兵团(2006 年 9 月 23 日成立地方海事局)均建立名称统一规范的海事机构,实现水监体制改革预期的目标。

四、与省(区、市)签订水监体制改革协议

在国务院统一领导下,中国海事局及其直属海上安全监督局(1999 年 6 月以后改为海事局),协助交通部按照积极稳妥方针和“先海后江,先易后难,先外后内”步骤,与各省(区、市)人民政府紧密配合,循序渐进,签订具体的省部际水监体制改革协议。这标志着中国海事向统一政令、统一布局、统一监督管理的目标迈出一大步。

中国海事局和相关直属海上安全监督局(1999 年 6 月以后改为海事局),协助交通部先后与相关 17 个省(区、市)签订了水监体制改革协议,交通部于 1999 年 5 月 7 日率先与天津市人民政府签订水监体制改革协议,为落实全国水监体制改革实施方案开了个好头。随后,交通部又与其他相关省(区、市)签订水监体制改革协议,按时间顺序:上海市为 1999 年 6 月 12 日、河北省为 1999 年 7 月 16 日、广东省为 1999 年 8 月 11 日、福建省为 1999 年 8 月 23 日、辽宁省为 1999 年 9 月 21 日、江苏省为 1999 年 10 月 14 日、山东省为 1999 年 10 月 15 日、广西壮族自治区为 1999 年 11 月 4 日、湖南省为 2000 年 1 月 14 日、浙江省为 2000 年 6 月 16 日、黑龙江省为 2000 年 8 月 3 日、安徽省为 2000 年 11 月 2 日、重庆市为 2001 年 2 月 19 日、湖北省为 2001 年 4 月 2 日、江西省为 2001 年 4 月 3 日、四川省为 2003 年 11 月 3 日。接着,各省(区、市)人民政府根据签订的协议向交通部进行机构、人员、资产的划转交接工作,具体由中国海事局负责实施。至 2005 年 6 月底,涉及全国 19 个省(区、市)水上交通安全监督管理事权的界定和分工、机构人员的划转和交接工作全部完成,其中有 15 个省(区、市)的 300 多个县以上的地方港航机构向直属海事机构移交人员,共计 7970 人。

水上交通安全监督管理体制改革方案的全面落实,标志着这次体制改革达到预定的目标和成效。2005 年 8 月 20 日,交通部在向国务院上报《交通部关于全国水上安全监督管理体制改革情况的报告》中,在谈到这次改革实现的目标时称:“……实现了精简、统一、效能和决策、执行、监督相协调,建立了与社会主义市场经济体制相适应、与国际通行做法相一致,分工负责、行为规范、运转协调、公正透明、办事高效、执法统一的水上安全监督管理新体制,达到了改革预定目标”。在讲到这次改革的成效时称:“通过水监体制改革,彻底改变了我国水上安全监管多年来一水多监、政出多门、政令不一、交叉管理、执法混乱的局面,建起了适应社会主义市场经济的、现代的、与国际接轨的体制模式。改革力度之大是前所未有的。改革后的实践证明,国务院关于水监体制改革的决策是完全正确的,改革是成功的,成效是显著的。”

第二节　“三统一”海事管理体制的建成

一、中华人民共和国海事局的成立

成立主管全国海事的最高首脑机关——中华人民共和国海事局,是国务院批准的水监体制改革方案中明确规定的重要内容之一。

1998 年 6 月 18 日,国务院批准《交通部职能配置、内设机构和人员编制规定》,决定由“交通部安全监督局”(对外称“中华人民共和国港务监督局”)和“交通部船舶检验局”(对外称“中华人民共和国船舶检验局”)合并,组成“中华人民共和国海事局(交通部海事局)”,由交通部副部长兼任“中华人民共和国海事局”(交通部海事局)局长,实行垂直管理。

根据国务院这一决定,交通部1998年6月29日在交通部安全监督局的基础上,开始筹建中华人民共和国海事局(交通部海事局)。7月15日,交通部成立中华人民共和国海事局(交通部海事局)筹备组,交通部副部长洪善祥为筹备组组长,负责海事机构的筹备工作,并负责全国水上交通安全监督管理日常工作。9月22日,中华人民共和国海事局(交通部海事局)筹备组宣布局内各部门筹备负责人。9月29日,交通部批准中华人民共和国海事局(交通部海事局)领导班子成员,任命副部长洪善祥兼任中国海事局(交通部海事局)局长。同日,中共交通部党组批准成立中国共产党海事局委员会。10月19日,中央机构编制委员会办公室批复中华人民共和国海事局(交通部海事局)为事业单位,编制90人。10月27日,交通部召开中华人民共和国海事局(交通部海事局)干部大会,交通部部长黄镇东正式宣布中华人民共和国海事局(交通部海事局)成立,并正式开始运转。同日,中华人民共和国海事局(交通部海事局)宣布各部门负责人。11月2日,中华人民共和国海事局(交通部海事局)印章启用,停止使用原交通部安全监督局、交通部船舶检验局印章。11月6日,中华人民共和国海事局英文名称印发:英文译名为Maritime Safety Administration of the People's Republic of China,英文缩写为China MSA。11月11日,交通部明确中华人民共和国海事局(交通部海事局)暂定事业编制90名,参照公务员管理,其中处级领导职数31名。11月16日,公布局领导、机关各部门的电话号码等。11月18日,中华人民共和国海事局(交通部海事局)挂牌。1999年11月10日,交通部公布中华人民共和国海事局(交通部海事局)局徽图案。2000年1月1日,局徽、局旗正式启用。中华人民共和国海事局(交通部海事局)成立后,局长委托常务副局长主持日常业务、行政工作。

与此同时,交通部对中国海事局的编制、内设职能部门、代管机构一一作出规定。1998年10月16日,交通部下发"关于调整交通部议事协调机构和临时机构的通知",确定中国海事局承担过去交通部安全监督局归口管理的交通行业安全管理工作和交通行业环境保护工作,承担中国海上搜救中心及其办公室、交通部交通安全委员会及其办公室、交通部环境保护委员会及其办公室的具体工作,领导和管理交通部中国海事服务中心、交通安全质量管理体系审核中心等编外机构和部门。11月11日,根据中央机构编制委员会办公室的批复,交通部明确中国海事局(交通部海事局)机关参照公务员管理,局级领导职数6个,机关处级领导职数31个,设置办公室、法规规范处、计划基建处、财务会计处、人事教育处、通航管理处(中国海上搜救中心办公室)、船舶监督处(中国便利运输委员会办公室)、船舶检验处、船员管理处、航标测绘处、安全管理处(交通部安全委员会办公室)、审计处12个职能部门和党委工作部、纪委办公室(监察处)两个党的工作机构。1999年7月20日,交通部下发通知,决定将15个交通部直属海(水)上安全监督局和中国海事服务中心、交通部环境保护中心、交通部安全质量管理体系审核中心划归中国海事局管理,作为部海事局的直属单位。

此外,国务院明确海事管理机构性质为事业编制的行政执法机构。2000年11月14日,中央机构编制委员会办公室复函交通部,明确海事机构依法履行行政执法监督职能,属行政机构。2003年2月8日,中央机构编制委员会办公室复函交通部,再次明确交通部直属海事机构,履行国家水上安全监管等职责,属于行政执法机构。

二、直属海事系统体制的建成与辖区划分

(一)直属海事系统的成立

水监体制改革中重要一环是重新界定中央管理水域,组建交通部统一管理的直属海事系统。直属海事系统管理有6个序列,分中国海事局、直属海事局、分支机构、派出机构(长江海事局除外)4级管理

层级。

1999 年 10 月 27 日,国务院批准《交通部直属海事机构设置方案》,决定在中央管理水域内设置 20 个交通部直属海事机构,其中正厅(局)级 12 个,副厅(局)级 8 个,名称统一为"中华人民共和国××(地名或河流名)海事局";直属海事机构在所辖重要港口设置分支机构,名称统一为"中华人民共和国××(港口名或地名)海事局";直属海事机构及其分支机构可在所辖地域设置派出机构,名称统一为"中华人民共和国××(港口名或口岸名)海事处(科)",行政级别为处(科)级。

1999 年 12 月 27 日,国务院办公厅颁发 20 个交通部直属海事机构印章各 1 枚。2000 年 1 月 31 日,中国海事局统一各直属海事机构英文名称为"×× Maritime Safety Administration,The People's Republic of China",英文缩写为"×× MSA,China"。2002 年 3 月 14 日,中央机构编制委员会办公室批复交通部,明确 20 个交通部直属海事机构人员使用事业编制(不含航标、测绘人员),全部由财政补贴。至 2005 年 6 月 23 日西藏自治区地方海事局成立,交通部和各省(区、市)人民政府分别在中央管辖水域、地方管辖水域相应设置政令统一、名称规范的水上安全监督机构(20 个直属海事局详见表 8-2-1)。

20 个直属海事局成立时间一览表　　表 8-2-1

名　称	成立时间	名　称	成立时间
上海海事局	1999.6.18	营口海事局	1999.12.28
天津海事局	1999.7.8	烟台海事局	1999.12.28
辽宁海事局	1999.12.28	连云港海事局	1999.12.28
河北海事局	1999.12.28	厦门海事局	1999.12.28
山东海事局	1999.12.28	汕头海事局	1999.12.28
福建海事局	1999.12.28	湛江海事局	1999.12.28
广东海事局	1999.12.28	江苏海事局	2000.7.26
广西海事局	1999.12.28	长江海事局	2000.7.28
海南海事局	1999.12.28	黑龙江海事局	2000.8.20
深圳海事局	1999.12.28	浙江海事局	2000.8.30

20 个直属海事局组建基础有 3 个方面:一是由原交通部直属水上安全监督机构与划转交通部垂直管理的地方水上安全监督机构、人员合并,组建交通部新的直属水上安全监督机构(如辽宁、营口、河北、天津、山东、烟台、江苏、连云港、上海、浙江、广东、汕头、湛江、长江);二是在划转的地方水上安全监督机构、人员基础上组建交通部直属水上安全监督机构(如福建、厦门、广西);三是以原交通部直属的港务(航)监督为基础更名组建为新的交通部直属海事机构(如海南、黑龙江、深圳)。2000 年 3 月 24 日,交通部与黑龙江省政府签署协议,委托黑龙江省负责管理界河及内河干流中央管理水域的水上安全监督工作。8 月 3 日,中国海事局委托黑龙江省交通厅组建和管理中华人民共和国黑龙江海事局。

2002 年 3 月 15 日,交通部发文明确,原长江港航监督局与原地方设在长江干线(安徽、江西、湖北、湖南、重庆段)的水上安全监督机构合并组建的长江海事局,仍隶属于长江航务管理局,业务上接受中国海事局统一领导。长江干线江苏段从原管辖水域中划出,隶属于新成立的江苏海事局管辖。2005 年 6 月,渝、湘、鄂、赣、皖沿江四省一市地方海事机构划转长江海事局。至此,历时 4 年的长江水监体制改革完成,在辖区内设置 10 个分支局。

(二)直属海事的下属机构

分支机构。2000 年 6 月 5 日,国务院批准《交通部沿海直属海事机构的分支机构设置方案》。方案明确分支机构设置原则是:要在同一管辖区域内,合并中央与地方的水上安全监督机构。可在原有机构布局基础上按行政区域设置分支机构;也可根据水域统一管理、业务量大小、地理位置等情况将不同行政区域内的水上安全监督机构适当合并,实行跨区域管理。批准设置 97 个分支机构。2002 年 2 月 25 日,国务院批准《交通部长江黑龙江海事局分支机构设置方案》,明确长江海事局设置 10 个分支机构,黑龙江海事局设置 5 个分支机构。至此,全国先后共组建分支机构 112 个。2003 年 1 月 27 日,三峡长江港航监督处更名为中华人民共和国三峡海事局,作为长江海事局分支机构。2004 年 5 月,中央机构编制委员会办公室下发通知,明确三峡海事局负责长江三峡枢纽工程和葛洲坝枢纽工程河段全长 59 公里的通航综合行政工作。

派出机构。2000 年 12 月 12 日至 2004 年 10 月 28 日,根据交通部下达的各直属海事局所属派出机构设置方案,中国海事局共设置派出机构 353 个。派出机构下适当设置若干工作站点,名称统一规范为"中华人民共和国××海事处(局)××办事处(海事所)",不列入海事机构序列。

保障机构。2001 年 3 月 12 日,交通部实施航标管理体制改革,调整部分航标区(处)行政管理关系,全国沿海 17 个航标区统一更名为"中华人民共和国××海事局××航标处",分别划归天津、上海、广东、海南海事局管理。同时,在北海航道处和湛江航标区防城航标站的基础上组建北海航标处,归广东海事局管理。此外,原沿海地方政府在沿海设置的航标及其管理机构,划转后分别移交给相关直属海事局管理。2001 年,天津、上海、广东、海南海事局根据中国海事局提出的设置航标站条件,调整航标处管辖范围和航标站的设置,并提出各局航标管理站设置方案。12 月 27 日,该方案获得批准。

直属海事测绘机构也发生变化。2000 年 4 月 3 日,交通部下发《交通部直属海事机构设置指导意见》,确定天津、上海、广东海事局测绘处与测绘大队"处队合一"原则。8 月 8 日,中国海事局批准天津、上海、广东海事局内设机构方案时,未单独设置测绘处,测绘处职责由海测大队执行。2002 年 9 月 6 日,中国海事局将天津、上海、广州海上安全监督局所属的 3 个海测大队分别更名为天津海事局海测大队、上海海事局海测大队、广东海事局海测大队,主要职责、行政级别保持不变。2004 年 4 月 5 日,中国海事局批准天津海事局设置海测大队、航测科技中心,上海海事局设置海测大队、航海图书印刷中心、电子海图数据中心。5 月 11 日,广东海事局设置海测大队。天津、上海、广东三大海区海事局的海测大队,既执行各项测绘专业任务,又履行各自海区测绘管理职责,主要承担沿海港口、航道、锚地及附近水域的检测和基本测量任务,编辑、绘制、出版、发行相应的航海图书资料和海图改正通告,观测和收集海区潮汐水文、气象等航行参考资料。

一省一局管理模式的形成。由于历史原因,沿海各省均设有两个以上的直属港务监督机构。2000 年 6 月,交通部与浙江省在签订浙江省水上安全监督管理体制改革协议时,就明确在宁波设置副厅级直属海事局,作为浙江海事局的分支机构。而其他沿海省份仍设有 2 个或以上的直属机构。为利于统一联系、统一协调水上安全监督工作,中国海事局按照"先外后内"改革实施原则,自 2000 年开始研究和部署按一个省一个局的管理模式改革,将原隶属中国海事局的营口、汕头、湛江、连云港、烟台、厦门海事局(直属的二级局),分别从 2002 年 1 月 1 日、5 月 1 日、6 月 1 日、7 月 1 日、9 月 1 日起改为辽宁、广东、江苏、山东、福建海事局的分支机构,由其实行领导,对外仍保留直属海事系统的序列。至此,一省一局管理模式改革完成。2004 年,按照《行政许可法》要求中国海事局根据动态监管与静态监管分开、行政执法与执法监督分开、违法案件的调查与处理分开、行政许可的受理与审批分开、船员考试与发证分开的"五分开"原则,实施海事行政执法模式改革。

(三)中国海事局职责

水监体制改革后,对于直属海事系统来说,管辖范围扩展,业务领域延伸,管理方式转变,如从管理港区水域扩展到整个辖区水域，从单点、单层管理方式转变为多层级管理方式，同时也带来管理职责的变化。国务院批准的水监体制改革实施方案，规定了中国海事局管理的具体职责。1998年10月19日，中央机构编制委员会办公室批复交通部上报的中华人民共和国海事局(中国海事局)主要职责是：①拟订和组织实施国家水上安全监督管理、防止船舶污染、船舶及海上设施检验、航海保障以及交通行业安全生产的方针、政策、法规和技术规范、标准。②统一管理水上安全和防止船舶污染。监督管理船舶所有人安全生产条件和水运企业安全管理体系；调查、处理水上交通事故、船舶污染事故及水上交通违法案件；归口管理交通行业安全生产工作。③负责船舶、海上设施检验行业管理以及船舶适航和船舶技术管理；管理船舶及海上设施法定检验、发证工作；审定船舶检验机构和验船师资质；审批外国验船组织在华设立代表机构并进行监督管理；负责中国籍船舶登记、发证、检查和进出港(境)签证；负责外国籍船舶入出境及在中国港口、水域的监督管理；负责船舶载运危险货物及其他货物的安全监督。④负责船员、引航员适任资格培训、考试、发证管理。审核和监督管理船员、引航员培训机构资质及其质量体系；负责海员证件的管理工作。⑤管理通航秩序、通航环境。负责禁航区、航道(路)、交通管制区、港外锚地和安全作业区等水域的划定；负责禁航区、航道(路)、交通管制区、锚地和安全作业区等水域的监督管理，维护水上交通秩序；核定船舶靠泊安全条件；核准与通航安全有关的岸线使用和水上水下施工、作业；管理沉船沉物打捞和碍航物清除；管理和发布全国航行警(通)告，办理国际航行警告系统中国国家协调人的工作；审批外国籍船舶临时进入中国非开放水域；办理港口对外开放有关审批工作和中国便利运输委员会日常工作。⑥负责航海保障工作。管理沿海航标、无线电导航和水上安全通信；管理海区港口航道测绘并组织编印相关航海图书资料；归口管理交通行业测绘工作；组织、协调和指导水上搜寻救助，并负责中国海上搜救中心日常工作。⑦组织实施国际海事条约；履行船旗国监督及港口国监督管理业务，依法维护国家主权；负责有关海事业务国际组织事务和有关国际合作、交流事宜。⑧组织编制全国海事系统中长期发展规划和有关计划；管理所属单位基本建设、财务、教育、科技、人事、劳动工资、精神文明建设工作；负责船舶港务费、船舶吨税有关管理工作；负责全国海事系统统计和行风建设工作。⑨承办交通部交办的其他事项。

根据国务院赋予中国海事局管理职责，2000年4月3日交通部下发《交通部直属海事机构设置指导意见》，划分直属海事局、分支机构、派出机构的管理的基本职责。从横向看，分为对外和对内两个部分，突出水上安全监督、防止船舶污染、船舶及海上设施检验管理、航海保障等对外管理主要功能。从纵向看，体现分级管理层次。直属海事局以宏观综合管理为主，分支机构以业务管理为主，派出机构以现场管理为主。在对外管理职能配置方面，又分为法定职责和授权职责。授权职责是由上级机构依据地域条件、经济发展水平、管理模式的差异，按管理需要实施分类授权。

2001年9月20日，按照交通部对各级管理层的职责规定，中国海事局下发《交通部直属海事系统各级海事机构主要职责分工的暂行规定(业务部分)》，确定直属海事系统分中国海事局、直属海事局、分支机构、派出机构4级管理层级，规定了各级海事机构海事业务管理职责，并从内部进行详细分工，以避免层级之间职能交叉、工作错位。各管理层级具体分工是：中国海事局负责海事系统各项业务工作的统一领导、监督检查和重大问题的组织协调，负责海事政策、法规的研究制订，代表国家负责履行国际海事条约；直属海事局负责辖区内各项海事业务工作和海事行政执法的统一管理、监督检查，承办辖区内重要海事业务的组织实施，协助地方拟订有地域性特点的特殊规定；分支机构具体负责国家各种管理制度在辖区范围内的贯彻执行；派出机构重点实施现场监督和管理。总体上，中国海事局直属、分支、派出的机构管理职责分为两种，一种是依法施行，另一种是授权的。依法施行的，主要是按照法律、法规与国务院所赋予的管理职责行使职权；授权的，主要是按照由交通部或中国海事局指定或临时指派的管理事责行使职权。

(四)直属海事局的辖区

2002年4月4日,根据《水上安全监督管理体制方案》,中国海事局下发"关于确定各直属海事局海域管辖范围的通知",划分了各直属海事局管辖区域(详见表8-2-2)。

直属海事局管辖区域一览表 表8-2-2

名　称	管　辖　区　域
上海海事局	上海市沿海、沿长江水域和港口
天津海事局	天津市沿海水域和港口
辽宁海事局	辽宁省(营口市除外)沿海水域和港口,沿海各市内河水域和港口
河北海事局	河北省沿海水域和港口,沿海各市内河水域和港口
山东海事局	山东省(烟台市除外)沿海水域和港口,沿海各市、地区内河水域和港口
福建海事局	福建省(厦门、漳州市除外)沿海水域和港口
广东海事局	广东省(汕头、深圳、湛江市除外)沿海、内河水域和港口
广西海事局	广西壮族自治区全区沿海、内河水域和港口
海南海事局	海南省全省沿海、内河水域和港口
深圳海事局	深圳市全市沿海、内河水域和港口
营口海事局	营口市全市沿海、内河水域和港口
烟台海事局	烟台市全市沿海、内河水域和港口
连云港海事局	江苏省沿海水域和港口
厦门海事局	厦门市、漳州市沿海水域和港口
汕头海事局	汕头市全市沿海、内河水域和港口
湛江海事局	湛江市沿海、内河全市水域和港口
江苏海事局	长江干线江苏段水域和港口
长江海事局	长江干线重庆、湖北、湖南、江西、安徽段以及湖南省城陵矶港区、华容县、临湘县、岳阳市云溪区和江西省瑞昌市、彭泽县、九江县、九江市浔阳区内河水域
黑龙江海事局	黑龙江省全省水域和港口
浙江海事局	浙江省沿海水域和港口,舟山、宁波、台州、温州市内河水域和港口

三、地方海事体制的建立与职责及辖区

(一)地方海事局的成立

1999年12月14日,交通部下发"关于规范地方水上安全监督机构名称的通知",按全国地方水上安全监督机构共分3级,名称分别为"××省(自治区、市)地方海事局""××省(自治区、市)××市(地、州、盟)地方海事局""××省(自治区、市)××县(市、区、旗)地方海事处"。根据工作需要,地方海事处可下设工作站点,名称为"××省(自治区、市)××县(市、区、旗)地方海事处××海事所"。2000年6月5日,国务院批准的《交通部沿海直属海事机构的分支机构设置方案》中,规定省(区)分支机构名称统一为"中华人民共和国××(港口名或地名)海事局",直辖市和港口城市海事局分支机构名称统一为"中华人民共和国××(港口名或地名)海事处"。

根据以上国务院、交通部的规定,各省(区、市)和新疆生产建设兵团相继建立省、市、县3级地方海事机构,隶属于交通或航运部门主管,负责中央管理水域以外的其他水域的水上安全监督工作。1999年12

月至 2000 年,山东、福建、河南、甘肃、河北、江苏等省成立地方海事局。2001—2005 年,云南、辽宁、浙江、贵州、四川、江西、安徽、内蒙古、湖北、重庆、山西、陕西、新疆、宁夏、北京、天津、湖南、吉林、青海等省(区、市)成立地方海事局。2005 年 6 月 23 日,西藏自治区地方海事局正式成立。全国 28 个地方海事局成立时间,详见表 8-2-3。

各省(区、市)地方海事局成立时间一览表　　表 8-2-3

名　称	成立时间	名　称	成立时间
山东省地方海事局	2000.7.4	安徽省地方海事局	2002.8.14
福建省地方海事局	2000.8.5	内蒙古自治区地方海事处	2002.9.18
河南省地方海事局	2000.8.28	湖北省地方海事局	2002.9.23
甘肃省地方海事局	2001.3.1	重庆市地方海事局	2002.9.30
河北省地方海事局	2001.3.5	陕西省地方海事局	2002.10.14
江苏省地方海事局	2001.4.24	新疆维吾尔自治区地方海事局	2003.4.4
云南省地方海事局	2001.6.7	宁夏回族自治区地方海事局	2003.5.1
青海省地方海事局	2001.7.26	北京市地方海事局	2003.7.1
山西省地方海事局	2001.9.3	天津市地方海事局	2003.8.7
辽宁省地方海事局	2001.12.7	上海市地方海事局	2004.5.9
浙江省地方海事局	2002.2.19	湖南省地方海事局	2004.7.7
贵州省地方海事局	2002.7.24	吉林省地方海事局	2004.11.9
四川省地方海事局	2002.7.29	西藏自治区地方海事局	2005.6.23
江西省地方海事局	2002.8.7	新疆生产建设兵团地方海事局	2006.9.23

各省(区、市)设置的地方海事局,大体上分为 3 类:①省交通厅直接领导下的独立机构,一般称“××省地方海事局”,如江苏、安徽、四川。②省交通厅下设的航运管理局(航务管理局、港航管理局、规费征稽局)加挂“××省地方海事局”与“××省船舶检验局(处)”,合署办公,属于一门三牌;有的省“地方海事局”与省“地方船舶检验局”合署,属于一门两牌。这类则均明确航运管理局一位领导为海事局局长,由专门职能处室负责海事工作。大多省级地方海事管理机构属于这一类。③省交通厅或交通管理委员会下设立处室,专门负责海事工作,如内蒙古。部分海事管理机构与道路运输管理部门合署办公,外加挂一块牌子,如北京。

(二)各省(区、市)地方海事局的职责

鉴于各地所处于地理位置不同,有水域与非水域之别,国务院、交通部规定,各省(区、市)地方海事管理职责视情况自定。1999 年 6 月 14 日,交通部召开水监体制改革电话会议。会上,交通部部长黄镇东就各省(区、市)地方海事管理职责讲到:“地方水监机构依据法律、行政法规规章实施该辖区内的水上交通安全。按照法律、行政法规授权,地方政府可制定适用于其管辖水域的水上交通安全管理规定。”2001 年 12 月 14 日,交通部下发“关于进一步明确水上交通安全管理工作职责的通知”,明确交通部和各省(区、市)交通厅(局、委)、交通部直属海事局和各地方海事局在水上交通安全管理的职责。其中有关地方海事职责规定:“各地方海事局(港航监督)是地方各级交通主管部门设置的辖区水上交通安全监督管理机构,负责在所辖水域内实施水上安全执法监督工作。除水上交通安全监督职责外,各交通主管部门可以在职权范围内赋予其其他职责,具体职责由各地交通主管部门自定。”

(三)各省(区、市)地方海事局管辖区域

1999 年 6 月 5 日,国务院批准的《水上安全监督管理体制改革实施方案》,就中央与地方管理水域及

其事权作出界定,其中对地方海事机构管辖区域规定:“在中央管理水域以外的内河、湖泊、水库等其他水域的水上安全监督工作,由各省(自治区、直辖市)人民政府负责”。依照这一基本原则,交通部与各相关省(区、市)通过协商并签订协议,明确各地方海事机构的管辖区域(具体协商结果详见表 8-2-4)。

各省(区、市)地方海事局管辖区域一览表 表 8-2-4

名 称	管 辖 水 域
山东省地方海事局	山东省(沿海各市、地区除外)内河水域和港口
福建省地方海事局	福建省内河水域和港口
河南省地方海事局	河南省水域和港口
甘肃省地方海事局	甘肃省水域和港口
河北省地方海事局	河北省(沿海各市除外)内河水域和港口
江苏省地方海事局	江苏省(长江干线除外)内河水域和港口
云南省地方海事局	云南省水域和港口(其中委托管理澜沧江开放水域和港口)
青海省地方海事局	青海省水域和港口
山西省地方海事局	山西省水域和港口
辽宁省地方海事局	辽宁省(沿海各市除外)内河水域和港口
浙江省地方海事局	浙江省(舟山、宁波、台州、温州市除外)内河水域和港口
贵州省地方海事局	贵州省水域和港口
四川省地方海事局	四川省水域和港口(其中委托管理长江干线宜宾至重庆段水域和港口)
江西省地方海事局	江西省(长江干线和瑞昌市、彭泽县、九江县、九江市浔阳区除外)内河水域和港口
安徽省地方海事局	安徽省(长江干线除外)内河水域和港口
内蒙古自治区地方海事处	内蒙古自治区水域和港口(其中委托管理额尔古纳河开放水域和港口)。为区交通厅内一个职能部门
湖北省地方海事局	湖北省(长江干线除外)内河水域和港口
重庆市地方海事局	重庆市(长江干线除外)内河水域和港口
陕西省地方海事局	陕西省水域和港口
新疆维吾尔自治区地方海事局	新疆维吾尔自治区水域和港口(新疆生产建设兵团辖区水域和港口除外)
宁夏回族自治区地方海事局	宁夏回族自治区水域和港口
北京市地方海事局	北京市水域和港口
天津市地方海事局	天津市内河水域和港口
上海市地方海事局	上海市内河水域和港口(沿长江水域和港口除外)
湖南省地方海事局	湖南省(长江干线和城陵矶港区、华容县、临湘县、岳阳市云溪区除外)内河水域和港口
吉林省地方海事局	吉林省水域和港口
西藏自治区地方海事局	西藏自治区水域和港口
新疆生产建设兵团地方海事局	新疆生产建设兵团辖区水域和港口

历时 7 年,我国地方海事管理体系建成。这一体系管理模式有几种:①实行全省统一。黑龙江、广东、广西、海南 4 省(区)只设置交通部直属的海事机构,没有直属与地方机构之分。②直属、地方海事机构同时存在。辽宁、河北、天津、山东、江苏、上海、浙江、福建、安徽、江西、湖北、湖南、重庆 13 个省(市)既设有交通部直属海事机构(含分支机构),又设有地方海事机构。③只设地方海事机构。上述省(区、市)以外的 14 个省(区)只设地方海事机构。全国 31 个省(区、市,不含港澳台地区)和新疆生产建设兵团(2006 年 9 月 23 日成立地方海事局)均建立名称统一规范的地方海事机构。

这次水监体制改革,是 1984 年起沿海港口体制改革的深化与继续,意义非同一般。交通部部长黄镇东在 1998 年 10 月 27 日中国海事局成立大会上阐述称:“成立中国海事局是为了适应水上安全监督管理体制改革,实行直属海事系统垂直管理体制的需要,有利于加强水上交通安全执法监管,有利于实施国家主权管理,有利于加强队伍建设,有利于与国际接轨,标志着海事事业迈出了一大步。"10年之后,即2008年12月12日在北京召开的全国水监体制改革10周年座谈会上,交通运输部新老领导一致认为,海事10年来所取得的巨大成绩,充分说明中央关于水监体制改革的决策是完全正确的。这些成绩的取得,是部党组正确领导,有关部委、单位和地方各级党委、政府大力支持,全(交通)系统职工同心同德、奋力拼搏的结果。

第三节　海事发展规划与年度目标的制定

一、《中国海事工作发展纲要(2001—2015)》出台

1998年中国海事局的成立,标志着"一水一监""一港一监"海事管理新体制开始建立,中国海事从此进入新的发展阶段。

随着交通事业在国民经济发展中的地位愈加突出,党中央、国务院对交通工作越来越关注,海事管理形势和格局发生新的变化,特别是1999年"11·24"重大海难事故所暴露出的水上交通安全管理工作中的薄弱环节,迫使中国海事系统需要改变管理模式。此外,1996年9月20日交通部发布的《中国水上交通安全监督工作发展纲要(1996-2010)》中所确立安全管理目标,到2000年业已基本实现,各项管理工作得到加强,管理基础设施初具规模,管理队伍素质有所提高,管理手段有所改善。不过,鉴于中国加入世界贸易组织,水运经济快速发展,船舶交通流量持续增长,水上交通安全监督管理出现新的特点,履行国际海事公约压力加大,尤其是"11·24"重大海难发生,给海事工作提出新的要求。

有鉴于此,成立不久的中国海事局着手修订《中国水上安全监督工作发展纲要(1996—2010)》,并起草编制直属海事系统"十五"发展建设计划。2000年4月26日,中国海事局成立海事工作发展纲要的修改编写组。9月,组成2个调研组,分南、北两个片区进行调研。经过一段时间调研、修改,《中国海事工作发展纲要(2001—2015)》编写完成。2001年12月30日,新纲要经交通部批准公布。该纲要有总则、现状与形势、发展目标、对策与措施、组织与实施5个部分。

纲要提出工作目标是:适应改革开放和西部大开发的形势,积极支持水上交通运输向集约化方向发展,全面加强水上交通安全管理工作,力争达到"四个明显、一个确保"的目标(即安全生产意识明显增强、安全规章制度明显完善、安全管理责任明显加强、安全管理水平明显提高,确保水上交通安全形势的稳定),避免特大恶性责任事故的发生。

纲要明确了中国海事到2005年"十五"计划结束时的发展目标,即:围绕"十五"计划时期交通发展的总体目标,初步建成"监管立体化、反应快速化、执法规范化、管理信息化"的统一、规范、服务社会的海事系统,使建成海事文明行业、队伍结构和资源配置的调整取得明显成效,管理、科技创新能力明显增强,水上交通安全局面明显好转,总体适应中国水运事业发展的需要。海事管理总体水平达到中等发达国家的水平。

二、全国水上交通安全与海事年度会议与目标

(一)全国水上交通安全年度会议与工作目标

1998年11月30至12月1日,交通部在福建省厦门市召开全国水上交通安全工作会议(实为全国交

通安全工作会议,包括公路),总结成绩,分析问题,提出1999年全国交通安全工作的重点。

1999年10月19—21日,交通部在云南省昆明市召开全国水上交通安全工作会议,总结厦门会议以来全国水上安全工作,分析存在问题,部署下一步工作。

2000年11月15—17日,交通部在四川省成都市召开全国水上交通安全工作会议。

2001年11月5—7日,交通部在江西省南昌市召开全国水上交通安全工作会议,总结2000年工作,部署新的一年立法以及安全宣传工作。

2002年11月5日,交通部在浙江省杭州市召开全国水上交通安全工作会议。总结2001年安全管理工作,部署新的一年安全管理工作。

2003年11月7—9日,交通部在贵州省贵阳市召开全国水上交通安全工作会议,部署建立安全管理长效机制,力争扭转水上交通安全形势。

2004年11月3—5日,交通部在重庆市召开全国水上交通安全工作会议。总结近几年水上安全情况,对2005年水上安全管理工作作出部署。

2005年10月27—28日,交通部在北京召开1998年水监体制改革以来的第一次全国海事工作会议。会议决定以后将全国水上交通安全工作会议与全国海事工作会议合并召开,不再单独召开全国水上交通安全工作会议。全国海事工作会议成为研究部署全国海事工作的年度会议。会上,与1月召开的直属海事工作会议一样,提出“海事一家人,监管一盘棋”发展理念(见图8-3-1)。

图8-3-1　第一次全国海事工作会议

(二)全国海事年度工作目标的制定

1998年水监体制改革之后,交通部对全国海事年度工作目标任务作出部署,主要是以召开年度全国水上交通安全工作会议、专业工作会议的方式来进行,并视每年海事管理工作实际提出不同的目标。

2000年8月16日,交通部部长办公会议提出,水上交通安全工作要贯彻“标本兼治,远近结合,综合整治”的工作方针,在治本和落实上下功夫。2001年2月7日,明确“十五”计划期间,水上交通安全工作要按照“标本兼治、远近结合、综合治理、狠抓落实”原则,以清理整顿和深化管理为主线,力争达到“四个明显一个确保”目标。

2004年1月9日国务院发布《国务院关于进一步加强安全生产工作的决定》后,交通部安全委员会根据国务院加强安全生产工作决定精神于5月28日下发落实国务院决定的工作方案,提出进一步加强交通安全生产工作的指导思想、奋斗目标和工作任务。

三、直属海事系统年度会议和目标及规划

(一)直属海事系统年度工作会议与目标任务

1998年水监体制改革之前,交通部安全监督局于2月在北京召开最后一次直属水监系统工作会议。

水监体制改革之后,中国海事局继续延续以前一年一度召开直属系统工作会议(直属水上安全监督系统工作会议)的做法,总结前一年水上安全工作,研究和部署当年工作,根据每年海事工作会议确立的计划目标分解细化任务下达直属海事系统,按年度工作计划和要点组织实施,年底检查评估完成任务的情况。从2003年开始,试行目标责任制,采用自查、审核、评估等方式,检查各自完成目标任务的情况。

1999年2月26—28日,中国海事局在北京召开1999年直属海事系统工作会议。这是中国海事局成立后召开的第一次直属海事系统年度工作会议。会议首次举行《党风廉政建设责任书》签订仪式。

2000年2月21—23日,中国海事局在北京召开2000年直属海事系统工作会议。这次会议是在"11·24"特大海难事故发生后,交通部开展"水上运输安全管理年"活动背景下召开的。会议首次对海事队伍建设提出5项措施,即:领导干部试用制、中层干部任期制、执法人员考任制、其他人员竞争制、干部任前公示制。

2001年2月12—14日,中国海事局在广东佛山召开2001年直属海事系统工作会议。会议总结2000年水上安全管理工作,研究和部署当年工作任务,细化分解工作目标。

2002年1月22—24日,中国海事局在天津召开2002年直属海事系统工作会议,总结2001年水上安全管理工作,部署新一年海事管理工作,细化分解工作任务。

2003年2月17—18日,中国海事局在上海召开2003年直属海事系统工作会议,总结2002年的安全管理工作,部署新一年工作任务。会议首次举行《直属海事局目标管理责任书》签订仪式。

2004年2月3—4日,中国海事局在青岛召开2004年直属海事系统工作会议。会议除总结上一年工作、部署下一年任务外,首次提出建设"三个海事"、实现"三个追求"新理念。会议还根据交通部提出的"作一个负责任的部门,负责任的行业",要求做好管理与服务工作,并向社会推出全国海事系统行政执法八项便民措施。

2005年1月23—24日,中国海事局在杭州召开2005年直属海事系统工作会议,总结2004年工作与部署下一年工作任务。交通部副部长徐祖远在会议上首次提出"全国海事一家人,水上监管一盘棋"发展新理念。

(二)直属海事系统"十五"建设发展规划

2000年初,根据交通部《关于编制"十五"计划的通知》要求,中国海事局完成《海事系统"十五"建设发展计划及2015年远景目标》编制任务并上报统一汇总。2001年7月6日,交通部印发《公路水路交通"十五"发展计划》,确定直属海事系统"十五"计划时期建设目标和建设重点,即:①"十五"期间直属海事系统建设的主要目标是初步建成"监管立体化、反应快速化、管理信息化、航测自动化"的统一、规范、高效的海事管理体系,50海里内重要干线航道和重要港口附近船舶应急到达时间不大于3小时。②"十五"期间直属海事系统建设重点是建设长江口、珠江口、大连、宁波、厦门等船舶交通管理系统工程,完成海事信息系统三级网络,继续建设工作船码头和航标基地,对体制改革后新划转单位的业务用房

在统筹规划基础上按轻重缓急分步建设,在控制巡逻船总量、优化船舶结构的前提下更新各类船舶。

(三)直属海事系统目标责任制和效能

为加强直属海事系统目标管理,2003 年 3 月 12 日中国海事局下发“关于试行直属海事系统目标管理责任制的通知”,规定了直属海事系统目标责任的考核内容 12 项、奖励办法 3 项、违责追究规定 4 项。中国海事局与 14 个直属海事局签署直属海事系统目标管理责任书。责任目标完成情况,由中国海事局于当年底组织评估和考核。各直属海事系统应在次年 1 月初前上报年度工作总结时,同时报告责任目标自查完成情况。从此,直属海事系统开始对行政管理实施效能督察,作为建立内部行政管理责任制的一项工作,以保证目标任务的完成。

2004 年之后,直属海事系统根据每年海事工作特点,签订年度目标管理责任书,并不断调整和增加年度目标责任制规定的考核项目。

各省(区、市)地方海事局也开始根据各省政府或主管部门下达的安全生产责任目标,分解到各设区市的基层海事分支机构,将安全责任落实到岗、到位、到人,并规定每年末对安全管理目标责任进行考核,将管理贯穿于水上安全管理之中。

四、“三个海事”与“三个追求”发展理念推出

“三个海事(交通海事、阳光海事、数字海事)”发展理念的推出,是中国海事发展创新的重要标志,也是海事发展理念上的首次创新。

随着水监体制改革不断深入,根据 2003 年交通部对交通行业提出“三精两关键(人员精干、装备精良、技术精湛,关键时刻发挥关键作用)”目标,中国海事局于 2004 年系统总结自 1998 年水监体制改革以来直属海事监管工作实践,于 7 月 17 日在广东韶关召开的直属海事系统年中工作会议上首次提出“三个海事”、“三个追求”(勇于负责,追求社会满意度最高;干对干好,追求岗位业绩最优;创造环境,追求职工的归属感最强)发展新理念,达到“船舶适航、船员适任、安全畅通、有效监管、优质服务”(也称 20 字方针)发展总目标。为实现“三个海事”和“三个追求”和 20 字方针,全国海事系统进行了深入的研究和讨论,使这一发展理念和管理目标体系不断充实、完善。

基于新形势下海事发展的要求和现实状况,中国海事局将“三个海事”和“三个追求”和 20 字方针的新理念和总目标纳入《中国海事工作发展纲要(2001—2015)》。2005 年 12 月 28 日,交通部海事局党委下发《全面推进“三个海事”指导意见》,明确“三个海事”内涵:“交通海事”指海事队伍是交通行业一支重要执法力量,是体现交通形象的一个重要窗口,海事工作是交通事业的一个重要组成部分,最能代表交通行业的形象,最能体现交通行业的管理水平。“阳光海事”指海事系统代表国家履行水上交通安全监督管理职责,要以“公正透明、文明规范、廉洁高效”为标志,全面推进依法行政,大力加强行风建设,树立良好的社会形象。“数字海事”指运用现代科技信息技术改善技术装备和监管手段,促进管理理念、管理方式的转变,提高监管能力和服务水平,以信息化带动海事管理的现代化。“交通海事”是前提,是对海事新发展准确定位;“阳光海事”是核心,是海事系统体现“立党为公,执政为民”本质要求;“数字海事”是保障,是实现有效监管、优质服务基础条件。该指导意见还阐述和规定推进“三个海事”建设的重要意义,以及应遵循的基本原则、主要任务、工作要求。

我国海事系统通过“三个海事”建设,要实现“三个追求”,以提高社会满意度,追求最优岗位业绩,做出最好的成效。

第四节　海事法规规章体系框架与执法规范

一、协助新订与修订海事法律法规

20世纪90年代以后,随着依法治国基本方略的全面实施,我国法制建设工作得到进一步加强。到1998年水监体制改革时,全国海事系统已形成较为完整的法律体系。据统计,至1999年底涉及水上交通安全管理的法律法规27部,规章和规范性文件约300余种。各省(区、市)地方海事亦结合实际制订一些地区性水上交通安全管理规章及规范性文件,并争取省级人大以地方性法规颁布,成为全国水上交通安全监管法规体系的必要补充。

1998年水监体制改革后,国家赋予中国海事局法制建设的职责:"拟订和组织实施国家水上交通安全监督管理、防止船舶污染、船舶及海上设施检验、航海保障以及交通行业安全生产的方针、政策、法规和技术规范、标准"。具体就是依照国务院和交通部下达的立法计划及有关立法机关委托的立法任务和中国海事局申报的立法项目,在海事法律、法规、规章立法工作中承担立项、调研、起草、审核、报批和废止等管理职能;在船舶检验技术法规立法中承担立项、计划、制订、修改、公布等管理任务;在航行安全标准编制工作中承担审查、报批等管理任务。

为此,中国海事局以"突出重点,理顺关系,填补空白,提高位阶"为指导思想,按照立法程序,积极配合各级立法机关或行政管理部门等,开展调研论证、起草、修订、审核等立法程序的工作,继续推进海事法律法规与规章,以及落实执行配套的规范性文件的制订、修订工作。1998—2005年,先后参与制(修)订《海洋环境保护法》《内河交通管理条例》《船员条例》《防止船舶污染海域管理条例》等法律法规工作,起草"水上交通安全监督行政处罚规定""船舶最低安全配员规则""海事行政许可条件规定""船舶签证管理规则"等管理规章。1999年2月、2000年12月召开直属海事系统的法制工作专题会议,2004年6月召开全国海事系统的法制工作专题会议,将海事立法作为海事管理重要内容,加大国际公约跟踪研究力度,不断规划和推进海事立法进程。

2005年,为了给海事重大事项提供高级法律支持,中国海事局第一次建立法律顾问制度,聘请国务院法制办、中国政法大学、大连海事大学与上海海事大学的知名专家为中国海事局法律顾问。中国海事局参与了《南海外交战略规划》中涉及海上通道安全战略规划部分及《国家海洋战略发展规划》的编制工作,还参与了联合国"海洋事务与海洋法非正式磋商进程"工作。

(一)编制海事法规体系框架

1998年水监体制改革后,正值我国进入法制建设年代,倡导依法行政。在这一形势下,中国海事局将1999年8月12日确立的"海事法规规范体系"研究课题,列为1999年海事系统年度科研计划项目之一。之后,组织天津、福建海事局开展国际海事法规体系研究和编制中国海事法规体系框架。

2000年1月11日,交通部公布《公路、水路交通法规体系框架和实施意见》,规定了水路交通法规体系框架编制原则、方法。随后,中国海事局结合"海事法规规范体系"课题研究成果,组织编制《海事法规体系框架》。经过2000年12月直属海事系统法制工作会议讨论和2001年4月25日征求各省(区、市)交通和地方海事系统意见后,中国海事局于2002年2月10日公布《海事法规体系框架》,作为编制海事立法年度计划的主要依据。后来又经过不断修订和充实,到2004年该法规体系框架形成5个海事子系统,即水路交通安全法规、船舶法规、船员法规、防治船舶污染环境法规、海事综合法规,作为《公路、水路交通法规体系框架》9个交通法规子系统的组成部分。5个海事子系统都对应一部或多部国家法律。在各法律下,按照主要海事管理业务分类和相对独立的事项,分层次列出相应配套的行政法规和部门规章。2005年,中国海事局修订《海事法规体系框架》,初步确立起一套相互衔接、相互协调、相互补充的海事法规体系架构,成为海事立法活动的工作指南和立项基准。

(二)协助修订海事法律法规

1.协助修订《海洋环境保护法》

1999年2月初,中国海事局收到全国人大环境资源委员会发来的《中华人民共和国海洋环境保护法(修订草案)》后,组织有关船舶防治污染的专家和具有监督管理实践经验的人员研究该修订草案,提出修改意见,形成《〈海洋环境保护法(修订草案)〉修改稿》及其修改说明和建议。1999年8月23日,中国海事局邀请全国人大法制工作委员会、国务院参事室、国家环境保护局有关人员出席在珠海召开的"3·24"珠江口重大水上溢油污染事故分析座谈会。1999年12月25日,修订后的《中华人民共和国海洋环境保护法》(以下简称《海洋环境保护法》)由九届全国人大常委会第十三次会议颁发,自2000年4月1日起施行。《海洋环境保护法》共10章98条,有总则、海洋环境监督管理、海洋生态保护、防治陆源污染物对海洋环境的污染损害、防治海岸工程建设项目对海洋环境的污染损害、防治海洋工程建设项目对海洋环境的污染损害、防治倾倒废弃物对海洋环境的污染损害、防治船舶及有关作业活动对海洋环境的污染损害、法律责任、附则。《海洋环境保护法》明确规定"国家海事行政主管部门负责制定全国船舶重大海上溢油污染事故应急计划",有关海事机构在海洋环境保护方面职责采纳了中国海事局有关船舶溢油应急计划、船舶油污损害赔偿机制、防治船舶发生事故造成污染海域等修改意见。随后,中国海事局配合全国人大法制工作委员会完成该法相关内容的释义工作,并于2000年2月18—20日在北京召开研讨会,讨论贯彻实施《海洋环境保护法》和做好防止船舶防污监督管理工作总体思路。

2.协助修订"内河交通安全管理条例"

《中华人民共和国内河交通安全管理条例》(以下简称《内河交通安全管理条例》),由国务院于1986年12月16日颁布,1987年1月1日起实施。

经过数年实施实践,到21世纪初《内河交通安全管理条例》许多条款已不适应形势发展需要,须补充与修订。1995年,交通部启动修订《内河交通安全管理条例》工作。交通部安全监督局在广泛调研乡镇船舶安全管理状况基础上,吸收国务院、交通部和其他有关部委多年来内河管理,尤其乡镇船舶安全管理有关规定,以及一些地方成熟管理经验,具体补充、修订条例条文。1998年中国海事局成立后,继续协助国务院法制办公室广泛征求意见,实地考察和调研,经反复修改,形成新的《内河交通安全管理条例(修订草案)》,1999年7月经交通部审核后上报。后经国务院审议通过,2002年6月28日由国务院颁布新的《中华人民共和国内河交通安全管理条例》,自8月1日起施行,废止1986年的《内河交通安全管理条例》。2002年,中国海事局制定贯彻落实新的《中华人民共和国内河交通安全管理条例》有关规定和措施,配合国务院法制办公室完成新条例的释义编写工作。2004年1月,人民交通出版社印刷发行该新条例。

3.与海事相关的法规重新颁布

2002年1月26日,国务院颁布《危险化学品安全管理条例》,于3月15日起实施,废止1987年2月17日颁布的《化学危险物品安全管理条例》。新条例规定了水上交通安全监督机构(海事机构)对通过水路运输危险化学品的安全监督,对水路运输单位、船员资质的认定,并负责监督检查等职权。

二、修订与新订海事管理行政规章

1998—2005年,中国海事局根据所赋予的法定职权与职责,按照立法计划,起草、制订了17个海事管理规章制度,经交通部核准并公布,初步形成船舶、防污染、危险货物、船公司、通航、船员、航标测绘、船舶和海上设施检验等海事规章体系(详见表8-4-1)。

1998—2005年适用的主要海事管理规章一览表　　表8-4-1

文件名称	公布单位	发布文号	公布时间	实施时间	备注
长江机动船舶安全通信管理规定	交通部	部令〔1998〕第5号	1998.3.27	1998.5.1	
中华人民共和国水上交通安全监督行政处罚规定	交通部	部令〔1998〕第7号	1998.9.2	1998.10.1	
中华人民共和国水上水下施工作业通航安全管理规定	交通部	部令〔1999〕第4号	1999.10.8	2000.1.1	
船舶引航管理规定	交通部	部令〔2001〕第10号	2001.11.30	2002.1.1	
海上滚装船舶安全监督管理规定	交通部	部令〔2002〕第1号	2002.5.30	2002.7.1	
水上交通事故统计办法	交通部	部令〔2002〕第5号	2002.7.26	2002.10.1	
交通建设项目环境保护管理办法	交通部	部令〔2003〕第5号	2003.5.13	2003.6.1	
长江三峡水利枢纽水上交通管制区域通航安全管理办法	交通部	部令〔2003〕第6号	2003.5.16	2003.6.15	
中华人民共和国沿海航标管理办法	交通部	部令〔2003〕第7号	2003.7.10	2003.9.1	废止1982年海区航标管理工作若干规定
中华人民共和国海上海事行政处罚规定	交通部	部令〔2003〕第8号	2003.7.10	2003.9.1	
中华人民共和国船舶载运危险货物安全监督管理规定	交通部	部令〔2003〕第10号	2003.11.30	2004.1.1	
中华人民共和国海船船员适任考试、评估和发证规则(简称"04海船船员规则")	交通部	部令〔2004〕第6号	2004.6.30	2005.8.1	
中华人民共和国船舶最低安全配员规则	交通部	部令〔2004〕第7号	2004.6.30	2004.8.1	
交通行政许可监督检查及责任追究规定	交通部	部令〔2004〕第11号	2004.11.22	2005.1.1	
中华人民共和国内河海事行政处罚规定	交通部	部令〔2004〕第13号	2004.12.7	2005.1.1	
中华人民共和国内河船舶船员适任考试发证规则(简称"05内河船员规则")	交通部	部令〔2005〕第1号	2005.3.21	2005.6.1	
中华人民共和国防治船舶污染内河水域环境管理规定	交通部	部令〔2005〕第11号	2005.8.20	2006.1.1	

三、各省(区、市)制订的海事法规、规章

1998年,四川省第九届人大常委会以公告第1号发布《四川省水路交通管理条例》,共22条。

1998年3月28日,重庆市第一届人大常委会以公告第62号发布《重庆市水上交通安全管理条例》。依据本地区的水上交通实际情况,针对船员适任值守、航行安全和碍航行为、船舶所有人违法行为等,重庆市港航监督列出50多项违法处罚细则,基本覆盖该地区水上交通的各个环节和重点监管对象。

1998年5月19日,辽宁省政府以省92号令发布《辽宁省水上旅游运输管理规定》。该《规定》共6章28条,于1998年6月1日起施行。

1998年9月28日,甘肃省第九届人大常委会第六次会议通过并发布《甘肃省水路交通管理条例》,该《条例》共28条,自发布之日起施行。

四、加入国际公约和参与制定国际公约

根据法律和行政授权,中国海事局是代表中国政府履行国际海事公约绝大部分条款的主管机关,承担着船旗国、港口国管理职能和部分沿岸国管理职能。国际海事公约是海事机构依法管理的依据。为此,中国海事局在这一时期海事立法中,十分关注国际海事组织的新动向、新要求,用各种形式保证国际

海事公约在我国适用。对于一些技术性公约,我国规定其生效后直接在国内适用;而对于一些国际公约,我国则要先开展公约国内化的工作,以充分反映我国主张。至1999年,我国先后参加国际海事组织制定的国际公约和议定书15个,并默认接受其中大部分历年的修正案。我国还将这些公约、议定书及其修正案的规定内容纳入国内有关法规,以国家主席令、国务院文、交通部文颁发或公布这类规章法令和内部实施细则共有200件。

2003年,根据《SOLAS74》《66载重线公约》《69吨位丈量公约》《MARPOL73/78》,中国海事局制订《船舶与海上设施法定检验规则——国际航行海船法定检验技术规则》,经交通部审议并公布。另外,还根据《ISM规则》制定了《NSM规则》。

2004年,根据《STCW95》,中国海事局制订《中华人民共和国海船船员适任考试、评估和发证规则》,经交通部审议并公布。

2005年,中国海事局下发通知,要求国内沿海航行船舶执行《MARPOL73/78》附则V《防止船舶垃圾污染规则》。

五、海事法规、规章的清理与汇编

1998年水监体制改革之后,根据国务院、交通部有关清理水上安全管理法规、规章的规定,中国海事局与全国海事系统协助国务院、交通部清理出一批不适应或不适时的水上安全管理法规、规章,边对水上安全立法工作提出具体规划,多次组织海事行政审批项目的清理工作,边抓紧补充、调整和完善工作。各省(区、市)海事机构也根据国家法律、法规和规章,制订地方性的海事管理法规、规章。

2001年5月,中国海事局清理海事行政审批项目,共清出海事行政审批项目25项,其中上报应予取消2项、保留23项。2002—2004年,国务院每年取消和调整一批行政审批项目,其中涉及海事管理的共5项。中国海事局做好配合和审核工作,保证海事法规规章清理工作顺利进行。

2003年8月27日,全国人大十届四次常委会通过,以国家主席令颁布《中华人民共和国行政许可法》,于7月1日起实施。中国海事局根据交通部安排,依法对行政许可规定和实施主体进行清理,共清理出涉及海事行政许可的法律、法规20项。2004年,共清理海事行政法律法规20部、部门规章56件、规范性文件232个,上报废止规章18件。12月2日,交通部公布废止中国海事局上报的涉及海事管理规章18件。

1998—2005年,中国海事局先后对涉及海事业务的法律、法规、规章及规范性文件进行汇编,并统一组织编纂成书。2000年3月13日,中国海事局明确海事系统内涉及海事业务的法律、法规、规章及规范性文件的汇编工作,并组织编纂。10月,《海事法规汇编(1949—1999)》(上、下册)由人民交通出版社出版。该汇编是由1949年10月1日至1999年12月31日与海事业务有关的法律、法规、地方性法规、部门规章、地方政府规章、技术规范和规范性文件汇总而成。自2001年起,中国海事局每年均将上一年海事规律法规与规章汇编成册。

六、海事执法规范与监督

这一时期,全国海事系统通过不断地执法实践,初步建立起较为完善的海事政务公开及其监督管理体系,开展海事行政执法政务公开评价考核机制,使全国海事系统依法行政观念进一步加强。

1999年11月,国务院发布《国务院关于全面推进依法行政的决定》。根据依法行政的规定,全国海事系统全面推进行政执法责任制,2001年,中国海事局公布《海事行政执法监督办法》,从海事行政执法主体、执法标志、执法行为、执法文书、政务公开等方面规范海事系统行政执法活动,并在直属系统内建立执法责任制,执法备案审查制、执法评议考核制、执法督察检查制、错案责任追究制,扩大社会监督和舆论监督渠道,逐步形成健全的海事行政执法监督机制。2004 年 7 月 1 日起,《中华人民共和国行政许可法》(以下简称《行政许可法》)施行。特别是国务院《全面推进依法行政实施纲要》《政府信息公开条例》发布之后,为贯彻《行政许可法》,全国海事系统多次组织研讨班,通过专门学习和深入讨论,明确了各个不同领域的海事行政许可实施过程中的一系列问题,并将解决这些问题作为海事行政执法与执法监督的中心工作。同时,更加注意将海事执法置于公众和媒体、网络的监督下,以公平、公正、公开、透明、高效、便民等为标准,更加全面和严格地规范海事执法行为。如直属海事系统推行政务公开,实行执法公示制、执法责任制、执法错案追究制和执法评议考核制等,并梳理海事行政执法职能和依据,全面修订海事政务公开指南,开始在网上办理海事行政许可,统一全国海事系统行政执法监督办法,开展全国海事系统行政执法对口检查。

(一)海事行政执法规范

1998 年 9 月 2 日,交通部公布《中华人民共和国水上交通安全监督行政处罚规定》。该规定主要特点是既适用海上,也适用内河,一改过去海上、内河两套处罚规定并行的局面,向统一政令、统一行政处罚迈出重要一步。1999 年 7 月 6 日,中国海事局对该规定中有关问题及其文书样式使用作出说明,进一步统一实施水上交通安全监督行政处罚中的执法依据、罚款幅度、从轻减轻处罚、处罚地域管辖、证据登记保存以及处罚文书制作、使用的具体做法。

2000 年 1 月 14 日,中国海事局将在澳门登记注册的船舶国籍依照澳门特别行政区法律改为“中国澳门”。8 月 21 日,在北京举办一期海事系统行政法骨干培训班。之后,在直属海事系统分片组织行政法干部培训班。

2001 年,直属海事系统根据交通部有关行政执法处罚权的规定,进一步规范海事系统行政执法中的收缴罚款的罚款票据、管理和处罚职责、罚款收缴分离制度和收缴罚款行为。特别 2001 年 5 月 25 日,中国海事局下发《海事行政执法人员守则》(简称《行政执法人员 8 条守则》):

政治坚定,热爱祖国海事事业。

忠诚法律,树立海事法治观念。

恪尽职守,维护海事管理秩序。

行为规范,体现海事执法文明。

接受监督,实行海事政务公开。

顾全大局,发扬海事协作精神。

廉洁自律,执行海事廉政规定。

努力学习,提高海事执法水平。

2004 年 2 月 16 日,交通部公布“全国海事系统行政执法八项便民措施”:①公民可以以个人名义申办船员证件(海员证和海员出境证明除外)。②海员出境证明当天领取,非工作日可预约申请。③申请海员证可加急办理,由原 15 个工作日缩短到 10 个工作日,一套班子船员紧急出境可申请加急,1 至 2 个工作日内办毕。④船舶进出港审验手续 24 小时办理,全年不休。⑤船舶在港内安全作业由审批制改为报备制。⑥对集装箱班轮的开航前检查和安全检查,实行提前申请,约时检查。在港停留少于 24 小时的船舶,进出口手续合并办理。⑦对“安全诚信船舶”给予 24 个月免予例行的安全检查。⑧对拥有中国籍国际航行船舶的航运公司的安全管理体系审核,实行一次审核可签发多个船旗国符合证明和相应的副本。

以上 8 项便民措施,直属海事系统自 2004 年 3 月 1 日起施行,地方海事系统 2004 年底前施行。除第五项措施待履行相关程序并指定相应监督管理措施后施行外,2004 年 2 月 24 日,中国海事局就落实“八项便民措施”具体办法及有关事项做出统一规定。

为进一步规范海事行政处罚工作,2004 年 4 月 2 日直属海事系统启用计算机海事行政处罚管理软件。6 月 22 日,中国海事局统一规范海事系统实施海事行政许可审批和管理的项目、主体、权限、公示、受理、审批、送达、决定形式和对被许可行为的监督管理,强调实施海事行政许可必须执行受理、审核、审批“三分离”制度,实现权力制衡;实行“一个窗口对外”集中办理制度,统一受理、统一送达,一次性告知;海事行政许可权应主要向分支机构集中,减少管理环节,体现便民、效率原则。10 月 27 日,中国海事局下发《中华人民共和国海事行政强制实施程序暂行规定》,明确海事机构依法实施海事行政强制措施的种类、方式、权限、程序以及海事行政强制执行实施程序等。

(二)海事执法监督

为严格执法,中国海事局在直属海事系统中开展海事执法检查与责任追究、综合评估、政务公开等。2001 年 4 月 26 日,中国海事局下发《在全国海事系统推行统一政务公开的实施意见》《中国海事系统政务公开指南》,规定从 6 月 4 日起在直属海事系统开展行政执法监督工作,地方海事系统参照执行。海事系统通过聘请社会义务监督员,广泛接受社会公众、新闻媒体、管理相对人对其行政执法的社会监督。

2002 年初,直属海事系统开展业务工作综合评价指标体系和统一标准的研究,以及行政执法工作的综合评价;因地制宜运用互联网、政务公开栏、办事卡片、电子显示屏、触摸屏等形式开展政务公开工作;推行行政执法责任制,公布《海事行政执法监督实施办法》。

2003 年 4—9 月,直属海事系统组织 6 个组采用对口交叉检查的方式,开展行政执法监督检查工作。

2004 年 1 月,直属海事系统综合评价 2003 年度海事业务,对涉及评价指标 56 个项目所采集约 310 万个原始数据进行统计分析,并做出评价报告。10 月 26 日,中国海事局做出《海事行政执法过错和错案责任追究暂行规定》。修改 2001 年的“实施意见”“公开指南”,增加新内容,将政务公开项目调整 31 个大项,于 6 月 22 日公布。至 2005 年底,全国海事系统已形成由执法监督检查制、执法考核评议制、执法案卷评查制、执法监督制组成的执法监督体系。

七、海事执法标志与执法证书

为落实依法行政的决定,2001 年中国海事局公布《海事行政执法监督办法》,规范直属海事系统执法行为。该办法着手从海事执法标志、制式服装、装具等方面规范全国海事执法人员,以局徽、局旗、执法证标识海事机构、海事执法人员等的法定资格和执法身份。

(一)局徽、局旗

作为水上交通安全监督执法机关标志和象征的局徽、局旗始于 1991 年 3 月。

水监体制改革后,中国海事局开始组织设计新的局徽。1998 年底,邀请清华大学有关专业图案设计人员和海事系统有关人员,共同设计局徽图案。1999 年 7 月 7 日,审定局徽的辅助拆分图案和公布方案并上报。11 月 10 日,下发通知,从 2000 年 1 月 1 日启用中国海事局局徽、局旗,原水上交通安全监督机构的标志、旗帜可沿用至 2000 年 6 月 30 日,但不得与海事局局徽、局旗混用。

中国海事局局徽是以铁锚、橄榄枝、五角星和中、英文“中国海事局”文字组成的圆形图案(简称标准图案)。相互环绕的正圆形及文字,象征海事局对水上交通安全和海洋环境的保护;五角星象征海事局的政府行政执法职能;铁锚象征海事局的管理对象和工作性质;环绕铁锚的橄榄枝象征海事局是代表中国政府履行国际海事公约的主体。局徽内圈底色为蔚蓝色(色标:C100 M40),外圈及铁锚、橄榄枝为白色,外边沿、中英文字及五角星为海蓝色(色标:C100 M80 K10)。当局徽用于印刷品制作时,可采用单一色调。局徽中中文字体为汉仪大黑简体,英文字体为Helvetica Black。为便于不同场合的应用,在局徽标准图案基础上拆分出"铁锚和橄榄枝"辅助构图(简称拆分图案)。标准图案局徽悬挂于各海事机构办公楼、船舶交通管理中心等主体建筑顶部或明显、突出部位,以及会议厅、会议室等需要的场所。局徽直径的通用尺寸为100厘米、80厘米、60厘米、45厘米4种。

中国海事局局旗是铁锚橄榄枝旗(局徽的拆分图案)。旗面颜色为海蓝色,铁锚和橄榄枝为金黄色。铁锚和橄榄枝位于旗面正中央。局旗有5种通用尺寸和3种特别尺寸,视情况悬挂于各海事机构办公主体建筑外部,海事监督、巡逻船艇及其他专用工作船,以及会议厅、会议室等需要的场所。海事局局旗尺寸详见表8-4-2。

中国海事局局旗尺寸表(单位:毫米)　　表8-4-2

通用尺寸	1	2888×1920
	2	2400×1600
	3	1920×1280
	4	1440×960
	5	960×640
特别尺寸	特1号	5000×3300
	特2号	4000×2700
	桌旗	210×145

(二)海事制式服装及装具

海事执法人员着新式制式制服及装具始于1986年3月,主要指沿海及对外开放港口的港务监督人员更换新式制式服装及装具(新式制服式样分男女两种)。

2003年4月18日,交通部下发"关于交通部直属海事系统工作人员统一着装有关事宜的通知",要求:直属海事系统工作人员制服装具(包括帽徽、领花、肩章、臂章、纽扣)式样,以中国海事局局徽为主体进行修改,服装等式样基本维持原样不变。具体修改方案为:帽徽分男式和女式两种。原女式大檐帽调整为软沿平顶帽。帽徽图案由中华人民共和国国徽、盾牌、橄榄枝、锚链及波浪组成。中华人民共和国国徽衬底为红色,其他部位为金黄色。徽体近似八面体。领花为折线形,图案由橄榄枝、锚链及波浪组成,通体为金黄色。肩章分为软硬两种,面料为深蓝色涤棉,内侧镶制一颗金色五角星,中间用金黄丝线绣制海事局局徽拆分图案,外侧嵌制三条凹凸边体金道。臂章面料为涤棉,图案由帽徽主体部分及"中国海事""CHINA MSA"中英文字组成,黑底黄边。国徽衬底部分由红丝线缝制,其他由金黄丝线缝制。纽扣为圆形,图案为内嵌式锚体凸出,通体为金黄色。海事执法人员赴现场执行任务,应按规定标准着装。各地方海事机构可参照本通知执行。至2003年底,直属海事系统执法人员制服装具换新工作全部完成。

2004年3月23日,根据交通部3月20日下发的《海事系统制服装具管理办法(试行)》,中国海事局下发通知,要求海事系统加强海事制服及装具配发和采购管理,统一招标定点的制作厂家,统一制作采购。10月1日,直属海事系统在各地举行换装与升旗、宣誓仪式。11月11日,中国海事局将海事制服外穿衬衫由灰蓝色统一调整为白色。2005年3月4日,又下发通知,进一步明确直属海事系统海事制服配发范围为在岗在编工作人员,并增调航标、测绘、通信、后勤等工作人员的装具标准。9月28日,就海事制服和海事装具着装标准、规范、风纪要求,又下发通知,明确海事制式西装(裙)、制式夹克工作值勤服为藏青色,制式长(短)衬衫为白色,且规定了热区、寒区、温区换着春、夏、秋、冬装的时间等。

2000年9月13日,中国海事局对全国海事系统船舶着色、标志、旗帜和命名提出统一规范和要求,于2001年9月31日前按规定统一命名和标识着色。2002年2月19日,交通部下发"关于全国海事系统统一以海事局(处)名义履行海事行政执法的通知",就海事行政执法主体名称做出明确规定,要求:自2002年3月1日起,全国海事系统各级海事机构统一以海事局(处)的名义,履行国家法律、法规、行政执法职能。原港务监督、港航监督、海上安全监督局和船舶检验局(处)的名称、公章、专用章、局徽、局旗等一律自2002年10月1日起停止使用。通知还规定:直属海事系统的各级海事局和海事处统一以"中华人民共和国×××海事局""中华人民共和国×××海事处"的名义,地方海事系统统一以"××省(自治区、市)地方海事局""××省(自治区、市)××(地、州、盟)地方海事局""××省(自治区、市)××县(市、区、旗)地方海事处"的名义,履行国家法律、法规以及中华人民共和国缔结或者加入的有关海事管理的国际公约。对船舶检验的行政管理,统一使用"中华人民共和国海事局××船舶检验管理处"的名称。2002年4月5日,中国海事局对直属海事系统海事执法车辆等的标志提出统一规范要求,决定全国海事系统的办公建筑物、船艇、执法机动车辆等的标识停用"中国港监",统一更换为"中国海事"。10月28日,全国海事系统办公建筑物标识开始统一更换为"中国海事"(字体为天津书法家韩家祥书写的《中国海事》杂志刊题,横排,金色),船艇、执法车辆也按此字体统一标识。

经过几年的整顿和规范,至2005年底全国海事系统使用统一的中国海事局局徽、局旗,海事船舶着色、标志、旗帜、命名和海事执法车辆标志实现全国统一,绝大多数海事行政执法人员着装统一,并使用统一的海事行政执法证。直属海事系统中小型船舶隶属单位编号详见表8-4-3。

中小型船舶隶属单位编号表 表8-4-3

单　位	编号	单　位	编号	单　位	编号	单　位	编号
辽宁海事局	02	山东海事局	07	福建海事局	13	湛江海事局	17
营口海事局	03	江苏海事局	08	厦门海事局	20	广西海事局	19
河北海事局	04	连云港海事局	09	广东海事局	15	海南海事局	18
天津海事局	05	上海海事局	10	汕头海事局	12	长江海事局	31
烟台海事局	06	浙江海事局	11	深圳海事局	16	黑龙江海事局	32

(三)海事行政执法证

1997年11月26日,交通部公布《交通行政执法证管理规定》,于1998年1月1日起实施。12月15日,交通部决定由中国港监局统一制发全国水上安全监督系统行政执法证。1999年,全国港务(航)监督系统取得水上安全监督行政执法证人数达1.8万人。1999年7月19日,中国海事局下发《海事行政执法证管理办法》,规定海事行政执法证于8月1日启用,并逐步取代水上安全监督行政执法证,有效期为5年。9月29日,中国海事局要求全国海事系统更换海事行政执法证,明确各省(区、市)港务(航)监督、沿海各海(水)监(事)局和长江、黑龙江港监局及珠江航务管理局为海事行政执法证的发证机关,规定海事行政执法证的职权范围为水上安全监督,同时就海事行政执法证的编号、样式、佩带要求、照片、制证单位等作了统一要求。海事行政执法证由国徽、执法人照片、单位名称、职权范围和编号等组成。2000年8月9日,中国海事局明确海事行政执法证编号前两位数字为海事行政执法证发证机关编号。2002年3月31日前全国海事行政执法人员全部停止使用水上安全监督行政执法证,4月1日起全部使用海事行政执法证,并佩戴上岗。2004年10月15日,更换新版海事行政执法证。2005年1月1日,开始统一使用新版海事行政执法证,7月1日起全国海事系统全部统一使用海事行政执法证。

2005年新版海事行政执法证增加集成电路卡(IC卡)功能,记录执法人员的执法工作状况和考核情况,资格审核、报批、审批、制证、考核、记分、统计时均采用统一的计算机管理系统软件并配备IC卡读卡器,实行联网统一管理。2005版海事行政执法证的编号由10位阿拉伯数字组成:第一、二位系各直属海事局和省(区、市)海事局的代码;第三至六位系每个海事执法证持证人的档案序列号,与第一、二位数字共同构成该执法人员的永久档案号;第七至十位系该直属海事局或地方省级海事局海事行政执法证发证的流水号。2005年新版海事行政执法证编号中的海事机构代码详见表8-4-4,持2005年新版海事行政执法证人员分布情况详见表8-4-5。

2005年新版海事行政执法证编号中的海事机构代码表　表8-4-4

机　构	代码	机　构	代码	机　构	代码
中国海事局	00	北京市地方海事局	30	湖北省地方海事局	45
上海海事局	01	上海市地方海事局	31	湖南省地方海事局	46
天津海事局	02	天津市地方海事局	32	四川省地方海事局	47
辽宁海事局	03	重庆市地方海事局	33	贵州省地方海事局	48
河北海事局	04	吉林省地方海事局	34	云南省地方海事局	49
山东海事局	05	辽宁省地方海事局	35	陕西省地方海事局	50
江苏海事局	06	河北省地方海事局	36	甘肃省地方海事局	51
浙江海事局	07	山东省地方海事局	37	青海省地方海事局	52
福建海事局	08	江苏省地方海事局	38	内蒙古自治区地方海事局	53
广东海事局	09	浙江省地方海事局	39	宁夏回族自治区地方海事局	54
广西海事局	10	福建省地方海事局	40	新疆维吾尔自治区地方海事局	55
海南海事局	11	山西省地方海事局	41	西藏自治区地方海事局	56
长江海事局	12	安徽省地方海事局	42	新疆生产建设兵团地方海事局	57
黑龙江海事局	13	江西省地方海事局	43	珠江航务管理局	81
深圳海事局	14	河南省地方海事局			

持2005年新版海事行政执法证人员分布情况表　表8-4-5

机　构	持证人数	机　构	持证人数	机　构	持证人数
中国海事局	86	北京市地方海事局	294	湖北省地方海事局	1461
上海海事局	787	上海市地方海事局	591	湖南省地方海事局	887
天津海事局	283	天津市地方海事局	59	四川省地方海事局	142
辽宁海事局	561	重庆市地方海事局	616	贵州省地方海事局	0
河北海事局	243	吉林省地方海事局	273	云南省地方海事局	727
山东海事局	767	辽宁省地方海事局	145	陕西省地方海事局	674
江苏海事局	984	河北省地方海事局	326	甘肃省地方海事局	152
浙江海事局	990	山东省地方海事局	410	青海省地方海事局	44
福建海事局	501	江苏省地方海事局	2135	内蒙古自治区地方海事局	205
广东海事局	1812	浙江省地方海事局	936	宁夏回族自治区地方海事局	0
广西海事局	366	福建省地方海事局	373	新疆维吾尔自治区地方海事局	101
海南海事局	230	山西省地方海事局	139	西藏自治区地方海事局	128
长江海事局	2912	安徽省地方海事局	1322	新疆生产建设兵团海事局	60
黑龙江海事局	226	江西省地方海事局	477	珠江航务管理局	6
深圳海事局	196	河南省地方海事局	409	合计	24036

第五节　有的放矢开展海事管理工作

一、强化现场为主的通航管理

1998 年 6 月国务院批准海事机构成立后,面对中国水运业空前繁忙,水上交通流量和货物运输量持续快速增长,中国海事局扩展海区巡航,强化海上监督执法力度。自此,全国海事系统以现场管理为主,查找隐患,加强检查,专项整治,规范巡航,建立和完善海事监管的长效机制,促使通航管理理念、模式、方式根本性变化,较之以前更具针对性、规范性,促进水上安全形势的好转。据统计,全国水上交通事故件数,1999—2003 年的 4 年与 1995—1998 年的 4 年同比下降 42%,死亡人数同比下降 11%,沉船艘数同比上升 4%,经济损失同比下降 31%。2002 年,全国水上交通事故 4 项指标两升两降,共发生事故 734.5 件,与 2001 年同比上升 14%;死亡 463 人,同比下降 6%;沉船 384 艘,同比上升 32%;经济损失 16135 万元,同比下降 2%。1999 年 4 月、2000 年 4 月、2001 年 3 月、2002 年 3 月,中国海事局分别召开通航管理专题工作会议,研究部署,解决实际问题。2004 年 3 月 18—20 日,为减少会议,与航标、测绘一起召开通航航测工作会议。

(一)通航环境的整治

1.加大无序养殖和非法采砂治理力度

1998 年中国海事局成立时,我国沿海、长江、珠江水域等通航水域仍存有无序养殖、捕捞和非法采砂蚕食和侵占港区、航道、锚地等通航水域的情况,使船舶被困与碰撞、搁浅等事故时有发生。为此,沿海相关直属海事机构加大对渤海湾、长江口、珠江口、琼州海峡重点整治,长江干线的长江、江苏直属海事局和沿江江苏、安徽、江西、湖北等省地方海事局参加国务院组织的集中打击长江非法采砂专项活动。

2000 年 5 月 19 日,中国海事局代国务院办公厅草拟"国务院办公厅关于遏制无序养殖、保障航行安全的通知"。2001 年 6 月,中国海事局在武汉召开《水上碍航物对水上通航的安全影响评估》课题研讨会,研究碍航物对水上通航环境的影响,并通过专家评审,达到国内领先水平。长江海事局配合水利部门制订长江采砂规划,黑龙江海事局加强对松花江采砂现场监督,改善了长江、松花江的通航环境。渤海湾、长江口、珠江口、琼州海峡无序养殖碍航行为也得到整治。到 2004 年,中国海事局通过与相关省(区、市)地方政府共同协商,密切配合专题研究与法律的、行政的、物质的、技术的手段的整顿,扭转了非法挖砂、违章捕捞碍航行为,保障了航道安全畅通。

1998—1999 年,面对西部非水网地区"水上漂流"新兴旅游活动无序状态,在收集各河流或水域"水上漂流"第一手资料后,广东、广西直属海事局及湖北、湖南、云南、贵州等地方海事局,培训参加水漂船艇的检验、规范操作人员和监控漂流水域的海事执法人员,协同当地旅游、公安、工商、林业等部门,综合治理水漂行业,取缔清理一些"三无"漂流船,促进西部非水网地区"水上漂流"旅游活动无序状况有所改变。2005 年之后,广西海事局和云南、贵州地方海事局开展对天生桥库区水上安全监管,落实库区管理责任,以长效管理为着眼点,以兼顾各方、综合治理为手段,逐步建立起库区水上交通安全相互配套的管理机制,改变库区水上交通安全形势。

2.加强季节性安全管理工作

1999 年起,中国海事局每年及时通报当年中国沿海灾害性天气生成、路径、强度情况,并提出应对措施。沿海直属海事系统及时作出船舶适航检查、避风锚地安排、应急预案完善等应急措施,未雨绸缪,周密布置,落实责任制,切实做好防汛抗洪工作。主管长江干线的长江海事局也做好长江中下游重点航段的防汛,昼夜监控,全力配合当地政府做好闸口、险段的防控工作。

2001年2月,面对前一年冬季北方海区部分港口和海域发生多起在严重冰情、大风、浓雾、雨雪等恶劣气象海况,造成船舶走锚、搁浅、触礁、碰撞、沉没等恶性事故和险情的发生,沿海相关的天津、辽宁、河北、山东直属海事系统,就北方海区恶劣气候和环境相继出台系列安全保障措施。11月,中国海事局在湛江召开全国防抗台风及灾害性天气工作研讨会,调整与规划防台锚地和避风水域,制定防台风灾害性天气的安全管理制度。12月24日,中国海事局下发"北方海区冬季恶劣气象条件下安全监督管理指导意见",全面部署北方沿海季节性管理与防抗恶劣天气下的安全监管工作。

2002年12月,针对沿海地区出现风大浪高的恶劣天气,沿海直属海事系统落实冬季安全责任制。

2004年2月,北部湾、琼州海峡、东海部分海区及长江上游水域等连续出现多雾天气,能见度差而引发船舶碰撞事故,广东、海南、福建、浙江、长江等直属海事局加强雾季、雾天船舶的监督检查,加强巡逻,特别对事故多发、通航环境复杂、航行秩序较乱水域的检查,查处违章航行等。8月12日"云娜"台风登陆前,相关直属海事局完善各种防台工作预案,加强"四客一危"船及特种船、无动力船和渔业船舶等重点船舶的防台风工作。

(二)通航秩序的有效改善

1.船舶定线制与船舶报告制的推进

国际海事组织1985年通过《船舶定线制的一般规定》及其1995年通过的相应修正案,确立了船舶定线制的基本框架和标准。船舶定线制,是指船舶在水上某些区域航行时所遵循或采用的航线、航路或通航分道制度,包括分道通航制、双向航路、推荐航线与航路、避航区、禁锚区、沿岸通航带、环形道、警戒区和深水航路等。

素有"中国好望角"之称的山东半岛最东端的成山头水域(又称"成山角"),自1992年1月1日就开始试行船舶定线制。1999年9月,中国海事局组团参加国际海事组织航行安全分委员会第45次会议,并代表中国政府向会议递交了中国第一个船舶定线制提案——《成山头水域船舶定线制》和《成山头水域船舶报告制》。经过审议,分委员会通过并提交推荐性的成山角水域船舶定线制和强制性船舶报告制提案。2000年5月19日,在海上安全委员会第72届大会上,中国海事局代表全面阐述中国船舶定线制的形成和实施的有利条件,最终通过《成山角水域船舶定线制》《成山角水域强制性船舶报告制》,并将"成山头"改为"成山角",12月1日正式实施,强制要求所有船舶适用。成山角水域船舶定线制由分道通航制、沿岸通航带和警戒区组成。分道通航制分为分隔带、分道通航制内界线、分道通航制外边界线、北行通航分道、南行通航分道5个方面。这是中国唯一获得国际海事组织通过的船舶定线制和船舶报告制。

此后,上海、江苏、长江、广东海事局研究长江和珠江干线航路改革和船舶定线制,改变传统航法,改善长江与珠江的通航秩序。先后拟定、修订和实施的船舶定线制,由交通部公布实施:长江口水域2001年12月公布,次年9月1日起实施;长江江苏段(南京至浏河口)2003年5月6日公布,7月1日起实施(见图8-5-1);长江三峡库区2003年9月公布,次年1月1日起实施;珠江口水域2004年3月1日公布,6月1日起实施;长江安徽段2005年6月8日公布,10月1日起实施。福建、深圳、河北等直属海事局于2005年进行《台湾海峡船舶定线制和报告制》《深圳东部水域船舶定线制规定》和《曹妃甸水域船舶定线制规定》拟订工作,以及启动渤海、浙江沿海、福建沿海水域航路划定的研究工作。特别长江江苏段实施船舶定线制产生了深远影响。在2004年初召开的长江三角洲地区交通发展座谈会上,国务院副总理黄菊提出长三角地区要率先实现现代化,交通部通过实施长江江苏段船舶定线制落实中央战略决策,服务地方经济发展,证明我国成功地把先进的海事管理理念从海上延伸到了内河,预示着我国内河特别是长江下游的港口和航运业已经具备较强的竞争力。

图 8-5-1　2003 年 6 月,长江江苏段船舶定线制新闻发布会

长江江苏段实施的船舶定线制一个最大特点是:按照"大船小船分流,避免航路交叉,各自靠右航行和过错责任原则"的设计理念,改变历史上习惯"上行走缓流,下行走主流"和川江上千百年来"看水走船"的传统航法,实施通航分道、分隔带(线)、推荐航路、特定航路、航行警戒区的航行。这是长江航运史第一个船舶定线制,结束了这一航段海轮不能夜航的历史,提高了船舶周转率,促使船公司经济效益明显增长。

《长江江苏段船舶定线制》实施后,该航段通航环境明显改善,广大船舶单位和船员对长江定线制向中上游延伸越来越迫切。为对接长江中上游,交通部于 2005 年公布《长江安徽段船舶定线制规定》。这是有步骤地向长江全线延伸航路改革一重大举措。船舶定线制的实施产生了一定效能,促进水域安全形势、水域航行秩序根本好转,带来明显的经济、社会效益。如成山角水域实施定线制两年后,事故总数下降近 50%。长江江苏段为长江 1/8 的航段,而占整个长江六成运输量,实施定线制一年(2003 年 7 月至 2004 年 6 月),据上海海事大学课题组专题研究结果表明:实现全航段全天候通航,江苏沿江港口每天进出海轮艘数增加 20%以上,主要港口吞吐量的增幅达到 20%以上。与 2003 年同期相比,2004 年一般以上事故减少 42.1%,死亡失踪人数减少 4.6%,碰撞事故减少 46.2%,沉船减少 32.5%,经济损失减少 45.4%。按船舶流量计算,事故发生率首次低于万分之一。长江江苏段 6 个主要港口吞吐量增加 3487.6 吨,相当拉动 GDP 增长 540 亿元,为船东带来经济效益 1.7875 亿元,事故发生率下降所带来的安全效益达 2412 万元。三峡库区水域船舶定线制 2005 年 12 月实施后,与前 3 年(2002—2004 年)同期加权值相比,水上交通事故、碰撞事故、死亡人数、沉船、直接经济损失分别下降 89.3%、64.3%、74.7%、70.6%、64.6%。长江下游分道规则航路变更实施后,水域碰撞事故数、死亡人数、沉船数、经济损失数分别下降 9%、42.5%、5%、23.2%。珠江口水域实行船舶定线制后,船舶航行时间由 7 小时缩短为 5 小时,每年为航行于珠江口水域的船舶节约成本总体达到 3000 万元以上。

而《珠江口水域船舶定线制(试行)》却是另一种航法,是与香港海事处共同制订的。该定线制由粤港双方海事部门分别监管所辖水域。这是中央政府和香港特区政府首次采用同一措施,共同规范所辖水域的船舶航行行为。该定线制主要由担杆、大濠水道及相连水域组成,包括分道通航制、沿岸通航带和警戒区 3 个部分,针对珠江口航道狭窄特点,采用“分隔带”方法将东西向通航分道隔开,规定船舶东行、西行通航分道及隔道的位置和范围。这是世界上第一次使用“分隔线”方法进行分道通航。

2.水上施工安全的评估与维护

随着国家经济建设的发展,这一时期全国各水域水上水下施工作业频繁,并具有工程规模大、工期长、施工工艺复杂、各类工程船舶流量密度大等特点。全国海事系统将维护大型施工项目作业安全放在通航管理的重要位置,开展针对性地监管。1999 年 10 月 8 日,交通部公布《中华人民共和国水上水下施工作业水域通航安全管理规定》,2000 年 1 月 1 日起实施。

2000 年,为开展水上水下施工作业通航安全影响评估工作,直属海事系统对涉及通航安全的水上工程项目进行前期工作,按照规定审核审批,强化现场跟踪、现场监督和竣工验收管理,派监督艇、巡逻船定时到相关水域检查。同时,中国海事局督促直属海事系统对使用岸线和占用通航水域的重大水上建设项目实施通航环境影响安全评估制度,集中对辖区的水上水下施工作业情况进行专项突击检查。如上海海事局对长江口深水航道整治、浦东国际机场、宝钢公司 3 个国家重点工程施行水上施工通航水域安全监管。各直属海事局对规模较大工程,在通航水域条件允许情况下,为其设立“安全作业区”“警戒区”,避免无关船舶进入施工作业区;必要时在“安全作业区”“警戒区”界线外设置必要的标志,保证施工作业安全,同时严把水上水下施工作业项目审核关。

2001 年 9 月 10—17 日,中国海事局组成北片区、中东片区、南片区、中西片区 4 个组,开展贯彻执行“水上水下施工作业水域通航安全管理规定”宣传工作。2004 年 4 月 15—16 日,又在江苏镇江召开专题大型水上水下作业项目通航安全管理研讨会,总结经验,研究对策,进一步强化水上水下施工作业的安全管理工作。2005 年,上海、江苏、浙江、河北、广西直属海事局全力保障上海洋山东海大桥与洋山深水港、长江润扬大桥、杭州湾大桥、广西钦州与防城等重大工程水上施工维护工作。2000—2005 年直属海事系统水上水下施工作业情况详见表 8-5-1。

2000—2005 年直属海事系统水上水下施工作业情况表　　　　表 8-5-1

年　份	按作业位置统计		按作业方式统计	
	作业件数	作业天数	作业件数	作业天数
2000	1647	67615	—	—
2001	3972	155073	—	—
2002	4482	170618	3855	149842
2003	4169	169202	4169	169202
2004	4093	207926	4455	207038
2005	4057	215775	4057	215775

(三)加大通航水域现场监控力度

1.通航水域的现场巡航

海事体制形成之前,沿海巡航海区侧重于所在地港区海域。1998 年 3 月 18 日,中国港监局下发《关于扩展海区、水域巡航检查工作的通知》,要求沿海水上交通安全监督机构根据实际情况扩展海区巡航范围至辖区距岸 50 海里以内,加强海上巡航检查执法,并建立航行计划、值班报告、统计考核制度。

1998 年水监体制改革后,海事巡航频次和巡航范围逐渐扩大,包括航道、港池、锚地、施工现场、桥区、通航密集区等巡视检查。海区的巡航从港内、内河扩大到管辖的整个沿海海域,从港口的静态管理转向以港口为基地、面向沿海运动中船舶的动态管理。

1999年起,沿海直属海事局开始每天港区巡航一次,海区、航区巡航实现全覆盖,每年年初细化巡航任务和提出具体巡航计划。从7月起,中国海事局与天津海事局组成调研小组,实地调查烟台、青岛、汕头、南京、海南等海事局辖区水上巡航情况。在此基础上,中国海事局草拟《中华人民共和国巡航管理办法(试行)》,于2001年3月2日下发,共有7章32条。2000年,直属海事局落实巡航实施单位的岗位责任制,形成直属海事系统完整的巡航工作管理体系和考核机制。2002年,中国海事局推广上海海事局"巡前有计划,出海有任务、巡后有总结"的巡航经验。2005年,沿海直属海事系统开展南海海区液货过驳区巡航检查,实施东海平湖、春晓油气田水域巡航监管,开展北黄海、渤海海区巡航演练和业务交流等大型海事巡航活动。在渤海海区、东海海区开展3次跨辖区巡航。

此外,自2001年6月13日,广东海事局租用直升机,配合VTS、海巡船、执法车、CCTV系统,在珠江口水域实施立体巡航,开直属海事系统立体巡航之先河。随后,辽宁、天津、江苏、浙江、广东、深圳海事局分别租用飞机,实施海空立体综合巡航执法,水上巡航整体力量得到提高。据统计,仅2002年租用飞机共飞行53架次、100小时,巡逻里程7630海里,监管水域面积11950平方公里。在长江口和珠江口使用CDMA和GPRS技术,实现数字化的巡航监管。

2."海巡21"与"海巡31"船跨海区巡航

自2001年起,沿海直属海事系统每年组织多次对我国专属经济区的巡航检查,对商船航行密集的我国沿海南北航线和东海、南海北部海域进行巡航,监督检查船舶航行、停泊、作业行为。2003年,中国海事局首次组织"海巡21"巡视船实施长距离跨海区巡航。9月16日,"海巡21"巡视船从上海起航,横跨东海、黄海、渤海,历时7天,途经上海、江苏、山东、辽宁海事局海上辖区,巡航里程15951海里,航行时间91.4小时。2004年5月22日至6月3日,"海巡21"参加日本海上保安厅2004年检阅式综合演练活动,安全航行2200多海里,在航行途中开展多科目的演练。2005年3月22日起,"海巡31"船艇在南海海区执行第一次跨海区巡航任务,历时11天,巡航里程1320海里,并与湛江海事局的3艘海巡艇及船载直升机在粤西海域举行海空立体巡航演练。6月7日起,该船艇执行为期20多天的第二次巡航南海海域任务。7月中下旬,又执行第三次海区巡航任务,巡航东海、黄海、渤海海区,以维护国家管辖海洋权益,保护海洋环境。1999—2005年沿海(海区,港区)、内河(辖区,港区)通航水域巡航情况详见表8-5-2~表8-5-5。

1999—2005年沿海海区通航水域巡航情况表 表8-5-2

年份	完成巡航工作任务(次)	巡航次数(次)	巡航时间(小时)	巡航航程(海里)	出动船艇(艘次)	出动人员(人次)
1999	—	418	5382	50072	503	—
2000	89100	54393	119051	544453	25557	92529
2001	19195	17293	26988	192490	6873	38747
2002	25377	2013	37940.33	210030.3	10284	48800
2003	13244	6654	43333	286892	7226	35814
2004	15071	11040	40145	269611	8417	36936
2005	27707	12428	49385	395110	10249	51558

2001—2005年沿海港区通航水域巡航情况表 表8-5-3

年份	完成巡航工作任务(次)	巡航次数(次)	巡航时间(小时)	巡航航程(海里)	出动船艇(艘次)	出动人员(人次)
2001	101898	123098	150297	574140	39151	160438
2002	61812	28190	106099.6	514412.9	30856	145522

续上表

年　份	完成巡航工作任务（次）	巡航次数（次）	巡航时间（小时）	巡航航程（海里）	出动船艇（艘次）	出动人员（人次）
2003	64520	30394	101140	573169	33110	140126
2004	95536	40884	125989	780506	42499	173188
2005	77877	41522	119941	738685	41154	175875

2000—2005年内河辖区通航水域巡航情况表　　表8-5-4

年　份	完成巡航工作任务（次）	巡航次数（次）	巡航时间（小时）	巡航航程（海里）	出动船艇（艘次）	出动人员（人次）
2000	—	159904	171778	68081	—	—
2001	125074	84461	123715	913624	41519	140422
2002	324965	39403	202084.2	1912703	105391	286881
2003	565781	139553	223766	1653860	90456	294104
2004	844874	176395	269151	2046267	105204	301709
2005	294378	224804	265179	2367337	110046	309633

2001—2005年内河港区通航水域巡航情况表　　表8-5-5

年　份	完成巡航工作任务（次）	巡航次数（次）	巡航时间（小时）	巡航航程（海里）	出动船艇（艘次）	出动人员（人次）
2001	120685	103782	90379	623934	69658	210833
2002	346360	128711	249385.73	1932411	109126	314547
2003	413289	244636	274488	2495783	106495	323970
2004	454570	314410	312638	2936060	117136	341793
2005	396603	334338	320173	2738333	134523	404907

(四)水上重要活动与工程的通航保障

1.堵住突然崩溃的长江九江大坝缺口

1998年长江发生特大洪水,长江港航监督局及其分支机构成立防汛领导机构和应急抢险组织,加强堤防闸口汛前安全检查,落实汛期各项安全措施。7月29日17时左右,沿江堤防险象环生,其中九江江家洲民垸溃口,长江港航监督局紧急调集大量船舶集结九江,调动“监督87号、47号”艇赶赴长江中游嘉鱼、燕子窝待令,指令“监督73号”艇支援,为紧急抢险做好充分准备。8月7日,江西九江城区长江大堤4号、5号闸口之间防洪堤溃口,直接威胁到九江市区几十万市民的生命财产安全。九江长江港航监督局立即调派在港区执行禁航任务的“监督78号”“监督46号”“监督42号”船艇赶赴现场。在此危急关头,九江港航监督局局长陈纪如受九江市代市长委托担任溃口抢险现场指挥长,果断拖来重载煤船横搁在溃口外,将满载石头的货车抛入急流之中,挡住急流,控制险情进一步扩大,为后来溃口打桩、筑围堰、截流奠定基础。9月28日,陈纪如出席全国抗洪抢险总结表彰大会,受到中共中央总书记江泽民等党和国家领导人接见,被授予“全国抗洪英雄模范”称号。后又受到全国总工会表彰,荣获全国“五一劳动奖章”。

2.保障长江三峡工程二期通航安全

1998年起,三峡工程施工水域进入碍断航期。6月,交通部公布《三峡工程二期通航管理办法》。此时恰逢长江流域遭遇罕见洪水,以致导流明渠3次封航,水上交通安全管理面临巨大压力。三峡港监处积极做好汛期安全预防预控工作。长江第一次洪峰来临时,交通部于7月21日发出明渠限航通电,三峡港监处随即制定明渠限航安全维护工作预案,确保明渠限航、禁航到位。同时,三峡港监处还抽调人员,联合航道、公安部门成立明渠限航指挥所,驻扎杨洒庙"三峡航囤602",负责现场统一指挥,并在坝上坝下实施控制线,对明渠通航实行单向控制。高洪水位期间,坝区江段被迫全线封航,船舶滞留情况严重,8月22—28日达159艘次,迫使三峡坝区实施应急转运旅客及翻坝运输。三峡港监处、宜昌长江港航监督局加大现场维护力度,保证应急转运旅客及翻坝运输的顺利进行。从2003年5月16日起,在三峡自然蓄水期、蓄水准备期、强制蓄水期、围堰发电期的4个阶段建设中,中国海事局先后下发《长江三峡水利枢纽水上交通管制区域通航安全管理办法》《长江上游庙河至丰都河段通航安全管理办法》《三峡工程通航安全管理办法》等管理规定。为落实上述长江三峡水利枢纽建设时期通航安全管理的4个管理办法,担负长江三峡水利枢纽水上交通管制区域水上安全管理的宜昌海事局强化现场监管,防止船舶污染,加强航行、停泊和作业船舶、浮动设施安全管理,取得通航监管明显成效,实现了"安全、平稳、有序"的目标,未因通航监管而导致水上施工事故发生。

3.保障长江在建大桥水上施工安全

2000年,长江干线已建成大桥20座,在建14座。为保障在建大桥水上施工作业与通航的安全,2001年2月1日润扬长江大桥开始建设后,江苏海事局调集6艘监督艇进行昼夜现场施工维护,保障大桥现场施工与建设期间的通航安全。在长江南京段施工的西气东输管道穿越长江钻探、三桥水上钻探、扬巴一体疏浚吹填、新济洲1200户居民大迁移、舟桥部队演习等进行期间,南京海事局实施重点监管,全力维护,未发生重大事故。2001年,历时4年的南京长江二桥建成,负责水域施工现场监控的二桥监督站保证大桥水上施工1200多天安全无事故,受到交通部和省、市政府的好评,被江苏省委(政府)评为"南京长江第二大桥建设有功单位"(见图8-5-2)。

图8-5-2 监督艇现场维护南京长江二桥水上施工

4.保障2001年APEC会议水上通航安全和航运中心建设安全

1999年,围绕长江口深水航道通航准备工作和试航安全保障工作,上海海事局保障长江口深水航道自2000年4月28日试通航后的安全。2001年,亚太经合组织领导人非正式会议(APEC会议)在上海召开。上海海事局精心组织、周密部署,圆满完成APEC会议期间水上交通管制任务。这期间,上海海事局共抽调500名海事执法人员、50艘巡逻艇,组织危险品应急队伍14支(700余人),征用船舶12艘,开通陆家嘴水域的电视监控系统和800兆集群电话,出动巡逻艇120余艘次,现场执法人员3000余人次,疏导大小船舶 4000 余艘次,保证 4 天内浦东机场在 APEC 主要领导人机群降落和起飞时长江口南槽航道的全封闭,为 APEC 会议召开和 10 月 20 日大型焰火表演创造了安全的水上环境。10 月 22 日上午 9 时 15 分,中共中央总书记江泽民等中央领导人亲切接见中央和上海市为 APEC 会议做出重要贡献的主要单位领导,其中包括海事代表的上海海事局局长王志一。2001 年 10 月 26 日,交通部专门发来电报,给予上海海事局通报表彰。2005 年 12 月,位于上海国际航运中心核心区域的洋山深水港开港,上海海事局建立明确的安全管理责任制,加大现场检查力度,建立各种应急措施,科学评估通航环境,确保船舶适航、船员适任、水域清洁。

5.保障夏季煤油运输通航安全

2004 年入夏后,华南、华东地区出现电煤运输全面紧张局面,引起党中央、国务院和交通部各级领导的重视。7 月 29 日,国务院总理温家宝在北京视察交通运输时,对交通系统保证电煤运输和治理超载等项工作给予充分肯定。30 日,又提出“三个确保”(确保电煤运输、确保重点物资运输、确保人民生活运输)要求。交通部按照温家宝的指示,全力以赴做好交通运输保障工作,抢运电煤。

为落实抢运电煤的指示,2004 年 7 月 20 日中国海事局下发“关于确保电煤运输的通知”,成立以中国海事局主要领导为组长的部海事局电煤运输工作领导小组,统一领导全国电煤运输安全保障工作,确定以“开展绿色通道”为主导,确保电煤运输。在为期一个多月的“迎峰度夏,抢运煤炭”活动中,仅相关直属海事局就投入巡逻船 16300 余艘次,动用执法力量 65000 余人次,保障装运 6090 余万吨电煤的 19060 余艘次进出港电煤船舶的安全营运,未发生一起煤运船舶责任事故和因海事监管而导致的压船压港事件,得到国务院、交通部领导的肯定。之后,每年直属海事系统相关海事局均开展“迎峰度夏,抢运煤炭”活动,为缓解夏季用煤紧张做出贡献。中国海事局每年表彰在保电煤等重点物资运输工作中做出突出贡献的集体和个人。

(五)保障有影响的水上工程的通航、施工安全

2004 年 5 月 31 日,长江、江苏直属海事局均派出巡逻艇为斯洛文尼亚游泳爱好者马乐丁・斯特雷的探险游长江活动提供全程安全保障服务。其间,直属海事系统对沿海、内河具有重大战略意义和国际影响的水上工程,如东海大桥、润杨大桥、杭州湾大桥、曹妃甸矿石码头、上海洋山深水港、广西钦州和防城等深水港区给予重点监管,使水上施工、通航“两不误”,保证了工程施工和水上航运的安全。

二、有重点地进行船舶监督管理

与动态通航管理不同的船舶管理,范围广泛、内容众多,集中为船舶登记、船舶进出口岸与签证、船舶安全检查与日常监督管理等。这一时期,全国海事系统不断通过完善、理顺管理机制,加强重点船舶管理,加大监管力度,使船舶管理工作上台阶。2001 年 6 月 21 日、2003 年 4 月 16—17 日、2005 年 9 月 13—14 日召开 3 次船舶管理专题工作会议。

(一)船舶登记和签证的推进

1.船舶登记

船舶登记,是船舶管理的基础性工作,是船舶为取得所有权、国籍和悬挂一国国旗航行必须履行的监管职责。

1998 年水监体制改革之后,中国海事局针对船舶登记新情况,分别于 1998 年 11 月 23 日、2004 年 10 月 28 日两次补充以往的船舶登记管理条例。2000 年 7 月 1 日,启用新版船舶登记证书,次年 12 月 31 日

前完成所有新老证书换发工作。至2003年6月30日,所有内河船舶各种登记证书完成换发工作,进一步规范船舶登记工作。

从2001年起,中国海事局调整和重新授权实施船舶登记工作的海事机构(简称船舶登记机关)。6月28日,授权首批直属海事局及其分支机构在各自辖区范围内开展船舶登记工作,公布92个船舶登记机关的名称、登记号和登记船舶范围。2002年9月24日,又授权216个地方海事机构在各自辖区范围内开展内河船舶登记工作。2004年,中国海事局开发新版船舶登记系统(以下称"05版船舶登记系统"),由船舶登记机关通过海事专网区直接登录该局的船舶数据库办理登记业务,实现数据全国集中及全国共享。最早开始启用"05版船舶登记系统"的是与长三角船舶签证一卡通(IC)有关的4个直属局和4个地方局。2005年8月23日,中国海事局决定直属海事系统从2005年10月1日启用"05版船舶登记系统"。

此外,2002年9—11月直属海事系统在授权的海船登记机关中开展船舶登记大检查活动,共对47个船舶登记机关和1108艘船舶的登记情况进行了检查。次年5—7月,被授权的地方船舶登记机关进行以自查和互查为主的内河船舶登记工作大检查。

2.船舶"一卡通"(IC)签证开始

长期以来,船舶签证是水上安全管理机关对船舶管理中的一项重要环节。主要是实施行政许可和技术监督,掌握船舶动态和适航性。直属海事局从2000年3月1日起,将客船、滚装客船、客渡船、液化气船、散装化学品船、油船作为签证检查的重点船舶,2001年3月以后又增加长江上游滚装船。部分直属海事局还借助2002年底建成的水上交通安全监督信息系统一期工程开始试行电子签证。

2003年,中国海事局提出建设船舶一卡通工程的设想,即利用存储有船舶基本信息的IC卡办理船舶进出港签证手续,并确定了工程建设分步实施方案。按此分步实施方案,第一步在长江三角洲地区进行试点,第二步在试点取得成功经验的基础上推广到直属海事系统各单位,第三步推广到水网地区的地方海事局。2003年11月8日起,中国海事局与银科博星公司签订船舶一卡通工程建设总集成合同,确定船舶IC卡具有船舶身份标识、船舶基本信息、船舶所持证书信息、安全检查等现场监督信息、进出港信息存储和船舶签证管理等功能。11月30日,在长江三角洲地区海事机构(上海、江苏、浙江、长江海事局及上海市、江苏省、浙江省、安徽省地方海事局)现场监督管理中试行船舶一卡通(IC卡)签证,并制订《长江三角洲船舶一卡通工程运行环境要求及实施计划》,于2005年1月1日在上述8个直属、地方海事局开始实施。

2004年12月18日,中国海事局在江苏南京海事局发放全国第一张船舶IC卡。这标志着船舶一卡通工程在长江三角洲地区的试点工作正式启动。为加快船舶一卡通工程推广步伐,中国海事局2005年12月26日在北京召开长江三角洲地区船舶一卡通工程推广会,并开始在长江三角洲地区推广。仅2005年,发放IC卡14791张,通过IC卡登记船舶55888艘次。1999—2005年船舶进出口岸数量统计详见表8-5-6,1999—2005年船舶签证数量统计表详见表8-5-7。

1999—2005年船舶进出口岸数量统计表　　表8-5-6

年　份	进口岸船舶(艘次)		出口岸船舶(艘次)	
	中国籍	外国籍	中国籍	外国籍
1999	47141	55089	47937	54831
2000	35823	62414	35176	62255
2001	38431	77656	38305	77543
2002	45959	87241	45740	89957
2003	58216	100579	60373	101294
2004	243068	120500	245052	120031
2005	66960	139593	66350	138886

1999—2005 年船舶签证数量统计表 表 8-5-7

年　份	进港船舶(艘次)		出港船舶(艘次)	
	国内航行海船	国内航行河船	国内航行海船	国内航行河船
2000		458898		449314
2001	790522	2162062	789357	2150389
2002	930916	2717543	926918	2790295
2003	1060478	2800834	1054318	2796409
2004	1226662	3008033	1225428	2988716
2005	1947905	3259456	1952191	3259272

(二)港口国监督与船旗国监督的检查

1.港口国监督(PSC)检查

(1)增加 PSC 检查的海事机构

1998 年水监体制改革之后,为进一步扩展港口国管理的广度和深度,中国海事局在增加授权海事机构数量的同时,加大港口国监督和检查力度,对外国籍船舶检查数量逐年增多,检查数量在东京备忘录地区一直位居第一或第二。中国籍船舶在港口国监督检查中,综合平均滞留率低于亚太地区各港口国。根据进出我国港口外国籍船舶数量,授权开展 PSC 检查的海事机构不断增加。在原有 24 个海事局开展 PSC 检查的基础上,中国海事局在这一期间又先后授权 22 个海事机构开展 PSC 检查:2001—2002 年,授权茂名、惠州、丹东、锦州、温州、泉州、舟山、北海、防城、钦州、芜湖海事局为 PSC 检查机构;2003—2004 年,授权唐山、黄骅港、扬州、太仓、台州、嘉兴、常熟、泰州、常州、安庆为 PSC 检查机构。2005 年,授权东莞为 PSC 检查机构。至 2005 年底,我国被授权 PSC 检查的海事机构已达 46 个。

(2)港口国监督(PSC)检查

2000 年 1 月 1 日,东京备忘录启用新的亚太地区港口国监督信息网络。3 月 1 日,又要求各港口国主管当局将 2000 年 1 月 1 日开始的检查报告输入到新的信息系统中去,以便实现信息共享。对此,中国海事局在立即汇总中国 PSC 检查数据的基础上,于 3 月 31 日决定由辽宁海事局负责建立港口国监督中国数据库中心。4 月 25 日,决定简化实施禁止外国籍船舶离港审批程序,规定经授权的海事局可直接对外国籍船舶实施禁止离港。2002 年 4 月 5 日,中国海事局明确港口国监督跟踪检查联系程序,其中与国外海事当局联系工作由其自行负责。8 月 30 日,又规定由各直属局负责考核验收开展 PSC 检查的海事机构。2003 年 1 月 30 日,中国海事局做出将滞留的外籍船舶信息和跟踪检查信息直接通知有关船旗国海事当局及船级社的决定。2004 年 2 月 17 日,中国海事局向有关船旗国海事当局或船级社发出船舶滞留通知或跟踪检查通知的程序、时限和格式。2005 年 12 月 22 日,中国海事局下发《关于进一步加强港口国监督工作的指导意见》,要求海事局做好港口国监督职能设置和人力资源配置工作。经授权的海事局对外国籍船舶实施 PSC 的检查情况详见表 8-5-8。

1998—2005 年港口国监督(PSC)检查情况一览表 表 8-5-8

年　度	1998	1999	2000	2001	2003	2004	2005
初次检查总艘次	1231	1510	1576	1728	3789	3897	4020
初次检查总缺陷项数量	3724	3905	5700	7758	16435	16396	21244
滞留船舶总艘次	80	67	89	107	173	198	260
单船平均缺陷数量	3.03	2.59	3.62	4.49	4.34	4.21	5.28
船舶滞留率(%)	6.5	4.44	5.65	6.19	4.57	5.08	6.47

(3)港口国监督(PSC)会战大检查

1998年7月1日ISM规则生效后,亚太地区港口国监督备忘录决定从7月1日至9月30日进行为期3个月的PSC会战大检查。中国港监局下发“关于开展对船舶实施ISM规则港口国监督会战检查的通知”。我国参加此次大检查的海事局,共检查外轮421艘,其中ISM规则首批适用船舶312艘,占74%;不适用船舶109艘,13艘被滞留,其他滞留17艘。仅长江经授权的南京、南通、张家港、江阴、镇江5个港务监督,就检查外轮87艘,滞留4艘,与正常到港外轮PSC检查相比,检查率上升到30%~50%。1999年10月1日至12月31日,针对全球海上遇险与安全系统(GMDSS)设备状态及其操作人员操作水平,东京备忘录再次统一开展PSC会战大检查。我国授权开展PSC检查的海事机构共检查外国籍船舶413艘,其中6艘船舶被滞留。2002年7月,《国际安全管理规则》(ISM规则)实施后,所有国际航行船舶强制执行。为此,巴黎备忘录、东京备忘录成员和美国海岸警卫队决定7月1日至9月30日开展PSC会战大检查。中国海事局及经授权的海事局除参与巴黎、东京备忘录成员和美国海岸警卫队同步开展的实施ISM规则情况大检查外,还在我国组织开展实施ISM规则的PSC会战大检查,共检查外轮835艘,发现并纠正缺陷3381个,滞留63艘。9月1—30日,我国授权的海事局组织开展液货船专项安全检查,检查外国籍船舶74艘,滞留3艘;检查中国籍船舶2059艘,滞留26艘。2003年9月1日至11月30日,针对国际大型散货船事故率较高的问题,东京备忘录统一开展散货船结构安全PSC会战大检查。2004年7月1日至9月30日,东京备忘录组织开展《国际船舶和港口设施保安规则》(ISPS)的PSC会战大检查,我国授权的海事局共检查外国籍船舶1008艘次,滞留17艘。无一艘中国籍船舶在这次ISPS检查中于国外被滞留。2005年9月1日至11月30日,东京备忘录针对船舶操作性要求统一开展PSC会战大检查,我国授权的海事局共检查船舶1017艘次,滞留32艘次(见图8-5-3)。

图8-5-3 2005年4月27日,珠海海事局对液化气仓储船“紫荆花”号实施港口国监督检查

(4)安全检查员资格认证和培训

为加强船旗国、港口国检查的安全检查员管理,依据有关法律、法规和国际公约,中国海事局分类认证与考核PSC检查员资格,划分等级及其检查类别。除每年举办海船、河船安全检查基础培训班,继续选派人员赴国外参加PSC检查官培训班,还多次举办船舶安全检查专题培训班、知识更新培训班、专题研讨会,邀请国外专家在中国举办PSC专家培训班,与外国开展PSC人员互访工作交流。2003年起,将B、C类船舶安全检查员的培训工作下放至各直属海事局,从2月11日起核发B级、C级船舶安全检查员证。启动船舶安全检查统一培训教材编写工作,于2005年10月完成编写工作。

2.船旗国监督(FSC)检查

(1)船旗国监督(FSC)检查情况

全球区域性合作开展港口国监督的检查,除常规性检查外,还有在合作区域内,集中一段时间,针对某些特定对象的项目。为防止中国籍船舶在会战大检查中在国外被滞留,授权的直属海事局每次 PSC 会战大检查开展之前都要做好中国籍船舶在国外接受 PSC 检查的准备,以降低滞留率。并下发通知,提出注意事项,告知航运企业采取对应政策和措施。

1998 年水监体制改革后,直属海事系统加紧对中国籍船舶实施船旗国监督检查,采取多种开航前检查措施(主要方法是实施开航前的检查、跟踪检查),并实行船舶安全检查缺陷反馈制度,不让存在缺陷的中国籍船舶从管辖港口开出去,以降低中国籍船舶在国外 PSC 检查滞留率。1998—2005 年船旗国监督(FSC)检查情况详见表 8-5-9。

1998—2005 年船旗国监督(FSC)检查情况统计表　　表 8-5-9

年　　份	海　　船		内　河　船	
	检查艘次	滞留艘次	检查艘次	滞留艘次
1998	4867	60	49585	122
1999	6713	74	81552	135
2000	10476	147	32098	239
2001	11912	177	38855	190
2002	13731	164	44112	145
2003	23118	339	67701	243
2004	23594	628	59593	266
2005	24118	401	60917	560

(2)加强开航前检查,完成“降滞脱黑”时间表

针对中国籍船舶被列入世界港口国监督重点检查对象的“黑名单”,1997 年 11 月 22—23 日在海口召开的国际航线船舶船东大会上,交通部确定“一年见成效,三年改面貌”的脱离“黑名单”(简称“降滞脱黑”)时间表。

1998 年水监体制改革后,为落实“降滞脱黑”时间表,中国海事局及授权的海事局加紧与被滞留船舶公司联系,提供有关咨询,同时积极做好开航前船舶安全检查,严把安全关,不让存在缺陷船舶从管辖的港口出航。1998 年 2 月 12 日,交通部下发《关于降低中国籍船舶在国外滞留率的若干规定》,规定船公司责任、开航前检查、滞留情况报告、处理与处罚等。该规定将开航前检查范围扩展至韩国航线,并明确开航前检查依据《船舶安全检查规则》,以港口国监督检查项目为主要内容。经过授权海事局采取以开航前检查为主的多种监管措施,“降滞脱黑”初战告捷。1998 年 7 月 1 日起,中国船旗脱离巴黎备忘录“黑名单”,实现 1997 年船东大会“一年见成效”的目标。中国籍船舶在巴黎备忘录地区也不再作为重点检查对象。但是,在亚太地区,中国籍船舶的滞留率仍高于该地区平均滞留率,形势依然严峻。

为改变这一严峻形势,自 1999 年 7 月起中国海事局分北方(大连)、华东(上海)、华南(广州)3 个片区,举办 20 期以“降滞脱黑”为目的的 PSC 检查研讨培训班,培训各国际航运公司管理人员 924 人。7 月 22 日,交通部要求海事机构对航经欧洲、美国、澳大利亚和日本航线的老旧船舶实施开航前检查面须达到 100%。10 月 13—15 日,中国海事局在天津召开海事局成立后第一次船舶安全检查工作会议(以前中国港监局已召开过 5 次),分析和总结 3 年以来船舶安全检查工作情况,提出阶段性工作思路,既严格实施对中国籍船舶的开航前检查,降低其在国外滞留率,又扩展 PSC 检查单位和项目,参与全球区域性 PSC

合作,健全安全检查机制。从12月30日起,中国海事局定期公布在国外PSC检查中滞留率连续两年超过全国平均滞留率的船公司名单、6个月内被滞留两次及以上的船舶名单、在国外被滞留后未按照规定向国内报告的船舶名单,并要求各海事局暂停为这些船舶办理出口手续。通过以上举措,中国籍船舶在国外被滞留艘次逐年减少,其中在巴黎港口国地区由1998年11艘次下降到1999年3艘次;在亚太港口国地区由1998年54艘次下降到1999年51艘次;在美国由1996—1998年17艘次下降到1998—1999年的14艘次。

2000年3月1日,中国海事局在直属海事系统建立和实施降低中国船舶滞留率目标责任制,目标确定为适用船舶开航前检查率达100%,经开航前检查船舶在合理时间内和正常情况下不得被滞留。4月17日,在北京召开降低中国船舶滞留率专项工作紧急会议,授权开展PSC检查的海事机构负责人与中国海事局在会上签订开航前检查责任状。4月21日,中国海事局成立降低滞留率专项工作督查团,要求船公司重点解决公司管理部门及所属船舶在接受国外PSC检查中存在的问题,在12月31日前彻底整改存在的安全问题,配合海事机关做好开航前检查,并从5月开始分组评估各授权海事局开航前检查工作情况。6月20日,中国海事局通报1998—1999年度连续两年超过中国籍船舶在国外平均滞留率的11家船公司和1999年在国外及我国港澳地区被滞留的88艘船舶名单。到2000年底,中国船旗继1998年7月脱离巴黎备忘录"黑名单"后,又脱离美国港口国监督和东京备忘录"黑名单",实现"3年改变面貌"的"降滞脱黑"时间表,在世界范围内脱离港口国监督(PSC)检查"黑名单"。至2001年底,中国籍航行国际船舶全部脱离世界主要港口国监督(PSC)检查"黑名单"。

2001年4月2日,为巩固中国船旗"降滞脱黑"成果,中国海事局通报1999年、2000年度连续两年超过中国籍船舶在国外平均滞留率的7家船公司和2000年在国外及我国港澳地区被滞留的41艘船舶、2000年超过全国平均滞留率的31家船公司名单。7月11日,交通部表彰在"降滞脱黑"工作中做出突出贡献的单位,其中有上海、广东、山东、深圳4个海事局,中国远洋运输(集团)总公司等12个航运企业。交通部交通安全委员会授予64人为"降低中国籍船舶滞留率工作先进个人"称号。

为坚持"降滞脱黑",中国海事局从2002年之后实行"重点检查、企业负责、船级社跟踪"策略。授权开展PSC检查的海事机构从严实施开航前检查,继续降低中国籍船舶滞留率。在中国船旗连续两年在世界范围脱离港口国监督检查"黑名单"基础上,中国海事局于3月27日与授权开展PSC检查的海事局开始实行船舶安全检查缺陷反馈制度,使2002年中国籍船舶在国外被滞留数量比2001年降低40%。

2003年,中国海事局建立船舶滞留案例调查制度,由有关船公司、海事机构对被滞留中国籍船舶进行系统分析,形成调查报告后上报。一系列措施促使中国籍船舶在境外被滞留率不断下降。5月,总结"降滞脱黑"经验,提高开航前检查质量,要求航经日本船舶开航前检查率达100%。

2004年6月29日,中国海事局规定,对不符合《国际船舶及港口设施保安规则》而在国外遭滞留中国籍船舶,不予办理出口手续。

2005年,中国海事局加强中国籍航行国际船舶开航前检查,从质量上进一步严格各种开航前检查。

通过严格的开航前检查,中国籍航行国际船舶在国外PSC检查的滞留率逐年下降,低于亚太地区各国船舶平均滞留率。1998—2005年中国籍船舶在国外PSC检查中被滞留情况详见表8-5-10。

1998—2005年中国籍船舶在国外PSC检查中被滞留一览表 表8-5-10

年　份	东京备忘录(艘)	巴黎备忘录(艘)	美国海岸卫队(艘)	年度滞留总数(艘)
1998	54	9	3	66
1999	51	3	3	57
2000	24	4	0	27

续上表

年　　份	东京备忘录(艘)	巴黎备忘录(艘)	美国海岸卫队(艘)	年度滞留总数(艘)
2001	22	3	1	27
2002	15	1	0	15
2003	15	3	1	21
2004	15	1	1	15
2005	7	0	1	7

(3)开始重点船舶的跟踪检查

2001 年 5 月 23 日,中国海事局公布《重点跟踪船舶监督检查管理规定》,建立重点跟踪的船舶名单。8 月 1 日,公布首批 48 艘船舶“黑名单”。11 月 2 日,公布第二批 50 艘船舶“黑名单”。自 2002 年起,针对一些船舶所有人将列入重点跟踪船舶名单的船舶进行买卖,给船舶安全监督管理工作造成困难的情况,中国海事局 2 月 27 日下发通知,要求各海事机构在船舶登记时将“黑名单”中的船舶列为重点跟踪对象,实施重点监督检查,直至脱离“黑名单”为止。2004 年 7 月 13 日,调整公布“黑名单”方式,不再另行印发列入或脱离该名单的单行文件,仅公布业经更新汇总后的名单。10 月 10 日,首次公布经调整汇总后的重点跟踪船舶名单。2001—2005 年重点船舶跟踪检查数量详见表 8-5-11。

2001—2005 年重点船舶跟踪检查数量统计表　　表 8-5-11

年　　份	新　　增	脱　　离	年末数量(黑名单)
2001	98	0	98
2002	3	4	97
2003	10	16	91
2004	131	24	107
2005	34	51	90

(4)开始评选诚信船舶和船长

为鼓励和促进航运公司及其船员自觉做好公司和船舶的安全管理工作,2002 年中国海事局下发《中华人民共和国海事局“安全诚信船舶”评选规定》《安全诚信船舶、安全诚信船长评选规定》。2003 年,开展评选“安全诚信船舶”与实行船舶“白名单”和“黑名单”管理制度,通过建立统一的船舶安全准入条件和信用评价标准,对船舶单位实行动态分类管理,促使船公司加强安全自律,实现有效监管。随后,这一制度推广到船长、船公司的管理上。从 6 月 1 日开始,直属海事系统向“安全诚信船舶”颁发有效期为 24 个月的安全诚信船舶证书,免除 24 个月船舶安全检查(含开航前检查)。

2004 年 8 月,在开始评选安全诚信船舶的同时,直属海事系统启动评选“安全诚信船长”活动,发布符合评选条件船舶、船长的“安全诚信船舶”“安全诚信船长”名单,并颁发有效期为 24 个月证书,免除 36 个月船舶安全检查(含开航前检查),同时准予优先办理进出港手续。2005 年 7 月 25 日,经由资深船长、轮机长和验船师组成的评审委员会评审,中国海事局公布 111 艘 2005 年度“安全诚信船舶”和 202 名 2005 年度“安全诚信船长”名单。此后,每年进行评审,公布当年度“安全诚信船舶”和“安全诚信船长”名单。

(三)船舶日常检查

在全球性港口国监督检查区域网络正在形成的形势下,直属海事系统开展船舶日常安全检查。2002 年 9 月 1—30 日,为避免船舶载运危险品发生重大事故,直属海事系统在沿海、长江干线和珠江水域,对中、外籍油船、散装化学品船、液化气船进行液货船的专项检查活动,共检查中国籍船舶 2059 艘、外国籍船舶 74 艘,26 艘中国籍船舶和 3 艘外国籍船舶因存在严重缺陷被滞留。2003 年 1 月 30 日,直属海事系统首次采用船舶安全检查指标,目的是通过安全系数将安全检查重点向老旧船舶和“四客一危”等特殊种类船舶转移。

(四)船舶专项整治

这一时期,直属、地方海事系统在履行职责范围内的安全管理事务外,还归口管理交通行业的水上交通安全。中国海事局代表交通部或交通部安全委员会组织并参与船舶专项监管活动。

99 联合行动。各直属、地方海事局参加 1999 年 8 月 17—26 日的为期 10 天的联合检查行动。

2000 年水上统一执法行动。2000 年 8 月 17—31 日,全国海事系统与其他全国交通系统共出动执法船艇 22328 艘次、执法人员 91756 人次,检查船舶 182341 艘次,查处“三无”船舶 6765 艘次,制止船舶超载 23242 艘次,查处各类船舶缺陷 160712 项,滞留船舶 2049 艘次,依法强制拆解“三无”船舶 246 艘。这一行动在社会上引起强烈反响。

长江干线武汉以下及京杭运河“三无”与超载船舶的整治。2002 年 12 月 16 日至 2003 年 2 月 28 日,针对长江流域、京杭运河船舶超载和“三无”(无船舶检验证书、无船员证书、无船舶登记证书)船舶违法航行现象严重的情况,湖北、江西、安徽、江苏、河南、山东、浙江省地方海事局,上海市航务处及江苏、上海、长江海事局等 11 个直属、地方海事机构,以统一时间、统一方法、统一标准,开展“百日安全无事故活动”“长江下游、京杭运河 8 省市 11 家单位打击超载、‘三无’船舶联动执法行动”,组织了 4 次针对重点地区的安全大检查。

2004 年,交通部再次在长江干线武汉以下水域及其支流水域、上海黄浦江、京杭运河开展打击水上运输超载统一执法行动。3 月 5 日起,相关的 11 个直属、地方海事机构,设立 56 个水上整治超载临时检查点,按照始发港严查、中途港堵截、目的港处罚的原则加强检查。部分检查点针对船舶夜间航行躲避检查的现象,实行 24 小时巡查。2005 年 4 月 5 日,反水上运输超载协调会在武汉召开,中国海事局与 12 个直属海事局及地方海事局签订反超载承诺书。

开展沿海小型船舶专项整治。2004 年 2 月 16 日至 7 月 10 日,中国海事局开展沿海小型船舶专项整治活动。

粤海铁路轮渡安全管理。2003 年 1 月 7 日“粤海铁 1 号”火车渡轮跨过琼州海峡登陆海南岛,中国历史上第一条跨海火车大通道正式开通。为保障粤海铁路轮渡如期开通,海南、湛江、广东海事局紧密配合,做好轮渡的渡运安全工作。

其他船舶的专项整治。2004 年,直属海事系统对航行渤海湾、琼州海峡的客船、客滚船及救助船实施 AIS 专项检查活动。11 月,云南、贵州、广西地方海事局做好 3 省(区)交界地的天生桥库区的水上安全工作。

2002 年 12 月 18 日和 2003 年 6 月 19 日长江发生两起特大客渡事故,长江海事局把整治客渡船安全作为遏制群死群伤事故的关键性措施,持续深化渡船“一一六”机制,积极推动渡船管理公司化、渡船船型标准化、渡线合理优化和渡船监管科学化,推行渡船管理“三免一送”帮扶行动(即免费培训船员,免费发放宣传资料,免收船港费,送安全知识和必备安全设备),开展长江干线客渡船隐患大排查和大整改,促进渡船现场巡查明显加强、恶劣气况禁航明显落实、重点渡船护航明显到位,渡船监管水平明显提升。此外,2003 年重新确定 13 个结“对子”的直属与地方海事局。

(五)与港澳地区的海事交流与合作

1998 年 10 月 18—24 日,中国海事局应邀访问香港特别行政区海事处,派员参观香港回归后的情况并与特区政府人员会晤。11 月,香港海事处处长崔崇尧一行来访,就两地船舶安全管理等相关事宜进行洽谈并达成共识。1999 年 5 月 21 日,国务院港澳事务办公室以《关于与香港特区海事处定期举行会议事的复函》回复交通部,同意中国海事局与香港海事处轮流在北京和香港半年左右举行一次海事管理工作会议(谈),就履行有关国际公约、船舶航行安全管理、海上搜救和船员发证等有关事宜进行洽谈。自此,中国海事局与香港特别行政区政府海事处进行的定期海事工作会议形成制度,一年不少于一次会议(谈)(视情况有时一年为 2~3 次),并签订会议纪要。11 月 30 日至 12 月 6 日,中国海事局派员赴香港商谈测绘事宜。12 月 2 日,香港海事处处长一行 4 人来访。同时,双方成立工作小组,策划在珠江口举行搜救与防污应急联合演习等。2000 年 4 月 13 日和 6 月 6 日,中国海事局与香港海事处分别在北京和深圳举行定期海事会谈。7 月 13—14 日,与香港海事处在北京举行两地海事技术工作组第一次会议,按照 6 月 6 日的定期海事会谈中提到的举行专家会谈建议,商讨有关沿岸船舶安全要求,交流和探讨小船安全标准规范等问题。2001 年 9 月 13 日,中国海事局在北京与香港海事处举行定期海事会谈,2002 年 4 月 9 日,中国海事局与香港特别行政区海事处在深圳举行定期海事会议。2003 年 4 月 9 日与 10 月 23 日,中国海事局与香港特别行政区海事处分别在厦门、宁波举行定期海事会议。同年 4 月 2 日,与澳门特别行政区港务局在北京签署“内地与澳门海上安全合作工作安排”,双方首次就澳门附近水域安全管理等建立合作与协调机制。之后,每年举行一次定期会议(在需要时举行不定期会议),以协商解决在执行上述有关管理程序和办法中遇到的困难和问题。2004 年 6 月 28 日,中国海事局在海南三亚举行内地与香港特别行政区海事处定期会谈。首次组织海南海事局与香港海事处进行南海联合搜救演习。2005 年 9 月 1—3 日,中国海事局在黑龙江哈尔滨举行内地与香港特别行政区海事处海上安全定期会议(见图 8-5-4)。

图 8-5-4　内地与香港海上安全定期会议

三、进一步规范船员管理程序

1998—2005 年的 7 年里,中国海事局先后召开 3 次船员管理工作专题会议(即 2000 年 10 月 16—18 日、2002 年 12 月 11—12 日、2004 年 11 月 23—24 日),将船员管理重点从偏重船员培训机构资质的监管,向船员培训质量跟踪控制的转变;从单纯船员理论考试向同时船员评估、考核实际操作技能转变;从船员签发适任证书向同时连续跟踪管理持证船员实际适任能力转变,逐步探索建立船员管理新机制。特别 2000 年 8 月起,首次按照《97 海船考试规则》统考全国海船船员适任证书,取得一些成效。在履行

《STCW78/95 公约》中,我国进入国际海事组织(TMO)公布的“完全和充分履行《78/95 海员培训值班国际公约》”第一批“白名单”,中国海事主管机关签发的海船船员适任证书被国际航运界所接受和认可,中国船员在国际海员市场上更具竞争力。

(一)船员培训管理

1.授权船员培训机构

1998 年,中国海事局授权大连海事大学等 39 家培训机构开展船员培训。2005 年 10 月 10 日,又授权重庆交通学院等 15 家培训机构开展内河船员等效职业培训。12 月 22 日,授权江西交通职业技术学院等 11 家培训机构开展内河船员职业培训。同时,中国海事局拓宽海员加入渠道,引导渔业船员转入海船船员,解决军事船舶复转军人参加海船船员考试问题。至 2005 年底,全国共有船员培训机构 72 家。

2.履约船员培训和台湾船员培训

我国履行《78/95 海员培训值班国际公约》的过渡期船员培训、考试评估和证书换发工作始于 1998 年。1998 年 8 月 5 日,中国海事局公布《关于 STCW78/95 公约过渡规定的实施办法》和《过渡期知识更新培训纲要》,对 2002 年 2 月 1 日全面强制实施《78/95 海员培训值班国际公约》之前 5 年过渡期中的海船船员换发适任证书的培训、考试、发证工作作出具体规定和安排。之后,海船船员进入履约过渡期阶段。1999 年 8 月 9 日,中国海事局就履约过渡期开展轮机长(员)精通船电业务培训的条件、教材、规模、设施配备、操作训练规范等有关事项提出要求,明确该项培训不纳入船员培训许可证管理范围,且指定由大连、天津、青岛、上海、广州海事局管辖。2000 年 8 月,直属海事系统首次按照《97 海船考试规则》进行海船船员适任证书全国统考。2002 年是履行《STCW95 公约》过渡换证的最后一年,全国共有近 5 万人次海员参加培训,基本完成履约培训换证任务。2003 年 3 月 19 日,中国海事局又在全国范围内开展“船员培训质量管理年”活动,取得一定成效。

值得一提的是,为解决台湾船员持有符合《78/95 海员培训值班国际公约》规定的新版适任证书问题,2002 年 2 月 11 日,经国务院台湾事务办公室批准,中国海事局下发通知,同意台湾船员在大陆参加《78/95 海员培训值班国际公约》规定的培训和适任证书考试。台湾船员在大陆认可的船员培训机构参加培训,经海事机构考试合格,可签发大陆的船员证书。广东海事局被授权统一办理台湾船员在大陆申请海员适任证书的考试、发证事务,2002 年共举办 9 期计 216 名台湾船员的履约培训,颁发证书 332 本。2003 年,共举办 8 期 314 人的台湾船员在大陆过渡培训,换发大陆适任证书。至 2005 年底,有 746 名台湾船员到大陆通过参加考试取得证书。

3.特定类型船员培训

特定类型船舶船员特殊培训,主要针对散装液体货船、客船及滚装客船、大型船舶、高速船,以及装载散装固体或包装危险和有害物质等的船舶。针对 1999 年 11 月 24 日发生的“大舜”号客滚船特大海难和客船、滚装客船事故频发的情况,2000 年 3 月 8 日中国海事局将滚装客船船员特殊培训时间由不少于 60 小时调整为不少于 70 小时。上海、天津、辽宁、山东、广东、海南、烟台、湛江、宁波直属海事局在授权后,负责滚装客船船员特殊培训、考试和发证工作,2000 年客船约 6000 人次通过考试,取得证书。2001 年 8 月 29 日,中国海事局启用新版海船船员特殊培训合格证书和签证,规定证书编号、签证打印和张贴、过渡期等有关事项。10 月 1 日起,停止签发旧版证书和签证。

4.专业船员培训

2001 年 5—9 月,直属海事系统先后对 10 万余人次的船员进行实际操作和安全知识检查,其中 6000 多名船员参加安全知识培训。2002 年 2 月 27 日,广东、广西、深圳、汕头、湛江海事局被授权负责港澳航线监督管理的内河船员培训、考试和发证。2003年,我国海事系统在全国范围内开展"船员培训质量管理年"活动,初步形成贯穿组织培训、考试评估、审核发证、现场检查、跟踪管理和行政处罚等各个环节的船员闭环管理机制。2004年2月16日,中国海事局公布八项便民措施,其中有3项是船员管理措施。这样,明确各海事机构接受公民以个人名义申办船员证件,使船员进入渠道由单位拓展到个人。

2003年5月26日,长江海事局及重庆、四川、湖北省地方海事机构于8月5日起开展三峡库区专项船员培训,共组织2万余名船员参加专项培训。2004年1月1日,黑龙江、长江、江苏、广东海事局被授权负责监督管理内河船员培训、考试和发证。福建省地方海事局也开展船员培训、考试,至2005年底共有职务船员4000人、非职务船员3600人左右。

5.船员教育和培训质量管理体系

这一时期,我国建立了船员教育和培训质量管理体系。1998年,中国海事局完成对大连海事大学、上海海运学院、集美航海学院、武汉交通科技大学、青岛远洋船员学院和上海海运职工大学等6家航海院校的船员教育和培训质量管理体系审核工作。1999年,又完成大连海运学校等28家船员教育、培训机构的质量体系审核。2001年,12家船员培训机构通过质量体系审核。2002年,通过质量体系审核船员培训机构有23家。2005年,全国有72家船员教育和培训机构的质量体系保持正常的运行与定期审核。2005年2月18日,中国海事局决定启用新版《船员教育和培训质量管理体系证书》。

6.签订单方或双方互相承认的海员适任证书协议。

这一时期,中国海事局根据国际海事组织互为承认海员适任证书协议,先后与多个国家(地区)的海事主管当局签订单方或双方互相承认的海员适任证书协议。2001年10月25日,中国海事局与新加坡港口海事局签订第一个两国相互承认对方签发和符合《78/95海员培训值班国际公约》规定的海员适任证书的协议。11月22日,又与巴哈马海事局签署巴哈马承认中国海事局签发的海员适任证书的协议。2004年,与相关STCW公约缔约国核查2.4万余本我国签发的船员证书。2005年,中国海事局组织编写《中国海员教育、培训、考试和发证情况报告》(白皮书),开展IMO示范培训课程的翻译与研究工作,跟踪并参加国际劳工组织《综合海事劳工公约》的起草工作。至2005年底,中国海事局已与17个国家(地区)海事当局签订单方承认中国海员适任证书协议和互相承认海员适任证书协议。2001—2005年与中国签订承认海员证书协议国家(地区)名单详见表8-5-12。

2001—2005年与中国签订承认海员证书协议国家(地区)表　　表8-5-12

年　份	国家(地区)名称
2001	新加坡(互相承认)、巴哈马
2002	荷兰、瓦努阿图、巴拿马、马耳他、利比里亚、印度尼西亚、伯利兹、马来西亚、挪威、塞浦路斯、中国香港
2003	韩国、英属马恩岛
2004	安提瓜和巴布达
2005	圣文森特和格林纳丁斯

(二)船员考试管理

1.海船船员考试

(1)建立海船船员统考体系

1998年水监体制改革后,负责海船船员考试的青岛、广州、大连、湛江、天津、上海海事局,相继建立船员考试、评估和发证质量体系。1999年,完成船员考试、评估和发证质量体系的审核工作。其中,1999年1月青岛港务监督通过中国海事局组织的船员考试、评估和发证质量管理体系的外部审核,成为直属海事系统首家通过审核的单位。4 月 6 日,中国海事局向以上 6 家机构颁发首批质量体系认可证明(有效期至 2001 年 4 月 6 日)。

2000 年 3 月 14 日,河北、厦门、营口、海南、湛江、烟台、连云港海事局和日照、宁波海事局的船员考试、评估和发证质量体系通过审核认可(有效期至 2002 年 3 月 14 日)。

2005 年,14 个直属海事局建立或升级考试发证质量体系,全部通过审核;72 家教育培训机构质量体系保持正常的运行与定期审核。至 12 月底,全国共有 32 家海事机构通过中国海事局评审,被授权开展内河一、二等船员适任证书考试、发证工作。

(2)按《97 海船考试规则》考试

长期以来,港务(航)监督严格船员适任管理,严把船员技术业务素质关,坚持技术船员适任资格考试发证制度。据统计,仅 1979—1999 年,全国海事系统已组织 35 万多名海船海员和 70 多万名内河船员专业培训和考试、发证。至 1999 年,全国持证船员达 113 万人。至 2005 年底,全国共有 152 万余名船员,其中海船船员 50 多万名、内河船员 102 余万名。

1998 年起,全国海事系统按照新的船员管理公约与国家新公布的《97 海船考试规则》,对船员实行资质认证。1999 年是按《87 海船考试规则》实施海船船员适任证书全国统考的最后一年,直属海事系统共举办 3 期海船船员全国统考,22489 人次参加考试。2000 年 8 月 1—4 日,直属海事系统首次按《97 海船考试规则》在全国各考区进行海船船员统考,包括无限航区、近洋航区、沿海航区的船长、轮机长、驾驶员、轮机员及全球海上遇险和安全系统一级、二级无线电电子员,共有 3802 名考生参加。

2001 年 1 月 7 日,中国海事局下发《关于海船船员管理分工授权有关问题的通知》,决定将全国 6 个海船船员考区调整为大连、天津、青岛、上海、广州 5 个考区。各考区设立考区办公室,负责组织实施本考区的全国统考和区域统考工作。考区办公室由考区内负责签发海船船员甲类适任证书的海事局牵头,会同该考区负责签发其他类别海船船员适任证书的海事局和考点所在地海事局共同组成。五大海船船员考区详见表 8-5-13,1998—2005 年海船船员适任统考情况(纸面考试)详见表 8-5-14。

五大海船船员考区一览表 表 8-5-13

考区名称	牵头单位	相关单位
大连考区	辽宁海事局	黑龙江、营口海事局
天津考区	天津海事局	河北海事局
青岛考区	山东海事局	烟台海事局
上海考区	上海海事局	江苏、浙江、福建、长江、连云港、厦门海事局
广州考区	广东海事局	海南、广西、深圳、汕头、湛江海事局

1999—2005 年海船船员适任统考情况(纸面考试)表 表 8-5-14

年份	期数	参加人数(人次)
1998	2	18848
1999	3(22 期、23 期、24 期)	22489
2000	1(25 期)	3802
2001	2(26 期、27 期)	18272
2002	2(28 期、29 期)	15206
2003	3(30 期、31 期、32 期)	17713
2004	3(33 期、34 期、35 期)	18181
2005	3(36 期、37 期、38 期)	22984

(3)海船无纸化考试的开始与深入

20世纪80年代以来,我国海船船员适任证书的考试,是根据《STCW 78公约》和《STCW 78/95公约》,以及《海船船员适任考试、评估和发证规则》《海船船员适任考试大纲》进行的,采用理论考试和实操评估两种形式。为全面实施《97海船考试规则》并能够达到充分履约的要求,从2000年起中国海事局开始着手对海船船员适任证书考试内容、考试方式和考试题型等进行改革,理论考试部分只保留客观题,评估方式则逐步利用计算机和模拟器等手段测试船员的技能水平,改变过去仅靠评估员个人经验标准判断考生的成绩。为适应考试改革方式的变化,广东海事局受中国海事局委托,与广州航海高等专科学校联合研发海船船员英语听力与会话计算机辅助多媒体评估系统(以下简称英语评估系统)。8月,该系统研发成功,得到业界广泛认可。这是全国第一个海船船员英语评估系统。中国海事局于6月12日发文,要求全国海事系统从8月1日起在海船船员适任证书全国统考中全面使用英语评估系统。英语评估系统首次采用"人机对话"的模式,由计算机直接评定成绩,减少人为因素和水平标准不一的困扰,达到评估标准公平公正的要求。2002年10月17日,上海海事局船员考试中心采用计算机辅助考试系统举行首期海船船员适任证书计算机终端无纸化考试(以下简称无纸化考试)。这是全国第一次实现海船船员适任证书考试由传统的纸面考试向无纸化考试的转变。2005年9月14日,中国海事局批准辽宁海事局在大连考区实行海船船员适任证书无纸化考试。到2005年底,青岛、广州、大连、天津、上海5个直属海事局均建成船员无纸化考试中心,开展海船船员适任证书无纸化考试。

(4)海船船员证书专用章

1999年11月30日,直属28个海事机构接受中国海事局统一配发刻制的船员证书专用章于2000年1月1日启用。每套印章均刻有单独的编号,适用于甲、乙、丙、丁类海船船员适任证书、承认签证、专业和特殊培训合格证书、特免证明、船员服务簿等有关证件。至2005年,授权海事分支机构均配发船员证书专用章。

2.内河船舶船员考试

2001年3月5日,长江、江苏海事局的船员和引航员考试发证分工授权调整后,各自明确内河船员考试发证工作职责。2002年8月28日,长江海事局与重庆市地方海事局明确船员管理分工。12月30日,中国海事局建立内河船员考试专家库,委托中国海事服务中心承办。该专家库主要承担内河船员培训教材、考试大纲、试题题库的编写、修改、充实、完善和分析研究职能。2003年8月27—29日,首次长江干线内河三等及以上船员职务适任证书理论统考在9个考区、25个考点举行,约3000名考生参加。2005年,珠江水系内河船舶船员适任证书理论统考工作启动。2001—2005年内河船员适任统考(长江干线、珠江水系)情况详见表8-5-15。

2001—2005年内河船员适任统考(长江干线、珠江水系)表　　表8-5-15

年份	长江		珠江		备注
	期数	参加人数	期数	参加人数	
1999	—	—	—	—	
2000	—	—	—	—	
2001	—		—	—	全国参加考试内河船员32522人次
2002	—		—	—	全国参加考试内河船员17096人次
2003	2(1、2期)	7474	—	—	
2004	2(3、4期)	18301	—	—	
2005	2(5、6期)	47269	1(1期)	1361	

3.船员动态管理

船员动态管理,主要是对船员的持证情况、技术状态、安全记录、违法违章行为等实施不间断的跟踪管理。

1999 年,直属海事系统开始建立船员管理信息系统。2000 年,开展全国性船员证件大检查,查处一批违法违纪案件,使船员证件管理进一步规范化。2001 年,组织编制分别适用于沿海“四客一危”重点船舶船员的 3 本《船员实际操作和安全知识检查手册》。6—9 月,对 10 万余人次的船员进行实际操作和安全知识检查,不合格船员实施强制培训,6000 多名船员接受安全知识培训。2004 年,全国海事系统全部运行船员管理信息系统,实现全国所有直属局和大部分分支机构联网。该系统的使用,实现了船员“一人一档”、船员信息全国共享及快速准确地统计相关信息,解决了船员重复办证的监督、船员异地办证以及处罚信息不畅的问题。2005 年,海船船员信息系统的数据整合工作完成。同时,全国各内河船员管理机构推广内河船员管理信息系统,共有 16 家省级考试发证机关安装内河船员信息管理系统(网络版),非水网地区的考试发证机关也全部安装了内河船员信息管理系统(单机版)。4 月 16 日至 6 月 15 日,中国海事局组织开展为期 2 个月的“长江干线内河船舶持假证上船任职统一执法行动”,打击长江干线及支流水域三等及以上内河船舶船员持假职务适任证书任职行为。13 个地方和 3 个直属海事局联手出击,共检查三等及以上船舶共 86853 艘次,检查船员 316932 人,收缴假证 2900 本。

(三)船员发证管理

1.海员证书的签发

1998 年 8 月 20 日,中国海事局公布《海船船员适任证书和培训合格证书制作细则(试行)》,向 53 个对外开放港口港务监督和 25 个省(区、市)港航监督赋予独立的船员考试发证机关编码。为便于实现计算机系统对各类船员证书的统一管理、识别和统计分析,该细则规定了海船船员适任证书和培训合格证书编号编制方法,其中第二、三位是船员考试发证机关编码,由两个英文大写字母组成。

1999 年 1 月 18 日,中国海事局重新公布 15 家非行政机构的海员证审批机构名单。3 月 2 日,公布第十批共 9 家海员证申办单位的名单及其编码。2001 年 3 月 19 日,重新公布各直属海事局和四川省地方海事局的船员考试发证机关编码。4 月 10 日,下发“关于海员证管理分工授权有关问题的通知”,授权 20 家海事局自 2001 年 6 月 1 日起开展海员证签发工作。8 月 7 日,明确大连海事大学、上海海运学院、武汉理工大学、集美大学和广州航海高等专科学校等 5 所航海院校航海专业毕业班学生预分配实习办理海员证的程序及有关问题。6 月 1 日,海员证管理系统实现全国联网,开始使用新版海员证管理信息系统(简称 CMS2000)软件签发海员证。2002 年 1 月 1 日,新版国际航行船舶及海船登记证书正式启用。2003 年 5 月 28 日,公布长江海事局、黑龙江海事局所属分支机构的船员考试发证机关编码。至此,取得船员考试发证机关编码的海事机构计 135 家(20 个直属海事局、112 个分支机构、2 个派出机构、1 个省级地方海事局)。这一时期船员证书发放情况详见表 8-5-16。

1998—2005 年全国船员各类证书发放一览表 表 8-5-16

年份	海船			内河船		
	船员适任证书(本)	海员证(本)	船员服务簿(本)	引航员证书(本)	船员适任证书(本)	船员服务簿(本)
1998	31507	91078	46091	0	41538	14597
1999	33079	80411	12500	105	48486	17149

续上表

年份	海船			内河船		
	船员适任证书（本）	海员证（本）	船员服务簿（本）	引航员证书（本）	船员适任证书（本）	船员服务簿（本）
2000	21867	43123	6916	48	20582	10491
2001	100174	76627	15744	198	72849	46893
2002	101218	81978	26350	63	30772	27367
2003	37371	83244	191576	0	65913	45778
2004	42704	79504	33064	322	101843	71318
2005	67716	85182	49716	168	100489	64642

2.海员出境证明

1999 年 11 月 17 日，中国海事局与公安部出入境管理局(以下简称出入境管理局)根据《中华人民共和国公民出境入境管理法》有关规定，联合印发通知，颁布施行《〈海员出境证明〉管理办法》。该管理办法规定：《海员出境证明》由中国海事局与出入境管理局共同管理；经授权办理海员证的海事机构是海员出境证明的签发机关。上述联合通知在附件中公布 19 家《海员出境证明》签发机关名单和 23 家具有《海员出境证明》签发权的航运企、事业单位名单。2000 年 3 月 14 日，中国海事局和出入境管理局又公布新版《海员出境证明》的格式和填写规范，自 2000 年 5 月 1 日起统一启用，旧版《海员出境证明》于同年 10 月 1 日停止使用。2004 年 2 月 16 日，中国海事局公布八项便民措施，明确海事机构接受公民以个人名义申办船员证件，使船员进入渠道由单位拓展到个人。

四、危险货物与污染水域管理的加强

1998 年水监体制改革后，全国海事系统对船舶载运危险品的监管与防止船舶污染水域的监管水平不断提高。2000 年 12 月 13—15 日、2002 年 7 月 30—31 日、2005 年 2 月 28 日至 3 月 1 日，中国海事局召开全国海事系统危管防污工作会议，分析危管防污情况，探索管理工作新模式，在推进此项管理工作发展的同时，提出下一步监管措施与方法，以促进危管和防污染监管工作的开展。

(一)危险货物载运的管理

1.开展危险货物载运调研和培训

1998—2002 年，广西、厦门、福建、浙江、江苏直属海事局开展集装箱现场检查员、申报员的培训考试发证工作。2001 年 12 月 11—12 日，中国海事局在上海召开全国化学品运输安全研讨会。2002 年，在大连举办《国际危规 2000》宣贯暨师资培训班。2001—2002 年，开展船舶载运有毒液体物质污染事故应急对策专题研究，并于 2001 年 12 月 24 日起对船舶载运有毒液体物质污染事故进行调查，系统搜集基础数据。2004 年 4 月 5 日，船载客货系统开始在直属局系统试运行，并进行联网测试、优化完善。次年 1 月，在直属系统全面应用。

2.开展危险货物载运检查

2001 年，直属海事系统相继建立货物申报、审查审批、监督检查 3 个重点环节的监管、预控体系，加强了对油船、散化船、液化气船等高危船种检查的频次，及时发现和纠正危险货物运输的隐患。2002 年 9 月 1—30 日，直属海事系统在沿海、长江干线和珠江水域范围内，针对中国籍和外国籍油船、散装化学品船、液化气船开展液货船专项检查活动，共检查中国籍船舶 2059 艘(滞留 26 艘)、外国籍船舶 74 艘(滞留

3艘),并对2523名船员进行实际操作和安全知识检查。2003年6月20日至7月20日,直属海事系统开展船载危险货物集装箱的集中检查活动,共检查危险货物集装箱4095箱,发现存在缺陷集装箱419箱,缺陷率为10.23%。2005年,直属海事系统开展为期一年的船舶载运危险货物安全专项整治活动。2001—2005年船舶载运危险货物监督管理数据详见表8-5-17。

2001—2005年直属海事船舶载运危险货物监督管理数据表 表8-5-17

年份	危险货物船舶(艘次)		危险货物数量(亿吨)			纠正违章(次)
	国内航行	国际航行	进港	出港	过境	
2001	197489	89583	2.11	1.24	0.17	3244
2002	94651	4293491	2.71	1.56	0.18	3990
2003	274646	67342	2.97	1.74	0.27	3140
2004	200166	220615	3.66	1.98	0.25	4397
2005	313787	71765	3.87	2.07	0.41	544394

(二)防止船舶污染水域管理与事故调查

1.船舶溢油应急技术的培训

这一时期,直属海事系统依托烟台溢油应急技术中心开展溢油应急反应技术培训。2001年,中国海事局委托烟台海事局牵头编写《溢油应急反应培训教程》,并于7月25日在烟台海事局举办全国直属海事系统首期溢油应急反应技术培训,60余人参加培训。2002年7月,与国际海事组织、东亚海域环境管理合作伙伴行动计划在烟台联合举办监督员暨现场指挥官油污防备与反应培训班。2003年9月,烟台溢油应急技术中心开始与新加坡东亚应急反应公司联合举办国际油污应急培训班,并首次组织全国内河危防监督管理培训班。2004年6月21—25日,又与新加坡东亚反应公司联合举办国际溢油应急培训班,来自美国、英国、加拿大、印度尼西亚、马来西亚和韩国的10名外籍学员以及27名中国学员参加培训。9月,全国海事系统第二期船舶防污监督及溢油应急培训班在烟台开班,海事系统39个分支机构39人参加培训。11月8—26日,烟台溢油应急技术中心对来自10个沿海(区、市)的103个企业单位的134名学员进行溢油应急防备与现场指挥培训。2005年6月20—24日,又对32名溢油应急高级指挥官进行了国际海事组织溢油防备与反应高级培训。

2.对停靠港口的船舶进行防污染登轮检查

这一时期,直属、地方海事机构按照《73/78防污染公约》的要求,对停靠在港口的船舶登船检查。1998—2005年船舶防污染登轮检查情况详见表8-5-18。

1998—2005年船舶防污染登轮检查情况表 表8-5-18

年份	登轮检查(艘次)	IOPP证书不符合要求(艘次)	油类记录簿不符合要求(艘次)	防污设备不符合要求(艘次)
1998	11066	230	840	423
1999	12486	33	645	355
2000	14867	58	635	554
2001	9813	152	605	334
2002	12313	171	528	447
2003	10646	188	615	497
2004	10948	185	691	551
2005	15749	151	900	621

3.船舶污溢油应急体系的建立

(1)实施国际油污防备、反应和合作公约

国际海事组织通过的《1990 年国际油污防备、反应和合作公约》(以下简称《1990 油污防备公约》),要求加入国必须建立国家溢油应急反应体系。该公约于 1995 年 5 月 13 日生效。1998 年 3 月 30 日,中国正式加入《1990 油污防备公约》。该公约于 1998 年 6 月 30 日对中国生效。

1998 年 7 月 1 日,《国际船舶安全营运和防止污染管理规则》(简称《ISM 规则》)在我国生效并开始实施。为更好地促进我国水上交通安全和防污染管理工作的全面开展,遵循 ISM 规则原理,2001 年 7 月 12 日交通部公布《中华人民共和国船舶安全营运和防止污染管理规则》(简称《NSM 规则》)。此规则于 2003 年 1 月 1 日起分批对国内跨省航行载客定额 50 人及以上的客船(包括客滚船、旅游船、高速客船)、150 吨及以上的气体运输船和散装化学品船生效。

(2)建立多层次海上船舶溢油应急计划

1999 年 1 月 13 日,中国海事局和交通部综合规划司在北京联合召开《中国海上船舶溢油应急总体规划》编制成员单位会议,确定中国设立 3 个层次的海上船舶溢油应急计划(即中国海上船舶溢油应急计划、海区船舶溢油应急计划、港口溢油应急计划),明确各项应急计划编制工作的内容、分工和进度,成立编制领导小组和技术专家组。2 月,由交通部科学研究院承担编制的《北方海区溢油应急计划》完成并通过专家审查。12 月,广州、深圳、珠海海事局和香港海事处、澳门港务局联合编制《珠江口区域溢油应急计划》。2000 年 3 月 21 日,交通部和国家环保总局联合公布《中国海上船舶溢油应急计划》及北方海区、东海海区、南海海区、台湾海峡水域船舶溢油应急计划。2000 年,交通部还积极推进省(区、市)级和地(市)级水上溢油应急预案的制定发布工作,至年底基本建成国家级、海区级、省(区、市)级、港口级和船舶码头级等 5 级溢油应急反应体系。其中,上海、天津、河北、山东和浙江等 8 个省(区、市)级应急反应预案和 34 个沿海地(市)级应急反应预案已由当地政府发布实施,港口、码头、船舶应急计划已经全部编制完成并实施。2003 年 3 月,交通部组织编写省(区、市)级应急计划编制指南,广东、深圳、青岛、大连、厦门海事局发布属地溢油应急计划。12 月 5 日,交通部和河北省联合发布《秦皇岛海域船舶溢油应急计划》。为有效应对渤海海域的重大船舶污染事故,辽宁、天津、河北、山东 4 个直属海事局建立、实施渤海海域船舶污染应急联动机制。河北海事局代表河北省政府制订河北省海域重大污染事故应急联动协调机制,创立省内各部门合作,共同应对重大溢油污染事故的良好模式。至 2005 年,我国已经初步建立起海上船舶溢油应急反应体系。

(3)直属海事系统建立海上溢油应急队伍

2000 年,全国各主要港口均配备围油栏、消油剂、吸油毡等防污器材和设施,部分港口还配备撇油器、回收船,初步具备防止和控制船舶污染事故的应急反应能力。2001 年 5 月 14 日,海事系统第一支海上溢油应急专业队伍——秦皇岛溢油应急处理中心成立,并配备撇油器、围油栏、消油剂、吸油毡等专业清污设备以及吸油船、船坞、设备库等设施。5 月 23 日北方海区海上船舶溢油防治示范工程通过专家评审,11 月 28 日通过交通部验收。2002 年 11 月 1 日,秦皇岛海上溢油应急反应中心成立,在河北省沿海形成统一指挥溢油应急反应联合性组织体系。2003 年 9 月,为应对重特大船舶溢油事故,中国海事局建立中国船舶溢油应急防备反应资源信息库,以后每年更新一次。广州、上海和天津海事局的 3 艘大型航标船加装大型撇油器、围油栏,具备在近海海域进行溢油清污作业的能力。2004 年 4 月 5 日,烟台海事局溢油应急技术中心成立,为北方海区海上船舶溢油防治示范工程的运行机构。2005 年 12 月,烟台海事局溢油应急技术中心与水域环境监测站合并,成立中国海事局烟台溢油应急技术中心,为山东海事局直属机构。

4.重点水域的船舶污染治理

1998年,国家环境保护总局和国务院有关部委在太湖流域联合采取1999年"零点行动"(至1999年1月1日),禁止一切排污单位向太湖流域水体超标准排放水污染物。上海、江苏、浙江的直属和地方海事局参与"零点行动"。2001年,在中国海事局和交通部环保委联合调研和检查太湖流域船舶污染防治工作、参加国务院太湖污染防治检查组和评估太湖污染防治工作的同时,上海、江苏、浙江有关省(市)交通厅(局)、直属和地方海事机构组成太湖流域交通污染防治协调小组,建立联络员制度。12月24日,协调小组提出太湖水域船舶污染治理工作2002年度工作计划,重点通过加强船舶检验和现场监督检查,落实船舶安装垃圾、污水收集装置和油水分离器、集油托盘,以及规定期限淘汰水泥船、木质船、挂桨机船。到2003年底,太湖水域船舶污染治理初见成效。其中,江苏省为本省95%以上的挂桨机船安装集油托盘,太湖所有的水上加油站均设置污油水收集处理设施。浙江省杭嘉湖地区共设置船舶污油接收点91个、生活垃圾接收点145个,挂桨机船集油托盘安装率达到83.5%。上海市所有座舱机船都配备油水分离器,绝大多数挂桨机船安装防污染设备或相应设施。

2000年6月27日,为配合国家治理白色污染行动,直属海事系统在船舶等水上流动运输工具上强制推行使用可降解餐具,年底前停止使用发泡餐具。同时,加强对船舶使用可降解餐具的监督检查。

2002年5月14日,中国海事局在天津召开交通行业实施《渤海碧海行动计划》研讨会,环渤海的辽宁、天津、河北、山东4直属海事局与会,就落实《渤海碧海行动计划》近期计划的重点工作统一认识。2002年6月起,4直属海事局在渤海海域实施船舶铅封"零排放"制度,通过广泛宣传,逐步提高船舶自觉铅封的意识,加强对岸上污水接收处理设施的管理,防止二次污染,有效防止重点水域、敏感海区的船舶污染问题。同时,直属海事系统在沿海和长江干线大型油港完成了相关防污器材的配备,进一步增强防止和控制船舶污染事故的能力。

2003年,直属海事系统开展《防止和处置重大油污染问题》《沿海船舶载运散装有毒液体物质污染事故应急对策研究》两个课题的研究工作。4—5月,长江海事局开展长江三峡库区船舶废弃物大检查,确保三峡蓄水前后防止船舶污染水域有关规定的落实。至12月,长江三峡库区船舶垃圾污染基本得到控制。

2005年,全国海事系统开展《防止和处置重大船舶污染问题研究》《燃油公约及建立国内燃油损害赔偿体系研究》《渤海绿色航运政策研究》《海峡两岸船舶油污应急协作研究》《三峡库区船舶污染现状评估和对策研究》等课题的研究。11月3日,交通部在福州召开《台湾海峡水域溢油应急反应中心工程可行性研究报告》审查会,台湾海峡水域溢油应急反应中心工程启动。

5.继续整治长江污染物品

为落实1997年11月24日交通部、建设部、国家环保局联合下发的《防止船舶垃圾和沿岸固体废物污染长江水域管理规定》,1998年5月长江港航监督局(2000年7月改名长江海事局)组织中央电视台就船舶垃圾污染问题分别在重庆、万县、宜昌、武汉等地现场采访,走访港航监督、船舶等单位,拍摄专题新闻片;与湖北电视台联合开展长江船舶防污专题片拍摄,反映长江垃圾污染的严重性及危害性,呼吁各级政府、主管部门及社会各界关心长江水资源,积极参与取缔污染源,减少水域污染。中央电视台"焦点访谈""经济半小时"及湖北电视台"焦点透视"等栏目先后播放了上述宣传片。6月,国家环保总局和交通部在长江流域开展以"发展长江航运,保护长江环境"为主题的环保"宣传月"活动。长江港航监督局沿线分支机构开展大规模的长江船舶防污染宣传、检查活动。三峡港监处联合有关部门清理葛洲坝水域白色污染物。9月28日,交通部在武汉召开执行《防止船舶垃圾和沿岸固体废物污染长江水域管理规定》座谈会,明确执行中遇到的若干问题。10月26日至11月6日,长江港航监督局及沿线分支机构开展为期10天的船舶防污染专项检查,在重庆、宜昌、武汉、九江、安庆、南京设立6个现场联合检查站,重点检查客船、旅游船、小型船舶和垃圾接收单位,组织人员对客船、客渡船进行明察暗访,对未配备船舶垃圾告示牌的船舶强制配备,现场处理了发现的违章行为。2005 年 6 月 1 日至 10 日,长江三峡库区直属、地方海事机构开展三峡库区船舶防污专项检查活动,共检查船舶 641 艘次,其中"四客一危"船舶 426 艘次,查处缺陷 869 项。2005—2006 年,长江海事局参加交通部组织的三峡库区船舶污染防治关键技术研究、船舶污染现状和对策研究,以及中国工程院进行的《三峡库区及其上游水污染防治重大战略咨询项目》课题研究工作。

6.迅速处理几起船舶溢油重大事故

这一时期,全国沿海、内河发生几起重大船舶溢油事故,但均得到迅速的处理。这主要是海事部门及时有效地控制,防止了船舶溢油污染水域事态的发展。

1999 年 3 月 24 日 2 时 26 分,"闽燃供 2"与"东海 209"油轮在广州港伶仃水道 7 号、8 号灯浮附近水域发生碰撞。"闽燃供 2"油轮沉没,所载 1032 吨 180 号燃料油溢出 589 吨,造成珠江口部分水域、岸线严重污染,使珠海市水产养殖业和旅游业遭受损失。广东、深圳海事局迅速配合当地政府展开抗污抢险行动,清理出海面油污 161 吨(含油垃圾和少量污水)。8 月 23—25 日,中国海事局在珠海召开"3・24"珠江口重大水上溢油污染事故分析座谈会,对防止事故性溢油问题进行研究,探讨溢油应急计划和船舶油污保险及基金等事项。

2000 年 11 月,广东海事局及时处理中国籍"德航 298"油轮在广东虎门大桥附近与挪威籍"宝塞斯"轮碰撞沉没,"德航 298"轮所载约 200 吨重柴油部分溢出造成的污染事故,。

2002 年 11 月,马耳他籍"塔斯曼海"轮在天津港外与中国籍"顺凯 1 号"轮碰撞,溢出轻质原油 160 吨。天津海事局立即启动油污应急反应计划,派出救助船舶携带围油栏和清油剂等防污设备赶赴现场清污。应急行动共动用直升机 5 架次、船舶 25 艘次、人员 800 人次,经大规模海上清污,基本清除了溢油污染。

2003 年 8 月 5 日,"长阳"轮停泊在上海黄浦江准水源保护区内卸货时,遭受上行"浙长兴货 0375"轮碰撞,约 85 吨燃料油流入江中,并全部积聚在浦西段 8 公里的区域内,近 15 万平方米的湿地、码头构件、沿线岸壁遭受不同程度污染。上海海事局启动油污应急计划,至 8 月 12 日共出动社会各方面人员 6462 人次、各类船艇 495 艘次、车辆 206 车次,回收污油水 375.5 吨,清理岸线 8270 米,回收沾油水草 1960 吨、含油废弃物 426 吨。最终,事故未造成对黄浦江城市生活用水取水口的污染。

2004 年 12 月 7 日 21 时 35 分,巴拿马籍"HYUNDAI ADVANCE"集装箱船从深圳盐田港驶往新加坡途中,在珠江口担杆岛附近水域与德国籍"MSC ILONA"集装箱船发生碰撞,造成"MSC ILONA"轮燃油舱破损,溢出燃油 1268 吨。广东、深圳海事局与南海救助局、广州打捞局、广东省安全生产监督局,迅速派出专业清污力量,并动员社会清污力量进行清污。清污行动中,推算溢油可能漂移的方向和位置,派出直升机检测油污扩散情况,开展大规模海空一体化应急处置行动。12 月 12—13 日,9 名专家乘直升机对事故现场进行勘察评估,一致认为溢出污油已有结块风化现象,大面积污油带已经消失,担杆列岛、万山岛南侧没有发现油膜,清污效果良好。12 月 16 日,溢油全部清除完毕,没有造成岸线污染,较好地保护了珠江口水域环境。此次油污应急处置和事故调查处理,得到交通部和广东省政府的肯定和表扬,同时得到国际海事组织和德国驻广州领事馆的赞赏。"HYUNDAI ADVANCE"轮所属的韩国公司向广东海事局送去牌匾:服务全心全意,树海事新貌;执法有理有据,展大国风范。广东海事局在此后还配合完成此次事故的索赔工作。2007 年 1 月 8 日,广东省政府对在此次船舶碰撞溢油事故应急处置行动中做出突出贡献的广东海事局、深圳海事局、南海救助局、广州打捞局、上海打捞局等 32 个单位给予通报表彰。

五、船检体制改革与管理加强

1998 年水监体制改革之后,船检实行政事分离,中国船检局管理职责改由中国海事机构负责实施,即由海事机构行使对船检行政管理职权。中国海事局主要是调查船检机构状况,理顺管理关系,清理船检管理制度,建立新的管理模式,实施对重点船检质量的监督管理和船检责任事故的跟踪调查,完善船检监控方式和手段,规范验船师,全面加强船检行业的管理。同时,在全国设置5个隶属中国海事局的船检管理处,分片负责各自区域内的船检管理工作。2001年7月2—4日、2002年11月21—22日、2004年11月14—15日,中国海事局召开全国船检管理工作会议,针对新体制下船检管理工作的开展进行讨论研究。经过几年实践,初步确立中国海事局作为全国船舶检验工作主管机关的地位。由此可知,1998年之后所有船检职责均是国家赋予海事管理船检的行政事务。

(一)船舶检验管理体制改革

1.授权中国船级社开展法定检验工作

船舶检验按其性质分为法定检验、入级检验和公证检验三大类。1998年6月18日,国务院批准交通部机构改革中规定:中国海事局负责行使船舶及海上设施检验的管理职权,“负责船舶、海上设施检验行业管理以及船舶适航和船舶技术管理;管理船舶及海上设施法定检验、发证工作;审定船舶检验机构和验船师资质;审批外国验船组织在华设立代表机构并进行监督管理”。10月19日,中央机构编制委员会办公室印发《关于中华人民共和国海事局(交通部海事局)主要职责和人员编制的批复》,明确中华人民共和国海事局在船舶检验方面的职责与权限,其内容与6月18日国务院批复规定相似。

1999年7月8日,中央机构编制委员会办公室和交通部先后发文(中编办字〔1999〕80号、交人劳发〔1999〕400号文),明确交通部船舶检验局所属的船舶检验机构及其他机构均为中国船级社机构,名称前冠以“中国船级社”。8月4日,交通部下发“关于中国船级社主要职责、机构设置和人员编制的通知”,明确中国船级社是中国从事船舶入级检验业务的专业机构,为交通部直属的一级事业单位,并经中国和外国政府主管机关授权,承担法定检验业务。9月8日,交通部公布《中华人民共和国船舶检验局与中国船级社实行局社政事分开的实施意见》,明确中国海事局以中国政府海事主管机关名义,授权中国船级社开展法定检验工作,采取一揽子方式;认可1997年5月签署的《中华人民共和国船舶检验局授权中国船级社代行法定检验协议》依然有效。2000年11月9日,交通部公布《船舶检验工作管理暂行办法》,明确中国海事局是实施船舶检验管理工作的主管机关,实施有关船舶法定检验技术规范、规则、检验发证工作,审定船舶检验机构及验船人员资质并管理,负责法定检验授权,审批外国验船组织在中国设立代表机构并管理;并对各省(区、市)的地方船检机构授权行使法定检验业务,有关船检立法,船用产品审图、检验、发证工作的监督管理和行业管理,船检机构资质认可和管理与验船人员的考试和协助发证工作,受理对验船工作的投诉;参与重大海损事故调查;协调各船舶检验机构之间的关系等。2002年2月19日,交通部“关于全国海事系统统一以海事局(处)名义履行海事行政执法的通知”,规定“对船舶检验的行政管理,统一使用‘中华人民共和国海事局××船舶检验管理处’的名称”。2004年4月30日,中国海事局委托中国船级社代行船舶法定检验协议签字仪式在北京举行,向中国船级社颁发A类中华人民共和国船舶检验机构资质认可证书(见图8-5-5)。根据协议,中国海事局委托中国船级社法定检验内容包括:中国登记的国际航行船舶、部分国内航行船舶、船运货物集装箱以及船用产品,在中国管辖水域内设置的海上设施的法定检验工作;在中国登记的船舶的安全管理体系审核发证、船舶保安体系审核发证工作;有关船舶法定检验的技术规范、规则、标准的编制工作,并经特别委托进行水上交通事故调查的技术鉴定。该协议有效期为5年(2003年12月29日至2008年12月28日)。

这一时期,渔船检验机构和业务发生变化。到1998年,全国19个省(区、市)建立60个渔船检验局(处)和近300个渔船检验县站,各类渔船检验人员1000多人,兼职渔船检验人员800多人。1998年6月

25日,国务院办公厅印发《农业部职能配置、内设机构和人员编制规定》,确定农业渔业船舶检验局代表国家行使渔船检验和监督管理职能。1999年3月22日,中央机构编制委员会办公室明确"中华人民共和国船舶检验局渔业船舶检验分局更名中华人民共和国渔业船舶检验局。并要求探索符合渔船特色的法规体系。2000年,农业部渔业局出台《渔业船舶法定检验规则(2000)》,涵盖渔船检验与发证、国际渔船安全、非国际渔船和渔业辅助船安全、吨位丈量、载重线、防污染结构与设备等。2003年6月27日,国务院颁布《中华人民共和国渔业船舶检验条例》,于8月1日实施。根据条例,各省(区、市)渔船检验机构加快渔船检验法制建设步伐,相继制订本地渔船检验规章,出台地方检验法规。

图8-5-5　船舶法定检验协议签字仪式

2.船检管理处分片管理

作为法定检验机构,中国海事局管理实行派出制,分片管理全国船舶法定检验业务。1999年12月28日,中国海事局将广东省船检机构成建制纳入广东海事局,又将福建省船舶检验机构成建制纳入福建海事局管理。2000年,中国海事局组织开展"船舶检验管理及运行机制"课题研究。2001年5月20日至6月30日,就该课题与中国船级社和浙江、上海、湖北、四川、广西、山东、河南、甘肃、宁夏、陕西省(区、市)船检机构,以及广东、上海、黑龙江、汕头、湛江海事局进行重点调研。2000年8月20日黑龙江海事局成立后,开始负责黑龙江省的船舶检验业务工作。其他各省(区、市)(海南、西藏除外)船舶检验业务工作,在水监体制改革后仍由各省(区、市)交通主管部门设置的船舶检验机构负责。2000年7月17日,中国海事局决定在大连、天津、上海、广州、武汉设立船舶检验管理处,并下发"关于筹建船舶检验管理处的通知"。8月,交通部批准中国海事局在大连、天津、上海、广州、武汉设立船舶检验管理处,并要求于2001年1月1日开始工作,行政工作分别由辽宁、天津、上海、广东、长江海事局负责,对外名称分别为中华人民共和国海事局大连、天津、上海、广州、武汉船舶检验管理处。5个船舶检验管理处管辖区域详见表8-5-19。

5个海事船舶检验管理处的管辖区域一览表　　表8-5-19

船舶检验管理处名称	管辖区域(省、区、市)
大连船舶检验管理处	辽宁、吉林、黑龙江
天津船舶检验管理处	天津、河北、河南、山东、山西、陕西、内蒙古、新疆、甘肃、青海、宁夏
上海船舶检验管理处	上海、江苏、浙江
广州船舶检验管理处	广东、广西、福建、海南
武汉船舶检验管理处	湖北、湖南、安徽、江西、四川、重庆、云南、贵州

3.外国船级社常驻代表处的管理

水监体制改革之前,外国船舶检验机构在中国设立代表机构的具体管理工作由中国船检局归口管理。具体审批过程是,由外国船舶检验机构向中国船检局提出申请并审核后报交通部批准,期限最长为3年,期满后可申请延期。

水监体制改革之后,原中国船检局对外国驻华船检机构管理职能改由中国海事局行使。1999年3月1日,中国海事局通知各有关单位,要求各外国驻华船舶检验机构在中国设立常驻代表机构,有关延长驻在期和变更常驻代表、名称、业务范围等,应向中国海事局提交申请;同时要求各外国驻华船舶检验机构于每年1月31日前向中国海事局报送年度业务工作报告。

为让外国船级社驻华机构全面了解水监体制改革后船检变化情况,1999年初中国海事局走访部分外国船级社驻华机构,介绍中国海事局主要职责,与原中国船检局、原中国港监局的关系,对外国船级社驻华机构管理,以及《外国船舶检验机构在中国设立常驻代表机构管理办法》等有关要求。9月,又调查外国船级社驻华机构,处理未经交通部批准成立的代表处,理顺外国船级社驻华机构管理以及与有关部委的关系。11月18日,中国海事局在北京召开第一次外国船级社驻华机构座谈会,介绍中国海事改革成就和今后改革方向,以及外国船级社在华设立机构有关政策等。美国船级社(ABS)、法国船级社(BV)、挪威船级社(DNV)、德国劳氏船级社(GL)、韩国船级社(KR)、英国劳氏船级社(LR)、日本海事协会(NK)、意大利船级社(RINA)等8家船级社的驻华代表,国际船级社联合会10个成员中的9家代表参加此次会议。2002年11月29日,为增强与各外国船级社驻华机构联系,交流国际船舶检验机构管理经验,中国海事局在上海举办外国船级社驻华机构船检论坛。2003年,中国船级社首次接受并通过欧盟审核,被确定为欧盟认可组织。

1999年3月12日,交通部批准英国劳氏船级社、法国国际验船协会分别在中国大连、青岛设立常驻代表机构。9月29日,又批准英国劳氏船级社在中国广州、青岛设立常驻代表机构。此后,根据外国船检机构申请,中国海事局每年代表交通部办理多批次外国船检机构在中国设立常驻代表机构、延长驻华期限、变更常驻代表和业务范围等事项。到2005年底,共有9家外国船检机构经审批在中国设立常驻代表机构30个(详见表8-5-20)。

外国船级社在华常驻代表处一览表(至2005年底)　　表8-5-20

外国船舶检验机构	常驻代表机构所在地
法国国际验船协会	青岛、广州、北京、大连、上海
英国劳氏船级社(亚洲)	大连、广州、青岛、上海、武汉
挪威船级社	上海、大连、广州、北京
韩国船级社	大连、上海、青岛、南京、宁波
德国劳氏船级社	上海
日本海事协会	大连、上海、青岛、北京、广州、天津、舟山
美国船级社	上海
意大利船级社	上海
印度船级社	青岛

(二)船舶检验资质的认可与考试

1.船检机构资质的认可

1999年2月23日,为了解和掌握各地船检工作情况,做好船检统计工作,中国海事局要求各省(区、市)船检机构于每年1月31日前报送船检年度工作总结。为保证在船检管理体制改革期间,不影响三峡工程明渠汛期通航船舶的检验发证工作,5月21日,中国海事局授权沿长江中国船级社各分社及各省(市)船舶检验局(处)签发明渠船舶适航证书。2001年10月交通部公布《中华人民共和国船舶检验机构资质认可与管理规则》后,中国海事局进行机构资质认可时,对辖区内船检机构配备船舶检验法规及有效文件的情况进行抽查。此次以辽宁、宁夏、江苏、广西、安徽省(区)船舶检验局(处)为试点单位,于年底前基本完成资质认可的资料审查工作。2002年10月21日,中国海事局公布各省(区、市)船舶检验机构名称,开始资质审查。2003年1—3月,大连、上海、广州和武汉船舶检验管理处先后组成审核组,分别对辽宁、江苏、广西、安徽省(区)船舶检验局进行现场审核,公布各分支机构和认可的业务范围。至2003年底,完成对中国船级社及全国水网地区18个省(区、市)级船舶检验机构(广西、广东、福建、浙江、江苏、上海、安徽、辽宁、黑龙江、山东、河北、北京、河南、天津、湖南、湖北、重庆、江西)和非水网地区2个省(区、市)级船舶检验机构(吉林、宁夏)的资质认可工作。2004年,完成对山西、内蒙古、陕西、甘肃、青海、四川、贵州、云南8个省(区、市)级船舶检验机构的资质认可工作,并开展对上一年已通过资质认可的20个省(区、市)级船舶检验机构的年度资质审核工作,还完成对水网地区和非水网地区的船舶检验机构资质认可工作。2005年,完成新疆维吾尔自治区船舶检验机构资质认可工作。至此,中国海事局基本完成全国船舶检验机构资质认可工作。并对中国船级社和27个省的85个检验发证机构进行抽查审核和认可,按照资质认可规则的要求完成对试点机构资质认可后的第一次年度审核。

2.验船人员的资质考试评估与管理

2001年4月23日,交通部下发《中华人民共和国验船人员适任考试、发证规则》(简称《验船人员适任考试、发证规则》),从10月1日起实施。该规则明确中国海事局主管全国验船人员适任考试、评估、发证、培训工作;将验船人员考试(评估)划分3个等级、7个类别和6个专业,并就申报条件、考试培训、适任证书的签发及监督管理等作出规定;规定验船人员申请助理验船师、验船师适任证书须通过中国海事局组织的适任考试,申请高级验船师适任证书则须通过中国海事局组织的适任评估。验船人员的等级、类别和专业(至2001年)详见表8-5-21。

验船人员的等级、类别和专业一览表(至2001年)　　表8-5-21

等　级	类　别	专　业
助理验船师 验船师 高级验船师	国际航行海船	分船体、轮机、电气3个专业
	沿海航行海船	
	内河船舶	
	海上设施	
	沿海小型船舶	不分专业
	内河小型船舶	
	船用产品、设备、集装箱	分材料、船舶机械与设备、电气3个专业

根据上述规则,2001年10月15日中国海事局下发《中华人民共和国验船人员适任考试、发证规则实施办法》和《验船人员过渡考试大纲》。其中,实施办法对验船人员适任考试实行全国统一组织、统一管理、统一命题、分区考试制度。全国验船人员考试设东北、华北、华东、华南、华中5个考区,分别由大连、天津、上海、广州、武汉船舶检验管理处具体负责组织实施。现职验船人员应按该办法规定的程序申请并参加相应类别、专业、等级的验船人员过渡考试。2002年5月29日,中国海事局规定初、中级验船师适任证书由中国海事局授权的各船舶检验管理处所在海事局的主管局长签发,高级验船师适任证书由中

国海事局主管局长签发。2002 年 10 月 11 日,中国海事局在北京举行首批验船人员适任考试发证仪式,向中国船级社和部分地方船检机构的验船师代表颁发适任证书。全国共有 3721 人申请参加过渡考试,符合报考条件的 3437 人,考试合格的 3407 人(其中高级验船师 1008 人、验船师 1283 人、助理验船师 1116 人),首批发证 3225 人。2003 年 11 月 6 日,中国海事局下发通知,要求自 2004 年 1 月 1 日开始实行全国船检机构从事船舶检验工作的验船人员持证上岗制度。当时,我国已参加验船人员适任资格证书考试的共计 17732 人次,发放适任证书共计 17630 本,其中高级验船人员适任证书 5324 本、中级验船人员适任证书 8346 本、初级验船人员 3960 本。共有 4442 名现职验船人员获得中国海事局颁发的相应类别、专业、等级的验船人员适任证书。2004 年 10 月 18—22 日,中国海事局在全国范围内组织首次验船人员适任资格统一考试,5 个考区 10 个考点 39 个考场共有 945 人参加考试,及格率为 81.72%。同时,建立验船师考试题库,成立验船师考试专家委员会,制订出题、命题和阅卷管理办法。中国海事局还开展验船师持证情况检查,实现全国验船人员持证上岗。2004 年,全国首批统一持证上岗验船师 4618 人;2005 年,统一持证上岗验船师 4441 人。我国成为世界上验船师持证上岗的第一个(当时也是唯一)国家。

对于不具有初级以上专业技术职称资格和本专业大专以上学历的现职验船人员,中国海事局规定应报考由海事部门组织的船舶检验培训班,并规定了培训的主要内容和工作要求,培训工作由长江海事局武汉培训中心和有条件的单位具体承担。2003 年 4—9 月,来自 25 个省(区、市)近 900 名现职验船人员完成初级培训工作,860 余人取得现职人员初级培训合格证书,其中 753 人通过验船人员适任资格考试,获得有限制职责范围的助理验船师适任证书。2003 年下半年至 2004 年,中国海事局在全国船检行业中开展 2003—2004 年度优秀验船师、优秀船检科研工作者、优秀船检工作者评选活动。经过全国范围内的推荐和评审,中国海事局于 2004 年 10 月 15 日授予 52 人全国优秀验船师荣誉称号,表彰 46 名全国优秀船检工作者、5 名全国优秀船检科研工作者。

继 2002 年 10 月首届在职验船人员适任统考之后,中国海事局按照《验船人员适任考试、发证规则》要求,于 2004 年 2 月 19 日、3 月 4 日又分别下发验船师和助理验船师适任考试大纲。2004 年 9 月 22 日,成立由 27 个委员组成的首届中国海事局验船人员考试评估专家委员会,其秘书处设在上海船舶检验管理处。

(三)检验技术管理与专项监督

这一时期,各级船舶检验机构加强船舶检验技术与质量的管理,开展危险品船检验技术管理与质量监督、海上客滚船舶检验技术管理与质量监督、长江航行船舶检验技术管理与质量监督等。2001 年 7 月 2—4 日,中国海事局在哈尔滨召开全国船舶检验工作会议。这是海事局成立后召开的第一次全国性船舶检验会议。2002 年 2 月 28 日,中国海事局在北京召开新建船舶建造检验管理专题会议,研究落实交通部关于加强建造船舶检验管理的措施。2003 年 8 月 15 日至 9 月 30 日,中国海事局在全国范围内组织开展建造船舶检验质量检查活动,检查重点是建造检验程序、使用旧材料或旧设备拼装船舶、异地船舶检验、实船检验质量、焊工和无损检测人员持证等,涉及黑龙江、吉林、辽宁、河北、天津、山东、河南、重庆、湖北、江西、江苏、浙江、福建、广东、广西、海南等 16 个省(区、市)33 家船舶检验机构,对 40 家船厂的 92 艘在建船舶和 124 艘在港船舶进行检查,摸清船舶建造检验质量状况,严查违规检验的有关机构和个人,暂停 4 家验船机构船舶检验资格。2004 年 1 月 16 日,中国海事局通报了上述检查活动的情况,并要求进一步规范船检工作。2005 年 3 月 14 日,针对连续几艘新建船舶投入运营后发生断裂事故的情况,紧急要求各船检机构严格执行船检法规规范,做好新建船舶质量检验,对不符合质量要求的船舶不予签发检验证书。2001—2005 年船舶检验技术管理成绩详见表 8-5-22。

2001—2005 年船舶检验技术管理成绩一览表　　表 8-5-22

年　份	检验船舶、海上设施及船用产品
2001	检验船舶 1730 艘次,其中建造检验入级船舶 80 艘次、营运检验入级船舶 1650 艘次;检验集装箱 15 万 TEU;检验移动平台 47 座、固定平台 44 座;工厂认可 179 家,型式认可证书 325 张。办理入检船舶 96 艘
2002	检验船舶 243268 艘次,其中建造检验 17633 艘次、营运检验入级船舶 225635 艘次;检验集装箱 18.5 万 TEU。检验海上移动平台 30 座、固定平台 68 座、浅海固定设施 87 座、海上浮式处理装置 10 艘;检验海底管线 100 多公里
2003	检验船舶 182434 艘次,其中建造检验 10886 艘次、营运检验 171548 艘次;检验海上移动平台 33 座、固定平台 38 座、海上浮式处理装置 2 艘
2004	检验船舶 265148 艘次,其中建造 18147 艘次、营运检验 247001 艘次
2005	检验建造船舶 17564 艘次

2005 年 4 月起,交通部、国防科工委、农业部、国家安全监督管理总局联合开展全国低质量船舶专项治理活动。这一专项治理过程中,通过检验基本摸清全国范围内造船厂(点)和船舶的数量、质量情况,逐步治理船舶建造市场。至 2005 年底,关闭和处理存在严重问题的造船厂(点)202 家,占治理范围总数 976 家的 20.7%;对 4229 艘船舶进行附加检验,占治理范围中船舶总数 6327 艘的 66.8%,其中未通过检验的船舶 449 艘,占附加检验船舶总数的 10.6%。对 8943 艘渔船进行附加检验,其中未通过检验的船舶 370 艘;对 3621 艘次重点治理船舶进行安全检查,督促附加检验 2503 艘次,并对存在严重安全缺陷的 178 艘低质量船舶实施禁止离港的行政强制措施。

(四)船舶检验信息化的建立

1999 年,为配合 1999 版国内航行船舶检验证书的使用,中国海事局组织开发船舶检验发证管理系统(VIMS)。该系统能采集船检管理重要数据、制发管理船检证书、管理船检登记等。2000 年 1 月 1 日,规范国内航行船舶检验行为的船舶检验发证管理系统(VIMS 4.0)正式启用,并强制要求船检部门必须用该系统编制、打印 1999 版国内航行船舶检验证书。为充分利用这些船舶数据信息,2003 年 2 月 17 至 3 月 28 日中国海事局开展船检计算机数据汇总、建立各级船检数据库的工作。至 2003 年底,全国县、市、省(区、市)、国家级船检数据库基本建成,其中国家船检数据库设在广东海事局。2004 年 11 月,26 个省的船舶检验机构及中国船级社将大约 10 万艘次检验登记的船舶技术数据录入船检数据库中心,可提供网上在线查询。2005 年,中国海事局完成船舶检验发证管理系统(VIMS 5.0)的开发工作。

六、引航安全监督管理

1998 年,经交通部和外交部批准,上海港引航站以中国引航协会上海分会名义(注:当时中国引航协会尚处在成立筹备阶段),代表中国引航界承办在中国召开的国际引航协会第十四届年会。

1999 年交通部公布《中华人民共和国船舶引航管理规定》(以下简称《船舶引航管理规定》),于次年 1 月 1 日实施后,中国海事局规定对海港一级引航员进行培训。2002 年 1 月 1 日起,交通部根据 1995 年 10 月 9 日下发《船舶引航管理规定》中确定的"一个港口一个引航机构"设置精神和引航交由沿海港口行政管理部门管理的思路,赋予海事机构"负责对引航实施安全监督管理"职责,进一步加强对引航机构安全管理体系运行情况的督查,强化引航的现场安全检查、监管。2004 年,港口迅速发展,船舶交通流量增加,因引航而造成的水上交通事故多发。为此,交通部全面启动港口引航管理体制改革工作。2005 年 10 月 24 日,交通部下发"关于我国港口引航管理体制改革实施意见的通知",明确:改革的目标是建立一个管理统一,安全引领、公平服务、高效廉洁的港口引航管理体制;调整和理顺港口引航相关关系;具体措施是将沿海港口的引航机构从港口企业中分离出来,成立具体独立法人资格的事业单位,隶属于所在地港口行政管理部门;沿海引航机构按照“一个港口一个引航机构”设置,定名为“××港引航站”,各港根据实际需要可在引航站下设若干引航分站。11 月 24 日,直属海事系统依据交通部下发的《关于进一步加强引航安全管理的通知》,监督所在地的引航机构,明确安全责任,落实安全管理制度,开展引航安全评估,及时纠正违规行为;做好引航员的考试、评估、发证和引航员适任工作,加强引航员的教育培训工作,杜绝违规行为;抓好引航秩序和引航环境的管理,会同有关部门开展引航员登(离)轮的适航性的核实等。

长江沿线对外开放港口已深入华中腹地的岳阳,开放纵深达 1231 公里。2001 年 9 月 14 日,长江引航中心按照国际上通行的先进引航方式,实施分段引航。2001 年 9 月 21 日,进出镇江、芜湖港口的船舶试行分段引航,并向社会郑重承诺分段引航不增加费用、不延误船期。一年后,分段引航在长江全面铺开实施。2002 年 9 月起,进出江阴以上港口的船舶实行分段引航,长江江苏段开始推动和启动夜间引航工作。2003 年 6 月起,进出太仓港的船舶实行 24 小时服务,24 小时引航交接,得到交通部和江苏省政府的肯定(见图 8-5-6)。2004 年 4 月 1 日,长江江苏段开展进江海轮的全面夜间引航工作。2005 年 12 月 1 日,进出长江安徽段的海轮开展全面夜间引航工作。

图 8-5-6 2003 年 6 月,进江最大的 50 万吨级“海上世界”号被张家港站引航员引进长江

七、航运公司安全管理的全面开展

(一)安全管理体系审核机构与审核员

1.安全管理体系审核机构更名与分片区管理

1998 年 2 月,交通部成立交通部安全管理体系审核事务所,具体负责航运公司安全管理体系审核发证等管理工作。1999 年 4 月 7 日,交通部将交通部安全管理体系审核事务所更名为交通安全质量管理体系审核中心(简称审核中心),并于 7 月 20 日划归中国海事局管理。

2001 年 2 月 26 日,鉴于水监体制改革后原 10 个片区牵头单位的名称、职能和辖区均发生变化,中国海事局下发通知,调整实施《国际安全管理规则》(《ISM 规则》)的管理片区划分及牵头单位,将全国划分为辽宁与黑龙江、天津与河北、山东、江苏、上海、浙江、福建、广东、广西、海南、安徽至重庆长江干线等 11 个片区,并分别指定辽宁、天津、山东、江苏、上海、浙江、福建、广东、广西、海南、长江海事局作为本片区航运公司实施《国际安全管理规则》管理的牵头单位。2002 年 2 月 1 日起,随着航运公司实施《国内安全管理规则》(《NSM 规则》)分步推进,审核发证机构授权范围扩展至部分水网密集地区的地方海事机构,中国海事局先后授权重庆、湖北、江苏、四川、湖南、江西、安徽、上海、浙江地方海事局为安全管理体系审核发证机构。2004 年 6 月,国务院明确"航运公司安全营运与防污染能力符合证明核发"项目的实施机关为交通部。随后,交通部于 11 月 12 日明确中国海事局及其直属机构为实施机关。这样,中国海事局及其直属局成为我国国际、国内安全管理规则的管理机构。

2.培训航运公司安全管理体系审核员

为进一步加大审核员培训管理力度,中国海事局组织编写《SMS 理解指南》《SMS 知识问答》《审核员培训教材》等培训材料,并结合《国际安全管理规则》《国内安全管理规则》实施进度,适时开展审核员培训。1999 年 6 月,在北京举办第五期审核员资格培训班,48 人考试合格取得审核员资格。9 月 2 日,公布 48 名国家审核员名单。此后,每期培训班结束后,公布考试合格人员名单。2001 年 9 月 7 日,规定审核员分类、培训、考核、评估、注册、调派、奖惩以及审核组运作机制等。2002 年 12 月 26 日,重点细化对审核员考核评估的内容和程序,同时降低 B 类审核员工作年限资质条件,调整培训、考试和审核组长任职资格等。公布 480 名审核员初次注册名单。2003 年 1 月,公布 441 名注册名单和 117 名初次注册名单。2004 年 5 月,公布 47 人考试合格名单。2005 年,共有 173 人参加审核员培训,154 人经考试合格取得审核员资格证书。至年底,全国有注册审核员 811 人,其中主任审核员 164 人、普通审核员 647 人。

交通部安全管理体系审核事务所对航运公司的安全管理主要体现在强化公司的初次审核、年度审核及对船舶的各种审核。2000 年,引入跟踪审核和附加审核。2003 年,开始加大对船舶管理公司审核的管理力度,确保航运公司及其船舶的安全管理体系的符合性、有效性,并优化安全管理体系审核机制,完善管理制度,加强审核员培训和管理。

(二)国际与国内安全管理规则的实施

1.国际安全管理规则的实施

水监体制改革后,为尽快降低中国籍国际航行船舶在国外港口国监督检查中的滞留率,我国全面推进航运公司实施《国际安全管理规则》的进程。

1998 年,面对国际航运公司进入《国际安全管理规则》实施阶段,中国港监局于 1 月 1 日发布通告,告知:自 1998 年 7 月 1 日零时起中国港监局(中国海事局 9 月 27 日成立)及各国港口国监督当局将对第一批实施《国际安全管理规则》的船舶检查持有符合证明副本和安全管理证书情况,未持有符合规定证书的船舶将被禁止离港;中国政府决定第二批实施《国际安全管理规则》船舶公司,应于 2000 年 7 月 1 日前按《国际安全管理规则》要求建立、实施安全管理体系,取得符合证明和"代表船"的安全管理证书,且 2002 年 7 月 1 日前所有第二批船舶应取得安全管理证书。

根据以上要求,各港务监督(各海事局于 1999 年 6 月以后相继成立)于 1998 年成立实施 ISM 规则领导小组及办公室,建立实施 ISM 规则联络员制度,督促辖区内各公司按照总体时间安排制定实施 ISM 规则的具体方案,组织专门班子对船公司进行走访调查摸底,及时掌握船公司准备工作进展情况,指导并解决准备工作中的问题。通过实施 ISM 规则,我国从事国际航运的船公司和船舶加快了与国际接轨的步伐,增强了在航运界的竞争能力,促进了安全管理水平和整体素质的提高。

1999 年 5 月 20 日,中国海事局就第二批国际航行船舶及其公司强制实施《国际安全管理规则》发布通告,明确国际航行移动式近海钻井装置及其公司应于 2002 年 7 月 1 日前满足《国际安全管理规则》。6 月 17—18 日,中国海事局与中国船东协会在北京召开总结第一批实施《国际安全管理规则》情况的研讨会,公布调查结果,研究和部署第二批实施工作。2000 年一季度,调查第二批国际航运公司建立安全管理体系情况。至 7 月 1 日,已有 106 家公司建立安全管理体系并通过审核。至此,连同第一批全国已有 165 家国际航运公司通过实施《国际安全管理规则》审核,使全国 231 家公司的 1400 多艘国际航行船舶基本按《国际安全管理规则》要求,实施安全管理体系的管理。2001 年 5 月 22—24 日,中国海事局在北京召开第二次《国际安全管理规则》实施工作研讨会,讨论安全管理体系审核业务技术及管理工作。2002 年 6 月 9—10 日,中国海事局在北京召开第三次《国际安全管理规则》实施工作研讨会。2004 年 2 月,对实施的中国籍国际航行公司实行 ISM 审核一次审核可签发多个船旗国的符合证明和相应证书副本的便民措施提出具体要求。

2.国内安全管理规则的开始实施

1999 年 11 月 24 日"大舜"轮倾覆特大海难事故发生后,中国海事局加快《国际安全管理规则》国内化研究步伐,2001 年完成该课题研究并通过交通部组织的专家评审,还在其基础上制定国内安全管理规则及其实施计划。同时,依据《国际安全管理规则》基本原理,结合国内航行船舶及航运公司安全管理特点,制订《国内安全管理规则》及其实施计划。9 月 29 日,安排实施《国内安全管理规则》第一批船舶及其所属公司建立安全管理体系的审核工作,并确定辽宁、天津、山东、江苏、上海、浙江、福建、广东、广西、海南、长江海事局为本片区国内航运公司及其船舶审核发证机构。10 月 11—12 日,中国海事局在青岛召开《国内安全管理规则》宣贯会,并进行总体部署,至 2002 年 12 月,已有 110 家国内航运公司建立安全管理体系并通过审核。第一批 243 家国内航运公司和 1623 艘船舶全部取得符合证明和安全管理证书。2003 年 1 月 1 日、9 月 1 日,分别检查第一批实施《国内安全管理规则》情况。同时,2002 年 1 月 1 日开始在中国海事局外网(http://www.msa.gov.cn)进行船舶船名审核及注册。至 2005 年 9 月 30 日,我国拥有持有有效符合证明的国际航运公司 183 家、国内航运公司 416 家(不含国际国内兼营公司)。1999—2005 年我国国际国内航运公司安全管理体系审核情况详见表 8-5-23。

1999—2005 年国际国内航运公司安全管理体系审核情况表 表 8-5-23

年份	审核工作实施情况	持有符合证明公司数(家)		持有安全管理证书船舶数(艘)	
		国际	国内	国际	国内
1999	完成对 50 家第一批国际公司、20 家第二批国际公司审核	99			
2000	完成对 106 家国际公司审核	165			
2001	调派公司审核组 160 个、审核员 600 人次,对 160 家国际公司实施审核,其中对 5 家公司实施跟踪审核或附加审核	160	2		
2002	调派公司审核组 186 个、审核员 702 人次,对 172 家国际公司实施审核,其中对 14 家公司实施跟踪审核或附加审核,吊销或收回 2 家公司的符合证明,宣布 4 家公司的符合证明失效;完成对 111 家国内公司的审核,其中 2 家公司未通过	172	55		
2003	调派公司审核组 194 个、审核员 741 人次,对 182 家国际公司实施审核。其中对 10 家公司实施跟踪审核,2 家公司实施附加审核。吊销或收回 3 家公司的符合证明,宣布 11 家公司的符合证明失效;完成对 243 家国内公司的审核发证,签发船舶安全管理证书 1623 份	182	243		1623

续上表

年　份	审核工作实施情况	持有符合证明公司数(家)		持有安全管理证书船舶数(艘)	
		国际	国内	国际	国内
2004	调派公司审核组 209 个、审核员 809 人次,对 176 家国际公司和 14 家国内公司实施审核。其中对 6 家公司实施跟踪审核,4 家公司实施附加审核	177	372	1275	1696
2005	调派公司审核组 1097 个、审核员 3447 人次,对国际公司和国内公司实施审核,其中对 16 家国际公司、32 家国内公司实施跟踪审核,3 家国际公司、3 家国内公司实施附加审核	190	424	1383	2502

2004 年 6 月 7 日至 9 月 8 日,“审核中心”采用问卷调查、现场调研、召开座谈会等方式,询问《国际安全管理规则》《国内安全管理规则》实施情况和运行效果,以及审核发证机构工作情况。在此基础上编写“安全管理规则在我国实施现状及发展战略课题报告”。《国内安全管理规则》的实施,标志着中国实施《国际安全管理规则》跨入一个新的阶段。

八、水上事故的处理及重特大事故

(一)水上交通事故的规范与处理

1.吸取“11・24”特大海难教训

1999 年 11 月 24 日深夜,山东省航运集团烟大汽车轮渡有限公司所属“大舜”轮,在烟台开往大连途中发生特大海难事故,死亡 244 人,失踪 36 人,生还 22 人。在国务院事故调查处理领导小组指挥下,交通部全力以赴做好“大舜”轮遇难旅客和船员的搜寻打捞工作。对此,中共中央总书记江泽民,国务院总理朱镕基、副总理李岚清、吴邦国等均做出重要批示。交通部于 11 月 26 日和 30 日分别召开加强安全生产工作紧急电话会议及加强渤海湾客滚船安全管理现场会议,传达中央领导的批示精神,部署 12 月交通安全大检查工作。检查内容包括所有投入营运的客滚船、客(渡)船、危险品运输船及客车、装运危险品车辆和超限运输车辆,特别对渤海湾、琼州海峡、舟山群岛、长江干线及山区公路的客(渡)船(车)进行重点检查。12 月 2 日,吴邦国主持召开全国安全生产工作紧急电视电话会议后,亲自赶赴现场。

为尽快扭转交通安全的严峻局面,交通部着重做了以下工作:①强化全系统干部职工的安全意识,全面落实各项规章制度,认真贯彻全国安全生产工作紧急电视电话会议精神。②努力确保投入运营的客滚(渡)船以及危险品船处于适航状态。交通部决定,所有客滚船一律由中国船级社检验。近期船检部门要对所有客滚(渡)船进行一次突击检验,经检验不合格的一律不得投入运营。③实行客滚(渡)船、危险品船开航前的船长声明制度。④对山东烟大公司进行停业整顿,今后对不重视安全生产的企业决不留情。

2.分析查找事故原因与制订对策

水监体制改革以后,全国海事系统加强事故调查和处理工作,将确保不发生重特大事故作为水上交通管理重点,对发生的事故认真调查、综合分析,提出防范措施,并完成重大事故调查处理和跟踪工作。

首先,根据沿海、内河的水上交通特点,召开水上交通事故调查处理工作会议。中国海事局先后于 1998 年 12 月 16 日、1999 年 3 月 25 日、2001 年 12 月 9 日、2003 年 8 月 11 日、2005 年分别在北京、上海、福州、杭州、大连等地,召开全国海事系统水上交通事故调查处理工作会议、专题座谈会、案例分析会等,总结成绩与经验,查找问题与差距,依法调查水上交通事故,查明原因,判明责任,有针对性处理水上交通事故。2004 年 9 月 2—3 日,在北戴河召开涉外海事调查处理研讨会。

其次,事故调查与处理规范的制定。2001 年 3 月 16 日,为进一步规范水上交通事故调查处理行政行为,中国海事局制定“水上交通事故调查处理文书格式”(共 12 份文书格式),7 月 1 日启用。次年 4 月 15 日,又发布 3 份事故调查处理文书英文格式。2001 年 6 月 1 日和 11 月 28 日,为规范水上事故调查处理结案工作,下发《水上交通事故调查处理结案管理规定(试行)》《水上交通事故调查处理指南》。2002 年 12 月 19 日,就实施交通部公布的《水上交通事故统计办法》,规定水上交通事故调查报告的公开时间、公开方式、公开权限、公开范围。自 2004 年 1 月 1 日起,直属海事系统按照国际海事组织通函《海上事故和事件报告》要求,上报本管辖水域发生的水上交通事故。自 2004 年起,中国海事局每年又将特别严重事故和事故的资料提交国际海事组织。

2005 年 8 月 25 日,为规范海上交通事故调查和海事案件审理,加强海事机构与海事法院之间的工作协调与配合,中国海事局与最高人民法院在厦门联合召开海事调查与海事诉讼研讨会,就海上交通事故证据收集等事宜相互交换意见,达成证据共享合作共识。会议还就海事管理机构配合海事法院执行船舶扣押令、海事管理过程中发生的清除船舶油污染费用与油污染索赔优先受偿等问题进行了讨论。

3.水上交通事故的调查处理与汇总

这一时期,直属海事系统进一步规范水上交通事故调查处理行政行为,做好水上交通事故调查的证据收集判断和运用、调查程序和方法、损失核定、原因分析、处理、调解、海事签证和档案管理等工作,使事故调查处理逐步走向全面公开。中国海事局将历年进行调查处理的水上交通事故汇编成册。2000 年 12 月 28 日,1995—1999 年 50 件典型的水上交通事故调查报告汇编成《水上交通事故调查报告集》,首次向大中型航运企业、有关院校和海事系统发放。之后,又相继汇编 2000 年、2001 年、2002 年《水上交通事故调查报告集》。2004 年,典型事故调查报告汇编更名为《水上交通事故典型案例集》,收录了 2003 年和 2004 年结案的 15 个水上交通事故调查报告。之后,按年度汇编印发《水上交通事故典型案例集》。2003 年 7 月,将 1998—2002 年典型事故调查报告汇编成《水上交通事故典型案例集》,由人民交通出版社出版,向社会公开发行。1999 年起,中国海事局在继续编印《水上交通事故月报》基础上,增加编印《水上交通事故情况年报》(自 2002 年起改为《水上交通事故情况通报》),向各省(区、市)交通主管部门、海事系统、大型航运企业提供年度水上交通事故统计分析、调查处理等有关情况和数据。2000 年开始,在《中国海事》杂志设置专栏,不定期公布部分水上交通事故调查报告。

4.水上交通事故调查官的建立

1999 年,中国海事局开展水上交通事故调查人员培训大纲和教材的研究工作。6 月,对全国水上交通事故调查处理人员统计摸底,建立档案。11 月,在大连海事大学举办第一期海事调查官培训班(以后每年举办一期)。至 2001 年,共培训海事调查人员 120 名。从 2000 年起,为与国际接轨,中国海事局建立海事调查官制度与任制、应有船上任职资历等条件基础上,抽调事故调查员到大连海事大学接受培训,并派海事调查官到国外接受培训,2003 年 10 月,组织 20 名海事调查官赴澳大利亚进行为期 20 天的培训。2005 年 5 月,与国际海事组织合作,邀请国际海事组织海事调查专家授课,在上海举办国际海事调查官培训班,受训人员近 40 名。9 月,直属海事系统 20 名海事调查官到英国接受海事调查模拟培训。

(二)水上交通事故的统计与研究

2000 年 12 月 8 日,中国海事局要求自 2001 年 1 月起加强水上交通事故统计上报工作,直属、地方海事系统各单位的水上交通事故统计月报时限较原规定提前至次月 5 日内上报。为更加科学有效地组织水上交通事故统计工作,2002 年 10 月中国海事局在武汉举办统计人员培训班,全国海事系统 60 名水上交通事故统计人员参加培训。2004年4月1—2日,在广东韶关举办水上交通事故统计人员培训班,培训了50多名全国海事系统负责水上交通事故统计工作的人员。同时,还进行水上交通事故的研究与统计分析。2003年4月10日,中国海事局与国家安全生产监督管理局签订"水上交通事故统计指标体系研究"年度课题项目合同书。8月12日,在大连召开水上交通事故调查处理分委会会议,确定"水上交通事故统计指标体系研究""水上交通事故经济损失核定研究""推行责任认定制度研究"3项研究课题,分别由广东、浙江、上海海事局牵头组织实施。2004年6月11日,中国海事局在广东韶关召开专家评审会,评审通过以上3个课题研究报告。

这一时期所发生重特大交通事故案例如下:

1998年2月7日约22时40分,青岛远洋运输公司所属"翡翠海"轮(散货船)在南海09°30′N、110°30′E处沉没,导致30人失踪,直接经济损失3163226.99美元。

1999年3月24日,发生在珠海的一起船舶碰撞事故导致598吨重油泄入海中,造成珠江口部分水域、岸线严重污染,使珠海市水产养殖业和旅游业蒙受重大经济损失。

1999年11月24日13时20分,山东航运集团有限公司控股企业烟大汽车轮渡股份有限公司所属客滚船"大舜"轮,在烟台载客264人、车61辆、船员40人,开往大连,途中遇大风,舱内车辆发生碰撞。船舶掉头返回烟台。在返回途中,风浪加大,船舶摇晃加剧,汽车舱起火,船舶失控,导致除22人(5名船员、17名旅客)获救外,其他282人(35名船员、247名旅客)遇难或失踪,直接经济损失约6000余万元。12月10日,搜救行动结束,打捞遇难者遗体244具。这是新中国成立以来所发生的最严重的水上交通事故。

2000年6月22日6时20分,四川省合江县榕山镇建筑公司所属"榕建"客渡轮超载沿长江行驶,行至距榕山镇一公里剑口处突遇浓雾,因操纵不当触礁倾覆于江中,221人全部落水,130人死亡,直接经济损失300余万元。

2004年12月7日21时35分,两艘万吨级集装箱船在珠江口担杆岛东北约8海里处泄露450吨重油,在海上形成9海里的油带。这是我国船舶碰撞最大的一次溢油事故。一艘是由深圳盐田驶往新加坡的巴拿马籍"HVUNDAIADVANCE"轮,21000总吨,装载1660个标箱;另一艘是由深圳赤湾驶往上海的德国籍"MSCILONA"轮,75500总吨,装载6732个标箱。

第六节　航标与测绘及水上通信管理的进一步发展

一、海区航标建设和管理进一步发展

(一)航标管理布局调整与规划

1.航标管理机构部分调整

1998年水监体制改革之后,中国海事局所辖的沿海16个航标区(处、站)人员除天津、上海、广州、汕头、海口航标区分别由天津、上海、广东海事局统一管理外。其他航标区实行双重管理,行政关系隶属当地海事局,业务、计划、财务工作由三大区的天津、上海、广东海事局管理。随后,3个海事局先后接管部分港口的航标。据1999年统计,航标、测绘人员4300多人,约占直属海事系统人员的40%,其中航标3700人,各类航标1875座。针对航标、测绘机构双重管理带来机构重叠和职责不清的状况,交通部在现行海区航标管理模式基础上调整部分航标区的行政管理关系。2001年3月12日,下发"关于调整部分航标区行政管理关系的通知",将16个原航标区统一更名为航标处,并组建北海航标处。17个航标处分

别划归天津、上海、广东、海南大区海事局管理。随后,理顺海区航标管理体制,解决部分航标处管理关系与业务管理关系不统一的问题,形成中国海事局、航标管理海区局、航标管理海区海事局航标处3级垂直管理体制。北方、东海、南海、海南海区的航标分由天津、上海、广东、海南4个直属海事局管辖。至6月30日前,调整交接工作基本完成。

交通部与各省政府签订水监体制改革协议,涉及地方航标机构划转的原则、交接范围以及人事、设备及档案移交等问题。到2001年12月,天津、上海、广东海事局按协议规定,先后完成对辽宁、河北、山东、广东、广西等地方划转的航标机构、人员、航标和固定资产的接收工作,有的成建制地接收,共接收划转航标385座、人员230人。至此,全国海事管理的海区航标达2455座、3609人。其中,北方海区776座、1186人,东海海区1044座、1281人,南海海区507座、921人,海口航标处128座、221人。

这次部分航标机构行政管理关系调整共涉及14个海事局、10个航标区,实行4大海区海事局统一管理航标处的人、财、物的模式。中国海事局主管沿海航标,负责中国沿海航标的规划、建设和管理工作;4大海区海事局作为中国海事局的派出机构,分别管理北方、东海、南海和海南岛周边水域海上公用航标维护和管理工作。2001年12月27日,中国海事局下发《关于航标业务联系范围及航标管理站设置方案》,确定天津、上海、广东、海南海事局的海区航标管辖范围。海区航标管辖范围(2005年底)详见表8-6-1。

海区航标管辖范围(2005年底)表　　表8-6-1

管理单位	业务范围
天津海事局	北起鸭绿江口海域南至折线:点A(35°05′10″N/119°18′E)至平岛北端连线再沿35°08′30″N纬线向东延伸线之间的中国管辖海域(含渤海湾海域)
上海海事局	北起折线:点A(35°05′10″N/119°18′E)至平岛北端连线再沿35°08′30″N纬线向东延伸线,南至折线:自福建、广东两省分界线沿117°14″E经线向南延伸至点B(23°30″N/117°14′E),再沿23°30′N纬线向东延伸线之间的中国管辖海域及长江口上海港港界下游水域
广东海事局	为以下界线之间中国管辖海域及除海南岛沿海海域之外的南海海域。自福建、广东两省分界线沿117°14′E经线向南延伸至点B(23°30′N/117°14′E),再沿23°30′N纬线向东延伸线。一点C(20°18′32″N/111°34′E)至点D(20°18′32″N/111°00′E)至点E(20°07′N/109°20′E)连线,然后沿20°07′N纬线向西延伸线;一自点C(20°18′32″N/111°34′E)沿140。方位线向东南延伸线
海南海事局	为以下界线以南的海南岛沿海海域O点C(20°18′32″N/111°34′E)至点D(20°18′32″N/111°00′E)至点E(20°07′N/109°20′E)连线,然后沿20°07′N纬线向西延伸线;一自点C(20°18′32″N/111°34′E)沿140。方位线向东南延伸线

1995年以后,中国开始引进无线电信标差分全球定位系统(RBN-DGPS),逐步取代罗兰A等中远程无线电导航系统。国务院、中央军委1998年10月1日批准关闭“长河1号”(罗兰A)中程无线电导航系统,使用33年的沿海航标导航至此结束。2000年,交通部宣布停用无线电指向标,按照实际分流安置相关工作人员。

2.制订5年航标、测量规划

1998年水监体制改革后,海事管理航测部门编制了航标与测绘建设的中、长期发展规划。1999年6月,进一步加强海区航标、测绘建设规划,着手编制《沿海航标“十五”发展规划与2015年远景》、沿海港口航区测绘“十五”发展规划与2015年目标等。到2000年,经过“九五”计划时期的努力,航标、测绘得到一定发展,交通部要求的“沿海航标亮起来”目标实现。2001年,海事航测部门确立“十五”计划时期海区航测工作目标,继续完善、提高视觉航标的效能,增设无线电航标,建设重要港口、水域的综合助航网络和遥控遥测网络。到2005年,航标管理现代化、信息化目标基本实现,船舶交通管理系统达到或接近国际先进管理和维护水平。

2003年,海事航测部门编写今后5至10年和“十一五”沿海航标发展总体规划,并根据9月1日开始实施的《沿海航标管理办法》编制各海区航标总体规划。12月8日,在北京召开中国海事航测发展战略专家研讨会。2004年,启动"十一五"沿海航标测绘发展规划和新的《全国沿海航标总体布局规划》编制工作。2005年,完成《中国海事航测发展战略》研究,共分远景、发展理念、战略目标、战略实施、支持措施5个部分。

这一时期,为及时总结航标工作经验,布置新任务,中国海事局基本上每年(1999年3月、2000年3月、2001年3月、2002年2月、2003年1月、2004年3月)均召开航标与测绘管理工作会议。自2005年起,为减少专题会议,年度航标、测绘工作会议与通航工作会议合并召开,之后专业会议每两年召开一次。

(二)海区航标的配布与建设

1.航标的配制与布局

水监体制改革后,直属海事航测部门依据沿海航运、港口发展,不断进行航标效能调查和专家评议,并据此审批和批准航标设置行政许可、航标配布图和配布方案,撤除、新设、降级、调整航标,完善航标配布,对重大水上工程(或特殊情况)采用应急航标配布。2001年,分管沿海航标的4个海事局定期对航标效能进行分析,及时调整航标配布,对上一年冬季受损航标及时进行修复。2004年,落实航标效能调查、评估责任,进一步理顺各区局、航标处的职责,调整长江口、珠江口、大连港、琼州海峡等重要水域航标布局,按照统一规划、通盘考虑等原则,优化标志配布,新设和调整航标,并广泛应用高焦面灯浮、灯光同步闪、标号夜间显示等先进技术。至2005年底,经过对海区航标进一步的配布、优化,助航效能明显增强,重点水域和重点工程航标布设和改造成效突出,充分发挥航标资源的整体优势,新光源、新材料、新技术的应用率稳步提高。

2.应急航标的设置

航标应急是指应急情况下的设标,通常在有沉船等碍航物影响船舶安全航行时设置,适用于执行辖区海域污染、搜救、警戒等紧急任务。

这一时期,根据国家和地方重大工程建设的应急需要,海事航测部门发挥专业优势,紧急反应,及时设标。2000年1月,针对北方冬季冰损情况,天津海事局航测部门完成对秦皇岛港等海域航标的调整恢复工作,完成"运鸿"号沉船等需要的应急设标任务,全年应急设标53座次。4月,"海标182轮"参加被美国侦察机撞毁的中国飞行员王伟搜救行动及"金海鸥"轮的救助行动,共连续8天航行2500多海里。中国海事局指派"航标1511船"前往北水道附近搜救落水渔民,救起7人。2003年6月,天津海事局航测部门对重庆涪陵"6·19"沉船事故等积极开展搜寻救助和扫测布标,进一步完善应急反应机制,加强处理突发事件的能力。2004年,中国海事局完成100多次应急反应设置航标任务。此外,天津海事局航测部门还完成大连港30万吨原油和矿石专用码头、锦州港5万吨航道的测量工作。上海海事局航测部门开展杭州湾大桥、上海深水港东海大桥海域航标调整和布局工作,以及建成长江张家港福姜沙南水道大型LED电子交通助航信息显示屏。广东海事局航测部门在珠江口水域开展大规模航标效能改造工作,调整布设间距,加大重要转向点标志尺寸,还在主航道航标应用同步闪等技术。对接收的闽江口主航道全部助航设施进行更新、改造。仅2004年即完成多项国家重点工程项目的近600座航标工程的审批与建设任务。

3.海区航标基础设施

海区航标基础设施主要包括航标码头、用于航标管理的登陆艇、航标巡检船,以及灯塔、灯桩、导标、浮标、航标堆场、码头工程等。根据航标、测绘工作发展战略,为加强基础设施的建设和改造,中国海事局每年度下达航测专项、"三项"建设和改造项目投资计划,加强航标基础设施的建设,全力以赴完成航标建设项目任务。2000 年,天津海事局航测部门建造首艘夹持式航标船。该船船长 28.98 米,宽 6.2 米,吨位 172.3 吨,能在三级海况、平均浪高 1.5 米的条件下将漂浮不定的浮标捕捉夹持在夹持平台中,使浮标与船体联成一体。2001 年,中国海事局引进美国、英国 3 台信标雷达、测量接收机等无线电设备,用于海上导航和高精度水道测量作业。2002 年,采购价值 480 万美元的航标、测绘设备和船舶交通管理系统备件。2003 年 4 月 8 日,又建成直属海事航测系统第一艘航标快速巡检艇,交付上海航标处使用。该艇总长 13.33 米,航速 28 节,玻璃钢船体,具有良好的耐波性和快速反应能力。

从 2001 年开始,直属海事航测部门不断加强航标基础设施的建设与改(扩)建,以及引进先进的航标设备,提高航标助航保障能力。2002 年,在完成地方航标接收后,针对部分航标状况较差、效能不能很好发挥,进行全面调查、评估,并对技术状况较差、效能低下或完全丧失功能的航标进行应急抢修、修复和重建,使其恢复效能。同时,对近 3 年"三项""专项"任务的完成情况进行检查,调查辖区内非直接管理航标的技术状况,选择重点水域进行航标效能的评估。

4.航标科技的应用

水监体制改革后,直属海事航测部门进一步推动太阳能、波力发电、风力发电等新能源的航标科技研究和成果应用、推广。1999 年,在南海海区 18 座灯浮标上安装使用太阳能电池,在湛江固体光源、汕头导标上应用,并在浮标上进行试验。2001 年,开展 LED 光源在灯浮标上的试用,共有 140 多座航标安装上不同型号的 LED 灯,而太阳能、波浪能和风能在目视航标上的应用率达到 37.9%。2003 年,首次在珠江口航道 8 座沿岸通航标志上试验采用蓝色光源。2004 年,又采用加装 LED 灯光源、加大标志密度、应用灯光同步闪、应用新型标志等手段,使航标逐渐向绿色化、数字化方向发展。

2000 年起,直属海事航测部门加快沿海航标遥测遥控系统建设。2001 年 2 月,分别审议和评估北方、东海、南海三大海区的航标遥控遥测系统可行性报告,开展烟台长岛、上海长江口、广州珠江口等 3 项一期工程的前期工作,完成长江口、珠江口航标遥测遥控工程建设的初步设计并开工建设。2003 年,加速航标遥测遥控工程的建设。12 月,北方海区航标遥测系统工程(一期)建成投入试运行。2004 年 3 月、6 月,南海海区(珠江口)、东海海区(长江口)航标遥测系统工程先后建成并试运行。同年,启动"航标灯器智能控制器研制"项目的研究,研制出新型航标灯器智能控制器。该项目年底通过中国航海学会专家技术鉴定,并获得中国航海学会科技成果二等奖。2005 年,直属海事航测部门自主研制出第一个船舶自动识别系统航标和船舶自动识别系统遥测遥控系统,经过 7 个月在南海海区桂山北灯塔的试行,各项指标正常。5 月 8 日,首座船舶自动识别系统(AIS)虚拟航标在辽宁海域投入使用。它是通过船舶自动识别网络系统播发虚拟航标信息为船舶助航。大连、青岛、洋山港、广州及海南的航标遥测遥控系统的初设完成并开工建设。同时,为进一步完善航标行业标准,2005 年 6 月 21 日、10 月 20 日中国海事局先后下发《海区航标遥测遥控系统技术规范》等 6 个航标技术规范。

(三)航标效能管理与维护、保养

1.航标的效能管理

1998 年水监体制改革后,中国海事局对航标效能管理,主要是依据国家经济发展和未来航运、港口发展,深入调查、分析和评价,引入风险评估的理论和方法进行综合评估,以加强航标的日常维护和保养。

1999 年 5 月 21 日,中国海事局下发"关于做好沿海航标效能调查通知",决定成立中国海事局航标交通调查专家小组、各海区海事局调查专家小组,5—11 月间开展中国海事局成立后的首次航标效能的调查、分析和评价活动。在这次活动中,调查专家小组对海区航标的现状、效能及作用提出评估意见,深入到港口、航运企业和其他用户中进行调查研究,召开座谈会,征求用户对海区航标的配布状况和效能的意见,提出调整完善方案。在此基础上,航标交通调查专家小组根据各海区上报的调查报告和实地勘察及用户反馈意见,对各海区调查结果进行,复核,调整设置不合理的航标。2000年3月22日海区航标效能调查工作结束后,航标交通调查专家小组对航标效能调查结果进行汇总,对部分海区航标进行调整,撤除效能标志78座(规定6月30日前完成撤除任务),调整降低等级标志52座(规定12月30日前完成调整任务),新增标志65座(纳入"十五"建设计划)。2003年,中国海事局再次开展类似1999年的航标用户调查和研究工作。

2003年7月10日,交通部公布《沿海航标管理办法》,9月1日起执行,就航标规划、配布、维护、保护及专用航标、监督处罚等作出规定,废止1982年的《海区航标管理办法》。中国海事局针对港口发展变化,重新评估大连、青岛、长江口、珠江口等主要港口和重要水道的航标效能,同时发布航标动态,分别抄送本局测绘管理部门和相关航行警告区台,以保障航海信息沟通渠道畅通。2005年6月,中国海事局在青岛召开航标效能评估和风险管理研讨会,同时开始进行航标和海图用户的问卷调查活动,先后向港航单位分别发放航标用户调查表和航海图书调查表共1.5万份。

2.航标的日常维护和保养

从1999年起,直属海事航测部门十分注意对航标的日常维护和保养。节假日前,全面维护和保养,保证发光发信。做好日、周、月、季、年度维护保养,设备、设施定期维护、修缮以及技术指导和监督检查,增加夜航与信息反馈工作,减少浮标海损事故发生。2001年,直属海事航测部门开始尝试风险管理的专项研究工作。2004年4月5日,中国海事局下发《关于进一步加强航标管理的若干意见》,开始推行航标"管养分开"改革,明确各级航标管理机构职责,将航标的养护工作从各辖区航标管理处的工作中分离出来,成立相应的辖区航标养护中心。航标管理处履行航标管理工作职责。养护中心为辖区航标处下属单位,系统内是养护技术部门,系统外是经济实体。2005年,中国海事局利用船舶自动识别系统(AIS)技术对通航密度和局部的通航断面的流量进行定量分析,并将积累多年的经验和研究成果总结为"模型"工具,供决策者选用。至2005年底,直属海事系统管理和维护的各类航标达3395座,初步形成不同层次、交叉覆盖、功能先进的海区"航标链"。1998—2005年海区航标正常率详见表8-6-2。

1998—2005年海区航标正常率、维护正常率一览表　　表8-6-2

年　份	航标座数(座)	完成维护量(座/天)	航标正常率	航标维护正常率
1998	1800	685352	99.91%	99.96%
1999	1875	655659	99.97%	99.92%
2000	2028	692262	99.92%	99.98%
2001	2299	707888	99.93%	99.98%
2002	2466	849673	99.95%	99.99%
2003	2607	627483	99.10%	99.99%
2004	2814	875368	99.95%	99.99%
2005	3395	1106727	99.65%	99.98%

注:1996年12月3日交通部公布《海区航标作业管理规则》,规定航标正常率应达到99.6%,南海海区应达到98.5%;航标维护正常率应达到99.8%,南海海区应达到99%。以后航标考核均按照这一标准执行。

3.历史灯塔保护与建成展馆

据统计,中国现有百年以上历史的灯塔30座。整理、记录这些灯塔的变迁,建立灯塔档案是历史赋予海事人的使命。中国海事局成立以前,沿海航标的主管部门一直十分关注历史灯塔的保护和管理。1998年水监体制改革后,中国海事局及四大区直属海事局继续收集、整理历史灯塔资料,建立历史灯塔档案。2002年5月18日,国家邮政局发行《历史文物灯塔》特种邮票1套5枚,包括了申报的5座中国历史文物灯塔。5枚邮票的面值均为80分。这是新中国成立以来历史文物灯塔邮票首发。2006年5月22日,《现代灯塔》邮票首发式在天津塘沽举行。这套由国家邮政局发行的特种邮票共4枚,票面图案分别为天津大沽灯塔(1978年建成)、珠江口桂山岛灯塔(始建于1953年,1997年重建)、上海吴淞口灯塔(1999年建成)、海南木栏头灯塔(1995年建成)。

2004年10月11日,中国海事局专门就历史灯塔保护管理下发《中国海区历史灯塔保护管理办法(暂行)》,规定历史灯塔的性质、管辖范围、保护原则、分级管理、有效保护,以及文物保护区单位的申报、保护要求、开发利用、保(维)护经费、奖励与惩罚等。

为保护中国航标历史文化遗产,中国海事局建设了航标展馆。早在1995年,交通部安全监督局决定投资建设中国航标展馆,馆址选在秦皇岛市东山公园南侧,由当时天津海上安全监督局筹备,并草拟了《中国航标展馆总体方案》。水监体制改革后,天津海事局加快拟订《中国航标展馆布展方案》。1999年4月1日,经过四易其稿的《中国航标展馆总体方案(送审稿)》上报中国海事局。4月15日,中国海事局批准这一展馆布展方案。2000年6月18日,经过一年多的建设,中国航标展馆在秦皇岛市东山上落成并举行开馆仪式。航标展馆面向大海,与东山公园毗连,建筑面积为1809.22平方米。展厅分为3层,设5个展区:第一展区总体介绍中国航标现状,主要以图表形式展示中国航标的管理机构、管理范围、航标种类、数量分布情况等;第二展区,以郑和下西洋为线索,主要用模型、图片和文字资料等形式追溯古代航标情况;第三展区主要展示1840—1949年近代航标状况,以史料、实物、模型、图片等为主;第四展区主要展示当代航标的发展情况;第五展区设在室外,展示雾钟、雾号、雾炮和灯塔灯笼等十余件珍贵的音响航标实物。附属设施有模拟船台、专题展室、演播厅、会客室、船长酒吧、灯塔长廊等。

二、沿海航道测绘管理进一步发展

(一)航道测绘任务完成与应急服务

1.完成港口航道图测绘任务

20世纪50年代以来,根据国务院和中央军委关于海洋测绘的分工,交通部航道部门及后来的水上交通安全监督机构承担沿海港口航道测量、航海图编绘出版任务。

1998年水监体制改革后,中国海事局根据国家经济建设和海洋运输发展的要求,进一步规范沿海港口航道测绘工作,制订年度航道图、海图绘制及相关资料发行的工作计划,每年下达北方、东海、南海、海南海区的港口航道测绘计划,督促分别管辖4个海区的测绘部门完成沿海港口航道测绘工作。海事测绘人员努力工作,较好地完成了沿海港口航道海图绘制任务。2003年,中国海事局建立信息沟通渠道和交换机制,保证航海保障信息资源共享。2004年3月18—20日,提出建立海事系统完整的海图体系战略构想,把以服务港口建设为主的测绘转变为以服务航运安全为主的海事测绘。1998—2005年沿海测绘工作量完成情况详见表8-6-3。

1998—2005年沿海测绘工作量完成情况表 表8-6-3

年份	测量港口或区域(个)	测量面积(换算平方公里)	纸质海图制作(幅)	电子海图制作(幅)	专用海图制作(幅)	印刷海图制作(张)	发行海图制作(张)
1999	19	7415.14	62	—	—	—	30053
2000	12	6668.39	51	30	—	—	40000
2001	18	7307.70	76	103	8	54390	39067
2002	12	8252.08	89	120	33	59820	66002

续上表

年 份	测量港口或区域(个)	测量面积(换算平方公里)	纸质海图制作(幅)	电子海图制作(幅)	专用海图制作(幅)	印刷海图制作(张)	发行海图制作(张)
2003	23	9470.02	98	253	21	49050	34069
2004	15	10275.39	89	182	76	79400	54751
2005	18	13969.31	110	168	39	92760	94951

2.水上应急与重点水域的测绘

这一时期,直属海事的天津、上海、广州3个海测大队完成了各种应急扫测与测绘项目、任务。1999年,完成测定沉船“盛鲁”轮位置等一批应急项目。

2000年,海事上海海测大队完成海上应急测量任务60多项。多次完成长江口深水航道治理一期工程中深水航道的应急扫测任务,制作多幅《长江口深水航道及附近》航行图,并做成电子海图,保证国家重点工程的顺利实施。广州海测大队完成了海南琼州海峡VTS电子海图更新等应急测量等。

2001年,直属海事的天津、上海、广州3个海测大队完成应急扫测碍航沉船5艘、集装箱60余只、碍航碍障物30余处。在秦皇岛10万吨级主航道应急扫测发现碍障物30余处。亚太经济合作组织(APEC)上海会议期间,海事上海海测大队对黄浦江水域进行密度测绘。天津海测大队完成黄骅港港口航道图测绘任务,工作量达800多平方公里。

2002年5月7日,北方航空公司一架麦道82飞机在大连海域坠毁后,天津海测大队紧急启动飞机残骸和黑匣子应急搜寻扫测反应程序,在打捞出飞机两个黑匣子后,在1000米×800米范围内进行扫海,面积0.8平方公里,绘制了比例尺为1:2500和1:5000的《甘井子及附近“5·7”空难现场搜救打捞专用图》各1幅。此外,还完成洋山港建设等国家重点工程测绘工作(见图8-6-1)。

图8-6-1 辽宁省事局组织“5·7”空难海上搜寻打捞

2003年,直属海事的天津、上海、广州3个海测大队分别完成重庆“涪陵10号”客轮沉船扫测,上海市轨道交通四号线过江隧道浦西段防汛墙塌陷、长江口南槽航道、洋山港东海大桥桥区海域临时航道及附近沉船、南通港附近“ALTIS”和“CONAN”沉船、大戢山西北偏西3海里处不明物水下碍航物、渤海地区特大风暴扫海,云南滇池“飞虎队”飞机残骸、广州地铁4号线、广佛线过海水域等应急扫测任务。从9月23日起,完成湖北段29处险滩及水下障碍物扫测、重庆段外业扫测。到10月7日,完成“长江三峡135米高库区航路扫床工程”,完成380公里长江段53处指定浅滩暗礁扫测工作,测量面积约40平方公里,外业工作比原计划提前19天。之后,编印出三峡库区等水域新海图。另外,开展“河南洛阳母亲河绿化基地地形测量”,完成山区地形测量面积约2平方公里,编绘1:2000和1:500标准地形图3幅。

2004年,完成应急扫测20余次。对黄河小浪底大坝至三门峡大坝110公里库区水域测量,外业测量达240公里平方公里。这是黄河历史上第一次开展航道测量。测量后迅速分析处理测量到的数据,编绘成26幅1:1万的小浪底库区水下地形图。扫测珠江口水域,调整珠江口航道图目录,编印实施定线制的航行图与航行指南,同步制作电子海图。完成“天津新港10·31糠醇桶落水”“包头11·12空难黑匣子”“江港拖606”“集发”轮等应急扫测。完成“长江三峡135米库区航路扫床工程”,共380公里江段53处指定浅滩暗礁的扫测工作,测量面积约40平方公里。

2005年,完成长江口水域历史性沉船、长江口“2·10”直升机坠毁、黄海海域“华凌”轮沉船、成山角朝鲜籍“松岳山”轮沉船等44项应急抢险扫测任务,扫测面积约3062平方公里。

3.航海图书资料编印发行

从1999年起,为在最短时间内实行新旧国标标准的过渡,实行新的海道测绘规定(国标),中国海事局组织天津、上海、广东海事局的测绘部门和人员对1994年版《港口航道图目录》进行改版,并在上海召开中国海区港口、航道图用户专题会议,听取与会代表对海事系统海图测绘出版发行、小改正等方面的意见。10月,第四版《港口航道图目录》出版发行。为适应中国改革开放需要,经交通部保密委员会1999年12月7日批准,自2000年1月1日起,中国海事局将1986年以来由上海海上安全监督局负责的“内部出版”的沿海港口航道图及相关航海图书资料对外公开,不再标注“内部使用”字样(须经国家有关主管部门许可),交专门地图出版社出版。出版的航海图书资料上统一使用中国海事局局徽作为新的图徽。2001年1月1日起,《港口航道图目录》的“内部使用”标注被取消。9月5日,上海海事局成立航海图书印刷厂,印刷各类航海图书、技术业务书刊、港口航道图(海图、航海图)、改正通告、潮汐表、航行图集、航行警告等。2002年,《珠江口水域船舶交通航路图》等一批航海图书资料和海事管理专题用图出版。2004年6月4日,航海图书印刷厂更名为航海图书印刷中心。

4.成立“中国电子海图数据中心”

1998年水监体制改革后,直属海事测绘部门研制出符合国情的第一套电子海图生成软件和第一个符合S-57标准的电子海图,此后又研制出一些电子海图显示软件和改正软件,形成电子海图规模生产和发行能力。1998年10月,上海海上安全监督局(次年6月改为上海海事局)承担的“国际标准电子海图的研究和开发项目”通过交通部组织的专家鉴定,技术达到国际先进水平,填补了我国研制国际标准电子海图的空白。2000年5月,为进一步推进电子海图开发,上海海事局组织生产符合S-57标准(国际标准格式)的电子海图,结合差分全球定位技术、VTS系统技术的应用,开发出多种形式的电子海图,研制出一批海事监管所需要的电子海图。2001年,按照国际标准,中国海事局开始在上海筹建中国电子海图数据中心,完成天津—大连—香港电子海图海上试验。2002年2月,中国海事局批准在上海建立中国电子海图数据(制作)中心,负责全国沿海电子航行图(ENC)生成和改正,为我国船舶航行提供安全保障。9月28日,占地1300平方的中国电子海图数据(制作)中心业务用房建成并投入使用。2003年10月,中国海事电子海图数据(制作)中心在上海海事局正式成立。该中心主要职责是:统一负责电子海图开发制作,统一生产和发行中国沿海电子海图;集中管理中国海事系统海道测量数据;研究制订中国海事系统电子海图相关技术规范和标准;积极参与国际、国内电子海图技术交流与合作;负责电子海图推广、应用和服务。该中心开发制作的电子海图开始在船舶进出港引航、港口管理和VTS工作中得到初步应用。至2005年底,海事测绘系统编绘的电子海图已有282幅,覆盖整个中国海区。

(二)测绘先进技术的开发与应用

直属海事3个测绘大队引进多波束扫测、激光照排系统等世界先进测绘设备,实现激光照排的成图输出,以及海图编辑、绘图、印刷的一体化。3 个海测大队开发的中文全要素激光照排技术获交通部 1998 年科技进步三等奖。2000 年,3 个海测大队重点组织电子海图分幅研究。2001 年,研制开发 GEOSTAR 海图制图软件、外业快速成图软件、三维可视化港口航道电子海图显示分析软件等 3 个海图软件,提高测绘服务水平。11 月,开通“海道测绘”网站,与国际海道测量组织网站链接。2004 年,“海道测绘”网站改版,8 月开通英文网站。同年,《国际标准电子海图的研究开发》项目获上海市科学进步二等奖。2003 年 2 月 11 日,3 个海测大队又完成海事地理信息系统的可行性研究报告、初步设计、用户需求规格分拆说明书等,基本搭建起技术平台,进入安装测试阶段。2004 年 2 月 9 日,首套三维地理信息系统——珠江口海事三维地理信息系统在广州通过中国海事局组织的技术鉴定。3 个海测大队组织开发完成北方海事测绘信息平台和对 1991 年研制的水深测量外业自动化数据处理系统更新升级等项目。2005 年,又开发海洋信息管理系统、海事指挥管理挂图制作、CARI 软件汉字加注研究、电子海图数据加密与发布等,并研制压力式遥测水位仪 40 多套。

2002 年 12 月 18 日,为配合新的《中华人民共和国测绘法》实施,中国海事局在北京举办以“海道测量与海事安全”为主题的 2002 年中国海事测绘论坛,就新测绘法的贯彻实施、海事测绘的发展和数字港口、卫星导航、GIS、VTS 与电子海图等测绘科技动态等进行研究。

(三)港口航道测绘质量控制与检查

1996 年,天津、上海、广州海上安全监督局分别领导的 3 个海上测绘大队通过 ISO 9001:2000 标准认证。3 个大队均加强对航道测量质量的管理,整个体系覆盖沿海海道测量全过程。

1998 年水监体制改革后,3 个海上测绘大队继续推行航测质量管理体系,开展对航道测量的质量管理工作,完成质量手册、程序文件、工作文件等编写任务。1999 年,中国海事局委托中国海事研究会测绘政策、技术分委会,检查 3 个海测大队上一年度沿海港口、航道图测绘及扫测专项测绘质量情况。之后,每年或间隔一年对 3 个海测大队进行一次港口航道图及扫测专项测绘质量的检查。2000 年,3 个海测大队编绘海图合格率达 100%,1 幅海图被评为优质海图。2003—2004 年,完成《IHO 出版物汇编》3 册的翻译出版工作。2005 年 6 月,向航运、港口、海事、海洋工程等航海图书的有关用户发放中国海事局航海图书调查表和中国海事局航标用户调查表各 1 万份、英文中国海事局航海图书调查表与中国海事局航标用户调查表各 5000 份,广泛征求港、航单位和到港船舶意见。通过调查统计、分类整理,进一步提高航海图在航运界使用的满意度。

三、水上安全通信能力的全面提升

1998 年水监体制改革开始时,我国水上安全通信自动化程度已大幅度提高,形成覆盖所有航行海域的全球性通信网络,开放电视、电话、数据等多项通信业务,可以利用海事卫星、中波、短波、甚高频等多种通信方式进行船岸通信。

(一)海上航行警告(通告)发布和体系调整

1998 年 11 月 18 日,国家质量技术监督局批准《中华人民共和国中文航行警告标准格式》《中华人民共和国英文航行警告标准格式》两项强制性的国家标准,1999 年 9 月 1 日起实施。为落实这两项强制性国家标准,1999 年 5 月 10 日中国海事局下发通知,要求各航行警告台、海岸电台执行两项强制性国家标准中规定的船舶航行警告的标准电文结构、句型、短语、词汇和编写方法,各航运单位和船舶尽快熟悉两项国家标准。

为配合实施两项强制性国家标准,中国海事局组织研制航行警告编辑与管理软件,经过部分地区试用,2000年在全国范围内统一推广应用。2002年8月30日,交通部调整中国沿海航行警告和航行通告发布体系。调整后的体系实行总台、区台、发布台分级管理模式,中国海事局及管辖区台的天津、上海、广东海事局立即进行了分工:中华人民共和国航行警告总台设于本部,主管全国航行警告和航行通告发布工作,行使国际第十一航行警告区国家协调人职责。天津、上海、广东海事局设立海区航行警告台(简称区台),负责领导和协调本海区范围内的航行警告和航行通告发布工作,名称分别为中国北部海区航行警告台、中国东部海区航行警告台、中国南部海区航行警告台。北部海区为辽宁、河北、天津、山东海事局所辖海域范围,东部海区为江苏、上海、浙江、福建海事局所辖海域范围,南部海区为广东、广西、海南、深圳海事局所辖海域范围。在辽宁、河北、天津、山东、江苏、上海、浙江、福建、广东、广西、海南、深圳12个直属海事局设立航行警告发布台(简称发布台),负责管辖区域内航行警告(通告)发布工作。2001—2005年海上航行警告(通告)发布情况详见表8-6-4。

2001—2005年海上航行警告(通告)发布情况一览表 表8-6-4

年　份	航行通告(份)	航行警告(份)		
		合　计	中　文	英　文
2001	1351	2441	1754	687
2002	3482	4022	2542	1480
2003	5027	5084	3158	1926
2004	7672	5734	3724	2010
2005	8093	9023	6610	2413

(二)海岸电台机构的变化

2000年1月17日,中国海事局在北京召开上海、广东海岸电台体制调整问题专题会议,研究上海、广东海岸电台的业务开展和设备配备等。从10月1日起,除上海岸台外,沿海17个海岸电台(DSC)数选值班台开通试运行。2002年9月1日,上海海岸电台中高频DSC投入试运行,负责西北太平洋带第七搜救区DSC值守。2005年2月28日,按照国家政企分开和减轻企业负担政策的要求,交通部与中海集团在上海举行上海、广州海岸电台交接仪式。3月11日,交通部下发"关于上海、广州海岸电台划回部管理有关事宜通知",决定上海、广州海岸电台分别划给上海、广东海事局管理(时间从3月1日算起)。根据交通部的通知精神,中国海事局接管中海集团管理上海、广州2个海岸电台的公益、公众性海上通信业务职能,分别移交上海、广东海事局管理。至此,沿海所有海岸电台均纳入中国海事局管理。2005年3月18日,国家发改委正式批准国家级工程研究中心——船舶导航系统国家工程研究中心立项,并设在大连海事大学。2005年10月28日,上海海事局上海海岸电台挂牌。

1998年4月起,交通部、中国港务监督局(6月后改为"中国海事局")陆续对大连等15个岸台及上海、广州和天津岸台引进的GMDSS系统的DSC等设备进行安装调试,10月全部完成。18座DSC值班台和福州NAVTEX播发台于1999年相继开通试运行。1998年9月1日,广州海岸电台开通INM-C的E-mile电子邮箱业务。11月10日,天津海岸电台与美国GW公司开通国际海上短波通信E-mail业务。1999年3月,大连、秦皇岛、烟台、青岛、连云港、宁波、温州、湛江、海口、八所和三亚等11座DSC值班台试开通GMDSS DSC业务。2000年10月1日零时起,天津、福州、厦门、汕头、广州和北海等6座DSC值班台试开通GMDSS DSC业务。2001年起,中国海事局终止服务30多年的船舶莫尔斯无线电电报业务(MORSE AIA),陆续关闭从事此项业务的海岸电台,当年先后终止秦皇岛、烟台、大连、海门、舟山、温州、汕头、厦门、防城港、北海、八所、三亚 12 个海岸电台,次年终止青岛、连云港、宁波、福州 4 个海岸电台。

至 2007 年底,仅保留大连、天津、上海、广州海岸电台。2001 年 10 月 24 日,中国海事局下发“关于在沿海进行 DSC 实船测试的通知”,要求由各省(区、市)海上搜救中心与各海事局负责组织海岸电台与船舶统一实施,测试时间为 11 月,逐项组织测试。2003 年 10 月 16 日,中国海事局建成并开通中国海事卫星 F 站,首次实现中国全球移动卫星多媒体传输,可实时传送海上船舶遇险实际图像,便于陆地指挥机构根据情况组织适当救助力量,真实记载救助的全过程,提高遇险安全通途能力。10 月 15—16 日,中国交通通信中心配合解放军总装备部完成神舟五号载人航天飞船本地和全球模式天地对接试验。2005 年 4 月,福州海岸电台 DSC 值班台和 NAVTEX 播发台通过交通部专家组验收。6 月 1 日,大连海岸电台开通 SSB 语音气象播发业务;大连海岸电台开始在 486kHz 的频率上,以 NBDP 方式,定时播发中文 NAVTEX 业务。12 月,福州海岸电台实施 GMDSS,天津海岸电台新增中文 NEVTEX(486)播发业务。

1999 年,交通部将长江通信导航局更名为长江通信管理局。2000 年 6 月,宜昌至重庆微波通信干线通过验收。2000 年,长江航运启动长江水上 110 报警服务联动工程建设,相继建成长江重庆、上海等 9 个区段水上 110 联动中心。2002 年 3 月,川江船岸 VHF 通信系统工程和宜申(宜昌—上海)船岸 VHF 通信工程同时开工建设。2003 年 5 月,长江航运视频会议电视系统正式开通。6 月,武汉至南京干线光缆建成。8 月,川江 450MHz 无线接入网工程开始施工。2004 年,上海、宜昌 2 座江岸电台莫尔斯无线电报业务关闭。5 月 1 日,长江水上安全信息台正式成立。

2002 年 11 月,黑龙江通信信息中心由黑龙江航务管理局划归黑龙江海事局领导,改名黑龙江海事通信信息中心。

(三)中国搜救卫星系统全部建成运行

1987 年起筹建的中国搜救卫星系统,经过基础设施建设、设备安装与调试,于 1998 年正式运行,覆盖我国全部海域、陆地以及西北太平洋地区,不仅承担中国搜救服务区的遇险报警数据转接任任务,还承担西北太平洋地区报警数据交换任务。2001—2005 年搜救卫星系统(COSPAS-SARSAT)监控情况详见表 8-6-5。

2001—2005 年“搜救卫星系统(COSPAS-SARSAT)”监控情况　　表 8-6-5

年　份	主 要 情 况
2001	监测到 643 次在我国责任服务区内的信标报警。其中 28 次真实遇险报警,组织实施救助,400 余名遇险人员脱险。完成近 2.8 万次全球遇险搜救数据交换任务
2002	监测到 162 次在我国责任服务区内信标报警。其中 7 次真实遇险报警,组织实施救助,1000 余名遇险人员脱险
2003	监测到 197 次在我国责任服务区内信标报警。其中 4 次真实遇险报警,人为误报 87 次,不明报警 106 次,经组织实施救助,110 余名遇险人员脱险
2004	监测到 177 次在我国责任服务区内的信标报警,其中 8 次真实的遇险报警,人为误报 139 次,不明报警 27 次,信标固定装置损坏造成误发射 3 次。船舶报警 165 次,其中中国籍船舶报警 83 次,外国籍船舶报警 82 次,经组织实施救助,115 名遇险人员脱险。还完成与有关国家交换发生在其他国家服务区内的遇险报文 7312 份
2005	监测到我国 MCC 服务区内 136 次信标报警,其中真实遇险报警 12 次,操作失误报警 11 次,不明报警 113 次。中国籍船舶报警 79 次,外国籍船舶报警 43 次,经组织实施救助,109 名遇险人员脱险。还完成与有关国家交换发生在其他国家服务区内的遇险报文 7133 份

(四)中国船舶报告系统始建和运行

1999 年,交通部开始建设中国船舶报告系统,9 月 10 日进入硬件安装和软件开发。中国船舶报告系统(China Ship Re-Porting System,缩写 CHISREP),是中国根据《1974 年国际海上人命安全公约》《1979 年国际海上搜寻救助公约》中"各缔约国须提供海上搜寻救助服务"要求建立的,为全球海上遇险与安全系统(GMDSS)子系统。该子系统是集计算机、通信和网络技术为一体的信息系统,具有对船舶报告的航线、船位进行自动标绘与推算、对延时未报船舶自动预警等功能,并可提供船舶资料,为组织协调指挥船舶参与搜寻救助提供相关信息。中国海事局按照 SOLAS 公约第 V 章修正案第 7 款规定,起草共 19 条的《中华人民共和国船舶报告制管理规定(征求意见稿)》,向有关单位征求意见。2000 年 4 月 7 日、6 月 13 日,为履行《1974 年国际海上人命安全公约》《1979 年国际海上搜寻救助公约》签署国的职责,为使船舶在到达中国最近一个港口至少 24 小时航程的距离前就应开始报告,满足中国船舶报告系统对船舶数据采集的最低要求,参照国际上各国船舶报告区域(包含本国领海及附近公海)的通行做法,中国海事局通过交通部分别向外交部、国务院港澳办致函征求意见,通报中国船舶报告区域,即其他国家领海和内水以外的北纬 9°以北、东经 130°以西的海域,中国籍船舶向中国船舶报告中心报告船舶相关信息,以使中国船舶报告中心推算在航船舶位置,协调参与救助,避免或减少海上人员伤亡和财产损失,保障人命安全。4 月 22 日,外交部复函交通部,同意划定的中国船舶报告区域。之后,国务院港澳办也同意。

2001 年,为保证中国船舶报告系统开通后最大限度地减轻船公司负担,方便船舶参加报告系统,2 月 15 日与 3 月 6 日中国海事局分别在上海、北京召开已建通航与搜救管理工作设施使用协调会和中国船舶报告系统试通协调会,解决船舶报告过程中各种问题。5 月 28 日,中国船舶报告系统在上海建成,中国海事局在上海宣布该系统于 6 月 1 日开通试运行。该系统由中国海上搜救中心(指挥端站),船舶报告管理中心(设在上海海事局,负责船舶报告信息收集处理),辽宁、天津、山东、上海海事局和广东省海上搜救中心的用户端、报告接收站和参加该系统的船舶组成,由中国海事局负责组织实施,上海海事局管理。(见图 8-8-2)2002 年 11 月 19 日,中国船舶报告系统通过交通部验收,正式投入运行。该系统存储船舶静态资料、照片资料,接收报文,通过处理存储、接收信息,确定船舶航行位置,实行有效监控,保证船舶安全航行。2001 年 6 月至 2005 年底船舶报告系统存储、接收信息情况详见表 8-6-6。

2001 年 6 月至 2005 年底船舶报告系统存储、接收信息情况 表 8-6-6

年(月)份	主 要 情 况
2001.6—12	存储 1820 艘船舶静态资料,输入 557 艘船舶的照片资料;841 艘船舶 36576 航次加入中国船舶报告系统;船舶报告管理中心接收报文近 7 万份,输入台风等气象信息 255 次
2002	存储 1864 艘船舶静态资料,接收报文 133408 份,提供搜救信息 38 次
2003	存储 1846 艘船舶静态资料,接收报文 163936 份,提供搜救信息 56 次
2004	存储 1897 艘船舶静态资料,参加报告船舶 1055 艘,接收报文 110633 条,提供搜救信息 243 次
2005	存储 2017 艘船舶静态资料,其中 1600 总吨以上船舶 1292 艘,近 8 万艘船舶参与报告

第七节 授权归口管理工作有序开展

一、海(水)上搜救工作有效推进

(一)国家与省级救助与搜救管理体制

海(水)上搜救工作,是水上安全工作的最后一道防线,是政府公共管理的重要职能。作为交通部非常设机构的"中国海上搜救中心",为国家应急救援体系的重要组成部分,由交通部授权归口中国海事系统分别负责,主要承担海(水)上救助与搜寻及其日常工作和值班任务。

中国海上搜救中心始于 1973 年 12 月 28 日成立的海上安全指挥部,1998 年水监体制改革之前中心成员由交通部有关部门人员组成,主任委员为交通部副部长,日常工作由中国海上搜救中心办公室负责,交通部安全监督局(中国港监局)归口管理。

1998 水监体制改革后,中国海事局经交通部授权管理中国海上搜救中心、交通部交通安全委员会、交通部环境保护委员会日常管理工作。1998 年 10 月 16 日,交通部下发"关于调整交通部议事协调机构和临时机构的通知",确定中国海事局继续承担过去交通部安全监督局(中国港监局)归口管理的海上搜救、行业安全管理、行业环境保护工作。"组织、协调和指导水上搜寻救助并负责中国海上搜救中心日常工作",具体由中国海事局内设的通航管理处与中国海上搜救中心办公室负责。2000 年 10 月 24 日,交通部调整中国海上搜救中心及其办公室组成人员。2004 年 1 月 15 日,国务院召开专题会议,研究部署建立全国应急体系,海上搜救应急体系成为全国应急体系的一部分。5 月 27 日,交通部向国务院请示,建议将海上应急体系纳入国家应急体系,并将国家海上安全指挥部调整为国家海上安全委员会,作为国务院议事协调机构;成立中国海上搜救中心办公室,作为国家海上安全委员会的办事机构,设置于交通部内,负责海上应急日常工作。6 月 10 日,中央机构编制委员会办公室提出完善海上搜救应急机制的意见,由交通部牵头,建立海上搜救部际联席会议制度,在现有中国海上搜救中心基础上建立一个以交通部为主值班的专业、权威海上搜救指挥工作机构。7 月 29 日,中共中央政治局常委、国务院总理温家宝在北京市视察交通运输工作时指示,要完善海上搜救体制改革。12 月 26 日,中共中央政治局常委、国务院副总理黄菊在全国交通工作会议中强调要继续完善海上搜救体制改革。

2005 年,中国海上搜救体制实现新的变革。2 月 24 日,交通部决定中国海上搜救中心作为交通部内设机构,日常行政工作由交通部管理,业务委托交通部(中国)海事局管理。同时撤销中国海上搜救中心办公室,成立中国海上搜救中心总值班室,承担中国海上搜救中心各项工作和国务院海上搜救部际联席会议的日常工作。7 月 12 日,中央机构编制委员会办公室批复中国海上搜救中人员编制和职责,编制 10 人,其中局级领导 1 人,主要职责 5 项。12 月 21 日,中国海上搜救中心总值班室成立。12 月 31 日,中国海上搜救中心总值班室与中国海事局通航管理处正式分离,开始履行海上搜救和船舶污染事故应急反应昼夜值班职责。中国海上搜救中心总值班室代行海事系统应急值班,中国海事局不再另设值班室。

2005 年 5 月 22 日,国务院复函交通部,同意建立由交通部牵头的国家海上搜救部际联席会议制度(以下简称联席会议),由交通部部长担任联席会议召集人,中国海上搜救中心是联席会议的办事机构,负责日常工作。2005 年 5 月 24 日,国务院批准《国家海上搜救应急预案》,并作为国家 25 个专项应急预案之一在全国范围内实施。据此,中国海事局与中国海上搜救中心组织编写《沿海客船遇险应急处置预案》《内河客船遇险应急处置预案》《船舶载运危险品货物应急处置预案》和《民用航空器海上遇险应急反应处置预案》《交通部专业救捞队伍响应三峡库区重特大事故应急抢险打捞预案》等 5 个分预案,还编写《省级海上搜救中心应急预案编写指南》。这些预案与指南对指导海上搜救工作更好地实施都起到了作用。

中国海上搜救中心在我国主要省(区、市)建立省、市两级海(水)上搜救指挥体系,形成中国海上搜救中心、省(区、市)级海(水)上搜救中心、市级海(水)上搜救中心 3 级指挥体系。1998 年水监体制改革前,天津、上海、广东、福建、河北、江苏、辽宁、山东、海南等省(市)已相继成立省(区、市)一级海上搜救中心。长江干线水上搜救协调中心于 1996 年在武汉成立。有的省(区、市)在重要港口城市成立海(水)上搜救分中心。中国海(水)上搜救体系构架初步形成。2000 年以后,为适应水监体制改革后的实际情况,沿海各省(区、市)调整各自的辖区水上搜救中心(或新建、重建)。2002 年 6 月 3 日,浙江省海上搜救中心成立。2003 年 6 月 20 日、10 月 19 日,广西壮族自治区和江苏省水上搜救中心分别成立。2004 年 7 月 21 日,交通部下发“关于实行长江干线海事巡航与救助一体化管理的通知”,明确长江救助力量的建设以“海事巡航与救助一体化”作为方向,不再另设专业救助机构,实行“海事巡航与救助一体化”。随后,江苏、长江海事局确立以“海事巡航与救助一体化”为核心的水上搜救体制。

(二)救助与搜救应急制度及搜救专用电话“12395”

20 世纪 80 年代起,船舶开始安装遇险自动报警设备。2000 年起,中国海上搜救中心开始建立健全水上交通险情报告制度和应急反应程序。2000 年 2 月 24 日,国务院批准交通部与国家经济贸易委员会联合提交的《关于建立水上交通险情报告制度的请示》,开始建立水上交通险情报告制度,并将水上险情划分为一般、重大、特大 3 个等级。

2004 年 1 月 15 日,国务院召开部署建立全国应急体系工作专题会议。1 月 28 日,中国海事局成立《国家海上搜救应急预案》编写小组,依据《国务院有关部门和单位制定和修订突发公共事件应急预案框架指南》原则,开始编制《国家海上搜救应急预案》。在编制中,中国海事局多次召集在一线长期从事搜救的人员和有关专家讨论研究,征求国务院有关部门和军队意见。7 月 29 日,国务院办公厅应急预案工作领导小组组织专家审查《国家海上搜救应急预案(修改稿)》。9 月 1 日,中国海事局提出水上事故险情和处置情况基本信息,搁浅、碰撞、沉船、火灾、客(滚)船事故和载运危险货物船舶遇险等重点信息收集、报送的内容要点,要求全国海事系统和各搜救中心依据要点,及时、准确掌握和报送本辖区水上事故险情和处置情况,并利用现代通信、信息技术,直观报送现场信息和图像。

为加强全国范围内海(水)上搜救系统的简便、快捷地补充报警求助途径,1999 年 5 月 6 日中国海事局致函信息产业部,申请全国统一、简单、易记的水上搜救电话特服号。2000 年 1 月 3 日,信息产业部同意中国海事局核配全国统一水上遇险搜救专用电话号码“12395”(取“123 救我”之谐音),增强水上人命救助时效性。1 月 25 日,各海上搜救中心、分中心和海事系统各单位,启用并向社会公布该专用电话号码。北京和沿海、沿长江各省(区、市)省会(首府)及主要港口城市先行启用水上搜救专用电话号码“12395”。4 月 7 日,中国邮电电信总局通知各省(区、市)邮电管理局,采用本地网集中设置方式,在中国电信固定电话网统一启用“12395”号码,作为全国统一水上搜救专用电话号码,范围为全国本地网。至 2005 年,先后有 46 个主要城市启用水上搜救专用电话号码“12395”。

(三)与台湾进行搜救工作交流

1998 年 9 月 9 日,交通部首次批准两家台湾航运公司的远洋干线班轮同时挂靠祖国大陆和中国台湾港口。2001 年 10 月 14 至 26 日,中国海事局派员与中国台湾有关机构就 STCW78/95 公约实施以及中国台湾海员在大陆培训发证等问题进行交流。2002 年 1 月 30 日至 2 月 7 日,中国海事局受中国台湾“中华搜救协会”邀请,由中国海上搜救中心、福建省海上搜救中心和中国交通通信中心有关专家组成代表团,赴台参加为期一周的海峡两岸海、空难救助专家研讨会。中国海上搜救中心代表翟久刚与中国台湾“中华搜救协会”银柳生于 6 日共同签订 2002 年两岸海难救助专家研讨会会谈纪要。2003 年 9 月 21—30 日,应中国台湾“中华搜救协会”的邀请,中国海事局组团以中国航海学会的名义和民间身份,赴台参加两岸航行安全管理专家研讨会,并与中国台湾“中华搜救协会”联合主办研讨会,就海上搜救和防污染问题进行工作交流。

(四)重大搜救演习与搜救行动

2000 年 6 月 5 日,经国务院港澳事务办公室同意,交通部、中国海上搜救中心在深圳内伶仃岛附近水域举行珠江口(粤、港、澳)搜救和溢油应急联合演习。这是自香港、澳门回归祖国以后首次举行的粤、港、澳联合海上搜救和溢油应急演习。

2001 年 9 月 26 日,经交通部、海军批准,海军北海舰队和山东海事局在青岛海域共同举行“海救一号”军地海上联合搜救演习,共出动舰艇、船舶 23 艘和飞机 5 架,演练救助海上遇险人员、船舶消防灭火、船舶堵漏排水、海上溢油清污等科目。2002 年 9 月 28 日,中国海上搜救中心在上海吴淞口水域举行海上搜救综合演习,演练救助海上遇险人员、船舶消防灭火、海上溢油清污等科目,并首次设置船舶反恐怖行动演练科目。

2003 年 11 月 26 日,中国海上搜救中心在烟台海域举行海上模拟搜救演习,首次运用网络技术和视听手段,模拟操作组织、协调、指挥、调动搜救力量,对海上遇险人员和船舶实施救助行动的演习元素,为演习方式变革积累了经验。

2004 年 6 月 23 日,中国海上搜救中心与中国远洋运输(集团)总公司,在北京举行实施 ISPS 规则应对恐怖袭击船岸联合演习。6 月 26 日,中国海上搜救中心在三亚湾海域举行南海联合搜救演习,演练海空救助、海上消防、海上应急污染处置等科目,并首次运用搜救漂移模型、油污漂移模型、现场图像实时远距离传输等技术。

2005 年 7 月 7 日,2005 年东海联合搜救演习在洋山深水港举行,海事、海军东海舰队、救捞、边防、海关等 24 个单位参加,共计出动各型舰船 30 艘、飞机 5 架(包括 1 架电视转播直升机),总参演人数近千人。这是我国 2004 年制定和实施《国家海上搜救应急预案》以来举行的最大规模的水上综合搜救演习。

这一时期,中国海上搜救中心还组织了几次重大的搜救行动,如 2002 年“5·7”空难搜救与扫测、2002 年寒潮大风搜救、“辽旅渡 7”客滚船遇险搜救、“辽海”客滚船遇险搜救、珠江口水域船舶碰撞溢油事故应急处置、“阿提哥”油轮搁浅溢油救助等(见图 8-7-1);开展了一系列基础性工作,如 2003 年 4 月组织翻译出版国际民航组织、国际海事组织编写的《空海联合搜救手册》、在组织翻译该手册修正案后于 2006 年 2 月出版《空海联合搜救手册》增补本。2004 年 12 月 3—13 日,中国海上搜救中心在武汉中国海事局培训中心首次举办海上搜救协调员培训班,35 名海上搜救协调员参加培训。2005 年,又在武汉举办 2 期海上搜救协调员培训班。这一时期我国海(水)上搜救成效突出,详见表 8-7-1。

图 8-7-1　“阿提哥”轮搁浅救助现场

1998—2005年海(水)上搜救情况统计表　　表8-7-1

年　份	水上搜救(次)	遇险人数(人)	获救人数(人)	协调出动船舶(艘次)	协调出动飞机(架次)	水上救助成功率(%)
1998	536	4382	3856	726	35	88.0
1999	563	3720	2903	787	45	78.0
2000	298	8002	7450	472	15	93.1
2001	375	8113	7346	881	15	90.5
2002	262	7950	7509	601	9	94.5
2003	542	6928	6465	700	14	93.3
2004	1492	16491	15597	3979	47	94.6
2005	1579	17807	16965	5058	98	95.3

二、交通行业安全管理工作有序进行

(一)建立交通行业安全管理机制

1998年水监体制改革后,中国海事局被交通部授权归口管理的另一项工作就是负责交通行业安全管理工作,承担交通部交通安全委员会及其办公室的日常具体工作。1998年11月11日,交通部进一步明确中国海事局安全管理处与交通部安全委员会办公室合署办公,归口管理交通行业安全生产,并承办交通部安全委员会日常工作。之后,交通部多次调整安委会及其办公室组成人员。2004年3月23日,交通部公布《交通部交通安全委员会工作规则》,并调整交通部安全委员会办公室的主任与副主任。

(二)开展交通行业安全管理

1.开展“水上运输安全管理年”活动

1999年“11·24”特大海难发生后,为汲取特大事故教训,交通部决定从2000年起连续3年开展“水上运输安全管理年”活动,以动员全国交通系统干部和职工向管理要安全、以安全保稳定、以安全促发展,扭转水上安全工作被动局面。2000年2月24日,交通部下发《关于开展“水上运输安全管理年”活动的通知》和《“水上运输安全管理年”活动方案》,成立以交通部部长、主管水上安全的副部长为正副组长和部办公厅、体改法规、海事、水运、公安、救助打捞部门领导参加的交通部“水上运输安全管理年”活动领导小组,在中国海事局下设办公室。该方案明确此次活动目标要达到“四个明显一个确保”(安全意识明显增强,安全规章制度明显完善,完全管理责任明显加强,安全管理水平明显提高,确保2000年不发生特大恶性责任事故),维护水上交通安全形势稳定。4月7日,交通部在召开“水上运输安全管理年”活动电话会议上,将“四客一危”(客滚船、客渡船、船载客车、旅游船和危险品运输船)、“四区一线”(即渤海湾水域、舟山水域、琼州海峡水域、西南山区河流和长江干线)确定为水上安全检查、监控的重点。2000年7月31日,交通部将“四客一危”重点船舶种类调整为客船、客滚船、客渡船、高速客船和危险品运输船。11月17日,交通部在成都召开的全国水上交通安全工作会议,将“四客一危”重点船舶种类明确为客滚船、客(渡)船、高速客船、旅游船和危险品运输船。

中国海事局组织全国海事系统积极投入“水上运输安全管理年”活动中。2000年3月1日,下发全国海事系统(包括全国船级社系统)开展“水上运输安全管理年”活动实施意见,要求全国海事系统结合海事监管职能与日常工作,突出重点,强化监管,确保不因海事管理和服务问题而发生重特大责任事故。

2000年5月15日,中国海事局以交通部安全委员会名义组成5个暗访组,分赴渤海湾、琼州海峡、长江干线开展为期一周的暗访活动,了解客滚船、客渡船、旅游船、高速船和危险品运输船以及乡镇船舶的水上交通安全状况。7月6—31日,直属海事系统对沿海及长江干线、珠江、黑龙江水域载客12人以上的客船(含客滚船、高速客船、旅游船)和危险品运输船舶开展集中安全检查会战,共检查船舶7146艘次,查处缺陷船舶4845艘次,查出并责令整改缺陷22200项,滞留船舶178艘次。8月17—31日,直属海事系统参加在全国范围内开展的2000年水上统一执法行动。8月29日,交通部安全委员就暗访中发现各种安全隐患和问题,责成有关海事局处理和整改。9月,进行复查,检查事故隐患和问题是否整改了。

2001年3月1日,中国海事局继围绕"四客一危""四区一线""五一"与"十一"及春节的重点监管,开展"四项整顿工作"(川江载货汽车滚装运输市场整顿、长江涉外旅游船运输市场整顿、渤海湾客滚船运输市场整顿、琼州海峡客滚船运输市场整顿),把好"四道关口"(整顿水上运输秩序,严把市场准入关;整顿船舶秩序,严把船舶现场监督、检验关;整顿船员秩序,严把船员培训监督管理和考试发证关;整顿通航秩序,严把监督检查关)。对已开展两年(2000—2001年)的"水上运输安全管理年"活动,总结经验,发现问题,整改隐患,夯实基础,注重创新,探索管理有效方法和模式,并安排2002年"管理年"活动。

2002年2月1日,按照交通部"巩固整顿成果,立足长效管理"要求,中国海事局加大"四区一线"水域和"四客一危"的安全管理力度,将交通部提出的"四个明显,一个确保"作为全国海事系统开展2002年"水上运输安全管理年"活动的要点,强化现场监管,以杜绝重特大水上事故发生。

连续3年"水上运输安全管理年"活动取得明显成效。为巩固"管理年"成果,2002年11月5日交通部在杭州召开全国水上交通安全工作会议,将2003年定为水上运输安全'巩固提高年',要求坚持长效管理与专项整治相结合,做好重点安全监管。4月8日,交通部下发《水上运输安全"巩固提高年"工作指导意见》,明确工作目标,持续保证水上安全"四个明显,一个确保",并将"管理年"活动好的经验和做法上升为规章制度,落实安全隐患整改措施,建立长效管理机制。

2.开展"安全生产周"和"反三违月"活动

2000—2001年,交通部将"安全生产周"和"反三违月"活动列为"水上运输安全管理年"活动的重点内容之一。全国海事系统按照这一活动要求,积极开展"安全生产周"和"反三违月"活动中的安全管理工作。2000—2005年,中国海事局以"四客一危"重点船舶(客渡船、客滚船、高速客船和旅游船,危险品运输船)、"四区一线"重点水域(渤海湾水域、舟山群岛海域、琼州海峡水域和西南山区的内河水域,长江干线水域)、重点时节("五一"、"十一"、春节长假)为监管重点,狠抓薄弱环节,以点带面,有效地实施监管工作,加强对生产现场和航行水域的监控与执法,对重点船舶的经营资质、技术标准、安全状况和船员适任能力强化评估、检验、检查、管理,加大对事故隐患整改力度,营造水运安全生产良好的外部条件,以保持水上安全形势的持续稳定。自2005年起,交通部每年都与中远、中海等7家中央企业签订安全管理责任书,且层层签订安全责任书,规定年度安全目标,考核企业安全生产指标。中国海事局与水上交通央企建立6项监管制度(安全生产工作会议制度,安全生产监督检查制度,安全生产信息报备制度,安全状况通报和举报制度,安全监管报告制度,安全生产宣传教育制度)。

3.开展交通行业的安全生产大检查

这一时期,全国海事系统结合行业安全状况,组织并参加各种安全生产大检查。在每年春节、"五一"、"十一"节假日开展节假日安全大检查。1999年"11·24"海难事故发生后,交通部于12月3—31日在全国范围内开展水路、公路安全大检查,水路重点检查所有投入营运的客滚船、客(渡)船、危险品运输船。直属海事系统共组成4个水运组,对渤海湾、琼州海峡、舟山群岛、长江干线进行水上安全检查。2000年6月22日,四川省合江县乡镇客渡船"榕建"轮因超载和违章航行,发生特大沉船死人事故后,全国海事系统参与7月1—31日由交通部组织的全国乡镇客渡船大检查。2005年4月6日,交通部下发《建立水上交通安全长效管理机制指导意见》,将乡镇船舶安全管理责任制作为水上安全责任体系和长效管理机制主要措施之一。7月22日,交通部、国家安全生产监督管理总局联合下发《关于开展渡口渡船专项整治规范渡口渡船安全管理的意见》。随后,全国海事系统履行各自职责,与当地政府一起检查县、乡政府落实渡口渡船安全管理责任制落实情况,督促机构、责任、人员、经费、监管"五到位",并多次专项整治渡口渡船,将县、乡政府落实渡口渡船责任制列为专项整治重点和验收标准之一。

三、交通环境保护工作的推进

(一)交通环境保护机构的建立

1998年水监体制改革以后,中国海事局被交通部授权归口管理的另一项管理工作就是交通行业环境保护管理工作,承担交通部环境保护委员会(以下简称交通部环委会)及其办公室的日常具体工作。1999年2月24日,交通部调整交通部环委员会成员。2000年、2003年,交通部两次调整交通部环委会组成成员。交通部环委会下设交通部环境保护办公室(以下简称交通部环保办),为负责交通部环委会日常行政工作的独立办事机构,1997年、1999年、2000年、2003年,交通部共3次调整交通部环保办组成人员。此外,成立于1997年12月19日的交通部环境保护中心(简称交通部环保中心),负责环保业务工作,归环保办管理,2002年3月14日由中央机构编制委员会核准为事业单位。

2000年2月28日,交通部成立交通部环境保护专家委员会,由聘请的环保咨询、环境评价、环境保护等方面的188位环保专家组成。该委员会由常务委员会和技术委员会两部分组成。常务委员会侧重提供重大决策性建议;技术委员会由咨询、环境影响评价、工程3个分委会组成,侧重提供有关技术咨询。

(二)交通环境保护的管理

1998年水监体制改革之后,交通部环委会及环保办针对交通行业建设项目,公路、水路的环境特点,组织力量对以前的环保管理规章制度和技术规范进行修改、充实,重点是《交通建设项目环境保护管理办法》《交通行业环境监测工作条例》及环境影响评价规范等,使交通行业环保工作有法可依,有章可循。

1.三峡库区的环境污染源进行监测

交通部环委会以交通部环境保护中心、长江海事局为牵头单位,组成三峡库区船舶流动污染源监测网,并在三峡、万县、重庆分设3个监测站,承担三峡库区船舶污染监测任务。

2."白色污染"的整治

早在1995年,全国铁路沿线、长江三峡乃至城市乡镇大量丢弃塑料包装,导致"白色污染"。1996年,国务院决定在全国治理"白色污染",随后"白色污染"治理工作在全国范围内展开。

1998年6月1日,交通部与国家环保总局联合进行为期一个月"发展长江航运,保护长江环境"宣传月活动。6月2日,在重庆港举行长江交通环保宣传月开幕式。10月10—11日,交通部在苏州召开由江苏省、浙江省和上海市交通厅(办)负责人参加的交通部太湖流域交通污染防治工作座谈会,决定成立交通部太湖流域交通污染防治协调机构,推动在太湖流域作业的10万多艘船舶和几十个港口的污染防治工作。该协调机构发动交通行业有关部门、企业投入到长江、太湖流域垃圾、白色污染和其他船舶污染防治工作中。10—11月,交通部组织开展长江、太湖流域防污专项大检查,共检查船舶1340艘。1999年1月1日,交通部等10部委组织太湖流域"白色污染""零点行动"整治活动,关闭数百家排污不合格的企业。4月间,相关直属、地方海事机构参加由地方政府组织的联合执法检查组,清理太湖沿岸垃圾,清除船舶垃圾与水中漂浮物,并制订交通行业第一个治理“白色污染”专门标准——《水上可降解餐具通用技术条件》,在船舶配备海事部门批准的船舶垃圾管理计划和签发的船舶垃圾记录簿;禁止将船舶垃圾排放入江,在岸上设置接收处理设施。2001年,在“白色污染”整治初见成效的基础上,江苏、浙江、上海直属、地方海事系统对进出太湖的船舶与湖沿岸港口进行检查。经过整治,“白色污染”得到控制,1999年5月、2001年2月,国务院有关部门两次联合检查防治太湖流域“白色污染”。检查结果令人满意,船舶执行防治“白色治理”规定情况明显好转。

3.交通环境影响评价

2002年10月28日,第九届全国人大第三十次会议颁布《中华人民共和国环境影响评价法》,次年9月1日起实施。为落实该环保评价法,交通部环委会、环保办连续组织召开4届年度交通行业环境影响评价单位会议,并于2003年召开环境影响评价会,对交通行业建设项目环境影响做出评价。另外,加强交通行业环境影响评价单位和验收调查编制单位的日常考核和管理,针对交通行业环境保护的特点和要求及时提出需要注意的问题并落实解决。2004年3月6日,交通部环保办在重庆召开研讨会,对营口、上海、深圳、南京、珠海、湛江、苏州、广州、天津、大连港等港口总体规划进行环境影响评价。

4.交通建设项目环保管理

1999年9月,交通部组织4个环保检查工作组,分赴四川、重庆、云南、贵州、河北、河南、山东、山西、陕西、甘肃、宁夏、内蒙古等12个省(区、市),检查33个公路建设项目的环境保护和水土保持情况。2001年5月9—10日,交通部环委会在昆明召开第一次交通建设项目环境保护工作会议,检查和调研重庆、贵州、内蒙古、安徽、四川、天津、西藏7个省(区、市)的交通建设项目环保工作。2004年,交通部环保办组织对上海洋山深水港一期工程等的环境保护检查。

5.交通工程环境监理

1999年起,交通部环保办组织专家编写《公路环境保护工程环境监理教材》,经过两次专家审查,于2005年出版。2002年10月,交通部、国家环保总局等6部门联合下发“关于在重点建设项目中开展工程环境监理试点的通知”,明确在全国重点建设项目中确定13个重点建设项目作为环境监理试点工程,其中交通水上工程为洋山深水港一期工程。2004年,根据交通建设项目环境监理试点进展情况和总结的经验,决定在交通行业内全面开展建设项目环境监理工作,并作为交通工程整个监理的重要组成部分。

6.交通环保的培训与宣传

2002年,交通部环保办组织3批环境监测上岗、实验室监测质量控制培训,实验室分析质量考核,为16个行业环境监测中心颁发交通行业二级监测资质证书。2003年,交通部环保办先后举办交通行业环境保护培训班(兰州)、环境保护研讨会(银川)、工程环境监理试点工作培训班(宁夏、贵州)、水运工程环境保护培训班(成都)等。2004年,交通部环保办在上海、银川、凯里、邵阳分别举办工程环境监理培训班,300多人参加培训,经考试合格后获颁培训结业证书和上岗证书。8月1—6日,又在兰州市举办第一期交通行业环保管理人员培训班,80余人参加培训。

7.交通行业环保宣传

1998年,交通部按照“6·5”世界环境日“为地球上的生命-拯救我们的海洋”主题,与国家环保总局联合开展“发展长江航运,保护长江环境”的宣传月活动。此次活动开幕式在重庆举行,中央电视台《焦点访谈》等栏目及《人民日报》《中国环境报》《中国交通报》等报纸进行了专题报道,扩大交通环保的影响。1999年,按照“6·5”世界环境日“拯救地球,就是拯救未来”的主题,交通部组织宣传长江、太湖等地交通管理部门贯彻执行整治“白色污染”有关法规、规章制度等活动,重点宣传《防止船舶垃圾和沿岸固体废弃物污染长江水域管理规定》《关于加强重点交通干线、流域及旅游景区塑料包装废物管理的若干意见》等管理规章制度。2000 年，交通部围绕“6·5”世界环境日“环境千年-行动起来吧”的主题，开展宣传活动，在交通部部机关宣传栏展示交通环保的成绩与问题，交通行业各单位也开展形式多样的宣传活动。2001 年，按照“6·5”世界环境日的主题“世间万物，生命之网”，交通部在珠江口举行油污应急和搜救联合演习。2002 年，按照“6·5”世界环境日主题“让地球充满生机”，交通部组织交通环境保护宣传活动。2003 年，按照“6·5”环境日的主题“水-二十亿人生命之所系”，交通部组织灵活多样的宣传教育活动。2004 年，按照“6·5”世界环境日的主题“海洋存亡，匹夫有责”，交通部组织全行业开展环境保护宣传活动。2005 年，按照“6·5”世界环境日的主题“营造绿色城市，呵护地球家园”，交通部组织全行业开展环境保护宣传活动，提出“人人参与，创建绿色家园”主题思想。

2003 年 10 月 29—30 日，交通部在湖南长沙召开交通环保工作 30 周年总结表彰大会。交通部副部长、交通部环委会主任洪善祥等出席会议并讲话。会议表彰交通行业 43 个环境保护先进集体和 194 名先进个人。大会的纪念活动回顾了交通行业环保工作自 1970 年开展以来的 30 年历程，总结了成绩，确定了今后交通环保工作的目标，即：探讨交通环境工作的新思路，与时俱进、开拓进取、再创交通环保工作的新局面。会上，举办专题学术研讨会，发放制作的录像、画册、宣传画，并在《中国交通报》设立交通环保专栏，大力宣传交通环保 30 年所取得的成就。

第八节　海事设施建设推进及成果应用

一、海事监管船舶建造形成系列

1998 年水监体制改革后，为提升水上安全执法和管理手段，实现从传统的安全管理向科学管理的转变，交通部下达直属海事系统船舶建造投资计划，制订海事船舶建造规范和编制船舶配备标准，规范船舶建造。1999 年 2 月 13 日，中国海事局进一步要求抓好船舶建造的前期工作、招投标工作，规范各种设计和建造合同，搞好船舶建造管理工作各个环节，要求上海海上安全监督局（6 月改为上海海事局）、广州海上安全监督局（12 月改为广东海事局）做好两艘千吨级巡逻船建造工作。2002 年 9 月 2—3 日，针对首艘 26 米内河玻璃钢巡逻船建造技术问题，中国海事局组织专家进行技术评估，进一步完善该型号船舶，做好后续船舶建造工作。2004 年 1 月 13 日，中国海事局在北京召开大型航标工作船方案论证和需求分析座谈会，专题研究天津海事局大型航标工作船建造前期工作。2005 年 1 月，中国海事局在上海召开 26 米沿海玻璃钢巡逻船技术评估会。7 月，在湛江召开“海测 1504”测量船的技术评估会，确定“十一五”计划期间海事系统船舶和巡逻车辆“控制总量、优化结构、提高性能、统一标准、规范管理”的配置目标，完成《海事船舶和巡逻车辆配备标准》初稿并上报。

这一时期，中国海事局每年召开直属海事系统基建、造船专题会议，总结工作，做好来年安排（如 1999 年 4 月 28—30 日在大连、2000 年 4 月 12—15 日在宁波、2001 年 4 月 19—21 日在北京、2003 年 8 月 5—7 日在哈尔滨）。按照沿海、内河水域不同特点，做好工程可行性研究、初步设计、招（投）标，安排好船舶建造工作及重点船舶的前期方案，监督船艇建造，特别保证重点船舶的建造，坚持每年新建一批、开工一批，当年未完成，下一年继续建造，全力完成每年船艇建造任务。建造的海事船艇船型有 14 米、17 米、20 米玻璃钢船，17 米、20 米、26 米、30 米、45 米钢质船和 30 米高速船及 8 米气垫巡逻艇、摩托艇等，以及 17 米及 120 吨、150 吨、400 吨航标船。2001 年 12 月 20 日，全国海事系统第一艘千吨级“海巡 21”巡视船在上海举行交接仪式，2002 年 1 月 1 日列编上海海事局，投入海上巡航。至 2005 年底，直属海事系统共有船艇 805 艘，其中巡逻船 680 艘（千吨级 2 艘）、航标船 78 艘，测量船 26 艘，其他船舶（特种船）21 艘。

这一时期直属海事船艇建造情况详见表8-8-1。

1998—2005年海事船艇建造开工与完成情况表　　表8-8-1

年　份	海事船舶建造完成情况
1998	建造船舶30艘,续建10艘,完工30艘
1999	建造船舶41艘。建造的船舶类型有17米、20米、30米、45米钢质船和30米高速船,摩托艇,17米和120吨、150吨、400吨航标巡检船。长江和黑龙江港监局开工建设16艘,完工16艘,主要建造的14米、17米、20米玻璃钢船和20米、26米、30米钢质船及8米气垫巡逻艇
2000	开工建造船舶35艘,续建5艘,建成36艘,主要是千吨级"海巡21"船及20米、30米、45米巡逻船和航标巡逻测量船等
2001	建造上海1000吨级海上巡视船、浙江45米巡逻船、广东沿海测量船、福建及广西30米巡逻船,以及14艘30米以下巡逻船,2艘高速摩托艇
2002	建造海事船48艘,完工44艘
2003	建造海事船27艘,跨年11艘,完工32艘
2004	建造海事船35艘、跨年10艘、完工39艘。3000吨级"海巡31"海事巡视船成功下水试航,60米级巡视船交付使用
2005	建造海事船57艘,其中巡逻船52艘(包括摩托艇19艘)、航标船3艘、测量船2艘。广东、深圳、福建、广西、海南5艘45米级巡逻船交付使用。

以上建造完成的沿海、内河船艇中,最突出的为千吨级"海巡21""海巡31"。1998年9月,交通部根据中国加入国际海事组织后用于水上交通安全监管船艇船体小、航速慢,与支持保障工作不相适应的情况,决定在南海、东海海区建造千吨级以上海事船,以延伸巡航现场,实现从港口管理向海区扩展管理的目标。1999年2月,广东、上海海事局按照交通部的计划,开始在广东、上海分别建造3000吨级、1000吨级的大型海事工作船。上海、广东海事局加强领导,精心组织,努力做好千吨级海上巡视船的前期工作。

2001年12月22日,建造时间一年多(2000年3月开工)的"海巡21"号巡视船在上海江南造船(集团)有限责任公司求新造船厂竣工。这是中国海事建造的第一艘千吨级无限航区巡逻船。上海海事局参与设计图纸审定、建设合同谈判等,并派员驻厂监造。该船1600总吨,最大航速22节,续航能力6000海里,主要用于东海海区的水上安全巡航,以及海上联合搜救、紧急救援等。

2004年6月6日,2003年3月开工建造的"海巡31"巡逻船在广州广船国际船厂举行下水仪式,11月试航,2005年2月22日投入海区巡航。该船排水量3000吨,最大航速22节,续航能力6000海里。这是中国海事系统第一艘3000吨适于无限航区的国际航行入级船舶,标志着中国海事具备对100海里内的国际航线和海上设施有效监管的能力,实现了2001年《中国海事工作发展纲要》中提出的到2005年中国海事"将把100海里内的国际航线和海上设施等纳入监管范围,50海里内重要干线航道和重要港口附近的应急到达时间不大于3小时"的目标。

这一时期,中国海事局决定每年在直属海事系统开展船艇管理、使用、养护、维修专项工作(简称"管用养修"),时间为2005年4—11月,以逐步建立船舶长效管理机制。2005年4月7日,中国海事局下发《关于加强直属海事系统船舶"管用养修"专项工作的指导意见》,成立直属海事系统船舶"管用养修"专项工作领导小组,下设办公室,做好船舶"管用养修"专项工作。专项工作开展过程中,先由各单位自查及互查、重点抽查,然后组成南北两个"管用养修"专项工作检查组,于11月21日至12月6日对辽宁、河北、天津、山东、长江、江苏、上海、浙江、福建、海南、深圳、广西、广东13个海事局推荐的17艘标兵船舶和18个船舶管理单位进行检查,并随机抽查各单位15艘船舶。12月至次年2月,各单位自查2006年度所属的巡逻船和航标测量工作船及其他装备的"管用养修"工作情况,主要是船舶管理规章制度和基础台账、船员操作技能水平、船舶维修保养经费投入、安全检查等4个方面的内容。通过船舶"管用养修"专项工作,海事船舶保持了良好的技术状态,各海事局水上重大突发事件的应急处理能力也得到很大提升。

二、北方海区溢油应急反应示范工程建成

1990年,国际海事组织制订《1990年国际油污防备、反应和合作公约》(简称《OPRC90公约》),自1995年5月13日生效,并接纳中国为该公约成员国。根据该公约要求,当事国应制订国家和区域的溢油防备和反应计划。中国由交通部会同有关部门具体组织实施这一国际公约。

1998年水监体制改革后,中国海事局在总结中国船舶监督管理和溢油应急防治经验,编制大连、天津、上海、宁波、厦门、广州等港口溢油应急计划基础上,参照国际海事组织溢油应急计划和一些发达国家的溢油应急计划,组织制订《中国海上船舶溢油应急计划》。到2000年3月21日,该应急计划连同北方、东海、南海、台湾海峡4个区域溢油应急计划,经交通部与国家环境保护总局批准于4月1日起施行,同日,由中国海事局正式对外公布。

在制订《中国海上船舶溢油应急计划》期间,交通部决定中国北部海区以烟台为依托,建设海上船舶溢油防治示范工程——北方海区溢油应急反应示范工程(秦皇岛海上溢油应急反应中心)。这是中国有史以来投资最大的海上溢油防台工程。随后,中国海事局作为承担该工程建设任务的主管单位,开始前期工作。1999年9月14日,国家经贸委、中编办、财政部同意成立该溢油应急反应中心,开展溢油应急信息、通信、溢油监视、溢油监测、溢油控制与清除、溢油应急培训系统的设备引进工作。经过1998年8月至2000年11月两年多建设,北方海区溢油应急反应示范工程土建任务基本完成,并完成引进设备的购置工作。2001年11月28日,该溢油应急反应工程通过交通部的验收。2001年,北方海区溢油应急反应示范工程投入使用。该溢油应急反应示范工程取得了一定的经济、社会效益。如2000年在建期间就先后参加"11·24"海难"大舜"轮起浮打捞、"海荣"轮沉船溢油、利比里亚籍"冷藏1号"轮溢油等7起船舶溢油事故多发水域的应急清除作业,并为中国履行有关国际防污染公约和海事履行国家海洋环境保护提供技术手段。

三、海事科技开发与成果应用

这一时期,中国海事局结合海事发展实际,开展海事科技项目的研究与开发。具体实施步骤是制订科技研究工作目标,确定海事科技研究的课题,明确课题研究的单位和人员,分解课题任务,对承担科技项目课题的单位和人员提出具体要求,制定研究项目和收集、整理有关资料措施,并对研究科目进行定期或不定期的检查、考核,组织专家进行评审和验收。1998—2005年海事科研与开发情况详见表8-8-2。

1998—2005年海事科研与开发项目情况表 表8-8-2

年 份	科技年度成果内容
1998	上海海事局承担的"国际标准电子海图的研究和开发"项目通过交通部鉴定;天津海事局开发的"中文全要素激光照排技术"获交通部1998年科技进步三等奖
1999	建成中国海事局网站(主页),并注册上网
2000	完成《中国电子海图分幅方案研究》;完成海州湾地区理论最低潮面确定工作,通过海军和海洋局专家参与的技术评审
2001	建成并开通中国航标网站和海道测量官方网站;航测信息系统一期通过验收并投入运行;研制开发海员专业培训试题库管理系统,并在全国推广应用;研制新型数控浮标灯器和新型雷达反射器,推进航标遥测遥控建设和航标新光源、新能源应用
2002	建成覆盖海事主干信息网络
2003	启动水上安全监督管理信息系统二期建设;完成水上安全监督管理信息系统一期验收并推广运行;推广应用船员计算机辅助无纸化考试系统;开发应用规费征收管理软件

续上表

年　份	科技年度成果内容
2004	完成海事系统网络建设及硬件设备安装;建成海事信息网;完成部海事局与 14 个直属局 15 条形码 MSDH 电路建设;开通海事视频会议系统和连接各直属海事局搜救可视电话系统;进行财务费收软件与船舶签证软件接口开发和推广应用工作
2005	完成部海事局互联网网站改版,开通直属海事系统内部邮件系统。完成船舶、船员管理和事故应急系统全面应用,以及船舶登记系统改版及其在直属海事系统内及长江三角洲推广应用;开展内河船员、船舶检验、船载客货、防污染、法规、组织人事、统计等管理系统的改造完善、建设开发工作;完成船舶一卡通工程在长三角的推广实施

第九节　海事监管信息化的全面建设和发展

一、海事信息系统的全面规划

海事信息(水上安全监管信息)系统,是在全球信息化的背景下,运用计算机技术、现代通信技术等电子信息技术,改造水上交通安全管理方面传统的监管和服务方式,向以信息资源为基础的自动化、智能化方向发展的新型海事。该系统主要包括电子政务系统、海事信息系统、航测信息系统、船舶报告系统、海上遇险安全通信系统(GMDSS)、无线电指向定位系统(RBN/DGPS)等,还有船舶自动识别系统(AIS)、船舶交通管理系统(VTS)、航测遥控遥感系统等。通过以上这些信息系统,实现水上交通安全监管“听得见”“看得到”“呼得通”,将海(水)上事故发生率降到最低限度,保持水上安全形势的稳定。

1998 年水监体制改革后,交通部加大对沿海海域和长江干线水域现场监控信息化工程建设的投资,采用“先试点、再推广、最后全面应用”的建设方式,逐渐推进直属海事系统信息化建设工作。

2001 年,直属海事系统开始建设多级网络监控系统——海事监控系统(CCTV)。到 2003 年先后建成上海、烟台、海南、深圳、天津和汕头海事局的电视监控系统一期工程,并在中国搜救指挥中心建成中国海事局电视监控系统总控中心。

2003 年 7 月 29—30 日,中国海事局在江苏扬州召开首次全国海事系统信息化工作会议,总结“九五”计划以来海事信息化工作取得的成绩、基本经验等,提出“十五”计划海事信息化总体目标和重点工作和具体要求、实施措施(见图 8-9-1)。

图 8-9-1　首次全国海事系统信息化工作会议

2004 年 11 月 11—12 日,中国海事局在深圳召开水上安全监督信息系统二期工程建设暨一期业务应用推广使用总结会,总结一年来信息化工作进展情况,部署下一阶段信息化工作。

2005 年,面对现代信息化的发展及信息化在海事监管中的作用日益突出,中国海事局提出“以信息化带动海事管理现代化,建设依托信息化管理为基础的海事管理体系”的思路,要求建设“三个网络、一个平台”[即:纵向内网(部、直属局、分支局、海事处、办事处、签证点)、外网(与横向政府部门联网)、互联网]及整合海事各项业务的海事业务信息处理系统和海事对外服务系统的综合平台。2 月 1 日,在水上信息系统业务软件推广应用的基础上,中国海事局编制数据字典和数据库表结构,下发海事信息系统数据字典和数据库表结构(船舶部分)”。1 月 28 日,下发“海事信息数据字典及数据库表结构(船员部分)。

二、海事信息系统一期工程建成与应用

1997 年,交通部制订的《公路、水运交通信息化“九五”规划和 2010 年远景目标纲要》公布后,交通部就开始建设中国交通运输信息网络工程(“交金”工程)。该网络系统是连接交通行业内各级交通主管部门、具有行政管理职能的事业单位、大型企业集团和主要港口,以及其他企业、事业单位,覆盖全国交通系统的信息网络。水上安全监督信息系统(简称水监信息系统)是中国交通运输信息网络的一个资源子网和组成部分。

1998 年水监体制改革后,中国海事局在 1997 年交通部安全监督局委托交通部规划研究院和天津海上安全监督局共同编制的《水监信息系统一期工程可行性研究报告》的基础上,加紧该系统一期工程的设计和建设。建设该工程目的在于建成覆盖各级海事机构的网络,基本实现各项主要海事业务工作的数字化、网络化。1999 年 3 月 24 日,中国海事局组织局内外有关人员评审“水监信息系统一期工程可行性研究报告”,并于 6 月 4 日上报。11 月 26 日,交通部批准《水监信息系统一期工程可行性研究报告》,其中规定的建设项目包括:建设部海事局局域网(一级网)和全系统的广域网,建设 17 个直属海事局的局域网(二级网)的网络设备及其广域网的接口;开发建设部海事局的政务办公、船舶管理、船员管理和海事管理应用系统,二级网 17 个单位行政办公、船舶管理、船员管理、通航管理、防止船舶污染管理、法规管理和公用信息管理等应用系统;集成已建和在建的航测管理系统、船舶报告制系统及海上船舶溢油示范工程等,统一纳入海事信息系统一期工程。2000 年 9 月 28 日,中国海事局与山东中创软件工程公司在北京举行水上安全监督信息系统第一期工程建设项目合同签字仪式。这标志着水监信息系统一期工程建设正式启动。2002 年 1—2 月,直属海事系统初步开发出船舶、船员、事故应急管理等 7 个应用系统软件。7 月 8 日至 9 月 30 日,7 个应用系统软件在广州、大连、青岛、上海、天津、深圳等海事局试行,取得明显成效。2002 年 7 月,水上安全监督信息系统一期工程完成系统软件建设并通过内部验收。12 月底,完成系统工程建设。2003 年 7 月 22 日,在上海通过交通部组织的验收。至 2004 年 6 月 30 日,船舶、通航、船载客货、事故应急系统软件在中国海事局、14 个直属海事局、71 个分支局、317 个海事处安装实施;船员管理系统在部局、13 个直属海事局、38 个分支局安装实施;天津、辽宁、青岛船员考试系统开工建设。以后,办公自动化、海上交通事故调查等系统也投入使用,覆盖全国海事主干信息网络。

三、海事信息系统二期工程前期建成与应用

2002 年,在推广应用水上安全监督信息系统第一期的同时,中国海事局开始水上安全监督信息系统二期的前期准备工作,主要是实现船舶、船员的电子化、网络化管理,加强现场监管能力,提高现场执法和管理水平。工程项目包括:服务器及存储设备、网络设备、视频会议系统设备、安全系统设备、系统总集

成、SYBASC 数据库系统、操作系统、TONGLINK/Q 中间件系统。2002 年初,中国海事局完成了《水上安全信息系统二期工程初步设计》并上报。2003 年 5 月 27 日,交通部基本同意中国海事局上报的初步设计方案中 9 个方面内容。2003 年 12 月 31 日,中国海事局与山东中创软件工程股份有限公司等各承建单位签订水上安全监督信息系统二期工程项目实施合同。2004 年 1 月 1 日,山东中创软件工程股份有限公司开始建设水上安全监督信息系统二期工程。4 月,安装硬件设备,基本建成覆盖中国海事局、14 个直属海事局、70 个分支局和 55 个海事处的海事信息网,并在上海海事局建立海事数据备份中心系统。8 月起,二期工程前期的硬件系统进入 3 个月的试运行阶段。

对于海事信息化系统的建设和管理,直属海事系统从 1998 年水监体制改革起就确定"先试点、再推广、最后全面应用"的"三步走"战略,开始快速构建信息化平台。2000 年,海事信息化建设一期工程正式上马,逐步建立起覆盖直属海事系统的基本网络,包括中国海事局局域网、14 个直属海事局局域网以及连接中国海事局与各直属海事局、各直属海事局之间的海事信息主干广域网被涵盖在内。至 2005 年底,"监管立体化、反应快速化、执法规范化、管理信息化"的统一、规范、高效的全国海事信息系统初步建成,促使水上交通安全监管局面好转。

四、直属海事系统外网与内网的始用

1998 年水监体制改革之后,中国海事局加快海事系统信息建设工作。海事信息化先从海事行政办公信息网应用起步,且从中国海事局机关开始。

(一)中国海事局外网开通

2000 年 1 月 6 日,中国海事局根据国家"政府上网"的要求,向中国互联网络信息中心(CNNIC)注册"中国海事局网站(主页)",域名 msa.gov.cn,作为中国海事局"外网"。2001 年 3 月 10 日,中华人民共和国海事局网站开始运行。网站首页设置"近期要闻""网站导航""专题""政务公告""政务公开"等栏目,向社会发布海事管理信息、管理动态等。

(二)中国海事局内网开通

2000 年 11 月,随着水上安全监督信息系统一期工程建设,中国海事局开始组织研发海事局行政办公软件系统,并在直属海事系统安装内部 Lotus Notes 电子邮件系统。2001 年 7 月,中国海事局委托大连海辉公司研发海事局行政办公软件系统,14 日通过初审,之后又在辽宁、广东、河北海事局试运行。2003 年 1 月 30 日,下发"关于在局机关试运行政务办公系统的通知",从 3 月 1 日开始在中国海事局机关试行海事行政办公软件系统。这标志着中国海事局内部网站开通。该系统主要模块是收文管理、签报管理、会议管理、电子邮件、信息管理等。政务办公系统运行后,办公采用电子方式,部分实现无纸化办公。2004 年 2 月 9 日,中国海事局机关又完成办公电脑更换。4 月,水上安全监督信息系统二期工程建成。为建成在局域网上运行、用于海事系统内部信息交流的电子网站系统"海事内网"(简称"内部网站"),11 月 20 日委托安徽皖通科技发展有限公司研制"海事局办公政务系统",并编制《中华人民共和国海事局办公政务系统》(内网页面)。该系统的主要功能是海事部门人员可以在内网上实现文件和信息的上传、下达,将日常工作转移到内网上,实现网上办公。内网页面有首页面、新闻、专题、政务信息、视频点播、部海事局发文、领导讲话、法律法规、通知、领导动态、组织机构、通信录、干部任免、亚博论坛、直属局连接等。2005 年 5 月 1 日,该系统试运行。7 月 26 日,第一个海事内网页面正式开通,面向全国海事系统。9 月 1 日,该系统正式运行。至此,中国海事局内部网站全面更新。

(三)中国海事局电子邮件开通

2002年7月3日,在水上安全监督管理信息系统一期工程建设后,海事系统内部Lotus Notes电子邮件系统上线,实现海事局和各直属海事局机关各部门和工作人员之间的海事内部电子邮件的传输,以及直属海事系统政务信息和办公信息的网络化传输。水上安全监督管理信息系统二期工程部分建成后,直属海事系统内部新版邮件系统开通。一期工程中建设的中国海事局与各直属局Lotus Notes邮件系统扩展能力已无法满足要求,系统技术支持服务到2004年4月已到期。2004年,水上安全监督信息系统二期工程开工建设后,交通部海事局于11月10日重新组织研制新版suremail电子邮件系统,11月20日重新组织研制海事办公政务系统(交通部海事局内部网站)。新版suremail电子邮件系统于2005年4月1日试运行,5月8日通过验收;新版"海事办公政务系统"于2005年5月1日试运行,8月1日通过验收,9月1日取代原海事行政办公软件系统。10月12日,中国海事局下发"关于Lotus Notes邮件系统停止使用的通知",要求原Lotus Notes邮件系统于10月20日起停止使用,新版邮件系统自下发通知即日(10月12日)启用。各直属海事局做好本单位及所属机构新版邮件系统启用的指导,11月1日前完成对本单位Lotus Notes邮件系统中用户邮件信息的导出、系统客户端及服务器端程序的清除等工作。

(四)其他网络系统的开通

2002年,中国海事局下发"关于水监信息系统一期工程应用软件联网试运行有关事项的通知",决定从7月8日至9月底在广州、大连、青岛及所属的海事处和上海、天津、深圳所属全部海事处试运行一期工程应用软件,包括船舶、船员、通航、法规、事故与应急系统。之后,该软件系统推广应用到整个直属海事系统。

2003年1月30日,为规范直属海事系统计算机网络建设和管理工作,中国海事局下发《直属海事系统计算机网络管理办法》,规定直属海事系统各级机构的局域网、广域网实行分级管理。12月,经过公开招标,确定海事视频会议系统由北京亚细亚集创科技有限公司承建。

2004年1月1日,水上交通安全监督管理信息系统二期工程中的连接中国海上搜救中心总值班室以及渤海湾、琼州海峡搜救值班室的可视电话系统建成,作为其中主干网备份链路的"宝视通"视讯系统(搜救值班系统)开通,实现了搜救值班联络的可视化。交通部部长张春贤多次通过这套系统慰问全国各地搜救值班人员。9月,以中国海事局为主会场、覆盖14个直属海事系统的海事视频会议系统建成。9月30日,中国海事局利用这一视频会议系统召开直属海事系统第一次视频会议,即国庆水上安全生产布置会。

这一时期,为规范直属海事信息内外网的应用和管理。中国海事局还先后下发《上网信息管理工作暂行办法》(2001年12月10日)《政务办公系统管理规范》(2003年3月1日)《政务信息工作管理办法》(2004年8月17日)《视频会议管理暂行办法》(2005年1月16日)《信息网安全管理指导意见》(2005年4月21日)《交通部海事局内部网站管理办法(暂行)》。

五、船舶交通管理系统(VTS)建设步伐加快

(一)船舶交通管理系统(VTS)工程建设速度加快

1997年11月27日,国际海事组织通过的第A857(20)号决议(船舶交通服务标准指南),规定:"凡参加VTS的船舶均应配备VTS用户指南",船舶应按照有关国际公约和国内规范配备通信设备及主管机

关要求加入的 VTS 系统。1998 年水监体制改革开始时,全国有 VTS 14 个、管理中心 16 个、雷达站 43 个,覆盖 37%的沿海主要港口水域和 30%长江干线水域,设备达到世界先进水平,既为港口和重要水域提供监测、监视、监控手段,又为船舶提供安全航行保障和优质服务。到年底,全国有 VTS 18 个、管理中心 16 个、雷达站 45 个。从这以后,直属海事系统参照国际 VTS,加紧 VTS 建设或改(扩)建。至 2005 年底,经过多年的建设、改造、扩建,直属海事系统已投入使用的船舶交通管理系统(VTS)中心(以下用简称 VTS)有 24 个(即大连、营口、天津、秦皇岛、黄骅、烟台、北长山、成山角、青岛、连云港、上海吴淞、上海洋山、南通、镇江、张家港、江阴、南京、舟山马迹山、宁波、厦门、深圳、广州、湛江、琼州海峡),从而全面提高了海事监管能力和覆盖范围(见图 8-9-2)。

图 8-9-2　1998 年 7 月,天津船舶交通管理系统正式运行

随着 20 世纪 70 年代初中国航运业的复苏,港口船舶进出密度增加,随之出现压船、压港现象,使 VTS 研究试验进度加快。我国 VTS 建设共分 3 个阶段:1978 年宁波港建设中国第一个以雷达监视为主 VTS 为第一阶段;20 世纪 80 年代先后在宁波、秦皇岛、青岛、大连、连云港 5 个港口建设的 VTS 为第二阶段;第三阶段是 20 世纪 90 年代以后,是我国 VTS 全面建设发展阶段,在沿海、长江下游港口和水道建成 20 个 VTS,并对大连、秦皇岛、青岛、宁波等 4 个 VTS 进行更新和扩展,其中成山头 VTS 是我国第一个海区型 VTS。海事管理人员通过 VTS,掌控整个交通流状况,可为船舶发布航行警告、航行通告等安全信息,提供助航服务,实施交通组织。在发生水上交通事故时,VTS 具有应急处置功能,可在第一时间得到信息,指导自救,组织互救,提供搜救支持,同时可根据监测数据进行预测和预警。至 2005 年底,我国沿海、内河的重要港口和重要通航水域已建成 24 个 VTS。

(二)船舶交通管理系统改革和人员培训

1998 年 12 月 21 日,为解决船舶交通管理系统(VTS)行政隶属关系和养护管理、经费不一的矛盾,经交通部批准,按照“两划转两不变”(管理人员划转和资产划转、计划投资渠道不变和既有隶属关系不变)原则,中国海事局将沿海 VTS 人员和资产成建制划入航标机构管理。到 1999 年 2 月,大连、秦皇岛、天津、烟台、青岛、连云港、上海、宁波、广州、湛江等 10 个沿海 VTS 划转航标机构管理,共划转人员 369 名,只是仍按以往管理制度、标准和要求开展对 VTS 人员管理与设备保养与维护。

为培训管理人员,1999 年 11 月 12—26 日中国海事局在广州第一次举办全国 VTS 中心主任学习班,交流维护和管理经验。2001 年 11 月 12—26 日,在大连海事大学举办海事局成立后的第一期 VTS 人员培训班。2002—2003 年,组织编写 VTS 运行管理培训大纲和教材委托大连海事大学对 80 多名 VTS 人员进行理论知识培训,组织部分 VTS 值班长参加由香港培训中心安排的有关 LMO.IALA 决议和标准的系统培训,与香港交管中心交流,调派一些船舶流量少的 VTS 中心人员到上海、成山角等船舶流量大的 VTS 中心实习。2004 年,在香港举办 3 期 VTS 高级值班长培训班。至 2004 年,直属海事系统 VTS 管理人员 491 人。其中,本科以上学历 211 人,占约 43%;大专学历 174 人,占 35%;中专以下 106 人,占约 22%;具有大副以上航海资历 18 人,占约 3.7%。

2002 年,中国海事局使天津、成山角、上海 3 个 VTS 指南加入国际航标协会(IALA)“世界船舶交通管理系统指南”网页(http://www.worldvtsguide.org)。2003 年,又加入秦皇岛、青岛、南京、深圳、广州 VTS 指南。至此,中国有 8 个中心 VTS 指南加入 IALA“世界船舶交通管理系统指南”网页。

(三)船舶交通管理系统的运行与管理

1999 年 4 月 19—29 日,中国海事局组成两个 VTS 管理状况调查小组,全面调查全国 VTS 实施情况。由上海、广州、长江等 7 个直属海事局组成黄海、渤海一组,检查大连、秦皇岛、天津、烟台、青岛海事局的 VTS 情况;另一组是东海、长江组,由大连、天津等 6 个直属海事局组成,检查长江、连云港、上海、宁波海事局 VTS 管理状况。这次调查主要检查 VTS 运行和管理、每年的运行率,以及 VTS 主要设备建设、管理工作中急需解决的问题及建议等。对直属海事系统 VTS 的运行管理工作和设施维护情况进行一次全面检查。11 月,中国海事局在广州举办成立海事之后的第一期 VTS 操作维护人员培训班。12 月,下发《船舶交通管理系统设备运行考核办法(试行)》,明确 VTS 维修养护工作考核指标、设备可用率和设备完好等级。2001 年 2 月 23 日,中国海事局下发《船舶交通管理系统运行管理考核办法》,规定 VTS 运行管理年度考核内容、考核的方式和方法以及考核工作程序等。2002 年 3 月 20 日,中国海事局下发“关于加强 VTS 管理有关事宜的通知”,要求各 VTS 中心根据有关规则、规定和辖区情况制订具体的 VTS 用户指南,并制订内部值班规定、设备操作规程和设备维护保养等规定和细则。2004 年,中国海事局下发《关于进一步加强 VTS 运行管理工作的指导意见》,于 6 月 1 日起实施,以加强各 VTS 中心的监管,与海事巡逻艇等监管手段相结合,形成立体监管态势。

这一时期,中国海事局通过不同形式加强 VTS 管理。2003 年 8 月 20—21 日,中国海事局在山东成山角召开全国海事系统 VTS 系统运行管理专项工作会议,提出加强 VTS 管理规定和落实岗位责任制、开发系统应用软件、进行管理评估和规划、考核及加强 VTS 系统操作人员素质培训等 13 项工作。2005 年,中国海事局全面实现雷达视频系统监管与海事船艇现场管理的“动、静态结合”立体监管,提高了自身的海事巡航监管能力和覆盖范围详见表 8-9-1。

1998—2005 年船舶交通管理系统(VTS)监控服务情况表 表 8-9-1

年份	VTS 系统数量(个)	接收船舶报告(艘次)	纠正违章(起)	交通组织(艘次)	跟踪船舶(艘次)	信息服务(次)	助航服务(艘次)	参加搜救(次)	避免险情(次)
1998	18	690022	1593	67581		36247	10920		1265
1999	19	1045562	1508	21985	557272	234246	28171	1760	1892
2000	19	252124	23688	350584	1003666	367643		807	2507

续上表

年 份	VTS系统数量(个)	接收船舶报告(艘次)	纠正违章(起)	交通组织(艘次)	跟踪船舶(艘次)	信息服务(次)	助航服务(艘次)	参加搜救(次)	避免险情(次)
2001	20	318213	3770	56770	318213		18478	624	158
2002	21								
2003	22	1424256	10139	105340	964268	50574977	63353	2381	
2004	24								
2005	24	2285822		234435	1613443	1200850	247048		

六、船舶自动识别系统(AIS)部分建成

船舶交通管理系统(AIS)的投入使用,为船舶提供了一定安全、服务信息。由于VTS相对被动,雷达只能在船舶经过时记录,人们希望能在船上装配发送信息的装置,向岸上和周围其他船舶提供船舶静态、动态等信息,以更好地实现航行安全和达到环境监控的目的。20世纪90年代初,一种灵活、方便的广播式船舶自动识别系统(Automatic Identification System,AIS)应运而生。

船舶自动识别系统(简称"AIS"),是国际海事组织、国际航标协会等相关国际组织共同研究的成果。该系统由船台、岸上基站、数据链、控制网络、应用系统组成,是集现代通信、网络和信息技术于一体的多门类、高科技新型航海助航设备和安全信息系统,具有船-船、船-岸之间自动进行船舶静态、动态信息的播发、接收和处理及识别船只、协助追踪目标、简化信息系统、提供其他辅助信息以避免碰撞发生等功能。

1998年水监体制改革之后,中国海事局加强AIS的研究,关注该系统的发展,跟踪国际AIS动态,并参加与其相关的国际会议。1999年起,中国海事局制订中国沿海AIS基站配布规划,按照国际组织的相关标准和规约进行AIS的建设准备工作,并对AIS建设做出规定。10月,国际海事组织在《海上人命安全公约(SOLAS)》修订案中强制规定:2002年7月1日前,所有300及300总吨以上从事国际航行的船舶和500及500吨总吨以上非国际航行的货船以及不限尺度的客船安装AIS。后来,又要求300总吨以上的国际航行船舶在2004年12月31日前,500总吨以上的非国际航行船舶在2008年7月1日前强制安装AIS设备。2001年12月18日,中国海事局发布公告,公布上述规定,并要求各海事机构和航运企业做好准备工作。

2000年,中国海事局组织完成《船舶自动识别系统应用技术研究》课题研究,并制订《中国海事AIS配布方案》。2003年10月21日,长江口、珠江口AIS基站建设工程可行性报告通过后,开始船舶自动识别系统(AIS)建设工作,主要是:长江口(包括横沙、吴淞、大戢山和花鸟山4个基站及上海控制中心)AIS,覆盖半径约60海里,可覆盖北至北纬32°30′、南至北纬30°、东至东经124°、西至东经120°45′的东海、杭州湾和长江口水域;珠江口(包括黄埔、大角山、蛇口、桂山岛4个基站及广州控制中心)AIS,覆盖范围北起广州港区黄埔和芳村段、南至桂山岛外30海里(最远到60海里)、东达大星山、西至高栏。我国AIS网络本着采用成熟、先进技术和网络化结构和信息开放的原则,通过专家论证选择,最后选择具备世界先进水平瑞典的SAAB公司产品。

经过7个多月的建设,到2004年5月22日,长江口、珠江口共建成第一期8座AIS台站,并开始试运行。8月25日,中国海事局批复渤海湾烟台—大连航线、琼州海峡的岸基AIS工程可行性报告。年底渤海湾、琼州海峡第一期共7座台站及岸台网络系统建成并试运行。这些岸台网络系统由一个中心和多个基站组成。

2005 年起,中国海事局又建成北方、东海、南海海区第一期 35 座 AIS 台站,作业范围达 40~60 海里,并完成长江江苏段 AIS 工程骨干网设计任务,基本覆盖中国沿海主要港口和重要水域。之后,继续选择沿海、内河干线的主要港口和重要水域建设 AIS。11 月 18 日,南海海区 AIS 中央监控系统通过中国海事局验收,其中 4 台座台站、1 座监测站实现全自动化管理,无人值守。至 2005 年底,全国共建成 50 座 AIS 台站。

中国海事局除引进和建设 RBN/DGPS、AIS 等先进近、远程无线电导航设备与设施外,还建成中国首套海事三维地理信息系统——珠江口海事三维地理信息系统(ZJGIS),使海事监管力量分布情况得到即时反映,有效提高海事应急反应速度和处置能力。

七、无线电指向标/差分全球定位系统建成

无线电指向标/差分全球定位系统(以下简称 RBN/DGPS),是一种利用沿海无线电指向标站播发全球定位差分修正信息,向用户提供高精度服务的船舶助航系统。它可以利用测量无线电信号场强弱来测向定位无线电测向系统的岸基设施,又称无线电信标。

无线电指向标是世界上最早的无线电助航设施,第二次世界大战前曾是主要无线电助航手段。我国原有一些无线电指向标在新中国成立前战争中遭到破坏,1950 年以后得到恢复。之后,在沿海建立环射式指向标站(含一处校正台)。1982 年,更新控制机,并对发射机进行调整换装,使信号发射更为准确、可靠,覆盖范围基本达到 200 海里。1983 年,海军将无线电指向标(站)移交交通部管理。1984 年,沿海共有无线电指向标站 15 处。1986 年 3 月 20 日,无线电指向标对外开放,为当时我国沿海主要导航设施。然而,无线电指向标定位误差大。所以从 20 世纪 90 年代我国开始改造无线电指向标,到 2000 年全部停止使用,同时被新建成的差分全球定位系统(RBN/DGPS)台站所取代。

早在 1991 年交通部安全监督局就开始组织研究实时差分全球定位系统应用技术,并于 1994 年 6 月在秦皇岛指向标站利用原有指向标设施成功播发差分全球定位系统信息,验证无线指向标站播发全球定位差分修正信息的可行性。秦皇岛指向标站被改造成中国第一座 RBN/DGPS 台站。1995 年,交通部安全监督局制订《中国沿海无线电指向标/差分全球定位系统建设规划》,并决定分 3 期在中国沿海建设 20 座 RBN/DGPS 基准站台。1997 年 6 月 21 日,第一期的沿海大连大三山、秦皇岛南山、天津北塘、青岛王家麦、上海大戢山、海南抱虎角 6 座 RBN/DGPS 基准台站建成,除海南抱虎角因有技术问题不能开通外,其他 5 个 RBN/DGPS 台站均投入试运行,并对外开放,播发 DGPS 信号,为广大用户提供导航定位服务。7 月 14 日,交通部发布《关于沿海 5 个无线电指向标/差分全球定位系统台站开放使用的通告》,宣布除海南基准台站外,其他 5 座 RBN/DGPS 基准台站对外开放使用,自零时起正式播发 DGPS 信号,可在距 RBN/DGPS 基准台站 300 公里的范围内为各种用户提供 10 米以内的高精度定位,为沿海水域航行船舶及海洋渔业、海洋测绘、海上石油开发、海上工程定位等高精度定位用户提供导航定位服务。1995—1998 年,交通部安全监督局先后两次联测 RBN/DGPS 基准站台位置,获得沿海 20 座基准台站在世界大地坐标系中的地心坐标,其在 WGS-84 坐标系内的位置精度保持在 0.5 米之内。这不仅使指向标系统获得新生,也为我国无线电导航开辟一个新的领域。

1998 年水监体制改革后,中国海事局建设连云港燕尾港、温州石塘、厦门镇海角、汕头鹿屿、珠海三灶、湛江硇洲、海南三亚 7 座第二期 RBN/DGPS 基准台站,并于 1998 年 12 月 16 日组成联合测试小组对建成的 RBN/DGPS 进行陆地和海上测试,全部符合设计要求,投入试运行。同时,由上海海事局海测大队开发的"中国沿海 RBN/DGPS 基站精密位置及定位精度测量"于 1999 年 10 月获国家第六届优秀勘察金奖。2000 年,中国海事局又建设大连老铁山、烟台成山角、江苏蒿枝港、宁波定海、福州天达山、广西防

城、海南洋浦的7座第三期RBN/DGPS基站。8—12月,经过测试,第三期7座RBN/DGPS基站覆盖范围、定位精度和稳定性指标均达到标准,投入试运行。上述已建成的20座RBN/DGPS基站布点较合理,工作正常,信号稳定,在海上作用距离可达300公里,船舶使用亚米级接收机时定位精度优于5米,台站信号之间交叉覆盖,大部分海域实现两重交叉覆盖,主要港口、重要水域和狭窄水道则实现多重交叉覆盖。2001年10月26日,中国海事局在对1997年制订的有关暂行规定修订之后,下发沿海RBN/DGPS的台站管理规则、设备操作规程、建设技术要求等技术规范,对沿海RBN/DGPS基站管理、设备运行、维护保养,人员职责、值班制度、质量监测和操作规程、建设技术做出规定。12月27日,交通部在北京举行发布会,宣布中国沿海20座RBN/DGPS基站正式开通,于2002年1月1日对外开放,向船舶等用户提供公共服务,系统播发所有信息不收费。

到2000年底,自1995年起不到5年时间建成的20座无线电指向标/差分全球定位系统(RBN/DGPS),试运行的结果表明信号可利用率均达到设计要求与标准,为进出我国口岸中外船舶提供可靠安全助航保障。据统计,1999—2005年我国逐年RBN/DGPS信号可利用率分别为99.88%、99.59%、99.45%、99.63%、99.93%、99.73%、99.65%。

八、全国海区航测信息系统建设

海区航标(测绘)信息系统,统称全国海区航测信息系统,是海事管理信息系统一期工程的组成部分。

1998年,中国海事局推进《全国海区航测信息系统建设方案》的实施,成立航测信息技术工作组,开始航测信息系统的立项。随后,开始建设第一期航测信息系统工程。2000年,一期工程建成,并建成硬件平台。2001年9月,第一期航测信息系统验收并投入运行,形成连接部海事局、海区海事局、各航标处的广域网络。为便于与有关国际组织和相关机构进行信息交流,中国航标网站(WWW.ATON.GOV.CN0)与海道测量官方网站(WWW.HYDROGOV.CN)建成并开通。11月,海道测量官方网站实现与IALA(国际航标协会)和IHO(国际海道测量组织)网页连接,使中国航标网站事实上与IALA和IHO网页接通。2002年,第二期航测信息系统工程前期准备工作开始。2003年二期工程建成和系统联网试运行后,5月6日引入视频办公系统(Coiiab Office),试用1周后正式投入使用,并开通各航标处、导航处、海测大队、印刷厂、科技中心等视频电话、视频会议和公文合作等系统。同时,中国海事局还开发海事地理信息系统和CCTV监控系统等。

第一、二期全国海区航测信息系统投入使用,使航标、测绘工作开始信息化,有利于航标、测绘管理人员进一步理顺航测管理业务流程、规范相关业务之间的关系,有效地节省支出。

第十节　加快海事管理队伍的建设

一、加快执法专业队伍建设与"凡进必考"

经过多年的发展,到1998年水监体制改革时我国水上安全监督系统队伍已形成一定的规模。其中,据1998年12月统计,直属水上安全监督系统有专业技术人员5054人,管理人员1164人;大专以上学历3172人,高级职称369人、中级职称1596人;50岁以下5295人。

1998年水监体制改革后,面对海事人员数量增加、队伍扩大、结构不合理、整体素质不高的状况,全国海事系统践行"以人为本、人才兴局"的理念,重视海事队伍建设,重点调整总体结构,实行分类管理。

直属海事系统重点推进“五项改革”,创新“五个机制”(理论、科技、体制、机制、政策),抓好“三个建设”,侧重执法专业、人才、干部三大队伍的建设,尤其注重执法队伍建设。1999年2月26—28日,中国海事局在北京召开水监体制改革后的第一次直属海事系统工作会议,提出抓好海事职工队伍与各级领导班子建设与素质提高。随后,交通部海事局党委(对内称交通部海事局党委,以下用对内称谓)提出海事队伍建设三大任务:抓班子作表率,抓队伍打基础,抓行风树形象。从此,这三大任务贯穿海事队伍建设始终,并随形势变化不断提出一些新要求与新措施。2001年3月12日,交通部海事局党委下发《关于直属海事系统深化干部人事制度改革的指导意见》,确定在直属海事系统推行干部人事(领导干部试用制、中层干部任期制、执法人员考任制、其他人员聘用制、干部任前公示制)的5项改革。这5项改革,是以执法人员考任制和竞争上岗为核心的人事制度改革,并通过改革建立双向选择、竞争上岗等优胜劣汰的用人机制。2002年10月14—15日,中国海事局在杭州召开直属海事系统首次干部人事工作会议,提出“十五”计划期间直属海事系统抓好两级领导班子建设、海事执法队伍建设、专业技术人才队伍建设的思路和任务。交通部海事局党委下发《关于加强直属海事系统执法队伍建设的意见》,开始在直属海事系统采取一系列培训教育、制度建设、管理创新等措施。2004年12月15—16日,中国海事局在北京召开直属海事系统人才工作会议,贯彻《中共中央关于加强党的执政能力建设的决定》,以能力建设为核心,抓好党政管理人才、执法专业人才、高层次拔尖人才3支队伍建设。

(一)各种层次的文化教育

1.三年行政执法人员岗位培训

1998年水监体制改革后,随着接受与划转的地方水上交通安全监督机构、人员的增加,直属海事系统管理人员由改革前1.5万余人,逐渐增加到2005年6月水监体制改革结束时的近2.5万人。为提高直属海事队伍整体文化素质与水平,中国海事局根据交通部1996年3月提出的1997年7月至2000年6月的三年行政执法人员岗位培训的计划,决定对1998年12月31日之后进入海事队伍、申请海事行政执法资格人员进行岗位培训,要求这类人员必须在2004年12月31日前补习完成高中以上文化课程并取得相应学历,否则不具备申请海事行政执法资格。随后,各直属海事局结合自身特点,开展海事执法人员的岗位培训,在实施交通部教学大纲和教学计划规定的培训内容之外,还要求增加与其相关的内容和知识及辅助性教材,以保证培训质量。1999年,根据交通部《海事行政执法证管理办法》有关“航标执法人员应实施岗位培训”的规定,各直属海事系统除完成海事执法人员培训任务外,从12月23日起又增加对航标执法人员培训。到2000年6月,三年行政执法人员岗位培训结束,仅直属海事系统就有28762人次接受岗位培训,还有3975人次接受学历教育,13513人次接受非学历教育,2897人次接受其他教育。2001年1月15日,交通部组成验收专家组,对全国海事系统三年行政执法人员岗位培训进行验收。

2.各种学历的培训和教育

从1998年起,中国海事局鼓励海事人员参加社会专业对口的教育或培训,有组织、有计划地开展执法人员和其他人员的分类、分层次的教育培训,支持海事系统的在职职工开展各种学历培训和教育,还有目的地组织一批中青年干部参加国内研究生教育或培训。1999年10月16日,为加强海事执法人员航海技术专业(航政管理方面)系统培训,中国海事局与大连海事大学签订合作框架协议书,内容包括共建海事管理学院、共建海事培训中心、科学研究与技术合作、信息服务、法律事务5个方面。其中共建培训中心规定:大连海事大学为海事系统内的在职技术人员或管理人员进修、培训提供服务,负责海上安全和海洋环境保护工作等各类面向船舶、航运管理人才和技术人员的培训、培养工作;海事局负责在海事大学建设一个适合上述要求的培训基地。利用大连海事大学的培训基地,再加上各类党校、管理干部学院、干校等培训机构,以及世界海事大学"大连班",每年直属海事系统参加学习和接受培训达几千人次。此外,中国海事局还与外国政府合作进行短期技术培训。2000 年 7 月,成立中国海事局上海培训中心筹备处,由上海海事局管理。之后,又建立广东、辽宁、武汉 3 个教育培训中心和基地,主要承担海事系统业务或学历教育培训,培训面向全国海事系统。这一年,面对海事系统体制改革的实施,在原有执法人员岗位培训教材(一套内河及海上执法岗位培训教材及培训大纲)基础上,中国海事局 6 月 13 日开始组织编写适应海事系统职工教育的基础教材。2001 年 5 月 22 日,根据与加拿大政府间技术合作"综合运输管理培训"项目计划,选派 16 人参加由中加双方计划于 7 月举行的为期 1 个月的海事官员(船舶安全管理)短期培训班。10 月 10 日,针对中国与加拿大计划于 11 月联合举办的为期 1 个月的"交通人力资源开发管理"培训班,又选派 9 名人事及党务干部参加中、高级管理人员培训。2005 年 3 月 25 日,中国海事局下发《交通部海事系统教育培训管理办法》,规定系统教育培训工作实行分级管理,部海事局负责整个系统的,各直属局负责本局的。海事执法人员培训分为在职人员国内学历(位)、任职资格、岗位、辅助技能、国外、拔尖人才教育。一般职工每 3 年累计离岗培训时间不少于 100 个小时。海事专业任职资格培训有 10 多种,即:适任、晋升、执法、海事调查官、PSC、ISM 审核员、VTS 管理和维护人员、船舶法定检验人员,以及财务会计、审计、统计、计算机和档案管理工作等。

3.执法人员大专学历的教育

2001 年,根据交通部《关于印发"十五"交通行政执法人员提高学历层次教育实施意见的通知》及部党组提出的"到 2003 年,在岗 45 岁以下的执法人员,必须达到大专文化层次或经培训取得岗位适任资格,45 岁以上到 50 岁以下的执法人员,必须达到高中文化层次,否则调离执法岗位"的要求,中国海事局结合全国海事系统实际,对执法人员开展大专文化层次学历的培训。7 月 3 日,下发《关于开展全国海事系统执法人员大专文化层次培训的通知》,开始在直属海事系统中开展执法人员大专文化层次学历培训,分别委托大连海事大学(负责北方片区)、上海海运学院(负责南方片区)为全国海事系统执法人员举办 3 期交通运输管理专业大专证书班。大专证书班每期 18 个月,第一期从 2001 年 9 月起,第二期从 2002 年 2 月起,第三期从 2002 年 9 月起。根据海事系统各单位分布情况,在大连、青岛、南京、上海、杭州、福州、深圳、广州、广西、海口、武汉、哈尔滨等地设立 21 个函授站和 1 个业务教学点,在职学习人员 2041 人。培训采用函授教学,自学与定期集中面授相结合,就近分期分批开展,授课全部时间 818 小时。每学期集中授课两次,每次 15 天。2004 年 8 月,3 期海事系统执法人员大专文化层次学历证书培训结束,全国海事系统有 2632 人参加培训,通过考试实际录取 2317 人(其中直属海事录取 2041 人),2071 人取得相当大专文化层次学历的专业证书。2004 年,直属海事系统举办各种学习班 31 期,780 人参加学习,经考核全部合格;并举办 1 期大专专业证书培训班,699 人在学。2005 年,中国海事局共举办各类学习班 27 个 49 期,参加人数 2122 人次,考试全部合格。

(二)实行执法人员为主的考任制

执法人员的考试任职制度改革,是中国海事局 1998 年成立后人事管理方面的一项重大改革工作。据 1999 年 12 月统计,直属海事系统有 14373 人。其中船员 2422 人,占总数的 16.85%;业务管理人员 2895 人(含现场监督管理人员 1934 人),占总数的 20.14%;航标人员 1433 人,占总数的 9.97%;测量人员 286 人,占总数的 1.99%;船检人员 38 人,占总数的 0.26%;通信人员 1102 人,占总数的 7.67%。

2000 年国家《深化干部人事制度改革纲要》和交通部《交通部关于深化部属单位人事制度改革意见》颁发后,中国海事局在北京召开的直属海事系统工作会议,确定按照统一政策、分类管理、分级负责、逐步推进的原则,从 2000 年起在直属海事系统实行"5 项改革"(领导干部试用制、中层干部任期制、执法人员考任制、其他人员聘用制、干部任前公示制),其中人事制度改革有执法人员考任制、其他人员聘用制2项,并制定了2000年起步、2001年试行、2002年逐步推开的3步走方案。到2005年,基本形成符合海事系统实际的人事制度,其中以海事执法人员考任制为主。2001年3月7日,在总结上海海事局兰州路海事处执法人员考任制改革试点经验基础上,中国海事局公布《关于海事系统执法人员考任制试点工作的指导意见》,扩大执法人员考任制试点范围,确定天津、山东、江苏、广东、海南和营口、连云港、宁波8个海事局选择1~2个基层执法单位作为执法人员考任制的扩大试点单位。经过一年多扩大执法人员考任制试点,共有1069人参加适任考试和准入考试,其中1020人通过考试,合格率为95.42%。2002年5月28日,在总结执法人员考任制试点工作的基础上,中国海事局下发《直属海事系统实施执法人员考任制的指导意见》。该指导意见规定考任制包括准入考、适任考、晋级考3个环节。2002年的重点工作是进行适任考,执法人员考任制适用于直属海事系统机关、分支机构和基层海事处执法岗位。7月4日,中国海事局成立中国海事局直属海事系统执法人员考任制工作领导小组,下设办公室。9月28日,下发《直属海事系统执法人员适任资格考试和培训工作实施细则》。该实施细则明确执法人员适任资格考试分为基础科目和专业科目。基础科目为海事基础,主要包括政治常识、职业道德、行政能力、法律法规、海事工作基础知识等内容,由中国海事局于11月或12月统一实施考试。专业科目为管理实务、职位技能,由各直属海事局自行组织考试。管理实务分为通航、船舶、船员管理3个专业,于2003年1月底前完成专业考试。同时规定,参加A类(直属海事系统机关及分支机构机关)执法职位考试人员,参加管理实务培训和考试;参加B类(基层海事处等执法机构)执法职位考试人员,参加职位技能培训和考试。中国海事局还鼓励执法人员及申请进入执法职位的非执法人员参加多类别、多专业的培训。11月11日,下发"关于直属海事系统(海事基础)考试工作有关事项的通知"和《直属海事系统执法人员适任考试考务规则(暂行)》,规定执法人员适任考试时间为12月8日和15日的上午9时至11时,分两次进行。考试试卷由中国海事局组织确定,并在规定时间分发至各考点(考场);考试按考务规则执行,严禁违纪、舞弊;阅卷由各直属海事局统一负责,按部海事局的标准答案与评分标准进行。通过考试,直属海事系统人员的海事基础合格6907人,占执法人员数的97.4%,由此执法人员数占人员总数比例由2001年的37.2%上升到2002年的40%,具有中、高级技术职称人员比例也由2001年的23%上升到2002年的25%,45岁以下专业技术人员比例明显提高。至2003年6月,执法人员适任资格考试结束,共有13260人参加执法人员适任资格培训和考试,12750人通过适任资格考试,通过率为96.15%。

2004年2月11日,为完善执法人员适任资格考试体系,中国海事局组织编写《水上交通安全监督实用法规教程》1套6册职工岗位培训教材,成立教材审定编审委员会,由直属局具体负责编写教材。其中,上海海事局负责海事基础,广东海事局负责船舶管理和危管与防污,江苏海事局负责通航管理,辽宁海事局负责船员管理,山东海事局负责事故与应急。到2006年3月,以上丛书编写工作结束,并由人民交通出版社出版。2005年,中国海事局要求各直属海事系统4月24日考海事基础,7月底前完成管理实务、职位技能考试。至2005年底,直属海事系统执法人员适任考试全部结束。

通过以执法人员考任制考试,执法队伍结构得到进一步优化。至2005年底,直属海事系统人员达到15600人(不含长江海事局),比2000年减少1780人;在岗执法人员增加到9100人,占在岗人数比例由2000年47%增长到58%;在岗大专以上文化职工10100人,占在岗人数比例由2000年37%增长到65%;具备高级专业技术职务任职资格1539人,占在岗人数比例由2000年4.4%上升到10%。

在执法人员考任制考试的同时,2001年中国海事局开始海事人员的聘用(任)制改革,实行竞争上岗,人员精简,转岗分流。2003年4月2日,中国海事局下发《交通部直属海事系统转岗分流人员管理暂行办法》,规定转岗分流人员指各直属海事局的未上岗人员,转岗分流方式为待岗、提前退休、内部退养、转岗(包括转岗到经济实体)、调出等。9 月 28 日,下发“执法人员适任考试与培训工作通知”,要求各直属海事局执法职位竞争上岗 2003 年 6 月底前结束。通过直属海事人员竞争上岗、人员精简的人事制度改革,直属海事系统在规定的 2003 年 6 月底前完成转岗分流人员的工作,共转岗、待岗、内部退养,提前退休分流人员 2146 人,达到 12.9%。

此外,在对一般海事工作人员进行竞争上岗制度改革之前,中国海事局先前一步进行航标用工制度的改革,探讨竞争上岗、优胜劣汰、人员分流路子。将航标系统作为试点,主要是考虑到 1998—1999 年航标系统罗兰 A 导航台调整时人员分流安置 605 人。另外,随着航标现代化进程,航标管理部门也出现了技术人员少,普通职工文化素质偏低,相关专业人员比例更低等急需解决的问题。部分航标单位已进行用工制度改革,有一定基础。为此,从 2000 年起中国海事局拟定航标系统用工制度改革总体方案和相关的 5 个配套文件,在上海航标区试点。2001 年 4 月 28 日,下发《交通部直属海事系统航标机构定编与人事制度改革总体方案》,以及《交通部直属海事系统航标处领导岗位任职标准(试行)》和《交通部直属海事系统航标处机构设置和人员编制意见(参考)》。该改革总体方案的目标是:用 3 至 5 年时间,逐步建立起符合海区航标管理特点的结构合理、精干高效、充满活力的人事管理机制。通过改革使航标测量人员自然减员或内部退养总量得到控制,满足定岗定编定职定责条件并实行竞争上岗,压缩机关管理人员,对航标、测量工人逐步采用聘用合同制,减少固定用工数量。到 2005 年完成航标用工和岗位聘用制等人事改革工作。

(三)实行“凡进必考”机制

1999 年 4 月 9 日,针对直属海事系统一些单位人员膨胀过快、结构不合理、素质不高等问题,中国海事局下发“关于加强部属海事系统各单位人员调入管理的通知”,冻结直属海事系统各单位人员调入权,由中国海事局对部属海事系统人员调入实施统一管理。2000 年 6 月 20 日,中国海事局下发“关于进一步加强部直属海事系统人员调入管理的通知”,强调直属各单位人员调入实行“逐级上报,统一审批”管理,不得擅自调入,对未按申报程序并经过批准调入人员不予承认。11 月 14 日,交通部同意深圳海事局参照公务员制度进行管理试点,可设置非领导职务。

2000 年 12 月 20 日,在《国家公务员录用暂行规定》颁布后,中国海事局下发《交通部直属海事系统工作人员录用暂行办法》,于次年 1 月 1 日实施。自此,直属海事系统人员的传统选拔录用制度开始改革,进入海事系统必须通过国家统一笔试考试和各直属海事局统一面试。为做好海事工作人员录用工作,2001 年 12 月 30 日,中国海事局下发《交通部直属海事系统公开考试录用工作人员面试实施细则(暂行)》和《交通部直属海事系统公开考试录用工作人员体验实施细则(暂行)》,就录用海事工作人员面试的组织、内容、方法、要求、程序、纪律,以及检验的组织、项目、标准、程序和要求、纪律等作出规定。

“凡进必考”,面向社会,改变以前以国家分配的高校、中专毕业生和军转干部为主的惯例,本着“公开、公平、公正、择优”的原则,通过国家公务员考试,公开录用海事工作人员以后,录用人员 99% 达到大学本科学历,还有一部分达到硕士和博士学历,其中不乏学有专长、素质全面的人才。至 2005 年底,按公务员标准录用海事工作人员共 917 人。一批批应届毕业生、社会在职人员等新生力量,通过国家理论考试和海事机构面试后进入海事队伍,使直属海事系统队伍整体素质得到全面提升。2001—2005 年直属海事系统录用工作人员详见表 8-10-1。

为统一海事对外形象,中国海事局开始编制直属海事系统工作证。2002 年 10 月 30 日,下发“关于统一直属海事系统工作证式样的通知”,要求工作证编号要与干部人事管理信息系统(CMIS)中人员编号一致,各局工作证编号要在规定范围内进行编排,工作证编号要相对固定。有关具体工作由省局统一负责执行。工作证采用 PVC 材料,外形尺寸为 86×54 毫米,厚度为 1.3 毫米,正、反面均为白色底色。直属海事系统工作证编号详见表 8-10-2。

2001—2005 年直属海事系统录用工作人员一览表　　表 8-10-1

年　份	通过国家公务员考试录用(人)	通过考核录用和其他方式录用(人)	合计(人)
2001	65(首次)		65
2002	178	86	264
2003	175	58	233
2004	205	76	281
2005	294	76	370

直属海事系统工作证编号一览表　　表 8-10-2

单位名称	编号范围	备　注
辽宁海事局	001001~007000	含营口海事局
河北海事局	007001~012000	
天津海事局	012001~015000	
山东海事局	015001~022000	含烟台海事局
江苏海事局	022001~027000	含连云港海事局
上海海事局	027001~031000	
浙江海事局	031001~035000	
福建海事局	035001~041000	含厦门海事局
广东海事局	041001~049000	含湛江、汕头海事局
深圳海事局	049001~051000	
海南海事局	051001~054000	
广西海事局	054001~057000	

二、加快专业技术与人才队伍的建设

(一)专业技术人数的逐年增加

1998 年水监体制改革之前,水上交通安全监督系统就开展专业技术职务任职资格评审和职称评定工作。1987 年 8 月起,开展水上交通安全监督系统职称评定工作改革。1988 年 12 月 15 日,经交通部职称改革领导小组同意,沿海水监系统针对职称改革工作组成华北、华东、华南 3 个评审委员会,天津、上海、广州海上安全监督局分别为召集单位,并设有中、高级专业技术职务任职资格评审委员会。交通部安全监督局牵头成立高级专业技术职务职称评审委员会,负责安全监督、通信、救助打捞工程系列的高级专业技术职务任职资格评审工作。中级专业技术职务职称评审委员会由各区直属局负责成立,实施中级专业技术职务职称评审。

1998 年水监体制改革后,任职资格评审和职称评定工作改由中国海事局负责。1999 年 11 月 11 日,交通部批准中国海事局组建海事、通信工程技术系列高级职务任职资格评审委员会。之后,中国海事局与中国交通通信中心联合组建海事、通信工程技术系列高级职务任职资格评审委员会。评审委会 30 人,任期 3 年。下设水上安全组、船舶检验与防污组、航标导航组、水工测绘组、船舶设施组、通信工程组,负责相应的 6 类高级专业职务任职资格的评审工作。从 1999 年起,中国海事局每年对海事、通信工程技术系列高级职务任职资格进行评审。2001 年,组建 10 个中级委和 1 个海事通信高级评委,先后出台《海事工程系列中级专业技术职务任职资格评审委员会工作细则》和《海事系统专业技术职务任职资格评审材料规范》等规定,对申报人员执行业绩考评制度,以专业技术人员能力、业绩为核心,开展中、高级专业技术资格评审工作。2004 年 10 月 1 日,调整海事、通信工程技术系列高级职务任职资格评审委员会,设立水上安全组、航标导航组、基建与船舶设施组、通信工程组。评委会 45 人,任期 5 年。

2001 年 5 月 11 日,考虑到原直属海上安全监督系统工程系列中级专业技术评审会任期已满,中国海事局重新组建直属海事系统中级专业技术评审委员会。此次组建的中评委有辽宁、天津(含部海事局、河北海事局)、山东、江苏、上海、福建、广东(含深圳海事局)、海南海事局中级专业技术职称评审委员会。2002 年 4 月 26 日、5 月 14 日,成立浙江、广西海事局中级职称评审会。2006 年 7 月 10 日和 20 日,成立河北海事局、黑龙江海事局中级职称评审会。

经过对直属海事系统工程系列高级、中级专业技术人员职称评审,至 2005 年年底直属海事系统有职工 15497 人(含直属海事系统、海事中心、环保中心、部局机关),其中专业干部数 8966 人,专业技术干部中具有高级职称 1384 人、中级职称 3670 人、初级职称 3912 人,大专以上学历 8948 人,专业技术队伍整体素质进一步提高。2001—2005 年直属海事系统人员构成详见表 8-10-3。

2001—2005 年直属海事系统人员构成一览表　　表 8-10-3

年　份	文化结构(人)	专业技术(人)			
	大专以上学历(人)	高级职称(人)	中级职称(人)	初级职称(人)	合计(人)
2001	5838	820	3025	4302	8147
2002	6365	1035	3225	4313	8573
2003	7327	1014	3190	3643	7847
2004	7148	1232	3317	3655	8205
2005	8948	1384	3670	3912	8966

(二)人才的选拔与培养

中国海事局自成立起就十分重视海事人才的选拔与培训。1998 年 11 月 4 日,经各直属单位推荐、系统专业技术专家评审组评审,公布入选交通部“十百千人才工程”的直属海事系统第二层次人选为 10 人。2000 年 5 月,中国海事局围绕海事人才的培养开展研究和规划活动,并成立海事系统执法人员培养政策研究课题组。5 月 30—31 日,在天津召开第一次课题组会议。8 月 22—24 日,在北京召开海事系统“人员培养政策”和“十五人才规划”课题研究工作会议。9 月 21 日,调整直属海事系统专家评审组人员,选拔享受政府特殊津贴人员和优秀专业技术人才。2002 年初,中国海事局建立“自下而上、上下协调、共同推进、分层选拔”培养青年学术带头人的工作机制。4 月 22 日,直属海事系统入选交通部“十百千人才工程”的第一层次人选为 3 人,第二层次人选为 10 人。2003 年 3 月 7 日,经过层层推荐,直属海事系统选拔出第一层次培养对象 22 人、第二层次培养对象 144 人、第三层次培养对象 315 人。直属海事系统有 3 人被授予“交通青年科技英才”荣誉称号,1 名高级专家被国家人事部授予“有突出贡献的中青年科学、技术和管理专家”,47 名高级专家享受国务院授予的政府特殊津贴。2004 年,直属海事系统有 4 人被世界海事大学录取。2005 年,直属海事确定进入国家级人才工程队伍 2 人,评为交通部青年科技英才 5 人,进入“十百千人才工程”第一层次人才队伍 3 人,选拔出国留学 30 人。并选派到大连海事大学举办的世界海事大学“大连班”学习 35 人(第一期),派往 IMO 见习工作 1 人,外派学习 5 人。

三、加快领导干部队伍建设

(一)领导干部队伍的建设

1998 年水监体制改革之后,中国海事局加紧领导干部队伍的建设。2001 年 1 月 12 日,交通部党组印发"关于调整部属单位干部职务管理范围的通知",委托交通部海事局党委代部管理部分领导干部职务,主要为直属海事局班子副职、二级海事局班子正副职及其职务改任非领导职务等。3 月 12 日,交通部海事局党委下发《关于直属海事系统深化干部人事制度改革的指导意见》,努力建设一支政治合格、行为规范、办事高效、从政廉洁的领导干部队伍。

1.加强领导干部的建设与培养

1999 年 4 月 16 日,交通部海事局党委决定在直属海事系统深入开展创建"五好领导班子"(指学习好、团结好、工作好、作风好、廉政好),争当"优秀班长"(指党委、党组书记)和"模范带头人"(指行政主要领导)活动,并将评选条件具体化。2003 年 7 月 8 日,下发《交通部直属海事系统"五好领导班子""优秀班长"和"模范带头人"评选办法(试行)》,决定自 2003 年度起,评选直属海事系统"五好领导班子""优秀班长"和"模范带头人"。12 月 15 日,交通部海事局党委就领导干部建设相继下发《交通部直属海事系统领导班子工作规则》《交通部直属海事系统领导干部交流管理实施办法》,要求执行和完善局长负责制,直属海事系统各局中层干部和下属单位行政领导干部实行任期制等。2000 年 12 月 21 日,交通部海事局党委下发《关于直属海事系统基层党组织建设的指导意见》,规范直属海事系统基层党组织的设置,除深圳海事局设置党组外,其他各直属海事局均成立党委。2003 年 2 月 25 日,交通部海事局党委下发中层领导职务竞争上岗工作暂行办法、处级领导干部选拔任用工作暂行办法,规定竞争上岗的干部资格条件和工作规范。2004 年 4 月 9 日,交通部海事局党委组织贯彻《中国共产党》党内监督条例(试行)》《中国共产党纪律处分条例》,将党内监督条例规定的监督制度和要求分成 7 个专题,分别交由上海、江苏、广东、山东、天津、浙江、辽宁海事局进行课题研究,研究成果被应用于建立健全直属海事系统教育、制度、监督并重的惩治和预防腐败工作体系中。2004—2005 年,交通部海事局党委还与国家行政学院、清华大学联合举办直属海事系统局、处级领导干部和中青年干部公共管理高级培训班。2005 年,在直属海事系统开展保持共产党员先进性教育活动。

2.加强领导干部的思想建设

中国海事局组建之初,局行政、党委领导思想高度一致,先后制定部海事局行政、党委工作规则和所属的海事系统领导班子工作规则。这 3 个规则规范领导班子、领导干部在"三重一大"等方面议事程序,以及决策程序、权力运行程序,对海事系统领导班子、领导干部履行党风廉政建设责任制、开好民主生活会、海事系统部管干部的选拔培养和管理等均作出明确规定,使领导班子、领导干部能够做到按制度办事、按程序履职、按规范监督。这些制度对海事局党风廉政建设和反腐败工作健康发展起到保障作用。

(二)海事党风廉政建设

1999 年 4 月 20 日,交通部海事局党委公布直属海事系统党风廉政建设责任制实施办法(试行),修订后于 2002 年 1 月 15 日公布实施。该实施办法明确直属海事系统各级领导班子、领导干部及中国海事局各部门负责人廉政建设责任范围和内容。2000 年起,交通部海事局党委继续将"直属海事系统两级领导班子成员不出新的不廉洁问题"作为党风廉政建设工作目标。2003 年延伸到直属海事局和部海事局机关。并从 2000 年起把党风廉政建设的重点放在各级领导和基层海事部门,加大执法人员行风建设力度,开展“三学四建一创”“五个一工程”“百优十标”和“创建安全畅通文明航区”等专项活动。2002 年 1 月 21 日,交通部海事局党委下发加强和改进中国海事局机关作风建设的意见,从 7 个方面提出落实党中央作风建设的“八个坚持,八个反对”规定的具体措施。2003 年,中国海事局委托国家统计局调查海事行业行为情况,满意率近 80%。9 月 19 日,交通部海事局纪委将近 5 年直属海事系统在船舶登记、船员考试发证、船舶签证、规费征收执法过程中以权谋私、失职渎职等方面发生的具有海事行业特点的 33 个典型案例汇编成册,作为当年开展警示教育活动学习材料。2004 年,直属海事系统开展弘扬振超精神,创建三个一流(个人干一流工作、企业创一流品牌、社会造一流环境)活动,引导职工为海事新发展做贡献。

四、加快精神文明的建设

(一)新增全国海事系统先进单位

全国海事[1998 年 6 月之前称“水上安全监督系统”或“港监(航)监督”系统]文明创建始于 1996 年。根据党的十四届六中全会开展创建文明行业活动要求,交通部于 1996 年 12 月提出交通系统创建文明行业目标。全国水上安全监督系统通过开展文明单位创建活动,到 1998 年 1 月交通部进行首次评选命名时,评出第一批“文明执法示范窗口”单位 63 个。1999 年,交通部命名并公布全国海事系统文明达标单位评出 40 个,共达 103 个。2000 年评出 34 个,2002 年评出 37 个,2003 年评出 47 个,2004 年评出 36 个,2005 年评出 36 个。这些文明单位中直属海事系统占 53%。他们分别成为全国文明单位、全国交通文明行业、全国精神文明建设工作先进单位、全国交通系统创建文明行业先进单位、全国创建文明行业工作先进单位、全国海事系统文明达标单位等。

(二)对外宣传及海事刊物

1999 年 9 月,为庆祝建国 50 周年,交通部海事局在交通部机关大楼二楼举办中国海事新貌图片展览。2002 年,与《中国水运报》联合举行中国海事行系列宣传报道活动,通过对沿海 13 个直属海事系统的采访,宣传水监管理体制改革成果与安全管理年活动成效等。2004 年 11 月 5—8 日,交通部海事局党委在重庆召开全国海事系统新闻宣传工作座谈会。2005 年,提出在海事系统各单位建立新闻发言人制度。此后,海事系统各单位逐步建立起新闻发言人制度。

中国海事局成立后,决定创办《中国海事》杂志,1999 年 4 月 15 日印发通知,委托天津海事局承办与筹备,并于 4 月成立中国海事杂志编辑部。《中国海事》由中国海事局主办,党委工作部归口管理。

《中国海事》是在《船舶安全与防污》杂志基础上创办的,经天津市新闻出版局批准。2000 年起更名为《中国海事》,2000 年 2 月创刊,为内部资料,双月刊。同时,天津书法家韩家祥书写“中国海事”标志 4 个字。2002 年起改为月刊。2002 年 7 月 26 日,交通部天津水运工程科学研究所与天津海事局签订协议,双方同意天津水运工程研究所主办并公开发行的《交通环保》更名《中国海事》,并转为中国海事局主办、天津海事局承办,上报国家新闻出版总署审批。2004 年 12 月 31 日予以批准。2005 年 4 月 25 日,《中国海事》杂志取得北京市新闻出版局核发的中华人民共和国期刊出版许可证。8 月 8 日,向国内外公开发行的《中国海事》在天津创刊,为大 16 开月刊,80 页,全彩色印刷。原内部刊物的《中国海事》杂志停办。《中国海事》由中国海事局主办,天津海事局承办。

中国海事局主办的另一本刊物是《海事研究》杂志。该刊原名《水监研究》,创刊于 1990 年 1 月,是中国交通职工思想政治工作研究会水监分会会刊,由上海海上安全监督局代为编辑、出版和发行,出版时间、页数不固定。1994 年,《水监研究》获得上海市新闻出版局核发的连续性内部资料准印证,定为一年两期。《水监研究》从 2000 年第二期(总第二十四期)起更名《海事研究》,注册为 48 页季刊,大 16 开,由上海海事局承办。2000 年 7 月 20 日,第一期《海事研究》杂志经上海市新闻出版局批准发行。《海事研究》成为中国交通职工思想政治工作研究会海事分会(2001 年 6 月 24 日由思想政治工作研究会水监分会更名)会刊,由中国交通职工思想政治工作研究会海事分会秘书处(交通部海事局党委工作部)归口管理。

(三)海事文化建设

1999 年 11 月 9—11 日,中国海事局邀请专家在天津审定 1996 年 5 月开始编纂的《中国航标史》,后经广州市新闻出版局批准内部发行。

2000 年,交通部海事局党委在全国海事系统开展海事之歌歌词征集和歌曲创作活动,至 2003 年 8 月底共征集歌词 148 首,评选出特色奖 10 名、优秀奖 11 名、三等奖 4 名、二等奖 2 名(一等奖空缺)。根据应征歌词的素材,交通部海事局党委邀请词作家胡宏伟进行再创作,邀请曲作家铁源为其谱曲,创作《中国海事之歌》,于 2004 年 11 月 3 日正式向全国海事系统颁布标准版(包括由中国人民解放军总政治部歌舞团演唱的合唱版和中国人民解放军军乐团演奏的进行曲版)。

(四)思想工作教育

2000 年,交通部海事局党委委托河北、福建海事局进行直属海事系统党员和职工思想状况专题调查。两直属海事局以本局为重点,抽样调查 16 个海事局党员和职工思想状况,共发放调查问卷 670 份,回收 654 份。2000 年,交通部海事局党委在直属海事系统开展廉政教育月活动。2001 年,在全国海事系统开展征集海事廉政警语、廉政论文活动,共征集警语 500 余条、论文 116 篇。

到 2000 年,中国交通职工思想政治工作研究会水监分会有 34 个会员单位。2001 年 6 月 24 日,中国交通职工思想政治工作研究会水监分会更名为中国交通职工思想政治工作研究会海事分会,并召开第五届会员大会。2003 年,中国交通职工思想政治工作研究会海事分会在各会员单位开展海事文化论文征集活动,征集论文 53 篇。

第十一节　全面推进与国际海事的合作与交流

一、推进与海事有关国际组织合作

开展与国际、地区性海事组织的合作和交流,是我国履行国际海事公约的重要渠道,展示我国海事国际形象的重要组成部分。

1998 年水监体制改革之后,中国海事局根据国际海事公约规定,积极履行国际海事公约,推进履约工作,承继与有关海事国际组织的合作。按惯例赋予海事管理权利和义务主要为 6 个国际海事公约(按在中国生效日期为序):1966 年国际船舶载重线公约,1972 年国际海上避碰规则公约,1974 年国际海上人命安全公约,1969 年国际吨位丈量公约,1973 年国际防止船舶造成污染公约 1978 年议定书,1978 年海员培训、发证、值班标准国际公约。这些公约中绝大部分条款所规定的内容是承担船旗国、港口国管理职能和部分沿岸国管理职能(包括国家水上交通安全监督和防止船舶污染、船舶及海上设施检验、航海保障管理、船员培训和发证、通航秩序管理和海上交通行政执法等监督管理)。

为全面履行国际海事公约,中国海事局在国际海事组织框架内,积极参与国际海事组织(IMO)和国际海道测量组织(IHO)、国际航标协会(IALA)、国际搜救卫星组织(COSPAS-SARSAT),以及巴黎、东京港口备忘录等国际或地区性的政府间和非政府间的国际事务活动,派员与各成员国密切合作,直接参与起草或修订国际公约,在市场准入和标准规范制定等方面维护中国航运业的根本利益。同时,积极采取措施,健全履约机制,全力履行国际公约和实施国际海事项目。

(一)与国际海事组织(IMO)的合作

国际海事组织,是联合国负责海上航行安全和防止船舶造成海洋污染的专门机构,成立于 1959 年 1 月 6 日,原名“政府间海事协商组织”,1982 年 5 月改为现名。国际海事组织理事会是该组织的重要决策机构,由 A 类、B 类和 C 类共 40 个理事国组成,其中 10 个为航运大国(A 类理事国)。每两年举行一次大会,改选理事会和主席。当选主席和理事国任期 2 年。国际海事组织下设各专业委员会和专业分会。

中国从 1989 年国际海事组织第 16 届大会首次被推选为 A 类理事国起,一直都是国际海事组织 A 类理事国。中国海事局作为履行国际海事组织公约的主要执行机构参与其中的有关会议和活动,重点参加国际海事组织海上安全委员会、海上环境保护委员会、法律委员会,以及各分委员会的有关会议和活动。参加国际海事组织有关会议时,事前有预案,事后有报告,还通过国际海事研究委员会跟踪研究动态,做好履约的有关工作。1999 年 1 月,中国海事局、中国驻英国大使馆海事处组团出席在伦敦召开的国际海事组织船员培训和值班标准分委员会第 30 次会议。会议根据中国代表团的建议,起草并通过一份关于港口国监督官员检查船员证书指南的通函,以防止在港口国监督中因对国际公约理解有偏差而造成的船舶被误滞留。11 月,中国海事局派员参加中国代表团,出席国际海事组织第 21 届大会,会上中国连续第六次被推选为 A 类理事国。之后,2001 年、2003 年、2005 年的第 22、23、24 届国际海事组织理事国大会上,中国均被推选为该组织 A 类理事国。至 2005 年,我国已 9 次当选为 A 类理事国。特别在 2005 年的国际海事组织第 24 届大会上,中国驻英大使查培新被推选为大会主席。这是中国自 1973 年恢复参加国际海事组织活动以来,第一次担任该组织最高会议的大会主席。

2000 年 11 月 27 日至 12 月 6 日,中国海事局与直属海事局共同派员参加中国代表团,出席国际海事组织海上安全委员会第 73 次会议。会议以通函形式公布完全和充分履行《78/95 海员培训值班国际公约》(包括中国和中国香港在内)的共 72 个国家和地区的“白名单”。2001 年 2 月,中国海事局派员参加中国代表团,出席国际海事组织履约分委会第 9 次会议。会上,美国代表提交有关港口国监督报告中,提到中国籍船舶于 1999 年在美国脱离港口国监督“黑名单”。2002 年 7 月 22—26 日,在国际海事组织召开的稳性、载重线和渔船安全分委员会第 45 次会议上,中国船级社代表提出的关于船舶最小船首高度公式和改进储备浮力分布的措施被大会采纳,并写入 1966 年国际船舶载重公约 1988 年议定书修正案中。2005 年 2 月,中国海事局派员参加中国代表团,出席国际海事组织船舶设计与设备分委员会第 48 次会议。会上,中国代表团成员向阳继续担任分委员会副主席,并担任客船安全工作组主席,同时分委会确定由中国牵头成立船舱“保护涂层性能标准”通信工作组。

与此同时,2003 年 6 月 2—6 日,中国海事局代表在联合国总部召开的联合国海洋事务和海洋法非正式磋商进程第四次会议上,就主要针对小岛国、欠发达的沿岸国海图制作能力建设,提出利于维护小岛国、欠发达国家利益的意见,得到他们好评。

这一时期,参加国际海事组织及其专业分会会议的中国海事局或直属海事代表,从国际大局和中国立场出发,参加各种讨论,关注议题态势,根据预案视情况发表意见,与各方代表沟通协作,既完成出国前既定的中国工作目标和任务,又推动国际会议达到预期目的。对国际公约审议和修订,尽力表达中方意见,与相关方交流与探讨,创造良好的基调。在审议中国议题时,又与有关国家、地区及国际组织代表沟通、协调和协作,争取中方意见能得到多数代表的支持,以维护国家主权利益。如 1999 年 6 月,在国际海事组织召开的第 82 届理事会上,关于海上安全委员会报告中就涉及南海水域海盗和武装问题并进行大会讨论,中国代表阐述一个中国的原则立场,使有关国家和国际组织解除对中国在此问题上的误解。针对一些历史问题,要求国际海事组织遵守联合国大会 2758 号决议和本组织的有关决定,奉行"一个中国"原则。

每次参加国际海事组织或分会的会议之后,中国海事局均将会议情况和做出的决定、要求及时写出报告要点,向全国海事系统、国内航运单位和有关方面做出通报,根据会议精神调整国内海事管理研究方向,全面跟踪国际海事发展动态,提出具体管理建议,制定具体实施对策,供主管机关和部门参考。对于需要跟踪落实的事宜,将任务分解到直属或地方海事局及部局内相关业务处、室和海事研究分委会。中国海事局还要求出席国际海事会议的人员,注意收集国际组织的各类文件,通过国际互联网等方法获得相关信息资料,结合中国实际情况进行研究,提出建议,供有关管理部门决策参考。

(二)与国际海道测量组织(IHO)的合作

1998 年中国海事局成立前,经国务院、中央军委批准,由交通部航道局(后由交通部水上交通安全监督局、安全监督局)代表中国政府参与并处理 IHO 相关事务。

1998 年水监体制改革之后,中国海事局继续参与 IHO 及其所属的东亚海道测量组织合作事宜,参加或承办其会议和活动,接待来访的官员。2000 年 3 月 19—23 日,由中国海事局、海军航保部、香港海事处、澳门港务局代表组成的中国海道测量代表团参加在摩纳哥召开的国际海道测量组织成立以来的第二次特别大会。7 月 4—7 日,中国海事局与海军司令部航保部、香港海事处代表赴印度尼西亚参加东亚海道测量委员会(EAHC)第七届大会,会上中国当选为 EAHC 下一届主席国,中国海事局副局长王金付当选为 EAHC 主席。2001 年 8 月 6—9 日,中国海事局承办在北京举行的第二十届国际制图大会和新世纪首届国际海图展览,国际海道测量组织的 15 个成员国和国际海道测量局(IHB)的 100 余幅海图参展。国际制图协会主席雷斯特德先生、国际海道测量组织主席安格里萨诺先生以及来自世界各地的制图专家出席会议并参观展览。2002 年 4 月 14—19 日,第十六届国际海道测量大会在摩洛哥召开。会上,摩洛哥公国君主向出席会议的中国海事局副局长王金付颁发"最佳展出国"奖牌,以表彰中国为成功举办 2001 年 IHO 国际海图展所作出的贡献。这是中国自 1979 年恢复在 IHO 的合法席位以来第一次获得这样的奖励。这次国际海道测量大会,选出 6 幅反映中国海道测量水平的海图,参加 IHO 组织的海图展。这是中国海事局第一次在国际展览中展出专题海图。8 月 15—17 日,中国海事局在上海承办国际海道测量组织信息系统需求委员会第十四次会议,美国、法国、德国、英国等 17 个国家及国际测量组织的 38 名代表出席会议。2003 年 11 月 11—14 日,中国海事局以第八届东亚海道测量委员会(EAHC)主席国身份,在上海召开第八届东亚海道测量委员会(EAHC)大会。

(三)与国际航标协会(IALA)的合作

1998 年水监体制改革后,中国海事局继续致力于国际航标协会(IALA)的技术交流和合作,参加或承办该协会的会议,与各国航标机构研究和决定国际航标协会有关事务。1999 年 1 月 28 日,交通部就国际航标界多次希望中国承办一次国际航标协会大会的意愿以及中国承办的意义、有利条件等向国务院做出专题请示。经外交部审核,3 月 8 日国务院同意 2006 年中国海事局在上海承办国际航标协会第十六届大会。5 月 23—31 日,中国海事局代表赴日本参加国际航标协会第二十二次理事会,并递交中国承办 2006

年 IALA 第十六届大会的申请。国际航标协会主席对中国申办 IALA 大会表示感谢。为做好 2006 年在上海召开的国际航标协会大会筹备工作,2001 年 4 月 10 日中国海事局成立筹备领导小组,负责大会筹备组织领导工作,并在上海海事局设立筹备工作办公室,负责办理大会筹备的具体事务。2002 年 3 月 10—15 日,国际航标协会在澳大利亚悉尼召开的第十五次大会上批准中国举办第十六届 LALA 大会的申请。2002 年 3 月 11—15 日,中国海事局参加在澳大利亚悉尼召开的第十五届国际航标协会大会。在这个会上中国海事局常务副局长刘功臣被推选为本届国际航标协会副主席。2003 年 6 月 10—13 日,中国海事局参加在芬兰召开的第三十二届航标协会理事会会议,会上提出"数字航标"概念,被国际航标协会采纳,并确定为第十六届航标大会主题。同时,针对中国现有 IALA 浮标系统在应急沉船标识方面的不足,提出应急沉船标识的制式标准,得到广泛认同并成为国际航标协会之后推行的全球标准。2004 年 5 月 24 日,中国海事局协办在上海举行的国际航标协会第三十三次理事会。这是国际航标协会第十六届大会前在上海召开的前期准备会议。2005 年 4 月,中国海事局在国际航标协会航标管理委员会第六次会议上,提出的《关于紧急沉船标志的建设》提案,被次年 11 月国际海事组织海上安全委员会第八十二届会议批准,成为国际标准,并于 2010 年纳入新版国际航标制式在全世界推广。

(四)与东京备忘录(亦称亚太地区港口国监督备忘录)合作

东京备忘录成立于 1994 年,每年在各成员国轮流召开一次备忘录组织大会。中国于 1994 年 4 月加入东京备忘录,中国海事局 2000 年 2 月 21—24 日参加在新加坡召开的第八次亚太地区港口国监督委员会议。2003 年 3 月 24—27 日,参加在智利举行的第十二次亚太地区港口国监督委员会会议。2004 年 11 月 19—25 日,参加在上海举行的东京备忘录第十三次数据库主任会议。22—25 日,中国海事局承办环太平洋区域 18 个国家和地区的东京备忘录第十四届港口国监督委员会会议;11 月 2—3 日,交通部副部长徐祖远率团出席在温哥华召开的巴黎和东京港口国监督谅解备忘录第二届联合部长会议(第一届联合部长会议 1998 年 2 月由中国港监局参加),并与他国代表共同签署《强化责任链-采取区域间行支消除低标准航运》的部长联合声明。2005 年 11 月 4—5 日,中国海事局参加在泰国曼谷举行的东京备忘录第十四届数据库主任会议和 11 月 7—10 日在泰国曼谷召开的第十五届港口国监督委员会会议。

(五)与远东无线电导航合作理事会(FERNS)合作

远东四国无线电导航协作理事会(FERNS)源于 1992 年,由中国与日本、俄罗斯、韩国共同签署的远东四国无线电联合导航服务合作协议而组成的,之后不定期召开理事会或专题会议。1998 年 9 月,中国海事局在北京承办 FERNS 第七次会议。1999 年 9 月 26 日至 10 月 2 日,中国海事局参加在日本召开的 FERNS 第八次会议。2000 年 5 月 26 日,在上海承办中、日、韩、俄四国搜救及防止海洋污染操作层会议。2001 年 9 月 17—21 日,参加在韩国首尔召开的第十次远东四国无线电导航协作理事会(FERNS)会议,通报中国导航信号可利用率和防雷系统安装、罗兰 C 人员培训班情况。2002 年 10 月 14—18 日,在西安承办远东无线电导航协作理事会第十一次会议,讨论通过各理事国罗兰 C 系统的发展、运行和管理方面 6 项决议案。2003 年,在远东地区无线电导航协作组织框架下,又分别与日本、韩国完成 RBN-DGPS 系统频率干扰问题的联合测试工作。

(六)跟踪研究国际海事发展动态

1996 年 2 月 8 日,交通部安全监督局成立非常设的国际海事研究委员会,下设 10 个专业分委会,跟踪研究国际海事发展动态及有关国际公约,并于 4 月在广州召开第一次国际海事研究委员会会议。水监体制改革后,针对全国水上交通安全监管实际,中国海事局于1998年12月6日调整中国国际海事研究委员会组成人员。调整后的委员与特邀顾问共30人。2000年2月24日,在北京召开海事研究委员会第二次会议,通过《中国海事局国际海事研究委员会工作导则》,6月16日修改通过。该工作导则明确海事研究委员会由海事局有关领导、有关处室和各直属局、港监局组成,并特邀顾问若干名,规定海事研究委员会职责是:确定国际海事研究工作的方向和项目,研究有关国际公约的规定动作和要求,研究国际组织和区域性组织及双边多边合作的状况和发展动态,提出中国履约和参与国际事务的对策和建议,组织收集和整理及翻译出版有关资料与建立研究信息资料系统,利用有关海事信息和网络宣传,介绍国际公约等。导则还明确了专业分委会及挂靠直属海事局,即:船员培训发证挂靠广东海事局,测绘政策与技术挂靠天津海事局,航标管理挂靠上海海事局、航行安全挂靠深圳海事局,搜救及全球遇险挂靠山东海事局,危管防污挂靠辽宁海事局,港口国管理挂靠天津海事局,海事调查挂靠上海海事局;还有综合履约、国际安全管理规则、船舶检验3个分委会由中国海事局负责。挂靠各单位为分委会秘书处提供办公条件。2001年8月22日,中国海事局在青岛召开国际海事研究委员会第三次会议。2005年3月,在杭州召开国际海事研究委员会第四次会议,修改委员会工作导则与调整各分委会人员等,通过修改后的《中国海事局国际海事研究委员会工作导则》。3月30日,成立便利运输分委会,挂靠浙江海事局。2005年4月9日,中国国际海事研究委员会在大连海事大学成立国际海事公约研究中心。这是中国第一个最系统、最权威研究国际海事公约的机构。

海事研究委员会,每年召开一次会议,总结一年工作情况,研究下一年度工作计划。各分委会每年通过会议、调研、交流、培训或通信联系等方式,进行国际跟踪研究。

(七)全球压载水管理项目的实施

从2000年起,作为"全球压载水管理项目实施国"之一,中国政府"按照全球压载水项目和每个参加国应建立国家项目实施小组(CPTT)"的要求,开始实施全球压载水管理项目。该项目全称为"帮助发展中国家克服有效实施船舶压载水管理和控制措施方面的困难的项目",简称"全球压载水管理项目"(GLOBALL),是国际海事组织为减少和控制船舶在运输过程中对海洋环境造成有害影响而采取的一项重要措施,由国际海事组织、联合国发展计划署和全球环保基金组织于2000年7月起共同组织实施。中国、巴西、印度、南非、乌克兰和伊朗为该项目的实施国。

为保证上述项目的实施,2000年6月中国政府成立全球船舶压载水管理工作项目中国国家项目实施小组,国务院确定中国海事局为该项目牵头单位。经过一段时间准备,中国海事局2000年6月15日召开压载水管理工作项目筹备会,确定项目实施小组的代表单位,并讨论通过国家项目实施小组的作用、职责和任务,以及中国国家工作计划要点草案、全球项目协调机构(PCU)和全球项目实施小组审议议程。国际海事组织海洋环保司副局长Koji Sekimizu先生代表PCU出席会议,并简要介绍了项目内容。6月22—23日,中国国家项目实施小组在北京召开第一次会议,肯定筹备会确定的各种决议案,通过中国国家工作计划要点草案。6月30日,中国海事局会同天津海事局拟出《出席国际压载水管理项目全球项目实施小组(CPTT)第一次会议预案》,主要内容包括关于项目实施小组的职责、项目实施计划、各国现状报告、其他议程共4个方面。7月5—7日,在伦敦召开的全球压载水管理项目实施小组第一次会议上,代表中国政府介绍在该项目实施(海洋环境保护)所完成的工作和取得的成果。会上,全球项目协调机构首席技术顾问Dandu先生希望中国承办计划于2001年3月召开的第二届GPTF会议。9月20—21日,中国海事局在北京召开全球船舶压载水管理项目宣传工作计划研讨会。2002年10月28—30日,协助国际海事组织在北京召开第四次全球压载水管理项目实施机构会议。由于中国为全球压载水管理项目东亚地区的代表,中国海事局于2002年10月31日至11月2日、2003年11月6—7日代表中国政府,在大连组织召开两次东亚地区压载水管理合作研讨会,交流各国在压载水管理方面的情况,起草和通过东亚地区压载水管理工作合作行动计划,决定建立地区项目实施小组(RTF)。2003年,参与起草、制订《国际船舶压载水和沉积物控制与管理分约》。该分公约于2004年2月13日在国际海事组织召开的船舶压载水管理外交大会上得到通过。中国海事局还制订《中国压载水管理工作国家战略计划》,提出下一步开展压载水管理方面的建议。2004年9月,举办中国东盟压载水管理工作培训班,由中方4名压载水管理专家对来自东盟9个国家的学员进行培训。

根据"全球压载水管理项目"实施工作计划进度,中国海事局通过与国务院有关部、委共同努力,至2004年12月,用了不到4年的时间,完成压载水管理第一阶段工作,比计划提前4年完成前期任务,为之后全面实施《国际船舶压载水和沉积物控制与管理分约》打下了基础。2004年12月,国际海事组织在伦敦召开的第六次(最后一次)压载水管理项目协调会上,对全球压载水管理项目在中国成功实施和中国政府对该项目支持给予高度评价,特别对中国在该项目结束后对未来履行国际海事组织新公约的准备和制定国家压载水管理战略计划等方面所做工作给予赞赏,认为中国是该项目实施样板,是唯一全部完成各个项目活动的国家。

二、全面参与国际海事双边和多边合作

(一)参加或举办国际海事论坛

国际海事论坛是国际海事组织机构和航运界及政府部门提升自身地位和影响力的平台。中国海事局通过参加和承办国际或地区性的海事论坛,加强与国际海事组织及其理事会和各成员国的双边或多边的合作、交流,以研究和解决海上航行安全、船舶污染水域等安全问题。中国举办的国际性海事论坛有上海国际海事论坛和深圳国际海事论坛,举办的地区性海事论坛有亚太地区海事机构首脑论坛、亚太地区海事论坛、亚太地区海上警备机构首脑会议、亚洲海事调查官论坛等。这些国际性或地区性海事论坛所研究和讨论的内容,主要为国际或地区性海上航行安全、水域环境保护、海上事故搜救、签署合作协议、交换海事管理经验等双边和多边的合作事项。

2000年3月7—9日,中国海事局参加在新加坡召开的海上警备机构首脑会议预备会的海盗对策会议。3月21—23日,参加在新加坡举办的第四次亚太地区海事机构首脑论坛会议和国际航运质量高级研讨会,中国当选为亚太地区海事机构首脑论坛副主席。3月28—29日,参加在东京召开的海上警备机构首脑会议、海盗政策当局预备会。2001年9月10—12日,中国作为主席国,由中国海事局在北京承办亚太地区海事机构首脑论坛第五次会议。2002年8月1—2日,中国海事局承办以"建立我国船舶油污损害赔偿机制"为主题的2002年深圳海事论坛。2003年4月22—25日,出席在美国檀香山召开的第六次亚太地区海事机构首脑论坛。10月,参加在香港举行的亚洲海难调查官会议。此外,上海海事局2000—2002年间以"航运安全与防污"为题连续3年举办的上海国际海事论坛改由中国海事局举办,地点仍放在上海,由上海海事局承办,每年召开一次专题性国际学术交流会,每两年举办一届上海国际海事论坛。11月17日,针对近几年国内液化气船运输作业的污染防治问题,以"液化气船舶运输风险控制"为主题,中国海事局举办上海国际海事论坛,旨在突出宣传海事"航行更安全,海洋更清洁",提高全社会对海上船舶安全和海洋境保护的广泛关注。2004年4月13—16日,参加在新西兰惠林顿召开的第七次亚太地区海事机构首脑论坛。9月18日,参加北太平洋海上警备机构高官会。2005年2月22—26日,会同公安部边防局、农业部及国家海洋局组团出席第六次北太平洋海上警备机构高官论坛专家会。这是

该论坛专家会接纳中国成为正式代表后我国参加的第一次专家会。4 月 12—15 日,中国海事局参加在韩国举办的第八次亚太地区海事机构首脑论坛。7 月 5—6 日,举办以“船舶油污损害赔偿基金的征收和使用管理”为主题的 2005 年上海国际海事论坛。

(二)参与多边或双边的海事合作

海上安全是全球性的问题,由世界各国主管机关以双边与多边合作等形式组织活动,共同维护海上安全与防止船舶污染。1998 年水监体制改革后,中国海事局进一步加强与世界各国政府或海事主管机关的沟通与联系,通过签署国际海事合作协议或参与专题会议等,开展多边和双边的海事合作,特别与周边国家建立起广泛的联系与合作制度。合作的重点内容包括:海上巡逻、海难救助、船舶安全管理、海洋环境保护及防污、渔船紧急避难、通航水域、国际海事组织公约履行等,还有交流学术成果、签署双边或多边合作协议等。同时,做好接待来访的各国海事官员和出国进行海事交流等。

(1)中国-东盟海事磋商机制

中国-东盟海事磋商机制,是 2003 年 10 月 21—31 日在缅甸仰光召开的中国-东盟交通部长第二届会议上确定的,目的是促进中国与东盟各国在海事领域的进一步合作与交流,加强沟通,共同协商,互相支持。这是中国-东盟交通部长会议框架下设立的重要合作机制,成为交通合作备忘录的重要组成部分和后续活动。

作为执行“中国-东盟海事磋商机制”中方代表的中国海事局,自磋商机制签订起,与东盟各国海事当局定期举行会议,专题研究落实。2004 年 11 月 24 日,在老挝万象的中国-东盟交通部长会议上,中国向东盟提交“中国-东盟海事机构磋商机制概念文件”,得到东盟各国的积极响应。本着平等、互相尊重、互利互惠的原则,中国与东盟各国就有关港口国监督、海洋环境保护、海上搜救、航标测绘、船员培训和发证以及事故调查处理等问题进行协商与合作。会议决定,中国-东盟海事磋商机制每年举行一次会议,就共同关心的海上安全、保安和海洋环境等有关事宜进行研讨和交流。

2005 年 12 月 14—16 日,中国海事局在广州举办中国-东盟海事磋商机制第一次会议。会议通过由中国海事局起草并经修改的《中国-东盟海事磋商机制概念文件(草案)》文本,并确定每年在中国举办一次会议、中国海事局和东盟秘书处承担秘书处工作。海事磋商机制会议报告是得到中国-东盟交通高官会/中国-东盟交通部长会议认可的协议。

(2)参加或举办西北太平洋四国海上搜救与防止海洋污染工作会议(SAR/OPPR)。

西北太平洋四国海上搜救与防止海洋污染工作会议,也称西北太平洋中、日、俄、韩四国海上搜救与防污染工作会议,是先由俄、日、韩共同发起的区域性会议,目的是加强各国间搜救与防污染等方面的交流与合作,为政府决策提供参考。1996、1997 年第一、二届会议分别在日、韩召开,中国以观察员身份参加。1998 年 6 月,中国海事局以会员国身份正式参加在韩国仁川召开的第三届会议。1999 年 5 月,中国海事局组团参加在俄罗斯符拉迪沃斯托克召开的第四届会议。2000 年 5 月 25—26 日,中国海事局在上海承办第五届会议。会议对《西北太平洋行动上计划区域溢油应急计划和谅解备忘录》草稿进行审议,并同意由国际海事组织继续完善文件。2001 年 5 月 14—18 日,在中国青岛召开西北太平洋行动计划(NOWPAP)第六届《西北太平洋行动计划(NOWPAP)油污应急与防备》会议。11 月 4—9 日,参加在东京召开的《西北太平洋行动上计划区域溢油应急计划和谅解备忘录》顾问专家会议。2002 年 7 月,代表中国政府与日本、俄罗斯、朝鲜、韩国联合制订《西北太平洋地区环境保护行动计划》。2004 年 5 月 17—21 日,参加西北太平洋计划第七届海洋污染应急反应会议。11 月 15—21 日,为应对西北太平洋区域海上污染,中、日、俄、韩 4 国于 2004 年 11 月共同签署了《西北太平洋地区海洋污染防备和反应区域合作谅解备忘录》,实施《西北太平洋区域溢油和有毒有害物质污染应急计划》。

(3)中外海上安全合作协商机制

1999年,为保证与相邻的韩国海上安全,中国海事局代表中国政府通过协商,启动中韩海上安全合作协商机制。11月3日,韩国举办第一次中韩海上安全事务协商会议。2000年5月8—12日,第二次中韩海上安全事务协商会议在北京举行。2002年5月30—31日,第三次中韩海上安全事务协商会议和中韩海上搜救事务会议在上海举行。2003年8月27—29日,韩国在济州举行第四次中韩海上安全事务会议和中韩海上搜救事务会议。2004年6月1—3日,第五次中韩海上安全事务会议和中韩海上搜救事务会议。在北京举行2005年11月24—25日,第六次中韩海上安全事务会议和中韩海上搜救及第一届中韩海事调查合作会议在韩国举行。

1999年11月,以双边港口国监督检查为核心内容,中韩海上安全会谈机制启动。2001年,中韩双方进一步启动港口国监督检查员定期工作交流制度,每年互派4名检查员到对方海事管理机构参与具体检查工作。2004年,在多年磋商的基础上,中日启动港口国监督双边会谈。

2001年,中国海事局对中美1987年签署的搜救合作协议进行修改,重新与美国签署双边搜救合作协议。中国海事局还与英国海道测量局重新签署《中英航海图资料交换双边协议》。12月10—12日,在北京与欧盟举行第二轮海运谈判,就海运协定草案条款达成一致意见并草签协定,并希望于2002年正式签署。2002年9月27日,与中国海上搜救中心在上海举办2002年全国海上搜救学术研讨会。会上,两岸三地海上搜救部门第一次在一起进行海上搜救学术研讨。同时,受国际海事组织委托,中国海事局承办国际性或地区性专业技术培训。2004年9月6—13日,与俄罗斯内河登记局举行船舶检验定期会议。10月19—22日,按照中菲建立互信措施机制要求,中国海事局与菲律宾海岸警卫队在马尼拉举行代号为“中菲合作2004”的联合安全搜寻与救援行动演习(中菲联合沙盘搜救演习)。这是双方首次在海事安全领域举行联合演习。

三、接待外国海事官员与派员出访

1998年水监体制改革后,随着改革开放的扩大和经济的发展,海事系统对外交往日益增多。中国海事局为进一步加强与国际组织的合作和交流,接待了众多的国际和世界各国海事官员,并派人出国学习、考察,进行海事业务的交流,探讨合作事宜。

1999年6月29日,中国海事局在北京与来访的朝鲜海道测量局官员,就测绘技术交流和设备更新发展、电子海图研究、航行警告发布等进行探讨。7月28日,接待韩国海洋水产部海洋警察厅总监一行,就海上巡逻、海难救助、船舶安全管理、海洋环境保护等7个问题交换了意见。8月11日、8月13日,分别接待英国国防部海道测量局局长克拉克少将和巴拿马海事局官员、船队司司长,针对当今测绘技术及设备发展、中英文航海图书交换、测绘人员培训等合作进行座谈。7月19—25日,派员出访俄罗斯内河船舶登记局,就1992年签订的合作协议执行情况等进行会谈。

2000年3月31日、4月5日,中国海事局分别接待朝鲜海道测量局局长Choi Jun Gil中将和国际海道测量局局长J.W.Leech。6月5—11日,与前来访问的俄罗斯内河登记局局长尼科来叶符列莫夫进行会谈。5月8—12日、8月24日、11月2日,分别接待韩国海洋水产部徐廷皓先生、英国海道测量局局长Wiiiama、日本海事协会会长间野忠等。此外,还分别接待意大利、加拿大、丹麦、比利时等使馆官员。4月10—20日,中国海事局派员出访国际海事组织和巴黎备忘录秘书处,访问并考察英国、荷兰、挪威。5月27日至6月2日,考察澳大利亚。4月29日至5月10日、10月28日至11月3日,有关人员分别访问美国海岸警备队和日本海上保安厅。

2001 年 4 月 14 日、8 月 6 日、8 月 24 日，中国海事局分别接待利比里亚船舶注册公司首席执行官 Yoram M.Cohen、国际海道测量组织主席 Ciuseppe Angrisano 少将和英国海道测量局局长 Wiiiama、美国船级社(ABS)代表及驻华使馆官员。7 月 1—7 日，出访俄罗斯内河船舶登记局，与其重新签署关于合作和相互代理协议。

2002 年 5 月 30 日、7 月 31 日、9 月 16 日、9 月 23 日、10 月 27 日，11 月 1 日，中国海事局分别接待韩国海洋水产部安全政策担当官金钟义先生、美国船级社太平洋地区代表顾建新和赵善廉、日本无线株式会社牟田忠弘先生、俄罗斯内河局副局长 Vasiliy Ruzhiev、韩国海洋警察厅次长李尚奎、日本海上保安厅水路部副部长 Nishda，以及德国、荷兰、坦桑尼亚等驻华使馆官员。

2003 年 9 月 9 日、9 月 16 日、10 月 15 日、11 月 19 日，中国海事局分别接待日本海难审判理事所首席理事官根岸秀辛、日本船级社常务理事上田德、日本海上保安厅长官深谷宪、挪威船级社副总裁 Andrew Westwood 等，着重进行有关海难信息、安全检查(PSC)、船舶检验等事务商谈。此外，还接待了芬兰、澳大利亚、法国、日本等客人与韩国、日本、英国等驻华使馆官员。10 月 11 日，派员赴美国、加拿大进行法规体制调研。

2004 年 5 月 22 日起，“海巡 21”轮应日本海上保安厅的邀请，驶入位于东京湾的横滨防灾基地，开始对日本的首次访问，并参加一年一度的“检阅式及综合训练”联合演习。它是当年参加该演习的唯一外国海事巡视船。6 月 11 日、6 月 15 日、6 月 19 日，中国海事局分别接待美国海岸警备队司令柯林斯上将、美国参观上海海事局代表团、越南海事代表团。

第九章　中国海事开创发展新局面（2006—2010年）

2006年起，“三统一”水监体制全面运转。这一时期，中国海事全面履行职责，大力推进海事软硬件实力建设，开创海事发展新局面。

随着“三统一”管理模式的渐趋完善和深入，海事在国民经济发展中的安全保障作用更加突出。中国海事进一步规划海事中长期发展远景，在推出“三个海事”“三个追求”发展理念基础上，又提出“四型海事”（学习、责任、服务、创新），“以理念创新引领发展模式创新”。整个海事系统已建立20个直属海事局和28个地方海事局，构成中央和地方分区域管理的全国海事管理体系，适应市场经济发展需求，符合国际通行做法，稳定了全国水上安全形势。

海事法规体制不断完善，海事立法工作进一步加强。2007年4月，国务院颁布的《中华人民共和国船员条例》，填补船员管理空白。至2010年底，我国适用于海事的法律法规、规章和规范性文件已达800多件，其中法律法规52件；加入和生效的各种国际公约或议定书、修正案等达42个。我国已与30多个国家和20多个国际组织建立双边或多边海事合作机制，与20个国家和地区签订相互承认海船船员适任证书协定。至2009年，我国连续11次（1989年起，两年一届）当选国际海事组织A类理事国。同时，各省（区、市）分别出台一批海事法规、规章与规范性文件，仅1999—2007年就达180多件。

在不断总结海事管理经验、学习国外先进经验基础上，中国海事继续探索适应社会经济发展的水上交通安全监管新路径、新规律。至2010年底，根据交通部总结的“四区一线”“四客一危”“四季三节”“四船一链”的重点水域、重点船舶、重点时段的监管规律，15个重要港口和水域实施船舶定线制，授权港口国监督检查海事机构49个，建立各种溢油应急计划（国际性1个、国家级1个、地区级4个及省、市、港口级36个）。从2008年底起，选派海事船长与执法骨干参与亚丁湾海域海军护航行动。自2009年起，全国海船船员统考全面实施计算机终端考试。

海事保障设施（备）和信息系统覆盖全国通航水域。至2010年底，海事巡逻船，直属海事达1103艘，地方海事达1600余艘；直属海事建成运行的VTS系统30个、AIS岸台121个、RBN/DGPS基准站22个，管理沿海公用航标5982座（沿海航标共有9750座），测绘海域400余万平方公里，编绘沿海开放港口和重要水道海图万余幅，绘就、发行航海图书资料1000余万份；建成CCTV视频监控系统，安装摄像头约450个，建成VHF站点134个；与76个城市开通水上搜救报警电话“12395”。不同层次、交叉覆盖、功能先进的预防预警管理体系已经形成。

海事管理队伍已具有一定规模。直属海事队伍成为国家一支不可或缺的经济执法力量，地方海事队伍基本能够胜任各自监管任务。至2010年底，直属海事队伍拥有近3万人，监管面覆盖我国管辖海域和长江干线、珠江与黑龙江水域。

第一节　海事发展规划与年度目标任务

一、《中国海事工作发展纲要（2006—2020年）》

海事发展纲要，是指导海事发展的中长期纲领性文件。《中国海事工作发展纲要（2006—2020年）》

筹划始于2004年。2004年2月,在青岛召开的直属海事系统工作会议上,中国海事局提出推进海事工作新发展、新课题。2月23日,决定把修改《中国海事工作发展纲要》列为2004年工作要点。7月17日,在广东韶关召开的直属海事系统年中工作会议上,又进一步明确海事新发展的具体内涵,提出建设“三个海事”(交通海事、阳光海事、数字海事)、实现“三个追求”(勇于负责,追求社会满意度最高;干对干好,追求岗位工作业绩最优;创造环境,追求职工的归属感最强)发展理念,确定“船舶适航、船员适任、安全畅通、有效监管、优质服务”20字的总目标。2005年1月,在杭州召开的直属海事系统工作会议上,交通部副部长徐祖远提出海事系统树立“全国海事一家人,水上监管一盘棋”的理念。10月,交通部在北京召开的1998年水监体制改革后的第一次全国海事工作会议上,把“全国海事一家人,水上监管一盘棋”确定为全国海事工作发展的重要理念。交通部副部长徐祖远指出:“当前,要修改和完善全国海事‘十一五’发展纲要,形成切实可行的指导意见,引导好全国加强规划和建设,确保‘十一五’期间达到中等发达国家水上交通安全监管水平。”

以上这些海事发展理念、发展目标与任务等相继推出,是酝酿提前修改《中国海事工作发展纲要》的直接原因。2006年2月,在福州召开的直属海事系统工作会议上,中国海事局提出“十一五”直属海事系统工作总体要求,即:坚持用科学发展观统领全局,按照交通部党组提出的“三精两关键”和“船舶适航、船员适任、安全畅通、有效监管、优质服务”海事工作目标要求,以“全国海事一家人,水上监管一盘棋”和建设“三个海事”、实现“三个追求”、打造“三支队伍”为保障措施,以改革创新为动力,切实加快发展步伐,全面提升发展质量,确保水上交通安全监管和行政执法能力显著提高,确保水上交通安全形势持续稳定,确保综合能力和发展水平在经济执法队伍中处于最前列,确保“十一五”期末水上交通安全监管主要指标(安全、监管、应急、保障、法制、队伍、管理、行风)达到中等发达国家水平。中国海事局还提出“十一五”海事工作主要任务:着力建立健全海事法律法规体系,海事管理政策、法规、理论和技术研究体系,船舶有效监管体系,船员质量管理体系,危险货物运输安全监管体系,防止船舶污染管理体系,应急救援体系,通航监督管理体系,航海保障综合服务体系。经过一年多准备,结合海事发展新理念,中国海事局对2001年制订的《中国海事工作发展纲要(2001—2015)》进行全面修订。2006年4月3日,交通部公布修改后的《中国海事工作发展纲要(2006—2020)》,该纲要提出了2010年近期和2020年远景的全国海事工作的指导思想、发展原则、发展目标和主要任务。纲要共分成就和问题、形势分析和发展走向、指导思想和发展原则、发展目标、主要任务、保障措施、组织和实施7个部分。

纲要明确了海事工作新发展的总目标:水上交通安全监督管理做到“船舶适航、船员适任、安全畅通、有效监管、优质服务”,使航行更安全、水域更清洁、航运更便捷,迈向“交通海事、阳光海事、数字海事”新阶段,达到“人员精干、装备精良、技术精湛,关键时刻发挥关键作用”的要求,为实现交通新的跨越式发展提供有力保障。

纲要提出的2010年近期发展目标:在沿海和水网地区全面实现“监管立体化、反应快速化、执法规范化、管理信息化”的目标,重点水域、重要航段具备全方位覆盖、全天候运行、快速反应的能力;内河非水网地区,初步实现“装备现代化、反应快速化、执法规范化、管理信息化”。“三个海事”战略目标框架基本形成,确保水上交通安全监管和行政执法能力显著提高,确保水上交通安全形势持续稳定,确保综合能力和发展水平在经济执法队伍中处于最前列,确保水上交通安全监管主要指标达到中等发达国家水平。

纲要提出的2020年远景目标:建立全方位覆盖、全天候运行、具备快速反应能力的现代化水上安全管理系统,全面实现“三个海事”战略目标,水上交通安全监督管理主要指标达到发达国家水平。

纲要提出实现上述目标的具体措施:建立健全船舶有效监管体系、船员管理质量体系、通航监督管理体系、水上交通安全应急救援体系、防止船舶污染管理体系、航海保障综合服务体系和加强事故调查处理、加强海事理论和技术研究、加强国际海事交流与合作等 9 项任务,以及 18 项保障措施。

二、海事系统年度工作会议与任务

(一)全国海事系统年度工作会议与任务

2006 年 9 月 21—22 日,交通部在河北廊坊召开 2006 年全国海事工作会议。交通部副部长徐祖远就科学统筹、创新发展新时期水上交通安全工作发表讲话。交通部部长李盛霖在会议结束时讲话。他强调全国海事要站在构建和谐社会的高度,充分认识海事工作的重要性,并指出海事工作具有五个特性,即:海事工作服务和服从于国民经济发展,具有很强的经济性;涉及专业知识面广,具有很强的专业技术性;承担履行国际海事公约义务,具有很强的涉外性;监督管理水上交通安全,具有很强的公益性;与水上交通活动紧密相关,具有很强的整体性。这五个特性集中体现在海事工作“保障水上安全”“维护国家主权”两大职能上。他要求海事系统紧紧围绕“三个服务”,加强队伍建设,切实提高海事行政执法能力,最大限度地发挥海事在交通又快又好发展中的作用,做好保障水上交通安全、改善水上交通运输环境、保护生态环境 3 个方面的工作。

2007 年 9 月 19—20 日,交通部在成都召开 2007 年全国海事工作会议。会议提出全国海事系统“行政执法一面旗”发展理念,连同“全国海事一家人,水上监管一盘棋”,形成“三个一”海事发展新理念。交通部副部长徐祖远阐述推出“行政执法一面旗”理念缘由,“行政执法一面旗”与“全国海事一家人、水上监管一盘棋”相互关系,“三个一”理念内涵,以及践行“三个一”理念需要把握的几个重点。

2008 年 10 月 16—18 日,交通部在浙江省杭州市召开全国海事工作会议。交通运输部副部长徐祖远充分肯定 1998 年海事局成立以来海事工作所取得的成就,部署全国海事系统深入学习实践科学发展观等工作。交通运输部部长李盛霖专门致信祝贺会议的召开,并对海事发展提出要求。

2009 年 10 月 15—16 日,交通部在广州召开全国海事工作会议。交通运输部副部长徐祖远讲话,要求全国海事系统进一步加强队伍建设,提升服务水平,全面履行海事职责,形成“规范统一、指导有方、监管有力、协调发展”的海事工作新局面。交通运输部部长李盛霖在中国海事局业务工作报告上批示:“在不寻常的 2008 年,海事部门干部和职工为保障水上安全,保护水域环境,维护国家主权方面做了大量富有成效的工作,为交通运输业又好又快发展做出积极的贡献。要继续努力,做出新的贡献。”徐祖远副部长做出批示:“每个业务数据都浸透着我海事职工辛劳的汗水,每个发展态势趋好的变化都反映了我海事职工的工作业绩,表示感谢和慰问。望再接再厉,再上新台阶,再创新辉煌!”。

2010 年 11 月 8 日,交通运输部召开 2010 年全国交通运输安全工作暨全国海事工作电视电话会议。李盛霖作《抓住机遇迎难奋进推动交通运输安全生产工作再上新台阶》的重要讲话。

(二)直属海事系统年度工作会议与任务

2006 年 2 月 16—17 日,直属海事系统工作会议在福州召开。交通部副部长徐祖远在讲话中针对“十一五”期间海事发展的总体要求和基本任务提出具体要求。

2007 年 1 月 18—19 日,直属海事系统工作会议在深圳召开。交通部副部长徐祖远在讲话中要求 2007 年海事工作要以平安建设为核心,抓好安全监管与主权维护,打造责任链和编织安全网。

2008 年 1 月 17—18 日,直属海事系统工作会议在南京召开。交通部副部长徐祖远在讲话中要求直属海事系统做到“四个必须”,即:必须突出以人为本,确保水上安全形势稳定;必须加快建设步伐,提高安全监管和应急反应能力;必须强化依法监管,提升服务水平;必须加强自身建设,促进海事事业可持续发展。

2009 年 2 月 12—13 日,直属海事系统工作会议在海口召开。会议对新的一年提出九大任务。交通运输部副部长徐祖远在讲话中针对海事新的发展,提出新的一年工作要求。

2010 年 1 月 21—22 日,直属海事系统工作会议在广西南宁召开。会议提出建设“四型海事”(学习、责任、服务、创新),以推进海事软实力发展。交通运输部副部长徐祖远在讲话中对海事工作提出新要求。

(三)直属海事系统“十一五”建设规划

直属海事系统“十一五”建设规划,是根据交通部 2005 年 9 月 5 日印发的《公路水路交通“十一五”发展规划》而制订的。

早在 2004 年 3 月,中国海事局根据交通部《关于编报公路水路交通“十一五”规划的通知》有关要求,下发《关于编报直属海事系统“十一五”规划的通知》,要求直属海事系统各单位编报“十一五”建设规划,并下发“十一五”规划编制提纲。7 月 13—16 日,在哈尔滨召开的 2004 年直属海事系统计划基建和造船会议上,中国海事局要求各单位围绕海事工作新发展的总体思路和目标要求,以科学发展观为指导,做好直属海事系统“十一五”建设规划的编制工作。2004 年,《直属海事系统“十一五”建设规划》编制工作初步完成。

2005 年 9 月 22 日,交通部召开会议,专门研究“十一五”水上交通安全和救助系统建设规划问题。2006 年初,中国海事局将《直属海事系统“十一五”建设规划》上报交通部统一汇总。9 月 5 日,交通部在印发的《公路水路交通十一五发展规划》中,确定了水上安全和救助系统“十一五”建设目标和建设重点。

水上安全和救助系统“十一五”建设目标是:监管和救助力量基本覆盖中国管辖水域和搜救责任区,险情预防和监控能力提高,在重点水域实现 9 级海况下全天 24 小时监管救助力量的出动,并可在 6 级海况下实施有效监管和救助。监管救助力量在规定时间内到达指定水域。沿海离岸 50 海里重要水域应急到达时间从目前的 210 分钟缩短到 2010 年的 150 分钟;长江干线应急到达时间由目前全线 60%左右不超过 45 分钟提高到全线基本不超过 45 分钟。现场救助能力明显提高,人命救助有效率由目前的 87%提高到 90%左右;重点水域一次溢油性综合清除控制能力由目前的不足 200 吨达到 500 吨以上(局部达到 1000 吨)。在主要港口、重要水道和航段实现船舶动态实时监控。

水上安全和救助系统“十一五”建设重点是:集中力量加强薄弱环节建设,基本完成渤海湾、长江口(含宁波舟山水域)、台湾海峡、珠江口、琼州海峡和长江干线六大水域的通信和监管指挥系统、飞机和船舶、机场及基地、船舶溢油应急设备等建设。

三、第一个国家级水上安全监管中长期规划

2007 年 4 月,国务院批准《国家水上交通安全监管和救助系统布局规划》。这是中华人民共和国成立以来我国编制的第一个国家级水上交通安全监管和救助系统中长期规划,是全国突发性公共事件应急体系的组成部分,也是国家公共安全系统的重要内容。规划确立的建设目标是:到 2020 年,全国沿海水域和长江干线、珠江、黑龙江等主要内河通航水域将基本形成“全方位覆盖、全天候运行,反应快速、救助有效”的交通安全监管和救助系统。

早在 2000 年底,作为交通部前期工作一个项目的《海事系统总体布局规划》,由中国海事局与交通部规划研究院、科学研究院、中交水运规划设计院及上海海事局组织编制。后来,该布局规划未正式下发,只作为直属海事编制 5 年建设计划的参考。2004 年 1 月 9 日《国务院关于进一步加强安全生产工作的决定》中,提出建立较为完善的安全生产监管体系和应急救援体系的要求。为实现到 2020 年水上交通安全

状况根本好转的战略目标,国家发展和改革委员会与交通部于 2004 年开始共同组织编制国家水上交通安全监管和救助系统建设规划。经过一段时间努力,在总结多年来中国水上交通事故发生规律和水上交通安全监管、救助实践经验的基础上,借鉴国外水上交通安全监管、救助的科学理念和成功做法,形成了《国家水上安全和救助系统建设规划(送审稿)》。2005 年 6 月 3 日,该送审稿经交通部部务会原则通过并上报国务院。

中国水上交通安全管理机制由水上交通安全监督管理和搜救应急指挥两大部分构成,中央政府和地方政府分别履行相应职责。上述规划的地理范围是中央政府实施安全监管的水域,包括全部沿海水域(18000 公里大陆海岸线、300 万平方公里管辖海域)、长江干线(宜宾以下 2700 公里)、珠江和黑龙江水系主要通航水域、对外开放的额尔古纳河和澜沧江下游水域。规划基础年为 2005 年,规划年为 2010 年和 2020 年。2005 年 7 月 18 日,交通部印发《国家水上交通安全监管和救助系统布局规划》,要求相关单位做好布局规划建设项目的落实工作。

该规划所确定的 2010 年发展目标与"十一五"期间建设规划相衔接是:重点水域的监管和救助能力明显提高,现代化水上交通安全监管和救助系统初步形成,水上交通安全形势明显好转。覆盖能力体现在渤海湾、长江口、台湾海峡、珠江口、琼州海峡和长江干线六大重点水域监管救助力量得到加强;运行能力体现在重点水域 9 级海况下全天 24 小时都能实现救助力量的出动,并可在 6 级海况下实施有效监管和救助;快速反应能力体现在沿海重点水域离岸 50 海里应急到达时间不超过 150 分钟,长江干线应急到达时间不超过 45 分钟;救助能力体现在人命救助有效率达到 90%左右,水域一次溢油综合清除控制能力达到 500 吨(局部水域达到 1000 吨),沉船整体打捞吨位达到 5 万吨,水下救援打捞深度达到 300 米。

该规划所确定的 2020 年发展目标是:以中国沿海和长江干线水域为重点,基本建立全方位覆盖、全天候运行、具备快速反应能力的现代化水上交通安全监管和救助体系。全方位覆盖指水上监管和救助力量有效覆盖中国管辖水域和搜救责任区,在重点水域形成监管救助力量的多重覆盖。全天候运行指对险情进行实时预防和监控,在 9 级海况下(风力 12 级、浪高 14 米)全天 24 小时都能实现救助力量的出动,并保证在 6 级海况下(风力 9 级、浪高 6 米)能够实施有效监管和救助。快速反应指及时发现和应对险情,监管救助力量在规定时间内到达指定水域,沿海离岸 100 海里应急到达时间不超过 90 分钟,内河重要航段应急到达时间不超过 45 分钟。有效救助指发挥全社会综合救助的优势,保证现场救助基本成功,人命救助有效率大于 93%,重点水域一次溢油综合清除控制能力达到 1000 吨,沉船整体打捞吨位达到 8 万吨,水下救援打捞深度达到 300 米。

四、中等发达国家监管远景的规划

"到 2020 年,海事工作实现中等发达国家海事监管水平",是中国海事系统追求的发展目标,也是党和人民所期待的。

20 世纪 90 年代,交通部公布的《中国水上安全监督工作发展纲要(1996—2010)》中,首次将 2010 年水上安全监督工作"达到或接近中等发达国家 21 世纪初期的总体水平"列为中国水上安全监督工作的愿景目标。2005 年修改后发布的《中国海事工作发展纲要(2001—2015)》中,再次将"达到中等发达国家水上安全监管水平"列为"十五"时期的海事奋斗目标,并为之作出规划。2006 年修改后的《中国海事工作发展纲要(2006—2020)》中,明确规定"2020 年,水上交通安全监督管理主要指标达到发达国家水平"。纲要发布后,中国海事局要求上海、山东、浙江、广东和深圳等海事局,先期结合自身实际开展相关的研究工作,组织实施。2007 年全国海事工作会议上,交通部副部长徐祖远再次要求,全国海事系统应积极向这一标准看齐,既要对照中等发达国家海事监管水平,查找在管理理念、服务理念、监管机制、监管手段、执法效率、团队协作方面的差距,又要围绕达到发达国家海事监管水平,提出具体可操作性的实施对策。

为全面推动“实现中等发达国家海事监管水平”,2007 年 6 月中国海事局召集有关海事局进行研究,初步确定实现这一目标的基本思路和推进方式。9 月、10 月,又分别召开由直属海事系统与局机关处室负责人参加的专题研究研讨会,广泛听取各方面的意见和建议。在此基础上,11 月 5 日下发直属海事系统进一步推进“实现中等发达国家海事监管水平”工作的意见(修改意见稿),广泛征求意见。2008 年 1 月 16 日,下发《关于在全国海事系统进一步推进实现中等发达国家海事监管水平工作的指导意见》。该指导意见就“实现中等发达国家海事监管水平”工作的重要意义、指导思想、工作目标、指导原则、工作总体安排 5 部分做出明确规定和要求。

“实现中等发达国家海事监管水平”工作目标是:根据当时国内形势发展状况,通过分析、借鉴发达国家海事管理的理念和做法,确定海事 2010 年发展目标,通过在系统内开展对照改进工作,确保到 2010 年主要监管指标基本达到中等发达国家水平。同时,在实现近期目标基础上,不断充实和完善指标体系,进一步提高发展目标,形成海事工作持续改进的长效机制,确保《中国海事工作发展纲要(2006—2020)》提出的 2020 年海事发展战略构想得以实现。

“实现中等发达国家海事监管水平”工作总体安排是:共分准备工作(2007 年 8 月至 2008 年 8 月)、全面推进(2008 年 7 月至 2010 年 12 月)、工作总结(2011 年 1—6 月)3 个阶段。准备工作阶段主要工作是选取主要监管指标,确定参照的国家和地区,收集相关资料,提出我国发展目标。准备工作阶段的成果是完成《中国海事主要监管指标 2010 年发展目标》。

为保证“中国海事监管科学发展”工作顺利转入实施阶段,2009 年 2 月中国海事局下发“关于全国海事系统贯彻实施《中国海事监管科学发展目标》的通知”。2 月 17—19 日,中国海事局在杭州召开“中国海事监管科学发展”工作推进会,委托浙江、江苏海事局分别拟订《实现发展目标工作推进方案(讨论稿)》《中国海事监管科学发展目标评估办法》,就科学发展工作定位及总体推进办法达成共识,为下一步推进全国海事系统工作奠定重要基础。

五、“三个一”推出与“四型海事”部署

“全国海事一家人、水上监管一盘棋、行政执法一面旗”(简称“三个一”),是交通部从系统管理学观点出发,经过长期对水上交通安全基本规律的认识基础上提出的海事新理念,也是“三个海事”发展理念推进后又一创新理念。

在 2005 年 1 月杭州召开的直属海事系统工作会议上,交通部副部长徐祖远首次提出直属海事系统树立“全国海事一家人,水上监管一盘棋”指导思想,以实现水上交通安全监督管理体制改革统一政令、统一布局、统一监督管理的目标。6 月 30 日,历时 7 年多的水监体制改革结束,全国海事实现了“一港一监、一水一监”预期目标。但是,海事在业务统筹、法规支撑、人力资源、执法手段等方面还存在不足。为此,交通部通过总结水监体制改革以来海事工作成效,分析海事工作面临的形势和任务,初步掌握一些规律基础上,形成“海事一家人,监管一盘棋”新理念。8 月 12 日,中国海事局下发《关于对‘全国海事一家人,水上监管一盘棋’有关情况进行调研的通知》,以问卷调查和分组调研的方式,调研直属、地方海事系统机构设置、执法人员、执法设施装备、管理辖区、执法规范、经费来源等情况;成立由河北、浙江、长江海事局和河北省、浙江省、四川省、云南省、青海省地方海事局以及中国海事局有关部门组成的“全国海事一家人,水上监管一盘棋”编写组,分析调查问卷资料,编写有关文件。在全国水监体制改革实施后召开的第一次全国海事工作会议 10 月 27—28 日上,交通部副部长徐祖远作《海事一家人,监管一盘棋,开创全国交通海事工作新局面》工作报告,阐述“全国海事一家人,水上监管一盘棋”的内涵、着力点和基本要

求。交通部部长张春贤肯定“全国海事一家人,水上监管一盘棋”海事新理念,认为这是全国海事系统需要强化的理念,确定为全国海事工作发展的重要理念,指出:“……这个思想观念完全符合党的十六大和十六届三中、四中、五中全会精神,是全国海事系统要强化的理念。”

2006 年 1 月 20 日,交通部公布《关于实现‘全国海事一家人　水上监管一盘棋’的指导工作意见》,从“提高认识,转变进念”“把握内涵,落实责任”“基本要求”“主要措施”“抓好落实工作”5 个方面提出具体要求。

2007 年 9 月 19—20 日,在成都召开的全国海事工作会议上,交通部提出在全国海事系统开展“行政执法一面旗”的活动,连同“全国海事一家人、水上监管一盘棋”,称为“三个一”海事发展新理念,以不断加强海事建设。“行政执法一面旗”建设强调海事行政执法的先进性,是“两个一”建设根本落脚点。交通部副部长徐祖远在会上对“三个一”属性作了论述:“全国海事一家人”,强调的是海事队伍整体性;“水上监管一盘棋”,强调的是海事目标责任制和任务的统一性;“行政执法一面旗”,强调的是海事行政执法先进性。“三个一”海事新理念,就是强调要充分认识海事工作的“整体性”特征,切实把握“统一性”的目标,正确面对“先进性”的定位,把握 4 个重点(即严格海事执法、加强队伍建设、提高工作透明度、规范海事管理)。只有认真践行“三个一”的理念,才能加快海事自身建设步伐,确保海事执法水平走在国家经济类执法队伍的前列。

2008 年 1 月 5 日,交通部下发《关于在全国海事系统开展行政执法一面旗建设的决定》,详细规定“行政执法一面旗”建设意义、建设指导思想、建设目标、建设工作。1 月 14 日,根据该决定,中国海事局下发《关于贯彻实施〈关于在全国海事系统开展行政执法一面旗建设的决定〉的通知》,要求直属、地方海事系统,狠抓落实,全力保障“行政执法一面旗”建设顺利进行;精心组织,密切协作,确保“行政执法一面旗”建设取得丰硕成果。

“行政执法一面旗”是在“全国海事一家人,水上监管一盘棋”基础上提出的,是“全国海事一家人,水上监管一盘棋”建设的根本落脚点。从此,“三个一”成为海事发展的一个重要理念,指引着全国海事不断发展与前进。

2009 年,围绕“行政执法一面旗”,中国海事局在直属海事系统进行 19 项课题理论研究,取得“建立立法评估制度”等 19 项研究成果,在全国海事系统推广实施,在直属海事系统开展“强素质塑形象,为旗帜添光彩”主题实践活动,进一步强化海事政务公开、提升社会形象、提高服务能力、加快海事立法进程、健全海事法制体系。从 12 月 1 日起,在全国海事系统开展海事核心价值观的大讨论,进一步增强全系统的凝聚力。

2009 年,随着“三个一”发展理念的全面实施,中国海事局提出“四型海事”(学习、责任、服务、创新)发展新理念,并作出具体部署。在 2010 年 1 月 21 日广西壮族自治区南宁市召开的直属海事系统工作会议上,中国海事局要求以创建“学习型、责任型、服务型、创新型”海事为着力点,大力推进海事软实力建设,努力实现“十一五”规划目标,加快推进海事科学发展。次年,将“四型海事”建设确定为“十二五”海事发展的主线。2012 年,《关于深入推进“四型海事”建设的指导意见》出台。

第二节　海事管理体制的进一步完善

一、“三统一”海事管理体制的继续运转

至 2005 年 6 月,历时 7 年多的水上安全监督管理体制改革结束,“三统一”海事管理体制形成。这不

仅为中国海事机构转变为公共服务型政府机构奠定坚实的基础,而且是中国海事管理迈入历史新阶段的重要标志。

"三统一"的海事管理体制形成之后,内容依据实际不断得以充实与完善。2006年5月25日,中央机构编制委员会批准,河北海事局机构规格调整为正局级单位。9月,海南海事局向中国海事局建议在西沙设立海事机构,交通部向国务院提出设立西沙海事机构的请示。2009年3月10日,中央体制编制委员会办公室批准这一请示。3月25日,交通运输部决定设立中华人民共和国西沙海事局,具体负责西沙海域水上交通安全监督管理工作。2010年3月13日,中华人民共和国西沙海事局在西沙永兴岛正式挂牌。这是在南海群岛上设立的第一个海事机构,开创维护我国南海主权,实施南海海上安全监督管理工作新局面。

2010年初,新疆维吾尔自治区编办明确全区海事部门机构设置、工作职能和人员编制。7月25日,新疆维吾尔自治区地方海事局在乌鲁木齐挂牌,同时加挂新疆维吾尔自治区水上搜救中心、新疆维吾尔自治区船舶检验局牌子,为自治区海事工作全面发展提供体制机制保障。

2010年5月12日,中央编制委员会正式批复《交通运输部直属海事系统人员编制和机构设置方案》。从此,直属海事系统实行公务员管理的核编转制工作正式开始。

二、直属海事系统实行职务等级标识制

早在2001年3月九届人大四次会议上,上海人大代表陈丽龄以第1681号提案,提出《关于中华人民共和国海事执法队伍任职衔制的建议》。9月7日,交通部回复中说:参照其他国际海事机构管理工作方式,正抓紧研究,预计年底提出方案初稿。经过多次探讨和论证,中国海事局在2004年12月15—16日北京召开的直属海事系统人才工作会议上,首次提出试行海事管理技术职衔制。以后,相继提出计划和步骤,研究制定晋升考试、考核办法和岗位任职条件、岗位职责,逐步试行海事管理技术职衔制。2005年,选择试点单位开展晋升考试的试点工作,并总结经验。2006年,直属海事系统全面启动职衔制试点工作。8月16日,中国海事局下发《关于直属海事系统进行职衔制试点工作意见》,规定深圳海事局为职衔制试点单位。12月12日,又下发《交通部海事局执法人员首次评定授予海事职衔的实施办法》,仍由深圳海事局进行虚拟运行试点。2007年10月,在深圳海事局成功试点海事职务等级标识制的基础上,实行海事管理技术职衔制。2008年,在直属海事系统全面推行海事职务等级标识制。海事职务等级标识共设6等13级,从高到低依次为首席总监、总监、副总监、监督长、监督官、监督员6等,副总监及以下标识设一级、二级、三级共13个级别,其中监督员设一、二级。行政、技术职务等级标识实行"双轨制"。12月,直属海事系统基本完成职衔制工作。2009年,以中国海事局(交通部海事局)实行职务等级标识制为标志,全国直属海事系统14个海事局全部实行职务等级标识制。

2009年2月1日,交通运输部在北京举行海事职务等级标识授予仪式。在此次授衔仪式上,交通运输部部长李盛霖为首席总监、总监、副总监授衔、颁发证书并作重要讲话。交通运输部副部长兼部海事局局长徐祖远被授予首席总监,部海事局常务副局长刘功臣、党委书记梁晓安被授予总监,副局长王金付、党委副书记王国华被授予一级副总监,副局长刘福生、杨省世、郑和平、翟久刚被授予二级副总监。至此,直属海事系统全面实行职务等级标识制度。实行海事职务等级标识制有利于交通海事更好地履行职责,提高队伍素质,增强干部职工的责任感;有利于"全国海事一家人、水上监管一盘棋、行政执法一面旗"的落实;有利于交通海事依法履行水上交通运输安全监督管理职能,建设一支高素质的海事队伍。

三、直属海事系统核编转制改革的起步

2009年,直属海事系统面临两项改革:海事核编转制改革和全面实行预算管理。特别是核编转制改

革,将为海事发展从体制、机制上创造更大的空间。

这一年,直属海事系统把握深化交通行政管理体制改革的新契机,积极稳妥落实海事"三定"工作,加快职能转变,着力构建有利于推进海事科学发展的体制机制。此外,直属海事系统会议提出,要结合核编转制,制定实施海事系统半军事化管理方案,以半军事化管理和实施职衔制为契机,推进海事队伍正规化建设,特别是加强海事队伍内部稳定工作。同时,建立多线发展专业通道机制,针对目前传统行政级别职业通道现状,结合核编转制及非领导职务的设置,进一步深化职务等级标识制,采取多种形式让各类人才有自由发展的空间,又能让各级机构在使用各类人才时人尽其才、才尽其用,达到双赢目的;以人为本,建立个人需求和海事发展相适应的职业生涯规划机制。

2010年5月12日,中共中央编制委员会办公室正式批复《交通运输部直属海事系统人员编制和机构设置方案》。由此,直属海事系统"核编转制",实行公务员管理正式开始。

第三节　形成海事系列法规、规章与依法行政

一、推进海事立法与协助制定船员条例

2006年起,中国海事系统在海事法律法规、规章及规范性文件已形成系列并具规模的基础上,按照立法程序,积极配合各级立法机关或行政管理部门等,开展调研论证、起草、修订、审核等工作,继续推进海事法律法规、规章及配套的规范性文件的制订、修订工作。特别注重协助对早期出台的法律法规的修订和填补立法空白。至2010年底,全国海事形成符合我国国民经济和水路运输发展需要的海事法律体系框架,为提升我国水上交通安全监管水平发挥重要作用。

(一)推进海事法律法规的立法工作

2006年,中国海事局协助全国人大、国务院开展《中华人民共和国航道法》《中华人民共和国护照法》(以下简称《护照法》)和《海洋基础测绘条例》的立法协调工作。尤其协调完成海员证写入《护照法》的工作,确立海员证是护照性质文件的法律地位。中国海事局还配合国务院法制办进行《中华人民共和国海上交通安全法》《中华人民共和国防治船舶污染海洋环境管理条例》(以下简称《防治船舶污染海洋环境管理条例》)和《中华人民共和国船员条例》(以下简称《船员条例》)等法律、法规立法工作。其中《中华人民共和国海上交通安全法(修订案)》拟列入2007年人大立法计划,《船员条例》等待国务院审议颁布。2007年7月14日,国务院颁布《船员条例》,填补我国船员管理的空白。

2009年,中国海事局协助全国人大、国务院相继制订、修订《中华人民共和国海洋环境保护法》(以下简称《海洋环境保护法》)《中华人民共和国防止船舶污染海域管理条例》《中华人民共和国防治船舶污染内河水域环境管理规定》法律、法规,配合交通部启动配套规章和标准的制订工作。还全面推进"行政执法一面旗"建设各项工作,完成"建立立法评估制度"等19项研究成果,并在系统内推广实施。

2010年,中国海事局继续推动《中华人民共和国海上交通安全法》修订,推进《中华人民共和国海上人命搜寻救助条例》《中华人民共和国水上安全事故报告和调查处理条例》立法进程。至2010年底,中国海事已有800多件法律、法规、规章和规范性文件,构成了以《中华人民共和国海上交通安全法》和《中华人民共和国内河交通管理条例》《中华人民共和国船员条例》等多部法律、法规和《海员培训、发证和值班标准国际公约》等国际公约为主体的海事法律框架体系。其中涉及海事的法律法规52件。同时,仅1997—2007年,中国海事局完成全国人大、国务院以及有关部委等法律、行政法规以及重要规章的征求

意见回复工作100余件。

(二)协助完成“船员条例”起草与审查工作

《船员条例》,是由国务院颁布的我国第一部针对船员管理的国家级法规,填补船员管理制度体系的空白,为保护和保障船员特殊权益并与国际海事劳工公约接轨奠定法律基础。

《船员条例》起草工作始于1995年。鉴于当时中国船员培训、适任考试、任职资格等管理制度虽已达到国际上中等水平,但国内的劳动和社会保障体系建设则正处于起步阶段,船员职业保障制度与其他航运发达国家相比尚有较大差距,交通部决定先行起草一部以船员注册、培训、任职等管理制度为主体,原则规定船员职业保障的船员管理条例,待中国的劳动和社会保障体系与国际上船员职业保障体系比较接近时,再起草船员法。1995年5月,中国港监局成立起草组,收集其他国家和中国香港、台湾地区的船员法律作为参考,在研究以往船员管理经验和国际通行做法的基础上,形成《船员管理条例(草案)》初稿,并相继组织召开3次专家研讨会,论证协调草案中的有关内容。1996年5月,交通部下发《船员管理条例(草案)》征求有关部委和单位意见。

1999年6月29—30日,中国海事局在北京召开《船员管理条例(草案)》第四次专家研讨会,全面研究有关部委和单位提出的意见和建议,对草案进行全面修改。以后还配合交通部体改法规司再次在全国范围内广泛征求意见,并多次召开座谈会、论证会。至2003年,先后对《船员管理条例(报批稿)》修改达30余次,更名为《中华人民共和国船员条例(送审稿)》,经2003年6月25日交通部部务会议审议通过,7月10日上报国务院。

在立法审查阶段,中国海事局配合国务院法制办公室对《船员条例(送审稿)》进一步展开调研、论证。2003年12月,国务院法制办公室在北京召开立法座谈会。2004年,又在部分省市开展立法调研工作。2005年,交通部和国务院法制办公室组成《船员条例》立法调研团,对欧洲航运发达国家的船员立法情况和管理制度作深入考察,并与国际劳工组织交换意见。2006年,国务院法制办在交通部的配合下,就船员立法所涉及的体制、管理和利益关系等做了大量协调工作,于12月完成对《船员条例(草案)》立法审查工作。经2007年3月28日国务院第172次常务会议审议通过。4月14日以国务院令第494号公布《中华人民共和国船员条例》,自9月1日起实施(见图9-3-1)。

图9-3-1　2007年8月16日,泉州石狮海事处召开《船员条例》宣贯会

(三)协助完成《防治船舶污染海洋环境管理条例》修订工作

《防治船舶污染海洋环境管理条例》,是在 20 世纪 80 年代国务院颁布的《中华人民共和国防止船舶污染海域管理条例》修改基础上形成的。该条例实施后对加强船舶管理,保护海洋环境,促进海洋事业发展起到积极作用。但随着我国航运业快速发展,海上船舶及有关作业活动增加,污染源趋于多样性,对保护海洋环境带来新的压力,条例在管理内容、手段、措施、力度等方面已不能适应新形势的变化,尤其部分内容已不符合自 2000 年 4 月 1 日起实施的《海洋环境保护法》要求。为此,国务院从 2000 年启动该条例修订工作。在修订中,中国海事局配合国务院法制办,制订出若干具体修订措施,以"防、治、赔"为主线,将"防止污染"原则改为"防治污染",确立"预防为主、防治结合"管理原则,围绕"预防"和"治理"两个方面进行系统规定,实现防污染管理由防止到防治、由事后到事前、由点到面的转变。2009 年 9 月 2 日,国务院颁布新的《防治船舶污染海洋环境管理条例》。该条例共 9 章 78 条,自 2010 年 3 月 1 日起施行,同时废除 1983 年国务院颁布的《防止船舶污染海域管理条例》。

新的条例,弥补了我国在船舶污染预防、应急反应及损害赔偿方面的缺陷。这是我国船舶防污染法制工作的一个重要里程碑,为防治船舶污染海洋环境翻开崭新的一页,被称为防治船舶污染海域奠定法律基石。2009 年,中国海事局还配合国务院法制办修改与《防治船舶污染海洋环境管理条例》配套的《危险化学品安全管理条例》,解决危险化学品现行管理法律法规不完善的问题。2010 年,《危险化学品管理条例》相应配套规章和标准正式出台。

二、制(修)订与完善各种海事规章

为加紧直属海事系统管理规章的制(修)订和完善工作,中国海事局按照国际海事公约的变化和 2000 年 7 月 1 日我国实施的《中华人民共和国立法法》规定,以及自身管理经验,加紧海事管理规章的制(修)订,由交通部(2008 年后改为交通运输部)公布。2006 年 11 月 24 日,交通部公布新的《交通法规制定程序规定》后,根据法制规定工作新情况、新问题,中国海事局再次修改《中华人民共和国海事局海事法规制订工作程序规定》,并据此开展海事立法工作。尤其 2007 年《船员条例》法规出台后,相继完成《引航员注册和任职资格管理规定》《船员注册管理规定》《船员服务管理规定》和《游艇安全管理规定》4 个配套的船员管理规章的制定工作。到 2010 年底,由法律、法规、规章和规范性文件构成的海事法律体系已形成,并随着发展,体系框架得到不断更新和完善,为执法规范、执法公开和监督有力的行政执法和监督提供了保障。2006—2010 年由交通部核准和公布适用的海事主要规章详见表 9-3-1。

2006—2010 年适用的主要海事管理规章一览表　　表 9-3-1

文件名称	单位	令(文)号	发布时间	施行时间	备　注
中华人民共和国海事行政许可条件规定	交通部	部令〔2006〕第 1 号	2006.1.9	2006.4.1	
中华人民共和国高速客船安全管理规则	交通部	部令〔2006〕第 4 号	2006.2.24	2006.6.1	
老旧运输船舶管理规定	交通部	部令〔2006〕第 8 号	2006.7.5	2006.8.1	
中华人民共和国内河交通事故调查处理规定	交通部	部令〔2006〕第 12 号	2006.12.4	2007.1.1	
中华人民共和国国际船舶保安规则	交通部	部令〔2007〕第 2 号	2007.3.26	2007.7.1	
沿海海域船舶排污设备铅封管理规定	交通部	交海发〔2007〕第 165 号	2007.4.10	2007.5.1	
中华人民共和国航运公司安全与防污染管理规定	交通部	部令〔2007〕第 6 号	2007.5.23	2008.1.1	

续上表

文件名称	单位	令(文)号	发布时间	施行时间	备　注
中华人民共和国船舶签证管理规则	交通部	部令〔2007〕第7号	2007.5.31	2007.10.1	废止1993年《船舶签证管理规则》
中华人民共和国引航员注册和任职资格管理办法	交通部	部令〔2008〕第2号	2008.2.13	2008.5.1	
中华人民共和国船员注册管理办法	交通部	部令〔2008〕第1号	2008.5.4	2008.7.1	
中华人民共和国船员服务管理规定	交通部	部令〔2008〕第6号	2008.7.22	2008.10.1	
游艇安全管理规定	交通部	部令〔2008〕第7号	2008.7.22	2009.1.1	
中华人民共和国船员培训管理规则	交通部	部令〔2009〕第10号	2009.6.26	2009.10.1	废止1997年《船员培训管理规则》
中华人民共和国船舶安全检查规则	交通部	部令〔2009〕第15号	2009.11.30	2010.3.1	废止1997年《船舶安全检查规则》
中华人民共和国船舶内河船员适任考试和发证规则	交通部	部令〔2010〕第1号	2010.6.29	2011.1.1	废止2005年《内河船舶船员适任考试发证规则》
中华人民共和国船舶油污损害同事责任保险实施办法	交通部	部令〔2010〕第3号	2010.8.19	2010.10.1	
中华人民共和国船舶识别信号管理规定	交通部	部令〔2010〕第4号	2010.9.1	2011.1.1	
中华人民共和国船舶及其有关作业活动污染海洋环境防治管理规定	交通部	部令〔2010〕第7号	2010.11.16	2011.2.1	

三、制(修)订与完善地方海事规章

地方海事立法作为中央海事立法的必要补充,也为中央海事立法提供了宝贵经验。这一时期,在由中国海事局及直属海事系统起草、制(修)订和以交通部名义公布的海事规章的同时,各省(区、市)地方海事机构也加紧地方海事立法工作,作为现行法律体系补充,促进地区水上交通安全管理的发展。仅1999—2008年,各省(区、市)政府公布的地方性海事法规和海事规章达180多件。

2006年12月1日,广西壮族自治区第十届人民代表大会常务委员会第二十三次会议通过《广西壮族自治区海上搜寻救助条例》,次年1月1日实施。这是广西壮族自治区第一部涉及水上安全的地方性行政法规,也是中国首部地方人大通过的海上搜救专业法规。

2007年6月18日,天津市人大常委会通过《天津市海上搜寻救助规定》,从8月1日起实施。2009年,天津市人民政府公布《天津市海上交通安全管理规定》。

2009年,江苏省政府公布《江苏省水上搜寻救助条例》。

四、加入和参与制定国际海事公约

2006—2010年,全国海事系统除执行国内颁布的适用海事的法律法规、规章外,还将我国缔结和加入的国际条约作为海事管理和执法的重要法律依据和平台。这一时期,我国先后加入MARPOL公约附则IV、附则VI和OPRC-HNS、议定书BUNKERS 2001等4个国际海事公约和议定书。2006年3月15日,加入《经1978年修订的〈1973年国际防止船舶造成污染公约〉1997年议定书》。2006年7月6日,交通部公布该议定书于8月23日对中国生效。该议定书新增附则Ⅵ《防止船舶造成空气污染规则》。11月2日,经国务院批准,中国加入《经1978年修订的〈1973年国际防止船舶造成污染公约〉》附则Ⅳ。12月25

日,交通部公布该附则于 2007 年 2 月 2 日对中国生效。该公约附则Ⅳ为《防止船舶生活污水污染规则》。2008 年 7 月 3 日,交通运输部发布公告,国际海事组织《国际救生设备规则》《国际消防安全系统规则》《国际散装运输液化气体船舶构造和设备规则》《1994 年国际高速船安全规则和 2000 年规则》《1974 年国际海上人命安全公约》《所有类型船舶专用海水压载舱和散货船双舷侧处所保护涂层性能标准》《〈1966 年国际载重线公约〉1988 年议定书》《〈1974 年国际海上人命安全公约〉1988 年议定书》等各个修正案于 2008 年 7 月 1 日起对中国生效。

自 1973 年 3 月加入国际海事组织起,特别改革开放以来,我国政府批准加入和履行了几乎所有相关的重要海事公约,参与对国际海事公约和议定书的制订工作,特别加入制订具有代表性的国际公约。至 2010 年底,我国加入和生效的国际海事公约和已接受的各公约和议定书的修正案等共 42 件。

我国履行国际公约一般采取两种措施:一种是立法措施,即当国际海事公约对中国生效后,根据公约规定的原则、内容和中国的实际情况,通过国家主席令、国务院文、交通部文等,将国际海事公约转化为国内海事法规、规章或技术规范、内部实施细则等,以保证履行国际海事公约的可操作性。据统计,仅 1979—1999 年我国就参加 15 项国际海事公约的制订,转化国内海事法规、规章与内部实施细则等达 200 余件。另一种是行政措施,即交通部或中国港监局(1998 年后中国海事局)对在中国生效的国际海事公约,特别是未采取立法措施的公约中的具体规定,制定并发布规范性文件或行政指令,作为有关方面的执行依据。

五、协助清理海事规章及规范性文件

2006 年,根据国务院、交通部的统一部署,就水上安全管理特点,中国海事局配合交通部立法部门有计划、有步骤保质保量地完成清理海事法规、规章和规范性文件任务。11 月 24 日,交通公布《关于废止 33 件交通规章的决定》,其中包括涉及海事管理部门规章 5 件。到 2007 年 12 月,海事有效规章共 51 件,废除 23 件,继续使用 24 件,取消海事行政审批项目 4 项。

2009 年,中国海事局全面清理 2009 年 6 月 30 日前发布的海事行政法规、部门规章及其他海事规范性文件,形成“海事法规规范性文件清理意见表(征求意见稿)”,废止 169 件,保留 596 件。12 月 30 日,中国海事局向社会公布“596 件现行有效的海事规范性文件公告”。

2010 年,中国海事局对海事规范性文件制定程序作出规定,主要涉及适用于全国海事系统海事规范性文件的起草、审查、发布、备案和评估等工作。

综观 2006—2010 年海事法制建设,全国海事系统主要加强对立法项目研究,统筹兼顾制订立法计划,完善海事法规体系,并保持与国际接轨。至 2010 年底,全国海事以 800 多件涉及海事法律、法规、规章、规范性文件而构成海事法律框架。其中仅船员管理方面以《船员注册管理办法》《船员培训管理规则》《船员服务管理规定》《海员证管理办法》等为支撑的船员规范性文件就达 200 余件,充实了船员法规体系。各直属、地方海事系统积极参与地方立法,分别制定出一批符合地方海事实际的法规、规章、规范性文件。

六、海事执法与监督进一步加强

(一)进一步规范海事行政执法工作

长期以来,港务(航)监督及后来的海事系统在重视航政(海事)立法的同时,也重视自身依法行使职权,履行职责,严格执法。早在 1986 年就开始普法教育和培训,之后结合自身特点,组织形式多样、层次各异的专项培训,并推行执法资格准入和适任晋升考试制度,将执法人员年度法制培训和评议考核情况作为执法证年度审验的重要内容。2006—2010年,全国海事系统仍坚持这一制度,探索海事执法与监督规律,不断有所进步。2006年1月9日,交通部公布《中华人民共和国海事行政许可条件规定》,4月1日起实施。在该规定中,中国海事局对22大项、50小项海事行政许可项目的条件进行具体规定,明确了违反规定的法律责任。直属海事系统着手网上办理海事行政许可的研究工作,统一规范行政执法监督,开展行政执法监督对口检查和海事行政许可印章清理工作。2007年3—4月,中国海事局在北京举办3期全国海事系统"行政诉讼"和"行政审批"管理培训班。11月20日,下发《全国海事系统法制宣传教育第五个五年规划》和《全国海事系统全面推进依法行政实施意见》,确立全国海事系统法制宣传教育和依法行政工作的指导思想、工作目标、主要任务和具体措施,提出力争用10年左右的时间在海事系统建立体现"合法、合理、公正、效率、责任"依法行政程序和制度,促进海事管理方式的根本性转变。至2010年底,全国海事系统已初步形成较为完善的政务公开及其监督管理体系,有效地保障了行政相对人的权利。

为实现网上办理海事行政审批的工作目标,进一步规范海事行政执法工作,2007年1月16日、4月13日直属海事系统组织开展网上办理海事行政审批准备工作和海事行政执法业务工作流程编写工作。至年底完成海事行政许可、审批和报备项目业务流程88项,梳理海事行政执法职责228项。

2009年,直属海事系统规范海事行政执法,开展行政执法监督检查工作。先后在8家单位开展行政许可类业务流程试点。为加强海事行政处罚,中国海事局发布《关于规范海事行政处罚的指导意见》,根据国家深化政务公开的要求,全面回顾和研究海事政务公开工作,修改完善《海事行政执法政务公开管理办法》《海事行政执法政务公开评价考核标准》《海事政务中心外观形象标志及内部设置标准》等配套文件,开展《海事执法业务工作流程》第一部分(主要是行政许可类项目)试点工作。开展"中国海事监管科学发展"工作,制定公布《中国海事监管科学发展目标》《〈中国海事监管科学发展目标〉直属海事系统管理机构评估标准体系》。

2010年6月,全国海事系统进一步推行海事行政执法政务公开工作,规范海事行政执法行为,就深化海事行政执法政务公开工作提出意见。7月22—23日,中国海事局在天津召开坚决制止海事执法人员收取"好处费"工作座谈会,就有效落实此项工作展开广泛讨论。

特别值得一提,2007年9月3日,交通部海事局被全国政务公开领导小组授予"全国政务公开先进单位"称号。

(二)综合评价直属海事系统目标完成

2006年12月26日,中国海事局针对年度目标管理责任书落实,下发《交通部海事局目标管理海事行政效能督察实施办法(试行)》,次年1月1日实施。该实施办法共21条,规定行政效能督察分为日常督察、专项督察、专案督察。2007年1月15日,通报2006年度目标管理责任内容落实的情况。从12月26日起,在直属海事系统实施业务工作综合评价,根据试运行期间存在的问题,将综合评价结果作为衡量一年业务工作的业绩。组织完成航海安全标准体系表等6项交通行业标准审查和报批工作,实行系统政务公开,明确22项行政许可项目,将政务公开项目调整为34个大项;增加当事人接受海事管理机构现场检查并如实提供相关文书的义务;对政务公开指南中收费标准的写法作了统一规范。

第四节　把握水上安全变化规律开展监管

一、建立系列通航管理制度

体现海事动态的通航管理,到2006年"三统一"海事管理格局形成时,不仅涵盖通航的方方面面,而且已初具规模,形成系列,创造良好的水上安全通航环境与秩序。全国海事系统在这一时期继续坚持“安全第一、预防为主、综合治理”工作方针,不断地探索与寻找海事管理规律,继续以交通部的“四区一线”“四客一危”“四季三节”为重点,辅以巡逻船艇、直升机、VTS、CCTV、AIS等手段,加强现场监管,实行多方位立体监管,提高巡航执法效率和水平,保持水上安全形势的持续稳定。2010年末与2006年初相比,全国水上交通运输事故件数与死亡人数分别下降42.1%和30.5%,百万吨吞吐量死亡率下降68.9%,未发生一起死亡失踪30人以上的特重大水上交通事故。特别是2008年的“5·12”汶川地震、北京奥运会青岛帆船赛、2010年上海世博会、广州亚运会等重大水上活动中,海事监管安全保障工作贡献突出,树立了权威。

(一)加大通航环境的整治

1.沿海与内河非法采砂整治取得实效

长期以来,中国海事局及直属海事系统都把沿海与内河非法采沙整治作为通航环境整治一项重要任务紧抓不放,取得一定成效。但是,因经济利益的驱动,采砂时有反复,尤其一些内河砂石船舶进入沿海港口水域运输或作业,并连续发生事故。

为彻底改变上述状况,2007年9月河北、辽宁、天津、山东4个直属海事局建立信息共享制度,实行区域联动机制,强化现场监管。9月20日起,开始在渤海水域开展为期40天的非法采沙集中整治活动,取得一定成效。之后,中国海事局决定2007年11月1日至2009年11月1日在沿海开展为期两年专项整治活动,重点整治在沿海水域(特别是在“环渤海”“长三角”和“珠三角”地区)航行、作业的内河砂石运输、施工船舶,严厉查处超航区航行、配员不足、超载、船舶安全状况差等违章、违法行为,力争(2009年11月1日前)专项整治整治活动结束时结合“两防”(防船舶撞碰、防船舶泄漏)专项活动,将参与沿海作业的内河砂石运输、施工船舶清除出沿海港口建设市场。2008年11月27日,中国海事局通过电视电话会议部署专项整治活动,实行区域联动,并指定非法采沙整治牵头单位。其中,天津海事局负责环渤海区域(辽宁、河北、天津、山东),上海海事局负责长江口区域(江苏、上海、浙江、长江),广东海事局负责珠江口区域(广东、广西、深圳)。各牵头海事局负责该区域活动的总体协调、信息定期汇总及时通报以及开展联合行动等,根据各自辖区的实际情况开展活动,积累了一些行之有效的办法和经验。如浙江海事局对辖区“两船”情况进行全面调查,做到心中有数;辽宁海事局以情况报告的形式引起地方政府重视,促成多部门的配合,建立多方联动;广西海事局侧重对“两船”船员的培训和技能考核,促使船员素质的提升;福建海事局以移动通信为平台,研发小型船舶动态监管系统,利用GPS和移动通信技术,使“两船”海事预防能力进一步增强;江苏海事局和地方安监部门督促洋口港人工岛项目部,禁止人工岛各协作施工单位组织的内河施工船舶参与海上长途运输;深圳海事局注重施工单位源头管理,将施工单位的安全管理责任落到实处;黑龙江海事局重点检查采砂作业船在航道范围内采砂、乱停乱靠影响他船正常航行的行为;长江海事局联合湖南省地方海事局在洞庭湖湖口水域设立联合整改基地,实行信息通报制度,统一检查制度和处罚标准,以改善通航秩序。广东海事局及所属20个局、90个海事处建立片区砂石船、施工船的三级电子数据库,通过半年多开发与试运行得以投入使用,方便查检到辖区内任何一艘砂石采运与施工船实时状况,可有效监管船舶装载、船员资质、运输航线、施工水域等各种情况,提高了海事监管效率。

2009年6月23日,中国海事局在北京召开沿海砂石运输船施工船安全管理座谈会,决定除渤海湾(环渤海水域延长整治一年)外,全国其他水域内河船舶基本退出海上作业市场,并以制度的形式固化下来,参与海上施工的内河船大部分纳入海事管理,为今后转入常态化管理打下良好基础。9月30日,为期两年的砂石运输船施工船安全管理专项整治活动结束。据统计,整治活动中,全国直属、地方海事共出动巡逻船32800艘次、执法车辆6187台次、执法人员101124人次,检查“两船”24385艘次,处理船舶3873艘次,劝退、拆解船舶876艘次,组织安全宣传、贯彻活动290次,组织各类船员安全知识和操作技能培训87次,培训人员5738人次。

2.全力防抗强台风与冰冻

2006—2010年,北方特大风暴潮、夏秋季热带气旋、冬季寒潮大风、枯水期、雨雪冰冻等灾害性天气对水上交通安全造成极大威胁。直属海事系统以“宁可防而不来,不可来而无防”为指导思想和“早准备、早安排、早落实、早检查”为防抗灾害原则,做到思想认识到位、预防措施到位、应急响应到位,指挥得当,在紧急时刻发挥关键作用,沿海直属海事局未雨绸缪,提前行动,及时启动应急预案,科学防范,采取有效措施,将自然灾害的损失减少到最低程度。

(1)全力防抗强台风

防抗强台风,是中国海事系统长期坚持的一项通航管理工作。2006—2010年,直属海事系统继续提高防抗台风工作的科学性和有效性,组织船舶回港避风、停泊,实时播发台风动态信息,对遇险船舶进行救援,努力做好各项防御台风工作,使海上遇险事故数量保持较低的水平,其中2006年、2007年两年在台风期间取得船舶、船员“零死亡”骄人成绩。

2006年5—10月,“珍珠”“格美”“碧利斯”“桑美”等15次强台风相继登陆我国,并具有登陆时间早、个数多、强度大的特点,对沿海船舶航行造成重大影响。沿海直属海事系统按照“四早”防抗台风原则,密切跟踪台风动态,做好预警预控工作,重点对“四客一危”船、大型电煤运输船、集装箱船、无动力船和水工作业船加强监控,及早组织疏导船舶共计46398艘次。

2007年4月2日,针对渤海、黄海、东海北部的大风来袭,天津、河北、辽宁、山东、江苏、浙江海事局密切关注天气变化,做好防抗措施,加强对港区、在航、锚泊船舶的监管,及时向船舶报告大风动态、信息等。12月13日,冬季来临之际,就部分散杂货船在黄海北部及渤海海域频发事故,天津、辽宁、河北、山东等海事局强化特定气象条件下船舶管理,对进出这些海域的船舶实施限制航行、单向通航或禁止航行等措施,特别要求船舶开航前向海事机构提交“船长开航前声明”等。

2008年是自然灾害、突发事件频发和国际金融危机影响下水上交通安全监管压力较大的一年。这年春节前后,我国南方遭受罕见的持续强降雪,导致全国部分电厂的电煤库存达到警戒线,煤炭和电力供应渐趋紧张。直属海事系统高度重视,紧急部署,为重点物资运输船舶简化工作程序,提供优先服务,确保风雪冰冻期间人民群众出行安全和电煤等重点物资运输安全。夏季,面对“浣熊”“森拉克”“黑格比”等8次强台风的袭击,制定应急方案,准确掌握通航环境和交通流,及时发布安全信息,加强预警预控,做到反应迅速、措施有力,为水上交通运输提供安全、畅通的通航环境。

2009年,就“天鹅”“莫拉克”等最强台风接连登陆,我国东南沿海海上交通形势骤然紧张,相关的直属、地方海事局编织安全“防风网”,及时启动应急预案,调派执法人员,组织船舶回港避风、停泊,实时播发台风动态信息,对遇险船舶进行救援,各项防抗台风工作有条不紊地进行,使海上遇险事故数量保持较低的水平。全年成功地防抗12次影响我国沿海海域热带风暴和台风,保持中国籍运输船舶连续第六年人员零死亡的纪录。

2010年,在防抗1号至13号台风侵袭我国沿海与沿海陆地区域中,沿海直属海事系统充分发挥专业优势,有效确保人民群众生命财产安全。全年成功防抗11次对我国东南沿海产生较大影响的台风,继续保持了连续第七年受台风影响而中国籍运输船舶无人员死亡的成绩。特别10月23日,最强台风13号

“鲇鱼”登陆我国,登陆时近中心最大风力达 13 级,给我国沿海带来严峻考验。沿海直属海事局落实责任制,密切跟踪台风动向,全面掌握辖区天气情况及海况,及时发布预警信息,将强台风造成的各种灾害与损失降至最低限度。鉴于受强风、大雾和强降水影响,我国沿海发生多起船舶碰撞、沉没等事故,中国海事局于 6 月起草《海上安全告示书》(中英文),要求直属海事系统向船上人员和船长做好宣传工作。

这一时期,沿海直属海事局积极探索防御自然灾害的方式方法,采取有效防范措施,通过网站、VTS、AIS、海岸电台、现场监管网点、签证站点等及时发布预警信息,提前防范,未雨绸缪,编织防灾网,使损失降至最低,得到国务院及各地政府的好评。

(2)防抗罕见的海区冰冻

与防抗强台风一样,直属海事系统在抵御 2008 年南方遭遇特大雪灾和 2010 年北方海区 30 年一遇冰冻中做出贡献,保障了海上航线畅通。

2009 年至 2010 年 1 月的冬季,我国北方海区(渤海、黄海海域)受冷空气长时间持续影响,出现大面积结冰现象。特别渤海在河口、海湾水域冰层较厚,近 1 个月遭遇 30 年罕见的冰冻。面对如此严峻的状况,辽宁、河北、天津、山东 4 个直属海事局根据各自辖区水域的冰情特点,关注冰情发展,发布预警信息,通过 VTS、AIS 等信息系统加强监控,科学组织抗击海冰。1 月 15 日,4 个海事局除参加由中国海上搜救中心在河北秦皇岛召开的 2010 年防冻破冰应急协调会,共同研究分析抗击海冰工作外,还加强与当地气象、海洋部门联系和巡视冰区,通过船舶询问,建立每日信息通报机制,密切关注海冰发展动态、强度和影响范围,利用网络、媒体、海岸电台、VTS、手机平台、签证时告知等手段和方式及时发布预警信息,并将有关冰情及时通报给当地政府、港航、船公司及渔业等部门。还建立严密的监控机制,24 小时通过 VTS、AIS 等系统严密监控船舶进出港、锚泊动态,及时接收并处理走锚、被困、航行困难、失控等险情和异常情况。充分利用大型船舶的破冰能力,安排大型船舶和中小型船舶编队航行,科学组织和引导船舶有序航行,安全驶过海冰覆盖海域。同时,4 局建立和完善各项应急预案,实行 24 小时值班,加强监控,掌握辖区专业救助力量、海巡船、港作拖轮的动态,指导相关力量合理配合,随时就近协调应急力量处理突发事件。督促各港口安排港作拖轮应急待命,随时准备处置出现的海冰阻航险情,协助船舶安全通过海冰海域。一系列抗击海冰举措,取得明显成效,保证了船舶按期安全进出港。

3.加强通航流量的调查与碍航管理

2006 年,中国海事局成立巡航统计数据标准课题组,委托天津海事局负责课题的研究工作,同时上海、江苏、长江、广东、广西海事局开展 24 小时水上流量观测,准确判断过往船舶种类、尺度,按要求填写每一项记录,保持观测连续性,以确保观测统计结果真实性。

2007 年 4 月 2 日,为整治沉没沿海航道上的碍航物,在开展辖区沉船普查,调查统计全国沿海通航环境和沉船沉物,并建立沉船数据库的基础上,直属、地方海事机构建立健全沉船等碍航物档案,加强对未清除的沉船等碍航物的管理与清除,并将该碍航物所在水域作为巡航的重点;建立健全沉船等碍航物应急反应程序。

2008 年,直属海事系统对通航水域自然情况、船舶活动情况进行调查摸底,建立通航环境数据库,在此基础上编印《全国沿海内河通航环境汇编》,并建立沿海、沿江沉船碍航物数据库,清除打捞沉船沉物 215 艘。上海海事局面对长江至洋山港水域江海分段运输方式压力增大,开展长江至洋山港集装箱船直航课题研究,有效解决内支线集装箱船直航洋山、港区集装箱快速中转的瓶颈问题,提升洋山深水港区沿海和内河集装箱转运量。

2010 年 10 月,三峡坝前水位首次达到 175 米,三峡成库出现 7 年来最高水位,历时 46 天的蓄水,航行三峡库区船舶安全畅通,无一重大事故发生。长江海事部门采取紧急对策,重庆、三峡、宜昌 3 地海事实行联动执法,坚持现场驻守,对坝区、桥区、港区及库区滑坡水域实施 24 小时监控。宜昌海事局对航行三峡库区的超高船舶实行专船维护,并要求超高船舶在通过库区跨河建筑物时要主动放倒桅杆,确保三峡航行安全畅通。

(二)继续推进船舶定线制的实施

2006 年 4 月 1 日,《长江上海段船舶定线制规定》《黄浦江通航管理规定》施行(2005 年 12 月 28 日交通部公布)。4 月 28 日,交通部下发"关于实施《老铁山水道船舶定线制和船舶报告制》的通知",6 月 1 日起实施。该定线制确定老铁山水道 5.5 海里可航行水域中间划定长 9 海里、宽 1 海里的水域作为中间分隔带,两侧各设宽为 2.25 海里的船舶通航分道,结束自 1956 年老铁山水道开放以来船舶航行无章可循的局面,填补该水域船舶航行管理规章的空白。11 月 26 日,《琼州海峡船舶定线制》《琼州海峡船舶报告制》由交通部公布,次年 1 月 1 日开始实施。12 月 7 日,中国海事局批准《长江中游分道航行规则(试行)》,于次年 1 月 1 日起实施。该规则是对长江河段实施船舶航路规范的又一延伸。

2007 年 3 月 1 日,由中国海事局推进的《关于实施青岛水域船舶定线制和船舶报告制》,经交通部发布,4 月 1 日起施行。同时,经交通部批准将长江安徽段船舶定线制实施范围向上延伸至上界左岸老洲头至右岸五步沟连线,2010 年又向上延伸至安庆钱江嘴。

2008 年,直属海事系统深入探索监管规律,进一步强化源头管理。在全面规划通航水域,划定、调整和公布航道、锚地、禁航区、交通管制区、海上油田等重要水域,为航行船舶提供可靠的航海保障的同时,组织开展全国沿海和重要内河水域的船舶定线制研究制订工作。12 月 15 日,长江海事局起草的《长江三峡大坝——葛洲坝水域船舶航线规则》,经交通运输部批准,于 2009 年 1 月 1 日开始实施。该规则分为洪水期和非洪水期航行规定。2008 年 12 月,中国海事局发布《山东长山水道船舶定线制和报告制》,于 2009 年 1 月 1 日起实施,废止 1998 年 7 月 1 日公布施行的《长山水道交通管理规定(试行)》。

2009 年 8 月,中国海事局公布《曹妃甸水域船舶定线制》运输《曹妃甸水域船舶报告制》,于 12 月 1 日起施行。

2010 年 4 月,中国海事局发布《宁波-舟山港核心港区深水航路船舶定线制》和《宁波-舟山港核心港区深水航路船舶报告制》(8 月 1 日施行)和《珠江口青州水道船舶定线制》(7 月 1 日施行)《青岛水域船舶定线制(2011 年)》(2011 年 3 月 1 日施行)。同时,修订后的《长江安徽段定线制》(2010 年)和《长江三峡库区船舶定线制规定》(2010 年),经交通运输部 10 月 1 日公布并开始实施。

为补充老铁山水道船舶定线制报 IMO 提案中的船舶定位误差,辽宁海事局联合大连海事大学开展老铁山水道船舶定位误差测定工作,初步确定将采用实船测定与理论计算海上物标定位误差两种方式,进一步完善老铁山水道船舶定线制报 IMO 提案。11 月 9 日,中国海事局在大连组织召开《渤海水域船舶定线制规划研究报告》审查会,成立专家组,听取部规划研究院有关渤海水域船舶定线制规划研究有关情况,形成专家意见。至 2010 年底,沿海、内河实施船舶定线制共 15 个,详见表 9-4-1。

定线制实施以来,不仅使水域安全形势和航行秩序有了根本性好转,而且带来明显的经济效应和社会效应,船舶事故率明显下降,也给船东带来经济利益和安全保障,为航运企业和广大船舶、船民解困难、保安全,提高了我国良好的国际形象。如江苏海事局在其管辖的长江江苏段持续深化船舶定线制,全面实施渡口划区、定线、亮牌工程,规划建设 26 个水上服务区,调整增补 60 个锚地和停泊区,辖区进出港船舶量和船舶载货量由 2005 年的 79.9 万艘次、4.77 亿吨,上升到 2010 年的 209.64 万艘次、9.38 亿吨,水上交通安全形势保持稳定向好。

沿海、内河船舶定线制一览表　　表9-4-1

序号	名　称	施行时间	说　明
1	大连港大三山水道通航分隔制规定	1984年2月1日	1983年10月26日中华人民共和国港务监督局公布
2	成山角水域船舶定线制规定	1992年1月1日试行 2000年12月1日正式施行	1991年9月12日中华人民共和国港务监督局公布《成山头水域船舶定线规定(试行)》,2000年5月19日国际海事组织海上安全委员会第七十二届大会通过并更名
3	长江口水域船舶定线制规定	2002年9月1日	2001年12月30日中国海事局批准,2002年3月11日上海海事局公布,2006年8月2日修订
4	长江江苏段船舶定线制规定	2003年7月1日施行,2005年10月1日施行《长江江苏段船舶定线制(2005)》	2003年5月6日交通部公布。为与长江安徽段船舶定线制相衔接,交通部2005年9月20日公布《长江江苏段船舶定线制(2005)》
5	长江三峡库区船舶定线制规定	2004年1月1日试行,2005年12月1日施行	交通部2003年10月1日公布。交通部2005年10月24日公布《长江三峡库区船舶定线制规定(2005)》。中国海事局2010年10月1日公布《长江三峡库区船舶定线制规定(2010)》
6	珠江口水域船舶定线制规定	2004年6月1日试行,2006年3月31日正式施行	交通部2004年3月1日公布。2006年2月15日中国海事局批准修改
7	长江安徽段船舶定线制规定	2005年10月1日	交通部2005年6月8日公布。中国海事局2010年10月1日公布《长江安徽段船舶定线制规定(2010)》
8	长江上海段船舶定线制规定	2006年4月1日	交通部2005年12月28日公布
9	老铁山水道船舶定线制规定	2006年6月1日	交通部2006年4月28日公布
10	琼州海峡船舶定线制规定	2007年1月1日	交通部2006年11月26日公布
11	青岛水域船舶定线制规定	2007年4月1日	交通部2007年3月1日公布。中国海事局2010年12月17日公布修订后的《青岛水域船舶定线制规定(2011)》,次年3月1日起实施
12	山东长山水道船舶定线制规定	2009年1月1日	中国海事局2008年12月公布
13	曹妃甸水道船舶定线制规定	2009年12月1日	中国海事局2009年8月公布
14	珠江口青洲水道船舶定线制	2010年7月1日	中国海事局2010年4月公布
15	宁波-舟山港核心港区航路船舶定线制	2010年8月1日	中国海事局2010年4月公布

(三)加大通航水域巡航力度

1.通航水域的现场巡航

这一时期,直属海事系统通航巡航按巡航水域范围分为港区巡航、辖区巡航、跨辖区巡航3类。中国海事局统一负责管理全国海事系统的巡航工作,制定跨辖区巡航计划并监督实施,统一调度跨辖区巡航船舶。各直属海事局负责本辖区巡航工作的管理并组织实施。各局通航监督管理部门为巡航工作主管部门,各直属局或分局的水上执法部门、海事处负责具体实施巡航工作。

(1)联合开展跨海区的巡航与现场执法

这一时期,全国海事系统以巡航为抓手,发挥巡逻艇作用,研究分析沿海海域、内河水域的安全形势,推进巡航救助一体化试点工作,组织开展各种联合跨区巡航,拓展巡航范围,实现无缝连接,以维护国家权益。2008年,广东、海南、上海海事局开展东海春晓油气田、南海海域、北部湾海域的巡航执法,组织开展5次北部湾海域联合执法活动,在北部湾、中越交界海域、涠洲石油平台等重点监管海域开展大规模联合巡航。广东、海南海事局建立北部湾海域船舶溢油应急联动机制。7月15—17日,由“海巡31”“海巡191”等7艘海事巡逻船组成的广东、广西、海南3省(区)直属海事局北部湾联合巡航执法编队,实施新中国成立以来北部湾海域规模最大、覆盖最广、执法能力最强的一次综合巡航执法。2009年,沿海海事局组织12次大规模海区巡航。4月,“海巡31”轮“海巡21”轮开赴三亚,广东、上海、海南3直属海事局在南海开展最大规模的联合巡航活动。7月,“海巡31”船载着直升机靠泊天津北港滚装码头,执行东海、黄海、渤海海区巡航任务。8月16日,“海巡21”轮首次持续4天巡航北部湾、琼州海峡海域。仅“海巡21”“海巡31”巡航里程即达2万海里。作为海事系统当时第一艘适航无限航区的国际航行入籍船舶“海巡31”,自列编以来的5年间,10余次驰骋南海、东海、渤海和黄海4大海域执行巡航任务,在组织交通、航行保障、应急指挥等方面发挥了重要作用。同时,广东、海南、广西3沿海海事局深入分析南海形势,研究南海巡航,与相关部门加强沟通交流,制订了各项工作预案。这些联合跨海区巡航,拓展了巡航范围,对维护国家海洋权益和海上船舶航行安全,监测海洋环境,保障北部湾重要航路航行和海上设施作业安全具有极其重要的价值。

2009年,直属海事系统推进动静监查分离、沿海巡航救助一体化试点,开展网格化管理研究和试点工作,提高巡航、监管能力和效率;利用航空器飞行速度快、视野广、巡航效率高特点,在违法船舶监管取证、水上溢油监控及取证、交通组织、现场搜救等方面发挥重要作用,提高水上应急反应能力。

2010年,为进一步加强通航安全形势分析工作,直属海事系统组织开展天津北港区、曹妃甸港区、珠江口采沙作业、港珠澳大桥建设、深圳LNG码头建设、沪通(上海—南通)过江通道等重要区域和工程的通航安全评估工作,制订程序并指定专人负责。5月2—10日,中国海事局安排“海巡31”船与“海巡11”船艇执行南海联合巡航,先后巡视西沙永兴岛,南沙永暑岛、赤瓜礁、美济礁,中沙黄岩岛、东沙群岛、高栏列岛等海域,巡航时间近200小时、里程约1800海里。这是中国海事船艇首次赴南沙海域执行巡航执法任务。6月25日,为期3天的渤海湾联合巡航执法行动启动,山东海事局“海巡11”轮和天津海事局“海巡051”轮联合巡航,重点巡视渤海水域通航环境,检查海上导航设施,监督检查船舶使用AIS、无线电通信设备情况。同时,展开对渤海湾各海上油田作业区的巡航检查,监督渤海湾水域船舶排污情况。这是北方海区(渤海湾)首次进行的海上联合巡航执法行动。9月8日起,广西海事局开始2010年西江航运干线巡航活动。这是迄今广西内河最大一次集中巡航执法行动。此次巡航执法行动从百色平果出发,一直到梧州长洲水利枢纽水域,单次巡航里程达732公里。

(2)开展航区(线)活动与建立通航管区联运机制

2006年,直属海事系统全面开展“安全、畅通、文明”航区(线)活动,特别是长江三峡库区、长江江苏段、上海洋山港、黄浦江、渤海湾、琼州海峡等重点水域和港口、航区创建活动成效明显。初步形成了以海事部门为主体、以相关行业和地方政府为支撑、多方合作共建的水上安全管理链,促进安全管理机制的有效运转。如2006—2008年,江苏海事局在长江江苏段建立6个通航管区,以通航管区为龙头建立通航管区联动机制,消除巡航工作的盲区,形成监管合力。2006年11月,长江海事局全面开展水上联合执法行动。2010年11月,又与长江航运公安局开展水上安全联合整治活动,实现联合执法常态化。

各地方海事机构也不失时机地开展联合巡航执法活动。如云南、贵州、广西省(区)地方海事机构共同打造平安天生桥库区,统一库区通航安全管理标准,使巡航管理更加规范化。江西省地方海事局时常开展水上安全演练(见图9-4-1)。2010年3月13日,首届环海南岛国际大帆船赛举行,海南海事局"海巡183"船和"海巡1823"船分别作为总指挥船和裁判船,并派出巡逻船现场巡航与维护,保证赛事安全。12月22日,长三角区域大通关协作第三次联席会议在浙江省嘉善市召开,上海、江苏、浙江3省(市)领导出席会议。3地海事机构与海关和外经贸管理部门分别签订《关于长三角区域海事大通关建设合作备忘录》和《关贸紧密合作机制备忘录》。

图9-4-1　江西省地方海事局组织开展水上综合演练

(3)专属经济区的巡航检查

海(水)巡航的发展目标,就是要达到全天候、全方位、立体化、快速化,充分发挥巡航在现场监控、处理船舶违法行为、水上应急搜救等方面的重要作用。从2001年海区专属经济区巡航检查开始至2010年,直属海事系统每年组织多次巡航,检查专属经济区的海上安全;巡航商船航行密集的我国沿海南北航线、东海、南海北部海域,监督检查船舶航行、停泊、作业行为,维护海上通航秩序和通航环境,保障船舶和人员安全,监视海洋环境,组织实施水上救助行动。海事系统通过海区巡航拓展了巡航执法的范围,提升了巡航执法能力,扩大了对外影响力。这一时期沿海、内河现场巡航情况详见表9-4-2至表9-4-5。

2006—2010年直属海事海区巡航情况表　　表9-4-2

年　份	完成巡航工作任务(次)	巡航次数(次)	巡航时间(小时)	巡航航程(海里)	出动船艇(艘次)	出动人员(人次)
2006	25375	13484	61311	525647	16585	79705
2007	23800	12467	63075	570108	13137	71933
2008	42417	17180	89877	811617	17124	102541
2009	9537	20116	106446	888870	—	61955
2010	10268	20352	105478	962754	—	65647

2006—2010 年沿海港区巡航情况表 表 9-4-3

年　份	完成巡航工作任务(次)	巡航次数(次)	巡航时间(小时)	巡航航程(海里)	出动船艇(艘次)	出动人员(人次)
2006	119677	52005	151297	964797	52797	235125
2007	150823	64315	184363	1338562	65666	272642
2008	188944	76233	232689	1704267	79147	326445
2009	46973	93291	254341	1951174	—	226713
2010	47711	98733	277210	2225147	—	232374

2006—2010 年内河辖区巡航情况表 表 9-4-4

年　份	完成巡航工作任务(次)	巡航次数(次)	巡航时间(小时)	巡航航程(海里)	出动船艇(艘次)	出动人员(人次)
2006	356683	167967	372350	2986031	142862	399442
2007	270401	133077	316802	2574671	124009	331877
2008	3066369	153198	358613	2977512	136247	356060
2009	—	—	—	—	—	—
2010	—	—	—	—	—	—

2006—2010 年内河港区巡航情况表 表 9-4-5

年　份	完成巡航工作任务(次)	巡航次数(次)	巡航时间(小时)	巡航航程(海里)	出动船艇(艘次)	出动人员(人次)
2006	295749	122336	269490	2110066	123971	359522
2007	299937	119780	253614	2307503	122400	340085
2008	226554	105467	247319	2167580	106549	324913
2009	—	—	—	—	—	—
2010	—	—	—	—	—	—

2.水上水下重点工程的管理

自 2006 年 6 月 1 日起,直属海事系统根据 5 月 12 日中国海事局下发“关于加强船舶海上施工安全管理的通知”精神,开展为期 1 个月的打击内河船舶海上施工作业的专项整治活动。6 月 13—22 日、9 月 16—24 日,中国海事局在武汉培训中心分别开办两期共 78 人的海事系统水上水下施工通航管理人员培训班。2007 年 6 月 16—24 日,直属海事系统 40 人在武汉培训中心接受水上水下施工通航安全管理业务培训。

2007 年,围绕船舶通航安全的状况,在调研和征求港航企业意见的基础上,中国海事局拟订的《水上活动通航安全评估管理办法(试行)》,在经过征求国务院有关部、委及海军和交通系统港航企事业单位、直属和地方海事机构意见后,定名《中华人民共和国通航安全评估管理办法》,于 11 月 27 日下发,12 月 1 日起实施。2010 年,随着通航水域内桥梁建设日渐增多,桥梁安全与船舶通航安全问题突出,直属海事系统深入排查桥梁水域通航安全隐患,建立桥梁水域通航安全隐患数据库,将桥梁水域通航安全隐患情况通报地方政府和相关单位,积极利用现有手段,保障桥梁建设水上施工安全。我国高速铁路第一座大桥——南京大胜关长江大桥建设过程中,南京海事局依据通航管理有关法律、法规要求,结合该桥施工建设特点和桥区水域监管特殊性等,拟定包括 17 个大桥施工作业水上交通安全维护的分标准,10 个通航船舶水上交通安全维护分标准,制定 13 个海事政务管理工作分标准,拟写 12 个应急分预案,取得大桥水上施工间“不封航、零事故、创一流”的好成绩。同时,由南京海事局牵头制订的我国首个建桥海事监管服务标准——《大胜关长江大桥海事监管服务标准》,于 2011 年 7 月公布(见图 9-4-2)。这一时期直属海事负责的水上水下施工作业详情见表 9-4-6。

图 9-4-2　制定监管服务指南

2006—2010 年直属海事水上水下施工作业情况表　　表 9-4-6

年　　份	审批作业件数	累计监管作业天数
2006	9852	264619
2007	14850	290864
2008	14767	—
2009	—	—
2010	13344	—

(四)构筑一道道保障国家重点水上工程与活动的屏障

2006—2010 年的 5 年间,我国发生涉及海(水)上的重特大事件和活动很多。除“5 · 12”汶川大地震外,第二十九届奥运会、上海国际航运中心与天津滨海新区建设,江苏沿江沿海大开发、上海世博会、广州亚运会、港珠澳大桥建设、两岸船舶直航等一批国家水上重点工程建设与重点活动,均与全国海事管理机构,尤其直属海事系统的监管工作紧密相连。为此,全国直属、地方海事机构充分发挥国家专业队的先锋作用,紧密配合,全力监管,充分运用远程跟踪系统和巡航巡查等监管方式,提高航行服务和保障水平,编织一张张“安全网”,构筑一道道坚实的安全屏障。

1.“5 · 12”地震的全力防抗与救灾

2008 年 5 月 12 日 14 时 28 分,四川汶川发生里氏 8.0 级地震后,直属、地方海事机构按照交通运输部与和各地政府、中国海事局的统一部署,及时安排,迅速行动,全力支援灾区抢险救灾,大力构筑水路绿色生命线。

地震的当日,中国海事局就部署抗震救灾工作,并于 5 月 13 日召开视频会议,要求直属海事系统各单位要将全力保障抗震救灾工作作为当前工作的重中之重。次日,又向全国海事系统发出抗震救灾倡议书和向四川省地方海事局发出慰问信。5 月 17 日,给予四川省地方海事局 100 万元经费补助,并分别给予重庆、甘肃、陕西省(市)地方海事局各 10 万元的灾后重建补助。在直属海事系统开展帮扶活动,捐款捐物。身处震区的四川省地方海事局临危受命,除举行抗震救灾募捐活动,募集善款 20 余万元,衣物

1000余件外,从泸州调来两艘巡逻艇、20艘小型冲锋舟,与舟桥部队从14日起打开唯一进出汶川地震灾区的救灾通道。为打通水上“生命之路”,仅5月17日14时30分至19日23时两天多时间里,四川省地方海事局保障通过紫坪铺水库的船舶即达700余航次,运送抢险人员3300人次、受灾人员2860人。同时,随着地震区域通信系统恢复,5月18日、19日两天组织投入125艘船艇参与抗震救灾运输,完成运送抢险人员24900余人次,运送伤员及受灾群众12500人,运送救灾物资72.2吨。地处地震重灾区的广元市地方海事部门全力投身震后抢险救灾之中,至5月17日已协调组织通过水路运送伤员和受灾群众24520余人、物资186余吨,并组织多艘渡船通行。还完成协助护送前往灾区慰问的国务院总理温家宝乘船平安抵达目的地的任务。

在抗震救灾期间,全国海事系统始终把做好水上安全工作、服务抗震救灾作为监管工作的重中之重,开通“绿色通道”,对载运抗震救灾物资的船舶实行优先签证、优先通过、优先引航等服务,保障通过水路运输的燃油、粮食和生活必需品等重点物资的安全。据统计,中国海事局先后协调5部海事卫星电话、3批次共计130顶帐篷、20艘橡皮艇援助震区,组织向震区海事机构拨付130万元救灾补助,调动船艇8800艘次,抢救、运送受伤人员与群众97600人次,运送救灾物资600多吨。中国海上搜救中心派出4架海上搜救直升机前往灾区执行抗震救灾任务,共执行飞行任务51架次,救助人员209人次,运送救灾物资13.9吨。全国海事系统积极参加捐款、捐物、献血等活动,捐款1308.8851万元。

2.全力保障与服务奥帆赛水上安全

2008年8月,第二十九届夏季奥林匹克运动会在北京举行。青岛承办了这届奥运会的帆船竞赛项目。

为保证奥运会水上帆船竞赛的安全,山东海事局在交通部、中国海事局的指导下,建立奥帆赛海上交通与应急保障组织机构,选派维护水上安全的巡逻船11艘。并为79艘参与赛事的船艇办理登记、发证,76名合格的工作船艇驾驶人员建立专业人员数据库,发放观众船船员工作证58本,招募驾驶员志愿者17人,保证服务于奥帆赛及其测试赛的工作船艇、媒体船、VIP船和观众船的船员适任(见图9-4-3)。

图9-4-3　山东海事局保障北京奥运会帆船比赛海事安全

奥帆赛拉开帷幕后,中国海事局从直属海事系统调集船艇62艘、飞机2架参与奥帆赛保障工作。为做好突发性海上污染事故应急防备工作,中国海事局合理配布海上防污染应急船舶37艘、应急队伍518人、吸油毡100吨、消油剂100吨、喷洒装置50套、收油机43台和围油栏2万米等应急力量,确保一旦发生意外能及时有效处置。2008年7月11日青岛海域突发浒苔灾害,立即在奥帆赛场外围筑起一道长达

50 公里的海上防线,完成奥帆赛指挥部下达的奥帆赛海域 22000 米围油栏围控任务。

2008 年 8 月 1 日,奥运圣火天津传递起跑仪式在天津港五洲国际码头举行。天津海事局船舶交通管理中心成为火炬传递的现场指挥部。中央政治局委员、天津市委书记张高丽等市领导来到设在交管中心的奥运火炬传递指挥部看望、慰问现场工作人员。8 月 21 日,中央政治局委员、国务院副总理张德江在中国海上搜救中心通过视频,代表党中央、国务院对战斗在奥帆赛海上一线的全体工作人员致以亲切问候。

9 月 29 日,中共中央、国务院、中央军委在北京人民大会堂召开奥运会、残奥会总结表彰大会,授予山东海事局"北京奥运会、残奥运会先进集体"称号。

3.全力保障上海世博会水上安全

2010 年 5 月 1 日至 10 月 31 日,第四十一届世界博览会在上海举行。

中国政府自 2002 年获得世博会举办权后,就在上海开始世博会筹备工作。交通部在负责保障上海世博会水上交通和应急安全的主要单位——上海海事局内成立上海世博会水上交通管控和应急指挥中心,全程负责水上交通管控及海事职责范围内的水上突发事件的应急处置和救援工作,协调海事局的 12 个直属海事局、12 个省(市)地方海事局等相关单位,做好上海周边水域交通管控和水上"护城河"安保工作。3 月 5 日,中国海事局在上海召开上海世博会水上交通安全与应急保障工作动员部署会议。3 月 10 日,"迎世博、保平安、促和谐"长江口水上专项联合执法行动起航仪式在上海海事局外高桥码头举行。3 月 17 日,上海海事局在世博海事基地举行上海世博会水上交通管控现场指挥中心启用仪式。3 月 23 日,上海、浙江两海事局举行相邻水域海事监管应急联动协议签字仪式。9 月 30 日,交通运输部召开交通运输系统世博安保决战决胜誓师大会。

在历时 184 天(5 月 1 日至 10 月 31 日)的世博会举办期间,上海海事局日夜守护"环沪护城河",为世博会筑起一道道水上安全防线,共出动海事巡逻艇 18552 艘次、执法人员 99637 人次,核查入沪船舶 276201 艘次,查处违规入沪船舶 3591 艘次,完成 5902 艘次世博专项安检,保障 115685 班次世博客渡船、游览船的航行安全和 25116128 人次的国内外游客水上观博安全,完成 12 国家 17 批次百余名国家元首和政要等宾客游览浦江的水上安全保障工作,开创世博核心水域零碰撞、零污染、零伤亡的纪录,为上海世博会提供安全、畅通、有序的水上交通环境。12 月 27 日,中共中央、国务院、中央军委在人民大会堂召开上海世博会总结表彰大会,授予上海海事局为上海世博先进单位称号(见图 9-4-4)。

图 9-4-4　上海海事局顺利完成世博会水上交通管控和应急指挥工作

4.做好广州亚运会水上交通安全和应急保障工作

2010年11月12—27日第十六届亚运会在广州举办。本届亚运会水元素十分突出,赛艇、帆船、龙舟等多项赛事贯穿始终。

为保障亚洲运动会的水上交通安全和应急保障工作,广东海事局在会前成立亚运水上交通安全和应急保障工作领导小组,主要负责亚运水路交通安全保障及相关安保工作;建立广东、福建、海南、广西、深圳4省(区)1市海事部门在内的工作协调组,强化环粤外围的预控,合力构建环粤“护城河”工程。按照从远到近、逐步加强的原则,在西江流域、北江流域、东江流域、珠江流域和汕尾海域划定一级、二级和三级交通管制区。一级交通管制区实施全封航,禁止与亚运赛事无关船舶进入,二级交通管制区实行有条件通航,三级交通管制区实行赛时管控。三级管控为亚运水上交通筑起3道坚实防线。同时,对进入广州水域的船舶实施协同管控机制,设立33个水路运输安全检查点,配备2架刚列编的海巡直升机。水上安全检查以巡逻检查为主,水域监控为辅,实行24小时工作制。

运动会期间,广东海事局执行亚帆赛水上交通安全与应急保障任务,协调调用“海巡31”“海巡21”艇,加强现场巡逻,投入300余艘海巡船、应急拖轮、清污船和消防船以及3200多名海事执法人员,构建水陆空立体监控的安保网络,全天候跟踪监管珠江口水域船舶,远程遥控指挥巡游船舶,自动识别亚运水域船舶,实时、远程、直观监控亚运水上交通安保重点水域。亚运会期间,共专项检查船舶3360艘次,专项船舶签证14340艘次,报送船员信息5639人次,查处违章船舶1031艘次。尤其亚帆赛期间,汕尾赛区附近水域是环粤水上运输重点水域,南北航线过往商船众多,当地渔场、渔船较多,安全保障难度大。对此,广东海事局统筹协调,周密部署,利用大型海巡船和海事飞机,对汕尾海域过往船舶进行24小时严密监控,为赛区创建良好水域环境。

5.保障长江三峡蓄水期间的水上安全

2006年,三峡建设进入到蓄水至156米阶段。在交通部8月5日公布《关于三峡工程初期运行期通航管理办法》和同意从9月15日开始实施单线运行后,为保障三峡水库蓄水至156米(初期运行期)后的船舶通航安全,中国海事局于9月16日在湖北宜昌召开三峡水库156米蓄水及三峡船闸完建期水上交通安全管理协调会议,上海、江苏、长江海事局及宜昌、三峡海事局,以及湖北、四川、重庆省(市)地方海事局等17个单位代表与会。会议要求各单位落实交通部领导“早作打算、早做准备、早抓落实”与“安全、有序、高效”的总体要求,积极应对三峡水库156米蓄水及三峡船闸完建工程,重点做好单行运行管理,及时调整有关工作安排、部署,减少过闸船舶在三峡坝区的大量积压。相关的各直属、地方海事局启动应急联动机制,控制过闸船舶分段签证管理,收集信息,明确分工,落实责任,及时提醒各有关省市及沿江港口、航运企业和有关单位关注水库蓄水期间的水情变化,及早采取相应措施,合理安排生产运输,保障水上交通安全。三峡水库156米蓄水后,部分渡口、渡线随之调整,仅此长江海事局就在蓄水期间保障220万人次和11万台次车辆的渡运安全。2007年5月21日,水库蓄水将至165米,库区水上安全面临新的压力,中国海事局下发“关于加强三峡水上交通安全工作的通知”,要求重庆、湖北、四川省(市)地方海事局和长江海事局组织力量,研究三峡库区蓄水后出现的新特点,制订相应对策措施,加强信息联系,联动执法,强化现场监控。2010年10月26日,长江三峡首次达到175米正常蓄水位,三峡通航条件进一步改善,万吨级船队可直达重庆主城港区。为此,负责三峡库区现场监督的重庆、三峡、宜昌海事局充分发挥国家专业队优势,实行重点水域、桥梁、渡口驻点监控,成立34个巡航搜救点,安排海事力量和社会救助船随时待命,保障水上交通安全。针对三峡蓄水过程中和成库后地震、滑坡等地质灾害易发的状况,长江海事局及其所属的重庆、三峡、宜昌海事局加强与地方政府、地质部门的联系,建议在可能发生滑坡地附近设置警告牌;滑坡发生后及时通知航道部门适时调整航标,在滑坡体上设置警戒标志等;高度关注山体滑坡,做好应急处置工作,加强现场巡航检查,提高对地质灾害处置能力。

6.保障苏通长江大桥的水上施工安全

2007 年初,为配合当时世界第一斜拉桥——苏通长江大桥的主跨钢箱梁吊装期间的通航安全,中国海事局批准 1 月 26 日 6 时至 18 时实施的长江历史上规模最大的苏通大桥施工水域双向禁航交通管制方案。江苏海事局在上海、浙江、长江海事局及江苏省地方海事局等配合下,从 3 月 23 日起在南通水域苏通大桥海事处举行誓师大会,启动大桥中跨钢箱梁吊装水上交通管制百日决战活动。6 月 18 日,苏通大桥安全合龙,长江有史以来最大规模的水上交通管制行动画上圆满句号。在大桥 2003 年 6 月 27 日开工至 2007 年 6 月 30 日水上施工建设的 1400 多天时间里,江苏海事局组织大规模水上通航安全保障措施 55 次,海事执法船监管维护里程达 39.7 万海里(绕地球 18.4 圈),成功避免船舶碰撞桥墩险情 47 次,成功组织桥区救助行动 287 次、救助遇险船舶 221 艘、救助遇险人员 1326 人,成功维护 500 万艘次船舶安全通过,实现“零碰撞”,取得施工与通航安全双丰收。

7.保障港珠澳大桥开建时的水上施工安全

港珠澳大桥于 2009 年 12 月 15 日正式开工。该大桥是连接香港、珠海、澳门的大型跨海桥梁,全长约 56 公里,主体工程“海中桥隧”长达 35.578 公里,是当前我国投资规模最大、技术难度最高、地域环境最敏感、水域条件最复杂、水上交通保障要求最高的涉水桥隧工程。为保证大桥建设工程安全,中国海事局于 2009 年 10 月就成立港珠澳大桥建设水上安全交通安全监督管理领导小组,负责大桥项目建设期间有关海事工作的组织领导和重大事项协调工作。负责大桥水上安全现场监管的广东海事局提前介入,主动服务,依靠科技,多措并举,通过实施现场监管,提供“一站式服务”,完善沟通机制,加强三地四方协调,及早完善组织建设,构筑起水上交通安全监控网。

8.保障海上最大人工深水航槽安全

2008 年 11 月 26 日,浙江舟山虾峙门口外建成并开通当时我国海上最大人工深水航槽,之后 30 万吨级超大型船舶无须过驳可满载进出宁波-舟山港。这是我国沿海建港史上的一项创举。为保障这一深水航槽及油船、矿石船码头的通航安全,浙江海事局出台《虾峙门口外深水航槽通航安全管理规定》和超大型船舶使用航槽海事监管程序等,加强 VTS 监控和现场船艇巡航执法,做好超大型船舶使用航槽的报告受理、信息发布、交通组织、交通管制、引航监督及必要的船艇现场监管等工作,禁止不符合规定的船舶驶入和使用航槽等安全强制措施。

2006—2010 年,全国直属、地方海事局,尤其沿海直属海事局积极顺应和主动服务国家和区域经济发展战略,为辽宁沿海经济带、天津滨海新区、山东半岛蓝色经济区、江苏沿海地区、上海国际金融中心和国际航运中心建设、福建海西经济区、珠三角地区、北部湾经济区、海南国际旅游岛建设等保驾护航;先后为长江口深水航道三期工程、洋山深水港、外高桥港区、港珠澳大桥、上海国际航运中心建设等工程提供安全保障服务;积极应对 2008 年南方遭遇的持续强降雨雪天气,2009—2010 年度冬季环渤海水域出现的 30 年不遇的大面积海冰,保障电煤等重点物资运输安全畅通。广东海事局成功地组织“南海一号”古沉船打捞的通航保障工作。山东海事局完成青岛帆船赛测试赛等水上通航保障任务。江苏海事局完成长江大胜关高铁大桥水上施工与南京最大水源地大胜关水道的现场安全监管任务。上海海事局首次采用“单程通航”水上交通管制措施,为闵浦大桥合龙提供水上安全保障。特别在闵浦大桥钢桁梁吊装期间,周密部署,制定详细管制预案和应急保障措施,共进行 45 次水上吊装并实施临时水上交通管制措施,未发生一起险情和事故。杭州湾大桥、曹妃甸港建设中、三峡工程建设等一批大型涉水工程建设中,相关的直属、地方海事局全力保障水上工程施工和航运活动的安全。2010 年 10 月 29 日至 11 月 1 日,第四届中国杯帆船赛在深圳大亚湾水域举行,美国、英国、日本等 30 多个国家和地区的 80 余个船队参加角逐。深圳海事局制订周密海上安全保障方案,调集3艘海事巡逻船实施24小时现场监控,3艘快艇作为救助船舶,参与水上安全保障船艇达14余艘,为帆船赛保驾护航。此外,长江海事局经过多年探索总结,内河水上交通安全监管经验,形成辖区“四四二”安全监管原则,即:坚持依法行政、便民利民、依靠政府和标本兼治四项原则;把握重点水域、重点对象、重点时段和重点气况四个重点;牵牢“牛鼻子”和编牢“安全网”两个关键。

二、船舶监管全面规范化

与通航管理一样,船舶管理工作业经数年发展和创新,到2005年6月水监体制改革完成时已探索出一条适合中国航运发展需求的路子,沉积许多行之有效的管理成效和经验,如“四客一危”、散货船等重点船舶的管理等。2006—2010年,全国海事系统在履行国际公约的同时,结合我国经济社会发展实际,提升船舶源头监管能力,开展诚信船舶与船长活动,全面推行船舶一卡通工程,以及对系列船舶进行专项安全检查,增大船舶开航前检查力度等,推进船舶管理工作趋向法制化、规范化。到2010年底,中国船旗就已在亚太地区港口国监督备忘录组织连续8年被列入白名单,在巴黎备忘录地区连续11年被列入白名单,连续8年被美国海岸警卫队评选为“21世纪质量船优质船旗”。中国籍远洋船队良好的表现进一步巩固中国作为国际海事组织A类理事国的地位。此外,中国籍远洋船队从2008年12月起还配合海军完成亚丁湾海上护航任务。

(一)船舶登记与签证工作的加强

1.加强船舶登记工作

2006年3月9日,中国海事局指定青岛海事局为北京奥组委所属奥帆赛工作用船艇的登记机关。12月13日,为加强小型船舶的安全管理,规范小型船舶船名、船籍港标志,又公布《小型船舶船名标志管理暂行办法》,于次年7月1日起施行。2007年3月2日,又要求对制作和安装小型船舶船名标志牌、灯箱的厂家进行资质认可,确保船名标志牌、灯箱的制作和安装质量。2007年,国务院批准采取特案免税政策,鼓励中资外籍国际航运船舶转为中国国籍,悬挂中国国旗航行。6月12日,交通部公布《关于实施中资国际航运船舶特案免税登记政策的公告》,规定船舶办理特案免税登记的程序,指定上海、天津、大连港为特案免税登记船籍港。作为办理中资国际航运船舶特案免税的船舶登记机关的上海、天津、大连海事局,至2007年底首批登记的25艘、102万载重吨的特案免税船舶通过财政部的审批。同时,经过几次调整与增补,到年底直属海事系统设船舶登记机关106个,地方海事系统设船舶登记机关245个。2008—2010年,直属、地方海事系统在全国范围内组织开展船舶登记机关年度考核工作。至2010年底,全国统一船舶登记数据库中登记在册的船舶已达259360艘、13178万总吨,占全部登记船舶数量的93%。其中,持有有效国籍证书的船舶205250艘,包括海船18946艘、内河船舶186304艘。

2.加强船舶签证

2006年3月10日,广西海事局所属32个分支机构和派出机构被授权为辖区内航程超过20海里(海上)或30公里(内河)船舶办理定期签证。7月11日,长江海事局所属58个派出机构被授权为辖区内航程超过30公里的船舶办理定期签证。2006年,交通部决定依托海事机构和航道船闸管理部门建立全国水上交通流量统计调查工作体系,实施基于船舶签证和船闸管理数据的水上交通情况统计制度。为协助做好水上交通情况调查工作,全国海事系统从2006年5月31日起调查办理船舶签证和进出口查验的业务基层站点设置情况(包括名称、地点、管辖水域等)。2006年7月1日起,又在办理船舶签证业务时需加注海事机构代码。中国海事局确定2007年10月1日至2008年7月1日为《船舶签证管理规则2007》

实施过渡期,并就过渡期内船舶签证簿换发和船舶违反该规则的行政处罚作出规定。12 月 7 日,又下发通知,决定 2008 年 7 月 1 日以后所有国内航行船舶使用统一新版船舶签证簿。

3.船舶"一卡通"(IC 卡)全面推广

船舶"一卡通"工程,是规范船舶管理,解决船舶假证、一船多证、港务费流失等问题的一种手段。自 2004 年 12 月 18 日在江苏南京海事局发放第一张船舶"一卡通"起,直属海事系统在长三角及水网地区的地方海事系统相继启动、逐步推广船舶"一卡通",到 2005 年全国海事一体化形成时已积累了一些船舶"一卡通"的管理经验。

2006 年 8 月,直属海事系统全面推广船舶"一卡通",上海、江苏、浙江、长江海事局完善原项目工作,其余 10 个海事局进行项目推广应用工作。同时,直属海事系统进行"一卡通"软件升级、硬件设备安装和人员培训,并在水网地区地方海事局推广与应用。中国海事局开发船舶 IC 卡应用接口,以建立数据统一更新机制,保证数据规范一致,实现地方海事签证系统与直属海事船舶动态管理系统的数据交换。12 月 18 日起,在所有沿海营运船舶中开展为期 3 个月的船舶"一卡通"刷卡签证的试运行工作。至 2006 年 12 月 31 日,直属海事系统共登记海船 18626 艘,除非营运船舶外,海船制卡工作全部完成,共制卡 15351 张。此外,直属海事系统还和上海、江苏、浙江、安徽省(市)地方海事局,共登记内河船舶 107898 艘,制卡 59727 张,完成船舶 IC 卡制卡阶段性目标。2007 年 9 月 27 日,湖南、湖北、江西、四川、河南、山东、重庆 7 省(市)地方海事局也与中国海事局签订船舶"一卡通"工程共建协议,水网地区整体实现船舶 IC 卡管理的船舶"一卡通"工程正式启动。至 12 月,船舶"一卡通"工程涉及 152 个船舶登记机构和 784 个船舶签证站点,共制发船舶 IC 卡 11 万张。沿海营运船舶 IC 卡集中制发工作结束,共发卡 17032 张,发卡率 87.5%,签证刷卡率达到 100%;内河船舶发卡 108151 张,发卡率 72.1%,签证刷卡率为 79.4%,在长江、珠江、黑龙江干流航道的内河船舶已基本普及刷卡签证。2008—2010 年,船舶签证全部采用船舶"一卡通"系统进行。2006—2010 年直属海事系统船舶进出口岸数量详见表 9-4-7,2006—2010 年直属海事系统船舶签证数量详见表 9-4-8。

2006—2010 年船舶进出口岸数量统计(艘次)表　　表 9-4-7

年　份	进口岸船舶		出口岸船舶	
	中国籍	外国籍	中国籍	外国籍
2006	72911	157362	73466	159869
2007	58976	152586	59677	153142
2008	566609 艘次(进出口岸)			
2009	559154 艘次(进出口岸)			
2010	615745 艘次(进出口岸)			

2006—2010 年船舶签证数量统计(艘次)表　　表 9-4-8

年　份	进港船舶		出港船舶	
	国内航行海船	国内航行河船	国内航行海船	国内航行河船
2006	2088433	4626934	2086983	4622067
2007	2496324	5015890	2275732	4968496
2008	11713209 艘次(进出港签证)			
2009	15118072 艘次(进出港签证)			
2010	18032476 艘次(进出港签证)			

(二)港口国监督和船旗国监督的检查

1.港口国监督

(1)港口国监督(PSC)检查海事机构增加

2006—2010 年,中国海事局继续授权港口国监督(PSC)检查工作的海事机构。2008 年,授权莆田、宁德海事局。2009 年,授权曹妃甸海事局。至 2010 年底,全国被授权开展 PSC 检查的海事局已达 49 个。自 2010 年 10 月 1 日零时起,全国 49 个授权海事局正式启用 PSC 国家数据中心应用系统提交港口国监督检查报告。

(2)港口国监督(PSC)检查

2006—2010 年,我国对外国籍船舶实施港口国监督(PSC),检查数量基本上呈上升趋势,分别为 2006 年 4020 艘次、2007 年 4151 艘次、2008 年 4540 艘次、2009 年 4292 艘次、2010 年 5124 艘次(详见表 9-4-9)。

2006—2010 年外国籍船舶港口国(PSC)检查情况一览表 表 9-4-9

年　度	2006	2007	2008	2009	2010
初次检查总艘次	4020	4151	4540	4292	5124
初次检查总缺陷项数量	24459	19944	33729	28628	34244
滞留船舶总艘次	319	465	557	400	527
单船平均缺陷数量	6.08	7.2	7.4	6.7	6.68
船舶滞留率(%)	7.94	11.2	12.27	9.32	10.28

(3)港口国监督(PSC)会战大检查

东京备忘录,巴黎备忘录,印度洋、黑海等区域性港口国监督组织成员国和美国海岸警卫队等港口国检查组织,除常规性港口同监督检查外,有时还会就某些特定项目,在合作区域内集中一段时间统一开展港口国监督集中检查会战活动。在每次集中检查活动前,中国海事局与被授权的直属海事系统均通过各种形式告知航运企业应采取的对应措施,提出注意事项,以防止中国籍船舶在国外港口国集中检查中被滞留。

2006 年 1 月 5 日,针对有的质量较差的船舶为躲避全国低质量船舶专项治理而改挂“方便旗”,并长期在中国沿海水域从事营运活动的情况,直属海事系统严格控制已列入整治范围的此类船舶转移船籍,在进行港口国监督检查时如发现改挂“方便旗”的,即对其进行严格检查,并通知其不得再次进入中国水域。

2007 年 9 月 1 日至 11 月 30 日,东京备忘录,巴黎备忘录,印度洋、黑海等区域性各成员国和美国海岸警卫队(美国海事主管当局)同步依据 SOLAS 公约和 MARPOL 73/78 附则Ⅲ的要求,开展海运包装有害物(海洋污染物,也称 ISM)集中检查活动。我国 46 个被授权的直属海事局,参与该活动导则的起草和制订工作,翻译《海运包装有害物质(海洋污染物)集中检查活动指南》,实施对外国籍船舶的检查,共检查外国籍船舶 714 艘次,滞留 10 艘次,滞留率为 1.4%。116 艘次中国籍国际航行船舶在亚太地区接受 ISM 集中检查,没有船舶因为 ISM 缺陷在境外被滞留。9 月 10 日,中国籍“龙沐湾”轮在长滩港无缺陷通过美国海岸警卫队检查,成为集中检查活动上海港首航美国第一艘零缺陷通过安检的船舶。上海海事局为确保该轮首航美国成功,曾选派优秀船舶安全检查官对该轮实施近 48 个小时的开航前检查,发现并消除 23 项缺陷。15 天后,该轮通过美国海岸警卫队长达 4 小时的严格检查,实现零缺陷的全新纪录。2007 年 5 月 1 日至 2008 年 4 月 30 日,被授权的海事局在全国范围内对列入东京备忘录黑名单的船旗国所属船舶和半数以上船员为中国籍船员的方便旗船舶,开展船舶安全操作集中检查。到 2007 年底,已对 853 艘次方便旗船舶实施港口国检查,船龄在 20 年以上的目标船的检查率为 63%。其中,107 艘次方便旗船舶因缺陷严重被滞留,总滞留率为 12.54%。非 IACS 成员滞留率为 14%。

2008 年 9 月 1 日至 11 月 30 日,东京备忘录,巴黎备忘录,黑海、印度洋及美国海岸警卫队联合组织开展港口国监督(PSC)集中检查活动。这次会战检查中,根据亚太地区备忘录第十七届委员会会议决定,亚太地区备忘录各成员国统一开展港口国监督集中检查部署,223 艘次中国籍船舶在亚太地区接受 18 个成员国的港口国(PSC)检查,有 2 艘次船舶在国外滞留。我国被授权的海事局对进出中国港口的 1148 艘次外国籍船舶实行港口国监督(PSC)检查,滞留外国籍船舶 18 艘次,滞留率为 1.57%。11 月,广州海事局、中国船级社广州分社、中远航运股份有限公司等 6 家单位在广州签署《广州港口国监督(PSC)服务平台启动声明》。这标志着由广州海事局倡导主办的广州港口国监督(PSC)服务平台正式启动。同时,由辽宁海事局承担的我国港口国监督(PSC)国家数据库建设于 2008 年 1 月起步。该局通信信息中心开始方案设计,启动项目建设。

2009 年,我国授权的海事局继续加大对进出我国重要水域和港口的外籍船舶检查的同时,做好中国籍船舶在港口国监督检查之前的准备工作,采取各种形式告知航运企业的对应措施,提出注意事项。

我国港口国监督检查官(PSCO),不断加强双边定期会谈、不定期会晤和港口国检查员双边工作交流,启动港口国监督检查争议处理机制并培养能够独立处理涉外争议的船舶安全检查员,代表船东就有争议案例与有关港口国沟通和进一步行政交涉,尽量避免中国籍船舶在国外被不当滞留,协助被不当滞留船舶及时获得行政措施的补偿。同时,港口国监督检查官(PSCO)队伍助力中国船队高水平“走出去”,使中国船队国外港口滞留率一直保持很低的水平,基本排在东京备忘录“白名单”中前两名,为推动国际航运的繁荣做出贡献,也获得了实实在在的经济效益。

2.船旗国监督(FSC)检查

(1)开航前检查力度加强

为降低中国籍航行国际船舶在国外被港口国监督(PSC)检查滞留率,2006—2010 年被授权的直属海事局加强船旗国监督(FSC)的检查,督促相关航运公司和船舶做好开航前自我检查工作,及时发布通告,统一发布开航前检查范围,从而使中国籍船舶在国外被 PSC 检查的滞留率总体上逐年下降或保持平稳。2006 年,795 艘次中国籍船舶在亚太地区接受 PSC 检查,499 艘次船舶存在缺陷,缺陷总数为 1994 项,6 艘次被滞留,被滞留率为 0.75%,大大低于亚太地区 4.4%平均滞留率。2007 年,中国籍船舶有 787 艘次在亚太地区接受 PSC 检查,507 艘次的船舶存在缺陷,缺陷总数为 2287 项,船舶零缺陷率为 35.6%;7 艘次船舶被滞留,被滞留率为 0.89%,远低于亚太地区 5.69%的平均滞留率。2007 年与 2006 年相比,船舶零缺陷率由 37.2%减少到 35.6%,单船缺陷率由 2.5 个增加为 2.9 个,滞留绝对数增加 4 艘次。2008 年,817 艘次的中国籍船舶在亚太地区接受 PSC 检查(含跟踪检查),存在缺陷 451 艘次,船舶零缺陷率 44.8%,11 艘次船舶被滞留,被滞留率 1.3%,低于亚太地区 6.91%的平均滞留率。与 2007 年相比,2008 年船舶零缺陷率由 35.6%提高到 44.8%,单船平均缺陷率由 2.9 个增加到 3.4 个,滞留绝对数增加 4 艘次。2009 年,804 艘次中国籍船舶在亚太地区接受 PSC 检查(含跟踪检查),523 艘次船舶存在缺陷,船舶零缺陷率 34.9%,7 艘次船舶被滞留,被滞留率为 0.87%,低于亚太地区 5.8%的平均滞留率。与 2008 年相比,2009 年船舶零缺陷率由 44.8%减少到 34.9%,滞留绝对数减少 4 艘次。2010 年,809 艘次中国籍船舶在亚太地区接受 PSC 检查(含跟踪检查),416 艘次船舶存在缺陷,8 艘次船舶被滞留,被滞留率为 0.99%,低于亚太地区 5.6%的平均滞留率。与 2009 年相比,2010 年滞留绝对数增加 1 艘次。据统计,2006—2010 年对中国籍船舶实施船旗国(FSC)监督检查分别为 2006 年 89030 艘次、2007 年 88451 艘次、2008

年 85010 艘次、2009 年对 130284 艘次、2010 年 145958 艘次(详见表 9-4-10)。

2006—2010 年船旗国监督(FSC)检查统计一览表 表 9-4-10

年 份	海 船		内 河 船	
	检查艘次	滞留艘次	检查艘次	滞留艘次
2006	23802	1203	65228	1130
2007	23048	1472	65403	1460
2008	22118	1472	62892	1367
2009	76566	1651	53718	986
2010	26731	1654	119227	1550

到 2006 年,我国已连续 7 年被东京备忘录、连续 8 年被巴黎备忘录评为"白名单"船旗国。2006 年,中国船旗再次被美国海岸警卫队列为"21 世纪质量船"优质船旗,连续 4 年获得优质船旗国的评估,为中国籍国际航行船舶进出美国所管辖或控制的口岸赢得更多便利。中国海事同时也赢得良好国际声誉。2007 年,中国船旗连续 9 年被巴黎备忘录列入代表"优质船旗"的港口国监督"白名单",连续 8 年被东京备忘录列入"白名单",连续 5 年被美国海岸警卫队评选为"21 世纪质量船"优质船旗,从而巩固和提高中国旗船队的国际形象,为中国航运经济快速发展和提升国际竞争力发挥积极作用。

2006—2007 年,中国海事局不再统一发布开航前检查范围,改由各直属海事局自行确定。

至 2010 年底,中国海事系统通过参与国际交流,启动开航前检查、检查重点趋势分析和滞留案例调查、双边定期会谈、不定期会晤和港口国检查员双边工作交流等制度,以及启动港口国监督检查争议处理机制,完成从"降滞脱黑""脱灰入白""保白争优"等一系列技术管理行动,进入全球优质船旗的上行通道。

(2)加大重点船舶跟踪

自 2002 年起,直属海事系统加强重点跟踪船舶的监督管理。进行船舶脱离重点跟踪船舶名单评审以来,到 2005 年中国籍船舶在国外被滞留的状况得到有效的改观。2006—2010 年,中国海事局加大对隐患或问题船舶的跟踪,向社会公示"黑名单",同时督促限期整改,通过整改符合要求的再从"黑名单"上去除。2006—2010 年直属海事重点跟踪船舶数量详见表 9-4-11。

2006—2010 年直属海事重点跟踪船舶数量统计表 表 9-4-11

年 份	新 增	脱 离	年末数量
2006	29	9	107
2007	34	21	119
2008	22	28	120
2009	12	—	110
2010	11	9	112

(3)加大诚信船舶评审

依据新发布的诚信船舶评选程序,直属海事系统开展"安全诚信船舶"评选工作,2006 年评出 83 艘,2007 年评出 113 艘,2008 年评出 83 艘,2009 年评出 112 艘,2010 年评出 120 艘。还开展诚信船舶的评选工作。如上海海事局从 2008 年起将进出上海港的外国籍船舶纳入海事诚信管理体系,首次在中外国籍船舶中开展诚信管理,评选"上海绿色船舶"。2 月 21 日,评选出 2007 年的"上海绿色船舶",享受免予港口国监督检查等一系列优惠服务。2010 年,中国海事局组织由资深船长、轮机长和验船师参加的评审委员会,重新规定评选条件,继续开展"安全诚信船舶""安全诚信船长"的评审工作。至 2010 年底,全国共评出"安全诚信船舶"232 艘。2006—2010 年直属海事"安全诚信船舶"及"安全诚信船长"评选情况详见表 9-4-12。

2006—2010 年直属海事评选"诚信船舶""诚信船长"统计一览表　　表 9-4-12

评选年份	安全诚信船舶(艘)	安全诚信船长(人)	有效期(月)
2006	83	30	24
2007	113	159	24
2008	83	—	—
2009	112	—	—
2010	120	—	—

(三)船舶日常安全检查

2006 年 2 月 2 日(当地时间),埃及籍客船"萨拉姆 98"轮发生火灾并沉没于红海,造成严重的人命财产损失。为从该起事故中汲取教训,直属海事系统加大对客运船舶(特别短途客运、老旧客运船舶以及经改装从事旅客运输的船舶)管理力度,杜绝船舶带"病"航行。2 月 10—28 日,对中外籍客运船舶(包括客船、客滚船、客渡船、高速客船)集中检查,重点是航行于中日、中韩、中越以及大陆与中国港澳台地区之间的客运船舶,从事沿海、长江客滚运输及陆岛运输的客运船舶。此次活动共检查 77 艘老旧滚装客船和经过改装或改建的滚装客船,整改安全隐患 536 件。为贯彻国务院《关于进一步加强消防工作的意见》,2006 年 8 月 18—30 日江苏、长江的直属海事机构,在长江干线开展船舶消防专项安全检查活动,对在长江干线水域航行、停泊和作业的所有船舶,其中重点为客(渡)船、涉外旅游船、高速客船、川江汽车滚装船以及 500 总吨以上的油船、化学品液货船和液化气体船舶的消防设施、防火措施、消防和救生实际操作等进行专项安全检查。

2007 年 5 月 1 日至 7 月 31 日,直属海事系统在全国范围内组织开展船舶安全配员专项检查活动,共检查 11307 艘次海船(包含国际航行和国内航线的),发现并纠正缺陷达 7498 项,对 118 艘船舶采取滞留或限期整改措施。另外,哈尔滨海事局 2007 年从开江起对航行于松花江哈尔滨区段的 200 余艘砂石运输船、吊船和长航船统一更换新船名牌,解决多年来各类船舶船名牌大小不一、颜色混乱导致不易识别的问题。新款船名牌规范了外形、颜色、大小和字体,采用先进的贴膜反光技术使其在弱光下发光,便于识别,有效地避免水上交通事故的发生。

(四)保障海峡两岸直航船舶进出港安全

海峡两岸船舶直航始于 20 世纪 70 年代。1979 年元旦全国人大常委会发表《告台湾同胞书》后,两岸航运界共同努力,使两岸间海上通航经历了由民间到协会,由通商到"小三通",再发展到"大三通"的曲折历程。1979 年 8 月,交通部宣布大陆各开放港口均对台湾登记船舶开放。1985 年起,大陆方面相继制订和颁布推动"两岸三通"的 7 个管理法规。1996 年 8 月,交通部公布《台湾海峡两岸间航运管理办法》。1997 年 4 月 19 日,两岸开始实施福州、厦门与高雄间的"不通关、不入境"的集装箱班轮"试点直航",参加营运的为两岸拥有国际航运经营资质的船公司,船舶为两岸的方便旗船舶,主要运载中转贸易货物集装箱,"船通而货不通"。1998 年起,"两岸三地"运输航线开通,两岸间采取绕航挂靠第三地的运输方式(弯靠运输)开始通航。参航船舶须绕日本石垣或中国香港转关换关后方能往来两岸港口。2001 年起,福建省陆续与金门、马祖、澎湖地区间海上通航,称"小三通"或"福建模式"。2007 年 4 月 29 日,交通部在第三届两岸经贸文化论坛上宣布5项促进台湾海峡两岸海上直航的政策措施。从5月15日起,福州与澎湖首次实现货运直航。这标志着海峡两岸开通海运直航,开始实现两岸海上客货直接运输。台湾开放11个港口,大陆开放63个港口、港区,双方互相免征营业税所得税。2008年11月4日,海基会、海峡两岸关系协会签署"海峡两岸海运协议"。12月15日,两岸海运直航启动(见图9-4-5)。

图9-4-5　2007年9月8日,交通部与福建省人民政府签订"共建平安海域,促进海西建设"合作备忘录

在2009—2010年的两年间,交通部、中国海事局和相关的沿海直属局相继制订针对海峡两岸直航具体安全保障与维护措施,先后公布系列管理规章及配套的规范性文件,如《台湾海峡两岸间航运管理办法》《关于台湾海峡两岸海上直航实施事项公告》《台湾海峡两岸直航船舶监督管理暂行办法》《两岸直航船舶技术条件复核实施办法》《两岸直航砂石运输船安全检查暂行规定》等,并充分利用远程跟踪系统和巡航巡查等监管方式,提高直航船舶服务和保障水平。2009年5月16日,首届海峡论坛两岸海上直航圆桌会议在厦门召开,交通运输部发布9项进一步促进两岸海上直航的政策措施。

作为两岸海上直航前沿的天津、上海、江苏、福建、广东等相关的海事局,2008年至2010年底间在保障船舶通航安全的前提下,坚持"相互平等、互惠互利、互不否定"的原则,积极、灵活、务实、稳妥地开展两岸海上直航船舶监管工作,提出实施国内特殊航线管理与外贸运输船舶管理相结合管理模式,对两岸通航船舶按船籍港不同实施"区别对待、分类管理"。在监管工作中,海事部门主动先行先试,创新管理,对台湾登记船舶采用船籍港管理、港口属地管理和协商管理相结合的管理模式,使用"另纸签注"(指避开一些敏感事项,在监督检查时使用一种灵活变通签证)监管方法,解决直航船舶的监管难题,保证船舶运输安全;在各对台口岸设立24小时查验绿色通道,简化查验手续,为直航船舶提供各项便捷服务。在引航管理方面,对台籍船舶进出大陆港口实行不强制引航的管理办法。这种通过逐步适应、补充、调整、完善的国内特殊航线的管理模式,为直航积累宝贵的运行模式和经验。如福建海事局加强恶劣天气下的预警预控,实时动态跟踪,适时关停直航航线的客船营运,并深入"两马""厦金"等两岸客运航线现场开展巡查,落实水上交通安全生产主体责任。在重大节假日、经贸会展活动等期间,通过定期对参加直航的两岸客轮全面安检与服务性安检,确保福州港、厦门港、秀屿港等重要对台客运口岸至金门、妈祖、台中等两岸直航航线的安全畅通。在愈发复杂的海上安全形势下,积极谋求两岸搜救协作,强化直航船舶应急保障,加强动态跟踪监控。投资建设台湾海峡VTS系统与智能化海事监管设施,提升两岸海上搜救应急反应能力。

2008年12月11日,相关的海事局为加强海峡两岸直航船舶进出港管理,便利两岸海上运输及人员往来,就直航船舶办理进出中国大陆直航港口手续做出6项规定。2009年1月,中国海事局下发"关于办理海峡两岸自航船舶进出港手续有关事项的通知”。同时,考虑到台风、横浪、海流等因素对航行海峡船舶的稳性、结构强度等要求很高,中国海事局特制订《两岸直航砂石运输船安全检查暂行规定》,于 2 月 10 日实施。该规定对海峡两岸砂石运输船采取两项管理措施:一是不再对天然砂运输船实行单独发证,凡取得砂石运输自航许可的船舶均可承运包括天然砂在内的各类砂石;二是加强对砂石运输船的安全检查,逐步代替船舶船龄控制政策。11 月 30 日,台湾籍“小三通”货船“福威”轮在石井港外水域搁浅,船上 13 名船员遇险。南安海事处接报后,立即组织力量前往救援。经过长达 9 个小时努力,“福威”轮于当晚 20 时 22 分成功脱险,23 时 30 分安全抵达目的港——金门料罗湾港。12 月,按照中国海事局要求,福建海事局组织编写《台湾海峡两岸直航船舶监督指导手册》,用以指导全国海事系统开展直航船舶安全监管工作。2010 年 1 月,相关的海事局参加交通运输部水运局组织的联合检查组,先后两次赴南京、江阴、张家港、上海、宁波、福州、厦门、广州和深圳等 9 个港口,检查两岸运输市场营运情况。对在台湾海峡发生遇险的渔船,两岸搜救部门通力施救。11 月 5 日,一艘台湾籍渔船“新春满 11”在澎湖列岛和厦门之间的海域沉没,船上 69 人全部落水。当时现场风力 6~7 级,浪高 3 米,情况十分危急。接报后,福建省海上搜救中心派出专业救助船“东海救 113”“东海救 195”和“南海救 113”轮赶赴现场搜救,并通知专业救助飞机备航。福建海事局发布航行警告,提醒过往船舶注意搜寻沉船和落水人员,并向农业部通报相关情况,请其协调渔政船舶和渔船参与搜救。6 日凌晨,69 名遇险渔工被中国台湾“中华搜救协会”协调派出的“海巡 6007”全部救起,并随该船前往澎湖列岛。

(五)协助海军护航编队做好防海盗工作

进入 21 世纪以来,亚丁湾、索马里海域海盗日益猖獗,频繁发生袭击事件严重危及过往船只(包括我国通过此海域的商船)和人员安全。2008 年,中国海事局成立应对索马里海盗问题航行、法律保障工作小组和值守联络组,协助海军制订护航方案,并与中国海上搜救中心和国际海事组织等有关组织、国家及相关部门有效协调,成功地阻止海盗在索马里海域对中交集团所属“振华 4 号”轮的袭击事件。为打击亚丁湾、索马里海域日益猖獗的海盗,联合国安理会先后通过 4 项决议,呼吁和授权世界各国到这海域打击海盗。按照联合国决议和委托,我国政府组成由中国海军舰队参加的护航编队前往该海域承担各国商船护航任务。2008 年 12 月 26 日,第一批护航编队从海南三亚军港起航。

从 2009 年起,为协助、配合海军护航工作,根据国务院、中央军委的部署和交通运输部的安排,中国海事局与中国海上搜救中心成立应对索马里问题航行、法律保障工作小组和值守联络组,与军方共同研究制定护航行动联络机制,组织编制护航编队方案,跟踪研究索马里海盗活动动态,及时通报海盗动态、护航情况、国际反海盗动态等信息,有力地配合军队实施护航行动。中国海上搜救中心总值班室既是亚洲地区打击海盗和武装劫持船舶信息共享中心联络点,又是海军舰艇编队赴亚丁湾、索马里海域执行护航任务的交通运输部总值守组,起着对外联络窗口的作用,并与相关国家搜救机构和国际海事局建立了协调和信息传递机制,强化信息交流。至 2009 年 2 月 11 日,中国海事局已配合海军完成护航 19 批次,为 45 艘次船舶实施伴随护航、15 艘次船舶实施区域护航。另外,中国海事局从直属海事系统中选派优秀巡逻船船长或执法骨干,赴亚丁湾海域执行护航任务。他们在护航期间负责被护航商船的召集、编队和通信联系,在编队访问他国时负责与港口当局、引航站与引航员联络等。其间,运用各自多年积累的航海经验,结合海盗活动特点规律,与护航官兵并肩战斗,向护航舰艇指挥官建言献策,共同研究护航行动,做好职责内的沟通接收护航信息、接受船舶护航申请、与船舶沟通联系等工作,还组织编制护航编队方案,有力地配合海军实施护航行动。直属海事系统选派的第一批护航人员为 2 人(陶维功、郭长进),到 2010 年底共计选派 9 人。至 2011 年 2 月,他们与护航的海军官兵完成了 3454 艘次中外船舶护航任务,其中外籍船1507艘次,22次营救被海盗袭击的33艘中外船舶,为9艘遭海盗劫持的中外船舶护航。护航编队则以被海盗劫持。如2010年,配合护航舰艇成功处置了一系列海盗袭击事件,解救被劫持132天的新加坡籍"金福"轮和19名中国籍船员,以及中国籍"乐从"轮和"泰安口"轮及46名中国籍船员。

(六)与台港澳海事合作交流的制度化

2006年2月23日和10月18日,中国海事局分别在广东清远、杭州举行内地与香港特别行政区海事处定期会议。4月7日,中国海事局与澳门特别行政区政府港务局在南京举行定期海事会谈,内容涉及水域管理、履行国际公约等8项(见图9-4-6)。

图9-4-6 内地与澳门海上安全会议

2008年从7月1日起,有关国际公约中规定的ECDIS(电子海图信息显示系统)配备要求生效,要求此后建造的高速船须配备电子海图。为配合这一新规则的实施,从2007年起,广东海事局、香港海事处及澳门港务局3地海道测绘部门联手合作,在国际公约生效前制作完成珠江口高速船电子海图。该图覆盖粤港澳三地主要航线及港口,完善了跨区连接问题。9月18日,2008年下半年内地-香港海上安全定期会在南宁举行。会议签署"海上安全定期会议纪要",就共同关心的海上航行安全、海洋环境保护等问题进行探讨。

2009年9月18日,内地与香港海上安全定期会期会议在河北省承德召开。会议就IMO成员国自愿审核机制、国际有毒有害物质污染事故防备反应与合作公约议定书、珠江口区域海上船舶溢油应急计划等24项议题达成共识,并深入探讨港澳线船舶检查、东亚海道测量委员会第十次会议事宜等。

2010年4月27—28日,香港-内地海上安全定期会议在江苏扬州举行。中国海事局和香港海事处分别介绍近期海上安全监管工作情况,就IMO成员国自愿审核机制等诸多事项交换意见并达成一致。9月16日,2010年海峡两岸海上联合搜救演练在厦门、金门附近海域举行。这是两岸首次共同开展全方位海陆空立体搜救演练。

(七)开展一系列船舶专项整治活动

总结规律,专项整治,长效治理,是全国海事系统保证水上交通安全形势不断好转、有效遏制重特大事故发生的重要经验。1999年"11·24"特大海难事故发生后,交通部以"水上运输安全管理年及巩固提高年"为主开展系列安全监管活动。全国海事系统抓住水上安全规律和事故分布特点及险情多发的特定区域、特定船舶和特定时节,开展有针对性的监管,及时扭转水上安全被动局面。交通部及时总结出"四区一线""四客一危""四船一链"以及"四季三节"等规律和安全管理重点。随后,全国海事系统按照交通部总结的规律与特点,开展各种整治活动,狠抓监管,以保障不发生重特大水上交通事故。

1.渡口渡船专项整治

2005 年 9 月 27 日至 2007 年 9 月 30 日,交通部与国家安全监管总局在全国范围内开展为期两年的渡口渡船安全管理专项整治活动。

根据上述一专项整治活动要求,2006 年全国海事系统从推动渡改桥、渡口改造、渡船改造等治本角度全面加强渡运安全管理,取缔非法渡口 840 个,推进达标渡口 9082 个。改造农村公路渡口 2906 个;实施渡改桥 1116 座,撤销非法渡口 840 个。6 月 15 日,交通部联合教育部、国家安全生产总局部署加强中小学生渡运安全工作。2007 年,黑龙江、上海、浙江、福建、江西、广东、贵州、宁夏等 8 省(区、市)通过渡口渡船专项整治,完成对本地区渡口渡船整治活动的验收工作。2009 年,为实施渡口渡船改造工程,多方争取财政支持,推进公益性渡口建设,至年底有 27 个省(区、市)完成渡口渡船专项整治活动。有效改善人民群众出行条件。

2.客滚船专项整治

2006 年埃及红海沉船等事故发生后,国务院总理温家宝等领导做出吸取事故教训、加强客滚船安全管理的重要批示。交通部于 3 月 30 日、9 月 12 日先后下发“进一步加强水上交通安全工作”“加强重点时段水上交通安全监管工作”两个通知,部署加强客滚船、旅游船等安全管理,就加强“四季节”重点时段安全监管工作提出指导性意见。

全国海事系统组织航运专家专题研讨“萨拉姆 98”沉船事故教训,分析事故发生原因,提出我国提高客滚船安全标准与应对措施并逐步组织实施,并于 2 月底前对全国所有老旧滚装客船和经过改装或改建的滚装客船逐艘进行安全检查,组织开展渤海湾、舟山水域客船消防、救生专项检查和长江干线船舶消防专项检查,船舶及相关作业专项检查和 MARPOL 公约附则 I 集中会战检查。强制淘汰渤海湾船龄 27 年以上的“中鲁”“顺鲁”“兴鲁”“大华”等 4 艘客滚船,使渤海湾的客滚船平均船龄由 25 年下降到 18 年。

3.防碰撞防泄漏专项整治

2007 年 6 月 15 日,广东佛山南海裕航船务有限公司经营的“南桂机 035”轮从佛山高明开往顺德途中偏离主航道,触碰 325 国道九江大桥非通航孔的桥墩,造成九江大桥部分桥面坍塌,“南桂机 035”轮沉没。初步调查有 4 辆汽车坠入河中,造成 9 人失踪。

事故发生后,国务院总理温家宝、副总理曾培炎和国务委员华建敏都做了指示和批示,要求“抓紧修复,查明原因,严肃处理”,并对全国各地加强水上安全管理作出部署。为此,交通部 2007 年 6 月 28 日决定 7 月 1 日至 12 月 31 日在全国范围内开展为期半年的防船舶碰撞、防泄漏(简称“两防”)整治行动,并制订《防船舶碰撞、防泄漏专项整治活动方案》。从 7 月 1 日起,全国海事系统成立开展防船舶碰撞防泄漏专项整治活动的组织机构,从 6 个方面制订措施,分 3 个阶段实施。在为期半年的“两防”专项整治活动期间,共出动执法人员 34 万人次、执法船艇 8.2 万艘次,排查隐患 4.7 万个,督促完成整改 4.2 万个,查处违法行为 4.2 个,实施行政强制 1384 次,实施行政处罚 1.3 件,组织培训人员 12.4 万人次。通过专项整治,2007 年下半年船舶碰撞事故件数与 2006 年同比下降 28.9%,与前 6 个月同比下降 15.1%。

2008 年初,按照交通部“两防回头看”要求,全国海事系统参与交通部组织的为期半年的“两防回头看”活动,与各地交通部门共组织督查组 6017 个,出动督查人员 35263 人次,督查航运业 4882 家、船舶 68854 艘、桥梁 4879 座、渡口 9658 个、码头 8813 座,发现问题 8970 个,对问题下发隐患整改通知书 5989 份,共排查安全隐患 112368 项,督促完成整改 105401 项,整改率达 93.8%。3 月 1 日至 6 月 30 日,对隐患再排查,完善安全隐患数据库,深入推进隐患整改,健全长效管理机制,加强组织领导和督促检查,做好活动开展期间的信息沟通和协调工作。

4.低质量船舶专项整治

2005 年 4 月至 2007 年 1 月,全国海事系统开展低质量船舶专项治理,共检查重点船舶 6823 艘次,责成船舶接受附加检验 3612 艘次,滞留船舶 391 艘次,发现缺陷 56567 项,滞留存在严重缺陷船舶 297 艘。在危险品“百日会战”专项整治中,查获危险货物瞒报疑似案件 120 起,吊销 32 家液货码头经营资质,滞留 235 艘小型液货船舶。特别是 2006 年 1 月 5 日,针对为躲避全国低质量船舶专项治理而改挂“方便旗”船舶,长期在中国沿海水域从事营运活动的情况,直属海事系统对已列入整治范围的低质量船舶严格控制其转籍,对已改挂“方便旗”低质量外国籍船舶严格港口国监督(PSC)检查,并通知其不得再次进入中国水域。2007 年 1 月 23 日至 6 月 30 日,全国低质量船舶专项治理领导小组办公室组织 16 个专家组对全国 30 个省(区、市)共进行 111 个场次验收督查,逐步推进船舶质量安全管理长效机制的建立,得到全社会广泛认可。

5.长江超载船专项整治

2010 年 7 月 1 日起,中国海事局在长江沿线开展为期半年的打击船舶超载运输专项整治行动,旨在最大限度遏制运输船舶超载行为。长江、江苏海事局与沿线各省(市)地方海事局参与本次联动执法活动,统一时间、方法和标准,采用源头管理、中间堵截、目的港查处的方式,全线联动,打击长江沿线运输船舶超载行为。经过一段时间治理,运输船舶超载行为得到有效遏制,形成了一些治理船舶超载的长效机制。

三、船员管理全面规范化

船员管理,是海事管理工作中唯一以人(船员、引航员等)为主体的安全监管。目的在于使船员具备船舶航行所需的条件与能力,主要是负责船员培训、考试、发证、持证及船员出入境证件的管理。到 20 世纪 80 年代,我国约有 50 万人具有海员资格,占世界海员总数 40%,其中具有高级资格约 17 万人。管理船员的法规规章亦趋完善。

1998 年水监体制改革之后,作为我国海事中以人为主的管理工作已趋向程序化。全国海事系统在积极履行国际公约的同时,针对全国船员结构、质量以及持证船员实际适任能力的变化,继续跟踪管理,逐步探索船员管理新方式,扶持教育培训,拓宽准入渠道,整合资源,加强海员队伍管理与服务。特别 2007 年 4 月《船员条例》颁布之后,直属海事系统相继制订配套规章与实施细则(即《船员注册管理规定》《船员服务机构管理规定》以及《引航员注册和任职资格管理办法》等),广泛调研影响海员发展的瓶颈问题并提出专题解决对策,拟订“加快海员发展的十大措施”,从政策扶持上扩大船员培训规模。2008 年 4 月 16 日,交通部在深圳召开全国船员发展大会。这是我国就船员发展问题召开的第一次全国性会议。同日,中华人民共和国船员网开通。2010 年 6 月 29 日,依据《船员条例》《内河安全条例》,交通运输部废止 2005 年《内河船舶船员适任考试发证规则》,公布《中华人民共和国内河船舶船员适任考试和发证规则》,于 2011 年 1 月 1 日起施行。这一时期,我国继续跟踪《78/95 海员培训、发证和值班标准国际公约》(简称《STCW 公约》),并在国际海事组织每 5 年一次独立评估中均获得良好评价,一直保持在“白名单”之中。2010 年 6 月 25 日,国际海事组织在菲律宾马尼拉召开《海员培训、发证和值班标准公约》及缔约国外交大会,决定将每年 6 月 25 日作为“世界海员日”。从此,每年各国 6 月 25 日各国均举行“海员日”纪念活动。

(一)船员培训管理

1.船员培训机构

(1)注重航海院校培训核心地位

船员培训,是船员管理的基础。船员培训机构,是指从事各项船员培训的企业、事业单位、社会团体或院校。

这一时期,除大连海事大学仍归交通系统管理外,其他航海院校都划归教育部或地方管理。在这种情况下,中国海事局及其直属海事系统积极协调交通部(2008 年改交通运输部)有关部门,继续向主要航海院校提供资金和政策支持。其中,上海海事大学、武汉理工大学和集美大学等得到交通运输部 7000 余万元的资金支持,用于航海教学设施、设备的更新、维护和建设。2008 年,交通运输部还投资近两亿元,为大连海事大学新建世界上最先进的专业实习船舶“育鲲”轮,使全国用于航海专业学生的实习船达 12 艘。

这一时期,海事系统开展了船员培训质量和机构资质的检查活动。2006 年 7—10 月,中国海事局在全国所有海船船员培训机构开展船员培训质量和机构资质保持状况专项检查活动,以进一步强化和规范海船船员培训机构。2006 年,大连海事大学等 35 家单位通过船员教育、培训质量体系审核。2007 年《船员条例》法规颁布后,重新确立船员培训机构资质审批,中国海事局恢复对船员培训机构实行的船员培训许可证管理制度。9 月 22 日,中国海事局同意中国远洋运输(集团)总公司将海员证审批权限下放给广州、上海、青岛、大连远洋运输公司,以及中远散货、中波等轮船股份公司,由这 6 家公司按有关规定为所属船员出具办理海员证批件和办理海员证审查批件。2007 年,中国共有船员培训机构 81 个,其中本科航海院校 12 所、专科航海院校 13 所、中专航海学校 12 所、其他船员培训机构 44 个,培训规模达 1.7 万人。至 2010 年底,本科航海院校 12 所,高职高专院校 25 所,中专航海学校 25 所。这些院校每年开展培训 7000 余期,培训船员 20 多万人次,培训对象涵盖我国船员各个等级。

这一时期,海事系统加强对船员培训机构的监管。2007 年 11 月 23 日,中国海事局授权直属、地方海事局负责辖区的内河船舶船员基本安全培训的考试、发证与培训管理工作。直属、地方海事局授权下一级海事管理机构进行内河基本安全培训的考试、发证工作及管理工作。

这一时期,中国海事局根据国际海事组织互为承认海员适任证书协议,先后与多个国家的海事主管当局签订单方或双方互相承认的海员适任证书协议。2007 年,与英国、伊朗、希腊签订互相承认海员证书协议。至 2010 年底,中国海事已与 20 个国家的海事主管当局签署海员适任证书承认协议。中国船员培训、考试、发证工作在国际上获得广泛认可。

(2)支持社会各种海员教育培训

第一,支持中西部地区成立海员培训机构。进一步推进中西部海员培训工作。2005 年 11 月,天津海事局就河南省新乡市建设海员基地的需求,在指导和管理新乡市建立船员培训机构的同时,派出专家组验收新乡市开展的船员培训项目。经过天津海事局的帮助和支持,2006 年初新乡海运学校成立并开办船员培训业务,结束河南省没有船员培训学校的历史。至 2007 年底,新乡海运学校共举办基本安全、精通救生艇筏和救助艇的培训 22 期,培训海员 1366 名;培训值班水手 9 期 404 名、值班机工 8 期 309 名。新乡市累计派出海员达 5500 人次,创劳务收入 3 亿多元。该市已建成全国第一个海员城。与此同时,中国海事局还先后协助江苏江都、陕西延安、湖北武汉、四川和重庆等地开办航海教育和船员培训,推动船员队伍的发展,促进当地再就业。如促使广东湛江、珠海的部分群众和退伍军人从事船员工作,转化富余劳动力。2008 年 12 月,长江海事局专门为船员建立的长江船员流动学校在武汉揭牌后,还在所属 10 个分局设立分校,实行统一管理、分级负责的管理体制。流动学校以流动课堂、VHF“船员之友”和网上船员学堂为主要形式,有组织、有计划、系统地向船员传授安全管理新法规、新信息、实际操作技能和水上救生、求生、消防、通信等安全知识。流动学校免收资料费、培训费,送教到船头、到人头。

第二,吸收非航海工科毕业生从事海员职业。为解决中国高级海员紧缺问题,缓解大学生就业压力,吸收非航海工科毕业生从事海员职业,中国海事局2007年批准14所航海院校开展非航海类工科海员培训,每年规模平均达4940人次。根据推进中西部海员发展工作座谈会精神,2007年8月19日天津海事局与延安市老区建设促进会、延安职业技术学院三方达成在延安建设西部海员培养基地的意向。11月21日,大连海事大学与延安职业技术学院签订合作办学协议书。2008年3月25日,中国海事局在延安举行西部海员培养基地建设工作座谈会,强调长短结合,尽快培训出一批合格海员。4月25日,西部海员培养基地建设全面启动。8月19日,天津海事局与延安职业技术学院签订联合办学意向书。11月22日,在天津海事局协调下,大连海事大学与延安职业技术学院签订合作开展航海职业教育协议。同时,中国海事局同意山东交通学院、湖北交通职业技术学院、烟台大学、浙江海洋学院等院校培养的航海专业学生参加全国海船船员适任统考。为便利海员办理出入境证件,新批准101家海员证申办单位,对海船船员适任考试题库进行清理和优化。另外,中国海事局聘请专家,成立船员考试评估指导委员会,编辑出版《中国海员培训、考试和发证》一书,制订并公布《非航海工科毕业生海员培训管理规定》等行政法律规范和技术文件,允许非航海工科毕业生通过一年的专业培训后加入船员队伍。至2009年12月,除航海院校中设立的船员培训机构外,全国还有50余家从事船员培训的机构,培训内容覆盖专业、特殊、适任等20多个船员培训项目,每年开展培训7000余期次,培训船员20多万人次,涵盖我国船员的各个等级。2009年,中国海员大连综合培训中心在辽宁大连旅顺海区成立。该培训中心由中华全国总工会中国海员建设工会与全日本海员组合、日本国际船员劳务协会共同合作建立,是国内第一家由国外承担费用、非营利性质、专门针对学历教育后的职业海员培训中心。该中心每年可培训500余名高级船员。2010年2月,在国家七部委“清理整顿外派劳务”专项整治工作结束后,中国海事局启动甲类服务机构的审批工作,直属海事局负责审核辖区内申报甲级海船船员服务机构所开展船员服务业务条件。7月、9月、10月,中国海事局相继下发船员培训监督检查办法、培训机构现场核验、船员培训考试发证管理权限3个通知,既进一步明确船员培训有关事项,又进一步明确直属、地方海事机构负责一、二、三类船舶船员适任考试、发证和管理工作的职责权限。

第三,探索退伍官兵和渔民转行的培训。直属海事系统探索建立部队退伍官兵进入海员队伍的便捷渠道,协助地方政府做好渔民农民转产工作。如积极与广东、山东、浙江、河北、江苏等沿海地区相关部门协作,大力开展针对转产农民、转行渔民和转业军人的培训,转移富余劳动力,解决局部民生问题。仅协助渔民转行一项,至2006年已使超过3万名渔民通过船员培训顺利转行成为船员。2006年7月30日,中国第一个海船船员军地合作培训基地,经中国海事局批准,在山东长岛启用。到年底,该基地共开展3批367人的船员培训。

2.船员专业培训

为帮助台湾船员拓宽就业渠道,促进台湾航运业的可持续发展,中国海事局2007年5月出台免收台湾船员考试发证费用的鼓励措施。至12月,广东海事局共举办29期台湾高级船员《78/95海员培训值班国际公约》过渡期培训班,共有852名台湾高级船员接受培训,签发中华人民共和国船员适任证书1369本。为提高在香港水域从事船上货物处理船员的安全意识和安全操作技能,保证船上货物装卸和移动操作的安全,根据2007年中国海事局与香港海事处会谈精神,2007年7月中国海事局又规定在香港特别行政区水域从事货物处理工作的内河船舶船员、丁类海船船员应参加货物处理安全训练培训,并通过考试取得训练合格的签注。2009年初,直属海事系统开始在全国实施海船船员业务网上申报和计算机远程考试:启用中国海事船员网(中国海事局二级网站),并取消航海院校在校学生先实操评估后理论考试的限制,实现船员适任考试与航海教育有机结合。2010年,中国海事局组织专家修订1997年12月的“船船员适任考试和评估大纲”中部分内容,重新下发"海船船员适任评估大纲和规范",于次年1月1日起实施。10月2日,在青岛举行海员发展与教育培训研讨会,对"未来十年海员发展议题"进行研讨。

3.船员培训质量体系

2006年3月13日,中国海事局为14家直属海事局颁发《中华人民共和国船员考试、评估和发证质量体系认可证明》(有效期为2005年12月31日至2007年12月31日)。完成大连海事大学等35家单位的船员教育和培训质量体系的审核工作。举办船员教育和培训/考试、评估和发证质量体系内审员、外审员培训班。调整和充实审核员队伍,加强对体系的活动审核工作。2007年12月13日,对45所船员教育和培训机构开展船员教育和培训质量体系审核,举办船员教育和培训、船员考试评估发证质量体系内审员和外审员培训各1期。

(二)船员考试发证管理

1.海船、内河船舶船员考试

2007年,全国举行海船船员考试11期,长江干线举行考试3期。7月起,黑龙江海事局组织专业人员编写符合黑龙江水系5个等级船驾机员培训教材,2008年3月完成编写工作,以便黑龙江水系近千人5个等级船驾机员考试。2008年7月22—25日,第四十六期全国海船船员适任证书统考在全国24个考点同时举行。全年共举办8期海船船员适任证书统考,74724人次参加,比2007年增加62.2%;举办2期内河船船员适任证书统考,26342人次参加。这是最后一次使用纸质试卷考试。同时,进行4期海上非自航船舶船员适任统考。2009年,根据海船船员考试发证重新授权,继辽宁、天津、山东、上海、广东等5个直属海事局之后,深圳、福建、江苏、浙江、长江、黑龙江海船船员考试发证甲乙类授权也通过验收。下半年,中国海事局公布全国内河船员适任统考计划,并于11月21—22日在长江和珠江展开。长江干线船员理论统考为总第十六期,由该水系12个直属、地方海事局负责;珠江水系船员理论统考为总第十一期,由该水系的广东、广西、深圳海事局负责,设14个考点,134个考场,5160人参考,其中驾驶考生3727人,轮机考生1433人。2010年3月,中国海事局公布上半年全国内河船舶船员适任统考计划,全国内河船员统考1期,5月22—23日在长江和珠江同时进行。长江干线内河理论统考为总第十七期。珠江水系船员适任统考为总第十二期,理论考试的具体组织工作由广东、广西、深圳海事局负责。7月,中国海事局下发"2010年全国引航员适任统考、全国海上非自航船舶船员适任统考计划的通知",规定引航员理论考试时间为7月和11月份,在大连、上海设立海港引航员统考考点,在南京设立内河引航员统考考点,申请引航员适任证书应当完成引航员适任培训。全国海上非自航船舶船员适任统考共举办2期,为7月、11月,考点以方便考生和航运企业为原则,结合申请参加适任考试的考生人数和生源分布来设置,采用计算机终端考试的形式。12月23日,全国首套用于内河船员实际操作考试的船舶操纵模拟器在长江船员考试中心试运行。2006—2010年海船、内河船员适任证书全国统考情况详见表9-4-13,2006—2010年直属海事内河船员统考(长江干线、珠江水系)详见表9-4-14。

2006—2010年直属海事海船船员全国统考(纸面考试)表　　表9-4-13

年　份	期　数	参加数量(人)
2006	3	26387
2007	11	45941
2008	6	74724
2009	6	115047
2010	12	164670

2006—2010年直属海事内河船员统考(长江干线、珠江水系)表　　表9-4-14

年　份	长　江		珠　江		备　注
	期数	参加数量(人)	期数	参加数量(人)	
2006	3	34043	3	7893	—
2007	3	31424	3	9608	—
2008	2	4111	—	—	内河船员考试2期共26342人次
2009	2	4982	—	—	内河船员考试2期共36483人次
2010	5	4386	—	—	内河船员考试3期共43235人次

2.海船船员无纸化考试全面开展

从2006年开始,中国海事局在全国范围内逐步推行海船船员适任证书无纸化考试,实现考试远程申报、随到随考,解决船员亲自到考点报名参加考试的难题。7月4日,中国海事局公布《海船船员适任计算机终端考试实施办法(暂行)》,规范海船船员无纸化考试。该办法适用于以计算机终端方式进行的海船船员适任证书理论统考,与全国纸面统考具有同等效力。7月17日,中国海事局批准上海海事局开展海船船员适任考试网上报名试点和在有关航海院校设立计算机终端考试考场。11月29日,中国海事局公布《海船船员适任考试远程计算机终端考场配置标准》。2007年4月,广东海事局在广州考区首次举行海船船员适任证书无纸化考试,共进行适任证书考试7期,563名考生参加考试。11月29日,中国海事局公布《海船船员适任考试远程计算机终端考场配置标准》。至年底,全国已有天津、广东、辽宁、山东、上海、福建海事局6家直属海事局开展无纸化考试,全年共安排11期海船船员适任证书统考,其中3期纸质考试、8期无纸化考试。2008年3月27日,交通部下发"关于实施加快船员队伍发展十大措施的通知",中国海事局将海船船员无纸化考试列为落实实施加快船员队伍发展十大措施之六——"规范函授培养模式,为普通船员晋升建立渠道"的具体举措,全面启用新的海员证管理信息系统,推广海船船员计算机远程自主考试系统和海船船员业务电子申报系统,实现船员考试业务远程申报和海船船员远程自主考试。7月22—25日,第四十六期全国海船船员适任证书统考在全国24个考点同时举行。这是最后一次使用纸质试卷考试。全年共举办8期海船船员适任统考和1期内河船船员适任统考,考生计19285人。另外,还进行4期海上非自航船舶船员适任统考。全年参加海船船员适任证书考试74724人次,比2007年增加62.2%。2009年,全国实现海船船员业务网上申报和远程适任考试,海船船员统考全部实施无纸化。这是中国海船船员适任考试一个转折点历史。全年参加海船船员统考11507人次。下半年起,海船船员理论考试部分过渡到全部以无纸化,通过计算机终端在线答题、在线评卷,实现题库管理、组卷、评分及监考的智能化。相比以往的纸面试卷考试,计算机考试更加方便、快捷、公正、公平,为加快发展我国高素质船员队伍提供有力保障。2010年,中国海事局开展海船船员管理信息系统改造工作,升级内河船员信息系统并联网,建立内河船员适任证书计算机考试系统。从2002年10月开始无纸化考试至2009年4月,全国海员适任证书计算机考试共举办54期。

计算机终端无纸化考试实施后,考试的时间、花费由原来2天和500元减少到3分钟和0.2元,按照全国每年7万人次参加考试计算,每年可节省近14万天和3500万元。

3.中华人民共和国船员网开通

2008年4月16日,交通部宣布中华人民共和国船员网正式开通,当年点击率突破100万次。2009年4月19日,该网二期建设项目完成并试运行。升级后的船员网从栏目设置、服务功能、用户操作、网络技术以及运作机制等5个方面有了整体优化,涵盖全部功能模块,形成一套航运公司、船员、航海院校、培训机构、发证机构、服务机构、考试中心共同参与的信息流管理机制,为各类船员信息的高效有序传递搭建了良好的平台。同时,升级网站查询和注册功能,真正实现船员队伍的系统化、电子化、联网化管理,并开始实现海船船员全部由网上业务网申报。

4.继续船员诚信管理

从 2006 年起,中国海事局在全国范围内开展评选“诚信船长”活动,建立船员“黑名单”制度,实施船员诚信管理,对船员违法行为采取累计记分制度。2007 年,宣传船员诚信文化,在《中国水运报》开辟专栏,开展“我的船员生活”主题征文活动。同时,免费发放由其制作的 1972 年国际海上避碰规则培训光盘、长江船舶定线制培训光盘和内河避碰规则挂图给航运单位和船舶。

(三)海员出入境证件

1.海员证的签发

2007 年 1 月 10 日,就 2006 年 11 月 17 日发生在大连机场的利用渔船船员证书骗取海员证组织偷渡的严重事件中,有关海事机构把关不严的问题,中国海事局下发加强船员出境证件管理的紧急通知,要求各直属海事局自查自纠,清理海员证工作程序和审查项目,堵塞漏洞,密切关注海员证管理中的违法新动向。2008 年 10 月 1 日,启用新版海员证,并确定新版船员服务簿、海员证和引航员适任证书的样式。2010 年 11 月 19 日,中国海事局下发内河船舶船员适任考试和发证规则,规定 2011 年 1 月 1 日起启用新版适任证书。这一时期全国船员各类证书发放情况详见表 9-4-15。

2006—2010 年直属海事发放船员证书一览表　　表 9-4-15

年　份	海　船				内　河　船	
	船员适任证书(本)	海员证(本)	船员服务簿(本)	引航员证书(本)	船员适任证书(本)	船员服务簿(本)
2006	127218	93205	39111	178	171060	66765
2007	111393	1070560	48352	158	204263	72697
2008	69907	91877	7577	424	89788	3575
2009	9813	79288	29444	42	18788	22584
2010	13934	87954	18001	34	11410	6902

2.海员出境证明

针对这一时期航运企业客观需求,直属海事系统大力推动便民利民措施,实施网上核实船员证书。接受公民以个人名义办理船员证件的申请,实现海员出境证明当天申请、当天领取。方便海员证申办,允许所有国际航行船舶管理公司或者为国际航运公司提供海员的公司(包括船员劳务公司)直接到海事机构办理海员证,简化海员证申办程序,将原来的层层报批取得批件转变为直接到海事机构申办,并在 7 个工作日内办理完毕。

(四)落实《船员条例》与劳动协调机制的建立

1.《船员条例》配套规章与十大措施的形成

自 20 世纪 70 年代末改革开放以来,我国对外贸易逐年增长,进出口货物运输主要依靠水运。2007 年,水上运输承担着国内 45.8%的货物周转量和 93%的对外贸易运输量任务。我国船员队伍由改革开放前的 25 万(其中海船船员 5 万、内河船员 20 万),发展到 2010 年的 155 万(其中海船船员 65 万、内河船员 90 万。其中,海船船员具有高级海员资格的约 21 万人),是世界上拥有船员数量最多的国家。其中,外派海员经历起步探索、快速发展、相对稳定3个发展阶段,从1979年第一批29人,到2010年的近10万人次。但是,我国船员队伍发展仍存在着一些深层次矛盾,如船员数量严重不足、综合素质不高,队伍结构不甚合理,高级船员紧缺,普通船员富余,流动性进一步加剧,高素质船员流失严重,船员在职培养机制严重缺失。

为此,直属、地方海事系统广泛调研影响海员发展的瓶颈问题,召开船员队伍建设工作座谈会,专题研究解决影响海员发展的措施。2006年7月13—14日,中国海事局在河南新乡召开推进中西部海员发展工作座谈会。2007年4月,为落实我国第一部填补船员管理制度体系空白的管理法规《船员条例》,中国海事局组织人员研究起草相配套规章,相继制订《船员注册管理规定》《船员服务机构管理规定》及《引航员注册和任职资格管理办法》等。同时,依据《船员条例》修订《磁罗经校正人员考试发证办法》《关于国际鲜销水产品运输船船员换发海船船员证书有关事宜的通知》《非自航船舶船员考试发证办法》《内河船员水上交通安全专业培训办法》《内河船员实操考试办法》《海船船员适任考试远程计算机终端考场配置标准》。还起草《军事船舶复转军人参加海船船员适任考试、评估和发证办法》《游艇驾驶员考试、发证办法》。

为加快解决船员短缺等突出问题,提高船员素质,促进船员队伍发展,中国海事局2008年3月27日做出加快船员队伍发展十大措施,以交通部名义下发"关于实施加快船员队伍发展十大措施的通知"。十大措施包括:

(1)推行船员电子政务;

(2)建立船员适任综合考评机制,以船员综合素质确认船员适任;

(3)建立高级船员任职见习机制,提高高级船员适任能力;

(4)加强船员适任能力评估,提高船员实际操作能力;

(5)取消航海院校在校学生先实操评估后理论考试的限制;

(6)规范函授培养模式,为普通船员晋升建立渠道;

(7)开展师资培训,满足船员教育和培训需要,提高培训质量;

(8)将三副、三管轮晋升二副、二管轮的海上资历要求从12个月延长至18个月;

(9)船员适任考试成绩3年有效,取消补考次数限制;

(10)调整高级船员学历要求,改善船员队伍结构。

2008年4月16日,中国海事局在深圳召开的首届全国船员发展大会上,就这加快船员发展的十大措施做了具体说明。十大措施体现当前船员发展工作的"两淡化,两强化"思路,即"淡化学历要求、强化资历要求,淡化理论考试、强化实操考试",为中国船员队伍的科学发展提供有力支持。中国海事局决定利用2~3年时间,轮训新近开展船员教育和培训的机构中从事专业课程教学和实践教学工作的教员,进一步提高航海教育和船员培训师资队伍水平。2009年9月,中国海事局在大连召开全国船员培训工作会议,提出船员发展战略目标:"到2020年成为船员劳务输出大国,实现我国从船员大国到船员强国"。2009年6月26日,中国海事局在厦门召开全国直属海事系统清理整顿外派海员市场秩序专项行动专题会议,以清理和淘汰一批违规的外派劳务和中介企业,查处一批大案要案,惩治一批违法犯罪分子,为下一步完善各项法律法规和制度措施奠定基础。

2.海上劳动关系三方协调机制建立

为落实《船员条例》,从机制上全面保障船员利益,同时推动交通运输部与中国海员建设工会、中国船东协会成立全国海上劳动关系3方协调机制,充分保护海上劳动关系各方面的合法权益,2006年2月7—23日中国海事局参加第九十四届国际劳工大会暨第十届海事大会。会议通过《2006年海事劳工公约》,详细规定了船员工作、就业、劳动和环境保障从业权利,明确了公约缔约国的相应义务和责任。随后,中国海事局对中国批准履行该公约开展前期研究和准备工作。2008年9月,中国海事局参加国际劳工组织召开的政府、船东和船员3方会议,通过两项指南。2009年7月24日,中国海事局邀请交通运输部国际合作司、中国海员建设工会和中国船东协会的代表在广东海事局召开建立海上劳动关系三方协调机制座谈会,就海上劳动关系3方协调机制的建立、工作机制和工作内容等方面达成共识。12月23日,交通运输部与中国海员建设工会、中国船东协会成立全国海上劳动关系3方协调机制暨《中国远洋船员集体协议》签字仪式在北京举行、这标志着我国海上劳动关系协调有了全国层面的机制保障。2010年11月1日,广东省海上劳动关系3方协调机制建立仪式在广州举行。这标志着首个省级海上劳动关系3方协调机制在广州建立,全国海上劳动关系3方协调机制推向省级层面,为全国65万海员提供劳动关系保障迈出实质性步伐,可以利用3方协调机制这个平台定期进行协商,增进沟通,实现海上劳工"薪水无忧"、船员"体面劳动"。

四、危防管理水平的全面提高

危防管理,是防治船舶污染水域与船舶载运危险品管理的简称。经过数年发展,到2006年我国危防管理整体水平和能力得到全面提升。但航行于我国沿海水域的各类油轮已超过18.6万艘次,船舶溢油污染事故的风险时刻威胁着我国国的水域环境和安全。为此,全国海事系统继续坚持"预防为主,防治结合"方针,以"航行更安全,海洋更清洁"为目标,建立船舶危险品载运与防治污染的管理体制,健全监管法制,完善各种应急机制。特别在船舶污染防治方面,完善预控机制,加大监管力度,改善船舶防污状况,降低单壳油轮重大油污事故风险,有效减少船舶污染物入海排放量。同时,建立船舶污染监控网络和联动机制,完善应急体系。至2010年底,逐步建立起国家、海区、省、市、港口、码头、船舶等多层次的溢油污染应急反应机制,其中国际性1个、国家级1个、海区级4个以及省(区、市)、港口级36个,基本形成国家、海区、省(市)、港口、码头和船舶6级船舶溢油应急反应体系。在渤海海域、长三角与台湾海峡、珠江口等重点水域建立起应急联动协作机制,组建专业溢油应急反应队伍,实施油类物质零排放。先后在深圳、上海、青岛、海南、秦皇岛等海域举办6次较大规模的海上溢油应急演习,有效处置"12·5"珠江口溢油污染事故、"阿提哥"轮大连搁浅等重特大污染事故,维护水域清洁。还建设沿海与长江干线14个国家级水上船舶溢油应急设备库,形成"机构合理化、法规系统化、队伍专业化、信息网络化、监控立体化、反应快速化"的海洋环境保护管理格局。

(一)船舶载运危险货物的管理

1.开展危险货物载运的整治

2006年,直属海事系统加强与海关、检验检疫、安全生产监督管理等部门的沟通,建立起查处危险品谎报、瞒报信息链。天津、上海、深圳等海事局在危险品申报、集装箱装箱等环节建立了信誉管理制度。2007年1月1日,《73/78防污公约》附则Ⅱ的2004年修正案生效后,中国海事局于6月27日在上海召开船载危险货物诚信管理机制研讨会,总结试点经验,探索全国性危险货物诚信管理机制。另对瞒报、谎报危险化学品等违章行为的单位和人员进行行政处罚,列入"黑名单",向社会公布,并作为重点监管对象。2008年,直属海事系统实施船舶排污设备铅封6620艘次,船舶油污水接收量较上年同比增长21%,减排船舶残油、污油水超过30万吨。2009年,直属海事系统开展非法夹带危险化学品运输专项整治,规范船舶修造和拆解作业防污染管理。5月,在直属海事系统内全面使用船载客货系统2.0版,部分单位已开通并实行船载危险货物网上或EDI申报业务,为全面实现船载危险货物电子政务管理打下坚实的基础。2006—2010年直属海事船舶载运危险货物监管数据详见表9-4-16。

2006—2010年直属海事船舶载运危险货物监管数据表　表9-4-16

年　份	危险货物船舶(艘次)		危险货物数量(亿吨)			纠正违章(次)
	国内航行	国际航行	进港	出港	过境	
2006	265364	104455	3.74	1.93	0.28	7600
2007	290035	145099	4.11	2.26	0.36	—
2008	274735	174982	4.57	2.45	0.48	8163
2009	310804	190629	5.32	2.91	0.64	—
2010	299581	177094	6.61	3.24	1.03	—

2.开展水上危险品运输“百日会战”整治

2006年5月10日至8月18日,全国海事系统参加交通部组织的全国交通系统开展的“水上危险品运输‘百日会战’安全专项整治行动”。这次“百日会战”是在2005年海事系统船舶载运危险货物专项整治活动基础上,针对薄弱环节开展的重在解决影响危险货物水上运输安全问题的整治活动。7月起,全国海事系统开展为期4个月(7—10月)的船舶及相关作业防污染专项检查活动。

在“百日会战”中,作为主力的直属海事系统拓展渠道搜集汇总水上危险品运输相关基础资料,搭建信息共享平台,运用海事系统的EDI、VTS、CCTV等技术手段,强化水上危险品运输船舶监管,营造宣传舆论氛围。活动中共出动执法人员90900人次、巡逻艇12374艘次、执法车22675车次,召开宣传贯彻会786次,发放宣传材料108779份,检查各类危险品运输船舶20640艘、客船14555艘、液货码头2156家,发现缺陷数31479项,滞留液货船235艘。办理危险货物申报审核140507次,开箱检查2845次(涉及集装箱6952个),查获危险货物瞒报疑似案件120起(涉及集装箱296个)。“百日会战”解决了一批危险货物水上运输安全存在的突出问题,使各辖区危险货物水上运输安全管理形势出现好转。12月8日,交通部通报“百日会战”的情况和经验。2007年1月12日,交通部对在“百日会战”中做出突出贡献的10个单位及50名个人进行通报表彰。2010年,全国海事系统在完成船载客货系统改版升级工作的同时,实现无纸化危防管理申报。上海、辽宁等海事局实现集装箱危险货物的EDI远程无纸化申报。天津、长江、广东、福建、深圳等海事局实施危险货物远程无纸化申报。浙江、山东等省地方海事局开展对危险品船舶的GPS动态跟踪监管。

(二)防治船舶污染水域的管理

1.船舶污溢油应急体系的形成

我国海上船舶溢油应急反应工作,始于交通部和国家环保总局2000年4月1日下发《中国海上船舶溢油应急计划》和区域性溢油应急计划。此后,为实施这个溢油应急反应计划,全国海事系统会同当地政府有关部门编制实施省级和港口级船舶污染应急预案,开展船舶溢油应急计划工作,并不断完善船舶污染事故应急反应体系。先后在渤海海域、长三角与台湾海峡、珠江等重点水域建立船舶污染应急联动协作机制,开展沿海与长江干线14个国家级水上船舶溢油应急设备库的建设,组建专业溢油应急反应队伍。2006年10月,天津、辽宁、河北、山东4个直属海事局建立渤海海域船舶污染应急联动协作机制,制订联合应急行动方案,实现各地优势互补。油类的码头、站点全部编制完成应急预案。2007年11月,中国海事局组织华东片区上海、江苏、浙江、福建和长江海事局建立溢油应急联动机制,签署区域合作谅解备忘录。渤海湾、长江口和珠江口海域相关海事机构签署《渤海海域船舶污染应急联动协作备忘录》《长三角与台湾海峡水域船舶污染应急联动协作议定书》及《珠江口区域海上船舶溢油应急合作协议》等,建立区域船舶污染应急联动机制,提高上述区域抵御重大船舶污染事故的整体能力。全国各主要港口码头均已按标准配备应急设备,共配置围油栏 26 万米、收油机 301 台(套)吸油毡 520 吨、消油剂 260 吨。2009 年 3 月 9 日《2001 年国际燃油污染损害民事责任公约》在我国生效后,从 4 月 27 日起直属海事系统首次利用卫星遥感技术对黄海、渤海海面溢油进行主动常规监视。卫星遥感常规监视技术与传统的船舶报告、视觉观察等被动监视方式相比,具有主动性强、覆盖面广、价格低廉等优势,特别是能对海面进行全天候 24 小时有效监视。2010 年,在防治船舶污染的同时,海事系统成功地处置了大连“7・16”溢油污染事故,确保油污“不流向公海,不流入渤海湾”。

此外,作为国内唯一的专业溢油应急技术机构,烟台溢油应急技术中心致力于卫星遥感技术监视海面溢油的应用研究,充分掌握卫星数据快速获取渠道和溢油信息识别方法,具备海面溢油常规监视能力。2009 年 10 月,广东海事局珠海船舶溢油应急设备库工程项目经交通运输部批准建设落户珠海。据悉,溢油应急设备库项目正式启用后,一次溢油综合清除控制能力将达到 1000 吨。2010 年 7 月 1 日起,《国内安全管理规则》对载客定额 50 人及以上的所有中俄黑龙江界河航行的中国籍客船生效。10 月 9 日,由交通运输部组织实施的国家科技支撑计划项目“远洋船舶压载水净化和水上溢油应急处理关键技术研究”在山东省威海市通过科技部的验收,与会专家认为该项目研究成果总体达到国际先进水平,部分关键技术居国际领先水平。这标志我国溢油应急和压载水处理技术跻身国际先进行列。当日,交通运输部在中国海事局烟台溢油应急中心成功举行海上溢油应急技术演练。

2.建立船舶污染防治的机制

这一时期,直属海事系统始终以“航行更安全,海洋更清洁”为目标,除积极履行国际公约,促进国内海事立法与船舶污染控制机制建立,完善溢油应急反应体系与船舶废弃物跟踪处理、船舶油污损害赔偿等外,还协助全国人大、国务院有关部门修订《海洋环境保护法》《防治船舶污染海洋环境管理条例》法律法规,同时制订《港口溢油应急设备配备标准》《围油栏技术条件》《海船和内河船舶防污结构与设备规范》等技术标准和规范。配合国务院、交通部组织国家级和地区级溢油应急培训,多次成功举行国家级海上污染应急演习,参加国际区域性溢油应急合作计划 1 个,颁布实施国家级溢油应急计划 1 个、海区级溢油应急计划 4 个和省、市、港口级溢油应急计划 36 个。此外,中国海事局加快建立船舶污染损害赔偿机制,严格执行《1992 年民事责任公约》和《2001 年燃油公约》。我国国际航线航行的载运 2000 吨以上持久性油类的油轮及 1000 总吨以上非油轮、沿海航行 1000 总吨以上船舶都已经投保油污险。中国海事局同有关部门加快制定《船舶强制保险管理规定》和《船舶油污损害赔偿基金征收、使用和管理办法》,建立起具有中国特色的船舶油污强制保险和油污损害赔偿机制。

3.船舶污染防治工程规模初见

2006 年 12 月 26 日,中国海事局下发“关于执行《73/78 防污公约》附则Ⅰ和附则Ⅱ2004 年修正案的通知”。依据这一国际公约修正案,2006 年 7—10 月全国海事系统在沿海、内河水域开展船舶及相关作业污染专项检查活动,共检查船舶 2.6 万艘次,发现缺陷 3.7 万项,滞留船舶 146 艘次,处罚船舶 883 艘次;检查油码头 963 座、化学品码头 291 座,发现并纠正防污染缺陷 885 项;对修理船厂、拆船场点实施现场检查,对污染物接收能力不足等问题提出限期整改要求。2006—2007 年,直属海事系统完成船舶防污染信息系统的开发,在 5 个单位试运行和完善之后,2007 年扩大船舶排污设备铅封管理范围与开展限制船舶污染物排放专项行动,限制沿海船舶油类污染物排放,逐步实现海域禁排目标。仅直属海事系统 2007 年 7—8 月共对 5229 艘适用船舶的排污设备实施铅封,铅封率达到 100%。9 月,又检查铅封船舶的油类污染物排岸接收、非铅封船舶的油类污染物排放情况,评估港口接收处理船舶污染物能力。2008 年,实施船舶排污设备铅封 6620 艘次,船舶油污水接收量比 2007 年增长 21%,减少排放船舶残油、污油水超过 30 万吨。

2007年,交通部批准建设长江海事局三峡库区船舶污染防治一期工程,建设2个船舶污染监测实验室(重庆、万州)、3个应急防备设备库(重庆、万州、巫山)、2个应急反应设备配备点(涪陵、巴东),于2009年汛前启用。这促使三峡库区部分船舶油类污染初步实现零排放,游轮和大型货船基本能将船舶垃圾收集并交岸上处理,大型游轮已安装生活污水处理装置,主要港口已配备船舶污水、垃圾接收设施。

2008年起,每年春季在渤海海域都发生海上污染,有的事故涉及面广、影响范围大。为此,北方海区的直属海事系统加紧监视船舶海上污染,排查隐患和污染源及处置污染。2008年3月8日,中国海事局在深圳召开"珠江口溢油漂移与清污对策快速模拟技术课题大纲"评审会,通过专家组评审。7月,江苏海事局在全国率先推行船舶污染责任保险,涵盖长江、沿海和内河航行、停泊以及作业的油船、化学品船,也包括外籍船舶。2009年5月1日,黑龙江海事局公布《黑龙江省松花江流域水污染防治条例》,从此中俄界河船舶防污染有法可依。2010年9月13日,黑龙江海事局和吉林省地方海事局就"碧水行动"签署合作纪要,确保《松花江水污染防治规划》实施。

2010年,直属海事系统根据自3月1日起实施的《中华人民共和国防治船舶污染海洋环境管理条例》,逐步淘汰国内航行单壳油轮。同时,启动国内航行船舶防止空气污染工作,详细研究国内航行船舶空气污染控制问题,逐步推进国内航行船舶空气污染工作。特别是7月16日大连新港中石油储备库输油管道发生爆炸,部分原油经沿海管线流入海中,造成大连港附近水域约50平方公里的海面污染,其中重度污染区约10平方公里,最厚油层厚度达30厘米。参加清污的海事人员开展海上清污作业,最大限度消除大连附近海域溢油污染,确保油污"不流向公海,不流入渤海"。

4.开展登船的防污染检查

根据有关船舶防污染公约,直属海事系统定期或不定期地登轮开展各种船舶防污染规定的安全检查(详见表9-4-17)。

2006—2010年船舶防污染登轮检查情况表 表9-4-17

年　份	登轮检查(艘次)	IOPP证书不符合要求(艘次)	油类记录簿不符合要求(艘次)	防污设备不符合要求(艘次)
2006	10810	153	1446	1011
2007	24672	125	1556	1022
2008	98483	—	—	—
2009	88356	—	—	—
2010	96650	—	—	—

5.船舶溢油事故应急清除能力的形成

21世纪以来,由于交通部的重视与投资,直属海事系统船舶溢油事故应急清除能力逐渐提升。尤其2006年在山东烟台建立溢油应急技术中心,在河北秦皇岛建立海上溢油应急处理中心,同时投资建设设备库与设备、围油栏等。其中,购置围油栏达8160米,占全国围油栏总量的67%;购置收油机17台,占全国收油机总量的67%;适用沿海水域的收油机占全国总量的27.3%;为3艘大型应急清污的航标船加装溢油应急清污设备,作为兼职专业溢油清污船舶使用。如2006年4月22日,英国籍"现代独立"轮在舟山马峙锚地进坞过程中与船坞发生触碰,造成左舷破损,477吨燃油(重油)外溢。事故发生后,海事部门立即采取清除措施,共回收油污水407.75吨,使污染得到有效控制。此外,还援助发生在韩国的"河北精神"轮重大溢油事故的处理。

2008年,青岛抗浒苔、保奥帆赛的83天连续作业中,布设了3万多米围油栏,在国内外属首次。相关直属海事局由于有海上应急处置经验,又有船舶溢油事故应急清除能力,在作业中提出有效围控的方法,解决了很多技术上的难题。

2006—2010 年,在当地政府的支持下,直属海事系统在沿海及内河主要港口陆续编制实施各个级别的溢油应急计划或预案,配备一定数量的船舶溢油应急设备设施,形成了社会专业清污公司与兼职队伍相结合的船舶溢油应急力量。部分经济发达的地区开始建立应对海上溢油事故应急反应的政府防污设备库,船舶溢油应急队伍也初步具备市场化的雏形。如深圳海事局按市场规律,以海隆、龙善、航鹏、雅仕林 4 家公司为主的社会专业清污单位作为深圳海上污染应急骨干力量,不断加大防污应急力量的投入,建立专业清污队伍和防污应急设备库与应急基地。应急基地总占地面积达 2500 平方米,备有围油栏 6000 米、消油剂 10500 升、吸油毡 3500 公斤、吸油绳 3600 米、清污船舶 11 艘(最大吨位 500 吨)、清污指挥船舶 3 艘、清污车辆 22 辆,有清污作业人员 180 名,具备在港区水域内对抗 50 吨级溢油的应急能力。此外,直属海事系统还将石油生产企业、溢油应急设备厂家等社会应急力量纳入应急体系,积极推动水上溢油应急能力的提高。2008 年 6 月,直属海事系统可动用的应急能力包括:围油栏 28 万米,收油机 253 台,各类溢油回收和围油栏布放船 300 艘,吸油毡 502 吨,消油剂 589 吨。2010 年 12 月 14 日,全国首次针对 LNG(液化天然气)船舶货物泄漏的海上应急演习在深圳大鹏湾液化天然气接收站附近海域举行。广东大鹏液化天然气有限公司、中国液化天然气运输有限公司以及海隆等应急清污公司等 20 余家单位 180 余人参加演习。演习模拟一艘 LNG 船舶在卸货过程中卸货总管连接法兰破裂,大约 100 立方米液化天然气泄漏。近一个小时的演习,有效地检验了各方协同配合处置事故的水平和应急指挥能力。

2007 年 3 月 16 日与 9 月 15—18 日,中国海事局分别在香港、成都举行 2007 年内地与香港特别行政区海事处两次海上安全定期海事会谈。5 月 29 日,中国海事局与澳门特别行政区政府港务局的海上安全会议在福州召开,双方沟通信息,交换意见,签署海上安全会议纪要。12 月 12 日,粤港海事部门第十五次定期会议召开。会议确定:粤、港、深及澳门最晚将于 2008 年上半年签署《珠江口船舶溢油应急计划》,以综合 4 地力量共同推进建立珠江口区域海上船舶溢油应急计划,维护珠江口水域清洁;粤港海事将在安全管理、应急搜救、防比船舶污染水域、信息交流等多个方面扩大交流与合作,共同维护水上交通安全和防治水上船舶污染。

至 2010 年底,我国沿海主要港口已基本具备在港区和近岸水域内控制和清除中、小型规模船舶溢油事故的应急能力,形成国际、国家、海区、省(市)、港口(码头)和船舶的 6 级船舶溢油应急反应体系,其中建成 9 个省级船舶污染应急预案、58 个沿海地市级应急预案,地方级应急预案一般经地方政府发布实施(见图 9-4-7)。

图 9-4-7　2010 年 7 月 16 日,大连海上溢油事故中,海事专业清污船在海面作业

五、船检体制完善与管理质量提升

这一时期,船舶检验技术管理工作,进一步完善,能力得到进一步提升。船检管理措施包括加强船舶法定检验管理体系审核,严格执行过错追究制度,开展专项治理活动,突出低质量船舶和在航船舶的检验等;进一步推进注册验船师制度,规范船检技术人员行为,采取分层次、多形式培训工作,全面规范与提高船检技术管理人员素质和整体业务水平。

(一)健全和理顺三种性质为一体船检体系

经过不断地建设,由中央直属船检、地方船检 2 种类型检验机构和法定、入级、公正 3 种性质检验为一体机构构成的统一船检体系日臻完善。

根据 2006 年 1 月人事部、交通部、农业部 3 部联合下发的《注册验船师制度暂行规定》,中国海事局按照船舶检验机构资质认可与管理规则的规定,制订具体管理的船舶检验机构资质认可与管理实施指南(2008 年修订),对各船舶检验机构进行不定期检查和年度审核工作。至 2010 年底,由中国海事局及其船检管理机构为主导、地方船检机构为支撑、中国船级社为主力、外国驻华验船机构为补充的船舶检验及其管理新格局形成。全国共有 5 个片区船检管理处,29 个省级船检机构、549 个分支机构,中国船级社 1 个(下设分社 19 个、分支机构 41 个),外国船舶检验机构驻华机构 9 个。

(二)加强法定检验的管理

1.继续授权船舶检验法定机构

2006 年以后,直属、地方海事系统按照有关管理职权,对船舶法定检验继续实行委托制,委托中国船级社及其各级分支机构代行船舶法定检验方面的管理工作。各受托机构主动对大批中小型民营造船企业在技术、管理、人员培训等方面进行帮扶,帮助它们迅速提高造船能力和技术质量。2007 年,根据当年 2 月 2 日生效的《73/78 防污公约》附则Ⅳ《防止船舶生活污水污染规则》中有关可授权经认可组织进行检验和发证的规定,中国海事局于 5 月 14 日授权中国船级社代行这一公约规定的检验,签发国际防止生活污水污染证书,开展相应考试大纲的编写、师资队伍组建和资格认定工作。至 12 月,共将 4 类船检管理业务委托中国船级社代行船舶法定检验,对船舶检验业务实行领导。2009 年 5 月 26—27 日,中国海事局在山东省烟台市召开全国船检工作会议,回顾总结 5 年来船检工作的成绩和经验,分析新形势下船检工作面临的机遇和挑战。2010 年 3 月,进一步调整直属海事系统船舶检验管理职责,进一步规范船舶检验工作。

2.外国驻华船舶检验机构的管理

2007 年 12 月,为加强对外国船舶检验机构在中国境内检验行为的监督管理,中国海事局公布《外国船舶检验机构在中国设立验船公司管理办法》,次年 3 月 1 日起施行,使外国验船机构在华设立公司、开展船舶检验业务有章可循。2009 年 3 月 2 日,又下发"加强对外国船舶检验机构在中国境内检验行为监督管理的通知"。12 月,全国共有 13 家外国船舶检验机构办理在华设立验船公司审批手续。2010 年 5 月,中国海事局公布了 13 家外国验船公司和新批准的 2 家联合船舶检验的外国验船公司,对其他未经批准在华设立验船公司的外国船舶检验机构在中国境内不准其从事新建、重大改建和营运船舶初次检验工作,从事其他检验活动保持本机构证书船舶的年度检验、换证检验必须按"一船一申报"要求报中国海事局批准后方可进行。至 2010 年底,中国海事局批准 15 家外国船检机构在中国设立验船公司。

3.整顿检验违纪与越权行为

这一时期,直属、地方船检机构加强检验业务工作,加大对违法、违规检验的查处力度,通报查处的违规、违纪案件。中国海事局在全国船检机构推广使用由该局统一开发的船舶检验发证管理系统(VIMS 5.0),利用信息化手段进一步规范船检内部管理。中国海事局对某些地方发生违规、违纪和检验质量问题的检验机构暂停海船检验发证权和办理海船检验发证,责成相关船舶检验机构,进行整顿,纠正超越权限、资质进行检验,违反工作程序实施检验及其类似问题,并将整顿情况上报给中国海事局。2008年,依据交通部10月1日下发的《船舶检验机构及验船人员工作过错追究办法(2008年修订)》,对在2005—2007年的5起船检违规违纪案件并负有责任的验船人员进行追究,取消法定检验及发证权,吊销验船人员适任证书,通报全国船舶检验系统,4个船舶检验机构共7人被先后处理。

(三)船舶检验人员资质管理

1.验船人员的业务培训

为提高验船人员素质,中国海事局船检管理处采取分层次培训的方式开展各种船检培训,如全国船检机构及其分支机构主管局长培训班、未持证验船证人员培训、全国非水网地区验船人员培训班,以进一步提高验船人员业务水平。

2005年11月1—4日,中国海事局在青岛首次举办全国船检局长培训班,包括中国船级社在内的全国共40名船检局长或负责人参加了培训。针对江苏、浙江造船量大和建造检验存在的问题,对两省120名验船师进行专题培训。根据国内油船、化学品运输船的需要,于11月7—11日在珠海举办油船、散装化学品运输船检验业务培训班,对17个省(区、市)的地方船舶检验机构的52名验船人员进行培训。2007年5月22—26日,在武汉举办地市级船检局长培训班,培训山东、上海、辽宁、湖北、四川、重庆、安徽、江西省(市)船舶检验机构的45名地市级船舶检验机构负责人。6月22—27日,在兰州举办非水网地区验船人员第一期培训班,培训甘肃、青海、陕西、内蒙古、贵州、宁夏、云南、北京、新疆、山西、黑龙江、吉林等12省(区、市)的50名验船人员。2008年,各船检机构采取多种多样的形式加强培训工作,如联合大专院校进行系统理论培训,举办系列专题业务知识培训,请现场经验丰富的专家进行技能培训和技术辅导,安排新进人员驻厂见习,编写有关培训教材促进验船人员加强日常业务学习等。2009年8月12—17日,由天津海事局承办的第二期全国非水网地区验船人员培训班在青海进行。通过培训,有效提高验船人员整体业务水平。

2.验船人员资质考试管理

21世纪以来,我国船舶建造行业经历了入世后迅速扩张,2008年成为世界第一造船大国,随之而来的金融海啸、欧债危机持续衰退低迷。在这种复杂形势下,一些船舶所有人、船舶建造厂盲目追求经济效益最大化,忽视船舶建造质量、不按图施工、不及时报检的情况时有发生,导致船舶检验面临诸多难题,如对船厂管理力度有限、验船师人力资源不足、检验水平参差不齐、把关尺度不一、检验发证受外部压力过大等。超负荷工作,使验船师难以负重,一些相继转岗、离职和退休,船检机构人力资源匮乏的状况日益严重。

为缓解验船人员短缺压力,2006年1月26日人事部、交通部、农业部联合公布《注册验船师制度暂行规定》,于3月1日施行。这是交通运输部职业资格制度建设的新起点。2007年6月22日,以上3部又出台《注册验船师资格考试实施办法》。2008年7月2日,人力资源和社会保障部、交通运输部公布《注册验船师(船舶和海上设施)资格考试认定办法》。自此,全国注册验船师认定考试工作正式启动。

根据以上规定,中国海事局2007年7月6日发文采取临时性措施,明确各船舶检验机构对2006年1月26日之后未持有适任证书的在岗及新聘用的验船人员进行船检法律法规与船检业务培训,参加培训的人员经考试合格和合法注册后可从事具体检验工作(不含特种船舶的检验)、签发相应的检验报告。

11 月 26 日,交通部下发通知,决定成立船舶和海上设施类注册验船师资格考试专家委员会。该委员会由中国海事局及其 5 个船舶检验管理处,以及中国船级社和黑龙江、辽宁、甘肃、河北、山东、浙江、江苏、安徽、重庆、广东、广西等省(区、市)的船舶检验机构与专家组成,秘书处设在上海船舶检验管理处。2008 年,中国海事局组织两批中国船级社注册验船师资格认定考试,推进验船师执业资格制度的实施。驻境外分社验船人员于 2009 年 3 月中下旬实施境外考试,59 人参加考试。全年通过验船师任职资格考试的达 4792 人。

2009 年 2 月 20 日,中国海事局向全社会开放注册验船师资格考试,凡符合申报条件的均可参加。3 月 11 日,为更好开展验船师资格考试题库建设,调整部分专家委员会成员,吸收外国船检资深验船师为专家委员会成员。2010 年 8 月,中国海事局决定举行 2010 年度注册验船师(船舶和海上设施类)资格考试。10 月 23—24 日,浙江海事局首次组织的注册验船师资格考试在杭州、宁波、舟山 3 个考点开考,323 名考生参加考试。

2010 年底,全国共有 4164 人通过考试并获得注册验船师资质,持验船人员适任证书上岗,其中 A 级 1425 名、B 级 851 名、C 级 1735 名、D 级 153 名。全国 29 家省级船舶检验机构全部通过资质认可,中国船级社及大多数水网地区地方船舶检验机构均建立了船舶法定检验质量管理体系。2006—2010 年全国注册验船师资质人员情况详见表 9-4-18。

2006—2010 年注册验船师资质人员一览表 表 9-4-18

年　度	注册验船师资质					
	总计	A 级	B 级	C 级	D 级	助理级
2006	4783	1122	1706	1955	—	—
2007	4783	—	—	—	—	—
2008	4785	1485	898	2157	245	—
2009	4164	1425	851	1735	153	—
2010	4164	1425	851	1735	153	—

(四)船舶专项检验与信息化

这一时期,海事系统船舶检验继续加强船舶检验技术与质量的管理,开展船舶及海上设施、船用产品、集装箱检验,以及工厂认可、型式认可验证机构等专项检验,并取得明显成效。2006—2010 年船检管理工作成绩详见表 9-4-19。

2006—2010 年船舶检验技术管理成绩一览表 表 9-4-19

年　份	检验船舶、海上设施及船用产品
2006	检验登记船舶 234695 艘次,检验船舶 805376 艘次。检验移动钻井平台 39 座、固定平台 235 座,浮式处理装置 13 艘。船用产品检验 34038 次,工厂认可 284 家、型式认可 415 家。检验集装箱 40.24 万 TEU
2007	检验船舶 270036 艘次,其中海船 16824 艘次、河船 253212 艘次。检验海上设施 311 座(艘)次,其中移动平台 43 座、固定平台 252 座、浮式处理装置 16 艘。船用产品检验签发检验证书 141421 份。检验集装箱 51.56 万 TEU
2008	检验船舶 237555 艘次,总吨位 12398 万;检验海上设施 293 座(艘)次,其中移动平台 61 座,固定平台 232 座,船用产品检验签发检验证书 236425 份。检验集装箱 21 万 TEU
2009	检验登记船舶 234580 艘次,其中国内航行海船 19109 艘次、国内航行河船 214125 艘次、国际航行船舶 1346 艘次
2010	检验登记船舶 251287 艘次,其中国内航行海船 21219 艘次、国内航行河船 228516 艘次、国际航行船舶 1552 艘次

(1)低质量船舶的专项检验

这一时期,中国海事局加大了对低质量船舶的专项检验力度。当时由于相当一部分造船企业的生产条件、造船质量没有实质性改观,相当数量的船舶仍未进行附加检验,已查出有质量缺陷的船舶需进一步治理,检验质量有待提高。为此,中国海事局根据国家安全生产监督管理总局将低质量船舶专项治理活动纳入 2006 年全国安全生产工作纲要之中,提出专项附加检验的指导意见。2006 年 3 月 20 至 24 日,组织天津、武汉船舶检验管理处分别对河南、安徽两省专项治理工作进行检查。5 月 8 日,对到港未附加检验的船舶要求其立即申请附加检验,对通过附加检验的船舶进行抽查,抽查率在 50%以上。明确 2006 年 6 月 1 日后仍未附加检验的,不予办理签证手续,并限期回船籍港纠正;到 11 月 20 日后仍未通过附加检验的,船检证书将被撤销或视为无效。至 2006 年底,通过两年多的低质量船舶专项检验,设立准入门槛制度,堵住了低质量船舶的生产源头,构建船舶"造、检、航"安全生产管理责任体系和长效管理机制。共检验与治理 1050 家造船厂(点),约占全国造船企业总数的 1/3,其中关停并转 457 家,完成整改并通过验收的 511 家,仍在整改的 82 家。对 9150 艘治理船舶进行专项附加检验,8695 艘船舶通过检验,未通过检验的 455 艘船舶予以撤销证书或拆解取缔的处理。全国渔政渔港监督和渔船检验机构重点排查渔业船舶 12.7 万艘,对列入治理范围的 1. 6 万余艘渔船进行治理,拆解、报废渔船 3400 多艘。对重点船舶检查 6823 艘次,责成船舶接受附加检验 3612 艘次,滞留 391 艘次,发现缺陷 56567 项。2009 年 10 月,为巩固全国低质量船舶专项治理活动成果,中国海事局在全国范围内对 2005—2007 年间建造完工、3000 总吨及以上、国内航行的海船进行一次船舶质量专项检查活动。专项检查活动时间为 2009 年 11 月 1 日至 2010 年 1 月 31 日。

(2)"大船小证"专项检验整治

2008 年 8—10 月,根据交通运输部在全国范围内开展运输船舶吨位丈量专项检查活动计划,直属、地方海事船检机构与船级社针对当时船舶证书中标注的丈量吨位与实际严重不符的情况时有发生,特别"大船小证"(即船舶证书上标注的吨位小于船舶的实际吨位)的问题,在全国范围内开展运输船舶吨位丈量专项检查活动,检查重点是 100 总吨及以上、3000 总吨及以下的中国籍国内航行海上和内河运输船舶。这一活动结束时共计复核船舶 31791 艘,实船复核 17058 艘,通过检查发现实船与证书总吨位不相符船舶共 6205 艘。2010 年,直属、地方海事系统在 2009 年运输船舶吨位丈量专项整治活动取得阶段性成果的基础上,全面开展"大船小证"综合治理工作。部海事局制订综合治理活动任务部署表,明确各项工作的内容、承办单位和完成时限。任务中重要的一部分内容是制度建设,提出诸多能有效遏制"大船小证"的措施。2010 年 12 月底,此次综合治理工作全面完成。

(3)渔船检验变化

自 2006 年起,国家实施渔业成品油价格补贴政策,一改渔船长期受检率偏低问题,渔船检验由过去强制检验转变为渔民主动申报检验,检验渔船由 1999 年 26.26 万艘次增至 2010 年的 58 万艘次,应检渔船的受检率达到 80%。

(4)船舶检验信息化建立

2006 年,船舶检验发证管理系统(VIMS 5.0)在广东、贵州、河北、四川、重庆、福建、浙江、安徽 8 个省(市)试运行。11 月 24 日,中国海事局开始分批推广这一系统,于当年 12 月 1 日起启用。2007 年 6 月 1 日,第一批单位使用这一系统,剩下的于 12 月 31 日使用。之后,国内航行船舶的检验证书、记录和检验报告必须使用这一系统进行编制、打印,否则视为无效。

2007 年 4 月 18 日,中国海事局要求广东海事局完成全国船检数据库邮件交换中心软硬件环境配置和安装工作,为全国船舶检验机构提供邮箱服务,并建立内外网邮箱。到 2007 年 10 月,全国船检数据库接收到广东、黑龙江、辽宁、河北、天津、山东、江苏、上海、福建、广西等10个船舶检验机构初次报送的数据,共计175648艘船舶379082次检验数据。广东、广西、山东、福建船舶检验机构实现每天向全国技术数据库报送数据。

六、引航安全管理的变化

2006年6月,为保证引航体制改革期间引航安全,各直属海事局要求所在地的引航机构进一步落实安全管理责任,建立健全安全管理体系,加大管理工作力度,切实落实安全管理责任,加强引航安全监管,坚决查处引航过程中的违规行为。2006年起,国务院办公厅颁发《关于深化中央直属和双重领导港口管理体制改革意见的通知》(国办发〔2001〕91号),要求直属海事系统按照2007年4月16日交通部下发"关于加强我国港口引航管理的通知"精神,严把准入关,加强引航资质管理、科学管理、制度建设,全面提升引航服务水平与队伍规范化建设,并切实加强引航安全管理工作,严格监管,规范引航行为。同时,沿海各港的港口企业根据"一港一引"原则,与引航机构彻底分离,将引航机构进一步改革为具有独立法人资格的事业单位——专业引航机构。2007年10月,交通部明确长江引航中心为长江唯一引航机构,所有引航业务均交由其行使。2008年1月8日,中国引航协会宣告成立。这标志着政府管理、引航机构专营服务、行业协会自律,具有中国特色的引航管理体制确立。2009年,在交通部对全国沿海重要港口242个引航员登轮点进行重新调整和划定的基础上,各直属海事局制订了引航水域管理规则,中国海事局汇编并出版发行《中国沿海内河水域引航管理规则》。

这一时期,直属海事系统加强对引航员的培训与考试。2008年3月,河北海事局对辖区内3个港口近80名引航员分两批进行知识更新培训。培训内容包括:船舶引航操纵技术、最新海事行政管理法规、辖区通航环境和引航员考试及评估程序简介等。12月29日,2008年第一期全国引航员适任统考由中国海事局公布成绩。统考总参加人数为172人,其中95人参加海港引航员考试、77人参加内河引航员考试。2009年1月,辽宁海事局受中国海事局的委托编辑《引航员管理法规汇编》,正式出版,主要内容包括相关的国际公约和我国引航员管理的相关法律、法规、规章及其他规范性文件。7月28日,为期4天的大连考区全国引航员适任统考在辽宁海事局船员考试中心开考,46名考生参加考试。这是大连考区首期设置海港一级引航员统考考点,也是全国首期采用无纸化考试方式的引航员适任统考。

至2008年,全国引航员队伍共有引航员1556人,约占世界引航员总数的1/7。其中,高级引航员309人,一级引航员237人,二级引航员292人,三级引航员383人,助理和实习引航员335人,技术结构趋于合理。与世界海运发达国家相比,中国引航员队伍年轻、富有朝气,是一支能吃苦、勤学习、精业务、讲奉献的队伍。英国出版的《航路指南》是这样评价中国引航员的:"他们比较年轻,技术较好。"不少外国船长在接受中国引航员为其提供引航服务后,惊叹:"若不是亲眼所见,真不相信中国有这么年轻的引航员。"中国引航队伍数量居世界之首,2007—2010年引航中外船舶规模也居世界首位(超过30万艘次),特别是引领超大型船舶一直走在世界前列。至2010年底,中国引航技术先进、精湛,服务优质、安全、高效,做到全方位、全天候,引航能力、规模、效率和服务水平都进入世界先进行列,

七、航运公司审核发证工作的加强

2005年6月水监体制改革结束时,航运公司安全管理体系取得明显成效并积累了一定经验。中国海事局及其直属、各省(区、市)地方海事系统不断优化安全质量管理体系审核机制,强化对航运公司的各种审核,引入跟踪和附加审核,重点加强安全质量管理体系审核人员培训和管理,推行航运公司的安全诚信管理,注重审核质量的提高,全面推进航运公司安全管理体系有效运行。2006年,召开实施《国内安

全管理规则》推进研讨会,完成 3 批国内航行船舶及航运公司安全管理体系的审核发证工作,促进国内航行船舶安全管理水平的提高。《国内安全管理规则》的实施,标志着中国实施《国际安全管理规则》跨入一个新的阶段,促进了审核工作的标准化和规范化,有效地保障了航运公司及其船舶的安全管理。

(一)航运公司安全管理体系的审核

1.航运公司安全管理体系的审核

根据交通部赋予的职权与此时部分船舶实施《国内安全管理规则》进入中间审核、签注期,中国海事局于 2005 年 1 月 18 日对实施中间审核、签注的审核组工作提出具体要求。2006 年 4 月 1 日起,取消重庆、湖北、江苏、安徽、浙江省(市)地方海事局为实施《国内安全管理规则》审核发证机构的授权,同时委托这 5 个地方海事局受理船舶及其航运公司的审核申请并上报中国海事局,按照 2001 年《国家计委办公厅关于修订中国船级社检验计费规定的通知》附件二中有关船舶安全管理体系审核规定进行收费。2007 年 7 月 24 日,针对一些船舶管理公司存在“代而不管”或船东“让代而不让管”的现象,各直属海事局审核中心加大对船舶公司安全管理体系运行情况的审核、验证、管理力度,强调船舶公司应配备保证安全管理体系正常运行的适任并足够的岸基管理人员。对船舶管理公司实施审核,重点是代管船舶船员配备、船长指挥资格确认、船舶维修等需要岸基资源支持的情况。同时,交通安全质量管理体系审核中心在辽宁、河北、天津、山东、江苏、上海、浙江、福建、广东、广西、海南、长江、深圳海事局派驻审核业务部,与各局的审核办事机构合署办公。审核中心还负责检查、督促和指导派驻的各审核业务部的业务工作,并划拨一定额度的业务经费。为使审核工作逐步从基本由兼职审核员完成过渡到主要由专职审核员完成,各审核业务部可聘用适量的专职审核员。8 月 31 日,中国海事局同意交通安全质量管理体系审核中心内设综合管理部、审核业务部、研究发展部,人员控制数为 16 名。12 月 1 日起,安全管理体系审核管理信息系统正式运行,各直属海事局的审核办公室开始录入、更新、维护、上报本辖区航运公司及其船舶的审核管理信息。2008 年,中国海事局对安全管理体系进行审核,以及加强对航运企业安全与防污染工作的日常监管,进一步促进航运企业安全与防污染管理水平的提高。2008 年 6 月底,全国有 188 家国际航运公司、1035 家国内航运公司持有效符合证明,1271 艘国际航行船舶、6089 艘国内航行船舶持有效安全管理证书。2009 年,为全面推进航运公司安全管理体系有效运行,中国海事局又下发试行的体系审核通用项目标准与监督管理办法(试行),以促进审核工作的标准化和规范化,并进一步加强对审核、发证机构及其相关活动的监督管理。2006—2010 年直属海事系统国际国内航运公司安全管理体系审核情况详见表9-4-20。

2006—2010 年国际国内航运公司安全管理体系审核情况　　表 9-4-20

年份	审核工作实施情况	持有符合证明公司数(家)		持有安全管理证书船舶数(艘)	
		国际	国内	国际	国内
2006	调派公司审核组 803 个、审核员 2943 人次、实习审核员 738 人次,船舶审核组 1773 个、审核员 3139 人次、实习审核员 133 人次,对 10 家国际公司、30 家国内公司实施跟踪审核,4 家国际公司、7 家国内公司实施附加审核。1 家国际公司和 10 家国内公司的符合证明被吊销,1 家国际公司和 3 家国内公司不予发证,31 艘船舶未通过审核	186	514	1286	3153

续上表

年份	审核工作实施情况	持有符合证明公司数(家)		持有安全管理证书船舶数(艘)	
		国际	国内	国际	国内
2007	调派公司审核组1346个、审核员4472人次,船舶审核组3873个、审核员6985人次,对13家国际公司、26家国内公司实施跟踪审核,3家国际公司、24家国内公司实施附加审核。1家国际公司和1家国内公司的符合证明被吊销,1家国际公司和23家国内公司不予发证,72艘船舶未通过审核	191	1021	1254	6170
2008	调派公司审核组1376个(其中,国际195个,国内1182个)、审核员4672人次;调派船舶审核组2752个、审核员4921人次,对4家国际公司和45家国内公司实施了跟踪审核,2家国际公司和40家国内公司实施附加审核。23家公司审核未通过而不予发证或吊销证书,30艘船舶审核未通过	198	1118	1420	6183
2009	调派国际国内航运公司审核组1504个(其中,国际航运公司审核组230个,国内航运公司审核组1274个)、审核员4914人次,调派船舶审核组3507个、调派审核员6419人次	197	1053	1269	6707
2010	调派国际国内公司审核组1481个(其中,国际公司审核组222个,国内公司审核组1259个)、审核员5107人次,共调派船舶审核组3945个、审核员7260人次	198	1110	1261	6942

2.航运公司安全诚信管理

借鉴2003年起开展的评选“安全诚信船舶”,以及船舶“白名单”和“黑名单”管理所取得的经验,将诚信管理制度推广到航运公司安全管理上来。

2007年5月23日交通部公布并于2008年1月1日施行的《中华人民共和国航运公司安全与防污染管理规定》,把我国所有航运企业安全与防污染工作纳入管理范围,明确了航运公司安全与防污染管理责任,并对违反规定的行为做出相关处理,填补了水上交通安全监管的盲区。按照这规定,直属海事系统加强对航运企业安全与防污染工作的日常监管,进一步促进航运企业安全与防污染管理水平的提高。7月23日,中国海事局下发《航运公司安全诚信管理办法》,于2008年开始实施,主要将安全诚信管理手段由船舶延伸至中国境内注册的航运公司。航运公司“安全诚信公司”管理制度开始试行。2008年3月26日,中国海事局下发通知,开展2007年度安全诚信公司评选工作,并要求各直属、地方海事机构于5月20日前将本辖区上一年度安全诚信公司申请名单及申报表上报中国海事局。6月,通过评选,中远航运、中海客轮、威海市海大客运、珠海高速客轮等4家航运公司被评为2007年度安全诚信公司,成为第一批安全诚信公司,并相应获得系列优惠政策。自此,我国航运市场正式建立起“三位一体”(公司、船舶、船长)的诚信管理体系。

3.审核员培训与注册

2006年6月16日、8月7日、12月12日,中国海事局分别公布91名、30名(内审员)、42名船员考试、评估和发证质量体系审核员名单。2007年,举办两期审核员资格培训班,培训119名海事系统和航运公司的人员,111人通过考试并取得审核员资格,并培训一期主任审核员。2008年,经考评合格并予以年度注册的审核员1151人,其中主任审核员246人、普通审核员905人。2009年,开展先进审核业务部和优秀审核员评选活动,并举办培训班8期10个班,培训公司指定人员566人。11月,在武汉举办首期船舶保安体系审核员资格培训班,取得首批船舶保安体系审核员资格的审核员70名。2010年,举办审核员资格培训班,69人参训。到2010年底,全国共有审核员1539人,其中主任审核员392人、普通审核员1147人。

(二)国际与国内安全管理规则实施的推进

1.国际安全管理规则实施的推进

2008年11月,中国海事局根据航运经济发展需求,简化审核、发证环节,全面推动船舶安全质量管理体系建立并运行,完善安全体系审核机制,明确审核中心在江苏、浙江、安徽、湖北、重庆等5省(市)地方海事机构派驻审核业务部。2008年12月4日,在第八十五届海安会上以第273号决议通过《国际船舶安全营运和防止污染管理规则》(以上简称《ISM规则》)修正案,于2010年7月1日起强制实施。为做好《ISM规则》修正案实施的相关工作,直属海事系统按照规定要求,落实《ISM规则》修正案,规范涉外航运公司安全管理体系,促进安全管理体系审核国际合作。2010年1月,中国海事局下发《涉外航运公司安全管理体系委托审核发证程序》。7月1日起,直属海事系统审核机构将按照修改后的《ISM规则》对公司进行审核发证。至2010年,全国180多家国际航运公司和1200多艘国际航行船舶全部实施《ISM规则》。

2.国内安全管理规则实施的推进

2005年,鉴于国务院在2004年第412号令中决定将"航运公司安全营运与防污染能力符合证明核发"列为确需保留的行政审批项目之一,中国海事局开始修改和完善《中华人民共和国船舶安全营运和防止污染管理规则(试行)》(以下简称《NSM规则》)。2007年5月23日,交通部公布《中华人民共和国航运公司安全与防污染管理规定》,次年1月1日起施行。该规定的实施,使《国际安全管理规则》从国际公约转化为国内行政规章,为航运公司建立安全管理体系提供了法律依据。

2006年1月17日,中国海事局发布通告,要求在2007年7月1日前所有500总吨及以上沿海跨省航行的散货船和其他货船(包括航行于港澳航线的中国籍海船)应取得《安全管理证书》或《临时安全管理证书》,其营运公司应取得《符合证明》或《临时符合证明》,告知海事机构届时将检查船舶持有证书情况。8月1日,又在福州召开第三批船舶实施《国内安全管理规则》推进研讨会,加大宣贯和公司内审员、外审员的培训力度,严格执行审核标准,不断完善审核机制。10月12日,中国海事局下发通知,允许非独立法人航运公司经上级独立法人书面授权后,可以申请安全管理体系审核。12月,共完成3批国内航行船舶及航运公司安全管理体系的审核发证工作,促进国内航行船舶安全管理水平的提高。《国内安全管理规则》实施,标志着中国实施《国际安全管理规则》进入新阶段。至2010年,1000多家国内航运公司和6000多艘国内航行船舶分批实施《NSM规则》。

此外,2006年3月24日,中国海事局决定自2006年4月1日起取消对重庆、湖北、江苏、安徽、浙江省(市)地方海事局为实施《NSM规则》审核发证机构的授权,同时委托这5个地方海事局受理船舶及其航运公司的审核申请并上报中国海事局,参与审核有关工作。2007年5月,中国海事局就安全管理体系运行状况一般、重大、严重不符合规定的判定原则和判例,向审核员提出指导意见。2007年6月上旬,全国第三批国内航运公司的96.98%通过《NSM规则》审核(其中83.84%获得《符合证明》),3.02%准备或申请审核。2009年10月,为进一步做好航运公司安全管理体系审核发证工作,中国海事局调整签署航运公司《符合证明》和船舶《安全管理证书》授权官员,并于2009年10月9日下发签署航运公司《符合证明》和船舶《安全管理证书》授权官员名单的通知。2010 年 1 月,为方便现场审核的实施,简化相关审核条目,直属海事系统按《国内船舶保安计划审核工作程序》审核文书及填写要求填报的相应审核文书。

(三)助航企业应对金融危机的“九大措施”

2008 年之后,受国际金融危机快速蔓延和世界经济发展明显减速的影响,国际航运市场需求急剧下滑,我国航运业发展也面临严峻形势,不少航运公司处于亏损状态,一些大型船舶面临停航,一批中小航运公司甚至有破产倒闭的风险。

为协助这些企业走出困境,帮助航运企业渡过难关,2008 年 11 月起中国海事局及直属海事系统深入研究金融危机对航运业和船舶安全的影响,在各地调研,全面了解水运市场状况和航运企业面临的困难,为国际航运公司排忧解难。中国海事局制订并实施了建造中船舶抵押权登记暂行办法,简化审核工作程序,提高审核质量,免费举办航运公司指定人员培训班。2009 年 1 月 23 日,中国海事局下发“关于采取积极措施帮助航运企业应对金融危机的通知”,帮助航运企业应对金融危机(以下简称九大措施),包括:

①加大对老旧船舶的安全检查力度,促进产业结构升级;②严格落实诚信船舶的各项优惠政策,进一步提高诚信船舶营运效率;③加强临时开放口岸的服务和管理;④规范船舶抵押权登记,谨慎开展在建船舶抵押融资工作;⑤严格执行国家行政事业性收费规定,禁止乱收费;⑥进一步缩短行政许可办结时限,加快推进网上办理行政许可,为行政相对人提供更加便利的海事服务;⑦加强安全管理体系审核工作,进一步降低船公司安全管理体系审核成本;⑧主动作为,营造安全畅通的通航秩序;⑨依法行政,合理规范使用海事行政处罚自由裁量权。

2009 年 2 月 12—13 日,中国海事局在海南海口召开直属海事系统工作会议,要求直属海事系统认真落实服务航运企业应对金融危机的九大措施,突出服务,深入研究金融危机给我国航运业和水上交通安全带来的影响,提出具体服务航运企业的措施,积极帮扶航运企业共度难关。随后,按照九大措施,直属海事系统结合各自辖区实际,尽其所能,在确保水上交通安全的前提下,相继出台特殊政策帮助企业度过金融危机,为航运企业排忧解难。2009 年 7 月 1 日,交通运输部对广东等地服务于特殊航线(特殊航线系指中国内地至中国港澳台航线以及通航的国际河流段)船舶船员办理海员证情况进行调研,出台特殊航线船员出境证件管理的特殊政策。直属海事系统落实、出台各地帮扶航运企业,服务船员、船民的可行措施。如 2008 年 11 月 25 日,长江海事局出台“服务船民、帮扶企业”8 条措施。2008 年,江苏海事局出台 8 项帮助企业走出困境,便利港航企业发展,应对国际金融危机的举措。2009 年 1 月 13 日,厦门海事局出台支持厦门航运经济发展 8 项利好措施,竭尽全力帮助广大港航企业和船员度过经济“寒冬”。5 月 19 日下午,上海海事局与上海市虹口区政府、上海航运交易所共同举行“加快建设上海国际航运中心现代航运服务体系合作框架协议”签字仪式,以北外滩航运服务集聚区为依托,制订优化现代港口集疏运体系、发展现代航运服务体系、建设航运发展综合试验区、服务上海国际航运中心建设等 4 类 18 项重要工作和 48 项措施,积极参与上海国际航运中心建设。9 月 2 日,天津海事局提出支持港航企业应对金融危机的 7 项措施。

八、加强事故处理及重特大事故

(一)事故的调查与特点研究

2006 年 1 月 19 日,最高人民法院民事审判第四庭与中国海事局就海事机构与海事法院、有关高级人民法院建立海事调查与海事诉讼协调机制、船舶扣押和船舶拍卖工作合作机制等事宜做出安排,并明确提出海事调查报告及其结论意见可以作为诉讼证据。8 月 7 日,中国海事局成立水上交通事故调查专家委员会,由航运、航道、公安消防、海事、救捞、引航、验船及大连海事大学等航运界的 45 名专家担任委员。主要就事故调查装备配备原则和标准做出统一规定,要求直属海事系统事故调查部门按标准配备事故调查装备,各地方海事机构参照执行。针对部分海事机构出现弱化事故调查处理的倾向,中国海事局于 10 月 14 日下发通知,以加强水上交通事故调查处理工作。2007 年,中国海事局编辑出版《2005—2006 年水上交通事故案例集》《2006 年水上交通事故情况通报》等。2008 年,直属海事系统研究 2007 年发生事故的特点和原因,提出具体监管对策,并编写《水上交通事故调查报告编写指南(试行)》。2009 年 10 月 1 日起,直属海事系统开始对中国籍船舶船上安全操作过程中发生的人员伤亡事故进行调查,以履行《国际海事调查规则》,使我国海事调查工作全面与国际接轨。2010 年 5 月 21 日,天津、辽宁、河北、山东海事局,分析渤海湾地区水上事故险情特点和原因,研究水上交通安全监管的对策,有效遏制海上重特大事故的发生;分析研讨渤海湾地区的水上交通安全形势和特点,研究探讨船舶、船员、船公司管理以及防污染等,制订出可行管理办法和措施,形成海上交通安全监管的联动合力,切实抓好渤海湾地区水上交通安全监管工作。

(二)海事调查官的培训

为加强海事调查官队伍建设,提高海事调查业务水平,中国海事局于 2005 年 12 月 28 日下发通知,规定自 2006 年 7 月 1 日起海事调查官要划分等级、任职资格,参加培训与考试,经过资格注册,接受考核评估、责任追究和工作保障等。2006 年,规定辽宁、上海、武汉培训中心负责组织实施海事调查官培训考试,同时委托大连、上海海事大学、武汉理工大学协助组织培训课程和任课教师。全年共组织助理海事调查官培训班 33 期、中级海事调查官培训班 5 期、高级海事调查官培训班 3 期。经培训考试,7 月为首批海事调查官颁发证书。从 7 月 1 日起,在全国实行海事调查官持证上岗制度,规定通过培训、考试并取得中国海事局统一颁发的海事调查官专业资质认定证书的人员才可从事海事调查工作。2007 年 6 月,中国海事局在上海和武汉各举办 1 期中级海事调查官培训班。8 月,在大连举办 1 期高级海事调查官更新培训班,授权部分直属海事局和地方海事局分别举办若干期助理海事调查官培训班。11 月,各直属海事局海事调查官赴美国参加模拟海事调查培训。至 12 月底,全国海事系统已有高级海事调查官 123 名、中级海事调查官 331 名、助理海事调查官 1679 名。2008 年,中国海事局联合交通运输部公安局、救捞局,大连、上海海事大学及中远、中海、中国船级社,成立中华人民共和国海事局决定成立涉外海事调查机动组,由海事调查官和海事调查专家组成,开展涉外海事调查和应急反应工作。2009 年,又举办 2 个中级海事调查官适任培训班和 1 个高级海事调查官知识更新培训班,并正式组建涉外海事调查机动组,派遣海事调查官赴印度处理"穗救 201"轮被扣事件。这是我国海事调查官首次赴国外参与海事调查工作。2010 年,依据《海事调查官管理规定》,中国海事局及其直属海事局经考核评估,对符合注册条件的高、中级海事调查官准予注册,并予公布。至此,新增 170 名中、高级海事调查员,其中新增涉外高级调查官 16 人、新增涉外中级调查官 89 人、新增非涉外中级调查官 65 人。

涉外海事调查官对涉外事件应急处置工作中发挥了积极作用。2007 年 5 月 12 日,韩国籍货船"GOLDENROSE"轮与圣文森特籍货船"JINSHENG"在渤海湾口以东海域发生碰撞,造成"GOLDENROSE"轮沉没。中国海事局按照党中央和交通部领导要求,组织大规模的搜救行动,并及时与韩方进行沟通。根据两国在 2005 年达成的海上事故调查合作协议,由中国海事局、大韩中央海洋安全审判院组成"5·12"碰撞事故联合调查组,对事故展开联合调查。6 月 15 日,中韩联合调查组组长签署《中国海事局与大韩民国中央海洋安全审判院联合攻关调查会议纪要》。中韩双方客观、公正进行事故调查,有利于事故公正的解决,促使事故处理取得圆满成功。

2007 年 12 月 7 日,中国香港籍超大型油轮“HEBEI SPIRIT”轮在韩国西海岸锚泊期间被韩国籍失控浮吊船“SANSUNG NO.1”擦碰,导致上万吨原油泄漏入海,酿成韩国有史以来最严重的污染事故。中国政府接到韩国政府提出的清污援助请求后,立即组织援助行动,派出中国海事局大型航标船“海标 24”轮携带消油剂、吸油毡以及收油机、围油栏等清污物资,并选派 27 名清污专家与技术人员随船支援韩国清污救灾。“海标 24”轮 12 月 18 日完成清污任务返回上海港。此次清污援助行动得到韩国政府高度赞扬,联合国环境署对此次跨国清污行动表示肯定。

(三)水上交通事故的处理与统计

2006 年 3 月 30 日,为保证水上交通事故调查处理信息发布的严肃性、公正性、客观性,中国海事局就水上交通事故调查处理对外信息发布提出统一要求。11 月 29 日,对在珠江口“6・22”事故调查处理工作中表现突出的广东海事局 27 名主要人员给予通报表扬。2007 年 4 月 2 日,中国海事局对在浙江两起肇事逃逸重大事故调查处理工作中表现突出的浙江海事局 14 名主要人员给予通报表扬。9 月 3 日,交通部发出明传电报,就 2007 年 8 月 29 日“华航机 828”轮碰撞江苏昆山通城河桥事故进行通报,要求各海事机构督促航运企业加强对船员的安全教育和操作培训,加强对重点水域的监控,对发生事故坚持“四不放过”(不查清不放过、事故责任者得不到处理不放过、整改措施不落实不放过、教训不吸取不放过)原则,一查到底。

水上交通事故统计工作是事故调查与处理的重要依据。长期以来,直属、地方海事系统认真研究与探索事故统计的准确性与全面性,为事故的处理提供真实的依据。这一时期,全国海事系统继续保持事故统计研究,提高事故统计质量。2007 年 11 月,中国海事局要求全国海事系统依法提高事故统计质量,明确在推广使用水上交通事故管理系统软件的同时,加强事故统计月(年)报的质量跟踪工作,并对迟报、漏报、错报等现象进行不定期的通报。

(四)主要的重特大交通事故

2006 年 3 月 15 日 13 时 10 分,四川省广安市岳池县西溪镇村个体村民驾驶乡镇自用船(1998 年建造,2004 年经西溪镇安全生产办公室办理乡镇自用船舶登记,总长 8.4 米,船宽 1.86 米,吃水 0.35 米,准载 2 人),非法载客 40 人,在嘉陵江支流西溪河、距西溪镇菜市场上船处上游 110 米水域翻沉,造成 28 人死亡。

2006 年 5 月 2 日约 22 时 4 分,杭州经纬海运有限公司所属油船“经纬油 1”轮空载从福州港驶往大连港途中,在山东省石岛港东南约 27 海里处与“辽大中渔 0560”轮发生碰撞,造成“渔船 0560”轮沉没、随船 10 名渔民全部失踪。

2007 年 5 月 12 日 3 时,从烟台开往大连的圣文森特籍集装箱船“金盛”(JIN SHENG)轮与从营口开往韩国的韩国籍杂货船“金玫瑰”(GOLDEN ROSE)轮在渤海海峡以西海域发生碰撞,造成“金玫瑰”轮沉没,16 名船员失踪。经中国海上搜救中心组织持续 40 天的搜救,打捞起 6 名船员遗体,其余 10 人失踪。“金盛”轮球鼻艏轻微变形,船舶及船员安全。

2007 年 6 月 15 日,广东佛山南海裕航船务有限公司经营的“南桂机 035”轮从佛山高明开往顺德途中偏离主航道,触碰 325 国道九江大桥非通航孔的桥墩,造成九江大桥部分桥面坍塌、“南桂机 035”轮沉没。事故造成,4 辆汽车(内有 6 人)、2 名施工人员坠入河中,共 8 人死亡。事故发生后,国务院领导高度重视,总理温家宝、副总理曾培炎和国务委员华建敏都做了指示和批示。

第五节　航标与测绘管理能力的全面提升

一、海区航标建设与管理能力的提升

(一)海区航标配布与建设

2006 年,管理海区的 4 个海事局航测部门新建、改建各类航标 585 座,使管理维护的航标达 3980 座,比上年增加 17.2%。

2007 年 8 月 13 日,为加强对海区航标测绘工作的管理和指导,中国海事局组建交通部海事局航测专家委员会,下发《交通部海事局航测专家委员会章程(草案)》,规定了专家委员会的宗旨、机构成员、职责和任务、工作规则和制度等。按照对航标"底数清、措施实、要求严"总体要求,北海、东海、南海三大海区管辖航测的天津、上海、广东海事局在普查沿海航标并取得翔实数据后,进一步制订航标布局规划,并审批航标设置行政许可 141 起,涉及各类航标 877 座。中国海事局对航标助航网站进行改版,调整栏目,增加网站管理功能。8 月 22 日,为规范中国沿海可航水域桥梁助航标志的设置和管理,中国海事局下发"中国海区可航行水域桥梁助航标志试行通知",以规范桥区船舶航行及桥梁安全。2008 年,组织编制《全国沿海航标总体布局规划》。

2009 年,海事航标管理部门继续推进全国海区航标维护管理一体化进程,有计划、分批次地接收地方航标,做好接标后的效能改造和维护管理工作。年内,完成福州、厦门地方航标接标完善性改造等工程项目,完成金塘大桥助航标志建设、象山港公路大桥助航标志建设、厦门"海岛一日游"和平码头至小嶝岛航道航标建设、瓯江口航道维护工程航标设置等航标工程项目的审批,并对海口港、三亚港、龙湾港等业主码头专用航标进行效能监督和检查。

2010 年,海事航标管理部门完成《全国沿海航标"十二五"发展规划》编制工作,继续推进沿海岸基 AIS 建设与完善沿海 RBN-DGPS,加强重点港口和水域的航标系统效能改造和调整工作;组织完成《海区浮动助航标志配布导则》和《航标遥测遥控系统技术规范》国家标准的起草、送审和报批工作,申报国家标准《中国海区水上助航标志》的修订项目;建立统一标准的航标基础信息电子字典,开发完成沿海航标基础数据库系统,加强北斗通信系统在航标遥测遥控系统中的应用研究,继续推动航标遥测遥控系统的建设与应用。

至 2010 年底,通过不断地布局、建设和调整,由三大管理航测的海事局管理维护的沿海航标共有 5982 座(沿海航标总共有 9750 座),航标正常率、维护正常率、信号可利用率均超过交通部规定的标准,建成布局合理、层次分明、功能完善、性能可靠和广泛适应的综合体系,形成一个覆盖我国沿海重点航路和通航水域的多层次、立体化、数字化的海区"航标链",为我国水运经济、海洋开发和国防事业提供精确、可靠的航海保障。2006—2010 年直属海事管理维护航标正常率、维护正常率详见表 9-5-1。

2006—2010 年直属海事管理维护航标正常率、维护正常率一览表　　表 9-5-1

年　份	航标座数(座)	完成维护量(座/天)	航标正常率	航标维护正常率	是否超过部颁标准
2006	3980	1181041	99.99	99.99%	超过
2007	5096	1489919	99.94	99.98%	超过
2008	5582	1735574	99.92%	99.99%	超过

续上表

年　份	航标座数(座)	完成维护量(座/天)	航标正常率	航标维护正常率	是否超过部颁标准
2009	5775	1796483	99.94%	99.98%	超过
2010	5982	1948827	99.93%	99.99%	超过

注:1996 年 12 月 3 日交通部发布的《海区航标作业管理规则》规定:航标正常率应达到 99.6%,南海海区应达到 98.5%;航标维护正常率应达到 99.8%,南海海区应达到 99%。

(二)进一步加强航标技术规范

2007 年 6 月,统管海区航标测绘的天津、上海、广东 3 个海事局普查全国沿海航标,包括视觉、音响航标和无线电导航设施与专业单位设置的专用航标。整个航标普查到 8 月 31 日结束。7 月起,3 个海事局航标部门首次在中国海区及其港口、通海河口采用新型应急沉船示位标,更有效地标示出危险沉船的位置,最大限度地保障船舶航行安全。随后,中国海事局下发应急可航行水域桥梁助航标志等航标应急标准。2007 年,共启动应急预案 255 次,设应急标 162 座。2009 年 9 月,下发航标效能定期评估管理办法(试行),于 9 月 7 日起执行。

(三)航标新技术的不断应用

2006 年,天津、上海、广东 3 个海事局航标部门加强新材料、新能源和新光源的应用,首次采用以聚脲弹性材料做外防护层的简易灯桩,在东海、南海海区所有灯浮标全部使用 LED 灯器,部分航标使用太阳能、波力或风力等绿色能源发电;完成南海海区航标遥测项目二期招投标,东海大桥、洋山港和厦门湾航标遥测系统建设试点工作。

2008 年,天津海事局航测部门成功研发航标智能灯器与运行信息管理系统,在海区 3 座灯塔和 393 座航标上应用,效果良好,经山东省科技厅组织鉴定,达到国际领先水平。“适用于复杂海况的保证海域安全的冰区浮标”项目获 2008 年度天津市科技进步三等奖和中国航海科技三等奖;“电子海图桌应用系统”项目获中国测绘学会测绘科技进步三等奖。“加密通信”“GMDSS-DSC 系统国产化”等项目研究进展顺利,具有较高的理论创新水平和实践应用价值。上海海事局航测部门研制的船舶智能导航仪,集成 AIS、GPS、电子海图、智能报警等功能,实现航行信息综合显示和智能导航。这些航测技术的研制与推广应用,为航海人员提供更多的安全信息和更好的助航服务,能够在紧急情况下提供快速的报警手段,也为海事部门加强对船舶的监控提供了有效手段。12 月 23 日,长江中游航道开始启用太阳能航标灯。首批 300 盏太阳能航标灯用于荆州和监利辖区航道,另有 700 盏太阳能航标灯则在岳阳、武汉、黄石 3 个辖区航道投入使用。太阳能航标灯不仅节能环保,而且具有重量轻、免维护等优点,运输、安装简便,日常维护简单易行。

2009 年 4 月 10 日,厦门镇海角灯塔展览馆开馆。镇海角灯塔是鸦片战争后第一座由中国人自行勘察、设计、施工建造的灯塔,扼守台湾海峡南北通航干线的出入口。

至 2010 年底,全国海区超过 80%的航标使用了太阳能绿色能源,2392 座航标实现远程遥控。

(四)航测质量管理体系建立与运行

海事航测质量管理工作体系,是按照 ISO 9000 标准,参照 LALA 1052《关于在航标服务提供中应用质量管理体系的指南》,由天津、上海、广东三大海区海事局于 2005 年 12 月筹划与建立的。我国政府向国际海事组织递交参加自愿审核机制首批审核申请书,国际海事组织自愿审核机制审核组决定 2007 年后对中国船舶进行审核后,2006 年 4 月 14 日中国海事局下发“关于建立海事航测质量管理工作体系工作通知”,要求于当年建立中国海事局、海区海事局和基层航测单位(航标处、海测大队、航海图书印制中心)3 级航测质量管理体系,并在全国 4 个海区 21 个航测基层单位按照 ISO 9000 体系建立航测质量管理体系。同时,中国海事局制订“自愿审核机制与建立质量管理体系培训计划”,由部局航测处成立航标测绘质量管理体系工作组,应对国际海事组织自愿审核机制和质量管理的研讨和培训。培训的主要对象是航测系统各级主管领导及专职质量管理员。培训的主要内容为国际海事组织成员国自愿审核机制概要、航海保障工作概况及法规标准体系、航标质量管理体系指南等 5 个方面。2007 年 3 月 19 日,中国海事局继 2 月广东召开 2007 年海区航测工作暨质量管理体系推进会后,对 2007 年推动航测质量体系工作做出安排,具体为 9—10 月组织检查和审核,改进体系运行管理,12 月起运行。5 月 1 日,由中国海事局航测处、海区测绘管理部门、海测大队组成的 3 级航测质量管理体系,参照 IS0 9001:2000 标准以及 IALA 1052 指南开始运行。至此,中国海事局航测质量管理体系经过多年体系化和认证化后终于开始试运行。2008 年 4 月,中国海事局下发航测质量管理体系质量手册及程序文件,要求有关单位据此发布各自的体系文件,全面进行航测质量管理体系的运行,推进航测质量管理体系的建设。

这一时期,两期“全国海区航测信息系统”工程自 2003 年建成投入使用,成功连接部海事局、海区局、各航标处的广域网络,开发航标作业管理、海图制作管理、公用信息等应用软件,在部分航测部门试点运行,并进一步理顺航测管理业务流程,规范相关业务之间的关系,有效地节省费用支出。2007 年,航标数据库建成。2010 年 6 月 11 日,天津、辽宁、河北、山东海事局渤海油田海事监管交接备忘录和关于加强环渤海地区航标测绘与通航管理交流合作协议在天津签署。

二、沿海港口航道测绘能力的提升

(一)沿海港口航道测绘工作取得明显成效

2006 年 10 月,在国家测绘局建局 50 周年之际,北京中国国家博物馆举行“经纬之光——全国测绘成果成就展”。中国海事局在展览中利用动画、音像等技术手段,以文字、图片、实物等形式,展示海事测绘航海图书产品和近十年来取得的一系列重大创新性科技成果,生动地反映海事测绘在保障航运安全、服务社会、促进国家经济建设等方面的重要作用。中国海事局展位被评为优秀展位。随着港口航道图等航海出版物的覆盖范围不断扩大,种类和数量不断增加,加强出版物质量监管、规范测绘标准的执行成为当务之急,11 月 23 日,中国海事局下发“关于开展 2005—2006 年度测绘产品质量检查工作的通知”,决定从 11 月 27 日至 12 月 27 日,开展 2005—2006 年度海图和航海出版物质量检查活动,主要检查海图和航海出版物的保密、质量体系运行、执行有关规范标准、对问题的整改及发行等 5 个方面的情况,并提出 7 项要求。全年完成 222 幅港口航道图和 148 幅电子海图,港口航道图已覆盖沿海 42 个港口,电子海图全面覆盖中国海区。

2007 年,中国海事局引进与推广 HPD 制图技术、海图小改正软件、CARIS 全要素制图新技术、水上应急抢险搜寻技术等,进一步推进测绘信息系统建设。海事地理信息系统(MGIS)获年度中国测绘学会测绘科技进步三等奖,中国测绘学会黑田敏夫测绘科技进步奖。珠江口水文信息系统获中国航海学会科技成果三等奖。毛礁山至缸爿山测绘工程获上海市优秀测绘项目一等奖。湛江港 25 万吨级航道工程竣工验收扫海测量获交通部水运工程勘察三等奖。

2007 年 8 月 13 日,为充分发挥航标测绘专家作用,中国海事局成立由 28 人组成的交通部海事局航测专家委员会,协助开展沿海航标测绘业务指导、咨询和评审工作,负责了解、掌握和研究航测领域科学技术发展动态,参与研究和制订航测发展战略、发展规划、技术政策等。

2008 年 7 月 1 日,中国海事局应对参考坐标系的变革,修订和完善并完成新版《中国沿海港口航道图目录》,全面启用统一的 2000 国家大地坐标系。全年编绘、更新港口航道图 172 幅、电子海图 317 幅。

2009 年 7 月 1 日,中国海事电子海图在 2008 年 9 月 1 日起对外公开发行之后,HPD 全面投入电子海图生产。这标志着中国海事电子海图生产工艺水平进入国际领先行列。

2010 年 4 月 29 日,中国海事局在上海召开测绘"十二五"规划统稿会,总结"十一五"海事测绘成绩,提出"十二五"规划的指导思想、规划原则、目标与任务等,并对机构设置、队伍建设、产品与服务等做了详细规划,为今后的发展指明了方向。6 月 11 日,渤海湾地区海事业务合作协议签署仪式暨海事监管与应急联动机制研讨会在天津举行。天津、辽宁、河北、山东海事局签署关于加强环渤海地区航标测绘与通航管理交流合作的协议以及油田监管、船舶检验等方面职责交接的备忘录。6 月,中国海事局下发《海道测量船标准船型配备指导意见》,作为未来 10 年内(至 2020 年)研发和建造标准化海道测量船艇的原则性框架。7 月 30 日,中国海事局与集美大学联合成立"助航技术研究中心"。约定共同在航标助航科技前沿领域开展合作研究。

此外,调整后的新版海图目录覆盖的港口数从 91 个增加到 154 个,覆盖中国沿海全部民用港口。至 2010 年底,已测遍海域 400 余万平方公里,编绘全国沿海开放港口和重要水道海图,编写、发行 1000 余万份航海图书资料,形成具有鲜明特色的我国民用航海图书体系。这一时期,沿海港口航道海图绘制完成情况详见表 9-5-2。

2006—2010 年沿海测绘工作量完成量一览表 表 9-5-2

年份	测量港口或区域(个)	测量面积(换算平方公里)	纸质海图制作(幅)	电子海图制作(幅)	专用海图制作(幅)	印刷海图制作(张)	发行海图制作(张)
2006	42	15772.42	222	148	110	199000	119200
2007	44	16321.26	181	213	58	195600	172639
2008	—	17024.19	172	317	57	203470	—
2009	—	24862.24	203	231	99	160830	—
2010	—	26814.89	173	179	173	—	375272

(二)沿海测量与海图技术管理办法

2005 年,中国海事局测绘部门的测绘工程——大洋山附近港口航道图测绘工程获中国测绘学会 2005 年度优秀测绘工程银奖。上海化学工业区海运航道及锚地扫测工程获上海市优秀测绘工程一等奖。

为适应沿海港口、航道测量的发展需求,规范新技术、新设备在海事测绘中的应用,填补现行国家标准《海道测量规范》(GB 12327—1998)中有关多波束测深作业技术要求的空缺,中国海事局制订《多波束测深系统测量技术要求》,自 2009 年 7 月 1 日起施行,原有相关内部规定同时废止。2010 年 2 月,为完善中国沿海综合航海保障体系,及时开展应急扫海测量,中国海事局下发《沿海通航水域应急扫海测量管理办法》,废止 2003 年的《沿海通航水域应急扫海测量管理办法》。4 月和 5 月,为配合国内航行船舶配备船载电子海图系统(ECS)工作的开展,统一和规范内河电子航道图编辑、制作的技术要求,中国海事局下发《内河电子航道示意图制作技术规定》《航测专项项目管理办法(试行)》等,废止《航测技术改造、小型修缮、专用设备购置及航测专项改造项目管理办法》。同时,扩大海事测绘服务辐射范围,拓展电子海图网站的服务功能。

(三)沿海航道电子海图应用

2006 年 3 月,中国海事电子海图发布系统建成并开始使用,实现了电子海图的网上发布。11 月 30 日,中国海事局在上海召开海事系统电子海图应用需求研讨会,听取中国海事电子海图数据中心关于海图数据建设应用情况和电子海图平台情况汇报,推行电子海图平台试点应用,以电子海图覆盖整个海区,先确定上海、山东、深圳海事局作为开展电子海图的试点应用单位。据统计,仅 2000—2007 年共制作电子海图 1369 幅,2007 年比 2000 年增长 7 倍,电子海图覆盖全国沿海 44 个港口。

2008 年 9 月 1 日,中国海事电子图公开发布,根据全球电子海图数据库委员会(WEND)的要求和 IHO 规定格式制作的电子海图目录正式纳入全球电子海图目录。中国海事电子海图发布网站(www.shhydro.com/chart)正式对外运行。

2010 年 1 月,广东海事局海测大队自主开发的“栅格电子海图(RNC)新产品开发与应用”项目通过专家组验收,为国内首发,填补国内技术空白。这一项目荣获 2009 年度“中国航海学会科学技术奖”二等奖,达到国际同类产品水平。

(四)海区测绘应急服务及重点扫测

2006 年 4 月 14 日,中国海事局下发“关于开展渤海超大型船舶航路扫测工作的通知”,规范扫测范围为渤海“老铁山水道至天津新港”和“老铁山水道至营口仙人岛”两条航路。7 月 3 日,以天津海事局航测大队为主体的“老铁山水道至天津新港”和“老铁山水道至营口仙人岛”的渤海超大型船舶航路扫测工作在大连搜救基地举行启动仪式,并投入“海标 11”“海标 0516”等多艘航标船。8 月,两条航路的全部外业测量工作完成。10 月,数据处理和成果图绘制完成。12 月下旬,全部扫测外业数据采集和内业处理、成果图编绘等工作完成。两条航线测量共完成 1227 平方公里扫测面积,测线里程达 6500 公里,编绘各种比例尺扫测图 41 幅,获取大量航路基础测绘数据;航路多波束测深综合误差小于 0.3 米(95%置信度),水深点的实地间距平均 0.25 米,潮位改正精度达到±0.10 米。2006 年,广东、上海海事局分别派出“海测 151”和“海测 1007”测量船参加扫测会战。经过几个月扫测,在航路附近安装 6 个沿岸验潮站、10 个海上验潮站,调集多波束测深设备 4 套、侧扫声呐 1 套,投入测量技术人员 30 多人,分 4 艘船同时作业。

2007 年 2 月,交通部在北京召开渤海超大型船舶航路扫测工程成果技术审查会,认为渤海“老铁山水道至天津新港”和“老铁山水道至营口仙人岛”的两条超大型船舶航路扫测工作,技术路线先进,扫测方案论证充分,设计合理,施工组织科学周密得力,关键技术和质量控制严谨,测量成果符合国际海事组织的要求和国标《海道测量规范》,达到《渤海超大型船舶航路扫测工作大纲》所提出目标和要求,扫测成果准确可靠。5 月 22 日,交通部召开渤海超大型船舶航路通航研究会议,中远、中海集团,河北远洋、南京油运及上海海事大学、大连海事大学和天津、上海、辽宁、河北、山东及广东海事局人员出席。会议讨论研究航路基本情况、疑存浅点的清障、渤海航路资源的保护、25 米水深航路双向通行超大型船舶的宽度和富裕水深的要求、今后超大型船舶通航的安全保障措施、航路信息的对外公布、开通老铁山至营口港航路的相关协调事宜等。年内,对长江口、珠江口水域和北部湾地方港口进行扫测,实施超大型船舶航路浅点复测,扫测湛江港 30 万吨级航道等,共完成 10 多个港口、水域的 40 多项(次)测量任务。

2008 年,三大海区海事航测部门先后完成天津港、洋山深水港、长江口深水航道、广州港、湛江港等 20 多个港口、水域的近 300 项(次)测量服务工程;完成应急扫测任务 67 项,扫测面积 1942.88 平方公里(包括完成“江苏集 3”轮落水集装箱扫测、“锦宏 69”轮沉船扫测应急服务)。

2009年,三大海区海事航测部门组织73次应急扫测,扫测面积13062.99平方公里;完成技术升级改造,使用海图数据库管理软件(HPD)生产港口航道图和电子海图,合格率达100%。海图和电子海图编绘的软硬件环境和数据管理已达到国际先进水平。进一步强化海图对外服务工作,规范纸海图、电子海图发行、代销、更新服务管理。编制出版《2009年沿海港口航道图目录》,完成沿海港口航道图比例尺、覆盖范围、测量性质、更新周期、坐标系与图幅编号的调整。

2010年,三大海区海事航测部门承担应急扫测任务52项,扫测面积达3340.6平方公里,编绘成果图105幅。同时,完成珠江口助航信息观测点建设工程,建成中国沿海海道测绘HPD数据库系统,完成东海海区长江口及舟山水域助航信息观测点建设工程、洋山水文综合服务体系前期工程、测绘生产项目管理系统等项目,并完成"世纪之光"等沉船的应急扫测任务。

特别值得一提的是,2006年8月10日,强台风"桑美"正面袭击福建省宁德市,台风中心经过福鼎市沙埕港,滞留长达5个多小时,造成沙埕港重大损失,部分航道阻塞,港口及水上交通助航等基础设施全部损毁,渔船沉没491艘、损坏1139艘,渔排损失殆尽。

为尽快打捞沙埕港内受台风袭击时沉没的渔船,保障航道畅通,中国海事局指派天津、上海海事局海测大队前往港区进行应急扫测,清除障碍物。2006年8月17日,由天津、上海海事局海测大队技术骨干组成的沉船扫测小组日夜兼程赶往福鼎沙埕港。到港后立即投入应急扫测工作中,兵分3路全方位扫测沙埕港池最为重要的金屿至莲花屿水域,利用各种声呐探测装置发出声波探测海底沉船。经过3天努力,3艘扫测船完成加密扫测面积6平方公里,提前1天完成对沙埕港从福建头至八尺门的全长约34公里航道的全方位扫测任务,为清障打捞工作开展打下坚实基础。三大海区海事局测绘部门还完成"鄂荆州货3888"沉船、"海兴隆"轮落水集装箱、"米诺安希望"轮锚链、"珠江6·22"碰撞事故等应急扫测任务。2007年,完成"金玫瑰"号、"生松1号"轮、"神州68号"轮沉船的应急扫测,福建省湄州湾外海域碍航浅点扫测,"6·15"九江大桥船舶碰撞事故应急扫测等48项应急扫测任务,扫测面积2160.81平方公里。

此外,海事航测部门积极应用卫星定位、多波束测探、电子海图和计算机网络技术,提高测绘水平。在上海成立的中国电子海图中心,按照国际标准开发制作全国沿海港口、航道电子海图,为智能航海、港口建设和航运安全管理提供数字化信息平台。特别在测量定位方面,已从六分仪到微波定位仪、卫星定位仪,定位技术进步明显;在水深测量方面,从水陀测深到单波束多波束扫测,由点测深到线测深而测深,尤其是侧扫声呐(海底地貌仪)和多波束扫测系统的配套使用,使扫海测量技术由人工收放软式扫具发展到电子仪器自动扫测,测深技术实现质的飞跃。在海图编绘制作方面,从手工绘图、机助制图到电子海图,从自动化到数字化、信息化,成功实现激光照排的成图输出,以及海图编辑、绘图、印刷的一体化。

经过多年的建设与发展,至2010年底,我国沿海航标形成布局合理、层次分明、功能完善、性能可靠的综合航海保障体系,基本适应水运经济发展的需求。航测系统不断强化科技创新力度,积极跟踪现代科技的发展,广泛应用材料技术、能源技术、空间技术和信息技术等高新技术,通过自主研发、引进转化和推广使用,推出一批具有较强实用价值的航测科技创新成果,如AIS系统、DGPS系统、航标遥测遥控系统、多波束测深、风光互补能源、长效环保油漆、水下机器人(ROV)等。在重要港口、重点水域和重要航路基本实现多种助航手段的多重覆盖,为各种用户提供不同等级的助航服务,促使我国航测管理水平的增强,在国际航标协会和国际海道测量组织地位的不断提升。如"数字航标"概念的首推,应急沉船标识标准制定等,使得我国在国际航标界和海测界的作用和地位越来越重要。海事测绘部门已测遍海域400余万平方公里,编绘全国沿海开放港口和重要水道海图,编写、发行1000余万份航海图书资料,形成具有鲜明特色的我国民用航海图书体系。

三、水上通信管理形成规模

(一)水上通信导航体制变更

2006—2010 年,水上通信导航业经过多年建设和发展,形成一定规模。2008 年 7 月,由交通运输部总建设的川江、宜申船岸 VHF 通信系统工程通过竣工验收,长江重庆至上海船岸通信实现全程无线覆盖。12 月 29 日,长江海事局信息中心挂牌成立。2009 年,黑龙江额尔古纳河安全通信监管系统工程开始建设。2010 年 1 月 1 日,中国交通通信中心更名为中国交通通信信息中心,为交通运输部部属局级事业单位,受部委托拟定并组织实施交通运输行业通信、导航、无线电和信息化管理等方面的技术政策、技术标准、规章制度;代部行使部无线电行政许可和行政审批职责;代表国家参与国际电信联盟、国家海事组织的有关活动,负责中国国际海事卫星和国际搜救卫星的建设、运行和管理工作,并承担国内公益性通信、应急安全通信等职责;承担交通部通信、导航、无线电和信息化的技术研发、应用和咨询等工作。

(二)海上航行警告和通告体系的调整

2006 年 4 月 24 日,针对个别发布台发布航行通告出现地理位置错误问题,中国海事局下发《加强敏感水域航行通(警)告工作的通知》,要求直属海事系统按照通知,严格规范航行警告和航行通告的审核、发布程序,核实有关资料,并跟踪、监控、复核有关水域施工作业动态与申请发布的航行警告或航行通告资料的一致性。5 月 11 日,中国海事局在广州召开直属海事系统航行警(通)告管理工作会议,共同研究规范航行警告和航行通告发布工作的对策和措施,力争用 3 至 5 年的时间建成航行环境要素全面公布、制度标准程序体系基本健全、发布手段组合先进的中国航行警(通)告系统,发布水平达到中等发达国家水平。2007 年 10 月 16—20 日,航行警(通)告业务培训班在广东韶关举行,直属海事系统 40 人参加培训,内容为有关航行警(通)告国际公约、规定、技术标准、发布手段,军事类航行警(通)告管理,无线电通信业务等。同时,中国海事局制订《沿海航行警告发布管理工作程序》,组织对 1998 年发布的中、英文航行警告标准格式两项国家标准进行修订。修订整合后的《中华人民共和国中英文航行警告标准格式》征求意见稿,征求有关单位意见,并通过专家审查。2008 年 3 月,中国海事局在广泛征求意见和认真调查研究的基础上,制定并发布《沿海航行警告发布管理工作程序》,包括目的、适用范围、工作流程、统计、支持性文件等内容。至 2010 年底,沿海航行警(通)告发布方式,既有无线电报、无线电话、广播、报纸和书面形式张贴、散发等传统手段,也有网络、电视、移动电话短信平台等现代信息传递手段,覆盖面和时效性不断提高。2006—2010 年海上航行警告(通告)发布情况详见表 9-5-3。

2006—2010 年海上航行警告(通告)发布情况一览表　　表 9-5-3

年　度	航行通告(份)	航行警告(份)		
		中文	英文	合计
2006	—	—	—	—
2007	4328	2924	1722	4646
2008	14952	20563	3946	24509
2009	23013	23474	5468	28942
2010	4907	7467	2541	10008

注:表中“—”系无统计。

(三)海岸电台的开通与管理

2006 年 2 月 10 日,为吸取埃及“萨拉姆 98 号”客轮失事的经验教训,反思中国水上客运存在的安全问题,进一步消除安全隐患,中国海事局下发“关于进一步加强海岸电台值守的通知”,要求全部海岸电台(NAVTEX)进一步加强值守工作,确保通信工作的安全畅通,强调完成任务情况下首先要保证遇险电路的畅通,有序建立应对突发遇险、紧急通信的应急处置预案。6 月 2 日,要求有关直属海事局开展所在地的海岸电台水上遇险安全通信保障情况调研,包括通信工作频率、发射功率,设备和人员值班情况,通信技术装备设施,系统运行和维护等 7 项内容。2007 年 7 月 9 日,下发《遇险安全通信人员守则》《遇险安全通信人员值班制度》《遇险安全通信业务人员职责》《遇险安全通信设备维护人员职责》4 个管理制度。10 月 6—11 日,在广东沙田培训中心举办 2007 年海岸电台遇险安全通信值守人员业务培训班,培训海岸电台遇险安全通信管理、值守人员,内容包括遇险安全通信法规规章、全球海上遇险与安全系统简介、遇险搜救基础知识、水上遇险安全通信业务等。12 月 1 日,安排上海、广州、大连、福州、三亚海岸电台接收周边国家、地区奈伏泰斯(NAVTEX)台播发的安全信息,接收频率为 518kHz。其中,上海海岸电台负责接收日本那霸(NAHA),识别字符为 G;广州海岸电台负责马来西亚山打根台(SANDAKAN)、中国香港台,识别字符分别为 S、L;大连海岸电台负责接收韩国边山台(PYONSAN),识别字符为 W;福州海岸电台负责接收中国台湾基隆台(KEELUNG),识别字符为 P;三亚海岸电台负责接收越南岘港(DANANG),识别字符为 K。2009 年 5 月,为提高海岸电台遇险安全通信值守人员的业务水平,中国海事局在广东培训中心三灶基地举办 2009 年第一期海岸电台遇险安全通信值守人员培训班。2010 年,继续推进沿海数字选择性呼叫(DSC)系统应急改造工作。

2006 年 3 月,天津海岸电台在 VHF 工作频道上试开播语音航行警告业务。次年 6 月 1 日,开通中频 486kHz 中文 NAVTEX 播发业务。8 月 15 日,在 VHF 工作频道和 SSB 所有频点上开始播发气象语音业务。2010 年 1 月 19 日,大连海岸电台开始播发海冰警报。

2006 年,经过近一年建设的长江船舶安全信息广播及接收系统投入使用。次年 6 月 30 日,重庆江岸电台无线电报业务关闭。2006 年,松花江哈尔滨重点航段 1 站 1 中心 VHF 安全通信系统工程建成。2009 年,黑龙江额尔古纳河安全通信监管系统工程开始建设。至 2010 年底,长江通信基本实现干线传输宽带化、船岸通信现代化、数据交换网络化,建成了电话、数据和图像三网合一、功能完善的综合业务数字通信网。

(四)搜救卫星系统(COSPAS-SARSAT)监控能力不断提升

这一时期,搜救卫星系统通过不断地建设,尤其 2009 年上半年的升级改造,监控能力提高,适应船舶预警、遇险报警的需要。2006—2010 年搜救卫星系统(COSPAS-SARSAT)完成监测情况详见表 9-5-4。

2006—2010 年搜救卫星系统(COSPAS-SARSAT)完成监测 表 9-5-4

年　份	主　要　情　况
2006	监测到我国 MCC 搜救服务区内遇险报警 213 次。其中,真实遇险报警 15 次、非真实遇险报警 198 次。操作失误报警 134 次,不明报警 61 次;中国籍船舶报警 116 次,外籍船舶报警 60 次。经组织实施救助,260 名遇险人员脱险。完成与有关国家交换发生在其他服务区的遇险报文 6953 份
2007	监测到我国 MCC 搜救服务区内 406MHz 频率遇险报警 221 次。其中,真实遇险报警 12 次、非真实遇险报警 209 次。操作失误报警 150 次,不明报警 59 次;中国籍船舶报警 103 次,外国籍船舶报警 86 次。有 227 名船员遇险,经组织实施救助,223 名遇险人员脱险。完成与有关国家交换发生在其他服务区的遇险报文 6187 份

续上表

年 份	主 要 情 况
2008	系统中国任务控制中心(MCC)设备正常运行率98.7%。收到卫星应急位标(EPIRB)报警104次,其中误报警97次、真实报警7次。经组织实施救助,98人获救
2009	系统中国任务控制中心(MCC)设备正常运行率97%。收到卫星应急位标(EPIRB)报警203次,其中误报警191次、真实报警12次。上半年,地面用户终端(LUT)和MCC相关设备完成全部更新
2010	系统监测到卫星应急示位标(EPIRB)遇险报警467次,其中船舶遇险报警362次、航空报警102次,18次为真实遇险报警。312名船员遇险,259名船员获救。系统还与有关国家交换发生在其他国家服务区范围内的遇险报文43207份

(五)船舶报告系统监控能力全面提高

2006—2010年,中国船舶报告系统监控能力得到全面提升,存储、接收信息量逐年增大,并最大限度地减轻了船公司负担,方便船舶参加报告系统。2006—2010年船舶报告系统存储、接收信息情况详见表9-5-5。

2006—2010年船舶报告系统存储、接收信息情况 表9-5-5

年 份	主 要 情 况
2006	录入船舶静态资料2093次,接收船舶报告149473次,修改报文110123次,为海上搜救行动提供信息119次
2007	录入船舶2378艘,其中300总吨以上的1967艘。参加报告制的船舶累计1445艘,接收船舶报告157557份,修改不合格报文118960份,报文合格率24.5%,为海上搜救行动提供信息53次
2008	录入船舶2259艘,其中300总吨以上的1823艘。参加报告制的船舶累计1408艘,接收船舶报告157974份,修改不合格报文124802份,报文合格率21.4 %,提供搜救信息32次
2009	录入船舶2318艘,其中300总吨以上的1837艘。参加报告制的船舶累计1467艘,接收船舶报告127302份,提供搜救信息15次
2010	录入船舶2336艘,其中300总吨以上船舶1837艘,较上年同期增加18艘。1月1日至11月30日接收报文110226份,较上年同期减少9204份;修改不合格报文93546份,较上年同期减少4254份;报文合格率15% 。平均日接收船舶报告330份,平均日模拟航行船舶135艘

第六节 授权归口管理工作的全面强化

一、海(水)上搜救管理工作进一步强化

(一)部际联席会议与联席工作组会议制度

1.建立国家海上搜救部际联席会议制度

2005年4月26日,根据国务院关于建立国家海上搜救部际联席会议制度的意见,交通部草拟《国家海上搜救部际联席会议制度》《国家海上搜救部际联席会议成员单位职责》《国家海上搜救部际联席会议成员及联络员名单》。5月22日,国务院同意建立由交通部牵头的国家海上搜救部际联席会议制度(以下简称部际联席会议)。部际联席会议由交通部、公安部、农业部、卫生部、海关总署、民航总局、安全监管总局、气象局、海洋局、总参谋部、海军、空军、武警部队组成。各成员单位按职责分工落实联席会议布置的工作。交通部部长担任部际联席会议召集人,各成员单位有关负责人为部际联席会议成员。中国海上

搜救中心是部际联席会议的办事机构,负责其日常工作。

2005年12月7日,国务院主持召开部际联席会议第一次会议,国务委员兼国务院秘书长华建敏出席(见图9-6-1)。2006年6月2日,交通部召开联席会议第二次会议。2007年12月14日,交通部召开首次全国海上搜救电视电话会议暨部际联席会议第三次会议。2008年12月23日,交通运输部召开部际联席会议第四次会议。2009年9月4日,交通运输部召开部际联席会议第五次会议。2010年12月20日,交通运输部召开部际联席会议第六次会议。

图9-6-1 国家海上搜救部际联席会议第一次会议

2.召开联席会议联络员工作组会议

在定期召开部际联席会议的同时,中国海上搜救中心每年均召开联席会议联络员工作组会议,具体研究落实部际联席会议精神。2006年3月31日,中国海上搜救中心在北京召开部际联席会议联络员工作组第一次会议。8月20日,交通部主持召开部际联席会议联络员工作组第二次会议。2007年2月26日,中国海上搜救中心召开部际联席会议联络员工作组第三次会议。12月4日,中国海上搜救中心召开部际联席会议联络员工作组第四次会议。2008年6月3日,中国海上搜救中心召开第五次部际联席会议联络员工作组会议。2009年6月30日,交通部召开部际联席会议联络员工作组第七次会议。2010年4月24—25日,中国海上搜救中心召开2010年全国海(水)上搜救中心办公会暨部际联席会议联络员工作组第九次会议。

此外,交通运输部、中国海上搜救中心建立中国海上搜救中心搜救专家库,开发船舶识别码查询系统、船舶运输危险品查询系统,与电信部门建立遇险船舶手机定位机制,为科学决策提供保障。

(二)各省级搜救工作管理体制的健全

2007年11月7日,山东省海上搜救中心重新成立。12月25日,黑龙江省水上搜救中心成立。到2007年底,沿海各省(区、市)和长江、黑龙江干线的省级海(水)上搜救中心全部成立。广东省海上搜救中心办公室继续留在省政府内,其余海(水)上搜救中心办公室均设在直属海事机构之中。2008年,各省级海上搜救中心及地方海事部门编制适合本地情况的海上搜救应急预案。长江干线建立长江干线水上搜救协调中心,覆盖中央管辖水域的海(水)上搜救网络体系基本建成,部分地市、县还成立了水上搜救指挥机构。建立向各级海上搜救部门提供海洋灾害信息监测预警预防制度,借助沿海NAVTEX系统(海上安全信息播发系统)和 AIS(船舶自动识别系统)发布海上安全信息,初步形成覆盖中国内陆和沿海的水上灾害性天气预防预警体系。2008 年,全国第一家省级海上应急指挥中心在天津海事局挂牌成立。2010 年 12 月 2 日,天津成立全国第一支省级海上搜救志愿者队伍,有效地弥补现有搜救资源的不足,对引导和鼓励社会力量参与海上搜救,建立中国特色海(水)上搜救志愿者队伍起到示范作用。之后,各地成立海(水)上搜救志愿者队伍。据统计,社会力量参与了 70%以上的搜救工作。到 2010 年底,长江已在干线设置水上巡航执法与应急动态待命站点 164 个,覆盖长江干线 2473 公里、支流河段 810 公里。其中,重庆至安徽段干线设置 121 个点,支流河段设置 5 个点,干线平均每 17.4 公里有 1 个应急站点;江苏段干线设置 35 个点,支流河段设置 3 个点,干线平均每 14.5 公里有 1 个应急站点。"三级指挥、四级待命"应急反应机制和 116 个应急救助站点有效运行,实现了长江海事 2100 公里(重庆至南京间长江段)水域港区 15 分钟、三峡库区和安徽段 30 分钟、其他航段 40 分钟到达事故险情现场的"153040"车船结合快速反应全覆盖目标,长江干线巡航救助一体化建设成效显著。

与此同时,在 2003 年全国 46 个城市已使用水上搜救专用电话号码"12395"的基础上,又有一些城市使用"12395"水上搜救专用电话号码。至 2007 年底,全国已有 76 个城市启用水上搜救专用电话号码"12395"。启用水上搜救专用电话号码"12395"城市名单(至 2007 年底)详见表 9-6-1。

启用水上搜救专用电话号码"12395"城市名单(至 2007 年底)　　表 9-6-1

省(区、市)	已启用水上搜救专用电话号码 12395 的城市	数　量
辽宁	大连、营口	2
河北	秦皇岛、黄骅、唐山	3
天津		1
山东	烟台、威海、青岛、日照、潍坊、滨州、东营	7
江苏	南京、镇江、南通、连云港、张家港	5
上海		1
浙江	杭州、温州、台州、宁波、舟山、嘉兴	6
福建	福州、宁德、泉州、莆田、厦门、漳州	6
广东	广州、深圳、珠海、汕头、汕尾、韶关、佛山、肇庆、湛江、中山、揭阳、茂名、东莞、潮州、云浮、阳江、清远、江门、惠州、梅州、河源	21
广西	南宁、桂林、北海、防城港	4
海南	海口、三亚、八所	3
安徽	合肥、安庆、芜湖	3
江西	九江	1
湖北	武汉、宜昌、荆州	3
湖南	岳阳	1
重庆	重庆、江津、涪陵、长寿、忠县、万州、云阳、奉节、巫山	9
合计		76

(三)形成专群与军地结合的搜救应急反应格局

1.继续完善各级海上搜救应急预案

2007 年,中国海上搜救中心出台防抗极端气候应急预案,编制海上搜救发展规划,研究建立搜救补偿和奖励制度,不断完善各级应急反应机制和搜救协调机构。该中心成功地应对北方特大风暴潮,救助559艘遇险渔船和4360名渔民;成功地组织"圣帕""蝴蝶"等台风防抗工作,水上运输船舶无人员伤亡;妥善调查和处理5月12日"金盛"轮与"金玫瑰"轮碰撞事故,得到国务院、交通部党组的高度评价,也得到包括韩方在内的国际社会的赞誉。2008年,中国海上搜救中心建立向各级海上搜救部门提供海洋灾害信息监测预警预防制度,借助沿海NAVTEX系统和AIS发布海上安全信息。溢油应急能力取得实质性进展,编制完成《我国沿海与长江干线船舶溢油应急处置能力建设调研报告》,落实长三角和台湾海峡水域溢油应急联动机制,推动粤、深、港、澳4方共同签署《珠江口区域海上船舶溢油应急合作安排》。完善与公安、海关、民政、财政、卫生、气象、通信等部门的海上搜救协作机制,形成海上搜救医疗联动机制、海上灾害性天气预警机制、获救人员善后处置机制和渔业船舶搜救互动机制,及时转发中央气象台、国家海洋局和地震局提供的海洋气象、海上风暴潮和海啸等信息。利用INMARSAT-C系统、沿海NAVTEX系统和AIS发布海上安全信息,初步形成覆盖我国内陆和沿海的水上灾害性天气预防预警体系,确保水上航行船舶、设施及时获取海上安全信息。成功组织2008年中日海上搜救通信演习、2008年中国(山东)海上搜救及中韩海上溢油应急联合演习、交通运输部与农业部救援大规模受困渔船渔民桌面演习等大型演练活动。各地区也举办了形式多样的应急演习活动。如1月23日,福建海事局在厦门成功举行以"关爱生命,打造平安航线;增进协作,构筑和谐航区"为主题的2008年厦金航线海上搜救演习,特邀中国台湾省中华搜救协会、金门县政府参加。演习动用船舶41艘、直升机2架,以及多套先进信息技术系统。金门派出"金港一号"专业救助拖轮和厦金直航客轮"东方之星"参加。此次演习是两岸就同一目标、同一主题,首次联合进行大规模海陆空联合搜救演练,使两岸海上搜救合作有了新的突破。福建海事局还出台实施《福建沿海与金门、马祖、澎湖间船舶通航安全监督管理办法(试行)》。2008年3月24日,中国海上搜救中心对2006年社会力量参与海(水)上搜救奖励情况进行公示。4月,中国海上搜救中心指挥显示系统正式投入使用。2008年底,国内首套水上避险知识普及读本出版,包括由中国海上搜救中心组织编制的《水上应急避险常识》和《海上险情预防、避险、自救、互救知识手册》。2009年,中国海上搜救中心修订《国家海上搜救应急预案》,下发《外国籍商船违法逃逸应急处置规定》,与部际联席会议各成员单位及地方政府的相互沟通与配合,建立并完善部门间联动机制,形成"专群结合,军地结合"的海上突发事件应急反应格局。此外,各地建立与完善应急反应机制和搜救协调机构。上海、天津、辽宁、河北、山东、浙江、广东、广西等8个省级船舶污染应急预案和沿海34个地市级应急预案通过地方政府发布实施。内河水域水上应急反应能力建设得到地方政府的高度重视。如白洋淀水域建立突发事件应急处理运行机制,实行统一指挥和协调,使各方应急力量得到优化整合。2010年,中国海上搜救中心编写海冰灾害、海上船舶、内河特大洪水、内河山体滑坡等4个专项分预案。

2008年,交通部与财政部联合下发《关于印发<海(水)上搜救奖励专项资金管理暂行办法>的通知》,建立国家水上搜救专项奖励资金后,中国海上搜救中心对2006年、2007年参与重大、特大海上搜救行动并做出突出贡献的社会力量给予奖励,共奖励2006年成功救助遇险3174人次、船舶和飞机3074艘(架)次的单位与个人,奖励单位154个、船舶450多艘、飞机4架、个人11人;奖励2007年成功救助遇险人员18514人,船舶和飞机达5210艘(架)次的单位和个人,重点奖励其中参与232起重大特大海上搜救行动并做出突出贡献的166个单位、498艘船舶、2架飞机、50多名个人。2009年,对参与5起海(水)上重特大险情救助者进行及时奖励。2010年,交通运输部向2009年积极参与重、特大海(水)上搜救行动并取得显著成效的社会力量发放奖金800万元,并加大对非水网地区和长期参加救援的海(水)上搜救志愿者奖励力度。

2.组织开展海上搜救演习演练活动

在部际联席会议的整体框架下,中国海上搜救中心完善海上搜救应急预案和机制,指导地方政府制订、完善地区水上应急预案。2006年6月22日,交通部和辽宁省政府在大连水域举行2006年海上联合搜救演习。这是中国首次模拟客滚船发生海难的搜救演习,也是部际联席会议制度建立后和《国家海上搜救应急预案》发布后的第一次大规模的海上搜救演习。这次演习是历年来规模最大、规格最高的一次演习,共有24个单位、28艘船艇、1架固定翼飞机、2架救助直升机和400余人参加,香港特区政府派飞机参加演习。国务委员、国务院秘书长华建敏观摩演习。2007年6月5日,交通部、河北省政府在秦皇岛港西锚地附近海域举行渤海溢油应急演习。这是一次大规模的海陆空立体海上专项溢油演习。9月22日,交通部与重庆市政府在长江三峡库区万州港水域举行围绕"关爱生命,珍爱长江,共建平安黄金水道"的2007年长江三峡库区水上联合搜救演习。这是内河水域规模最大、参演人数最多、参演船艇最多的一次演习。2008年,中国海上搜救中心举行厦门-金门航线海上搜救演习。2009年,开展多样专项演习,如2009年国家海上搜救桌面演习暨东海搜救演习、2009年中俄界河首次应急联合演习、2009中韩联合海上搜救通信演习、2009中日联合海上搜救通信演习等。2010年,索马里海盗活动再趋猖獗,袭击船舶次数和劫船数量都有较大增长,中国海上搜救中心于11月23日参加亚洲地区反海盗及武装劫船合作协定信息共享中心组织的6国和地区联合通信演习。2010年9月16日,由海峡两岸航运交流协会、中国海上搜救中心、厦门市人民政府、中华搜救协会、金门县政府以及海峡两岸海上搜救相关部门共同执行的2010年海峡两岸海上联合搜救演练在厦门与金门附近海域举行。两岸海上搜救单位参演人数400多人,共动用搜救船舶14艘、救助飞机3架、模拟事故船舶2艘、演练现场警戒船舶10艘、其他工作船舶7艘。这是自2008年12月15日两岸间海上直航正式启动以来,两岸海上搜救力量首次共同进行的大规模海陆空联合搜救演练,是海峡两岸海上搜救力量首次共同策划、组织、参与、合作、完成的大规模海上联合搜救演练活动(见图9-6-2)。

图9-6-2　2010年海峡两岸海上联合搜救演练

3.搜救应急反应能力全面提高

1973年建立至2010年走过37年发展历程,我国海上搜救力量已经形成以"点、线、面"为特点的整体布局,建立了较为完善的海上搜救网络。沿海11个省(区、市)和长江干线都成立了海(水)上搜救协调中心,一些内陆省份也相继建立政府牵头负责、海事机构组织实施的搜救模式。政府统一领导,搜救机构归口协调指挥的国家、省、市3级海上搜救组织体系初步建立,专业救助力量、海事等政府部门执法力量,军队与企事业单位、社会力量共同参与的海上搜救格局初步形成。它们为保障我国管辖海域人命、财产安全,保护海洋环境,保证水上交通安全和社会稳定做出巨大贡献。2006—2010年海(水)上搜救情况详见表9-6-2。

2006—2010 年海(水)上搜救情况统计表　　表 9-6-2

年　份	水上搜救（次）	遇险人数（人）	获救人数（人）	协调出动船舶（艘次）	协调出动飞机（架次）	水上救助成功率（%）
2006	1620	17498	16753	5322	121	95.7
2007	1861	25087	24277	7830	245	96.8
2008	1784	20280	19565	6320	199	96.5
2009	1964	19128	18397	7708	302	96.2
2010	2218	24513	23555	8095	345	96.1

1998—2009 年,全国共编制出台国家级海上搜救专项应急预案 1 个、交通运输部部门和专用应急预案 7 个、省级搜救应急预案 20 个;共主办或联合举办 10 次较大规模的海上搜救综合演习和 1 次模拟搜救演习;共组织、协调、指挥海上搜寻救助 9900 起,共有 122320 人脱险,平均每天救助 34 人,救助成功率达 93.2%;建立了全方位覆盖、全天候运行、快速反应的水上险情应急机制,提高了海事应急反应能力。2006—2010 年,全国各海(水)上搜救中心共组织、协调搜救行动 9447 次,出动各类船艇 35275 艘次、飞机 1212 架次,成功救助 102547 名遇险人员,搜救成功率达 96.3%,平均每天成功救助 56 人。

(四)影响较大的重大搜救行动

这一时期,通过多年组织建设与法制完善、体系健全、救援专业与业余队伍打造,搜救和协调配合能力全面提升,多次海上重大和较大搜救行动中实现零事故 、零死亡的佳绩。

1.救助受台风“珍珠”影响遇险的越南渔船和渔民

2006 年 5 月 17 日,受台风“珍珠”影响,越南几十艘渔船和数百名渔民在南海东沙群岛附近海域失踪。越南政府照会中国驻越南大使馆,请求中国政府协助搜救失踪渔船和渔民。接报后,根据党中央、国务院指示精神,交通部召开专题会议部署搜救行动。中国海上搜救中心立即启动国家海上搜救预案,指派专业救助船 4 艘、海事巡逻船 1 艘、救助直升机 1 架,协调香港特区飞行服务队飞机 3 架,对 20 万平方公里海域进行两次大面积、全方位、拉网式搜寻,并通过外交渠道及时向越南搜救部门通报搜救情况。经过 16 天的行动,搜寻救助越南渔船 22 艘、渔民 330 名,并提供食品、淡水、医药、燃油等。5 月 22 日,越南国家主席陈德良致电中国国家主席胡锦涛,对中方及时救助遇险越南渔民表示感谢。5 月 27 日,国务院总理温家宝指示:发扬成绩,再接再厉,进一步加强海上安全监管和搜救工作。

2.完成 38 年不遇的特大温带风暴潮防抗行动

2007 年 3 月 2 日,根据中央气象台提供的信息,中国海上搜救中心启动应急预案,发布大风预警预报。中国北部和东部沿海约有 684 艘航行船舶、5170 名人员和停泊在港内的 9958 艘各类船舶的安全受到严重威胁。为此,国务院总理温家宝,副总理曾培炎、回良玉和国务委员华建敏在国家海洋局值班信息上先后批示。辽宁、河北、天津、山东、江苏海事局共出动执法船艇 500 艘次、执法车辆 1000 台次、执法人员 3000 余人次,对 89 艘走锚或搁浅的商船和渔船、1796 名遇险人员实施搜救,未发生人员伤亡事故和重大财产损失。

3.完成强热带风暴“海贝思”的救助

2007 年 11 月 22 日,受 2007 年第 25 号强热带风暴“海贝思”影响,52 艘中国、菲律宾、越南渔船及 1022 名中外渔民被困于中国西沙、南沙海域,面临断水断粮的威胁。中国海上搜救中心和海南省政府紧急组织协调,展开救助,共救助菲律宾渔民 29 名和越南渔民 7 名。就此,国务院总理温家宝 12 月 1 日批示:“交通部门多次成功实施海上救助,保护国内外渔民的安全,受到普遍赞誉。希望继续发扬优良传统,再接再厉,更加有效地应对海上突发事件。”11 月 23 日,菲律宾外交部部长罗慕洛约见中国驻菲律宾大使宋涛,对中国在南沙成功救助 29 名被困菲律宾渔民表示感谢。

二、交通行业安全管理的进一步加强

(一)继续推行交通行业安全管理制度

交通行业的安全管理,是中国海事局授权的另一项归口管理工作,一般以交通部安全委员会名义行使管理职能。

2006 年 2 月 17 日,交通部下发通知,进一步明确部内有关部门和单位的安全管理职责,以及交通部机关和直属单位安全管理职责分工。4 月 4 日,交通部在北京召开第一次全国大型交通企业安全工作会议,总结专项整治、长效治理规律,拓展监管重点的内涵和外延,在“四客一危”“四区一线”船舶和水域重点监管基础上,将“四季三节”(春季防雾、夏季防台、秋季防火、冬季防风,“五一”、“十一”和春节长假防止发生群死群伤事故)作为监管的重点时段,将“四船一链”(船公司是主体,船舶是基础,船员是重点,船长是关键,四者通过安全管理体系形成一条管理链)作为监管企业安全管理体系的重点环节。9 月 12 日,交通部下发通知,对“四季三节”重点时段水上交通安全监管工作提出具体要求。自此,全国海事系统将“四客一危”作为监管的重点船舶,“四区一线”作为监管的重点区域,“四季三节”作为监管的重要时段,“四船一链”作为重点环节,制订并落实各项制度和要求,关口前移,标准上移,重心下移,利用有限的监管资源,狠抓薄弱环节,以点带面,加强对生产现场和航行水域的监控与执法,对重点船舶的经营资质、技术标准、安全状况和船员适任能力强化评估、检验、检查、管理,严格把关,加大对事故隐患整改力度,营造水运安全生产良好的外部条件,以保持水上交通安全形势持续稳定。长江海事局总结提炼出“442”安全监督管理规律,把握重点水域、重点对象、重点时段、重点天气状况 4 个重点,抓牢一个“牛鼻子”(客渡船),编织一张“安全网”(安全管理网络)。2008 年,以风险管理理论为基础,提出构建具有长江海事特色的安全监管模式,即 4R 模式(Risk,风险;Rule,规范;Resource,资源;Response,反应)。

2007 年 4 月 27 日,在全国交通安全工作电视电话会议上,交通部部长李盛霖要求各交通主管部门、直属海事机构按照职责分工,细化对交通行业中央企业的监管措施,并在交通系统广泛开展的平安建设中实施“水上交通安全惠民工程”。为履行海事机构对交通企业安全生产归口管理责任,7 月 9 日中国海事局下发通知,明确交通部海事局与各直属海事局对交通行业中央企业安全监管工作的管辖分工、监管内容和监管方式方法。2008 年,积极应对低温雨雪冰冻灾害,指导抢险救灾工作;继续抓好重点水域、重要时段安全管理工作,进一步强化长江三峡库区客船与滚装船运输、长江江苏段汽渡船、天生桥库区等安全管理工作;继续加强交通行业中央企业安全管理工作,组织召开全国大型交通企业安全工作会议;按照党中央、国务院关于加强安全生产工作部署和安全生产“隐患治理年”工作要求,组织开展交通安全生产隐患排查治理活动,共排查交通运输系统隐患 305400 项,整改 300809 项,整改率达 98.5%。2009 年,开展“安全生产”活动,继续抓好重点水域、重要时段、重点环节的安全监管工作,评选“安全诚信公司”,协助中国海员建设工会开展全国水运系统船舶、班组安全竞赛活动。2010 年,在开展安全大检查活动的同时,针对几起重大水上事故,组织召开安全管理约谈会议,约谈有关企业责任人、海事主管机关负责人,督促吸取事故教训,落实整改措施。

(二)水上交通安全的长效管理

中国海事局针对交通行业安全生产工作管理下发通知,一般使用交通部或交通部安全委员会的名义。2006年3月1日，交通部下发“关于印发交通行业中央企业安全工作考核管理办法的通知”，对交通行业中央企业安全工作实施指标考核管理。推行“最差管理”工作思路，对交通行业各中央企业所属船舶安全管理状况进行了一次全面梳理，按5%比例确定各企业安全管理最差的船舶，落实重点管理措施。落实企业安全生产主体责任，与交通行业各中央企业签订安全管理责任书。6月23日，交通部下发《交通部关于在交通系统开展平安建设的意见》，组织交通系统开展平安交通建设，提出平安建设的主要目标和任务及多项措施。特别2006年2月2日，埃及客船“萨拉姆98”轮在红海沉没，造成一千多人死亡或失踪。为吸取“萨拉姆98”轮事故教训，中国海事局以交通部或交通部安全委员会的名义，先后下发“关于切实加强水上交通安全工作的紧急通知”（2月4日）《关于加强港口引航管理体制改革期间引航安全》（4月5日）、“关于加强船舶海上施工安全管理的通知”（5月12日），督促交通系统有关部门和各地安全监管部门及地方政府落实水上交通安全管理责任。

2007年，中国海事局就海上施工船舶安全，下发“关于进一步加强海上施工船舶安全管理的通知”（1月10日）另就长江三峡水库蓄水至156米后库区水上交通安全工作压力增大下发“关于加强三峡库区水上交通安全工作的通知”（5月21日），对相关的直属和地方海事机构分别提出具体的安全管理要求，促使其加大现场巡航力度，加强长江干支流交汇水域的通航管理，保障库区的水上安全。另外，为进一步推进平安建设工作，交通部提出2007年水路方面重点深入开展“水上交通安全惠民工程”，为人民群众提供安全便捷的运输条件。

2008年5月，中国海事局制订《海事系统开展2008年水上交通安全生产隐患排查治理工作方案》，将安全生产隐患排查治理工作与各项专项整治及日常安全监管工作结合起来，把开展安全生产隐患排查治理工作作为消除和减少隐患，遏制事故的重要举措。在4—12月为期9个月“隐患治理年”中，全国海事系统开展水上交通安全生产隐患排查治理活动，以“治理隐患、防范事故”为主题继续开展“安全月”活动。与7家交通行业中央企业签订安全管理责任书，评选出首批4家“安全诚信公司”。与海员建设工会合作开展2008年全国水运系统船舶、班级安全竞赛活动，评出143艘优秀船舶、133个优秀班组。

交通部安委会于2006年9月19日下发《水网地区与非水网地区海事结“对子”工作指导意见》。至2010年底，全国28个水网地区与非水网地区海事机构结成14个“对子”，在定期开展业务技术培训、实行海事人员相互交流挂职制度、制订完善非水网地区海事管理规章制度和规范标准、改善非水网地区海事监管条件等方面取得实效。

三、交通环境保护工作的进一步推进

（一）进一步推进交通环境的影响评价与宣传工作

2006年4月3日，交通部环保办公室（以下简称环保办）在西安组织召开了2006年交通行业环境影响评价单位会议，进一步提高建设项目环境影响评价工作的质量和效率。4月，又对交通行业环境监测站进行人员培训、实验室认证、技术考核等，并据此颁发环境监测站资质。8月，环保办在上海市组织召开交通行业工程环境监理试点工作总结会议。会上，贵州、宁夏、湖南交通厅及试点公路建设单位和上海洋山深水港建设指挥部介绍了工程环境监理试点经验。11月，环保办与交通部水运司在成都举办第一期全国水运工程环境保护培训班，各省（区、市）交通、港口、海事等部门与企业100多人接受培训。12月11日，完成《交通环保统计报表管理规定》《交通行业环保登记备案管理办法》初稿的制订工作。2007年4月，第二期全国水运工程环境保护培训班在成都开班，110多交通、港口、海事部门与水运企业人员接受培训。8 月,环保办在三峡管理局召开为期 3 天的交通行业环境保护研讨座谈会。同时,组织开展《公路水路交通环境保护中长期发展规划》研究工作,向国家环保总局推荐、申报 4 个国家环境友好工程项目,即广东渝湛高速公路工程、上海洋山港二期工程、神华天津煤码头一期工程、湖南长张高速公路工程。完成珠海、马鞍山、青岛、广州等 10 个港口总体规划环境影响评价工作。环保办还根据《交通行业环境影响评价专家库管理办法》,经各省(区、市)交通主管部门推荐,初步建立交通行业环境影响评价专家库,入库人员超过 200 人。2008 年 10 月 8 日,2008 年中华环保世纪行宣传活动启动仪式在北京举行,活动主题为"节约资源、保护环境",宣传重点是改革开放 30 年来在环境资源方面取得的成绩,并集中宣传刚颁布的《循环经济促进法》。从 11 月开始,江苏率先实施船舶污染责任险,有 4 家保险公司组成共保体,共同承保 2008 至 2009 年度江苏省船舶污染责任保险项目,有效提高江苏沿海及内河水域应对重大船舶污染事故的能力。2010 年,交通运输部西部交通建设科技项目"西部内河船舶安全与环保系列技术标准研究"鉴定验收会在京召开。9 月 16 日,标有"亚运会会徽"和"中国海事"字样的首座新型亚运航标在广州珠江水域成功抛设。海事绿色环保航标标上亚运会会徽,标志着由广东海事局组织的亚运航标效能改造工程全面启动。新型的亚运航标首次采用铝塑材质灯架,并安装了高分子合成的无污染环保型聚脉弹性体望板,增强航标日间目视效果。同时,在航标上安装遥测终端或 AIS,实现全时段 24 小时跟踪监控,确保亚运活动期间相关水域航标随时处于正常工作状态。

(二)开展交通行业环保调查

2007 年 6 月 20 日,为落实国务院《关于开展第一次全国污染源普查的通知》,环保办组织第一次全国公路、水路交通环境保护调查。同时,成立公路水路交通环境保护调查研究领导小组,组织制订调查方案,实施调查,建立各级部门的联系制度;收集、校验、汇总全国调查资料;编辑相关调查资料,进行分析研究;编写公路水路交通环保调研报告。各省(区、市)成立公路水路交通环境保护基础调查领导小组,主要负责协调管辖范围内与本次调查工作有关的领导机构、人员等问题,督促检查管辖范围内调查工作的实施情况。

(三)世界与中国环保日的主题

2006 年,交通部为呼应国际海事组织提出的"莫使旱地变荒漠"的"6・5"世界环境日的主题,提出中国"生态安全与环境友好型社会"的主题概念,警示人们在经济建设中关注赖以生存的生态环境,与自然和谐相处。2007 年,"6・5"世界环境日的主题是"冰川消融,后果堪忧",中国主题是"污染减排与环境友好型社会"。交通部印发"关于开展 2007 年'六五'世界环境日纪念活动的通知",在交通行业内展开广泛的交通环保宣传活动。召开交通行业港口建设与管理环境保护工作研讨会,将参加研讨会的论文汇总交出版社出版。6 月 4 日《人民日报》和 6 月 5 日、6 月 6 日《光明日报》分别刊登交通环境保护综合性专题文章以及广东渝湛公路、云南思小公路、湖南张常公路和江苏苏通大桥环境保护的有关事迹。2008 年,"6・5"世界环境日的主题是"转变传统观念,推行低碳经济",中国主题是"绿色奥运与环境友好型社会",主题标识内涵是通过宣传绿色奥运和生态文明理念,倡导人人参与环境保护,促进生态文明观念在全社会牢固树立,为成功举办绿色奥运、共建环境友好型社会贡献力量。各地围绕中国主题,以宣传"办绿色奥运,促节能减排,倡导生态文明,建设环境友好型社会"为重点,动员全社会力量参与环境保护,掀起一次环境宣传热潮。2009 年,"6・5"世界环境日的主题是"你的星球需要你,联合起来应对气候变化",中国主题是"减少污染,行动起来",旨在引导公众关注污染防治,积极参与到节能减排工作中来。中国海事局举办"探索中国特色环保新道路"高层论坛,组织集中新闻宣传活动,要求各地环保部门将开展形式多样、内涵丰富的宣传活动,动员全社会力量参与、支持环境保护,为建设生态文明和探索新环保道路营造强大宣传声势和良好舆论氛围。2010 年,“6・5”世界环境日的主题是“多个物种、一颗星球、一个未来”,中国主题是“低碳减排・绿色生活”,在呼吁保护生物多样性和呵护地球家园国际主题的同时,展现中国推行绿色新政的理念和实现绿色发展的决心,营造全社会关心支持和参与环境保护的良好氛围。

第七节　海事基础设施适应安全监管需要

一、用于现场巡航船艇形成系列

2006 年,中国海事局在船舶批量建造试点取得经验后,集中海事系统新船型研发和船舶批量建造工作组的部分成员,对新船型的开发实行统一管理,参照《海事船舶配备标准》中明确的不同船舶级别的功能定位、航速、抗风能力、航区要素,确定长度为 60 米、45 米、30 米 3 个等级的巡逻船新船型方案的论证、编制、设计评审、审查等程序。年内,1 艘千吨级、4 艘 60 米级、2 艘 45 米级、6 艘 30 米级巡逻船开工建造。2006—2010 年,中国海事局共建造各类船艇 393 艘,购置直升机两架。

2007 年,中国海事局结合海事执法工作的实际需要和发展方向,编写海事船舶通信导航设备和救助设备配置指导原则, 基本上统一了海事船舶配备标准。

2009 年 9 月 28 日,3000 吨级海事巡视船“海巡 11”建成并列编。这是当时我国海事系统排水量最大、装备最先进巡逻船。该船续航力 6000 海里,自持力 40 天,适航无限航区,抗风等级可达 12 级,并能满足直升机五级海况的起降要求,列编山东海事局。这标志着我国海事监管具备对我国海洋毗连区及专属经济区实施有效监管的能力。

2009 年 5 月 14 日,黑龙江水系内最大的海巡船“海巡 321”正式列编,投入佳木斯海事局辖区。该船主机总功率 1450 马力,航速可达 29 公里/小时,续航能力为 2000 公里,可在不停靠码头的前提下连续航行 7 昼夜,为当时黑龙江流域尺度最大、功能最为齐全、自动化程度最高的多功能船。5 月 26 日,全国海事系统首艘 40 米级 B 型巡逻船“海巡 043”正式列编河北海事局曹妃甸海事处。“海巡 043”为全国海事系统第一艘 40 米级 B 型巡逻船,总吨位 360 吨,具有良好的视野和灵活的操纵性,最高航速 20 节,续航能力达到 1300 余海里。该船配备包括光电跟踪监视设备、海上油膜取证系统、移动 CCTV 等一系列先进的海上监测、救助设备。

2010 年 11 月 11 日,我国海事系统规模最大、装备最先进的具备海事监管和救助综合能力的大型巡航救助船“海巡 01”轮建造合同在上海签订,预计 2012 年 7 月交付使用。这标志着我国海事监管和救助能力将得到进一步提升。该轮为适航无限航区的国际航行入籍船舶,排水量 5418 吨,设计航速 20.4 节,以 16 节巡航速度航行时续航能力为 10000 海里,具备加油、救生和搜寻等作业能力。船上设置中型直升机机库和大型直升机升降平台,可搭载直升机。

至 2010 年底,直属海事系统共有船舶 1103 艘,其中海事巡逻船 846 艘(沿海 361 艘、内河 485 艘)、航标船 78 艘、测量船 16 艘、其他船舶 73 艘。这中间的海事巡逻船艇包括沿海百米级 2 艘、沿海 60 米级 6 艘、沿海 40 米级 22 艘、沿海 30 米级 87 艘。直属海事系统的现场巡逻能力迅速增强,特别专属经济区有效巡航监管逐步走向成熟,水上巡航力量、巡航法规、巡航管理等方面都得到长足发展。地方海事系统共有巡逻执法船 1600 余艘(见图 9-7-1)。

图9-7-1　2006年,宁夏地方海事局配发海事船艇

二、海事基础设施建设步伐加快

2006年1月,根据国务院批准的《国家水上交通安全监管和救助总体布局规划》和《海事"十一五"发展规划》要求,中国海事局报送《关于广东海事局配置水上交通监管轻型直升机可行性研究的报告》,申请购置2架轻型直升机。7月,交通部批复,同意购置2架水上交通监管轻型直升机,用于海上巡视并满足已建造的3000吨级巡视船要求,并原则同意委托专业航空公司进行直升机的飞行管理。2007年4月,中国海事局委托中航技总公司负责直升机公开招标及进出口代理工作。5月,直升机项目对外公开招标,投标单位有阿古斯特公司、欧洲直升机公司、亚飞太平洋公司。7月完成公开招标,阿古斯特公司中标,机型为A109E。8月,轻型直升机购置项目评标报告和总概算报送交通部。12月,交通部批复同意购置2架阿古斯特直升机,12月28日,在北京与阿古斯特公司签订2架A109E直升机购置合同。

自2006年11月17日起,中国海事局进行为期20天的对2006年直属海事系统基础设施在建项目自查和抽查活动。2007年1月15—22日和11月10—30日,又进行在建项目自查和抽查活动。2008年,直属海事系统共有各类在建项目202个,新开工项目71个,完成项目114个。2008年,新开工项目8个,建设完项目19个;船舶、飞机类在建项目69个,并交付使用各类海事船舶39艘,海事直升机、"海巡11"等一批重点项目进展顺利;完成苏北沿海AIS网络建设。至此,直属海事系统和搜救部门全面推广应用AIS终端系统,AIS网络基本覆盖我国沿海水域。2009年5月14日,中国海事局在北京组织召开直属海事系统工程项目实施总承包建设方式座谈会。同时,黑龙江海事局建设3个多种功能海事综合基地,提升海事监管能力和应急处置水平。

各省(区、市)地方海事局在各地方政府支持下,不断提升海事基础设施(备)。

三、大力进行科技开发与成果应用

2006年12月1日,中国海事局在完成全国海事系统业务应用编码制订、核查和确认工作基础上,印发《海事机构业务应用编码编制规则》,明确全国海事机构业务应用编码的编制方法。根据规则,各级海事机构获得一个唯一的编码,业务应用编码由6位阿拉伯数字组成;其中,第一、二位为直属海事局或省(区、市)地方海事局的标识码;第三、四位为分支海事机构或地市级地方海事机构的标识码;第五、六位为海事派出机构或县级海事机构的标识码。同时,为便于对海事派出机构以下或县级地方海事机构以下的海事基层站点的管理,在对应的6位业务应用编码基础上扩充2位标识码,组成8位基层站点业务应用编码。

2007年2月28日,中国海事局通过公开竞标的方式,确定江泰保险经纪有限公司为保险经纪人,中国人民财产保险股份有限公司为保险人,对海事局所属770多艘船舶、1800多座水上浮动标志提供船舶保险和财产保险等风险保障服务。海事局船舶、水上浮动标志统一保险项目签约仪式在北京举行。这是中国海事系统首次对海事监管设施(备)实行风险保障服务。

第八节 海事信息平台覆盖全国重要水域

一、海事信息系统二期后期工程建成与应用

20世纪80—90年代,随着国家信息化发展和进步,中国海事信息化迅速起步并呈上升趋势,但集中在直属海事系统,地方海事系统因经济状况和人员素质等原因起步较晚,"十一五"计划开始时只有少数省(区、市)建成简单或少量海事管理信息化系统,且集中在上海市、江苏省、山东省等水运发达地方的海事机构。

2003年7月,交通部直属海事系统第一期水上安全监督信息系统建成投入使用。2004年4月,第二期工程部分建成投入使用。两期工程陆续投入使用为全国海事信息化打下了坚实的基础。到2006年,上述两期水上安全监督信息系统完全建成并投入使用,基本覆盖中国海事局、14个直属海事局、70个分支局和55个海事处的海事信息网,并在上海海事局建立海事数据备份中心系统。2006年10月,第二期工程完成全系统联网的试运行,扩展海事主干网宽带,完成与14个直属局15条2M SDH电路、219套服务器及存储设备、269套网络设备、14套视频会议设备、95套安全设备、53套数据库系统、50套中间件系统、21套IP电话设备及相关系统的安装调试、试运行、应用和运行情况跟踪等,并推广应用一期工程船舶动态系统等5个业务软件和船舶检验管理系统等11个应用软件。同时,完成了与14个直属局连接的海事视频会议系统和可视(IP)电话系统,开通了直属海事系统内部邮件系统。到2007年,上述两期工程使用用户近1.2万户。第二期水上安全监督信息系统工程于2007年2月14日通过交通部验收后投入使用,在全国海事系统开发建设19个业务应用系统,其中船舶登记、船舶动态、海船船员管理和考试、内河船员管理、船舶"一卡通"等14个系统在直属海事系统推广应用。中国海事局至直属海事、直属海事至分支机构、分支机构至派出机构3级网络覆盖率达到100%,并与长三角、水网地区的地方海事局实现海事信息网的连接。同时,船舶、船员基础信息数据库基本建成。到年底,中国海事局与直属海事局局域网建成,实现部海事局与直属海事局之间、各直属海事局之间的网络互连,海事公用信息服务网站框架初步建立。由网络系统、安全设施、终端设备和系统软件构成的海事信息化基础设施体系运行稳定,基本满足应用需求。海事信息化管理基本平台建成后,海事监管和服务能力大幅度提升,海事管理机构成为能够在工作中同时应对各种情况的"多面手",对水上任何遇险情况均能"听得见""看得到""呼得通"。此外,2007年2月1日,中国海事局下发《海事数据规范化及交换标准指导意见》。3月21日,组成海事应急辅助指挥试点工程项目工作组,负责项目的方案设计、审查和工程施工等,进一步加强了对海事应急辅助指挥系统试点工程建设项目的监督管理。

与此同时,中国海事局进一步推进直属海事系统信息化建设与发展。2006年上半年,中国海事局启动水上安全监督信息系统第三期工程建设,进行前期设计、编制、调研等工作,并开工建设船员卡工程前期项目、海事应急指挥辅助系统试点工程,推广应用"一卡通",开展海事业务系统与地方口岸数据交换

接口开发及相关标准研究。9 月 1 日,中国海事局下发《海事信息化“十一五”发展规划》。2007 年 6 月 1—2 日,中国海事局在青岛召开全国海事系统信息化工作会议,总结 2003 年第一次海事信息化工作会议以来海事信息化工作,宣传贯彻《海事信息化“十一五”发展规划》,部署 2007—2008 年重点建设工作,以及 2009—2010 年“十一五”计划末期信息化工作任务。2008 年,中国海事局制订《全国海事系统政府信息公开指导意见》,初步规划“以部海事局为中心,各直属海事局和省级海事机构为主干,各基层海事管理机构为支干”的政府信息公开及监督管理体系。

2009 年 10 月,中国海事局修改完善现有船舶动态管理系统,形成船舶动态管理信息系统(新版2.0)。至 2010 年底,直属海事系统已建立了集安全管理决策、应急处置、实时监控、动态监管为一体的监控信息网络。

二、船舶交通管理系统覆盖面居世界之首

(一)船舶交通管理系统(VTS)已建成 30 个

经过多年的建设、改造、扩建,到 2005 年直属海事系统建成运转的船舶交通管理系统(VTS)已有 24 个,并继续加紧新的 VTS 建设。

2006 年,直属海事系统在建成芜湖、武汉 VTS 系统的同时,继续新建天津、连云港、青岛、江阴-泰州 VTS。特别 2006 年 7 月在建成洋山深水港 VTS 一期(2004 年 4 月)的基础上,又完成 VTS 二期工程建设并投入运行,对洋山深水港辖区 4084 平方公里的海域实施监控。

2007 年,直属海事系统新建京唐港、曹妃甸港区、泰州港、舟山港(舟山港为扩建)4 个 VTS 中心和 9 个雷达中继站,完善 AIS、CCTV、VTS,初步形成覆盖沿海重点水域的网络。

至 2010 年底,经过不断地建设,我国重点水域及港口已经建立 30 个 VTS 中心和 91 个雷达站,基本覆盖重点港口、通航密集区、事故多发区等重点水域。全国有 VTS 值班人员 688 人,VTS 规模总量占世界的 1/3,监管水域达 7.4 万平方公里。我国成为世界上 VTS 数量最多、监控水域面积最大的国家。

值得一提的是,2007 年 7 月 4 日,交通部批复同意台湾海峡船舶交通管理系统工程可行性研究报告。这标志着台湾海峡船舶交通管理系统工程获得国家立项。批复的主要内容是在台湾海峡西岸新设立 7 座水上交管雷达工作站,利用已建和在建的烟墩山、南太武山雷达站,形成 9 个雷达站和厦门、福州、泉州 3 个 VTS 系统中心、福建海事局 1 个 VTS 协调中心的布局方案。

(二)船舶交通管理系统(VTS)运行与管理

2006 年 6 月 21 日,直属海事系统按照中国海事局下发“关于贯彻落实广州 VTS 运行管理现场会议精神的通知”,要求加强对广州 VTS 运行管理工作的领导,规范该系统的运行,发挥其区域系统管理功能。

2007 年 6 月 1 日起,直属海事系统依照中国海事局《进一步提高 VTS 监管水平行动计划》,开展 VTS 综合评估检查。综合评估检查方式为综合评估、随机抽查、反馈意见、整改回复。直属海事系统成立 3 个评估检查小组,从 11 月对现有的 26 个 VTS(沿海 18 个、长江 8 个)进行检查,检查内容为 VTS 管理功能发挥、内部管理、管理人员等。

2008 年,直属海事系统对 VTS 系统服务区内发生的水上交通事故进行评估分析,召开 VTS 运行管理工作座谈会,交流管理经验,开展 VTS 功能和法律定位的问题研究。同时,制订《VTS 值守人员配备标准》《VTS 人员岗位管理规定》《VTS 人员培训、考试大纲》等规范性管理规定。

2010 年 2 月,直属海事系统加强 VTS 运行管理工作,主要加强对禁航区、警戒区、船舶交通流密集区、锚地、桥梁两侧等重点水域的监控,充分发挥和完善 VTS 系统自动报警功能。

通过 VTS 有效运行,VTS“数据收集”“数据处理和评估”“信息服务”“助航服务”“交通组织”“支持联合行动”六大功能得到充分发挥,从而加强了对重点水域船舶动态监控,及时提供相关航行安全信息,减少船舶交通事故发生概率,有效保障船舶航行安全。2006—2010 年直属海事船舶交通管理系统(VTS)监控服务详见表 9-8-1。

2006—2010 年直属海事船舶交通管理系统(VTS)监控服务一览表 表 9-8-1

年　份	VTS 系统数量(个)	接收船舶报告(艘次)	纠正违章(起)	交通组织(艘次)	跟踪船舶(艘次)	信息服务(次)	助航服务(艘次)	参加搜救(次)	避免险情(次)
2006	24	4600021	12809	386309	2523995	1697000	209000	1006	12422
2007	26	4828756	13619	342096	2430727	1837329	278789	1564	7336
2008	29	5571971	24000	435958	3081000	2319590	448861	1784	10077
2009	29	5527000	21117	507000	3300000	2320000	465000	1946	8465
2010	30	5753000	29000	691070	4035000	2628000	347000	2973	14000

三、船舶自动识别系统覆盖沿海重要水域

2006 年,中国海事局在建成北方、东海、南海海区 AIS 二期工程 23 座基站基础上,于 8 月 18 日下发《AIS 岸基系统运行管理规定(试行)》,对 AIS 运行、值班、日常维护及管理作出规定。2007 年,直属海事系统开始对沿海 AIS 的信号盲区进行补点建设。至年底,已建成沿海 AIS 岸基站 73 座(作用距离 40~60 海里)、辖区维护中心 19 座、海区管理中心 3 座,除江苏沿海北部滩涂地区未形成船舶自动识别系统的信号覆盖外,基本形成岸基站骨干网络系统。同时,中国海事局编写《船舶自动识别系统岸台网络系统宣贯手册》,并制作活动纪念品。4—10 月,又拍摄船舶自动识别系统(AIS)电视片。2008 年,江苏沿海 AIS 岸基网络系统建设完成。至此,全国 AIS 岸基网络系统已有 94 座岸基站,全部覆盖我国沿海通航主要水域。至 2010 年底,我国沿海 AIS 骨干网建成,包括 1 个国家管理维护中心、3 个海区 AIS 管理中心、19 个辖区 AIS 维护中心和 121 座基站。AIS 已基本覆盖中国沿海 200 海里以内海域及重要通航水域、港口,形成覆盖沿海重点水域岸基网络。

与此同时,通过加强重点水域 GPS.CCTV 建设,连同 VTS 等先进技术手段的建设,我国沿海立体化的船舶交通管理服务体系基本建成。通过 CCTV、GPS 技术,初步实现对重点港口、水域和船舶的现场监控。上海、深圳、烟台、天津、海南等部分现场监控图像可以通过海事信息网传至中国海事局,增强了现场监控指挥手段。部分内河水域利用 GPS 实现对客渡船的实时动态监控。部分区域建设航标遥测遥控系统。覆盖全国沿海和重要内河水域的 AIS 网络形成,并已在北方海区、东海海区、南海海区建立 3 个独立的 AIS 封闭网络系统。沿海主要港口还开通海事电视监控系统,开展卫星遥测遥感辅助海事执法工作,形成 VTS,AIS,CCTV 多层次覆盖的信息跟踪管理系统。航测部门开发使用的船舶智能导航仪,实现海上安全、保安和海上环境保护的目的。

四、无线电指向标/差分全球定位系统高效运转

到 2007 年,我国沿海已建成 20 座无线电指向标/差分全球定位系统(RBN/DGPS)基准台站,基本覆盖我国沿海 200 海里以内的海域及港口水域,形成从鸭绿江口到西沙群岛,覆盖沿海 200 海里以内所有

港口、重要水域和狭窄水道的高精度无线电导航定位服务网，为船舶航行提供高精度定位服务。这一服务网内的亚米导航型接收机的定位精度优于5米，WGS-84坐标系内的位置精度保持在0.5米以内。之后，又在长江江苏段建成2座无线电指向标/差分全球定位系统(RBN/DGPS)基准台站。

至2010年底，全国共有无线电指向标/差分全球定位系统(RBN/DGPS)基准台站22座，其中北方海区6座、东海海区7座、南海海区4座、海南海区3座、长江江苏段2座。在相关直属海事局精心维护下，服务网不仅能实行24小时连续工作，而且信号可利用率均超过交通部部颁标准(交通部标准为年97%)，分别为2006年99.93%、2007年99.759%、2008年99.34%、2009年99.98%、2010年99.53%。

五、船舶远距离识别和跟踪系统

船舶远距离识别和跟踪(LRIT)系统，是船舶通过海事通信卫星将船舶LRIT信息经卫星地面站，再由通信服务提供商、应用服务提供商发送到船旗国LRIT数据中心，并通过国际数据交换所进行LRIT信息交换的系统。

我国从2008年就制订LRIT系统初步设计方案。2009年7月1日，由交通运输部建立的船舶远距离识别和跟踪(LRIT)系统国家数据中心正式运行。这标志着我国LRIT系统建设已经按时履约，并开始向运行维护阶段过渡。LRIT系统运行之后，从事国际航行的中国籍船舶航行到世界的任何一个角落，主管部门都能根据船舶自动发送的远距离识别与跟踪信息掌握它们的动态，并能通过与其他国家数据中心的信息交换，掌握行经我国沿岸和停靠我国港口外国籍船舶的相关信息，实现对水上安全形势实时监控。为进一步做好船舶远距离识别与跟踪(LRIT)系统履约工作，2009年9月中国海事局公布《中国船舶远距离识别和跟踪系统管理规定》，以有效利用LRIT信息，保证我国船舶信息的安全，服务海上航运与国际海上安全。

六、其他海事监管系统的应用

2006年下半年，中国海事局搬到北京环球贸易中心办公，并完成办公区的通信和信息(电话和网络)综合布线、视频会议室(音视频等)布线施工。搬迁后，为保持原有电话号码不变，与交通部机关通信处、联通公司进行施工方案的协调确认，在安贞大厦和环球贸易中心间单独铺设网络光缆和电话电缆。

2007年，中国海事局在海事信息化二期工程中，组织开发船检管理的综合管理系统，其中船舶检验发证管理系统(VIMS)开发完毕后，在全国船检机构推广使用。全国所有船检机构启用该系统进行国内航行船舶的检验发证管理工作。全国船检技术数据库、片区船检技术数据库、各省级船检技术数据库也在此基础上初步建成。这一系列系统的建成和投入使用进一步加强船舶检验发证工作，有效防止假证书的使用，为全国船检数据库提供准确全面的船舶检验静态和即时动态数据，进一步提升船检管理效能。

2008年10月，上海海事局初步建成中国最大的海事国际公约数据库，并免费对外公布。海事国际公约数据库以国际海事组织海上安全类和防污染类的公约为主，囊括中、英文PDF格式文本的原本和综合文本，大小文件400多个。这是迄今中国最大最全的海事公约数据库，解决了广大海事人员和航运从业人员长期存在的查找公约及其修正案非常困难的问题。

2009年2月10日，中国海上搜救中心指挥显示系统工程通过交通运输部水运司组织的竣工验收。该系统工程为海事应急辅助指挥系统运行提供了基础平台，实现了VTS,AIS,CCTV等信息的接入显示，满足了海上搜救应急的值守工作需要。

2010 年 4 月 13 日,中国海事局下发《国内航行船舶船载电子海图系统和自动识别系统设备管理规定》。从 10 月 1 日起,完成 PSC 国家数据中心应用系统主体的开发建设和调整完善,并选取具有代表性的港口国监督授权单位组织完成试运行工作,自 2010 年 10 月 1 日起正式运行该系统。除海运包装有害物质(海洋污染物)集中检查活动(CIC)涉及的检查报告外,自 2010 年 10 月 1 日零时起全国 49 个港口国监督授权机构正式启用 PSC 国家数据中心应用系统提交港口国监督检查报告。自 2010 年 12 月 1 日起,亚太地区港口国监督信息系统(APCIS)正式停用,各检查机构通过“一次检查,一次输入”的方式,仅使用 PSC 国家数据中心应用系统提交港口国监督检查报告。2010 年,中国海事局完成船舶防污染信息系统的开发,并在 5 个单位试运行。直属、地方海事系统全面开展信息化和监管手段现代化建设。

特别值得一提的是,中国海事局外网自 2001 年 3 月 1 日开通,经过多次改版,到 2010 年底已设置“机构简介”“新闻中心”“政务公告”“海事保障”“国际海事”等数十个专题栏目,进一步扩大向社会发布海事管理信息、管理动态的范围和内容,并设置各种海事管理工作内容服务平台,具备网上申报、网上查询、网上征题等功能。自 2005 年 5 月 1 日试运行至 2010 年底,中国海事内网共发布信息 140272 条。

经过 2006—2010 年在重点水域加强 VTS、AIS、GPS、CCTV 等先进设施(备)建设,提高监管技术手段,至 2010 年底全国沿海主要港口和长江干线已建成 30 个 VTS 中心、91 个雷达站、121 个 AIS 基站,沿海立体化船舶交通管理服务体系基本建成,在直属海事系统范围内可实现对重点港口、水域和船舶的现场监控。

第九节　海事队伍发展壮大与形成规模

一、执法队伍发展壮大与录用管理人员

经过 1998—2005 年 7 年多的建设与发展,到全国水监体制改革结束时,中国海事管理队伍形成规模,整体素质提高,已成为我国一支不可或缺的经济行政执法力量,完全能胜任水上交通安全监管的需要,得到党和国家、全国人民及国际海事组织的认可。这支力量的发展由主要依靠外延式发展转变为外延式与内涵发展并重,业务范围由主要从事国内事务转变为国内与国际事务并重,主要职责由主要关注安全监督客体管理转变为安全监督客体与主体管理并重,管理方式由主要注重执法监督转变为执法监督与公共服务并重,建设模式由主要侧重“硬实力”建设转变为“硬实力”与“软实力”建设并重。

(一)行政执法队伍的壮大

为进一步加强海事执法队伍的建设,2006 年直属海事系统继续落实与完善年度目标管理责任书。12 月 26 日,中国海事局向直属海事系统下发《交通部海事局目标管理海事行政效能督察实施办法(试行)》,次年 1 月 1 日起实施。2007 年 1 月 15 日,通报 2006 年度目标管理责任内容落实的情况,其中最为突出的是:从 2006 年起,交通部海事局决定用 3 至 5 年时间在全国海事系统全面开展“规范管理年”活动。4 月 4 日,下发《关于在全国海事系统开展规范管理年活动的意见》,规定 2006 年“规范管理年”活动主要任务,要求加强制度建设、建立完善决策机制、严格规范执法行为、落实执法责任制度、严格基本建设程序、严格固定资产管理、严格资金使用管理及加强人事劳资管理,规范“三产”经营管理等。活动实施步骤是:启动阶段,4 月初至 4 月 30 日;实施阶段,5 月 1 日至 10 月 31 日;总结提高阶段 11 月 1 日至 12

月 31 日。2007 年 4 月 12 日,中国海事局在总结 2006 年活动经验的基础上,下发 2007 年全国海事系统“规范管理年”活动方案,重点是全面检查制度的落实情况,进一步完善领导班子民主决策机制,严格执行基本建设计划和基建程序,检查落实会计基础工作规范化,规范经济实体管理、“行政执法一面旗”、规范执法行为等。具体安排是:3—4 月,制订本单位“规范管理年”活动方案,全面启动 2007 年“规范管理年”活动;7—10 月,由中国海事局组织开展活动检查和交流;11—12 月,对 2006 年和 2007 年活动开展情况进行经验总结,交流,研究下一年“规范管理年”活动方案。

与此同时,从 2007 年 3 月开始交通部海事局先后在直属海事系统开展以“牢记党的宗旨、主动做好服务”和“强素质塑形象,为旗帜添光彩”为主题的实践活动,以增强主动服务国民经济社会发展、主动服务行政相对人的自觉性和坚定性,内强素质,外塑形象,促进海事各项工作在履行“保障水上安全、维护国家主权”两大职能过程中为国民经济社会发展和行政相对人提供更优质的服务。主题实践活动树立和展现了“依法行政、有效监管、卓越服务、清正廉洁”的海事崭新形象,大大提高了中国海事的社会认可度。2008 年,中国海事局在直属海事系统建立健全首问责任制、服务承诺制、绩效考评制、责任追究制等制度,并对制度执行情况进行定期或不定期监督检查;开展海事职务等级标志制工作。在深圳、上海、山东、江苏、福建海事局试点的基础上,年内完成直属海事系统推广首问责任制。

(二)推进“凡进必考”公务员管理制度

自 2001 年开始按照国家规定进入海事人员实行公务员录用制度以来,中国海事局坚持“凡进必考”制度。2001—2010 年直属海事系统通过国家公务员考试共招录海事工作人员 6359 人,其中 2006 年至 2010 年招用 5146 人。

通过国家公务员考试录用的海事工作人员,99%达到本科学历,还有一部分达到硕士和博士学历。这些学有专长、素质全面的新职工的加入,充实了海事力量,提升了海事队伍整体素质。2006—2010 年,中国海事局继续推进“凡进必考”的制度,引进各类人才,其中先后录用海事亟须、具有航海资历的船长、轮机长等人才 500 多人,优化执法队伍结构。至 2010 年底,执法队伍中具有本科及以上学历的人员(不包括相当于大专学历人员)占执法队伍总人数的 67.1%,35 岁以下人员占执法队伍总人数 40.5%,执法队伍结构得到优化。同时,直属海事系统(不含长江海事局)引进船舶驾驶、轮机管理、海事管理、船舶工程等航海及相关专业人员,人数占执法队伍总人数的 23.6%;直属海事系统(不含长江海事局)引进综合管理及相关专业人员,人数占执法队伍总人数的 11.1%。2006—2010 年直属海事系统录用工作人员详见表 9-9-1。

2006—2010 年直属海事系统录用工作人员一览表　　表 9-9-1

年　份	通过国家公务员考试录用(人)	通过考核录用和其他方式录用(人)	合 计(人)
2006	375	148	523
2007	904	199	1103
2008	1199	143	1342
2009	1461	23	1484
2010	601	93	694

(三)加强各种形式的再学习与培训

这一时期,全国海事系统通过各种渠道和形式的学习与培训机构,实现海事管理人员的再学习、再培训。如在大连海事大学举办世界海事大学“大连班”,每年培训人员上千人次;每年选拔优秀人才出国培训,派员到IMO见习、到世界海事大学学习等。直属海事系统因地制宜,开展各种培训,每年有几百人参加研究生、大本、大专的学习,从而形成浓郁的学习氛围。

2007年下半年,交通部海事局选派20名50周岁以下的负责通航管理工作的领导和相关工作人员,赴德国接受培训。10至11月,选派20名50周岁以下的从事海事调查处理工作的高级海事调查官,组成海事调查官模拟调查培训团,赴美国接受培训。在大连海事大学举办世界海事大学"大连班",培训31人。公派IMO见习工作2人,公派出国学习5人。组织各类培训班32个(43期),参加人员2070人,全部合格。2008年,公派世界海事大学留学6人,参加世界海事大学"海上安全与环境管理"大连硕士学位班第四期学员39人。举办各类培训班34个(48期),培训2233人。2009年,中国海事局公派世界海事大学留学1人,参加世界海事大学"海上安全与环境管理"大连硕士学位班第五期学员30人。举办培训班34个(47期),培训2308人,其中地方海事局543人。2010年,世界海事大学录取中国海事学员已达53人,并推荐1人参加IMO见习工作,3人参加IMO同声翻译培训工作;3人参加瑞典"SIDA"项目培训;25人参加赴丹麦"VTS管理",16人参加赴挪威"公司审核管理",23人参加赴美国"海上搜救"知识出国培训团。举办各类业务培训班35个(63期),全年累计培训3230人次,其中地方海事系统598人次。

(四)行政执法队伍的半军事化

早在1986年9月在全国内河安全会议上,交通部副部长林祖乙就在对港监(航政)部门提出队伍建设要求时,提出"港航监督部门要实行半军事化"。2009年直属海事系统工作会议上,交通运输部副部长徐祖远提出:"要通过海事职务等级标识制的推进,加快半军事化、专业化建设步伐。"2009年直属海事系统工作会议也明确提出:"要制定实施海事系统半军事化管理方案,以半军事化管理和实施职衔制为契机,推进海事队伍的正规化建设。"会议确定以军训为实施半军事化管理的一个载体,并明确广东海事局和河北海事局为首批试点单位。从此,半军事化管理在直属海事系统正式开启。

作为试点的广东、河北海事局,仿效部队军事化管理方式,将切入点放在军训上,探索半军事化管理。取得一定经验后,2010年半军事化管理扩大试点范围,逐渐在直属海事系统铺开。

二、各类人才队伍已具规模

(一)专业技术人员发展

2006—2010年,交通部海事局按照交通部的有关规定,做好一年一度高级、中级、初级专业职务任职资格的评审工作,以专业技术人员能力、业绩为核心,开展中高级专业技术人员资格评审工作,把好推选、考核、评审关。至2010年底,直属海事系统专业技术人员由1998年的5045人增加到2010年13762多人,其中2276人取得高级专业技术职务任职资格的从1998年369人增加到2276人取得中级专业技术职务任职资格的从1998年1596人增加到4917人。同时,全部人员中具有大专以上学历的15029人,具有研究生或硕士学位学历人员1998人,其中博士研究生学位学历人员38人。2006—2010年直属海事系统专业技术人员一览表详见表9-9-2。

2006—2010年直属海事系统人员一览表 表9-9-2

年份	文化结构人员				专业技术人员			
	大专以上学历	研究生	博士生	合计	高级职称	中级职称	初级职称	合计
2006	8619	—	—	8619	1515	3792	3925	9232
2007	11038	—	—	11038	1558	3327	4235	9129

续上表

年　份	文化结构人员				专业技术人员			
	大专以上学历	研究生	博士生	合计	高级职称	中级职称	初级职称	合计
2008	12759	1260(含博士生)	—	14019	1830	3582	3969	9381
2009	10811	1153	12	11976	1936	4875	5505	12396
2010	15029	1998	26	17053	2276	4917	6569	13762

注:表中“—”系无统计。

(二)人才队伍的引进、培养的推进

人才的引进、培养、评选等,是中国海事系统推动海事人才发展的重要途径。2006 年 3 月 17 日,交通部海事局印发《直属海事系统 2006—2020 年人才发展规划》,力争到 2010 年使海事执法专业人才队伍全部达到大专文化程度,其中本科 50%、研究生 10%,并要加强海事拔尖人才队伍建设,加大人才储备,引进高级船长、轮机长或具有航海经历的专业人才。9 月 6 日,中国海事局下发《海事优秀人才奖管理办法》。10 月 13 日,下发《海事“优秀人才奖”评选奖励和管理办法》,规定自 2007 年起在全国海事系统范围内进行“优秀人才奖”评选,每两年评选一次,每次不超过 15 名。获得“优秀人才奖”者,颁发全国海事系统“优秀人才奖”证书,并通报表彰。5 年内向获奖者提供 1 万~5 万元的人才培养专项经费,资助科研项目;或提供一次参加国际学术会议或短期出国培训的经费资助;或资助一次有学术或应用价值著作的出版经费;5 年内可直接推荐参加交通部“新世纪十百千人才工程”第一层次人选、“交通青年科技英才”的评选。

2007 年 3 月 23 日,交通部海事局出台《海事“优秀人才奖”评选奖励和管理办法》。此管理办法规定从 2007 年起每两年在直属海事系统组织开展一次海事“优秀人才奖”评选表彰活动。到 2007 年,直属海事系统进入国家级人才工程队伍 2 人,评为交通部青年科技英才 5 人,进入交通部新世纪“十百千人才工程”第一层次人才队伍 4 人,选拔出国留学 48 人,选拔参加世界海事大学连硕士办学习 67 人,享受国务院授予的政府特殊津贴高级专家 55 人。

2009 年 4 月 5 日至 8 月 18 日,直属海事系统举办第二期高级英语强化班。年内,开展 2009 年新世纪百千万人才工程国家级人选推荐工作,推荐对象为省部级以上科研课题、直属海事系统重大工程项目的主持人或主要参与者,回国工作的高层次留学人员,在海事相关专业技术工作中做出突出成绩、有较大贡献、具有一定发展潜力的青年技术人员。2010 年底,直属海事系统加大拔尖、领军人物的培养和选拔力度,并建立中国海事专家库;继续引进高标准综合人才,逐步建立海事人才分类分级管理体制和专业技术人才评价体系。据统计,“十一五”计划期末比“十五”计划期末增加 3177 人,其中具有大副、大管轮以上资历人员 770 人,比“十五”计划期末增加 607 人;“十一五”计划期末研究生以上学历 1974 人,比“十五”计划期末增加 1736 人。

通过大量引进青年人才,海事执法队伍年龄结构迅速年轻化,人力资源配置基本合理。至 2010 年底,年龄层次主要集中在 30 岁左右,各直属海事局青年人已占总人数的 50%。

三、领导干部队伍管理的加强

(一)党建工作

2006 年 1 月 4 日,交通部海事局党委下发《关于进一步加强直属海事系统基层单位领导班子建设的

意见》,提出争取用3年左右时间使基层单位领导班子建设取得明显成效。10月11日,交通部海事局党委印发《十一五时期直属海事系统党政领导班子建设规划纲要》。纲要提出到“十一五”计划期末,交通部海事局及区海事局两级领导班子自身建设达标率超过90%;年龄结构、知识结构明显改善,其中局级领导班子形成并保持以50岁左右干部为主体的梯次配备,处级领导班子形成并保持以45岁左右干部为主体的梯次配备;引领发展和创新能力明显增强;决策水平和处理复杂问题的能力明显提高;作风建设取得明显成效,发生职务违纪、违法案件人数每年不超过0.5%。2006年5月,交通部海事局党委在大连海事大学举办直属海事系统党务领导干部海事管理知识培训班。10月14—17日,在广东省深圳市、东莞市举行直属海事系统党的工作座谈会,探讨在已有管理体制下建立党建有效工作机制的工作思路。2007年,交通部党组决定在交通部各直属海事局设置党组,取代交通部各直属海事局党委。11月7日,交通部党组任命上海海事局党组成员和纪律检查组组长,免去上海海事局领导班子成员党委、纪委职务,上海海事局党组成立。11月20日,浙江海事局党组成立。

2007年2月17日,中国海事局党委下发《关于进一步加强直属海事系统基层党建工作的指导意见》,提出直属海事系统基层党建工作总体目标、任务措施,明确党组织设置、工作机制要适应党组织关系属地管理、海事工作垂直管理体制,规定交通部海事局党委和各直属海事局党委、党组抓基层党建工作的主要责任。从3月开始在直属海事系统开展为期一年的“牢记党的宗旨、主动做好服务”主题实践活动。

(二)廉政和行风建设

2006年6月2日,交通部海事局下发“关于全国海事系统进一步加强行风建设的通知”。6月5—6日,在桂林召开全国海事系统第一次纠风工作会。

2006年10月13日,交通部海事局在《中国交通报》《中国水运报》上公布全国海事系统各直属海事局和各省(区、市)地方海事局行风监督举报电话号码。并公布全国海事系统新的“八大纪律”:

一是严禁海事执法人员及其家属接受可能影响执法公务的吃请和娱乐、旅游等活动。非工作需要,执法人员不准着海事制服或使用带有执法标志的车辆出入营业性餐饮、娱乐场所。

二是严禁各级海事管理机构违反规定擅自收取规费或代征、协征其他规费、费用。严禁海事执法人员利用职务之便要求行政管理相对人报销应由个人负担的各种费用或索要、收受钱物、有价证券、支付凭证等。

三是严禁海事执法人员私自借用行政管理相对人的车辆、通信工具或其他设备。

四是严禁海事执法人员利用工作之便要求船舶无偿运送个人物品、搭载乘客。

五是严禁海事执法人员通过中介、代理、入股等形式从事与执法活动有关或可能影响执行公务的经商活动。

六是严禁各级海事机构或海事执法人员非法倒卖违法船舶载运的货物,为单位或个人谋取非法利益。

七是严禁在海事执法场所或在执法工作时间内饮酒或酒后执法。

八是严禁海事执法人员赌博。

鉴于海事机构是国家行政管理体系的有机组成部分,必须依法行政,主要职责是开展对水上交通安全监督管理政务活动,2007年初交通部海事局将海事系统行风建设更改为海事系统政风建设。为鼓励管理相对人、社会群众署实名举报海事系统政风案件线索,交通部海事局于2007年1月23日公布《关于属实名举报政风案件奖励办法(暂行)》,明确凡署实名举报海事机构及其工作人员发生损害群众利益的违法违纪案件,经查证属实的,对举报有功人员给予人民币500~10000元的奖励。3月28日,交通部海事局兑现该奖励办法公布后的首次奖励,在江苏扬州向署实名举报某海事处个别执法人员收受船员好处费问题的船员颁发5000元奖金,并通报全国海事系统。

2007年3月13日,交通部海事局下发《海事风纪风貌规范(试行)》专题片。7月12—13日,全国海事系统政风建设现场会在上海召开。2008年,交通部海事局召开首次全国海事系统政风建设现场会;积极推进精神文明创建;继续深入开展治理商业贿赂工作;继续深化政务公开。

四、精神文明建设形成制度

(一)新增全国海事系统先进单位

2006—2010年,全国海事系统每年又新增一批先进单位,2006年评出25个,2007年评出27个,2008年评出15个,2009年评出17个。它们分别成为全国文明单位、全国交通文明行业、全国精神文明建设工作先进单位、全国交通系统创建文明行业先进单位、全国创建文明行业工作先进单位、全国海事系统文明达标单位等。

(二)海事文化建设加快

2006年10月9日,交通部海事局党委、行政部门印发《海事文化建设纲要》《全国海事系统"十一五"时期精神文明建设工作指导意见》,作为海事文化建设中长期的指导性文件。就全国海事系统"十一五"计划期间精神文明建设工作的目标、任务、原则、措施,建设纲要明确实施培树一批影响广泛的先进典型,建成一批社会公认的执法窗口,打造一批富有特色的安全畅通文明航区,创建一批效能突出的文明机关,推出一批内涵丰富的文化成果。建设纲要还明确海事文化建设的基本内容:培育海事核心价值观,完善海事职业道德规范,建立海事标识体系,推出海事文化创作成果;要从形象标识、制度规范和价值理念3个层面入手,通过创建学习性组织、培树海事先进典型、建立海事准军事化管理模式、编撰海事史志、建立海事博物馆陈列室、借助社会媒体传播、丰富群众文化创作活动等,开展海事文化建设,形成以先进价值观为核心的海事文化体系,提升以全面履职为基础的海事综合能力,营造以促进人的全面发展为根本的海事人文环境,树立以依法行政、卓越服务为标志的海事社会形象,使广大海事职工参与海事文化建设,认同海事文化内涵,共享海事文化建设过程和成果。2006年11月,作家汪卫兴编著的描写海事工作和人物的长篇报告文学《使命与大海同辉》,由作家出版社出版发行。12月15日,"海事文化成果展"在中国海事局局域网启动,同时辅以实物图片展。成果展展出了海事文化体系内容、基本原则、功能内涵等。2007年3月,中国海事局下发《海事风纪风貌规范(试行)》。2007年,海事文化建设和航标文化课题研究启动。6月8日,航标文化课题组成立,由天津海事局牵头,上海、广东、海南海事局和长江航道局参加,并与南开大学、大连海事大学合作。课题组围绕航标的历史沿革、结构特征、技术功能、人文内涵、美学价值等物质文化层面进行调查研究。9月24日,海事文化建设课题组成立,由河北海事局牵头,山东、江苏、浙江、长江、深圳海事局和江苏省地方海事局参加。课题组围绕提炼海事核心价值体系,明确海事文化的概念、内涵、体系以及建设路径与方法等进行调查研究。

2006年4月,中国海事局编纂的《中国灯塔》大型画册由人民交通出版社出版发行。画册汇集了一批具有历史、现代价值的灯塔精美图片。2007年,《中华人民共和国海事局志(1998—2007)》编撰工作启动,2013年出版发行。

(三)建成海事博物馆

中国海事博物馆,作为国家级航海博物馆的分馆,于2010年7月5日正式开馆,对外开放。中国海事博物馆分设引言、海事沿革、监管执法、航海保障、应急搜救、海事装备、海事文化、国际交往等8个部分,共涉及展示栏目约120项、各类实物展品约260件、各类照片和影像资料约130件、各类文献资料约70件、各类模型约30个、各类场景和沙盘约10个。其中展物包括民国时期船员证件、船舶国籍证书、船舶所有权证书及1875年东海岸海图等重要珍贵资料。

(四)重新修缮与开放中国航标展馆

2006年6月18日,交通部海事局重新进行修缮的中国航标展馆恢复开放。展馆面积1809.22平方米,展示面积949.9平方米,附属用房859.32平方米,多功能厅120平方米,接待室20平方米。展厅分为3层,设综合、目视航标、音响航标、航标船艇、无线电航标5个展区。展区设展板62块,实物125件。一楼综合展区中部为邮品欣赏区域,展示36版国外灯塔的邮票精品和中国发行的灯塔邮票;走廊里展出50幅国内外灯塔图片。附楼四层专题展室,开设"十五期间中国航标测量成就展"。2007年8月,中国航标展馆第二次改造,建成60平方米的多媒体放映厅、60平方米的船舶模拟厅等,拓展了使用功能。

中国航标展馆自2000年6月18日正式建成开馆以来,至2006年6月整修重新开放止,先后接待交通部和各省、市的各级领导,海军各舰队航保部的各级首长,以及来自西班牙、韩国海事部门的国外专家等800余批约10000余人。2006年,中国航标展馆被秦皇岛市列为秦皇岛市科普教育基地。2007年1月,中国航标展馆在秦皇岛市科技展馆评比中荣获第一名,并被秦皇岛科协评为"先进单位"。

(五)培树先进典型杨庆文

2009年3月14日,广东海事局一级监督官杨庆文在准备对一艘外籍轮船实施登轮监管时,因涌浪袭来导致舷梯砸在头上,抢救无效,以身殉职,年仅40岁。12月14日,广东省人民政府批准追认杨庆文为革命烈士。2010年2月2日上午,追认杨庆文为革命烈士仪式在广州海事局隆重举行,广州海事局负责人宣读广东省人民政府《革命烈士通知书》,向烈士家属颁发革命烈士证书。杨庆文因公殉职后,交通运输部为他追记一等功,并在全行业开展向杨庆文学习活动。

杨庆文曾任远洋外轮轮机长,2006年通过广东海事局公开招录甲类船长轮机长进入广东海事局。为做好工作,杨庆文每天工作10小时以上,掌握船舶安全检查依据的包含1700多个条款的六大国际公约;为完成迎接IMO审核而梳理海事公约框架的重任,将相关资料放在U盘,利用晚上或周末加班;协助抢运电煤船舶做好开航前检查,避免产生缺陷,被船员称为"我们的贴心人"。杨庆文殉职后入选"新中国成立60周年十大感动交通人物",被评为2009年度"广东省第一大新闻人物"。人民日报社、中央电视台、光明日报社等媒体都对其先进事迹进行报道。杨庆文用生命弘扬海事精神,身体力行所体现出来的鲜明时代特征和海事特色,是建设海事事业的宝贵精神财富。2006年3月6日,交通部海事局在北京举行陈刚毅先进事迹报告会,直属海事系统14个分会场通过视频收看报告实况。

第十节 与国际海事合作与交流实现制度化

一、推进与国际海事组织合作的制度化

我国从1973年恢复在国际海事组织中的成员国地位起,1975年第一次参加国际海事组织B类理事的竞选并成功当选,1989年又在第十六届国际海事组织大会上首次竞选A类理事国成功,1995年第十九届大会上以最高票数当选为国际海事组织的A类理事国。这标志着我国航运大国的地位得到世界公认,

并有了进一步巩固与发展。2006—2010年,我国又两次当选A类理事国。2007年11月23日,第二十五届国际海事组织(IMO)大会上,我国再次当选为该组织A类理事国,是1989年以来我国连续10次当选。2009年11月27日,第二十六届国际海事组织(IMO)大会上,我国再次被推选为A类理事国,已是连续第11次。

至2010年底,中国海事局代表中国政府先后与30多个国家和20多个国际组织建立海事双边或多边合作机制,广泛参与国际海事组织事务,跟踪国际海事新动态,与国际组织开展各种活动,在国际海事领域的影响力不断增强。特别2009年通过IMO自愿审核,中国海事履约工作得到国际海事组织的首肯。

中国海事参加的主要国际组织机构以及国际和区域组织会议有国际海事组织(IMO)、国际海道测量组织(IHO)、国际航标协会(IALA)、国际搜救卫星组织(COSPAS-SARSAT)、国际油污损害赔偿基金组织、国际船级社协会、国际航运会议常设协会、国际航运联合会、国际航运公会、国际移动卫星组织、国际航行学会联合会、波罗的海和国际海运理事会、国际港口协会、国际救生艇联合会、国际救助联合会、亚太地区港口国监督谅解备忘录组织(TOKOYO-MOU)、亚太经合组织(APEC)运输工作组、国际劳工组织(ILO)、东亚海道测量委员会(EAHC)、远东无线电联合导航理事会(FERNS)、西北太平洋行动计划(NOWPAP)政府间会议及专家会议、北太平洋海岸警备机构论坛、亚洲海岸警备机构首脑会议、国际海事调查官论坛(MAIIF)IMO、东京谅解备忘录组织(TOKOYO MOU)、亚太海事首脑论坛、北太平洋海岸警备机构论坛,与东盟等国际组织建立海事合作机制,并与东盟各成员国、澳大利亚、韩国、俄罗斯和日本建立双边合作关系。

2006—2010年合作并积累经验基础上,中国海事局及直属海事系统深入总结和评估与国际海事组织等多个国际及区域组织的合作经验,拓展交流与合作领域,提高海事规范化水平,优化海事资源配置,全面提升中国履约水平和海事管理水平,树立中国政府良好履约的大国形象。

(一)与国际海事组织合作趋于制度化

2006年,中国海事局与国际海事组织和国际石油行业环境保护协会3方通过协商,达成3方合作意向书,进一步扩展国际海事合作的领域。7月31日至8月4日,中国海事局与国际海事组织联合在大连举办国际IMDG规则国家级培训班。11月14—17日,在烟台溢油应急技术中心,与东亚反应有限公司举办了第三期国际海事组织二级溢油应急培训班,来自韩国、越南、阿曼、印度尼西亚等国内外石油界及海事系统30名学员接受培训。这次培训中烟台溢油应急技术中心人员首次参与教学,结束之前合作培训全部由外籍教员教学的历史,实现共同授课。2007年,中国海事局组织人员参加国际海事组织(IMO)船员培训和值班分委会第三十八次会议;与英国、伊朗两国签订船员适任证书互相承认协议;启动"履行STCW公约独立评价报告"编写工作。2008年,中国海事局代表国家及政府交通主管部门参与国际海事组织、国际海道测量组织、亚太地区海事机关首脑论坛等国际组织的活动,维护我国航运利益。6月10—15日,中国海事局承办在上海召开的国际航标协会电子航海分委会会议,国际海事组织海安会召开的目标型新船建造标准(GBS)会议,以及试审核专家组召开的专家组会议。

(二)成功承办第16届国际航标协会(IALA)

2006年5月8日,为保证中国承办的第十六届国际航标协会(IALA)大会成功召开,中国海事局参加了第十六届国际航标协会大会的中国代表团,并在大连召开专题研讨会,主题为"人员培训与海上安全"。5月22—27日,国际航标协会第十六届大会在上海召开。会上,来自世界44个国家和地区的航标主管当局、生产制造商和咨询机构的570余名代表,围绕中国2003年在第三十二届理事会上提出的"数字航标”这一主题展开交流,讨论未来工作任务与发展方向。会议提出的应急沉船标识制式标准得到广泛的认同,并成为国际标准在全球推行。27日,由24名各国理事组成的新一届国际航标协会理事会,投票选举中国海事局常务副局长刘功臣为主席。这是国际航标协会自1957年成立以来选出的首位中国主席。为履行理事会主席担负的联络、协调、召开会议、督促检查工作等义务,中国海事局于7月31日设立国际航标协会主席办公室,作为局机关非常设机构。2007年6月26日,中国海事局常务副局长刘功臣以国际航标协会主席的身份,在国际航标协会总部法国巴黎召开的国际航标协会50周年庆典大会上做主题讲话见图9-10-1。

图9-10-1 国际航标协会(IALA)第十六届大会

2006年10月,在法国召开的国际航标协会航标管理委员会第八次会议上,中国代表被任命为应急沉船标志国际标准制定的跟踪汇报人。2007年9月,中国提交的船舶交通管理系统间的数据交换问题建议被国际航标协会船舶交通管理系统委员会会议采纳。

(三)不断完善涉外管理制度

2008年11月,中国海事局成立涉外海事调查机动组,由海事调查官和海事调查专家组成,开展涉外海事调查处理和应急反应工作。12月5日,我国首部国际化系统性分层次海事调查培训教材编写完成,并通过国际海事组织(IMO)海事调查过程在我国海事调查管理中的应用课题研究专家的评审。2009年,为全面履行《2001年国际燃油污染损害民事责任公约》,结合我国的实际,中国海事局颁布《关于发布提前淘汰国内航行单壳油轮实施方案的公告》,逐步淘汰国内航行的单壳油船。成立课题组,对海上移动储油装置(FPSO)等相关国际公约进行及时研究和探讨。

(四)履约工作得到IMO审核组的高度评价

为促进国际海上安全和海洋环境保护相关公约的有效统一实施,国际海事组织自2006年1月起在全球推行IMO成员国自愿审核机制。随着IMO第二十六次大会A.1018(26)号决议的审议通过,审核机制向强制化方向迈进,预计于2015年全面实施。

2006年7月17日,中国海事局下发“关于做好国际海事组织成员国自愿审核机制准备工作的通知”,要求各直属海事局,特别是长三角、珠三角和环渤海湾地区的直属海事系统按照要求做好准备,迎接审核的相关工作。12月,中国海事局成立“审核机制领导组和工作组”,开展各项准备工作,并制订《国际海事组织成员国自愿审核机制工作组工作导则》,明确工作组的工作职责和主要工作内容。对照《国际海事组织强制性文件实施规则》要求，梳理中国海事为履约所进行的国内立法、工作机制、工作程序、工作记录及实施情况。2007年5月24—25日，中国海事局在北京召开国际海事组织自愿审核机制联络员研讨会，通报应对审核工作部署和进展情况。至11月5日，经过近两年努力，自愿接受国际海事组织审核的基础文件——《中华人民共和国国际海事组织强制性文件履约报告》编写工作结束。2008年，中国海事局向国际海事组织(IMO)递交自愿审核机制审核申请，于2009年11月接受审核。2009年9月24日，中国海事局与国际海事组织签署关于参加IMO自愿审核机制的合作备忘录。2009年11月7—18日，国际海事组织(IMO)对我国海事履约工作进行全面系统的审核。在为期12天审核中，审核范围涵盖《1974年国际海上人命安全公约》等6个强制性国际海事公约及相关文件，并审核我国海事履约总体战略、海事立法和规章、组织机构及职能、制度安排、履约资源、履约效果和人员管理等。中国海事局还代表中国政府接受审核组的审核验证。国际海事组织审核组还对上海、天津海事局进行审核，验证中国海事履约的总体布置在直属海事系统的落实情况，现场访问基层海事处、航标处、海道测绘处、船舶交通管理(VTS)中心、搜寻和救助中心、海岸电台和油污水港口接收设施等单位。

经过系统审核，国际海事组织(IMO)审核组充分认可中国海事的履约工作，给予高度评价，并宣布通过审核。审核组认为，中国海事履约的工作，履行IMO强制性文件义务，切实履行国际海事公约规定的政府义务，达到《IMO强制性文件实施规则》规定的标准，尤其是我国开航前检查、搜救以及海事立法机制在全球海事履约中表现更加卓越；中国海事建立了较为完善的管理体系、法律体系、履约能力、基础设施以及人力资源，监管体系覆盖对外开放所有水域和港口，有效履行水上交通安全监督、防治船舶污染、航海保障、相关海上公共服务和国家水上主权管理等职能，并取得良好成效。中国海事受到国际海事组织履约审核组高度评价的信息，被中央政府网、人民网、《中国交通报》等各大新闻媒体报道，在国内外引起强烈的反响。

(五)中国国际海事研究委员会的调整

2007年1月10日，由于人员变动等原因，中国海事局调整中国国际海事研究委员会成员。调整后的组成人员共23人，有12个分委会，即：中国海事局直接负责的国际安全管理规则分会，挂靠天津海事局的测绘政策与技术分会、港口国监督分会，挂靠上海海事局的航标管理分会、事故调查分会，挂靠辽宁海事局的危管防污分会，挂靠广东海事局的船员培训发证分会，挂靠山东海事局的搜救及全球遇险分会，挂靠深圳海事局的航行安全分会，挂靠浙江海事局的便利运输分会，挂靠江苏海事局的综合履约分会，挂靠福建海事局的船舶检验分会。1月20日，国际海事研究委员会在深圳召开第五次会议。直至2010年底，中国国际海事研究委员会与分会管理和挂靠格局没有变化。

二、国际与地区海事组织交流的制度化

(一)参与与承办上海、深圳海事国际论坛

2006年4月19—20日，中国海事局举办以“高素质海员”为主题的2006年深圳国际海事论坛，来自国际海事组织、国际运输工人联合会、国际劳工组织、国际海运联盟、欧洲海事安全局等国际组织的代表、17个国家和地区的有关官员以及国内有关政府部门、行业组织、大型航运公司和航海院校的有关人员近300人参加。

2007年，中国海事局承办国际海事组织主办的拆船研讨会，国际海事组织、国际劳工组织、国际拆船协会、巴塞尔公约秘书处、波罗的海国际海运理事会、国际海运协会等国际组织的代表以及印度、日本、法

国、英国、荷兰、中国等10国的政府官员、拆船专家、船东代表参加。10月15—19日,在北京承办第十六届国际海事调查官论坛(MAIIF)。这是该论坛第一次在中国举行,来自25个国家和地区的49名代表参加。11月7—8日,举办以"全球关注石油运输和海洋环境保护"为主题的上海国际海事论坛,中、美等国政府有关部门的官员,国际海事组织、国际油污基金组织等国际组织的专家,以及国际知名航运公司、石油公司、科研院校、法律界、保险界的权威人士近250人出席。

2008年4月17—18日,由中国海事局主办、深圳海事局承办的2008深圳国际海事论坛在深圳举行。来自国内外海事界领导、航运界知名人士、学术界专家学者近300人,围绕"海员与发展"主题,进行深入研讨与交流。11月5日,国际海事周暨第六届中国大连国际海事展览会在大连世界博览广场举行开幕式。这次盛会被誉为"海事达沃斯论坛"。

2009年9月15—16日,由中国海事局举办的2009上海国际海事论坛在上海国际会议中心开幕,论坛的主题为"海洋环境保护面临的责任和挑战"。中国海事局希望通过此次论坛,向世界各国、各相关方面和社会各界呼吁,共同肩负起全球海洋环境保护责任,坚持经济发展和海洋环境保护相协调的可持续发展,携手加强海洋环境保护。同时,大力倡导提高航运业的海洋环境保护水平,为迎接航运业的复苏和新的高峰做好准备。全球200余名海事专家在论坛上热议"海洋环境保护面临的责任和挑战",就"国际海事组织出台、修订海洋环境保护公约、规则的进展情况""国内外海事管理机构履行与海洋环境保护相关的公约、规则的情况""从事船舶污染防治的国际知名机构、组织履行海洋环境保护公约、规则的情况"和"航运界在海洋环境保护工作中取得的成功经验"4项分议题展开充分的探讨和交流。

作为防治船舶污染海洋环境的主管机关,中国海事局积极应对挑战,切实履行职责,始终以"航行更安全,海洋更清洁"为目标,形成"机构合理化、法规系统化、队伍专业化、信息网络化、监控立体化、反应快速化"的海洋环境保护管理工作格局。在2009上海国际海事论坛上,中国政府向世界发出5点倡议,共同加强海洋环境保护:提高认识,社会各界应共同肩负全球海洋环境保护责任,坚持经济发展和海洋环境保护相协调的可持续发展,携手促进海洋环境保护;积极行动,推进国际海事组织海洋环境保护国际公约的实施,加快国内立法,切实履行船旗国、港口国的职责;采取措施,避免因金融危机而降低船舶的安全和防污染标准,同时鼓励老旧船舶更新,优化船队结构,提高船舶防污染的技术条件;共同努力,遵循联合国《气候变化框架公约》和《京都议定书》确定的"共同但有区别"责任原则,开展国际航运船舶温室气体减排合作;加强交流,促进海事领域的人员交流与技术合作,特别是努力帮助发展中国家加强海洋环境保护的能力建设。

2010年7月26—29日,亚太地区港口国监督备忘录第十八次研讨会在深圳举行,来自亚太地区港口国监督备忘录组织的18个成员国(地区)和部分观察员国家(地区)共24名代表与中国海事局的代表参加。此次研讨会是亚太地区港口国监督检查"技术合作项目"的重要组成部分,主要内容涉及港口国监督检查方面的技术性议题。会议围绕救生艇释放装置检查、远程识别和跟踪系统监督检查导则等议题进行研讨。

(二)利用相应国际组织提供的培训平台赴外培训

2006年,中国海事局与IMO联合在辽宁大连举办IMDG规则培训班,全国直属海事系统约30人参加培训。自2006年起中国在亚太地区港口国监督领域承担更多责任,开始协助备忘录秘书处举办高级培训(Fellowship Training Course)。

2007年,中国直属海事系统充分利用相应国际组织机构提供的培训平台,加强现场监管人员赴外培训工作。例如,中国海事局组织系统内30名港口国监督检查官赴世界海事大学,参加港口国监督高级研修班;派遣 3 人参加港口国监督基础培训和高级培训;在东京备忘录组织框架下,组织国内相关海事机构为俄罗斯、印度尼西亚、菲律宾、越南等国家培训 4 名港口国监督检查官;派遣 2 人参加 JICA 提供的海上反恐专项培训;派遣 3 人参加中韩港口国监督官员交流;接待韩方 3 名官员来华访问交流工作;派遣 1 人参加劳氏船级社风险评估与事故分析专题培训项目。

中国海事局筹办 2007 年港口国监督研讨会(结合 2007 年港口国监督知识更新培训进行);举办 2007 年船舶安全检查员培训班,分别对系统内近 100 名不同层次的安全检查员进行培训。根据内地和澳门海上安全双边磋商机制确定的方案,研讨会还邀请 1 名澳门港务管理局的船舶检查官参加本次高级培训工作。同时,协调港口国监督分委会对现行培训体制和内容进行研究,并参照 IMO 港口国监督示范教程着手制订我国港口国监督基础培训课程标准,开发示范培训课件。以港口国监督分委会为平台组建港口国监督专家团队。

2008 年 12 月,直属海事系统共派出 150 余名专业干部到世界海事大学进修。11 月 11—21 日,印度尼西亚、马来西亚和新加坡海上事故调查培训班在珠海举办,旨在加强中国与马六甲海峡沿岸国家在交通海事领域的对话和沟通,提升它们在保障航行安全方面的能力。同时,在东京备忘录框架下,我国还为俄罗斯、菲律宾、印度尼西亚、马来西亚、越南等成员国提供 16 人次的专项培训。

世界海事大学大连分校是 1984 年国际海事组织秘书长同我国交通部商定,在大连海运学院成立的,任务是为亚太地区的发展中国家举办各种专业短期培训班。经交通部批准,2004 年世界海事大学决定与大连海事大学开展联合办学,在亚太地区招收硕士研究生,利用世界海事大学的教材,聘用外籍教师和中国教师授课,培养专业硕士生。从"走出去"到"请进来",上述作法方便了一部分中国学生,使他们不用出国门便可同样取得为国际承认的硕士学位,更好地服务我国航运事业。

(三)继续开展港口国监督双边对话机制

1.中国-东盟海事磋商机制

2006 年 11 月 7—9 日,中国海事局在上海召开中国-东盟海事磋商机制第二次会议,回顾 2006 年以来中国与东盟在海事领域的合作情况,围绕国际海事组织成员国自愿审核机制、航行安全和海上应急反应等 6 项议题进行论文交流与讨论。

2007 年 9 月 5—7 日,中国海事局在青岛召开中国-东盟海事磋商机制第三次会议,审议中国与东盟海事合作的进展、国际海事组织成员国自愿审核机制等 10 项议程。

2008 年 10 月 22—23 日,由中国海事局主办、海南海事局承办的中国-东盟海事磋商机制第四次会议在海南博鳌顺利召开,来自东盟各国海事主管机关的首脑、东盟秘书处官员以及中国代表等共 49 人出席。

2009 年 11 月,中国-东盟海事磋商机制第五次会议举行。中国海事局与东盟各国海事主管当局的代表就航运安全、船员素质、溢油应急、环境保护等问题进行协商与会谈,就中国-东盟海事磋商机制谅解备忘录文本进行磋商。

2010 年 9 月 29 日,中国–东盟海事磋商机制第六次会议在广西壮族自治区南宁市举行。此次会议围绕航运安全、船员素质、溢油应急、环境保护等方面问题进行协商会谈,对中国–东盟海事磋商机制谅解备忘录相关后续工作进行完善。交通运输部、中国海事局与东盟各国海事的 40 多名代表与会。《人民日报》、新华社、中央电视台、《广西日报》、《香港商报》等 30 余家媒体进行报道。

2.中国-俄罗斯海事合作

2008 年 7 月,中国黑龙江海事局与俄罗斯阿穆尔国家海河监督管理局在牡丹江市举行中俄界河监督合作交流会议。此次会谈双方建立磋商洽谈和互访机制,商定每年组织一次磋商和互访洽谈。双方一致同意在以往水下工程作业监护合作经验的基础上,继续对界河施工作业标志和其他监护内容进行信息交流。会上,中俄双方还特别对事故联合调查处理等问题达成7项共识。这是中俄海事部门首次就界河水上安全举行合作交流(见图9-10-2)。

图9-10-2　2008年8月,中俄界河首次应急联合演习

2009年6月29日,黑河市政府与俄罗斯阿穆尔州政府的中国大黑河岛国际经贸洽谈会中俄横渡黑龙江活动签约仪式在黑河举行。黑河海事局作为承办单位之一,参加签约仪式,并就具体事宜与俄方代表进行磋商,确保该仪式圆满完成。7月31日,中俄横渡黑龙江活动在黑河举行,黑河海事局发布航行通告,并派出执法人员和海巡艇对活动水域实施封航监护,确保该活动安全进行。

8月18日,黑龙江省人民政府与俄罗斯联邦阿穆尔州政府主办,黑龙江海事局与穆尔州紧急情况总局承办的2009年中俄界河首次应急联合演习在黑河举行。演习以"加强中俄交流合作,共创安全生态界河"为主题。9月,黑龙江海事局与俄罗斯联邦内河船舶登记局阿穆尔分局在哈尔滨就建立合作机制举行会谈,签订合作协定。中俄界江海事部门合作机制全面建立。至此,黑龙江海事局与俄罗斯阿穆尔流域国家海河监督管理局、俄罗斯阿穆尔流域国家航道航政局、俄罗斯联邦阿穆尔州紧急情况总局和俄罗斯联邦内河船舶登记局阿穆尔分局的合作协定已全部签署,中俄界江航行安全监管、船舶和石油管道防污染、水上应急救助以及船舶检验等领域合作全面建立和实施。11月,根据1951年1月2日中苏政府间签订的《黑龙江、乌苏里江、额尔古纳河、松阿察河及兴凯湖之国境河流航行及建设协定》,中国海事局批准《中俄国境河流航行规则》。该规则共6章56条,自2010年4月1日起实施。此规则适用于黑龙江、乌苏里江、额尔古纳河、松阿察河中俄国境河流上航行、停泊、作业的一切船舶、排筏及船员。2010年8月22—27日,山东海事局"海巡11"号与"中国海监83"号海洋监测船,远赴俄罗斯参加中国、美国、俄罗斯、日本、韩国、加拿大6国即将举行的北太平洋地区海岸警备执法机构论坛联合安保演习。这是中国海巡船首次受命出国参加多国联合多国联合演习。

3.中国-日本海事合作

2007年,中国海事局组织中日海事合作会谈,通过建立双边磋商机制,有效地达到增进互信和理解,共同打击低质量船舶,降低中国籍船舶在国外滞留率的目的。2008年,中日为海事调查定期举行会议。

2010年3月12日,江苏省水上搜救中心与日本海上保安厅搜救中心在南京成功举行2010中日联合海上搜救通信演习。双方分别模拟搜救中心、遇险船舶、船公司等不同角色,相互演练船舶碰撞、落水人员搜救、搜救中心之间联合搜救等科目。演习通话内容均按照《标准航海英语》要求进行。中国海上搜救中心,辽宁、上海、浙江、海南、广西海上搜救中心分别派员观摩了演习。9月6日,中日港口国监督双边会议第七次会议在安徽芜湖召开,双方相互通报2009年各自PSC检查开展情况及典型的检查案例。中日双方按照议程安排,对涉及中日双方PSC检查的开展,检查官队伍交流合作以及双方共同关注的MARPOL公约"防止大气污染规则"、压载水公约、拆船公约等相关议题进行深入而有成效的讨论。

4.中国-韩国海事合作

2007年12月18日,中国海事局派往韩国支援清污救灾的"海标24"轮顺利返回上海港。这是中国政府第一次派遣船舶与专家直接支援国外清污救灾行动。12月7日,中国香港籍油轮"HEBEI SPIRIT"轮在韩国西海岸锚泊期间被擦碰,导致上万吨原油泄漏入海。韩国政府向中国政府提出清污援助请求。中国政府高度重视并立即组织援助行动。交通部海事局派遣上海海事局"海标24"轮携带消油剂、吸油毡及收油机、围油栏等清污物资,选派了多名清污专家与技术人员,支援韩国清污救灾,受到韩国政府高度赞扬。

2008年9月,中国海上搜救中心总值班室主任翟久刚与韩国海洋警察厅警备救难局局长金胜洗在韩国仁川正式签订《中华人民共和国中国海上搜救中心与大韩民国海洋警察厅关于履行〈中华人民共和国政府和大韩民国政府海上搜寻救助合作协定〉的协议》。这标志着中韩两国海上搜救合作进一步深化,对加强中韩搜救机构间的合作、提高海上搜救效率、保障海上人命和财产安全、促进区域海上经济发展产生积极影响。两国还同意举行2008中国海上搜救及NOWPAP中韩溢油应急联合演习,有效检验履行OPRC公约的能力。9月,中韩溢油应急演习在中国青岛成功举行,日本和俄罗斯观摩演习。

2010年8月26日,辽宁省海上搜救中心与韩国海洋警察厅西区分部成功举行近90分钟的2010中韩联合海上搜救通信演习。双方就海上搜救部门进一步加强交流与合作,有效提高双方海上搜救国际合作水平达成共识。

(四)继续开展西北太平洋地区国家海事的合作

2006年5月,中国海事局参加北太平洋海上警备机构论坛(也称"六国论坛",包括中国、加拿大、韩国、日本、俄罗斯、美国)。9月19—20日,承办在上海举办的第九届亚洲海事调查官论坛(MAIIF)会议。11月15—16日,中国海事局参加在韩国仁川召开的西北太平洋地区的中、日、韩、俄4国搜救合作操作级别会议。会议主要是介绍各自国家搜救事业的发展情况,双边或多边合作实施海上搜救的案例,以及搜救信息系统的运行情况等。

2007年9月5—7日,中国海事局参加在日本东京举行由中国、日本、俄罗斯、韩国及越南和中国香港、中国台湾等西北太平洋国家或地区代表参加的西北太平洋地区工作会议,协商和研究国际搜救卫星系统的运行和技术问题,研究该系统下一步的发展计划,协调西北太平洋区域内MCC运行的相关事务。会议期间,我国与新加坡、马来西亚、泰国、印度尼西亚等合作活动就达12项。

2008年,中国海事局积极参与地区性双边和多边国际事务,主要包括派员跟踪APEC运输工作组(海上保安专家工作组)第二十九次会议,参加北太平洋海岸警备机构论坛专家工作组,选派代表参加IMO第十五届船旗国履约分委会会议、第十七届港口国监督委员会会议和第十六届数据库主任会议、东京备忘录第十五届港口国监督研讨会。中国海事局还与日本海难审判厅代表团、韩国中央海洋安全审判院代表团分别进行海事调查合作会谈,与澳大利亚海事局签署海上安全合作谅解备忘录,承办中国-马六甲3国海事调查培训班等活动,与韩国联合开展中韩航线国际航行客船港口国监督检查活动。

2009年4月10日,西北太平洋行动计划(NOWPAP)成员国之间举行溢油应急通信演习。此次演习是NOW PAP成员间举行的第三次通信演习,由韩国海洋警察厅牵头,中国海事局、日本海上保安厅、俄罗斯国家海上污染控制与救助局及 NOWPAP 海上应急反应中心(MEARRAC)参加。山东海事局代表中国海事局参加此次演习。演习进一步增进相互了解、促进彼此合作。

2010 年 5 月,“海巡 21”赴日本参加海上保安厅年度演练。8 月 20—31 日,“海巡 11”轮远赴俄罗斯符拉迪沃斯托克,参加北太平洋海上警备执法机构论坛框架下的多边演练,圆满完成各演练科目及外事交流任务。“海巡 11”参加此次多边演练,历时 12 天,航程 2200 海里,实现中国海事执法船的多项“第一”(第一次参加多个国家举办的多边演练,第一次与欧美国家的舰船进行合作交流,第一次成功穿越多国水域),创造中国水域以外航程最远的纪录。

三、做好接待外国海事官员工作与派员出访

2006 年 12 月 19 日,中国海事局接待到访的英国海道测量局局长 Mike Robinson、副局长 Ian Moncnie 少将一行,进行海道测量方面的事务交流。中国海事局还先后接待了新加坡海事处、韩国海洋警备厅、日本海上保安厅、法国船级社、英国海道测量局的负责人及日本使馆官员等。

2007 年,中国海事局接待来自反海盗及武装抢劫船只区域合作协定组织(RECAAP)、日本海上保安厅、马来西亚海事执法局、英国海道测量局、澳大利亚海事局、挪威贸易风杂志社、英国海岸警卫队、韩国海洋警察厅等客人。

2008 年,中国海事局先后接待澳大利亚海事局局长、英国海道测量局局长、俄罗斯内河船舶登记局局长等海事机构首脑的来访,并与相关国家签署海事合作谅解备忘录,并先后组织人员赴英国和韩国进行海事业务交流。同时,根据交通运输部与 IMO 签订的相关协议,中国海事局为东盟有关国家举办港口国监督检查官培训班、海事调查官培训班,并邀请东盟有关国家参加区域性溢油(有毒有害物质)防备、应急与合作讲习班。中国海事局继续加强与相关国家(特别是周边和东盟各国)的双边交流与合作,并积极准备应对 IMO 自愿审核机制。

大　事　记

1949 年

11 月 1 日　中央人民政府交通部正式成立，领导全国的航运机构，统一管理全国水运（包括海运）工作。交通部首任部长为章伯钧，副部长为李运昌、季方。交通部成立后，即着手以华北人民政府交通部内设机构工务处（下设航港组、航政组）为基础建立航务总局。根据政务院财政经济委员会指示，1949 年 11 月 19 日至 12 月 28 日在北京召开首届全国航务、公路会议。

11 月　交通部设立交通部航务总局，统一领导全国航务及港务事务，首任局长张文昂，副局长于眉、王寄一。其下设临时的航政组（室），作为统管全国航政事务的职能部门，主要涉及船舶登记、船舶丈量、中外籍船舶进出港管理、海事处理等水上交通安全、船舶检验监督管理。临时的航政组（室）不仅作为新中国成立后统领全国航政事务的第一个首脑机关，而且将原来独立的航政机构变为政、事、企合一的航务体制下一个职能部门。这是新中国航政管理体制形成的开始。

11 月 19 日至 12 月 28 日　交通部在北京召开第一届全国航务、公路会议，朱德、陈云与会并讲话。会议确定在交通部下设立航务总局及国营轮船总公司，领导航务建设，管理航运工作；设立天津、营口、上海、广州、长江 5 个区航务局及下辖的 20 个航务分局。自此，按照苏联管理模式，将原来独立的航政机构变为统一管理航务、港务的港航管理机构下面的一个职能部门。

12 月　江西省人民政府公布《江西省船舶管理暂行办法》。这是新中国成立后江西省出台的第一个航政管理规章。

是年　陕西省人民政府以陕南地区航运管理为开端，公布《陕南区江汉航运管理办法》。

1950 年

1 月 23 日　根据中南行政区成立武汉市水上联合检查机构的决定，华中航政管理局会同武汉市水上公安局、武汉市税务局、武汉海关、武汉交通检疫所等，组成联合检查站，开展新中国成立后长江第一次跨行业的联合检查。

1 月 27 日　政务院第十七次政务会议通过《关于关税政策和海关工作的决定》，将“海港、河道、灯塔、浮标、气象报道等助航设备的职务，连同其工作人员、物资、器材，全部移交中央人民政府交通部或省市港务局”。3 月 7 日，政务院正式发布《关于关税政策和海关工作的决定》。从此，航政部门开始负责沿海、内河航标建设与管理工作。

3 月 12 日　政务院将第一届全国航务、公路会议的内容以“关于 1950 年航务工作的决定”发布，确定 1950 年航务运输的主要任务：“继续支援解放战争，解放全中国，并为恢复生产服务。除为了支援战争所急需的工作外，一般是把原有的运输工具，工厂设备及航运港口，有重点的加以整理恢复，组织各种大小船只，提高运输力。”在交通部下设航务总局、国营轮船总公司，领导航务建设，管理航运工作，实行航务统一管理航政、航务、港务体制，并设立营口、天津、上海、广州、长江 5 个区航务局。

3 月　交通部对部机关设置的临时机构进行调整，航务总局下设 18 个处、室、会、公司，其中负责航政事务的有航政处、海务处、海事仲裁委员会、船员考试委员会、内河航运管理处。自此，航政由航政组（室）一个部门主管变为多个职能处室分管。

4 月 17 日　交通部公布《外轮入港悬旗办法》，规定外国籍船舶进出我国港口必须悬挂中华人民共和国国旗。

4 月　全国航政系统第一个船员检定考试委员会在上海成立,次年对上海地区船员进行培训、考试、发证。

5 月 17 日　福建省人民政府公布《闽江航运管理暂行办法》共 8 条。这是新中国成立后福建省公布的第一个航政管理规章。

5 月 27 日　长江区航务局在汉口召开第一届长江航务工作会议,讨论初拟的《长江航行章程》《海事处理暂行办法》等 6 个航政规章,后经中南区交通部审查批准公布。这是新中国成立后长江航政部门公布的首批航政管理规章。

5 月　长江区航务局航政处在安庆至镇江各港区进行小规模的内河船员考试。这是长江航政第一次对船员进行技术考试。

5 月　广东省人民政府先后公布《内河定期轮渡联运暂行办法》《内河航线处理暂行办法》《内河航线不定期船舶航线调整办法》《内河定期与不定期货船营运管理暂行办法》。这是新中国成立后广东省公布的第一批内河航政管理规章。

6 月　浙江人民政府公布《浙江省内河民船管理暂行办法》。这是新中国成立后浙江省公布的第一个航政管理规章。

6 月 12 日　河北省人民政府公布《河北省内河航政管理暂行办法》。这是河北省新中国成立后制订的第一个航政管理规章。

7 月 26 日　政务院下发《关于统一航务港务管理的指示》,规定交通部建立交通部航务总局及各地港务局,统一管理航务及港务事务。至 9 月底,营口(后改大连)、天津、青岛、上海、广州、长江 6 个区航务局改为大连、天津、青岛、上海、广州区港务局和长江航运管理局。航政开始由航务统一管理变为港航分管、以港口体制为主的管理体制,为港务局下一个职能部门,既独立行使国家交通政策法令,监督企业贯彻执行,直接为企业开展安全工作的宣传教育,保障企业生产安全。

9 月　华东行政区交通部公布《统一内河航运检查试行办法》。这是上海、江苏、福建、浙江等华东地区新中国成立后公布的第一个内河航政管理办法。

9 月　中南行政区公布《中南区帆船丈量检验暂行办法(草案)》《船舶装载危险货物规则》《为简化航行检查手续联合统一检查机构的通令》等。这是新中国成立后长江中游航段出台的第一批航政管理规章。11 月,经中南军政委员会批准,由华中航政管理局先后公布 14 个航政规章。

11 月 27 日　政务院颁布《进出口船舶船员旅客行李检查暂行通则》,主要规定船舶、船员、旅客行李等的安全检查。这是新中国成立后由国家颁发的第一个船员管理法规,规定港口所有航政事务由港务管理机构下设的航政部门具体实施。

11 月 16 日　海关总署按照政务院决定,将海关总署下的海务处(含江务部门)正式从海关划归交通部,具体由交通部航务总局管理。随后,航务总局在青岛、上海、厦门、广州 4 个区航务局航政处下设海务办事处,分别管理沿海航标;在长江航务局航政处下设江务处管理长江航标。从此,我国航标长达 90 多年由海关兼管的历史结束,开始实行沿海、内河航标分开管理。

11 月　湖北省人民政府公布《船员管理规则(草案)》。这是新中国成立后湖北省公布的第一个航政管理规章。

11 月　政务院将设在沿海、内河的各地江、海岸电台定为交通部部属航务电台,为国内外船舶通信开放业务,并决定邮电部所属江、海岸电台也对国内外船舶通信业务开放。这是新中国成立之后为国内外船舶开放通信业务之始。

11—12 月　西南行政区交通部公布《西南区内河木船管理暂行办法》《西南区内河木船驾长登记给照暂行实施细则》《西南区内河木船检验丈量及勘划载重吃水线暂行办法(草案)》。这是指导四川、云南、贵州等长江上游的内河航政的第一批管理规章。

1951 年

1 月 2 日　中苏在哈尔滨签订《关于黑龙江、乌苏里江、额尔古纳河、松阿察河及兴凯湖之国境河流航行和建设协定》,成立常设机构"中、苏国境河流航行联合委员会",协商处理航行和航道管理工作。1952 年,松花江航标区和 33 个航标站成立,负责松花江干流和黑龙江、乌苏里江国境河流主航道中方一侧的航标管理与维护。

3 月 20 日至 4 月 14 日　交通部在北京召开第二届全国航务会议,明确机构设置体现"港航分开,海河分管",决定撤销航务总局和中国人民轮船公司,分设海运管理总局、河运管理总局、航道工程总局(不久改航务工程总局),增设船舶登记局。

3—4 月　长江上游第一批"不列等"煤油灯(直径 200 毫米透镜)在川江航行条件较好的重庆至大兴场、鹭鸶盘至丰部两段航道发光,首开夜航。这是川江有史以来设立的第一批灯标,也是川江航运实行分段夜航的开端。

5 月 25 日,经政务院第八十六次会议批准,海运总局设置海务监督处,各海运企业内设海务监督处(室、科),在沿海港口设置港务监督科、室;河运总局设置航行监督处,内河航运企业设置航行监督处(科)或安全科。航道工程总局航标处负责沿海与内河航标工作。

7 月,交通部撤销航务总局,成立海运总局、河运总局、航道工程总局 3 个相互独立机构,增设船舶登记局。航政由海运、河运、航道工程 3 个总局及船舶登记局分管。自此,航政由原航务总局一个主管变为 3 个总局与船舶登记局分管。8 月 1 日,除船舶登记局外,3 个总局在北京东皇城根原交通部航务总局旧址开始办公。

7 月,船舶登记局筹备小组成立。

11 月 28 日　交通部公布《船舶登记暂行章程》,对全国船舶第一次开展大规模的登记工作。这为以后第一次开展的全国性船舶登记工作。

11 月　上海港监接管上海港港警后组成巡逻队,12 月 10 日起执行港口巡逻任务。

1952 年

3 月 30 日　交通部公布《海事处理暂行办法》《各航区海事处理委员会暂行章程》。这为新中国成立以后公布的第一批指导水上事故处理的管理规章。

5 月　交通部公布《外籍轮船进出口管理暂行条例》。这是新中国成立之后第一次明确对外籍轮船实施强制引航。

6 月　海运管理总局海务监督处对外称"海港监督室",负责沿海北洋区、华东区、华南区海运管理局及沿海各港务局航政事务;河运管理总局下设航行监督处,主管长江、珠江、黑龙江三大水系及各省(区、市)内河航政事务。

9 月　安徽省人民政府公布《安徽省渡船管理试行规则》。这是安徽省新中国成立后第一个船舶航行管理规章。

10 月　交通部召开的全国港湾海运专业会议决定,在各海港港务局内设立港务监督室,代表国家行使管理港口职权,对进出港口的外籍船舶进行监督管理;在港务监督室下设引水科,负责领导引水工作,管理引水员等。

12 月 2 日　交通部召开全国民船工作会议,成立全国民船工作委员会(属政务院领导),各省(市、区)亦相应成立民船工作委员会,在基层成立民船协会。

12月　据全国第一次民船工作会议资料载:当时全国内河共有干支流562条,长约9万公里,通木帆船航道近8万公里;全国民船约有40万只、453万载重吨;船民约有400万人。船舶吨位超过其他各种运输工具。

1953年

4月1日　中央人民政府政务院命令“上海港自1953年即日起,实行船舶进出口日夜引水”。1954年12月27日,在试行一年多以后,交通部海运管理总局批准上海黄浦江夜航全面铺开。

4月3日　交通部规定中央河运管理机构称“中央人民政府交通部内河航运管理总局”。各水系按水系称航运管理局。水系各省也都应称“××省内河航运管理局”。长江、珠江、黑龙江3个航运管理局的港航监督部门改为独立建制,隶属交通部内河航运管理总局,各省内河航运管理局港航监督部门由各省交通厅直接领导。

4月17日　交通部公布《中央人民政府交通部海运管理总局海务港务监督工作章程》,规定“港务监督是国家政权机关”。这标志着新中国成立后航政管理为国家行政管理的组成部分。章程还规定在交通部海运管理总局下设海务、港务总监督室,在沿海各港务局及中型港务分局设港务监督室,对外称“中华人民共和国××港港务监督”(简称“港务监督”),受所在地区港务局港务监督长和海运管理总局总监督长双重领导,为“一个机构,两个牌子”,对外是独立单位,对内是港务局一个职能部门。这一模式延续到20世纪90年代末。

4月28日　政务院总理周恩来批示“交通部所管沿海航标及管理航标的海务机构移交海军司令部”。6月23日,政务院决定“凡属沿海航标及管理航标之机构、工厂、土地、房屋、仓库、车辆、船只及人员、物资等全部由海军接管(包括青岛、上海、厦门、广州等四地区之航标机构),内河港湾归政府交通部门负责”。这是沿海航标管理隶属关系的再一次重大调整。

4月29日　交通部公布《内河航标规范(草案)》和《内河航标工作人员职掌及工作制度(草案)》。1955年4月《内河航标规范》公布。这是新中国成立之后公布的第一部内河航标规范,以统一内河航标种类、式样和规格等。

7月1日　长江中游全线航标发光,旧的航标同时撤销。至此,长江中游航标改革结束。

7月5日　交通部决定海运管理总局管理沿海航标,撤销原管理沿海航标的上海海务处及各地区海务办事处。

10月3日　经政务院财经委员会3月批准,交通部公布《船舶检验费率标准》。这是新中国成立后全国第一个统一的船检费率标准规章。

11月23日　交通部公布《海港引水暂行通则》。这是新中国成立后的第一部专门就引水业务开展和管理的规章。

是年　天津海岸电台与波兰格丁尼亚海岸电台之间建立专用线路。这是新中国最先开展的水上通信国际合作。

1954年

1月21日　经政务院第203次政务会议通过,政务院总理周恩来签发颁布《中华人民共和国海港管理暂行条例(草案)》,规定港务局是政企合一的性质,“负责执行海港行政管理工作与业务事项,并为企业经济核算单位”。航政为行使海港行政管理职权的一个职能部门。这是新中国成立之后颁布的第一个海港港口管理法规。

3月　海军在烟台、舟山、厦门、西营(湛江)成立海道测量区,在威海、淞沪、石浦、温州、福州、汕头、万虎、榆林成立海道测量段。至7月,各区、段组建完毕。

3月　交通部成立交通部安全生产委员会。这是新中国成立之后第一次针对交通安全而成立的大检查机构。10月15日,安全大检查工作改由各专业总局负责,并撤销交通部安全生产委员会。

10月　交通部公布《船舶装运汽油暂行规则》《船舶装运危险品暂行规则》,规定各港务(航)监督从港、航各个环节进行安全检查和监督,有权派人在专用码头指导装卸或囤放。这标志着港务(航)监督对船舶载运危险货物安全管理的开始。

11月24日　交通部公布《内河港航监督组织工作暂行章程》,规定在交通部内河航运管理总局航行监督室基础上,设港航监督室和港航总监督长;各水系航运管理局和所属分局、港务局,各省内河航运管理局和所属分局设置港航监督室(科、股)。港航监督室(简称港航监督)作为对外名称,对内仍为航行监督室,为港务局一个职能部门。从此,港航监督成为内河各港航政部门对外使用的名称。

12月11日　汉口港务局将"交通7号"船改为巡逻艇,命名为"巡1号",对武汉长江大桥施工水域进行现场安全维护。这是新中国成立后长江上第一艘用于水上安全巡逻的船艇。

12月　由海军司令部海道测量部以图7007号出版《中华人民共和国海军水道图——长江上游宜昌至重庆》。这是川江有史以来由我国自行测量出版的第一幅水道图。

是年　贵州省人民政府制订《贵州省内河短航木船管理办法》;1955年,又制订《贵州省木船登记给证及检验丈量暂行办法》。

1955年

1月　在一江山战役中,"海航"与"海设"等航标船冒着炮火连续设标,为战斗胜利做出贡献。

3月　东北大行政区撤销后,东北内河航运管理局改名为交通部黑龙江航运管理局。其下设航行监督技术检查、监察室,管理黑龙江省内河航政事务;另设航道工程处,管理黑龙江水系的航标。

5月28日　交通部在广州成立我国第一支海港测绘队伍,隶属交通部海运管理总局,开展沿海港口航道测量、编绘航海图书,保障航行安全。

11月5日　毛泽东乘坐"港申"轮对上海港进行首次视察,自上港三区黄浦码头登轮,航行到黄浦江上游日晖港返航,至上港五区外虹桥码头上岸。上海港务监督派出船艇和人员负责全程维护。

12月4日　国务院批复交通部,同意中国航海机动船舶内部采用《1948年国际海上避碰章程》,开始采用时间由交通部自行决定。交通部通知1956年3月1日起在全国机动船舶内部采用《1948年国际海上避碰章程》。

是年　中国船检部门开始船舶设计图纸正规审批工作。这是新中国成立后开展船用产品检验的开端。

1956年

6月30日　《老铁山水道航行规定》开始实施。

8月1日　交通部船舶登记局(简称船舶登记局)正式成立,以"ZC"为标志开展船舶检验业务,对外称"中华人民共和国船舶登记局"。这标志着中国船舶检验事业揭开新的一页。

8月11日　海运管理总局、河运管理总局撤销,新设交通部港航监督局,为交通部统一主管全国海、江、河、湖等所有水上交通安全事务的最高首脑机关。这标志着全国航政事务由原来3个总局(海运、河运、航务工程)分管变为1个部门专管。

1957年

1月1日　中国、朝鲜、苏联3国政府签订的《关于在海上救护遇难的人命和救助海上遇难船舶及飞机方面进行合作的协定》开始生效。

2月　国务院批准撤销于1954年6月成立的珠江航运管理局,业务划回广东、广西省交通管理部门,有关航政事务随之由广东、广西航运厅下设的港航监督室管理。

6月17日　交通部下发“关于建立船舶检验机构加强船舶技术监督工作的指示”,规定船舶登记局设置原则、职权、职责。

10月23日　第一届全国人大常委会批准承认《1930年国际船舶载重线公约》;11月20日,中国政府同意加入该“公约”。

12月23日,第一届全国人大常委会第八十八次会议批准我国承认《1948年海上避碰规则》。次年4月3日,交通部下发“我国接受《1948年国际海上避碰规则》的通知”。这表明我国政府愿意采用国际上通用、公认的规则的意愿。

1958年

3月29日　毛泽东由重庆登上“江峡”轮,顺流东下视察长江。他在途中对长航局做出“航标灯电气化”的重要指示,赞扬长江航道工人为“无名英雄”。

3月31日　交通部调整本部机关,撤销交通部港航监督局、海河运输局,新设海河总局、航务工程总局,船舶登记局改为事业单位。10月16日,撤销航务工程总局,成立水、陆、空3个总局(海河总局、公路总局、中国民用航空局)。航政事务由海河总局和船舶检验局负责。

5月23日　国务院颁布《外轮通过琼州海峡的规定》。强调,“琼州海峡是我国的领域海峡。外轮应在我控制之下始可通过,不得不限制的在这个海峡自由航行”。这是中国海疆安全秩序管理的开始。

5月　经过国务院批准,海区航标管理体制局部调整。海军将沿海商港和商用为主的军商合用港以及近海短程航线的航标389座移交交通部管理,涉及港口17个:秦皇岛、龙口、烟台、石岛、青岛、张家埠、石臼所、上海、海门(黄岩)、温州、福州、汕头、广州、黄埔、湛江、北海、三亚。

6月1日　经国务院批准,交通部船舶登记局更名为中华人民共和国船舶检验局。

6月25日　长江港口全部下放地方,船舶、船厂部分下放,实行以地方为主、中央为辅的双重领导。航政业务亦随之变更,申渝分局改设航行监督科,航政业务接受地方与长航局双重领导。

7月24日　交通部海河总局下发通知,除一部分必须保留和需修改、补充外,包括航政在内的水运方面107个规章制度于当日起废除。

8月15日　交通部下发《关于废止沿海和内河航行船舶进出港口签证加强安全监督的决定》。自此,沿海和内河航行船舶一律废止进出港口的签证。

9月4日　第一届全国人大常委会第一百次会议通过《中华人民共和国政府关于领海的声明》,规定:“中华人民共和国的领海宽度为12海里”。这标志着新中国领海制度的初步建立。

10月16—21日,中国船舶检验局在上海召开第一次全国验船工作会议。明确船检机构性质、作用、任务,以及体制、分工和范围等。

11月　交通部海港测量队和上海航道管理处合作,对长江口江阴至鸡骨礁250公里水域全测竣工,共成图18幅。这是对长江口水域第一次全面测量。

12月　交通部公布《外国籍轮船通过琼州海峡遵守事项》。1959年8月5日、1962年3月又进行两次修改,增加新的内容。

1959年

1月　交通部海港测量队下放,分别划归天津航道局和上海河道工程局,更名为天津航道局海港测量队和上海河道工程局水文测量队。

5月11日　交通部在武昌召开全国港航监督安全工作会议,要求充分发挥港航监督部门的作用。

6月30日　交通部、公安部、卫生部、对外贸易部联合召开第一次开放港口外轮联合检查工作会议。

9月5日　长江吴淞口至重庆的2430公里航道上安装电气化航标灯3863座，其中岸标1596座，浮标2267座，从而使长江干线上的主要通航江段基本实现航标电气化。

12月9日　交通部做出《关于海港引水工作的规定》，明确规定沿海各港引水业务由各港港务监督领导，内河引航由航运机构的航政部门负责。这些机构下设引航科或引航组，部分港口称引航处，具体负责引航业务的开展。

是年　中国船检局首次公布《钢质海船建造规范》等，我国第一批海船整套入级和法定检验的规范和规则11种。其中《钢质海船建造规范》是新中国成立后我国制订的第一部钢质海船建造规范。

1960年

3月1日　中国政府批准接受《政府间海事协商组织公约》及其修正案，宣布参加政府间海事协商组织（IMCO），即后来的国际海事组织（IMO）。

5月23日　中国政府和朝鲜政府签订《关于鸭绿江国境河流航运合作协定》。中、朝两国交通部门在此范围内共设各种航标133座，中方分管72座，朝方分管61座。

9月　交通部公布《船舶检验工作条例》，将船检工作分为制造检验、定期检验和特别检验3部分。

是年　海河总局撤销，新设安全监督局。安全监督局，掌管车船安全生产和船舶检验工作，与原船舶检验局合署办公。船舶检验局对外仍称“中华人民共和国船舶检验局”，改为行政单位。安全监督局下设海务处、港航监督处、船舶检验处、汽车监理处和办公室。

至是年底　苏联船舶登记局驻大连、上海办事处新中国成立以来共为我国培养船舶检验验船师65人。

1961年

1月 船舶检验局合并于安全监督局。安全监督局下设港航监督处、船舶检验处、汽车监理处、办公室。船舶检验局对外名称不变。

2月7日　中共中央下发“将大连等10个港口划归交通部管理的通知”，决定将大连、秦皇岛、天津、烟台、青岛、连云港、上海、黄埔、湛江、八所共10个沿海港口划归交通部管理，要求2月15日前交接完毕。

3月22日　交通部下发“关于恢复沿海和内河航行船舶进出港口签证制度的决定”，废止两年多的船舶签证管理制度得以恢复。5月，内河机动船签证恢复。6月，沿海海船签证恢复。

7月15日　中共中央发出“关于改变部分交通运输企业事业单位领导体制的通知”，决定长江干线重庆、万县、宜昌、汉口、黄石、铜陵、芜湖、马鞍山、南京、九江等10个港口相继收回归交通部长江航运管理局领导。

9月底　中国海区水上航标改革完毕。这是新中国成立后一次全国性大规模的海区水上航标制度改革，解决了侧面标志灯色和涂色的河、海不同的矛盾。

1962年

3月　我国第一部《水路危险货物运输规则》（简称《62年危规》）颁布。这标志我国危险品运输逐步实现依法管理。

4月1日　《长江钢船建造规范》开始实施。这是我国内河新中国成立后制订的第一部内河钢船建造规范。

4月起　原来隶属各港港务（航）监督的船检部门，改为由各港务局直接领导，对外仍称船舶检验局××办事处。地方内河的船舶检验业务移交给地方省一级交通运输部门管理。

4 月 15 日至 6 月 30 日　中国船检局接办苏联船舶登记局驻大连和上海的两个验船处。上海、大连船检办事处具体负责接办驻沪、驻大连的苏联船舶检验业务。自此,中国船检开始自主检验发证。

7 月 “长江 2016”轮顶推 9 艘驳船由下水开过武汉长江大桥。因洪水期夜间未采取安全措施,驳船撞击大桥第五孔桥墩,导致桥墩混凝土面受损长达 1.76 米,桥身钢梁震动约 1 分钟,驳船损坏严重。这是武汉长江大桥建成之后的一次最严重撞桥事故。

1963 年

4 月 1 日　交通部恢复设置水运总局,成立航务工程局,安全监督职能仍划回各总局。安全监督局改称船舶检验局(事实上撤销安全监督局,船检局与安全监督局合署办公,对内称船检港监局)。船舶检验局改为事业单位,对外名称不变。船检港监局内设办公室、海船检验处、内河检验处、规范处、海港监督处、内河监督处。

3 月 4 日　交通部下文明确:南京、芜湖、武汉、重庆等沿江交通部直属的十大港口设立港务监督,对内仍属港务局内的一个职能部门,对外统称“××港务监督”。4 月 1 日,十大港的港务监督如期挂牌,对外办公。

5 月 1 日　我国自行设计的远洋货船“跃进”号在前往日本途中碰上暗礁沉没。此事引起党中央高度重视,国务院总理周恩来要求查清原因,吸取教训。24 日,交通部结合“跃进”号沉船事件,下发船舶保证水上安全航行“十不开航、五不拖带、十四项注意”紧急措施,决定开展安全大检查。5 月 27 日起,在全国交通系统内展开安全大检查。

10 月 7 日　国务院颁布《中华人民共和国船舶检验局章程》,确立船舶检验局的地位、性质、任务、权力、义务和业务范围。

12 月 6 日　交通部公布《中华人民共和国轮船船员考试办法》(简称《63 船员考试办法》),于次年 1 月 1 日起实施。该考试办法涵盖海船和内河船员的考试、发证工作,为新中国成立之后第一个全国沿海与内河轮船船员考试管理规章。

1964 年

2 月 22 日至 3 月 10 日　交通部、外贸部等 6 委联合召开第三次全国港口外轮工作会议,讨论制订《港口外轮工作条例》,决定成立全国港口外轮工作小组,领导与协调全国港口外轮工作。1959 年 6 月 30 日、1960 年 9 月 16 日,联合召开第一、第二次开放港口外轮联合检查工作会议。

6 月 8 日　国务院颁布《外国籍非军用船舶通过琼州海峡管理规则》。

7 月 29 日　交通部部机关撤销航务工程管理局,增设主管航政事务的港务监督局。

1965 年

2 月　为开辟长江口至南京栖霞山万吨油轮航道,上海航道局航标测量队全测长江口至南京 350 公里长的长江航道,成图 20 幅。这是新中国成立后长江下游航段第一次全面测量。

9 月 24 日　国务院以〔65〕国经字第 332 号文批准组建长江航政管理局,实现长江干线航政集中统一管理。这是全国内河第一个从政企合一的港务体制中分出的港航监督机构。从此,长江干线航政初步形成政企分开的管理体制。1966 年 4 月 15 日,长江航政管理局正式成立,“统一领导,分段管理”,在重庆、芜湖、南京设立分局。

是年　国务院批准由海军、交通部和四机部提出的采用“脉冲双曲线”和“脉冲相位双曲线”的中、远程无线电导航方案(“长河一号”、“长河二号”)。“长河一号”系统由 10 个导航台组成台链。

1966 年

5 月 16 日　“文化大革命”开始,航政部门成为“重灾区”,各地航政机构瘫痪或濒于瘫痪,法规、规章几近废弛,人员下放农村劳动。

3 月 25—31 日 第一艘进江的万吨级油轮“建设”17 号满载 10888 吨原油安全抵达南京炼油厂,开创万吨级船舶安全进江直达港口的先例。

9 月 17 日起 长江全线 4500 座航标一律改为三面红旗、红五角星、灯塔等“新式标志”,航标种类由原来的 3 类 19 种改为 3 类 10 种。为“突出政治”,面向下游航标“左白右红”改为面向上游“左红右白”。这次航标“改革”使助航标志失去应有的作用,更给船舶安全航行带来危害。

8 月 22 日 《中华人民共和国轮船船员考试办法》(简称《63 船员考试办法》)被视为“管、卡、压”而废弃,改由“群众评议,领导审查,航政部门免试领证”“三结合”方法代替船员考试。

9 月 10 日起 国内一切船舶进出口签证停止。

1967 年

5 月 6 日 “东方红 111”客轮在长江重庆港朝天门呼归归石水域将重庆市“轮渡 108”轮相碰撞,致使“轮渡 108”翻沉,227 人落水,131 人死亡。

5 月 31 日 中共中央、国务院、中央军委、中央“文化革命”小组发出《关于对交通部实行军事管制的决定》,即日起成立中国人民解放军交通部军事管制委员会。

6 月 24 日 中国人民解放军交通部军事管制委员会生产指挥部成立,下设水运、陆运、综合、行政 4 个组。水运组内设航政小组,负责全国水上安全、船检等航政事务。航政小组形同虚设,只留 1 人应付日常事务。

7 月 20 日 远洋船员海员证由远洋运输公司自行签发。

1968 年

1 月 4 日 中共中央、国务院、中共军委、中央“文革”小组联合发出《关于对长江航运系统实行全线军事管制的决定》。6 日,长江航运军事管制委员会成立,长江航政局亦随之实行军管。

2 月 10 日 交通部军管会发布《关于北方区海运管理局停止工作的通知》,北方区局即日起停止工作。

1969 年

5 月 26 日 交通部军管会下发《关于长江航政机构改革问题的意见》,原则同意撤销长江航政局,沿江各航政分支机构归长航各分公司(港)革委会统一领导。航政局机关监督处、船检处仅留数人与长航生产指挥部安全小组合并办公。随后,长江航政管理局党组亦不存在。

6 月 在苏联伯力举行的中苏国境河流联合委员会第十五次会议上,中苏双方就航标配布变动、测量工作和挖泥工作等达成协议。

10 月 9 日 中华人民共和国琼州海峡管理处成立,主管琼州海峡水上航务与安全事务。日常水上工作仍由海口港务监督负责。

1970 年

1 月 16 日 交通部军管会决定在其下设 4 个办事机构:办事组、政工组、运输组、计划基建组。航政事务归于运输组管理。

6 月 15 日 交通部军管会通知长江航运公司军管会,恢复长江航政管理工作,同意各级长江航政部门由长江航运公司、分公司军管会、革委会领导,对外仍用长江航政局及分支机构的名义。

12 月 11 日 《中共中央关于加强安全生产的通知》下发,要求各地对安全生产作一次认真的检查,坚持原有行之有效的安全制度和质量检查制度,对一切违反安全生产制度而造成的重大事故追究责任,情节严重的以党纪国法论处。这是安全生产遭受“文化大革命”破坏后回归正确轨道的新起点。

12月31日　当时我国在长江上兴建的第一座大型综合性水利枢纽——葛洲坝第一期工程正式动工,代号为“330工程”。长江航政管理局全力做好大坝现场监督管理,保障大坝施工和通过船舶安全。

是年　交通部在天津、上海、广州航道局下设航标测量处,分别负责北方、东海、南海3个海区的航道测绘和民用航海图书编制发行工作。

1971年

7月21日至8月7日　交通部在北京召开航政工作座谈会,总结航政工作经验,肯定成绩,并就今后工作做出部署。沿海港务监督、船舶检验处、长江航政管理局等单位代表参加会议。这是“文化大革命”中召开的第一次航政管理工作专题会议。

7月21日　云南省景洪航运站“东风”轮载运72名中学生,自景洪至小勐养河口农场劳动,航行至澜沧江喇叭河口滩上约一公里处翻沉,造成53人死亡。

12月15日　交通部公布《船舶进出港口管理办法(试行)》,于次年1月1日起试行。这是”文化大革命“中全面恢复船舶进出港签证工作的一个标志。

1972年

5月23日　联合国政府间海事协商组织(“国际海事组织”前身)第二十八届理事会通过决议案,承认中华人民共和国政府是有权在政府间海事协商组织中代表中国的唯一政府。8月4日,经国务院同意,我国政府确认加入该组织。

9月　交通部军管会指挥部航政小组组长以“中华人民共和国港务监督局”名义邀请政府间海事协商组织秘书长科林·戈德访华。从此,交通部主管航政部门对外正式使用“中华人民共和国港务监督局”(简称“交通部安全监督局”或“中国港监”)名称。

12月1日　交通部设立船检港监局,对外仍分别称“中华人民共和国船舶检验局”和“中华人民共和国港务监督局”。

1973年

2月8日　交通部向国务院办公厅上报《关于请制发“中华人民共和国港务监督局”印章的请示》,要求制发“中华人民共和国港务监督局”印章一枚。

3月1日　海协秘书长科林·戈德收到中国关于海协公约的接受书。这标志着中国正式成为“海协”(后来“国际海事组织”)成员。

8月　交通部设立交通部环境保护办公室(简称交通部环保办),授权交通部船检港监局负责全国交通行业环境保护工作。

10月5日　中国政府接受《1966年国际船舶载重线公约》,于1974年1月5日起对我国生效。

11月13日　政府间海事协商组织第八届全体大会在英国伦敦召开,我国派代表团出席。这是我国成为政府间海事协商组织成员后首次参加该组织大会。

12月28日　国务院、中央军委联合发出“关于成立海上安全指挥部的通知”,由交通部、总参谋部、海军司令部、外贸部、邮电部、水产总局、海洋局、气象总局等部委派人组成海上安全指挥部,归口交通部船检港监局管理。次年1月21日,全国海上安全指挥部正式成立,为国务院的一个非常设机构。指挥部在北京交通部机关设办公室,负责日常工作。

1974年

1月22日　交通部下发“关于加强防止港区水域油污染的紧急通知”,要求各港务监督防止油轮污染港区水域事故的发生。自此,防止船舶污染水域的管理工作在沿海港区正式开始。

2月8日　交通部下发“关于加强长江航政局工作的通知”,重申1965年国务院332号文精神,决定从7月1日起恢复长江航政局为事业单位,由交通部直接领导,业务上归口交通部船检港监局领导,所属分支机构人事、财务、基建、劳动工资等均由长江航政局统一管理。

是年　庄河、上古林、石塘、天达山4个导航台建成。同时,南海建成龙滚、石碑山、三灶3个导航台。至此,中程无线电导航系统基本覆盖我国沿海海域。

是年　全国第一座油船压舱水处理场在大连寺儿沟油码头开工兴建。

是年　辽宁、河北、天津、山东、江苏、上海、浙江、福建、广东、广西等省(区、市)成立省级海上安全指挥机构。

1975年

1月20日　交通部恢复船检港监局,对外仍称"中华人民共和国船舶检验局"和"中华人民共和国港务监督局"。船检港监局下设海务处、内河处,负责水上安全监督、船舶及海上设施检验、防止船舶污染、航海保障、救助打捞等。

3月20日至4月1日　交通部在广州召开全国引航(水)工作经验交流会。这是"文化大革命"以来第一次全国引航(水)会议。

4月7日　国务院转发国家计划委员会召开的全国安全生产会议纪要,指出:处理事故必须做到"三不放过"(即事故情况、原因与责任没有调查清楚不放过,肇事者及有关群众没有受到教育不放过,没有针对事故原因采取相应的安全措施不放过)。

5月　交通部下发"关于加强港监(航政)工作的通知",要求抓好防止船舶污染港口水域的工作,建立专业机构,选派专门人员,并明确由各港监负责。这是"文化大革命"中交通部第一次下达的航政管理工作专门通知。

是年　交通部环境保护领导小组成立,下设交通部环境保护办公室,作为环境保护领导小组的办事机构。

是年　交通部船检验港局编制《救捞、港监、船检10年规划》。这是新中国成立以来编制的第一个涉及水上交通安全的长期规划。

1976年

5月29日　交通部成立交通部通讯导航局,主要负责通信导航的规划、建设和业务技术管理工作。水运局通讯组同时撤销。

9月8日　交通部、外交部、公安部3部联合公布《中华人民共和国海员签发和使用范围暂行规定》,并于公布之日实施。该规定适用于世界各国和地区的所有港,有效期为8年。这标志着因"文化大革命"而停止的海船海员考试与发证管理工作开始恢复。

10月6日　为统一起见,交通部下发"关于统一使用'引航'一词的通知",将"引水"改为"引航",其他相应地统一使用"引航"一词。

11月29日　国务院、中央军委下发"关于《同意渤海防冻破冰工作改由全国海上安全指挥部牵头组织》的通知"。自此,海上安全指挥部的职责改为防台风、防止船舶污染海域、防冻破冰及海难救助(简称"三防一救")。

1977年

11月16日　在政府间海事协商组织(后来的"国际海事组织")第十届大会上,我国被选为B类理事国。这是中国加入政府间海事协商组织后第一次被推选为B类理事国。

11月　国际航标协会通过决议,取消台湾当局的会员资格,承认中华人民共和国航标主管当局为有资格代表中国成为该协会会员的唯一合法代表。

是年　国际海道测量组织(IHO)恢复我国的合法席位。随后,中国政府正式承认国际海道测量组织公约,并参加该组织活动。

是年　中国船检香港检验分社在香港登记注册,次年1月正式开业。这是中国船检在大陆以外设点的起步。

1978年

1月　大连港务监督为在大连海运学院学习的坦桑尼亚留学生发放二副、二管轮证书。这是新中国成立以后我国第一次给在中国留学的外国籍船员发放高级船员技术证书。

3月29日　交通部恢复船舶检验局,撤销船检港监局,将其所属的环境保护办公室由办公厅代管。港务监督对外仍称"中华人民共和国港务监督局",船舶检验局对外仍称"中华人民共和国船舶检验局"。

4月　交通部机关设立部内职能局"海难救助打捞局",归口管理全国救助打捞业务。

5月1日　中国首座自行设计、建造的水中大型灯塔——天津大沽灯塔建成投入使用。这是我国第一座从海底建起的固定式灯塔,在建造技术上填补了我国在开敞式海域建设孤立建筑物的空白。

6月　中共中央政治局常委、党中央副主席李先念对全国交通系统做出"加强领导,提高技术,关心人命,减少事故,以至减少到最低限度"重要批示。这是"文化大革命"结束后中央领导第一次对交通安全提出要求。

12月29日　交通部下发天津港上报的"关于取消对外轮进出港押船监督工作的请求报告",决定1979年1月1日起取消港务监督对进出港的外轮进行随船监护工作。至此,自1951年开始的港务监督对外国籍船舶进口时随船监护做法宣告结束。

1979年

2月1日　交通部公布《内河避碰规则》,原定7月1日零时执行,后因船上灯号设置、避碰规则印刷等工作所需时间较长,延至次年1月1日起实施。这是对《长江避碰规则》的补充和完善,为新中国成立以后,我国第一次统一内河各水系航行避碰规则。

3月16日　交通部成立安全监督局,负责原安全监察委员会、港监和环保办的工作及汽车监理、劳动保护工作,对外仍称"中华人民共和国港务监督局"。

3月18日　中美建交后第一艘来华的美国莱克斯兄弟轮船公司所属"利莱克斯"航抵上海。上海港务监督对该船舶实施进出口安全等检查。

3月22日　交通部公布《关于船舶进出港口签证管理办法》,于7月1日起施行。这标志着"文化大革命"结束后全国船舶签证管理工作全面恢复。

4月　根据中央军委指示,上海港务监督海图室开始正式向外轮提供海图及航海资料。

6月12日　《中华人民共和国轮船船员考试发证办法》(简称《79年船员考试办法》)公布,于10月1日起执行。这是"文化大革命"之后公布的第一个海船、内河船舶船员较为全面的管理规章。

8月25日　经国务院批准,交通部于9月18日公布《中华人民共和国对外国籍船舶管理规则》,自国务院批准之日实施。该规章赋予"中华人民共和国港务监督局"具有行政管辖职权。

10月1日　交通部撤销交通部安全监督局,设立交通部港务监督局(对外称"中华人民共和国港务监督局");保留船舶检验局(对外称"中华人民共和国船舶检验局")和通讯导航局。港务监督局下设海务处、内河处、综合处。

10月12—19日　交通部在北京召开全国交通安全工作会议。这是"文化大革命"结束后召开的第一次全国交通安全专题会议。

11月23日　交通部在安全监察委员会的基础上,首次成立交通安全委员会,委员会主任由交通部长兼任。

11 月 国际海协第十一届会议通过了建立世界航行警告系统计划。中国划为 11 航行警告区。次年 6 月 13 日,交通部决定在北京中华人民共和国港务监督局设立航行警告发布总台,负责管理我国沿海航行警告的发布工作。由天津、上海、黄埔 3 个港务监督设立航行警告分台,负责中国沿海分区的沿海航行警告及本港辖区的地方警告。1980 年 4 月 1 日,航行警告总台、分台正式开始工作。

是年 国际航标协会秘书长来我国,介绍该协会情况,商讨关于我国加入该协会的问题。

1980 年

1 月 5 日 交通部发出《关于长江港口开放后港务监督和船舶检验工作安排的通知》和《关于做好长江港口开放准备工作的通知》,标志着长江开始对外开放,实施对外轮安全监管和实行外轮强制引航。

3 月 1 日 交通部下发“关于我国已接受《国际油污损害民事责任公约》的通知”。该公约于 1980 年 4 月 29 日对我国生效。

4 月 5 日 国务院批准交通部上报的《关于国际航行船舶行政监督检查和技术监督检验问题的请示》,明确规定即日起对航行国际船舶一律由交通部港监局、船检局执行行政监督检查和技术监督检验。

5 月 22 日 国务院、中央军委批准原由海军管理的海上干线公用航标划归交通部管理,具体由天津、上海、广州 3 个航道局管理。

5 月 20 日 随着长江沿江 8 个港口对外开办贸易,交通部批准长江航政管理局对外开始称“中华人民共和国长江区港务监督局”。

1981 年

3 月 黄埔港务监督开始对香港船员开展过渡期换证考试,共签发 1000 本船员职务证书。此项工作一直延续到 1987 年。

5 月 24 日 中国作为国际海事委员会委员,第一次参加在加拿大蒙特利尔举行的第三十二届国际海事委员会会议。

9 月 长江航政局及沿江各省港航监督首次实行“航政大联合”,整顿长江航行秩序,取得较好效果,并推广建立联系制度。

10 月 交通部正式通知国际航标协会:中国政府决定采用国际航标协会推荐的海上浮标系统 A 区域标准。

12 月 21 日 国务院原则同意交通部与辽宁省人民政府共同制定的《大连港口体制改革试行方案》。次年 1 月 6 日,交通部转发《国务院关于大连港口体制改革试行方案的批复》,从 1 月 1 日起在大连港实行政企分开试点,一改过去“政企合一”管理模式。这标志着沿海港口体制改革的开始。

1982 年

1 月 1 日 根据交通部 1981 年 11 月 30 日下发的《关于改革船舶检验管理体制的通知》,即日起部直属船检系统归船舶检验局直接领导。

1 月 宁波雷达导航系统正式建成运行。这是我国第一个以雷达监视为主的船舶交通管理系统。

6 月 27 日 黄埔港务监督开始对来自香港 116 家航运企业的船员开展“四小证”的培训,至 1984 年共举办 35 期 59 班,培训船员 3299 人。

7 月 1 日 大连、天津港务监督试行对我国国际航行船舶实施船旗国监督(FSC)检查。这标志着我国船旗国监督(FSC)检查开始。

7 月 交通部撤销港务监督局,组建交通部水上安全监督局,对外仍称“中华人民共和国港务监督局”。水上安全监督局下设海务处、监督处、安全委员会办公室、环境保护办公室、航标测量处、综合处。

船舶检验局为交通部一级事业单位(对外仍称"中华人民共和国船舶检验局")。原救捞局拟改为救捞公司,由水上安全监督局对口负责,从事船舶救助打捞业务。

7月　交通部将海上公用航标和部直属港口航标区域划分为北方、东海和南海3个海区,分别由天津、上海、广州航道局的航标测量处负责管理,直至1985年水上安全监督管理体制改革。

8月23日　第五届全国人大常委会第二十四次会议通过《中华人民共和国海洋环境保护法》,次年3月1日起生效。第五条中明确规定:"中华人民共和国港务监督,负责船舶排污的监督和调查处理,以及港区水域的监视,并主管防止船舶污染水域的环境保护工作。"这是第一次在法律上确定港务监督为防止船舶污染水域的环境保护工作的主管机关。

8月　全国海上安全指挥部办公室及其职责合并到新组建的交通部水上安全监督局。

11月19日　第五届全国人大常委会第二十五次会议批准南通、张家港对外国籍船舶开放。12月18日,国务院、中央军委发出《关于南通港、张家港对外国籍船舶开放的通知》。从此长江对外开放,对外国籍船舶的管理工作随之展开。

12月18日　国务院、中央军委颁布《关于南通港、张家港港对外国籍船舶开放的通知》,南通港、张家港港成为长江首批对外国籍船舶开放的港口。

是年　交通部重新设立交通部珠江航运管理局,以协调横贯广东、广西的珠江水系跨省区和国际航运,加强基本设施的开发建设。

是年　环境保护领导小组撤销,办公室并入水上安全监督局。

1983年

3月10日　自1980年4月24日起由海军司令部移交交通部管理海上干线公用航标工作结束,共涉及沿海40多个港湾,交接公用航标674座,移交人员1042名、航标船14艘、航标站14个、航标修理场(所)4个、乙炔充气站1个。

4月20日　经国务院4月9日批准,交通部公布《中华人民共和国外国籍船舶航行长江水域管理规定》。这是我国第一个对进入内河的外籍船舶管理规章。

5月7日　第一艘进入长江的巴拿马籍"日本商人"号首航张家港。这标志着长江正式对外开放,并开始对外轮实施强制引航。

9月2日　经全国人大常委会六届二次会议通过,由国家主席李先念签发《中华人民共和国海上交通安全法》,于次年1月1日起执行。这是新中国成立以后交通领域第一部大法,也是我国海上交通安全管理第一部法律,是水上安全管理法制建设的重要里程碑。该法明确沿海"港务监督是对沿海水域的交通安全实施统一监督管理的主管机关",以法律形式进一步确定港务监督的性质、地位。

12月29日　国务院颁布《中华人民共和国防止船舶污染海域管理条例》。其中第二、三条明确"防止船舶污染海域环境的主管机关,是中华人民共和国港务监督"。

1984年

1月1日　经国务院批准,由交通部水上安全监督局以中国海事局(China MSA)名义加入国际航标协会(时为国际灯塔管理当局协会),为A类会员,开始全面参与IALA相关事务,跟踪、了解和消化协会的技术成果。

5月7日　中共中央、国务院发布中委〔1984〕17号文,批准天津港自6月1日实行管理体制改革试点。这标志着20世纪80年代我国沿海港口管理体制政企分开的改革拉开帷幕。

6月　交通部在上海市嘉定县召开第一次全国内河交通安全和保险会议。自此,交通部每年召开一次全国性水上交通安全工作会议,总结工作,部署任务。

年底　出版10类500余册不同用途、不同地区(包括西太平洋若干航区)的航海资料。

1985年

3月31日　武汉航政职工中等专业学校成立。这是全国内河航政系统第一所职工中等专业学校。

3月18—20日　国务院副总理李鹏在天津主持召开港口体制改革座谈会。与会者一致认为天津港下放以来,成绩是显著的,试点基本是成功的,并提出7点设想。会后,国务院以国阅〔85〕29号批准转发《港口体制改革座谈会纪要》。

7月12日　在黑龙江航运管理局港航监督处的基础上,组建黑龙江港航监督局。次年3月3日,更名交通部黑龙江港航监督局。4月26日,批准对外称"中华人民共和国黑龙江港务监督局"。

8月9日　经国务院批准,全国统一使用港监(航政)徽记。

8月12日　国务院批准成立中国船级社,次年1月1日对外办公。自此,中国船舶检验从航政中分出,单立机构,与中国船级社政事合一,直至1998年政事分离。

8月18日18时　哈尔滨市交通局航运公司"哈航客423"渡船从太阳岛旅游地点返回市内时距岸300米处翻沉,死亡171人,直接经济损失119万元。

10月25日　交通部设立水上安全咨询检查员,选聘16位老船长、老轮机长、老海(航)监室主任和老监督长为第一批交通部安全咨询检查员,颁发聘书和统一证件,开展水上安全咨询工作。

10月14日　我国第一部内河雷达航行参考图——长江下游航行参考图通过部级鉴定。

10月　天津港务局中行使海上安全监管职责的天津港港务监督、海岸电台和天津航道局中的航道测量处划出,合并组建单立的天津海上安全监督局,实行"双重领导,以交通部为主",作为交通部派出机构,隶属于交通部安全监督局。之后,其他沿海港务局相继下放,各港港务局中的港务监督分离出来,与所在地航标、测量及通信机构合并,组建海上安全监督局。这是20世纪80年代国家实施港口管理体制改革与"政企分开"的产物。

11月　国际海事组织通过"船舶交通管理指南",并正式定名船舶交通管理系统(VTS)。

1986年

1月4—6日　国务院副总理李鹏在上海主持召开上海港下放问题的会议。1月29日,国务院办公厅以国办发〔1986〕7号文,转发《关于上海港下放问题的会议纪要》,规定:上海港的港务监督划出,组建上海海上安全监督局,直属交通部,但引航和岸线管理由上海港务局负责。

2月16—18日　国务院副总理李鹏在辽宁大连主持召开国务院口岸领导小组会议,确定大连港下放有关问题。4月22日,国务院办公厅转发《关于大连港管理体制改革问题的会议纪要》,规定:"为加强航政与港监的统一领导,行使国家海上安全监督管理职能,将大连港口局的港务监督及所属有关单位,改设为大连海上安全监督局,直属交通部。"

2月17日　国家标准局公布《内河助航标志》(GB 5863—86)和《内河助航标志的主要外形尺寸》(GB 5864—86)两项国家标准,11月1日起实施。

2月24日　交通部安全监督局下发对外开放港口《港务监督人员着装风纪规定》。

3月1日　经国务院批准,港务监督人员更换新式制服。

3月20日　"长河一号"(罗兰A)——中程无线电导航定位系统在沿海建成10个,并对外开放。同时,建成的14个无线电指向标站也对外开放。

4月24日　交通部大连海上安全监督局成立,对外仍称"中华人民共和国大连港务监督"。这是沿海港口体制改革中成立的第一个海上安全监督局。从此,全国港务(航)监督机构由企归政,正式步入国家行政管理序列。

4月25日　交通部上海海上安全监督局成立,对外仍称“中华人民共和国上海港务监督”。

6月2日　国务院批准将海关征收的船舶吨税划归交通部管理,由海关代交通部征收,直接用于海上干线专用航标的维护和建设。

10月6日　自1985年8月起、历时一年零两个月的海区水上助航标志制度改革完成,共有1200多座浮标实行新的国家标准,完全达到国际航标协会浮标系统(A区域)标准要求。

10月12—18日　英国女王伊丽莎白二世和她的丈夫爱丁堡公爵菲利普亲王到我国广州进行国事访问。我国按国家元首最高礼节款待英女王。英国皇家游艇“不列颠尼亚”号和护卫舰“约克”号进出广州港时,黄埔港务监督派出12艘船艇、7名优秀引航员,确保船舶编队安全、准时进出港和靠离泊操纵。

10月　交通部确定大连、天津、青岛、上海、广州5个港务监督开始试行对进入我国领水的外国籍船舶实施港口国监督(PSC)检查。这标志着我国对外国籍船舶港口国监督(PSC)检查的开始。

12月7日　国务院副总理李鹏在青岛主持召开港口管理体制改革会议,讨论青岛、黄埔、连云港、烟台、南通5港管理体制改革问题。次年1月13日,青岛、黄埔、连云港、烟台4港的港务监督划出,组建海上安全监督局;南通港监和长江南通航政处合并,组建南通港航监督局,隶属长江航政局。

12月16日　国务院颁布《中华人民共和国内河交通安全管理条例》,于次年1月1日起施行。其中第三条规定:“各级交通管理部门设置的港航监督是对内河交通安全实施统一监督管理的主管机关”。自此,我国内河交通安全长期以来无法可依的状况结束,首次从法律上明确内河港航监督为水上交通安全的行政执法机关。条例还规定将“航政”统一改为“港航监督”。

1987年

1月13日　交通部广州海上安全监督局成立,对外仍称“中华人民共和国广州港务监督”。

1月20日　交通部安全监督局与美国海岸警备队签订《海上搜寻救助合作协议》,自双方签字之日起生效。这是我国与美国签订的第一个海事(航政)管理双边协议。

2月17日　交通部烟台海上安全监督局、交通部青岛海上安全监督局分别成立,对外仍称“中华人民共和国烟台港务监督”“中华人民共和国青岛港务监督”。

2月18日　交通部连云港海上安全监督局成立,对外仍称“中华人民共和国连云港港务监督”。

7月　交通部下发“关于深化安全大检查的决定”。自此,全国港务(航)监督集中各方力量,开展安全大检查,并逐渐发展到1989年以“查思想、查管理、查纪律、查隐患”为主的安全大检查活动。

10月4日　交通部宁波海上安全监督局成立,对外仍称“中华人民共和国宁波港务监督”。

10月28日　交通部湛江海上安全监督局、海南海上安全监督局分别成立,对外仍称“中华人民共和国湛江港务监督”“中华人民共和国海南港务监督”。

11月3日　交通部代国务院开始起草《关于加强内河乡镇运输船舶安全管理的通知》,即国发〔1987〕98号文件。

11月28日　交通部汕头海上安全监督局成立,对外仍称“中华人民共和国汕头港务监督”。

12月19日　交通部公布《关于长江干线港航监督管理若干问题的决定》,进一步明确长江干线航政的名称、性质、任务等,并将交通部长江航政管理局改名为交通部长江港航监督局,各分支机构亦相应地改换名称。

1988年

1月9日　交通部石臼海上安全监督局成立,对外仍称“中华人民共和国石臼港务监督”。1992年4月27日,石臼海上安全监督局更名日照海上安全监督局。

1月19日　交通部营口海上安全监督局成立,对外仍称“中华人民共和国营口港务监督”。

1月14—16日　交通部在广州召开沿海海上安全监督局组建后的第一次水上安全监督工作会议。会议决定以后每年召开一次直属水监系统水上安全监督工作会议。同时,交通部副部长林祖乙代表部党组提出水上安全监督工作方针:“完善体制机构、理顺内外关系、健全工作制度、提供航海保障、加强监督服务、改善水上秩序、树立监督权威。”

3月　交通部水上安全监督局开始对A类船员适任证书实行全国统考。

同月　交通部下发《关于海上安全监督局实行国家机关、事业单位工作人员工资制度若干意见》,对海上安全监管系统进行工资转制,由执行企业工资制度转变为执行国家机关、事业单位工作人员和事业船员的工资制度,实行以职务工资为主要内容的结构工资制。

5月3日　交通部秦皇岛海上安全监督局成立,对外仍称“中华人民共和国秦皇岛港务监督”。

6月4—7日　国务院在北京召开全国交通安全工作会议。国务院总理李鹏强调,要加强乡镇船舶的管理,并号召“各地要推广四川省的经验,以责任书的形式,将乡镇船舶的管理责任落实到县、乡政府”。由国务院召开全国交通安全工作会议,且有国务院、书记处许多党和国家领导人出席,在新中国成立以来尚属首次。

同日　交通部部长钱永昌明确沿海海域中央与地方港务监督机构的原则分工,即:“大港由中央管,小港由地方管,但海区内水域秩序必须由中央港监统一管理。部属港监按海区分管,管区内的小港和小港湾,如地方已设有港监机构的仍有地方港监对小港区或港湾划定的水域范围内实施管理,此范围内的收费仍由地方港监负责。”

6月8日　交通部部长钱永昌召集参加全国交通安全工作会议的人员,部署落实国务院领导讲话精神与会议议程。要求加强领导,严格各项管理,整顿秩序,特别是要解决好纪律涣散及违章违纪问题。

7月16日　交通部水上安全监督局更名交通部安全监督局,对外仍称“中华人民共和国港务监督局”。

10月4日　交通部天津海上安全监督局正式成立,对外仍称“中华人民共和国天津港务监督”。

10月5日　沿海各航标区分别划归各所在地港务监督(海上安全监督局)管理。从此,沿海航标区(处)既是当地海上安全监督局的职能部门,又是基层单位。

12月31日　“沪监巡21”列编上海港务监督。这是交通部直属港务监督系统中第一艘较大吨位巡逻船艇。

1989年

3月20日　内河航标制式改革宣告结束。5月10日,长江最后一盏煤油航标灯被现代化太阳能航标灯代替。

同日　交通部安全监督局下发《海区交通安全管辖海区职责》《海上安全管辖海区分工》,首次明确新成立的“海上安全监督局”管理职责和管辖海区。

3月31日　由广州造船厂承造的中型航标船交付广州港务监督,定名为“B-381”。船长59.45米,622总吨,主机功率2×600千瓦。这是全国港务监督系统第一艘吨位较大的航标船。

7月18日　在国务院1988年11月7日撤销全国海上安全指挥部等38个国务院非常设机构后,经国务院、中央军委批准在交通部建立中国海上搜救中心。各省(区、市)海上安全指挥部改为海上搜救中心,职责不变,并接受中国海上搜救中心业务指导。中国海上搜救中心作为交通部非常设机构,与交通部安全监督局合署办公,日常管理工作由交通部安全监督局负责。1990年6月22日,中国海上搜救中心正式成立。

8月1日　交通部长江航政管理局更名交通部长江港航监督局。

10月9日　国际海事组织在英国召开的第十六届大会,我国首次被选为A类理事国(每两年评选一次)。

11月7日　交通部在长沙召开全国地方水上交通安全工作会议上,首次提出港务(航)监督系统廉政问题,并将全国内河交通安全工作会议名称改为全国地方水上交通安全工作会议。

11月15日　经中国交通职工思想政治工作研究会批准,中国交通职工思想政治工作研究会水监分会在广州成立。

1990年

3月14日　交通部公布《中华人民共和国船舶安全检查规则》,规定:“对外国籍船舶的安全检查,由中华人民共和国港务监督局授权的港务监督实施。”自此,港口国监督(PSC)检查由交通部安全监督局授权。

8月30日　交通部党组、交通部下发“关于印发《交通部直属海上安全监督局、港航监督局实行局长负责制的若干规定(试行)》的通知。从此,交通部直属的海上安全监督局、港航监督局实行局长负责制。

9月29日　我国自行设计建造的国内第一艘波浪能发电灯船“中水道一号”在琼州海峡一次布设成功。

10月26日　我国第一座内河雷达站——江苏镇江大沙雷达监督站正式开机,投入运行。

1991年

3月1日　全国港务(航)监督人员启用港航监督证。

3月　中华人民共和国港务监督局开始悬挂新式港务监督旗帜。

6月3日　北京国际海事卫星通信地面站正式开通,标志着我国船岸通信进入一个新阶段。其中,海上遇险安全通信专用电话和电传专线可直接接通中国海上搜救中心值班室(RCC)。

8月11日　交通部安全监督局授权秦皇岛、南京、海口3个港务监督为开展港口国监督(PSC)检查单位。

11月7日　交通部安全监督局在全国设立大连、天津、青岛、上海、广州、湛江6个考区,实行海船船员适任证书全国的组织、管理,试题、时间、评卷、分区的“五统一”考试方法。6个考区港务监督内设立办公室,具体负责考试日常工作。

11月24日　我国第一座具有全天候助航功能的大型灯浮标抛设于长江口,对引导中外船舶进出长江口和上海港发挥安全保障作用。

1992年

9月15日　外交部部长钱其琛签署《作为使用国加入国际搜救卫星组织计划的通知函》。11月18日,国际搜救卫星组织秘书长通知中国政府,中国已成为该组织正式成员和使用国。交通部安全监督局被中国政府指定为参加该组织活动的机构。

1993年

3月10日　中国船级社将简称“ZC”改为“CCS”,并对社徽图案、入级船舶载重线标志和船舶入级符号做出相应修改。

3月22日　美国国家运输安全委员会主席卡尔-澳特率领代表团,参观上海港水上交通安全管理设施及苏州河交通安全标志。

5月2日　根据交通部指示,上海海上安全监督局派员随海军护卫艇登上塞浦路斯籍“银角”轮执行特殊任务。在外轮极不配合情况下,上海港务监督管理人员据理力争,终于5月4日使外轮航行到指定水域,接下我国107名人员,维护了国家尊严。

6月5日　交通部安全监督局下发《关于划定各航行警告台管辖区的批复》,批准天津、上海、广州海监局上报的划定各航行警告台管辖区方案。

9月24—28日　为庆祝《海上交通安全法》颁布实施10周年,受交通部安全监督局委托,青岛海上安全监督局在青岛大公岛以南水域组织直属港务监督系统的首次港监船艇演练。10个港务监督的14艘船舶、200名代表、400名船员参加演练活动。

是年　交通部在水上交通安全管理工作会议上,对全国港务(航)监督提出7项要求:"严格管理依法行政,办事公开克己奉公、坚持现场宣传教育、查处违章合法公正、面向船方热情谦和、勤政廉政端正行风、监督服务双向并重。"

1994年

2月9日　中国船级社被国际海事组织认可为执行《国际集装箱公约》的检验发证机构。

2月19日　交通部安全监督局参加在美国夏威夷召开的国际航标协会第十三届大会,林玉乃局长当选为国际航标协会第十三届理事会理事,并自新中国成立以来首次在IALA大会上发表论文。

4月11日　中国加入《亚太地区港口国监督谅解备忘录》组织(简称东京备忘录),并于11—15日在北京召开亚太地区港口国管理谅解备忘录第一次委员会会议。这是中国水上安全监督系统第一次在国内主办国际会议。

6月2日　国务院颁布《中华人民共和国船舶登记条例》。这标志我国船舶登记法规由部委级上升到国家级。该条例也是我国最为完善的船舶登记法规。

6月9日　我国引进的第一套差分全球定位基准台在秦皇岛南山头指向标站安装使用。

9月12日　上海港吴淞船舶交通管理系统(VTS)一期工程开通。这标志着当时中国规模最大、功能最强、具有世界20世纪90年代先进水平的船舶交通管理系统正式投入使用。

12月13—15日　国务院总理李鹏在出席宜昌中堡岛举行长江三峡水利枢纽工程开工庆典活动时,在"监督73号"艇上题写"中国港监""宜昌长江港监"。

12月21日　交通部安全监督局委托中国海事咨询服务中心承担海船船员适任证书全国统考的征题、审题、命题、组卷、审卷、成卷、印卷、分卷、运卷、阅卷、计分、统计分析等工作。

12月　交通部安全监督局开始研究和部署实施《国际安全管理规则》(《ISM规则》),并组织全国大中型航运企业在宜昌召开会议,推进实施该规则。

1995年

1月16日　中国加入《便利国际海上运输公约》(简称《便运公约》),于3月17日对我国生效。

3月21日　国务院颁布《国际航行船舶进出中华人民共和国口岸检查办法》,终止新中国成立以来实行40多年的联合登轮检查做法,开始与国际惯例接轨。

8月24日　坐落在南海上的木栏头灯塔建成并发光。这是当时亚洲最高的灯塔,塔高72.1米,射程25海里。

8月　交通部在青海西宁市召开第二次非水网地区水上安全工作会议。第一次会议是1990年在内蒙古自治区召开。

9月8日　交通部公布《水上交通安全工作纲要(1996—2000年)》,规划未来5年水上交通安全工作。

9月21日　交通部下发《实施〈国际安全管理规则〉的指导意见》,标志着实施《国际安全管理规则》审核发证工作正式开始。

至10月　全国直属、地方港务(航)监督已有船艇近1300艘。

12月3日　国务院颁布《中华人民共和国航标条例》。这是我国第一部有关航标管理和保护的法规。

是年　交通部安全监督局向国际航标协会(IALA)推荐的老铁山、泖塔、江心屿双塔、花鸟山、临高5座灯塔,以及澳门推荐的东望洋灯塔,入选IALA《世界历史灯塔》画册。

1996年

2月8日　交通部安全监督局决定设立国际海事研究委员会。下设若干专业分委会,其职责主要是跟踪研究国际海事发展动态及其有关国际公约。

6月12日　一艘在荷兰注册的“绿色和平”轮非法进入我国内水长江口水域,干预我国核试验政策。上海港务监督出动22艘巡逻艇、400多人参加依法处置行动,迫使“绿色和平”轮驶离中国内水。

7月22日　交通部安全监督局授权营口、威海、南通、张家港、江阴、镇江、珠海、深圳8个港务监督开展港口国监督(PSC)检查。

7月24日　因长江发生洪水,经国务院批准,长江干线武汉至监利航段全面禁航,以确保长江大堤安全。长江港航监督局共投入监督艇15艘,设置沙市、石首、监利、阳逻、武汉二桥5条封锁线及汉江、洞庭湖2关口,实施禁航。

9月20日　交通部公布《中国水上安全监督工作发展纲要(1996—2010)》。

9月21日　交通部下发《实施〈国际安全管理规则〉的指导意见》,标志着航运公司安全管理体系工作的正式开始。

9月25日　交通部下发《关于发布〈交通行政执法检查制度〉等七项制度的通知》,1996年10月1日起施行,从而建立健全开展交通行政执法监督的制度体系。

10月21日　经国务院批准,中国便利海上运输委员会成立,为部际间处理国际海运业务的协调机构。

11月　中国船级社被欧盟(EU)正式列为首批认可的船级社之一,从而使中国船级社船级的船舶在进出欧盟水域接受港口国检查时,享受与各大船级社船级船舶同等待遇。

12月　经交通部安全监督局授权签发海员证的港务监督有:大连、秦皇岛、天津、烟台、青岛、连云港、上海、宁波、福州、厦门、汕头、广州、湛江、深圳、海南、南京、武汉、黑龙江、南宁。

12月25日　交通部公布《海区航标设置管理办法》,于次年3月1日起实施。该办法规定天津、上海、广州、海南港务监督是海区航标管理机关,分别负责北方、东海、南海和南海海区第一类航标设置的审查和第二类航标设置的规划、审批工作。

1997年

1月12日　交通部安全监督局发布《关于实施〈国际安全管理规则〉的通告》。这标志着我国对从事国际航运的船公司开始按照国际航运界惯例强制实施《ISM规则》。

3月28日　我国在国际搜救卫星组织的身份经该组织认可,由“使用国”改为“地面设备提供国”。

5月15—16日　国际海事组织(IMO)秘书长威廉·奥尼尔访问上海港务监督,乘坐“友好”轮考察黄浦江水上交通安全情况,参观吴淞交管分中心。

6月14—15日　交通部在南京召开南京—浏河口的船舶交通管理系统竣工验收会。12月18日,开通典礼在南京举行。从此,全国内河最大的船舶交通管理工作系统正式运行。

6月18日　长江引航中心在江苏省太仓浏河镇正式挂牌成立。

6月21日　我国沿海无线电指向标/差分全球定位(RBN/DGPS)系统第一期工程建成,大三山(大连)、南山头(秦皇岛)、北塘(天津)、王家麦(青岛)、大戢山(上海)、抱虎角(海南)6个RBN/DGPS台站并投入试运行。7月21日,除海南基准台站外,其他5座基准台站(RBN/DGPS)对外开放使用,自零时起正式播发DGPS信号。

6月25日至7月15日　交通部组织开展全国船舶船员证书安全大检查。10月6—20日,又组织以省为单位的交叉检查。

8月1日　交通部公布《中华人民共和国海船船员适任考试、评估和发证规则》(简称《97海船考试规则》),于公布之日起实施。随后,交通部安全监督局公布相配套的10个船员专业(特殊)培训、考试和发证办法、175个考试和评估大纲。

8月19日　交通部授权日照、福州、汕头、厦门4个港务监督开展港口国监督(PSC)检查。至此,连同以前12个港务监督,我国被授权开展港口国监督(PSC)检查的港务监督已达24个。

10月20日　长江发生两起危险品落江事故造成不良社会影响,引起国家与部领导重视,党中央总书记江泽民亲自批示:"要采取措施,防止事故危害扩大。同时要举一反三,防患于未然,加强航运管理,避免类似事故发生。"

11月22—23日　交通部在海口召开的国际航线船舶船东大会上提出中国航行国际航线船舶脱离"黑名单"(简称"降滞脱黑")的"一年见成效、三年改面貌"目标。到2000年,3年"降滞脱黑"目标实现,并继续保持良好的检查记录。

12月　第四届亚太地区港口国监督(PSC)官员研讨会在广州白天鹅宾馆召开。这是首次在中国召开的港口国监督(PSC)国际会议。

是年　交通部安全监督局组织编制的《水监信息系统一期工程可行性研究报告》出台。4月15日,下发"关于成立水监信息系统建设领导小组、技术小组的通知"。这标志着水上交通安全监督信息化系统工程启动。

1998年

1月16日　第一批实施《国际安全管理规则》的59家国际航运公司及260艘船舶通过审核,获得符合证明,取得国际航行通行证。

2月12日　交通部安全管理体系审核事务所成立。

6月1日　交通部与国家环境保护总局联合举行为期1个月的"发展长江航运,保护长江环境"的长江交通环保宣传月活动。

6月18日　经国务院批准,国务院办公厅印发《交通部职能配置、内设机构和人员编制规定》,决定在全国实施水上安全监督管理体制改革。中华人民共和国船舶检验局(交通部船舶检验局)与中国船级社实行"局社、政事分开",同中华人民共和国港务监督局(交通部安全监督局)合并组建中华人民共和国海事局(交通部海事局),为交通部直属机构,实行垂直管理体制,由交通部副部长兼任局长。

7月1日　被授权的24个海事局开始参加亚太地区港口国监督备忘录举行的为期3个月(7月1日至9月30日)的港口国集中检查会战。

7月15日　中国海事局筹备组成立。

8月7日　九江港航监督局局长陈纪如果断采取重载煤驳横搁在溃口外,满载石头货车抛入急流中等坚决措施,堵住溃口的九江防洪大堤,为后来溃口打桩、筑围堰、截流奠定基础。9月28日,陈纪如出席全国抗洪抢险总结表彰大会,受到江泽民总书记等党和国家领导人接见,被授予"全国抗洪英雄模范"称号,并荣获全国"五一劳动奖章"。

10月13日　国务院办公厅印发《关于做好合并中央与地方水上安全监督机构工作的通知》。中央与地方水上安全监督机构的合并工作正式启动。

10月16日　交通部下发《关于调整交通部议事协调机构和临时机构的通知》,确定保留中国海上搜救中心及办公室、中国便利海上运输委员会及办公室、交通部交通安全委员会及办公室、交通部环境保护委员会及办公室,具体工作由中国海事局承担。

10月19日　中央机构编制委员会办公室印发《关于中华人民共和国海事局(交通部海事局)主要职责和人员编制的批复》,明确中国海事局(交通部海事局)为事业单位,编制90人。

10月27日　交通部召开交通部海事局干部大会,副部长张春贤宣布对海事局领导成员的任命。黄镇东部长宣布中国海事局正式成立。这标志着中国海事局(交通部海事局)开始正式运转。

同日　交通部党组宣布中共交通部海事局委员会成立。

同日　交通部海事局召开局机关干部大会,公布局机关各部门负责人。

10月　上海海监局承担的"国际标准电子海图的研究和开发项目"通过交通部鉴定,技术水平达到国际先进,填补了中国研制国际标准电子海图的空白。

11月6日　公布"中华人民共和国海事局"英文名称。英文译名为MARITIME SAFETY ADMINISTRATION OF PEOPLE'S REPUBLIC OF CHINA,英文缩写为CHINA MSA。

11月11日　交通部发文明确中华人民共和国海事局(交通部海事局)为事业编制,参照公务员管理。局内设办公室、法规规范处、计划基建处、财务会计处、人事教育处、通航管理处(中国海上搜救中心办公室)、船舶监督处(中国便利运输委员会办公室)、船舶检验处、船员管理处、航标测绘处、安全管理处(交通部安全委员会办公室)、审计处12个职能部门和党委工作部、纪委办公室(监察处)两个党的工作机构。

11月18日　中国海事局(交通部海事局)举行揭牌仪式。

1999年

2月26—28日　1999年直属海事系统工作会议在北京召开。这是水监体制改革实施后召开的第一次直属海事系统工作会议。以后,每年初均在不同地方召开直属海事系统年度工作会议。

3月8日　国务院同意交通部于2006年在上海承办国际航标协会第十六届大会。

4月7日　交通部安全管理体系审核事务所更名交通安全质量管理体系审核中心。

5月5日　交通部、天津市关于在天津实施水上安全监督管理体制改革的协议签署。这是第一份部省际水上安全监督管理体制改革协议。至2001年4月,交通部先后与上海、河北、广东、福建、辽宁、江苏、山东、广西、湖南、浙江、安徽、重庆、湖北、江西等省(区、市)签署实施水上安全监督管理体制改革方案的协议。

5月21日　国务院港澳事务办公室同意中国海事局与香港海事处定期举行会议。自此,中国海事局与香港海事处定期研究讨论海事管理工作。

6月5日　国务院办公厅转发交通部《水上安全监督管理体制改革实施方案》。6月14日,交通部召开第一次水上安全监督管理体制改革电话会议。水上安全监督管理体制改革正式启动。

6月18日　中华人民共和国上海海事局成立。7月8日,中华人民共和国天津海事局成立。

7月20日　交通部印发《关于部属海(水)监局等单位划归部海事局管理和部海事局与有关司局职责分工问题的通知》,明确中国海事局直接管理15个直属海(水)监局和中国海事服务中心、交通部环境保护中心、交通安全质量管理体系审核中心。

8月1日　《海事行政执法证》取代《水上安全监督行政执法证》。

9月8日　交通部印发《中华人民共和国船舶检验局与中国船级社实行局社政事分开的实施意见》,明确中国海事局和中国船级社的职责分工、工作关系。

9 月　中国海事局公布海事局成立后的第一个航标、测绘中长期发展规划。

10 月 1 日　上海市完成水上安全监督管理体制改革中机构、人员、资产划转交接工作。至 2004 年 7 月,广东、福建、天津、河北、辽宁、山东、广西、湖南、重庆、浙江、江苏等省(区、市)相继完成水上安全监督管理体制改革中机构、人员、资产划转交接工作。

10 月 16 日　交通部下发“关于调整交通部议事协调机构和临时机构的通知”,明确中国海事局承担过去交通部安全监督局归口管理的交通行业管理工作和行业环境保护工作,承担中国海上搜救中心及办公室、中国便利海上运输委员会及办公室、交通部交通安全委员会及办公室、交通部环境保护委员会的日常工作。

10 月 27 日　国务院批准在中央管理水域内设置 20 个交通部直属海事机构,下设分支机构、派出机构,明确海事机构是国家执法监督机构。

10 月　由上海海事局海测大队开发的“中国沿海 RBN/DGPS 基准站精密位置及定位精度测量”获国家第六届优秀勘察金奖。

11 月 10 日　交通部公布中华人民共和国海事局局徽图案。次年 1 月 1 日中华人民共和国海事局局徽、局旗正式启用。

11 月 11 日　交通部批准成立海事、通信工程技术系列高级职务任职资格评审委员会。

11 月 24 日　“大舜”号客滚轮在山东烟台附近海域沉没,282 人遇难。26 日,交通部与山东省决定“大舜”号轮所属的烟大汽车轮渡股份有限公司停业整顿。

11 月 15—26 日　在国际海事组织第二十一届大会上,中国再次当选该组织 A 类理事国。这是中国 1989 年当选该组织 A 类理事国以来的连续第六次当选。

12 月 14 日　交通部下发“关于规范地方水上安全监督机构名称的通知”,统一地方海事机构名称,即“××省(自治区、直辖市)地方海事局”“××省(自治区、直辖市)××市(地、州、盟)地方海事局”“××省(自治区、直辖市)××县(县级市、区、旗)地方海事处”。

12 月 25 日　修订后的《中华人民共和国海洋环境保护法》由国务院颁发,2000 年 4 月 1 日起施行。

12 月 27 日　国务院办公厅颁发 20 个直属海事机构印章各 1 枚。其规格直径 4.2 厘米,中央刊国徽。

12 月 28 日　中华人民共和国辽宁、河北、山东、福建、广东、广西、海南、深圳、营口、烟台、连云港、厦门、汕头、湛江海事局成立。

2000 年

1 月 1 日　中国海事局启用新的局徽、局旗,各直属、地方海事系统机构也相继使用新局徽、局旗。原水上安全监督机构的标志、旗帜可沿用至 6 月 30 日,但不得与海事局局徽、局旗混用。

1 月 3 日　在全国范围内开始统一使用水上搜救专用电话 12395 号码。

1 月 6 日　根据国家“政府上网”的要求,中国海事局向中国互联网络信息中心(CNNIC)注册“中国海事局网站(主页)”,域名 msa.gov.cn。

2 月 24 日　交通部印发《关于开展“水上运输安全管理年”活动的通知》,“水上运输安全管理年”活动在全国交通系统全面展开。6 月 30 日,交通部决定全国性的“水上运输安全管理年”活动连续开展 3 年。

4 月 7 日　交通部将“四客一危”(客滚船、客渡船、船载客车、旅游船和危险品运输船)、“四区一线”(渤海湾水域、舟山水域、琼州海峡水域、西南山区河流和长江干线)确定为安全检查、监控重点。11 月 17 日,“四客一危”重点船舶种类重新明确为客滚船、客(渡)船、高速客船、旅游船和危险品运输船。

4月17日　中国海事局在北京与24个开展港口国监督(PSC)检查的直属海事局负责人签署《开航前检查责任状》。

5月19日　《成山角水域船舶定线制》《成山角水域船舶报告制》通过国际海事组织海上安全委员会第七十二届大会审议,自12月1日起实施。这是中国唯一获得国际海事组织通过的船舶定线制和船舶报告制。

5月25—26日　中国海事局在上海承办第五届西北太平洋四国海上搜救与防止海洋污染工作会议。这是中国海事系统首次组织召开此类会议。

6月2日　交通部在深圳海域举行珠江口(粤、港、澳)搜救和溢油应急联合演习。这是自香港、澳门回归祖国以后首次举行的粤、港、澳联合海上搜救和溢油应急演习。

6月18日　经过一年多的建设,坐落在秦皇岛市东山上的中国航标展馆建成并举行开馆揭幕仪式。

6月　国务院确定中国海事局为"全球船舶压载水管理工作项目中国国家项目实施小组"12个单位的牵头单位。

6月　直属海事系统"三年行政执法人员岗位培训"(1997年9月至2000年6月)结束。28762人次得到岗位培训,3975人次接受学历教育、13513人次接受非学历教育,2897人次接受其他教育。

7月1日　106家国际航运公司的安全管理体系通过《国际船舶安全营运和防止污染管理规则》(《ISM规则》)审核。至此,中国1400多艘国际航行船舶及其公司全部纳入《ISM规则》所规定的安全管理体系。

7月26日　中华人民共和国江苏海事局成立。7月28日　中华人民共和国长江海事局成立。

8月1—4日　直属海事系统首次按照《97海船考试规则》实施海船船员适任证书全国统考(总第二十五期)。至2002年底,所有适任海员约20万人的履约培训换证工作如期完成。

8月3日　中国海事局委托黑龙江省交通厅组建和管理中华人民共和国黑龙江海事局。

8月9日　交通部海事局党委印发《交通部直属海事系统中层领导职务任期制暂行办法》和《交通部直属海事系统中层领导干部任前公示暂行办法》。

8月20日　中华人民共和国黑龙江海事局成立;8月30日　中华人民共和国浙江海事局成立。

8月　交通部批准中国海事局在大连、天津、上海、广州、武汉设立船舶检验管理处,于2001年1月1日开始工作。12月29日,辽宁、天津、上海、广东、长江海事局船舶检验管理处成立,作为中国海事局的派出机构,受托负责管辖区域内的船舶检验管理工作,业务由中国海事局直接管理,其他行政事务由辽宁、天津、上海、广东、长江海事局管理。以上机构对外分别以"中华人民共和国海事局××船舶检验管理处"名称开展工作。

9月13日　中国海事局对全国海事系统船舶着色、标志、旗帜和命名提出统一规范和要求。

9月20日　中国交通职工思想政治研究会海事分会会刊《海事研究》杂志开始发行。

9月28日　中国海事局与山东中创软件工程公司在北京举行水上安全监督信息系统第一期工程建设项目合同签字仪式,标志着水监信息系统一期工程建设正式启动。2003年7月22日,该工程在上海通过交通部组织的工程建设验收。

11月14日　中央机构编制委员会办公室明确海事机构为依法履行行政执法监督职能的行政机构。

11月20日　长江上游(重庆至宜宾)航道图集首发出版,结束长江重庆至宜宾段384公里无航道图集的历史,填补长江航道图的空白。

12月6日　中国进入国际海事组织公布的"完全和充分履行《78/95船员培训值班国际公约》"首批白名单。中国海事机构签发的海船船员适任证书被国际航运界接受和认可。

12月20日　中国海事局下发《交通部直属海事局工作人员录用暂行办法》。自此,直属海事系统录用人员执行《国家公务员录用暂行规定》,通过国家人事部组织的笔试考试,各局统一面试。海事工作人员开始面向社会选拔录用。

是年　天津书法家韩家祥书写“中国海事”4个字。

是年　交通部海事局领导班子被交通部党组评为2000年度“五好班子”。

是年　直属海事系统实行“5项改革”(领导干部试用制、中层干部任期制、执法人员考任制、其他人员聘用制、干部任前公示制),并实施2000年起步、2001年试行、2002年逐步推开的3步走方案。到2005年,“5项改革”任务基本完成,其中主要为海事执法人员考任制改革。

是年　沿海无线电指向标/差分全球定位(RBN/DGPS)系统20个台站不到5年时间建成。

2001年

1月7日　全国设立在大连、天津、青岛、上海、广州、湛江6个海船船员考区调整为大连、天津、青岛、上海、广州5个考区,并设立考区办公室,负责组织实施本考区的全国统考和区域统考工作。

1月12日　交通部党组印发《关于调整部属单位干部职务管理范围的通知》,委托交通部海事局党委代部管理部分领导干部,包括直属海事局班子副职、二级海事局班子正、副职及其职务改任非领导职务等。

2月7日　交通部印发《“十五”水上交通安全工作纲要》。

2月26日　中国海事局印发通知,调整实施《国际安全管理规则》管理片区划分及牵头单位,将全国划分11个管理片区。2003年1月1日增加到13个管理片区。

3月7日　中国海事局开始直属系统执法人员考任制改革。

3月10日　中华人民共和国海事局网站开始运行。

3月12日　直属海事系统开始实行领导干部试用制、中层干部任期制、干部任前公示制。

3月12日　16个原航标区统一更名为航标处,并组建北海航标处。17个航标处分别划归天津、上海、广东、海南海事局管理。

4月10日　中国海事局授权20个直属局6月1日起开展海员证签发工作。

4月26日　中国海事局在全国海事系统开始推行统一政务公开。

5月14日　全国海事系统第一支海上溢油应急专业队伍——秦皇岛溢油应急处理中心成立。

5月25日　中国海事局下发《海事行政执法人员守则》。

6月1日　中国船舶报告系统(CHISREP)在上海海事局建成并试运行。

同日　海员证管理系统实现全国联网,中国海事局开始使用新版海员证管理信息系统(CMS2000)软件进行海员证的签发工作。

6月13日　广东海事局首次租用直升机在珠江口水域配合海巡艇、VTS系统实施立体巡航,开直属海事系统立体巡航之先河。

6月24日　中国交通职工思想政治工作研究会水监分会更名为中国交通职工思想政治工作研究会海事分会。

6月28日　中国海事局公布92个直属海事机构船舶登记机关的名称、登记号和登记船舶范围。这是水监体制改革后授权第一批船舶登记机构。2002年9月24日,又授权216个地方海事机构开始内河船舶登记工作。

6月　中国国际航行船舶脱离东京港口国“黑名单”。至此,中国国际航行船舶实现3年在巴黎、东京港口国及美国海岸警备队港口国监督中全面脱离“黑名单”的目标。

7月2—4日　中国海事局在哈尔滨召开水监体制改革后的第一次全国船检管理工作会议。以后,定期或不定期召开船检工作会议。

8月6—10日　第二十届国际制图大会在北京举行,并举办IHO成员国海图展。中国被评为最佳参展国。

8月1日　中国海事局首次公布重点跟踪船舶名单,列入名单船舶48艘。

10月22日　2001年亚太经合组织领导人非正式会议(APEC会议)在上海召开期间,上海海事局精心组织、周密部署,出色完成水上交通管制任务。

11月19—29日　中国在第二十二届国际海事组织(IMO)大会上再次当选为该组织的A类理事国。我国已连续7次当选A类理事国。

12月14日　交通部下发"关于进一步明确水上交通安全管理工作职责的通知",明确各地方海事局(港航监督)机构具体职责由各地交通主管部门自定。

12月20日　"海巡21"巡视船交接仪式在上海举行。这标志着全国海事系统第一艘千吨级海上巡视船列编上海海事局,投入海上巡航。

12月25—26日　中国海员工会交通部海事局第一届委员会第一次全体会议在青岛召开,选举产生中国海员工会交通部海事局第一届常务委员会。

12月30日　交通部公布《中国海事工作发展纲要(2001—2015)》。

2002年

1月1日　船舶船名审核及注册开始在中国海事局外网(http://www.msa.gov.cn)进行。

同日　直属海事系统"一省一局"管理模式改革结束。营口、烟台、连云港、厦门、汕头、湛江海事局管理关系并入各自的省局。

同日　新版国际航行船舶及海船登记证书正式启用。

同日　沿海20座无线电指向标-差分全球定位系统建成,正式对外开放。

2月10日　中国海事局公布《海事法规体系框架》,作为编制海事立法年度计划的主要依据。

2月11日　经国务院台湾事务办公室批准,台湾船员可在大陆参加《78/95海员培训值班国际公约》规定的培训和适任证书考试。

2月19日　交通部下发通知,要求全国海事系统统一以海事局(处)的名义履行执法职能,原港务监督、港航监督、海上安全监督局和船舶检验局(处)的名称、公章、专用章、局徽、局旗等一律自2002年10月1日起停止使用。4月5日,又要求全国海事系统办公建筑物、船艇、执法车辆标识统一更换为"中国海事""中国港监"不再使用。10月28日　再次要求全国海事系统办公建筑物、船艇、执法机动车辆等的标识全部停用"中国港监",统一更换为"中国海事"。

3月11—15日　中国海事局常务副局长刘功臣在第十五届国际航标协会(IALA)上被推选为副主席。这是中国人首次被推选为IALA副主席。

4月1日　全国海事行政执法人员开始统一使用《海事行政执法证》,水上安全监督行政执法证停止使用。

4月4日　中国海事局下发《关于确定各直属海事局海域管辖范围的通知》,划分直属海事局海上安全管理管辖区域。

4月14—19日　在第十六届国际海道测量组织(IHO)大会上,摩洛哥公国君主向中国颁发"最佳展出国"奖牌。这是中国自1979年恢复IHO合法席位以来第一次获奖。

5月7日　北方航空公司CJ6136航班在大连海域坠毁。空难发生后,中国海上搜救中心、中国海事局迅速组织搜救、扫测、打捞行动，于5月14日、18日成功将失事飞机的语音记录仪和数据记录仪打捞出水。

5月18日　泖塔、江心屿双塔、花鸟山灯塔、老铁山灯塔、临高灯塔等5座历史文物灯塔作为特种邮票一套5枚，被国家邮政局收入发行的《世界历史灯塔画册》，中国海事局在上海举行历史文物灯塔邮票首发仪式。这是新中国成立以来首次发行历史文物灯塔邮票。

6月28日　国务院颁布修订的《中华人民共和国内河交通安全管理条例》，8月1日起施行，废止1985年的《中华人民共和国内河交通安全管理条例》。

7月1日　全国海事系统开始参加为期3个月的东京备忘录、巴黎备忘录成员国和美国海岸警卫队同步开展的《国际安全管理规则》实施情况港口国检查大会战。

7月22—26日　在英国伦敦召开的国际海事组织（IMO）稳性、载重线和渔船安全（SLF）分委会会议上，中国代表团提出的最小船首高度公式和改进储备浮力分布的措施被大会采纳，并写入通过的新载重线公约。

8月　中国海事局与国际海事组织、东亚海环境管理伙伴关系计划在烟台联合举办监督员暨现场指挥官油污防备与反应培训。这是中国海上溢油应急系统与国际接轨而采取的举措。

9月6日　中国海事局将原上海、天津、广州海上安全监督局所属的海测大队分别更名为上海、天津、广东海事局海测大队，机构的管理关系、主要职责、级别等保持不变。

10月11日　中国海事局在北京举行首批验船人员适任考试发证仪式，向中国船级社和部分地方船舶检验机构的验船师代表颁发适任证书，首批获发证书的为3225人，2004年1月1日开始持证上岗。

10月17日　上海海事局船员考试中心利用计算机辅助考试系统首次实施海船船员适任证书计算机终端（无纸化）考试。自此，船员考试由纸面向无纸化考试转变，船员可根据自己实际安排考试，一年可多次考试。2009年，全国海船船员统考全部实施计算机终端考试。

11月18日　全国水上安全监督信息系统一期工程竣工，实现直属海事系统之间信息互通，并重点开发船舶管理、船员管理、事故应急管理等业务系统。

12月18日　以“海道测量与海事安全”为主题的2002年中国海事测绘论坛在北京举行。

12月16日至2002年2月28日　长江武汉以下干支流水域开展“百日安全无事故活动”。江苏、上海、长江海事局及湖北、江西、安徽、江苏、河南、山东、浙江省地方海事局与上海市航务处参与行动。

是年　中国海事局完成50多万海船船员的《STCW78/95公约》履约过渡期的培训、考试、发证任务。

是年　天津、成山角、上海3个船舶交通管理系统指南登上国际航标协会（IALA）“世界船舶交通管理系统指南”网页（http://www.worldvtsguide.org）。

2003年

1月7日　“粤海铁1号”火车渡轮跨过琼州海峡登陆海南岛，中国历史上第一条跨海火车大通道正式开通。

2月22日　大连渤海轮船公司“辽旅游渡7”客滚船在渤海湾海域沉没。经中国海上搜救中心组织搜救，81名旅客和船员全部被救起（其中4人因抢救无效死亡）。国务院总理朱镕基批示：“救助成功，组织出色，尽可能避免了人员伤亡。对参加救助工作的同志们表示感谢。”

3月1日起　交通部海事局机关试行海事行政办公软件系统（计算机软件），标志着交通部海事局内部网站开通。7月26日，第一个海事内网页面正式面向全国海事系统。9月1日正式运行。

同日　中国海事局与澳门特别行政区港务局在北京签署“内地与澳门海上安全合作工作安排”，首次就澳门附近水域安全管理等建立合作与协调机制。

4月18日　直属海事系统工作人员开始按新的规定标准统一着装(包括帽徽、领花、肩章、臂章、纽扣)。各地方海事机构参照执行。

6月1日　中国海事局正式启动对渤海海域全部船舶排污设备的铅封管理,由环渤海各海事机构实施。

6月10—13日　在芬兰召开的第三十二届国际航标协会(IALA)理事会上,中国海事局提出的“数字航标”概念被采纳为2006年召开的第十六届航标大会的主题。

6月16日　世界上最大的船闸——长江三峡双线五级船闸试通航仪式举行,首批船队成功穿过三峡船闸南线和北线,宣告三峡船闸通航三期安全管理工作开始。

7月1日　长江江苏段(南京至浏河口)船舶定线制实施。这是长江航运史上的第一个船舶定线制,一改长江多年来“上行走缓流,下行走主流”和川江千百年来“看水走船”的传统航法,实行船舶“靠右航行”,结束长江江苏段不能夜航的历史。之后,又在长江三峡库区、长江安徽段实施船舶定线制。

7月29—30日　中国海事局在江苏扬州召开首次全国海事系统信息化工作会议,总结“九五”计划时期以来海事信息化工作取得的成绩、基本经验等,提出“十五”计划时期海事信息化总体目标和重点工作和具体要求、实施措施。

8月27—29日　长江干线内河三等及以上船员职务适任证书理论统考首次在9个考区、25个考点举行。

9月16日　“海巡21”巡视船进行为期7天的跨海区巡航,巡航里程15951海里,航行时间91.4小时。这是我国海事巡逻船首次跨海区巡航。

10月16日　中国海事卫星地面站F岸站在北京正式开通。这是世界最新一代海事卫星系统在我国开通,首次实现我国全球移动卫星多媒体传输。

10月　中国海事电子海图数据(制作)中心在上海海事局成立并运转。

11月17日　中国海事局以“液化气船舶运输风险控制”为主题,首次举办上海国际海事论坛。

11月24日　中国在国际海事组织第二十三届大会上再次当选该组织的A类理事国。至此,我国已连续8次当选A类理事国。

12月起　我国船舶识别系统(AIS)工程建设全面启动。

2004年

1月15日　中国海上搜救中心开始编制《国家海上搜救应急预案》。2005年5月24日,国务院批准该预案。

2月16日　交通部公布全国海事系统行政执法8项便民措施。

3月1日　交通部公布《珠江口水域船舶定线制(试行)》,6月1日起实施。该定线制由粤港双方海事部门共同制订,分别监管所辖水域。这是我国中央政府和香港特区管辖水域采用同一措施规范所辖水域的船舶航行行为,也是首次采用“分隔线”方法将相连航道隔开,为世界上第一次使用“分隔线”方法进行分道通航。

3月15日　海事测绘部门开始对黄河小浪底大坝至三门峡大坝110公里库区水域进行测量。至4月30日,经过45天的测量,外业测量达240公里平方公里,编绘成26幅1:10000小浪底库区水下地形图。这是黄河历史上第一次全面航道测量。

4月5日　中国海事局开始航标管理“管养分开”改革,各航标处成立相应的辖区航标养护中心。

同日　烟台海事局溢油应急技术中心成立,作为“北方海区海上船舶溢油防治示范工程”运行机构。2005年12月,该中心更名为中国海事局烟台溢油应急技术中心。

4月30日　中国海事局委托中国船级社代行船舶法定检验协议签字仪式在北京举行。该协议有效期为5年。自此,中国海事局委托中国船级社的法定检验工作正式开始实施。

5月22日　"海巡21"轮开始对日本进行首次访问,参加一年一度"检阅式及综合训练"联合演习。它是日本当年参加该演习唯一外国海事巡视船。

同日　长江口、珠江口网络系统建成并试运行成功。这是我国建成的第一套AIS系统。

6月21—25日　中国海事局委托烟台溢油应急技术中心与新加坡东亚反应公司联合开展溢油应急国际培训班。这标志着我国溢油应急培训与国际接轨。

7月17日　在广州韶山召开的直属海事系统年中工作会议上,中国海事局首次提出"三个海事(交通海事、阳光海事、数字海事)"海事发展新理念,实现交通部对全国海事系统提出的"三个追求"(勇于负责,追求社会满意度最高、干对干好,追求岗位业绩最优;创造环境,追求职工的归属感最强)新要求,达到"船舶适航、船员适任、安全畅通、有效监管、优质服务"发展新目标。

7月20日　直属海事系统开展为期一个多月的"迎峰度夏,抢运煤炭"活动,圆满完成任务,未发生一起煤运船舶因海事监管而导致压船压港事件,得到国务院、交通部领导的肯定。

7月29日　国务院总理温家宝在北京市视察交通运输工作时指示,要完善海上搜救体制改革。12月26日,国务院副总理黄菊强调完善海上搜救体制改革。

8月　为期3年的全国海事系统"执法人员大专文化层次学历证书"培训结束。全国海事系统有2632人参加大专文化层次培训,通过考试实际录取2317人(其中直属海事系统录取2041人),2071人取得相当大专文化层次学历的专业证书。

10月18—22日　《中华人民共和国验船人员适任考试、发证规则》实施之后,中国海事局首次对验船人员进行适任统考,在全国5个考区10个考点39个考场共945人参考,及格率81.72%。

10月19—22日　中国海事局与菲律宾海岸警卫队在马尼拉举行代号为"中菲合作2004"的联合安全搜寻与救援行动演习(中菲联合沙盘搜救演习)。这是双方首次在海事安全领域举行联合演习,并以此推动中菲海事合作协议的签署。

11月3日　交通部海事局党委向全国海事系统颁布《中国海事之歌》标准版。

12月15日　中国海事局首次提出在直属海事系统试行海事管理技术职衔制。2006年8月16日,在深圳海事局试行。2008年,直属海事系统全面推行并完成实行职务等级标识制任务。12月,直属海事系统14个海事局全部实行职务等级标识制。2009年2月1日,交通运输部在北京举行海事职务等级标识授予仪式。

12月18日　中国海事局在南京发放第一张船舶IC卡,标志着船舶"一卡通"(IC)在长江三角洲地区启动。

12月　中国实施的"全球压载水管理工作项目"在国际海事组织召开的第六次压载水管理项目协调会上,被国际海事组织认定为样板。中国是当时唯一全部完成各个项目活动的国家。

2005年

1月1日　全国海事系统开始使用新版海事行政执法证(简称2005版海事行政执法证)。

2月22日　3000吨级巡视船"海巡31"轮建成,列编广东海事局。

2月24日　交通部决定中国海上搜救中心作为交通部内设机构,日常行政工作改由其直接管理,业务仍由中国海事局管理,同时撤销中国海上搜救中心办公室,成立中国海上搜救中心总值班室(12月21日正式成立)。12月31日,中国海上搜救中心总值班室与中国海事局通航管理处正式分离,并代行海事系统应急值班,中国海事局不再另设值班室。

3月11日　上海、广州海岸电台划回交通部管理(已于2005年3月1日分别移交上海、广东海事局管理)。

4月5日　交通部在武汉召开反水上运输超载协调会,中国海事局与12个直属海事局及地方海事局签订《反超载承诺书》。

4月6日　交通部下发《建立水上交通安全长效管理机制指导意见》,以建立水上交通安全长效管理机制。

4月9日　在大连海事大学设置国际海事公约研究中心。这是我国设立的第一个系统、权威的研究国际海事公约的机构。

4月13日　交通部等4部委联合公布《全国低质量船舶专项治理活动方案》,决定自2005年4月21日至11月30日在全国范围内开展低质量船舶专项治理活动。11月22日,又决定将此活动延续至2006年12月31日。

4月15日至6月15日　中国海事局在长江干线及其支流水域组织对船员持假证上船任职集中统一检查会战。沿江16个直属、地方海事局共检查船舶86853艘次,检查船员316932人次,收缴假证2900余本,达到预期的目的。

5月8日　我国首座虚拟航标在辽宁海域投入使用。

5月22日　国务院同意建立由交通部牵头的国家海上搜救部际联席会议制度。

5月24日　国务院办公厅印发《国家海上搜救应急预案》。

6月23日　西藏自治区地方海事局成立。这标志着历时7年的全国水上安全监督管理体制改革结束。8月20日,交通部向国务院上报《关于全国水上安全监督管理工作体制改革情况的报告》。

7月1日　长江干线湖北、安徽、江西、湖南、重庆段水上安全监督工作统一由长江海事局负责。

7月5—6日　中国海事局举办以"船舶油污损害赔偿基金的征收和使用管理"为主题的2005年上海国际海事论坛。

7月11日　为纪念郑和下西洋600周年,经国务院批准,交通部举行"首届航海日"。以后每年7月11日为"中国航海日",也为"世界航海日"。海事系统为"首届航海日"主办者。

8月8日　《中国海事》杂志经国家新闻出版总署批准,开始对国内外公开发行。

9月1日至11月30日　被授权的46个直属海事局参加东京备忘录针对船舶操作性要求统一开展的港口国监督集中检查活动,共检查船舶1017艘次,滞留32艘次。

10月27—28日　交通部在北京召开2005年全国海事工作会议。这是水监体制改革后召开的第一次全国海事工作会议。会议把"全国海事一家人,水上监管一盘棋"确定为海事发展新理念。

11月21日至12月2日　在国际海事组织(IMO)第二十四届大会上,我国连续9次当选A类理事国。会上,驻英中国大使查培新被推选为大会主席。这是我国自1973年恢复参加IMO活动以来第一次担任IMO最高层会议的大会主席。

12月7日　国务院主持召开国家海上搜救部际联席会议第一次会议。之后,该会议由交通部主持每年召开一次。

12月14日　中国-东盟海事磋商机制第一次会议在我国广州召开。之后,该会议每年召开一次。

2006年

2月1日至4月30日　中国海事局参加东京备忘录、巴黎备忘录、黑海备忘录、印度洋备忘录及美国海岸警卫队联合组织的港口国监督集中检查活动。

4月3日　交通部印发《中国海事工作发展纲要(2006—2020)》。

4 月 4 日　交通部交通安全委员会在北京召开的水监体制改革后第一次会议上,将“四季三节”(春季防雾、夏季防台、秋季防火、冬季防风,春节、“五一”“十一”长假防止发生群死群伤事故)作为监管的重点时段,将“四船一链”(船公司是主体,船舶是基础,船员是重点,船长是关键,四者通过安全管理体系形成一条管理链)作为监管企业安全管理体系的重点环节。

4 月　中国海事局编纂的《中国灯塔》大型画册由人民交通出版社出版发行。画册汇集了具有历史、现代价值的灯塔精美图片。

5 月 17 日至 6 月 2 日　中国海事局、中国海上搜救中心组织了对在 2006 年“珍珠”台风遇险的 330 名越南渔民的成功搜救。

5 月 22 日　《现代灯塔》邮票首发式在天津塘沽举行。该套特种邮票采用的灯塔为天津大沽灯塔(1978 年建成)、珠江口桂山岛灯塔(始建于 1953 年,1997 年重建)、上海吴淞口灯塔(1999 年建成)、海南木栏头灯塔(1995 年建成),1 套 4 枚,由国家邮政局发行。

5 月 22—27 日　国际航标协会(ILAL)第十六届大会在上海举行。中国海事局常务副局长刘功臣当选为本届(ILAL)大会主席。这是国际航标协会自 1957 年成立以来的首位中国主席。

6 月 22 日　2006 年海上联合搜救演习在渤海海峡附近海域举行。这是我国首次模拟客滚船发生海难的搜救演习。

7—10 月　全国海事系统在沿海、内河水域开展船舶及相关作业污染专项检查活动,共检查船舶 2.6 万艘次,发现缺陷 3.7 万项,滞留船舶 146 艘次,处罚船舶 883 艘次;检查油码头 963 座、化学品码头 291 座,发现并纠正防污染缺陷 885 项;对修理船厂、拆船场点实施现场检查,就污染物接收能力不足等问题提出限期整改要求。

9 月 1 日　中国海事局启动水上安全监督信息系统第三期工程建设。

9 月 15 日　三峡工程蓄水至 156 米阶段,实施单线运行后,宜昌、三峡海事局与湖北、四川、重庆省(市)地方海事局开始加强重点时段、重点渡船盯防,保证蓄水期间 220 万人次、11 万台次车辆渡运安全。

10 月 9 日　交通部海事局党委印发《海事文化建设纲要》《全国海事系统“十一五”时期精神文明建设工作指导意见》。

10 月 11 日　交通部海事局党委印发《十一五时期直属海事系统党政领导班子建设规划纲要》。

11 月 20 日　交通部海事局印发《全国海事系统法制宣传教育第五个五年计划》《全国海事系统全面推进依法行政实施意见》。

11 月　中国海事局于 2005 年 4 月提交的国际航标协会航标管理委员会第六次会议的《关于紧急沉船标志的建设》提案,得到国际海事组织海上安全委员会第八十二届会议批准,成为国际标准。

12 月 18 日起　中国海事局在所有沿海营运船舶中开展为期 3 个月的船舶“一卡通”刷卡签证的试运行活动。

12 月　中国海事局完成 3 批国内航行船舶及航运公司安全管理体系的审核发证工作。这标志着国际公约转化为国内行政规章,实施《国际安全管理规则》进入一个新阶段。

2007 年

1 月 26 日　中国海事局批准在南通启动苏通大桥施工水域双向禁航交通管制方案。这是长江有史以来最大规模的水上交通管制行动。

2 月 14 日　水上安全监督信息系统二期工程建成并通过交通部组织的验收。该系统工程开发建设 19 个业务应用系统,14 个系统在直属海事系统内全面推广应用。

2 月 28 日　中国海事局 770 余艘海事船舶、1800 余座水上浮动标志首次实行统一保险。统一保险项目签约仪式在北京举行。

4 月 14 日　国务院颁布《中华人民共和国船员条例》，于 9 月 1 日起施行。

4 月 27 日　国务院批准《国家水上交通安全监管和救助系统布局规划》，交通部于 7 月 18 日公布。这是新中国成立以来第一个国家级的水上交通安全监管和救助系统中长期规划。

5 月 1 日至次年 4 月 30 日　直属海事系统在全国范围内对列入东京备忘录黑名单的船旗国所属船舶和半数以上船员为中国籍船员的方便旗船舶，开展船舶安全操作集中检查活动。

5 月 15 日　福州与澎湖首次实现货运直航。这标志着海峡两岸开通海运直航。

6 月 5 日　交通部、河北省在秦皇岛港西锚地附近海域举行渤海溢油应急演习。这是一次大规模海陆空立体海上专项溢油演习。

6—12 月　直属海事系统航测部门完成渤海超大型船舶航路扫测工程任务。

6 月 15 日　中韩联合调查组组长签署《中国海事局与大韩民国中央海洋安全审判院联合攻关调查会议纪要》，标志着中韩双方密切合作的 5 月 12 日韩国籍货船“GOLDENROSE”（金玫瑰）轮与圣文森特籍货船“JINSHENG”在渤海湾口以东海域碰撞，造成“GOLDENROSE”轮沉没事故调查圆满完成。

6 月 15 日　广东“南桂机 035”轮触碰 325 国道九江大桥非通航孔的桥墩，造成大桥部分桥面坍塌。

7 月 4 日　交通部同意台湾海峡船舶交通管理系统工程可行性研究报告，标志着台湾海峡船舶交通管理系统工程获得国家立项。

9 月 3 日　交通部海事局被全国政务公开领导小组授予“全国政务公开先进单位”荣誉称号，成为全国交通系统获此殊荣的唯一单位。

9 月 8 日　我国第一段数字航道——长江南京至浏河口段数字航道示范工程建成。全长 369.5 公里数字航道上起苏皖交界的慈湖口，下至江苏太仓浏河口。

9 月 19—20 日　交通部在成都召开的全国海事工作会议上，提出在全国海事系统开展“行政执法一面旗”活动，连同 2005 年提出的“全国海事一家人、水上监管一盘棋”，形成“三个一”海事发展新理念。

9 月 22 日　交通部与重庆市在长江三峡库区万州港水域举行 2007 年长江三峡库区联合搜救演习。

9 月 27 日　湖南、湖北、江西、四川、河南、山东、重庆 7 省（市）地方海事局与中国海事局签订船舶一卡通工程共建协议。这标志着水网地区整体实现船舶一卡通工程正式启动。

11 月 7—8 日　中国海事局在上海举办以“全球关注石油运输和海洋环境保护”为主题的 2007 年上海国际海事论坛。

11 月 7 日　交通部党组决定在交通部各直属海事局设置党组，取代交通部各直属海事局党委。上海海事局第一个设立党组，之后各直属海事局相继设立党组。

11 月 22—28 日　中国海上搜救中心成功组织对受 2007 年第二十五号强热带风暴“海贝思”影响而被困于中国西沙南沙海域 52 艘中国、菲律宾、越南渔船及 1022 名中外渔民的施救。

11 月 23 日　菲律宾外交部部长罗慕洛约见中国驻菲律宾大使宋涛，对中国在南沙成功救助 29 名被困菲律宾渔民表示感谢。

11 月 23 日　在国际海事组织第二十五届理事会上中国再次当选为该组织 A 类理事国。这是自 1989 年以来我国连续 10 次当选 A 类理事国。

12 月 1 日　中国海事局安排上海、广州、大连、福州、三亚海岸电台接收周边国家、地区奈伏泰斯（NAVTEX）台播发的安全信息，接收频率为 518KHZ。

12 月 7 日　中国香港籍超大型油轮“HEBEI SPIRIT”轮在韩国西海岸锚泊期间被韩国籍失控浮吊船“SANSUNG NO.1”擦碰，导致上万吨原油泄漏入海，造成韩国有史以来最严重的污染事故。中国政府接到韩国政府请求后,派出大型航标船“海标 24”轮携带消油剂、吸油毡以及收油机、围油栏等清污物资,并选派 27 名清污专家与技术人员随船支援韩国清污救灾。“海标 24”轮 12 月 18 日完成清污任务返回上海港。此次清污援助行动得到韩国政府高度赞扬,联合国环境署对此次跨国清污行动表示肯定。

年底　自 1995 年开始引进建设无线电指向标/差分全球定位系统(RBN/DGPS)起,已建成该系统 20 座基准台站,其中北方海区 6 座、东海海区 7 座、南海海区 4 座、海南海区 3 座,形成从鸭绿江口到西沙群岛,覆盖沿海 200 海里以内沿海所有港口、重要水域和狭窄水道的高精度无线电导航定位服务网。

2008 年

5 月 8 日　深圳海事局黄志球被选拔为 2008 年北京奥运会奥运圣火传递路线第十七棒火炬手。

5 月 12 日　四川汶川发生地震。中国海事局先后协调 5 部海事卫星电话、20 艘橡皮艇,调动船艇 8800 艘次,抢救、运送受伤人员与群众 97600 人次,运送救灾物资 600 多吨。中国海上搜救中心派出 4 架海上搜救直升机前往灾区执行抗震救灾任务,共执行飞行任务 51 架次,救助人员 209 人次,运送救灾物资 13.9 吨。

5 月 17—19 日　四川省地方海事局面对汶川地震临危受命,保障通过紫坪铺水库的船舶 700 余航次的安全,运送抢险人员 3300 人次、受灾人员 2860 人。

7 月 1 日起　船舶远距离识别和跟踪 LRIT 系统国家数据中心正式运行。这标志着我国 LRIT 系统建设已经按时履约。

7 月　川江、宜申船岸 VHF 通信系统工程通过竣工验收,长江重庆至上海船岸通信实现全程无线覆盖。

7 月 11 日　第二十九届奥运会之前,以山东海事局为主的直属海事系统提前配布海上防污染应急船舶 37 艘、应急队伍 518 人、吸油毡 100 吨、消油剂 100 吨、喷洒装置 50 套、收油机 43 台和围油栏 2 万米等,在奥帆赛场外围筑起一道长达 50 公里的海上防线,避免了奥运会帆船赛青岛海域突发浒苔灾害而影响奥帆赛事件。

8 月 8—22 日　第二十九届奥运会期间,山东海事局建立奥帆赛海上交通与应急保障机构,选派巡逻船 11 艘进行现场巡航。天津、上海、广东及北海救助局等海事、救捞人员也集结于青岛,保障奥帆赛海上交通安全和应急任务,得到国务院领导及奥运会安全保卫工作协调小组的充分肯定。9 月 29 日,中共中央、国务院、中央军委在北京人民大会堂召开奥运会、残奥会总结表彰大会,授予山东海事局局长张宝晨先进个人称号。

11 月 4 日　海基会、海峡两岸关系协会签署海峡两岸海运协议。12 月 15 日,两岸海上直航首航仪式在天津港、上海洋山深水港、江苏太仓港同时举行。这标志着两岸直航全面开始。

12 月 5 日　《中华人民共和国海事局与英国海道测量局(UKHO)电子海图发行安排》生效,就 UKHO 在全球范围内销售中国海事电子海图达成协议。这标志着中国海事电子海图正式走出国门,进入国际市场。

12 月 12 日　全国水监体制改革 10 周年座谈会在北京召开。

12 月 26 日起　中国海事局从直属海事系统选派优秀巡逻船船长或执法骨干赴亚丁湾海域,配合海军执行护航任务。

2009 年

2 月 1 日　交通运输部在北京举行海事职务等级标识授予仪式。自此,直属海事系统全面实行职务等级标识制度。

2 月 10 日　中国海事局制订的《两岸直航砂石运输船安全检查暂行规定》正式实施,便利两岸间海

上运输及人员往来

3月14日　广东海事局一级监督官杨庆文在准备对一艘外籍轮船实施登轮监管时,不幸因公殉职。中国海事局党组组织开展向杨庆文学习活动。12月14日,广东省政府批准追认杨庆文为革命烈士,交通运输部为杨庆文追记一等功,并在交通全行业开展向杨庆文学习活动。

4月10日　厦门镇海角灯塔展览馆开馆。镇海角灯塔系鸦片战争后第一座由中国人自行勘察、设计、施工建造的灯塔,扼守台湾海峡南北通航干线的出入口。

5月5日　上海海事局与东海第一救助飞行队在高东机场举行“建立海空救助与巡航执法合作机制”签字仪式,并宣告“迎上海世博,保航行安全”首次巡航任务的启动。

5月16日　首届海峡论坛·两岸海上直航圆桌会议在厦门召开,交通运输部发布9项进一步促进两岸海上直航的政策措施。

6月起　广东海事局和河北海事局开始进行半军事化训练试点。直属海事系统按照“一年打基础,两年见成效,三年达目标”(2009—2011年)思路,分3年进行半军事化训练。

9月2日　国务院重新颁布《防治船舶污染海洋环境管理条例》,于2010年3月1日起施行,同时废止1983年的《防止船舶污染海域管理条例》。新的条例是我国船舶防污染法制工作的一个重要里程碑,被称为船舶防污染的法律基石。

10月13日　上海世博会倒计时200天之际,助航世博首座新型航标抛设仪式在“海标25”轮隆重举行。标有“世博会”和“中国海事”标志的首座新型世博航标正式在黄浦江陆家嘴水域成功抛设。

11月9—18日　中国海事履约工作,经过国际海事组织(IMO)审核组的全面系统审核,得到认可与高度评价。中央政府网、人民网、《中国交通报》等各大新闻媒体进行了报道,在国内外引起强烈反响。

11月23日　国际海事组织第二十六届理事会上,中国以高票再次当选国际海事组织A类理事国。这是自1989年中国连续11次当选该组织A类理事国。

是年　中国海事局组建涉外海事调查机动组,派遣海事调查官赴印度处理“穗救201”轮被扣事件。这是我国海事调查官首次赴国外参与海上事故调查工作。

2010年

3月5日　中国海事局在上海召开上海世博会水上交通安全与应急保障工作动员部署会和“环沪护城河”世博水上安保工作动员大会。

3月13日　西沙海事局在西沙永兴岛正式挂牌。这是我国在南海群岛上设立的第一个海事机构,开创维护我国南海海域主权与水上安全监督管理工作新局面。

4月10日　2010年上海世博会开幕式进行第一次水上排练。上海海事局在黄浦江首次实施一级水上交通管控,共出动巡逻艇48艘、执法人员354人,保障水上交通安全。

4月30日　上海世博会开幕式,水上交通安全由海事部门负责。

5月9日　中国首艘双体穿浪海事巡逻艇“海巡106”船正式列编,参加上海世博会水上安保工作。

5月2—10日　中国海事局安排“海巡31”船与“海巡11”船艇执行南海联合巡航,先后巡视西沙永兴岛,南沙永暑岛、赤瓜礁、美济礁,中沙黄岩岛,东沙群岛、高栏列岛等海域,累计巡航近200小时、里程约1800海里。这是中国海事船艇首次赴南沙海域执行巡航执法任务。

5月12日　中共中央编制委员会办公室正式批复《交通运输部直属海事系统人员编制和机构设置方案》,标志着直属海事系统核编转制、实行公务员管理体制开始。

7月5日　设置于中国航海博物馆中的中国海事博物馆正式对外开放。

8月22—27日　3000吨级巡视船“海巡11”轮从青岛起航,赴俄罗斯参加北太平洋海上警备执法机构多边演练活动。这是“海巡 11”轮首次参加国际多边演练活动。

9 月 16 日　海峡两岸搜救机构首度在厦门与金门附近水域举办海上联合搜救演练。这是海峡两岸第一次举办海上联合搜救演练。

9 月 30 日　交通运输部在上海海事局世博办事处召开交通系统世博安保决战决胜誓师大会。

10 月 26 日　长江三峡首次达到 175 米正常蓄水位，负责现场安全监督的重庆、三峡、宜昌海事局对重点水域、桥梁、渡口实行驻点监控，并成立 34 个巡航搜救点，安排海事力量和社会救助船随时待命，实现了蓄水位期间长江航道“畅通、高效、平安、绿色”。

10 月 31 日　上海世博会闭幕。世博会 184 天展出期间，上海海事局共出动海事巡逻艇 18552 艘次，执法人员 99637 人次，核查入沪船舶 276201 艘次，查处违规入沪船舶 3591 艘次，完成 5902 艘次世博专项安检，保障 115685 班次世博客渡船、游览船的航行安全和 25116128 人次国内外游客水上观博安全，完成 12 国家 17 批次百余名国内外国家元首和政要等宾客的浦江游览接待和水上安全保障工作，开创世博会核心水域零碰撞、零污染、零伤亡的记录。12 月 27 日，中共中央、国务院、中央军委在人民大会堂召开上海世博会总结表彰大会，上海海事局被授予上海世博会先进单位称号。

11 月 12—27 日　第十六届亚运会在广州举办期间，广东海事局投入 300 余艘海巡船、应急拖轮、清污船和消防船以及 3200 余名海事执法人员，对珠江口水域船舶实施全天候跟踪监管，远程遥控指挥巡游船舶，自动识别亚运水域船舶，实时、远程、直观监控亚运水上交通安保重点水域，为亚运会创造良好的水上安全环境。

12 月 2 日　天津成立全国第一支省级海上搜救志愿者队伍，有效地弥补现有搜救资源的不足，对引导和鼓励社会力量参与海上搜救以及建立海(水)上搜救志愿者队伍起到示范作用。

年底　全国共有 15 个重要水域实施船舶定线制。

年底　自 2003 年 12 月启动建设船舶自动识别系统(简称 AIS)起，已建成包括 1 个国家管理维护中心、3 个海区 AIS 管理中心、19 个辖区 AIS 维护中心和 121 座岸台，基本上覆盖中国沿海重要通航水域、港口。

年底　我国重点水域及港口已建成 30 个 VTS 和 91 个雷达站。

年底　我国先后与 30 多个国家和 20 多个国际组织建立海事双边或多边合作关系，广泛参与国际海事组织事务；加入和生效国际海事公约或议定书、修正案等共 42 个。

年底　授权实施国际航行船舶安全检查(港口国、船旗国)海事机构达 49 个。

年底　新中国成立以来适用水上安全监管的海事管理法律法规 52 件。

年底　中国海事局先后与 20 个国家(地区)的海事主管当局签订单方承认中国海员适任证书协议、互相承认海员适任证书协议，

年底　中国海事局共从直属海事系统选派 9 名巡逻船船长或执法骨干赴亚丁湾海域，配合海军执行护航任务。至 2011 年 2 月，共完成 300 批 3454 艘次中外船舶护航任务(其中外籍船 1507 艘次)，22 次营救被海盗袭击的 33 艘中外船舶，护航 9 艘遭海盗劫持的中外船舶。

附　录

一、1979—2010 年全国运输船舶水上交通事故统计一览表

年　份	全国船舶水上交通事故合计				大型骨干企业船舶交通事故			
	事故件数	沉船艘数	死亡人数	经济损失（万元）	事故件数	沉船艘次	死亡人数	经济损失（万元）
1979	3742	928	1254	2668.80	437	28	16	1548.00
1980	3450	1053	1670	2810.93	359	20	10	1428.36
1981	3686	998	703	7100.12	316	21	20	6045.90
1982	3884	1011	839	4360.68	321	29	41	2941.56
1983	3870	1184	923	7746.26	322	18	32	5808.00
1984	3651	774	776	3569.21	305	4	12	1572.04
1985	4430	1074	1057	3939.69	344	11	31	1212.00
1986	4193	724	1161	9082.57	201	10	56	6651.90
1987	4413	772	1355	3878.58	207	5	7	1308.62
1988	4877	786	1261	5187.56	210	2	0	893.72
1989	4113	687	920	7294.84	188	7	2	2202.82
1990	2799	402	703	11659.02	53	1	2	6915.91
1991	2559	460	554	11588.89	72	0	2	1824.62
1992	2460.5	368	557	12996.04	79	2	26	7688.66
1993	2002	364	527	10484.92	64	1	1	1681.26
1994	1781	332	543	20667.97	70	9	21	7302.93
1995	1486	277	731	20689.78	63	3	3	5550.48
1996	1231.5	257	665	31692.12	59	3	32	10058.03
1997	980.5	267	582	29579.70	71	25	81	19128.98
1998	984	295	606	14114.40	68	4	78	3690.16
1999	832	253	769	25100.00	—	—	—	—
2000	633	243	576	13596.30	—	—	—	—
2001	645	290	490	16472.30	—	—	—	—
2002	735	384	463	16135.10	—	—	—	—
2003	634	343	498	38009.00	—	—	—	—
2004	562	330	489	36891.80	—	—	—	—
2005	532	306	479	49500.00	—	—	—	—
2006	440	250	376	44300.00	—	—	—	—
2007	420	248	372	40197.60	—	—	—	—
2008	342	213	351	51890.30	—	—	—	—
2009	358	199	336	34691.00	—	—	—	—
2010	331	195	329	32360.70	—	—	—	—

二、1973—2010年对中国生效的主要国际海事公约一览表(1973年我国恢复国际海事组织成员国至2010年底)

序号	分类	公约或议定书	生效日期	中国参入日期	中国生效日期	备　注
1	船舶	1966年国际船舶载重线公约	1968.7.21	1973.10.5	1974.1.5	
2		1966年国际船舶载重线公约1988年议定书	2000.2.3	1995.2.3	2000.2.3	于1993.7.1提前实施
3		1969年国际船舶吨位丈量公约	1982.7.18	1980.4.8	1982.7.18	
4		国际海事卫星组织公约	1979.7.16	1979.7.13	1979.7.16	
5		国际海事卫星组织业务协定	1979.7.16	1979.7.13	1979.7.16	
6		国际搜救卫星组织协定	1988.8.30			
7		1988年关于制止危及海上航行安全非法行为公约	1992.3.1	1991.8.20	1992.3.1	
8		1988年关于制止危及大陆架固定平台安全非法行为议定书	1992.3.1	1991.8.20	1992.3.1	
9		关于在领海和港口内使用卫星船舶地球站的国际协议	1992.6.27	1993.11.3	1993.11.3	
10	船员	1974年国际海上人命安全公约	1980.5.25	1980.1.7	1980.5.25	
11		1974年国际海上人命安全公约1978年议定书	1981.5.1	1982.12.17	1983.3.17	
12		1974年国际海上人命安全公约1988年议定书	2000.2.3	1995.2.3	2000.2.3	于1993.7.1提前实施
13		1978年海员培训、发证和值班标准国际公约	1984.4.28	1981.6.8	1984.4.28	
14		1926年海员遣返公约	1928.4.16	1984.6.11	1984.6.11	
15		海员协议条款公约	1978.4.4	1984.6.11	1984.6.11	
16	海上运输	1965年便利国际海上运输公约	1967.3.5	1995.1.16	1995.3.17	
17		1972年国际集装箱安全公约	1977.9.6	1980.9.23	1981.9.23	
18		1974年海上旅客及其行李运输雅典公约	1987.4.28	1994.6.1	1994.8.30	
19		1974年海上旅客及其行李运输雅典公约1976年议定书	1989.4.30	1994.6.1	1994.8.30	
20		1971年特种业务客船协定	1974.1.2		1997.7.1	适用于中国香港特区
21		1973年特种业务客船舱室要求议定书	1977.6.2		1997.7.1	适用于中国香港特区
22		1974年联合国班轮公会行动守则公约	1983.10.6	1980.9.23	1983.10.6	

续上表

序号	分类	公约或议定书	生效日期	中国参入日期	中国生效日期	备注
23	防止污染	1973年国际防止船舶造成污染公约1978年议定书	1983.10.2	1983.7.1	1983.10.2	
24		1969年国际干预公海油污事故公约	1975.5.6	1990.2.23	1990.5.24	
25		1973年国际干预公海非油类物质污染议定书	1983.3.30	1990.2.23	1990.5.24	
26		1969年国际油污损害民事责任公约	1975.6.19	1980.1.30	1980.4.29	
27		1969年国际油污损害民事责任公约1976年议定书	1981.4.8	1986.9.29	1986.12.28	
28		1969年国际油污损害民事责任公约1992年议定书	1996.5.30	1999.1.5	2000.1.5	
29		1972年防止倾倒废物及其他物质污染海洋公约	1975.8.30	1985.11.14	1985.12.14	
30		1990年国际油污防备、反应及合作公约	1995.5.13	1998.3.30	1998.6.30	
31		1971年海上运输核材料民事责任公约	1975.7.15			
32		1971年设立国际油污损害赔偿基金公约	1978.10.16			
33		1971年设立国际油污损害赔偿基金公约1976年议定书	1994.11.22			
34		1971年设立国际油污损害赔偿基金公约1992年议定书	1996.5.30	1999.1.5	2000.1.5	适用于中国香港特区
35		2001年国际燃油污染损害民事责任公约	2008.11.21	2008.11.17	2009.3.9	
36		国际散化规则和散化规则1989年修正案			1990.11.13	
37	海难救助	1979年国际海上搜寻救助公约	1985.6.22	1985.6.24	1985.7.24	
38		1989年国际救助公约	1996.7.14	1994.3.30	1996.7.14	
39	避碰	1972年国际海上避碰规则公约	1977.7.15	1980.1.7	1980.1.7	
40	其他	国际海事组织公约	1958.3.17	1973.3.1	1973.3.1	
41		1976年海事索赔责任限制公约	1986.12.1		1997.7.1	适用于中国香港特区
42		1910年统一船舶碰撞某些法律规定的国际公约	1913.3.1	1994.9.28	1994.11.18	

三、1949—2010年适用于水上交通安全监管法律法规一览表

分类	序号	海事法规名称	单　位	令（文　号）	公布日期	施行日期	备　注
法律	1	中华人民共和国海洋环境保护法	全国人大常委会	第五届全国人大常委会令第9号公布 经全国人大常委会修订后由国家主席令第26号公布	1982.8.23	1983.3.1	1999年12月25日修改公布，以国家主席令第26号发布，2000年4月1日实施
	2	中华人民共和国海上交通安全法	全国人大常委会	国家主席令第7号颁布	1983.9.2	1984.1.1	
	3	中华人民共和国水污染防治法	全国人大常委会	国家主席令第12号公布 经全国人大常委会第一次修订后由国家主席令第66号公布 经全国人大常委会第二次修订后由国家主席令第87号公布	1984.5.11	1984.11.1	第四章第五节用于调整内河水域航行船舶的水污染防治行为。1996年5月15日修订
	4	中华人民共和国公民出入境管理法	全国人大常委会	国家主席令第32号公布	1985.11.12	1986.2.1	第七条规定“海员证由港务监督局或者港务监督局授权的港务监督颁发”
	5	中华人民共和国行政诉讼法	全国人大	国家主席令第16号公布	1989.4.4	1990.10.1	
	6	中华人民共和国海商法	全国人大常委会	国家主席令第64号公布	1992.11.7	1993.7.1	第八章《船舶碰撞》对事故双方责任进行界定
	7	中华人民共和国行政处罚法	全国人大常委会	国家主席令第63号公布	1996.3.17	1996.10.1	
	8	中华人民共和国环境噪声污染防治法	全国人大常委会	国家主席令第77号公布	1996.10.29	1997.3.1	第五章用于调整交通运输（包括船舶航行）噪声污染防治行为
	9	中华人民共和国行政复议法	全国人大常委会	国家主席令第16号公布	1999.4.29	1999.10.1	
	10	中华人民共和国港口法	全国人大常委会	国家主席令第5号公布	2003.6.28	2004.1.1	

续上表

分类	序号	海事法规名称	单位	令(文号)	公布日期	施行日期	备注
法规	1	进出口船舶船员旅客行李检查暂行通则	政务院		1950.11.27	1951.11.27	
	2	日本船只航行我国管理办法	政务院		1952.10.12		
	3	中华人民共和国海港管理暂行条例	政务院	第203次政务会议通过	1954.1.23	1954.1.23	
	4	中华人民共和国船舶检验局章程	国务院	国经字〔1963〕671号	1963.10.7	1963.10.7	
	5	外国籍非军用船舶通过琼州海峡管理规则	国务院	〔64〕国议字19号	1964.6.8	1964.6.8	
	6	中华人民共和国防止沿海水域污染暂行规定	国务院	国发〔1974〕11号	1974.1.30	1974.1.30	
	7	中华人民共和国无线电管理规则	国务院 中央军委		1978.6.23	1978.6.23	
	8	中华人民共和国防止船舶污染海域管理条例	国务院	国发〔1983〕202号 2009年9月9日修改后,以国务院令第561号公布	1983.12.29	1983.12.29	
	9	中华人民共和国海洋石油勘探开发环境保护管理条例	国务院	国发〔1983〕202号	1983.12.29	1983.12.29	
	10	中华人民共和国民用爆炸物品管理条例	国务院	国发〔1984〕5号	1984.1.6	1984.1.6	
	11	测量标志保护条例	国务院		1984.1.7		
	12	中华人民共和国海洋倾废管理条例	国务院	国发〔1985〕34号	1985.3.6	1985.4.1	
	13	中华人民共和国内河交通管理条例	国务院	国发〔1986〕109号	1986.12.16	1987.1.1	2002年6月28日新的条例取代
	14	中华人民共和国航道管理条例	国务院	国发〔1987〕78号文发布 国务院令第545号发布修订稿	1987.8.22	1987.10.1	
	15	中华人民共和国化学危险物品安全管理条例	国务院	国发〔1987〕14号	1987.2.17	1987.2.17	

续上表

分类	序号	海事法规名称	单　位	令（文　号）	公布日期	施行日期	备　注
法规	16	防止拆船污染环境管理条例	国务院	国发〔1988〕31号	1988.5.18	1988.6.1	
	17	中华人民共和国河道管理条例	国务院	国务院令第3号	1988.6.10	1988.6.10	
	18	特别重大事故调查程序暂行规定	国务院	国发〔1989〕34号	1989.3.29	1989.3.29	
	19	中华人民共和国防汛条例	国务院	国务院令第86号发布 国务院令第441号发布第一次修订	1991.7.2	1991.7.2	
	20	关于外商参与打捞中国沿海水域沉船沉物管理办法	国务院	国务院令第102号	1992.7.12	1992.7.12	
	21	关于外商参与打捞中国沿海水域沉船沉物管理办法	国务院	国务院令第102号	1992.7.12	1992.7.12	
	22	中华人民共和国海上航行警告和航行通告管理规定	国务院	交通部令第44号	1993.1.11	1993.2.1	1992年12月22日经国务院批准（国函〔1992〕204号）
	23	中华人民共和国船舶和海上设施检验条例	国务院	国务院令第109号	1993.2.14	1993.2.14	
	24	中华人民共和国无线电管理条例	国务院 中央军委	国务院、中央军委令第128号	1993.9.11	1993.9.11	废止1978年的《无线电管理规则》。1994年12月3日总参谋部公布《中国人民解放军无线电管理条例》代替
	25	中华人民共和国船舶登记条例	国务院	国务院令第155号	1994.6.2	1995.1.1	
	26	国际航行船舶进出中华人民共和国口岸检查办法	国务院	国务院令第175号	1995.3.21	1995.3.21	
	27	中华人民共和国航标条例	国务院	国务院令第187号	1995.12.3	1995.12.3	
	28	中华人民共和国测量标志保护条例	国务院	国务院令第203号	1996.9.4	1997.1.1	废止1984年的《测量标志保护条例》
	29	罚款决定与罚款收缴分离实施办法	国务院	国务院令第235号	1997.11.17	1998.1.1	

续上表

分类	序号	海事法规名称	单位	令(文号)	公布日期	施行日期	备注
法规	30	中华人民共和国水污染防治法实施细则	国务院	国务院令第284号	2000.3.20	2000.3.20	
	31	长江河道采砂管理条例	国务院	国务院令第320号	2001.10.25	2002.1.1	
	32	危险化学品安全管理条例	国务院	国务院令第344号	2002.1.26	2002.3.15	
	33	中华人民共和国内河交通安全管理条例	国务院	国务院令第355号	2002.6.28	2002.8.1	
	34	国务院对确需保留的行政审批项目设定行政许可的决定	国务院	国务院令第412号	2004.6.29	2004.6.29	
	35	烟花爆竹安全管理条例	国务院	国务院令第455号	2006.1.21	2006.1.21	
	36	民用爆炸物品安全管理条例	国务院	国务院令第466号	2006.4.26	2006.9.1	废止1984年的《中华人民共和国民用爆炸物品管理条例》
	37	防治海洋工程建设项目污染损害海洋环境管理条例	国务院	国务院令第475号	2006.9.19	2006.11.1	
	38	中华人民共和国政府信息公开条例	国务院	国务院令第492号	2007.4.5	2008.5.1	
	39	中华人民共和国船员条例	国务院	国务院令第494号	2007.4.14	2007.9.1	
	40	生产安全事故报告和调查处理条例	国务院	国务院令第493号	2007.4.9	2007.6.1	废止1989年的《特别重大事故调查程序暂行规定》
	41	中华人民共和国防治船舶污染海洋环境管理条例	国务院	国务院令第561号	2009.9.9	2010.3.1	废止1983年的《中华人民共和国防止船舶污染海域环境管理条例》
	42	中华人民共和国无线电管制规定	国务院 中央军委	国务院、中央军委令第579号	2010.8.31	2010.11.1	

四、经授权开展港口国监督(PSC)检查的海事机构一览表(至2010年底)

序　号	所在直属海事局	经授权的海事机构	代　码	授权开展安全检查时间
1	上海海事局	上海海事局	9030	1990.7.1
2	天津海事局	天津海事局	9031	1990.7.1
3	辽宁海事局	大连海事局	9022	1990.7.1
4		营口海事局	9034	1996.7.2
5		丹东海事局	9013	2002.7.2
6		锦州海事局	9012	2002.7.2
7	河北海事局	秦皇岛海事局	9029	1991.9.1
8		唐山海事局	9000	2003.2.12
9		黄骅海事局	9004	2003.2.12
10	山东海事局	青岛海事局	9028	1990.7.1
11		烟台海事局	9032	1990.7.1
12		威海海事局	9035	1996.7.22
13		日照海事局	9041	1997.8.19
14	江苏海事局	连云港海事局	9025	1990.7.1
15		南京海事处	9026	1991.9.1
16		南通海事局	9018	1996.7.22
17		张家港海事局	9020	1996.7.22
18		江阴海事局	9038	1996.7.22
19		镇江海事局	9040	1996.7.22
20		扬州海事局	9001	2003.4.14
21		太仓海事局	9002	2003.4.14
22		常熟海事处	9006	2003.4.14
23		泰州海事处	9051	2003.4.14
24		常州海事处	9005	2003.4.14
25	浙江海事局	宁波海事局	9027	1990.7.1
26		温州海事局	9010	2002.7.1
27		舟山海事局	9011	2002.7.1
28		嘉兴海事局	9049	2003.5.16
29		台州海事局	9009	2003.5.16
30	福建海事局	福州海事局	9019	1997.8.19
31		厦门海事局	9021	1997.8.19
32		泉州海事局	9014	2002.3.25
33		莆田海事局	9045	2008.7.3
34		宁德海事局	9046	2008.3.3

续上表

序　　号	所在直属海事局	经授权的海事机构	代　　码	授权开展安全检查时间
35	广东海事局	广州海事局	9023	1990.7.1
36		湛江海事局	9033	1990.7.1
37		珠海海事局	9037	1996.7.22
38		汕头海事局	9039	1997.8.19
39		惠州海事局	9015	2001.9.29
40		茂名海事局	9016	2001.9.29
41		东莞海事局	9047	2005.1.1
42	广西海事局	北海海事局	9008	2002.12.27
43		防城海事局	9007	2002.12.27
44		钦州海事局	9003	2002.12.27
45	海南海事局	海口海事局	9024	1991.9.1
46	长江海事局	芜湖海事局	9017	2001.2.23
47		安庆海事局	9048	2004.10.18
48	深圳海事局	深圳海事局	9036	1996.7.22
49	河北海事局	曹妃甸海事处	9055	2009.6.21

五、船舶交通管理系统工程建成试运行与运行情况一览表(至2010年底)

序号	名称	隶属海事局	建设运行情况	投资单位
1	宁波	浙江	1982年建成运行;2003年12月16日完成更新改造后运行	交通部
2	大连	辽宁	1988年9月建成运行;2003年9月18日完成更新改造后运行	交通部
3	秦皇岛	河北	1990年2月建成试运行;1994年11月28日正式运行	交通部
4	青岛	山东	1990年5月20日建成试运行。1995年6月1日一期建成,1999年12月8日正式运行	交通部
5	连云港	江苏	1990年8月建成试运行;1993年6月1日正式运行	交通部
6	上海吴淞	上海	1994年3月建成试运行,9月12日正式运行;2007年1月24日完成任务一期改造、扩建工程并通过验收	交通部
7	烟台	山东	1994年11月建成试运行;1995年4月30日正式运行	交通部
8	成山头(威海)	山东	1996年10月建成试运行;1999年1月28日正式运行	交通部
9	天津	天津	1997年7月建成试运行;1998年7月15日正式运行;2007年底完成扩建并投入运行;2008年7月23日扩建后投入运行	交通部
10	北长山	山东	1997年12月建成运行	交通部
11	南通	江苏	1997年12月18日建成正式运行;2007年完成任务改造工程,11月30日正式运行	交通部
12	张家港	江苏	1997年12月18日建成正式运行	交通部
13	江阴	江苏	1997年12月18日建成正式运行;2007年完成改造工程,11月25日试运行;2009年9月1日正式运行	交通部
14	镇江	江苏	1997年12月18日建成正式运行	交通部
15	南京	江苏	1997年12月18日建成正式运行	交通部
16	广州	广东	1999年1月建成试运行;2000年11月28日正式运行	交通部
17	琼州	海南	1998年9月建成试运行;2002年6月1日正式运行	交通部投资,其中粤海铁路轮渡雷达设施由粤海公司投资
18	湛江	广东	1998年11月7日建成试运行;2000年9月28日正式运行	交通部
19	深圳	深圳	1999年8月建成,2000年6月16日试运行;2001年12月28日正式运行,深圳东部交通管理系统2005年建成试运行	交通部
20	营口	辽宁	1999年11月7日建成试运行;2001年8月28日正式运行	交通部
21	黄骅	河北	2002年5月20日建成试运行	神华黄骅港务有限公司
22	舟山马迹山	浙江	2002年建成试运行,2003年6月1日正式运行。册子交能管理系统于2009年7月通过竣工验收	宝钢股份有限公司投资
23	洋山	上海	2004年7月建成一期工程并投入运行;2006年1月23日二期工程建成试运行,2008年1月25日,正式运行	上海同盛投资(集团)公司
24	厦门	福建	2004年8月20日建成试运行;2005年7月27日正式运行	交通部与厦门市政府共同投资

续上表

序　号	名　称	隶属海事局	建设运行情况	投资单位
25	武汉	长江	2006年5月9日建成试运行,2007年12月1日正式运行	交通部
26	芜湖	长江	2006年6月25日建成试运行,2009年3月24日正式运行	交通部
27	京唐港	河北	2007年10月30日建成试运行,2008年9月12日正式运行	京唐港投资有限公司
28	曹妃甸	河北	2007年10月30日建成试运行,2008年9月12日正式运行	曹妃甸实业开发公司
29	泰州	江苏	2007年11月25日建成试运行,2009年9月1日正式运行	交通部
30	日照	山东	2010年10月8日建成试运行,2011年1月1日正式运行	交通部

后　　记

《中国海事史》(现代部分),是《中国海事史》全书的重点,从收集资料、甄别史实、拟定大纲、确定篇目,到试写、初写、全面编写都秉持着严谨求实的原则。成为初稿之后,又经过内审、初审、终审,一步步补充、完善,提高史稿质量。

《中国海事史》,相对《中国船舶检验史》《中国通信导航史》《中国船舶船员史》而言为一部综合史。为与同时编撰的上述史书在史实上不发生重复重叠,在选用船舶检验、船舶通信导航、船舶船员相关内容时,侧重管理方面,并择其重点或主要方面(尤其 1982 年船检分出单立运转后的内容)记载。

周恩来总理曾经说过:“我们爱我们的民族,这是我们自信心的源泉。”将几千年中国海事的光辉业绩放到世界范围内,可以从相互比较中认识其价值,从而提高我们的民族自尊心和自豪感。对历史上先驱者的活动,对祖先留下来的光辉业绩,深入研究和发掘,系统总结,从中汲取历史唯物主义和爱国主义的可贵教益,可更好地继承和发展前人的伟大业绩。对海事历史的大力宣传,也会使人知海事愈深,爱海事愈切。

总结过去的历史,归根到底是为了开创新的历史。中国海事人正以习近平新时代中国特色社会主义思想为指引,站在新的起点,以时不我待、只争朝夕的精神,共同谋划交通强国海事篇,创造海事新发展,做出新贡献,谱写新篇章。